# HISTORIA ANTIGUA
## DE
# MEXICO

FRANCISCO JAVIER CLAVIJERO

# HISTORIA ANTIGUA DE MEXICO

PRÓLOGO DE
MARIANO CUEVAS

[EDICIÓN DEL ORIGINAL ESCRITO
EN CASTELLANO POR EL AUTOR]

**DÉCIMA EDICIÓN**

EDITORIAL PORRÚA
AV. REPÚBLICA ARGENTINA 15
MÉXICO, 2003

Primera edición: Colección de Escritores Mexicanos, México, 1945
"          "          Sepan Cuántos, 1964


Derechos reservados © 2003

El prólogo y las características de esta edición son propiedad de la
EDITORIAL PORRÚA, S. A. DE C. V.-2
Av. República Argentina 15, 06020, México, D. F.

Queda hecho el depósito que marca la ley




ISBN-970-07-3383-1 (Rústica)
ISBN-970-07-3252-5 (Tela)




IMPRESO EN MÉXICO
PRINTED IN MEXICO

# PROLOGO

PRÓLOGO

Ya puedo por fin, cumplir con el grato deber de dar a la estampa el texto original de la *Historia antigua de México,* escrita por el P. Francisco Javier Clavijero, de la Compañía de Jesús, tomándola del manuscrito original y ológrafo que desde hace 18 años tengo en mi poder.

En 1787, fecha de la muerte de Clavijero, acaecida en Bolonia, recogió este manuscrito su hermano, el P. Ignacio Clavijero y lo tuvo consigo hasta que murió. Esto sucedió después de 1814, puesto que tuvo la suerte de recibir, ese año, de manos del Papa Pío VII, un ejemplar de la Bula del restablecimiento de la Compañía de Jesús.

De Italia trajeron el manuscrito a México los primeros padres que de allá vinieron para restablecer en la Nueva España la Compañía de Jesús. En el archivo de la Provincia quedó por largos años, tan bien guardado que hasta se perdió de vista y se perdió también la noción de ser este manuscrito el original de Clavijero, tanto que el mismo P. Basilio Arrillaga, gran conocedor de antiguallas, no se atrevió a afirmar con certeza su origen, sino que solamente escribió en la primera página, el siguiente renglón: "Creo que este manuscrito es el autógrafo de Clavigero." De esta duda salió, a principios de este siglo el P. Manuel Díaz Rayón, confrontando el manuscrito con otros que son ciertamente de Clavijero.

Años más tarde, por manos desconocidas, este precioso original fue sacado de México y puesto a la venta en los Estados Unidos. Con un gran sentido de nobleza y de patriotismo que le honran, el P. Carlos María de Heredia, conocido jesuíta mexicano, consiguió la crecida suma que fue necesaria para recomprarlo y luego, por las buenas manos de su hermano, el P. Vicente, llegó a las mías en muy buen estado de conservación.

Cuando la Editorial Porrúa, S. A., me vino a ofrecer sus prensas para la edición de este libro, no pude menos de entregárselo con beneplácito y con la esperanza de que será muy bien acogido por los hombres de letras de nuestro país, y aun por todo él, pues Clavijero es un personaje histórico, apreciado y querido por todos los mexicanos, aun por los de bandos y partidos opuestos.

\*

Nació Francisco Javier Mariano Clavijero, en la ciudad y puerto de Veracruz el 9 de septiembre de 1731. Su padre era don Blas Clavijero, natural de las montañas de León, en la vieja España, su madre doña María Isabel Echegaray, de distinguida familia oriunda de Vizcaya.

Como hombre instruido que era, educado en Francia durante el próspero reinado de Luis XIV y muy protegido por el poderoso duque de Medina Celi, don Blas pasó a esta Nueva España muy recomendado y a poco le vemos de Alcade Mayor en Teziutlán y luego en Xicayán de la Mixteca.

Tuvo este feliz y cristiano matrimonio once hijos. Francisco Javier fue el tercero de ellos; otro se llamó Manuel y fue sacerdote secular en el Obispado de Puebla, y otro, el mencionado P. Ignacio, a que acabamos de referirnos. No tenemos más noticia de los ocho restantes.

Desde sus tiernos años, el niño Clavijero estuvo en contacto con los indígenas súbditos de su padre, lo que le dio ocasión, bien aprovechada, para aprender las lenguas vernáculas, señaladamente la náhuatl, la otomí y la mixteca, que tanto le valieron, sobre todo la primera, para realizar la gran obra de su vida.

Después de cursar letras humanas y filosofía en los colegios jesuíticos de Puebla, entró por fin en la Compañía de Jesús en su noviciado de Tepotzotlán el 13 de febrero de 1748. Su notable capacidad intelectual y prodigiosa retentiva, bien pronto le colocaron, al terminar sus estudios, al frente de muy importantes cátedras de letras y filosofía y aun en la misma Prefectura de Estudios del Real Colegio de San Ildefonso. Leyó por entonces, aparte de todos los textos aristotélicos, los de algunos filósofos, entonces modernos: Descartes, Gassendi, Leibniz, Newton, pero los leyó, no como están escribiendo autores ligeros de la actualidad "a escondidas y de contrabando", sino con pleno conocimiento y anuencia de sus superiores. Nada más fácil entre nosotros, que conseguir el permiso para leer libros prohibidos, cuando esta lectura es conveniente y aun necesaria para un hombre bien formado y profesor de filosofía, obligado a estar al corriente de los progresos de esta ciencia.

Mucho se ha hablado de las tendencias de Clavijero a ciertas innovaciones en la enseñanza de la filosofía. Estas tendencias se refieren únicamente a detalles en el método de enseñanza y al laudable empeño en descartar tantas trivialidades y cuestiones pueriles como se fueron introduciendo al correr de los siglos; pero, entiéndase bien, todo ello sin salir de la filosofía aristotélica, como bien dice su eximio y contemporáneo biógrafo Maneiro: "Demostró clarísima y aguda inteligencia en el estudio de la filosofía que se enseñaba entonces y de la cual, después, ya Maestro, él mismo se esforzaría por eliminar muchas cosas inútiles, *para sustituirlas por la auténtica filosofía de Aristóteles.*"

Su afición favorita, sin embargo, fue la historia y la historia de su país natal. Esta afición era intelectual y además afectiva. Provenía precisamente de la estima que tenía de los indígenas, y este sentimiento le acompañó toda su vida y resplandece en todo el decurso de sus obras. Por eso recibió con gran gusto del P. Campoy, ilustre jesuita sonorense, la noticia de que en la biblioteca del Colegio Máximo de San Pedro y San Pablo, se encontraba un rico tesoro documental, el que había legado el ilustre sabio Carlos Sigüenza y Góngora, con la particular advertencia de que esos papeles se guardasen en cajones hechos de cedro de la Habana, para que los manuscritos no fuesen destruidos por la polilla.

Clavijero se sumergió en esos documentos, devoró con avidez intelectual aquella singular literatura y este fue el principio que luego había de germinar y dar a su tiempo tan sazonados frutos.

Enseñó letras humanas y filosofía en San Ildefonso de México, en el Colegio de San Gregorio de la misma ciudad, y en Valladolid, donde tuvo entre sus discípulos al jovencito Miguel Hidalgo y Costilla, como este mismo lo dejó anotado. De ahí pasó al Colegio de Guadalajara, donde le sorprendió el bárbaro decreto de Carlos III, primer peldaño, hacia abajo, de nuestras ruinas sociales.

Sin más equipaje que una muda de ropa y su breviario, fue embarcado el 25 de octubre de 1767 en el *paquebot* llamado "Nuestra Señora del Rosario". Entre mil sufrimientos y un naufragio, de que se salvó invocando a Nuestra Señora de Guadalupe, llegó a Italia y allá fue destinado por sus superiores a Ferrara; mas luego, cuando ya concibió su idea de escribir la historia de México, trasladóse a Bolonia, donde el ambiente literario y la cercanía de bibliotecas y archivos tanto le habrían de ayudar para llevar a feliz término su empresa.

Ayudábanle también la compañía y trato de tantos insignes hijos de la Compañía de Jesús, sus compañeros de destierro, deseosos todos de llenar su tiempo y trabajar por la gloria de Dios. Allí se veía con frecuencia, con su íntimo amigo y paisano, el historiador, teólogo y literato insigne Francisco Javier Alegre, con Diego José Abad, inspirado poeta; con el teólogo angelopolitano Manuel Iturriaga, con el incomparable Rafael Landívar, con el retórico José Mariano Vallarta y con muchos verdaderos luminares en diversos ramos del saber humano.

Con aquellas lecturas de obras de primera mano hechas en México, con el conocimiento por vista de ojos de su país natal, con los muchos libros que pudo adquirir a costa de grandes sacrificios y con los manuscritos preciosos que le franquearon el conde de Ferrara, la Universidad de Bolonia y diversos literatos particulares de aquellas regiones, Clavijero se dedicó a leer, a digerir, a coordinar ideas, que es la parte más difícil del historiador, y luego a redactar, pulir, traducir al italiano, tramitar con impresores y cuidar y vigilarlos, todo él solo, sin un ayudante, ni aun escribiente, todo en la miseria, bajo el peso del destierro, de la debilidad y las enfermedades.

Por fin, en 1779, pudo entregar al impresor Gregorio Biasini, de la ciudad de Cesena, el original de su traducción al italiano, y al año siguiente pudo ver ya impresos sus tres tomos de la historia y en 1781 el cuarto, donde se contienen sus disertaciones históricas.

El año de 1787, falleció a la temprana edad de 55 años, víctima de un total agotamiento que se tradujo al fin en dolorosa infección vesicular.

Fue enterrado en la iglesia de Santa Lucía, en la cripta de los jesuitas mexicanos. Dos veces, en 1924 y en 1927, al visitar nosotros esa cripta, tratamos de indentificar los restos del ilustre veracruzano, pero es ya humanamente imposible y tenemos que contentarnos con la sola glorificación de su memoria.

\*

El P. Francisco Javier Clavijero, como bien dice su primer biógrafo el P. Maneiro, más que autor de la historia de México, debe llamarse su *creador*. Había miles de fragmentos utilizables para esta gigantesca construcción, pero obra de conjunto, de partes bien trabadas y unidas, no había ninguna. Había piezas de sumo valor como las obras de Fray Bernardino de Sahagún, Motolinia, Mendieta, Muñoz, Chimalpáin y Tezozomoc, pero nada de eso estaba impreso ni conocido y por ende, como bien dice Luis González Obregón: "Una obra que con excelente método, aceptable crítica y selecta erudición, limpia de fastidiosos textos y en estilo elegante, trazara el cuadro de la civilización indígena y de la conquista hispánica no la tuvimos sino hasta la aparición de la *Storia antica del Messico*."

A su historia añadió, en forma de cuarto tomo, nueve disertaciones, con dos catálogos, el de escritores y el de gramáticos de lenguas indígenas.

El P. Clavijero fue además autor de una historia de la California. Poseemos la mayor parte de su original ológrafo, este sí en italiano; fue publicada en Venecia, dos años después de muerto su autor, por su hermano, el P. Ignacio Clavijero. La segunda edición fue la traducción de la anterior, en castellano, hecha por García de San Vicente (México, 1852).

Otra obra muy importante del P. Clavijero, aunque pequeña en tamaño, es el *Breve ragguaglio della prodigiosa y rinomata immagine della Madona de Guadalupe del Messico* (Cesena, 1782). Alguien quiso poner en duda la paternidad de este libro, pero esto ya no puede hacerse ante el testimonio del P. Juan Sebastián, contemporáneo y amigo de Clavijero, cuya copia manuscrita reprodujimos en nuestro *Album histórico guadalupano del IV Centenario*.

En el conjunto de autores que escribieron sobre la aparición guadalupana, el testimonio de Clavijero tiene un valor muy especial, no sólo por su autoridad crítica universalmente reconocida, sino porque tuvo en sus manos y leyó directamente la *Relación* de Valeriano, que, como es bien sabido, de las manos de Alva Ixtlixóchitl pasó a las de Carlos Sigüenza y Góngora y figuraba entre los papeles que personalmente leyó Clavijero, entendiendo su contenido, pues dominaba, como ya hemos dicho, la lengua náhuatl. Estos papeles de Sigüenza fueron trasladados al archivo de la Universidad, de donde un gran cantidad de documentos fue trasladada por el General Scott a los Estados Unidos, según documento que vimos, el Dr. E. H. Bolton y el que estas líneas escribe. Imprimiéronse también en Cesena, dos cartas suyas publicadas en la *Gaceta* de Cremona, y un sermón en honor de San Ignacio.

Cítanse como obras inéditas de Clavijero: un certamen poético para la noche de Navidad del año 1753, presentando al Niño Jesús bajo la alegoría de Pan; 2—*Cursos philosophicus diu in Americanis gymnasis desideratus*. Lo cita Luis González Obregón, sin indicar su posible paradero; 3—"Diálogo entre Filateles y Paleófilo contra el argumento de autoridad en la física"; 4—Historia Eclesiástica de México, de la que claramente habla Maneiro. Hervás asegura: "un año antes de morir me avisó que había casi concluido la *Historia geográfica y eclesiástica de México*, que a instancias mías había escrito"; 5—"De los linajes nobles de Nueva España"; 6—"De las colonias de los tlaxcaltecas."

Dejó también, en forma de apuntes sueltos, la descripción de varias ciudades de la Nueva España y otros originales en nuestro poder que en los momentos presentes están saliendo de las prensas.

El historiador Callegari nos habla de unos apuntes sobre lengua náhuatl que se encuentran en el *Epistolario* del cardenal Mezzofanti, quien, según Callegari, fue discípulo de Clavijero en dicha lengua. Bien pudo ser, pues aunque tenía Mezzofanti sólo 12 ó 13 años de edad en 1787, es también cosa cierta que ya para entonces, con notable precocidad, se dedicaba con gran provecho a toda clase de estudios y cerraba por entonces su curso de filosofía con una brillante pública disputa.

Inédito, aunque a punto ya de entrar en prensa, existe otro manuscrito que se conserva en el Archigimnasio de la Universidad de Bolonia, donde yo lo leí y lo hice copiar hace unos 20 años. Se trata de una traducción en versos castellanos de la Imitación de Cristo. Está casi completa, faltándole solamente unos versos del último capítulo. Está escrita en silvas y en romances octosílabos, todo con muy buen corte de verso y gran unción. Problablemente es de lo último que escribió en su vida y por eso lo dejó sin concluir. Después de la laguna del final, sólo puso la última frase de Tomás de Kempis: "De mí se acuerden, triste pobrezuelo."

México, 30 de abril de 1944.

MARIANO CUEVAS

# BIBLIOGRAFIA

*Storia Antica del Messico.* Editor Georgio Bisiani. Cesena, 1780. 4 vols. 1ª ed. El texto italiano fue preparado por el autor.

### TRADUCCIONES AL INGLES

*The History of Mexico.* Translated from the original Italian by Charles Cullen. Editor G. G. J. and J. Robinson. Londres, 1787. 2 vols. 1ª ed. inglesa. 2ª ed. Richmond, Virginia (E.U.A.), 1806. 3ª ed. Londres, 1807. 4ª ed. Filadelfia (E.U.A.), 1817.

### TRADUCCIONES AL ESPAÑOL

*Historia antigua de México.* Traducida del italiano por José Joaquín de Mora. Editor E. Ackermann. Londres, 1826. 2 vols. 1ª ed. en español. 2ª ed. México, 1844 (traducción de Mora). 3ª ed. México, 1853 (traducción del Obispo Francisco Pablo Vázquez). 4ª ed. México, 1861-1862. 5ª ed. Jalapa, 1868 (traducción de Mora). 6ª ed. México, 1833 (traducción de Mora). 7ª ed. México, 1917 (traducción de Mora). 8ª ed. México, 1944 (traducción de Mora).

### TRADUCCION AL ALEMAN

*Geschichte von Mexico.* Schwickertschen Verlage. Leipzig, 1789-1790. 2 vols. La traducción fue hecha de la versión inglesa de Charles Cullen. No se expresa el nombre del traductor alemán.

### TEXTO ESPAÑOL ORIGINAL

*Historia antigua de México.* Prólogo y notas del P. Mariano Cuevas. Editorial Porrúa, S. A. México, 1945. 4 vols. En la "Colección de Escritores Mexicanos". 1ª ed. del original español de los diez libros que componen la *Historia.* Para el texto de las *Disertaciones* se usó la traducción del Dr. Francisco Pablo Vázquez.

\*

NOTA A LA 2ª EDICIÓN.—El texto original español de Clavijero de la *Historia antigua de México,* se reproduce uniformando la ortografía de los nombres indígenas y modernizando la puntuación. La traducción del Dr. Vázquez de las *Disertaciones* ha sido revisada y retocada para hacerla más fácil y legible.

En esta 2ª edición hemos agregado al final del Tomo III (último de la *Historia*) un índice analítico de autores y materias; y al final del Tomo IV (que contiene las *Disertaciones*) la novena sobre "El origen del mal francés", que no figuraba en la edición anterior.\*

Con estos aumentos y revisiones el lector encontrará la presente edición más completa y de más fácil consulta.

\* Se refiere a las ediciones de la *Col. de Escritores Mexicanos.*

## A LA REAL Y PONTIFICIA UNIVERSIDAD DE MEXICO *

Ilustrísimos señores:

Una historia de México escrita por un mexicano que no busca protector que lo defienda sino conductor que lo guíe y maestro que lo ilumine, debe sin duda consagrarse al cuerpo literario más respetable de ese Nuevo Mundo, como el más instruido en la historia mexicana, y más apto para decidir del mérito de tal obra y corregir los defectos que ella tenga.

Yo me ruborizaría de presentaros una obra tan defectuosa, si no estuviera seguro de que vuestra prudencia y vuestra humanidad en nada son inferiores a vuestra sabiduría. Sabéis muy bien cuán arduo es el asunto de mi historia y cuán difícil salir de él, principalmente un hombre reducido a un miserable estado por las tribulaciones, que se ha puesto a escribir a más de dos mil y trescientas leguas de su patria, privado de muchos documentos necesarios, y aun de las confrontaciones que pudieran proporcionarle las cartas de sus compatriotas. Fácilmente reconoceréis leyendo esta obra que, más bien que una historia, es un ensayo, una tentativa, un esfuerzo atrevido de un ciudadano que, a pesar de sus calamidades, se ha empleado en esto por ser útil a su patria, y en vez de desaprobar sus yerros, compadeceréis al autor y le agredeceréis el servicio que ha prestado explorando un camino que, por nuestra desgracia, se ha hecho dificultosísimo.

Por lo demás ¿quién se atreverá a comparecer con tan humilde presente ante un cuerpo tan respetable, que habiendo sido desde su origen consumado y perfecto, ha continuado siempre aumentando su perfección? [1] ¿Quién se verá sorprendido de un sagrado respeto al mirar en

---

\* El MS. en lengua española no tiene esta dedicatoria, ni el prólogo que se leerá en seguida: los hemos tomado de la traducción de Francisco Pablo Vázquez.—M. C.

[1] La Universidad de México fue erigida por orden del emperador Carlos V y con autoridad del papa Julio III el año de 1553, con todas las prerrogativas y privilegios de la de Salamanca. Los primeros catedráticos fueron sapientísimos, como escogidos entre los literatos de España, que era entonces donde más florecían las ciencias. Uno de ellos, el P. Alonso de la Veracruz, agustino, publicó en México y en España algunas obras filosóficas y teológicas muy apreciadas de los doctos. Otro, el Dr. Cervantes de Salazar, estampó en México unos excelentes diálogos latinos. Los rápidos progresos de esta insigne Universidad se dan a conocer en el III Concilio mexicano (1585), el cual, a juicio de los inteligentes, es uno de los más doctos entre los concilios provinciales y nacionales. En el día hay 23 catedráticos ordinarios de retórica, filosofía, teología, jurisprudencia canónica y civil, medicina, matemáticas y lenguas.

su aula mayor los retratos de los varones famosísimos que ilustraron así la Nueva como la antigua España, o al oír los nombres inmortales de Veracruz, Hortigosa, Naranjo, Cervantes, Salcedo, Sariñana, Siles, Sigüenza, Bermúdez, Eguiara, Miranda, Portillo, etc., que harían honor a las más célebres academias de la docta Europa? [2] Bastaría para desalentar al autor el recordar los nombres de los doctores de esa Universidad que aún viven, y entre otros el del muy ilustre cancelario y jefe de ella, a quien, sobre el mérito de su ilustre nacimiento, un ingenio sublime, una grande erudición en letras sagradas y profanas y una piedad sólida, han elevado a los más brillantes puestos en las letras y lo hacen dignísimo de la sagrada púrpura.

Pero dejando por ahora las alabanzas que os son debidas, porque acaso parecerán adulaciones a los que ignoran vuestro relevante mérito, quiero quejarme amistosamente de la indolencia o descuido de nuestros mayores con respecto a la historia de nuestra patria. Cierto es que hubo hombres dignísimos que se fatigaron en ilustrar la antigüedad mexicana y nos dejaron de ella preciosos escritos. También es cierto que antes hubo en esa Universidad un profesor de antigüedades, encargado de explicar los caracteres y figuras de las pinturas mexicanas, por ser tan importantes para decidir en los tribunales los pleitos sobre la propiedad de las tierras o la nobleza de algunas familias indias, y esto es puntualmente lo que me causa pena. ¿Por qué no se conserva aquel profesor tan necesario? ¿Por qué se han dejado perder aquellos escritos tan preciosos, y especialmente los del doctísimo Sigüenza? Por faltar el profesor de antigüedades no hay actualmente quien entienda las pinturas mexicanas, y por la pérdida de los escritos, la historia de México se ha hecho dificilísima, por no decir imposible. Ya que esta pérdida no se puede reparar, al menos que no se pierda lo que nos queda.

Yo espero que vosotros, que sois en ese reino los custodios de las ciencias, trataréis de conservar los restos de las antigüedades de nuestra patria, formando en el magnífico edificio de la Universidad, un museo no menos útil que curioso, en donde se recojan las estatuas antiguas que se conservan o que se vayan descubriendo en las excavaciones, las armas, las obras de mosaico y otros objetos semejantes; las pinturas mexicanas esparcidas por varias partes, y, sobre todo, los manuscritos, así los de los misioneros y otros antiguos españoles, como los de los mismos indios, que se hallan en las librerías de algunos monasterios, de donde se podrán sacar copias antes de que los consuma la polilla o se pierdan por alguna otra desgracia. Lo que hace pocos años hizo un curioso y erudito extranjero (el caballero Boturini) nos indica lo que podrían hacer nuestros compatriotas, si a la diligencia y cuerda industria unieran aquella prudencia que se necesita para sacar esta clase de documentos de manos de los indios.

---

[2] De los grandes hombres de la Universidad mexicana hacen honrosa mención Cristóbal Bernardo de la Plaza, en su crónica de la misma Universidad (desde 1553 hasta 1683); el doctor Eguiara en la *Biblioteca Mexicana* y en el prólogo de su *Teología;* Pinelo en su *Biblioteca Occidental,* y otros muchos autores, europeos y americanos.

Dignaos, entre tanto, aceptar éste mi trabajo como un testimonio de mi sincerísimo amor a la patria y de la suma veneración con que me protesto afectísimo compatriota y humilde servidor de Vuestras Señorías Ilustrísimas.

Bolonia, 13 de junio de 1780.

FRANCISCO JAVIER CLAVIJERO

## PROLOGO DEL AUTOR

La historia antigua de México que he emprendido para evitar la fastidiosa y reprensible ociosidad a que me hallo condenado, para servir del mejor modo posible a mi patria, para restituir a su esplendor la verdad ofuscada por una turba increíble de escritores modernos de la América, me ha sido no menos fatigosa y difícil que dispendiosa. Pues, pasando en silencio los grandes gastos para proporcionarme de Cádiz, Madrid y otras ciudades de Europa los libros necesarios, he leído y examinado con diligencia todo cuanto se ha publicado hasta ahora sobre la materia; he confrontado las relaciones de los autores y he pesado su autoridad en las balanzas de la crítica; he estudiado muchísimas pinturas históricas de los mexicanos; me he valido de sus manuscritos, leído antes cuando estaba en México, y he consultado muchos hombres prácticos de aquellos países.

A estas diligencias podría añadir, para acreditar mi trabajo, el haber vivido treinta y seis años en algunas provincias de aquel vasto reino, haber aprendido la lengua mexicana y haber convivido por algunos años con los mismos mexicanos cuya historia escribo. Mas no por esto me lisonjeo de haber hecho una obra perfecta, pues a más de estar desprovisto de aquellos adornos de ingenio, juicio y elocuencia que se requieren en un buen historiador, la pérdida lamentable de la mayor parte de las pinturas mexicanas, que tantas veces he deplorado, y la falta de tantos manuscritos preciosos que se conservan en algunas bibliotecas de México, son obstáculos insuperables para todo el que emprenda semejante historia, principalmente lejos de aquellos países. Sin embargo, espero que sea agradable mi trabajo, no ya por la elegancia del idioma, ni por la belleza de las descripciones, ni por la gravedad de las sentencias, ni por la grandeza de los hechos referidos; sino por la diligencia en las investigaciones, por la sinceridad de la narración, por la naturalidad del estilo y por el servicio que hago a los literatos deseosos de conocer las antigüedades mexicanas, presentándoles reunido en esta obrilla lo más precioso que se halla esparcido en diversos autores, a más de algunas cosas no publicadas hasta ahora.

Habiéndome propuesto la utilidad de mis compatriotas como fin principal de mi historia, la escribí primero en español; estimulado después por algunos literatos italianos que se mostraban deseosos de leerla en su propia lengua, me encargué del nuevo y fatigoso empeño de traducirla al toscano; así los que tuvieron la bondad de elogiar mi trabajo, tendrán ahora la bondad de disculparme.

Persuadido igualmente por algunos amigos, escribí el ensayo de la historia natural de México que se lee en el libro primero, aunque yo no lo creía necesario, y muchos lo calificarán de importuno; mas para no salir demasiado de mi asunto, me esforcé en reducir a la historia antigua lo que digo de las cosas naturales, manifestando brevemente el uso que de ellas hacían los antiguos mexicanos. Por el contrario, los aficionados al estudio de la naturaleza, dirán que este ensayo es demasiado compendioso y superficial; pero para satisfacer su curiosidad hubiera sido necesario escribir una obra muy distinta de la que he emprendido. Por lo demás, me habría excusado un gran trabajo si no me hubiera visto precisado a complacer a dichos amigos, pues para lo poco que he dicho de historia natural, estudié las obras de Plinio, Dioscórides, Laet, Hernández, Ulloa, Buffon, Bomare y otros naturalistas, no contentándome ni con lo que había visto por mis propios ojos, ni con lo que se me había informado por hombres inteligentes y prácticos en aquellos países.

Me he propuesto como principal objeto la verdad. Yo me habría fatigado menos y mi historia sería acaso más agradable a muchos, si toda la diligencia que he puesto en averiguar la verdad, la hubiese aplicado a hermosear mi narración con un estilo brillante y elocuente, con reflexiones filosóficas y políticas, y con hechos inventados por el capricho, como veo lo hacen no pocos autores de nuestro ponderado siglo. Pero a mí, enemigo de todo engaño, mentira y afectación, me parece que la verdad es tanto más hermosa cuanto está más desnuda. Al referir los acontecimientos de la conquista que hicieron los españoles, me aparto igualmente del panegírico de Solís que de la invectiva del ilustrísimo señor Las Casas, porque no quiero adular a mis nacionales ni tampoco calumniarlos.[1] Dejo los hechos en aquel grado de certeza o verosimilitud en que los encuentro: en donde no puedo acertar con algún suceso por razón de la discordancia de los autores, como en la muerte del rey Moctezuma, expongo sinceramente los diversos pareceres, pero sin omitir las conjeturas que dicta la recta razón. En suma, he tenido siempre presentes aquellas dos santas leyes de la historia: no atreverse a decir mentira, ni temer decir la verdad, y creo que no las he quebrantado.

Habrá lectores delicados que no podrán sufrir la dureza de tantos nombres mexicanos esparcidos por toda la historia; pero es un mal que no puedo remediar sin exponerme a incurrir en otro defecto menos tolerable y muy común en casi todos los europeos que han escrito sobre América, esto es, alterar de tal manera los nombres para suavizarlos, que no es posible conocerlos. ¿Quién será capaz de adivinar que Solís habla de Quauhnahuac donde dice Quatlabaca, de Huexotlipan donde pone Gualipar, o de Cuitlalpitoc donde escribe Pilpatoe? Por esta razón he creído más seguro imitar el ejemplo de muchos escritores modernos, los cuales siempre que citan nombres de personas, lugares, ríos, etc., de alguna otra nación de Europa, los escriben del mismo modo que se usa en la tal nación, y ciertamente hay en ellas nombres tomados de la lengua alemana y de la ilírica

---

[1] No digo que sea un adulador Solís ni un calumniador Las Casas, sino que en mi pluma sería calumnia o adulación lo que aquellos autores escribieron, Solís para engrandecer a su héroe, y Las Casas arrebatado de piadoso celo en favor de los indios.

mucho más duros a los oídos latinos, por la mayor concurrencia de consonantes fuertes, que todas las voces mexicanas de que yo uso.

Por lo que respecta a la geografía de Anáhuac, he puesto el mayor empeño en que sea exacta, valiéndome de las noticias que adquirí yo mismo en los muchos viajes que hice por él, como de los informes y escritos de otros; mas a pesar de todo, no lo he conseguido completamente, pues no han dado resultado mis más activas diligencias para obtener las pocas observaciones astronómicas que se han hecho en aquellos mismos lugares. La situación y distancias designadas por mí, así en el cuerpo de la historia como en el mapa geográfico, no deben creerse con aquella precisión y exactitud que se requiere en un geógrafo sino a poco más o menos, como puede hacerlo un viajero prudente que juzga a ojo. He tenido en mis manos innumerables cartas geográficas de México, así antiguas como modernas, y me hubiera sido fácil copiar aquella que más me hubiera agradado, haciéndole algunas ligeras alteraciones para adaptarla a la geografía antigua; pero entre tantas, no he encontrado ni una que no esté llena de errores, así respecto a la longitud y latitud de los lugares, como a división de las provincias, curso de los ríos y dirección de las costas. Basta para conocer el aprecio que se debe hacer de todas las cartas publicadas hasta ahora, el advertir la variedad que hay en ellas en orden a la longitud de la capital, a pesar de que debe ser más conocida que la de cualquiera otra ciudad del reino de México. Esta variedad es nada menos que de catorce grados, pues algunos geógrafos ponen aquella ciudad a los 264 grados de la longitud de la isla de Hierro, otros a los 265 y 266, y aun hasta los 278, o tal vez más.

No menos por hermosear mi historia que por facilitar la inteligencia de algunas cosas descritas en ella, he hecho grabar hasta veinte láminas. Los caracteres mexicanos y las figuras de las ciudades, de los reyes, armas, vestidos y escudos, del siglo, del año, del mes y del diluvio, están sacadas de varias pinturas mexicanas. La vista del templo mayor está copiada de la del Conquistador Anónimo, corrigiéndole las proporciones de las figuras por las medidas que pone él mismo y añadiendo lo demás conforme a la descripción de otros autores antiguos. La estampa del otro templo es copia de la que publicó Valadés en la *Retórica Cristiana*. Las figuras de las flores y animales son en la mayor parte copia de las de Hernández. El retrato de Moctezuma está hecho por la copia que publicó Gemelli del original que tenía Sigüenza. Lo retratos de los conquistadores son copias de los que se ven en las *Décadas de Herrera*. Todas las otras figuras están dibujadas conforme a lo que hemos visto por nuestros ojos y a lo que refieren los historiadores antiguos.

A más de esto he querido poner antes de la narración de los hechos una breve noticia de los escritores de la historia antigua de México, así para hacer ver los fundamentos de la mía, como para honrar la memoria de algunos ilustres americanos cuyos escritos son del todo desconocidos en Europa. Servirán también para manifestar las fuentes de la historia mexicana a todos los que quieran en adelante perfeccionar este mi imperfecto trabajo.

# NOTICIA DE LOS ESCRITORES DE LA HISTORIA ANTIGUA DE MEXICO

## SIGLO XVI

FERNANDO CORTÉS. Las cuatro * larguísimas cartas escritas por este famoso conquistador a su soberano Carlos V, que contienen la relación de la conquista y muchas apreciables noticias acerca de México y los mexicanos, han sido publicadas en español, latín, toscano y otras lenguas. La primera de estas cartas se imprimió en Sevilla el año de 1522. Todas están bien escritas, y se ve en ellas modestia y sinceridad en las relaciones, pues no alaba sus propios hechos ni oscurece los de otros. Si él hubiera tenido el atrevimiento en engañar a su rey, sus enemigos, que tantas quejas presentaron contra él en la corte, no hubieran dejado de echarle en cara un delito como éste.

BERNAL DÍAZ DEL CASTILLO, soldado conquistador. Su *Historia verdadera de la conquista de la Nueva España* se imprimió en Madrid el año de 1632 en un tomo en folio. A pesar de lo imperfecto de sus relaciones y de lo inculto de su lenguaje, es muy apreciada esta historia por la sencillez y sinceridad del autor, que en toda ella se descubre. El fue testigo ocular de todo cuanto refiere; pero algunas veces no sabe explicar las cosas por razón de su falta de literatura, y algunas veces manifiesta haber olvidado los hechos, sin duda por haber escrito muchos años después de la conquista.

ALONSO DE MATA y ALFONSO DE OJEDA, ambos conquistadores y escritores de comentarios sobre la conquista de México, de que se valieron Herrera y Torquemada. Los de Ojeda son más extensos y más estimados. Este tuvo más trato con los indios y aprendió la lengua, como que fue encargado de atender las tropas auxiliares de los españoles.

EL CONQUISTADOR ANÓNIMO: así llamamos al autor de una breve, pero muy curiosa y apreciable relación, que se halla en la colección de Ramusio bajo este título: *Relaciones de un gentilhombre de Fernando Cortés*. No he podido adivinar quién haya sido este gentilhombre, porque ningún autor antiguo hace mención de él; pero sea quien fuere, es sincero, exacto y curioso. No cuidando de los acaecimientos de la conquista, refiere lo que observó en México en orden a templos, casas, sepulcros, armas, vestidos, comidas y bebidas, etc., de los mexicanos, y nos describe la forma de sus templos. Si su obra no fuera tan compendiosa, ninguna se pudiera comparar con ella en lo que respecta a las antigüedades mexicanas.

---

* En 1855 Joaquín García Icazbalceta publicó una quinta carta de Cortés, hasta entonces inédita.—M. C.

Francisco López de Gómara. La *Historia de la Nueva España*, formada por este docto español sobre las relaciones que oyó de boca de los conquistadores y sobre los escritos de los primeros religiosos que se emplearon en la conversión de los mexicanos, impresa en Zaragoza en 1554, está bien escrita y es curiosa. El fue el primero que publicó las fiestas, los ritos, las leyes y el modo que los mexicanos tenían de contar el tiempo; pero en su historia hay errores originados de la poca exactitud de los primeros informes. La traducción de esta obra al toscano, impresa en Venecia en 1599, tiene tantas erratas, que no puede leerse sin enfado.[1]

Toribio de Benavente, célebre franciscano español y uno de los primeros doce predicadores que anunciaron el Evangelio a los mexicanos, conocido vulgarmente por su pobreza evangélica con el nombre mexicano de Motolinia. Escribió en medio de sus apostólicas tareas la *Historia de los indios de la Nueva España*, dividida en tres partes. En la primera expone los ritos de su antigua religión, en la segunda su conversión a la fe cristiana y su vida en el cristianismo, y la tercera habla de su índole, sus artes y sus costumbres. De esta obra (un grueso tomo en folio), hay algunas copias en España. Escribió igualmente una obra sobre el calendario mexicano (que original se conservaba en México) y otras no menos útiles a los españoles que a los indios.

Andrés de Olmos, franciscano español, de santa memoria. Aprendió este infatigable predicador las lenguas mexicana, totonaca y huaxteca, y de las tres compuso gramática y diccionario. A más de otras obras trabajadas por él en provecho de los españoles y de los indios, escribió en español un tratado sobre las antigüedades mexicanas, y en mexicano las exhortaciones que hacían los antiguos mexicanos a sus hijos, de que doy un ensayo en el libro VII de esta historia.

Bernardino de Sahagún, laborioso franciscano español. Habiendo estado empleado más de sesenta años en la instrucción de los mexicanos, supo con la mayor perfección su lengua y su historia. A más de otras obras escritas, así en mexicano como en español, compuso en doce tomos gruesos en folio un diccionario universal de la lengua mexicana, que contenía todo lo perteneciente a la geografía, religión e historia política y natural de los mexicanos. Esta obra, de inmensa erudición y fatiga, fue mandada al cronista real de América residente en Madrid, por el marqués de Villamanrique, virrey de México, y no dudamos que hasta ahora se haya conservado en alguna librería de España. Escribió también la *Historia general de la Nueva España* en cuatro tomos, los cuales se conservan manuscritos en la librería del convento franciscano de Tolosa en Navarra, según afirma Juan de San Antonio en su *Biblioteca franciscana*.

Alonso Zurita, jurisconsulto español y juez de México. Después de haber hecho por orden de Felipe II diligentes averiguaciones sobre

---

[1] En la colección de los primeros historiadores de América hecha por el señor Barcia (Madrid, 1749) se halla la historia de Gómara, pero faltan en ella algunas expresiones de este autor acerca del carácter del conquistador Cortés.

el gobierno político de los mexicanos, escribió en español una *Compendiosa relación de los señores que había en México y de su diversidad; de las leyes, usos y costumbres de los mexicanos; de los tributos que pagaban,* etc. El original manuscrito en folio se conservaba en la librería del Colegio de San Pedro y San Pablo de los jesuítas de México. De esta obra, que está bien escrita, está tomada una gran parte de lo que hemos referido sobre este punto.

JUAN DE TOVAR, nobilísimo jesuíta mexicano. Escribió sobre la historia antigua de los reinos de México, Acolhuacán y Tlacopan, después de haber hecho diligentes averiguaciones por orden del virrey de México don Martín Enríquez; de estos manuscritos se sirvió principalmente el padre Acosta para lo que escribió en orden a las antigüedades mexicanas, como él mismo confiesa.

JOSÉ DE ACOSTA, famoso jesuíta español, bastante conocido en el mundo literario por sus escritos. Este grande hombre, después de haber vivido algunos años en ambas Américas, e informándose de hombres prácticos acerca de las costumbres de aquellas naciones, escribió en español la *Historia natural y moral de las Indias,* que se imprimió por primera vez en Sevilla en 1589, se reimprimió en Barcelona en 1591, y después fue traducida a varias lenguas de Europa. Esta obra está muy bien escrita, principalmente en lo que respecta a las observaciones físicas sobre el clima de la América; pero como es muy compendiosa y le faltan muchos artículos, hay algunas omisiones en orden a la historia antigua.

FERNANDO PIMENTEL IXTLIXÓCHITL, hijo de Coanacotzin, último rey de Acolhuacán, y ANTONIO DE TOVAR CANO MOCTEZUMA IXTLIXÓCHITL, descendiente de las dos casas reales de México y de Acolhuacán. Estos dos señores escribieron a petición del conde de Benavente y del virrey de México D. Luis de Velasco, cartas sobre la genealogía de los reyes de Acolhuacán y sobre otros puntos de la historia antigua de aquel reino, las cuales se conservan en dicho colegio de jesuítas.

ANTONIO PIMENTEL IXTLIXÓCHITL, hijo de D. Fernando Pimentel. Escribió las *Memorias históricas del reino de Acolhuacán,* de que se valió Torquemada y de donde está tomado el cómputo asentado en el Lib. 4º de mi *Historia* del gasto anual que se hacía en el palacio del famoso rey Nezahualcóyotl, bisabuelo de aquel autor.

TADEO DE NIZA, noble indio tlaxcalteca. Escribió el año de 1548, por orden del virrey de México, la historia de la conquista, la cual suscribieron treinta señores tlaxcaltecas.

GABRIEL DE AYALA, noble indio de Texcoco. Escribió en mexicano los comentarios históricos que contienen la relación de todos los acontecimientos de los mexicanos desde el año de 1243 de la era vulgar hasta el de 1562.

JUAN VENTURA ZAPATA Y MENDOZA, noble tlaxcalteca. Escribió en lengua mexicana la *Crónica de Tlaxcala,* que contiene todos los sucesos de los tlaxcaltecas desde su arribo al país de Anáhuac hasta el año de 1589.

PEDRO PONCE, noble indio, párroco de Tzompahuacan. Escribió en español una *Noticia de los dioses y de los ritos del gentilismo mexicano.*

Los señores de Colhuacán. Escribieron los *Anales del reino de Colhuacán*. Una copia de esta obra está en la referida librería de los jesuítas.

Cristóbal del Castillo, mestizo mexicano. Escribió la historia del viaje de los aztecas o mexicanos al país de Anáhuac, el cual manuscrito se conservaba en la librería del colegio de jesuitas de Tepotzotlán.

Diego Muñoz Camargo, noble mestizo tlaxcalteca. Escribió en español la *Historia de la ciudad y de la república de Tlaxcala*. De esta obra se sirvió Torquemada, y de ella hay copias así en España como en México.

Fernando de Alva Ixtlixóchitl, texcocano, descendiente por línea recta de los reyes de Acolhuacán. Este noble indio, versadísimo en las antigüedades de su nación, escribió excitado por el virrey de México, algunas obras eruditas y muy apreciables, y son las siguientes: I. *Historia de la Nueva España;* II. *Historia de los señores chichimecas;* III. *Compendio histórico del reino de Texcoco;* IV. *Memorias históricas de los toltecas y otras naciones de Anáhuac*. Todas estas obras, escritas en español, se conservaban en la librería del colegio de jesuítas de México, y de ellas he tomado algunos materiales para mi historia. El autor fue tan cauto en escribir que para quitar toda sospecha de ficción, hizo constar legalmente la conformidad de sus relaciones con las pinturas históricas que había heredado de sus nobilísimos antepasados.

Juan Bautista Pomar, texcocano o cholulteca, descendiente de un bastardo de la casa real de Texcoco. Escribió memorias históricas de aquel reino, de que se sirvió Torquemada.

Domingo de San Antón Muñoz Chimalpáin, noble indio de México. Escribió en mexicano cuatro obras muy apreciadas por los inteligentes: I. *Crónica mexicana*, que contiene todos los acontecimientos de aquella nación desde el año de 1068 hasta el de 1557 de la era vulgar; II. *Historia de la conquista de México por los españoles;* III. *Noticias originales de los reinos de Acolhuacán, de México y de otras provincias;* IV. *Comentarios históricos* desde el año de 1064 hasta el de 1521. Estas obras, que me habrían sido muy útiles, se conservaban en la librería del Colegio de San Pedro y San Pablo de México y tuvo copia de ellas el caballero Boturini, como de casi todas las obras de los indios que he mencionado. La *Crónica* se hallaba también en la librería del Colegio de San Gregorio de los jesuítas de México.

Fernando de Alvarado Tezozomoc, indio mexicano. Escribió en español una *Crónica mexicana* hacia el año de 1598, la cual se conservaba en la referida biblioteca de San Pedro y San Pablo.

Bartolomé de las Casas, famoso dominico español, primer obispo de Chiapas y muy benemérito de los indios. Los terribles escritos presentados por este venerable prelado a los reyes Carlos V y Felipe II en favor de los indios y contra los españoles conquistadores, impresos en Sevilla y después traducidos y reimpresos a competencia, en odio de los españoles, en varias lenguas de Europa, contienen algunos puntos de la historia antigua de los mexicanos; pero tan alterados y exagerados, que no puedo descansar sobre la fe del autor, aunque, por otra parte, muy respetable. El demasiado fuego de su celo difundió luz con humo, esto es, lo verdadero mezclado con lo falso,[1] no porque de intento solicitase engañar a su rey y a todo el mundo, pues que sospechar de él tanta maldad sería hacer injuria a su virtud, reconocida y respetada aun por sus enemigos, sino porque no habiendo presenciado lo que refiere de México, se confió demasiado de los informes de otros, lo que haré ver en algunos lugares de esta historia. Acaso hubieran ayudado mucho más estas otras dos grandes obras no publicadas hasta ahora, que son: I. Una *Historia apologética del clima y de la tierra de los países de la América, de la índole, las costumbres, etc., de los americanos sujetos al dominio del rey católico*. Este manuscrito, en ochocientas treinta fojas, se conservaba en la librería de los dominicos de Valladolid en España, donde lo leyó Remesal, como lo testifica en su *Crónica de los dominicos de Chiapas y Guatemala*. II. Una *Historia general de América*, en tres tomos en folios, de la cual había una copia en la librería del Sr. conde de Villaumbrosa en Madrid, donde la vio Pinelo, según afirma en su *Biblioteca occidental*. Dos tomos de esta obra vio el referido autor en el célebre archivo de Simancas, que ha sido el sepulcro de muchos preciosos manuscritos de la América. Dos tomos igualmente había en Amsterdam, en la librería de Jacobo Kricio.

AGUSTÍN DÁVILA Y PADILLA, noble e ingenioso dominico de México, predicador del rey Felipe III, cronista real de América y arzobispo de la isla de Santo Domingo. A más de la *Crónica de los dominicos de México* (Madrid, 1596) y la *Historia de la Nueva España y de la Florida* (Valladolid, 1632), escribió la *Historia antigua de los mexicanos,* usando materiales recogidos antes por Fernando Durán, dominico de Texcoco; pero esta obra no se encuentra.

El Dr. FRANCISCO CERVANTES DE SALAZAR, dean de la iglesia metropolitana de México. El cronista Herrera alaba las *Memorias históricas de México,* escritas por este literato; pero no sé de ellas otra cosa.*

ANTONIO DE SAAVEDRA GUZMÁN, noble mexicano. En su navegación a España compuso en veinte cantos la historia de la conquista de México, y la imprimió en Madrid, con el título español de *El peregrino indiano,* el año de 1599. Esta obra debe contarse entre las historias de México, porque no tiene de poesía más que el metro.

PEDRO GUTIÉRREZ DE SANTA CLARA. De los manuscritos de este autor se valió Betancourt para su *Historia de México;* pero nada sé del título ni del mérito de la tal obra, ni aun de la patria del autor, bien que sospecho haya sido indio.

---

[1] El erudito León Pinelo aplica a Las Casas lo que el cardenal Baronio dice de San Epifanio: *Caeterum condenandum illi, si (quod aliis sanctissimis atque eruditissimis viris saepe accidisse reperitur) dum ardentiore studio in hostes invehitur, vehementiore impetu in contrariam partem actus, lineam videatur aliquantulum veritatis esse transgressus.*

* El manuscrito (*Crónica de Nueva España*) lo descubrieron en la Biblioteca Nacional de Madrid Francisco del Paso y Troncoso, en 1908, y la americanista Zelia Nutall, que dio cuenta de él en el Congreso de Londres (1912).— M. C.

## Siglo XVII

Antonio de Herrera, cronista real de las Indias. Este sincero y juicioso autor escribió en cuatro tomos en folio ocho *Décadas de la historia de México*, comenzando desde el año de 1492, y juntamente una descripción geográfica de las colonias españolas en aquel nuevo mundo, la cual obra fue impresa la primera vez en Madrid a principios del siglo pasado, y después en el año de 1730, como también traducida y publicada en otras lenguas de Europa. Aunque el principal intento del autor hubiese sido referir los hechos de los españoles, sin embargo, no omitió la historia antigua de los americanos; pero en lo que respecta a los mexicanos, copia por lo común las noticias de Acosta y de Gómara. Su método, pues, como el de todos los rigorosos analistas, es desagradable a los afectos a la historia, pues a cada paso se interrumpe la narración de cualquier hecho con la relación de otros acontecimientos muy distintos.

Enrico Martínez. Autor extranjero, aunque de apellido español. Después de haber viajado por la mayor parte de Europa y haber residido muchos años en México, en donde fue utilísimo por su gran pericia en las matemáticas, escribió la *Historia de la Nueva España*, que se imprimió en México en 1606. En la historia antigua sigue las huellas de Acosta; pero en ella hay observaciones astronómicas y físicas importantes para la geografía y la historia natural de aquellos países.

Gregorio García, dominico español. Su famoso *Tratado sobre el origen de los americanos,* impreso en cuarto en Valencia en 1607, y después aumentado (Madrid, 1729) en folio, es una obra de inmensa erudición, pero casi toda inútil, pues poco o nada ayuda para encontrar la verdad. Los fundamentos de las opiniones que trae sobre el origen de los americanos, son por lo común débiles conjeturas sobre la semejanza en algunas costumbres y voces, las cuales muchas veces altera.

Juan de Torquemada, franciscano español. La historia de México escrita por él con el título de *Monarquía indiana* (Madrid por el 1614), en tres gruesos tomos en folio, y después reimpresa en 1724, es sin duda la más completa respecto a las antigüedades mexicanas, de cuantas hasta ahora se han publicado. El autor residió en México desde su juventud hasta su muerte, supo muy bien la lengua mexicana, trató a los mexicanos más de cincuenta años, recogió un gran número de pinturas antiguas y de excelentes manuscritos, y trabajó en su obra más de veinte años; mas a pesar de su diligencia y tales ventajas, se muestra muchas veces falto de memoria, de crítica y de buen gusto, y en su historia se descubren muchas groseras contradicciones, principalmente en la cronología, algunas relaciones pueriles y una gran copia de erudición superflua, por lo que se necesita de mucha paciencia para leerla. Sin embargo, habiendo en ella cosas muy apreciables que en vano se buscarían en otros autores, me vi precisado a hacer de esta historia lo que Virgilio con la de Ennio: a buscar las piedras preciosas entre el estiércol.

Arias Villalobos, español. Su *Historia de México* que comienza desde la fundación de la capital hasta el año de 1623, escrita en verso e impresa en la misma ciudad y en el citado año, es obra de poco mérito.

Cristóbal Chávez Castillejo, español. Escribió hacia 1632 un tomo en folio sobre el origen de los indios y sobre sus primeras colonias en Anáhuac.

Carlos de Sigüenza y Góngora, célebre mexicano, profesor de matemáticas en la Universidad de México. Este grande hombre es uno de los más beneméritos de la historia de México, porque formó a grandes expensas una copiosa y selecta colección de manuscritos y de pinturas antiguas, y se empleó con la mayor diligencia y tesón en ilustrar las antigüedades de aquel reino. A más de muchas obras matemáticas, críticas, históricas y poéticas compuestas por él, o manuscritas o impresas en México desde el año de 1680 hasta el de 1693, escribió en español: I. La *Ciclografía mexicana,* obra de gran trabajo, en la cual, por el cálculo de los eclipses y de los cometas señalados en las pinturas mexicanas, ajustó sus épocas a las nuestras, y, sirviéndose de buenos documentos, expuso el método que éstos tenían de contar los siglos, los años y los meses; II. La *Historia del Imperio de los chichimecas,* en la cual exponía lo que había encontrado en los manuscritos y pinturas mexicanas sobre las primeras colonias que pasaron de Asia a América, y sobre los acontecimientos de las más antiguas naciones establecidas en Anáhuac; III. Una larga y muy erudita disertación sobre la difusión del Evangelio en Anáhuac, que atribuye al apóstol Santo Tomás, apoyándose en la tradición de los indios, en las cruces halladas y veneradas en México y en otros monumentos; IV. La *Genealogía de los reyes mexicanos,* en la cual deducía la serie de sus ascendientes hasta el siglo VII de la era cristiana; V. Unas anotaciones críticas sobre las obras de Torquemada y de Bernal Díaz. Todos estos eruditísimos manuscritos, los cuales podrían prestar un grande auxilio a mi *Historia,* se perdieron por descuido de los herederos de aquel docto autor, y solamente quedan algunos fragmentos en las obras de algunos escritores contemporáneos, como Gemelli, Betancourt y Florencia.

Agustín de Betancourt, franciscano de México. Su historia antigua y moderna de México, impresa en aquella capital en 1698 en folio, bajo el título de *Teatro mexicano,* no es, en lo que respecta a la historia antigua, más que un compendio de la de Torquemada, hecho de prisa y con poca exactitud.

Antonio de Solís, cronista real de América. La *Historia de la conquista de Nueva España,* escrita por este pulidísimo e ingenioso español, parece más un panegírico que una historia. Su lenguaje es puro y elegante, pero el estilo algo afectado, las sentencias muy buscadas y las arengas compuestas a su arbitrio. Como no buscaba tanto la verdad como la hermosura, contradice con frecuencia a los autores más dignos de fe, y al mismo Cortés, cuyo panegírico emprendía. En los tres últimos libros de mi *Historia* tocaré ligeramente algunos descuidos de este célebre escritor.

## Siglo XVIII

Pedro Fernández del Pulgar, docto español, sucesor de Solís en el empleo de cronista. *La verdadera historia de la conquista de la Nueva España* compuesta por él se halla citada en el prólogo de la impresión moderna de Herrera, pero no la he visto. Es de creer que se hubiese dedicado a escribirla por enmendar los errores de sus antecesores.

Lorenzo Boturini Benaduci, milanés. Este curioso y erudito caballero fue a México en 1736, y deseoso de escribir la historia de aquel reino, hizo, en los ocho años que estuvo allí, las más diligentes observaciones respecto a sus antigüedades, aprendió medianamente la lengua mexicana, se amistó con los indios para conseguir de ellos las pinturas antiguas, y se proveyó de copias de los muchos manuscritos preciosos que había en las librerías de los conventos. El museo que formó de pinturas y de manuscritos antiguos ha sido el más copioso y más selecto, al menos después del famoso Sigüenza, que jamás se ha visto en aquel reino; pero antes de poner mano a su obra fue despojado de sus bienes literarios por la desconfianza de aquel gobierno, y mandado a España, donde justificado de toda sospecha contra su fidelidad y honor pero sin obtener sus manuscritos, imprimió en Madrid en 1746, en un tomo en cuarto, un ensayo de la grande obra que meditaba. En él se encuentran noticias importantes no publicadas hasta entonces, pero también algunos errores. El sistema de historia que se había formado era demasiado magnífico, y por lo mismo algún tanto fantástico.

A más de estos y otros escritores, españoles e indios, hay algunos anónimos, cuyas obras son dignas de mención por la importancia de su materia, las cuales son: I. Ciertos anales de la nación tolteca pintados en papel y escritos en lengua mexicana, en los cuales se da razón de la peregrinación y de la guerra de los toltecas, de sus reyes, de la fundación de Tolan su metrópoli, y de otros acontecimientos acaecidos hasta el año de 1547 de la era vulgar; II. Ciertos comentarios históricos en mexicano de los acontecimientos de la nación azteca, o sea mexicana, desde el año de 1066 hasta el de 1316, y otros, igualmente en mexicano, desde el año de 1367 hasta el de 1509; III. Una historia mexicana en esta lengua, que acaba en el año de 1406, en la que se pone el arribo de los mexicanos a la ciudad de Tolan en el año de 1196, según lo digo en mi *Historia*. Todos estos manuscritos estaban en el precioso museo del caballero Boturini.

No hago mención de los que escribieron sobre las antigüedades de Michoacán, Yucatán, Guatemala y el Nuevo México, porque estas provincias no pertenecían al imperio mexicano, cuya historia escribo. Hago mención de los autores de la historia antigua del reino de Colhuacán y de la república de Tlaxcala, porque sus acontecimientos tienen por lo común conexión con los de los mexicanos.

Si quisiera afectar erudición pondría aquí un catálogo muy largo de franceses, ingleses, italianos, flamencos y alemanes que han escrito, directa o indirectamente, sobre la historia antigua de aquel reino; pero habiendo leído muchísimos para auxilio de mi obra, no he encontrado que pudieran servirme sino los dos italianos Gemelli y Boturini, los cuales por haber estado en México y adquirido de los mexicanos pinturas y noticias particulares relativas a su antigüedad, han contribuido de algún modo a ilustrar la historia. Todos los demás o han repetido lo que ya estaba escrito por los autores españoles mencionados, o han alterado los hechos a su arbitrio por herir con más crueldad a los españoles, como neciamente lo han hecho el señor de Paw en sus *Investigaciones filosóficas sobre los americanos,* y el señor de Marmontel en sus *Incas.*

Entre los historiadores extranjeros de México, ninguno es más célebre que el inglés Tomás Gage, al cual citan como un oráculo, aunque no hay escritor de América que mienta con más descaro. Algunos se inclinan a esparcir fábulas, movidos por alguna pasión, como odio, amor o vanidad; pero Gage miente sólo por mentir. ¿Qué interés pudo inducirlo a decir que los capuchinos tenían un hermoso convento en Tacubaya; que en su tiempo se erigió en Jalapa un obispado con diez mil ducados de renta; que de Jalapa fue a la Rinconada y de allí a Tepeaca en un día; que en esta ciudad hay una grande abundancia de anonas y chicozapotes; que esta fruta tiene un hueso más grande que una pera; que el Desierto de los carmelitas está al noroeste de la capital; que los españoles quemaron la ciudad de Tinguez en la Quivira, y que después la reedificaron y la habitaron; que los jesuítas tenían allí un colegio, y otras mil mentiras groseras que en cada página se encuentran y excitan en los lectores prácticos de aquel país, o la risa o la cólera?

Entre los modernos escritores de América, los más famosos y estimados son Raynal y el doctor Robertson. Raynal, a más de sus errores respecto al estado presente de la Nueva España, duda de cuanto se dice de la fundación de México y de toda su historia antigua. "Nada —dice— es permitido afirmar, sino que Moctezuma regía el imperio mexicano cuando los españoles arribaron a la costa de México." Ved aquí la franqueza de un filósofo del siglo XVIII. ¿Conque nada es permitido afirmar? ¿Y por qué no dudar también de la existencia de Moctezuma? Si es permitido afirmar ésta porque consta por el testimonio de los españoles que vieron a aquel rey, ellos mismos testifican otras muchísimas cosas relativas a la historia antigua de México, que también vieron y que han sido confirmadas después por los propios indios. Conque, o se pueden afirmar aquellas cosas lo mismo que la existencia de Moctezuma, o también de ésta hay que dudar. Si hay razón para poner en duda toda la historia antigua de México, también la habrá para dudar de la antigüedad de casi todas las naciones del mundo, pues no es fácil encontrar otra historia en que haya habido un número mayor de historiadores testigos que en la de los mexicanos, ni sabemos que por algún otro pueblo se haya publicado una ley tan rigorosa contra los historiadores mentirosos, como la de los acolhuas, que cito en el Libro VII.

El doctor Robertson, aunque más moderado que Raynal en la desconfianza de la historia y mejor provisto de libros y manuscritos españoles, cae sin embargo en muchos errores y contradicciones, por haberse querido internar más en el conocimiento de América y los americanos. Para quitarnos toda esperanza de tener una mediana noticia de las instituciones y costumbres de los mexicanos, exagera la ignorancia de los conquistadores y la ruina causada en los monumentos históricos de aquella nación por la superstición de los primeros misioneros. "A causa —dice— del celo excesivo de los frailes, se perdió totalmente toda noticia de los hechos más remotos expuestos en aquellos toscos monumentos, y no quedó un solo vestigio del gobierno del imperio y las antiguas revoluciones, a excepción de aquellos que provienen de la tradición o de algunos fragmentos de sus pinturas históricas que escaparon de la bárbara inquisición de Zumárraga. La experiencia de todas las naciones demuestra que la memoria de las cosas pasadas no puede preservarse mucho tiempo ni trasmitirse con fidelidad por la simple tradición. Las pinturas mexicanas, que se supone haber servido de anales de su imperio, son pocas y de significación ambigua. Y así, en medio de la incertidumbre de las unas y de la oscuridad de las otras, estamos obligados a tomar aquellas noticias que se pudieron recoger de los mezquinos materiales que se encuentran esparcidos en los escritores españoles."

Mas en todo esto se engaña Robertson, porque, I. No son tan mezquinos los materiales que se hallan en los autores españoles, que no se pueda formar con ellos una razonable, aunque no muy completa historia de México, como consta a quien los consulte con imparcialidad; basta saber distinguir y separar el grano de la paja; II. Para escribir tal historia no es necesario valerse de los materiales esparcidos en los autores españoles, pues que hay tantas historias y memorias escritas por los mismos indios de que no tuvo noticia Robertson; III. No son pocas las pinturas históricas escapadas de la inquisición de los primeros misioneros, sino con respecto a la indecible abundancia que había antes, como se ve en mi *Historia,* en la de Torquemada y en otros escritores; IV. Ni menos son tales pinturas de significación ambigua, sino para Robertson y para todos aquellos que no entienden los caracteres y figuras de los mexicanos, ni saben el método que tenían para representar las cosas, así como son de significación ambigua nuestros escritos para aquellos que no saben leer. Cuando se hizo por los misioneros el lamentable incendio de las pinturas, vivían muchos historiadores acolhuas, mexicanos, tepanecas, tlaxcaltecas, etc., los cuales trabajaron por reparar la pérdida de tales monumentos, como en parte lo consiguieron, o haciendo nuevas pinturas o sirviéndose de nuestros caracteres, aprendidos ya por ellos, o instruyendo de palabra a sus mismos predicadores en sus antigüedades, y así éstos pudieron conservarlas en sus escritos, como lo hicieron Motolinia, Olmos y Sahagún. Es, pues, absolutamente falso que "se perdiese totalmente toda noticia de los hechos más remotos". Es falso también que "no quedara un solo vestigio del gobierno y las antiguas revoluciones, excepto aquellos que provenían de la tradición", etc. En mi *Historia,* y principalmente en mis *Disertaciones,* manifestaré algunos errores de los muchos que hay en la obra del referido autor y en las de otros escritores extranjeros, de los cuales se podrían componer gruesos volúmenes.

No contentos algunos autores con viciar en sus libros la historia de México con errores, despropósitos y mentiras, la han alterado más todavía con mentirosas imágenes y figuras grabadas, como las del famoso Teodoro Bry. En la obra de Gage, en la *Historia general de los viajes* del señor Prevost y en otras, se representa una bella calzada hecha sobre el lago mexicano para ir de México a Texcoco, que es ciertamente el mayor despropósito del mundo. En la grande obra titulada *La galerie agréable du monde,* se representan los embajadores mandados antiguamente a la corte de México montados sobre elefantes. Esto es mentir en grande.

### Pinturas

No pretendo formar aquí un registro de todas las pinturas mexicanas, ya las que se salvaron del incendio de los primeros misioneros, ya las hechas después por los indios historiadores del siglo XVI, de que se sirvieron algunos autores españoles, pues semejante enumeración sería no menos inútil que enfadosa a los lectores. Sólo quiero indicar algunas cuya noticia puede ser útil a quien quiera escribir la historia de aquel reino.

1. La Colección de Mendoza. Así llamamos la colección de 63 pinturas hechas para el primer virrey de México D. Antonio de Mendoza, a la que se añadieron explicaciones en lengua mexicana y española para mandarlas al emperador Carlos V. El navío en que se mandaron fue apresado por un corsario francés y conducido a Francia. Las pinturas mexicanas vinieron a manos de Thevenot, geógrafo del rey, a cuyos herederos las compró por una suma muy grande Hakluyt, capellán entonces del embajador inglés en Francia. Llevadas a Inglaterra, fue traducida al inglés la explicación española por Locke (diverso del famoso metafísico del mismo nombre) por orden de Walter Raleigh, y finalmente, a petición del erudito Enrique Spelman, publicada por Samuel Purchas en el tomo III de su colección. En 1692 dichas pinturas fueron publicadas en París con la interpretación francesa de Melchisedec-Thevenot, en el tomo II de su obra intitulada *Relación de diversos viajes curiosos.* Las pinturas eran 63; las 12 primeras contienen la fundación de México, los años y las conquistas de los reyes mexicanos; las 36 siguientes representan las ciudades tributarias de aquella corona y la cantidad y calidad de sus tributos, y las 15 últimas manifiestan una parte de la educación y de su gobierno político. Pero es necesario advertir que la edición de Thevenot es defectuosa; en las copias de las pinturas 11 y 12 se ven cambiadas las figuras de los años, pues las pertenecientes al reino de Moctezuma II se ponen en el de Ahuítzotl, y al contrario. Faltan también las pinturas 21 y 22, y la mayor parte de las figuras de las ciudades tributarias. El P. Kirker publicó una copia de la primera pintura, tomándola de Purchas en su obra intitulada *Œdipus Ægyptiacus.* Esta colección de Mendoza la he estudiado con diligencia y me ha sido útil para mi historia.

2. La Colección del Vaticano. El padre Acosta hace mención de ciertos anales mexicanos pintados, que existían en su tiempo en la

Biblioteca del Vaticano. No dudo que existan todavía, supuesta la suma y laudable curiosidad de los italianos en conservar semejantes antigüedades; pero no he tenido ocasión de ir a Roma para buscarlos y estudiarlos.

3. La COLECCIÓN DE VIENA. En la librería imperial de esta corte se conservan ocho pinturas mexicanas: "por una nota —dice Robertson— que está en aquel códice mexicano, aparece que fue un regalo que Manuel, rey de Portugal, hizo al papa Clemente VII. Después de haber pasado por manos de diversos ilustres propietarios, cayó en las del cardenal de Sajonia, Eisenach, que lo regaló al emperador Leopoldo". El mismo autor pone en su *Historia de América* la copia de una de aquellas pinturas, en cuya primera parte se representa un rey que hace la guerra a una ciudad después de haberle mandado una embajada. Se ven en ellas figuras de los templos y algunas otras de años y de días; pero, por lo demás, estando esta copia aislada y desprovista de colores y faltando en las figuras humanas las contraseñas que en otras pinturas mexicanas dan a conocer las personas, es no sólo difícil, sino del todo imposible adivinar su significado. Si el Dr. Robertson hubiera publicado juntamente con aquella las otras siete copias que le mandaron de Viena, tal vez podrían entenderse todas.

4. La COLECCIÓN DE SIGÜENZA. Este doctísimo mexicano, como aficionado al estudio de la antigüedad, reunió un gran número de pinturas antiguas, parte compradas a grande precio y parte que le dejó en su testamento el nobilísimo indio don Juan de Alva Ixtlilxóchitl, el cual las había heredado de los reyes de Texcoco sus ascendientes. Las imágenes del siglo mexicano, la peregrinación de los aztecas y los retratos de los reyes mexicanos, que publicó Gemelli en el tomo VI de su *Vuelta al mundo,* son copias de las pinturas de Sigüenza, que vivía en México cuando llegó Gemelli.[1] Las figuras del siglo y del año mexicano son en sustancia una misma, que más de un siglo antes había publicado en Italia Valadés en su *Retórica cristiana*. Sigüenza, después de haberse valido de las referidas pinturas para sus eruditísimas obras,

---

[1] Robertson dice que la copia del viaje de los aztecas fue dada a Gemelli por D. Cristóbal Guadalajara; pero en esto contradice al mismo Gemelli, que se reconoce deudor a Sigüenza de todas las antigüedades mexicanas de que habla en su relación. De Guadalajara sólo recibió la carta hidrográfica de la laguna de México. "Mas como ahora —añade Robertson— parece opinión generalmente aceptada y fundada no sé sobre qué evidencia, que Carreri no salió jamás de Italia y que su famosa *Vuelta al mundo* es la narración de un viaje imaginario, no he querido hacer uso de estas pinturas." Si no viviera en un siglo en el que se adoptan las ideas más extravagantes, me habría maravillado de que tal opinión fuese generalmente aceptada. En efecto: ¿quién podría imaginar que un hombre que no hubiese jamás estado en México fuese capaz de hacer una relación tan menuda de los más pequeños acontecimientos de aquel tiempo, de las personas que entonces vivían, sus cualidades y empleos, de todos los monasterios de México y otras ciudades, del número de sus religiosos, y aun de los altares de cada iglesia y otras menudencias jamás publicadas? Por el contrario, para hacer justicia al mérito de este italiano, protesto no haber jamás encontrado un viajero más exacto en referir lo que vio por sus propios ojos, aunque no lo es tanto en lo que recogió de otros.

las dejó a su muerte al Colegio de San Pedro y San Pablo, de los jesuitas de México, juntamente con su selectísima librería y sus excelentes instrumentos matemáticos. En ella vi y estudié el año de 1759 algunos volúmenes de aquellas pinturas, que contenían en la mayor parte las penas prescritas por las leyes mexicanas contra ciertos delitos.

5. La Colección de Boturini. Esta preciosa colección de antigüedades mexicanas, secuestrada por el suspicaz gobierno de México a su erudito y laborioso dueño, se conservaba en gran parte en el archivo del virrey. Yo vi algunas de estas pinturas, que contenían algunos hechos de la conquista y algunos bellos retratos de los reyes de México. En 1770 se publicaron en México, juntamente con las cartas de Cortés, la figura del año mexicano y 32 copias de otras tantas pinturas de tributos que pagaban algunas ciudades a aquella corona, una y otras tomadas del museo de Boturini. Las de los tributos son las mismas de la *Colección de Mendoza,* publicadas por Purchas y por Thevenot. Las de México están mejor grabadas y tienen las figuras de las ciudades tributarias, que faltan en las otras, pero por lo demás, les faltan a éstas enteramente seis copias de las pertenecientes a los tributos, y hay mil despropósitos en la interpretación de las figuras, ocasionados por la ignorancia en las antigüedades y en la lengua mexicana. Esto es necesario advertirlo, para que los que vean aquella obra impresa en México bajo un nombre respetable, no se fíen y caigan en algunos errores.

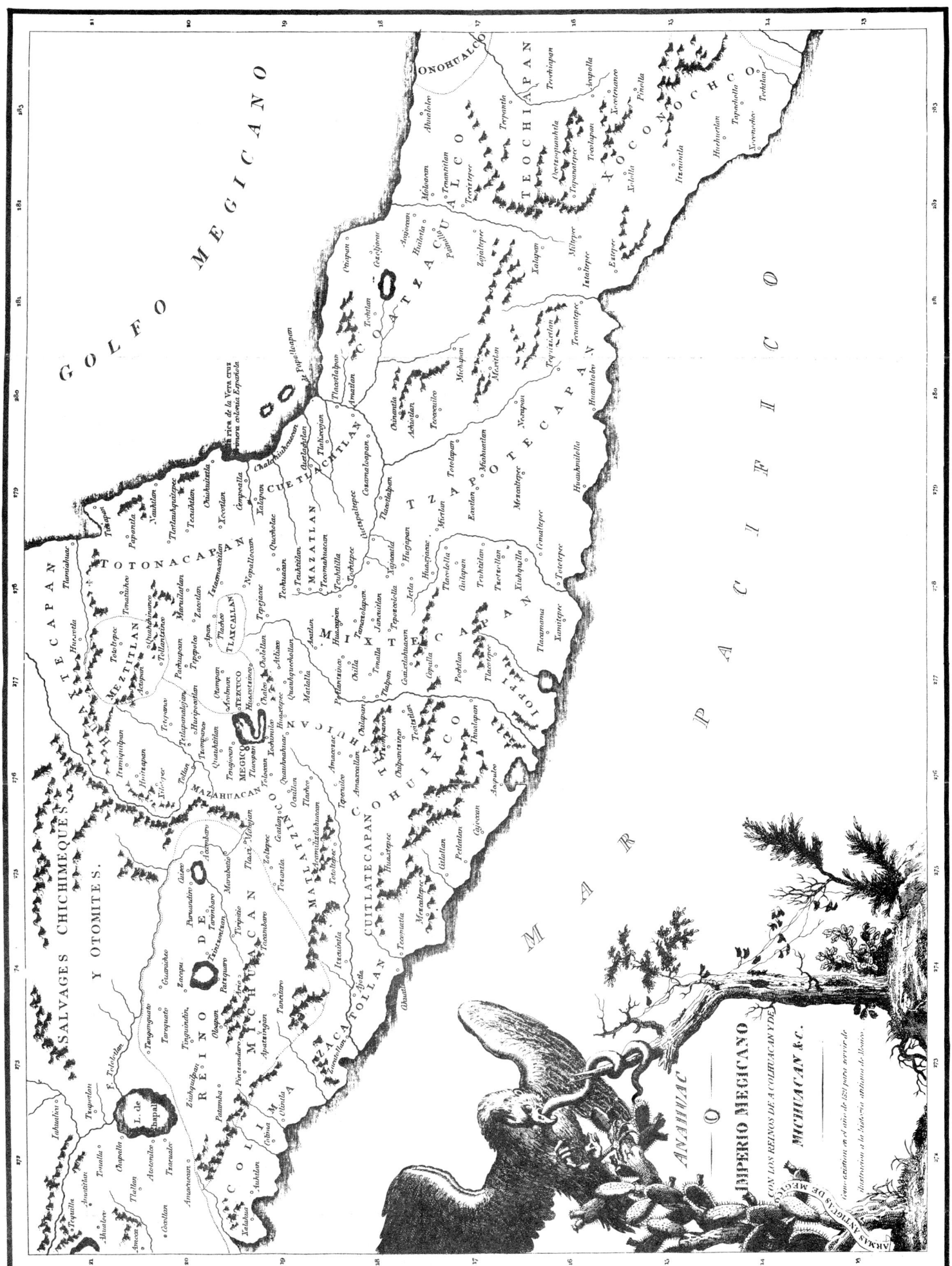

# HISTORIA ANTIGUA
## DE
# MEXICO

# LIBRO I

DESCRIPCIÓN DEL REINO DE MÉXICO; SU TIERRA, SU CLIMA, SUS MONTES, SUS RÍOS Y LAGOS; SUS MINERALES, SUS PLANTAS, SUS ANIMALES Y SUS HOMBRES

## 1. División de la tierra de Anáhuac

El nombre de Anáhuac que según su etimología se dio al principio a sólo el valle de México, por estar situadas sus principales poblaciones en la ribera de dos lagos, se extendió después a casi todo el espacio de tierra que hoy es conocida con el nombre de Nueva España.[1] Dividíase este vastísimo país en los reinos de México, Acolhuacán, Tlacopan y Michocán; en las repúblicas de Tlaxcala, Cholollan y Huexotzinco, y en otros muchos señoríos particulares. El reino de Michoacán, el más occidental de los cuatro, se extendía norte-sur desde las inmediaciones del país en que al presente están las ciudades de Celaya y Querétaro, hasta tocar en la provincia de Zacatollan, y este-oeste desde Tlaximaloya (hoy Taximaroa) hasta más allá de Apatzingán, tierra bella, fértil, rica y bien poblada.[2] Su capital Tzintzontzan, que los mexicanos llamaban Huitzitzilla, estaba situada en la ribera oriental del lago bello de Pátzcuaro. Además de estas dos ciudades eran considerables las de Tiripitío, Zacapu y Tarécuaro.

El reino de Tlacopan, al oriente del de Michoacán y al poniente del de México, era de muy poca extensión, pues no comprendía, fuera de la capital del mismo nombre, más de algunos lugares de la nación tepaneca y las poblaciones de los mazahuas situadas en las montañas occidentales del valle mexicano. La corte, Tlacopan, ocupaba la ribera occidental del lago de Texcoco a poco más de una legua de México. El reino de Acolhuacán, el más antiguo de los cuatro y en otro tiempo el

---

[1] Anáhuac significa junto al agua, y de aquí parece haberse originado el nombre de anahuatlacas que se dio a las naciones cultas que poblaron las riberas del lago mexicano.
[2] Boturini dice que el reino de Michoacán se extendía desde Ixtlahuacan junto a Tolocan hasta el mar del Sur, y desde Zacatollan hasta Xichu, pero se engañó, porque las costas del mar Pacífico eran de los mexicanos hasta más allá de Coliman, como consta de la matrícula de los tributos. Todo el país desde Tolocan hasta Tlaximaloyan perteneció a la corona de México desde las conquistas del rey Axayácatl, como consta de la citada matrícula y de la historia. Es también indubitable que todo el espacio de tierra que hay desde Acámbaro y Xerécuaro hasta Xich estaba ocupado de bárbaros, que ni tenían domicilio alguno ni reconocían soberanos.

más dilatado, se redujo después a más cortos límites por las conquistas de los mexicanos. Su longitud norte-sur desde la Huaxtecapan o el país de los huaxtecas hasta Itztapallocan, en las inmediaciones de Chalco, era de menos de sesenta leguas; su latitud este-oeste de menos de veinte leguas, desde Xaltocan hasta cerca de Hueyotlipan en la raya de Tlaxcala. En tan corto recinto contenía una inmensa multitud de habitantes y populosas ciudades. La corte de Texcoco situada en la ribera oriental del lago del mismo nombre, cinco leguas al oriente de México, fue justamente celebrada no sólo por su antigüedad y grandeza, sino también por la magnificencia de sus edificios y por la cultura y policía de sus habitantes. Servíanle de arrabales las tres ciudades de Huexotla, Coatlichan y Atenco. Además de estas ciudades eran bien considerables las de Itztapalloacan, Tepetlaoztoc, Chiautla, Acolman, Teotihuacan, Otompan, Tenayocan, Cempohuallan, Tepepolco, Tollantzinco, Huauchinanco y Otocpan. Tenía este reino al oriente los dominios de Tlaxcala, al norte los huaxtecas, al sur la provincia de Chalco, y al occidente el lago y los señoríos de Tzompanco, Tequizquiac y otros pertenecientes a México.[3]

La célebre república de Tlaxcala confinaba por el poniente con el reino de Acolhuacán, por el sur con las tierras de Huexotzinco, Chololan y Tepeyacac,[4] por el norte con el estado de Zacatlán, y por el oriente con el señorío de Iztacmaxtitlan y otros pertenecientes a la corona de México. Su longitud no excedía de quince leguas, ni su latitud de diez. La capital, Tlaxcala, estaba situada en la falda que el gran monte Matlalcueye forma hacia el noroeste. Además de esta gran ciudad eran considerables las de Topoyanco, Tecpantzinco, Atlihuetzian y Hueyotlipan.

## 2. Situación y provincias del reino de México

El reino de México, siendo el más moderno de los cuatro, tenía mayor extensión que los otros tres juntos. Extendíase por el poniente y por el sur hasta el mar Pacífico, por el sureste hasta las inmediaciones de Guatemala, por el oriente hasta el Golfo Mexicano, por el norte hasta la Huaxteca, y por el noroeste confinaba con los bárbaros chichimecas. Comprendíanse sus dominios entre los grados 14 y 21 de latitud sep-

---

[3] Los españoles, alterando los nombres mexicanos o adaptándolos a su lengua, llaman a Tlacopan Tacuba, a Huexotzingo Guaxocingo, a Tlaxcallan Tlaxcala, a Huexotla Guazuta, a Acolman Ocutma, a Otompan Otumba, a Huauchinanco Huachinango, a Otocpan Otupan, a Tzompanco Zumpango, etc.

[4] A Tepeyacac llaman los españoles Tepeaca, a Cholollan Cholula, a Quauhtemallan Guatemala, y al monte Matlalcueye sierra de Tlaxcala.

tentrional, y entre los 270 y 283 de longitud del meridiano de la isla del Hierro. Algunos autores dan mucha mayor extensión al imperio mexicano, pero ni en la matrícula de los pueblos tributarios, ni en la lista de los lugares conquistados que se halla en la *Colección de Mendoza,* ni en los autores que han escrito con mayor instrucción, hallo fundamento alguno para ampliar los límites que hemos señalado al imperio.[5] La porción mejor de esta tierra, así por su ventajosa situación como por sus grandes poblaciones, era el mismo valle de México, coronado por todas partes de verdes y hermosas montañas. Su circunferencia, medida por la parte inferior de los montes, es de más de 40 leguas. Ocupan una buena parte del valle dos lagos, uno superior de agua dulce y otro inferior de agua salobre, que se comunican por un canal. El inferior, por ocupar la parte más baja del valle, recibía todas sus aguas, y siendo en mayor copia de la conveniente, rebosaba e inundaba la ciudad de México. Estos dos lagos, cuyo ámbito era de más de 30 leguas, representaban la figura de un camello, cuya cabeza y cuello formaba el lago de agua dulce, el cuerpo el de agua salobre, y las piernas los arroyos y torrentes que de los montes corren al lago. El de agua dulce al sur de México se extiende según su longitud de oriente a poniente y toma el nombre de Chalco, de una ciudad así llamada, sita en su ribera oriental. Al otro lago da nombre la célebre ciudad y corte de Texcoco y entre ambos se forma la pequeña península de Iztapalapan. Además de las cortes de México, Texcoco y Tlacopan había, parte en las isletas y parte en las riberas de los lagos, otras doce ciudades bien grandes, y en todo el recinto del valle por lo menos 40 ciudades considerables, de las cuales las mayores eran Xochimilco, Mizquic, Cuitláhuac (hoy Tláhuac), Chalco, Atzcapozalco, Iztapalapan, Tenayocan, Quauhtitlán y Otompan,[6] que al presente no son la vigésima parte de lo que eran.

[5] Solís, siguiendo a otros autores, dice que el imperio mexicano se extendía desde el Istmo de Panamá hasta el Cabo Mendocino en California; pero esta ampliación de los límites del imperio es arbitraria y falsa. Los mexicanos no tenían que hacer con California ni motivo alguno para emprender en tan grande distancia la conquista de un país, el más despoblado y más infeliz del mundo. Si hubiera sido alguna vez provincia de México, se habrían hallado en ella vestigios de algunas poblaciones; pero no se halló en toda aquella vasta península casa alguna ni señal de haberla habido. De lo que dice Bernal Díaz (cap. 93) se entiende que los dominicos mexicanos no se extendían hacia el sureste más allá de Soconusco. Es verdad que Torquemada en su *Monarquía Indiana* (Lib. II, cap. 81) refiere la conquista de Nicaragua por las armas mexicanas en tiempo de Moctezuma II; pero lo mismo que en este lugar se refiere a un ejército mexicano, cuenta en el Lib. VIII, cap. 40, de una colonia salida muchos años antes por orden de sus dioses de las cercanías de Xoconochco. Para certificarse de la insubsistencia de su narración basta leer y comparar los dos pasajes.
[6] Las otras ciudades eran Colhuacán, Oztapallocan, Atenco, Coatlichan, Huexotla, Chiauhtla, Teotihuacan, Tepepolco, Acolman, Tizayocan, Citlaltepec, Coyotepec, Tzompanco, Toltitlán, Quauhtitlán, Xaltocan, Tetepanco, Tepetlaoztoc, Ehecatepec, Tequizquiac, Huipochtlan Tepotzotlán, Tehuilloyoccan (hoy Teoloyuca), Huehuetoca y Atlacuihuayan o como al presente la llaman Tacubaya, además de otras innumerables poblaciones menores. Véase nuestra *Quinta Disertación* y lo que de muchos de estos lugares deponen Cortés, Bernal Díaz, Torquemada y otros historiadores.

## 3. Provincias mediterráneas del reino de México

Las principales provincias mediterráneas eran, al norte y noroeste de México, la de los otomíes, y al poniente y sudoeste la de los matlatzincas y cuitlatecas; al sur la de los tlahuicas, cohuizcas y yopes, al sureste después de los estados de Itzocan, Yauhtepec, Quauhquechollan, Atlixco, Tehuacán y otras muchas, las grandes provincias de los mixtecas, zapotecas, mixes y chinatecas, y, finalmente, después de otros estados, la última provincia de los chiapanecas. Al oriente tenía la provincia de Tepeyacac, la de los popolocas y la de los totonacas, y al nordeste el estado de Zacatlán. Las provincias marítimas del golfo mexicano eran las de Coatzacualco y las de Cuetlachtlan, que hoy llaman Cotasta; las del mar Pacífico eran las de Coliman, Zacatolan, Tototepec y Xoconochco.

La provincia de los otomíes comenzaba en la parte septentrional del valle mexicano y se continuaba por aquellas montañas hasta más de veinte leguas de la capital. Entre las muchas poblaciones que incluía, sobresalía la antigua y célebre ciudad de Tollan (hoy Tula) y la de Xilotepec, que en los tiempos posteriores se constituyó metrópoli de la nación otomí. Pasadas las poblaciones de esta nación no había otras por aquel rumbo en más de cuatrocientas leguas. Este grande espacio de tierra estaba ocupado de naciones bárbaras e indómitas, que ni tenían domicilio fijo ni obedecían a ningún soberano.

La provincia de los matlatzincas comprendía, además del valle de Tolocan al poniente de México, aquel espacio que hay hasta Tlaximaloyan, raya del reino de Michoacán. El hermoso y fértil valle de Tolocan tiene quince leguas de largo del sureste al noroeste y nueve de ancho por donde más se dilata. Tolocan, su capital, que era la principal población de los matlatzincas, está situada al pie de una alta montaña coronada perpetuamente de nieve a distancia de diez leguas de México. Los demás lugares de consideración eran Xiquipilco, Metepec, Calixtlahuacan, Calimayan, Tenanco y Tzinacantepec, parte habitados de matlatzincas y parte de otomíes. Sobre las montañas que forman este valle estaban los señoríos de Xalatlauhco, Tzompahuacan y Malinalco, a corta distancia al oriente el de Ocuillan y al occidente los de Tozantla y Zoltepec.

Los cuitlaltecas habitaban un país que se extendía este-oeste por unas ochenta leguas desde las cercanías de Michoacán hasta el mar Pacífico. Su capital era la grande y populosa ciudad de Mexcaltepec en la costa, de la cual apenas han quedado algunas ruinas. Pertenecían también a esta provincia los lugares marítimos de Cihuatlan y Petlatlan.

La provincia de los tlalhuicas comenzaba en Huitzilac y se extendía norte-sur por más de veinte leguas. La capital de esta nación era la amena y fuerte ciudad de Quauhnahuac, que los españoles dicen Cuernavaca, doce leguas al sur de México. Atlacholoayan, Xochitepec, Tlaltenanco y Amacozac eran también poblaciones de la misma nación. La dilatada provincia de los cohuixcas confinaba por el norte con los matlatzincas y tlahuicas, por el poniente con los cuitlatecas, por el oriente con los yopes y mixtecas, y por el sur corría hasta el mar Pacífico por aquella parte donde ahora está el puerto de Acapulco. Contenía muchos estados particulares como los de Tzompanco, Chilapan, Teoitztla (hoy Tixtla), Tlachmayac y Tlalcozauhtitlan, tierra por la mayor parte muy caliente y poco favorable a la salud. Tlachco, lugar célebre, aun en la antigüedad, por sus minas, o era de esta provincia o confinaba con ella.

La Mixtecapan o provincia de los mixtecas se extendía sureste-noroeste por más de ochenta leguas desde Tototepec en la costa del mar Pacífico hasta Acatlán, lugar distante cuarenta leguas al sureste de México y comprendía, entre otras grandes poblaciones, las ciudades de Yancuitlan (hoy Yanguitlán), Zollan, Quauhxolotitlán y Tepozcololla. Al oriente de los mixtecas estaban los zapotecas, cuyo nombre tomó esta numerosa nación de su capital Teotzapotlán. En su distrito estaba comprendido el valle de Huaxyacac (hoy Oaxaca). Esta ciudad, con el nombre de Antequera que le dieron los españoles, se erigió después en obispado, y el valle en marquesado en favor del conquistador Fernando Cortés.[7] Al norte de los mixtecas estaba la provincia de Matlatlan, con la capital del mismo nombre, y al norte y oriente de los zapotecas la provincia de Chinantla, cuyas principales poblaciones eran las de Chinantla, Tlachquiauhco y Achiotlan.

Las provincias de los chiapanecas, los zoques y los quelenes eran las últimas del imperio mexicano por la banda del sureste, y absolutamente las más retiradas de la capital. Las principales poblaciones de los chiapanecas eran Teochiapan (hoy Chiapa de Indios) en 16° de latitud y en 283° de longitud, Chamolla, Tochtla y Tzinacantla, de los zoques Tepantla y de los quelenes Teopixca.

En la falda y contornos del gran volcán Popocatépetl, que dista once leguas al sureste de México, estaban los estados de Amaquemecan, Tepoztlán, Yauhtepec, Huaxtepec, Chietlan, Itzocan, Acapetlayocan, Quauhquetlollan, Atlixco, Cholollan y Huexotzinco. Estos dos últimos,

---

[7] No ignoro que algunos afirman que en Huaxyacac no había antiguamente población sino un mero presidio de mexicanos, pero consta de la historia y la matrícula de los tributos que ése era uno de los lugares tributarios y sabemos que los mexicanos no acostumbraban poner presidios sino en las poblaciones considerables de las naciones conquistadas. Los españoles decían que fundaban una ciudad o una villa, cuando establecían en cualquier población de los indios un Cabildo o Ayuntamiento de españoles. No fue de otra suerte la fundación de Antequera Huaxyacac y la de Segura de la Frontera en Tepeyacac.

que eran los más considerables, habiendo sacudido con el auxilio de sus vecinos los tlaxcaltecas el yugo de los mexicanos, restablecieron su gobierno aristocrático. Las ciudades de Cholollan y Huexotzinco eran de las mayores y más bien pobladas de toda la tierra. Los cholultecas tenían la pequeña población de Cuitlaxcoapan en el mismo sitio en que después fundaron los españoles la Puebla de los Ángeles que es al presente la segunda ciudad de Nueva España.[8]

Al oriente de estas dos ciudades estaban los estados de Tepeyacac y Acatzinco, y adelante la provincia de los popolocas, cuyos principales lugares eran Tecamachalco, Quechólac, Matlatlan y Ahuitizapan. Al sur de los popolocas estaba el señorío de Tehuacán confinante con la Mixteca, al oriente de la provincia marítima de Cuetlachtlan y al norte de la provincia de Totonacapan. Esta gran provincia, que se extendía este-oeste por más de 50 leguas desde el golfo mexicano hasta la raya de Zacatlán, diez leguas al norte de Tlaxcala, era por aquella parte la última del imperio mexicano; confinaba por el norte con la Huaxteca y los estados de Pánuco, y por el oriente con la provincia de Cuetlachtlán y con el golfo mexicano. Su capital era Mizquihuacan, cuatro leguas al oriente de Zacatlán. Pertenecían también a los totonacas las poblaciones de Ocotlán, Xoxopanco, Tlatlauhquitepec, Tecuihtlán, y sobre el seno mexicano las de Chiahuiztlan, Nauhtlan y Cempohuallan, que fue la primera ciudad del imperio en que entraron los españoles. Estas eran las principales provincias mediterráneas del reino de México, omitiendo por ahora varias otras provincias y estados menores que había entre ellas, por no hacer más prolija esta descripción y por no gravar con tanta multitud de nombres exóticos la memoria de los lectores.

4. Provincias marítimas

Entre las provincias marítimas del mar Pacífico, la más septentrional era la de Coliman, cuya capital del mismo nombre estaba en 19° de latitud y en 272° de longitud. Corriendo la misma costa al sureste estaba la provincia de Zacatollan, cuya capital estaba situada en la embocadura del río Zacatollan que dio nombre a la capital de la provincia. Contigua a ésta, hacia el mismo rumbo, estaba la costa de los cuitlatecas y después de los cohuixcas, en cuyo distrito estaba Acapolco, hoy puerto célebre en 16° y 40 minutos de latitud y a los 276° de longitud.

---

[8] Los españoles llaman a Amaquemecan Amecameca, a Itzocan Izúcar, a Atlixco Atrisco, a Tochtlan Tuxtla, a Quechólac Quechula, a Matlatlan Maltrata, a Ahuilizapan Orizaba y a Quauhquechollan Quauhquechollan Guaquechula. Acapetlayocan era antiguamente lo que es hoy Tochimilco.

Confinaba con la costa de los cohuixcas la de los yopes, y con ésta la de los mixtecas que hoy llaman Xicayan, en que se incluía el gran estado de Tototepec. Seguíase a éste el de Tehuantepec y después la de Xoconochco. La ciudad de Tehuantepec, capital del estado del mismo nombre, estaba situada en una isleta que forma un río a media legua del Mar del Sur. La provincia de Xoconochco, que era la última y la más meridional del imperio, confinaba por el oriente y sureste con la de Xochitepec, que no era del imperio mexicano; por el norte con la de los quelenes, por el poniente con la del Tehuantepec y por el sur terminaba en el mar Pacífico. Su capital, llamada también Xoconochco, estaba entre dos ríos en la altura 14-1/2° y en 283° de longitud. Sobre el golfo mexicano tenía la corona de México, además de la costa de los totonacas, las provincias de Cuetlachtlan y de Coatzacualco, que por la mayor parte pagaba tributo a aquella corona; tenía al norte el seno mexicano, al poniente la provincia de Cuetlachtlan, al sur los zapotecas y los mixes, nación fiera que ocupaba unas ásperas montañas, y al oriente el vastísimo país de Onohualco, bajo cuyo nombre comprendían los mexicanos los estados de Tabasco y la península de Yucatán, que no estaban sujetas a México. Su capital Coatzacualco estaba fundada sobre el río del mismo nombre, y además de ella había por lo menos cincuenta buenas poblaciones, entre las cuales merecen particular mención Tochtlan, Ahualolco, Michapan, Tenantitlan, Otatitlan, Huilotla y Painalla. Este lugar se hizo célebre por haber sido patria de la famosa Malintzin, uno de los principales instrumentos de que se sirvieron los españoles para la conquista de aquel reino. La provincia de Cuetlachtlan comprendía toda la costa que hay desde el río de Papaloapan (hoy Alvarado) en los confines de Coatzacualco, hasta la raya de los totonacas en las cercanías de Cempohuallan. La población más considerable después de la capital Cuetlachtlán, era la de Tochtepec. En aquella parte de la costa que nombraban Chalchiuhcuecan está hoy la ciudad y puerto de Veracruz, el más célebre y el más frecuentado de la Nueva España.

Toda la tierra de Anáhuac estaba por lo general bien poblada. En el discurso de esta historia y en nuestras *Disertaciones* tendremos ocasión de hablar en particular de varias ciudades grandes y de dar alguna idea de la muchedumbre de sus habitantes. Subsisten hasta hoy casi todas las poblaciones antiguas con sus propios nombres, aunque en parte alterados; pero tan disminuidas y menoscabadas, a excepción de las de México, Orizaba y algunas otras, que apenas conservan la cuarta parte del número de edificios y habitantes que contenían; muchos apenas tienen la décima parte y algunos ni la vigésima; y generalmente hablando de las naciones que antiguamente poblaban estos vastos países, y comparando lo que deponen de su multitud los primeros historiadores españoles y los escritores nacionales con lo que han visto nuestros ojos, podemos asegurar que de las diez partes apenas subsiste una al presente: efecto lamentable de las grandes calamidades que han sufrido.

## 5. Ríos, lagos y fuentes

La tierra es en gran parte montuosa y quebrada, poblada de buenos bosques y regada de caudalosos ríos, aunque no comparables con los de la América Meridional. De éstos unos corren al golfo mexicano y otros al Mar del Sur. Entre los primeros los más grandes son los de Papaloapan, Coatzacualco y Chiapan. El río de Papaloapan que los españoles llaman Alvarado, del nombre del primer capitán español que lo navegó, tiene su principal origen en los montes de los zapotecas, y después de hacer un gran giro por la provincia de Mazatlán y de recibir en sí otros ríos y arroyos, sale al mar por tres bocas navegables a distancia de diez leguas del puerto de la Veracruz. El río de Coatzacualco, que es también navegable, nace en las montañas de los mixes, y después de bañar la provincia de su nombre, desemboca en el mar cerca de Onohualco o Tabasco. El río de Chiapan comienza su curso en los montes llamados hoy Cuchumatanes, que dividen la diócesis de Chiapa de la de Guatemala, atraviesa la provincia de su nombre y la de Onohualco, y por ésta se descarga en el golfo mexicano. Los españoles le llaman Tabasco, del nombre que dieron a aquella parte de Onohualco que ocupa la garganta de la península de Yucatán, y al principio le nombraron río de Grijalva en atención al comandante de la primera escuadra que lo descubrió.

Entre los ríos que corren al mar Pacífico, el más nombrado es el Tololotlan, que hoy llaman río de Guadalajara o río Grande, por ser el mayor de los que corren por aquella parte. Nace en el valle de Tolocan y pasa por el reino de Michuacán a la laguna de Chapallan; de allí sale a bañar la provincia de Tonallán, en cuyo distrito está al presente la ciudad de Guadalajara, capital de la Nueva Galicia, y después de un curso de más de 200 leguas desemboca en el Mar del Sur en la altura de 22º. El río Tehuantepec nace en el monte de los mixes, y a pocas leguas se descarga en el mar. El de los yopes baña las tierras de esa nación y sale al mar Pacífico cinco leguas al oriente del puerto de Acapulco, formando por aquella parte la línea divisoria entre las diócesis de México y la de Puebla.

Había también y hay varios lagos que servían no menos a hermosear el país que a facilitar el comercio de aquellos pueblos. Los lagos de Nicaragua, Chapallan, Tzintzontzan o Pátzcuaro, que eran los más considerables, no pertenecían al imperio mexicano. Entre los otros, los que hacen más con nuestro intento, son los dos del valle de México que ya mencionamos. El de Chalco se extendía este-oeste desde la ciudad que le dio el nombre por más de cuatro leguas hasta la de Xochimilco, y desde esta ciudad se dirigía al norte por otras cuatro leguas hasta incorporarse por medio de un buen canal en el lago de Texcoco. Su anchura era de dos leguuas. El lago de Texcoco tenía más de cinco leguas de oriente a poniente y algo más de norte a sur; hoy tiene menos extensión por haber divertido los españoles a otra parte muchas aguas que antiguamente corrían al lago. Toda el agua que en él entra es dulce, y no se hace salobre sino a causa del vaso salitroso en que se recibe.[9] Al norte de México, en el mismo valle, había otros dos lagos menores, el de Tzompanco y el de Xaltocan. El de Tochtlan, en la provincia de Coatzacualco, es muy hermoso y sus riberas muy amenas.

Por lo que mira a las fuentes, son tantas las que hay en aquella tierra y de tan diversas calidades que sería menester formar una historia separada de ellas, especialmente si hubiésemos de comprender las del reino de Michuacán. Hay infinitas aguas minerales de nitro, azufre, alumbre, vitriolo y caparrosa, de las cuales algunas nacen hirviendo a borbollones, y tan excesivamente cálidas que en pocos minutos cuecen cualquiera fruta o carne de animal. Hay también varias aguas petrificantes, como las de Tehuacán, ciudad 40 leguas al sureste de México; las del manantial de Púcaro en el condado de Miravalles, y las de cierto río en la provincia de los quelenes. Con el agua de Púcaro se forman unas piedras cenicientas lisas y de no mal gusto, que desleídas en caldo o en atole[10] son de los más eficaces diaforéticos que hasta ahora se han conocido, y se usan con maravilloso efecto contra varias especies de fiebres.[11] La ciudad de México se servía en tiempo de sus reyes del agua de la fuente de Chapultepec, que por un buen acueducto de mampostería se conducía a la ciudad, de lo cual hablaremos en otro lugar.

Con ocasión de hablar de las aguas de aquel reino podríamos describir, si el carácter de nuestra *Historia* lo permitiera, los maravillosos saltos o cataratas que hacen algunos ríos[12] y los puentes que ha formado

---

[9] Bomare dice que la sal del lago de México parece provenir de las aguas del Mar del Norte filtradas por la tierra; error ocasionado de falta de noticias. El suelo de las lagunas de México tiene mas de una milla de altura perpendicular sobre la superficie del Mar del Norte y distan de él más de 60 leguas. Bomare cita el *Journal des Savants*, del año de 1676; pero el autor anónimo de unas *Observaciones curiosas sobre el lago de México* (que es la obra que extractan aquellos diaristas) dice lo mismo que nosotros, y se muestra muy ajeno de adoptar el error de Bomare.

[10] Atole (*atolli*) llaman los españoles a ciertas gachas o poleadas de maíz de que hablaremos en otro lugar.

[11] Poco hace que son conocidos las piedras de Púcaro. Yo fui testigo por repetidas experiencias de sus maravillosos efectos en la epidemia de 1762. La dosis prescrita a los que tienen facilidad en sudar es de una dracma, y a los que sienten dificultad de dos dracmas.

[12] Entre otras cataratas es célebre la que hace el río Grande de Guadalajara en un lugar nombrado Tempizque, cinco leguas al sur de aquella ciudad.

sobre otros la misma naturaleza, en especial el Puente de Dios, que así llaman a un vasto volumen de tierra (que parece fragmento de algún monte derrumbado) atravesado sobre el profundo y caudaloso río Atoyaque, cerca de la población de Molcaxac, 30 leguas al sureste de México, por el cual pasan comodísimamente los coches y carros.

## 6. Clima de Anáhuac

El clima de las tierras de Anáhuac es vario según su situación. Las marítimas son calientes, y por la mayor parte húmedas y malsanas. Su calor, que hace sudar aun en enero, es originado de la gran depresión de las costas respecto de las otras tierras y de los montes de arena que hay en sus playas, como se ve en la costa de la Veracruz, mi patria. La humedad proviene de las aguas que en gran copia se precipitan de las montañas que dominan las costas. En estas tierras calientes no hiela jamás, y en muchas ni aun tienen idea de la nieve, sino por la lectura de los libros o la relación de los extranjeros. Las tierras muy elevadas o contiguas a los altísimos montes eternamente cubiertos de nieve son frías, pero no tanto como las que son tenidas por tales en Europa. Los demás países mediterráneos en que estaba la mayor y mejor población de aquella tierra, gozaban y gozan de un clima tan benigno y dulce, que ni sienten los rigores del invierno ni los ardores del estío. Es verdad que en muchos de aquellos países hiela frecuentemente en el invierno y tal vez suele nevar; pero la leve incomodidad que ocasiona semejante frío no dura más que hasta que nace el sol. No es menester otro fuego que el de sus rayos para calentarse en el mayor invierno, ni más refrigerio en tiempo de calor que el de la sombra. El mismo vestido que cubre a los hombres en los caniculares los defiende en enero, y todo el año duermen los animales a cielo descubierto.

Esta dulzura y apacibilidad de clima bajo la zona tórrida es efecto de varias causas naturales incógnitas a los antiguos que la creyeron inhabitable, y a no pocos modernos que la reputan poco favorable a los vivientes. La limpieza y despejo de la atmósfera, la menor oblicuidad de los rayos del sol y su mayor demora sobre el horizonte en el invierno respecto de otras regiones más distantes de la equinoccial, contribuyen a disminuir notablemente el frío e impiden todo aquel horror que cubre a la naturaleza bajo las otras zonas. Se goza aun en aquel tiempo de la belleza del cielo y del verdor de las campiñas. Los días son entonces los más claros y las noches las más apacibles y serenas, cuando en las zonas templadas roban las nubes la vista del cielo y la nieve sepulta las bellas producciones de la tierra. No menores causas concurren en el estío al templar el calor. Las copiosas lluvias que bañan frecuentemente la tierra después de medio día, desde finales de abril o principios de mayo hasta septiembre u octubre, los altos montes coronados siempre de nieve y distribuidos por toda la tierra de Anáhuac, los vientos frescos que entonces soplan y la menor demora del sol sobre el horizonte respecto de las regiones de la zona templada, convierten el estío de aquellas felices tierras en alegre y fresca primavera.

Pero la apacibilidad del clima se contrapesa con las tempestades de rayos que son frecuentes en el estío, especialmente en las inmediaciones del monte Matlalcueye o sierra de Tlaxcala, y con los terremotos que a veces se sienten, aunque con más susto que daño. A uno y otro efecto contribuye el azufre y otros materiales combustibles depositados en grande abundancia en el seno de aquella tierra. Las tempestades de granizo, aunque no son más frecuentes que en Europa, han sido algunas veces notables por la enorme magnitud del granizo.[13]

### 7. Volcanes, canteras y minerales

El fuego encendido con aquellas materias inflamables ha formado varios respiraderos o volcanes. Cuatro eran los más nombrados en el imperio mexicano: el Popocatepetl, el Iztaccíhuatl, el Poyauhtecatl y el de Colima. El Poyauhtecatl, comúnmente llamado volcán de Orizaba, comenzó a arrojar humo en el 1595 y continuó por 20 años, pero después no se ha vuelto a observar en él alguna señal de incendio. Es el monte más alto de toda la tierra de Anáhuac y por su elevación[14] es la primera tierra de Nueva España que divisan los navegantes a distancia de 50 leguas. Es de figura cónica, su cumbre está perpetuamente cubierta de nieve y su falda bien poblada de corpulentos cedros, pinos y otros árboles de madera estimable. Dista de México poco más de 30 leguas al oriente.

El Iztaccíhuatl y el Popocatepetl, vecinos entre sí y distantes once leguas de México al sureste, son también de una altura prodigiosa.[15] El Popocatepetl es de figura cónica, su boca tiene un cuarto de legua, por

---

[13] En 1762 cayó en Huexotzingo una gran tempestad de granizo que alcanzó hasta la ciudad de Puebla, en donde entonces me hallaba. En un monte vecino a Huexotzingo se hallaron granizos de tres libras pero excede a éste y cuantos leemos en las historias el que cayó en las cercanías de Guadalajara en 1765 en que hubo granizo de más 25 libras de peso. Arruinó esta tempestad algunos edificios rústicos y mató cuantos animales había en el campo. La relación que se me dio de esta tempestad en Valladolid de Michoacán no me pareció creíble hasta que habiendo ido el año siguiente a Guadalajara, la reconocí cierta.
[14] El volcán de Orizaba es más alto que el de Taicle o pico de Tenerife, según el P. Tallandier que observó uno y otro.
[15] Del Popocatepetl dice Tomás Gage que es más elevado que el más alto monte de los Alpes.

donde en tiempo de los reyes mexicanos arrojaba mucho fuego, y en el siglo pasado despidió varias veces una gran cantidad de cenizas sobre los lugares comarcanos; pero en este siglo apenas se le ha observado algún humo. El Iztaccíhuatl, que también ha eructado alguna vez humo y cenizas, tiene figura de caballete y es conocido con el nombre vulgar de Sierra Nevada. Uno y otro tienen siempre su eminencia coronada de nieve, y en tan gran abundancia que de la que se precipita a las quebraduras se abastecen las ciudades de México, Puebla, Cholollan y demás poblaciones situadas en su circunferencia por más de 15 leguas, en donde se consume todo el año infinita cantidad en helados.[16] El volcán de Colima ha hecho en este siglo algunas erupciones terribles, como también el de Tochtlan en la provincia de Coatzacualco.[17]

Además de estos montes hay otros que aunque no son volcanes, son nombrados por su altura, como el de Matlalcueye, el de Tolocan, el Napateuctli, que los españoles llaman Cofre por su figura, el Tentzon en las cercanías de Molcaxac, y otros que omito por no hacer a mi intento. En la cadena de montes que ciñe el valle de México hay algunos tan altos que en su cumbre hiela todos los días del año; pero sobre todos se levanta el mencionado Popocatepetl. Todos saben ya que la célebre cordillera de los Andes que atraviesa la América Meridional se continúa por toda la Nueva España hasta perderse en los países incógnitos del norte. Una parte de esta gran cadena es conocida en aquel reino con el nombre de Sierra Madre, especialmente en la Sinaloa y la Tarahumara, provincias distantes 400 leguas de México.

Los montes de esta tierra abundan en minas de todos metales. Tenían los mexicanos oro en el país de los cohuixcas y en otros, y pagaban anualmente cierta cantidad de aquel precioso metal a la corona, el cual cogían por la mayor parte entre la arena de los ríos. La plata que tenía allí mucho menor aprecio que entre otras naciones se sacaba de las minas de Tlachco (hoy Taxco), de Tzompanco y otras. Del cobre había y hay dos especies, uno duro, que en gran parte suplía al hierro, del cual

[16] Los derechos que percibía el rey a mediados de este siglo, de la nieve que se consumía en la capital, ascendían a $15,520 fuertes; hoy pasan, según oí decir, de $20,000.
[17] No hace muchos años que se publicó en Italia una relación de no sé qué estupenda erupción del volcán de Tochtlan, llena de las más gruesas patrañas. En ella había ríos de fuego, elefantes despavoridos y otros mil despropósitos. No hacemos mención entre los volcanes de Momotombo de Nicaragua, del de Guatemala y del Jorullo, porque ninguno de los tres estaba comprendido en los dominios de México. El de Guatemala arruinó con varios terremotos aquella grande y bella ciudad el 29 de julio de 1773. El Jorullo reventó en el valle de Urecho del reino de Michoacán el 20 de septiembre de 1760 y ha continuado sin intermisión arrojando fuego y peñascos encendidos, de los que se han formado tres altos montes, cuya circunferencia sería de dos leguas según la deposición que me hizo en 1766 como testigo ocular el noble caballero Juan Manuel de Bustamante, alcalde mayor de Apatzingán y corregidor de Ario, en cuya jurisdicción se formó dicho volcán. Las cenizas llegaron alguna vez hasta la ciudad de Querétaro distante mas de 40 leguas.

hacían hachas, azadas y otros instrumentos de guerra y de agricultura; y otro blando que se empleaba en vasos, vasijas, lebrillos y semejantes utensilios domésticos. Este metal abundaba principalmente en las provincias de los cohuixcas y de Zacatollan. Sacaban el estaño de los montes de Tlachco y el plomo de los de Izmiquilpan, lugar de la provincia de los otomíes. Del estaño hacían moneda, como veremos; del plomo sabemos que se exponía en los mercados, pero ignoramos el uso que de él hacían. Tenían también minas de hierro en Tlaxcala, en Tlachco y en otras partes; pero o no descubrieron este metal, o no acertaron a beneficiarlo. En Chilapan tenían minas de azogue y en otras muchas partes de alumbre, vitriolo, caparrosa, azufre, almagre, talco, ocre y de cierta tierra blanca parecida al albayalde no menos en el color que en el uso que de ella se hacía; del azogue, vitriolo y talco no sabemos en qué se empleaban; de los demás se servían para artes y pinturas.[18] Del ámbar y del asfalto o betún de Judea había y hay grande abundancia en la costa de ambos mares, y de uno y otro pagaban tributo al rey varios lugares. Del ámbar, que engastaban en oro, se servían para ornato y placer; del asfalto para ciertas incensaciones, y las mujeres lo mascaban para limpiar sus dientes.

De piedras preciosas había y hay diamantes; pero, a lo que parece, eran poco usados de los antiguos mexicanos; había esmeraldas y otras piedras verdes semejantes y poco inferiores a ellas, amatistas, cornelinas, ojos de gato y turquesas, de todas las cuales pagaban también tributo varios lugares de los mixtecas, los chinantecas y los cohuixcas, en cuyos montes hay minas de estas piedras. De su abundancia, del aprecio que tenían entre los mexicanos y del modo de labrarlas hablaremos en otro lugar.

Los montes que hay en la costa del seno mexicano entre el puerto de Chalchiuhcuecan y el río de Coatzacualco, y los de Chinantla y la Mixteca, los proveían de cristal de roca, y las ciudades de Tochtepec, Cuetlachtlán, Cozamaloapan y otras muchas eran obligadas a contribuir anualmente con cierta cantidad al lujo de la corte. Además de estos minerales conocidos en Europa, había otros muchos peculiares de aquella tierra, entre los cuales merece particular mención el *itztli*;[19] es una piedra semidiáfana y vidriosa, negra, blanca o azul, de que hay mucha copia, y de la cual hacían espejos, cuchillos, filos de espadas,

---

[18] Los mexicanos llamaban al alumbre *tlalxococ*, al ocre *tecozahuitl*, al almagre *tlahuitl*, al ámbar *apozonalli*, al asfalto *chapopotli*, a las piedras preciosas verdes *chalchihuitl*, a la esmeralda *tlazochalchihuitl*, al diamante *tlaquahuac*, a la amatista *tlapaltehuilletla*, a la cornelina *cozticteopatl*, al ojo de gato *huitzitziltelt* y a la turquesa *matlalzihuitl*.

[19] El *itztli* es la piedra del gallinazo de los peruanos. Caylies es una disertación MS que vio y cita Bomare, prueba que la murra (obsidiana de que hacían los antiguos los celebrados vasos murrinos) era semejante a la piedra del gallinazo.

lancetas y navajas de barba, y después de introducido el cristianismo se labraron algunas otras muy apreciadas. No menos abundan aquellos montes en varias especies de piedras excelentes para el uso de la arquitectura y de la escultura, o recomendables por otras bellas calidades.

Hay canteras de jaspe y de mármol de varios colores en los montes de Capolalpan al oriente de México, en los que separan el valle de México del de Tolocan, que hoy llaman Monte de las Cruces, y en las montañas de los zapotecas; de alabastro en Tecalco (hoy Tecale), en la provincia de Tepeyacac y en la Mixteca; de las cuales piedras se aprovechaban más los antiguos mexicanos que los españoles presentes:[20] de *tetzontli* en el mismo valle de México y en otros muchos lugares del reino. El *tetzontli* que, por lo común, es de un rojo oscuro, es una piedra bastantemente dura, porosa y liviana, que interpone en sí y une estrechamente el mortero o mezcla, y por tanto es preferida a toda otra piedra para los edificios de la capital, cuyo suelo es paludoso y poco firme. De piedra imán hay montes enteros y entre otros uno bien grande entre Teoitztla y Chilapan, en la provincia de los cohuixcas. Del *quetzalitztli*, conocido en Europa con el nombre de piedra netrífica, labraban los mexicanos diferentes figuras o talismanes, de los cuales se hallaban muchos en los gabinetes de Europa. El *chimaltizatl* es una piedra diáfana y blanquizca, fácilmente divisible en láminas sutiles, que calcinada parece yeso y servía a los pintores mexicanos para el color blanco. El *mezcuitatl* (estiércol de luna) es una piedra diáfana, de color de oro que tira a rojo y resiste mucho a la acción del fuego.

Pero siendo tan abundante y rico el reino mineral de México, es incomparablemente más copioso y vario el reino vegetable. El célebre Dr. Hernández, el Plinio de la Nueva España, describe en su *Historia natural* mil y doscientas plantas nativas de aquella tierra, y es cierto que apenas describe una parte de los innumerables vegetales que ha producido allí la naturaleza; pues la fitografía apenas comprende otras plantas que las medicinales, de las cuales daremos alguna razón cuando tratemos de la medicina de los mexicanos.

### 8. Plantas recomendables por sus flores

De las demás clases vegetales, unas son recomendables por sus flores, otras por su fruto, otras por sus hojas, por su raíz, por su tallo o

---

[20] Un hábil lapidario romano, habiendo observado un trozo de alabastro mexicano que trajo consigo un jesuita, dijo que era muy superior al alabastro de Volterra, pero inferior al oriental. Si en vez del trozo que vio, que es de la ínfima calidad, hubiera visto el más fino, igual y duro de México, lo hubiera calificado de alabastro oriental.

por su madera, y otras finalmente por sus gomas, resinas, aceites y jugos. Entre las muchas flores que hermoseaban las campiñas o adornaban los jardines de los antiguos mexicanos, había algunas dignas de particular mención por la maravillosa belleza de sus colores o por su singular fragancia o por su figura extraordinaria.

El floripondio es una flor blanca y fragantísima de una sola hoja de unas 6 ó 7 pulgadas de longitud, que forma 5 ó 6 ángulos en su extremidad y pende en forma de campana de un arbusto[21] de muchos tallos rectos, pero tiernos y de un verde remiso. Las hojas del arbusto son grandes y angulosas.

El *yolloxóchitl* (flor de corazón) es también grande y no menos recomendable por su belleza que por su olor, el cual es tan intenso que basta una sola flor para embalsamar el ambiente de toda una casa. Consta de muchas hojas glutinosas y apretadas unas contra otras a manera de repollo, blancas por de fuera y un poco rojas por dentro y distribuidas de tal suerte que abierta la flor y extendidas sus hojas forman una estrella, pero cerrada remeda la figura de un corazón, lo cual dio motivo al nombre que le pusieron los mexicanos. El árbol que las produce es muy grande y sus hojas largas y ásperas.[22]

El *coatzontecoxóchitl* es una especie de lirio de una belleza imponderable,[23] sus hojas son rojas pero salpicadas de puntos blancos y amarillos. Su nombre expresa su semejanza con la cabeza de una culebra. Era ésta una de las flores que tenía mayor estimación entre los mexicanos.

El *izquixóchitl,* que se da en árboles bien grandes, es una flor pequeña y blanca semejante en la figura al *cynorbodo* o rosa silvestre, y en el sabor a la rosa cultivada, pero superior en la fragancia.

El *oceloxóchitl* (flor del tigre) es una flor grande compuesta de tres hojas dobles y puntiagudas de un bellísimo color rojo, pero variadas hacia el medio de blanco y amarillo y manchadas como la piel del tigre. La planta tiene la raíz semejante a la del puerro y las hojas a las de la azucena.

El *cacaloxóchitl* (flor de cuervo) es una flor pequeña en que se ven repartidos como a capricho los colores rojo, blanco y amarillo. El árbol

---

[21] El P. La Feuillée en la descripción que hace del floripondio del Chile lo llama árbol; pero no merece ese nombre, a lo menos el de Nueva España, aunque se eleva a la altura de un árbol.

[22] Hay otra flor llamada también *yolloxóchitl*, de muy buen olor, pero muy diferente en la forma de la primera.

[23] *Flor forma spectabilis et quam vix quispiam possit verbis exprimere aut penicillo pro dignitate imitari, a Principibus Indorum ob elegantiam et nature miraculum valde expetitur et in magno habitus pretio.* Hernández, *Hist. Nat.* n. *Hispanie*, Lib. VIII, cap. 8. Hoy es conocida en algunas partes con el nombre de flor del torito.

que las produce, que es bien grande, se ve todo cubierto de ellas, formando en las extremidades de los ramos un gran número de ramilletes naturales que llenan el ambiente de suavísimo y delicado olor. No hay cosa más común que estas flores en los templos de la Nueva España. Los españoles hacen de ellas conservas deliciosas.[24]

La flor llamada *xiloxóchitl* se compone de una multitud de estambres iguales, rectos y flexibles, de seis o siete dedos de longitud, que nacen de un cáliz orbicular, que parece hecho a torno, de poco menos de una pulgada de diámetro, semejante en la figura al cáliz de la bellota, pero diferente en la magnitud, en el color y en la sustancia. Estas bellísimas flores, que remedan perfectamente las garzotas de vidrio, son unas enteramente blancas y otras todas rojas, y el árbol que las lleva es singularmente hermoso. Diéronle los mexicanos aquel nombre porque cuando no han llegado a su debida perfección, se parecen a las mazorcas o panochas tiernas del maíz cubiertas de sus hojas; pero las del *xiloxóchitl* son rojas. En la costa de Tototepec, donde las vi, las nombran *tiatas* en la lengua mixteca.

El *macpalxóchitl* es una flor del valle de Tolocan, que tiene casi la forma del tulipán, pero su pistilo es como un pie de ave con seis dedos y otras tantas uñas. Al árbol que las lleva llama el vulgo de los españoles árbol de manitas, y lo mismo expresa el nombre que le dan los mexicanos. Además de estas y otras innumerables flores propias de aquel suelo que los antiguos mexicanos por gusto particular cultivaban, se ha enriquecido la tierra con las que se han trasplantado de Asia y de Europa. Debe al Asia el arvejón de China, cuya flor morada es de un olor suavísimo, y ciertas clavellinas o miraveles muy hermosos. Al Perú la flor de la Pasión y a Europa las azucenas, los claveles de muchas especies, los jazmines y otras varias.

## 9. Plantas útiles por su fruto

De las frutas debe al Perú la granadilla que es la que nace de la flor de la Pasión,[25] y a las Canarias en parte y en parte a Europa, las sandías y melones, los duraznos y priscos, las peras, las manzanas, los membrillos, los albaricoques, los higos, las granadas, las guindas, las nueces,

---

[24] Creo que el árbol que describe Bomare bajo el nombre de *frangipanier* no es otro que el *cacaloxóchitl* de los mexicanos, o a lo menos le es muy semejante.
[25] A la granadilla llaman granadilla de China. Es verosímil que llegase del Perú a Acapulco la primera planta en ocasión de aportar allí el Galeón de Filipinas (pues comúnmente concurrían en aquel puerto los filipinos con los peruanos) y de aquí tomaría ocasión el vulgo para creerla transportada de Asia juntamente con la porcelana, la seda y demás efectos de China.

las almendras, las aceitunas, las castañas y las uvas, aunque éstas no faltaban en aquel reino.[26]

Por lo que mira a los cocos, plátanos, cidras, naranjos y limones, yo creía, fundado en los testimonios de Oviedo, Hernández, Bernal Díaz y otros, que aquella tierra debía los cocos a las Filipinas y las demás a las Canarias,[27] pero reconociendo que otros son de distinto parecer, no quiero empeñarme en una disputa que tan poco nos interesa. Lo cierto es que esas frutas y las demás advenedizas se han multiplicado tanto y se han logrado tan bien como en su propio país. Todas las tierras calientes, especialmente las marítimas, están pobladas de palmas de coco. De naranjas hay unas siete especies, si comprendemos bajo el nombre de naranjas las que allí llaman toronjas, que son como melones regulares, y las limas agrias y dulces. De los plátanos hay también cuatro especies.[28] Los *zapalotes,* que suelen tener hasta media vara de largo y dos o más pulgadas de grueso, sólo se comen asados o cocidos. Los plátanos largos, que son de un palmo poco más o menos de largo, son de bello gusto y muy sanos. Los guineos que son menores que los largos, pero más gruesos, más blandos, más deliciosos y menos sanos, tienen más amarilla la piel y bajo de ella ciertas hebras levemente unidas a la carne, que son muy flatosas. La cuarta especie, que es la menor, es la más gustosa; apenas tienen dos pulgadas de largo y un dedo de grueso.

[26] Es verdad que se llevaron uvas de varias calidades de España y de las Canarias, pero es igualmente indubitable que en la Nueva Vizcaya y en otras partes se hallaron uvas tan buenas como las de España. El lugar que hoy llamamos Parras tomó ese nombre de las parras que allí se hallaron la primera vez que se reconoció este país, de las cuales se formaron innumerables viñas y se saca vino excelente. En la Mixteca había y hay dos especies de labruscas o vides silvestres propias de aquella tierra: una, semejante en el tallo y hojas a la vid europea, de unas uvas moradas, gruesas y de corteza dura, pero de un sabor dulce y agradable, que reducidas a cultivo se harían sin duda mejores; la otra uva es grande, dura y de un gusto asperísimo, pero se hacen de ella excelentes conservas.

[27] De los plátanos depone como testigo ocular Oviedo en su *Historia natural* que el primero que los llevó de las Canarias a la isla Española en el año 1516 fue Fr. Tomás Berlangas, dominicano y que de aquí se transplantaron al continente de la América; pero puede interpretarse de los guineos y no de las demás especies que se creen propias del suelo americano. Hernández hablando de los cocos en su *Historia natural* de México (Lib. III, cap 40) dice: *Nauitur aput orientales, et jam quoque aput occidentales Indos.* Bernal Díaz dice que en 1518 sembró en la tierra de Coatzacualco siete u ocho pepitas de naranja y éstos son, añade, los primeros naranjos que se plantaron en la Nueva España, *Historia,* cap. 17.

[28] Plinio (Lib. 12, cap. 6), siguiendo la relación de los soldados de Alejandro el Grande de lo que vieron en la India, dice: *Major et alia arbos pomo et suavitate praecellentior, quo sapientes indorum vivunt. Folium avium alas imitatur longitudine trium cubitorum, latitudine duum. Fructum cortice emittit admirabilem succi dulcedine, ut uno quaternos satit. Arbori nomen palae pomo anienae.* La descripción conviene exactamente a nuestro plátano, y el nombre de palan es el que hasta ahora le dan los malabares como testifica García de Huerta en su *Historia de los simples de la India.* Es verosímil que del nombre palan se originase el de plátano que tan mal le conviene. Los franceses lo conocen con el nombre de banana que le dan los negros de la Guinea, y los italianos con el de musa que es tomado de los árabes, otros le llaman fruto del Paraíso, y piensan que éste fue el que hizo prevaricar a nuestros primeros padres.

Llámanse allí dominicos o porque se llevaron de la isla de Santo Domingo o porque a alguno le parecieron semejantes en el color de la corteza, que es negro y amarillo, al hábito de los padres dominicanos, como piensa cierto autor. Aunque todos estos frutos se dan en árboles, he comido dominicos maduros de una planta que apenas se elevaba una vara del suelo. Así de plátanos como de limones y naranjas hay bosques enteros y bien grandes.

Las frutas indubitablemente nativas de aquella tierra son la piña o anona, el mamey, la chirimoya,[29] el zapote blanco, el zapote amarillo, el zapote de Santo Domingo, el *ahuacate* o palta, la guayaba, el capulín, la *pitaya*, el *cuaxihicuil* o guava, la papaya, la guanábana, la nuez que llaman encarcelada, la ciruela, la tuna, el piñón, el *chayote*, el *pilabo*, el *hobo*, el *nance*, el *cacahuate* y otras muchas cuya noticia no interesa a los lectores. Muchas de estas frutas se hallan descritas en las obras de Oviedo, Acosta, Hernández, Laet, de Clusio, Nieremberg, Jiménez, Betancourt, Ulloa y otros; y así hablaré solamente de algunas de las menos conocidas en Europa.

Todas las frutas comprendidas por los mexicanos bajo el nombre genérico de *tzapotl* o *zapote,* como dicen los españoles, son redondas o se acercan a esa figura, y todas tienen el hueso duro. El zapote prieto tiene la cáscara verde, sutil, lisa y suave, y la pulpa negra, blanda y de bellísimo gusto. Su magnitud es varia, desde una pulgada y media hasta cuatro o cinco de diámetro. Entre la pulpa tiene su semilla en varios huesecillos de color de castaña, aplastados y largos de un dedo. Su pulpa helada y condimentada con azúcar y canela es de un gusto exquisito. Dase esta fruta en árbol mediano de hojas redondas. El zapote blanco, al cual por su virtud narcótica llaman los mexicanos *cochitzapotl* (fruta soporífera), es algo semejante al negro en la magnitud y figura y en el color de la corteza, aunque en la del blanco es el verde más claro, pero su pulpa es blanca y muy gustosa. Su hueso, que es grande y duro, se tiene por venenoso. Dase esta fruta en árboles grandes y muy copados.

El chicozapote (en mexicano *chitzapotl)* tiene por lo común de una y media a dos pulgadas de diámetro; su corteza es parda y su carne de un blanco que tira a rojo, aunque se hallan de color más encendido; sus pepitas son negras, duras y puntiagudas. De esta fruta cuando está verde se extrae una leche glutinosa y fácil a condensarse, que llaman los mexicanos *chictli* y los españoles chicle, la cual mascan por antojo las

---

[29] Bomare distingue chirimoya de cherimolia y las pone como distintas, pero cherimolia no es más que una alteración del primero y legítimo nombre de aquella fruta. Algunos antiguos confunden la chirimoya con la anona y con la guanábana; pero son tres frutas muy distintas, aunque la chirimoya y la anona son más parecidas. El ate no es más que una variedad de la chirimoya. Los mexicanos llamaban a la chirimoya *matzapotl* y *tzippatli* a la anona *quatzapotl*, al mamey *tetzontzapotl*, al zapote prieto *tliltzapotl*, y a la guayaba *xalxocotl*.

mujeres y sirve de materia a algunas estatuas curiosas en Colima. El chicozapote tomado en su debida sazón es de un gusto excelente, y al paladar de muchos muy superior a cuantas frutas se conocen en Europa. El árbol es mediano y de buena madera, su hoja redonda y del color y consistencia de la del naranjo. Dase sin cultivo en las tierras calientes y hay bosques de estos frutales de cuatro a cinco leguas en la Mixteca, en la Huaxteca y en Michuacán.[30]

El capulín (en mexicano *capolin*) es la cereza de México. El árbol difiere poco del cerezo europeo, y el fruto es semejante en la magnitud, figura, color y hueso, pero poco o nada convienen en el gusto. El *nance* es una frutita redonda, amarilla, olorosa y gustosa que se da en las tierras calientes.

El *chayote* es una fruta redonda y erizada de espinas, semejante a la castaña en la corteza, pero cuatro y aun seis tantos mayor y de un verde intenso. Su pulpa es compacta y de un blanco que tira a verde y en el centro tiene un núcleo grande semejante en el color y sustancia a la misma pulpa. Cocida es de buen gusto y saludable, y se come juntamente con el núcleo que tiene el mismo sabor. Dase en una planta voluble y vivaz, y su raíz es también comestible.

La nuez encarcelada difiere de la europea en ser menor, y de la figura de la nuez moscada en tener la corteza mucho más dura y lisa y menor cantidad de almendra y de inferior gusto.[31] El *cacahuate* es de la hechura de un piñón, pero mucho mayor y más grueso y cubierto de una piel morada muy sutil. Danse en unas vainas largas, redondas y ásperas; sólo se comen tostados.

Entre los muchos frutos que omito por abreviar esta descripción, no puedo desentenderme del cacao, la vainilla, la chía, el chile, el tomate, el *xocoxóchitl* o pimienta, el algodón y de varios granos y legumbres, por haber sido tan usuales entre los mexicanos. Del cacao (nombre tomado del mexicano *cacahuatl*) distingue cuatro especies el Dr. Hernández; pero el *tlacahuatl*, que es el más menudo, era el que más comúnmente empleaban en su chocolate y otras bebidas diarias los mexicanos. Las otras especies más les servían de moneda en sus mercados que de alimento. El cacao era una de las plantas más cultivadas en aquella tierra, y uno de los renglones de que pagaban tributo a

---

[30] Una de las mentiras garrafales que escribe Tomás Gage en su *Historia* es que en la huerta de San Jacinto (hospicio de los dominicanos de Filipinas en un arrabal de México donde vivió algún tiempo dicho autor) se daban chicozapotes. Este fruto ni se ha dado jamás ni se puede dar en el valle de México, ni en ningún país expuesto a hielos.
[31] Hablamos de la nuez encarcelada que se da en las tierras del imperio mexicano, pues de la del Nuevo México me aseguran que es mayor y de mejor sustancia que la europea. Esta nuez, llevada con las otras frutas europeas a México, se ha multiplicado tanto y se ha hecho tan común como en Europa.

la corona de México varias provincias y entre otras la de Xoconochco, cuyo cacao es excelente y superior, no solamente al de Caracas, sino al de la Magdalena. La descripción de esta célebre planta y de su cultivo se halla en muchos autores de todas las naciones cultas de Europa.

La vainilla, que los mexicanos llaman *tlilxóchitl* y que es tan conocida y usada en Europa, se da sin cultivo en las tierras calientes. Los antiguos mexicanos la usaban en su chocolate y en otras bebidas que hacían del cacao.

La chía es el fruto o pequeña semilla de una planta hermosa, cuyo tallo es recto y cuadrangular y sus ramos en forma de cruz; su flor es azul, muy pequeña y semejante a la de la malva. Hay dos especies, una negra y pequeña, de la que se saca un aceite excelente para los pintores, y otra blanca y mayor, de la que hacían y hacen una bebida refrigerante.

Del chile o pimiento,[32] que se da ya en muchas partes de Europa y que era tan familiar a los mexicanos como la sal a los europeos, hay por lo menos once especies diferentes en la magnitud, figura y acrimonia. El *quauhchilli*, que se da en un arbusto, y el *chiltecpin*, que son los menores, son también los más picantes, y en tal grado que aun los mismos que están acostumbrados a comer las otras especies no pueden sufrir su ardor, por lo cual no se emplean regularmente aquellas dos especies sino en salsas.

Del tomate, que algunos reducen contra el sentir de Tuonefort a la clase de los solanos, hay seis especies diferentes en la magnitud, en el color y en el gusto. La especie mayor, que es la del *xictómatl*, es ya muy común en Europa: en España y Francia con el nombre de tomate,[33] y en Italia con el de pomodoro. Los tomates hacían, como veremos, una parte de la especiería de los mexicanos.

El *xocoxóchitl* o pimienta de Tabasco, es redonda y mayor que la del Malabar. Dase en un árbol grande, cuyas hojas son semejantes en el color y lustre a las del naranjo y sus flores encarnadas de la figura de la del granado, y de un olor vivo y sumamente agradable, del cual participan las hojas del árbol. Su fruto es orbicular y se da en pequeños racimos, que siendo al principio verdes se hacen después casi negros. Esta pimienta, usada entre los antiguos mexicanos, puede suplir a la del oriente.

El algodón era uno de los frutos más considerables de aquella tierra por su utilidad, pues suplía al lino (aunque esta planta no les faltaba),[34]

---

[32] En otras partes de América llaman al chile ají, en Italia *peverone* o *peperone*, y en Francia *poivre* de *Guineé* y otros nombres.

[33] El nombre *tómatl* es genérico a esa clase de plantas; adoptáronlo los españoles y franceses para significar el *xictómatl* que es la especie que conocen, y los criollos para significar el *miltómatl* que es allí el más usado.

[34] Se halló lino en Michuacán, en Nuevo México y en la Quivira en notable abundancia y de muy buena calidad; pero no sabemos que lo cultivaran ni se sirviesen de él aquellas naciones.

y de él se vestía la mayor parte de los habitantes de Anáhuac. Hailo allí de dos colores, el blanco y el leonado, que llaman coyote. Es planta muy común en las tierras calientes, pero en la antigüedad se cultivaba más que al presente.

El fruto del *achiote* que los franceses llaman *rocou* servía a los tintes de los mexicanos, como ahora sirve a los de los europeos. De su corteza se aprovechaban para hacer sogas y de su tronco para sacar fuego. Esta planta se halla bien descrita en el *Diccionario* de Bomare y en otros autores.

Por lo que mira a los granos y legumbres propiamente tales, recibió aquella tierra de Europa el trigo,[35] la cebada, el arroz, el garbanzo, los guisantes, que allí llaman chícharos, las habas, las lentejas, el comino, el culantro y otros. No ha habido semilla alguna de éstas que no se haya logrado perfectamente.

Entre los granos nativos de Anáhuac, el principal, el más usual y el más útil era el maíz, que los mexicanos llamaron *tlaolli,* del cual hay muchas especies diferentes en magnitud, color, peso y gusto; pero todas superiores al que hemos comido en Europa. Lo hay grande y menudo, blanco, amarillo, azul, morado, rojo y negro. Del maíz hacían los mexicanos su pan e innumerables manjares y bebidas, como diremos en otro lugar.

La principal legumbre de los mexicanos eran los frijoles, cuyas especies son muchas más y más diversificadas que las del maíz. El mayor es el *ayacotli,* de la magnitud de la haba, que nace de una bella flor roja; pero la mejor especie es la de ciertos frijoles negros, pequeños y mantecosos. Esta legumbre no solamente sirve al sustento de la gente miserable, sino aun a las delicias de la nobleza española de aquel reino.

10. Plantas útiles por su raíz, hojas, tallo o madera

Por lo que mira a las plantas recomendables por su raíz, hojas, tallo o madera, tenían muchísimas que les servían de alimento como la *xícama,* el *camote,* el *huacamote,* el *yexóchitl,* el *cacomite,* el *quauhquilitl,* el *iztacquilitl,* el *xoxocoyolli* y otras, o que les proveían de hilo para tejidos o para cordaje, como el *icxotl* y varias especies de maguey o pita, de cuya madera se aprovechaban para sus obras de arquitectura o de carpintería, como el cedro, el pino, el abeto, el ébano, etc.

[35] El Dr. Hernández *(Histor. Nat. De México)* describe la especie de trigo que se halló en Michuacán, y pondera su prodigiosa fecundidad y multiplicación; pero o no supieron o no quisieron servirse de él los antiguos, apreciando incomparablemente su maíz, como hacen hasta ahora. El primero que sembró el trigo europeo en aquella tierra fue un negro esclavo de Hernán Cortés, habiendo hallado casualmente tres o cuatro granos en un saco de arroz. De su grande multiplicación en aquella tierra hablaremos en nuestra *Tercera Disertación.*

La jícama, que los mexicanos llaman *catzotl,* es una raíz de la figura y magnitud de la cebolla, toda blanca y compacta, fresca, suculenta y gustosa, que se come siempre cruda.

El camote, que es de la clase de las patatas, es una raíz comunísima en aquel reino. Hay tres especies diferentes en el color: una blanca, otra amarilla y otra morada. Es de un bello gusto cocido o asado, especialmente el de Querétaro, que es justamente celebrado en todo el reino.

El *cacomite* es la raíz de la planta que lleva la hermosa flor del tigre que ya dejamos descrita. El *huacamote* es la raíz dulce de cierta especie de yuca, que también se come cocida. El *yexóchitl* es una raíz grande, dulce y comestible, de la cual nacen otras raíces menores, semejantes en la figura a los riñones del puerco. La planta consta de varios tallos cuadrangulares y nudosos. Las otras plantas que nombramos son varias ensaladas. Las papas, que son raíces trasplantadas a Europa y muy estimadas en Irlanda y en Suecia, fueron también llevadas a México del Perú.

De Europa y de las Canarias le fueron los rábanos, los nabos, los betabeles, los ajos y las zanahorias, las lechugas, las coles, los espárragos, las berenjenas y otras muchas plantas de ese género, de las cuales ninguna ha dejado de lograrse. De las cebollas testifica Cortés en sus cartas a Carlos V que se vendían en los mercados de México, y por consiguiente no necesitaban que se las llevasen de Europa, como han dicho varios autores. Además que el nombre de *xonacatl,* que daban los mexicanos a la cebolla, es prueba de que la conocían.

El maguey o pita, que los mexicanos llaman *metl,* es una de las plantas más comunes y más útiles. El Dr. Hernández describe 19 especies de magueyes, aún más diferentes por la sustancia que por la figura y color de sus hojas. En otro lugar expondremos las grandes ventajas que los mexicanos sacaban de esas plantas y el provecho que al presente perciben los españoles.

El *icxotl* es una especie de palma silvestre alta, que tiene frecuentemente duplicado el tronco. Sus ramos tienen figura de abanico y sus hojas de espada. De su flores blancas y olorosas se hace una buena conserva. Su fruto, que en la apariencia exterior es semejante a un platanillo, no se aprovecha en cosa alguna. De sus hojas se hacían y hacen esteras finas y los mexicanos sacaban hilos de que hacían tejidos no despreciables. No es ésta la única palma de aquella tierra; pues además de la palma real, superior a las demás por la hermosura de sus ramos, de la palma de coco y de la que lleva los dátiles comestibles,[36] hay otras varias especies dignas de particular mención.

---

[36] No sé si la palma de dátiles es propia de aquella tierra o la llevaron de África los españoles. Los dátiles se venden en las plazas de México, de Puebla y de otras ciudades por el mes de junio; pero a pesar de su dulzura no son muy apreciados.

El *quauhcoyolli* es una palma mediana, cuyo tronco es inaccesible a los cuadrúpedos, por estar armado de espinas largas, fuertes y muy agudas. Sus ramos forman la figura de un airoso penacho y entre ellos se ve pendiente en racimos su fruto, que es redondo, de la grandeza de una nuez común y consta como ella de cuatro diferentes partes que son una corteza que al principio es verde y después parda, una pulpa amarilla tenazmente unida al hueso, un hueso redondo y durísimo, y una almendra o meollo blanco.

El *ixhuatl* es una palma menor; sus ramas, que se mantienen siempre verdes, no son más de seis o siete y en naciendo alguna rama de nuevo se seca una de las otras. De sus hojas hacían finas esteras y espuertas, y hoy también sombreros y otras piezas semejantes. Su corteza hasta la profundidad de tres dedos se compone de varias telillas sutiles, fuertes, suaves al tacto y flexibles, de uno o dos palmos de largo. De muchas telas de éstas unidas y basteadas como nuestros colchones, hacen su cama algunos pobres.

El *teoicxotl* es también palma pequeña. La médula de su tronco, que es fofa, está circundada de unas hojas redondas y gruesas y de dos o tres pulgadas de largo, blancas, lisas y resplandecientes, que parecen conchas apiñadas unas sobre otras, de las cuales se servían antiguamente, y hasta hoy, para adornar los arcos y enramadas de sus fiestas. El coco que llaman de aceite es una almendra ovalada, del tamaño y figura de la nuez moscada, blanca, oleosa y comestible, cubierta de una piel sutil de un morado oscuro, la cual se contiene dentro del fruto de otra palma. De esta almendra sacaban antiguamente y sacan hoy buen aceite y de agradable olor que, condensado, lo cual es muy fácil, queda reducido a una masa blanquísima.

En la excelencia, variedad y abundancia de maderas no cede aquella tierra a alguna del mundo; pues además de los fresnos, álamos, encinos, olmos, hayas, robles, pinos, abetos, nogales, cipreses y demás comunes en Europa, tiene bosques de excelentes cedros y ébanos, dos especies de árboles tan estimados de los antiguos;[37] de tapincerán en Michoacán, de palo gateado en Zoncoliuhcan (hoy Zongolica), de caoba en los montes de Chiapan, de camote en los montes de Tezcoco, de granadillo o ébano rojo en la Mixteca, y en otras partes del reino de *guayacan,* de *mizquitl* o acacia, de *tepehuaxin,* de *ayaquahuitl,* de *tepehuitztli,* de *oyametl,* de *tzopiloquahuitl,* de *copte,* de *jabin* y de otras innumerables maderas apreciables por

---

[37] El linaloe de la Mixteca me parece diverso del de la India Oriental y Conchinchina, según la descripción de García de Huerta y de otros autores; pero no hay duda de que el de la Mixteca tiene un suavísimo olor, especialmente recién cortado.

su incorruptibilidad, por su peso[38] y consistencia, por su docilidad, por la belleza de su color o por su fragancia. El camote es de un morado bellísimo; el granadillo, que es muy sólido y de un rojo oscuro, es excelente para obras de torno. Aún más hermosa es la madera del palo gateado, de la caoba y del *tzopiloquahuitl* o árbol del *zopilote*. La solidez y dureza del *guayacán* es ya notoria en Europa, y no es menor la del *jabín*. Hay en aquella tierra un árbol de excelente madera, pero de tan maligna cualidad, que causa inflación de los testículos a quien temerariamente maneja su madera estando fresca. El nombre que le dan los michuacanenses, que no conservo en la memoria, expresa el dicho efecto, y para impedirlo usan los carpinteros de ciertas precauciones, según me aseguraron personas fidedignas.

El Dr. Hernández describe en su *Historia natural* unas cien especies de árboles; pero habiendo consagrado principalmente su estudio a los medicinales, omitió la mayor parte de los que lleva aquel fertilísimo suelo, y entre ellos los más notables por su magnitud y por la preciosidad de su madera. Hay árboles de tan prodigiosa grandeza y amplitud que no ceden a aquellos que celebra Plinio como milagros de la naturaleza. El P. Acosta hace mención de un cedro que había en Atlacuechahuayan, tres leguas de Antequera o Oaxaca, que tenía de circunferencia diez y seis brazas españolas, que son poco más o menos 14 toesas. Yo he visto vigas de 40 varas castellanas o 17 toesas. En las casas de México y de otras ciudades del reino se ven mesas muy grandes de cedro, cuyo tablón es todo de una pieza. En el valle de Atlixco se conserva aún con vida un antiquísimo abeto,[39] tan corpulento que en la cavidad que han hecho en su tronco algunos rayos pueden estar cómodamente 14 hombres a caballo, según me han certificado personas fidedignas que han hecho la experiencia. Aún mayor idea da de su amplitud un testigo tan autorizado como el arzobispo de México (que lo es al presente de Toledo), el Excmo. Sr. D. Francisco Lorenzana, en las notas a las cartas de Cortés (México, 1770). Este prelado declara que habiendo ido a observar aquel árbol en compañía del arzobispo de Guatemala y del obispo de Puebla, hizo entrar en su cavidad hasta cien muchachos.

---

[38] Plinio (Lib. XVI, cap. 40) sólo menciona cuatro especies de árboles cuya madera sea de mayor gravedad específica que el agua: el ébano, el box, el alcornoque (*suber*) descortezado y el alerce (*larix*). En México hay otros no conocidos de los antiguos, como el guayacán, el tapincerán, el jabín, el quiebrahacha, etc., cuya madera no sobrenada en el agua.

[39] El nombre mexicano de este árbol es *ahuehuetl* y el vulgo le llama ahuehuete, pero los que se precian de castellanos le nombran sabino, en lo cual se engañan, porque el *ahuehuetl* no es sabino sino abeto, como demuestra el Dr. Hernández en su *Historia natural* (Lib. III, cap. 66). Yo vi el abeto de Atlixco en 1756 a alguna distancia; no pude formar idea justa de su amplitud, aunque conocí que era extraordinaria.

Comparables con este famoso abeto son las ceibas que vi en la provincia marítima de Xicayan. La amplitud de estos árboles es proporcionada a su portentosa elevación y es singularmente deliciosa su vista cuando se cubren de nuevas hojas y se cargan de fruto, dentro del cual se deposita cierta lanilla blanca, suave, sutil y elástica. Podrían hacerse de esta lanilla, como en efecto se han hecho, telas tanto o más suaves que las de seda; pero es muy difícil hilarse por la pequeñez de sus hilos, y sería menos el provecho que el trabajo por la poca consistencia de la tela. Empléanla algunos en almohadas y colchones, y tiene la particularidad de hincharse enormemente con el calor del sol.

Entre los muchos árboles dignos de mencionarse por su singularidad y extravagancia, que es preciso pasar en silencio, no puedo omitir cierta especie de higuera que se da en la provincia de los cohuixcas y en otros lugares del reino. Es un árbol alto, grueso y copado, semejante en sus hojas y fruto a la higuera común; de sus ramas, que se extienden horizontalmente, nacen varios filamentos, que dirigiéndose hacia la tierra engruesan y crecen hasta entrarse en ella, criar raíces y formar otros tantos troncos, cuyas raíces se incorporan con las del tronco principal. Los higos que produce son inútiles, pero se aprovecha su madera.[40]

## 11. PLANTAS PROVECHOSAS POR SUS RESINAS, GOMAS, ACEITES Y JUGOS

En lo que toca a las plantas que nos tributan las resinas, gomas o jugos provechosos, es, como confiesa el P. Acosta, aventajada la tierra de Anáhuac. El *huitzilóchitl* es el árbol que destila el bálsamo. Es de mediana altura; sus hojas son algo semejantes a las del almendro, pero mayores y más anchas; su madera es algo roja y olorosa y su corteza cenicienta, pero cubierta de una película un poco colorada. Sus flores, que son pálidas, se dan en las extremidades de las ramas. Su semilla, que es un granillo blanquizco y corvo, se da en la punta de una vainilla angosta que tendrá un dedo de longitud. En cualquiera parte de la corteza que se le haga una incisión, en especial si se hace inmediatamente después de las aguas, destila aquella nobilísima resina que tanto se ha apreciado en Europa[41] y que en nada cede al bálsamo de la Judea.

---

[40] Menciona esta higuera el P. Andrés Pérez de Rivas *(Historia de las misiones de Sinaloa)* y Bomare en su *Diccionario* la llama *figuier des Indes, grand figuier, figuier admirable*. En la India Oriental se halla otro árbol semejante.
[41] El primer bálsamo de México que se trajo a Roma se vendió a cien ducados la onza, como refiere Monardes en la *Historia de los simples medicinales de la América*. Aunque el bálsamo mexicano es diverso del de Judea, está declarado por la Silla Apostólica materia proporcionada para el crisma.

El bálsamo es de un rojo que tira a negro, o de un blanco que tira a amarillo, pues de uno y otro color sale por la incisión, de un gusto acre y amargo y de un olor intenso, pero muy agradable. El árbol del bálsamo es común en las provincias de Pánuco y Chiapan y en otras tierras cálidas. Los reyes de México lo hicieron trasplantar a la célebre huerta de Huaxtepec, de que hablaremos en otro lugar, en donde se logró y multiplicó considerablemente. Algunos indios, para obligar al árbol a destilar en mayor copia el bálsamo, le queman las ramas después de haberle herido el tronco. La abundancia de estas preciosas plantas hace que no tengan dificultad en perder muchas por no esperar a la lentitud de la destilación. No solamente sacaban los antiguos mexicanos el opobálsamo o lágrima que destila espontáneamente el tronco herido, sino también el *xilobálsamo* de la decocción de sus ramas.[42] Del *quaconex* y de la *maripenda*[43] sacaban también su aceite equivalente al bálsamo.

El *quaconex* es un árbol mediano, de madera olorosa y sólida y que enterrada se conserva mucho tiempo sin corrupción; su hoja es pequeña y amarilla, su flor pequeña también y blanquizca, y su fruto semejante al del laurel. Extraían el aceite de la corteza por destilación, después de haberla desmenuzado, de haberla tenido tres días en infusión en agua natural y de haberla expuesto al sol. Extraíanlo también de sus hojas y este aceite es de muy buen olor. La *maripenda* es un arbusto alto, cuyos ramos son pardos, sus hojas gruesas, anchas y largas, semejantes en la figura al hierro de una lanza; su fruto, que es como la uva, se da en racimos, al principio verde y después rojo. El aceite lo sacaban por decocción de los ramos tiernos mezclados con alguna fruta.

El *xochiocotzotl* es el liquidámbar, o estoraque líquido de México. El árbol es grande;[44] sus hojas son semejantes a las del arce en la figura, y cortadas, en forma de sierra; son blanquizcas por una parte y oscuras por la otra, y están dispuestas de tres en tres. Su fruto es espinoso, redondo y polígono, con las superficies negras y los ángulos amarillos. El color de su corteza en parte es verde y en parte leonado. De su tronco se saca por incisión la preciosa resina que llaman los españoles liquidámbar y el aceite del mismo nombre, que es aún más oloroso y apreciable. De las ramas de este árbol sacan también por decocción el liquidámbar, pero de inferior calidad al que destila el árbol. El nombre mexicano *copalli* es genérico de todas las resinas, aunque particular-

---

[42] El Dr. Hernández sacó del fruto del *huitzilóchitl* un aceite semejante en el olor y sabor al de almendras amargas: pero de olor más intenso y de mucha mayor acrimonia, que participa en mucho de las virtudes del bálsamo.

[43] Los nombres de *quaconex* y *maripenda* no son mexicanos, pero son los que emplean los autores que han hablado de aquellas plantas.

[44] De Pluche se engañó cuando en su *Espectáculo de la naturaleza* describe el árbol del liquidámbar como un arbolillo.

mente se da a aquellas que sirven de incienso. Los árboles que las destilan son de diez especies, que difieren, más que en el nombre, en la figura de sus hojas y de su fruto y en la calidad de la resina.

El copal por antonomasia es una resma blanca y transparente que destila de un árbol grande, cuyas hojas son semejantes a las del encino, pero mayores, y su fruto algo redondo y de color que tira a rojo. Esta resina es bastante conocida en Europa con el nombre de goma copal y sabido el uso que se hace de ella así en la medicina como en los barnices. Los mexicanos antiguos la empleaban principalmente en las incensaciones que hacían por culto religioso a sus ídolos y por obsequio a los embajadores y personas de primer orden. Hoy consumen los indios una gran cantidad en el culto del verdadero Dios y de sus santos. El *tecopalli* o *tepecopalli* es de una resina semejante en el olor, color y sabor al incienso de Arabia, que fluye de un árbol mediano que se da en los montes. Su fruto es como una bellota, que contiene un piñoncillo cubierto de una saliva resinosa, el cual encierra una almendra o pepita que se emplea útilmente en la medicina. Así estos dos árboles como todos los demás copaíferos que por necesidad omitimos son propios de tierras calientes.

La caraña y la *tecamaca,* resinas bien conocidas en las boticas europeas, manan de dos árboles mexicanos bien grandes. El árbol de la caraña que en México se nombra *tlahueliloca-quahuitl* [45] tiene el tronco leonado, liso, reluciente y oloroso, y las hojas semejantes a la del olivo, aunque redondas y dispuestas en forma de cruz. El *tecomac-ihiyac,* que es el de la tecamaca, tiene las hojas anchas, redondas y terminadas en sierra y el fruto rojo, redondo y pequeño, pendiente de la extremidad de la rama. Uno y otro son de tierras calientes.

El *mezquite* (del mexicano *mizquitl)* es una especie de acacia verdadera y la goma que destila es la legítima goma arábica, según el testimonio del Dr. Hernández y de otros hábiles naturalistas. Es un árbol espinoso de poca elevación y de mucha irregularidad en la distribución de sus ramos. Sus hojas tenues y sutiles, nacidas a una y otra parte de los ramos, remedan las plumas de las aves; sus hojas se asemejan a las del abedul (betula); su fruto son unas vainillas dulces y comestibles que encierran la semilla de la cual hacían los bárbaros chichimecas una pasta que les servía de pan. Su madera es muy dura y excelente para postes. Este árbol es tan común en aquella tierra como el encino en Europa, especialmente en lugares montuosos y templados.[46]

---

[45] Dieron los mexicanos a la caraña el nombre de *tlahueliloca-quahuitl*, o árbol de la malignidad (no *haleliloca* como dice Bomare), porque creían supersticiosamente que era temido de los espíritus malignos y eficaz preservativo contra la fascinación.
[46] Hay otra especie de mezquite sin espinas y de hojas más sutiles, muy común en Michuacán; pero en todo lo demás conviene con el que describimos.

La laca o goma laca, como suelen llamarla los boticarios, brota con tanta abundancia de un árbol semejante al *mezquite* en las hojas que quedan cubiertas de ellas las ramas.[47] Es árbol mediano y su tronco es de color rojo. Es comunísimo en las provincias de los tlahuicas y de los cohuixcas. La sangre de drago se destila de un árbol corpulento cuyas hojas son anchas y angulosas. Este árbol se da en Quauhchinanco y en la provincia de los cohuixas.[48]

La resina elástica que los mexicanos llaman *olin* u *oli,* y los españoles de aquel reino hule, brota del *olquahuitl,* que es un árbol de competente altura, cuyo tronco es grande, liso y pajizo, sus hojas muy grandes, sus flores blancas y su fruto amarillo, redondo y estrellado, que se da pegado a la corteza de las ramas y contiene una almendra blanca de la magnitud de una avellana, cubierta de una telilla algo amarilla y de gusto amargo. El *ule* cuando mana del tronco herido es blanco, líquido y viscoso, después toma el color amarillo y finalmente el de plomo, que conserva después de condensado. Los que lo recogen lo hacen tomar en diferentes moldes la figura que quieren según el uso a que lo destinan. Esta resina condensada es, después del aire, el cuerpo de mayor extensibilidad y elasticidad que conocemos. Hacían de ella los antiguos mexicanos sus pelotas, que saltan más que las de viento, aunque son mucho más pesadas. Hoy, además de este uso, sirve en vez de cera para hacer capas, botas y sombreros impermeables al agua. Del *ule* derretido al fuego se saca un aceite medicinal. Dase este árbol en las tierras calientes, como Ihualapan y Mecatlán, y es común en el reino de Guatemala. En Michuacán hay un árbol que los tarascos llaman *tarantaqua,* de la misma especie del *olquahuitl,* pero diferente en las hojas.

El *quauhixiotl* es un árbol mediano, cuyas hojas son redondas y su corteza un poco roja. Hay dos especies subalternas: la una destila una goma blanca, que echada en agua la tiñe de color de leche; la otra da la goma rubia, una y otra excelente para la disentería.

En esta clase de plantas deberían tener lugar el abeto, la higuerilla y el ocote (cierta especie de pino muy aromático) por sus aceites, y el brasil, el campeche, el añil y otras por sus jugos; pero algunas de estas

---

[47] García de Huerta, en la *Hist. de los simples de la India,* asienta sobre el informe de algunos prácticos de aquel país, que la laca es obra de ciertas hormigas. Defienden esta opinión varios autores de nuestro tiempo, y Bomare la cree demostrada; pero yo me inclino más al testimonio del Dr. Hernández, que observó la laca sobre los mismos árboles (ventaja que no logró otro alguno de aquellos autores) y califica de error aquella opinión afirmando como cosa indubitable que la laca es una resina que mana del *tzinacancuitla-quahuitl.*

[48] Los mexicanos a la sangre de drago llaman *ezpatl* (medicina sangrienta o como sangre) y a la planta *ezquahuitl* (árbol de sangre). Hay otro árbol del mismo nombre en los campos de Quauhnahuac, que le es en parte semejante; pero se diferencia en tener las hojas redondas y ásperas, la corteza gruesa y la raíz olorosa.

plantas son ya muy conocidas en Europa, y de las demás tendremos acaso ocasión de hablar en otro lugar.

Lo poco que hasta aquí hemos apuntado del reino vegetal de Anáhuac ha sido con el dolor de ver ya perdido en gran parte el conocimiento de la historia natural que tuvieron los antiguos mexicanos. Sabemos que aquellos bosques, montes y valles están llenos de producciones utilísimas y preciosas sin que haya un solo que vuelva sus ojos a reconocerlas. ¿A quién no moverá a compasión el ver que de tantos tesoros que se gastan pródigamente y con lujo ruinoso en ostentación y delicias, no se destine una parte a fundar Academias de Naturalistas que descubran y utilicen los dones que con tanta liberalidad les ha franqueado el Criador? Este empleo de tanto honor y provecho aseguraría la subsistencia y ocuparía útilmente a tanta gente baldía, que por no tener en qué emplearse pasa la vida en el ocio más ignominioso.

### 12. Cuadrúpedos del reino de México

No es menos ignorado el reino animal a pesar de la diligencia que en esta parte puso el Dr. Hernández, el único que con infatigable aplicación y suficientes luces se ha dedicado a investigarlo. La dificultad de discernir las especies y la impropiedad de la nomenclatura ocasionada de la analogía han hecho difícil y embarazosa la historia de los animales. Los primeros nomencladores españoles, más prácticos en el arte militar que en la historia de la naturaleza, en vez de retener los nombres que los mexicanos daban a los animales propios de su país, llamaron tigres, osos, lobos, perros, ardillas, etc., a varios animales de muy distinta especie, o por la conveniencia en el color de la piel o por la semejanza en algunas facciones o por la uniformidad en ciertas operaciones o propiedades. Yo no pretendo corregir todos sus errores, ni ilustrar la historia natural de aquel reino, sino solamente dar alguna idea a mis lectores de los cuadrúpedos, las aves, los reptiles, los peces y los insectos que sustenta la tierra y el agua de Anáhuac.

Entre los cuadrúpedos unos son nuevos y otros antiguos. Los nuevos (así llamamos a los que en el siglo XVI fueron transportados de las Islas Canarias o de Europa a México) son los caballos, los asnos, los toros, las ovejas, las cabras, los puercos, los perros y los gatos, todos los cuales se han logrado con tanta felicidad y se han multiplicado con tanto exceso como haremos ver en nuestra *Cuarta Disertación* contra ciertos filósofos del siglo, que consideran que todos esos cuadrúpedos se degradan en el Nuevo Mundo.

De los cuadrúpedos antiguos, que de tiempo inmemorial se criaban en aquella tierra, unos eran comunes a ambos continentes, otros eran propios del Nuevo Mundo pero comunes a México y a otros países de la América Septentrional o la Meridional, y otros finalmente privativos del reino de México. Los cuadrúpedos comunes a México y al antiguo continente eran los leones, tigres, gatos monteses, osos, lobos, zorras, ciervos, gamos, cabras monteses, tejones, garduñas, comadrejas, martas, ardillas, polatucas, conejos, liebres, nutrias y ratones.[49] No ignoro que Buffon niega a la América los leones, los tigres y los conejos; pero aunque respeto grandemente su ingenio y erudición, y aprecio sus fatigas, no puedo en este y en otros puntos deferir a su autoridad, especialmente viendo apoyado su sistema sobre el fundamento ruinoso de la pretendida imposibilidad del tránsito al Nuevo Continente de los animales propios de los climas cálidos del Antiguo. Nadie hasta ahora ha reconocido diferencia alguna notable entre el *tochtli* de México y el conejo de Europa, ni hay historiador alguno que haga mención del transporte de ese cuadrúpedo al reino de México. Todos creen que es por lo menos tan antiguo en México como el calendario de los mexicanos, en que la figura del conejo es uno y el principal de los caracteres de sus años.

El *miztli* de los mexicanos no es otro que el león sin guedeja, ni el *ocelotl* diverso del tigre africano, según el Dr. Hernández, insigne naturalista que conocía bien los unos y los otros. Véase en nuestras *Disertaciones* lo que decimos contra el sistema de Buffon.

Los gatos monteses son muy feroces y temidos. Los osos son todos negros y muy corpulentos. Las liebres se diferencian de las europeas en tener más prolongados las orejas, y los lobos en tener un poco más abultada la cabeza. De unos y otros hay demasiada abundancia en aquella tierra.

Polatuca llamamos, y también Buffon, al *quimichpatlán* o ratón volante de los mexicanos. Llámanle ratón por serle semejantísimo en la cabeza y poco mayor, y volante porque teniendo en su estado natural floja y arrugada la piel por los costados, en ocasión de los ligerísimos saltos que da de un árbol a otro, la tira y extiende hacia fuera en forma de alas. Los españoles le dan el nombre de ardilla por su analogía; pero es sin duda de distinta especie.

---

[49] Había ratones en el reino de México conocidos bajo el nombre de *quimichin*, pero no había ratas hasta que las llevaron los navíos de Europa. Nuestro vulgo cree que la rata no es otra cosa que un ratón grande, pero es ciertamente de distinta especie. La rata es el *mus* y el ratón el *sorex* de los latinos. Entre los cuadrúpedos comunes a México y al antiguo continente no haremos mención de los bisontes, los alces, los renos y otros, porque éstos no se criaban en las tierras del imperio mexicano, sino en los países más septentrionales. Varios autores, y entre ellos Buffon, creen que la *citli* o liebre mexicana es de diversa especie de la europea; pero aunque es verdad que se diferencia en algunos accidentes externos, conviene en las propiedades características de la especie. Véase Hernández, *Tratado de los cuadrúpedos de Nueva España*, cap. 3.

Las especies de cuadrúpedos que había en el reino de México, comunes a otros países del Nuevo Continente, eran el *coyametl,* el *zorrillo,* varias especies de simios conocidas generalmente con el nombre de monos, el *armadillo,* el *hormiguero,* el *tlacuatzin,* el *techichi,* el *amiztli,* el *mapache y la danta.*[50] El *coyametl* que es conocido entre los españoles con el nombre de jabalí o de puerco montés, por serle en efecto semejante; tiene en otras partes los nombres de saino, de pecar y de tayasú. La hendidura que tiene en el lomo, por donde destila en abundancia un humor seroso y hediondo, indujo a los primeros historiadores de la América y a muchos otros autores que los copiaron en el error de que había un puerco en la América que tenía el ombligo en el espinazo; pero el Dr. Hernández disipó ese error con la disección de aquel cuadrúpedo.

El zorrillo, menos conocido en Europa por la belleza de su piel que por la insufrible pestilencia del flato que despide cuando lo irritan, tenía entre los mexicanos el nombre de *epatl.*[51] El *tlacuatzin,* que en otras partes tiene los nombres de *churcha, zarigüeya* y *opossum,* se halla descrito por muchos autores, y es bastantemente célebre por aquella bolsa o membrana que tiene la hembra desde el principio del estómago hasta el orificio del útero, con una abertura en medio, dentro de la cual deposita a sus hijuelos después de paridos y los sustenta a sus pechos bien resguardados, hasta que habiendo crecido abre la bolsa y en cierto modo vuelve a parirlos. Del armadillo o encobertado tienen también noticia los europeos; se llama así por las láminas óseas que cubren la parte superior de su cuerpo, que remedan la antigua armadura de los caballos. Los mexicanos le dieron el nombre de *ayotochtli* o conejo calabazado por la tal cual semejanza que tiene con el conejo cuando descubre su cabeza, y con una calabaza cuando se recoge dentro de sus láminas o conchas.[52]

[50] Algunos autores cuentan entre los animales de México al perezoso y al paco o carnero del Perú; pero se engañan, porque el perezoso jamás le ha habido allí, a excepción de uno u otro que se haya llevado por curiosidad como se ha traído de Europa. Lo mismo digo de los pacos, llamas y vicuñas. Es verdad que el Dr. Hernández hace mención del paco bajo el nombre de *pelonichcatl* o carnero del Perú entre los cuadrúpedos de la Nueva España; pero no porque allí se haya criado jamás, sino porque venía alguno llevado del Perú, como se habla en el *Tratado de reptiles de la Nuera España* de algunos de las Filipinas.
[51] Buffon distingue cuatro especies de zorrillos bajo el nombre genérico de *mouffetes.* Dice que los dos primeros, que llama coaso y conepata, son de la América Septentrional, y el chincho y el zorrillo, que son las otras dos, de la América Meridional. A nosotros nos parecen cuatro razas de una misma especie. El nombre de oaso o squass, que le dio Dampier, jamás se ha oído en aquella tierra. Los nombres que dan los mexicanos a las dos primeras razas son los de *izquiepatl* y *conepatl,* diferente solamente en la magnitud y en el color.
[52] Buffon distingue ocho especies de armadillos bajo el nombre de *tabous,* tomando la diversidad del número de las conchas y fajas movibles que los cubren. Yo no puedo distinguir las variedades que hay en México, porque he visto pocas, y entonces, como no pensaba escribir sobre este asunto, no tuve la curiosidad de contarles las conchas y fajas, ni ha habido quien se tome allí ese trabajo.

El *techichi,* que en otros países llamaban alco, era un cuadrúpedo que había en México y en otras partes de América, el cual por su figura, semejante a la de los gozques europeos, llamaron perro los españoles. Era de aspecto triste; no ladraba jamás ni se quejaba aunque lo aporreasen. Su carne era comestible y si creemos a los que la gustaron, de buen sabor y nutrimento. Después de la conquista de México, faltando a los españoles el ganado, de cuya carne se alimentaban en las Islas, por no haberse aún transportado a aquella tierra, hicieron de aquellos cuadrúpedos el abasto de sus carnicerías, con lo cual acabaron con la especie, a pesar de ser muy numerosa.

El *amiztli* o león acuátil que los mixtecas llaman *nanaciuta* es un cuadrúpedo anfibio que habita en las riberas del mar Pacífico y en algunos ríos de aquel reino. Su cuerpo tiene tres pies de largo y su cola dos; su hocico es largo, sus piernas cortas y sus uñas corvas. Coloco este cuadrúpedo entre los comunes a otros países de la América, porque me parece el mismo que Buffon describe con el nombre de saricovina. La piel de entrambas es apreciable por la longitud y suavidad de su pelo, que es pardo y negro.

El *mapach* de los mexicanos es, según el juicio de Buffon, el mismo que en la Samaria conocen los ingleses con el nombre de *ralton.* El mexicano es de la magnitud de un *tejón,* de cabeza negra, de hocico largo y delgado como el del galgo, de orejas pequeñas, cuerpo redondo, pelo variado de negro y blanco, cola larga y bien poblada de pelo, y de cinco dedos en cada pie. Tiene sobre cada ojo una lista blanca y se sirve de los dos pies delanteros, como las ardillas, para llevar a la boca lo que quiere comer. Se sustenta indiferentemente de granos, frutas, insectos, lagartijas y sangre de gallinas. Se domestica fácilmente y es muy divertido por sus travesuras; pero es pérfido como la ardilla, y cuando menos se piensa muerde a su amo.

Los hormigueros, aquellos cuadrúpedos tan singulares por la enorme longitud de su hocico, por la estrechez de su esófago y por su larga y redonda lengua, de que se sirven para sacar de los hormigueros las hormigas, ni los he visto en aquel reino, ni he sabido que los haya; pero creo que no sea otro el *azcacóyotl* o coyote hormiguero de que hace mención el Dr. Hernández, aunque no lo describe.[53]

Todas las especies de simios que hay en aquel reino son conocidos entre los mexicanos con el nombre genérico de *ozomatli,* y entre los

---

[53] Los cuadrúpedos que describe Gonzalo de Oviedo con el nombre de osos hormigueros parecen muy diversos de los hormigueros (*fourmiliers*) de Buffon; porque aunque convienen en sustentarse de hormigas y en la enormidad del hocico y de la lengua, se diferencian notablemente en lo que mira a la cola; pues los de Buffon la tienen muy larga y los de Oviedo carecen enteramente de ella. Es singularmente curiosa la descripción que hace Oviedo del modo que tienen de cazar las hormigas.

españoles con el de monos. Hailos de diferente magnitud y figura; unos muy pequeños y singularmente traviesos y graciosos; otros medianos, de la corpulencia de un *tejón,* entre los cuales hay algunos que pertenecen a la clase de los cinocéfalos,[54] por tener la cabeza de perro. Otros hay grandes, fuertes, feroces y barbados, que llaman zambos. Éstos puestos, como hacen regularmente, en dos pies igualan algunas veces la estatura de un hombre.

La *danta* o *anta* o *beori* o tapir (que todos esos nombres tiene en diferentes países) era el cuadrúpedo más corpulento que había en las tierras del imperio mexicano[55] y el más semejante al hipopótamo. Es de magnitud de una mula mediana. Su cuerpo es un poco arqueado como el del puerco; su cabeza gruesa y larga y con un apéndice de la piel en el labio superior, que extiende o recoge a su arbitrio; sus ojos pequeños, sus orejas pequeñas y redondas, sus piernas cortas, sus pies delanteros con cuatro pezuñas y las posteriores con tres, su cola corta y piramidal, su piel muy gruesa y cubierta de un pelo denso que en su edad perfecta es de un color pardo oscuro. Su dentadura, que consta de veinte dientes incisivos y veinte molares, es tan fuerte y aguzada y sus mordidas tan terribles, que se le ha visto, según depone como testigo ocular el historiador Oviedo, arrancar de un bocado a un perro de caza uno o dos palmos de piel y a otro una pierna con media espalda. Su carne es comestible y su piel muy apreciable.[56] Este cuadrúpedo habita los bosques solitarios de las tierras calientes cercanos a algún río o estero, porque vive alternativamente en el agua y en la tierra. Su alimento ordinario parece ser la hierba.

Los cuadrúpedos peculiares de la tierra de Anáhuac y de cuya especie no sé que hubiera en otra parte, eran el *iztacmázatl* o ciervo blanco, el *cóyotl,* el *tlalcóyotl,* el *xoloitzcuintli,* el *itzcuintepozontli,* el *tepeitzcuintli,* el *ocotochtli,* el *coyopollin,* el *techallovi,* el *mototli,* la *tozan,* el *ahuízotl,* el *huitztlacuatzin* y otros por ventura que no han llegado a nuestra noticia. El ciervo blanco, del cual decían los mexicanos que era

---

[54] El cinocéfalo del Antiguo Continente carece de cola, como saben los que han estudiado algo de Historia Natural; pero habiéndose descubierto en el Nuevo Mundo simios con cola y con cabeza de perro, Brisson, en la división que hace de simios, da a los de aquella clase el nombre de *cinocéfalo cercopiteco* y distingue en ella dos especies.

[55] La *danta* es mucho menos que el *tlacaxólotl,* de que hace mención el Dr. Hernández; pero el *tlaxacólotl* no sabemos que habitase en las tierras del imperio mexicano. Me hace fuerza que dicho autor no hable ni una sola palabra de la *danta* en su *Historia de los cuadrúpedos de la Nueva España,* lo cual sería sin duda por no haber podido disponer de algún individuo en quien hacer sus observaciones.

[56] La piel de la *danta* seca resiste al golpe de las flechas y aun al de las balas. Por lo que mira a su carne, dice Oviedo que sus piernas son de muy bueno y gustoso nutrimiento, pero que es necesario cocerlas 24 horas.

el rey de los ciervos, puede ser que no sea una especie distinta, sino sólo una raza diferente del ciervo común.[57]

El *cóyotl* o coyote, como le llaman los españoles, es una fiera semejante en la voracidad al lobo, en la astucia a la zorra, en la figura al perro y en algunas propiedades al adive y al chacal, por lo cual varios historiadores de México lo han adjudicado ya a una y ya a otra de esas especies de cuadrúpedos; pero es indubitablemente diverso de todos ellos, como haremos ver en nuestra *Cuarta Disertación*. Es menor que el lobo y de la magnitud de un mastín. Tiene los ojos amarillos y centelleantes, las orejas pequeñas, puntiagudas y paradas, el hocico algo negro, las piernas fuertes, los pies armados de uñas gruesas y corvas, y la cola gruesa y peluda. El color de su piel es variada de pardo, negro y blanco. Su voz participa del aullido del lobo y del ladrido del perro. Es de los animales más comunes[58] en toda aquella tierra y muy perniciosos a los ganados. Hace el coyote presa con los dientes en el cuello de una oveja, y apareado con ella la arrea a donde quiere. Persigue a los ciervos, y algunas veces asalta también a los hombres. Cuando huye, en vez de correr, trota; pero su trote es tan vivo, que apenas pueden alcanzarlo al galope los caballos. El *cuetlach-cóyotl* o lobo-coyote es de la misma especie a lo que parece, del coyote, pues sólo se diferencia de él en tener el cuello más largo y el pelo como el de lobo.

El *tlalcóyotl* o *tlalcoyote* es de la magnitud de un perro mediano, pero más grueso y es, si no me engaño, el animal más corpulento de cuantos viven debajo de tierra. Remeda algo en la cara al gato, y en el color del pelo, que es muy largo, al león. Tiene la cola larga y esponjada, y se mantiene de gallinas y otros animales pequeños que caza en la oscuridad de la noche.

El *itzcuintepozotli*, el *tepeitzcuintli* y el *xoloitzcuintli* eran tres especies de cuadrúpedos semejantes a los perros. El *itzcuintepozotli* (perro corcovado) era de la grandeza de un perrillo de Malta, cuya piel era variada de leonado, blanco y negro. Su cabeza pequeña a proporción del cuerpo y que parecía unida a él inmediatamente por la suma pequeñez y grosura de su cuello. Sus ojos apacibles, sus orejas caídas y su nariz con una considerable prominencia en el medio. Desde el cuello se le levantaba una corcova, que se extendía hasta las ancas. Su cola era tan pequeña que apenas alcanzaba a la mitad de las piernas. El país propio de este animal era el reino de Michuacán, en donde le

---

[57] Buffon atribuye la blancura de estos ciervos al estado de servidumbre; pero son blancos aun antes de ser cautivados. Después de escrito este libro me acordé que Plinio y otros autores hacen mención de los ciervos blancos del Antiguo Continente.

[58] Ni Buffon, ni Bomare hacen mención del coyote, siendo su especie la más numerosa entre las fieras de la Nueva España y hallándose suficientemente descrito por el Dr. Hernández, cuya *Historia* citan frecuentemente.

llamaban ahora. El *tepeitzcuintli* o perro montés es una pequeña fiera que tiene la cabeza de perro, el cuerpo todo negro, el pelo y la cola largos, la cabeza, cuello y pecho blancos. Su magnitud no excede de la de los gozquillos europeos; pero en tan pequeño cuerpo es tal su audacia que asalta y aun mata a los ciervos.[59] El *xoloitzcuintli*, era mucho mayor que los dos antecedentes, pues había algunos de más de vara y media de largo. Su cara era de perro, sus colmillos de lobos, sus orejas paradas, su cuello grueso y su cola larga; pero lo más particular de este cuadrúpedo era el no tener pelo en todo su cuerpo, a excepción de algunas cerdas gruesas y retorcidas sobre el hocico; no cubría su cuerpo más de una piel desnuda y blanda de color ceniciento con algunas manchas leonadas y otras negras. Estas tres especies de cuadrúpedos casi se han acabado.[60]

El *ocotochtli* parece ser, según la descripción que de él hace el Dr. Hernández, de la clase de los gatos monteses. La particularidad que refiere de esta fiera tiene aire de fábula,[61] en que muestra haber deferido más de lo que convenía a los informes que le dieron.

El *coyopollin* es un cuadrúpedo de la magnitud de una rata ordinaria; pero su cola es más gruesa, de la cual se sirve como de mano; su hocico y orejas son semejantes a los de un lechoncillo; sus orejas son transparentes, sus pies y piernas blancos, y su vientre de un blanco que tira a amarillo. Sus hijos cuando temen se abrazan de la madre. Habita y cría en los árboles.

El *tlalmototli* o ardilla de la tierra es semejantísima a la verdadera ardilla tanto en los ojos como en el color, la magnitud y la habitación. El color de su pecho y vientre es blanco, y el resto de su cuerpo tiene el pelo blanco y pardo. Su magnitud es el doble de la de las ardillas y no habita como éstas en los árboles, sino en las cavidades que hace en la tierra o en las cercas de los sembrados, en los cuales hacen un estrago considerable. Muerde furiosamente a quien la toca y no es capaz de domesticarse. La especie de estos cuadrúpedos es una de las más numerosas, especialmente en el reino de Michuacán. El *techallotl*

---

[59] Buffon pretende que el *tepeitzcuintli* sea el mismo que el glotón. En nuestra *Cuarta Disertación* demostramos lo contrario.

[60] Juan Fabri, Académico Linceo, publicó en Roma una larga disertación en la que intenta probar que el *xoloitzcuintli* es el lobo mexicano, engañado por la pintura original de aquel cuadrúpedo que vino a Roma entre las demás pinturas del citado Hernández: pero si hubiera leído la descripción que éste hace del *xoloitzcuintli* en *Los cuadrúpedos de la Nueva España* que se publicó en Roma con aquella disertación, se hubiera ahorrado el trabajo de escribirla y los gastos de la impresión. Buffon adoptó el error de Fabri. Véase nuestra *Cuarta Disertación*.

[61] Dice el Dr. Hernández que el *ocotochtli* cuando hace alguna presa la cubre con hojas, y subido en un árbol vecino convoca con sus aullidos a las otras fieras a comer de la presa, y el último que come es el mismo *ocotochtli*; porque es tal el veneno de su lengua, que si antes de otras probara la carne la inficionaría y ocasionaría a las demás la muerte.

apenas se diferencia del antecedente en otra cosa que en tener menor la cola y con menos pelo.

La *tozan* o tuza, como la llaman los españoles, es un cuadrúpedo equivalente al topo europeo, pero muy diverso. Su cuerpo, que es bien hecho, tiene una cuarta o palmo de largo. Su hocico es semejante al de la rata, sus orejas pequeñas y redondas y su cola corta. Tiene la boca armada de colmillos y dientes fortísimos, y sus dedos de uñas fuertes y corvas, con las cuales abre en la tierra los agujeros en que vive. Es la tuza muy perniciosa a las sementeras por el grano que roba, y a los viajantes por los agujeros que abre en los caminos, que son muchos; porque una vez salida de uno, no acierta a volverse a él por la cortedad de su vista y abre otro, multiplicando a los que viajan a caballo las molestias y los peligros. Abre la tierra con sus uñas y con dos colmillos que tiene en la quijada superior mucho mayores que los demás dientes, y con sus patas anteriores se echa la tierra que saca en dos bolsas o membranas que tiene debajo de las orejas, proveídas de los músculos necesarios para su contracción y dilatación. En llenándolas arroja fuera la tierra sacudiendo el fondo de las membranas con sus patas y vuelve a cavar en la misma forma, sirviéndole sus colmillos de azada y sus membranas de sacos o espuertas. Este cuadrúpedo es también comunísimo; pero no me acuerdo de haberlo visto en los lugares en que se crían las ardillas de tierra.

El *ahuízotl* es un cuadrúpedo anfibio que vive en los ríos de tierras calientes. Su cuerpo tiene un pie de longitud; su hocico es largo y agudo y su cola grande. El color de su pelo es variado de negro y pardo oscuro. El *huitztlacuatzin* es el puerco espín de México. Es de la grandeza de un perro mediano, al cual se asemeja en la cara, aunque aquél tiene más romo el hocico; sus pies y piernas son bien gruesas y su cola proporcionada. Todo su cuerpo, a excepción del vientre, de la parte posterior de la cola y de la interior de las piernas, está armado de púas o espinas huecas, agudas y largas como unos cuatro dedos; su cara y hocico cubiertos de unas cerdas largas y rectas que, sobrepujando su cabeza, forman una especie de penacho, y todo el cuerpo cubierto de un pelo negro y suave. Se mantiene de los frutos de la tierra.[62]

El *cacomixtle* es un cuadrúpedo o de la misma especie o al menos de la clase de las garduñas. Es de la magnitud y figura de un gato, pero de cuerpo más grueso, de pelo más largo, de piernas más cortas y de aspecto más fiero y salvaje. Su voz es un chillido agudo y su alimento las gallinas y otros animales pequeños. Habita y cría en los agujeros de

---

[62] Buffon pretende que el *huitztlacuatzin* no es otro que el *coendu* de la Guyena; pero el *coendu* es carnívoro y el *huitztlacuatzin se mantiene de los frutos de la tierra;* el *coendu* no tiene el penacho de cerdas que tiene el *huitztlacuatzin,* etc.

las paredes y en los templos, detrás de los retablos. De día ve muy poco y no sale de su madriguera sino en la oscuridad de la noche a buscar su sustento. Este cuadrúpedo y el *tlacuatzin*, de que hicimos arriba mención, se hallan aún en las casas de la capital.[63]

La descripción de otros cuadrúpedos como el *itzcuincuani*, el *tlalmiztli* y el *tlalocelotl*, que nosotros omitimos por amor de la brevedad, puede verse en el Dr. Hernández. De otros que, aunque no propios de las tierras del imperio mexicano, viven en la América Septentrional española haremos mención en nuestras *Disertaciones*.

### 13. Aves del reino de México

Mayor embarazo que los cuadrúpedos nos darían las aves, si emprendiésemos contar sus especies y describir su figura y su carácter. Su muchedumbre, variedad y excelencia ha dado ocasión a algunos para decir que México es el reino de las aves, como África el de las fieras. El doctor Hernández describe en su *Historia natural* más de 200 especies propias de aquel reino, entre las cuales faltan algunas muy notables, como el *cuitlaccochi*, la *izacua* y el *magnegador*. Nosotros nos contentaremos con recorrer ligeramente algunas clases, indicando una u otra particularidad. Entre las aves de rapiña hay águilas, azores, halcones y gavilanes de varias especies y cernícalos. A las aves de esta clase concede ventajas el citado naturalista sobre las de Europa. Por la notoria excelencia de los halcones mexicanos ordenó Felipe II, rey de España, que cada año se llevasen 100 a su corte. Al neblí, que es muy diferente del europeo, llaman los mexicanos *totli*, y al sacre *quauhtotli*. Entre las águilas, la mayor, la más hermosa y más celebrada por su animosidad, es la que los mexicanos nombran *itzquauhtli*, la cual no solamente caza las aves mayores y las liebres, sino acomete también a los hombres y a las fieras.

De cernícalos hay dos especies; la que llaman *cenotzqui* es de un bello plumaje. De cuervos hay, además de los comunes, otra especie que tiene el cuello y pecho blanco y lo demás del plumaje pardo. Los cuervos negros, conocidos por los mexicanos con el nombre de *cacalotl*, no se ocupan allí por lo común en purgar los campos de la carne pestilente de los animales muertos sino en robar el grano de las semen-

---

[63] Ignoro el legítimo nombre mexicano del *cacomixtle*; algunos creen que será *tlacomixtle*, que es lo mismo que medio gato. El Dr. Hernández no hace mención de él; porque aunque describe un cuadrúpedo con el nombre de *cacomixtli*, es error de imprenta y debe decir *zacamiztli*. Este cuadrúpedo es de Pánuco, según dice Hernández, y el nuestro es de México. El *zacamiztli* tiene una vara de largo y el *cacomixtle* es más pequeño, éste vive en las casas, aquél en los campos.

teras. El empleo de limpiar los campos está allí principalmente reservado a los *zopilotes*, a quienes llaman gallinazos en la América Meridional, y algunos han dado el nombre de auras o el impropísimo de cuervos.[64] Hay dos especies muy diferentes, el *tzopilotl* común y el *cozcaquauhtli*. Uno y otro son mucho mayores que los cuervos y convienen entre sí en tener el pico y uñas corvas, en tener en su frente, en vez de pluma, una membrana rugosa con algunos pelos rizos y en remontar su vuelo a tanta altura que, aun siendo tan grandes, se pierden muchas veces de vista; especialmente cuando se forma un nublado alto y tempestuoso de granizo, se ven girar en mucho número bajo las nubes. Aliméntanse de la carne de los cadáveres, la cual perciben o por su perspicacísima vista o por su vivísimo olfato desde la mayor altura, y descienden formando con vuelo majestuoso una línea espiral, hasta dar puntualmente sobre el cadáver en que se han de cebar. Unos y otros son aves casi enteramente mudas. Diferéncianse las dos especies en la magnitud, los colores, el número y en algunas propiedades. Los zopilotes propios tienen todo el plumaje negro; la frente, el pico y los pies pardos; andan frecuentemente en tropas y pasan juntos la noche en los árboles;[65] su especie es muy numerosa y común a todos los climas.

La especie del *cozcaquauhtli*, por el contrario, es poco numerosa y propia de climas cálidos. Esta ave es mayor que el zopilote común. Tiene la frente y los pies rojos, el pico blanco en la punta y en lo restante de color sanguíneo; el cuerpo de color pardo oscuro, menos el cuello y las partes inmediatas al pecho, que son de un negro que tira a rojo; las alas por debajo cenicientas y por encima mezcladas de negro y leonado. Al *cozcaquauhtli*, llaman los mexicanos, rey de los zopilotes,[66] y dicen que, concurriendo ambas especies a algún cadáver, no lo toca el zopilote hasta haberlo probado el *cozcaquauhtli*. Son los zopilotes aves utilísi-

[64] El mismo Dr. Hernández se inclina a creer que el zopilote sea especie de cuervo; pero además de la diferencia que resulta de la magnitud y configuración de la frente, que es notable, el zopilote no grazna, ni es frugívoro como el cuervo, ni se junta con él, ni tiene semejanza en el vuelo! Bomare dice que la aura es el *coscuauth* de la Nueva España y el *tropillos* de los Indios. Así el *cozcaquauhtli* como el *tzopilotl* son nombres mexicanos usados por los indios en la Nueva España, pero no para significar una misma ave, sino dos muy diversas.

[65] En los zopilotes falla la regla general que establece Plinio (Lib. 9, cap. 15): *Uncos unges habentia omnio non congregantur, et sibi quaeque praedantur*. Solamente será verdadera entendiéndose de las aves propias de rapiña (águilas, buitres, halcones, gavilanes, etc.).

[66] El ave que hoy llaman rey de los zopilotes parece ser distinta de la que describimos siguiendo al Dr. Hernández. Es grande como una buena águila, robusta y majestuosa, de fuertes garras, de admirables ojos, de bella y noble pluma variada de negro, blanco y leonado; lo más particular es la carnosidad que le rodea el cuello en forma de gargantilla y le cubre en forma de rodete la cabeza. Así me la describe una persona hábil y fidedigna, que testifica haber visto tres ejemplares, y entre ellos el que el año de 1750 se envió de presente al rey de España Fernando VI. Aun el nombre mexicano *coxcaquauhtli*, que significa águila de gargantilla, conviene más a esta ave que a la que describe Hernández. La imagen de esta ave que publicó el *Gacetero Americano* es fiel según declara mi informante.

mas a aquel reino, no solamente porque limpian los campos y las poblaciones de los cadáveres de los animales y otras inmundicias, sino también porque persiguen y destruyen los huevos de los cocodrilos o caimanes en los mismos arenales en que los entierran, para que se empollen al calor del sol, las hembras de aquellos formidables anfibios; por lo cual sería conveniente que gozasen en todo el reino la inmunidad que gozan en el territorio de Veracruz, en donde no es permitido matarlos.

De aves nocturnas hay búhos, lechuzas, mochuelos y otras, a las cuales pueden agregarse los murciélagos, aunque no pertenecen propiamente a la clase de las aves. Los murciélagos abundan en tierras calientes y sombrías, en donde hay algunos que dan terribles sangrías a los caballos y otros animales. En algunos países excesivamente cálidos son bien grandes, aunque no tanto como los de las Islas Filipinas y de otras regiones del Oriente.

De aves acuátiles (entre las cuales comprendo no solamente las palmípedas, que nadan y viven ordinariamente en el agua, sino también las imantópedas y otras que por lo común residen en las orillas de los ríos o lagos y se proveen en el agua de sustento) hay un número prodigioso de ánsares, veinte por lo menos de ánades, varios de garzas diferentes por su magnitud y color, muchos cisnes, gaviotas, cercetas, martinetes, gallinetas, mergos, pelícanos y otras. La multitud de ánades es tan grande que a veces cubren los campos, y vistos desde alguna considerable distancia, parecen manadas de ovejas que están paciendo. De garzas hay unas cenicientas, otras todas blancas y otras que teniendo la pluma del cuerpo blanca, tienen el cuello, los encuentros y puntas de las alas y parte de la cola vestidos de un vivo color escarlata o de un bello azul. El pelícano u onocrótalo, conocido en aquel reino con el nombre de *alcatraz,* es célebre por aquella enorme bolsa o vientre, como le nombra Plinio, que tiene debajo del pico. Hay dos especies, de las cuales la una tiene el pico llano y la otra con dientes en forma de sierra. No sé si como es conocida esta ave en Europa, sea igualmente sabida su rara propiedad en socorrer a los individuos inválidos de su especie, de la cual se aprovechan algunos americanos para proveerse sin trabajo alguno de pescado. Toman vivo un alcatraz, le quiebran un ala y lo atan a un árbol, y retirándose a un lugar conveniente aguardan a que los demás alcatraces lleguen con su provisión, y en viéndolos lanzar del buche o bolsa los peces que han pescado, acuden prontamente y, dejando al prisionero lo preciso para su subsistencia, se aprovechan de lo demás.

Si el pelícano es tan admirable por su providencia para con los de su especie, no lo es menos el *yoalquachilli* por las armas de que lo proveyó el Criador para su defensa. Ésta es una avecilla acuátil de cuello largo y delgado, de cabeza pequeña y un poco aguzada, de pico largo y amarillo, de piernas, pies y uñas largas y de cola corta. El color de sus pies y piernas es ceniciento y el de su cuerpo negro, con una u otra pluma amarilla junto al vientre. De la parte superior del pico le nace una corona o círculo de sustancia córnea, que en lo alto de la cabeza se divide en tres puntas muy agudas y otras dos semejantes le nacen de los encuentros de las alas. Armas raras en las aves, a las cuales no parece haber concebido la Naturaleza otro recurso para evadir los peligros, que el que tienen en la ligereza de sus alas.[67]

Por lo que mira a las demás clases de aves, unas son apreciables por su carne, otras por su pluma, otras por su canto o su voz y otras por su instinto o por alguna singularidad notable que interese nuestra curiosidad. De aquellas aves, cuya carne es de bueno y gustoso alimento, he numerado 45 especies, no contando las acuátiles ni otras que absolutamente son comestibles y de hecho se comen en muchos países de Europa, como el tordo, el abión y otros. Entre aquellas especies, además de las gallinas comunes que se transportaron de las Canarias a las Antillas y de las Antillas a México, había y hay gallinas o pavos propios de aquella tierra, a los que, por ser en parte semejantes a las gallinas y en parte a los pavos, llamaron gallipavos los primeros españoles, y los mexicanos *huexolotl;* los cuales se transportaron a Europa en recompensa de las gallinas y se han multiplicado mucho, especialmente en Italia. Hay también guajolotes monteses semejantes en todo a los domésticos, pero mayores y de mejor alimento en muchos países. Hay, perdices, codornices, faisanes, grullas, tórtolas, varias especies de palomas y otras que han multiplicado excesivamente, como haremos ver en nuestras *Disertaciones*. El número prodigioso de codornices se entenderá por lo que diremos cuando hablemos de los sacrificios antiguos.

Las aves conocidas allí con el nombre de faisanes son de tres especies diferentes de los faisanes de Europa.[68] El *coxolitli* y el *tepetototl,* ambos de la magnitud de un ánsar y con una cresta de plumas en la cabeza que recogen o extienden a su arbitrio, se diferencian en los colores y en algunas propiedades. El *coxolitli,* conocido entre los españoles con el nombre de faisán real, tiene el plumaje leonado y su carne es de mucho mejor gusto. El *tepetototl,* aunque montés como lo expresa su nombre, se domestica tanto que recibe la comida de la mano de su amo, le festeja cuando viene de fuera y aprende a tocar la puerta con

---

[67] Bomare menciona un ave también acuátil del Brasil con el nombre de *anhima*, proveída de armas semejantes a las del *yoalquachilli*, pero en lo demás muy diversa.

[68] Bomare pone al *huatzin* en la clase de los faisanes, pero pertenece a la segunda clase de aves de rapiña, como se desprende de la descripción del Dr. Hernández.

su pico, y muestra mayor docilidad de la que podía esperarse de un ave propia de los bosques. Yo vi uno de estos faisanes que, habiendo vivido algún tiempo en un gallinero, aprendió el modo de combatir de los gallos y combatía con ellos remedando sus movimientos y levantando las plumas de la cresta como levantan los gallos las del cuello. El color de su plumaje es negro reluciente y el de sus pies y piernas ceniciento. El tercer faisán, conocido por sus gritos con el nombre de gritón, es menor que los dos antecedentes y tiene las alas y cola negras y lo demás del cuerpo pardo.

La chachalaca, cuya carne es también muy buena y gustosa, es casi de la magnitud de nuestras gallinas. El color de la parte superior de su cuerpo es pardo, el de la parte inferior de un blanco algo oscuro y el de su pico y pies algo azul. Es imponderable el ruido que hacen en los bosques con sus clamores que, aunque semejantes a las de nuestras gallinas, son más sonoros, más continuados y más molestos. De tórtolas hay diferentes especies, unas grandes como las de Europa y otras pequeñas.

Las aves apreciables por su pluma son tantas y tan bellas, que sin duda daríamos un gran placer a nuestros lectores si pudiésemos representarlas a sus ojos con toda la variedad de colores que adorna su plumaje. Yo he numerado 35 especies de pájaros mexicanos singularmente hermosos. Entre ellos sobresalen, por la viveza y variedad de sus colores, el *tlauhquechol,* el *nepapantototl,* el *mezcanauhtli* y el *huitzitzilin.*

El *huitzitzilin* es aquella maravillosa avecilla tan celebrada de los historiadores de América por su pequeñez, por su movilidad, por la belleza de su plumaje, por su tenue alimento y por su prolongado sueño en el invierno. Este sueño, o por mejor decir, esta inacción ocasionada del entorpecimiento de sus miembros, en que se mantiene desde octubre hasta abril, se ha hecho constar jurídicamente más de una vez para convencer la incredulidad de algunos europeos, incredulidad nacida de la ignorancia de la Historia Natural; pues la misma inmovilidad y entorpecimiento se observa en Europa en los lirones, los moscardinos, los erizos, los murciélagos, las golondrinas y otros animales que tienen la sangre tan fría como ellos. Se numeran unas nueve especies de *huitzitzilin,*[69] pero nosotros los contamos por una.

El *tlauhquechol,* que es una especie de paleta,[70] tiene todo el plumaje del cuerpo de un bellísimo color rojo o de un blanco que tira a rojo, y

---

[69] Al *huitzitzilin* llaman los españoles en México chupamirto, por la inclinación que tiene a las flores de cierta planta conocida allí con el nombre impropísimo de mirto. En otras partes de América la llaman chupaflores o picaflores, tominejo, colibrí, etc.

[70] Al ave que los latinos llaman platea, doy el nombre de paleta, que le dan los franceses, porque le conviene por la figura y porque no hallo otro; pues el de pelícano, que comúnmente le dan los españoles, conviene más al alcatraz.

el del cuello de negro. Vive en las orillas del mar y de los ríos y se mantiene de pececillos vivos sin tocar jamás a cosa muerta.

El *nepapantototl* es un ánade silvestre que frecuenta el lago mexicano, en cuyas plumas se ve maravillosamente repartido todo género de colores.

El *tlacuiloltototl* (ave pintada) es un ave de tierras cálidas cuyo bellísimo plumaje es variado de rojo, azul, amarillo, morado, verde y negro; sus ojos son negros con el iris amarillo y sus pies cenicientos.

El *tzinizcan* es del cuerpo de una paloma; su pico es pequeño, corvo y amarillo; su cabeza y cuello como el de la paloma, pero adornado una y otro de plumas de un verde reluciente; su pecho y vientre rojos, a excepción de la parte más cercana a la cola, que es variada de azul y blanco; su cola en la parte superior verde y en la inferior negra, y sus alas en parte blancas y en parte negras. Tiene negros los ojos y el iris de un color amarillo que tira a rojo; se cría esta hermosa ave en las tierras marítimas. El *tlauhtototl* es semejantísimo al *tlacuiloltototl* en los colores, pero menor.

El *mezcanauhtli* es un ánade silvestre de la magnitud de la cerceta, pero de una belleza singular. Su pico es medianamente largo y ancho, azul en la parte superior y negro en la inferior. El plumaje de su cuerpo es blanco, pero salpicado de muchos puntos negros, especialmente junto al pecho. Sus alas son blancas y pardas por abajo, y por la parte superior variadas de negro, blanco, azul, verde y leonado. Sus pies y piernas de un amarillo que tira a rojo. Su cabeza es en parte de un color oscuro, en parte de un leonado remiso y en parte imita el color del pavo real, con una bella mancha blanca entre el pico y los ojos, que son negros. Su cola es por encima azul, por debajo de un color oscuro y en su extremidad blanca.

Estas hermosas aves y otras propias del clima de México, o de otros países adquiridas por el comercio, eran sumamente estimadas de los mexicanos para las singulares obras de mosaico que trabajan. Las guacamayas y los cardenales, tan apreciados de los europeos por los bellísimos colores de que están pintadas sus plumas, son muy comunes en aquella tierra. Hay también allí pavos reales transportados de Europa, pero su especie es poco numerosa.

Varios europeos, que conceden a las aves americanas las ventajas de la hermosura, les niegan las del canto. Error nacido de ignorancia que refutaremos en nuestras *Disertaciones*. En algunos países de la Nueva España se hallan los jilgueros, los pardillos y los celebrados ruiseñores de Europa, además de otras 22 especies (por lo menos) de aves canoras nada inferiores a aquéllas; pero excede con muchas ventajas a cuanto conocemos en ambos continentes el celebérrimo *zentzontli*. Diéronle los mexicanos ese nombre, para expresar la prodigiosa variedad de su canto.[71] La dulzura y suavidad de su voz, la armonía y variedad de sus tonos y la docilidad con que imita cuanto oye, no pueden dignamente ponderarse. Remeda con la mayor propiedad solamente el canto de las otras aves, sino también las diferentes voces de los cuadrúpedos. Su especie es una de las más numerosas en todo el reino; pero sin embargo de ser tan comunes son tan estimados que he visto pagar por uno 25 pesos fuertes. Es de la grandeza de un tordo común, tiene la parte inferior del cuerpo vestida de pluma blanca y la superior de color pardo con algunas plumas negras y blancas, especialmente junto a la cola y la cabeza, sobre la cual se le forma una como corona de pluma blanca. Come cualquier cosa, pero se deleita particularmente de moscas, las cuales arrebata con singular placer de los dedos del que se las presenta. Se ha intentado muchas veces traerlo a Europa; pero no sé si alguna vez se ha conseguido, y temo que, aun en caso de llegar vivo, pierda mucho de su instinto y de su voz por la mudanza del clima.

    El cardenal no es menos lisonjero al oído por la dulzura de su canto, que a la vista por su bello plumaje y cresta de color escarlata. La calandria, que tiene la pluma variada de blanco, amarillo y pardo, canta también suavísimamente. Teje maravillosamente su nido de cerdas, suspendiéndolo en forma de talega de la rama de un árbol. El tigrillo, que es también recomendable por su música, tiene ese nombre porque remeda en su manchado plumaje la piel del tigre. El *cuitlaccochi* remeda al *zentzontli* no menos en la magnitud y color de su cuerpo, que en la excelencia de su canto; pero tiene el pico más largo, el cual lima frecuentemente en una piedra. El *coztototl* es semejante a los canarios (que también se han transportado a aquel reino) en el canto, en la magnitud y en el color, a excepción de tener negras las extremidades de las alas. Los gorriones de México (doiles ese nombre porque no son allí conocidos con otro) se parecen a los europeos en la magnitud, en andar a saltos y en fabricar sus nidos en los agujeros de las casas; pero se diferencian en el color, en el vuelo y en el canto. La parte inferior de su cuerpo es blanca y la superior parda; pero en llegando a cierta edad tienen los machos la cabeza roja y las hembras amarilla. Su vuelo es cansado y lanzando por momento su cuerpo, lo cual puede ser efecto de la cortedad de sus alas o de la debilidad de sus plumas. Su voz es muy clara y su canto dulce y muy variado. Abundan mucho estas aves en las casas de la capital y de otros lugares.

---

[71] *Centzontlatole* (que es su propio nombre, y el de *cenzontli* sólo se usa para abreviar) significa "el ave de 400 voces", pero los mexicanos usan de la palabra *cenzontli* (cuatrocientos) por una multitud indefinida e innumerable, como los españoles del mil y los latinos del *mille* y del *sexcenta*. Concuerda con el nombre mexicano el griego *polyglotta*, que le dan algunos ornitologistas modernos.

No abunda solamente la tierra de Anáhuac en aves canoras, sino también en locuaces o que imitan el habla humana. Entre las mismas aves canoras hay algunas que aprenden algunas palabras, como el célebre *zentzontli* y el *acolchichi* o pájaro de lomo rojo, al cual por esta insignia llamaron comendador los antiguos españoles. El *cehuan,* que es mayor que el tordo común, remeda la voz humana, pero en un tono que parece burlesco y sigue por largo trecho a los viandantes. El *tzanahuci,* que es semejante en la magnitud a la picaza, pero diferente en el color, aprende a hablar, hurta con recato cuando encuentra y muestra en todo un instinto superior al que comúnmente se observa en las aves.

Pero entre las locuaces sobresalen los papagayos, de los cuales se cuentan cuatro principales especies, la *guacamaya,* el *toznene,* el *cochotl* y el *quiltototl.*[72] La guacamaya es más apreciable por sus vistosísimas plumas que por su voz; pronuncia confusamente las palabras y su voz es bronca y desapacible. Es el mayor de los papagayos. El *toznene,* que es de la grandeza de una paloma, es el mejor de todos; tiene el plumaje verde, menos en la cabeza y en los encuentros de las alas, que en unos es rojo y en otros amarillo. Aprende cuantas palabras y cantatas se le enseñen y las expresa con claridad; remeda con propiedad la risa y el tono burlesco de los hombres, el llanto de los niños y las voces de varios animales. Del *cochó* hay tres especies subalternas, diferentes en la magnitud y en los colores, que en todos son bellos, siendo el dominante el verde. El mayor de los *cochós* es casi de la grandeza del *toznene;* las otras dos especies, que llamaron los españoles catarinas, son menores; todos aprenden a hablar aunque no con la perfección del *toznene.* El *quiltototl,* que es el menor de todos, es también el menos apto para hablar. Estos pequeños papagayos, que son de un bellísimo verde, andan siempre en tropas numerosas; los otros andan comúnmente de dos en dos.

Los pájaros madrugadores, y los que llaman *tzacuas* los mexicanos, aunque no son especialmente recomendables por la hermosura de su plumaje ni por la suavidad de su canto, son dignos de particular mención por sus propiedades. Los madrugadores, que son de la magnitud de los gorriones, merecieron aquel nombre por ser los primeros en abandonar el reposo de la noche y en anunciar la vuelta del sol. Una hora o más antes de la aurora comienza una de estas avecillas desde las ramas del árbol en que ha pasado la noche, en compañía de otras muchas de su especie, a llamar a las demás en voz alta y sonora y en tono alegre, y repite varias veces la llamada, hasta conseguir que ya una y ya otra le

---

[72] Así al *cochó* como al *toznene* llaman indiferentemente los españoles en México pericos y loros. Los nombres de *huacamaya* y *cochó* son de la lengua haitiana que se habla en la Isla Española. Loro es palabra de la lengua quechúa o del inca, y *toznene* y *quiltototl* de la mexicana.

correspondan. Después de despiertas todas forman una festivísima algazara que se oye a grande distancia. En las veces que viajé por el reino de Michuacán, en donde más abundan, me servían de despertador para levantarme y apresurar mi partida.

La *tzacua,* que es semejante a la calandria, es aún más admirable. Forman estas aves cierto género de sociedad y población en cada árbol. Fabrican sus nidos en forma de talegas, que se ven pendientes en gran número de todas las ramas. Una *tzacua,* que tiene empleo de jefe o guarda de la población, reside en medio del árbol y desde allí vuela frecuentemente ya a uno y ya a otro nido, en donde canta un poco y luego vuelve a su lugar, y de esta suerte los visita todos, sin que se oiga cantar a otra entre toda aquella muchedumbre. Si ve venir hacia el árbol alguna ave de otra especie, le sale al encuentro y con su pico y sus alas se esfuerza a ahuyentarla; pero si ve acercarse algún hombre (y verosímilmente cualquier otro animal de magnitud sospechosa) se pasa luego gritando a otro árbol cercano; y si entre tanto sobrevienen del campo algunas otras *tzacuas* de la población, les sale al camino y, mudando el tono de su voz, las obliga a retirarse hasta que, libre del temor por haber cesado el peligro, vuelve alegre a la acostumbrada visita de sus nidos. Todo esto se ha observado prolijamente en estas avecillas, y no dudo de que se reconocerían cosas más singulares si se repitiesen las observaciones.

### 14. Reptiles del reino de México

Los reptiles de Anáhuac pueden reducirse a cinco clases,[73] que son lagartos, lagartijas, ranas, sapos y serpientes. En la clase de los lagartos cuento a los cocodrilos o caimanes, al *acaltetepon* y a la *iguana.*

Los cocodrilos de México son en su magnitud, figura, voracidad y fiereza, como los célebres del Nilo. Abundan en muchos ríos y lagos de climas cálidos y son muy perniciosos a los demás animales y a los hombres. Es ociosa la descripción de estos horrorosos anfibios después de tanto como se ha descrito sobre ellos.

El *acaltetepon* es un verdadero lagarto conocido allí con el nombre impropísimo de escorpión. Su magnitud es de dos palmos, de cola larga, pequeñas piernas, lengua roja, ancha y hendida, que suele vibrar; de aspecto fiero, de paso lento y de piel áspera y parda, salpicada de al-

---

[73] No ignoro la variedad de opiniones que hay entre los modernos naturalistas sobre qué animales deben comprenderse en el género de reptiles. Yo, desentendiéndome como debo de sus disputas, tomo ese nombre en la acepción vulgar. La división que hago no es adecuada y justa sino respecto de las clases de que intento hablar.

gunas manchillas blancas que parecen perlas. Desde los músculos de las piernas posteriores hasta la punta de la cola, lo ciñen en forma de anillo varias líneas amarillas. Su mordida es muy dolorosa, pero no mortal. Es propio de tierras calientes. Del mismo clima es otro lagarto semejante al antecedente en el color y figura, y conocido con los mismos nombres, pero al doble mayor y diferente en la cola. Su cuerpo tiene de longitud, según me han informado, una vara castellana, y la circunferencia de su vientre y lomo unos dos palmos. Su cola es corta y su cabeza y piernas gruesas. Es el azote de los conejos, a los cuales persigue fieramente.

La iguana es un lagarto inocuo muy conocido en Europa por las relaciones de los historiadores de América. Abunda en las tierras calientes y son de dos especies, unas terrestres que llaman los mexicanos *quauhcuetzpalin*, y otras anfibias con el nombre de *aquauhcuetzpalin*. Son algunas tan grandes que tienen una vara y un palmo de longitud. Son velocísimas en su carrera y ágiles en subir a los árboles. Su carne y sus huevos son comestibles y celebrados de algunos autores; pero su carne es dañosa a los que están tocados del mal gálico.

De lagartijas hay innumerables especies diferentes en la magnitud, en los colores y en las calidades. Los mexicanos la dividían en dos clases: a las comunes e inocuas llamaban *toutizin* o *cuetzpatin;* a las venenosas o que excedían la magnitud regular daban el nombre de *acaltetepon*. Entre las lagartijas inocuas se debe el primer lugar al camaleón, al cual han hecho célebre su inedia y la inconstancia de sus colores. El camaleón de aquel reino, que llaman *quatapalcatl* los mexicanos, es en casi todo semejante al de Egipto, pero se diferencia en no tener cresta y en tener orejas, las cuales son grandes, redondas y abiertas. Las demás lagartijas inocuas no tienen particularidad alguna para ser mencionadas.

De las venenosas la peor parece ser la que llaman por su rareza *tetzauhqui*. Es muy pequeña y de color pardo, que en su cuerpo tira a amarillo y en su cola a azul. A otras hay tenidas por venenosas y conocidas entre los españoles, unas con el nombre de salamanquesas y otras con el de escorpiones (porque este nombre han dado a varias especies de reptiles a las que no convenía); pero yo creo que esas lagartijas o carecen enteramente de veneno o a lo menos no lo tienen tan activo como se piensa.

A los sapos dividían también en dos clases los mexicanos, en *acuacua* y en *tamaxolin*. Los primeros son aquellos que exceden la magnitud regular, los cuales, si creemos al Dr. Hernández, son también venenosos. En las tierras muy calientes y húmedas, hay algunos que tienen casi un palmo de diámetro. A esta clase parece pertenecer el *tapayaxin*,[74] pues aunque tiene pies de lagartija y cola, aunque pequeña, su figura se acerca más a la de los sapos. Su cuerpo es perfectamente orbicular, de unos seis dedos de diámetro, cartilaginoso y al tacto muy frío. Su cabeza es durísima y su piel de varios colores. Es tan lento y tardo que aun sacudido no se mueve. Si se le golpea la cabeza o se le comprimen un poco los ojos, lanza de ellos hasta a tres pasos de distancia algunas gotas de sangre. Por lo demás es animal inocuo y que gusta de ser manoseado.

Entre los sapos nombrados *tamaxolin* hay unos de la magnitud, figura, color y calidad de los comunes de Europa, y otros menores e inocuos. En aquellas tierras en que a un excesivo calor se allega una grande humedad, se ve el suelo cubierto de esos reptiles asquerosos siempre que llueve. Por lo que mira a las ranas, hay en el lago de Chalco tres numerosas especies diferentes en su magnitud y color, que son muy comunes en las mesas de la capital. Las de la Huaxteca, que son del peso de una libra, son excelentes. No vi jamás ni oí en aquel reino las ranas de un árbol, que son tan comunes en Italia y en otras partes de Europa.

Mucho mayor que la de los antecedentes reptiles es la diferencia y variedad de las serpientes. Unas son enormemente grandes y otras pequeñas, unas de un solo color y otras de varios y bellísimos; unas venenosas y otras inocuas. La que llamaban los mexicanos *canauhcoatl* era la más considerable por su magnitud, pues tenía hasta siete varas de longitud y era tan gruesa como el cuerpo de un hombre regular. Poco menos era una de las que llaman *tlililcoatl* (serpiente negra) que vio el citado Hernández en los montes de Tepoztlán. Tenía, dice, unos diez codos de largo y de grueso tanto como un cuerpo humano; pero al presente con dificultad se hallarán serpientes de tan enorme corpulencia sino en algún bosque solitario y muy distante de la capital.

Entre las serpientes venenosas las más terribles son la *ahueyactli*, la *cuicuilcoatl*, el *corallilo*, la *teixminani*, la *cencoatl* y la *teotlacozauhqui*. La *teotlacozauhqui*, que se divide en varias especies subalternas, es la que llaman de cascabel, por los que tiene en la parte posterior de la cola, trabados entre sí en forma de vértebras,[75] y que suena siempre que se mueve, especialmente cuando se agita con violencia para morder. Su magnitud es varia como también sus colores; pero por lo común es de una o dos varas. Se mueve con suma velocidad, por lo cual le dieron

---

[74] El Dr. Hernández cuenta al *tapayaxin* entre las lagartijas.

[75] El Dr. Hernández dice que tiene tantos años esta serpiente cuantos son sus cascabeles, porque cada año le nace uno; pero no sabemos si esa noticia que nos da y que en aquel reino se tiene por cierta está fundada sobre observación personal.

también el nombre de *ehecacoatl* o serpiente del viento. Su mordedura es mortal si no se ocurre prontamente con algunos remedios, entre los cuales se cree eficaz el mantener por algún tiempo dentro de la tierra la parte ofendida. Hiere con dos colmillos que tiene en la quijada superior, que son como en la víbora y en otras especies de serpientes, dos túbulos con una abertura cerca de la punta. En el nacimiento de cada colmillo tiene una glándula o bolsilla de ponzoña; esta bolsilla, comprimida en la acción de morder, lanza por el túbulo o colmillo la ponzoña y la introduce por la herida en la masa de la sangre. Con gusto comunicaríamos al público algunas observaciones interesantes que se han hecho en aquel reino en esta[76] y en otras materias de historia natural, si la condición de esta obra lo permitiera.

La *ahueyactli,* poco distinta de la antecedente, pero sin cascabeles, contiene, según el Dr. Hernández, aquella especie de veneno que llamaron *hemorrhoos* los antiguos, con el cual el mordido arroja sangre por la boca, por las narices y por los ojos, aunque puede impedirse su actividad con algunos antídotos. La *cuicuilcoatl,* nombrada así por la variedad de sus colores, es larga de un palmo y gruesa como el dedo meñique; pero su veneno es tan activo como el de la *teotlacozauhqui.* La *teixminani* es la que Plinio nombra *jaculum.* Es larga y delgada y tiene el lomo pardo y el vientre algo morado. Se mueve siempre por línea directa y jamás se enrosca. Desde algún árbol donde acecha, se dispara a los viandantes, que eso significa el nombre *teixminani.*[77] Hay de estas sierpes en los montes de Quauhnahuac y en otras tierras calientes; pero en tantos años como viví en aquel reino, jamás supe que a algún caminante sucediese semejante desgracia. Lo mismo protesto de los terribles efectos que causa el veneno de la *ahueyactli.*

La *cencoatl,*[78] que tiene dos varas de largo y un palmo de circunferencia en lo más grueso de su cuerpo y es venenosísima, tiene la singularidad de resplandecer en la oscuridad de la noche. De esta suerte el próvido Autor de la naturaleza despierta de varios modos nuestra atención para precavernos del daño, unas veces por el oído con el rumor de los cascabeles y otras por los ojos con la impresión de la luz.

Entre las serpientes inocuas que son de muchas más especies, no puedo omitir la *tzicatlinan* y la *maquizcoatl.* La *tzicatlinan* es bellísima, de media vara de longitud y del grosor del dedo meñique. Vive perpetuamente en los hormigueros y se muestra tan bien hallada en la

---

[76] El P. Inamma, misionero jesuita de la California, hizo muchas curiosas experiencias en las serpientes, las cuales confirman las que hizo Mead en las víboras.
[77] Los mexicanos la llaman también *micoatl* y los españoles *saetilla*, que expresan lo mismo que el *jaculum* latino.
[78] Otras serpientes, del mismo color, tienen el mismo nombre de *cencoatl*, pero son inocuas.

compañía de las hormigas, que muchas veces las acompaña en sus viajes y vuelve con ellas a su nido. El nombre de *tzicatlinan* significa "madre de las hormigas" y éste es el que le dan los españoles; pero yo me persuado a que su inclinación a los hormigueros no sea sino por sustentarse de las mismas.

La *maquizcoatl* es de la magnitud de la antecedente y toda plateada y transparente. Tiene la cola más gruesa que la cabeza y se mueve indiferentemente por una y otra parte, sirviéndole de cola la cabeza y de cabeza la cola. Esta sierpe, que es rara e inocua, se ha visto en el valle de Toluca y es la *amphisbaena* de los griegos.[79]

Entre tantas especies de serpientes como se hallan en los bosques poco frecuentados de aquel reino, no sé que se halla descubierto hasta ahora alguna especie vivípara, si no es la de la *acoatl* (y aun ésta no es cierta). Ésta es una culebra acuátil e inocua que tiene de largo una vara y de grueso una pulgada. Sus dientes son pequeños, la parte superior de su cabeza es negra, las laterales azules y la inferior amarilla; su lomo listado de azul y negro y su vientre todo azul.

Los antiguos mexicanos, que tomaban placer en criar todo género de animales, y con la familiaridad habían perdido el horror natural, solían tomar del campo una sierpe verde y sin veneno para criarla en su casa, la cual, no teniendo al principio más de una pulgada de diámetro, con el regalo llegaba a adquirir la corpulencia de un hombre. Manteníanla en una cuba en donde le disponían su nido, y no salía de allí sino para tomar a cierta hora el alimento de la mano de su amo, o subida en su hombro o enroscada a sus pies en el suelo.

## 15. Peces de los mares, ríos y lagos de Anáhuac

El agua de los ríos, lagos y mares de Anáhuac disputa ventajas a la tierra en el número de los vivientes que mantiene. Las especies conocidas de sus peces son innumerables; pues de solas las que sirven de alimento y regalo al hombre, he numerado más del ciento sin contar las tortugas, los cangrejos, los camarones ni algún otro animal testáceo o crustáceo. De los peces, unos son comunes a ambos mares, otros peculiares del Golfo Mexicano o del mar Pacífico y otros finalmente de ríos y lagos.

---

[79] Plinio (Lib VII, cap. 28) da dos cabezas a la *amphisbaena*; pero el nombre griego no significa otra cosa que el movimiento indiferente por una y otra parte. En Europa se ha visto esta serpiente bicápite de Plinio y algunos han dicho que también la hay en México, pero de nadie sé que la haya visto y si la hay, debe considerarse no como especie regular, sino como monstruo, como el águila de dos cabezas, que hace pocos años se halló en Oaxaca y se envió a Madrid.

Los peces comunes a ambos mares son las ballenas, los delfines, los manatíes, los tiburones, las mantas, los cazones, los puercos, los lobos, el pez espada, las sierras, los bacalaos, las palometas, los pargos, los robalos, los meros y chernas, las lizas, las rayas, los bonitos, los chuchos, los sábalos, los barbos, las guitarras, los corcovados, las picudas, las langostas, las mojarras de dos especies, las suelas, las aloscu, los pulpos y otros.

El Golfo Mexicano tiene, además de los dichos, los esturiones, los dorados, los pámpanos, las morunas, los peces-rojos, los pargos mulatos, las parguetes, los guauchinangos, los sargos, los lucios, los congrios, las doncellas, las cabrillas, los estrigones, los sapos, las lampreas, los rodaballos, las platijas, los besugos, las bermejuelas, las agujas, el pez-rey, las brecas, las linternas, los roncadores, los lentones, las jibias, las anchovas, las carpiones, los sollos, las anguilas, etc.

El mar Pacífico tiene, además de los comunes a ambos mares, los salmones, los atunes, los cornudos, los barberos, los sirgueros, los lenguados, las caballas, las viejas, las sardinas, los espirenques, las lagartijas, las centollas, el pez-ojo, el *coamichin,* el *colomichin,* el *cochomichin,* etc.

Los ríos y lagos tienen los pescados blancos de tres o cuatro especies; las carpas, las lizas, las truchas, las trillas, los surieles, los bobos, los robalos, los barbos o bagres, los dorados, las jaibas, las corvinas, los langostinos, los cabezudos, las mojarras, las anguilas, los *axolotes* y otros.

La descripción de todos estos peces, además de distraernos demasiado de nuestro principal intento, sería por la mayor parte inútil; porque los más de los peces ya nombrados son conocidos de los europeos, o por hallarse en los mares del Antiguo Continente, o por estar ya suficientemente descritos por los historiadores de la América; y así me reduciré a uno u otra particularidad que pueda servir a la historia de los peces.

El tiburón pertenece a la clase de aquellas bestias que llaman los antiguos, *caniculae.* Su magnitud, voracidad, velocidad y fortaleza son bien notorias; tiene su boca armada de dos o tres y a veces de más órdenes de dientes, y devora cuanto se le presenta, sea o no sea comestible. Se le ha hallado más de una vez en el vientre una piel entera de carnero y aun un cuchillo de carnicero. Sigue frecuentemente a las embarcaciones, y ha habido tiburón, según Oviedo, que siga a un navío caminando con todas sus velas y con viento favorable por más de 150 leguas, dando en contorno de él muchas vueltas por el interés de las inmundicias que se arrojan al mar.

El *manatí,* al que nombran los franceses *lamentin,* es aún mayor que el tiburón. El mismo Oviedo testifica que solía pescarse uno u otro tan grande que para transportarlo era necesario un carro con dos pares de bueyes. Es vivíparo y no pare en cada vez más que un feto, pero muy abultado.[80] Su carne es regalada y semejante a la de la ternera. Algunos ponen a este animal en la clase de los anfibios, pero sin razón.[81]

La manta, aquel pez llano tan irregular y tan pernicioso a los buzos, de que hacen mención Ulloa y otros autores, es, si no me engaño, el mismo que menciona Plinio con el nombre de nube o nébula.[82] Puede creerse que trasmigrase de los mares de un continente a los del otro, como parece haber sucedido a otros peces. Es tan grande la fuerza que tiene esta bestia en sus músculos, que no solamente sofoca al hombre que abraza, sino también se le ha visto tomar el calabrote de una balandra y moverla del lugar donde estaba anclada. Diéronle los españoles el nombre de manta, porque cuando extiende su cuerpo en la superficie del mar, como hace regularmente, parece una manta o colcha que sobrenada.

El pez espada de aquellos mares es muy diferente del conocido en los mares del Antiguo Continente. Su espada es mayor y más semejante a la verdadera espada, y no la tiene en la parte posterior de su cuerpo como el pez espada de Groenlandia, sino en la anterior como la sierra y le sirve, como a ésta, de arma ofensiva. De las dos especies de sierras que hay en aquellos mares, una es la común de que hacen mención Plinio y otros autores; la otra, que no tiene más de un pie de largo, tiene en el lomo una línea de dientes, que dio motivo al nombre de *tlateconi* que le dieron los mexicanos, y al de sierra que le pusieron los españoles.

El robalo, que es una de las especies más numerosas, y al mismo tiempo de las más regaladas (especialmente el de río), es, según el Dr.

---

[80] Buffon conviene con el Dr. Hernández, en que es uno solo el feto de la hembra del *manatí*; pero otros autores dicen que pare dos. Puede suceder a la hembra del *manatí* lo mismo que a la mujer, que siendo ordinariamente uno su feto, suele parir dos o más, y así se salve la verdad de unos y otros. El Dr. Hernández describe el modo como observan aquellos animales en el coito. *Humano more coit, faemina supina in littore fere tota procumbente, et celeritate quadam superveniente mare.*

[81] La Condamine, a quien sigue Buffon, dice que el *manatí* no es anfibio, porque no sale jamás del agua sino solamente saca la cabeza y parte del cuerpo para pacer la hierba de la ribera. Lo mismo deponen como testigos oculares Oviedo y Hernández; pues aunque en el texto de su obra parece decir este autor lo contrario, es evidente yerro de imprenta. No coloco al *manatí*, aunque vivíparo en la clase de los cuadrúpedos, a ejemplo de varios naturalistas modernos, porque todo el mundo entiende por cuadrúpedo al animal que anda en cuatro pies y el *manatí* no tiene más de dos y éstos informes.

[82] *Ipsi ferunt* (urinatores) *et nubem quandam crassescere super capita, planorum piscium simiiem, prementem eos arcentemque a reciprocando et obidstilos praeacutos lineis annexos haberese sese; quia nisi perfossae ita non recedant, caliginis et pavoris, ut arbitror opere. Nubem enim sive nebulam (cujus nomine id malum apellant) inter animalia haud ullam reperit quisquam.* Plinio, *Hist. Nat.*, Lib. IX, cap. 46. La relación de estos buzos es la misma que darían de la manta los de la América, y si Plinio hubiera tenido las noticias que hoy tenemos, habría dado crédito a aquellos buzos y aprobado el nombre que le pusieron.

Hernández, el *lupus* de los antiguos; pero según el sentir de un docto y curioso mexicano[83] que hizo una prolija y exacta comparación de los peces hoy conocidos con los que describe Plinio, es el *asellus minor*. Al corcovado, que es de un palmo de longitud, dieron ese nombre por una especie de corcova que tiene desde el origen de la cabeza hasta la boca, que es muy pequeña; y a la picuda llamaron así por tener la parte inferior de la boca más larga y salida que la superior. El sapo es un pez horrible a la vista, negro, perfectamente redondo y sin escamas, cuyo diámetro será de unos cuatro o cinco dedos. Su carne es sana y de buen gusto.

Entre las agujas hay una especie que llaman los mexicanos *huitzitzilmichin*. Es larga una vara y muy delgada. Su cuerpo está cubierto de ciertas laminillas en vez de escamas. Su hocico tiene un palmo castellano de longitud y es más largo por la parte superior, al contrario de lo que se observa en las demás agujas, a las cuales excede no menos en la bondad de su carne que en la magnitud de su cuerpo.

El bobo, que es un pez nobilísimo y sumamente estimado por la excelencia de su carne, es de unos tres palmos o cuatro de largo, y unos seis o más dedos de ancho. El bagre, que es de la misma magnitud del bobo, es también de un gusto muy delicado, pero nocivo si no se purga antes su carne con el zumo de la naranja o con otro ácido, de cierta baba viscosa que tiene. El bobo se pesca en los ríos que desembocan en el seno mexicano, y el bagre en los que desembocan en los lagos o en el mar Pacífico. Pero el gusto de estos peces, aunque tan delicioso, no iguala al de los pámpanos y de las palometas, que son justamente los más estimados.

El *iztacmichin* o pescado blanco ha sido en todos tiempos célebre en México; era muy común antiguamente en las mesas de los mexicanos, como hoy en las de los españoles. Distinguen tres o cuatro especies. El *amilotl*, que es el mayor y el más apreciado, tiene de longitud más de un pie, con cinco aletas, dos en el lomo, dos a una y otra parte del vientre y una debajo del mismo vientre. El *xalmichin*, algo menor que el antecedente, es, si no me engaño, de su misma especie. El *yacapitzahuac*, que es el menor, no tiene más de un palmo de largo y dos dedos de grueso. De estos peces que son todos escamosos, de buen gusto y muy sanos, están llenos los lagos de Chalco, Pátzcuaro y Chapala. La otra especie, que es la del *xalmichin* de Quauhnahuac, carece de escamas y en vez de ellas está cubierto de una piel blanda y blanca.

---

[83] Mi amigo Josef Rafael Campoy, recomendable por su elocuencia y literatura, especialmente en latinidad, historia, crítica y geografía. Su sensible muerte (29 dic. 1777) privó al público de varias obras utilísimas que tenía comenzadas.

El *axolotl* o *ajolote*[84] es un lagarto acuátil del lago mexicano. Su figura es fea y ridícula; su longitud de un palmo castellano (aunque suelen hallarse de un codo o media vara). Su piel es blanda y negra, su cabeza larga, su boca grande, su lengua ancha, pequeña y cartilaginosa, y su cola muy larga. Desde la mitad de su cuerpo hasta el fin de la cola va en disminución. Nada con sus cuatro pies, que terminan en dedos semejantes a los de las ranas. Lo más particular de este pez es el tener el útero semejante al de la mujer, y el estar sujeto como ella a la periódica evacuación de la sangre, como se ha observado varias veces. Su carne es comestible y sana y especialmente provechosa para los éticos. Tiene casi el mismo sabor de la anguila. Otras varias especies de pececillos hay en aquel lago, que no merecen particular mención.

Por lo que mira a los testáceos y crustáceos hay muchas especies de tortugas, ostras y cangrejos no conocidas en Europa. Hállanse especialmente en el mar Pacífico conchas de singular belleza. En todas las costas de este mar hubo en diferentes tiempos pesquería de perlas. Los mexicanos las pescaban en la costa de Tototepec, y a lo que parece también en la de los cuitlatecas, más arriba del puerto de Acapulco, y las empleaban como los europeos en el adorno de sus cuerpos. Hay también varias peregrinas especies de esponjas y litofitos. El Dr. Hernández describe y aun nos presenta la imagen de una esponja que le enviaron del mar Pacífico. Ésta tenía la figura de una mano de hombre con diez o más dedos de color de barro con puntos negros y líneas rojas, y más callosa que las comunes. El deseo de abreviar esta descripción por entrar en el asunto principal de nuestra historia nos obliga a omitir la noticia de todos estos cuerpos marinos y la descripción de varios otros peces particulares, como la estrella (distinta de la común estrella marina y sin ojos, que se cuenta en el número de las ostras que hay en el Golfo Mexicano) y el pez-ojo que es común en el mar Pacífico; pero de éste se dará razón individual en la citada *Historia de California*.

### 16. Insectos de Anáhuac

Las especies de insectos que hay en los países de Anáhuac no pueden reducirse a número, pero pueden dividirse en tres clases: en volátiles, terrestres y acuátiles. Entre los volátiles hay escarabajos, abejas, avispas, moscas, mosquitos, mariposas y langostas. Los escarabajos son de

---

[84] Bomare no acierta a nombrar este pez; le llama *azalotl, azcolotl, azoloti y axoloti*; y dice que los españoles le nombran "el juguete del agua"; pero el nombre que le dan los mexicanos es el de *axolotl* y el que le dan los españoles tomado del mexicano, *ajolote*. Bomare duda de lo que se dice de este animal pero sería razón deferir al Dr. Hernández en el informe que da sobre repetidas observaciones.

diversas especies, pero lo más inocuos. Hay unos verdes a los cuales dan los mexicanos el nombre de *mayatl,* que hacen un gran ruido al volar y sirven de diversión a los muchachos. Otros hay negros, que llaman *pinacatl,* hediondos y de figura irregular. El cocuyo o escarabajo luminoso, que es el más notable, se halla mencionado por varios autores; pero ninguno he visto que los describa. Tiene una pulgada y más de largo y está provisto de alas dobles como los demás escarabajos volantes. Le nace de la cabeza un cuernecillo movible que le es de grande utilidad, porque cuando puesto boca arriba se halla inmóvil para el movimiento, se restituye a la debida postura por el resorte de dicho cuernecillo, envainándolo y comprimiéndolo en una bolsilla que tiene junto al vientre. Cerca de los ojos tiene dos pequeñas membranas y otra mayor en el vientre, sutiles, transparentes y llenas de una materia tan luminosa que su luz basta para leer cómodamente una carta y para alumbrar a los que caminan en la oscuridad de la noche; pero nunca es mayor su luz que cuando vuela. Cuando duerme no la muestra, o porque la cubre con otra membrana opaca, que no se le ha observado, o porque falta a la materia el movimiento necesario para la iluminación. Esta materia, que es blanca, farinácea y viscosa, conserva por algún tiempo su esplendor, aun después de extraída del cuerpo del cocuyo, y con ella se suele formar en los sombreros algunos lucidos caracteres. Hay una copia grande de estos fósforos volantes en las costas del mar y de noche suelen hacer en los montes un gracioso y brillante espectáculo. Cázanlos con suma facilidad los muchachos, y sin más diligencia que la de revolver en el aire un tizoncillo encendido; a la vista de esta luz acuden los cocuyos y se entregan en las manos de los cazadores. No ha faltado autor que confunda estos maravillosos insectos con las luciérnagas, que son mucho menores y mucho menos luminosas, comunes en Europa y frecuentísimas en aquella tierra.

Cuanto es agradable la vista de estos brillantes escarabajos, tanto es horrible la de otros que los mexicanos nombran *temolin.* Son grandes, de color castaño encendido, con seis pies muy peludos y en cada uno cuatro dedillos. Unos tienen armada la frente con un cuerno y otros de dos.

De abejas hay por lo menos seis diversas especies. La primera es de las más comunes de Europa, de las que no se diferencia ni en la magnitud y color ni en su naturaleza y costumbres, ni en la calidad de la miel y de la cera que fabrican. La segunda especie es de unas semejantes en todo a las antecedentes, pero sin aguijón. De esta especie son las de Yucatán, que fabrican la celebrada miel de *estabentun,* que es clara, muy aromática y de un gusto superior a cuantas especies de miel conocemos. Las cosechas de la miel son seis al año, una cada dos meses; pero la célebre es la que se hace por noviembre. La causa de su excelencia es el fabricarla aquellas abejas de una flor blanca semejante al jazmín y muy olorosa, que se da en los meses de septiembre y octubre, nombrada en aquella península *estabentun,* cuyo nombre pasó también a la miel.[85] La tercera especie es de unas abejas semejantes en la figura a las hormigas aladas, pero menores que las abejas comunes y sin aguijón. Estos insectos, que son propios de los climas cálidos y templados, fabrican unos panales de la magnitud y figura de un pan de azúcar y a veces mucho mayores, los cuales forman pendientes de los riscos y de los árboles, especialmente de los encinos. El panal se compone de varios departamentos separados por medio de unas grandes costras, que encierran una gran multitud de celdillas menores que las de las abejas comunes, pero en mucho mayor número, llenas de una miel algo parda, pero de excelente gusto, y de una numerosa descendencia, que se deja ver en unos gusanillos redondos que parecen perlas y son también comestibles. La cuarta especie es de unas abejas amarillas menores que las comunes y armadas como ellas de aguijón, que fabrican unos panales largos y angostos, pero su miel es inferior a las antecedentes. Las de la quinta especie, que son pequeñas e inermes, fabrican panales orbiculares en cavidades subterráneas; su miel es ácida y un poco amarga. La *tlalpipiolli,* que hace la sexta especie, es negra y amarilla, de la magnitud de las comunes, pero sin aguijón.

Las especies de avispas son por lo menos cuatro. La que llaman los mexicanos *quetzalmiahuatl,* es semejante en todo a las comunes de Europa. La *tetlatoca* o vagamunda es así nombrada porque continuamente muda de habitación y siempre está ocupada en acarrear materiales para fabricársela. Tiene aguijón, pero no hace miel ni panal. La *xicotli* es una avispa abultada y negra, a excepción del vientre que tiene amarillo; hace una miel dulce en agujeros que abre en las paredes; está armada de un fuerte aguijón y su herida es muy dolorosa. La *cuicalmiahuatl* tiene también aguijón, pero no sabemos que haga miel. La *quauhxicotli* es de aquella clase de insectos que llaman cabrones los latinos y abejones los españoles. Es todo negro, menos la cola que es roja. Su aguijón es tan grande y tan fuerte que no solamente atraviesa de parte a parte una caña de azúcar, sino también taladra los más duros árboles, en cuyas cavidades fabrica su panal.

Entre las moscas, además de las comunes, que ni son en tan grande número ni tan importunas como las de Italia en el estío,[86] hay unas que

---

[85] La miel de *estabentun* es muy codiciada de los ingleses y franceses que arriban a las costas de Yucatán. Sé que los franceses del Guarico la han comprado alguna vez para enviarla de presente a su soberano.

[86] Lo mismo observa Oviedo; en las islas, dice, y en tierra firme hay muy poquitas moscas, y a comparación de las que hay en Europa, se puede decir que acullá no hay ningunas. *Sumario de la historia natural de las Indias* (cap. 51). En México no son tan pocas; pero no hay duda, en general, de ser allí menos en número y mucho menos molestas.

son tan luminosas como las luciérnagas. La *axayacatl* es una especie de mosca palustre del lago de México. De los innumerables huevecillos que ponen estas moscas en la enea y espadaña del lago, se forman unas grandes costras que traen en cierto tiempo los pescadores para venderlas en el mercado. Esta hueva que llaman *ahuauhtli,* comían comúnmente los mexicanos y al presente es plato común en las mesas de los españoles. Tiene casi el mismo sabor que la hueva de pescado. Pero los antiguos mexicanos no comían solamente los huevos, sino aun las mismas moscas hechas masa y cocidas con nitro.

Entre las especies de mosquitos, los zancudos, que son tan comunes en Europa y especialmente en Italia, abundan en las tierras marítimas y en aquellos lugares en que el calor, las aguas muertas y las arboledas contribuyen a su multiplicación. La capital, aun estando tan inmediata al lago, está libre de esa molestia. Hay también en las tierras cálidas otras especies de mosquitos muy pequeños y que no hacen ruido; pero su picadura causa un vehemente escozor, y si por librarse de él se rascan con alguna demasía la parte ofendida, se encona fácilmente y se hace llaga. En las mismas tierras marítimas abundan las cucarachas, especie de escarabajos domésticos asquerosos y perjudiciales a las despensas, pero útiles a las habitaciones, porque las purgan de las chinches. Se observa constantemente que los navíos europeos, que en su viaje a Veracruz van infestados de chinches, vuelven libres de esos insufribles insectos porque los consumen las cucarachas.

Las mariposas, que son comunes a tierras frías y cálidas, hacen uno de los artículos de diferencia entre ambos continentes. En el reino de México son infinitas y forman ejércitos numerosos en cierto tiempo del año. Su variedad y hermosura no pueden dignamente ponderarse, ni son capaces los mejores pinceles de expresar la excelencia del dibujo y del colorido que el Autor de la naturaleza ha empleado en el adorno de sus alas. Varios autores juiciosos las han celebrado en sus escritos y nuestro Dr. Hernández hizo retratar algunas para dar a Europa alguna idea de su belleza.

Mucho mayores que los de mariposas son los ejércitos de langostas que suelen aparecer sobre las tierras marítimas y asolar en un momento las campiñas. El año de 1738 ó 1739 vi esta terrible plaga en la costa de Xicayan y me causaron horror las densas nubes que formaban esos perniciosos insectos; en California es más frecuente, y en la península de Yucatán hubo poco tiempo hace grande carestía de grano por esta causa. En la citada *Historia de California* se publicarán algunas curiosas observaciones sobre las langostas.

Entre los insectos terrestres hay innumerables especies de gusanos, unos útiles y otros dañosos; unos que servían de alimento a los antiguos mexicanos y otros de medicina, como el *axin* y el *polin*, de que haremos mención en otro lugar. El *tleocuilin* o gusano ardiente es una especie de cantárida de cabeza roja, pecho verde y lo restante del cuerpo leonado. El *temahuani* es un gusano armado de unas espinillas amarillas y venenosas. El *temictli* es semejante al gusano de seda en sus operaciones y metamorfosis. Los gusanos de seda se transportaron de Europa y se multiplicaron con felicidad. Cogíase mucha y buena seda, especialmente en la Mixteca y era éste en otro tiempo un ramo considerable de comercio. Abandonóse después este trabajo por los motivos notorios en aquel reino, y al presente son muy pocos los que en él se emplean. Además de esta seda común, especialmente en años de pocas lluvias, hay una especie de seda silvestre muy apreciable, de que se aprovechan solamente algunos pobres por la poca economía que hay en aquel reino. Nos consta por las *Cartas* de Cortés a Carlos V que uno de los efectos que se exponían de venta en los mercados de los antiguos mexicanos era la seda.

De los cientopiés suelen verse algunos en las tierras templadas y con más frecuencia en las calientes y húmedas. El Dr. Hernández testifica haber visto algunos tan grandes que tenían dos pies de largo y dos dedos de grueso. Los alacranes o verdaderos escorpiones son comunes en todo aquel vasto reino; pero en las tierras frías o templadas son por lo común pocos y no considerable su picada. En las tierras cálidas y en aquellas en que el aire es muy seco, aunque el calor sea moderado, abundan más y es tal su ponzoña que en algunas partes basta quitar la vida a los niños y ocasionar ansias terribles en los adultos. Se ha observado que la ponzoña de los escorpiones pequeños y rubios es más activa que la de los grandes y negros, y que es menos funesta su picada en aquellas horas del día en que calienta más el sol.

Entre las especies de arañas, que son muchas, hay dos que por su particularidad no pueden omitirse: la tarántula y la casampulga. Dan allí impropiamente el nombre de tarántula a una araña muy grande, cuyo cuerpo y piernas están cubiertos de un pelillo negro que tira a ceniciento, semejante al de los pollos recién nacidos. Es propia de tierras cálidas y se halla no solamente en los campos sino aun en las casas. Está tenida por venenosa y se cree que el caballo que la pisa pierde luego el casco; pero no he tenido noticia de algún caso particular que confirme esta común creencia, aun habiendo vivido cinco años en una tierra calidísima en que eran muy frecuentes. La casampulga es pequeña, de pies cortos y su vientre es de un rojo encendido, de la magnitud de un garbanzo. Es muy venenosa y común en Chiapas. No sé si ésta sea la misma que en otros países de aquel reino es conocida con el nombre de araña capulina.

Las hormigas más comunes de aquella tierra son de tres especies. Unas son pequeñas y negras, bien conocidas en casi todo el mundo; otras grandes y rojas que llaman bravas, armadas de un aguijón con que pican fuertemente, y otras grandes y negras que nombran arrieras por el mucho grano que transportan para su provisión. Éstas son las más perjudiciales a las sementeras y en algunos lugares se han multiplicado excesivamente por la incuria de los hombres. En la provincia de Xicayan se ven por algunas millas formadas en el campo unas como fajas negras de las infinitas hormigas que van y vienen.

La nigua, conocida en algunos países de la América Meridional con el nombre de pique, es una especie de pulguilla que en algunas tierras cálidas se cría entre el polvo y la basura; la cual, rompiendo sin ser sentida la cutícula del pie, anida entre ella y el cutis, y si no se acude con tiempo al remedio, penetra hasta la carne y se multiplica con una prontitud maravillosa. Por lo común no se sienten hasta que el intolerable prurito que causa no avisa al paciente. Esta plaga bastaría a despoblar aquellas tierras, si no fuera fácil evitarla con el cuidado del aseo y limpieza en la habitación, y si no fuera tanta la destreza de sus habitantes de sacárselas antes de que se multipliquen. Dios por su parte, para disminuir el daño que podrían ocasionar estos insectos les negó aquella conformación en las patas y aquellos músculos vigorosos que dio a las pulgas para saltar; pero en los pobres, a quienes su miseria ha condenado a vivir entre el polvo, y sus trabajos tienen en un descuido habitual de sus personas, suelen multiplicarse tanto estos insectos, que les hacen unas oquedades considerables en la carne y les causan llagas peligrosas.

Poco menos perniciosas que las niguas son las garrapatas, de las cuales hay dos principales especies. La una es semejante a la cochinilla, que llaman los latinos *millepeda;* pero su cuerpo es menos oval y menos convexo. Este insecto se pega fuertemente a la piel de los carneros, los caballos y otros cuadrúpedos y se introduce en sus orejas y a veces también en las de los hombres. La otra especie se cría abundantemente en la hierba de las tierras cálidas y fácilmente pasa de ella a la ropa de los pasajeros, y de la ropa al cuerpo, al cual se agarra de tal suerte, por la particular configuración de sus patas, que no es fácil despegarla,[87] y si prontamente no se despega, hace una llaga como la nigua. Al principio no parece esta garrapata más de un punto negro; pero con la sangre que chupa engruesa de tal suerte y con tanta presteza, que en poquísimo tiempo llega a adquirir la magnitud de un frijol y aun de un haba, y entonces se deja ver como una bolsa aplomada llena toda de sangre.

La grana y la cochinilla, tan conocida y apreciada en todo el mundo por la excelencia de su tinte, es un insecto nativo de México y el más

---

[87] Oviedo dice que para despegarse prontamente la garrapata y sin peligro alguno basta untarse un poco de aceite y raerse con un cuchillo.

útil de cuantos sustenta aquella tierra, en donde desde el tiempo de sus reyes se cuidaba con particular esmero de su crianza.[88] Su país propio es la grande provincia de los mixtecas, en donde al presente se cría y hace el ramo más considerable de su comercio.[89] Antiguamente se criaba también en Tlaxcala, en Huexotzinco y en otros lugares; pero las vejaciones que sufrían los criadores (que en todo tiempo han sido los indios) de la tiránica avaricia de algunos gobernadores y alcaldes, les precisó a abandonar ese trabajo que de por sí es muy prolijo y molesto. La cochinilla en su mayor incremento es de la corpulencia y figura de una chinche. La hembra es mal proporcionada, tonta y torpe. Sus ojos, su boca, sus piernas y sus pies, se ocultan de tal suerte entre las arrugas de su piel que no pueden distinguirse sin el auxilio del microscopio, y por esta causa se obstinaron algunos, contra el informe de los indios que las criaban y contra el testimonio del Dr. Hernández que las observó como naturalista, en que estos animales eran una semilla. El macho es más raro y sirve para 300 y más hembras. Es menor y más delgado que la hembra, pero más ágil y activo. Su cuello es más delgado que su cabeza y lo restante de su cuerpo. Tiene en la cabeza dos cuernecillos articulados y de cada artejo le nacen cuatro cerdillas dispuestas con igualdad y simetría. Tiene seis pies compuestos cada uno de tres partes. De la extremidad posterior de su cuerpo se le levantan dos grandes cerdas o pelos como unos tres tantos mayores que su cuerpo. Está provisto de dos grandes alas (de las cuales carece la hembra) que cuando camina o se para, se le bajan como a las moscas. Estas alas están fortificadas con dos considerables músculos, de los cuales el uno se extiende exteriormente en contorno de toda el ala, y el otro interiormente paralelo al primero. El color interior es rojo, pero más oscuro en la hembra que en el macho; el exterior es rojo ceniciento. En la cochinilla silvestre o que no se cría bajo el cuidado del hombre, el color interior es más remiso y el exterior blanco. Críase la cochinilla en una especie de nopal u opuncia silvestre y espinosa,[90] que se eleva a la altura

---

[88] Herrera *(Década* IV, Lib. 8, cap. 11) dice que aunque los indios tenían la grana, no hicieron caso de ella hasta que los españoles los instruyeron. Pero si los indios no hacían caso de ella ¿por qué la criaban con tanto empeño? ¿Por qué pagaban anualmente Huaxcayac, Coyolapan y otros lugares 20 zurrones de tributo a la corona de México, como consta de la matrícula de los tributos? ¿Quién es capaz de creer que ignorasen el uso de la grana unas naciones tan dadas a la pintura, y que no supiesen aprovecharse de ese insecto los que sabían servirse del *achiote*, del añil y de innumerables piedras y tierras minerales?

[89] La cantidad de grana que de la Mixteca viene anualmente a España no es menos de 2,500 zurrones. El comercio de la ciudad de Oaxaca importa 200,000 pesos fuertes. Bomare dice que a cierta cochinilla se da el nombre de cochinilla mixteca, porque se cría en Meteque, provincia de Honduras. Llámese cochinilla mixteca, porque se cría en la provincia de la Mixteca, que dista más de Honduras que Roma de París.

[90] Antonio Ulloa dice que el nopal en que se cría la cochinilla no tiene espinas, pero en este punto le informaron mal.

de siete y ocho pies, cuya tuna o higo tiene la corteza verde y espinosa, y la carne roja.[91] Aliméntase de las mismas hojas o pencas del nopal, chupando su jugo por medio de una trompa que le nace del pecho, entre el primero y segundo par de patas. Allí recibe todo su incremento y procura una numerosa descendencia. La economía que se observa en su crianza, el modo de multiplicarse y las diligencias que practican los criadores para defender a estos preciosos insectos de la lluvia, que tanto les perjudica, y de los muchos enemigos que los persiguen, se expondrán cuando hablemos de la agricultura de los mexicanos.

Por lo que mira a los insectos acuátiles, el *atetepitz* es un escarabajo palustre semejante en la figura y magnitud a los volátiles. Su piel es una costra dura; tiene cuatro pies, dos de los cuales le nacen del mismo vientre. El *atopinan* es una langosta palustre de seis dedos de largo y dos de ancho, y de color pardo. El *ahuihuitla* es un gusano del lago de México de cuatro dedos de largo y de grueso como la pluma de un ánsar; la parte superior de su cuerpo es leonada y la inferior blanca. Pica con su cola que es dura y ponzoñosa. El *ocuiliztac* es una especie de gusanos palustres y negros, que tostados en el comal o tortera toman el color blanco. Todos estos insectos eran comestibles para los antiguos mexicanos. Finalmente, omitiendo otros insectos de cuyos solos nombres se podría formar un índice copiosísimo, concluyo con una especie de zoófitos,[92] que vi el año de 1751 en una casa de campo distante tres leguas al sureste de Puebla. Éstos eran unos insectos de tres o cuatro dedos de largo, armados de dos cuernecillos, con su cola y cuatro pies muy delgados; pero su cuerpo era el tallo sutil de una hoja, de la misma magnitud, color y figura que se veían en las demás hojas del árbol en que se criaban aquellos insectos. El Dr. Hernández hace mención de ellos con el nombre de *quauhmecatl* y el viajero Gemelli Carreri describe otro semejante que se halló en las cercanías de Manila.

De lo poco que hasta aquí hemos insinuado de la historia natural de aquel reino, se entenderá fácilmente la diferencia que hay entre las tierras cálidas y las frías y templadas, de que se compone el vasto país de Anáhuac. En las tierras calientes es más pródiga la naturaleza; en las frías y templadas más benigna. En las calientes son más ricos de minerales y de fuentes los montes, más amenas las campiñas y más

---

[91] Rainal conjetura que el color de la cochinilla es debido al de la tuna o fruto del nopal; pero se engaña porque la cochinilla no se alimenta del jugo del fruto rojo sino del de la hoja verde, además que yo he visto la cochinilla silvestre, criada en nopal de tuna blanca, la cual tenía su color rojo como el de la cochinilla común, aunque no tan fino.

[92] No ignoro que los naturalistas modernos no dan regularmente el nombre de zoófitos sino a ciertos marinos, que teniendo la apariencia de vegetal tienen la naturaleza de animal. Doy ese nombre a nuestros insectos porque les conviene con tanta o mayor propiedad que a aquellos cuerpos marinos. En mi *Física* expuse con la mayor verosimilitud, si no me engaño, el mecanismo de la Naturaleza en la generación de esos maravillosos insectos.

frondosos los bosques. En esas tierras se hallan las plantas más útiles a la vida, los árboles más corpulentos, las maderas más preciosas, las flores más bellas, los frutos más deliciosos y las resinas más aromáticas. Allí son más variadas y más numerosas las especies de los animales y sus individuos más hermosos y más corpulentos, las aves de más bella pluma y de más dulce canto. Pero todos estos atractivos se compensan con otros males; porque en ellas son las fieras más terribles, los reptiles más venenosos y los insectos más nocivos. La tierra no siente los funestos síntomas del invierno, ni el aire está expuesto a la intolerable variedad de las estaciones; en la tierra reina una perpetua primavera y en el aire un continuado estío, al cual se acostumbran fácilmente sus habitantes; pero el continuo sudor de sus cuerpos y las frutas con que en todo tiempo les regala la tierra los exponen a varias enfermedades que no se conocen en otros países.

Las tierras frías no son tan fecundas ni tan bellas, pero son más sanas y sus animales menos molestos al hombre. En las tierras templadas (o a lo menos en muchas, como en el valle mexicano) se gozan las ventajas de las tierras frías sin sus incomodidades y muchas delicias de las tierras calientes sin sus molestias. Las enfermedades más comunes en las tierras cálidas son las fiebres intermitentes, el pasmo y la tisis, y en Veracruz de pocos años a esta parte, el vómito.[93] En las demás tierras los catarros y fluxiones, los dolores de costado y las fiebres agudas, y en la capital la diarrea. Además de éstas suelen encenderse en aquel reino ciertas enfermedades epidémicas que hacen no poco estrago en la población, las cuales parecen periódicas, aunque no es fijo y arreglado su periodo como las que se padecieron el año de 1545, 1576, y en nuestro siglo en el 1737 y 1762. Las viruelas que llevaron a aquella tierra los españoles no se padecen allí con la frecuencia que en Europa, sino pasado cierto número de años, y entonces atacan a los que no las han padecido otra vez, haciendo de una vez el estrago que en Europa hacen sucesivamente.

## 17. Carácter de los mexicanos y demás naciones de Anáhuac

Las naciones que ocupaban estas tierras antes de los españoles, aunque muy diferentes entre sí en su lenguaje y parte también en sus costumbres, eran casi de un mismo carácter. La constitución física y moral de los mexicanos, su genio y sus inclinaciones, eran las mismas

---

[93] Ulloa y otros historiadores de América describen el pasmo y el vómito negro. Esta enfermedad no era conocida allí antes de 1725.

de los acolhuas, los tlaxcaltecas, los tepanecas y las demás naciones, sin otra diferencia que la que produce la diferente educación. Y así, lo que dijere de unos quiero que se entienda de los demás. Varios autores, así antiguos como modernos, han emprendido el retrato de estas naciones; pero entre tantos no se ha hallado uno que sea exacto y en todo fiel. La pasión y los prejuicios en unos autores, y la falta de conocimiento o de reflexión en otros, les han hecho emplear diversos colores de los que debieran. Lo que yo diré va fundado sobre un serio y prolijo estudio de su historia y sobre el íntimo trato de los mexicanos por muchos años. Por otra parte, no reconozco en mí cosa alguna que pueda preocuparme en favor o en contra de ellos. Ni la razón de compatriota inclina mi discernimiento en su favor, ni el amor de mi nación o el celo del honor de mis nacionales me empeña a condenarlos; y así diré franca y sinceramente lo bueno y lo malo que en ellos he conocido.

Son los mexicanos de estatura regular, de la cual se desvían más frecuentemente por exceso que por defecto; de buenas carnes y de una justa proporción en todos sus miembros; de frente angosta, de ojos negros y de una dentadura igual, firme, blanca y tersa; sus cabellos tupidos, gruesos y lisos; de poca barba y rala y de ningún pelo (por lo común) en aquellas partes del cuerpo que no recata el pudor. El color de su piel es ordinariamente castaño claro. No creo que se hallará nación alguna en que sean más raros los contrahechos. Un mexicano corcovado, un estevado, un bizco, se puede mirar como un fenómeno. Su color, su poca barba y sus gruesos cabellos se equilibran de tal suerte con la regularidad y proporción de sus miembros que tienen un justo medio entre la hermosura y la deformidad; su semblante ni atrae ni ofende; pero en las jóvenes del otro sexo se ven muchas blancas y de singular belleza, a la cual dan mayor realce la dulzura de su voz, la suavidad de su genio y la natural modestia de su semblante.

Sus sentidos son muy vivos, especialmente el de la vista, la cual conservan entera aun en su decrepitud. Su complexión es sana y su salud robusta. Están libres de muchas enfermedades que son frecuentes en los españoles; pero en las epidemias, que suele haber de tiempo en tiempo, son ellos las principales víctimas: en ellos empiezan y en ellos acaban. Jamás se percibe de la boca de un mexicano aquel mal aliento que produce en otros la corrupción de los humores o la indigestión del alimento. Son de complexión flemática, pero su salivación es rara y muy escasas las evacuaciones pituitosas de la cabeza. Encanecen y encalvecen más tarde que los españoles, y no son muy raros entre ellos los que arriban a la edad centenaria. De los demás casi todos mueren de enfermedad aguda.

Son y han sido siempre muy sobrios en la comida; pero es vehemente su inclinación a los licores espirituosos. En otro tiempo la severidad de las leyes los contenían en su beber; hoy la abundancia de semejantes licores y la impunidad de la embriaguez los han puesto en tal estado, que la mitad de la nación no acaba el día en su juicio; y ésta es sin duda la principal causa del estrago que hacen en ellos las enfermedades epidémicas; a lo cual se allega la miseria en que viven, más expuestos que otro alguno a recibir las malignas impresiones y una vez recibidas, más destituidos de los medios para corregirlas.

Sus almas son en lo radical como las de los demás hombres, y están dotados de las mismas facultades. Jamás han hecho menos honor a su razón los europeos, que cuando dudaron de la racionalidad de los americanos. La policía que vieron los españoles en México, muy superior a la que hallaron los fenicios y cartagineses en nuestra España,[94] y los romanos en las Galias y en la Gran Bretaña, debía bastar para que jamás se excitare semejante duda en un entendimiento humano, si no hubieran contribuido a promoverla ciertos intereses injuriosos a la humanidad.[95] Sus entendimientos son capaces de todas las ciencias, como lo ha demostrado la experiencia.[96] Entre los pocos mexicanos que se han dedicado al estudio de las letras, por estar el común de la nación empleado en los trabajos públicos y privados, hemos conocido hábiles geómetras, excelentes arquitectos, doctos teólogos y buenos filósofos, y tan buenos (hablo de la Filosofía Arábiga que se enseñaba en nuestras escuelas) que en concurso de muchos hábiles criollos llevaron el primer lugar, de los cuales aún viven algunos que podría nombrar.

Muchos, concediendo a los mexicanos una grande habilidad para la imitación, se la niegan para la invención. Error vulgar que se ve desmentido en la historia antigua de la nación.[97] Su voluntad es sensible a las pasiones, pero éstas no obran en sus almas con aquel ímpetu y

---

[94] Bernardo Aldrete, en su obra *Del origen de la lengua española*, pretende que los españoles eran más cultos al arribo de los fenicios que los mexicanos al arribo de los españoles; pero lo impugnan eficazmente los eruditos autores de la *Historia literaria de España*. No hay duda de que los españoles en aquellos remotos siglos no eran tan bárbaros como los chichimecas y los californianos; pero tampoco tenían la policía tan arreglada, sus artes tan florecientes y tan adelantado el conocimiento de la naturaleza como los mexicanos a principios del siglo XVI.

[95] Léanse las amargas quejas que sobre este asunto dieron el obispo Garcés en su docta y elegante carta al Papa Paulo III, y el Obispo Las Casas en sus memoriales a los reyes Carlos I y Felipe II.

[96] En nuestra *Quinta Disertación* produciremos los testimonios de Fr. Julián de Garcés, 1er. obispo de Puebla; de Fr. Juan de Zumárraga, 1er. obispo de México, y de Fr. Bartolomé de las Casas, 1er. obispo de Chiapas, sobre la habilidad y otras buenas cualidades de los mexicanos. El testimonio de estos prelados tan respetables por su virtud, doctrina y experiencia vale infinitamente más que la de otro cualquier historiador.

[97] Las artes que ejercían los mexicanos, especialmente sus obras de fundición y de mosaico de pluma, convencen que su genio no es tan infeliz como se piensa para la invención.

furor que en otras. No se ven regularmente en los mexicanos aquellos transportes de ira, ni aquellos frenesíes del amor que son tan frecuentes en otras naciones. Son lentos en sus operaciones y de una flema imponderable en aquellas obras que necesitan de tiempo y de prolijidad. Son muy sufridos en las injurias y trabajos, y muy agradecidos a cualquier beneficio, cuando la continua experiencia de tantos males no les hace temer algún daño de la mano benéfica. Pero algunos poco reflexivos, confundiendo el sufrimiento con la indolencia y la desconfianza con la ingratitud, dicen ya como proverbio que el indio ni siente agravio ni agradece beneficio.[98] Esta habitual desconfianza en que viven los induce frecuentemente a la mendacidad y a la perfidia, y generalmente hablando, la buena fe no ha tenido entre ellos toda la estimación que debiera.

Son por su naturaleza serios, taciturnos y severos, y más celosos del castigo de los delitos que del premio de las virtudes. El desinterés y la liberalidad son de los principales atributos de su carácter. El oro no tiene para ellos todos los atractivos que tiene para otros.[99] Dan sin dificultad lo que adquieren con sumo trabajo. Su desinterés y su poco amor a los españoles les hace rehusar el trabajo a que éstos los obligan, y ésta es la decantada pereza de los americanos.[100] Sin embargo, no hay gente en aquel reino que trabaje más, ni cuyo trabajo sea más útil ni más necesario.[101]

El respeto de los hijos a los padres y de los jóvenes a los ancianos es innato a la nación. Los padres aman demasiado a sus hijos; pero el amor del marido a la mujer es mucho menor que el de la mujer al marido. Es común (no general) en los hombres el inclinarse más a la mujer ajena que a la propia.

El valor y la cobardía en diversos sentidos se alternan de tal suerte en sus ánimos, que es difícil el determinar cuál de los dos prevalezca. Se avanzan con intrepidez a todos los peligros que les amenazan de parte de las causas naturales; pero basta a intimidarlos el ceño de un español. Aquella estúpida indiferencia respecto de la muerte y de la eternidad, que algunos autores creen trascendental a todos los america-

---

[98] La experiencia me ha mostrado cuán agradecidos son los mexicanos a los beneficios que reciben, una vez que están satisfechos de la benevolencia y el desinterés del bienhechor. Su gratitud se ha manifestado muchas veces en públicas y ruidosas demostraciones, que evidencian la falsedad de aquel proverbio.

[99] No hablo de aquellos mexicanos a quienes el demasiado trato de otras gentes ha infestado del vicio de la avaricia; pero aun éstos son más fáciles a dar que otros avaros.

[100] No comprendo en lo que digo de la pereza a aquellas naciones salvajes que habitan otros países de América.

[101] En nuestra *Quinta Disertación* haremos ver los trabajos en que se emplean los mexicanos, cuya consideración obligó a decir al Sr. Palafox que en acabándose los indios se acabarán las Indias.

nos, sólo se verifica en aquellos que por falta de instrucción no han formado idea del juicio de Dios.

Su particular afecto a las prácticas exteriores de religión degenera fácilmente en superstición, como sucede a los ignorantes de todas las naciones cristianas. Su pretendida adhesión a la idolatría es una quimera forjada en la desarreglada imaginación de algunos necios. Uno u otro ejemplar de algunos serranos no es bastante para infamar a todo el cuerpo de la nación.[102]

Finalmente, en la composición del carácter de los mexicanos, como en la del carácter de las demás naciones, entra lo malo y lo bueno, pero lo malo podría en la mayor parte corregirse con la educación, como lo ha mostrado la experiencia.[103] Difícilmente se hallará juventud más dócil para la instrucción, como no se ha visto jamás mayor docilidad que la de sus antepasados a la luz del Evangelio.

Por lo demás no puede dudarse que los mexicanos presentes no son en todo semejantes a los antiguos, como no son semejantes los griegos modernos a los que existieron en tiempos de Platón y de Pericles. La constitución política y la religión de un Estado tienen demasiado influjo en los ánimos de una nación. En las almas de los antiguos mexicanos había más fuego, y hacían mayor impresión las ideas de honor. Eran más intrépidos, más ágiles, más industriosos y más activos, pero más supersticiosos y más inhumanos.

---

[102] Aun los ejemplares de idolatría que pueden alegarse son en parte excusables, porque no es maravilla que unos hombres rudos y destituidos de toda instrucción no acierten a discernir el culto de unas crucillas informes de piedra o de madero, del que se debe a las sagradas imágenes. ¿Cuántas veces la preocupación habrá tenido por ídolos las que eran imágenes, aunque toscas, de los santos? El año 1754 examiné unas imagencillas de barro que se hallaron en la cueva de un monte y conocí que todas eran dirigidas a representar el misterio del nacimiento de Nuestro Redentor.

[103] Basta para conocer lo que puede la educación en los mexicanos saber la vida ejemplarísima que observan las mexicanas en el Colegio Real de Guadalupe en México y en los Monasterios de Corpus Christi de la misma ciudad y el de Valladolid de Michoacán.

# LIBRO II

LOS TOLTECAS, CHICHIMECAS, ACOLHUAS, OLMECAS Y DEMÁS NACIONES QUE OCUPARON LA TIERRA DE ANÁHUAC ANTES DE LOS MEXICANOS. —SALIDA DE LOS AZTECAS O MEXICANOS DE SU PATRIA AZTLÁN. —SUCESOS DE SU PEREGRINACIÓN HASTA LA TIERRA DE ANÁHUAC. —SU ESTABLECIMIENTO EN CHAPULTEPEC Y EN COLHUACÁN. —FUNDACIÓN DE LA CIUDAD DE MÉXICO Y DIVISIÓN DE LOS TONOCHCAS Y TLATILOLCAS. —SACRIFICIO HUMANO DE UNA DONCELLA COLHUA EN MÉXICO.

## 1. LOS TOLTECAS

La historia de la primitiva población de Anáhuac es tan oscura y está alterada con tantas fábulas (como la de los demás pueblos del mundo) que es imposible atinar con la verdad. Es cierto e indubitable, así por el venerable testimonio de los Libros Santos como por la constante y universal tradición de aquellos pueblos, que los primeros pobladores de Anáhuac descendían de aquellos pocos hombres que salvó del Diluvio Universal la Providencia, para conservar la especie humana sobre la haz de la tierra. Tampoco puede dudarse que las naciones que antiguamente poblaron aquella tierra pasaron a ella de otros países más septentrionales, en que muchos años o siglos antes se habían establecido sus mayores. En estos dos puntos están acordes los historiadores toltecas, chichimecas, acolhuas, mexicanos y tlaxcaltecas; pero ni sabemos quiénes fueron los primeros pobladores, ni el tiempo en que pasaron, ni los sucesos de su transmigración y de sus primeros establecimientos. Varios de nuestros historiadores que han querido penetrar este caos, guiados de la débil luz de las conjeturas, de fútiles combinaciones y de pinturas sospechosas, se han perdido entre las tinieblas de la antigüedad y se han visto precisados a adoptar narraciones pueriles e insubsistentes.

Algunos autores, fundados en la tradición de los pueblos americanos y en los huesos, cráneos y esqueletos enteros de extraordinaria magnitud que en varios tiempos y lugares de la Nueva España se han desenterrado,[1] han creído que los primeros pobladores de aquella tierra fueron

---

[1] Los lugares en que se han hallado esqueletos gigantescos son Atlancatepec, pueblo de Tlaxcala, Texcoco, Toluca, Jesús del Monte, cerca de Cuajimalpa, y en nuestros días en la península de California en un monte cerca de la misión de Kada-Kaaman.

gigantes. Yo no dudo que los hubo en ésta y en otras partes de la América,[2] pero no creo que hubiera jamás nación entera de ellos, sino que fueran individuos extraordinarios de las naciones conocidas, o de otras anteriores que ignoramos, ni puede averiguarse el tiempo de su existencia.[3]

La primera nación de que tenemos algunas aunque escasas noticias es la de los toltecas. Estos desterrados, según dicen, de su patria Huehuetlapallan, país, según conjeturas, del reino de Tollan, de donde tomarían el nombre,[4] situado al norte o noroeste del Nuevo México, comenzaron su peregrinación en el año *1 técpatl*, que fue el 511 de la Era Vulgar. En cada lugar se detenían el tiempo que les sugería su antojo o exigían las necesidades de la vida. En donde les parecía oportuno hacer más larga mansión, fabricaban casas, cultivaban la tierra y sembraban las semillas de maíz, de algodón y otras que consigo llevaban para proveerse de alimento y vestido. Así vagaron, dirigiéndose siempre hacia las partes meridionales por espacio de una Edad, que son 104 años, hasta arribar al lugar que llamaron Tollantzinco, distante unas 18 leguas al norte del lugar donde algunos siglos después se fundó la ciudad de México.

En toda su larga peregrinación iban siempre regidos de cierto número de capitanes o señores, que eran siete cuando arribaron a Tollantzinco.[5] En este país, aunque de clima muy benigno y de tierras muy fértiles, no quisieron fijarse, sino apenas pasados 20 años se retiraron 14 leguas hacia el poniente a las riberas de un río en donde fundaron la ciudad de Tollan o Tula, del nombre de su patria, la más antigua de la tierra de Anáhuac y una de las más célebres en la historia mexicana. Esta ciudad

---

[2] No dudo que muchos críticos de Europa, que burlan de cuantos promueven la existencia de los gigantes, se burlarán también de mí, o a lo menos se compadecerán de mi credulidad; pero no puedo hacer traición a la verdad por temor de su censura. Yo sé que en las naciones cultas de América había tradición de la existencia de unos hombres de extraordinaria proceridad y corpulencia, y no sé que en ningún pueblo de América haya habido jamás memoria de los elefantes, los hipopótamos ni de otros cuadrúpedos de primera magnitud. Yo sé que se han hallado cráneos y esqueletos humanos de prodigiosa grandeza, por la descripción de innumerables autores, y entre otros de dos testigos de mayor excepción, el Dr. Hernández y el P. Acosta, en quienes no puede sospecharse alucinación ni superchería; y no sé que hasta ahora, en tantas excavaciones como se han hecho en América, se haya descubierto algún esqueleto de hipopótamo, y lo que es más, ni un colmillo de elefante. Yo sé que de esas osamentas de gigantes se han hallado en sepulcros fabricados a propósito, y no sé que se fabriquen sepulcros para enterrar hipopótamos o elefantes.

[3] Acosta, Torquemada y otros dicen que los gigantes fueron muertos a traición por los tlaxcaltecas; pero esta relación no tiene más apoyo que el testimonio de los mismos tlaxcaltecas, y me hace fuerza que en la historia de los chichimecas, que llegaron antes de los tlaxcaltecas y se hicieron señores de toda la tierra, no se haga mención de tales hombres.

[4] *Toltecatl* en mexicano es el natural de Tollan, como *tlaxcaltecatl* natural de Tlaxcala, *chololtecatl* el natural de Cholula, etc.

[5] Los siete señores toltecas se nombraban Zacatl, Chalcatzin, Ehecatzin, Cohualtzin, Tzihuacoatl, Metzotzin y Tlapalmetzotzin.

fue constituida metrópoli de la nación y corte de sus reyes. Comenzó la monarquía de los toltecas, según refieren sus historiadores, en el año 7 *acatl,* que fue el 667 de la Era Vulgar, y duró 384 años. Ved aquí la serie de sus reyes con la expresión del año de la Era Vulgar en que comenzaron a reinar.[6]

        Chalchiutlanetzin, en . . . . . . . . . 667
        Ixtlicuechahuac, en . . . . . . . . . . 719
        Huetzin, en . . . . . . . . . . . . . . 771
        Totepeuh, en . . . . . . . . . . . . . 823
        Nacaxoc, en. . . . . . . . . . . . . . 875
        Mitl, en . . . . . . . . . . . . . . . . 927
        Xiuhtzaltzin (reina), en . . . . . . . . 979
        Topiltzin, en . . . . . . . . . . . . . 1031

No es de extrañar que sólo ocho monarcas reinasen en poco menos de cuatro siglos; porque tenía aquella nación la extravagante ley de que ninguno ocupase el trono más tiempo ni menos de un siglo tolteca, que constaba, como el de los mexicanos y demás naciones cultas, de 52 años. Si el rey cumplía el siglo en el trono, dejaba luego el gobierno y entraba otro en su lugar; si moría antes como era regular, quedaba gobernando a nombre del difunto la nobleza, hasta completar los 52 años. Así se vio en la reina Xiuhtzaltzin, que habiendo muerto a los cuatro años de reinado, le sustituyó la nobleza y gobernó los restantes 48 años.

## 2. POLICÍA DE LOS TOLTECAS

Los toltecas fueron celebradísimos por su cultura y por su excelencia en las artes, de tal suerte que en los siglos posteriores se dio por honor el nombre de toltecas a los artífices más sobresalientes. Vivieron siempre en sociedad, congregados en poblaciones bien arregladas bajo la dominación de sus soberanos y la dirección de sus reyes. Fueron poco guerreros y más adictos al cultivo de las artes que al ejercicio de las armas. A su agricultura se reconocieron deudoras las posteriores naciones del maíz, el algodón, el chile y de otros utilísimos frutos. No solamente ejercieron las artes de primera necesidad, sino aun aquellas que sirven a la magnificencia y a la curiosidad. Sabían fundir en todo género de figuras el oro y la plata, que sacaban de las entrañas de la tierra, y labraban primorosamente toda especie de piedras. Éste fue el

---

[6] Indicamos el año en que comenzó a reinar cada rey de los toltecas, supuesta la verdad de la época de su salida de Huehuetlapallan, la cual no es cierta sino solamente verosímil.

arte que los hizo más célebres en aquel reino; pero para nosotros nada los hizo más recomendables que el haber sido inventores, o a lo menos reformadores, del método de contar los años de que usaron los mexicanos y demás naciones cultas de Anáhuac; lo cual supone, como veremos, muchas observaciones prolijas y conocimientos precisos de astronomía.

El caballero Boturini, sobre la fe de las historias de los mismos toltecas, dice que habiendo éstos reconocido en su antigua patria Huehuetlapallan el exceso de casi seis horas del año solar sobre el civil de que usaban, lo arreglaron por medio del día intercalado cada cuatro años; lo cual ejecutaron, dice, ciento y tantos años antes de la Era Cristiana. El mismo autor refiere que el año 660 de Cristo, reinando Ixtlicuechahuac en Tula, Huematzin, célebre astrónomo, convocó con acuerdo del rey a los sabios de la nación y pintó con ellos aquel gran libro que llamaron *Teoamoxtli* (libro divino), en que con distintas figuras se daba razón del origen de los indios, de su dispersión después de la confusión de las lenguas en Babel, de sus peregrinaciones en Asia, de las primeras poblaciones que tuvieron en el continente de América, de la fundación del imperio de Tula y de sus progresos hasta aquel tiempo; de los cielos, signos y planetas; de su calendario, ciclos y caracteres; de las transformaciones mitológicas en que incluían su filosofía moral y, por último, de los arcanos de la sabiduría vulgar escondida entre los jeroglíficos de sus dioses, con todo lo pertinente a la religión, ritos y costumbres. Añade el citado caballero que los toltecas tenían notado en sus pinturas el eclipse solar acaecido en la muerte de nuestro Redentor, en el año 7 *tochtli*;[7] y que habiendo algunos españoles doctos e instruidos en las historias y pinturas de los toltecas, confrontando su cronología con la nuestra, hallaron que aquella nación numeraba desde la creación del mundo hasta el tiempo en que nació Jesucristo, 5,199 años, que es puntualmente la cronología de la Iglesia Romana, siguiendo el cómputo de los Setenta.

Sea lo que fuere de estas anécdotas del caballero Boturini, que dejó al juicio libre de los lectores prudentes e instruidos, es cierto que los toltecas tenían noticia clara y nada equívoca del Diluvio Universal, de la confusión de las lenguas y de la dispersión de las gentes, y aun nombraban los primeros progenitores de su nación que se separaron de las demás familias en aquella dispersión. Es igualmente cierto, como

---

[7] Todos los que han estudiado la historia de las naciones cultas de Anáhuac saben que aquellas naciones acostumbraban notar en sus pinturas los eclipses, cometas y demás fenómenos del cielo. Yo, habiendo leído lo que dice Boturini, tuve la curiosidad de confrontar los años mexicanos con los nuestros y hallé que el año 34 de Cristo o 30 de la Era Vulgar fue 7 *tochtli*. Quien quisiere certificarse sírvase de la tabla cronológica al fin del segundo tomo, retrocediendo en el mismo método que allí se observa, hasta el tiempo de Cristo. Esto ejecuté por mera curiosidad y no con el fin de confirmar tales anécdotas.

haremos ver en otro lugar (aunque increíble a los críticos de Europa, acostumbrados a medir por un rasero a todas las naciones americanas), que los mexicanos y demás naciones cultas tenían su año civil tan arreglado por medio de los días intercalares al solar, como los romanos desde la ordenación de Julio César, y que esta exactitud se debió a las luces de los toltecas.

Por lo que mira a su religión, eran idólatras e inventores, a lo que parece, de la mayor parte de la mitología mexicana; pero no hay vestigio de que usasen jamás de los bárbaros sacrificios que fueron tan frecuentes entre las últimas naciones que poblaron aquella tierra. Los historiadores tezcucanos creen que los toltecas fueron los que colocaron en el monte Tláloc aquel ídolo célebre del dios del agua, de que hablaremos adelante. Ellos fueron ciertamente los que fabricaron en honor de su favorito dios Quetzalcóatl la altísima pirámide de Cholula, y verosímilmente las famosas de Teotihuacán, en honor del sol y de la luna, que hasta hoy subsisten.[8] El caballero Boturini creyó que los toltecas fabricaron la pirámide de Cholula por remedar la torre de Babel; pero la pintura moderna que alega en confirmación de ese error, que es común en el vulgo de la Nueva España, es obra de un cholulteca ignorante y contiene falsedades, anacronismos y despropósitos.[9]

[8] Betancourt atribuye a los mexicanos la fábrica de las pirámides de Teotihuacán; pero esto es evidentemente falso y contrario al sentir de todos los escritores así americanos como españoles. El Dr. Cigüenza parece que las creyó construidas por los olmecas; pero no nos ha quedado vestigio alguno cierto de la arquitectura de esta nación, como nos ha quedado de los toltecas. El estar fabricadas estas pirámides sobre el mismo gusto de la de Cholula nos inclina a pensar que los toltecas fueron los arquitectos de todas, como le creyeron Torquemada y otros autores.

[9] En la pintura que alega Boturini se representa, según dice, la pirámide de Cholula con esta inscripción mexicana: *"Toltecatl Chalchihuatl onazia Ehecatepetl"*, que él traduce así: "Monumento o piedra preciosa de la nación tolteca que busca con su cerviz la región del aire". Pero disimulando la mala ortografía y el barbarismo *Chalchihuatl* de la inscripción, cualquiera medianamente instruido en la lengua mexicana conocerá desde luego que no pudo hacerse interpretación más arbitraria ni más fantástica. Al pie de la pintura, dice Boturini, puso el autor una nota en que hablando a sus compatriotas hizo ésta en mexicano lo siguiente: "Nobles y señores, aquí tenéis vuestros papeles, el espejo de vuestra antigüedad y la historia de vuestros antepasados, que movidos del temor del diluvio fabricaron este asilo, por sí fueseis otra vez acometidos de semejante calamidad". Sin duda hubieran sido los toltecas los mayores mentecatos del mundo si por temer del Diluvio hubieran emprendido con tantos costos y fatigas la fábrica de aquella pirámide, teniendo en los altísimos montes que hay cerca de Cholula más seguro asilo para libertarse de la inundación y mucho menos peligro de perecer de hambre. En el mismo lienzo se representa, dice el citado autor, el bautismo de la reina de Cholula, Ilamateuctli, hecho por el diácono Aguilar el 6 de agosto de 1521, y la aparición de la Madre de Dios a un religioso franciscano que estaba en Roma, ordenándole que se fuese a México y en un monte hecho a mano (que es la pirámide de Cholula) colocase una imagen suya que sería la dueña de todos aquellos pueblos. Pero todo es una continuada patraña sin apariencia alguna de verdad; porque ni en Cholula había reyes, ni de aquel bautismo hace mención ningún historiador, ni pudo celebrarse el 6 de agosto de 1521, porque entonces se hallaban los españoles, y entre ellos Aguilar, en el mayor calor del sitio de México que se tomó de allí a siete días. De la supuesta aparición de la Virgen no hacen mención los cronistas franciscanos, que no omitieron cosa alguna de este género. Todo esto he advertido para que sean cautos en adoptar pinturas modernas los que en adelante emprendieron la historia de México.

## 3. Ruina de los toltecas

En los cuatro siglos que duró la monarquía de los toltecas se multiplicaron considerablemente y fundaron grandes poblaciones por toda aquella tierra; pero las estupendas calamidades que les sobrevinieron en los primeros años del reinado de Topiltzin acabaron con todo su poder y felicidad. El cielo les negó por algunos años el agua necesaria a sus sementeras y la tierra los frutos de que se alimentaban; el aire inficionado de mortal corrupción llenaba cada día la tierra de cadáveres, y de terror y consternación los ánimos de los que sobrevivían a la ruina de sus nacionales. Pereció de hambre o de enfermedad mucha o la mayor parte de la nación; murió Topiltzin a los 20 años de su reinado y con él feneció la monarquía el año *2 técpatl,* que fue el 1052 de la Era Vulgar.

El resto de la nación, huyendo de la muerte y solicitando remedio a tantas desgracias en otros climas, abandonó aquella tierra y se esparció en diferentes países. Unos se dirigieron hacia Onohualco o Yucatán, y otros hacia Guatemala; pero quedaron en el reino de Tula varias familias esparcidas en el valle de México, en Cholula, en Tlaximaloyan y en otros lugares, y entre ellas dos príncipes hijos del rey Topiltzin, cuya posteridad emparentó con las casas reales de Texcoco, Colhuacán y México. Estas familias conservaron las memorias de la nación, su mitología, sus semillas y sus artes.

Las pocas noticias que hemos dado de los toltecas son las únicas que nos han parecido dignas de algún crédito, desechando varias narraciones pueriles y fabulosas de que han hecho uso sin dificultad otros historiadores.[10] Apreciaríamos haber visto el *Libro Divino,* de que hace mención el caballero Boturini y que cita en sus apreciables manuscritos Fernando de Alva Ixtlixóchitl, para poner en mayor luz los sucesos de aquella célebre nación.

## 4. Los chichimecas

Con la ruina de los toltecas quedó casi solitaria aquella tierra hasta el arribo de los chichimecas por un intervalo de más de un siglo.[11] Los chichimecas eran, como los toltecas que les antecedieron y las demás naciones

---

[10] Torquemada dice que en un gran baile que celebraron los toltecas, se les apareció el diablo en figura de un gigante con unos brazos desmesurados, y que al tiempo de bailar con ellos los iba abrazando y sofocando, y después se le dejó ver en figura de un niño con cabeza podrida y los apestó; finalmente, que por consejo del mismo diablo desampararon la tierra. Pero aquel buen autor quizá entendió a la letra algunas pinturas alegóricas en que los toltecas representaban el hambre y la enfermedad que los acabó; ni es menester más diablos para exterminar una nación.

[11] En nuestra *Segunda Disertación* impugnamos a Torquemada que no cuenta más de once años de intervalo entre la ruina de los toltecas y el arribo de los chichimecas.

que después les siguieron, originarios de un país septentrional; porque el norte de América puede llamarse, como el de Europa, el seminario del género humano; de uno y otro se vieron salir como enjambres diferentes pueblos a ocupar las tierras meridionales. Su país nativo, cuya precisa situación ignoramos,[12] se nombraba Amaquemecan, en el cual, según dicen, habían dominado por muchos siglos varios reyes de su nación.[13]

Eran estos chichimecas, según se colige de su historia, de un carácter muy singular; porque unían a cierta especie de policía muchos accidentes de barbarie. Vivían bajo las órdenes de un soberano y de jefes y gobernadores depositarios de su autoridad, con tanta subordinación como cualquier nación culta. Hacían distinción entre la nobleza y la plebe, y respetaban a aquellos a quienes su nacimiento, su valor o la gracia del príncipe elevaba sobre la común condición. Tenían sus poblaciones[14] compuestas, como se deja entender, de chozas miserables; pero no ejercían la agricultura ni otras artes que caracterizan la vida civil. Vivían de la caza y de los frutos y raíces que la tierra inculta les ofrecía. Su vestido eran las pieles de las fieras que cazaban y sus armas el arco y la flecha. Su religión se reducía al simple culto del sol, al cual ofrecían en reconocimiento de su divinidad las flores y hierbas que hallaban nacidas en el campo. Sus costumbres eran más dulces de lo que lleva la condición de un pueblo cazador.

### 5. XÓLOTL, PRIMER REY CHICHIMECA

El motivo que tuvieron para abandonar su patria es tan incierto como la etimología del nombre de chichimecas.[15] El último rey que habían

---

[12] Torquemada dice expresamente que Amaquemecan distaba 200 leguas del sitio donde hoy está Guadalajara; pero en más de 400 leguas que hay de tierra conocida y poblada más allá de aquella ciudad, no se ha hallado vestigio ni memoria de tal reino de Amaquemecan, y así es sin duda uno de los países que están por descubrir.

[13] El citado Torquemada nombra tres reyes chichimecas de Amaquemecan; al primero da 180 años de reinado, al segundo 156 y al tercero 133. Véase lo que sobre semejantes cómputos de aquel autor decimos en nuestras *Disertaciones*.

[14] Torquemada dice que los chichimecas no tenían poblaciones ni casas, sino vivían en las cavernas de los montes; pero en el mismo capítulo afirma que la principal ciudad de su reino se nombraba Amaquemecan. ¿Quién ha visto hasta ahora ciudad sin casas? ¿Quién ha dado hasta ahora nombre de ciudad a las cavernas de los montes?

[15] Varios autores se han quebrado la cabeza procurando adivinar la etimología de *Chichimecatl*. Torquemada dice que este nombre se tomó de *Techichimani*, que significa chupador, porque los chichimecas chupaban la sangre de los animales que cazaban; pero desde luego se conoce la violencia de esta etimología, especialmente entre unas naciones que no acostumbran alterar los nombres en la derivación. Betancourt se persuade a que dicho nombre se deriva de *Chichimé*, que significa, dice, perros, que así les llamaban por desprecio las demás naciones; pero si fuera así no se gloriarían ellos como se gloriaban del nombre de chichimecas. Yo conjeturo que tal nombre se derivase de algún lugar llamado Chichiman, como de Acolman Acolmécatl.

tenido en Amaquemecan había dejado el gobierno dividido entre sus dos hijos: Achcauhtli y Xólotl. Éste, o disgustado, como es natural, de partir con otro su autoridad, quiso ver si la fortuna le proporcionaba otro reino en que mandar solo, o reconociendo que los montes de aquel reino no bastaban ya para proveer de sustento a sus habitantes, determinó remediar la necesidad. Sea por uno u otro motivo, después de haber explorado por algunos de sus capitanes mucha parte de las tierras meridionales, se partió de su patria con un numeroso ejército de vasallos que quisieron seguirle por amor o por interés. En su marcha fueron reconociendo las ruinas de las poblaciones toltecas, y entre otras las de la gran ciudad de Tula, a donde arribaron a los 18 meses de su peregrinación. De este lugar se encaminaron a los de Cempohuallan y Tepepolco, distantes 12 leguas al nordeste de México; desde donde despachó Xólotl a su hijo el príncipe Nopaltzin con alguna gente a explorar de nuevo la tierra.

Corrió el príncipe las riberas de los lagos y los montes que circundan el valle hermoso de México, y habiendo reconocido lo restante del país desde una alta cumbre, disparó cuatro flechas a los cuatro vientos en señal de la posesión que tomaba a nombre del rey su padre de toda aquella tierra. Informado Xólotl de la calidad y disposición del país, resolvió establecerse en Tenayuca, lugar distante dos leguas al norte del sitio de México, y repartió gente por aquellos contornos; pero por haber sido la mayor población hacia el norte y nordeste, se dio a aquel tracto de tierra el nombre de Chichimecatlalli, que después conservó. Dicen los historiadores que en Tenayuca se hizo la revista de la gente, y que por eso se llamó también Nepohualco, que es lugar donde se hace la numeración; pero es increíble lo que añade Torquemada, que en esta reseña se halló más de un millón de chichimecas, y que hasta su tiempo duraban doce montecillos formados de las piedras que iban arrojando al pasar revista; porque ni es verosímil que se pusiese en movimiento un ejército tan numeroso para hacer un viaje tan dilatado, ni es posible que en tan corto espacio de tierra se pudiese mantener un millón de cazadores.[16]

Establecido el rey en Tenayuca, que se destinó para corte, y dadas sus órdenes convenientes para la formación de las poblaciones, ordenó a uno de sus capitanes, que se nombraba Achitomatl, que fuese a reconocer el origen de ciertos humos que el príncipe Nopaltzin había observado en su expedición. Fue Achitomatl y halló en Chapultepec, en Coyohuacan y en otros lugares algunas familias toltecas, de quienes supo la causa y el tiempo de su exterminio. No solamente se abstuvieron

---

[16] Torquemada da al país en que poblaron los chichimecas 20 leguas en cuadro.

los chichimecas de inquietar esas tristes reliquias de aquella célebre nación, sino contrajeron alianzas casando muchos nobles con mujeres toltecas, y entre ellos el mismo príncipe Nopaltzin desposó a Azcaxóchitl, joven descendiente de Pochotl, uno de los dos príncipes que, según dijimos, quedaron de la casa real de los toltecas, cuyas bodas se celebraron con extraordinario regocijo. Esta humanidad importó mucho a los chichimecas, porque con el trato familiar de aquella nación comenzaron a gustar del maíz y demás semillas, aprendieron la agricultura, el arte de sacar los metales de la tierra y de fundirlos, el de labrar las piedras, el de hilar y tejer el algodón y otras varias, con las cuales mejoraron su sustento, vestuario, habitación y costumbres.

## 6. Los acolhuas y otras gentes

No menos contribuyó a la pronta cultura de los chichimecas el arribo de otras naciones civiles. Apenas llevaba Xólotl ocho años de su residencia en Tenayuca, cuando llegaron a aquella tierra seis personas principales[17] con un séquito considerable de gente. Eran éstos de una provincia septentrional contigua al reino de Amaquemecan, cuyo nombre no expresan los historiadores; pero me inclino a creer, no sin fundamento, que fuesen de la provincia de Aztlán, patria de los mexicanos, y que éstos fuesen aquellos seis linajes célebres de nahuatlacas de que hablan todos los historiadores de México y de que haré mención adelante. Es muy verosímil que Xólotl noticiase a su patria las ventajas del país en que se había establecido, y esta noticia, difundida en las naciones comarcanas, alentase los ánimos a seguir sus huellas para participar de su felicidad. Los seis extranjeros que llegaron sucesivamente a Tenayuca fueron benignamente recibidos del rey chichimeca, y sabido el motivo de su viaje y el deseo de establecerse en aquella tierra, les asignó sitios donde poblasen.

Pocos años después arribaron tres príncipes con un numeroso ejército de la nación Acolhua, originaria del reino de Teoacolhuacan, que era colindante del de Amaquemecan o muy vecino. Llamábanse los príncipes Acolhuatzin, del nombre común de la nación, Chiconquauhtli y Tzontecomatl, y eran de la nobilísima familia Citin. La nación era más culta y civil de cuantas ocuparon aquella tierra después de los toltecas. Ya se deja entender el ruido que haría en aquel reino esta novedad, y el cuidado en que pondría a los chichimecas tan extraordinaria muchedumbre de extranjeros, ni es creíble que el rey les permitiese la entrada en

---

[17] Los nombres de aquellos seis extranjeros eran Tecuatzin, Tzontehuayotl, Zacatitechcochi, Huihuatzin, Tepotzotehua e Itzcuincua.

la tierra antes de ser informado del motivo de su venida. Hallábase entonces el rey en Texcoco a donde había pasado su corte, o fastidiado del sitio de Tenayuca, o enamorado de la ventajosa situación de aquel nuevo lugar. Aquí llegaron los tres príncipes y, presentados al rey, después de saludarlo con la mayor reverencia y de practicar la acostumbrada ceremonia de respeto de tocar el suelo con la mano y llevarla a la boca, le dijeron en sustancia estas palabras: "Nosotros, señor, venimos del reino de Teoacolhuacan no muy distante de vuestra patria. Somos los tres hermanos e hijos de un gran señor; pero noticiosos de la felicidad que disfrutan los chichimecas bajo la dominación de un rey tan humano, antepusimos la dicha de ser vuestros vasallos a la gloria que poseíamos en nuestro reino. Os suplicamos tengáis la dignación de señalarnos lugar en vuestra feliz tierra, donde vivamos dependientes de vuestra autoridad y sujetos a vuestras órdenes". Complacióse el chichimeca, no tanto del aire señoril y modales cortesanos de aquellos nobles jóvenes, cuanto de la lisonja de ver humillados en su presencia tres príncipes atraídos de tan remotas tierras, de la fama de su poder y clemencia. Respondió agradecido a sus expresiones y ofreció recompensar su buena voluntad; pero entre tanto que deliberaba sobre el partido que debía tomar, ordenó al príncipe Nopaltzin que los alojase y cuidase de su regalo como exigía la calidad de sus personas.

Tenía Xólotl dos hijas doncellas que desde luego se inclinó a dar por mujeres a los dos príncipes mayores; pero no quiso declarar su pensamiento hasta haberse informado de su genio y carácter por medio de su hijo Nopaltzin, y de certificarse de la voluntad de la nación. Asegurado de uno y otro llamó a sí a los príncipes, que estaban algo cuidadosos de la resolución del rey, y les declaró su voluntad en estos términos: "Puede ser, oh ilustres príncipes, que hayáis atribuido a olvido mío el no haber satisfecho antes a vuestras pretensiones; pero no ha sido olvido sino atención debida a vuestras personas. Parecióme importunidad el trataros de estos negocios antes de que hubieseis reposado de las fatigas de vuestro largo viaje. El jefe que os ha merecido el esplendor de vuestra sangre y las prendas personales que os adornan, me empeña no solamente en acordaros cuanto me habéis pedido, sino aún mucho más que merecéis. Vosotros me pedisteis tierra en que vivir, y yo os la doy en que mandar. Vosotros pretendíais ser mis vasallos, y yo os quiero señores; y no satisfecho con esto, quiero también que entréis en el número de mis hijos. Dos hijas tengo y ambas doy por mujeres a los dos mayores, y ojalá tuviera tres para que ninguno de vosotros quedase excluido de esta nueva alianza. ¿Qué os negará quien os da su propia sangre? Por lo que mira a vuestra gente, tendréis la satisfacción de verla cómodamente establecida en los lugares que les señalaré. Espero de vuestra nobleza que hará conocer al mundo el acierto de mi determinación, sirviendo con vuestro consejo y vuestro brazo al bien común del reino".

Aceptaron los príncipes con humilde reconocimiento el partido, no hallando expresiones con qué ponderar el favor que les hacía la benevolencia del rey y ofreciendo servirle con la mayor fidelidad. Publicóse desde luego el día y el lugar donde debían celebrarse las bodas, y fue tan grande el concurso de gente a la ciudad de Tenayuca, que fue el lugar destinado para esta ruidosa función, que no cabiendo toda en la población, se quedó mucha en el campo. Casó el príncipe mayor con la mayor de las princesas, que se llamaba Cuetlachxóchitl, y el príncipe Chiconcuauhtli con la menor, nombrada Cihuaxóchitl. El tercer príncipe tuvo por mujer a Coátetl, joven nacida en Chalco de padres muy nobles, en quien se había unido la sangre de los toltecas con la de los chichimecas. Las fiestas duraron 60 días y se celebraron con la lucha y combates de fieras, cuyos ejercicios eran del genio de la nación chichimeca, y en ambos se distinguió el príncipe Nopaltzin.

A ejemplo de las personas reales se fueron enlazando las dos naciones hasta formarse de ambas una sola, que tomando la denominación de la parte más noble, quedó con el nombre de Acolhua, y el reino se llamó Acolhuacán, quedando el nombre de chichimecas a aquellos hombres que, apreciando más el ejercicio de la caza que las fatigas de la agricultura, o impacientes de vivir en subordinación, se fueron a los montes que están al norte y noroeste del valle de México, en donde, siguiendo el ímpetu de su bárbara libertad, sin jefe, sin ley, sin domicilio fijo y sin los demás emolumentos de la sociedad, corrían de día en busca de la caza y cansados se echaban a dormir donde les cogía la noche. Estos bárbaros, mezclados con la nación de los otomíes, que seguía el mismo sistema de vida, ocuparon un espacio de tierra de más de cien leguas y sus descendientes dieron qué hacer a los españoles por muchos años después de la conquista.

### 7. División de estados y rebelión de chichimecas

Concluidas las fiestas de los desposorios dividió Xólotl su reino en varios señoríos y dio la investidura de ellos a sus yernos y a otros nobles de una y otra nación. Nombró al príncipe Acolhuatzin señor de la ciudad y distrito de Azcapotzalco, y de él descendieron aquellos reyes bajo cuyo yugo estuvieron más de 50 años los mexicanos. A Chiconcuauhtli confirió el señorío de Xaltocan, cinco leguas al norte de Azcapotzalco, y a Tzontecomatl el de Coatlichan, cerca de la misma corte de Texcoco.

Crecían cada día las poblaciones y con ellas la cultura de la nación; pero al mismo tiempo se iba excitando en los ánimos la ambición y otras pasiones que eran como adormecidas por falta de ideas en el tiempo de la vida salvaje. Xólotl, que en la mayor parte de su largo reinado había gobernado con mucha dulzura y había experimentado en sus súbditos la mayor docilidad, en los últimos años de su vida se vio precisado a emplear la severidad para reprimir las inquietudes de algunos rebeldes, privando a unos de los empleos que obtenían, y a otros, más culpables, de la vida. Estos justos castigos, que deberían aterrar la insolencia de los vasallos, agriaron de tal suerte los ánimos que algunos concibieron el detestable designio de deshacerse del rey, para lo cual se les presentó luego una ocasión favorable.

Había Xólotl mostrado deseo de aumentar el agua de sus jardines, en donde solía recrearse y aun dormirse agravado de los años o provocado de la frescura y amenidad del sitio. Sabedores de esto los rebeldes, resolvieron hacer una presa al arroyo que pasaba por Texcoco y abrir una zanja para conducirla a los jardines del rey, con intento de echarle de un golpe toda el agua y ahogarle al tiempo en que incautamente durmiese, esperando sin duda que quedase oculto su mal intento y se atribuyese la desgracia a una mera contingencia o a mal tomadas medidas de unos vasallos que sinceramente deseaban servir a los deseos de su señor. No fue tan secreta la conjuración que no llegase a noticia del rey; pero parecióle mejor disimular por entonces y esperar a que ejecutasen el golpe meditado. Fuese pues al jardín y echóse a dormir en un lugar en que no pudiese el agua perjudicarle. Los conjurados, que no esperaban más de este momento decisivo, rompieron la presa y dieron con toda el agua en el jardín. Al ruido dio gritos el rey llamando a su gente para que reconociese el origen de aquella repentina avenida.

Súpose inmediatamente la traición; pero el rey determinó llevar adelante su disimulo y burlarse de sus enemigos. "Yo, dijo, estaba persuadido de que mis vasallos me amaban; mas esta vez he conocido que me aman más de lo que yo pensaba. Deseaba yo aumentar el agua de mis jardines, y ved aquí cómo mis vasallos me la han traído sin costo alguno. No puedo menos de celebrar con públicos regocijos mi felicidad". Mandó hacer fiestas en la corte, y concluidas se partió a Tenayuca lleno de indignación y dolor y resuelto a hacer un castigo ejemplar en los traidores; pero aquí le asaltó la última enfermedad que templó el ardor de su venganza.

### 8. Muerte y exequias de Xólotl

Conociendo la cercanía de su muerte hizo llamar a su hijo el príncipe Nopaltzin, a sus dos hijas y a su yerno Acolhuatzin (pues los otros dos príncipes eran muertos) y venidos a su presencia les habló de esta suerte: "Amados hijos míos: yo me siento ya tan agravado, no menos de mis años que de la enfermedad, que apenas me restan pocos momentos de vida. Os pido por el grande amor que siempre os he tenido, que viváis en paz y en buena armonía; que así os haréis dueños de los corazones de vuestros vasallos. A ti, Nopaltzin, hijo y sucesor mío, y digno del imperio no menos por tu valor que por tu nacimiento, te encargo el cuidado de los pueblos, el amor a tus hermanos, la protección a la nobleza y la mansedumbre y gravedad para con todos tus vasallos".

Poco después de pronunciadas estas palabras murió entre las lágrimas y gemidos de sus hijos. Era de edad muy avanzada y había reinado a lo que parece, más de 40 años en aquella tierra.[18] Era hombre sano y robusto y de gran valor, muy amante de sus hijos y muy benigno para con sus vasallos. Hubiera sido más feliz su reinado si hubiera sido más breve.

Publicóse luego su muerte por todo el reino, se dio aviso a los principales señores para que se hallasen presentes al funeral. Adornaron el real cadáver de joyas de oro y de plata (que ya trabajaban enseñados de los toltecas) y lo asentaron en una silla hecha de copal y de otras materias aromáticas, y así lo tuvieron cinco días mientras llegaban los señores convocados a las exequias. Juntos ya todos, con inmenso concurso de pueblo se quemó en una grande hoguera el cadáver, según la costumbre de los chichimecas, y recogidas sus cenizas las guardaron en una pequeña urna de piedra muy dura. Esta urna estuvo expuesta 40 días en una de las principales salas de la real casa, a donde diariamente concurría la nobleza a llorarle, y con las mismas demostraciones de sentimiento, pasados los 40 días, depositaron la urna en una cueva que había cerca de Tenayuca.

## 9. Nopaltzin, segundo rey chichimeca

Celebróse luego la exaltación al trono del príncipe Nopaltzin con regocijos públicos que duraron otros 40 días. Terminadas las fiestas despidió el rey a los señores a sus respectivos estados y al despedirse uno de ellos, a nombre de los demás, le arengó de esta suerte: "Gran señor y emperador nuestro: en cumplimiento de vuestra orden vamos a gobernar los pueblos que nos habéis encomendado como vasallos y criados vuestros, llevando en nuestras almas la satisfacción de haberos visto en el trono que tan debido es vuestro nacimiento a la eminencia

---

[18] Torquemada da a Xólotl 113 años de reinado y más de 200 de vida. Véase lo que sobre esto decimos en nuestras *Disertaciones*.

de vuestra condición. Confesamos ser incomparable el beneficio que recibimos en servir a tan alto y poderoso señor, y os suplicamos nos miréis con ojos de padre y nos amparéis con vuestro poder, para que a vuestra sombra vivamos seguros; pues sois a un tiempo agua mansa y fuego abrasador, y en vuestras manos está nuestra vida y nuestra muerte". "Agradezco, amados hijos y hermanos míos —les respondió el rey— el servicio que me habéis hecho y el amor que habéis mostrado a mi difunto padre. En él habéis honrado a un hermano vuestro, hijo de vuestro padre y nacido entre vosotros. Como conozco el servicio sabré también premiarlo. Id a vuestros pueblos y no os olvidéis de que sois mis lugartenientes como lo fuisteis de mi padre."

Despedidos los señores se quedó el rey a vivir en Tenayuca en compañía de su hermana Cihuaxóchitl, viuda del príncipe Chiconquauhtli. Sería de unos 60 años[19] cuando ascendió al trono y tenía ya hijos y nietos. Sus hijos legítimos habidos en la reina tolteca fueron Tlotzin, a quien dio el señorío de Texcoco para que se fuese instruyendo en el arte difícil del gobierno; Quauhtequihua, a quien crió señor de Zacatlán, y Apoyozoc, a quien confirió el estado de Tenamihe.

Un año estuvo en la corte de Tenayuca ordenando las cosas del reino que no estaban ya tan tranquilas como en los primeros tiempos. Después pasó a Texcoco a conferir con su hijo el príncipe Tlotzin sobre los medios de restituir el estado a su primitiva tranquilidad. Estando aquí entró una ocasión a recrearse al jardín real en compañía de su hijo y de otros señores de la corte, y en medio de la conversación prorrumpió repentinamente en un llanto deshecho, y preguntado de la causa, "dos son —respondió— los motivos de mis lágrimas; el uno la memoria de mi buen padre que se me aviva con la vista de este lugar en que solía divertirse, y el otro la comparación que hago de estos amargos días con aquellos felices tiempos. Cuando mi padre plantó este jardín tenía vasallos más pacíficos de los que ahora tengo yo; servían entonces con sinceridad a su rey y aceptaban con humildad y reconocimiento los cargos que se les encomendaban; hoy domina la ambición y la discordia. Me duele verme precisado a tratar como extraños y enemigos a los que en este mismo lugar traté en otro tiempo como amigos y hermanos". Y vuelto a su hijo, le habló de esta suerte: "Tú, hijo mío, ten siempre ante tus ojos la imagen de tu grande abuelo, idea perfecta de príncipes; tú, que algún día has de ocupar el trono, esfuérzate en imitar los ejemplos

---

[19] Quien quisiere asentir a la cronología de Torquemada ha de dar a Nopaltzin al tiempo de su exaltación más de 130 años de edad; porque cuando llegó con su padre a aquella tierra tendría por lo menos 18 o 20 años, puesto que su padre le dio la comisión de explorar la tierra; a los cuales se han de añadir los 113 que cuenta Torquemada del reinado de Xólotl. Véase nuestra *Segunda Disertación*.

de prudencia y justicia que nos dejó. Arma desde ahora tu ánimo de cuanto después habrás menester para regir a tus vasallos." Después de haberse consolado el rey algún tiempo con su hijo se volvió a la corte de Tenayuca.

Vivía aún por este tiempo el mayor de los príncipes, Acolhuatzin, el cual, pareciéndole estrechos los términos de su señorío de Azcapotzalco, resolvió apoderarse por fuerza de armas del de Tepotzotlán, distante cinco leguas al norte; armó su gente y dio repentinamente sobre aquel lugar y lo tomó a pesar de la resistencia que hizo Chalchiuhcua, que era quien mandaba en él. Es de creer que Acolhuatzin no ejecutó esta violencia sin expreso consentimiento o anuencia del rey, quien por ventura querría vengar de esa suerte alguna particular ofensa recibida de Chalchiuhcua. Esto sucedió en el año 4º de Nopaltzin.

Algo más sangrienta fue la guerra que algún tiempo después se encendió por interés de otra naturaleza. Huetzin, señor de Coatlichan, hijo del difunto príncipe[20] Tzontecomatl, quiso tomar por mujer a una noble y hermosa doncella llamada Atotoztli, sobrina de la reina. Al mismo tiempo la pretendía Yacazozolotl, señor de Tepetlaoztoc, quien o por estar más enamorado de ella que su rival, o por ser de genio más violento, no satisfecho con pedirla a su padre, quiso hacerse dueño de su hermosura por las armas. Levantó un pequeño ejército de su gente al cual se agregó Tochinteuctli, señor que había sido de Cuahuacan, y por su mala conducta se hallaba actualmente desterrado en Tepetlaoztoc. Noticioso Huetzin de este atentado salió prontamente a oponérsele con mayor número de tropas. Diose la batalla en las inmediaciones de Texcoco, en la cual murió alguna gente de Tepetlaoztoc y su mismo señor Yacazozolotl, y lo restante del ejército fue desbaratado. Tochinteuctli se salvó con la fuga y se refugió en Huexotzingo, lugar situado de la otra parte de los montes. Libre Huetzin de su rival, se apoderó con el beneplácito del rey de la doncella y de la ciudad de Tepetlaoztoc.

A estas guerrillas entre los señores particulares siguió una guerra considerable de la misma corona con la provincia de Tollantzinco, situada al norte, que se había rebelado. Salió el mismo rey en persona con un buen ejército; pero como los rebeldes eran muchos y belicosos, hicieron una gran resistencia y en 19 días que duró la guerra llevó muchas veces la peor parte el ejército real, hasta que, reforzado con

---

[20] Torquemada (Lib. I, cap. 30) hace a Huetzin hijo de Itzmitl y a éste hijo de Tzompanecatl; pero en el cap. 40 afirma que este Itzmitl fue uno de los que partieron con Xólotl de Amaquemecan, y por consiguiente lo hace mayor que su padre Tzompanlecatl; porque éste era aún joven cuando arribó a Anáhuac en compañía de tos otros dos príncipes acolhuas, cuya llegada no fue anterior al año 47 del reinado de Xólotl, como asienta el mismo autor. Además de eso, en un lugar representa a Itzmitl como puro chichimeca y en otro como hijo de un acolhua, pero ¿quién será capaz de exponer todas las contradicciones y anacronismos de Torquemada?

nuevas tropas que envió el príncipe Tlotzin, sujetó finalmente la provincia, haciendo un castigo ejemplar en los principales culpados. El ejemplo de los tollantzincas empeñó a otros señores en la rebelión, pero fueron prontamente castigados.

Ya tenía Nopaltzin tranquilo su reino cuando murió el célebre Acolhuatzin, primer señor de Azcapotzalco, dejando por heredero del Estado a su hijo Tezozomoc. Celebráronse sus exequias con la solemnidad correspondiente, con asistencia del mismo rey y de la nobleza de ambas naciones. No mucho tiempo después murió el mismo rey en la corte de Tenayuca, a los 32 años de su reinado, nombrando sucesor en la corona a su hijo mayor Tlotzin. Su funeral se hizo en la misma corte y con el mismo aparato y ceremonias que el de su padre Xólotl, a quien fue muy semejante no menos en la índole que en la fortaleza y valor.

### 10. Tlotzin, tercer rey chichimeca

Proclamóse el nuevo rey con las solemnidades acostumbradas. Entre los señores que concurrieron a esta función fueron sus dos hermanos Quauhtequihua y Apopozoc, a quienes entretuvo en su casa un año. Era este rey tan benigno y afable que era el ídolo de sus vasallos. Todos los nobles solicitaban pretextos para visitarle, por gozar de la dulzura y amabilidad de su trato. Cuidaba mucho de que su gente se ejercitase en las armas, y él se divertía frecuentemente en cazar en los bosques y en pasear sus jardines con mucho séquito de nobleza; pero nada sabemos en particular de sus acciones, ni de los sucesos del reino en los 36 años que gobernó. Murió aquejado de gravísimos dolores en Tenayuca. Sus cenizas se guardaron en una urna de piedra estimable cubierta de planchas de oro, y se expuso por 40 días a la vista del pueblo en una tienda adornada de bellas plumas.

### 11. Quinatzin, cuarto rey chichimeca

Sucedió a Tlotzin en el reino su hijo Quinatzin, habido en Quauhcihuatzin, hija del señor de Huexotla. Su exaltación se celebró con mayor solemnidad que la de sus antecesores, no en Tenayuca sino en Texcoco, donde fijó su corte y quedó desde entonces constituida capital del reino de Acolhuacan hasta la conquista de los españoles. Pero para pasar de la antigua a la nueva corte se hizo transportar en unas andas que cargaban sobre sus hombros cuatro principales señores, debajo de una especie de palio, cuyas varas llevaban otros cuatro. Hasta este tiempo todos los señores habían caminado siempre a pie; este rey fue el primero a quien la vanidad enseñó una especie de magnificencia, cuyo ejemplo siguieron sus sucesores, y los reyes y próceres de toda aquella tierra esforzándose cada uno a vencer el fausto de los demás. Emulación fatal no menos perniciosa a los soberanos que a sus estados.

    Los principios de su reinado fueron muy tranquilos, pero después se le rebelaron los estados de Metztitlan y Tototepec, situados en unas montañas al norte de la capital. Salió prontamente el rey contra ellos con un poderoso ejército y mandó decir a los jefes de la rebelión que, si su valor era tan grande como su perfidia, bajasen dentro de dos días a la llanura de Tlaximalco a una batalla decisiva; que de no hacerlo entraría a sus ciudades a sangre y fuego, no perdonando a niños ni a mujeres. Los rebeldes, que ya estaban bien apercibidos, bajaron a dicha llanura antes del término fijado por hacer ostentación de su valor. Diose allí la batalla y se peleó con tan notable ardor de una parte y otra parte hasta la noche, que dividió los ejércitos dejando indecisa la victoria. Así se continuó por 40 días en frecuentes encuentros, en los cuales, aunque lograba siempre mayores ventajas el ejército real, no perdía su valor el de los rebeldes para nuevos combates; pero reconociendo finalmente en la mortandad y disminución de su gente el inminente riesgo de su total ruina, se rindieron al rey, el cual, perdonando su delito a los pueblos, hizo un castigo ejemplar en los autores de la rebelión. Lo mismo ejecutó con el estado de Tepepolco, haciendo morir al señor y a los principales de la ciudad.

    Parece que el espíritu de la rebelión se había difundido por todo el reino; porque no bien reprimidos los conatos de los tepepolcas, se levantaron los de Huehuetoca, los de Mizquic, los de Totolapan y los de otras cuatro ciudades cuyos nombres ignoramos. Armó el rey contra ellas siete pequeños ejércitos, los seis al mando de otros tantos jefes de cuya fidelidad estaba bien satisfecho, y él mismo, al frente del séptimo, fue contra los totolapas. Fue tanta su felicidad que en poco tiempo y sin notable pérdida volvió a sujetar todos los lugares rebelados. Estas victorias se celebraron con grandes fiestas en la corte por espacio de ocho días y fueron premiados los jefes y soldados que más se habían distinguido. Como el mal ejemplo de unos estados había excitado a otros a la rebelión, así la experiencia del mal éxito sirvió después de escarmiento a los demás. Por lo cual Quinatzin, en los restantes años de su reinado, que según dicen fueron 60, gozó de una gran tranquilidad.

    Cuando murió este rey se hicieron con su cadáver algunas demostraciones que no se habían practicado con otros reyes. Abriéronlo y sacáronle los intestinos, y después de adornarlo con no sé qué aromas y confecciones para preservarlo de la corrupción, le cosieron de nuevo la piel. Colocáronlo adornado de las vestiduras reales en una gran silla, y armáronlo de arco y flechas; pusiéronle a los pies un águila de madera muy bien labrada y a las espaldas un tigre, denotando en estas insignias su genio intrépido y belicoso. Tuviéronlo en esta postura expuesto al público por 40 días y después del llanto acostumbrado lo quemaron y enterraron sus cenizas en una cueva cercana a la ciudad. Sucedióle en la corona Techotlalla, su hijo; pero por estar la noticia de éste y los siguientes reyes conexas con las de los mexicanos, que ya por este tiempo (en el siglo XIV) tenían fundada su famosa capital, las reservamos para otro lugar, contentándonos con dar aquí la serie de todos sus reyes, para hablar brevemente de las demás naciones que arribaron antes de los mexicanos a aquella tierra.

### REYES CHICHIMECAS

| | |
|---|---|
| Xólotl | en el siglo XII |
| Nopaltzin | en el siglo XIII |
| Tlotzin | en el siglo XIII |
| Quinatzin o Tlaltecatzin | en el siglo XIV |
| Techotlalla | en el siglo XIV |
| Ixtlilxóchitl | en 1406 |

Entre éste y el rey siguiente ocuparon el trono de Acolhuacán los tiranos Tezozomoc y Maxtla.

| | |
|---|---|
| Nezahualcóyotl | en 1426 |
| Nezahualpilli | en 1470 |
| Cacamatzin | en 1516 |
| Cuicuitzcatzin | en 1520 |
| Coanacotzin | en 1520 |

Por no saberse a punto fijo los años que reinaron Xólotl y Techotlalla, no podemos averiguar el año en que comenzaron a reinar los cinco primeros reyes; pero conjeturamos, por los fundamentos que exponemos en nuestra *Segunda disertación,* que la monarquía chichimeca en Anáhuac comenzó hacia el año de 1170 y duró más de 300 años hasta el 1521, en que acabó de un golpe con la mexicana. Ocuparon el trono once reyes legítimos y dos tiranos. Los acolhuas llegaron a la tierra de Anáhuac entrado el siglo XIII. Por lo que mira a las demás naciones, es increíble la variedad y confusión de los historiadores sobre su origen, su número y el tiempo en que arribaron. El grande y prolijo estudio que he tenido para indagar la verdad sólo me ha servido para aumentarme la incertidumbre y hacerme perder del todo la esperanza de que algún día se sepa lo que hasta ahora se ha ignorado. Desechando, pues, lo fabuloso diré lo poco cierto bien fundado que hay en la materia.

## 12. Los olmecas y los otomíes

Los olmecas y xicalancas o formaron una sola nación o dos diferentes, pero perfectamente aliadas y unidas, son tan antiguos en aquella tierra que algunos los han creído anteriores a los toltecas. De su origen nada se sabe.[21] Sólo hay noticia de que estuvieron establecidos en los contornos del gran monte Matlalcueye y que, arrojados de aquella tierra por los teochichimecas o tlaxcaltecas, se retiraron hacia el Seno Mexicano.[22] Los otomíes, que hacían una de las más numerosas naciones, fueron también a lo que parece de los más antiguos y por ventura los primeros que se internaron en los países de América que hoy pertenecen a la corona de España; pero se mantuvieron por muchos siglos en la barbarie, viviendo dispersos en las cavernas de los montes y manteniéndose de la caza, en cuyo ejercicio eran diestrísimos. Ocuparon un espacio de tierra fuera de los términos de Anáhuac de más de cien leguas, desde las montañas de Itzmiquilpan hacia el noroeste, teniendo al oriente y al poniente otras naciones igualmente salvajes.

En el siglo xv, según lo que decimos en otro lugar, comenzaron a vivir en sociedad y a civilizarse, reducidos a poblaciones y sometidos a la corona de Acolhuacán, o a fuerza de armas o voluntariamente movidos del ejemplo de las otras naciones cultas. Fundaron en la tierra de Anáhuac y aun en el mismo valle de México innumerables poblaciones, las más y mayores como las de Xilotepec y Huichapan, en los confines del país que antes ocupaban, otras repartidas en los países de los matlazincas y de los tlaxcaltecas, y en otras varias provincias del reino, conservando hasta ahora, aun en esas colonias aisladas, inalterable su primitivo lenguaje. Pero no toda la nación se redujo por entonces a vida civil; mucha parte o la mayor quedó juntamente con los chichimecas en la vida salvaje, y ambas naciones, confundidas por los españoles bajo el nombre de chichimecas, se hicieron célebres por sus hostilidades y correrías y no se redujeron del todo hasta el siglo xvi.

Los otomíes han sido reputados por la nación más ruda de la tierra de Anáhuac, parte por la dificultad que todos sienten en entender su

[21] Algunos autores, y entre ellos el célebre Sigüenza y Góngora, creyeron que los olmecas pasaron de la isla Atlántida a la tierra de Anáhuac y dicen que esta nación es la única que arribó por la parte de oriente, habiendo pasado las demás, como dijimos, del norte. No sé en qué apoye esta opinión.
[22] El caballero Boturini conjetura que pasarían a las islas Antillas y a la América Meridional. Todo podría ser, pero se ignora.

lengua y parte por la servidumbre de tantos siglos, que no les ha dejado entera libertad para las funciones del alma, pues aun en tiempo de los reyes mexicanos eran tratados como esclavos. Su lengua es muy difícil y llena toda de aspiraciones que se hacen parte en la garganta y parte en las narices; pero es suficientemente copiosa y expresiva. Antiguamente fueron célebres en la caza y hoy comercian por la mayor parte en telas bastas de que se visten los indios. Pero no hay duda de que sus almas son capaces de todo género de instrucción.

### 13. Los tarascos

La nación de los tarascos ocupó el vasto, rico y florido reino de Michoacán, en donde se multiplicó maravillosamente y fundó grandes poblaciones. Sus reyes fueron émulos de los mexicanos, con quienes tuvieron frecuentes guerras. Sus artífices o excedieron o igualaron a los de las demás naciones; por lo menos, después de la conquista en ninguna otra parte se trabajó con mayor perfección el mosaico de pluma, y en ninguna otra fuera de Michoacán se conservó hasta nuestros días ese arte tan precioso.

La nación era idólatra pero no tan cruel en su culto como los mexicanos. Su lengua es copiosa, dulce y sonora; usa mucho de esdrújulos y de la *r* suave, y ordinariamente a cada consonante sigue una vocal. Los tarascos, sobre las ventajas naturales de su país, lograron la felicidad de tener por primer obispo al incomparable don Vasco de Quiroga, uno de los más insignes prelados que ha criado España, cuya memoria se conserva hasta hoy y se conservará eternamente viva en aquellos pueblos.

Este reino, que es uno de los mejores de América, se agregó a la corona de España por una libre y espontánea cesión de su legítimo soberano, sin que costase a los españoles una sola gota de sangre; aunque es natural que el temor concebido de la reciente ruina del imperio mexicano influyese en semejante cesión.[23]

[23] Boturini dice que teniendo los mexicanos sitiada su capital por los españoles, enviaron una embajada al rey de Michoacán solicitando su alianza; que éste congregó en la provincia de Ávalos cien mil tarascos y cien mil teochichimecas para socorrer a México; pero aterrado con cierta visión que tuvo una hermana suya resucitada (de que haremos mención en otro lugar) despidió al ejército y desistió de la empresa. Pero todo es fabuloso: 1º —Ningún historiador de aquel siglo hace mención de este suceso. 2º —¿Qué cien mil teochichimecas eran éstos que armó el rey de Michoacán? 3º —¿A qué fin juntar el ejército en la provincia más remota de México, pudiendo hacerlo en Acámbaro o en Tlaximoloyan o en otro lugar más cercano? ¿Quién ha visto que el rey de Francia junte su ejército en Flandes para socorrer a España? 4º —La resurrección de la princesa de Michoacán es una patraña fabricada sobre el memorable suceso de la hermana de Moctezuma, de que hablaremos en su lugar.

## 14. Mazahuas, matlazincas y otras naciones

Los mazahuas fueron en algún tiempo parte de la nación de los otomíes, porque las lenguas de estas dos naciones no son más que diferentes dialectos de una sola; pero esta diferencia en unas naciones que son tan tenaces en mantener incorrupto su idioma es indicio cierto de la antigüedad de su separación. Sus principales poblaciones se formaron en las montañas occidentales del valle de México, que componían la provincia de Mazahuacan, perteneciente al reino de Tacuba.

Los matlazincas formaron un estado considerable en el fértil valle de su nombre, que hoy llaman de Toluca, del nombre de la capital. Tuvieron en la antigüedad gran reputación de valor, pero fueron sujetados a la corona de México por el rey Axayácatl, como veremos en su lugar.

Los mixtecas y zapotecas poblaron los dilatados países de su nombre el sureste de México. Los muchos estados en que se dividía esta tierra estuvieron bajo el dominio de diferentes reyezuelos de las mismas naciones, hasta que las armas de los mexicanos los conquistaron. Eran naciones civiles e industriosas. Tenían sus leyes, ejercían las artes de los mexicanos, usaban de su mismo método de cronología y de sus mismas pinturas para perpetuar la memoria de los sucesos, en las cuales tenían representada la Creación del mundo, el Diluvio Universal y la confusión de lenguas, aunque alterado con infinitas fábulas.[24] Después de la conquista han sido los mixtecas y zapotecas de los más industriosos. Ellos fueron los principales traficantes de seda en el tiempo que duró la crianza de los gusanos, y en todos tiempos han mantenido floreciente la crianza y comercio de la cochinilla, aun habiendo cesado en otros países.

Los chiapanecas, si damos crédito a sus tradiciones, fueron los primeros pobladores de América. Decían que Votan, nieto del gran anciano que fabricó la barca grande para salvarse del Diluvio con su familia y uno de los que concurrieron a la construcción del alto edificio que se hizo para subir al cielo, pasó a poblar aquella tierra por orden de Dios. Añadían que habían ido aquellos pobladores por la parte del norte y que al llegar a Xoconusco se dividieron, yendo unos a poblar Nicaragua y quedando los restantes en Chiapas. Esta nación, según dicen, no era gobernada de reyes, sino de dos jefes militares que anualmente elegían los sacerdotes, que eran los que entre ellos tenían mayor autoridad. Así se mantuvieron hasta que los últimos reyes de México los sujetaron a la corona. Usaban pinturas como los mexicanos y tenían

---

[24] Véase lo que dice de la mitología de los mixtecas el P. Fr. Gregorio García, en su *Origen de los indios* (Lib. V, cap. 4).

su mismo sistema de cronología, pero variaban, como diremos, en los caracteres de los años, los meses y los días.

Los cohuixcas, los cuitlaltecas, los yopes, los mazatecas, los popolocas, los chinantecas, los mixes y los totonacas poblaron los países que tienen su nombre, pues casi todas las naciones tomaron el nombre con que son conocidas de su primera o principal población. Los zapotecas se llamaron así de su principal ciudad Teotzapotlán, los chinantecas de Chinantla, los mazatecas de Mazatlán, etc. De ninguna de estas naciones se sabe su origen ni el tiempo en que poblaron. De sus costumbres particulares diremos alguna cosa cuando lo exija la historia de los mexicanos.

### 15. Los nahuatlacas

Entre todas las naciones que poblaron la tierra de Anáhuac, las más nombradas y que hacen más papel en nuestra historia son aquellas que vulgarmente llaman nahuatlacas. Diose principalmente este nombre, cuya etimología expusimos al principio, a aquellas siete naciones cultas o, por mejor decir, a aquellas siete tribus de una misma nación, que arribaron después de los chichimecas a aquella tierra y poblaron sobre las mismas lagunas del valle de México o en sus inmediaciones. Estas tribus son las de los xochimilcas, chalcas, tepanecas, colhuas, tlalhuicas, tlaxcaltecas y mexicanos. El origen de todas estas tribus fue la misma provincia de Aztlán de donde salieron los mexicanos, o alguna otra contigua y poblada de la misma nación. Todos los historiadores las representan como originarias de un mismo país. Todas hablaban la misma lengua. Los diferentes nombres con que son conocidas se tomaron de los lugares que fundaron o en que se establecieron. Los xochimilcas tomaron el nombre de la gran ciudad de Xochimilco, que fundaron en la ribera occidental del lago de agua dulce; los chalcas de la ciudad de Chalco, en la ribera oriental del mismo lago; los colhuas de la ciudad de Colhuacán; los mexicanos de México; los tlaxcaltecas de Tlaxcala y los tlahuicas de la tierra donde poblaron, que por ser abundante en almagre se llamó Tlahuican.[25] Los tepanecas que fundaron la célebre ciudad de Azcapotzalco en la ribera occidental del lago de Texcoco tomaron el nombre de Tepan,[26] lugar por ventura en que habitaron antes de fundar aquella ciudad.

---

[25] *Tlahuitl* o *tlahuitl* significa almagre, y *tlalhuican* lugar o pala del almagre. Algunos autores dan una interpretación muy violenta a este nombre.

[26] Algunos autores los llaman tecpanecas; uno y otro nombre son mexicanos: *tecpanecatl* es morador de palacio, y *tecpanecatl* habitador de lugar fundado en pedregal. Otros le dan otra etimología que no me parece acertada.

Es indubitable que estas tribus no llegaron juntas a Anáhuac, sino en diverso tiempo y con el mismo orden con que anteriormente las nombramos; pero es suma la variedad de los historiadores sobre el tiempo preciso en que arribaron, como consta de nuestra *Segunda Disertación*. Yo creo, por los fundamentos que allí expongo, que las primeras seis tribus llegaron a aquella tierra con aquellos seis señores que se dejaron ver en Anáhuac inmediatamente después de los chichimecas, y que no hubo tan grande intervalo, como dice el P. Acosta, entre su llegada y la de los mexicanos. Los colhuas, que los autores confunden comúnmente con los alcolhuas por la afinidad del nombre, fundaron una pequeña monarquía, la cual se agregó después a la corona de México, por el casamiento de una princesa heredera de aquel estado con uno de los reyes mexicanos. Los tepanecas tuvieron también sus reyes, de los cuales fue el primero el célebre príncipe Acolhuatzin, que casó con la hija de Xólotl. Sus descendientes usurparon, como veremos, el reino de Acolhuacán y dominaron por algunos años en toda la tierra hasta que las armas de los mexicanos, combinadas con las del legítimo heredero de Acolhuacán, acabaron con el tirano y con su monarquía.

### 16. Los tlaxcaltecas

Los tlaxcaltecas, a quienes Torquemada y otros autores llaman teochichimecas y consideran como tribu de la nación chichimeca,[27] se

---

[27] Torquemada no solamente dice que los tlaxcaltecas eran teochichimecas, sino también afirma (Lib. III, cap. 10) como cosa que tenía bien averiguada que estos teochichimecas eran otomíes. Pero si los tlaxcaltecas eran otomíes, ¿por qué no hablaban la lengua otomí? Y si alguna vez la hablaron, ¿por qué la dejaron por la mexicana? ¿Quién ha visto hasta ahora que una nación libre abandone su lenguaje nativo por tomar el de sus enemigos? No es menos increíble que los chichimecas fuesen otomíes, como supone aquel autor en el citado lugar, aunque en otra parte afirma lo contrario (Lib. 1, cap 11). ¿Quién obligó a los chichimecas a dejar su idioma primitivo? Solamente quien no conozca el carácter de aquellos pueblos y la tenacidad con que retienen su lengua nacional, podrá pensar que los chichimecas por la comunicación y alianza con los acolhuas, dejasen el otomí por el mexicano. Si los verdaderos otomíes no han alterado su lengua en tantos siglos, ni bajo la dominación de los mexicanos ni bajo la de los españoles, ¿cómo es creíble que la mudasen los chichimecas, siendo señores de la tierra y ocupando el trono de Texcoco desde Xólotl, su fundador, hasta la conquista de los españoles? Por tanto yo no dudo que los chichimecas pobladores y fundadores del imperio de Texcoco, hablaban la misma lengua de los acolhuas y nahuatlacas, que es la que llamamos mexicana. Lo mismo siento de los toltecas, contra el dictamen común de los autores, ni puedo persuadirme a otra cosa después de la más diligente investigación y estudio. Sabemos que los nombres de los lugares de donde salieron los toltecas y chichimecas, y de los que fundaron en Anáhuac, de las mismas personas de una y otra nación, y de los años de que se servían, todos eran mexicanos. Sabemos que los toltecas y chichimecas, los chichimecas y los acolhuas, desde el principio se comunicaron y entendieron sin intérprete. El hallarse extendida la lengua mexicana hasta Nicaragua no puede atribuirse a otra causa que a la dispersión de los toltecas que la hablaban; porque no se sabe que los nahuatlacas pasasen más allá de Chiapas. Finalmente, habiendo tantos fundamentos en confirmación de mi parecer, no hallo uno solo que autorice el de los demás autores.

establecieron al principio en Poxauhtlán, lugar situado en la ribera oriental del lago de Texcoco, entre esa corte y Chimalhuacán. Aquí vivieron algún tiempo en grande miseria, manteniéndose por la mayor parte de la caza de los montes vecinos por no tener tierra suficiente para sus sementeras, pero habiéndose multiplicado y queriendo ensanchar los límites de su territorio con perjuicio de los vecinos, atrajeron sobre sí la ira de los xochimilcas, los colhuas, los tepanecas y verosímilmente también de los chalcas, que por ser colindantes eran los más interesados, quienes formaron una confederación y armaron un considerable ejército para desalojar de aquel sitio y ahuyentar del valle de México a tan perjudiciales pobladores. Los tlaxcaltecas, a quienes la conciencia de sus mismas usurpaciones hacía vivir alerta, salieron a recibirlos con las armas. Diose en esta ocasión una batalla de las más memorables que se leen en sus historias. Los tlaxcaltecas, aunque inferiores en número, hicieron tan grande carnicería en sus enemigos que dejaron el campo lleno de cadáveres y parte de la laguna, en cuya orilla acampaban, teñida en sangre.

Sin embargo, de haber salido de esta acción llenos de gloria, resolvieron abandonar aquel sitio, persuadidos de que mientras en él viviesen serían incomodados de los vecinos. Por tanto, después de haber reconocido la tierra por medio de sus exploradores, se concertaron en dividirse, caminando unos al sur y otros al norte. Éstos, después de un corto viaje se establecieron, con el permiso del rey, en Tollantzinco, en Quauhchinanco y en otros lugares. Los otros, después de costear las faldas del Popocatépetl por Tetela, Tochimilco y Atlisco, fundaron cerca de este lugar la población de Quauhquechollan, y pasando adelante fundaron los lugares de Amaliuhcan, Chachapatzinco y Nacapahuazcan y así fueron extendiéndose hasta el famoso volcán Poyauhtecatl, al cual darían verosímilmente este nombre en memoria del sitio del valle de México que dejaban.

Pero la mayor parte de la tribu se encaminó por Cholula a la falda del gran monte Matlalcueye, de donde echaron a sus antiguos pobladores los olmecas y xicalancas, y dieron muerte a su rey o señor Colopechtli. Aquí se establecieron bajo las órdenes de un jefe llamado Colhuacateuctli, procurando fortalecerse para resistir a los que intentasen desalojarlos. Bien lo hubieron menester, porque los huexotzincas y otros pueblos comarcanos, sabiendo el valor y fiereza de sus nuevos vecinos y temiendo que con el tiempo les fuesen perjudiciales, levantaron un buen ejército para desposeerlos del sitio que habían ocupado y arrojarlos enteramente de aquel país. El golpe que dieron fue tan violento, que los tlaxcaltecas se vieron precisados a abandonar el sitio y a refugiarse en lo más alto del monte. Hallándose en tanto aprieto imploraron la protección del rey de Texcoco y éste les envió prontamente un grueso cuerpo de tropas. Los huexotzincas, no hallándose con fuerzas suficientes para oponerse al ejército real, llamaron en su auxilio a los tepanecas, persuadidos de que no desecharían tan buena ocasión de vengarse; pero éstos, escarmentados con la tragedia de Poyauhtlán, aunque enviaron la gente que se les pedía, fue con la instrucción secreta de no ofender a los tlaxcaltecas; de lo cual previnieron a éstos para que no los tuviesen por enemigos y estuviesen ciertos de que aquellas tropas sólo se enviaban para engañar a los huexotzincas y no alterar la armonía en que vivían con ellos. Con el socorro de los tezcucanos y la pérfida inacción de los tepanecas, derrotaron los tlaxcaltecas a sus enemigos y los obligaron a volverse con ignominia a su tierra, quedando desde entonces en paz con ellos y con los demás vecinos. Con esto volvieron los tlaxcaltecas a su sitio a continuar su población.

Éste es el origen de la famosa ciudad y república de Tlaxcala, eterno rival del imperio mexicano y causa de su ruina. A principio obedecían todos a un jefe; después, habiéndose aumentado considerablemente la población, quedó la ciudad dividida en cuatro cuarteles que nombraron Tepectipac, Ocotelolco, Quiahuiztlán y Tizatlán. Cada cuartel tenía su señor, que lo era también de los lugares a él anexos; de suerte que todo el estado constaba de cuatro pequeñas monarquías; pero estos cuatro señores, con otros nobles, formaban una especie de aristocracia en lo respectivo al común de la nación. Esta dieta o senado era el que decidía de la guerra y de la paz; de común consentimiento se determinaba el número de tropas que debían salir a campaña y se nombraba el general que debía mandarlas. Todo el estado no tenía de extensión, como ya dijimos, más de 15 leguas de oriente a poniente y 10 de norte a sur; pero en tan corto espacio de tierra había inmenso gentío y grandes poblaciones. Tenían fortalecida la raya del estado por la parte del poniente con fosos, y por la del oriente con una muralla de dos leguas.

Los tlaxcaltecas eran guerreros, animosos y demasiadamente celosos de su honor y de su libertad. Mantuvieron siempre en esplendor su república; sin embargo de los grandes contradicciones que sufrieron, hasta que por favorecer a los españoles en la guerra contra sus enemigos los mexicanos, quedaron envueltos en la ruina común. Eran idólatras y tan supersticiosos y crueles en su culto como los mexicanos. Su numen favorito era Camaxtle, el mismo a quien los mexicanos adoraban bajo el nombre de Huitzilopochtli. Sus artes eran las mismas de las demás naciones vecinas. Su comercio era el maíz y la cochinilla. La abundancia del maíz dio a su capital el nombre de Tlaxcallan (lugar del pan). Su cochinilla era más apreciada que la mixteca. Las demás particularidades de los tlaxcaltecas se expondrán en su lugar.

## 17. Viaje de los mexicanos al país de Anáhuac

Los mexicanos o aztecas, que fueron los últimos pobladores de la tierra de Anáhuac y son el objeto de nuestra historia, vivieron hasta más de la mitad del siglo XII en Aztlán, provincia situada en mucha distancia del Nuevo México hacia el noroeste, según se puede colegir del rumbo que siguieron en su peregrinación y de algunas noticias que adquirieron los españoles en las entradas que hicieron desde el Nuevo México hacia aquellas partes.[28] El motivo de abandonar su patria sería el mismo que tuvieron otras naciones. Puede también creerse que alguna esterilidad que afligió a los países septentrionales por aquel tiempo fuese la causa que puso en movimiento a tantos pueblos para solicitar en las tierra del sur el remedio a su necesidad. Sea el que fuere el motivo, no puedo menos de exponer al juicio libre de los lectores lo que los mismos historiadores mexicanos refieren sobre el origen de semejante resolución.

Había, dicen, entre los aztecas un personaje muy autorizado nombrado Huitziton, a cuyo dictamen y superiores luces deferían mucho los demás. Éste se había empeñado, no sé por qué causa, en persuadir a sus nacionales la transmigración de su patria a otro país. Andando en estos pensamientos oyó casualmente cantar en las ramas de un árbol a un pajarillo cuya voz remedaba el sonido de la palabra *tihui,* que en lengua mexicana significa "vamos". Parecióle esta buena ocasión para lograr su intento; y así, llamando a otro hombre de distinción nombrado Tecpaltzin, lo llevó hacia el árbol donde solía cantar el pajarillo y le dijo: "¿No habéis adivinado, amigo Tecpaltzin, lo que esa avecilla nos está diciendo? Ese *tihui, tihui,* que incesantemente nos repite, ¿qué otra cosa significa sino que conviene salir de esta tierra y buscar otra? Éste sin duda es aviso de alguna oculta deidad que se interesa en nuestro bien. Obedezcamos, pues, a su voz, no sea que nuestra resistencia atraiga su indignación sobre nosotros". Asintió plenamente Tecpaltzin a la interpretación de Huitziton, o por el concepto que tenía de sus luces, o porque estaba preocupado del mismo pensamiento. Unidos estos dos hombres tan principales no tardaron mucho en atraer al cuerpo de la nación al mismo partido.

---

[28] De esas entradas hacemos mención en nuestras *Disertaciones.* Betancourt habla de ellas en su *Teatro Mexicano* (Part. 2, Trat. 1, cap. 10). Este autor pone a Aztlán distante de México 900 leguas. Boturini hace a Aztlán provincia asiática. No sé qué fundamento tuvo para una opinión tan singular. En algunas cartas geográficas de la América, publicadas en el siglo XVI, se sitúa dicha provincia al norte del seno de California y, según me parece, ésa es su verdadera situación; pero en mucha distancia de aquel seno, de tal suerte que no tengo por inverosímil la distancia indicada por Betancourt.

Yo, aunque desconfío de la verdad de este suceso, no lo tengo por inverosímil; porque no hay cosa más fácil a una persona autorizada que persuadir por punto de religión cuanto quisiere a un pueblo ignorante y supersticioso. Mucho menos creo que el viaje de los aztecas se ejecutase, como dicen comúnmente los autores, por orden expresa del demonio. Los buenos historiadores del siglo XVI y los que después los han copiado, suponen como indubitable el trato continuo y familiar del demonio con todas las naciones idólatras del Nuevo Mundo, y apenas refieren suceso alguno en que no le hagan entrar como autor principal. Pero, aunque es cierto que la malignidad de esos espíritus se esfuerza en hacer cuanto mal puede a los hombres y que algunas veces se les han representado en forma visible para seducirlos, especialmente a aquellos que aún no han entrado por la regeneración en el gremio de la Iglesia, no resulta creíble que esas representaciones fuesen tan frecuentes, ni su comercio tan franco con aquellas naciones, como suponen los historiadores; porque Dios, que vela con amorosa providencia sobre sus criaturas, no permite a aquellos capitales enemigos del género humano tanta libertad para dañar. Por tanto no extrañen los lectores que hubieren leído algunos sucesos de esta historia en otros autores, que no me conforme en este punto con su credulidad. No debo creer que intervino el demonio en algún suceso por el testimonio de algunos historiadores mexicanos, a quienes las ideas supersticiosas de que estaba poseído su espíritu, o la superchería de los sacerdotes, que es común en las naciones idólatras, pudo fácilmente inducir en error.

Finalmente, la salida de los aztecas o siete tribus de nahuatlacas, que es cierta, fuese por el motivo que se quiera, sucedió, según lo que he podido rastrear por la cronología, hacia el año 160 de la Era Vulgar. Torquemada testifica haber visto en todas las pinturas antiguas del viaje de los aztecas representado un brazo de mar o río grande que pasaron. No hay duda de que para ir de su patria a Hueicolhuacán (hoy Culiacán), que fue su primera mansión, pasaron el célebre río Colorado; y éste podría ser el notado en las pinturas, por ser el más considerable que les ocurrió en su largo viaje; pero yo creo que el pretendido brazo de mar no es otro que la imagen del Diluvio Universal representado en las pinturas mexicanas antes del viaje de los aztecas, según lo que diremos en otro lugar.[29] Un año tardaron de Aztlán a Hueicolhuacán, y aquí estuvieron tres años. Es natural que edificasen chozas para su habitación y sembrasen las semillas que consigo llevaban para su sustento, como hicieron en los demás lugares en que fue larga su demora. En este lugar

---

[29] Boturini pretende que dicho brazo de mar sea el Golfo de California, porque cree que los aztecas pasaron de Aztlán a California, y de esta península, atravesando aquel mar, a Culiacán; pero esta opinión es improbable y opuesta a la tradición común.

fabricaron un ídolo de Huitzilopochtli, dios protector de la nación, para que les acompañase en toda su peregrinación. Para transportarlo hicieron una silla de juncos que llamaron *teoicpalli* (asiento de dios) y señalaron los sacerdotes que debían llevarlo en sus hombros, que eran cuatro cada vez, a los cuales dieron el nombre de *teotlamacazque* (siervos de dios), y a la acción misma de llevarlo llamaron *teomama* (cargar a dios).

De Culiacán por algunas jornadas pasaron a Chicomoztoc, en donde quedó sola la tribu de los mexicanos, habiendo pasado adelante la de los xochimilcas, chalcas, tepanecas, tlahuicas y tlaxcaltecas. Esta división dicen ellos que se hizo por orden expresa de su dios; pero lo más verosímil es que alguna discordia los separó. El ídolo quedó con los mexicanos. Después de haber estado nueve años en Chicomoztoc pasaron a Coatlicamac, en donde se dividió la tribu en dos facciones y partidos, que en lo de adelante produjeron funestos efectos. La causa dicen haber sido dos envoltorios que aparecieron en medio de su real. Llegando algunos a descubrir el primero, hallaron en él una piedra preciosa sobre la cual hubo contiendas, pretendiendo todos poseerla como prenda de su dios. Pasando a descubrir el otro envoltorio, vieron que sólo contenía dos leños. A la primera vista lo despreciaron; pero advertidos del prudente Huitziton de la grande utilidad de aquellos leños para sacar fuego, los apreciaron más que la piedra preciosa. Los que se adjudicaron la piedra fueron los que después de la fundación de México se llamaron tlaltelolcas, por el lugar que fundaron junto a aquella ciudad, y los que quedaron con los leños fueron los que después se llamaron tenochcas o mexicanos. Pero esta narración no tanto debe mirarse como historia cuanto como un apólogo inventado para enseñar que en las cosas es más apreciable la utilidad que la hermosura. Estos dos partidos, no obstante su emulación, caminaron siempre juntos por el interés imaginario de la protección de su dios. A los tres años de estadía en Coatlicamac, pasaron a otro lugar cuyo nombre ignoramos, y de allí a Hahuacatlán, a Apanco, a Chimalco y a Pipiolcomic, en que consumieron 20 años, y en el 1196 arribaron a la célebre ciudad de Tollan.[30]

Los nombres de algunos de los expresados lugares o se han olvidado enteramente o son poco conocidos. Quiero, pues, para satisfacer la curiosidad de los que viven en aquel reino, exponer el derrotero que siguieron los aztecas en su peregrinación, valiéndome de los nombres que al presente están en uso. Lo que diré en este asunto va fundado en la tradición de aquellas naciones, en los vestigios que hasta hoy subsisten de los grandes edificios que construyeron los aztecas en sus man-

---

[30] Este arribo de los aztecas a Tula en 1196 lo confirma una historia citada por Boturini, que mencionamos en nuestras *Disertaciones*, y no disienten en este punto de cronología otros autores.

siones, y en las noticias combinadas de los autores. Salidos, pues, de su patria Aztlán, pasaron el río Colorado más arriba del grado 35 y dirigiéndose al sureste hicieron mansión en las inmediaciones del río Gila. Aquí se ven hasta hoy unos antiquísimos edificios, conocidos de los españoles con el nombre de "Casas Coloradas" que, según tradición de las naciones que habitan de tiempo inmemorial aquellos países, fueron fabricados por los aztecas cuando por ahí pasaron a la tierra de Anáhuac. Pasando el río Gila hicieron varias jornadas al sur hasta el amenísimo valle de San Buenaventura, en donde subsisten unas fábricas magníficas y de un gusto particular con el nombre vulgar de "Casas Grandes", sobre las cuales hay la misma tradición y aun más autorizada que sobre las antecedentes.

De aquí, dirigiéndose al sureste por la Tarahumara, la Tepehuana y la Sinaloa, arribaron a Hueicolhuacán, que es al presente la villa de Culiacán. De Culiacán caminaron al oriente por la tierra en donde está el Real del Rosario a las inmediaciones del Nayarit, y de aquí por Colotlán al país de los zacatecas. En el Nayarit se hallaron vestigios de las trincheras que hicieron los indios coras para defenderse, según ellos testificaron, de las invasiones de los aztecas, y siete leguas al sur de la ciudad de Zacatecas halló Torquemada, a fines del siglo XVI, unas soberbias casas muy antiguas que, según tradición de los zacatecas, fueron obra de los aztecas en su peregrinación. Hasta hoy subsisten estas fábricas, aunque ya casi arruinadas. Conjeturo que en este lugar fue donde se dividieron las tribus; las seis se encaminaron derechamente a Anáhuac, y los mexicanos hicieron, como ya veremos, un gran rodeo. El hallarse ya tan disminuidos desde este lugar con la separación de las otras tribus, debió ser la causa de que en lo restante del viaje no construyesen tan grandes edificios. Del país de los zacatecas bajaron hacia el sur por Ameca, Cocula y Sayula a la provincia marítima de Colima y después a la de Zacatula, desde donde volvieron a subir hasta Malinalco y de allí a Tula. Consta de los manuscritos del P. Tovar de que se sirvió el P. Acosta, que los mexicanos estuvieron en el reino de Michoacán y no parece pudo ser en otra parte que en Colima y Zacatula, que entonces verosímilmente pertenecían a dicho reino, y si hubieran hecho el viaje por otra parte no habría para qué pasasen a Tula por Malinalco, como consta de los historiadores de la nación.

No hay que admirarse que los aztecas edificasen en algunas partes grandes y suntuosas casas, creyendo, como verosímilmente creerían, que cada una de sus mansiones sería el término de su peregrinación. Algunas tierras les parecían al principio adecuadas para su establecimiento, que después abandonaron por la experiencia de algunos inconvenientes no previstos. La causa de haber hecho tan grandes rodeos y de haber caminado 300 o 400 leguas más de lo que necesitaban para llegar a Anáhuac, sería sin duda el no haberse propuesto término fijo en su viaje, buscando ya a uno ya a otro rumbo un país donde pudiesen gozar con ventajas de todas las comodidades de la vida. En cada lugar a donde llegaban, levantaban altar a su dios, y en su partida dejaban a los viejos y los enfermos y verosímilmente a algunos para que los cuidasen, o que, cansados de tan larga peregrinación, no quisiesen exponerse a nuevas fatigas.

En Tollan estuvieron nueve años y después once en otros lugares, hasta que en el 1216 llegaron a Zumpango, ciudad considerable del valle de México. El señor de este lugar, que se llamaba Tochpanécatl, los recibió con singular humanidad, los regaló con abundantes refrescos, les señaló sitio donde cómodamente se alojasen y, no satisfecho con estas demostraciones, prendado con el largo trato de sus bondades, pidió a los jefes de la nación le diesen una doncella noble para mujer de su hijo Ilhuicatl. Los mexicanos, obligados con tan singular benevolencia, le dieron a Tlacapantzin, que casó luego con aquel ilustre joven de quien tuvo origen, como veremos, la casa real de México. Después de siete años de demora en Tzompanco pasaron, según dicen, con el joven Ilhuicatl a Tizayocan, en donde parió Tlacapantzin un hijo a quien dieron el nombre de Huitzilíhuitl, y en este mismo tiempo dieron otra doncella mexicana a Xochiatzin, señor de Cuauhtitlán. De Tizayocan pasaron sucesivamente a Ehecatepec, Tolpetlac, Chimalpan, Coatitlán, Huexachtitlán, Tecpayocan, Tepeyacac (donde hoy está la villa y celebérrimo Santuario de Nuestra Señora de Guadalupe) y Pantitlán, lugares situados en las riberas del lago de Texcoco, y muy cercanos al sitio de México, en los cuales estuvieron 22 años.

Desde que asomaron los mexicanos al valle de México, fueron reconocidos por orden del rey, que era entonces Xólotl, y viendo que venían de paz les dejó libertad para establecerse donde pudiesen; pero hallándose ellos en Tepeyacac fueron bastante incomodados por Tenancacaltzin, señor de Tenayocan, en cuya vecindad está aquel lugar; y fueron tantas las vejaciones que se vieron precisados a refugiarse en Chapultepec, monte situado en la ribera occidental del lago de Texcóco, apenas dos millas distante del sitio de México. Pasaron a Chapultepec el año de 1245 reinando Nopaltzin, no Quinatzin como dicen Torquemada y Boturini.[31]

---

[31] Si reinaba entonces Quinatzin, es preciso que su reinado y el de su sucesor llenen un espacio de 161 años, lo cual es inverosímil. Mucho más si se adopta la cronología de Torquemada, que supone reinante a Quinatzin cuando los mexicanos entraron en aquel valle; pero este autor, que da a Techotlalla 104 años de reinado y a otros mucho más, como ya hemos dicho, poca dificultad tendría en repartir dos o tres siglos en sólo dos reyes.

Las persecuciones que en este lugar sufrieron de parte de algunos señores, especialmente del de Xaltocan, los obligaron a buscar otro asilo más seguro al cabo de 17 años. Halláronlo en unos islotes que había en una de las extremidades de la laguna, cuyo lugar llamaban Acocolco. Aquí pasaron por espacio, según dicen, de 52 años la vida más pobre y miserable del mundo. Manteníanse de pescado y de todo género de insectos y raíces palustres. Su vestido, por habérseles consumido la ropa que traían, era de las hojas de una planta llamada *amoxtli,* de que hay mucha abundancia en la laguna. Sus casas eran unas miserables chozas de carrizo y espadaña. Increíble se haría que pudiesen mantenerse por tantos años en un sitio tan estrecho y en una vida tan trabajosa si no constara de sus historias.

### 18. Cautiverio de los mexicanos en Colhuacán

Mas aquí, finalmente, en medio de tanta miseria eran libres y la dulzura de la libertad les templaba las demás amarguras; pero el año de 1314 se añadió la desgracia de la esclavitud a las demás miserias. El suceso se refiere con variedad; unos historiadores dicen que el señor o reyezuelo de Colhuacán, ciudad no muy distante de aquel sitio no sufriendo que los mexicanos se mantuviesen sin pagar tributo en su territorio, les hizo guerra y vencidos los llevó cautivos. Otros afirman que dicho señor les envió un capitán que de su parte les dijese que, compadecido de la vida miserable que pasaban en las estrecheces de aquellos islotes, les acordaba en sus tierras un sitio más acomodado donde podrían vivir con mayor desahogo y quietud; y que los mexicanos, que no deseaban otra cosa, aceptaron luego con agradecimiento el partido y salieron con mucho gusto de sus pobres islotes; pero que apenas pusieron el pie fuera de la laguna, cuando dieron sobre ellos los colhuas y los hicieron prisioneros. Fuese de una u otra suerte, es cierto que fueron conducidos cautivos a Tizapán, lugar de aquel señorío; y no dudo que estuvieron también presos en Huitzilopochco o Churubusco, y que ese nombre se le dio por haber edificado allí un adoratorio a su dios protector Huitzilopochtli.[32]

Ya llevaban algunos años de servidumbre, cuando se les ofreció a los colhuas hacer guerra a sus vecinos los xochimilcas, y con tanta infelicidad que en todos los encuentros que tuvieron llevaron siempre la peor parte. Afligido el general de los colhuas de tantas pérdidas, resolvió servirse de los cautivos y les ordenó se dispusiesen a la guerra, pero no

---

[32] Este suceso del cautiverio de los mexicanos en Colhuacán es uno de los que he visto representados en sus pinturas.

les proveyó de armas porque se habrían ya acabado, según se puede creer, las que había. Los mexicanos, creyendo que ésta era una bella ocasión para merecerse la gracia de su señor, determinaron emplear el último esfuerzo de su valor. Proveyéronse de unos palos largos y fuertes cuyas puntas tostaron al fuego, así para que les sirviesen de lanzas contra los enemigos, como para ayudarse ellos en el salto de uno a otro césped, si se ofreciese, como efectivamente se ofreció, combatir en lugar pantanoso. Hicieron adargas de caña mojada y llevaron todos unas pequeñas navajas de *itztli*. Concertáronse antes de la batalla en no detenerse, como acostumbraban, en hacer prisioneros, sino cortar solamente una oreja a los que se les viniesen a las manos y dejarlos ir sin más daño. Con esta prevención salieron a campaña los mexicanos, y mientras los colhuas y xochimilcas combatían parte por tierra en la ribera de la laguna y parte por agua en barquillos bien aderezados, se arrojaron impetuosamente sobre los enemigos ayudándose en el agua de las lanzas; a cuantos habían a las manos les cortaban la oreja y las guardaban en unos cestillos que habían prevenido para ese efecto, y si el enemigo hacía resistencia le quitaban la vida. Obtuvieron tan completa victoria con el socorro de los mexicanos, que los xochimilcas, no solamente abandonaron el campo quedando en él muchos muertos, sino que, no permitiéndoles el terror parar en su ciudad, se refugiaron en las montañas.

Concluida esta acción con tanta gloria, se presentaron según la costumbre los soldados colhuas a su general con los prisioneros que habían hecho en aquella batalla; porque en aquellas naciones no se apreciaba tanto el valor de los soldados por el número de los enemigos que habían muerto cuanto por el de los que habían apresado vivos. Máxima en que tenían mucha razón y no poca humanidad. Si puede el príncipe devengar sus derechos y repeler la fuerza sin dar muerte a sus enemigos, la humanidad exige que se les conserve la vida. Si se atiende a la propia utilidad el enemigo muerto no puede dañar, pero tampoco puede servir, y del prisionero puede sacarse mucho provecho sin peligro de recibir perjuicio. Si a la gloria, mucho menos esfuerzo se requiere para quitar a un hombre la vida en el calor de una acción que para privarle solamente de su libertad. Fueron también llamados los mexicanos a hacer alarde de sus cautivos; pero no presentando ningunos (porque cuatro que solamente habían apresado los tenían ocultos para el fin que ya diremos) fueron burlados como hombres cobardes del general y sus soldados. Entonces los mexicanos presentando las cestillas de orejas que habían cortado: "Ved ahí —les dijeron— por el número de orejas que os presentamos, el de los cautivos que podríamos haber traído si hubiéramos querido; pero no quisimos perder tiempo en maniatarlos, por anticiparos la victoria." Con esto quedaron los colhuas satisfechos, pero al mismo tiempo más recelosos que antes de la astucia y el valor de sus cautivos.

Los aztecas se volvieron al lugar de su habitación (que era entonces, según sospechamos, Huitzilopochco), en donde edificaron un altar a su dios protector; pero necesitando para su dedicación de alguna particular ofrenda, la pidieron al señor de Colhuacán, el cual la envió por medio de sus sacerdotes. Éstos la llevaron envuelta en un lienzo sucio y colocándola en el altar de los mexicanos se retiraron prontamente sin hablarles palabra. Los mexicanos, deseosos de ver la ofrenda, desenvolvieron el lienzo y se hallaron con un poco de estiércol, una maraña de cabellos y un ruin pájaro muerto. Ya se deja entender la ira que concibieron con tan indigna burla; pero, reservando para otro tiempo la venganza, arrojaron de allí aquellas suciedades y en su lugar pusieron una navaja muy aguda y una hierba odorífera. Llegado el día de la dedicación del altar, fue a asistir el señor colhua con los principales de la ciudad, más por burlarse de sus cautivos que por honrar su fiesta. Comenzáronla los mexicanos con un solemne baile, para el cual sacaron los mejores vestidos que pudieron, y cuando los circunstantes estaban más divertidos, sacaron repentinamente al baile los cuatro prisioneros xochimilcas que hasta entonces habían tenido ocultos, y después de hacerlos bailar por un rato, los sacrificaron sobre una piedra redonda rompiéndoles el pecho con el cuchillo de *itztli* y sacándoles el corazón, que caliente y vaheando ofrecieron a su dios. De este inhumano sacrificio, el primero de su especie que sabemos haberse ejecutado en aquella tierra, quedaron tan aturdidos los colhuas que, vueltos a su ciudad, deliberaron luego sobre el partido que convendría tomar para deshacerse de unos hombres tan crueles que con el tiempo les podrían ser muy perjudiciales. Resolvió Coxcox (que éste era el nombre del señor de Colhuacán) que saliesen luego de su estado.

Salieron los mexicanos, no poco gustosos, de su cautiverio y se encaminaron hacia el norte de Colhuacán a un lugar que se llamaba Acatzitzintlán y después se llamó Mexicaltzingo, que significa casi lo mismo que México, y le impondrían el nombre por el mismo motivo que tuvieron para ponerlo poco después, como ya veremos, a su ciudad; pero por parecerles poco cómodo este lugar, o por retirarse más de los colhuas, pasaron a Ixtacalco, acercándose cada vez más al sitio de México. En Ixtacalco fabricaron un montecillo de papel en que representaban, según conjeturo, a Colhuacán,[33] y pasaron una noche entera bailando en contorno de él y cantando su victoria sobre los xochimilcas y dando gracias a su dios por haberlos libertado de la dominación de los colhuas. A los dos

---

[33] Los mexicanos en sus pinturas representan a Colhuacán en la figura de un montecillo encorvado.

años de estar en Ixtacalco y a los 21 de haber ido cautivos a Colhuacán pasaron finalmente al lugar de la laguna donde debían edificar su ciudad. Hallaron en él un nopal, o árbol de tierra, nacido en una piedra y sobre él un águila. Por esta circunstancia dieron a aquel lugar y después a la ciudad el nombre de Tenochtitlán.[34] Dicen todos o casi todos los historiadores de México que ésa era la señal que les había dado su oráculo para la fundación de la ciudad; sobre lo cual refieren otras cosas preternaturales que omito porque son fabulosas o a lo menos inciertas.

### 19. FUNDACIÓN DE MÉXICO

Luego que los mexicanos tomaron posesión del lugar, edificaron una capilla a su dios Huitzilopochtli; la dedicación de este pobre santuario no se hizo sin sangre humana, porque habiendo salido un mexicano en busca de algún animal que sacrificar en esta fiesta, encontró a un colhua llamado Xomomitl. A pocas razones por la mala disposición de los ánimos vinieron a las manos, venciendo el mexicano, y maniatado lo llevó a los de su nación, quienes, no olvidados de la burla que el señor de Colhuacán les hizo, lo sacrificaron luego a su dios, y con grande regocijo presentaron en el altar el corazón arrancado del pecho. En contorno de este santuario fabricaron sus humildes chozas de carrizo y enea por carecer de otros materiales. Éste fue el principio de la gran ciudad de Tenochtitlán, que algún día debía ser la capital de un grande imperio y la mayor y más bella ciudad de todo el Nuevo Mundo. Llamóse también México (que es el nombre que después prevaleció), cuya apelación tomó del nombre de su dios, y es lo mismo que lugar de Huitzilopochtli o Mexitli,[35] que ambos nombres le daban. La fundación de México fue en el año 2 *calli,* que corresponde al 1325 de la Era Vulgar, reinando el chichimeca Quinatzin, poco menos de dos siglos después de la salida de los nahuatlacas de Aztlán.

[34] Muchos autores, así españoles como extranjeros, por ignorar la lengua mexicana alteran el nombre de Tenochtitlán y usan en su lugar los de *Tenoxtitlan, Temistitan, Temichtitlan,* etc.

[35] Hay mucha variedad en los autores sobre la etimología del nombre de México. Unos quieren que sea de *metztli,* luna, porque vieron los mexicanos representada la luna en las aguas del lago. Otros, de *mexiquilitl,* nombre de una hierba palustre de que se alimentaban los mexicanos en tiempo de su miseria. Otros dicen que México significa manantial por haber hallado uno de muy buena agua en el sitio de la ciudad. Yo creí en algún tiempo que el nombre fuese México, que es decir en el centro de los magueyes; pero después me desengañé con el estudio de la historia, y hoy no tengo duda que México es lo mismo que el lugar del dios Mexitli o Huitzilopochtli, que es el Marte de los mexicanos por causa del santuario que allí le fabricaron; de suerte que México equivale al *Fanum Martis* de los romanos. Los mexicanos quitan en la composición de los nombres de esta especie de sílaba final *tli*; el *co* añadido equivale a nuestra preposición *en*. Mexicaltzingo significa "el lugar o templo del dios, Mexitli", y así significan en sustancia lo mismo Huitzilopochco, Mexicaltzingo y México, nombre de los tres lugares que sucesivamente habitaron los mexicanos.

No por haber mudado los mexicanos de sitio mejoraron luego de fortuna. Aislados en medio de la laguna, sin tierras en que sembrar, sin ropa de que vestirse y en perpetua desconfianza de todos los comarcanos, vivían tan miserablemente como en los lugares antecedentes, manteniéndose de los animales y vegetales acuátiles. ¿Pero de qué no es capaz la industria de los hombres estimulada de la necesidad? La mayor que sufrían los mexicanos en aquella situación era la falta de suelo para su población, porque el islote en que se habían establecido no era suficiente al número de habitantes. Para remediarla hicieron estacadas en algunos bajíos de la laguna y los terraplenaron con piedra y céspedes, uniendo al islote principal varios otros menores poco distantes. Pero para proveerse de madera, piedra, ropa, víveres y de todo lo necesario para su habitación, vestuario y sustento, se aplicaron con notable empeño a la pesca, no solamente del bello pescado blanco que cría la laguna, sino también de otras especies de pececillos y de insectos palustres que hicieron comestibles, y a la caza de las innumerables especies de aves que acuden en busca de su sustento a aquellas aguas. Con el comercio que hacían de todos estos efectos en las poblaciones que había en las riberas de ambos lagos, adquirían lo que les faltaba. Pero en lo que hizo el último esfuerzo su industria fue en formar del mismo cieno de la laguna sementeras nadantes (cuya fábrica y figura expondremos en otro lugar), en las cuales sembraban maíz, chía, calabazas y pimiento.

## 20. División de los mexicanos y fundación de Tlaltelolco

Así pasaron los mexicanos los trece primeros años, dando la forma que podían a su población y esforzándose en remediar la miseria con su trabajo; hasta aquí se había mantenido unida toda la tribu, a pesar del desafecto que reinaba entre aquellos dos partidos que se hicieron en el tiempo de su peregrinación. La emulación que había pasado de padres a hijos vino finalmente a reventar en el año de 1338. Uno de los partidos, impaciente ya de sufrir al otro, resolvió separarse para siempre; pero no pudiendo, por la situación en que se hallaban las cosas, alejarse tanto cuanto su odio le sugería, se retiró a otro islote al norte y no muy distante de Tenochtitlán, al cual, por un montón de arena que en él hallaron le llamaron Xaltilolco, y después, por el terraplén que en él hicieron, le nombraron Tlaltelolco que es el nombre que hasta hoy ha conservado.[36]

---

[36] Betancourt creyó que Tlaltelolco se deriva de *Tlatelli*, por los puestos que había en el mercado, pero antes de que hubiera mercado, se llamó aquel sitio Tlaltelolco. Los antiguos para

Los que ocuparon este pedazo de tierra que después se unió a Tenochtitlán, se nombraron en adelante tlaltelolcas, y los que quedaron en el primer sitio, tenochcas; pero nosotros los llamaremos mexicanos como los llaman comúnmente los demás historiadores. Antes o después de su división repartieron los mexicanos su ciudad en cuatro cuarteles, señalando a cada uno su dios protector. Esta división subsiste hasta hoy con los nombres de San Pablo, San Sebastián, San Juan y Santa María.[37]

### 21. Sacrificio inhumano en la dedicación de su primer santuario

En el centro de los cuatro cuarteles estaba el santuario de Huitzilopochtli, al que cada día tributaban mayor culto. En su obsequio ejecutaron por este tiempo un sacrificio horrible, de cuya precisa narración no puede menos de resentirse la humanidad. Enviaron una embajada al señor de Colhuacán suplicándole les concediese una de sus hijas para consagrarla por madre de su dios protector, expresándole que su mismo dios la pedía para exaltarla a ese honor. El colhúa, o codicioso de la gloria de tener una hija deificada, o temeroso de alguna grave desgracia si contradecía a la demanda de un dios, acordó luego lo que se le pedía. Llevaron los mexicanos la doncella a su ciudad con grande regocijo; pero apenas llegada, mandó según dicen, el demonio, que se la sacrificasen, que después de muerta la desollasen y se vistiese de su piel uno de los más esforzados jóvenes de la nación. Interviniese o no la dicha orden del demonio, todo se ejecutó al pie de la letra. Convidaron al señor de Colhuacán para que fuese a hallarse presente a la apoteosis de su hija. Fue el desgraciado padre para ser espectador de aquella gran función y uno de los adoradores de aquella nueva deidad. Introdujéronlo en el santuario en que estaba en pie a un lado del ídolo el joven vestido de la sangrienta piel de la sacrificada doncella, pero la oscuridad del lugar no le permitió ver lo que en él había. Pusiéronle en las manos un braserillo y un poco de copal para que comenzase sus cultos; pero habiendo visto a la luz de la llama que levantó el copal, el horroroso espectáculo que tenía delante, se le conmovieron de dolor las entrañas y poseído de un tropel de violentos afectos salió como loco dando gritos a su gente y ordenando que tomasen venganza de tan bárbaro atentado;

---

denotar este lugar pintaban un montón de tierra. Por ignorar esto los que entendieron en la interpretación de la Matrícula de los Tributos, que se imprimió en México con las *Cartas* de Cortés (1770), lo llamaron Tlatilolco, que interpretaron hogar u horno.

[37] Al cuartel de San Pablo llamaron antiguamente Teopan y Xochimilca; al de San Sebastián, Atzacualco; al de San Juan, Moyotla, y al de Santa María, Cuepopan y Tlaquechiuhcan.

mas no atreviéndose ninguno de los suyos a una acción, en que sin duda perdieran todos la vida oprimidos de la multitud, se volvió inconsolable a su ciudad a llorar su infortunio lo restante de su vida.

Quedó desde entonces aquella doncella constituida diosa y madre honoraria, no solamente de Huitzilopochtli, sino de todos los dioses; que eso significa el nombre de Teteoinan, con que en adelante fue conocida y reverenciada, como diremos en otro lugar. Tales fueron en aquella nueva ciudad los ensayos del bárbaro y execrable sistema de religión que después veremos.

# LIBRO III

FUNDACIÓN DE LA MONARQUÍA MEXICANA. —SUCESOS DE LA NACIÓN DURANTE SUS CUATRO PRIMEROS REYES HASTA LA RUINA DE LOS TEPANECAS Y CONQUISTA DE ATZCAPOTZALCO. —HAZAÑAS DE MOCTEZUMA ILHUICAMINA. —GOBIERNO Y MUERTE DE TECHOTLALLA, QUINTO REY CHICHIMECA. —REVOLUCIONES DE ACOLHUACÁN Y MUERTE DE SU REY IXTLIXÓCHITL Y DE LOS DOS TIRANOS TEZOZÓMOC Y MAXTLATÓN

## 1. ACAMAPICHTLI, PRIMER REY DE MÉXICO

Hasta el año de 1352 había sido aristocrático el gobierno de los mexicanos, obedeciendo siempre la nación a un cuerpo formado de las personas más notables y distinguidas. Los que la mandaban cuando fundaron la ciudad eran 20, entre los cuales el de más autoridad era Tenoch, según expresan sus pinturas. El sumo abatimiento en que se hallaba la nación, las molestias que recibían de los comarcanos y el ejemplo de los chichimecas, los tepanecas y los colhuas, los obligaron a erigir su gobierno en monarquía, confiando que la autoridad real daría algún lustre a todo el cuerpo de la nación y que en el nuevo jefe tendrían un padre que velaría sobre el estado y un general que se apersonaría a los peligros y los defendería de los insultos de sus enemigos.

Fue electo de común acuerdo Acamapichtli o por aclamación del pueblo o por sufragios de algunos electores, en cuyo parecer se comprometieron los demás, como se acostumbró después. Era Acamapichtli uno de los más nobles y prudentes que entonces tenían. Era hijo de Opochtli, nobilísimo mexicano, y de Atozoztli, joven princesa de la casa real de Colhuacán.[1] Por parte de padre descendía de Tochpanécatl, aquel señor de Tzompanco que tan benignamente acogió a los mexicanos, y era a lo que parece un cuarto nieto. Las fiestas de su coronación serían, como se deja entender, proporcionadas a la humilde fortuna en que vivían.

---

[1] Es de admirar que en la abyección del cautiverio consiguiese Opochtli emparentar con un señor que hacía el último desprecio de sus cautivos; pero el sabio Sigüenza y Góngora, sobre cuya autoridad nos fundamos, produce esta anécdota de las pinturas y manuscritos de los colhuas y mexicanos, y sobre la fe de estos documentos forma la serie de los ascendientes de Atozoztli hacia el siglo VIII. Algunos historiadores dicen que Acamapichtli, a quien supone nacido en el cautiverio de Colhuacán, era hijo de Huitzilíhuitl el viejo pero esto no puede ser porque Huitzilíhuitl nació cuando los mexicanos fueron a Tizayocan. En este y otros lugares comarcanos estuvieron 22 años, en Chapultepec 17 y en Acocolco 52; y así, aun suponiendo que engendrase a Acamapichtli el primer año del cautiverio, no tenía entonces Huitzilíhuitl menos de 91 años.

Tratóse luego de darle mujer, porque era soltero, y para su mayor exaltación se pensó en que fuese una hija de alguno de los principales señores de aquella tierra. Despacharon a este fin una embajada al señor de Tacuba y otra al rey de Atzcapotzalco, pero en ambas partes fueron desechados con desprecio. No acobardados con tan ignominiosas repulsas, fueron con la misma demanda a Acolmiztli, señor de Coatlichan y descendiente del menor de los tres príncipes acolhuas, suplicándole humildemente se dignase de honrar a la nación mexicana dándole por reina una de sus hijas. Condescendió Acolmiztli a sus deseos y les dio a su hija Ilancuetil, la cual llevaron en triunfo a México y con singular regocijo celebraron sus desposorios. Los tlaltelolcas que, como vecinos y rivales, estaban siempre a la mira de lo que se hacía en la parte de Tenochtitlán, por emular la gloria de los mexicanos y por no ser en algún tiempo oprimidos de su poder, crearon también su soberano; pero no pareciéndoles conveniente que fuese de su nación, sino de la de los tepanecas (a cuyo señor pertenecía no menos el sitio de Tlaltelolco que el de México), pidieron al rey de Atzcapotzalco les concediese uno de sus hijos que los gobernase como rey y a quien sirviesen como vasallos.

## 2. Cuacuauhpitzáhuac, primer rey de Tlaltelolco

El rey les dio a su hijo Cuacuauhpitzáhuac, al cual coronaron luego rey de Tlaltelolco con grandes aclamaciones. Esta coronación se celebró el año de 1353. Es muy verosímil que los tlaltelolcas, con ocasión de hacer esa demanda al rey de Atzcapotzalco, así por adularle como por hacer daño a sus rivales, le ponderasen el atrevimiento de los mexicanos en haber elegido rey sin su consentimiento y las funestas consecuencias que semejante atentado podía traer al estado de los tepanecas; porque pocos días después llamó aquel rey a consejo a los principales de Atzcapotzalco para deliberar sobre el caso. "¿Qué os parece —les dijo—, nobles tepanecas, del atentado de los mexicanos? Ellos se han introducido en nuestros dominios y van aumentando considerablemente su ciudad y su comercio, y lo que es más, se han atrevido a elegir rey sin nuestro permiso. Si esto hacen en los principios de su establecimiento, ¿qué no harán después cuando se haya multiplicado su gente y aumentado sus fuerzas? ¿No es de temer que con el tiempo, en vez de pagarnos el tributo que les hemos impuesto, pretendan que nosotros lo paguemos a ellos, y que el rey de los mexicanos quiera serlo también de los tepanecas? Por lo tanto me parece necesario agravarles tanto el tributo, que trabajando por pagarlo se consuman, o no pagándolo los obliguemos con otros males a salir de nuestro estado."

Aplaudieron todos, como se debía esperar, la resolución de su rey; porque el príncipe que en sus consultas manifiesta su inclinación, más solicita panegiristas que lo ensalcen que consejeros que lo iluminen.

### 3. Nuevo tributo impuesto a los mexicanos

Mandó luego decir a los mexicanos que el tributo que hasta allí habían pagado era muy corto y por tanto en adelante lo doblasen; que además de eso necesitaba de cierto número de estacas de sauces y abetos para plantarlos en las calles y huertas de su corte, y juntamente le condujesen por agua una sementera de toda especie de semillas usuales ya nacidas. El tributo que les había impuesto algún tiempo antes el rey de Atzcapotzalco era de cierta cantidad de pescado y cierto número de aves palustres. Afligiéronse mucho los mexicanos viéndose ahora agravados con esta nueva servidumbre, y temiendo que cada día fuera mayor; pero cumplieron todo lo que se les ordenó, llevando al tiempo prefijo el pescado y caza, las estacas y la sementera nadante. El que no haya visto los bellísimos jardines que hasta el tiempo presente se cultivan en medio del agua, y la facilidad con que los transportan a donde quieren, calificará de patraña este suceso; pero los que las han visto como yo y cuantos hemos navegado aquel lago, que es una de las más dulces recreaciones del mundo, no tendrá motivo para desconfiar de la verdad de la historia.

Recibido este tributo, mandó el rey que para el año siguiente le llevasen otra sementera como la pasada y en ella un ánade y una garza empollando sus huevos, pero de tal suerte que al llegar a Azcapotzalco comenzasen una y otra a sacar sus pollos. Obedecieron los mexicanos y tomaron tan bien sus medidas que tuvo el necio príncipe el placer de ser testigo del nacimiento de los pollos. Ordenóles luego que, además de la sementera, le llevasen un ciervo vivo. Esta orden era de más difícil ejecución para los mexicanos, porque para cazar el ciervo era menester ir a los montes de tierra firme, lo cual no podían hacer sin grave riesgo de caer en poder de sus enemigos. Sin embargo de la dificultad, lo ejecutaron por quitar al rey todo pretexto para mayores vejaciones. Los historiadores dicen que en todos estos aprietos acudían a su dios y éste les facilitaba la ejecución; pero es cierto que para nada de cuanto se les ordenó necesitaban del auxilio del demonio.

Esta pesada servidumbre sufrieron los mexicanos por más de cincuenta años. El pobre Acamapichtli tuvo sobre estos trabajos el de la esterilidad de la reina Ilancuetil; la cual, reconocida de los mexicanos, trataron de darle segunda mujer, que pidieron al señor de Tetepanco.

Dioles éste a su hija Tezcatlamiáhuatl, en la cual tuvo el rey muchos hijos, y entre otros a Huitzilíhuitl y a Chimalpopoca, que fueron sus sucesores en la corona. Tomó la segunda mujer sin dejar la primera, y estaban ambas tan bien avenidas entre sí que Ilancuetil se encargó de la educación de Huitzilíhuitl. Tuvo, aunque no en calidad de reinas, otras mujeres, y entre ellas una esclava en quien tuvo al célebre Itzcóatl, uno de los mejores reyes que hubo en Anáhuac, como después diremos. Gobernó pacíficamente su ciudad, a que se reducía entonces su reino, por espacio de casi 37 años. En su tiempo se acrecentó la población, se edificaron algunas casas de piedra y se comenzaron las acequias que fueron de tanta hermosura y utilidad a la ciudad.

El intérprete de la *Colección de Mendoza* atribuye a este rey la conquista de Mizquic, Cuitláhuac, Cuauhnáhuac y Xochimilco; pero mal podrían conquistar los mexicanos otras ciudades cuando apenas podían mantenerse en la suya. Lo más verosímil es que sirviesen de tropas auxiliares a otros estados contra aquellos lugares, como sirvieron poco después al rey de Texcoco contra Xaltocan. Pero antes de morir Acamapichtli llamó a los principales de la ciudad y les hizo un buen razonamiento encargándoles el buen trato de sus mujeres e hijos y el celo del bien público. Díjoles que, habiendo recibido liberalmente de su mano la corona, se las volvía para que la diesen a quien les pareciese que sería más útil al estado. Protestóles el dolor con que moría dejando a su nación tributaria de los tepanecas. Su muerte, que fue el año de 1389, fue muy sentida, y sus exequias se celebraron con cuanta solemnidad permitía el estado presente de la nación.

Desde su muerte hasta la elección de su sucesor hubo, según dice el Dr. Sigüenza y Góngora, un intervalo de cuatro meses, lo cual no volvió a suceder en lo de adelante, pues a pocos días de la muerte de uno se elegía otro. Esta vez pudo haberse retardado la elección, por haberse ocupado de arreglar el número de electores y el ceremonial de la coronación, según se puede rastrear de la misma historia. Juntos, pues, los electores nombrados por la nobleza, tomó la voz un anciano y les habló de esta suerte: "Mis canas me dan confianza para hablar el primero. Ya veis, nobles mexicanos, la pérdida lamentable que hemos tenido en la muerte de nuestro rey. Ningunos más la deben llorar que nosotros que éramos las plumas de sus alas y las pestañas de sus ojos. Veis también la triste situación en que nos hallamos bajo la dominación de los tepanecas, con sumo oprobio de nuestra nobleza y esfuerzo. Pensad, pues, en elegir un rey que cele el honor de nuestro poderoso dios Huitzilopochtli, que repare con el esfuerzo de su brazo los ultrajes que padece la nación, y que ampare con su clemencia a los viejos, los huérfanos y las viudas."

## 4. Huitzilíhuitl, segundo rey de México

Concluida esta arenga dieron sus sufragios y salió electo Huitzilíhuitl, uno de los hijos de Acamapichtli, correspondiendo de esta suerte los electores a la generosidad con que el difunto rey dejó a su arbitrio la elección. Salieron luego de la junta puestos en orden a la casa del electo, y sacándole de entre sus hermanos lo llevaron en medio, lo colocaron en el *tlatocaicpalli* o asiento real, pusiéronle el *copilli* o corona, ungiéronle en la forma que en otro lugar diremos, y uno por uno le dieron la obediencia.

Entonces uno de los principales levantó entre todos la voz y dijo así al rey: "No desmayéis, generoso joven, con la nueva carga que se ha echado sobre vuestros hombros de jefe de una nación encerrada entre espadañas y cañaverales. Pena es grande poseer un reino establecido en términos ajenos y mandar una nación tributaria de los tepanecas. Pero consolaos, que estamos bajo la protección de nuestro gran dios Huitzilopochtli, cuya imagen sois y cuyo lugar ocupáis. La dignidad que os ha conferido no debe serviros de pretexto para el ocio sino de aliento para la fatiga. Tened siempre presentes los ilustres ejemplos de vuestro gran padre, que no perdonó trabajo alguno para el bien de su pueblo. Quisiéramos, señor, haceros unos presentes dignos de vuestra persona; pero ya que no lo permite nuestra fortuna, recibir nuestros buenos deseos y la fidelidad constante que os prometemos".

Aun no era casado Huitzilíhuitl cuando subió al trono, y así trataron luego de darle mujer y que no fuese otra que una de las hijas de su señor el rey de Atzcapotzalco; mas por no exponerse a un desaire tan ignominioso como el que sufrieron en tiempo de Acamapichtli, concertaron hacer la demanda con las mayores demostraciones de sumisión y rendimiento. Fueron, pues, algunos nobles a Azcapotzalco y, presentados ante el rey, se arrodillaron y propusieron en estos términos su demanda: "Aquí tenéis, gran señor, a los pobres mexicanos postrados a vuestros pies, esperando de vuestra clemencia una merced muy superior a sus méritos; porque ¿a quién hemos de acudir, si no a vos que sois nuestro padre y nuestro señor? Veisnos aquí pendientes de vuestra boca, y obedientes a cuanto vuestro corazón os dictare. Os pedimos pues, con la mayor humildad, que tengáis compasión de nuestro rey y vuestro siervo Huitzilíhuitl, metido entre los espesos carrizales de la laguna. Él está sin mujer y nosotros sin reina. Dignaos, señor, de soltar de vuestras manos una de vuestras joyas, una de vuestras ricas y preciosas plumas. Dadnos una de vuestras hijas para que vaya a mandar a vuestra propia tierra".

Estas expresiones, que son especialmente bellas en la lengua mexicana, movieron de tal suerte el ánimo de Tezozómoc (que éste era el nombre del rey) que luego condescendió a sus súplicas y les entregó a su hija Ayauhcíhuatl que, conducida a México con grande acompañamiento y regocijo, fue dada por mujer a Huitzilíhuitl con la acostumbrada ceremonia de atarles las extremidades de los vestidos. De esta mujer tuvo el rey el primer año un hijo llamado Acolnahuácatl; pero deseando ennoblecer más su nación con nuevas afinidades, pidió y obtuvo del señor de Cuauhnáhuac una de sus hijas nombrada Miahuaxóchitl, en la cual tuvo a Moctezuma Ilhuicamina, el rey más célebre que tuvieron los mexicanos.

## 5. Techotlalla, rey de Acolhuacán

Reinaba por este tiempo en Acolhuacán, Techotlalla, hijo del rey Quinatzin. Los treinta primeros años de su gobierno habían sido muy pacíficos; pero, pasado ese tiempo, se le rebeló al señor de Xaltocan que se nombraba Tzompan, y haciéndose cargo de que no tenía fuerzas bastantes para contrarrestar a su soberano, llamó en su auxilio a los de Otompan, Metztitlán, Cuahuacán, Tecomic, Cuauhtitlán y Tepotzotlán. Noticioso el rey de su rebelión, le convidó con su gracia con tal que depusiese las armas y se sometiese a su legítimo señor; pero Tzompan, fiado en la mucha gente que tenía de su parte, despreció con altanería la propuesta. Indignado el rey armó a su gente y llamó a los tepanecas, a los mexicanos y a otros pueblos de la laguna, y con este golpe de tropas dio sobre los rebeldes. La guerra fue muy obstinada y no pudo concluirse en dos meses; pero quedando finalmente victorioso el ejército real, fueron castigados con el último suplicio Tzompan y los demás jefes de los lugares rebelados. En dicho Tzompan acabó la estirpe de los señores de Xaltocan, descendientes del príncipe acolhua Chiconcuauhtli, que casó con la segunda hija de Xólotl.[2]

Los mexicanos se retiraron a su ciudad y el rey Techotlalla, para obviar nuevas rebeliones en lo futuro, dividió su reino en 65 pequeños estados, señalando a cada uno su señor, pero con sujeción y reconocimiento a la corona. De cada estado sacó alguna gente para establecerla en otros, pero quedando sujeta al señor de cuyo estado salía, persuadido que servía de freno a todos los pueblos la porción que en ellos había de gente extraña y obediente a otro señor. Política en algún modo útil para impedir la rebelión, pero injuriosa a los vasallos inocentes y de mucho embarazo para los señores subalternos. No satisfecho con esto, llamó a

---

[2] Esta guerra que hicieron los mexicanos en socorro del rey de Texcoco contra los de Xaltocan y sus confederados, está representada en la tercera pintura de la *Colección de Mendoza;* pero el intérprete creyó que estos lugares fueron conquistados para México, lo cual es falso.

cinco de los principales señores y les confirió empleos proporcionados a sus personas. A uno, nombrado Tetlato, hizo general de las armas; a Yolqui hizo introductor y aposentador de embajadores; a Tlami dio el empleo de mayordomo de su real casa; a Amechichi encargó la limpieza y aseo del palacio, y a Cóhuatl hizo director de los plateros de Ocolco. Las piezas de oro y de plata que se hacían para el rey las trabajaban los hijos del mismo director, que a ese fin habían aprendido el arte. El aposentador de embajadores tenía a sus órdenes varios otros oficiales colhuas; el mayordomo presidía a cierto número de chichimecas, y el superintendente de la limpieza mandaba a otro número de tepanecas. Con esta disposición acrecentó el esplendor de su corte y se aseguró de los principales señores.

Estos y otros golpes de política que se irán produciendo en esta historia harán ver que los hombres de América eran en el fondo de sus almas lo mismo que los de Europa; y que si alguna vez han parecido de diferente especie ha sido porque una triste educación o una dura servidumbre no les ha permitido adquirir las luces necesarias para la conducta nacional de su vida. La nueva alianza que el rey de México contrajo con el de Atzcapotzalco, y la gloria que habían ganado sus armas en la guerra de Xaltocan, contribuyeron mucho, no menos al vigor de su pequeño estado que al mejor trato de sus personas; porque, teniendo ya mayor franqueza y extensión en su comercio, comenzaron por este tiempo a vestirse de algodón, del cual hasta entonces habían carecido por su miseria; pues el común de la nación no se había vestido sino de telas bastas hechas de pita o de hilo de la palma silvestre que llaman *izotl*. Pero apenas comenzaban a respirar de la larga servidumbre de los tepanecas, cuando de la misma familia real de Atzcapotzalco les salió un nuevo enemigo y un sangriento perseguidor.

### 6. Enemistad de Maxtlaton con el rey de México y sus efectos

Maxtlaton, señor de Coyohuacán e hijo del rey Tezozómoc, hombre ambicioso, indómito y cruel, y a quien según parece temía su mismo padre, había llevado muy mal el casamiento del rey de México con su hermana Ayauhcíhuatl. Disimuló algún tiempo su pesar por respecto a su padre; pero a los nueve años del reinado de Huitzilíhuitl se fue a Azcapotzalco y convocó a la nobleza para exponerle las quejas que tenía contra los mexicanos y su rey. Representóles los incrementos de la población de México, exageróles la altivez y arrogancia de aquella nación y los funestos efectos que se podían temer de las disposiciones presentes, y sobre todo se lamentó de la gravísima ofensa que le había hecho Huitzilíhuitl en tomarle su mujer. Era el caso que Ayauhcíhuatl y él, aunque hijos de Tezozomoc, eran nacidos de distintas madres, y en aquel tiempo serían por ventura permitidos semejantes matrimonios entre los tepanecas. O en realidad quisiese Maxtlaton desposar a su hermano, o fuese, como es verosímil, un mero pretextó para ejecutar sus crueles designios, de la junta salió que se llamase a Huitzilíhuitl a Azcapotzalco para hacerle el cargo que convenía.

Fue en efecto el rey mexicano; porque en aquel tiempo era muy ordinario el visitarse los señores, así por la suma inmediación de las ciudades como por el trato más desembarazado de artificios y de etiquetas que usaban aquellas naciones; y en Huitzilíhuitl concurría el motivo particular de feudatario de Azcapotzalco, porque aunque desde el nacimiento de Acolnahuacatl había obtenido la reina de México que su padre Tezozomoc relevase a los mexicanos del tributo que por tantos años le habían pagado, quedaron éstos con la obligación de presentarle anualmente en reconocimiento dos ánades o algunos peces.

Recibió Maxtlaton a Huitzilíhuitl en una sala de su palacio, y después de haber comido con él en presencia de los nobles que le lisonjeaban sus proyectos, le hizo una fuerte y agria reconvención sobre la ofensa que decía haber recibido en el casamiento con Ayauhcíhuatl. Huitzilíhuitl protestó con la mayor humildad su inocencia, afirmando que ni él habría pretendido jamás tal mujer, ni su padre el rey se la habría dado si perteneciera a otro dueño. Sin embargo de la humildad de sus descargos y de la eficacia de sus razones, Maxtlaton le replicó lleno de indignación: "Bien podría yo sin oíros —le dijo— daros aquí luego la muerte; que así quedaría castigado vuestro atrevimiento y satisfecho mi agravio; pero no quiero que se diga que un príncipe tepaneca dio muerte a traición a su enemigo. Id ahora en paz, que el tiempo me presentará ocasión de tomar una venganza más decorosa a mi sangre."

Fuese con esto a México Huitzilíhuitl reventando de dolor y de rabia, y no pasó mucho tiempo sin que experimentase los efectos de la enemistad del cuñado. El verdadero motivo de esta enemistad fue el recelo que concibió Maxtlaton de que en algún tiempo recayese el Señorío de los tepanecas en su sobrino Acolnahuacatl, como nieto que era del rey Tezozomoc y por consiguiente fuese su nación dominada por la mexicana. Para aquietar, pues, sus recelos, resolvió y ordenó que se diese muerte a dicho sobrino, como se ejecutó, aunque los historiadores no expresen el modo, por mano de algunos hombres que con acción tan indigna quisieron conciliarse a gracia de su señor; que nunca faltan a los poderosos, hombres venales que sean ministros de sus pasiones. Tezozomoc ni había permitido ni sabido lo que pasaba; pero cuando lo supo no parece que mostró particular resentimiento, quizá por no exasperar la ira de su mal hijo. En el decurso de la historia veremos cómo la soberbia, ambición y crueldad de Maxtlaton, disimulada y aun fomentada por su indulgente padre, fue la causa de su ruina y de la de su nación. Huitzilíhuitl sufrió a más no poder un golpe tan sensible, porque no se hallaba con fuerzas suficientes para tomar venganza.

### 7. Tlacateotl, segundo rey de Tlaltelolco

El mismo año en que sucedió esta tragedia en México, que fue el 1399, murió en Tlaltelolco su primer rey Cuacuauhpitzahuac, dejando su población considerablemente aumentada con buenos edificios, hermosos jardines y mayor policía. En su lugar fue electo Tlacateotl, de cuyo origen hablan con variedad los historiadores; unos dicen que fue tepaneca como su antecesor, y otros que fue acolhúa pedido al rey de Texcoco. La emulación que había entre los mexicanos y tlaltelolcas, contribuyó infinito al engrandecimiento de una y otra población, procurando cada partido exceder en todo al otro. Los mexicanos por su parte habían emparentado con las naciones comarcanas, habían multiplicado sus sementeras en el agua, tenían ya un buen número de canoas, con que habían adelantado su pesca y comercio y se ejercitaban ya en combates navales previendo de cuánta utilidad les sería en lo futuro. Con eso pudieron celebrar el año *1 tochtli;* que fue el 1402, sus fiestas seculares con mucho mayor aparato que todas las antecedentes.

Reinaba aún por este tiempo en Acolhuacan, Techotlalla, ya decrépito y oprimido de los años; pero conociendo que ya se le acercaba la muerte llamó a su hijo el príncipe Ixtlixóchitl y le encargó, entre otras cosas, que procurase ganarse los ánimos de los señores sus vasallos; porque podría ser que Tezozomoc, viejo astuto y ambicioso que hasta entonces se había contenido por temor, después de sus días se rebelase al imperio. Murió finalmente el rey el año de 1406 después de un largo reinado, aunque no tan dilatado, ni con mucho, como lo piensan algunos historiadores.[3]

### 8. Ixtlixóchitl, rey de Acolhuacan

Después de celebradas sus exequias con las ceremonias acostumbradas, se juntaron los reyes y señores feudatarios de aquella corona, para

---

[3] Torquemada y Betancourt dan a Techotlalla de reinado 109 años; pero aunque no es imposible que reinase tanto, es inverosímil, y son menester mayores documentos de los que dichos autores producen para creer tan largas edades y reinados, además de la inconsecuencia de su cronología.

hacer la proclamación de Ixtlixóchitl. Concurrió, entre otros, el anciano rey de Azcapotzalco y desde luego manifestó cuán bien conocido tenía su carácter el difunto rey Techotlalla; porque no quiso dar la obediencia a Ixtlixóchitl, sino saliendo improvisadamente de Texcoco dio la vuelta a Azcapotzalco para solicitar los ánimos a la rebelión. Llamó luego a los reyes de Tenochtitlan y de Tlaltelolco y díjoles que muerto Techotlalla, que por tantos años los había tiranizado, quería poner en libertad a todos los señores particulares, de tal suerte que cada uno gobernase su estado con entera independencia del rey de Texcoco; que para obtener un intento tan glorioso les pedía su auxilio, y confiaba de su valor, que era ya bien conocido de todos, que se harían participantes de la gloria a que aspiraba; y para que el golpe fuera más cierto él llamaría en su alianza a otros señores que sabía estaban animados de los mismos pensamientos.

Los dos reyes, o por temor de la prepotencia de Tezozómoc, o por deseo de acrecentar la gloria de sus armas, se ofrecieron a servirle con su gente. Lo mismo respondieron otros señores a quienes solicitó. Entre tanto, Ixtlixóchitl procuraba arreglar las cosas de su corte y ganarse los ánimos de sus vasallos; pero reconoció, no sin grave dolor que eran ya muchos los que accedían al pérfido Tezozómoc, aun de aquellos que antes le habían reconocido por legítimo soberano; y así, temeroso de que el tiempo engrosase más el partido de sus enemigos, resolvió cortar los pasos a la rebelión y deshacerse prontamente de los rebeldes. A ese fin ordenó a los señores de Huexotla, de Coatlichan y otros vecinos a la corte, que reclutasen sin tardanza cuanta gente pudiesen. El mismo rey quiso salir al frente de su ejército; pero se lo embarazaron sus cortesanos, persuadidos de que su presencia era más necesaria en la corte que en la campaña; porque en medio de tanta turbulencia era fácil que sus enemigos ocultos, o de fidelidad equívoca que había en Texcoco, se aprovechasen de su ausencia para levantarse con la ciudad y derribar el trono. Nombró, pues, por general de ejército a Tochinteuctli, hijo del señor de Coatlichan, y por su sustituto en caso de muerte u otro accidente, a Cuauhxilotl, señor de Itztapalapan.

Escogióse por teatro de la guerra la llanura de Cuauhtitlán, cuatro leguas al norte de Azcapotzalco. El ejército de los rebeldes era más numeroso; pero el rey de gente más animosa y mejor disciplinada. Este ejército antes de ir a Cuauhtitlán, asoló seis estados de señores rebeldes, así por debilitar al enemigo como por no dejar a las espaldas quien les perjudicase. La guerra fue de las más obstinadas, equilibrándose el valor de los texcocanos con el número de los tepanecas, quienes hubieran sido desde luego deshechos si no se hubieran reparado con nuevos socorros.

En el transcurso de la guerra, que no duró menos de tres años, hacían los aliados de los tepanecas sus entradas en los estados fieles al rey saqueando los pueblos que había sobre el lago, fiados en que toda la fuerza de los texcocanos estaba en el ejército de Cuauhtitlán; entre otros daños que hicieron quitaron la vida al señor de Itztapalapan, que restituido del campo murió gloriosamente defendiendo con valor su ciudad. Con esto se vio precisado el rey de Texcoco a dividir sus fuerzas destinando mucha parte de la gente que le iba de socorro, para guarnición de dichos lugares; con lo cual cesaron entonces las correrías de los rebeldes. Advirtiendo Tezozómoc que, en vez de avanzar algo con la guerra, cada día se iban debilitando sus fuerzas y que la gente estaba ya desabrida con las penalidades y peligros de la campaña, pidió la paz al rey con intento de acabar por oculta traición lo que había comenzado por fuerza. El rey de Texcoco, aunque bastante receloso de la fe del tepaneca, no pudo menos de condescender sin exigir condición alguna que le asegurase para lo futuro; porque sus tropas se hallaban igualmente cansadas que las del enemigo.

### 9. Chimalpopoca, tercer rey de México

Poco antes de finalizarse esta guerra o poco después de concluida la paz murió en 1410 el rey de México Huitzilíhuitl, a los 20 años de su reinado, después de haber publicado algunas leyes útiles al estado y dejado a la nobleza en posesión de su libertad para elegir sucesor. Fue muy sentida su muerte, porque le amaba de veras su pueblo. Fue electo en su lugar su hermano Chimalpopoca, y desde entonces, a lo que parece, quedó establecido por ley entre los mexicanos que la elección se hiciese de uno de los hermanos del difunto rey, y a falta de hermano, de uno de sus sobrinos. Ley constantemente observada hasta la ruina del imperio.

Mientras Chimalpopoca se afianzaba en el trono de México Ixtlixóchitl vacilaba en el de Acolhuacan. La paz que Tezozómoc le había pedido no había sido más que pretexto para dejarle descuidado y entre tanto promover con mayor eficacia sus negociaciones. Cada día se engrosaba más su partido y se disminuía el de Ixtlixóchitl. Llegó este desgraciado rey a tal extremo que, no creyéndose seguro en su corte, andaba errante por las montañas vecinas escoltado por un pequeño ejército y acompañado de los señores de Huexotla y Coatlichan, que siempre le habían sido fieles. Los tepanecas para apretarle más dieron en interceptar los víveres que se conducían a su campo; con lo cual se vio el rey en tan gran necesidad, que se halló precisado a pedir sustento aun a los mismos que se le habían declarado enemigos. Tan fácil es precipitarse de la cumbre de la felicidad humana al abismo de la miseria.

## 10. Acción memorable de un noble texcocano

Mandó, pues, a un sobrino suyo llamado Cihuacuecuenotzin, que pasase a la ciudad de Otompan u Otumba, distante solas cuatro leguas de Texcoco, y pidiese a sus habitantes que socorriesen a su rey y señor con los víveres que necesitaba; que dejasen de favorecer al traidor y se acordasen de la fidelidad que le debían. Conoció Cihuacuecuenotzin lo peligroso de la empresa; pero prevaleciendo a su temor la nobleza de su ánimo, el esfuerzo de su corazón y la fidelidad a su soberano: "Voy, señor —le dijo— a cumplir vuestras órdenes y a sacrificar mi vida a la obediencia que os debo. No ignoráis cuán enajenados de vos están los otompanecas, y cuán adictos a vuestro enemigo; toda la tierra está ocupada de los tepanecas y llena de peligros; mi vuelta es muy incierta. Pero si yo pereciere en servicio vuestro, y si el sacrificio que os hago de mi vida es digno de alguna recompensa, os pido que atendáis a mis dos hijos que dejo aún en la menor edad, confiando que a vuestra sombra quedarán seguros."

Estas expresiones, acompañadas de muchas lágrimas, enternecieron al rey quien al despedirlo le dijo: "Los dioses os acompañen y os vuelvan con toda felicidad; que quizá a vuestra vuelta hallaréis ejecutado en mí lo que en vos teméis; pues son tantos los enemigos que me solicitan la muerte." Fue pues Cihuacuecuenotzin a Otumba, y antes de entrar en la ciudad supo que actualmente estaban en ella unos tepanecas enviados del rey de Azcapotzalco a publicar un bando; pero esta noticia no le acobardó, antes con ánimo intrépido se fue a la misma plaza de la ciudad en donde se hallaban los tepanecas con la gente convocada al bando, y después de saludar cortésmente a todos, expuso libremente su embajada. Riéronse de él y burláronse de su pretensión, pero ninguno osó pasar adelante, hasta que un vil hombre le arrojó una piedra a la cabeza gritando a los demás para que diesen sobre él y lo matasen. Los tepanecas, que habían observado un gran silencio esperando a ver qué partido tomaban los de la ciudad, luego que los vieron tan abiertamente declarados contra el rey y contra su enviado, clamaron diciendo: "¡Muera, muera el traidor!", acompañando con piedras sus gritos. Cihuacuecuenotzin hizo frente a sus enemigos; pero viendo que le oprimía la multitud quiso salvar la vida con la fuga, y al emprenderla fue muerto con una tempestad de piedras y descuartizado su cadáver. Hombre digno de mejor fortuna. Acción memorable de fidelidad a su soberano, que celebrarían justamente los historiadores y poetas, si el héroe en vez de americano fuese romano o griego.

Los tepanecas quedaron muy ufanos con un hecho tan bárbaro y tan contrario al derecho de gentes, y protestaron a la multitud el gran placer que tenían de poder informar a su señor como testigos oculares de la inviolable fidelidad de los otompanecas; que a lo que habían venido a la ciudad era a intimar a todos de parte del gran Tezozómoc, que nadie, so pena de la vida, prestase auxilio al rey de Texcoco y a exhortarlos a tomar las armas contra dicho rey y en defensa de su propia libertad. El señor de Otumba y los principales de la nobleza respondieron, a nombre de toda la ciudad, que obedecían de buena voluntad la orden del rey de Azcapotzalco y que harían cuanto fuese de su parte para facilitar sus intenciones.

### 11. Muerte trágica del rey Ixtlixóchitl

Dieron luego aviso de lo sucedido al señor de Acolman, que era hijo de Tezozomoc, y por él lo supo su padre; el cual, creyendo ser ya tiempo de perfeccionar la obra comenzada, llamó a los señores de Otumba y Chalco, de cuya fidelidad tenía mayor satisfacción. y les encargó que con el menor ruido que pudiesen levantasen un buen ejército y los emboscasen en monte vecino al campo del rey de Texcoco que dos de los capitanes más hábiles y más animosos fuesen al rey y, con pretexto de declararle algún gran secreto, lo sacasen de entre su gente y lo retirasen cuanto les fuese posible del campo; y luego sin dilación le quitasen la vida.

Ejecutóse todo como el maligno príncipe lo había meditado. Hallábase actualmente el rey en las inmediaciones de Tlaxcala; no tuvo recelo de los dos capitanes que le fueron a hablar, y cayó incautamente en el lazo. El atentado se ejecutó a vista del campo real aunque a alguna distancia. Acudió prontamente la gente del rey; pero sobreviniendo el ejército de los rebeldes que estaba emboscado y era mucho más numeroso, la derrotó enteramente. No sin gran trabajo se pudo recoger el real cadáver para hacerle sus exequias, y el príncipe heredero, que había sido testigo del trágico fin de su padre, hubo menester ocultarse entre unas breñas para sustraerse al furor de sus enemigos.

Dejó el rey entre otros hijos a Nezahualcóyotl, que era el heredero de la corona habido en Matlalcihuatzin, hijo de Acamapichtli rey de México.[4] Era este príncipe un joven dotado de bello entendimiento y de una incomparable grandeza de ánimo, y digno más que algún otro

---

[4] Torquemada hace a Matlalcihuatzin hijo de Huitzilíhuitl; dice que cuando entró a reinar tenía 17 años, que aun no tenía mujer, que reinó 22 años o cuando menos 26 años. Pinta a Nezahualcóyotl, al tiempo de la muerte de su pretendido abuelo Huitzilíhuitl, en estado de salir a campaña y de hacer negociaciones para recobrar la corona. De esto se infiere que Huitzilíhuitl a los 26 años de casado ya tenía un nieto de 20 años. Estos anacronismos son frecuentísimos en Torquemada.

de ocupar el trono de su padre; pero no pudo ponerse en posesión de él sino después de algunos años, por la prepotencia de Tezozomoc. Este pérfido viejo tenía prevenidas sus tropas para que, en el momento en que los otompanecas y chalcas ejecutasen el golpe en la persona del rey, asaltasen las ciudades de Texcoco, Huexotla, Coatlichan, Coatepec e Ixtapalapan, que habían sido las más fieles a su señor, y las entrasen a sangre y fuego. Los habitantes de estas ciudades que pudieron salvarse con la fuga, pasaron a la otra parte de los montes a refugiarse entre los huexotzincas y tlaxcaltecas; los demás murieron en defensa de sus patrias, pero vendieron muy caras sus vidas. Fue infinita la sangre que de una y otra parte se derramó. Sí inquirimos el origen de tanto mal, no hallaremos otro que la ambición de un hombre. Pluguiese al cielo que fuesen más raros en el mundo y menos violentos los estragos de las pasiones humanas. La pasión de un príncipe o de un ministro mal corregida, hasta a inundar de sangre los campos, a arruinar ciudades, a trastornar reinos y a poner en movimiento a toda la tierra.

Satisfecho finalmente el tirano con esta cruel carnicería y con la opresión de sus enemigos, se hizo proclamar rey de Acolhuacan y de toda la tierra en la ciudad de Texcoco, concediendo indulto general a los que le habían sido contrarios y libertad para volver a sus casas. Dio en feudo la ciudad de Texcoco a Chimalpopoca, rey de México, y la de Huexotla a Tlacateotl, rey de Tlaltelolco, en premio de los grandes servicios que le habían hecho en la guerra pasada. Puso en otros lugares gobernadores de su satisfacción y declaró a su ciudad de Azcapotzalco corte y capital de todo el reino.

Halláronse presentes a esta proclamación, aunque disfrazados, varios distinguidos personajes del partido contrario, y entre ellos el mismo príncipe Nezahualcóyotl. El dolor y la rabia que le causó aquella función, animados de su ardor juvenil, iban a precipitarlo en una acción temeraria contra sus enemigos si un íntimo privado que le acompañaba no le hubiera contenido, poniéndole delante las funestas consecuencias que tendría su temeridad y haciéndole ver cuánto mejor era esperar a que el tiempo le proporcionase la ocasión de recobrar la corona y de vengarse de sus enemigos; que el tirano era ya decrépito y su muerte, que no podría tardar mucho, mudaría el semblante de las cosas; que su injusticia y crueldad obligarían a los pueblos a entregarse a su legítimo señor. En esta misma ocasión un capitán mexicano de los más nombrados, o de su propio motivo o, lo que es más verosímil, por orden de su señor el rey de México, que era cuñado del príncipe heredero de Texcoco, subido a lo alto del templo que allí tenía la nación tolteca, habló de esta suerte a la misma multitud que había concurrido a la función: "Oíd, chichimecas, oíd colhúas y cuantos estáis presentes:

nadie presuma hacer mal alguno a nuestro hijo Nezahualcóyotl ni permita que otro le ofenda so pena de ser rigurosamente castigado." No hay duda de que este pregón de los mexicanos contribuyó mucho a la seguridad del príncipe heredero.

Poco después se juntaron en Papallotla, lugar cercano a Texcoco, los principales personajes que, huyendo del asalto que las tropas tepanecas dieron a sus ciudades, se habían refugiado en Huexotzinco y Tlaxcala para deliberar sobre el partido que en tan críticas circunstancias les convendría tomar, y salió resuelto el entregarse todos y someterse a los respectivos señores que había creado el tirano, no menos por libertarse de tantas hostilidades que por poder atender con sosiego a sus casas y familias.

### 12. Tributo impuesto por el tirano Tezozómoc

El tirano, después de haber contentado a su ambición con la usurpación del reino de Acolhuacan, y a su crueldad con tantos estragos como había causado, quiso también complacer a su codicia con el gravamen de sus vasallos. Mandó que, además del tributo que acostumbraban pagar a sus reyes en semillas y en ropa, le pagasen en adelante en oro y en piedras preciosas, sin advertir cuánto enajenaba de sí con semejantes gravámenes los ánimos de sus súbditos, que debería conciliarse con la moderación y la dulzura para asegurar la posesión de un trono fundado sobre la injusticia y la crueldad.

Los nobles toltecas y chichimecas respondieron a este bando que ellos irían en persona a contestar al rey. Parecíales demasiada la altivez del tirano y muy ajena de la moderación de los antiguos reyes de quienes descendía. Se concertaron en que un tolteca y un chichimeca, los que se hallasen más hábiles para arengas, hiciesen cada uno una representación fuerte y eficaz a nombre de su respectiva nación. Fue nombrado por parte de los toltecas un Quiatlihuac, y por la de los chichimecas Tequiquiznahuacatl. Partieron a Azcapotzalco e introducidos a la audiencia del tirano, y hecha una profunda inclinación, habló primero el tolteca por la mayor antigüedad de su nación, y representó los humildes principios de sus antepasados, las necesidades que sufrieron antes de llegar al esplendor y gloria que por algún tiempo gozaron, y la miseria a que se redujeron después de su ruina; describió la triste dispersión en que los halló Xólotl cuando arribó a aquella tierra, y recorriendo los dos siglos posteriores hizo una prolija inducción de los trabajos que habían pasado, todo a fin de mover la compasión y redimir a su nación del nuevo gravamen.

Apenas hubo concluido su arenga el tolteca cuando comenzó la suya el chichimeca con el mismo acatamiento que el primero. "Yo, señor —dijo— puedo hablar con mayor libertad y confianza, porque soy chichimeca y hablo con un príncipe que también lo es, como descendiente de aquellos reyes incomparables Xólotl, Nopaltzin y Toltzin. No ignoráis, oh gran señor, que aquellos divinos chichimecas vuestros abuelos, no apreciaban el oro ni las piedras preciosas; no usaban otra corona que las que tejían de las hierbas del campo; los brazaletes con que se adornaban eran unos cueros en que batía la cuerda del arco; sus regalos a los principios eran la carne cruda y las hierbas insípidas; sus vestidos eran de pieles de ciervos y de las fieras que ellos mismos cazaban. Después que recibieron la agricultura, los mismos reyes labraban las tierras para alentar con su ejemplo a sus vasallos. La opulencia y gloria a que después les elevó la fortuna, no los hizo más altivos; servíanse como reyes de sus súbditos, pero como padres los amaban; contentábanse con ser reconocidos con los humildes dones de la tierra. No os presento, señor, estos ilustres ejemplos de vuestros antepasados sino para suplicaros con la mayor sumisión que no exijáis de nosotros más de lo que ellos exigieron."

Oyó Tezozómoc una y otra arenga y aunque se amargó de verse reprendido con el paralelo de sus mayores, no tomó más venganza que la de despedir a los oradores y confirmar la orden que tenía dada sobre el nuevo tributo. Entre tanto Nezahualcóyotl andaba solícito girando incesantemente por varias ciudades y procurando ganarse las voluntades para recobrar la corona; pero aunque le amaban sus vasallos y querían verle en posesión del reino, no se atrevían a favorecer abiertamente su partido por no atraer sobre sí la indignación del tirano. Entre los que lo abandonaron fueron el señor de Chimalpan su tío, y Tecpanecatl, hermano de su mujer Nezahualxóchitl de la sangre real de México.

Andando pues en estas negociaciones se le ofreció pernoctar en la casa de una señora viuda de la provincia de Chalco, llamada Tziltomiauh. Observó que dicha señora tenía un plantío de magueyes, de los cuales, no solamente sacaba el vino necesario para el gasto de su familia, sino también para vender a otros, lo cual estaba severísimamente prohibido por las leyes del reino. Encendióse en tanto celo de ver violadas las leyes de sus padres, que sin que le contuviese la adversidad de su fortuna ni otros respectos, allí mismo mató por su mano a la delincuente. Acción importuna y represible en que tuvo más parte la inconsideración de su edad que la prudencia. Este suceso hizo mucho ruido en aquella provincia, y el señor de Chalco, que era su enemigo y había sido cómplice en la muerte de su padre, lo buscó con mucha diligencia para prenderlo; pero ya el príncipe se había puesto en salvo previniendo las consecuencias de su atentado.

Ocho años hacía que Tezozómoc gozaba tranquilamente del reino de Acolhuacan, que inútilmente negociaba Nezahualcóyotl, cuando unos funestos sueños lo pusieron en grande consternación y terror. Soñó que Nezahualcóyotl, convertido en águila, le abría el pecho y le comía el corazón, y otra vez que vuelto león le lamía el cuerpo y le chupaba la sangre. Se lamentó de tal suerte con estas trágicas imaginaciones que le formaba la conciencia de su injusticia y tiranía, que llamando a sus tres hijos Tayatzin, Teuctizintli y Maxtlaton, les expuso sus sueños y temores y les encargó que procurasen dar cuanto antes muerte a Nezahualcóyotl; pero que fuese con tanto secreto que nadie lo entendiese. No sobrevivió un año a estos sueños. Era ya, según dicen, tan viejo, que no podía tenerse en una silla, ni entrar en calor; y así era menester mantenerlo entre algodón en un gran cesto de mimbres hecho a manera de cuna; pero desde esta cuna o sepultura tiranizaba el reino y pronunciaba oráculos de injusticia. Poco antes de morir nombró por sucesor en el reino a su hijo Tayatzin, y volvió a encargar la muerte de Nezahualcóyotl, conservando hasta el último aliento sus perversos designios.

### 13. Muerte del tirano Tezozómoc

Así acabó este monstruo de ambición, de perfidia y de crueldad el año de 1422, después de haber tiranizado nueve años el reino de Acolhuacan, y gozado por muchos de la corona de Azcapotzalco.[5] Aunque a Tayatzin, como sucesor nombrado del reino, tocaba el dar las disposiciones convenientes para el funeral de su padre, Maxtlaton su hermano, que era señor de Coyohuacan, y más audaz y vivo, tomó por suya la acción y comenzó desde luego a mandar con tanta autoridad como si ya estuviese en posesión del reino a que aspiraba, fiado en la facilidad con que podía oprimir a su hermano, que era hombre encogido y apocado y nada ejercitado en el gobierno.

[5] Torquemada hace a Tezozómoc hijo inmediato del primer príncipe acolhua, y en consecuencia de este error le da 160 ó 180 años de reinado; pero de la arenga que le hizo el orador chichimeca en ocasión del nuevo tributo, que refiere el mismo Torquemada, consta que Tezozómoc era descendiente de Xólotl, de Nopaltzin y de Tloltzin. La hermana de Nopaltzin casó con el príncipe Acolhuatzin y por consiguiente sus hijos eran primos hermanos de Tloltzin. ¿Y quién se ha llamado hasta ahora descendiente de su primo? Quien quisiere leer la cronología de los reyes chichimecas por Torquemada, verá con mayor evidencia su error. Puede, pues, creerse que hubo entre los señores de Azcapotzalco dos o tres con el mismo nombre de Tezozómoc; pero el que tiranizó el reino de Acolhuacan fue cuando más bisnieto del príncipe Acolhuatzin.

Mandó Maxtlaton dar parte a los reyes de México y Tlaltelolco y a los demás señores para que honrasen con su presencia y sus lágrimas las exequias de su señor. Nezahualcóyotl no fue avisado como los demás; pero determinó hallarse presente con el fin, como se puede creer, de examinar por sus propios ojos las disposiciones de la corte. Llevó en su compañía a un íntimo confidente y alguna poca gente de séquito, y entrado en la sala del real palacio donde estaba expuesto el cadáver del tirano, halló en ella a los reyes de México y Tlaltelolco y a los tres príncipes tepanecas con otros muchos señores. Saludóles por el orden en que estaban sentados, comenzando por el rey de México y presentándoles ramilletes de flores, según el estilo de aquellas naciones. Hecho este acatamiento tomó asiento al lado de su cuñado Chimalpopoca para acompañarles en el llanto.

Teuctizintli, uno de los hijos de Tezozómoc y heredero de su crueldad, creyendo esta buena ocasión para cumplir el inicuo encargo de su padre, lo propuso a su hermano Maxtlaton. Pero éste, aunque igual a su hermano en la sevicia, tenía mejor sindéresis. "No penséis —respondió Maxtlaton— en semejante desatino. ¿Qué dirían de nosotros los hombres si en circunstancias de llorar la muerte de nuestro padre, tratáramos de quitar a otros la vida? Dirían que no era grave el dolor que daba lugar a la ambición o a la venganza. El tiempo nos presentará ocasión más oportuna para deshacernos de nuestro enemigo sin incurrir en el odio de nuestros vasallos. Nezahualcóyotl no es invisible; si no se esconde en el fuego, en el agua o en las entrañas de la tierra, él caerá infaliblemente en nuestras manos."

Esto fue el cuarto día después de la muerte del rey, en el cual fue quemado según la costumbre el cadáver y enterradas con extraordinaria pompa y solemnidad sus cenizas. Al día siguiente se restituyeron los reyes de México y de Tlaltelolco a sus ciudades, y Maxtlaton comenzó ya con menos disimulo a descubrir sus perversos designios de apoderarse de la monarquía, dando a entender con su desenfado y atrevimiento que si no bastaba la maña, emplearía la fuerza para salir con su intento. No tuvo valor Tayatzin para contradecirle, haciéndose cargo, por una parte, del genio temerario y resuelto de su hermano, y, por otra, de las ventajas que sobre él gozaba Maxtlaton en tener vasallos acostumbrados a obedecerle. Resolvió, pues, pasar a México a conferir en tan ardua materia con el rey Chimalpopoca, a quien particularmente quedó recomendado por su padre. Fue recibido del rey con la debida atención y después de las acostumbradas salutaciones, le dijo Chimalpopoca. "¿Qué hacéis, oh príncipe? ¿No es vuestro el reino? ¿No os lo dejó vuestro padre? ¿Pues cómo, viéndoos injustamente desposeído, no os esforzáis a recobrarlo?"

"Porque poco importan —respondió Tayatzin— mis derechos si mis vasallos no me ayudan. Mi hermano se ha apoderado del reino y no hay quien le contradiga; sería temeridad el intentar desposeerlo sin más poder ni fuerzas que mis buenos deseos y la justicia de mi causa." "Lo que no se puede con las armas —replicó Chimalpopoca— se suple con el ingenio. Yo os sugeriré un arbitrio con el cual podáis deshaceros de vuestro hermano y recobrar la corona sin riesgo vuestro. Excusaos de habitar el palacio de vuestro difunto padre con el pretexto de que os avisa con la memoria de sus acciones y de lo mucho que os amaba, el sentimiento de su pérdida; y por tanto que os es preciso fabricar otro palacio para vuestra residencia, en cuyo estreno podéis hacer un convite a vuestro hermano, y en medio de su mayor regocijo libertad al reino de un tirano y a vos de un rival tan poderoso y tan justo; para lo cual os ofrezco mi brazo y las fuerzas de mi nación." A este consejo no respondió Tayatzin sino con la tristeza de su semblante causada del amor de la sangre o de la vileza de la acción.

De toda esta conversación fue testigo un familiar de Tayatzin que acaso se había quedado en lugar desde donde pudo escucharla a su salvo, y esperando hacer fortuna con una traición se partió de noche a Azcapotzalco, fue derechamente a palacio y pidió audiencia. El portero entró a dar parte a Maxtlaton, y éste, como hombre a quien la conciencia de sus delitos traía en continuo sobresalto, sospechó desde luego que el buscarle en hora tan importuna sería para revelarle alguna conjuración, de la cual se certificó con la relación circunstanciada que le hizo el traidor de la conversación del rey de México con el príncipe Tayatzin. Ya se dejan entender los afectos de ira, venganza, temor y dolor que ejercitaría esta denuncia en su ánimo; pero como hombre de corte y práctico en disimular sus afectos, mostró despreciarla y reprendió severamente al delator del atrevimiento que había tenido en infamar a tan altos personajes; tratóle de ebrio y mandóle a su casa a digerir el vino. Pasó lo restante de la noche deliberando sobre el partido que le convendría tomar, y finalmente resolvió preocupar a su hermano y hacerle caer en el mismo lazo que a él le armaban.

### 14. Maxtlaton tirano

Luego que amaneció el día siguiente convocó al pueblo y le pretextó que no podía quedar en el palacio de su padre, porque pertenecía a su hermano Tayatzin; pero que ofreciéndosele algunas veces venir de su señorío de Coyohuacan a aquella corte, necesitaba tener en ella alguna casa propia donde alojarse; que si lo amaban como creía, se lo manifestasen en la prontísima construcción de ese edificio. Tomáronlo con tanto empeño los azcapotzalcas y fue tan grande la muchedumbre de trabajadores que, no habiéndose detenido Tayatzin más de tres días en México, cuando volvió a la corte halló ya comenzada la fábrica. Admiróse de la novedad y preguntó la causa a Maxtlaton, el cual le respondió que por no perjudicar a su derecho le dejaba las casas reales; que se contentaba con tener una casa en que alojarse cuando se le ofreciese, y que a ese fin la había mandado construir. Satisfízose el buen Tayatzin con esta respuesta y se persuadió de que Maxtlaton no aspiraba más que a vivir en su compañía. Concluida dentro de poco tiempo la fábrica, convidó el pérfido Maxtlaton a sus hermanos los reyes de México y Tlaltelolco y a otros señores del reino. Tayatzin, ignorante de la traición de su criado, estuvo muy ajeno de advertir el lazo que le armaban; pero Chimalpopoca como más astuto, sospechó la traición y se excusó cortésmente de asistir al convite.

Llegó el día aplazado para la gran función, concurrieron los convidados a la nueva casa, cuando todos estaban mas divertidos, entró gente armada en la sala y dio con tal violencia sobre el desventurado Tayatzin, que apenas abrió los ojos para ver a los que le acometían, cuando se los cerró la muerte. Alborotóse el concurso con tan inopinada tragedia; pero Maxtlaton lo aplacó luego exponiéndole la traición que contra él se habla urdido y protestando que en aquello no había más de prevenir el golpe con que le amenazaban. Con estas y otras razones mudó de tal suerte los ánimos que, en vez de vengar la muerte de su legítimo señor, aclamaron por rey al pérfido tirano, pero dentro de poco veremos que si la injusticia lo exaltó al trono, fue para precipitarlo de mayor altura.

### 15. Injurias del tirano al rey de México

Aún más que contra su hermano estaba indignado Maxtlaton contra el rey de México, pero no tuvo por conveniente atentar contra su vida hasta asegurarse más en el trono; entre tanto desahogó su rabia con ofensas a su persona y ultrajes a su dignidad. Poco tiempo después de su exaltación le envió el rey de México el regalo que anualmente hacía en reconocimiento al rey de Azcapotzalco. Este se redujo a tres cestas de pescado camarón y de ranas con algunas legumbres. Lleváronlo personas distinguidas de la corte de Chimalpopoca, y lo presentaron con una arenga muy cumplida y con singulares expresiones de sumisión y respeto. Maxtlaton lo recibió con muestras de agradecimiento; pero habiéndose retirado para conferir con sus privados sobre el regalo con que correspondería al mexicano, por ser costumbre en aquellas naciones el corresponder los soberanos con alguna cosa a los presentes que les hacían los señores feudatarios, se resolvió enviarle un *cueitl,* que era cierta especie de enaguas, y un *huepilli,* que era camisa mujeril; lo que era tanto como tratarlo de afeminado y cobarde. Agravio el más sensible para aquellas gentes que de nada se preciaban tanto como del valor; y para hacer mayor el desprecio se escogió la ropa más tosca y vil. Este presente sacó un criado y lo entregó a los enviados mexicanos sin hablarles palabra.

Sintió altamente Chimalpopoca este desprecio y quería vengarlo; pero no podía. A este agravio tan doloroso se siguió una ofensa gravísima en el honor. Supo el tirano que entre las mujeres de Chimalpopoca había una de singular hermosura, y abrasado con sólo esta noticia en deseos delincuentes, determinó sacrificar a su pasión la honestidad y la justicia. Para lograr su intento se valió de unas señoras tepanecas, encargándoles que cuando visitasen a aquella señora mexicana la convidasen a pasar a Atzcapotzalco a divertirse por algunos días. Como estas visitas recíprocas eran entonces tan frecuentes aun en personas de más elevado carácter y de distintas naciones, fue fácil al lascivo tirano el lograr la ocasión que deseaba para satisfacer a su pasión, sin que bastasen a contenerlo las lágrimas y los esfuerzos que empleó aquella honesta señora en defensa de su honor.

Volvió a México cubierta de ignominia y penetrada del más vivo dolor a quejarse con el rey su señor marido. Este hombre desdichado, parte por no sobrevivir a su deshonra y parte por no morir a manos del tirano, se resolvió a acabar sus días voluntariamente, sacrificado en honor de su dios Huitzilopochtli a ejemplo de ciertos antiguos héroes de su nación, persuadido de que semejante muerte borraría la infamia recibida y lo libraría del fin ignominioso que temía de la crueldad de su enemigo. Comunicó su pensamiento a los de la corte y éstos se lo aprobaron por las ideas extravagantes que tenían en punto de religión y de honor, y aun hubo entre ellos quienes se resolvieron a participar la gloria de su bárbaro sacrificio. Señalóse el día para la religiosa tragedia en que se presentó el rey vestido del mismo traje con que solían representar a su dios, y los demás que debían acompañarle, con las mejores galas que pudieron haber. Comenzóse la función con una solemne danza, y de rato en rato iban sacrificando los sacerdotes algunas de las víctimas, reservando para lo último a su rey. No era posible que tan ruidosa novedad no llegase a oídos de Maxtlaton; súpola anticipadamente y dispuso con la mayor presteza un buen número de tropas con orden de que a la hora del sacrificio prendiesen al rey y se lo llevasen bien asegurado a Atzcapotzalco.

## 16. Prisión y muerte de Chimalpopoca

Llegaron estas tropas tan a tiempo que no faltaban ya más de dos víctimas para ser sacrificado el rey; prendiéronlo sin mucha contradicción de parte de los mexicanos, o porque temían el poder del cruel tirano, o por ventura porque deseaban mejorar de señor. Conducido a Azcapotzalco lo encerraron en una fuerte jaula de madera, que era como veremos, la cárcel que usaban, y le pusieron buenos guardias. Con la prisión de Chimalpopoca se le avivó a Maxtlaton el deseo de apoderarse también de la persona de Nezahualcóyotl, y para conseguirlo lo mandó llamar con el pretexto de tratar con él un ajuste y de atender a sus derechos a la corona de Acolhuacan. No era tan poco advertido el príncipe que no penetrase desde luego la maligna intención del tirano; pero el ardor de su edad y el esfuerzo o temeridad de su ánimo le hacían presentarse con intrepidez a los mayores peligros. Fuése a Tlaltelolco y visitó de paso a un confidente suyo nombrado Chichincatl, quien le aseguró que el tirano trataba, no solamente de deshacerse de su persona y de la del rey de Tlaltelolco, sino también de acabar con toda la nación acolhua, si pudiese. Sin embargo de estas noticias siguió su viaje a Azcapotzalco, en donde entró de noche y fue a hospedarse a casa de un amigo que allí tenía.

A la mañana siguiente pasó al ir a palacio por la casa de Chachaton, íntimo confidente del tirano, y de quien el mismo Nezahualcóyotl era amado, y entró a suplicarle le interpusiese sus oficios para con el rey para que no atentase cosa alguna contra su persona. Fueron juntos a palacio y se anticipó Chachaton a ver al tirano y a noticiarle que el príncipe Nezahualcóyotl se hallaba en la corte y quería rendirle sus respetos. Respondió Maxtlaton que entrase enhorabuena, que deseaba verlo. Entró Nezahualcóyotl a su presencia y después de las ceremonias y recíprocas salutaciones que se acostumbraban entre semejantes personajes: "Yo sé, señor —le dijo— que tenéis preso al rey de México, pero no sé si le habéis dado ya muerte o vive aún en la prisión. Hanme dicho también que queréis quitarme la vida; si es cierto, aquí me tenéis; quitádmela luego por vuestra mano;, que así quedará satisfecha vuestra indignación contra un príncipe no menos inocente que desdichado." Al pronunciar estas palabras le sacó algunas lágrimas a los ojos la mención de sus desdichas. "¿Qué os parece —dijo entonces Maxtlaton a su privado— qué os parece, Chachaton? ¿No os maravilla que un joven que tan poco ha vivido, solicite con tanto empeño su muerte? Vos, cuyas canas autorizan vuestros consejos, vos en quien he depositado toda mi confianza, sugeridme lo que debo hacer en este caso." Y sin esperar la respuesta, como hacen los que sólo consultan por ceremonia, protestó a Nezahualcóyotl que nada maquinaba contra su vida y que el rey de México ni era muerto ni moriría por su cuenta; y juntamente procuró justificar su conducta en la prisión de aquel desventurado rey. Dio luego orden para que el príncipe fuese hospedado y tratado como convenía a su persona.

Noticioso Chimalpopoca de la llegada del príncipe su cuñado a la corte, le envió a suplicar que fuese a visitarlo a la prisión. Fue Nezahualcóyotl, obtenido antes, como se deja entender, el beneplácito del tirano; entró en la cárcel y echó luego los brazos al rey manifestando ambos mucha ternura en sus semblantes y expresiones. Refirióle Chimalpopoca la serie de sus trabajos, advirtióle de las malignas intenciones del tirano contra ambos, y suplicóle no volviese jamás a la corte, porque ciertamente moriría a manos de su cruel enemigo y quedaría su nación desamparada. Finalmente le dijo: "Puesto que mi muerte es inevitable, os ruego encarecidamente que cuidéis de mis pobres mexicanos que quedan sin rey; sed para con ellos verdadero amigo y padre. Y para testimonio del amor que os profeso, aceptad esta prenda que fue de mi hermano Huitzilíhuitl." Y quitándose de la boca un pendiente de oro, se lo dio juntamente con unos zarcillos y otras piedras preciosas que conservaba en su prisión, y a un señor que iba en su compañía le regaló las joyas de valor, y por último se despidieron con especiales demostraciones de dolor; porque la demasiada detención en la visita no diese lugar a alguna siniestra sospecha. Nezahualcóyotl, siguiendo el consejo de su infeliz cuñado, se salió luego de la corte sin volver a la vista del tirano; partióse prontamente a Tlaltelolco y allí tomó una canoa con buenos remos en que con suma velocidad se trasladó a Texcoco.

Chimalpopoca quedó en su amarga soledad revolviendo pensamientos de aflicción. Su prisión se le hacía cada día más intolerable. No tenía esperanza alguna de recobrar su libertad, ni de que el corto espacio que le restaba de vida fuese de alguna utilidad a su pueblo. Si yo, decía, finalmente he de morir, ¿cuánto mejor y más gloriosa para mí y para mi nación será el morir a mis propias manos, que no a las de un pérfido y cruel tirano? Ya que no puedo tomar otra venganza, a lo menos lo privaré del placer que tendría en la elección del tiempo y del género de muerte con que he de acabar mis tristes días. Yo he de ser el árbitro de mi vida; a mi elección ha de ser el tiempo y el modo de morir, y yo mismo he de ser el ejecutor de mi sentencia, para que tenga tanto menos de ignominiosa mi muerte, cuanta menos parte tenga en ella la voluntad de mi enemigo. Con esta resolución, tan conforme a las ideas de aquellas gentes, se ahorcó de uno de los palos de la cárcel, valiéndose como es verosímil, de su mismo ceñidor.⁶ Con este fin tan trágico acabó su calamitosa vida el tercer rey de México. No tenemos noticias más individuales de su carácter, ni de los progresos que hizo la nación mexicana en el tiempo de su reinado, que fue de unos 13 años, habiendo terminado en 1423, un año poco más o menos después de la muerte de Tezozomoc. Sólo se sabe de él que en el undécimo año de su reinado hizo llevar a México una piedra muy grande para que sirviese de ara en los sacrificios ordinarios de los cautivos, y otra piedra redonda para los sacrificios gladiatorios de que hablaremos en otro lugar. En la cuarta pintura de la *Colección de Mendoza* se presentan las victorias que en el reinado de Chimalpopoca obtuvieron los mexicanos sobre los de Chalco y los de Tequizquiac, y el combate naval que después tuvieron con los chalcas, con pérdida de alguna gente y canoas que los enemigos echaron a pique. El intérprete de dicha colección añade que Chimalpopoca dejó muchos hijos de sus concubinas.

### 17. Persecución contra el príncipe Nezahualcóyotl

Luego que Maxtlaton supo la muerte de su prisionero, irritado de ver frustrados sus proyectos, y temiendo que Nezahualcóyotl se substrajese del mismo modo a su venganza, resolvió anticiparle como pudiese la muerte, que hasta entonces no le había dado por respeto a ciertos agüeros de los sacerdotes; pero ya su ira había llegado a punto de no contenerse por motivo de religión. Ordenó a cuatro capitanes de los más esforzados que saliesen luego en busca de Nezahualcóyotl con la gente que les pareciese necesaria, y que donde quiera que le encontrasen le quitasen irremisiblemente la vida. Salieron los capitanes tepanecas con poca gente, por no ahuyentar con el ruido la caza, y se fueron derechamente a Texcoco, en donde actualmente se divertía Nezahualcóyotl con uno de sus domésticos nombrado Océlotl en el juego de pelota. Este príncipe en todos los lugares que visitaba, para atraer los ánimos a su partido, se empleaba en bailes, juegos y otras diversiones, con el fin de que los gobernadores de dichos lugares que, por orden del tirano, celaban sobre su conducta y observaban todos sus pasos, se descuidasen viéndole entregado a pasatiempos, y se persuadiesen de que estaba muy ajeno de pensar en la corona. Con esta traza hacía sus negociaciones sin ocasionar el más leve recelo de sus intentos.

En esta ocasión, antes de que los capitanes entrasen en su casa, advirtió el príncipe que eran tepanecas y que venían armados; y receloso

---

⁶ Estas últimas palabras de Chimalpopoca se sabrían por la deposición de alguna de las guardias que cuidaban de parte de afuera de la prisión.

de lo que podría ser interrumpió el juego y se retiró al interior de la casa. Avisado del portero de que los tepanecas lo buscaban, ordenó a Océlotl que los recibiese y diese de comer, y les dijese que en habiendo comido les daría audiencia. No pareció a los tepanecas que por diferir el golpe se perdía la ocasión, o acaso también no se atrevieron a ejecutar su comisión hasta haberse cerciorado de que no había en la casa gente suficiente a resistirles; y así aceptaron el convite. Entre tanto que comían se escapó el príncipe por un portillo excusado, y saliendo de la ciudad anduvo media legua hasta Cuautitlán, lugar pequeño de tejedores, toda gente fiel y adicta a su señor, en donde se escondió por entonces.[7]

Los tepanecas, habiendo esperado largo tiempo después de comer, viendo que ni el príncipe se dejaba ver, ni su doméstico Océlotl, escudriñaron toda la casa sin encontrar persona alguna que les diese razón. Ciertos ya de la fuga salieron a buscarlo por todas partes, y en el camino de Cuautitlán supieron de un rústico que el príncipe se había refugiado en aquel pueblo. Entraron en él a mano armada, amenazando con la muerte a sus habitantes si no manifestaban al fugitivo; pero con ejemplo raro de fidelidad, no hubo uno en todo el lugar que lo delatase, aun viendo morir a otros por esa causa. Entre los que sacrificaron su vida a la fidelidad, fue uno Tochmantzin, superintendente de todos los telares del pueblo, y una mujer noble llamada Matlalintzin.

Viendo los tepanecas que, a pesar de sus diligencias y de la crueldad usada con los de Cuautitlán, no hallaban allí rastro del fugitivo príncipe, salieron a buscarle a la campiña, y el príncipe salió también por otra parte, y tomó el rumbo opuesto al de sus enemigos; pero como éstos lo buscaban por todas partes, se vio en grande riesgo de caer en sus manos, si unos pobres labradores no le hubieran ocultado entre una parva de chía que actualmente limpiaban en la era. Libre Nezahualcóyotl de este peligro, se fue de allí a pernoctar a Tetzcotzinco, que era una hermosa casa de campo que los reyes sus ascendientes habían fabricado para su recreación.

## 18. Negociaciones de Nezahualcóyotl
### para recobrar el reino

Aquí le aguardaban seis señores que andaban, como él, ausentes de sus estados y errantes por las ciudades y campiñas del reino. Confirieron

---

[7] Torquemada dice que el príncipe salió por una especie de laberinto que había hecho construir para caso de necesidad como el presente, con tantas vueltas y revueltas que nadie era capaz de salir de él una vez entrado, sin saber toda su disposición y artificio, cuyo secreto poseía solamente el mismo príncipe y uno que otro privado de mucha confianza. No halló dificultad alguna en que construyese aquel príncipe semejante edificio, porque su ingenio fue maravilloso y en todas sus cosas mostró tener luces superiores a las de todas sus naciones.

aquella noche sobre el expediente que convendría tomar, y se determinó solicitar el socorro de los chalcas, sin embargo de haber sido cómplices en la muerte del rey Ixtlixóchitl. Al amanecer partió para Matlallan y otros lugares, encargando a todos los de su partido que estuviesen apercibidos con sus armas para el tiempo de su regreso. Dos días empleó en estas negociaciones, y la noche del segundo fue a pasar a Apan, en donde halló unos enviados de Cholula, que de parte de aquella ciudad y estado le ofrecían ayudarle en la guerra contra el tirano; lo cual aceptó con grandes muestras de gratitud. Aquí le alcanzaron dos señores de su partido con la infausta nueva de la muerte de Huitzilíhuitl, uno de sus privados, a quien prendió el tirano y puso en tortura para que denunciase a Nezahualcóyotl y declarase varias cosas que deseaba saber y porque, fiel a su príncipe no quiso declararlas, lo hizo morir en los tormentos.

Partió con esta pesadumbre a la ciudad de Huexotzinco, cuyo señor, que era su deudo, lo recibió con mucho amor y compasión de sus desgracias, y ofreció también ayudarle con todas sus fuerzas. De esta ciudad pasó acompañado de mucha nobleza a la de Tlaxcala, en donde le hicieron aquellos señores un magnífico recibimiento. En esta ciudad se concertó el tiempo y lugar en que deberían juntarse las tropas de Tlaxcala, Cholula y Huexotzinco. Cuando salió de Tlaxcala para Capulalpan iba con acompañamiento tan numeroso y tan lucido, que más parecía un rey que salía a pasear con su corte que un príncipe fugitivo que andaba en solicitud de su reino.

En Capulalpan, lugar situado casi en la mitad del camino de Tlaxcala a Texcoco, recibió la respuesta de los chalcas que se ofrecieron a servirle como fieles vasallos en la guerra contra el injusto usurpador de la corona. Es de creer que las crueldades que cada día ejecutaba el tirano hubiesen enajenado a los chalcas y a otros pueblos que antes estaban a su devoción. En el tiempo en que el príncipe Nezahualcóyotl excitaba los ánimos a la guerra, los mexicanos, que se veían sin rey y proscritos, trataron de poner al frente de su nación un hombre capaz de reprimir la insolencia del tirano y de vengar las injurias gravísimas que había recibido. Congregados pues a la elección, un grave anciano tomó la voz y habló de esta suerte a los electores: "Os ha faltado, oh nobles mexicanos, en la muerte de vuestro rey, la luz de vuestros ojos; pero os queda la de la razón para elegir quién le suceda en el trono. No se acabó en Chimalpopoca la nobleza mexicana; ahí tenéis varios excelentes príncipes hermanos suyos, entre quienes podéis escoger un señor que os gobierne y un padre que os ampare; haced cuenta de que por un poco de tiempo se eclipsó el sol y se oscureció la tierra, y que ya vuelve a ella la luz en el nuevo rey. Lo que importa es que sin deteneros en largas conferencias, pongáis los ojos en un príncipe que restablezca el honor de la nación, que la vengue de las afrentas que ha sufrido y que la restituya a su natural libertad."

## 19. Itzcoatl, rey de México

Recayó de común consentimiento en el príncipe Itzcoatl, hermano paterno de los dos antecedentes reyes e hijo natural de Acamapichtli habido en una esclava. Cuanto podía desmerecer este príncipe por la desgraciada condición de su madre, tanto se hacía recomendable por la nobleza y celebridad de su padre, y mucho más por las prendas personales que poseía en grado eminente, de las cuales había dado pruebas en el empleo de general de las tropas mexicanas que había servido por más de 30 años. Itzcoatl era tenido como el hombre de mayor prudencia, rectitud y valor de toda la nación. Sentóse después de las acostumbradas ceremonias en el *tlatocaicpalli* o silla real y fue reconocido de todos con singulares aclamaciones.

En esta ocasión uno de los oradores le hizo una arenga sobre las obligaciones de un soberano para con sus súbditos y sobre el ánimo que debe mostrar en los trabajos. "Mirad —le dijo entre otras cosas— mirad, oh rey y señor, que todos ahora estamos pendientes de vos. En vuestros hombros descansa el anciano, el huérfano y la viuda, ¿tendréis corazón para abandonar.esta carga? ¿Permitiréis que perezcan a manos de nuestros enemigos los niños que gatean por el suelo? Ea, señor, comenzad ya a descoger vuestro manto para tomar a cuestas a vuestros hijos los pobres de esta nación, que confían vivir seguros a la sombra y frescura, de vuestra dignidad." Con estas y semejantes razones del orador terminó aquel acto que después celebraron con danzas y juegos. No menos celebrada fue esta elección de Nezahualcóyotl y de todo su partido; pues no dudaban que sería el nuevo rey, perpetuo aliado de su cuñado el príncipe, y se prometían muchas ventajas de su valor y pericia militar; pero a los tepanecas y sus aliados y sobre todo al mismo tirano fue muy sensible. Itzcoatl, que seriamente pensaba en libertar a su nación de la penosa servidumbre de los tepanecas, envió luego una embajada al príncipe Nezahualcóyotl para darle parte de su exaltación y ofrecerle unirse a él con todas sus fuerzas contra el tirano Maxtlaton.

Esta embajada, que llevó un sobrino del mismo rey, la recibió Nezahualcóyotl después de salido de Capulalpan, y respondió felicitando a su cuado y aceptando y agradeciendo el socorro que le ofrecía. Todo el tiempo que el príncipe había estado en Capulalpan lo había empleado en hacer los preparativos para la guerra. Ya que le pareció ser tiempo de poner en ejecución sus altos pensamientos, salió de allí con su gente y con las tropas auxiliares de Tlaxcala y de Huexotzinco, con resolución de tomar por asalto la ciudad de Texcoco y castigar en ella la poca fidelidad con que sus habitantes le habían servido en el tiempo de su adversidad. Hizo alto con todo su ejército a vista de la ciudad en un lugar llamado Oztopolco. Allí pasó la noche distribuyendo las tropas y dando las órdenes convenientes para el asalto.

A la mañana siguiente marchó para la ciudad; pero antes de llegar a ella, los texcocanos, temerosos del riguroso castigo que les amenazaba, le salieron humillados al encuentro pidiéndole perdón y haciendo para moverlo a compasión que se le presentasen los viejos inválidos, las mujeres preñadas y las madres con sus tiernos hijos en los brazos, que con lágrimas en los ojos y otras demostraciones de sentimiento le decían: "Tened lástima, oh piadoso señor, de estos vuestros siervos atribulados. ¿En qué os han ofendido estos viejos miserables, estas pobres mujeres y estos niños inocentes? No permitáis que perezcan con los culpados los que no tienen parte en las ofensas que queréis vengar."
Enterneciose el príncipe con la vista y presentación de tantos miserables y perdonó al común de la ciudad; pero al mismo tiempo ordenó a algunos de sus capitanes que entrasen en la ciudad y matasen a los gobernadores y ministros establecidos por el tirano y a cuantos tepanecas encontrasen.

Ejecutada esta temible mortandad y sujeta aquella corte a su obediencia, mandó a los jefes tlaxcaltecas y huexotzincas que asaltasen la ciudad de Acolman y diesen la muerte a su señor, que era hermano o cuñado del tirano, había sido enemigo capital del príncipe. Los tlaxcaltecas y huexotzincas en ejecución de la orden entraron con furia increíble en Acolman, matando a cuantos encontraban hasta llegar a la casa de aquel señor que, no teniendo fuerzas para resistir a tan furioso golpe, quedó muerto a manos de sus enemigos. El mismo día dieron los chalcas auxiliares de Nezahualcóyotl sobre la ciudad de Cuautlichan, y la rindieron sin demasiada resistencia, y al gobernador que allí había puesto el tirano derribaron a pedradas de lo más alto de un templo en donde se había refugiado. De suerte que en un solo día sujetó el príncipe a su obediencia la corte y dos considerables ciudades del reino de Acolhuacan.

## 20. Aventuras de Moctezuma Ilhuicamina

El rey de México, noticioso de estas ventajas de su cuñado, le envió a felicitar y ratificar la alianza. Encargó esta embajada a un sobrino suyo, hijo del rey Huitzilíhuitl, llamado Moctezuma, joven de grandes fuerzas y de un singular valor, a quien por sus inmortales hazañas dieron el nombre de Tlacael (hombre de gran corazón) y el de Ilhuicamina, que es decir, el que flecha al cielo; y para darlo a conocer en las pinturas representaban sobre su cabeza el carácter del cielo atravesado con una flecha, como se ve en las pinturas séptima y octava de la *Colección de Mendoza*, y mostraremos en la lámina de las figuras simbólicas de los reyes de México. Este es el héroe mexicano que bajo el nombre de Tlacaellel celebra tanto el P. Acosta, siguiendo los manuscritos del P. Tovar, aunque en algunas de las acciones que le atribuye padeció equivocación.[8]

Bien conocían así el rey como su sobrino lo peligroso de la empresa; porque el tirano, sabiendo los progresos de su rival, tenía ocupados todos los caminos para impedir que los mexicanos se uniesen a los texcocanos. Pero ni el rey se retrajo por eso de enviarlo, ni Moctezuma dio la más leve muestra de cobardía, antes por cumplir con mayor prontitud la orden de su soberano, ni aun quiso ir a su casa a aviarse de lo necesario para el viaje, sino luego se puso en camino encargando la ropa que había menester para presentarse a Nezahualcóyotl, a uno de los nobles que debían ir en su comitiva, llamado Telpotzin. Concluida con felicidad su embajada, a la cual respondió Nezahualcóyotl con expresiones de gratitud y nuevas protestas de su amistad, se despidió para volver a México; pero en el camino dio en una emboscada que le tenían dispuesta sus enemigos, fue preso con toda su comitiva, conducido a Chalco y presentado a Toteotzin, señor de aquella ciudad y enemigo capital de los mexicanos. Mandó encerrarlos en una estrecha prisión a cargo de Cuateotzin, persona distinguida a quien dio orden de no suministrarles más alimento que el que él mismo prescribiese hasta determinar el género de muerte con que habían de acabar. Cuateotzin, pareciéndole aquella orden contraria a la humanidad, los proveía abundantemente de su cuenta; pero el inhumano Toteotzin, pensando hacer un gran obsequio a los huexotzincas, les envió los presos para que, si les parecía bien, los sacrificasen en Huexotzinco, con asistencia de los chalcas, o si no, en Chalco con asistencia de los huexotzincas. Estos, que siempre fueron más humanos que los chalcas, desecharon con indignación la propuesta. "¿Qué razón hay —dijeron— para privar de la vida a unos hombres que no tienen más culpa que la de ser fieles mensajeros de su señor? Y dado caso que debieran morir, no sería honor nuestro que murieran a nuestras manos los que nosotros mismos no

---

[8] No solamente se equivocó el P. Acosta o, por mejor decir, el P. Tovar en la relación de algunas acciones de nuestro héroe, sino también en lo que mira a su persona, haciendo distinción entre Tlacaele o Tlacaelle y Moctezuma, siendo un solo hombre con dos y aun con tres nombres. Lo que más se admira es que haciendo a Tlacaele sobrino de Itzcoatl, lo haga tío de Moctezuma, lo cual es evidentemente falso, porque se sabe que Moctezuma era hijo de Huitzilíhuitl, hermano de Itzcoatl, y por consiguiente no podía ser sobrino del sobrino de Itzcoatl.

cautivamos. Id en paz y decid a vuestro señor que la nobleza huexotzinca no quiere infamarse con acciones tan indignas."

Con esta respuesta y con los presos volvieron los chalcas a Toteotzin, el cual, habiendo resuelto ganarse amigos a costa de sus prisioneros, dio parte de lo sucedido al tirano Maxtlaton, dejando a su elección la suerte de aquellos infelices y esperando con esta lisonja templarle el enojo que le había motivado con su perfidia y su inconstancia en abandonar el partido de los tepanecas por el del príncipe pretendiente. Mientras le volvía la respuesta del tirano hizo depositar los prisioneros en la misma cárcel y a cargo del mismo Cuateotzin. Este, compadecido de la desgracia de un joven de tan elevado carácter y de tan gran valor, llamó a un criado de su mayor confianza la noche antecedente al día en que se esperaba la respuesta de Azcapotzalco y le ordenó que aquella misma noche pusiese en libertad a los presos y dijese de su parte a Moctezuma que determinaba salvarle la vida con riesgo evidente de perder la suya; que si moría por esa causa, como era de temer, se acordase de mostrar su gratitud en el amparo y favor de los hijos que dejaba; que no fuese en derechura a México, porque los guardias que había en el camino volverían a prenderlo sino que se encaminase por Iztapallocan a Chimalhuacan y desde allí se embarcase para su corte. Ejecutó el criado la orden y Moctezuma con su comitiva el consejo de Cuateotzin. Salieron aquella noche de la cárcel y con el mayor recato se encaminaron a Chimalhuacan, en donde se mantuvieron ocultos todo el día siguiente y, por no tener otra cosa, comieron hierbas crudas. A la noche se embarcaron y con la mayor presteza se transportaron a México. Fueron recibidos con singular regocijo, porque ya los creían muertos.

Luego que el bárbaro Toteotzin supo la fuga de los presos, montó en cólera y no dudando que Cuateotzin había sido el autor de su libertad, le mandó matar y descuartizar juntamente con su mujer y sus hijos, de los cuales escaparon un hijo y una hija. Esta se recobró en México, en donde fue muy honrada en atención al incomparable servicio que a costa de su propia vida había hecho su padre a la nación mexicana. Tras esta pesadumbre le vino a Toteotzin otra no menor en la respuesta del tirano. Este, que estaba vivamente resentido de los chalcas por el socorro que habían dado a Nezahualcóyotl y por el estrago que habían hecho en Coatlichan, mandó a Toteotzin una severísima represión tratándolo de doblado y traidor, y ordenándole que sin dilación alguna pusiese en libertad a los presos. Premio digno de un pérfido lisonjero! No tomó esta resolución el tirano Maxtlaton por favorecer a los mexicanos, que aborrecía de muerte, sino solamente por despreciar el obsequio de Toteotzin y oponerse a su voluntad. Tan lejos estaba de favorecer a aquella nación, que nunca más que entonces se hallaba empeñado en arruinarla, y actualmente tenía apercibidas sus tropas para dar sobre México un golpe decisivo y de allí pasar a reconquistar lo que Nezahualcóyotl le había quitado. Este príncipe, sabedor de los intentos de Maxtlaton, pasó a México a tratar con el rey del sistema que debían seguir en la guerra y de las medidas más convenientes para desbaratar los designios del tirano, y convinieron en que las tropas texcocanas se uniesen a las de México para la defensa de aquella ciudad, de cuya suerte parecía depender el éxito de la guerra.

El rumor de la guerra inminente consternó de tal suerte a la plebe mexicana, que creyéndose incapaz de resistir al poder de los tepanecas, a quienes hasta aquel tiempo habían reconocido superiores, se presentó en tropel al rey y le pidió con grandes clamores y lágrimas que no emprendiese guerra tan peligrosa, que traería infaliblemente la ruina de su ciudad y nación. "Pues, ¿qué queréis que hagamos —dijo el rey— en lance tan apretado?" Que pidamos la paz, respondió la plebe, al rey de Azcapotzalco; que nos ofrezcamos a servirle como vasallos, y para moverle a la clemencia sea conducido a su presencia nuestro dios en hombros de los sacerdotes. Pudieron tanto estos clamores acompañados de amenazas, que el prudente rey, temeroso de una sedición popular más perjudicial que la guerra de los enemigos, se vio precisado contra su voluntad a condescender con el pueblo, y dio orden de que se ejecutase lo que pedía.

Hallábase allí presente el joven Moctezuma, y no pudiendo sufrir que una nación que tanto se preciaba de honor, se abrazase con un partido tan ignominioso, habló así a la plebe: "¿Qué es esto, mexicanos? ¿Habéis perdido el juicio? ¿De cuándo acá se ha introducido tanta cobardía en vuestros pechos? ¿Os habéis olvidado de que sois mexicanos y descendientes de aquellos héroes que fundaron esta ciudad y la han conservado con honor hasta este tiempo, a pesar de las contradicciones de nuestros enemigos? O mudad de parecer, o renunciad la gloria que habéis heredado a vuestros mayores." Y vuelto al rey, "¿Cómo señor —le dijo— permitís tanta ignominia en vuestro pueblo? Habladle de nuevo y decidle que nos deje tomar otro medio antes que ponernos tan necia y afrentosamente en poder de nuestros enemigos." El rey, que no deseaba otra cosa, habló al pueblo recomendando el dictamen de Moctezuma, el cual fue bien recibido. "Ahora bien —dijo el rey, hablando con la nobleza— ¿quién de vosotros, que sois la flor de la nación, tendrá valor para llevar una embajada al señor de los tepanecas?" Comenzaron todos a verse unos a otros sin que hubiera quien se atreviese al peligro, hasta que el mismo Moctezuma, con juvenil intrepidez, se presentó diciendo: "Yo iré, que si por último he de morir, poco importa que sea hoy o mañana, ni puede haber mejor ocasión que la presente para morir con gloria, sacrificando mi vida al honor de mi nación. Pronto estoy, señor, a cumplir todas vuestras órdenes; mandadme lo que fuereis servido."

El rey, admirado de su valor, ordenó que fuese a proponer la paz al tirano, pero sin consentir en condiciones ignominiosas. Tomó luego el camino el valeroso joven y llegando a las guardias avanzadas de los tepanecas, les persuadió con artificio que le dejasen llevar a su señor una embajada de suma importancia. Presentado a Maxtlaton dio su embajada, y pidió la paz a nombre del rey y nación, bajo de honestas condiciones. El tirano respondió que tomaría consejo y al día siguiente daría la respuesta decisiva. Pidióle Moctezuma salvo conducto, y no le dio otro que el que él mismo pudiese conseguir con su diligencia. Volvióse a México, empeñando su palabra de volver al día siguiente. La poca seguridad que tenía en aquella corte y la comodidad del viaje que no era más que de cuatro millas, le harían no esperar allí la decisión de Maxtlaton. Expuso a su rey lo que había pasado y al otro día regresó a Azcapotzalco con orden de practicar con el tirano, si se determinaba a la guerra, las ceremonias que acostumbraban los señores cuando se desafiaban, que se reducían a presentarse ciertas armas para la defensa, y a ungirse y emplumarse la cabeza como se hacía con los muertos.

Fue, pues, Moctezuma, y habiendo recibido del tirano la resolución de la guerra, le entregó las armas que llevaba, le ungió y emplumó la cabeza, y le protestó de parte de su rey, que por no aceptar la paz con que se le convidaba, sería exterminado con toda la nación de los tepanecas. El tirano, sin ofenderse de semejante ceremonia, le dio también unas armas que presentase a su rey y le advirtió que para la seguridad de su persona saliese disfrazado por un portillo que había en un corral del palacio. No habría el tirano atendido tanto esta vez el derecho de gentes, si hubiera presentido que ese mismo embajador por cuya vida se interesaba, había de ser el principal instrumento de su ruina. Aprovechóse Moctezuma del aviso, y luego que se vio fuera de peligro se puso a vista de los guardias y los insultó, notándolas de descuidadas y amenazándoles con la destrucción de todos los tepanecas. Las guardias dieron sobre él, pero se defendió con tanto valor que mató uno o dos, hasta que cargando más gente, se retiró a México con la noticia de estar ya declarada la guerra y desafiados los jefes de ambas naciones.

### 21. Guerra contra el tirano

Con esta nueva se volvió a alborotar la plebe y acudió al rey a pedirle su permiso para retirarse de la ciudad, porque tenían por cierta su ruina.

El rey los consoló y animé con la esperanza de la victoria. "Y si somos vencidos —replicó la plebe— ¿qué haremos?" —Si eso sucede —respondió el rey— desde ahora nos obligamos a ponernos en vuestras manos para que nos sacrifiquéis, si quisiereis, y comáis nuestras carnes. "Así será —dijeron ellos— si perdéis la batalla; pero si salís victoriosos, desde ahora también nos obligamos, y juntamente a todos nuestros descendientes a ser vuestros tributarios, a labrar vuestras tierras, a fabricar vuestras casas y a llevar vuestras armas y bagaje a la guerra."

Hecho este concierto entre los nobles y los plebeyos, y nombrado general de las tropas mexicanas el valiente Moctezuma, avisó el rey prontamente al príncipe Nezahualcóyotl, para que acudiese a México con su ejército, lo cual se verificó un día antes de la batalla. No hay duda de que ya por este tiempo tenían fabricadas los mexicanos las calzadas para la comunicación más cómoda de su ciudad con las demás de tierra firme; porque de otra suerte no se pueden entender las marchas y escaramuzas de ambos ejércitos, y aun consta expresamente de la Historia que tenían cortadas las calzadas con acequias que les servían de fosos, solamente con alzar los puentes de vigas que tenían sobre ellas.[9] Pero ninguno de los historiadores expresa el tiempo en que se construyeron. Yo a la verdad me asombro de que, en medio de una vida tan calamitosa como la que hasta entonces habían pasado los mexicanos tuviesen ánimo para emprender una obra tan ardua. Sea de eso lo que fuere, al día siguiente de haber llegado a México el príncipe Nezahualcóyotl, se dejó ver el ejército de los tepanecas muy numeroso y lucido por las piezas de oro con que iban, según su costumbre, adornados, y por los vistosos penachos de plumas que llevaban en las cabezas y que en cierta manera abultaban su estatura. Acompañaban su marcha con grandes alaridos con que apellidaban antes de tiempo la victoria. Todo este ejército venía al mando de un famoso general llamado Mazatl. El tirano Maxtlaton, sin embargo de haber aceptado el desafío, no salió a campaña, o porque creyó envilecerse en medir sus fuerzas con el rey de México o, lo que es más cierto, porque temió la fortuna de la guerra.

Luego que los mexicanos divisaron a los enemigos, salieron a recibirlos en buen orden y, dada la señal del combate por el rey Itzcoatl con un pequeño tambor que llevaba a las espaldas, se arremetieron con increíble furia ambos ejércitos, persuadidos unos y otros de que aquella batalla había de decidir de su suerte. La mayor parte del día no se pudo conocer de quién eran las ventajas, porque el terreno que ganaban los tepanecas a poco rato lo perdían; pero ya que iba cayendo el sol, viendo

---

[9] Puede creerse que los mexicanos tenían ya por este tiempo fabricadas las calzadas de Tepeyacac y de Tacuba; no la de Iztapalapan, la cual por ser mucho más larga y en la parte más profunda del lago, era más ardua.

la plebe mexicana las fuerzas del ejército tepaneca que cada vez se aumentaban con la gente que le venía de refuerzo, comenzó a desmayar y a lamentarse de sus jefes. "¿Qué hacemos, mexicanos —se decían unos a otros— será razón que sacrifiquemos nuestras vidas a la ambición del rey y del general? ¿Cuánto mejor será rendirnos confesando nuestra temeridad para obtener el perdón y la gracia de la vida?" Oyó el rey con sumo dolor estas voces, y viendo que con ellas desmayaba más su gente y se animaban los enemigos, llamó a consejo al príncipe y al general y les preguntó: ¿qué les parecía se debía hacer a tanto desaliento como veían en la plebe? "¿Qué? —respondió Moctezuma— pelear hasta morir. Si morimos defendiendo nuestra libertad, cumpliremos con nuestra obligación; si vivimos vencidos quedaremos cubiertos de eterna confusión. Vamos, pues, a morir." Ya a esta razón iban prevaleciendo los clamores de los ya casi rendidos mexicanos, entre los cuales hubo algunos tan viles que decían a gritos a los enemigos: "¡Oh fuertes tepanecas, señores de la tierra firme, reprimid vuestra indignación, que ya nos rendimos; y si del todo no nos entregamos a vosotros es porque nuestros jefes nos lo embarazan. Si queréis, aquí a vuestros ojos les daremos la muerte para merecer de vosotros el perdón!"

Fue tan grande la ira que concibieron con estas voces el rey, el príncipe, el general y la nobleza, que allí inmediatamente hubieran dado a sus cobardes soldados el castigo que merecían, si no fuera por no facilitar a los enemigos el triunfo. Y así disimularon y todos a una clamaron diciendo: ¡Vamos a morir con gloria! Y se arrojaron con tal ímpetu sobre los enemigos, que los hicieron retroceder y abandonar un foso que tenían ganado. Con esta ventaja comenzó el rey de nuevo a animar a su gente, mientras el príncipe y el general hacían prodigios de valor.

En la mayor fuerza del combate se encontró Moctezuma con el general tepaneca, que venía muy ufano con el terror que habían causado sus soldados a la plebe mexicana, y le dio un golpe tan fuerte en la cabeza que lo derribó muerto a sus pies. Apellidó luego a gritos la victoria a cuyas voces se alentaron los mexicanos; pero los tepanecas entraron en tan grande consternación con la muerte de su famoso general Mazatl, que inmediatamente comenzaron a decaecer y a desordenarse. La noche impidió a los mexicanos los progresos que iban haciendo, y así se volvieron unos a otros a sus respectivas ciudades; los tepanecas, tristes y desconsolados, aunque con alguna esperanza de vengarse al día siguiente, y los mexicanos llenos de aliento e impacientes de que la oscuridad no les permitiese perfeccionar la victoria. El tirano Maxtlaton, pesaroso de la muerte del general y de la consternación de su gente, pasó aquella noche, que era la última de su vida, esforzando a sus capitanes, proponiéndoles por una parte la gloria del triunfo, y, por otra, los males a que se sujetaban en caso de quedar vencidos; pues los mexicanos, que hasta entonces habían sido tributarios de los tepanecas,[10] si salían victoriosos obligarían a los tepanecas a pagarles tributo, que era la mayor infamia que podían sufrir.

## 22. Conquista, de Atzcapotzalco y muerte del tirano

Amaneció finalmente el día que debía decidir la suerte de tres reyes. Salieron los ejércitos al campo y comenzaron con extraordinario furor la batalla, que duró en su fuerza hasta el mediodía. Los mexicanos, que iban con mucho mayor aliento que el día antecedente, hicieron tan horrible estrago en sus enemigos, que sembraron todo el campo de cadáveres, derrotaron al ejército y lo pusieron en fuga. Siguieron el alcance los mexicanos y alcolhuas hasta las mismas calles de Atzcapotzalco, llevando por todas partes el terror y la muerte. Viendo los miserables tepanecas que ni en sus casas podían sustraerse del furor de los vencedores, huyeron precipitadamente a los montes distantes tres y cuatro leguas de Atzcapotzalco.

El soberbio Maxtlaton, que hasta entonces había despreciado a sus enemigos y se creía superior a todos los reveses de la fortuna, cuando vio dentro de su corte a los mexicanos y oyó el llanto de los vencidos, no teniendo ya fuerzas para resistirles y temiendo ser alcanzado en la fuga, si la emprendía, tomó el partido de esconderse dentro de un *temaxcalli* o hipocausto de que usaban aquellas naciones y expondremos en otro lugar; pero como los vencedores lo buscaban por todas partes, finalmente lo hallaron, y sin valerle los ruegos y lágrimas con que imploraba su clemencia, fue muerto a palos y ,a pedradas, y su cadáver fue arrojado en el campo para pasto de las aves., Este fue el trágico fin del tirano Maxtlaton, sin haber gozado más de tres años del reino usurpado. Así pagó sus injusticias, sus crueldades, su perfidia, su ambición y los gravísimos agravios hechos a su hermano Tayatzin, al legítimo señor del reino de Acolhuacan y al rey de México. Su memoria es execrable en la historia de aquellas naciones.

Este memorable suceso, que mudó enteramente el sistema de aquellos reinos, fue el año 1425 de la Era Vulgar, un siglo cabal después de la fundación de México. La noche siguiente la pasaron los vencedores en recoger el botín. en destruir las casas y en quemar los templos,

---

[10] Por estas expresiones del tirano puede creer que cuando se apoderó del reino con la muerte de su hermano Tayatzin, volvió a imponer a los mexicanos el tributo que les había condonado su padre Tezozómoc.

dejando aquella corte en estado de que en mucho tiempo no pudiera rehacerse. Mientras los mexicanos y alcolhúas gozaban los frutos de su victoria en Atzcapotzalco, los huexotzincas destacados del ejército de Nezahualcóyotl asaltaron y rindieron la corte antigua de Tenayocan; al otro día fueron a unirse a los mexicanos y acolhúas, y todos juntos tomaron a Cuetlachtepec.

Los fugitivos tepanecas, viéndose reducidos en los montes a la mayor miseria y temiendo que aun allí les alcanzase la furia de los vencedores, resolvieron rendirse e implorar su clemencia. A ese fin despacharon al rey de México un distinguido personaje nombrado Tezcacochitzin, acompañado de otros nobles de diferentes lugares de la nación. Este enviado pidió perdón al rey a nombre de todos sus nacionales, le dio la obediencia y prometió que en adelante todos los tepanecas le reconocerían por su legítimo señor y como vasallos le servirían. Congratulóse de que en tan grande trastorno de su fortuna les hubiese tocado un rey tan digno de serlo y por último concluyó suplicándole con la mayor humildad les otorgase la gracia de la vida y la libertad de volver a sus casas. Itzcoatl los recibió con suma benignidad, les concedió cuanto pedían, protestó que los admitía, no solamente por súbditos sino aun por hijos, y ofreció hacer con ellos todos los oficios de un verdadero padre; pero al mismo tiempo los amenazo con el último exterminio si alguna vez se atrevían a violar la fidelidad que le juraban.

Con este indulto volvieron los fugitivos a sus lugares para reedificar sus casas y atender a los intereses de sus familias, y desde entonces quedaron siempre sujetos al rey de México, aumentando con su desgracia los ejemplos de vicisitud que cada día observamos en la felicidad humana. Pero no todos los tepanecas se redujeron desde luego a la obediencia del conquistador; porque los de Coyohuacan, ciudad y estado considerable de la misma nación, se mantuvieron por algún tiempo obstinados en su primer partido, como ya veremos. El rey. después de esta famosa conquista, hizo que los plebeyos ratificasen el concierto que habían hecho con los nobles; y así quedaron aquellos perpetuamente obligados a servirles, como siempre lo ejecutaron; pero aquellos que con sus clamores y lamentos habían desanimado a los demás en la batalla, fueron desmembrados del cuerpo de la nación mexicana y desterrados como viles y cobardes. A Moctezuma y a los demás que se habían señalado en la guerra, asignó el rey en propiedad parte de las tierras conquistadas, y otra destinó a los sacerdotes para su manutención. Finalmente, después de haber dado todas las disposiciones necesarias para la estabilidad de su dominación, se volvió con todo el ejército a México para celebrar con públicos regocijos la felicidad de sus armas y dar a los dioses las gracias por su pretendida protección.

# LIBRO IV

RESTABLECIMIENTO DE LA FAMILIA REAL CHICHIMECA EN EL TRONO DE ACOLHUACAN.—FUNDACIÓN DE LA MONARQUÍA DE TLACOPAN.—CONQUISTAS Y MUERTE DEL REY ITZCOATL. CONQUISTAS Y SUCESOS DE MOCTEZUMA ILHUICAMINA Y AXAYÁCATL, REYES DE MÉXICO—INUNDACIÓN DE MÉXICO.—GUERRA ENTRE MEXICANOS Y TLALTELOCAS.—CONQUISTA DE TLALTELOLCO Y MUERTE DE SU REY MOQUIHUIX.—GOBIERNO, MUERTE Y ELOGIO DE NEZAHUALCÓYOTL.—SUBE AL TRONO SU HIJO NEZAHUALPILLI.

## 1. Restablecimiento de la familia real de los chichimecas

Luego que el rey Itzcoatl se vio asegurado en su trono y en la pacífica posesión de Atzcapotzalco, por recompensar el príncipe Nezahualcóyotl el auxilio que le había dado en la defensa de México y en la conquista de la corle de los tepanecas, resolvió ayudarle en el cobro del reino de Acolhuacán. Si el rey de México hubiera antepuesto la ambición de dominar a la fidelidad y la justicia, no le habrían faltado pretextos para apoderarse también de aquel reino. El tirano Tezozómoc había puesto a Chimalpopoca en posesión de Texcoco y éste había mandado como señor en aquella corte. Itzcoatl, que entró en todos los derechos de su antecesor, podría mirar aquel estado como incorporado años hacía en la corona de México. Por otra parte, habiendo conquistado legítimamente a Atzcapotzalco y sojuzgado a los tepanecas, parece que debería suceder en todos los derechos de los vencidos, que por la posesión de doce años y la aceptación de la mayor parte de los pueblos, podrían creerse suficientemente justificados. Pero, desechando semejantes pretextos, trató seriamente de poner a Nezahualcóyotl en posesión del reino que por legítima sucesión le tocaba, y de que por tantos años había estado privado por la injusta usurpación de los tepanecas.

Aun después de la derrota de los tepanecas había muchas ciudades en el reino que no querían reconocer al príncipe heredero, temiendo que si se rendían serían castigados por la rebelión pasada. Una de estas ciudades era la de Huexotla, vecina de la corte de Texcoco,[1] cuyo señor

---

[1] La Ciudad de Huexotla había sido dada en feudo, como dijimos, al rey de Tlaltelolco; y así podemos creer que el tirano Maxtlaton se la quitó para darla a Huitznahuatl.

Huitznahuatl se mantenía obstinado en su primer partido. Salieron, pues, de México todas las tropas aliadas y encaminándose por la llanura que ahora llaman de Santa María, hicieron alto en Chimalhuacán, desde donde se envió a ofrecer el perdón a los huexotecas, si se rendían; y de no, que supiesen que entrarían a sangre y fuego a la ciudad. Pero aquellos rebeldes, en vez de aceptar el indulto salieron formados en orden de batalla contra el ejército de los aliados. Poco duró el combate, porque habiendo el invicto Moctezuma apresado al señor de aquella ciudad, huyeron acobardadas sus tropas y después solicitaron humildemente el perdón, presentando como solían, al vencedor, las mujeres preñadas, los niños y los viejos para moverle a compasión. Obtenido lo que deseaban y aclamado Nezahualcóyotl rey de Acolhuacán, despidieron las tropas auxiliares de Tlaxcala y de Huexotzinco, con singulares muestras de agradecimiento y una buena parle del botín de Azcapotzalco.

### 2. Conquista de Coyohuacan y otros lugares

De allí pasó el ejército combinado de mexicanos y acolhuas contra los rebeldes de Coyohuacan, de Atlacuihuayan y de Huitzilipochco. Los de Coyohuacan habían procurado excitar los ánimos de los demás tepanecas para sacudir el yugo de los mexicanos. Accedieron a la propuesta las dichas ciudades y otros lugares comarcanos; pero los demás, escarmentados con la derrota pasada, no quisieron aventurarse a nuevo peligro. Antes de declarar su rebelión comenzaron a maltratar a las mujeres mexicanas que iban al mercado y aun a los hombres que por cualquier motivo concurrían a aquella ciudad. Entre otras burlas que les hicieron, convidaron a unos mexicanos a un banquete y después de haberles dado bien de comer los vistieron por fuerza de ropa mujeril y con ese traje los enviaron a México; por lo cual había ordenado el rey Itzcoatl que ningún mexicano fuese a Coyohuacan hasta que diese a aquellos rebeldes el castigo que merecían.

Concluida, pues, la expedición de Huexotla, fue contra ellos. En las tres primeras batallas que les dio apenas tuvo otra ventaja que la de hacerles retroceder algún tanto; pero en la cuarta, mientras el rey con su gente se hallaba en lo más fuerte del combate, salió Moctezuma de una emboscada con algunos pelotones de gente animosa, y acometió la retaguardia de los rebeldes con tal ímpetu que los obligo a dejar el campo y refugiarse en la ciudad. Siguióles el alcance y habiendo advertido que querían ampararse en el templo, que era muy fuerte, se adelantó rompiendo por entre los enemigos, tomó el templo y quemó su torre. Con este golpe se consternaron los rebeldes y desamparando la ciudad, se retiraron a los montes que están al sur de Coyohuacan. Fueron en su alcance los mexicanos por más de diez leguas, hasta que en un monte que está al poniente de Cuauhnahuac, cansados los fugitivos perdida la esperanza de escapar de sus enemigos que con tanto ardor los perseguían, arrojaron las armas en señal de rendirse y se entregaron a discreción.

Con esta victoria, que fue al fin del segundo año del reinado de Itzcoatl, quedó este rey asegurado de todo el estado de los tepanecas y Moctezuma lleno de gloria. Fue cosa digna de admiración, dicen los historiadores, que la mayor parte de los prisioneros que se hicieron en aquellas batallas, fueron de Moctezuma y de tres valerosos oficiales alcolhúas; porque estos cuatro se concertaron, siguiendo en parte el ejemplo de los antiguos mexicanos en la guerra con los xochimilcas, en cortar una guedeja a todos los que apresaran, y se halló después que los más tenían esa señal.

### 3. Monarquía de Tlacopan y alianza de los tres reyes

Concluida con tanta felicidad esta expedición y arregladas las cosas de Coyohuacan y demás ciudades rebeladas, se volvieron los dos reyes a México. Parecióle al rey Itzcoatl que para que los tepanecas viviesen con más quietud y con menos disgusto bajo el yugo de los reyes de México, sería conveniente poner al frente de la nación uno de la misma sangre de sus señores. Para esto puso los ojos en Totoquihuatzin, sobrino del tirano Maxtlaton y nieto de Tezozomoc. No se sabe que este príncipe tuviese alguna parte en la guerra pasada, ya fuese por aversión a su tío o por secreta inclinación a los mexicanos. Itzcoatl lo llamó a México y lo creó rey de Tlacopan, ciudad considerable de los tepanecas y de todos los lugares al poniente que pertenecían a su nación, incluso el país de Mazahuacan. Pero Azcapotzalco, Coyohuacan, Mixcoac y otras ciudades tepanecas quedaron inmediatamente sujetas a México. Diose a Totoquihuatzin aquella corona con la condición de ayudar con todas sus fuerzas al rey de México cuando lo pidiese, señalándole por esto la quinta parte de los despojos que se hicieran en la guerra.

Del mismo modo a Nezahualcóyotl se puso en posesión de su reino con la condición de ayudar en la guerra a los mexicanos, y se le asignó la tercera parte de los despojos después de sacada la parte del de Tlacopan, quedando las otras dos terceras partes para el mexicano. Además de esto, ambos reyes fueron constituidos electores honorarios del rey de México,[2] el cual honor consistía solamente en ratificar la elección hecha por los cuatro nobles mexicanos que eran los verdaderos electores. El rey de México se obligó de su parte a socorrer a los otros dos reyes cuando lo hubiesen menester. Esta triple alianza, que se mantuvo inalterable por casi un siglo, fue el fundamento de las rápidas conquistas que en adelante hicieron los mexicanos.

No fue este el único golpe maestro de la política de Itzcoatl; premió también ventajosamente a cuantos se habían distinguido en las guerras pasadas, no atendiendo tanto a la nobleza y empleos que obtenían al tiempo de la guerra, cuanto al esfuerzo y valor que habían mostrado aunque fuesen soldados rasos. De esta suerte la esperanza del galardón los esforzaba a la heroicidad, estando seguros de que no dependía de ciertos accidentes de fortuna, sino del mérito de sus propias acciones. Política que por la mayor parte siguieron los reyes sus sucesores con grandes ventajas del estado. Itzcoatl habiendo dado estas providencias pasó con el rey Nezahualcóyotl a Texcoco para coronarlo de su mano. Esta función, que se celebró con la mayor solemnidad, fue el 1426. Terminadas las fiestas, se volvió el rey de México a su corte y el de Texcoco se aplicó con la mayor diligencia a arreglar la suya.

4. Reglamentos singulares del rey Nezahualcóyotl

No estaba el reino de Acolhuacán tan bien ordenado como lo dejó Techotlalla. La dominación de los tepanecas y las grandes revoluciones que habían acaecido en aquellos veinte años, habían alterado el gobierno de los pueblos, quebrantado la fuerza de las leyes y corrompido en mucha parte las costumbres. Nezahualcóyotl, que sobre el singular amor que tenía a su nación, era dotado de rara prudencia, dio tales providencias para la reforma del reino que en pocos años se vio mucho más floreciente que en tiempos de sus antecesores. Dio nueva forma a los consejos que estableció su abuelo y proveyó sus plazas en las personas que halló más idóneas.

Un consejo había para las causas puramente civiles, y entre otros asistían en él cinco señores que le habían sido muy fieles en tiempo de sus adversidades; otro había para las causas criminales, presidido de dos príncipes hermanos suyos de mucha integridad. El consejo de guerra se componía de los más famosos capitanes, entre los cuales tenía el

---

[2] Algunos historiadores creyeron que lo reyes de Texcoco y Tlacopan eran verdaderos electores; pero de la misma historia consta lo contrario ni hay noticia de que jamás se hallasen presentes ni interviniesen en la elección.

principal lugar su yerno, el señor de Teotihuacan, que era general de ejército y uno de los trece próceres del reino. El consejo de hacienda constaba de los mayordomos del rey y de los principales mercaderes de la corte; tres eran los mayordomos mayores, a cuyo cargo estaba la recaudación de los tributos y rentas reales.

Creó una especie de academia de poesía, de astronomía, de música, de pintura, de historia y del arte adivinatorio, y llamó a ella los más hábiles profesores del reino; éstos se congregaban a tiempos en cierto lugar a conferir sus luces y arbitrios, y para cada una de estas ciencias y artes fundó escuelas en la corte. Por lo que mira a las artes mecánicas, repartió la ciudad de Texcoco en treinta y tantos barrios, y señaló a cada arte el suyo con exclusión de los demás; en un barrio estaban los plateros, en otro los lapidarios, en otro los tejedores y así los demás.

Para fomento de la religión edificó varios templos, nombró ministros para el culto de sus dioses, les dio casas y les asignó rentas para su sustento y para los demás gastos religiosos; y para el esplendor mayor de su corte construyó grandes edificios dentro y fuera de la ciudad y formó nuevos jardines y bosques que en parle subsistieron muchos años después de la conquista y hasta hoy se observan algunos vestigios de aquella magnificencia. Suplico a los lectores no se anticipen a condenar mi credulidad en esta y otras materias semejantes, hasta haberse enterado de lo demás que diremos en esta historia, y principalmente de lo que producimos en nuestras *Disertaciones*.[3]

### 5. Conquista de Xochimilco, Cuitlahuac y Cuauhnáhuac, etc.

Estando el rey de Texcoco ocupado en arreglar su reino, los xochimilcas, temerosos de que intentasen algún día los mexicanos hacer con ellos lo que habían ejecutado con sus vecinos los tepanecas de Coyohuacan, se juntaron en consejo a deliberar sobre las providencias que convendría tomar para precaver el golpe. Algunos fueron de parecer de someterse voluntariamente a la dominación de los mexicanos, puesto que finalmente a pesar suyo habían de ser sometidos; pero prevaleció el dictamen de otros que tuvieron por mejor el declararles la guerra antes

---

[3] Doy a aquellas juntas que había en Texcoco para el Gobierno del reino los nombres de Consejo de Guerra, Consejo de Hacienda, etc., porque realmente lo eran, aunque muy diferentes de lo respetables cuerpos que tienen estos nombres en las cortes de Europa. Pero si algún lector melindroso desdeñare semejante apelaciones como impropiamente aplicadas, deles las que le pareciere, pues no tengo interés alguno en mantenerlas.

de que aumentase con nuevas conquistas su poder. Sabida esta resolución en México levantó el rey un buen ejército bajo las órdenes del general Moctezuma y avisó al rey de Texcoco para que acudiese también con sus tropas. Diose la batalla en la raya de Xochimilco. Aunque el número de los xochimilcas era grande, no pelearon con el buen orden de los mexicanos, y así en breve comenzaron a desbaratarse y a retroceder a la ciudad. Siguieron los mexicanos y entrando en la ciudad pegaron fuego a las torres de los templos y a otros edificios. Los habitantes no pudiendo sostener el ataque, huyeron a los montes, en donde, sitiados de sus enemigos, se rindieron. Moctezuma fue recibido de los sacerdotes xochimilcas con música de flautillas y tambores, habiéndose concluido esta importante expedición en solo once días. Pasó inmediatamente el rey de México a tomar posesión de aquella ciudad, la parle más extensa del valle mexicano después de las cortes, en donde fue reconocido y aclamado por rey y le juraron obediencia. Ordenó a los xochimilcas que edificasen una calzada para mayor comodidad del tráfico, y prometió amarles como padre y cuidar en adelante de sus intereses.

La desgracia de los xochimilcas no sirvió de escarmiento a los de Cuitláhuac, ciudad considerable situada en una isleta de la laguna. La ventaja del sitio les dio aliento para provocar a los mexicanos a la guerra. Quería Itzcoatl echarles encima todo el golpe de sus tropas, pero Moctezuma se ofreció a humillar su orgullo con menos fuerzas; y a este fin reclutó unas cuantas compañías de jóvenes, especialmente de los que se educaban en los seminarios de México. Y habiéndolos instruido en el orden que debían llevar y en el modo con que debían pelear, previno un número correspondiente de barcos y con esta armada fue a dar sobre los cuitlahuacas. Ignoramos las particulares circunstancias de esta expedición; pero sabemos que a los siete días se rindió aquella ciudad y dio la obediencia a Itzcoatl, y los jóvenes volvieron a México cargados de despojos y con un buen número de cautivos que sacrificar al dios de la guerra.

Tampoco sabemos el año preciso de esta guerra, como ni el tiempo de la de Cuauhnáhuac, aunque ésta parece haber sido a lo último del reinado de Itzcoatl. El señor de Xiuhtepec, lugar situado a doce leguas al sur de México, había pedido a su vecino el señor de Cuauhnáhuac una hija suya para mujer y éste la había prometido; pretendióla después el señor de Tlaltexcal, y se la dio desatendiendo al primer pretendiente, o por algún agravio que de él recibió, o por otro motivo que ignoramos. Gravemente resentido de esta afrenta, el señor de Xiuhtepec trató de vengarla; pero no pudiendo por sí solo por la notable inferioridad de sus fuerzas, imploró el favor del rey de México, ofreciéndosele por amigo y por aliado, siempre que quisiese servirse de su persona y de su gente. Itzcoatl, creyendo justa la guerra y oportuna la ocasión para ampliar sus dominios, armó su gente y llamó la de Texcoco y Tlacopan. Todo esto era menester, porque el señor de Cuauhnáhuac era muy poderoso y su ciudad muy fuerte, como experimentaron después los españoles cuando la sitiaron. Mandó Itzcoatl que el ejército acometiese a un tiempo por todas partes a la ciudad. Los mexicanos fueron por Ocuillan para asaltarlo por la parte del poniente; los tepanecas por Tlalzacapechco para entrarla por el norte, y los texcocanos con los xiuhtepecas por Tlalquiltenanco para embestirla por el oriente y por el sur. Los cuauhnahuacas, fiados en la fortaleza natural de la ciudad, se quedaron en ella a esperar el asalto. Los primeros que lo dieron fueron los tepanecas, a quienes vigorosamente repelieron; pero cargando inmediatamente por otras partes las demás tropas, se rindieron los habitantes y quedaron sujetos al rey de México, a quien pagaban tributo de algodón, de papel y de otras cosas como diremos en su lugar. Con la conquista de esta ciudad que era capital de los tlahuicas, quedó gran parte de aquel país bajo la dominación del rey de México, y poco después se añadió a estas conquistas la de Cuauhtitlán y Toltitlan, ciudades de consideración cinco leguas al norte de México, aunque ignoramos las circunstancias de esta guerra.

De esta suerte una ciudad tributaria de los tepanecas y poco apreciada de las demás naciones, en poco más de doce años se vio en estado de mandar a los mismos que la dominaban y a los pueblos que se creían en todo superiores. Tanto importa a la felicidad de una nación el valor y la prudencia de su cabeza. Murió finalmente, después de tan glorioso reinado y en edad muy avanzada, el gran Itzcoatl, en el 1436 de la Era Vulgar, rey justamente celebrado de su nación por sus grandes cualidades personales y por los incomparables servicios que le hizo. El le sirvió más de treinta años en el empleo de general y la mandó por casi trece en calidad de soberano. Además de haber libertado a su nación de la servidumbre de los tepanecas, de haber amplificado sus dominios, de haber restablecido a Nezahualcóyotl en el trono de Acolhuacán, de haber enriquecido su corte con los despojos de las ciudades conquistadas y de haber echado en la triple alianza que estableció, los cimientos de su futura grandeza, la ennobleció también con nuevos edificios. Entre otros construyó, después de la conquista de Cuitláhuac, un templo a la diosa Cihuacoatl y otro algún tiempo después a Huitzilopochtli. Celebraron los mexicanos sus exequias con extraordinaria solemnidad y singulares demostraciones de sentimiento y depositaron sus cenizas en el mismo sepulcro donde reposaban las de sus antecesores.

## 6. Moctezuma Ilhuicamina, quinto rey de México

No tuvieron que deliberar los cuatro electores en la elección del nuevo rey, porque no sobreviviendo ya ningún hermano de los difuntos reyes, debía recaer la elección en alguno de los sobrinos de Itzcoatl, y ninguno más acreedor que Moctezuma Ilhuicamina, hijo, como ya dijimos, del rey Huitzilíhuitl, así por sus grandes prendas como por los importantes servicios que había hecho a su nación. Fue pues electo con general aplauso y se dio luego parte a los dos reyes aliados, los cuales, no solamente ratificaron la elección, sino la recomendaron con grandes elogios del electo y le enviaron un buen presente digno de su grandeza. Después de las ceremonias acostumbradas y de las arengas gratulatorias de los sacerdotes, de los nobles y de los militares, se hicieron muchos regocijos de banquetes, danzas e iluminaciones.

Pero antes de llegar a la ceremonia de la coronación, o por ley establecida por la nación, o lo que es más verosímil, de su propia voluntad, salió a campaña con el fin de apresar por su mano algunos enemigos que sacrificar en esa fiesta. Determinó que éstos fuesen de los chalcas por vengarse de las ofensas y malos tratamientos que le hicieron cuando, volviendo de Texcoco en calidad de embajador, fue preso y conducido a la cárcel de Chalco. Fue pues en persona contra ellos, los desbarató e hizo muchos prisioneros, aunque no sujetó enteramente aquel estado a la corona, por no demorar como es creíble, la fiesta de su coronación.

En el día de esta gran función entraron en la corte los tributos y presentes que hacían al nuevo rey todos los lugares conquistados. Iban por delante los mayordomos del rey y los recaudadores de sus rentas, y detrás la gente que llevaba los presentes, dividida en tantas cuadrillas cuantos eran los pueblos que los enviaban, con tan buena disposición que no menos se complacía el pueblo en la vista de este aparato, que en los demás de aquella ruidosa fiesta. Los presentes eran de oro, plata, plumas hermosas, ropa, infinita caza y toda especie de víveres. No expresan los historiadores la asistencia de los dos reyes aliados a la coronación de Moctezuma; pero no hay duda de que asistirían con otros muchos señores forasteros e infinito gentío de toda la comarca. El primer cuidado de Moctezuma luego que se vio en el trono, fue el de edificar un templo en el barrio de Huitznáhuac, para lo cual pidió auxilio a los reyes aliados, y ambos le proveyeron de tantos materiales y operarios que en breve tiempo se acabó y dedicó. Mientras se construía el templo parece haber sido la nueva guerra contra Chalco.

## 7. Atrocidad de los chalcas y su castigo

Los chalcas, además de los agravios que en lo pasado habían hecho a Moctezuma, provocaron de nuevo su indignación con un cruel y horroroso atentado que mereció la execración de toda la posteridad. Fue el caso que, saliendo a caza los príncipes reales de Texcoco a los montes que dominan las llanuras de Chalco, divertidos y empeñados en aquel ejercicio se apartaron de la comitiva con tres nobles mexicanos. Advertidos por algunos chalcas los acometieron y apresaron, y bien asegurados los condujeron a presencia de su señor, persuadidos a que en semejante acción hacían un gran servicio a sus crueles pasiones. Este bárbaro, que debería ser el mismo Toteotzin, que tuvo preso en otro tiempo a Moctezuma, sin atención alguna al alto carácter de los prisioneros, ni temor de las fatales consecuencias que podría traerle su resolución, hizo dar la muerte a todos cinco, y para tener siempre a los ojos un espectáculo en que se cebase su crueldad, mandó salar y secar los cadáveres, y después de bien enjutos los hizo poner en una sala de su casa, en donde le servían para sostener las teas de pino con que se alumbraba de noche.

Extendióse luego por toda la tierra la fama de tan horrible suceso. El rey de Texcoco, a quien tan doloroso golpe hirió en lo más vivo del alma, pidió auxilio para la venganza a los reyes aliados. Determinó Moctezuma que el ejército texcocano embistiese por tierra a la ciudad de Chalco al tiempo que él y el de Tlacopan con tropas la acometían por agua; para lo cual dispuso un infinito número de canoas que pudiesen recibir a su bordo tanta gente, y él mismo se hizo cargo del mando de esta armada. Hicieron los chalcas una vigorosa resistencia; porque, además de ser belicosos, esta vez les aumentó el esfuerzo la desesperación. El mismo señor de aquel estado aun siendo tan viejo que no podía salir por su pie a campaña, se hizo sacar en andas para alentar con su presencia y su voz a sus vasallos. Pero a pesar de su valor y resolución fueron enteramente desbaratados, la ciudad saqueada y su señor preso, al cual prontamente mandó ajusticiar por sus atroces delitos el rey Moctezuma. Los despojos se dividieron, según el tratado que se celebró en tiempo del rey Itzcoatl y la ciudad con todo el estado quedó sujeta al rey de México que en adelante mantuvo allí un gobernador. Dicen los historiadores acolhúas que esta victoria se debió en gran parle al valor de Azoquentzin, joven hijo de Nezahualcóyotl.

## 8. Casamiento de Nezahualcóyotl con una princesa de Tlacopan

Este famoso rey, aunque desde su juventud tuvo varias mujeres y en ellas muchos hijos, a ninguna hasta entonces había concedido el honor de reina, por ser todas ellas o hijas de vasallos o cautivas.[4] Pareciéndole ya necesario tomar una mujer digna de tan grande honor, y que le diese sucesor en la corona, casó con Matlalcihuatzin, joven, bella y modesta, hija del rey de Tlacopan, la cual fue conducida a Texcoco por su padre y el rey de México. Celebráronse las bodas con grandes fiestas por espacio de ochenta días y al año dio a luz la reina un hijo que nombraron Nezahualpilli, y fue, como veremos, heredero de aquella corona.

No mucho tiempo después hubo otras grandes fiestas en aquella corte por el estreno del *hueitecpan* o gran palacio que hizo fabricar aquel rey, de cuya magnificencia fueron testigos oculares los españoles. Estas fiestas, en que también se hallaron los dos reyes aliados, terminaron con un espléndido banquete a que asistió la nobleza de las tres cortes. En él hizo Nezahualcóyotl que sus músicos entonasen al son de instrumentos una oda que él mismo compuso y comenzaba así: *Xochitl mamani in ahuehuetitlan,* cuyo asunto era recordar a todos los oyentes la brevedad de la vida y de los placeres del mundo en la presteza con que una hermosa flor se marchita. Los vivos desengaños de esta canción sacaron algunas lágrimas a los oyentes, a quienes el amor de la vida hacía muy doloroso el recuerdo de la muerte.

### 9. Muerte del rey de Tlaltelolco

Restituido Moctezuma a México se vio precisado a deshacerse de un enemigo que por muy vecino y casi doméstico era más peligroso al estado. Cuauhtlatoa, tercer rey de Tlaltelolco, movido de la ambición de extender sus dominios o de la envidia de la felicidad de su vecino, había intentado años antes quitar la vida al rey Itzcoatl y apoderarse del reino de México; y para ejecutarlo, por no ser suficientes sus fuerzas, pidió auxilio a otros señores comarcanos. Tenía ya un buen número de gente para dar el golpe; pero se le frustró porque, habiendo sabido Itzcoatl sus intentos, se armó para la defensa y embarazó la traición.

Quedaron desde entonces ambas ciudades sin ninguna comunicación entre sí, a excepción de la que tenían algunos plebeyos que furtivamente acudían al mercado. En el reinado de Moctezuma volvió el rey de Tlaltelolco a sus perversos designios; pero no quedaron tan impunes como la vez pasada, porque, noticioso de ellos Moctezuma, previno el golpe con un asalto repentino que dio a Tlaltelolco, en el cual hizo morir a su inquieto reyezuelo, aunque no quedó en esta vez sujeta aquella

---

[4] Nezahualcóyotl estuvo casado, como dijimos, en su juventud con Nezahualxóchitl, que por ser de la casa real de México era digna del honor de reina; pero parece que esta señora murió antes de que el rey su marido recobrase la corona que le tenían usurpada los tepanecas.

ciudad al rey de México. Los tlaltelolcas eligieron por rey al valeroso Moquihuix, en cuya elección influyó verosímilmente el rey de México.

## 10. Conquistas de Moctezuma

Viéndose Moctezuma libre de este pernicioso vecino, pasó a la provincia de los coixcas al sur de México a vengar la muerte que aquellos pueblos habían dado a ciertos mexicanos. En esta gloriosa expedición agregó a la corona de México a Huaxtepec, Yauhtepec, Tepoztlán, Yacapichtla, Tololapan, Tlacozauhtitlan, Chilapan, distante más de cincuenta leguas de la corte, Coixco, Oztomantla, Quetzalla, Ichcateopan, Teoxahualco, Poctepec, Tlachco, Ylachmallac y otros lugares, y declinando después hacia el poniente, conquistó a Tzompahuacan, dejando esta vez sujeta a su dominio, no sólo la provincia de los coixcas que habían sido autores de aquellas muertes, sino otros muchos estados vecinos a ella que por ventura se habrían atraído su indignación con otros insultos. De vuelta a México ensanchó el templo de Huitzilopochtli y lo adornó con los despojos de aquellos pueblos. Todas estas conquistas y sucesos fueron en los nueve primeros años de su reinado.

## 11. Inundación de México y su reparo

En año décimo, que fue 1446, hubo una grande inundación en México ocasionada por las excesivas lluvias y concurso de aguas que, no cabiendo en el vaso de la laguna, se derramaron sobre la ciudad. Llegó a tal punto la inundación que todas las calles se andaban en canoas y se arruinaron algunas casas. Afligido Moctezuma con esta adversidad, consultó al rey de Texcoco, de cuyas superiores luces esperaba el remedio. El parecer que dio ese prudente rey fue que se hiciese un dique para contener las aguas, señalando el lugar donde debía hacerse y las medidas que debía tener. Aprobó Moctezuma el arbitrio y mandó que se ejecutase con la mayor prontitud. Ordenó a los de Azcapotzalco, Coyohuacan y Xochimilco que suministrasen muchos millares de estacas gruesas, y a otros pueblos que proveyesen la piedra necesaria.

Convocó también a los de Tlacopan, Ixtapalapa, Colhuacán y Tenayucan, y los mismos reyes y señores dieron ejemplo a los demás en el trabajo; el cual acaloró de tal suerte a la gente, que en poquísimo tiempo se vio perfectamente concluida una obra que apenas podía ejecutarse en algunos años. El dique tenía de longitud tres leguas y de latitud más de ocho varas, y se reducía a dos fortísimas estacadas paralelas, cuyo espacio intermedio se terraplenó con piedra y tierra. Lo más arduo de la obra consistía en haberse de hacer como se hizo dentro del agua y especialmente en algunas partes de considerable profundidad. Con esta providencia quedó libre por entonces la ciudad de nueva inundación. Mientras se trabajaba en esta grande obra se rebelaron los chalcas; pero fueron prontamente reducidos a la debida obediencia, aunque no sin muerte de algunos capitanes mexicanos de mucho nombre.

### 12. Hambre en México

A la calamidad de la inundación se siguió dentro de breve tiempo la del hambre; porque en los años de 1448 y 49 se perdieron enteramente las sementeras de maíz por haberse helado el grano cuando estaba en leche; en el año de 1450 se perdieron por falta de agua; en el de 51, además de haber sido el tiempo ad verso, apenas hubo semilla que sembrar por haberse consumido en los tres años antecedentes casi todo el grano que había en las trojes de las cosechas pasadas; con lo cual el año siguiente fue tan grande la necesidad de los pueblos que, no bastando a socorrerla la liberalidad de los reyes y señores que abrieron sus graneros en beneficio de sus vasallos, se vieron éstos en precisión de comprar el necesario sustento con su propia libertad.

Moctezuma, no pudiendo remediar la miseria de sus súbditos, les dio permiso para ir a otras provincias a buscar su remedio; pero advirtiendo que algunos se vendían esclavos por el sustento de sólo dos o tres días, publicó un bando en que mandaba que ninguna mujer se vendiese por menos de 400 mazorcas de maíz y ningún hombre por menos de 500. Fue grande el daño que trajo esta calamidad al Estado; porque de los que salieron a otras tierras en solicitud del sustento, unos morían de hambre en el camino y otros vendían sus hijos y no teniéndolos se vendían a sí mismos, de los cuales quedaron muchos en la provincia de los totonacas, en donde había abundancia de maíz. La mayor parte del vulgo mexicano se mantuvo, como sus antepasados, de las aves y hierbas palustres y de los pececillos e insectos que pescaban en el mismo lago. El año siguiente no fue tan malo; finalmente en el 1454, que fue año secular, se logró una cosecha abundantísima, no solamente de maíz sino de toda especie de granos y frutos.

### 13. Nuevas conquistas de Moctezuma y su Muerte

Pero no pudieron los mexicanos gozar con tranquilidad de su abundancia porque les fue preciso salir a campaña contra Atonaltzin, señor de la ciudad y estado de Coixtlahuacan, en la gran provincia de los mixtecas. Era éste un señor poderoso que por no sé qué motivo no permitía el pasaje libre por sus tierras a ningún mexicano, y a cuantos llegaban a ellas les hacía todo el mal que podía. Ofendido el rey Moctezuma de sus hostilidades, le envió una embajada para saber la causa de semejante conducta, amenazándole con la guerra si no daba la satisfacción conveniente. Atonaltzin recibió la embajada con desprecio y, sacando a la presencia de los embajadores una muestra de sus riquezas: "Llevad —les dijo— a vuestro rey ese presente, y decidle que por él conocerá lo que me tributan mis vasallos y lo mucho que me aman; que acepto la guerra y que en ella se decidirá si mis gentes han de pagar tributo al rey de México o los mexicanos a mí."

Dio Moctezuma aviso de esta arrogante respuesta a los dos reyes aliados, y mandó un competente ejército contra Atonaltzin que, bien prevenido, lo esperaba en la raya de su Estado. Luego que los ejércitos se avistaron, embistieron los mixtecas con tal ímpetu a los mexicanos que los desbarataron y obligaron a desistir de la empresa, dejando muchos muertos en el campo, aunque de los mixtecas murieron también no pocos. Quedó más insolente con esta victoria Atonaltzin; pero previendo que los mexicanos volverían con mayores fuerzas, pidió socorro a los huexotzincas y tlaxcaltecas, que se lo enviaron con prontitud y a satisfacción, y se alegraron de tener ocasión de abatir el orgullo de los mexicanos y de interrumpir la felicidad de sus armas.

Moctezuma, pesaroso del éxito infausto de la batalla, resolvió con el mayor, empeño restablecer el honor de su nación. Levantó un numeroso y formidable ejército que quiso mandar él mismo, acompañado de los reyes aliados; pero antes de marchar recibió noticia de que las tropas huexotzincas y tlaxcaltecas habían asaltado a Tlachquiauhco, lugar del partido de los mexicanos, y habían muerto toda la guarnición mexicana que allí había,[5] y de los habitantes del lugar a unos habían quitado la vida y a otros la libertad. Salió pues Moctezuma de México lleno de indignación y con la mayor presteza se puso en la Mixteca. No valió esta vez a Atonaltzin su poder y sus tropas auxiliares; a los primeros encuentros fue su ejército enteramente derrotado, muertos muchos de sus soldados y casi todos los huexotzincas y tlaxcaltecas; y los pocos de estas dos naciones que escaparon del furor de los mexicanos, murieron a manos de sus mismos aliados de Coixtlahuacan, que quisieron vengar en ellos el mal suceso de la batalla.

---

[5] No sabemos en qué tiempo se agregó Tlachquiauhco a la corona de México. En las pinturas de la *Colección de Mendoza*, en que se expresan todos los lugares conquistados por los reyes de México, no se halla Tlachquiauhco, sino entre las conquistas de Moctezuma II, sin duda por haberlo reconquistado después de alguna rebelión.

Atonaltzin se rindió a Moctezuma, quien en esta expedición quedó señor de Coixtlahuacan, Tochtepec, Tzapotlan, Tototlan, Tlatlachtelco, Chinantla y Cuauhnochco, y en los dos años siguientes se hizo dueño de Cozamaloapan y de Cuauhnochco o Guatusco en las costas del Seno Mexicano. La causa de estas guerras fue la misma que motivó otras luchas, el haber muerto alevosamente a algunos mexicanos. Entre tanto que los mexicanos estaban ocupados en estas conquistas, se rebelaron de nuevo los chalcas; pero Moctezuma disimuló por entonces su rebelión, reservando para otro tiempo el castigo de un pueblo tan inquieto.

Más ardua y más célebre que las antecedentes fue la expedición que el año de 1457 se le ofreció contra la provincia de Cotasta. Esta provincia, situada, como ya dijimos, en las costas del Seno Mexicano, y fundada por aquellas colonias de olmecas que salieron huyendo de los tlaxcaltecas, era muy populosa. No sabemos el motivo de esta guerra; pero consta de la historia que los cotastecas, al rumor de la tempestad que se iba a descargar sobre ellos, convocaron a los huexotzincas y tlaxcaltecas. Estos, que aún estaban vivamente resentidos de la derrota que habían sufrido en la Mixteca, no solamente ofrecieron su auxilio sino inquietaron también a lo cholultecas sus vecinos. Levantaron estas tres repúblicas un grande ejército y lo enviaron a Cuetlachtlan a esperar al enemigo.

Moctezuma, por su parte, había hecho ya marchar un lucido ejército en que iba la flor de la nobleza mexicana, tlaltelolca, texcocana y tepaneca. Entre otras personas de consideración iban Axayácatl, general del ejército, Tízoc y Ahuítzotl, tres hermanos de la sangre real de México y que sucesivamente ocuparon aquel trono después de Moctezuma. Iban también los señores de Colhuacan y de Tenayuca, y sobre todos el más distinguido por su carácter era Moquihuix, rey de Tlaltelolco, sucesor del infeliz Cuauhtlatoa. Cuando salió el ejército de México aún no había llegado a noticia de Moctezuma la liga de las tres repúblicas con los cotastecas; luego que la supo despacho correos a los generales con orden de no pasar adelante sino de regresar, luego que la recibiesen, a la corte. Los generales entraron en acuerdo; unos eran de parecer de que debían obedecerse sin réplica las órdenes del soberano; otros reponían que no estaban obligados a obedecer una orden que cedía en grave detrimento de su honor; que quedaría desacreditada y afrentada la nobleza que iba en el ejército, huyendo de ocasión tan oportuna para mostrar su valor.

Prevaleció el primer dictamen como más seguro; pero cuando comenzaban a tomar la vuelta para México, les dijo el rey Moquihuix: "Regresen los que tuvieren ánimo para volver con tanta afrenta las espaldas al enemigo; que yo con solos mis tlaltelolcas me procuraré el honor de la victoria." Esta resolución del tlaltelolca picó tanto a los otros generales, que todos resolvieron acometer el peligro. Diose la batalla y aunque se portaron los cotastecas con valor, fueron finalmente vencidos con sus aliados. De éstos murieron los más en la batalla, y de unos y otros se hicieron 6,200 prisioneros que poco después fueron sacrificados en México, en la dedicación del osario o casa destinada para depósito de las calaveras de los que morían sacrificados. Quedó aquella provincia sujeta al rey de México, que sostuvo siempre un presidio en aquellas partes para mantenerlas en la debida obediencia.

Esta gran victoria se debió principalmente al esfuerzo del rey Moquihuix y hasta nuestro tiempo se ha conservado un himno mexicano que entonces se compuso en su alabanza.[6] Moctezuma, más regocijado por el éxito feliz de la guerra que ofendido de la infracción de sus órdenes, premió al rey de Tlaltelolco con darle por mujer una prima suya, hermana de Axayácatl, Tízoc y Ahuítzotl, de quienes hicimos ya mención.

Entre tanto los chalcas se hacían cada vez más dignos de castigo, no solamente por su rebeldía sino por otros nuevos delitos. Por este tiempo tuvieron la temeridad de prender a un hermano del mismo rey Moctezuma, que era, según parece, señor de Ehecatepec, con otros mexicanos. Este atentado, ejecutando en una persona tan conjunta por la sangre a su soberano, parece haber sido un arbitrio que idearon para sustraerse de la dominación de los mexicanos y hacer a Chalco émula de México; porque trataron de alzarlo por rey de Chalco y se lo propusieron varias veces aunque sin fruto; pero viendo que no desistían de su pretensión, dijo que venía en aceptar la corona que le ofrecían, y para que el acto de su proclamación fuese más solemne erigiesen un madero altísimo en la plaza, y sobre él formasen un tabladillo desde donde pudiese ser visto de todos.

Hízose todo como él lo pidió y juntando a sus mexicanos alrededor del madero, subió al tablado con un ramillete de flores en la mano y desde aquella altura, a vista de inmenso pueblo que había concurrido a tan gran función, habló así a los suyos: "Bien sabéis, oh valerosos mexicanos, que los chalcas pretenden alzarme por rey; pero no permitan los dioses que por semejante interés haga yo traición a mi patria; antes quiero que aprendáis de mí a tomar la muerte por no faltarle a la fidelidad que le debéis." Y diciendo esto se precipitó del tablado. Acción bárbara, pero muy conforme a las ideas que tenían del heroísmo los antiguos, y tanto menos represible que la de Catón y otros que

---

[6] De este himno hace mención Boturini, quien lo tenía entre los demás manuscritos y pinturas de su museo.

celebró la antigüedad, cuanto fue más noble el motivo y más grande el ánimo del mexicano. Esta acción encendió tanto la ira de los chalcas, que inmediatamente cayeron sobre los demás mexicanos y a lanzadas los mataron, diciendo que tenían unos corazones fieros y endemoniados. A la noche siguiente oyeron casualmente el canto triste de dos buhos, y como hombres entregados a la superstición, lo tuvieron por mal agüero y creyeron inminente su ruina.

No se engañaron en el presentimiento de su desgracia; porque Moctezuma, gravemente irritado con tanta rebeldía y con tan enormes atentados, publicó luego la guerra contra Chalco y mandó encender fuegos en las cumbres de los montes en señal de la proscripción a que sujetaba a aquellos rebeldes. Pasó con su ejército a aquella provincia y ejecutó en ella tan grande estrago que casi la dejó sin habitantes; porque muchos fueron muertos, muchos se refugiaron en las cavernas de los montes que dominan aquel valle, y otros, por huir más lejos del incendio, pasaron de la otra parte del Popocatépetl y buscaron asilo en Huexotzinco y en Atrisco; la ciudad de Chalco fue entregada al saco.

Al furor de la venganza sucedió en Moctezuma, como es frecuente en los corazones nobles, la compasión de los proscritos. Publicó indulto general a todos los fugitivos, especialmente en favor de los viejos, las mujeres y niños, convidándolos a que volviesen sin temor a habitar su provincia; y no satisfecho con eso mandó a su gente que corriese los montes y recogiese a aquellos infelices que, huyendo de los hombres, se habían refugiado entre las fieras. Con esta providencia volvieron muchos que fueron repartidos en Tlalmanalco, Amaquemecan y otros lugares; pero algunos o por desconfianza del indulto o por desesperación, se dejaron morir en los montes. Una parte de las tierras de Chalco repartió Moctezuma entre los capitanes que más se habían distinguido, y algo tocó de ellas a los reyes aliados. Después de esta guerra conquistaron los mexicanos a Tamazollan, Piaztlan, Acatlan, Xilotepec y otros lugares.

Con tan rápidas conquistas amplió Moctezuma de tal suerte sus dominios, que por el oriente se extendían hasta el Golfo Mexicano, por el sureste hasta el centro de la gran provincia de los mixtecas, por el sur hasta Chilapan, por el poniente hasta el valle de los matlazincas, por el noroeste hasta el centro del país de los otomíes, y por el norte hasta el centro del valle mexicano. No por el cuidado de extender sus dominios se descuidó este famoso rey de lo que tocaba a la policía y a la religión. Publicó nuevas leyes, aumentó el esplendor de su corte, e introdujo ciertas etiquetas ignoradas de sus antepasados. Edificó un gran templo a Huitzilopochtli, instituyó muchos ritos y acreció el número de los sacerdotes. El intérprete de la *Colección de Mendoza* añade que fue sobrio y especialmente severo en castigar la embriaguez, y que su prudencia, su justicia y sus buenas costumbres lo hicieron temer y respetar de sus vasallos. Finalmente, después de un glorioso reinado de 28 años y algunos meses, murió con universal sentimiento de sus vasallos en 1464. Sus exequias se celebraron con tanto mayor aparato, cuanto era ya la magnificencia de la corte y el poder de la nación.

14. AXAYÁCATL, SEXTO REY DE MÉXICO

Antes de morir llamó a los principales de su corte y les hizo un razonamiento exhortándolos a la paz y unión entre si, y encargándoles que eligiesen por rey, después de sus días, a Axayácatl por ser el hombre que juzgaba más idóneo para llevar adelante la gloria de los mexicanos. Los electores, parte por deferencia al dictamen de un rey tan benemérito de la nación y parte porque ellos mismos conocían el mérito de Axayácatl, lo eligieron con preferencia a su hermano mayor Tízoc. Era Axayácatl hijo de Tezozomoc, que era hermano de los tres reyes que hubo antes de Moctezuma e hijo como ellos del primer rey Acamapichtli.

Después de las fiestas de la elección salió el nuevo rey, a ejemplo de su antecesor, a campaña para proveerse de las víctimas que se habían de sacrificar en su coronación. Dirigió su expedición contra la provincia de Tecoantepec, situada en las costas del mar Pacífico, como 140 leguas al sureste de México. El señor de este Estado había levantado un buen ejército de sus gentes y de otras comarcanas para resistirle. Diose la batalla y al tiempo que se peleaba con mayor ardor, Axayácatl, que hacía el empleo de general, simuló fuga para obligar a los enemigos a empeñarse en el alcance y llevarlos así al lugar donde les tenía dispuesta una emboscada. Iban los teocantepecas en seguimiento de los mexicanos cantando ya la victoria, cuando improvisadamente se hallaron con una parte del ejército mexicano a las espaldas, que de la emboscada salió impetuosamente contra ellos, y volviendo a ese tiempo la cara los que fingían la fuga, los tomaron en medio y desbarataron. Los enemigos que escaparon con vida de esta refriega fueron seguidos de los mexicanos hasta la misma ciudad de Tecoantepec, que asolaron reduciendo aun los templos a cenizas y, aprovechándose de la consternación que habían causado en los pueblos, promovieron sus conquistas hasta Coatulco, lugar marítimo cuyo puerto fue en el siglo siguiente muy frecuentado de naves españolas. De esta jornada volvió Axayácatl cargado de despojos y riquezas a México, en donde fue coronado con excesivo aparato de tributos y sacrificios de los enemigos apresados.

En los primeros años de su reinado se aplicó a promover las conquistas a ejemplo de sus antecesores. En 1467 sujetó a la provincia de Cotasta, que se había rebelado, y conquistó a Tochtepec. En 1468 logró una completa victoria sobre los huexotzincas y atriscas, y de vuelta de esta expedición emprendió la fábrica de un templo que llamó Coatlan. Los tlaltelolcas a competencia construyeron otro en su ciudad, que nombraron Coaxolotl, lo cual avivó la discordia entre ambos reyes que, como luego veremos, fue muy funesta a los tlaltelolcas. El año de 1469 murió Totoquihuatzin, primer rey de Tlacopan, que en más de 40 años que gozó aquella corona fue constantemente fiel a los reyes de México y les sirvió con empeño y valor en casi todas las guerras que emprendieron contra los enemigos del Estado. Sucedióle en el reino su hijo Chimalpopoca, que fue muy semejante en el valor y fidelidad a su padre.

### 15. Muerte y elogio del rey Nezahualcóyotl

Mucho más sensible fue la pérdida que tuvieron los mexicanos el año de 1470 con la muerte del gran rey de Acolhuacán, Nezahualcóyotl. Fue este rey uno de los mayores héroes de la América antigua. Su valor, que en su juventud declinó en temeridad, fue, con haber sido tan grande, una de las prendas menos relevantes de su alma. Su fortaleza y constancia en las adversidades fue admirable en aquellos trece años en que vivió desposeído de la corona y perseguido del usurpador. Su rectitud en la administración de justicia fue inflexible. Para civilizar más a su nación y para corregir los desórdenes introducidos en el reino en tiempo de los tiranos, promulgó ochenta leyes, las cuales compiló después su ilustre descendiente don Fernando de Alva Ixtlilxóchitl, en su *Historia de los señores chichimecas*.

Estableció que ninguna causa, fuese civil o criminal, pudiese demorarse más de ochenta días. Cada cuatro meses mexicanos, que son los ochenta días, había una audiencia general a que concurrían todos los jueces y reos. Las causas que en todos aquellos días no se habían concluido se terminaban en esa audiencia, y en los que eran reconocidos reos de muerte se ejecutaba irremisiblemente el suplicio el mismo día y en presencia de toda aquella asamblea. A diversos delitos prescribió diferentes penas, y algunos castigaba con sumo rigor, especialmente el adulterio, el pecado nefando, el hurto, el homicidio, la embriaguez y la traición a la patria. Dicen los historiadores texcocanos que a cuatro hijos suyos hizo morir por reos de incesto con sus madrastras. Por otra parte era singular su clemencia con los miserables. Estaba prohibido bajo pena de muerte en aquel reino el tomar algo de la sementera ajena, y era tan rigorosa esta ley que no era menester hurtar más de siete mazorcas de maíz para incurrir en la pena.

Nezahualcóyotl, para socorrer en alguna manera a los viandantes menesterosos sin detrimento de la ley del reino, hacía que en todos los caminos se sembrase a uno y otro lado maíz y otras semillas de cuyos frutos pudiese cualquier necesitado aprovecharse. Mucha parte de sus rentas consumía en beneficio de los pobres, especialmente de los viejos, los enfermos y las viudas. Para impedir la destrucción de los bosques con menoscabo del público, puso límites a los leñadores, que ninguno podía traspasar sin incurrir en graves penas. Por ver si esta ordenanza se observaba exactamente salió un día disfrazado, en compañía de otro príncipe hermano suyo y se encaminó a las faldas de los montes vecinos, donde estaban los límites prescritos a los leñadores. Aquí halló un muchacho ocupado en recoger las astillas de leña que había esparcidas en el suelo y le preguntó por qué no entraba al bosque a hacer leña. "Porque el rey —respondió el muchacho— nos ha mandado no pasar de aquí, y si no le obedecemos nos costará caro." Por muchas instancias que el rey le hizo para inducirlo a entrar en el bosque y por muchas promesas con que le aseguró para que no temiese, no pudo moverlo a la trasgresión. La compasión que este pobre muchacho le excitó, lo obligó a ensanchar los límites que había prescrito al corte de la leña.

Cuidaba con suma diligencia de que se administrase fielmente justicia, y porque nadie, con pretexto de necesidad, se dejase corromper de alguna de las partes litigantes, dispuso que a todos sus ministros y jueces se proveyese del real erario el sustento, el vestido y todo lo necesario, conforme a la calidad y grado de la persona. Era tanto lo que anualmente se gastaba en su familia y casa, en el sustento de los jueces y ministros y en el socorro de los pobres, que no podría creerse ni yo me atrevería a escribirlo, si no constara de las pinturas originales que vieron y examinaron los primeros religiosos que se emplearon en la conversión de aquellos pueblos y que autorizó con su testimonio un nieto de dicho rey que, convertido a la fe de Cristo, recibió en el bautismo el nombre de don Antonio Pimentel, las cuales pinturas tuvo en su poder el historiador Torquemada, como él mismo testifica. Era pues, el gasto anual del palacio de Nezahualcóyotl reducido a nuestras medidas, el, siguiente: maíz, 4.900,300 fanegas; cacao,[7] 2.744,000 fanegas; chile, pimiento ordinario, y tomate, 3,200 fanegas; chiltecpin o pimiento menudo para salsa, 240 fanegas; sal, 1,300 panes no menores que una hogaza de pan de castilla. De pavos americanos, de 7 a 8,000. De lo que se consumía de chía, frijol y otras legumbres no había cuenta, como ni

---

[7] La inmensa cantidad de cacao que se consumía en Texcoco se adquiría de otros pueblos por el comercio porque en el reino de Acolhuacán no había tierras propias para su cultivo.

de ciervos, conejo, ánades, codornices y otras aves. Ya se deja entender lo que trabajarían los vasallos para allegar tan exorbitante cantidad de maíz y de cacao. Medio año o nueve meses mexicanos proveían 14 ciudades al real palacio, y otras 15 ciudades el otro medio año.[8] Los jóvenes estaban encargados de la provisión de leña, que era infinita.

Pero mucho más que por su magnificencia se hizo célebre este rey por las superiores luces de su entendimiento, que manifestó no solamente en la singular cultura y policía que estableció en su reino, sino aun por las artes y ciencias que poseía con cuanta perfección cabe en un hombre que ni tenía libros en qué estudiar ni maestros de quienes aprender. El era hábil en la poesía de aquellas naciones y compuso varias piezas que merecieron general aplauso. En el siglo XVI eran célebres aun entre los españoles, los 60 himnos que compuso en alabanza del Creador del Cielo. Dos de sus odas o canciones, que tradujo en verso castellano él ya citado Ixtlilxóchitl, se han conservado hasta nuestros días.[9] Una de estas odas fue compuesta poco después de la ruina de Azcapotzalco; su asunto (semejante al de otra de que hicimos antes mención) era llorar la inestabilidad de la grandeza humana en la persona del tirano Tezozomoc, el cual, a manera de un árbol grande y copado, había extendido sus raíces por tantas provincias y dilatado sus verdes ramas hasta hacer sombra a todas las tierras del Imperio; pero al fin cayó al suelo carcomido y deshecho sin esperanza alguna de recobrar sus primeros verdores.

Pero en nada se deleitaba tanto Nezahualcóyotl como en el estudio de la naturaleza. Adquirió algunos conocimientos de astronomía con la frecuente observación que hacía del curso de los astros. Se aplicó a conocer las plantas y los animales, y porque no podía mantener en su corte, por razón del clima, los propios de otros países, hizo pintar al vivo en su palacio todos los vegetales y animales de la tierra de Anáhuac, de las cuales pinturas fue testigo ocular y se aprovechó en parte un siglo después el célebre naturalista Hernández, como él mismo testifica en su *Historia natural*. Pinturas a la verdad más útiles y más dignas de un real palacio que las que representan los obscenos delirios de la mitología de los griegos. Investigaba curiosamente las causas de los efectos que admiraba en la naturaleza y esta continua consideración le hizo conocer la insubsistencia y falsedad de la idolatría.

---

[8] Las 14 ciudades a cuyo cargo estaba la provisión del primer medio año eran Texcoco, Huexotla, Coatlichan, Atenco, Chiautla, Tezonyocan, Papalotlan, Tepetlaoztoc, Acolman, Tepechpan, Xaltocan. Chimalhuacan. Itztapallocan y Coatepec. Las otras 15 eran: Otompan, Teotihuacán, Aztaquemecan, Cempoala, Axapochco, Tlalanapan, Tepepolco, Tizayocan, Ahuatepec, Oztoticpac, Cuauhtlalzinco, Coyoac, Oztotlatlauhcan. Achichillacachocan y Tetliztacac.
[9] Estas dos odas las tenía entre sus curiosas antiguallas Boturini.

A sus hijos decía privadamente que cuando adorasen en lo exterior a los ídolos, por conformarse con el pueblo, con el ánimo detestasen aquel culto que era digno de risa, como dirigido a criaturas insensibles; que él no reconocía otro Dios que el Creador del Cielo; que no prohibía en su reino la idolatría porque no lo censurasen de que contradecía la doctrina de sus mayores. Prohibió los sacrificios de víctimas humanas; pero reconociendo cuán difícil era que la nación depusiese las ideas antiguas en materia de religión, volvió a permitir esos sacrificios, pero mandó bajo graves penas que en ningún caso se sacrificasen otros hombres que los prisioneros de guerra. En honor del Creador del Cielo hizo fabricar una alta torre de nueve cuerpos, cubierta de un capitel oscuro pintado por dentro de azul y, labrado con cornisas de oro. Residían siempre en esta torre unas centinelas cuyo empleo era tañer a ciertas horas unas láminas de finísimo metal, a cuyo sonido se arrodillaba el rey para hacer oración al Creador del Cielo y, en obsequio del mismo Dios, hacía cierto ayuno.[10]

El amor grande que tenía este rey a su pueblo, ayudado de su bello entendimiento, hizo que en adelante se mirase Texcoco como la patria de las artes y el centro de la policía. Allí era donde había los mejores artífices; allí era donde se hablaba con mayor pureza y perfección la lengua mexicana; allí era donde estaba el mayor número de poetas, oradores e historiadores;[11] de allí tomaron muchas leyes los mexicanos y otros pueblos; en una palabra, Texcoco era, por decirlo así, la Atenas de Anáhuac, y Nezahualcóyotl el Solón de aquellos pueblos.

En su última enfermedad llamó a sus hijos y en presencia de todos ellos nombró por su heredero y sucesor en el reino de Acolhuacán a Nezahualpilli, que aunque era el menor fue preferido, tanto por ser nacido de la princesa de Tlacopan Matlalcihuatzin, como por su notoria rectitud y singular talento. Encargó al hijo mayor, Acapipioltzin, ayudase con sus consejos al nuevo rey hasta que se impusiese en el arte difícil de gobernar. A Nezahualpilli encomendó encarecidamente el amor de sus hermanos, el cuidado de su pueblo y el celo de la justicia. Finalmente, para impedir todo alboroto que pudiese ocasionar la noticia de su muerte, mandó que se ocultase al pueblo cuanto fuese posible, hasta tanto que Nezahualpilli se viese en pacífica posesión de la corona.

Los príncipes recibieron con lágrimas los últimos avisos de su padre, y saliendo a la sala de audiencia donde les esperaba la nobleza, aclamó

---

[10] Todas estas anécdotas son tomadas de los preciosos manuscritos de Fernando de Alva Ixtlixóchitl, trabajados por orden de tos virreyes de México sobre pinturas originales, que poseía y entendía perfectamente.
[11] Por la lista que daremos en otro lugar de los historiadores nacionales de aquel reino, se verá que cuatro o cinco fueron de la misma casa real de Texcoco.

Acapipioltzin a Nezahualpilli rey de Acolhuacán, declarando ser esa la voluntad de su padre, el cual, teniendo que hacer una larga ausencia de la corte a tierras muy distantes, había tomado la providencia de nombrar sucesor. Dieron todos la obediencia al nuevo rey y a la mañana siguiente murió Nezahualcóyotl a los 43 años y meses de reinado y a los 80, poco más o menos, de su edad. Sus hijos cubrieron su muerte y ocultaron el real cadáver que según se puede creer quemarían secretamente, y en vez de las exequias hicieron extraordinarias fiestas y regocijos por la coronación del nuevo rey; pero a pesar de sus diligencias se esparció luego por todo el reino la noticia de su muerte y fueron muchos señores a la corte a dar el pésame al hijo. Sin embargo, el vulgo quedó persuadido de que, en premio de sus virtudes, había sido transportado a la compañía de los dioses.

### 16. Conquista de Tlaltelolco y muerte del rey Moquihuix

Poco tiempo después de estas fiestas sucedió la guerra de los mexicanos con sus vecinos los tlaltelolcas. El rey de Tlaltelolco, Moquihuix, que no llevaba en paciencia la gloria de su rival el mexicano, solicitaba todos los medios posibles para oscurecerla. Estaba casado, como ya dijimos, con una hermana del rey Axayácatl que Moctezuma le había dado en premio de su famosa expedición contra los cotastecas. En esta desgraciada señora desahogaba frecuentemente su rabia contra el cuñado, y no satisfecho con eso trató secretamente de aliarse con otros estados que sabía estaban desabridos con los mexicanos. Estos fueron los de Chalco, Xilotepec, Toltitlan, Tenoyocan, Mexicaltzinco, Huitzilopochco, Xochimilco, Cuitláhuac y Mizquic, los cuáles le ofrecieron acometer por las espaldas a los mexicanos cuando él hubiese comenzado la batalla. Los cuauhpanecas, huexotzincas y matlaltzincas, cuyo auxilio también había implorado, resolvieron incorporar sus tropas con las de Tlaltelolco para defensa de la ciudad. Supo la reina todas estas negociaciones y, parte por odio que tenía a su marido, y parte por el amor que tenía a su hermano y a su patria, avisó de todo a Axayácatl para que previniese el golpe.

Asegurado Moquihuix del socorro de sus aliados, convocó a los principales de su corte para animarlos a la empresa. En esta asamblea se levantó un sacerdote anciano, nombrado Poyahuitl, y a nombre de todos ofreció pelear con esfuerzo contra los enemigos de su patria, y para inspirar valor lavó el ara de los sacrificios y dio a beber aquella agua teñida en sangre al rey y a todos sus capitanes, con lo cual decían que se les había aumentado el ánimo, y no hay duda de que se les aumentaría para ejecutar crueldades. Entre tanto el mal tratamiento que sufría la reina la obligó a dejar a su marido y partirse a México con cuatro hijos para ponerse a la sombra de su hermano; lo cual le fue muy fácil por la contigüedad de ambas cortes. Con esta novedad llegó a tal punto el desabrimiento entre mexicanos y tlaltelolcas, que donde quiera que se encontraban se maltrataban de razones, se herían y aun se mataban.

Moquihuix, acercándose ya el tiempo en que tenía premeditado dar el golpe, hizo en compañía de sus capitanes y de muchos de sus aliados un solemne sacrificio en el monte más cercano para merecer la protección de los dioses, y allí determinó el día en que debía declararse la guerra. Pasado algún tiempo mandó apercibir a los aliados, avisándoles la resolución que tenía de comenzar él mismo el ataque de México. El señor de Colhuacán, que había también accedido a la liga, fue de parecer que lo más acertado sería acometer él con su gente y después, fingiendo la fuga, empeñar a los mexicanos en el alcance, y entonces podrían cargarles los tlaltelolcas por las espaldas. Al día siguiente hizo Moquihuix la ceremonia de armar su gente y con ella pasó al templo de Huizilopochtli a implorar su auxilio. Allí volvieron a tomar la asquerosa y abominable bebida que les dio el sacerdote Poyahuitl en el primer congreso y pasaron todos por delante del ídolo haciéndole una profunda inclinación. Cuando concluyeron esta ceremonia era ya tarde y estaba la plaza del mercado llena de gente.

A esta sazón una compañía de mexicanos, por burlarse como es creíble de los aparatos de los tlaltelolcas, entró temerariamente en el mercado y mató algunos de los que encontró en aquella plaza; pero acudiendo al ruido la tropa tlaltelolca los obligaron a retirarse y les hicieron algunos prisioneros que inmediatamente sacrificaron en el templo que llamaban Tlillan. Aquel mismo día, al ponerse el sol, tuvieron algunas mujeres tlaltelolcas la osadía de entrar en las calles de México y de quemar unas escobas en las puertas de las casas, insultando con desvergüenza a los mexicanos y amenazándoles con su pronto y total exterminio; pero los mexicanos las despreciaron como merecían. Aquella noche comenzaron los tlaltelolcas a ponerse en movimiento y al día siguiente dieron con la luz principio al ataque de la ciudad. Los mexicanos se mantuvieron algún tiempo sobre la defensiva; pero viendo que era grande el ímpetu de los enemigos, sacó Axayácatl su gente de la ciudad y se dio la batalla. En el calor de ella sobrevino Xiloman, señor de Colhuacán, con ánimo de acometer desde cierto puesto a los mexicanos y hacer luego su retirada, según el plan que él había propuesto, para que los tlaltelolcas les diesen por las espaldas; pero viendo que

Moquihuix se había adelantado al ataque se retiró con su gente muy indignado y por hacer algún daño a los mexicanos hizo cerrar algunas acequias para impedir que les entrase socorro; pero prontamente volvieron a abrirse por orden de Axayácatl.

Todo aquel día se combatió con increíble ardor hasta que la noche separó los ejércitos, dejando unos y otros muchos muertos en el campo. Aquella noche los mexicanos que habitaban las casas últimas de México por aquella parte que miraba a Tlaltelolco, las quemaron y se retiraron más adentro de la ciudad; pero al tiempo de incendiarlas, 20 de ellos fueron presos por los tlaltelolcas y sin dilación sacrificados. Con la luz del día siguiente comenzó de nuevo la batalla, que duró pocas horas. Axayácatl había apostado algunos de sus capitanes con suficiente número de tropas en todas las avenidas de Tlaltelolco para impedir que entrase algún socorro a los enemigos, y de lo restante del ejército, después de haber rechazado a los tlaltelolcas, formó un bloqueo a la ciudad, que fue estrechando poco a poco hasta ganar las calles que conducían a la plaza del mercado y llegar a la misma plaza donde estaba la mayor fuerza de los enemigos, y en donde su misma muchedumbre embarazaba la defensa.

No bastaban ya los clamores que desde lo alto del templo daba Moquihuix para alentar a su gente. Los mexicanos herían y mataban a su salvo a los tlaltelolcas, los cuales en sus últimos alientos insultaban con mil improperios a su rey. "Bajad de allí —le decían— cobarde, afeminado, y tomar las armas; que no es de hombres estar viendo a sangré fría a los que combaten." Quejas insolentes e injustas en que los hacía prorrumpir el dolor de las heridas; porque Moquihuix cumplía con las partes de un buen rey y de un buen general no exponiendo tanto su vida como sus soldados, para serles más útil con su consejo y voz. Los mexicanos, que cada vez se avanzaban más, llegaron finalmente a ganar las escaleras del templo y, subiendo intrépidamente por ellas, arribaron a la altura desde donde gritaba a los suyos Moquihuix y al mismo tiempo se defendía como desesperado; pero uno de los capitanes mexicanos, nombrado Quetzalhua, le dio un fuerte empellón y le hizo rodar todas las escaleras.[12]

Tomaron unos soldados su cadáver y lo presentaron a Axayácatl, el cual le abrió luego el pecho y le sacó el corazón. Acción inhumana horrible, pero que por ser tan frecuente en sus bárbaros sacrificios, se ejecutaba ya sin horror. Así acabó el valeroso rey Moquihuix con él la

---

[12] El intérprete de la *Colección de Mendoza* dice que habiendo Moquihuix perdido la batalla huyó y se refugió en lo alto del templo, y que por no poder sufrir los improperios de un sacerdote, él mismo se precipitó. Yo sigo a otros historiadores cuya narración es más conforme al carácter de aquel rey.

pequeña monarquía de Tlaltelolco que gobernaron cuatro reyes por espacio de 118 años, poco más o menos. Los tlaltelolcas viendo muerto a su rey cayeron luego de ánimo y procuraron salvar la vida con la fuga, abriéndose paso por entre los mismos enemigos. Murieron en este día 460 tlaltelolcas y entre ellos varios oficiales de consideración. Después de esta conquista se unió perfectamente la población de Tlaltelolco a la de México y en adelante no se consideró como ciudad distinta sino como una parte o barrio de aquella corte, como lo es hasta hoy. El rey de México mantuvo allí siempre un gobernador, y los tlaltelolcas; además del tributo que anualmente pagaban a la corona en semillas, en vestidos de algodón y en armas defensivas y adornos militares, quedaron obligados al reparo del templo Huitznáhuac siempre que fuese necesario.

### 17. Nuevas conquistas del rey Axayácatl

No sabemos si efectivamente se hallaron en esta guerra los cuauhpanecas, los huexotzincas y matlatzincas que habían ofrecido su auxilio a los tlaltelolcas. De otros aliados dicen los historiadores que, habiendo llegado al socorro de Tlaltelolco cuando ya era muerto Moquihuix y estaba concluida la guerra, se volvieron sin hacer nada a sus lugares. Luego que Axayácatl se vio victorioso hizo ajusticiar en la plaza del mercado a Poyahuitl y a Ehecatzitzimitl por haber sido los que principalmente alentaron a sus nacionales contra los mexicanos. Poco tiempo después hizo dar la muerte a los señores de Colhuacán, Cuitláhuac, Huitzilopochco y otros, por haberse aliado con sus enemigos Para vengarse de los matlatzincas, nación numerosa y fuerte establecida en el valle que hoy llaman de Toluca, les declaró la guerra y saliendo de México en compañía de los reyes aliados, tomó de paso los lugares de Atlapolco y Xialatlaco y después en el mismo valle conquistó a Toluca, Teotenanco, Metepec, Tzinacantepec, Calimayan y otros lugares, quedando de esta vez la nación tributaria de la corona de México.

Al señor de Xochimilco, que había sido también de la liga de los tlaltelolcas, hizo sofocar en un convite. Tales fueron las revoluciones, los estragos y las muertes que ocasionó la ambición y la envidia del rey Moquihuix. Libre el rey Axayácatl de sus enemigos y asegurado en la posesión de Tlaltelolco y de la parte meridional del valle de Toluca, emprendió la conquista de la parte septentrional que hoy llaman valle de Ixtlahuacan, y dirigió principalmente el golpe contra Xiquipilco, ciudad y Estado poderoso de los otomíes, cuyo señor, nombrado Tlilcuetzpalin, era afamado por su valor. Axayácatl, que también se preciaba de valiente, quiso medir sus fuerzas y combatir cuerpo a cuerpo con él en la batalla que dio a los xiquipilcas; pero le fue mal, porque Tlilcuetzpalin le hirió gravemente en un muslo y, cargando inmediatamente sobre él otros capitanes otomíes, lo derribaron a golpes y lo hicieron prisionero; pero unos jóvenes mexicanos, viendo a su rey en tan grave peligro, le salvaron con esfuerzo la libertad y la vida. Sin embargo de esta desgracia logró una completa victoria e hicieron los mexicanos, si creemos a sus historias, 11,060 prisioneros, entre los cuales fue el mismo Tlilcuetzpalin y los dos capitanes que habían apresado al rey.

Con esta victoria se agregaron a la corona Xiquipilco, Xocotitlán, Atlacomolco y los demás lugares que les faltaban de aquel famoso valle. Luego que sanó el rey de la herida, de la cual quedó cojo lo restante de sus días, hizo un gran convite al rey de Texcoco y a los próceres mexicanos, en el cual hizo morir a Tlilcuetzpalin y a los dos capitanes mencionados. No parecía a aquellos hombres importuna la ejecución de un suplicio entre las delicias de un banquete, porque, acostumbrados a derramar sangre humana, habían convertido el horror natural en recreación. Tan grande es la fuerza de la costumbre y tan fácil es a nuestros ánimos el familiarizarnos con los objetos más horribles.

En los últimos años de su reinado, viendo que por la parte del poniente eran cortos los límites de su reino, salió de nuevo a campaña por el valle de Toluca y pasando adelante conquistó a Tochpan y Tlaximaloyan, 30 leguas de la corte, quedando en adelante este último lugar por raya entre los reinos de México y Michoacán; y volviendo de allí hacia el oriente del valle de Toluca conquistó a Ocuitlán y después a Malcatepec. Su muerte, acaecida en el decimotercer año de su reinado y en el 1477 de la Era Vulgar, interrumpió el curso de sus victorias. Fue muy guerrero y celó con severidad la observancia de las leyes establecidas por su antecesor, Dejó de varias mujeres muchos hijos y entre otros al célebre Moctezuma, de quien en breve hablaremos.

## 18. Tízoc, séptimo rey de México

Fue electo en su lugar su hermano mayor Tízoc,[13], que había ejercido antes el empleo de general de ejército. No sabemos dónde fue su primera campaña para proveerse de las víctimas necesarias para la fiesta de su coronación. Su reinado fue corto y muy oscuro. Sin embargo, en la

---

[13] El P. Acosta hace a Tízoc hijo de Moctezuma, y el intérprete de la *Colección de Mendoza* lo hace hijo de Axayácatl. Uno y otro es error convencido por los demás historiadores. El P. Acosta yerra también en el orden de los reyes, porque hace reinar a Tízoc antes de Axayácatl (ver nuestra *Segunda Disertación*).

pintura décima de la *Colección de Mendoza* se representan 14 lugares conquistados por este rey entre los cuales son Toluca y Tecaxic, que reconquistó por haberse rebelado, Chillán y Yancuitlán en la Mixteca, Mazatlán, Tlalpan y Tamapachco. Torquemada hace mención de una victoria que obtuvo sobre Tlacotepee.

## 19. Guerra del rey de Acolhuacán con los huexotzincas

En su tiempo sucedió la guerra del rey de Acolhuacán con los huexotzincas. Esta guerra tuvo origen en la ambición de los hermanos del rey Nezahualpilli, los cuales, aunque al principio se mostraron gustosos de la exaltación al trono de su hermano menor, resfriada después la memoria de su difunto padre e impacientes de verse sujetos a quien creían que debían mandar por el derecho que les daban los años, trataron contra él una secreta conjuración. Para la ejecución de sus malignos intentos convidaron primero a los chalcas, que eran los más prontos a semejantes delitos; pero habiéndose frustrado todas las traiciones que los chalcas maquinaron, solicitaron al mismo fin a los huexotzincas.

Noticioso el rey Nezahualpilli de la conjuración, levantó un poderoso ejército contra los huexotzincas, que él mismo quiso mandar en persona. El señor de aquel Estado inquirió las señas de la persona del rey Nezahualpilli y de sus insignias reales para dirigir contra él todos sus golpes, y aun ofreció premio al que vivo o muerto se lo entregase. No faltó quien lo avisase al rey, el cual antes de entrar en la batalla permutó vestido e insignias con uno de sus capitanes. Este infeliz oficial fue prontamente oprimido de la multitud y muerto. Mientras se cebaba en él la cólera de los huexotzincas, arremetió Nezahualpilli al señor de Huexotzinco y lo mató, no sin grande riesgo de ser él mismo muerto a manos de los que iban a defender a su señor.

Los texcocanos, que habían padecido el mismo error que los huexotzincas por no haber sabido la permuta de los vestidos con el capitán, creyendo muerto a su rey habían comenzado a desmayar; pero habiéndolo conocido cobraron ánimo y acudieron a su defensa, y después de haber derrotado a sus enemigos saquearon la ciudad de Huexotzinco y volvieron cargados de despojos a Texcoco. No dicen los historiadores el paradero que tuvieron los príncipes que habían sido autores de la conjuración. Se puede creer que murieron con sus aliados en la batalla o se pusieron en salvo para evadir el castigo que merecían. Nezahualpilli, que poco antes había construido un nuevo palacio para su residencia, hizo fabricar para eterno monumento de su victoria una cerca que encerraba tanto espacio de tierra cuanto era la que ocupaban los huexotzincas cuando acudían a la defensa de su señor, y le puso el mismo nombre del día en que se ganó la batalla.

## 20. Casamiento del rey Nezahualpilli con dos señoras mexicanas

Tenía ya por este tiempo el rey de Texcoco varias mujeres de casas muy distinguidas, pero a ninguna había declarado reina, reservando este honor a la que pensaba tomar de México. Pidióla al rey Tízoc y éste le dio una sobrina suya, hija de Tzotzocatzin. Celebráronse las bodas en Texcoco con un gran concurso de la nobleza de ambas cortes. Tenía esta señora una hermana de singular hermosura que se llamaba Xocotzin. Amábanse tanto las dos hermanas que no podían separarse, y así pidió la nueva reina a su padre y lo obtuvo, que su hermana fuese a vivir con ella a Texcoco. Con la frecuente visita y continuo trato se enamoró tanto el rey de su bella cuñada, que se resolvió también a desposarla con el beneplácito de su padre, y elevarla a la dignidad de reina. Estas segundas bodas fueron, según dicen los historiadores, las más solemnes y magníficas que se vieron jamás en aquel reino. Tuvo el rey algún tiempo después en la primera reina un hijo llamado Cacamatzin, que fue su sucesor en el reino, fue preso por los españoles y murió desgraciadamente. En la otra tuvo a Huexotzincatzin, de quien adelante hablaremos, a Coanacotzin, que también fue rey de Acolhuacán y murió ajusticiado por sentencia del conquistador Cortés, y a Ixtlilxóchitl, que se alió con los españoles contra los mexicanos y fue bautizado con el nombre y apellido del conquistador.

## 21. Muerte trágica del rey Tízoc

Mientras Nezahualpilli trataba de multiplicar su descendencia gozando de una gran paz y tranquilidad en su reino, al rey de México maquinaban sus mismos vasallos la muerte. Techotlalla, señor de Ixtapalapa, o resentido de algún desaire o impaciente de la dominación de Tízoc, concibió el perverso designio de atentar contra su vida y no quiso comunicarlo sino a quien le pareció conveniente para llevarlo a cabo. El y Maxtlaton, señor de Tlachco, se concertaron en el modo de ejecutar tan peligroso atentado. Los historiadores varían algo en este punto; unos dicen que se valieron de unas hechiceras que con maleficios le quitaron la vida, a lo cual no podemos asentir; otros afirman que le dieron veneno. Lo cierto es que salieron con su intento. Murió Tízoc en el quinto año de su reinado que fue el 1482.

Era hombre de mucha gravedad y circunspección, y severo como todos sus antecesores y sucesores en el castigo de los delincuentes. Como en su tiempo era ya tan grande el poder y la opulencia de aquella corona, emprendió fabricar a su dios Huitzilopochtli un templo que, en su magnitud y magnificencia, excediese a todos los demás templos de aquella tierra, y a este fin había allegado infinitos materiales; pero la muerte impidió la ejecución de sus designios. Los mexicanos, reconociendo que no había sido natural la muerte de su rey, resolvieron vengarla antes de proceder a nueva elección. Sus diligencias fueron tan grandes que en breve averiguaron los autores del atentado; prendieron a los señores de Ixtapalapa y Tlachco y los ajusticiaron en la plaza de México con asistencia de los dos reyes aliados y de toda la nobleza texcocana y mexicana.

22. Ahuítzotl, octavo rey de México

Juntos después los electores nombraron por sucesor del difunto rey a su hermano Ahuítzotl, que había sido general del ejército. Habíase introducido en aquel reino desde el tiempo del rey Chimalpopoca el no exaltar al trono al que no hubiese antes ejercido el empleo de general, pareciéndoles conveniente que diese antes espécimen de su valor el que había de ser jefe de una nación tan guerrera, y que se ensayase en el mando de las tropas el que había de gobernar después el reino.

El primer cuidado del rey luego que se coronó fue el de la construcción del magnífico templo que había meditado y comenzado su antecesor. La obra se emprendió con el mayor calor, concurriendo a ella un número prodigioso de trabajadores, y se concluyó en cuatro años. Mientras se trabajaba en esta fábrica salió Ahuítzotl a varias campañas, y todos los enemigos que en ellas se cautivaron se reservaron para la fiesta de la dedicación. Las guerras que en estos cuatro años emprendió fueron contra los mazahuas, que se habían rebelado pocas leguas al oeste de México, contra los zapotecas 100 leguas al sureste y contra otros varios pueblos.

23. Dedicación del templo mayor de México

Concluida la fábrica convidó para la fiesta de la dedicación a los reyes aliados y a toda la nobleza de uno y otro reino. Fue este el mayor concurso que jamás se vio en México; pues acudieron en tropas a tan ruidosa función aun de los lugares más distantes de la corte.[14] La fiesta duró cuatro días, en cuyo tiempo fueron sacrificados en lo alto del templo todos los cautivos que se habían hecho en los cuatro años antecedentes. Sobre el número de las víctimas no están acordes los autores. Torquemada dice que fueron 72,344 y otros afirman que fueron 64,060. Para hacer con mayor aparato tan honorables sacrificios ordenaron las víctimas en dos hileras de a media legua cada una, que, comenzando en las calzadas de Ixtapalapa y Tlacopan, iban a terminar al mismo templo,[15] y según iban llegando eran prontamente sacrificados.

Concluida la fiesta obsequió el rey con presentes a todos los convidados, en que hizo un gasto muy crecido. Esta ruidosa función fue en el 1486. Este mismo ano Mozauhqui, señor de Xalatlauhco, a ejemplo de su rey a quien era muy adicto, dedicó otro templo que poco antes había edificado, y sacrificó también en la fiesta un número considerable de cautivos. Tanto se habían familiarizado aquellas gentes con la supersticiosa crueldad de sus sacrificios.

## 24. Conquistas del rey Ahuítzotl

En el 1487, en que hubo un gran temblor de tierra, murió Chimalpopoca, rey de Tlacopan, a los 18 años de reinado y le sucedió en la corona Totoquihuatzin II. Ahuízotl, a quien su genio belicoso no permitía sosiego, salió a campaña contra los de Cozcaquauhtenanco y los venció; pero por haberle hecho demasiada resistencia asoló la provincia. Después sujetó a los de Cuapilillan y de allí pasó a la guerra de Quetzalcuitlaplillan,, provincia grande[16] y de gente animosa, y de allí pasó a la de Cuauhtla, lugar situado en las costas del Seno Mexicano, en la cual se señaló mucho Moctezuma, hijo de Axayácatl y

[14] Algunos autores dicen que no fue menos de seis millones; puede ser que en este número hubiera alguna exageración. pero no me parece increíble considerando la gran población de aquel país. la grandeza y novedad de la fiesta y la facilidad de aquella gente en ir de un lugar a otro, estando todos acostumbrados a caminar a pie y sin el embarazo de los equipajes.

[15] Betancourt dice que la hilera de cautivos al sur comenzaba en la parte que ahora llaman la Candelaria Malcuitlapilco, y que por eso se le dio ese nombre; porque Malcuitlapilco significa "en la cola o punta de los cautivos". No es inverosímil la conjetura, pero no hay duda de que el prodigioso número de víctimas que cuentan los autores, no podía comprenderse, como da a entender Torquemada, en esas dos hileras, si no se doblaban o reemplazaban con nuevas víctimas; porque en dos líneas de a media legua española apenas podrían caber 20,000 hombres en pie y puestos uno detrás del otro.

[16] Torquemada dice que Ahuízotl intentó varias veces la conquista de Quetzalcuitlapillan y jamás la pudo sujetar; pero entre las conquistas de este rey que están expresadas en la pintura XI de la *Colección de Mendoza,* es una la de esa provincia.

sucesor de Ahuítzotl en el reino. Poco después salieron los mexicanos en compañía de los texcocanos contra los huexotzincas, en la cual batalla se distinguieron mucho Tetzcatzin, hermano de Moctezuma, y un noble oficial mexicano nombrado Tliltototl, que después fue general del ejército.

No hallamos en los historiadores ni el motivo ni las circunstancias de todas estas guerras. De vuelta de esta última expedición celebró Ahuítzotl la dedicación de un nuevo templo que llamó Tlacatecco, en el cual fueron sacrificados los prisioneros hechos en las guerras antecedentes; pero este regocijo se turbó con el incendio casual de otro templo en el barrio de Tlillan. Así pasó este rey en continuas guerras hasta el año de 1496 en que ocurrió nueva campaña contra los atriscas. La entrada de las tropas mexicanas en aquel valle fue tan improvisa, que las primeras noticias que de ellas tuvieron los atriscas fueron las que recibieron por sus ojos. Pusiéronse luego en armas, y por no hallarse suficientes a resistir por mucho tiempo, pidieron socorro a sus vecinos los huexotzincas. Cuando llegaron a aquella ciudad los enviados de Atrisco, estaba jugando a la pelota un famoso capitán llamado Toltécatl, hombre membrudo en quien el singular esfuerzo de su corazón no era inferior a la extraordinaria fuerza de su brazo. Luego que oyó la novedad del ejército mexicano, dejó el juego y partió con las tropas auxiliares a Atrisco; y entrando desarmado en la batalla para ostentar su valor y el desprecio que hacía de sus enemigos, derribó a golpe de puño al primer mexicano que encontró y se aprovechó de sus armas con las cuales hizo mucho daño. Los mexicanos, no pudiendo contrarrestar la resistencia de los aliados, se vieron precisados a abandonar el campo y a volverse a México cubiertos de ignominia.

Los huexotzincas, pagados del singular valor de Toltécatl, lo aclamaron jefe de su nación. Esta había sido legítimamente conquistada por los mexicanos, cuyas armas habían provocado con sus insultos; pero como los conquistados no sufren comúnmente el yugo del conquistador sino cuando no pueden sacudirlo, siempre que se hallaban con fuerzas bastantes para defenderse, se rebelaban, y lo mismo sucedía a la mayor parte de las provincias conquistadas; por lo cual era preciso al ejército mexicano estar en continuo movimiento para reconquistar lo que perdía. Toltécatl aceptó el honor, pero lo gozó muy poco tiempo, porque en el segundo año de su gobierno una grave sedición lo obligó a abandonar el empleo y la patria. Los Sacerdotes y ministros del templo, abusando de su autoridad y, del respeto que el pueblo les tenía, entraban a las casas de los particulares, se llevaban el maíz y las gallinas, y cometían otros excesos indecorosos a su dignidad. Toltécatl quiso poner remedio, pero se pusieron en arma lo sacerdotes. El pueblo parte, se unió con ellos y parte, se opuso a sus violencias, y entre los dos partidos se encendió una guerra que causó como todas las guerras civiles, lamentables estragos. Toltécatl, o cansado de regir un pueblo tan indócil o temiendo perecer en la tempestad, se ausentó de la ciudad en compañía de otros nobles, y pasando los montes se refugió en Tlalmanalco. El gobernador de aquella ciudad dio prontamente aviso al rey de México, el cual en castigo de su rebeldía, los mandó ajusticiar y ordenó que sus cadáveres se llevasen a enterrar a Huexotzinco para escarmiento de aquellos rebeldes.

25. Nueva inundación de México

En el año de 1498 pareciendo al rey de México que la laguna, por la escasez de agua, estaba cenagosa y por consiguiente dificultaba el tráfico de las canoas, determinó aumentar el agua con la que nacía en una fuente de Huitzilopochco, de que se servían los de Coyohuacan. Llamó, a Tzotzomatzin, señor de Coyohuacan para intimarle sus órdenes. Tzotzomatzin le representó que aquella agua no era perenne, que algunas veces faltaba del todo y otras nacía en tan grande, abundancia que podía ocasionar algún daño a la corte. Ahuítzotl, persuadido de que las razones de Tzotzomatzin eran meros pretextos para excusarse de hacer lo que le ordenaba, inculcó su primera orden, y viendo que aún persistía en sus dificultades, le despidió airado de su presencia y le mandó dar garrote, como luego se ejecutó. Este suele ser el premio de los buenos consejos cuando los soberanos, pagados de sus propias luces y empeñados en algún capricho, no quieren oír las sinceras representaciones de sus fieles vasallos.

Ahuítzotl, resuelto a llevar a cabo su pensamiento, hizo fabricar un grande acueducto[17] desde Coyohuacan a México y por él se condujo el agua con muchas ceremonias supersticiosas. Unos sacerdotes iban incensando a la orilla, otros sacrificando codornices y ungiendo con su sangre el bordo del acueducto, otros tañendo instrumentos músicos, y todos, saludando y dando la bienvenida al agua.[18] Con esta solemnidad llego el agua a México, pero no pasó mucho tiempo sin que se convirtiera el regocijo en llanto; porque habiendo sido extraordinariamente copiosas las lluvias de aquel año, creció tanto la laguna que se inundó la ciudad. Todas las calles se andaban en canoas y algunas casas se

---

[17] Fue deshecho en tiempo del mismo Ahuízotl o de su sucesor porque cuando llegaron los españoles no subsistía.
[18] Acosta testifica que la conducción del agua a Huitzilopochco (Churubusco) y las ceremonias que en ella intervinieron, estaban representadas en una pintura mexicana que había en su tiempo en la Biblioteca Vaticana.

arruinaron. Hallándose el rey un día en una pieza baja de su palacio, entró repentinamente en ella un gran golpe de agua y apresurándose por el susto a salir por la puerta que era baja, se dio un gran golpe en la cabeza, que fue, como veremos, ocasión de su muerte.

Afligido con los daños de la inundación y con los clamores del pueblo, llamó en su socorro al rey de Texcoco, el cual hizo restituir prontamente el agua de Huitzilopochco a su antiguo cauce y reparar el dique que por consejo de su padre Nezahualcóyotl había hecho construir el rey Moctezuma. Remediado de esta suerte el mal de la inundación, quedó para el año siguiente el de la escasez del grano por haberse perdido en el antecedente las sementeras del maíz con la demasía de las lluvias; pero en este mismo año tuvieron la felicidad de descubrir cerca de la capital una cantera de *tetzontli,* que ha sido de tanta utilidad para los edificios de aquella gran ciudad. Comenzó el rey desde luego a emplear esta piedra en los templos, y a su ejemplo los particulares en sus casas. Además de eso mandó el rey derribar todos los edificios ruinosos de la ciudad y reedificarlos en mejor forma, con lo cual aumentó considerablemente la hermosura y magnificencia de su corte.

### 26. Nuevas conquistas y muerte de Ahuítzotl

Los dos últimos años de su vida empleó en varias guerras como las de Ixquixochitlan, Amatlán, Tlacuilollan, Xaltepec, Tecuantepec, cuyos habitantes se habían rebelado a la corona, y de Huexotla en la Huaxteca. Tliltototl, general mexicano, después de concluida la guerra de Ixquixochitlan, llevó sus armas victoriosas hasta Guatemala, más de 300 leguas al sureste de la corte, en cuya expedición hizo, según dicen los historiadores, prodigios de valor; pero ni tenemos noticia individual de sus hazañas ni sabemos que toda aquella extensión de tierra quedase sujeta a la corona.

Finalmente, el año de 1502 a los 20 años, poco más o menos, de su reinado murió Ahuítzotl de resultas del golpe que cuatro años antes había recibido en la cabeza. Fue muy guerrero y uno de los reyes que más ampliaron los dominios de su corona; cuando murió poseían los mexicanos casi lo mismo que tenían cuando arribaron los españoles. Además del valor tuvo otras dos prendas reales que lo hicieron célebre entre sus nacionales, que fueron la magnificencia y la liberalidad. Construyó, como ya dijimos, el magnífico templo de Huitzilopochtli y otros varios en la ciudad, y reedificó muchas casas, dejando a México en tal estado que era ya la mejor ciudad de todo el Nuevo Mundo.

Cuando recibía los tributos de las provincias, congregaba en ciertos lugares al pueblo y personalmente repartía víveres y ropa a los necesitados. A sus capitanes y soldados que se señalaban en la guerra, y a los ministros y oficiales de la corona que le servían con fidelidad, recompensaba con oro, plata, piedras preciosas y plumaje rico. Estas prendas se oscurecieron con otros defectos, porque era caprichoso, vengativo, tal vez cruel, y tan adicto a la guerra que parecía que aborrecía la paz; y así su nombre se usa proverbialmente aun entre los españoles de aquel reino, para significar un hombre que con sus molestias y vejaciones no dejaba vivir a otro.[19]

Era, por otra parte, de buen humor y se deleitaba tanto en la música que ni de día ni de noche faltaba ese divertimiento en palacio, lo cual no podía ser sin perjuicio del bien público, porque necesariamente le había de robar mucha parte del tiempo y de la atención que debía emplear en el gobierno del reino. No menos le robarían la atención las mujeres. Sus antecesores habían tenido muchas, pareciéndoles que era tanto mayor su autoridad y grandeza, cuanto era mayor el número de gente dedicada a sus placeres. Ahuítzotl, que tanto había extendido los dominios y acrecentado el poder de la corona, quiso mostrar la superioridad de su grandeza sobre la de sus antecesores en la prodigiosa multitud de sus mujeres. En este estado se hallaba la corte de México al principio del siglo XVI, de aquel siglo tan fecundo de sucesos grandes en que se había de alterar el sistema de toda aquella tierra.

---

[19] Los españoles suelen decir: "Ni es mi ahuizote," "Este es el ahuizote," "A nadie falta su ahuizote,"

# LIBRO V

SUCESOS DE MOCTEZUMA XOCOYOTZIN, NOVENO REY DE MÉXICO HASTA EL AÑO DE 1519.—NOTICIAS DE SU VIDA Y GOBIERNO Y DE LA MAGNIFICENCIA DE SUS PALACIOS, JARDINES Y BOSQUES.—GUERRA DE TLAXCALA Y SUCESOS DE TLAHUICOLE, CAPITAN TLAXCALTECA.—MUERTE Y ELOGIO DE NEZAHUALPILLI, REY DE ACOLHUACÁN Y NUEVAS REVOLUCIONES DE AQUEL REINO.—PRESAGIOS DE LA CONQUISTA DE LOS ESPAÑOLES

## 1. Moctezuma Xocoyotzin, noveno rey de México

Muerto Ahuítzotl y celebradas con la correspondiente magnificencia sus exequias, se procedió a la elección de nuevo soberano. No vivía ya ningún hermano de los reyes antecedentes y así debía suceder al rey difunto, según la ley del reino, alguno de sus sobrinos hijos de los reyes anteriores. Estos eran varios, porque de los hijos de Axayácatl vivían[1] Moctezuma, Cuitláhuac, Matlalzíncatl, Pinahuitzin y Cecepacticatzin, y del rey Tízoc vivían Imactlacuiyatzin, Tepehuatzin y otros cuyos nombres ignoramos. Fue electo entre todos Moctezuma, a quien para distinguirlo del otro rey del mismo nombre le dieron el sobrenombre de Xocoyotzin.[2] Además de haberse señalado Moctezuma en calidad de general en varias acciones, era sacerdote, y por su gravedad, circunspección y religión era respetado y temido. Era hombre de pocas palabras y de mucha consideración, y cuando hablaba en el consejo real como miembro de él se hacía oír con respeto. Diose parte de la elección a los reyes aliados como a electores honorarios, y éstos pasaron luego a aquella corte a hacer sus cumplimientos. Moctezuma, noticioso de lo que pasaba, se retiró al templo, como protestándose indigno de tan grande honor. Fue allí la nobleza a darle parte de su elección y, según algunos historiadores, lo hallaron actualmente barriendo el pavimento del templo. Fue conducido con grande acompañamiento al real palacio, en donde le

---

[1] En las notas sobre las Cartas de Cortés (México, 1770) se dice que Moctezuma II fue hijo de Moctezuma I; pero esto es falso, pues consta por el testimonio de todos los escritores nacionales y de los autores españoles más instruidos en las cosas de aquel reino, que fue hijo del rey Axayácatl. Véase Torquemada. Betancourt. el intérprete de la *Colección de Mendoza*, Bernal Díaz, etc.

[2] Los mexicanos para distinguir a los dos Moctezumas llaman al primero Huehue Moctezuma y al segundo Moctezuma Xocoyotzin, nombres equivalente al *senior* y al *junior* de los latinos.

intimaron solemnemente los electores la elección que se había hecho de su persona para la corona de México. De allí volvió al templo a practicar las ceremonias acostumbradas, y concluidas recibió en el trono el homenaje de la nobleza y oyó las arengas gratulatorias de los oradores.

La primera fue la del rey de Acolhuacán, Nezahualpilli, la cual trasladamos aquí ni mas ni menos como la conservaron los historiadores de aquella nación. "La gran felicidad —dijo— de toda esta monarquía en haberos merecido por su rey y señor, se manifiesta claramente en la concordia de vuestra elección y en los singulares aplausos con que todos la celebran. Y a la verdad tienen mucha razón de aplaudirla; porque el imperio mexicano ha llegado ya a tanta amplitud y grandeza, que no bastaría a sostener tan grande carga menor fortaleza que la de vuestro invencible corazón, ni menor prudencia y sabiduría que la que en vos admiramos. Claramente veo cuánto ama el Omnipotente Dios a esta nación;. pues la ha iluminado para que acertase a escoger lo que más le convenía; porque, ¿cómo he de creer que el que de privado había ya investigado las dobleces del Cielo,[3] ahora de rey no alcance con tan vivo entendimiento las cosas de la tierra para felicidad de sus vasallos? A quien mostró tanto esfuerzo en los lances que se han ofrecido, ¿faltará en la ocasión presente en que es tan necesario? ¿Quién ha de pensar que en tan grande valor y prudencia haya de faltar remedio al huérfano y a la viuda? Sin duda ha llegado el imperio mexicano a la cumbre de la autoridad; pues tanta os ha comunicado el Creador del Cielo, que inspiráis respeto a cuantos os miran. Alégrate pues, oh tierra dichosa, de que te ha concedido el Señor del mundo un príncipe que será tu columna y tu amparo, que será hermano y padre en la piedad y misericordia para con los suyos. Tienes por cierto un rey que no tomará ocasión de la superioridad de su poder para regalarse y estarse tendido en el lecho y entregado a pasatiempos y delicias; antes bien, en lo mejor del sueño le sobresaltará el corazón y le despertará el cuidado que tendrá de ti; no percibirá en la comida el gusto del más sabroso manjar, por estar suspenso en la imaginación de tu bien. Ve pues, oh reino feliz, si con razón te convido a regocijarte con la elección de tan gran rey. Y vos, oh generoso joven y poderoso señor, tened buen ánimo confiad que el Creador del Cielo que os ha elevado a tan eminente dignidad, os dará esfuerzo para satisfacer a las obligaciones en que él os constituye. El que ha sido hasta aquí tan liberal para con vos, no os negará sus mayores dones, habiéndoos colocado en mayor estado, en el cual os deseo muchos y felices años."

---

[3] Esta expresión del rey de Texcoco parece da a entender que Moctezuma se había dado a la astronomía.

Oyó Moctezuma esta arenga con mucha atención y se enterneció tanto, que acometiendo a responder por tres veces, no pudo vencido de las lágrimas; lágrimas que le exprimía cierta dulce complacencia que tenía apariencia de humildad. Pero al fin, reprimiendo un poco su llanto, respondió en estas pocas palabras: "Muy ciego estaría yo, oh buen rey y hermano mío, si no viera que cuanto decís en recomendación de mi persona es efecto de vuestra dignación que quiere favorecerme; pues habiendo tantos hombres tan nobles y generosos en este reino, han echado mano de mí que soy el menos hábil de todos. Yo, a la verdad, reconozco tan pocas prendas en mí para una dignidad tan eminente y tan ardua, que no sé qué partido tomar sino el de acudir al Creador del Cielo para que me favorezca, y suplicar a todos que se lo pidan por mí." Dichas estas palabras volvió a sus lágrimas, y habiendo oído las demás arengas, pasó con grande aparato al real palacio.

Trató luego de salir, según la costumbre, a campaña para apresar las víctimas que debían sacrificarse en su coronación. Tocó esta desgracia a los de Atrisco, que poco antes se habían rebelado a la corona. Salió pues el rey con la flor de la nobleza mexicana entre la cual iban sus hermanos y primos. En la batalla perdieron los mexicanos algunos buenos capitanes; sin embargo, volvieron a sujetar a los rebeldes y Moctezuma volvió con los prisioneros que necesitaban para su coronación. Esta función se celebró con tan extraordinario aparato de juegos, danzas, representaciones teatrales e iluminaciones, y con tan grande multitud y riqueza de tributos de todas las provincias del reino, que acudieron a verla gentes extrañas y jamás vistas en México, y aun los mismos enemigos de los mexicanos como los tlaxcaltecas y michuacaneses se disfrazaron para gozarla; lo cual, sabido por Moctezuma, con real generosidad los hizo aposentar y regalar y les dispuso miradores desde. dónde pudiesen cómodamente observar toda la función.

La primera acción de su reinado fue la de premiar con el señorío de Tlachauhco a un célebre capitán llamado Tlixóchitl, que en varias campañas había hecho grandes servicios a sus antecesores. Feliz principio de su dominación si hubieran sido correspondientes los progresos; pero apenas comenzó a usar de su autoridad cuando descubrió la altivez y soberbia de su corazón que había tenido oculta bajo una bella apariencia de humildad. Todos los reyes sus antecesores habían acostumbrado conferir los empleos a los más beneméritos y que les parecían más aptos para ejercerlos, honrando indiferentemente con ellos a los nobles y a los plebeyos, sin embargo del solemne concierto celebrado entre la nobleza y la plebe en tiempo del rey Itzcoatl.

## 2. Magnificencia y fausto del rey Moctezuma

Moctezuma desde el principio de su reinado se mostró de diverso parecer y condenó la conducta de sus antecesores, pretextando que los plebeyos servían conforme a su calidad y que en todas sus acciones descubrían la bajeza de su nacimiento y educación. Animado de este dictamen privó a todos los plebeyos de los empleos de casa y corte que obtenían, y mandó que en adelante no se proveyesen sino en los nobles. Un prudente anciano, que había sido su ayo, le representó que semejante resolución enajenaría de su persona los ánimos de la plebe; pero nada bastó para moderar su orgullo. Todo el servicio de su real palacio era de gente principal. Además de los que allí vivían de asiento, que eran muchos, cada día por la mañana entraban 600 entre señores de lugares y nobles para hacerle corte. Estos se entretenían todo el día en las antesalas y piezas interiores de la real casa a donde no era lícito entrar a los criados, conversando en voz baja y esperando las órdenes de su señor.

Los criados que estos señores llevaban eran tantos que llenaban tres grandes patios y la calle, que era de bastante amplitud. No era menor el número de mujeres computando, no solamente las señoras, sino también las criadas y esclavas. Toda esta grey vivía en una especie de serrallo a cargo de unas señoras ancianas que velaban sobre su conducta; porque era sumo el celo de los reyes mexicanos en no permitir el más leve desorden de esa naturaleza en su real casa, y cualquier desmán se castigaba con grande rigor. De estas mujeres tomaba el rey para sí las que más le agradaban, y las restantes servían para recompensar los servicios de sus vasallos. Dicen algunos historiadores (pero no es creíble) que llegó Moctezuma a tener a un tiempo 150 mujeres encinta. Todos los señores feudatarios de la corona debían residir algún tiempo en la corte, y en volviendo a sus estados dejaban en su lugar a sus hijos o hermanos, como rehenes que el rey exigía para asegurarse de su fidelidad; y así se veían precisados a mantener casa en México. Esta política era muy ventajosa al rey y a la corte, pero perjudicial a los vasallos.

Efecto del despotismo de Moctezuma fue el ceremonial que introdujo. Nadie podía entrar en palacio a servir al rey o a tratarle algún negocio, sin descalzarse antes en la puerta; ni era lícito comparecer ante el rey con vestidos ricos, porque se tenía por falta de respeto a la majestad; y así aun los más grandes señores (a excepción de los príncipes de la sangre) o se despojaban de los vestidos que llevaban, o a lo menos los cubrían con otros ordinarios para demostrar su humillación. Todos al entrar en la sala de audiencia hacían antes de hablar tres reverencias; en la primera decían *señor,* en la segunda *mi señor* y en la tercera *gran señor;*[4] hablaban con voz baja y con la cabeza inclinada, y recibían con tanta atención y humildad la respuesta que el rey daba por medio de sus secretarios, como si fuese un oráculo. Al despedirse ninguno volvía las espaldas al trono.

La misma sala de audiencia le servía de comedor; la mesa era un cojín y su asiento un taburete bajo. Los manteles, toallas y servilletas eran de algodón, pero muy blancos, limpios y sutiles; la vajilla era de barro fino de Cholula. Ninguna de estas cosas le servia dos veces; porque inmediatamente la daba alguno de los nobles. Tenía vajilla de oro pero no usaba de ella sino en el templo en ciertas fiestas, a excepción de las copas en que se servía el cacao. La comida era tanta y tan varia que los españoles que la vieron hablan con asombro. Cortés dice que llenaba la comida todo el pavimento de la sala, y que le presentaban platos de todas las carnes, pescados, frutas y hierbas de la tierra. Servíanla 300 ó 400 jóvenes nobles y la presentaban toda antes que el rey se sentase a comer, y luego se retiraban; y porque la comida no se enfriase, cada plato iba asentado en su braserillo. El rey señalaba los platos que apetecía y los restantes se repartían entre los nobles que estaban de guardia en las antesalas. Antes de sentarse a comer le servían agua de manos cuatro mujeres de las más hermosas de su serrallo, las cuales quedaban allí en pie todo el tiempo que duraba la comida juntamente con seis de sus principales ministros y el maestresala.

Luego que el rey tomaba asiento cerraba el maestresala un cancel de madera dorado que dividía la sala, quedando de parte de afuera la nobleza para que no lo viese comer. Los ministros se mantenían desviados y observaban un gran silencio sino era para contestar al rey cuando les hablaba. Servíanle la comida el maestresala y las cuatro mujeres, además de otras dos que le llevaban el pan, que eran unas tortillas de maíz amasadas con huevo. La copa en que se le servía la bebida del cacao era de oro o de concha o una jícara de peregrina hechura. Muchas veces hacía que al tiempo de comer le diesen música de instrumentos y voces, y frecuentemente se divertía en oír los chistes de algunos hombres contrahechos y ridículos. Mostraba Moctezuma mucho placer en oírlos, y decía que entre sus chanzas le decían algunas verdades que le importaba saber.

En acabando de comer tomaba una pipa o canuto curiosamente pintado, de tabaco revuelto con liquidámbar, y con aquel humo conciliaba el sueño. Dormía un breve rato reclinado en el *icpalli* o taburete. Después del sueño daba audiencia, en la cual oía con suma atención lo

---

[4] Las voces mexicanas correspondientes son *tlatoani.* señor; *notlatocaltzin,* mi señor; *hueli tlatocani,* gran señor.

que se le proponía, alentaba con afabilidad a los que por la turbación no acertaban a hablar, y respondía a todos por medio de sus secretarios. A la audiencia seguía luego la música, en que se complacía mucho de oír cantar las hazañas de sus antepasados. Otras veces se divertía en ver varios juegos de que hablaremos en otro lugar. Cuando salía de palacio iba en hombros de nobles sobre unas andas y bajo un rico palio, con un séquito muy numeroso, y por donde quiera que pasaba todos bajaban los ojos como si temieran quedar deslumbrados del brillo de la majestad. Cuando bajaba de las andas para caminar por su pie, le ponían alfombras porque no tocase inmediatamente la tierra.

Correspondiente a tanta majestad era la grandeza y magnificencia de sus palacios, casas de recreación, bosques y jardines. El palacio de su ordinaria residencia era un vasto edificio de cal y canto que tenía 20 puertas a la plaza y a diferentes calles, tres grandes patios y en uno de ellos una fuente del agua de Chapultepec, varias salas y unas cien cámaras cuadradas como de 25 pies de diámetro. Algunas paredes estaban cubiertas de mármol y de otras piedras apreciables. El maderaje era de cedros, cipreses y otros árboles excelentes, bien labrado y entallado. Entre otras salas había una tan grande que, según depone un testigo ocular y exacto,[5] cabían en ella 3,000 hombres, y sobre ella se formaba un corredor o placeta en que podrían, según su amplitud, jugar cañas 30 hombres a caballo.

Además de este palacio tenía otros dentro y fuera de la capital. En los de México, además del serrallo o habitación de sus innumerables mujeres, tenía vivienda para sus consejeros y ministros, y para todos los oficiales de su casa y corte, y también para hospedar a los señores extranjeros, especialmente a los dos reyes aliados.

Dos casas tenía para animales. En la una, destinada para las aves, había muchas cámaras y corredores sostenidos sobre columnas de mármol de una pieza. Estos corredores tenían la vista a una gran huerta en que había repartidos entre la arboleda diez hermosos estanques, unos de agua dulce para los peces de ríos y otros de agua salobre para los de mar. En ellos se mantenían innumerables especies de aves acuátiles, y en lo restante de la casa todas las demás del aire que eran tantas y tan diversas que los primeros españoles que las vieron quedaron asombrados, dudando si habría en el mundo especie alguna de aves que allí no se viera. A cada especie se suministraba el mismo pasto de que se mantenía en tiempo de su libertad. A unas se daban moscas, a otras semillas, a otras sabandijas y así de las demás.

---

[5] El Conquistador Anónimo en su curiosa relación. Este autor añade que habiendo entrado cuatro veces en aquel palacio y girado por él hasta cansarse, no lo vio todo.

En las aves que se mantenían de la pesca se consumían diariamente diez arrobas de pescado, como testifica Cortés en su relación a Carlos V. Trescientos hombres había dedicado al cuidado de estas aves, unos tenían la incumbencia de limpiar los estanques, otros de buscar la comida para las aves, otros de repartirla; otros cuidaban de los huevos y de la cría y otros, finalmente, de pelarlas a su tiempo; porque además de la diversión que el rey tenía en ver tanta multitud de animales, se cuidaba principalmente de la pluma no menos para las imágenes admirables de mosaicos, de que hablaremos en otro lugar, que para los diferentes tejidos y adornos que usaban. Las salas y cámaras de esta casa eran tantas y tales que, como certifica el citado Cortés, podían en ella alojarse dos príncipes con todo su servicio. Esta casa estaba situada en el lugar que ocupa al presente el convento grande de San Francisco.

La otra casa se dividía en varias cuadras. En una estaban todas las aves de rapiña, desde el águila real hasta el cernícalo, y de cada especie había muchos individuos. Estas aves estaban repartidas en muchos camerinos subterráneos de tres varas de profundidad y unas cinco en cuadro. La mitad de cada camarín estaba cubierta con un buen enlosado y en ella había una estaca o alcándara en que pudiesen dormir y defenderse de la lluvia; la otra mitad tenía una bella celosía de madera y en ella otra alcándara donde pudiesen gozar del sol. Para el sustento de estas aves carnívoras se mataban diariamente 500 pavos.

Había en esta misma casa unas salas bajas y en ellas unas jaulas fuertes de madera en que estaban los leones, tigres, coyotes, lobos, gatos monteses y otras fieras que se sustentaban de ciervos, conejos, liebres, techichis y otros animales, y de los vientres de hombres sacrificados. Cuidaban de las fieras y de las aves de rapiña otros 300 hombres. No solamente mantenía Moctezuma estas castas de animales que muchos príncipes mantienen por grandeza, sino aun otras que por su naturaleza parecen exentas de la servidumbre, como los cocodrilos y las serpientes. Las serpientes de varias especies estaban en cubas y vasijas grandes y los cocodrilos en estanques cercados. No satisfecho Moctezuma con tener en sus palacios todas las especies de animales que había en las tierras del imperio mexicano, había también congregado en ellos muchos hombres irregulares a quienes o el color de su piel y pelo o alguna deformidad en los miembros hacía singulares en su especie. Vanidad provechosa que aseguraba el sustento a tantos miserables y los libertaba de los inhumanos insultos de los demás hombres.

En todos sus palacios tenía bellísimos jardines de toda especie de flores, de hierbas odoríferas y de plantas medicinales. Tenía también varios bosques acotados y proveídos de abundante caza en donde solía divertirse a tiempos. Uno de estos bosques estaba en una isleta de la laguna conocida de los españoles con el nombre de Peñol. De todos estos palacios, jardines y bosques, no ha quedado más del bosque de Chapultepec, que conservaron para su diversión los virreyes.⁶ De lo demás casi nada dejaron en pie los conquistadores; arruinaron los más suntuosos edificios de la antigüedad mexicana, parte por celo indiscreto de religión, parte por venganza y parte por el interés de aprovecharse de los materiales; abandonaron el cultivo de los jardines y sitios deliciosos de los reyes de México y de Acolhuacán, y dejaron la tierra en tal estado, que hoy no sería creíble la magnificencia de aquellos reyes si no constara por el testimonio de los mismos que la arruinaron.

Todos los palacios y casas reales se mantenían sumamente limpios, aun aquellos a que jamás iba Moctezuma; porque apenas había cosa de que más se preciase, que de la limpieza en su persona y en todas sus cosas. Todos los días se bañaban, para lo cual tenía muchos baños en sus palacios. Cada día mudaba cuatro vestidos que no volvían a servirle más y se destinaban para recompensar los servicios de los nobles y las hazañas de sus soldados. Cada día ocupaba, según dicen algunos historiadores, más de mil hombres en barrer y regar las calles de la ciudad.

### 3. Buenas y malas cualidades del rey Moctezuma

Entre las casas reales se contaba un grande arsenal en que tenía toda especie de armas ofensivas y defensivas y de insignias y adornos militares; para la fábrica de estas cosas mantenían un número prodigioso de oficiales, como también de plateros, artífices de pluma, lapidarios, pintores y otros artífices. Un barrio entero había de bailarines dedicados a su diversión. Su celo de la religión no era inferior a su magnificencia. Él levantó varios templos a sus dioses y les ofreció frecuentes sacrificios, no faltando ni en un ápice a los ritos y ceremonias establecidos. Tenía gran cuidado de que todos los templos y especialmente el mayor de México, estuviesen bien servidos y con la mayor limpieza y aseo; pero el terror pánico que le ocasionaban los agüeros y supuestos oráculos de sus divinidades, solía abatir su natural esfuerzo y valor.

Era celosísimo de que sus órdenes se ejecutasen puntualmente y de que se observasen las leyes, e inexorable en castigar a los transgresores. Varias veces tentaba por tercera mano con dones la rectitud de sus

---

⁶ En el palacio que edificaron los virreyes en Chapultepec se conservan hasta el presente dos piscinas fabricadas de los mexicanos en tiempo de sus reyes.

jueces y al que hallaba culpable daba sin remisión la pena correspondiente, aunque fuese de la más relevante nobleza. Era enemigo irreconciliable de la ociosidad, y para desterrarla de sus dominios procuraba tener ocupados a sus vasallos; a los militares en continuos ejercicios de guerra, a otros en la cultura de los campos o en la construcción de nuevos edificios, o en otros trabajos públicos, y aun a los mendigos para tenerlos ocupados, y por ventura también por celo de la limpieza, obligaba a la contribución de cierta cantidad de aquellos asquerosos insectos que son frutos de la inmundicia y gajes de la miseria. *buena*

Esta opresión en que tenía a todos sus súbditos, las excesivas contribuciones que les había impuesto, su altivez y soberbia y su nimia severidad en los castigos, le enajenaban en mucha parte los ánimos, *cruel* aunque, por otra, se los conciliaba con su liberalidad, así en socorrer las necesidades de sus pueblos como en recompensar los servicios de sus capitanes y ministros. Entre otras cosas dignas de celebrarse con los mayores elogios y de ser imitadas de todos los soberanos, destinó la ciudad de Colhuacán para hospital de todos aquellos inválidos que, después de haber servido con fidelidad a la corona en los empleos políticos y militares, necesitaban por su edad o sus enfermedades de ser servidos. Allí se atendía a expensas del real erario a su subsistencia, cura y regalo.

Tales eran las calidades, parte buenas y parte reprensibles, del célebre Moctezuma que nos pareció conveniente representar de un golpe a los lectores antes de exponer la serie de sus sucesos. A los principios de su reinado, noticioso de un exquisito árbol de bellas y fragantes flores[7] que poseía Malinalli señor de Tlachquiauhco, se lo envió a pedir mandándole un rico presente y ofreciéndole dar por él cuanto pidiese. Malinalli, que era un hombre grosero y arrogante, desechó con indignación la propuesta y respondió resueltamente que no quería darlo; que se contentase Moctezuma con lo que poseía hasta el volcán Popocatépetl, que reconocía por raya del imperio mexicano, y cesase de codiciar lo que poseían otros que no le tenían por señor sino por enemigo. Irritado con semejante respuesta, Moctezuma mandó luego contra él un formidable ejército, que no solamente se apoderó del árbol codiciado sino también del mismo Malinalli y de todo su estado de Tlachquiauhco, y de paso también del de Achiotlan. Malinalli fue muerto, el árbol trasplantado a los jardines reales, y aquellos dos señoríos incorporados a la corona. Estas conquistas, que fueron las primeras en el reinado de Moctezuma, se hicieron el año de 1503.

---

[7] El *ixquixóchitl*, de que hablamos en el primer libro: que, aunque exige clima cálido, se logró en la corte por la industria de los mexicanos, como otras plantas propias de tierras calientes. El estado de Tlachquiauhco había sido antes conquistado por los mexicanos.

## 4. Guerra de Tlaxcala

Poco tiempo después se le ofreció otra guerra más grave y peligrosa de que no salió con la felicidad que en la pasada. Entre tantas provincias como habían sujetado los mexicanos a su imperio con la fuerza de sus armas, o que voluntariamente se le habían sometido por temor de su poder, la república de Tlaxcala se había mantenido siempre invicta, sin doblar la cerviz al yugo, aunque tan poco distante de la corte y centro del imperio mexicano.

Hacía ya algunos años que los huexotzincas, los cholultecas y otros estados vecinos que habían sido aliados de la república, envidiosos de su prosperidad, habían empeñado contra ellos a los mexicanos alegando que los tlaxcaltecas pretendían apoderarse de las provincias situadas en las costas del Seno Mexicano y que con el comercio que tenían con esas provincias aumentaban cada día su poder y sus riquezas y se iban ganando los ánimos de los pueblos. El comercio de los tlaxcaltecas, de que se lamentaban los huexotzincas, era muy justificado y necesario, porque, además de ser la gente de aquellas costas en gran parte originaria de Tlaxcala y mirarse unos y otros como deudos, los tlaxcaltecas habían menester proveerse de cacao, algodón y sal, que les faltaba. Sin embargo, hicieron tanta impresión en los ánimos de los mexicanos los informes de los huexotzincas y demás rivales de Tlaxcala, que los reyes de México, desde Moctezuma I, trataron a los de aquella república como a los mayores enemigos de su imperio y mantuvieron siempre buenas guarniciones en la raya de Tlaxcala para impedirles el comercio con las provincias marítimas. Los tlaxcaltecas, viéndose tan injustamente privados de la libertad del tráfico y con ella de las cosas necesarias a la vida, resolvieron enviar una embajada a la nobleza mexicana (verosímilmente en tiempo del rey Axayácatl) quejándose de la injuria que se les hacía por los siniestros informes de sus enemigos.

Los mexicanos, insolentes con la prosperidad, respondieron que el rey de México era señor universal del mundo y de todos los nacidos vasallos, y que como tales debían los tlaxcaltecas darle la obediencia y reconocerle con tributo como las demás provincias; que de no hacerlo serían perdidos, sus ciudades desoladas, y destruidas hasta los cimientos, y el país de Tlaxcala habitado de otras gentes. A esta respuesta tan arrogante y necia contestaron con valor los embajadores: "Muy poderosos señores, Tlaxcala no os debe vasallaje, ni desde que sus progenitores salieron de las partes septentrionales a habitar esta tierra han reconocido jamás los tlaxcaltecas con tributo a algún príncipe del mundo. Ellos han conservado siempre su libertad, y como no acostumbrados a la esclavitud a que pretendéis reducirlos, antes que reducirse a vuestro poder derramarán más sangre de la que derramaron sus antepasados en la famosa batalla de Poyauhtlan que tuvieron con vuestros ascendientes."

Cuando los embajadores se volvieron a Tlaxcala quedó aquella república sumamente irritada de la arrogante y ambiciosa pretensión de los mexicanos y, desesperados del ajuste que pretendían, trataron de fortalecer más sus fronteras para impedir las invasiones de sus enemigos. Tenían de antemano circunvaladas las tierras de la república con grandes fosos resguardadas las fronteras con suficiente guarnición; con las amenazas de los mexicanos aumentaron unos y otra, y vivían con mayor vigilancia que antes. Varias veces fueron asaltados de los huexotzincas, los cholultecas, los itzocanecas, los tecamachalcas y de otros estados vecinos o poco distantes de Tlaxcala; pero jamás pudieron todas estas fuerzas combinadas ganar un palmo de tierra a la república por el sumo cuidado en que éstos vivían y el valor con que resistían los ataques.

Habíanse refugiado en la tierra de Tlaxcala muchos vasallos del rey de México, especialmente de los chalcas y los otomíes de Xaltocan, que se salvaron de la ruina de sus patrias en las guerras pasadas. Estos conservaban una grande aversión a los mexicanos por los daños que de ellos la habían recibido, y por tanto pareció a los tlaxcaltecas que ningunos se opondrían con mayor vigor a la entrada de sus enemigos en el distrito de la república. No se engañaron en su persuasión, porque, en efecto, no encontraron en otros mayor resistencia los mexicanos que en esos fugitivos de quienes se componía la guarnición de las fronteras, especialmente de los otomíes que en todo tiempo sirvieron con la mayor fidelidad a la república, y los tlaxcaltecas por su parte les recompensaron con empleos de mucho honor y confianza.

Todo el tiempo que reinaron Axayácatl y sus sucesores estuvieron los tlaxcaltecas privados del comercio con las provincias marítimas, y por consiguiente careció el pueblo de sal, de tal suerte que se acostumbró a comer sin ella, y hasta muchos años después de la conquista de los españoles no volvieron a usarla en la comida. No así los nobles (a lo menos algunos) porque mantenían secreta correspondencia y amistad con algunos señores mexicanos y a excusas de una y otra plebe se abastecían de cuanto habían menester. Ya se sabe que en las calamidades generales los pobres son comúnmente los que soportan todo el peso de la tribulación, porque los poderosos hallan muchas veces en sus mismas riquezas arbitrios para evadirlas.

Moctezuma, no pudiendo sufrir que la pequeña república de Tlaxcala se negase a la obediencia y a las adoraciones que le tributaban tantos pueblos, aun de los más remotos de su corte, mandó a principios de su reinado a los estados comarcanos de Tlaxcala que armasen su gente y embistiesen por todas partes a la república. Luego que recibieron esta orden los huexotzincas se confederaron con sus vecinos los cholultecas y levantaron un ejército cuyo mando tomó a su cargo Tecayahuatzin, señor de Huexotzinco; pero, fiando más de la maña que de la fuerza, procuraron antes atraer con dones y promesas a los de Hueyotlipan, lugar de la república situada en la raya de los mexicanos, y a los, otomíes que guardaban las fronteras; pero ni unos ni otros se dejaron corromper, antes protestaron que estaban prontos a morir en defensa de sus tlaxcaltecas. Viendo los huexotzincas que no cedía a sus tentativas la fidelidad de los otomíes, resolvieron entrar por fuerza en las tierras de Tlaxcala, y con tanta precipitación que no les diesen tiempo para ponerse en defensa.

Así lo hicieron y entraron con tal furia que, no pudiendo resistirles la guarnición de las fronteras, se internaron haciendo un grande estrago hasta Xiloxochitla, pueblo distante una sola legua de la capital. Aquí les hizo una notable resistencia un famoso capitán tlaxcalteca nombrado Tizatlacatzin; pero al fin murió oprimido de la multitud de los enemigos, los cuales, viéndose tan cerca de la capital, temieron tanto la venganza de los tlaxcaltecas que se retiraron precipitadamente a sus tierras. Este fue el principio de las continuas batallas y hostilidades que hubo en adelante entre aquellos dos estados hasta la llegada de los españoles.

No sabemos por la historia que esta vez se empeñasen los demás estados comarcanos de Tlaxcala en la guerra, acaso porque los huexotzincas y cholultecas no consintieron que otros entrasen a la parte de su gloria. Los tlaxcaltecas quedaron tan irritados contra los huexotzincas que, no teniendo ya paciencia para mantenerse, como hasta entonces lo habían hecho, sobre la defensiva, salieron de su tierra y atacaron varias veces a sus enemigos. Entre otros les asaltaron una vez por la falda de las montañas que están al poniente de Huexotzinco y los apretaron tanto que, no bastando las fuerzas de los huexotzincas para contrarrestar el furor de los enemigos, pidieron socorro a Moctezuma, el cual envió luego un ejército a cargo de su primogénito. Este ejército marchó por la falda meridional del volcán Popocatépetl,[8] en donde se aumentó con las tropas de Chietlan e Itzocan, y por Cuauhquecholan entró en el valle de Atrisco.

Los tlaxcaltecas, noticiosos de la marcha de los mexicanos, resolvieron preocuparlos y dar sobre ellos antes de que pudiesen llegar a Huexotzinco. Fue tan de improviso ese golpe que los mexicanos se

---

[8] Huexotzinco no estaba entonces en el mismo sitio en que está al presente, sino más arriba hacia el poniente.

desordenaron y, aprovechándose los tlaxcaltecas del desorden, ejecutaron en ellos un grande estrago. Murieron muchos de parte de los mexicanos, y entre ellos el príncipe general a quien verosímilmente se encargaría el ejército, más por acumular ese honor al honor de su nacimiento que en atención a su pericia militar. Lo restante del ejército se puso en fuga y los vencedores, cargados de despojos, se volvieron a Tlaxcala.

Causa admiración que habiendo obtenido tan gran victoria no volviesen inmediatamente sobre Huexotzinco, que sin duda se les hubiera rendido; pero acaso no fue tan cumplida la victoria que no perdiesen mucha gente en ella y les parecería mejor gozar por entonces de los frutos de la victoria para volver con mayores fuerzas a la guerra. En efecto volvieron, pero no pudieron forzar la ciudad de Huexotzinco por haberse puesto sus habitantes en estado de hacer una vigorosa defensa; con lo cual se volvieron sin más fruto que el de haber talado los campos de Huexotzinco y Cholula. De aquí se originó tal necesidad a aquellos pueblos, que se vieron precisados a solicitar víveres en México y en otros lugares.

Por lo que mira a Moctezuma no es ponderable el dolor que le causó la muerte de su hijo y la derrota de su ejército. Mandó luego levantar otro ejército de las provincias comarcanas de Tlaxcala y formar un bloqueo a toda la república. Hízose así y fue infinita la gente que acudió a las órdenes del rey; pero los tlaxcaltecas, que ya habían previsto el golpe, se habían pertrechado extraordinariamente y habían aumentado en todas partes sus guarniciones. Combatióse de una y otra parte con notable ardor; pero al fin fue rechazado el ejército real, dejando no poca riqueza en poder de sus enemigos.

Celebró la república con grandes regocijos esta victoria y premió a los otomíes a quienes principalmente se debió, con elevar a los principales a la dignidad de *teutli*, que tenía entre ellos, como veremos, a mayor estimación, y con dar a los jefes de aquella nación por mujeres a unas hijas de los principales tlaxcaltecas. No hay duda de que sí los reyes de México se hubieran empeñado seriamente en la ruina de los tlaxcaltecas, los hubieran al cabo exterminado; porque aunque las fuerzas de la república eran grandes, belicosas sus tropas y fuertes sus lugares, era notablemente inferior en poder y fuerzas a lo mexicanos. Por lo cual me parece muy verosímil lo que dicen los más de los historiadores, que los reyes de México de propósito dejaron en pie la república de Tlaxcala, que apenas distaba 20 leguas de México, habiendo conquistado aun las provincias apartadas más de 200 leguas de la capital, así para ejercitar en ella el valor de las tropas mexicanas, como también y principalmente por tener a la mano donde proveerse de víctimas para sus sacrificios. Uno y otro objeto conseguían en los frecuentísimos asaltos que daban a las fronteras.

## 5. TLALHUICOLE, CÉLEBRE GENERAL TLAXCALTECA

Entre otras víctimas es memorable en las historias mexicanas la que en uno de esos asaltos apresaron los huexotzincas. Había en la arma de Tlaxcala un famosísimo general nombrado Tlalhuicole[9] cuyo valor no era inferior a la asombrosa fuerza de su brazo. La macana con que ordinariamente combatía era tan pesada, que otro soldado de moderadas fuerzas apenas podía alzarla del suelo. Su nombre era el terror de los enemigos de la república y todos huían del lugar donde él se presentaba con su macana. Este, pues, en un asalto que dieron los huexotzincas a una guarnición de otomíes, en el calor de la acción se metió incautamente en un lugar pantanoso, en donde no pudiendo moverse con tanta libertad como había menester, fue hecho prisionero y, encerrado en una fuerte jaula de madera, fue llevado a México y presentado a Moctezuma. Este rey, que sabía apreciar el mérito de las personas aun en sus propios enemigos, en vez de darle la muerte le concedió generosamente la libertad de volverse a su patria; pero el arrogante tlaxcalteca no aceptó el favor, pretextando que habiendo sido cautivo, no osaba presentarse con tan grande ignominia a sus nacionales; que quería morir como los demás prisioneros, en honor de sus dioses. Moctezuma, viéndole tan renuente a volver a su patria y no queriendo, por otra parte, privar al mundo de un hombre tan célebre, lo fue entreteniendo en su corte con ánimo de ganarle la voluntad y servirse de él en beneficio de la corona.

Entre tanto se ofreció la guerra con el rey de Michoacán, cuya ocasión y circunstancias ignoramos, y envió su ejército a Tlaximaloyan que era la raya de ambos reinos, a las órdenes de Tlalhuicole. Este general desempeñó con valor la confianza del rey, y aunque no pudo desalojar a los michoacanenses del lugar donde se habían hecho fuertes, les hizo muchos prisioneros y les quitó mucho oro y plata y con estas ventajas volvió a México lleno de gloria. El rey le dio las gracias y le convidó de nuevo con la libertad, y no aceptándola el tlaxcalteca, le ofreció el empleo estable de *tlacatécatl* o general del ejército, a lo cual respondió Tlalhuicole con bastante desenfado que no quería ser traidor a su patria; que deseaba morir sacrificado, pero pedía a su majestad que fuese en el sacrificio gladiatorio, que sería el más honroso a su persona por ser ese el destinado a los prisioneros de mérito.

[9] Este suceso de Tlalhuicole fue verosímilmente en los años del reinado de Moctezuma; pero por la relación que tiene con la guerra de Tlaxcala, nos pareció conveniente anticipado.

Más de tres años estuvo este célebre general cautivo en México con una de sus mujeres que de Tlaxcala se había ido a hacer vida con él; lo cual solicitaron verosímilmente los mismos mexicanos, por la esperanza de que les dejase una gloriosa posteridad que ennobleciese con sus hazañas la corte y el reino de México. Al cabo de los años, viendo Moctezuma la obstinación con que desechaba todos los partidos que le ofrecía, condescendió finalmente a sus bárbaros deseos y señaló el día del sacrificio. Ocho días antes comenzaron los mexicanos a celebrarlo con bailes y, cumplido el término, en presencia del rey, de toda la nobleza y, de inmenso pueblo, ataron de un pie, según el rito establecido, al cautivo tlaxcalteca al *temalacatl* o piedra grande y redonda donde se hacía semejante sacrificio.

Salieron sucesivamente a combatir con él varios hombres esforzados, de los cuales dejó, según dicen, muertos ocho y heridos unos veinte, hasta que habiendo recibido un fuerte golpe cayó en tierra fuera de sí, y antes de morir lo llevaron a la presencia del ídolo de Huitzilopochtli, en donde le abrieron los sacerdotes el pecho y le sacaron el corazón y echaron a rodar su cadáver, según la costumbre, por las escaleras del templo. Así acabó este famoso general cuyo valor y fidelidad a su patria lo hubieran elevado al más alto grado del heroísmo, si se hubiera dirigido por mejores luces.

### 6. Hambre en las tierras del imperio y obras públicas de la corte

En el tiempo que se hacía la guerra a la república de Tlaxcala, se padeció hambre en algunas provincias del imperio mexicano, ocasionada de la sequedad de dos años. Consumido el grano que tenían los particulares, tuvo ocasión el rey de ejercitar su liberalidad; abrió todas sus trojes y repartió todo el maíz que en ellas había entre sus vasallos necesitados; pero no bastando a remediar toda la necesidad dio permiso, a ejemplo de Moctezuma I, para que saliesen a buscar en otros países su sustento. Al año siguiente, que fue el 1505, se logró una buena cosecha y, libres ya de las angustias del hambre, salieron las tropas mexicanas a la guerra contra Guauhtemallan, provincia distante más de 300 leguas de la capital; a la cual guerra darían verosímilmente ocasión algunas hostilidades ejecutadas por los guauemaltecas en los vasallos de la corona.

Mientras el ejército se ocupaba en esta expedición, se concluyó en México un templo dedicado a la diosa Centeotl, cuya dedicación, que fue muy solemne, se celebró con el sacrificio de los prisioneros hechos en esa guerra. Por este mismo tiempo se acabó de ampliar la calzada de Chapultepec y de renovar el acueducto fabricado en la misma para el abasto de la ciudad. El regocijo que tuvieron los mexicanos en la conclusión de esta obra se turbó con el incendio de la torre del templo Zomolli, causado de un rayo. Los habitantes de la parte más distante del templo y especialmente los tlaltelolcas, no habiendo advertido el rayo, creyeron que el incendio era causado de algunos enemigos que improvisamente hubiesen asaltado la ciudad, se pusieron luego en armas para defenderla y volvieron en diferentes escuadrones hacia el templo apellidando la guerra. Moctezuma se indignó tanto de este alboroto, persuadiéndose de que era pretexto que los tlaltelolcas habían tomado para alguna sedición (por vivir los mexicanos en perpetua desconfianza de su fidelidad), que los reprendió agriamente y los privó de todos los empleos que ejercían y aun les prohibió comparecer en la corte, sin que bastasen por entonces las protestas que hicieron de su inocencia y los ruegos con que imploraron su benignidad; pero, después que se sosegó el primer ímpetu de su ira, los restituyó a sus empleos y a su gracia.

### 7. Rebelión de los mixtecas y zapotecas

Al tiempo que pasaban estas cosas en la corte se rebelaban a la corona los mixtecas y zapotecas. Los principales generales de la rebelión fueron Cetecpatl, señor de Coaixtlahuacan, y Nahuixóchitl, señor de Tzotzolan, en quienes se comprometieron todos los demás señores de una y otra nación. Resolvieron ante todas estas cosas deshacerse de los presidios que mantenían los mexicanos en Huaxacac y en otros lugares de aquellas provincias, y lo ejecutaron empleando más la alevosía que la fuerza.

Tuvo Moctezuma pronto aviso de esta rebelión por uno de los gobernadores de sus fronteras, y con la mayor presteza despachó un buen ejército de mexicanos, texcocanos y tepanecas bajo las órdenes de su hermano el príncipe Cuitláhuac. En el primer encuentro no tuvieron más ventaja que la de poner en fuga a los rebeldes; pero en el segundo y tercero, los desbarataron enteramente, saquearon las ciudades e hicieron muchos prisioneros, y entre ellos a los dos jefes de la rebelión. Volvió el ejército cargado de despojos, se sacrificaron los prisioneros y se confirió el señorío de Tzotzolan a Cozcaquauhtli, hermano de Nahuixóchitl, por haberse mostrado fiel a la corona anteponiendo las obligaciones de vasallo a los títulos de sangre. Cetecpatl no fue sacrificado hasta después de haber declarado la trama y los cómplices de la rebelión.

## 8. Diferencias de los cholultecas y huexotzincas

Poco después de esta expedición se ofrecieron ciertas diferencias entre los huexotzincas y sus vecinos y amigos los cholultecas, y librando la satisfacción a las armas se dieron una batalla campal. Los cholultecas como más aplicados a los ejercicios de la religión, al comercio y a las artes, que a las armas, fueron vencidos y obligados a retirarse a la ciudad, hasta donde los persiguieron los huexotzincas matándoles alguna gente y quemándoles algunas casas. Después de la victoria entraron los huexotzincas en gran temor del castigo que merecían, y para evitarlo enviaron a Moctezuma dos personas distinguidas que se nombraban Tolinpanecatl y Tzoncoztli, procurando justificarse y culpar a los cholultecas. Los enviados o por exagerar el valor de sus ciudadanos o por otro motivo que ignoramos, abultaron en su relación el estrago de Cholula, diciendo que casi todos los cholultecas habían perecido y que los pocos que habían salvado la vida habían desamparado la ciudad. Consternóse mucho Moctezuma con esta relación y temió la venganza del dios Quetzalcóatl, cuyo santuario, que era de los más célebres y reverenciados de toda aquella tierra, creía profanado por los huexotzincas. Consultó su cuidado con los reyes aliados y oído su parecer envió algunos de los señores mexicanos a averiguar el hecho. Estos volvieron con la razón individual de todo lo acaecido, y el rey, indignado de que le hubieran mentido los huexotzincas, despachó un ejército con orden de castigarlos si no diesen una plena satisfacción.

Los huexotzincas, habiendo sabido anticipadamente la tempestad que sobre ellos venía, salieron formados en orden de batalla a recibir el ejército; pero el general de los mexicanos los contuvo, asegurándolos que iban de paz y en calidad de mensajeros. "El gran Moctezuma —dijo— que tiene su corte en medio de las aguas; Nezahualpili, que manda en las riberas del lago, y Totoquihuatzin, que reina al pie de los montes, nos envían a deciros que, según el informe que les han hecho vuestro enviados, habéis acabado con los cholultecas y arruinado a Cholula; y si es así no pueden menos de sentir y vengar el atentado cometido contra el venerable santuario de Quetzalcóatl."

Los huexotzincas protestaron que era falsa y llena de exageraciones la relación de sus enviados, y por tanto no podía ser autor de ella un cuerpo tan grave como el de la ciudad de Huexotzinco; que darían la satisfacción con el castigo de los culpables. Dicho esto cortaron a los dos enviados las orejas y narices, que era la pena que daban a los que mentían en perjuicio del público, y así mutilados los entregaron al general; y con esta satisfacción se libraron de la guerra, que de otra suerte era inevitable.

## 9. Expediciones contra Atlixco, Tzolan, Mictlan, Cuauhquecholan y Amatlán

Muy distinta fue la suerte de los atlixcas que se habían rebelado a la corona. En la primera batalla que les dieron los mexicanos tuvieron a lo que parece muy pocas ventajas; pero en la segunda lograron una completa victoria y volvieron a México con un gran número de cautivos. Esto fue puntualmente en el mes de febrero de 1506 al tiempo en que, por haberse concluido el siglo mexicano, se hacía en el monte de Huixachtecatl la renovación del fuego con mayor aparato y solemnidad que en tiempo de Moctezuma Ilhuicamina y en los demás años seculares. Este que fue el más solemne fue también el último que celebraron los mexicanos.

En su solemnidad sacrificaron un número exhorbitante de prisioneros, reservando otros para la fiesta de la dedicación del *tzompantli* que era, como diremos, un edificio dentro del recinto del Templo Mayor donde se conservaban ensartados los cráneos de los sacrificados. Este año secular se pasó, según parece, sin guerra; pero en el 1507 salieron los mexicanos contra Tzolan y Mictlan, estados de la Mixteca, cuyos habitantes huyeron a los montes por evitar el golpe, y no lograron otras ventajas los mexicanos que la de haber apresado algunos pocos mixtecas que se habían quedado a guardar las casas.

De vuelta de esta expedición paso el ejército a sojuzgar a los de Cuauhquecholan que se habían rebelado, en cuya guerra dio grandes muestras de su valor el príncipe Cuitláhuac, general de las tropas. Murieron de parte de los mexicanos algunos capitanes de nombre, y volvieron a México con 3,200 prisioneros que fueron en parte sacrificados en la fiesta *tlacaxipehualiztli,* que se hacía en el segundo mes mexicano, y parte en la dedicación del santuario de Zomoli que, después del incendio de que ya hicimos mención, se reedificó con mayor magnificencia. Al año siguiente salió el ejército real compuesto de las tropas mexicanas, acolhúas y tepanecas, contra la remota provincia de Amatlán. En su marcha por una elevada montaña les sobrevino un furioso norte con mucha nieve que hizo un terrible estrago en el ejército; unos murieron del frío por no estar acostumbrados a su rigor, y otros oprimidos de los árboles que derribó el viento. De los restantes que siguieron su viaje debilitados hasta Amatlán, murieron los más en la batalla.

## 10. Presagios de la guerra de los españoles

Estas y otras calamidades, juntas con la aparición de un cometa, que por aquel tiempo se dejó ver en el cielo, llenaron de consternación a aquellos pueblos. Moctezuma, que era demasiado supersticioso para ver con indiferencia semejante fenómeno, consultó sobre él a sus astrólogos, y no habiendo éstos acertado con la significación, acudió al rey de Acolhuacán, que era también versado en la astrología y vana observación. Estos reyes aunque deudos y perpetuamente aliados, no vivían, por lo demás, en muy buena armonía desde que el rey de Acolhuacán hizo morir, como ya diremos, a su hijo Huexotzincatzin, desatendiendo las súplicas de Moctezuma, que, como tío del príncipe, se interesó en su favor. Había tiempo que no se trataban con aquella frecuencia y confianza con que antes solían; pero esta vez el temor pánico que ocupó el ánimo de Moctezuma lo obligó a valerse de Nezahualpilli, de cuyas luces esperaba el consuelo.

Partió a México Nezahualpili y, después de haber conferido muy despacio con el rey de México, fue de parecer, según dicen los historiadores, que el cometa anunciaba las futuras desgracias de aquel reino por las nuevas gentes que a él vendrían. Dificultando Moctezuma en asentir a la interpretación del rey Nezahualpilli, éste lo desafió al juego de la pelota que era muy usada aun entre las personas reales, y se concertaron en que si ganaba el juego el rey de México, el de Acolhuacán tendría por falsa su interpretación; pero si vencía el de Acolhuacán, el de México debería confesarla verdadera. Estupenda necedad y superstición de aquellos hombres en creer dependiente la verdad de una predicción de la destreza del jugador o de la casualidad del juego; pero menos perjudicial que la de los antiguos europeos que libraban a la barbarie del duelo y a la incertidumbre de las armas, la verdad, la inocencia y el honor. Quedó en el juego victorioso Nezahualpilli, y Moctezuma apesarado de la pérdida y de la confirmación de un pronóstico tan fatal.

Quiso probar fortuna por otra parte, esperando hallar testimonio más favorable a su suerte, que contrapesase a la autoridad del rey de Acolhuacán y a la desgracia del juego. A ese fin envió a consultar a un famosísimo astrólogo muy versado en las supersticiones de la Divinatoria, con la cual había hecho su nombre tan célebre en aquella tierra, y conciliándose tan grande autoridad que, sin salir de su casa, era consultado como oráculo aun de los mismos reyes. Este hombre, que debió de saber lo que había pasado entre ambos reyes, en vez de complacer a su soberano con una respuesta lisonjera, confirmó el funesto pronóstico del tezcocano. Indignóse tanto Moctezuma con la respuesta que, en recompensa, le mandó echar la casa encima, muriendo el infeliz oráculo oprimido de las ruinas de su santuario.

Estos y otros pronósticos semejantes de la ruina de aquel imperio se ven en las pinturas de los americanos y en las historias de los españoles.

Estoy muy lejos de pensar que todo lo que sobre este asunto hallamos escrito, sea digno de nuestra fe; porque en los americanos pudo abultar las cosas la superstición, y en los españoles la vanidad de ver tanto tiempo antes anunciadas sus conquistas; pero no puede negarse que entre los americanos se creía como por tradición que aportarían a aquellos reinos otros hombres de muy diferente condición, que se harían señores de toda la tierra. No creo que se haya encontrado ninguna nación en la Nueva España que no haya testificado esta tradición, o con sus relaciones verbales o con sus mismas historias, especialmente los mexicanos y los acolhúas. Es imposible averiguar su primer origen; pero en el siglo XVI y aun en el XV y en el XIV, después que con la invención de la aguja náutica no temían ya los hombres perder de vista la tierra, cuando los europeos por la ambición y la sed insaciable del oro habían comenzado a familiarizarse con los peligros del océano, aquel maligno espíritu, enemigo capital del género humano, que gira por toda la tierra acechando a los mortales, pudo fácilmente conjeturar los progresos de los europeos, el descubrimiento de la América y mucha parte de los grandes sucesos que en ella debían acaecer, y no es inverosímil[10] que los predijese a unas naciones enteramente consagradas a su culto, para confirmarles, con la misma predicción de lo futuro, en la errónea creencia de su divinidad. Pero si el demonio pronosticaba las futuras calamidades para engañar a aquellos miserables pueblos, Dios las anunciaba para disponer sus ánimos al Evangelio. El suceso que voy a referir en confirmación de esta verdad fue público y ruidoso, acaecido en presencia de dos reyes y de toda la nobleza mexicana; se halló descrito en muchas pinturas de aquellas naciones y se remitió a la corte de España según parece, la relación autorizada.[11]

[10] De la misma moderación con que hablé aquí de los presagios de la conquista, usé en la primera edición de esta obra; pero no bastó a libertarme de la censura de algunos críticos, que o no creen la existencia de los espíritus malignos o, a lo mejor, no llevan en paciencia que se nombren o se les atribuya algún efecto. La tradición del futuro arribo por la parte del oriente de gente extranjera que se enseñorearía de aquel país, fue cierta y constante y no puede negarse sin contradecir a todos los historiadores de aquellas naciones cuya unánime deposición es el más firme apoyo de la fe humana. ¿Cuál, pues, fue el origen de esta antigua tradición? Yo, sin atreverme a afirmar cuál fue, me contento con indicar cuál pudo ser. Si los críticos no lo admiten, enséñenme otro origen más verosímil. Si la crítica consiste precisamente en negar todo lo extraordinario, poco es menester para ser crítico.

[11] Véase Torquemada (Lib. 2, cap. 31) y Betancourt (Parte 3, Trat. 1, cap. 7), quienes tomaron esta narración de los escritos de los primeros apostólicos religiosos, que conocieron y trataron a aquella princesa; pero, por otra parte, hace mucha fuerza que un suceso tan notable no fuera más sabido de los españoles del siglo XVI y que no hiciesen mención de él Gómara, Acosta y Herrera, habiendo referido otras cosas extraordinarias que precedieron a la conquista de aquel reino. Por tanto ni nos empeñamos en sostener la narración de aquellos autores, ni nos atrevemos a contradecirla, dejándolo todo al juicio de los lectores prudentes.

## 11. Suceso memorable de una princesa mexicana

Papantzin, princesa mexicana y hermana del rey Moctezuma, había casado con el gobernador de Tlaltelolco. Después de algún tiempo enviudó y se quedó a vivir en el mismo palacio en que antes habitaba con su marido hasta el año de 1509 en que falleció de una grave enfermedad. Su funeral se celebró con la magnificencia correspondiente al esplendor de su nacimiento, con asistencia del rey su hermano y de toda la nobleza mexicana. Su cadáver se enterró en una cueva subterránea que había en un jardín del mismo palacio, cerca de un estanque en que acostumbraba bañarse, y la boca de la cueva se cerró con una lápida de piedra liviana. Al día siguiente se le antojó a una niña de cinco a seis años pasar del cuarto de su madre al del mayordomo de la difunta que estaba de la otra parte del jardín, y al pasar vio a la princesa sentada en las gradas del estanque. Llamóla ésta con la palabra *cocoton* de que suelen usar por cariño y ternura[12] con las niñas de pocos años. La niña que, por su edad, no se había hecho cargo de la muerte de la princesa, pareciéndole que iba a bañarse como acostumbraba, se llegó sin temor y la princesa le mandó que llamase a la mujer de su mayordomo. Fue la niña a llamarla, pero la mujer, riéndose de su inocencia y haciéndole algunas caricias, le dijo: "Hija mía, Papantzin ya murió y la enterramos ayer." Instó la niña y aun la tiró del *huepilli* o camisa para llevarla tras sí, y la mujer, más por complacerla que porque diese algún crédito a lo que le decía, la siguió; pero cuando llegó a vista de la princesa se sobrecogió de tal pavor que cayó en tierra sin sentido. La niña en viéndola caída corrió a avisar a su madre, y ésta con otras dos compañeras acudieron a socorrerla; al avistar a la princesa se horrorizaron, pero las confortó asegurándoles que estaba viva. "Id, añadió, y llamad a mi mayordomo." Fue éste llamado y la princesa le mandó avisar al rey su hermano; pero el mayordomo no se atrevió temiendo que Moctezuma pensase que pretendía engañarlo con embustes, y sin examinar la verdad lo castigase con su acostumbrada severidad y rigor. "Id pues —le dijo— a Tezcoco y suplicad de mi parte al rey Nezahualpili mi deudo que venga a verme." Cumplió el mayordomo la orden, y el rey, informado de lo que pasaba, partió prontamente para Tlaltelolco. Cuando llegó ya la princesa se había recogido a uno de sus cuartos. Saludóla el rey lleno de asombro y la princesa le suplicó llamase al rey su hermano, le asegurase que estaba viva y le dijese que necesitaba verlo para descubrirle cosas de mayor importancia Fue Nezahualpilli a México a cumplir el encargo, y apenas podía Moctezuma dar crédito a su

---

[12] Cocoton es lo mismo que en nuestro castellana hijita o niñica.

informe; pero por no ofender con su desconfianza el respeto que se debía a tan autorizado embajador, fue con él y con mucha nobleza mexicana a Tlaltelolco, y al entrar en la sala donde estaba la princesa, le dijo: "¿Eres tú por ventura mi hermana, o quién eres?" —"Soy, señor, respondió la princesa, vuestra hermana Papantzin a quien antes de ayer enterrasteis; estoy viva y quiero manifestaros lo que he visto, porque os importa."

Dicho esto tomaron asiento ambos reyes, y los demás se mantuvieron en pie, atónitos de lo que estaban viendo. La princesa siguió hablando de esta suerte: "Después que morí, o si no podéis asentir a que he muerto, después que un letargo me privó del movimiento y de los sentidos, me hallé improvisamente en una dilatada llanura cuyos términos no alcanzaba a ver por ninguna parte. En medio de esta llanura observé un camino que después se dividía en varias sendas y por una parte de él corría un caudaloso río cuyos raudales hacían un rumor espantoso; y pensando echarme al agua para pasar a nado a la otra orilla, se me puso delante un hermoso joven de buena estatura, vestido de un hábito largo, blanco como la nieve y resplandeciente como el sol, con esta señal en la frente (y poniendo el dedo pulgar sobre el índice, formó la señal de la cruz) y con alas formadas de vistosas plumas, y tomándome de la mano me dijo: 'Detente, que aún no es tiempo de pasar ese río. Dios te ama mucho, aunque tú no lo conoces;' y con esto me fue llevando por la orilla del río, en donde vi muchos cráneos y huesos de muertos y oí unos gemidos tan lastimeros que movían a compasión. Volviendo después los ojos a la corriente vi río arriba unos grandes barcos y en ellos unos hombres de color y traje muy diferente del nuestro; eran blancos y barbados, traían estandartes en las manos y capacetes en las cabezas. 'Dios, me dijo entonces el joven, Dios quiere que vivas para que seas testigo de las revoluciones de este reino. Los gemidos que escuchas de entre aquellos huesos son de las almas de tus antepasados que penan y penarán para siempre sus delitos. Aquellos que ves venir en los barcos son los que a fuerza de armas se han de apoderar de este reino, y con ellos vendrá la noticia y conocimiento del verdadero Dios, Creador del Cielo y de la Tierra. Tú, luego que pase la guerra y se promulgue el lavatorio, con que se borran los pecados, sé la primera en recibirlo y guía con tu ejemplo a los de tu nación'. Dicho esto desapareció el joven, y yo me hallé restituida a la vida; levantéme del lugar en que yacía, removí la lápida que cerraba el sepulcro y salí al jardín en donde me hallaron más domésticos."

Atónito quedó Moctezuma con esta relación, y turbado de un gran tropel de pensamientos se levantó y salió luego para uno de sus palacios destinado para ocasiones de tristeza, sin hablar palabra a su hermana, ni al rey de Texcoco ni a ningún otro de los que le acompañaban, aunque algunos, para serenarle la turbación, le procuraron persuadir que la pasada enfermedad había desconcertado el juicio a la princesa. Moctezuma no volvió jamás a verla en lo restante de sus días, por no oír de nuevo, como se puede creer, los tristes presagios de la ruina de su imperio. Papantzin vivió después muchos años en grande recogimiento y abstinencia. Fue la primera que el año de 1524 recibió el santo bautismo en Tlaltelolco y se nombró desde entonces doña María Papantzin. En los años que sobrevivió a su regeneración fue un perfecto modelo de virtud y su muerte fue correspondiente a su vida y a su admirable vocación al cristianismo.[13]

## 12. FENÓMENOS NOTABLES

Además de este memorable suceso acaeció el año de 1510 el repentino y violento incendio de las torres del templo mayor de México en una noche apacible y clara, sin que pudiese averiguarse su origen, y en el año antecedente un rápido y extraordinario movimiento en las aguas de la laguna, sin viento ni terremoto ni otra cosa natural, cuyas olas derribaron algunas casas de la ciudad. Se dice también que en el año de 1511 se vieron en el aire hombres armados que combatían entre sí y se mataban. Estos y semejantes fenómenos que refieren Acosta, Torquemada y otros autores, se hallaron individualmente descritos en las historias mexicanas y acolhúas. No es inverosímil que, habiendo Dios anunciado con semejantes prodigios la ruina de algunas ciudades, como consta en parte de los Libros Santos y testifican Josefo, Eusebio, Orosio y otros, usase de la misma providencia en el trastorno general de un mundo entero, que es sin disputa el más raro y notable suceso que se lee en la historia humana.

## 13. ERECCIÓN DE NUEVA ARA PARA LOS SACRIFICIOS Y NUEVAS EXPEDICIONES DE LOS MEXICANOS

El sobresalto que estos funestos presagios causaban en el ánimo de Moctezuma, no le impedía los proyectos de guerra. Muchas fueron en 1508 las expediciones de sus ejércitos, especialmente contra los icpatepecas, malinaltepecas, tlaxcaltecas, huexotzincas y atlixcas, de los cuales llevaron a México más de cinco mil prisioneros. En el 1509

---

[13] Este suceso de la hermana del rey de México es el que refiere Boturini de la hermana del rey de Michoacán, de cuya narración llena de fábulas hacemos mención en el Lib. II.

fueron los mexicanos contra la provincia de Xochitepec que se había rebelado.

Al año siguiente, pareciéndole a Moctezuma que la ara de los sacrificios era pequeña y no correspondiendo a la magnificencia del templo, hizo buscar una piedra de enorme grandeza, que se halló en las inmediaciones de Coyohuacán; se hizo pulir y labrar curiosamente y después llevar a la corte. Concurrió infinita gente a arrastrarla hasta la entrada de la ciudad, en donde al pasarla por un puente de vigas que había sobre una grande acequia, venció el puente con su peso y se precipitó en el agua llevándose tras sí a algunos hombres y entre otros al sumo sacerdote que la iba incensando. Esta desgracia fue muy sensible al rey y al pueblo; pero sin desistir de la empresa sacaron, aunque con sumo trabajo, la piedra y la llevaron al templo en donde se dedicó con el sacrificio de cuantos cautivos había reservados para esta gran solemnidad, que fue una de las más ruidosas que celebraron los mexicanos. Para ella convocó Moctezuma a la principal nobleza de todo su reino y gastó inmensos tesoros en los regalos que hizo a los nobles y a la plebe.

En el mismo año se celebró también la dedicación del templo Tlamatzinco y del Cuaxicalli, de que hablaremos en otros lugar. Los sacrificios en la dedicación de estos dos edificios y en la del ara, fueron, según dicen los historiadores, 12,210; pero al regocijo que tuvieron los mexicanos en la dedicación de esos dos santuarios se siguió el incendio de otros dos que fueron el mayor del dios Huitzilopochtli, de que ya hicimos mención, y el de Xiuhteuctli o dios del fuego. Las víctimas que morían en las fiestas de los mexicanos se reemplazaban luego con nuevas presas.

En el 1511 se rebelaron los yopes e intentaron deshacerse de toda la guarnición de los mexicanos que había en Tlacotepec; pero, descubierto oportunamente su designio, fueron castigados y hechos esclavos 200 de aquella nación que se llevaron a la corte para ser sacrificados. En el 1512 salió un ejército por el norte contra los quetzalapanecas y con pérdida de 95 hombres hizo 1,332 prisioneros. En el 1513 se ofreció la guerra Cihuapohualoyan y Cuezcoma-Ixtlahuacan. Los de aquel lugar fueron enteramente deshechos; pero los otros, por haberse atrincherado en un lugar muy fuerte, burlaron el esfuerzo de los mexicanos.

Con estas y otras conquistas que se hicieron en los otros dos años siguientes llegó el imperio mexicano a su mayor extensión, cinco o seis años antes de su ruina, a que no poco contribuyeron sus mismas rápidas conquistas. Cada provincia o lugar que sujetaban a la corona era un nuevo enemigo de su dominación que, impaciente del yugo a que no estaba acostumbrado e irritado con la violencia, no esperaba más que una buena ocasión para vengarse y restituirse a su primitiva libertad. La felicidad de un reino no consiste en la extensión de sus dominios, ni en la multitud de sus vasallos; antes, por el contrario, nunca está más cercano a su ruina que cuando por su vasta y desmedida amplitud ni puede conservar la unión tan necesaria en sus partes ni el vigor que se requiere para resistir a la multitud de sus enemigos, si la prudencia y habilidad de los que lo gobiernan no establece la concordia y se gana las voluntades.

### 14. Muerte y elogio del rey Nezahualpilli

No menos contribuyeron, como veremos, a la ruina del imperio mexicano las revoluciones que por este tiempo sucedieron en el reino de Acolhuacán, ocasionadas por la muerte del rey Nezahualpilli; Este célebre rey, después de haber poseído el trono 45 años, o cansado del mando o agravado de la tristeza que le causaban los funestos fenómenos que había observado, dejó el gobierno en poder de dos príncipes de la sangre y se retiró a su palacio de recreación en Texcotzinco llevando consigo a Cocotzin, que era la mujer que más amaba, y algunos criados de su mayor satisfacción, dejando encargado a sus hijos que no saliesen para nada de la corte sino esperasen allí sus órdenes.

En los seis meses que se mantuvo en aquel sitio, se divertía frecuentemente en el ejercicio de la caza y empleaba las noches en la observación de las estrellas, para lo cual había hecho fabricar un pequeño observatorio en el terrado de su palacio, que subsistía a principios del siglo XVII y lo vieron muchos españoles. Este observatorio se reducía a cuatro paredes de una vara de alto, entre las cuales no había más espacio que el que ocupa un cuerpo humano regular y tendido. De los cuatro ángulos se levantaban otros tantos palos grandes que sostenían un cielo de tela de algodón. Aquí, no solamente contemplaba el movimiento y curso de los astros, sino también confería con algunos inteligentes en la astronomía; porque muchos de sus vasallos, siguiendo su ejemplo, se habían consagrado a ese estudio.

Al cabo de los seis meses de vida privada volvió a la corte, ordenó a su amada Cocotzin que se recogiese con sus hijos en el palacio de Tecpilpan y él se retiró a lo más interior del palacio de su ordinaria residencia, sin dejarse ya ver sino de uno u otro de sus más íntimos privados, con el designio de ocultar su muerte a ejemplo de su padre. No se sabe cuándo ni de qué murió; porque habiendo ido algún tiempo después a verle la reina cocotzin y sus hijos y preguntando por él a sus privados, respondieron éstos que el rey era muerto y que ellos mismos, por orden apretada que les intimó al morir, habían quemado secretamente su real cadáver. De lo cual resultó que la gente vulgar y aun alguna parte de la nobleza se persuadiesen de que no había muerto sino que había partido al reino de Amaquemecan, de donde salieron sus antepasados, como se lo habían oído decir muchas veces. Esto acaeció en el año de 1516.

Fue este rey en punto de religión del mismo dictamen de su gran padre Nezahualcóyotl. Despreciaba en lo interior de su ánimo el culto de los ídolos, aunque en lo exterior se conformaba con el pueblo. No menos imitó a su padre en el celo de las leyes y en la severidad de la justicia, de lo cual dio un raro ejemplo en los ultimos años de su reinado. Una de las leyes del reino prohibía, so pena de muerte, desmandarse en el real palacio en palabras menos decentes. Violó esta ley uno de sus hijos llamado Huexotzincatzin, a quien amaba con particular predilección sobre todos los demás, así por las singulares prendas que ya descubría desde su juventud como por ser el primogénito de los que había tenido de su favorita Cocotzin; pero las palabras de este príncipe fueron más efecto de una liviandad juvenil que de un propósito delincuente. Súpolo el rey por denuncia de una de sus concubinas, a la cual se habían dirigido las palabras del príncipe; preguntóle si las palabras habían pasado entre los dos solos o si las habían oído algunos otros, y habiendo sabido que las habían oído los ayos del príncipe y otros que le acompañaban, mandó a la concubina que se retirase a su recogimiento y él se entró a unas piezas destinadas para ocasiones de tristeza. Aquí hizo llamar a los ayos y los examinó. Ellos, temiendo que les costase caro el ocultar la verdad, la confesaron de llano; pero al mismo tiempo se esforzaban en disminuir cuanto pudieron la culpa, protestando que ni el príncipe había conocido la persona con quien hablaba ni sus palabras habían sido obscenas. Sin embargo de sus representaciones dio orden el rey de que prendiesen al príncipe, y en el mismo día pronunció contra él sentencia de muerte. Consternóse con tan rigorosa sentencia toda la corte, interpúsose con ruegos y lágrimas la nobleza, y la misma madre del príncipe en el amor que el rey le tenía, se le presentó bañada en llanto y, para moverle más a compasión, le puso delante sus hijos. Pero ni razones, ni súplicas, ni lágrimas bastaron para que el rey revocase tan dura sentencia. "Mi hijo —decía— ha quebrantado la ley; si le perdono se dirá que las leyes no se han hecho para los domésticos sino sólo para los extraños. Entiendan todos mis vasallos que a ninguno se perdonaría la transgresión, puesto que no la perdono al hijo que más amo."

Penetrada la reina del más vivo dolor y desesperada de vencer la constancia de Nezahualpilli, "Puesto —le dijo— que por tan ligera culpa te has desnudado de los sentimientos de padre y te constituyes verdugo de tu misma sangre, ¿qué resta sino que también a mí me quites la vida y a estos tiernos príncipes que he parido?" El rey, sin desmandarse en palabra alguna contra la reina, le mandó con semblante grave que se retirase porque el caso no tenía remedio. Fuese la afligida madre a su cuarto y allí, en compañía de otras señoras que fueron a asistirle, soltó las riendas al llanto. Entre tanto los que estaban encargados del suplicio del desgraciado príncipe lo iban dilatando de propósito, con la esperanza de que, resfriándose con la tardanza el celo de la justicia, prevaleciese el amor paternal. Pero entendiéndolo el rey ordenó que sin dilación se ejecutase, y así se hizo con universal sentimiento de todo el reino y grave pesadumbre de Moctezuma, así por la relación de parentesco que tenía con el príncipe, como por haber sido desatendidas las súplicas que interpuso para la revocación de la sentencia.

Después de muerto el príncipe se encerró el rey su padre en una sala sin dejarse ver por espacio de 40 días para dar allí todo el desahogo a su dolor, y mandó tapiar las puertas de la vivienda de su hijo para quitar de su vista ese incentivo a su aflicción. Esta severidad en castigar a los transgresores de las leyes se templaba con la compasión que mostraba de la miseria de sus vasallos. Dolíase mucho de la pobreza y tenía un mirador en su palacio cubierto con una celosía, desde donde sin ser visto observaba la gente que acudía al mercado, y en viendo alguna mujer pobremente vestida, la hacía llamar, e informado de su vida y verdadera necesidad, la vestía y proveía de lo necesario para sí y para sus hijos, si los tenía. Diariamente se socorría en su palacio a todos los inválidos y niños huérfanos. Tenía un lugar destinado para aquellos que con ocasión de la guerra habían perdido la vista o de otra suerte se habían inutilizado para el trabajo, y allí eran mantenidos y regalados según su calidad, no desdignándose el mismo rey de visitarlos personalmente muchas veces en el año. En estas obras pías gastaba una gran parte de sus rentas. Su entendimiento es muy celebrado en las historias de aquel reino. Él se propuso por ejemplar a su padre y le fue muy semejante. Con él se puede decir que feneció la gloria de los reyes chichimecas; porque la discordia que después de su muerte se excitó entre sus hijos, menoscabó el esplendor de la corte, debilitó las fuerzas del estado y lo dispuso a su última ruina. No había el rey nombrado sucesor en la corona como habían hecho todos los antecesores. Ignoramos el motivo de esta omisión que trajo fatales consecuencias al reino de Acolhuacán.

## 15. Revoluciones del reino de Acolhuacán

Luego que el consejo se enteró de la muerte del rey, se creyó en obligación de elegir el sucesor a ejemplo de los mexicanos. Juntáronse pues a deliberar sobre negocio de tan grande importancia, y tomando la voz el más anciano y autorizado de los consejeros, les representó los gravísimos daños que podía ocasionar al estado la anarquía si se demoraba la elección; que él era de parecer de que la corona debía recaer en el príncipe Cacamatzin; porque, además de su prudencia y valor que en diferentes ocasiones había hecho sensibles al reino, era el primogénito de la primera señora de la sangre real de México que desposó el difunto rey. Todos subscribieron a este parecer, como tan justo y de persona tan autorizada.

Salieron luego a otra sala en que estaban los príncipes esperando la resolución del consejo y les suplicaron entrasen a oír el parecer de los consejeros, y en él la voluntad de la nación. Entraron todos y desde luego se dio el principal asiento al príncipe Cacamatzin, que era joven de 22 años, y junto a él tomaron lugar sus dos hermanos Coanacotzin e Ixtlilxóchitl, aquel de 20 y éste de 19 años de edad. Levantóse luego el anciano que habló en el primer consejo y declaró la determinación del reino de dar la corona al príncipe Cacamatzin por los derechos de la primogenitura. Ixtlixóchitl, que era un joven ambicioso y resuelto, se opuso diciendo que si el rey su padre hubiera muerto como se decía, habría sin duda dejado nombrado el sucesor; que el no haberlo hecho era señal nada equívoca de que aún vivía, y que estando vivo el legítimo poseedor del trono, era tentado el nombrarle sucesor; que a él le parecía lo mejor esperar algún tiempo hasta tener noticia cierta del rey su padre, y que entre tanto continuase la regencia el consejo.

Los consejeros, conociendo el carácter de Ixtlilxóchitl, no osaron contradecirle abiertamente, sino suplicaron a Coanacotzin que dijese su parecer. Este príncipe apoyó con varias razones el dictamen del consejo y ponderó los daños que ocasionaría al reino el no ponerlo luego en ejecución. Ixtlixóchitl le contradijo notándolo de ligero y de poco considerado; pues no advertía que en seguir ese parecer favorecería a los designios de Moctezuma, que amaba demasiado a Cacamatzin y patrocinaba su causa por tener en él un rey de cera en quien pudiese imprimir la figura que se le antojase. "Razón sería, oh príncipe —replicó Coanacotzin— que no contradijeseis a una resolución tan justa y Tan prudente. Advertir que en caso de no ser Cacamatzin rey, a mí toca por derecho la corona por ser mayor." —"Os concedo —dijo entonces Ixtlilxóchitl— que si en la sucesión se ha atender precisamente a la edad, la corona se debe a Cacamatzin y, a falta de él, a vos; pero si se atiende, como es razón, al valor, a mí se me debe antes que a vos ni a Cacamatzin."

Los consejeros, viendo que cada vez se encendía más la ira de los príncipes y que ya prorrumpía en competencias indignas de su nacimiento, impusieron a ambos silencio y se deshizo el congreso. Los dos príncipes fueron al cuarto de su madre la reina Cocotzin a continuar su contienda, y Cacamatzin, acompañado de mucha nobleza, se partió luego a México a informar a Moctezuma de cuanto pasaba y a implorar su auxilio. Moctezuma, que sobre el amor que le tenía veía su derecho y el consentimiento de la nación, le aconsejó que ante todas cosas pusiese en salvo el real tesoro, ofreciéndosele a guardarlo en México, y le prometió ajustar las diferencias que tenía con su hermano y emplear las armas en su favor en caso de que no bastasen las negociaciones.

Ixtlilxóchitl, luego que supo la partida de Cacamatzin, previendo las consecuencias de su recurso a Moctezuma, se salió de la corte acompañado de todos los de su partido y se fue a los estados que tenían sus ayos en la sierra de Metztitlán. Coanacotzin avisó a Cacamatzin y lo exhortó a presentarse luego en la corte para lograr tan bella ocasión de coronarse. Siguió Cacamatzin su consejo y se fue a Texcoco en compañía de Cuitlahuatzin, hermano de Moctezuma (que era señor de Ixtapalapa) y de mucha nobleza mexicana. Cuitlahuatzin, sin perder tiempo, convocó a la nobleza chichimeca y acolhúa en el *hueitecpan* o palacio principal de los reyes de Texcoco, y les presentó al príncipe Cacamatzin para que le reconociesen por su legítimo soberano. Aceptáronlo todos y quedó aplazado el día para la solemnidad de la coronación; pero se impidió con las nuevas que llegaron a la corte de que el príncipe Ixtlilxóchitl bajaba de los montes de Metztitlán frente de un numeroso ejército. Este inquieto joven desde que llegó a Metztitlán convocó a todos los señores de los lugares situados en aquellas montañas y les propuso su designio de oponerse a su hermano Cacamatzin, pretextando su celo del honor y de la libertad de las naciones chichimeca y acolhúa; que era indecoroso y lleno de peligro el obedecer a un rey que estaba enteramente a devoción del de México; que los mexicanos, olvidados de lo que debían a los acolhúas, y estimulados de una excesiva ambición, pretendían acrecentar sus inicuas usurpaciones con la del reino de Acolhuacán; que él de su parte estaba resuelto a emplear todo el valor que Dios le había dado, en defender a su patria de la tiranía de Moctezuma. Con éstas y semejantes razones, sugeridas como se deja entender de sus ayos, acaloró de tal suerte los ánimos de aquellos señores, que todos se ofrecieron a ayudar a tan justa causa con todas sus fuerzas, y efectivamente alistaron tantas tropas que cuando el príncipe bajó de las montañas, era su ejército, según dicen, de más de cien mil hombres.

En todos los lugares por donde pasaba era bien recibido o por temor de su poder o por inclinación a favorecer sus pretensiones. Desde Tetepolco envió a requerir a los de Otompan, ciudad de las más considerables del reino de Acolhuacán, para que saliesen a recibirlo y a darle la obediencia como a su rey. Los otompanecas respondieron que después de muerto el rey Nezahualpilli no reconocían a otro señor que a Cacamatzin; que ya estaba recibido como tal en la corte y en posesión del trono de Acolhuacán. Esta respuesta irritó al príncipe y le obligó a precipitar su marcha hacia aquella ciudad. Los otompanecas salieron en forma de batalla a recibirlo, y aunque hicieron resistencia al ejército enemigo, finalmente fueron vencidos y la ciudad tomada. Uno de los que quedaron en el campo fue el mismo señor de la ciudad, lo cual contribuyó mucho a acelerar al príncipe la victoria. Este suceso puso en grave cuidado a Cacamatzin y a toda su corte, por lo cual trató de fortificarse para la defensa en caso de que Ixtlilxóchitl intentase poner sitio a la capital. Pero este príncipe, satisfecho de verse respetado y temido, no se movió por entonces de Otompan, aunque puso muchas guardias avanzadas en los caminos con orden de no hacer perjuicio alguno, ni impedir el paso a los particulares que de la corte quisiesen a otros lugares, y de obsequiar a las personas distinguidas que por allí pasasen.

Cacamatzin, viendo las fuerzas y la resolución de su hermano, y haciéndose cargo de que era menos malo el sacrificar una parte aunque grande del reino que el perderlo todo, determinó, con acuerdo de su hermano Coanacotzin, enviar una embajada a Ixtlilxóchitl para tratar con él de composición. Mandóle decir que si quería se quedase enhorabuena con todos los dominios de los montes de Metztitlán; que él se contentaba con Texcoco y demás lugares de las llanuras; que había resuelto partir las rentas del reino con su hermano Coanacotzin; que le suplicaba desistiese de las demás pretensiones y cesase de perturbar la tranquilidad del Estado. Los embajadores fueron dos señores de la sangre real de Acolhuacán, a quienes Ixtlilxóchitl conservaba un gran respeto. Oída la embajada respondió que sus hermanos podían disponer lo que les pareciese; que era contento de que Cacamatzin poseyese el trono de Acolhuacán; que nada maquinaba contra ellos ni contra el Estado; que no mantenía aquel ejército sino para oponerse a los ambiciosos designios de los mexicanos, los cuales habían causado gravísimas desazones y recelos a su padre Nezahualpilli; que si por entonces se dividía el reino por el bien común de la nación, esperaba que algún día volvería a unirse; que en todo caso se guardasen de las astucias de

Moctezuma, pues en efecto este rey fue el que entregó al desgraciado Cacamatzin en manos de los españoles, como veremos.

Con el tratado que se celebró entre los dos príncipes, quedó Cacamatzin en pacífica posesión de la corona de Acolhuacán; pero con sus dominios muy disminuidos, porque lo cedido a su hermano era una parte muy considerable del reino. Ixtlilxóchitl mantuvo siempre sus tropas en movimiento y varias veces llegó con ellas a las inmediaciones de México, provocando a Moctezuma a que saliese al campo a medir con él sus fuerzas; Pero Moctezuma no estaba ya en estado de aceptar semejante desafío; el ardor de la juventud se le había comenzado a apagar con la edad y las delicias domésticas le habían debilitado el ánimo. Ni hubiera sido cordura exponerse a tal conflicto con un joven de tanta resolución y que con secretas inteligencias se había ganado una gran parte de las provincias mexicanas. Sin embargo, muchas veces salieron las tropas de México contra el ejército de los metztitecas con varia fortuna. En uno de estos encuentros fue preso un deudo del rey de México, que había salido a campaña con resolución de prender al príncipe y llevarlo maniatado a México, y así lo había prometido a Moctezuma. Supo Ixtlilxóchitl esta arrogante promesa, y por vengarse lo hizo atar de pies y manos y cubrir de caña seca, y a vista de todo su ejército lo quemó vivo. En el decurso de la historia se verá cuánta parte tuvo este inquieto príncipe en la felicidad de los españoles, que ya por este tiempo comenzaron a dejarse ver sobre las costas del imperio mexicano. Pero antes de emprender la narración de sus sucesos será preciso dar a conocer la religión, la policía, las artes y las costumbres de los mexicanos.

# LIBRO VI

DE LA RELIGIÓN DE LOS MEXICANOS: SUS DIOSES, TEMPLOS, SACERDOTES, SACRIFICIOS Y OBLIGACIONES. —DE SUS AYUNOS Y AUSTERIDADES DE SU CRONOLOGÍA, CALENDARIO Y FIESTAS.—DE LOS RITOS EN EL NACIMIENTO DE SUS HIJOS, EN SUS MATRIMONIOS Y FUNERALES.

La religión; la policía y la economía son las tres cosas que principalmente caracterizan una nación y, sin saberlas, no se puede formar idea cabal de su genio, sus inclinaciones y sus luces. La religión de los mexicanos, que es la materia de este libro, es un agregado de errores y de prácticas supersticiosas, crueles y pueriles. Semejantes flaquezas del espíritu humano son trascendentales a toda religión que tiene su origen en el capricho o en el temor de los hombres, como lo han dado demasiadamente a conocer aun las naciones más cultas de la antigüedad. Si se hace el paralelo, como lo hacemos en otro lugar,[1] de la religión de los mexicanos con la de los romanos y griegos, se reconoce que éstos fueron más supersticiosos y más pueriles en su culto, y aquellos más crueles. Aquellas célebres naciones de la antigua Europa multiplicaron excesivamente sus dioses por el bajo concepto que tenían de su poder, estrechaban a cortos límites su jurisdicción, atribuíanles los más atroces delitos y manchaban su culto con las más execrables obscenidades, que justamente les reprocharon los Doctores del Cristianismo. Los mexicanos concebían menos imperfectas sus divinidades, así en lo físico como en lo moral, y en su culto, aunque tan supersticioso, no intervenía acción alguna contraria al pudor.

### 1. Dogmas de su religión

Tenían los mexicanos idea aunque imperfecta de un Ser Supremo, absoluto e independiente, a quien confesaban deberle adoración, respeto y temor. No le representaban en figura alguna porque lo creían invisible, ni le llamaban con otro nombre que con el común de Dios, que en su lengua es *teotl,* más semejante aún en su significación que en su articulación al *theos* de los griegos; pero le daban varios epítetos sumamente expresivos de la grandeza y poder que de él concebían.

---

[1] *Octava disertación* sobre la religión de los mexicanos.

Llamábanle *Ipalnemoani,* aquel por quien se vive, y *Tloque Nahuaque,* aquel que tiene todo en sí. Pero la noticia y el culto de este Sumo Ser se oscureció entre ellos con la muchedumbre de númenes que inventó su superstición. Creían que había un mal espíritu enemigo de los hombres a quien daban el nombre de tlacatecolotl (buho racional) y decían que frecuentemente se les aparecía para hacerles daño o aterrarlos.

Por lo que mira al alma, los bárbaros otomíes estaban persuadidos de que fenecía con el cuerpo; pero los mexicanos y demás naciones cultas de Anáhuac, la creían inmortal. Esta prerrogativa de la inmortalidad no la juzgaron tan propia de la alma racional, que no la concediesen también a la de los brutos.[2] Tres diferentes lugares y destinos señalaban a las almas. Creían que las de los soldados que muriesen en la guerra o prisioneros en poder de sus enemigos, y las mujeres que morían de parto, iban a la casa del sol, que imaginaban Señor de la Gloria, en donde pasaban una vida deliciosa; que diariamente, al salir el sol, festejaban su nacimiento y le acompañaban con himnos, baile y música de instrumentos desde el oriente hasta el zenit; que allí salían a recibirle las mujeres y con los mismos regocijos lo conducían hasta el occidente.

Si la religión no tuviera otro destino que el de servir a la política, como neciamente pretenden muchos incrédulos de nuestro siglo, no podían aquellas naciones inventar dogma de mayor utilidad para alentar el esfuerzo de sus soldados que el que les aseguraba tan relevante premio en la muerte. Pero añadían que, después de cuatro años de aquella vida gloriosa, pasaban las almas a animar nubes y aves de hermosa pluma y de canto dulce, quedando ágiles y libres para remontarse sobre el cielo o bajar a la tierra a cantar y chupar flores.

Los tlaxcaltecas pensaban que todas las almas de los nobles animaban, después de la muerte, aves bellas y canoras y cuadrúpedos generosos, y las de los plebeyos comadrejas, escarabajos y otras sabandijas y animales viles. En lo cual se ve que el destino pitagórico de la metempsicosis, que tanto se ha radicado y extendido en el oriente, tuvo también su lugar en América.[3] Las almas de los que morían ahogados o heridos de rayo, o de hidropesía, tumores, abscesos o llagas, y las de los niños, o a lo menos las de aquellos que morían sacrificados en honor de Tláloc, dios del agua, iban, según decían, a un lugar fresco y ameno de la tierra que llamaban Tlalocan, residencia de dicho dios, en donde abundaban de todos los mantenimientos y regalos de la vida. En el

---

[2] Lo que decimos sobre la creencia que tenían los mexicanos de la inmortalidad del alma de los brutos, se evidencia lo que diremos exponiendo los ritos de sus funerales.

[3] ¿Quien creería que un filósofo cristiano en el siglo de las luces, y en el centro del cristianismo, había de tener la osadía de imponer seriamente el rancio e improbable sistema de la metempsicosis, confinado años hace en la India Oriental? Véase la obra de impiedad intitulada *L'an deux mille six-cents quarante.* A estos excesos conduce la libertad de opinar en materia religiosa.

templo tenían cierto lugar en donde creían que asistían invisibles en cierto día del año los niños sacrificados a Tláloc. Los mixtecas estaban persuadidos de que una gran cueva que estaba en un altísimo monte de su provincia era la dueña del paraíso. Y; por lo tanto, los señores y principales se mandaban enterrar allí para estar más cerca de aquel lugar de placeres. Finamente, el tercer lugar destinado para las almas de los que morían de cualquiera otra enfermedad natural, era el Mictlan o Infierno que era, según creían, un lugar oscurísimo en que reinaban el dios Mictlanteuctli y la diosa Mictlancíhuatl. Creían, según conjeturo, situado este lugar en el centro de la tierra,[4] pero no imaginaban que aquellas almas padeciesen alguna pena, sino la que acaso les ocasionaría la oscuridad de la habitación.

Tenían los mexicanos noticia, aunque alterada con fábulas, de la creación del mundo, del diluvio universal, de la confusión de las lenguas y de la dispersión de las gentes. Decían que, acabados los hombres cuando el diluvio, sólo se salvaron en una canoa un hombre llamado Coxcox (a quien otros dan el nombre de Teocipactli) y una mujer nombrada Xochiquetzal, los cuales, habiendo tomado tierra al pie de un monte que se decía Colhuacán, tuvieron muchos hijos, pero todos nacieron mudos hasta que una paloma desde lo alto de un árbol les infundió las lenguas tan diferentes entre sí que ninguno entendía al otro.[5] Los tlaxcaltecas decían que los hombres que se salvaron del Diluvio quedaron convertidos en monos; pero poco a poco fueron recobrando el habla y la razón.[6] Entre los dioses particulares que adoraban los mexicanos, que eran muchos aunque no tantos ni con mucho como los de los romanos, 13 eran los principales o dioses mayores en cuyo honor consagraban, como veremos, el número 13. Expondré sobre éstos y los demás dioses de los mexicanos lo que tengo averiguado, deshechando las conjeturas y fantástico sistema del caballero Boturini y de otros autores.

## 2. Dioses de la providencia y del cielo

*Tezcatlipoca.* Este era el mayor dios que se adoraba en aquella tierra después del dios invisible o Supremo Ser de que ya hablamos. Su nombre significa espejo resplandeciente, por el que tenía su imagen. Era

---

[4] El Dr. Sigüenza y Góngora creyó que los mexicanos situaban el infierno hacia la parte septentrional, porque para decir al norte, decían Mictlampa, como si dijeran hacia el infierno. pero me inclino a creer que lo situaban en el centro de la tierra, si no es que había entre los mexicanos variedad de opiniones sobre su situación.

[5] Esta noticia alterada del Diluvio Universal es la que se representa en nuestra lámina.

[6] El que quisiere saber lo que los mixtecas y otros pueblos de América decían de la creación del mundo, lea la obra de Fray Gregorio García, dominicano. *Origen de los indios.*

el Dios de la providencia, el alma del mundo, el creador del cielo y de la tierra, y el señor de todas las cosas. Creían que premiaba con muchos bienes a los justos y castigaba con enfermedades y otros males a los viciosos. Representábanlo siempre joven para significar que jamás se envejecía ni descaecía con los años. En las esquinas y encrucijadas de las calles le tenían siempre puesto un asiento de piedra para que descansase cuando quisiere y a ninguno era lícito sentarse en él. Decían algunos que descendió del cielo por una soga hecha de telas de araña y que persiguió y echó de la tierra a Quetzalcoatl, gran sacerdote de Tolan, que después fue consagrado dios. Su principal estatua era de una piedra negra y relumbrante, semejante al azabache, y estaba vestida de ricas galas. Tenía zarcillos de oro y plata y pendíale del labio inferior un canutillo de cristal, dentro del cual estaba una pluma verde o azul que a primera vista parecía una piedra preciosa. Tenía atado el cabello con una cinta de oro, y por remate una oreja del mismo metal con unos humos pintados en ella, que representaban los ruegos de los afligidos. Cerca de una oreja le salía un gran número de garzotas; del cuello le colgaba un joyel de oro tan grande que le cubría todo el pecho. En ambos brazos tenía brazaletes de oro, en el ombligo una esmeralda, y en la mano izquierda un mosqueador de plumas preciosas que tenían su origen en una chapa de oro tan bien bruñida que servía de espejo. A este espejo llamaban *itlachiaya* (su mirador) para dar a entender que veían cuanto pasaba en el mundo. Otras veces para significar su justicia, lo representaban sentado, con una cortina colorada en que se veían labradas calaveras y canillas de muertos; en la mano izquierda una rodela con cinco piñas de algodón y cuatro saetas, y en la derecha un dardo levantado en ademán de arrojarlo; el cuerpo teñido de negro y la cabeza coronada de plumas de codornices.

*Ometeuctli,* y por otro nombre Citlaltonac, era un dios, y Omecíhuatl o Citlalicue era una diosa que fingían habitar sobre el cielo, en una ciudad gloriosa y llena de placeres y que desde allí velaban sobre el mundo; el dios infundía a los hombres las inclinaciones que tienen y la diosa a las mujeres. Decían que esta diosa, después de haber tenido varios hijos en el cielo, dio en un parto a luz un cuchillo de pedernal; de lo cual, ofendidos sus hijos, arrojaron el cuchillo no sobre la tierra y al caer nacieron de él 1,600 héroes, los cuales, noticiosos de su noble origen y viéndose caídos en la tierra y sin tener quien les sirviese por haber perecido los hombres en una calamidad universal acordaron enviar una embajada a su madre suplicándole que, pues se hallaban desterrados del cielo, les diese poder para criar hombres que les sirviesen. La madre respondió por medio del gavilán, que fue el embajador que le despacharon, que si tuvieran más nobles y elevados pensamientos se harían dignos de vivir con ella eternamente en el cielo; pero, puesto que querían vivir en la tierra, acudiesen a Mictlanteuctli, dios del infierno, y le pidiesen un hueso o cenizas de los hombres pasados, que las rociasen con su propia sangre y así saldrían de ellos un hombre y una mujer que después se multiplicarían; pero que se guardasen mucho de Mictlanteuctli, porque podrían ser que dado el hueso se arrepintiese.

En consecuencia de estas instrucciones, fue Xólotl, uno de los héroes, con su embajada al infierno, y habido el hueso que se deseaba, corrió inmediatamente para la superficie de la tierra. Mictlanteuctli, ofendido de su conducta, corrió tras él pero no pudo alcanzarle. Tropezó Xólotl en su precipitada fuga y, cayendo, se le quebró y dividió el hueso en partes desiguales; recogiólas y siguió con ellas hasta el lugar donde le esperaban sus hermanos, los cuales echaron aquellos fragmentos en un lebrillo y, en cumplimiento de la orden de su madre, los bañaron con la sangre que se sacaron de varias partes del cuerpo. Al cuarto día nació un niño, y continuando por otros tres días la misma diligencia nació una niña, los cuales entregaron al mismo Xólotl para que los criase y éste los crió con leche de cardo.

De este modo se hizo, según su creencia, la reparación del género humano. Decían que desde este suceso tuvo origen la práctica de todas aquellas naciones de sacarse sangre de varias partes del cuerpo, y la desigualdad de los fragmentos del hueso creían haber sido la causa de la diversidad de estatura en los hombres. Cihuacoatl (mujer culebra) o por otro nombre Quilaztli, decían haber sido la primera mujer que parió en el mundo, y que siempre paría mellizos. Teníanla por una gran diosa y creían que se aparecía muchas veces con un niño a cuestas en una cunilla.

### 3. Apoteosis del sol y la luna

*Tonatiuh, el sol,* a quien llamaban por antonomasia Teotl Dios, y *Metztli* la luna. A uno y otro consagraron aquellas naciones. Decían que, reparado y multiplicado el género humano, cada uno de aquellos héroes, o semidioses tenía ciertos hombres de su parcialidad y servicio, y que no habiendo sol por haberse acabado el que había, se congregaron los héroes en Teotihuacán al derredor de una grande hoguera y dijeron a los hombres que el primero que se lanzase en el fuego tendría el honor de ser sol. Lanzóse un hombre más intrépido que los demás nombrado Nanahuatzin, y bajó inmediatamente al infierno. Entre tanto, quedando los hombres en expectación del suceso, los héroes apostaron con las codornices, las langostas y otros animales, a que no acertaban a señalar el lugar por donde nacería el sol, y no habiéndolo acertado fueron luego sacrificados. Salió finalmente el sol por aquella parte que después se llamó oriente; pero apenas montado sobre el horizonte suspendió su movimiento; lo cual, advertido por los héroes, le enviaron a decir con el gavilán que continuase su curso. El sol respondió que no lo haría hasta haberlos acabado a todos. Esta respuesta inspiró a los héroes no menor enojo que temor, y uno de ellos, tomando el arco y tres flechas, le disparó una, pero el sol evitó el golpe declinando el cuerpo. Disparóle las otras dos y jamás pudo acertarle. Irritado entonces el sol volvió la última flecha contra Citli (que éste era el nombre del héroe) y se la clavó en la frente de la cual herida murió luego.

Los demás, consternados con la desgracia de su hermano y ciertos de que no podían prevalecer contra el sol, resolvieron morir a manos de Xólotl, de quien ya hicimos mención, el cual, después de abrir a todos el pecho, se mató a sí mismo. Los héroes antes de morir dejaron a sus respectivos criados sus vestidos. Después de la conquista de los españoles se hallaron entre los indios algunas mantas que conservaban con singular veneración, porque las imaginaban heredadas de aquellos antiguos héroes. Los hombres quedaron muy tristes por la pérdida de sus señores; pero a uno de ellos ordenó Tezcatlipoca que fuese a la casa del sol y le trajese de allí música con que se celebrasen sus fiestas; que para este viaje, que debía hacerse por mar, le harían puente la ballena y la tortuga; que fuese entonando cierta canción que le dio, pero que no le respondiesen los que le acompañaban, porque todos serían transportados. Comenzó el hombre su viaje y su canción; mas al oírla los de su comitiva, llevados de su dulzura y no pudiendo contenerse, le respondieron y fueron con él transportados.

Añadían los mexicanos que este fue el origen de la música y bailes con que celebraban las fiestas de sus dioses; que del sacrificio que hicieron los héroes de las codornices tuvo principio el que diariamente se hacía de esas aves al sol, como diremos; y de la que ejecutó Xólotl con los mismos héroes, los bárbaros sacrificios de víctimas humanas que fueron después tan comunes en aquella tierra.

Semejante a esta fábula era la que contaban del origen de la luna. Decían que Tezcociztecatl, otro de los hombres que concurrieron a la asamblea de Teotihuacán, imitando el ejemplo de Nanahuatzin se había arrojado en la misma hoguera; pero por estar ya disminuido el fuego y remisa la llama, no salió tan luminoso como el primero y quedó convertido en luna. Otros decían que esta metamorfosis fue al salir de una cueva. A estos dos númenes consagraron aquellos dos famosos templos erigidos en la misma llanura de Teotihuacán, de que después hablaremos.

## 4. El dios del aire

*Quetzalcóatl* (sierpe armada de plumas). Este era entre los mexicanos y demás naciones de *Anáhuac* el dios del aire. Decían de él que había sido sumo sacerdote de Tolan; que era blanco, alto y corpulento, de frente ancha, ojos grandes, de cabello negro y largo, y de barba cerrada; que por su honestidad usaba de vestido talar; que era muy rico, y tanto que poseía palacios de plata y piedras preciosas; que era muy hábil y que a él se debía el arte de fundir los metales y de labrar las piedras preciosas; que era muy prudente, como lo mostró en las leyes y reglamentos que dejó a los hombres, y, sobre todo, que era un hombre de vida muy austera y ejemplar; que cuando quería publicar una ley u ordenanza en el reino, hacía subir al pregonero a un monte nombrado Tzatzitepec (monte de clamores) cercano a la ciudad de Tolan, y su voz era oída a distancia de más de cien leguas; que en su tiempo se criaba el maíz tan grande y tan abundante, que cada mazorca era la carga correspondiente a las fuerzas de un hombre; que las calabazas eran de la longitud de un cuerpo humano, que no era necesario teñir el algodón, porque naturalmente se daba de todos colores; que a esa proporción era la abundancia y grandeza de los demás frutos y semillas; que había entonces una multitud increíble de aves canoras y de hermosa pluma; que todos sus súbditos eran ricos.

En una palabra, fingían los mexicanos tan feliz el sumo pontificado de Quetzalcóatl, como los griegos y romanos el reinado de Saturno, al cual se pareció también en la desgracia del destierro; porque, hallándose en esta prosperidad en Tolan, Tlatlacahua o Tezcatlipoca (que son dos nombres de un mismo dios), queriendo echarle por no sé qué motivo de aquella tierra, se le apareció en figura de un hombre viejo y le dijo que era voluntad de los dioses que se fuese al reino de Tlapalan, y juntamente le dio una bebida que tomó Quetzalcóatl con mucho gusto creyendo conseguir con ella la inmortalidad a que aspiraba; pero apenas la tomó cuando se sintió tan movido al viaje de Tlapalan, que inmediatamente se puso en camino acompañado de muchos hombres afectos a su persona, que por todas partes le iban festejando con música.

Decían que cerca de la ciudad de Cuauhtitlán apedreó un árbol y cuantas piedras tiró las clavó en su tronco, y que dos leguas de allí, cerca de Tlalnepantla estampó su mano en una piedra, la cual mostraban los mexicanos a los españoles después de la conquista. Llegado a Cholula le detuvieron los de aquella ciudad y le encomendaron el gobierno de ella. Además de su honestidad y de la suavidad de su trato, contribuyó a la aceptación que allí tuvo la aversión que mostraba a todo género de crueldad y de guerra en tanto grado, que cuando oía hablar de esa materia volvía la cara a otra parte para manifestar su disgusto. A él, según decían, debieron los cholultecas el arte de la platería en que tanto sobresalieron después, las leyes con que en adelante se gobernaron y los ritos y ceremonias de su religión, y según algunos creyeron, la ordenación de los tiempos y el calendario.

Después de haber estado veinte años en aquella ciudad, resolvió continuar su viaje al imaginario reino de Tlapalan, llevando consigo cuatro jóvenes principales y virtuosos. Desde la provincia marítima de Coatzacoalco los despidió encargándoles que dijesen a los cholultecas que tuviesen por cierto que volvería algún día a consolarlos y gobernarlos. A estos jóvenes encargaron luego los cholultecas el gobierno de aquella ciudad por respeto a su venerado Quetzalcóatl, del cual unos dicen que se desapareció y otros que murió en la misma costa.

Quetzalcóatl fue consagrado dios por los cholultecas y constituido principal protector de su ciudad. Erigiéndole en el monte artificial que aún subsiste, un magnifico templo, y otro monte y templo se le erigió después en Tolan. Extendióse su culto por todas aquellas naciones, que lo veneraban como a dios del aire. Tenía templos en México y en otros muchos lugares; varias naciones, aun de las enemigas de los cholultecas, mantenían templo y sacerdotes consagrados a su culto en la misma ciudad de Cholula, y de todas partes iban en romerías a aquella ciudad a cumplir sus votos. Los cholultecas conservaban con mucha veneración ciertas piedras verdes bien labradas que decían haber sido suyas. Los de Yucatán gloriaban de que sus señores descendían de Quetzalcóatl. Las mujeres estériles se encomendaban a él para obtener fecundidad. Decían que barría el camino al dios del agua, porque frecuentemente precede el viento a la lluvia. Eran grandes las fiestas que se le hacían, especialmente en Cholula en el *teoxihuitl* o año divino, a las cuales precedía un riguroso ayuno y penitencia de 80 días, que practicaban los sacerdotes consagrados a su culto.

Su imagen era abominable y teníanla siempre cubierta porque así creían convenir a su majestad. Representábanlo no en pie sino sentado, para significar, según interpretaban, que había de volver a vivir de asiento entre ellos. Al cuerpo de su estatua daban la figura de hombre, pero la cara de ave con un pico colorado, y sobre él una cresta y berrugas, con unas rengleras de dientes y la lengua de fuera; en la cabeza una corona de papel pintado, una como hoz en la mano y muchos aderezos de oro en las piernas.

El Dr. Sigüenza y Góngora creyó que el Quetzalcóatl que consagraron aquellas naciones, no fue otro[7] que el apóstol Santo Tomás, que les

---

[7] Según Betancourt en su *Teatro Mexicano* y el Dr. Eguiara en su *Biblioteca Mexicana*, tenía este título: *El fénix de Occidente, S. Tomás Apóstol nombrado Quetzalcóatl, hallado entre las*

anunció el Evangelio. Esforzó este pensamiento con gran copia de erudición en una obra que, como otras de su docta pluma, tuvo la desgracia de perecer por la incuria del que las poseía. En esta obra hacía el paralelo de los nombres de Didymos y Quetzalcóatl,[8] de su traje, su doctrina y sus vaticinios, y examinaba los lugares por donde anduvo, los rastros que dejó y los portentos que publicaron sus cuatro principales discípulos. Por carecer de dichos manuscritos nos abstenemos de censura de una opinión a que, salvo el respeto que debemos a las luces del autor no podemos asentir. Varios escritores de aquel reino han tenido por cierto que algunos siglos antes de la llegada de los españoles se había ya predicado el Evangelio en la América. Los motivos que tuvieron para esta creencia fueron varias cruces que en diversos tiempos y lugares se hallaron,[9] que parecen labradas antes de los españoles. El ayuno de 40 días que observaban varios pueblos de aquel Nuevo Mundo,[10] los vaticinios que tenían del futuro arribo de gente extraña y barbada[11] y las huellas humanas estampadas en algunas piedras que se creen ser del apóstol Santo Tomás. Yo no he podido jamás asentir con estos autores; pero el examen de sus fundamentos, especialmente en lo que mira a las cruces, exige otra obra muy diversa de la que ahora escribimos.[12]

---

*cenizas de antiguas tradiciones, conservado en piedras y en los cantares de los toltecas de los teochichimecas y de los mexicanos.*

[8] Betancourt, exponiendo el paralelo del Dr. Sigüenza y Góngora, de los nombres Didymos y Quetzalcóatl, dice que este nombre se compone de *coatl* mellizo y de *quetzalli* piedra preciosa, y significa, mellizo de piedra preciosa; pero Torquemada, que poseía con perfección la lengua mexicana, y supo la interpretación de los nombres de aquella lengua de los antiguos mexicanos, dice que Quetzalcóatl es serpiente de plumaje. En efecto, la significación propia de *coatl* es serpiente, y de *quetzalli* es pluma verde, y sólo por metáfora se da este nombre a la piedra preciosa y aquél al mellizo.

[9] Entre otras son celebradas las de Yucatán, la Mixteca, Querétaro, Tepique y la de Tianquiztepec. De las de Yucatán hace mención Cogolludo, *Historia* (Lib. 2, cap. 12).De la de la Mixteca, Burgoa, *Crónica*, y Boturini, *Idea de una historia general de la Nueva España*. De la de Querétaro escribió un religioso franciscano del Colegio de propaganda de aquella ciudad, y de la de Tepique el docto P. Segismundo Tarabal, cuya obra, junto con otros manuscritos suyos, se conserva en el colegio de los Jesuitas de Guadalajara. La Cruz de Tianquiztepec fue descubierta por Boturini y hace mención de ella en la citada obra. Las cruces de Yucatán eran adoradas de los Indios de aquella provincia, por instrucción que, según dicen, les dio un gran Profeta Chilam Balam, el cual les advirtió que cuando aportasen a aquella tierra unos hombres barbados de la parte de oriente y los viesen adorar aquella señal, diesen crédito de la fe que les predicasen. De todos estos monumentos daremos razón en la *Historia eclesiástica de la Nueva España*, si Dios se digna de felicitar nuestros deseos.

[10] El ayuno de 40 días no hace al intento; porque igualmente se observaban en aquellas naciones los ayunos de 4, 5, 20, 80, 160 días, y aun de cuatro años, como veremos, y no era el de 40 días el más usado.

[11] En el libro antecedente expusimos nuestro sentir sobre los vaticinios del futuro arribo de los españoles. Si fueron ciertas las profecías de Chilam Balam, pudo sin ser cristiano ser ilustrado de Dios para pronosticar el cristianismo; del mismo modo que fue ilustrado el otro Balam del oriente para anunciar el Nacimiento de nuestro Redentor.

[12] Así como se hallaron huellas humanas estampadas o por mejor decir, esculpidas en piedras, se hallaron también huellas de animales, sin poderse averiguar el fin que tuvieron los que se tomaron

## 5. Los dioses de los montes, las aguas, el fuego, la tierra, la noche y el infierno

Tláloc o Tlalocateuctli (señor del paraíso) era el dios del agua; llamábanle *fecundador de la tierra y protector de los buenos temporales*, y creían que tenía su residencia en los altos montes de Tláloc cerca de Texcoco, de Tlaxcala, de Tolocan y otros donde suelen formarse los nublados; y así acudían frecuentemente, a semejantes lugares a implorar su protección. Refieren los historiadores nacionales que, habiendo llegado los acolhúas a aquella tierra cuando la dominaban los chichimecas, hallaron en la cumbre del monte Tláloc una estatua de aquel dios hecha de piedra blanca muy liviana, en la forma de un hombre sentado sobre una losa cuadrada, con un lebrillo delante de sí con cierta cantidad de resina elástica qué llaman *olli*, y toda especie de semillas que produce la tierra y que todos los años le renovaban la misma oblación en acción de gracias por las cosechas que les concedía el cielo. Este ídolo era tenido por el más antiguo de aquella tierra; pues se sabe que lo colocaron en aquel monte los antiguos toltecas, en el cual se mantuvo hasta fines del siglo XV o principios del XVI, en que Nezahualpilli, rey de Acolhuacán, por promover el culto de aquel dios o por merecerse la benevolencia del pueblo, quitó de allí el ídolo antiguo y colocó otro mejor de piedra negra muy dura; pero habiéndolo desbaratado un rayo el mismo año, y atribuyéndolo los sacerdotes a castigo del cielo, restituyeron la estatua antigua a su lugar, uniéndose con tres gruesos clavos de oro un brazo que acaso se le rompió. Así se mantuvo en posesión de su culto hasta que, después de promulgado el Evangelio por orden del primer obispo de México y en su presencia, se hizo pedazos.

Creían también los antiguos que en cada uno de los demás montes altos residía un dios ministro de Tláloc. A todos adoraban como dioses del agua y daban generalmente el nombre de Tlaloque. Venerábanlos también como dioses de los montes, por ser éstos el lugar de su residencia. Al ídolo de Tláloc pintaban de azul y verde para representar los diferentes visos de las aguas. Tenía en la mano una pieza de oro larga, serpenteada y de punta aguda, en que querían expresar el rayo. Tenía templo en México dentro del recinto del templo mayor, y los mexicanos le hacían varias fiestas en el año, como se dirá en otro lugar.

---

el trabajo de esculpirlas. En el camino de Valladolid de Michoacán para la Nueva Galicia, hay a una y otra parte del camino dos grandes peñascos en cuya cima se ven esculpidas, según oí decir, unas huellas que parecen de pies de aves grandes. El vulgo cree que son vestigios que dejó impresos el demonio saltando de un peñasco a otro; y así llaman a aquel lugar el Salto del diablo. No de otra suerte piensa el vulgo que aquellas otras huellas son de Santo Tomás, solamente porque ignora su origen.

*Chalchiuhcueye* o *Chalchihuitlicue,* diosa del agua y compañera de Tláloc. Esta diosa era conocida con varios nombres[13] muy expresivos que significaban, unos los diversos efectos que producen las aguas, y, otros, los diferentes visos y colores que hacen en su movimiento. Los tlaxcaltecas la llamaban Matlalcueye, que es decir la vestida de faldellín azul, y el mismo nombre daban, como ya hemos dicho, al altísimo monte de Tlaxcala, en cuya cumbre se forman nublados tempestuosos que ordinariamente descargan sobre la ciudad de Puebla. A esta cumbre subían los tlaxcaltecas a hacer oración y sacrificios. Esta misma es sin duda la diosa del agua, a la cual llama Torquemada Xochiquetzal, y Boturini Macuiloxóchiquetzalli.

*Xiuhteuctli* (señor del año o de la hierba) era el dios del fuego al cual llaman también Ixcozauhqui, que significa semblante amarillo. Era muy venerado en el Imperio Mexicano. En la comida y bebida le ofrecían el primer bocado y el primer trago arrojando uno y otro en el fuego, la cual libación llamaban *tlatazo,* y en ciertas horas del día, quemaban incienso en honra suya. Cada año se le hacían dos fiestas fijas muy solemnes, una en el décimo y otra en el décimo octavo mes, y una fiesta movible en la cual se nombraban los jueces ordinarios y se daba de nuevo la investidura de los feudos del reino.

*Centeotl,* diosa de la tierra y del maíz. Llamábanla también Tonacayohua,[14] la que nos sustenta. En México tenía cinco templos y se le hacían tres fiestas en los meses III, VIII y XI; pero donde tuvo mayor culto y celebridad fue entre los totonacas, que la miraban como a su principal protectora y le edificaron un suntuoso templo en una altísima montaña, en donde era servida de muchos sacerdotes únicamente dedicados a su culto y reverenciada de toda la nación. Amábanla mucho porque creían que no exigía víctimas humanas, sino se contentaba con el sacrificio de tórtolas, codornices, conejos y otros animales, que en notable multitud le ofrecían. Esperaban que algún día los libertase de la tiránica servidumbre de otros dioses que los obligaban a sacrificar tantos hombres; pero era muy diverso el parecer de los mexicanos, que en sus fiestas derramaban mucha sangre humana. En el templo que este numen tenía entre los totonacas estaba uno de los oráculos más célebres de toda aquella tierra.

*Mictlanteuctli* y por otro nombré *Tzontemoc,* dios del infierno, y su compañera *Mictlancíhuatl,* eran celebres entre los mexicanos. Creían,

---

[13] *Apozonalotl y Acuecueyotl* que expresan la hinchazón y ondulación de las aguas; *Atlacamani,* que denota sus tempestades; *Ahuit* y *Ayauh,* su movimiento hacia diversas partes; *Xixiquipilihui,* la alternada elevación y depresión de sus olas, etc.
[14] Dábanle también los nombres de *Tzinteotl,* dios original, y los de *Xilonen, Iztacacenteotl* y *Tlatlauhquicenteotl,* mudándole el nombre según el estado del maíz.

como ya dijimos, que estos dioses residían en un lugar oscurísimo a donde iban las más almas de los que morían de enfermedad natural. Tenían templo en México y le hacían fiesta en el mes XVII. El sacrificio y ofrendas que se le hacían eran de noche y el ministro principal de su culto era un sacerdote que llamaban Tlilantlenemacac que, para ejercer sus funciones, se teñía todo de negro.

*Yohualteuctli,* dios de la noche que, a lo que me parece, era el mismo Metztli o Luna. Otros piensan que fuese el Tonatiuh o Sol y algunos que fuese un dios distinto de aquellos dos. A este dios encomendaban los niños para que les diese sueño. Yohualtícitl (médico nocturno) diosa de las cunas a la cual encomendaban también los niños para que velase en su conservación, especialmente en las horas de la noche.

### 6. Los dioses de la guerra

*Huitzilopochtli* y por otro nombre *Mexitli;* de donde tomó el suyo la ciudad de México, y Teuyaotlatoa (el que manda en la guerra) era el dios de la guerra, el numen favorito de los mexicanos y su principal protector. Los españoles no acertando a pronunciar el nombre de Huitzilpochtli[15] le llamaban Huichilobos, como a Hultzilopochco, lugar distante dos leguas de México y consagrado al mismo dios, llamaron y llaman hasta hoy Churubusco. De este dios unos decían que era puro espíritu y otros fingían que había nacido de mujer, pero sin cooperación de varón, y referían el suceso de esta suerte. Vivía en Coatepec, lugar vecino a la antigua ciudad de Tolan una mujer muy devota y adicta al culto de los dioses nombrada Coatlicue, madre de los Centzonhuitznahuas y de otras muchas gentes. Un día que según su costumbre se ocupaba en barrer el templo, vio bajar por el aire una pelota formada de diferentes plumas; tomóla y guardóla en el seno con ánimo de emplear las plumas en el adorno del altar; pero buscándola cuando acabó de barrer no pudo hallarla, de lo cual quedó asombrada y mucho más reconociéndose encinta desde aquel momento. Creció el preñado hasta hacerse conocer de sus hijos, los cuales, aunque satisfechos de la

---

[15] Huitzilopochtli es un nombre compuesto de dos, de *Huitzilin* que es el nombre de aquella célebre avecilla que llaman chupamirto o chupaflores, y de *opochtli* que significa cosa izquierda. Llamábanlo así porque su ídolo tenía en el pie izquierdo muchas plumas de esas avecillas. Boturini, por no saber bien la lengua mexicana, compone ese nombre de Huitziton y *mapoche,* y dice que *Huitziton,* conductor de los mexicanos en su peregrinación, fue una noche repentinamente arrebatado a vista del ejército y presentado a Tetzauhteotl, el cual lo sentó con grandes elogios, a su mano siniestra. Este *Huitziton,* dice, es el Huitzilopochtli y su nombre tuvo origen de este suceso; pero cualquiera medianamente instruido en la lengua mexicana y en la historia, conocerá desde luego la violencia de la etimología y la insubsistencia de la narración; porque cuando Huitziton salió de Aztlán con los mexicanos, ya adoraban a Huitzilopochtli y llevaban consigo su ídolo.

virtud de la madre, temerosos de la afrenta que les resultaría del parto, resolvieron impedirlo con el parricidio. Su resolución no fue tan secreta que no la percibiese la madre, infinitamente consternada de haber de morir sin culpa alguna a mano de sus propios hijos; pero cuando menos lo pensaba oyó una voz que salía de su vientre y le decía: "No temas, madre mía; que yo te libraré con mucha honra tuya y gloria de mi nombre."

Iban ya a ejecutar el golpe meditado los pérfidos hijos, conducidos y animados de su hermana Coyolxauhqui, que había sido la más ardiente en la empresa, cuando nació Huitzilopochtli con una rodela en la mano siniestra y un dardo en la diestra, con un penacho de plumas verdes en la cabeza, la cara rayada de color azul, la pierna izquierda delgada y emplumada, y rayados también de azul ambos muslos y ambos brazos. Luego que salió a luz hizo aparecer allí una serpiente hecha de lino y mandó a un soldado, que se decía Tochancalqui, que la encendiese y con ella matase a Coyolxauhqui, como la más culpada, y él dio sobre los demás con tal furor que, sin poderles valer sus armas, ni sus ruegos, ni su fuga, todos fueron muertos y saqueadas sus casas, cuyos despojos presentó a su madre. Este caso llenó de tanto horror a los hombres, que en adelante le llamaron Tetzahuitl, espanto, y Tetzauhteotl, dios espantoso.

A este dios tomaron desde tiempo inmemorial los mexicanos por su protector. El fue el que, según dicen, los dirigió por tantos años en su peregrinación, y el que los estableció en el sitio donde se fabricó la gran ciudad de México. Aquí le erigieron aquel magnífico templo que fue tan celebrado aun de los mismos españoles, en el cual se le hacían cada año tres solemnísimas fiestas en los meses V, IX y XV, además de las que se le hacían cada cuatro y cada 13 años, y al principio del siglo. Su estatua era gigantesca, en representación de un hombre sentado en un escaño azul, de cuyos cuatro ángulos salían cuatro maderos que remataban en una cabeza de serpiente. Su frente era azul, pero tenía cubierta la cara con una mascara de oro, y con otra semejante la parte posterior de la cabeza. Tenía sobre la cabeza un rico plumaje en forma de pico de ave con un remate de oro muy bruñido; en el cuello un collar de diez figurillas de corazones humanos; en la mano derecha un báculo azul y espiral a manera de serpiente; en la izquierda una rodela con cinco piñas de pluma blanca puestas en forma de cruz, y de lo alto de la rodela le salía un gallardete de oro y cuatro saetas, que decían los mexicanos habérseles enviado del cielo para ejecutar las hazañas que hemos visto en su historia. Tenía el cuerpo rodeado de una serpiente de oro, y adornado de varias figuras de animales hechas de oro y piedras preciosas. Todos estos adornos e insignias tenían su particular significación.

Siempre que deliberaban hacer guerra lo invocaban con plegarias y sacrificios. Era el dios a quien se sacrificaba mayor número de víctimas humanas.

*Tlacahuepan-cuexcotzin,* dios también de la guerra, hermano menor y compañero de Huitzilopochtli. Su ídolo adorado juntamente con el de su hermano en el principal santuario de México. Donde tuvo este numen más culto fue en la corte de Texcoco.

*Painalton* (veloz o apresurado), dios de la guerra, vicario de Huitzilopochtli. Como Huitzilopochtli era invocado para las guerras que se emprendían con madura deliberación, así era invocado Painalton para los casos repentinos, como sería un asalto improviso de enemigos. El modo de invocarle en estos casos era el sacar los sacerdotes su imagen, que se adoraba juntamente con las de los otros dos dioses de la guerra, y correr apellidando su nombre por todos los barrios de la ciudad y ofreciéndole en sacrificio codornices y otros animales. Al oír su nombre debían tomar luego las armas todos los hombres de guerra.

### 7. Los dioses del vino, la sal, la caza, la pesca y la medicina

*Tezcatzoncatl,* dios del vino; por los efectos que el vino causa, le daban otros nombres como el de Tequechmecaniani, el ahorcador, y el de Teatlahuani, el ahogador. Tenía templo en México y le celebraban fiesta a él y a otros dioses que le daban por compañeros en el mes XIII. Había 400 sacerdotes consagrados a su culto.

*Huixtocíhuatl* dios de la sal y célebre entre los mexicanos por las muchas salinas que tenían cerca de la capital. Hacíanle fiesta en México en el VII mes.

*Opochtli,* dios de la pesca; le creían inventor de las redes y demás instrumentos de pescar y, como tal, era especialmente venerado de los pescadores como su protector. En Cuitláhuac, ciudad de la laguna, tenía particular culto *Amimitl,* dios de la pesca, que verosímilmente sería el mismo Opochtli.

*Mixcoatl,* diosa de la caza y el principal numen de los otomíes, los cuales por vivir la mayor parte en los montes, eran cazadores. Celebrábanla también con particular culto los matlatzincas. En México tenía dos templos, y en uno de ellos, nombrado Teotlalpan, le hacían una gran fiesta con muchos sacrificios de animales de monte en el mes XIV.

*Tzapotlatenan,* diosa de la medicina, decían que ella había sido la inventora del aceite que llaman *oxitl* y de otras medicinas utilísimas, celebrábanla anualmente con sacrificios de víctimas humanas y con himnos particulares que componían en su alabanza.

*Ixtlilton* (el de cara negra), dios también a lo que parece de la medicina porque a su templo se llevaban los niños enfermos para que los curase; llevábanlos sus mismos padres y los hacían danzar delante del ídolo, si estaban en estado de poderlo hacer, y les sugerían las palabras con que habían de pedir la salud, y después les hacían beber cierta agua que bendecían los sacerdotes consagrados al culto de aquel dios.

*Coatlicue* o *Cloatantona*, diosa de las flores; tenía templo en México llamado Yopico, en el cual le hacían fiesta los xochimanques o floreros en el mes tercero que caía en la estación de la primavera. Entre otras cosas le presentaban ramilletes de flores curiosamente compuestos. No sabemos si esta Coatlicue es la misma que la que fingían algunos madre de Huitzilopochtli.

*Tlazolteotl* (dios de la basura), que invocaban los mexicanos para obtener el perdón de sus pecados y para evitar la infamia y otros daños que podían ocasionarles sus culpas. Los lascivos le eran especialmente devotos y procuraban merecer su protección con sacrificios y ofrendas.[16]

*Yacateuctli* (señor que guía) dios del comercio[17] a quien hacían dos grandes fiestas los mercaderes cada año en el templo que en México tenía, una en el mes IX y otra en el XVII, con muchos sacrificios de víctimas humanas y opíparos banquetes.

*Xipe,*[18] dios de los placeres, muy honrado y temido de los mexicanos porque creían que a los negligentes en su culto castigaba con varias enfermedades, especialmente con sarna, apostemas y males de ojos y de cabeza y por tanto se excedían en la crueldad de los sacrificios que hacían a su honor en la fiesta que celebraban en el mes segundo.

*Neppateuctli* (cuatro veces señor), dios de los artífices de esteras. Decían que era más benigno y fácil en perdonar sus ofensas y muy liberal con todos. Tenía dos templos en México, en donde le hacían fiesta en el mes XIII.

*Omacatl,* dios de los regocijos, siempre que los mexicanos hacían algún banquete o tenían algún público regocijo, iban al templo por la

---

[16] Boturini dice que Tlazolteotl era la Venus deshonesta y plebeya y Macuilxochiquetzalli, diosa del agua, la Venus prónuba; pero es cierto que los mexicanos jamás concibieron en sus deidades aquellos vergonzosos excesos que los griegos y romanos atribuyeron a su Venus, ni hallo fundamento alguno para la semejanza entre aquellas mentidas deidades.

[17] A Yacateuctli llaman también Xacateuctli y Yacacoliuhqui.

[18] La voz *Xipe* nada significa. Parece que los historiadores españoles por haber ignorado el verdadero nombre de ese dios, le dieron el de su fiesta *Tlacaxipehualiztli*, tomado el de Xipe y dejando lo demás por abreviar.

estatua de este dios, la colocaban en el lugar en que se hacía el regocijo y le ofrecían incienso y copal, teniendo por cierto que si faltaban a esta diligencia, se exponían a algunos males.

*Tonantzin*: el nombre significa *nuestra madre* y no dudo que era una misma con la diosa Centeotl, de que ya hablamos. Tonantzin tenía templo en un monte distante una legua de México al norte, y era allí venerada de los pueblos con inmenso concurso de gente y un gran número de sacrificios. Hoy está al pie del mismo monte el más célebre santuario de toda la América, dedicado a la Madre de Dios, convirtiéndose en propiciatorio aquel lugar de abominación y derramando el Señor abundantemente sus gracias en beneficio de aquellos pueblos en aquel lugar bañado con tanta sangre de sus antepasados.

*Teteoinan,* madre de los dioses, que eso significa su nombre; y como los mexicanos se creían hijos de los dioses, le daban también el nombre de Tozitzin, nuestra abuela. Del origen y apoteosis de esta madre de los dioses dimos ya razón en el Libro II, cuando expusimos la trágica muerte de la princesa de Colhuacán. Tenía templo en México y le hacían una solemnísima fiesta en el mes XI. Los tlaxcaltecas le daban particular culto y las parteras y curanderas la veneraban como a su protectora. Los más de los escritores españoles confunden esta diosa con la antecedente pero eran sin duda alguna distintas.

*Ilamateuctli* (nombre que significa señora anciana) era una diosa a la cual hacían fiesta los mexicanos en el día tercero del mes XVII. Conjeturo que sería la diosa de la vejez.

*Tepitoton* (pequeñuelos), así llamaban los mexicanos a sus lares o dioses domésticos y a sus pequeñas imágenes. De estos ídolos debían tener seis en sus casas los reyes de vasallos, cuatro los nobles y dos los plebeyos. Eran muy comunes en las calles; las fuentes y los caminos.

Estos eran los dioses más notables que adoraban los mexicanos, omitiendo otros que no merecen particular mención, por no cansar más a los lectores. Los mismos dioses que tenían los mexicanos adoraban por la mayor parte las demás naciones de Anáhuac, sin más diferencia que en la mayor o menor celebridad, en el tiempo y en algunos ritos accidentales de las fiestas, y a veces en el nombre.

En México el dios más celebrado era Huitzilopochtli, en Cholula y Huexotzinco Quetzalcoatl, entre los totonacas Centeotl, entre los otomíes Mixcoatl, y entre los matlatzincas Tlamatzíncatl. Los tlaxcaltecas, aun siendo enemigos eternos de los mexicanos, veneraban sus deidades, aun el mayor dios que tenían era el mismo Huitzilopochtli de los mexicanos, que ellos llamaban Camaxtle. Los texcocanos, perpetuos aliados de los mexicanos, seguían casi en todo su misma religión.

## 8. Sus ídolos y su culto

Los ídolos que representaban a estos dioses y que se adoraban en los templos, casas, calles, montes y caminos, eran infinitos. El señor Zumárraga, primer obispo de México, testifica que sus religiosos en ocho años habían desbaratado más de 20,000 ídolos; pero no hay duda de que en la sola capital excedían mucho de este número. La materia de que se hacían era comúnmente barro y varias especies de maderas y piedras. Hacíanlos también de oro y otros metales, y algunos de piedras preciosas. En un alto monte de Achiauhtla, en la Mixteca, halló Benito Fernández, célebre misionero dominicano, un idolillo al cual llamaban los mixtecas "el corazón del pueblo"; era éste una grande y bella esmeralda de cuatro dedos de largo y dos de ancho, en que estaba esculpida una avecilla y en contorno de ella una culebra. Los españoles que la vieron ofrecieron tres mil pesos por ella; pero el misionero, en presencia de todo el pueblo y con grande aparato, la redujo a polvo. El ídolo más extraordinario de los mexicanos era la estatua de Huitzilopochtli, que hacían de diversas semillas amasadas con sangre humana, de que hablaremos adelante. Los más de los ídolos, eran feos y monstruosos por las partes de animales y otras cosas extrañas que hacían entrar en su composición, para representar los atributos y empleos de sus dioses.

Reconocían a estas mentidas divinidades con la oración, con genuflexiones y postraciones, con votos, con ayunos y otras austeridades, con sacrificios y oblaciones, y con varios ritos en parte comunes a otras naciones y en parte peculiares de su religión. Hacían comúnmente su oración de rodillas y con la cara vuelta al oriente, y a ese fin construían regularmente sus santuarios con la puerta al poniente. Hacían votos o por sí o por sus hijos, y era frecuente el de consagrar éstos al servicio de los dioses en algún templo o monasterio. Los que caminando tropezaban o resbalaban peligrosamente, volaban a visitar el templo del dios Omacatl, y ofrecerle incienso y papel. Valíanse también del nombre de Dios para autorizar la verdad; la fórmula ordinaria en sus juramentos era esta: "¿Por ventura no me ve nuestro Dios?", y nombrando el principal Dios o algún otro de su particular devoción, tocaban con el dedo la tierra y después lo besaban. Este juramento hacía mucha fe en los juicios para purgarse de cualquiera acusación, porque no se persuadían a que hubiese hombre tan temerario que osase abusar del nombre de Dios con evidente peligro de ser gravísimamente castigado del cielo.

## 9. Sus metamorfosis

No faltaban sus metamorfosis a la mitología de los mexicanos. Entre otras muchas contaban la de un tal Yappan. Este hombre habiendo emprendido hacer penitencia en un monte, fue allí tentado de una mujer y cayó en un adulterio; por lo cual Yootl, a quien habían encargado los dioses que velase sobre su conducta, le cortó la cabeza y luego fue convertido en un alacrán negro. No contento Yootl con este castigo, ejecutó el mismo en Tlahuitzin, mujer de Yappan, la cual quedó también transformada en alacrán rubio, y al mismo Yootl, por haberse excedido en la comisión, lo convirtieron los dioses en langosta. Añadían que la vergüenza de aquel delito era la causa de que los alacranes huyan la luz y se escondan bajo las piedras.

## 10. El templo mayor de México

Tenían los mexicanos y demás pueblos de Anáhuac, como todas las naciones cultas del mundo, templos y lugares destinados a los ejercicios de religión, en donde se congregase el pueblo a tributar culto a sus divinidades y a implorar su protección. Llamaban al templo *teocalli*, casa de Dios, nombre que después de recibido el Evangelio han dado con más propiedad a los templos erigidos en honra del verdadero Dios. La fundación de la ciudad y reino de México comenzó por la construcción del santuario de Huitzilopochtli, del cual tomó, como dijimos, nombre la ciudad. Este edificio fue entonces una pobre choza, amplióla Itzcoatl, el primer rey conquistador de aquella nación, después de la toma de Atzcapotzalco. Su sucesor, Moctezuma Ilhuicamina, fabricó un nuevo templo en que ya se dejaba ver alguna magnificencia. Finalmente Ahuítzotl construyó y dedicó el vasto y magnífico templo que había ideado su antecesor Tízoc. Este es el templo que tanto celebraron los españoles después de haberlo arruinado.

Apreciaríamos que hubiese sido tanta su exactitud en las medidas que nos dejaron, cuanto fue su celo en demoler aquel soberbio monumento de la superstición; pero es tan grande la variedad con que escriben que, después de haber trabajado mucho en combinar sus descripciones, no he podido enterarme de sus medidas, ni hubiera jamás formado idea de la forma de su arquitectura si no hubiera tenido la fortuna de ver la imagen que nos presenta a los ojos el Conquistador Anónimo, cuya copia damos al público en la lámina, aunque en las medidas seguimos más lo que expresa su relación que lo que representa la imagen. Diré, pues, lo que he podido averiguar por la prolija combinación de las descripciones de cuatro testigos oculares,[19] omitiendo lo que dudo por la confusa relación de los autores.

Ocupaba el Templo Mayor de México el Centro de la ciudad, que es el que ahora ocupa la Iglesia Catedral y parte de la plaza mayor y de los edificios cercanos. La cerca o muralla que circunvalaba su área o atrio era tan grande que en su recinto, según testifica Cortés podría hacerse una villa de 500 vecinos o familias.[20] Esta muralla, que era perfectamente cuadrada y fabricada de cantería, era muy gruesa y alta más de tres varas, coronada de almenas que tenían forma de caracoles y adornada de varias labores de piedra en figura de serpientes, por lo cual le daban el nombre de *coatepantli* o muralla de culebras. Tenía

---

[19] Los testigos oculares son Cortés, Bernal Díaz, el conquistador Anónimo, que tuvieron a su vista por muchos meses el templo, como que estaba vecino a su cuartel, y Sahagún, que aunque no lo vio entero pudo ver parte de él y reconocer todo el lugar que ocupaba. Este autor nos dejó unas medidas en parte muy individuales, pero no en todo justas. Torquemada dice que dicho autor vio y midió el templo en todas sus partes y aun lo pintó. Pero ¿cómo pudo verlo todo, constando, como consta del mismo Torquemada, que los religiosos franciscanos incendiaron y demolieron a principios del 1525 todos los templos y entre ellos el mayor, de México, Texcoco y Tlaxcala, que el mismo año se emplearon en la fábrica de la primera iglesia muchos materiales del templo mayor que habían arruinado, y que Sahagún no pasó de España a México hasta el 1529? Acosta, a quien copian Herrera y Solís, describió a lo que parece otro templo muy distinto. Sea lo que fuere, debemos creer más a los que lo vieron que no a aquel autor que, aunque por otra parte tan recomendable y fidedigno, no escribió hasta 50 años después de la conquista, cuando ya estaba enteramente arruinado aquel vasto edificio. Bernal Díaz da claramente a entender que el templo mayor de México estaba en Tlaltelolco, lo cual es falso, pues consta lo contrario de los demás historiadores, especialmente de Cortés. Bernal Díaz padeció sin duda alguna equivocación por haber escrito 40 años después de la conquista, cuando según él mismo confiesa se le habían olvidado ya muchas cosas En la edición que se hizo en México de las *Cartas* de Cortés en 1770 con el título: *Historia de Nueva España escrita por su esclarecido Conquistador Hernán Cortés*, aumentada con otros documentos y notas se publicó una imagen infiel del templo mayor de México, que es copia de la que publicó Prevost (tomo XVI de la edición en cuarto) de su *Historia general de los viajes* y ésta fue copia de la que dieron a la luz los holandeses en una edición de Solís. Lo que más admira es que Prevost escriba en el tomo XVIII en la descripción del templo mayor de México todo lo contrario de lo que representa su imagen publicada en el tomo XVI, y que los que en México hicieron aquella edición publicasen, para ilustrar las *Cartas* de Cortés una imagen que se halla claramente desmentida en las mismas cartas. Cortés dice (*Carta I)* que el Templo Mayor de México era más alto que la torre de la Iglesia mayor de Sevilla, y en dicha Imagen apenas parece tener el templo de altura 16 ó 18 varas. Cortés dice que en lo alto del Templo Mayor se hicieron fuertes 500 nobles mexicanos, y en el espacio que representa la imagen apenas podrían estar 60 u 80 hombres. Finalmente, Cortés en el mismo lugar afirma que el templo tenía 3 ó 4 cuerpos, y cada cuerpo sus corredores o azoteas, como él las llama, y en la imagen se representa una pirámide de un solo cuerpo y sin tales corredores. En lo que diremos adelante, se acabará de conocer la infidelidad de dicha imagen.

[20] El Conquistador Anónimo dice que lo que había dentro de la muralla parecía una ciudad. Gómara dice que la longitud de cada lado de la muralla era de un tiro grandísimo de ballesta. Torquemada habiendo dicho en el Cap. 11 Lib. 8, lo mismo, afirma después en (el Cap. 19 que el templo mayor boxeaba más de tres mil pasos; lo cual es evidentemente falso y opuesto a lo que el mismo autor dice en otras partes; porque si tanto sitio ocupaba el templo mayor, ¿qué quedaba para las 120,000 casas que da a aquella gran ciudad, y para los demás templos que en ella había? El Dr. Hernández en su prolija descripción de aquel templo, que se conserva manuscrita en el Escorial y que cita Nieremberg en su *Historia Natural*, da por cada lado a la muralla 200 varas.

cuatro puertas a los cuatro vientos cardinales. La puerta oriental salía a una calle ancha y conducía a la laguna; las otras tres a las tres principales calles de la ciudad, las más anchas y derechas, que se continuaban con las tres calzadas de Iztapalapan al sur, de Tlacopan al poniente y de Tepeyacac al norte. Sobre estas cuatro puertas había otros tantos arsenales abundantemente proveídos de toda suerte de armas ofensivas y defensivas, a donde acudían a armarse las tropas para la guerra. El área o atrio que había dentro del recinto de la muralla estaba cuidadosamente enlosado de piedras tan lisas y bruñidas, que no podían moverse en ellas los caballos de los españoles sin caer. En medio de esta área se levantaba un vasto edificio cuadrilongo[21] todo macizo, cubierto por de fuera de piedras cuadradas e iguales, y compuesto de cinco cuerpos casi iguales en la altura, pero desiguales en la longitud y latitud; porque cuanto más altos, tanto más se estrechaban por una y otra parte. El primer cuerpo que servía de base, tenía de largo de oriente a poniente unas 120 varas (castellanas)[22] y de ancho de norte a sur poco menos de ciento. El segundo cuerpo tenía unos siete pies menos que el primero por cada lado; el tercero otro tanto menos que el segundo, y en la misma proporción los demás; y así sobre cada cuerpo o cepa quedaba un espacio por el cual podían andar en contorno del cuerpo siguiente tres y aun cuatro hombres apareados. La escalera que estaba por la parte del sur era de piedra grande y bien labrada, y constaba de 113 gradas, cada una de poco más de un pie de alto. Esta escalera no estaba toda continuada como la representan Prevost y los que publicaron las *Cartas* de Cortés en México, sino dividida en tantos tramos cuantos eran los cuerpos. Cada tramo corría por la diagonal de su cuadro hasta arribar al corredor o espacio que dejaba por su menor amplitud el cuerpo siguiente; de suerte que habiendo subido la primera escalera, era necesario rodear por el corredor que había al oriente, norte y poniente, para tomar la segunda escalera, y subida ésta era necesario dar otra vuelta semejante para tomar la tercera, y de ésta para la cuarta y de la cuarta para la última; lo cual se entenderá mejor por la vista de la imagen de dicho templo que presentamos, formada sobre la del Conquistador

[21] Sahagún hace el templo perfectamente cuadrado; pero el Conquistador Anónimo, así en su descripción como en la imagen que nos presenta, lo pinta cuadrilongo, y tales son los templos de Teotihuacán que sirvieron de modelo a los demás.
[22] Sahagún da 360 pies por cada lado al cuerpo inferior, pero esta medida es la de su longitud y no la de su latitud; pues como ya dijimos, no era perfectamente cuadrado. Gómara le da 50 brazas, pero esta es la medida de su latitud. Para la comodidad de los lectores que quisieren reducir las medidas españolas a las francesas, advierto que el pie del rey parisiense tiene 1 y 1/16 pie toledano; 3 pies toledanos hacen una vara y 7 pies una toesa, de suerte que 7 varas son 3 toesas. El estado o braza española consta de 2 varas, la vara de 2 codos o 3 pies, y el pie de 16 dedos. El palmo toledano que es la cuarta de la vara tiene 12 dedos, el paso mayor 5 pies, el menor 2 y 1/2 y la pulgada de 1-1/2 dedo.

Anónimo,[23] aunque corregida, como ya insinuamos, en las medidas por su relación y la de otros historiadores.

Todo el edificio, sin comprender las torres, de que ya hablaremos, tenía de alto unas 42 varas[24] y de ancho pocas más de 80, y estaba curiosamente enlosado como el atrio inferior. En su extremidad oriental se levantaban dos torres, desviadas entre sí, pero tan cercanas al labio o borde de la placeta, que apenas dejaban espacio para que estuviese cómodamente un hombre por detrás de ellas. Estas torres, que tenían de alto 22 varas, constaban de tres cuerpos, el interior de cantera y los otros dos de madera bien labrada y pintada. El cuerpo inferior o base de cada torre era propiamente el santuario en que, sobre un altar de piedra de cinco pies de alto, estaban colocados los ídolos titulares. El principal de los dos santuarios era consagrado al dios Huitzilopochtli y a los otros dos dioses de la guerra de que ya hablamos, y el otro al dios Tezcatlipoca.

Los otros cuerpos estaban destinados para guarda de los ornamentos de los ídolos y cosas necesarias a su culto, y para depósito de las cenizas de los reyes y señores principales que por devoción particular lo dejaban así mandado. Ambos santuarios tenían la puerta al occidente, y ambas torres terminaban en un curiosísimo chapitel de madera; pero no hay autor que exponga distintamente la interior disposición y ornato de los santuarios, ni la longitud y latitud de las torres; y así la que presentamos en la lámina es más por conjetura que por noticia cierta.

Lo que sí tenemos por cierto es que la altura de todo el edificio juntamente con las torres no era menos de 64 varas; y verosímilmente sería mayor, aunque no tanta que arribase a 50 estados o 100 varas como quiere Torquemada. Desde aquella altura se veía distintamente la laguna con todas sus poblaciones y casi todo el valle de México, que era, según dicen los historiadores que la gozaron, la vista más deliciosa del mundo. En la placeta o atrio superior estaba el ara para los sacrificios ordinarios, y en el atrio inferior la de los sacrificios gladiatorios.[25] Delante de los

---

[23] Una copia de esta imagen del Conquistador Anónimo se halla en la obra del P. Kirker intitulada *Oedipus Aegyptiacus*, y en el tomo III de la colección de Ramusio.

[24] Mido la altura del edificio por las gradas, que si no hubieran tenido más de un pie de altura harían las 113 gradas 37 y 2/3 varas; pero por haber sido un poco más altas del pie, añado 4 varas a aquella suma.

[25] Sahagún y Torquemada que le sigue no dan a la placeta superior más de 70 pies o 23 varas de ancho y de largo pero, ¿cómo es posible que en un cuadrado de 23 varas y aun en mucho menos por el espacio que ocupaban las torres, combatiesen 500 nobles mexicanos contra los españoles que pretendían desalojarlos, como testifican Cortés y Bernal Díaz? Y aun si creemos a este autor, fueron 4,000 los mexicanos que subieron al templo, además de otras capitanías que de antemano estaban en él aposentadas. Dando Sahagún, como da, 370 pies a cada lado o cuerpo inferior, era necesario para que la placeta superior se estrechase tanto que no hubiese más de 70 pies, que los corredores o relexes fueran de una enorme amplitud; pero lo contrario consta, pues Cortés dice que tendrían un paso de ancho, y el Conquistador Anónimo les da por estima un estado.

santuarios estaban dos braseros de piedra, de altura de un hombre y de la figura de nuestros collices, en los cuales de día y de noche había perpetuo fuego, que con sumo cuidado atizaban y conservaban, persuadidos de que, en caso de apagarse, descargaría terribles castigos sobre la nación la ira de sus dioses. Dentro del recinto de la muralla había, en los demás templos y edificios religiosos, más de 600 braseros de la misma hechura y grandeza, y de noche cuando solían arder todos formaban un espectáculo muy agradable a los ojos.

## 11. Edificios anexos al Templo Mayor

En el espacio que había entre las murallas y el Templo Mayor, además de una competente plaza para las danzas religiosas, había más de 40 templos menores consagrados a diferentes dioses, varios colegios de sacerdotes, algunos seminarios de jóvenes y de doncellas, y otros muchos edificios repartidos por toda la circunferencia, de que será indispensable dar alguna razón por su singularidad. Entre estos templos los más considerables eran los de Tezcatlipoca, Tláloc y Quetzalcoatl. Todos, aunque diferentes en la magnitud, eran semejantes al mayor en la hechura, y todos tenían su fachada hacia el templo mayor; y así miraban unos a un viento y otros a otro, cosa particular en aquellos templos por respeto del mayor; pues por lo común construían, como ya dijimos, con la puerta al poniente. Sólo el templo de Quetzalcoatl se diferenciaba de los otros en la figura; porque siendo los demás cuadrangulares, éste era redondo y la mole en que estaba construido era de figura cónica. La entrada de este santuario era la boca de una horrible serpiente de piedra con sus colmillos. Varios españoles que entraron en este diabólico templo, protestaron el horror que en él sintieron. Había entre estos templos uno nombrado Ilhuicatitlan, dedicado al planeta Venus, y en él una columna alta y gruesa en que estaba pintada o esculpida la imagen de este astro, y al tiempo de su aparición le sacrificaban cautivos delante de la columna.

Los colegios de los sacerdotes y los seminarios que había en el recinto de aquellos templos eran varios; en particular sabemos de cinco colegios o monasterios de sacerdotes y de tres seminarios de jóvenes y doncellas; pero eran sin duda muchos más si atendemos al excesivo número de personas consagradas al culto de los dioses que allí había, como adelante diremos. Entre los edificios notables que había entre aquellos templos, además de los cuatro arsenales sobre las puertas de la muralla, había otro junto al templo Tezcacalli (casa de espejos) así llamada por estar todo el santuario cubierto de espejos. Había también una casa con su capilla anexa llamada Teccizcalli, adornada toda de conchas, en donde se recogía en ciertos tiempos el rey a ejercitarse en oración y en ayunos y otras austeridades. Además de esta había otro lugar de retiro para los sumos sacerdotes, que llamaban Poyauhtlan, y otros para los particulares.

Tenían también un buen hospicio para albergar a los forasteros de distinción, que o por devoción iban a visitar el templo, o a ver por curiosidad las grandezas de la corte. Había varios estanques en que se bañaban los sacerdotes, y varias fuentes de cuyas aguas bebían. En un estanque llamado Tezcupan (agua cristalina) se bañaban muchos por voto particular que hacían a sus dioses. Entre las fuentes había una que decían Toxpalatl, cuya agua se tenía por santa; bebíanla solamente en las fiestas más solemnes y fuera de ellas no era permitido el tocarla.[26]

Había lugares destinados para la cría de aves que se sacrificaban, jardines en que cultivaban flores y plantas odoríferas para adorno de los altares, y aun un pequeño bosque en que tenían artificiosamente representados montes, quebradas y riscos, y de aquí salían a la caza general de que adelante se hará mención. Tenían piezas destinadas para guarda de los ídolos y de los ornamentos y utensilios de los templos, entre las cuales había tres salas que asombraron por su amplitud a los españoles. Pero los edificios más notables por su destino eran una gran cárcel en forma de jaula en que tenían aprisionados los ídolos de las naciones conquistadas, y otros en que conservaban las calaveras de los sacrificados; los unos eran meros osarios en que estaban amontonadas; de los demás había algunos que tenían embutidas en las paredes las calaveras, formando con su disposición y simetría varias labores, no tanto curiosas cuanto horribles a la vista, y otros en que estaban ensartadas en varas con bello orden. El principal, que se decía Hueitzonpantli[27] era un edificio piramidal cuya base tenía 60 varas en cuadro; subíase por 30 gradas a una placeta que había arriba de 10 varas en cuadro, en la cual estaban erigidos unos altos y gruesos maderos distantes entre sí dos varas, bien labrados y llenos de arriba a abajo de agujeros; en cada agujero entraba una vara delgada y atravesada de uno a otro madero, y en cada vara se veían 20 calaveras ensartadas por las sienes. Cuando algunas calaveras llegaban con el tiempo a deshacerse, tenían cuidado los sacerdotes de reemplazarlas con otras del osario. Las del común de

---

[26] La fuente de Texpalatl, que era de agua muy buena, se cegó cuando arruinaron los españoles el templo, y volvió a descubrirse, como testifica Torquemada, en el 1582 en la plazuela del Marqués, que es ahora el Empedradillo, pero no sé por qué motivo volvieron a cegarla, privando al público del beneficio del agua y aumentando con ella las de la laguna.

[27] Este edificio del Hueitzompantli estaba, a lo que parece, fuera de la muralla; pero muy cercano a una de sus puertas.

las víctimas se conservaban desnudas de la piel; pero las de los señores y capitanes esforzados se procuraban conservar con su piel, barba y cabello, con lo cual hacían más horrorosos aquellos trofeos de su bárbara superstición. Eran tantas las calaveras que había en ese y en los demás edificios, que habiendo tenido algunos conquistadores la curiosidad de contarlas, hallaron, según depone el cronista Herrera, más de 130,000.[28]

## 12. Otros templos

Además del Templo Mayor y de los que estaban dentro del recinto de la muralla, había otros muchos repartidos por los barrios de la ciudad. Algunos autores hacen ascender el número de templos de aquella ciudad (comprendiendo, como se deja entender, aun los pequeños adoratorios) a 2,000 y las torres a 360; pero de ninguno sabemos que las contase. Siete u ocho templos de la ciudad eran, después del mayor, los más grandes, entre los cuales sobresalía el de Tlaltelolco, consagrado también a Huitzilopochtli.

Fuera de México los templos más célebres eran los de Texcoco, Cholula y Teotihuacán. Bernal Díaz, que tuvo la curiosidad de contar las gradas, dice que el de Texcoco tenía 117 y el de Cholula 120. Na sabemos si este famoso templo de Texcoco es el mismo de Tetzcotzinco que tanto celebra Valadés en su *Retórica Cristiana*, ni si es aquella célebre torre de nueve cuerpos que edificó Nezahualcóyotl al Creador del Cielo. El templo mayor de Cholula era dedicado a Quetzalcoatl, su protector. Todos los historiadores antiguos ponderan el número de templos que tenía esta ciudad. Cortés testifica a Carlos V que desde lo alto de un templo contó 400 y tantas torres, todas de templos.[29] Subsiste hasta hoy el alto edificio en que estaba el santuario de Quetzalcoatl, en cuyo lugar está al presente una pequeña iglesia fabricada en honra de la madre del verdadero Dios. Es de figura cónica; pero por haberse cubierto de tierra y de diferentes plantas, más parece monte natural que edificio. Ignoramos sus medidas, pero es altísimo y se ve a distancia de

---

[28] El que quisiere informarse con mayor individualidad de los edificios que había dentro del recinto de la muralla, vea en el Libro 8 de Torquemada la relación de Sahagún, y en la *Historia Natural* del P. Nieremberg la descripción del Dr. Hernández que expone las 78 partes en que divide la población, llamémosla así, del Templo Mayor.

[29] "Certifico a vuestra Alteza que yo conté desde una mezquita 400 y tantas torres en la dicha ciudad (de Cholula), y todas son de mezquitas. Cortés, *Carta* a Carlos V, de 30 de octubre de 1520. El Conquistador Anónimo contó, según dice, 180 torres entre las de los templos y las de los palacios. Bernal Díaz dice que había sobre 100 torres; pero estos dos autores debieron de contar solamente las más notables por su altura. Algunos autores que escribieron después dicen que tenía aquella ciudad tantas torres cuantos días el año.

muchas leguas. Súbese a él por un camino que rodea en línea espiral todo el edificio, y yo subí a caballo a su cumbre el año de 1744. Este es aquel monte que creyó fabricado el caballero Boturini por los toltecas para su refugio en caso de haber otro Diluvio como el de Noé, y sobre el cual publicaron varias patrañas de que hicimos mención en el Libro II. También subsisten hasta hoy los celebérrimos templos de Teotihuacán, una legua al norte de dicho lugar y siete al nordeste de México. Estos vastos edificios, que sirvieron de modelo a los templos de aquel reino, sostenían dos santuarios consagrados el uno al Sol y el otro a la Luna, representados en dos ídolos de enorme grandeza, hechos de piedra y cubiertos de oro. El del sol tenía una gran concavidad en el pecho y en ella la imagen de aquel planeta, de oro finísimo. Del metal se aprovecharon los conquistadores y los ídolos fueron desbaratados por orden del primer obispo de México, cuyos fragmentos duraban hasta fines del siglo XVII en aquel lugar, y verosímilmente hasta nuestros días. La base o cuerpo inferior del templo del sol tiene 300 varas de largo y 200 de ancho, y su altura, según la impresión de Gemelli Carreri,[30] será de unas 67 varas. El de la luna tiene en la base 200 varas de longitud y 150 de latitud, y su altura pareció al mismo autor como de 62 varas. Consta cada uno de estos edificios de cuatro cuerpos con sus escaleras distribuidas en ellos, que hoy, no se descubren por estar envueltas en sus propias ruinas y sepultadas bajo el polvo que han acumulado en ellas los vientos. Alrededor de estos templos se dejan ver varios montecillos fabricados a mano en que antiguamente había unos pequeños adoratorios consagrados, según se cree, a otros planetas y estrellas, y por estar toda esta tierra ocupada de fábricas religiosas se le dio el nombre de Teotihuacán.

El número de templos que había en todo el imperio mexicano era incomprensible. Torquemada creyó que habría más de 40,000; pero ciertamente eran mucho más si se computan también los pequeños, porque no había población, por pequeña que fuese, que no tuviese templo ni había lugar grande que no tuviese muchos. La estructura regular de los templos grandes era la misma del de México; pero muchos había que constaban de un solo cuerpo, y de muy diferente arquitectura, como son los dos que representamos en la lámina; la imagen del primero es copia de la que publicó en su *Rhetórica Christiana* Diego Valadés que, poco después de la conquista, trabajó por muchos años en la

---

[30] Gemelli Carreri no tuvo instrumento para medir la altura de los templos. Boturini, que la midió, dice que la del templo del Sol, según la especie que conservaba, era de unas 200 varas. Este autor testifica que ambos templos tenían el centro hueco; pero se equivocó cuando escribió que eran perfectamente cuadrados. El Dr. Sigüenza y Góngora examinó curiosa y diligentemente estos célebres monumentos de la antigüedad tolteca, pero carecemos de sus manuscritos.

conversión de aquellos pueblos. La otra se ha copiado de varios autores antiguos, y es casi la misma que Prevost creyó ser del templo mayor de México. Estas imágenes darán a los lectores una idea más justa de aquellos antiguos edificios, que la que nosotros podríamos darles con una prolija descripción. No satisfecha la superstición de aquellos pueblos con la muchedumbre de templos erigidos en las poblaciones, tenían infinitos adoratorios y altares en las cumbres de los montes y en los caminos, así para que los viajeros encontrasen por todas partes fomentos de su culto idolátrico, como para celebrar en ellos algunos sacrificios a los dioses de los montes y a otros númenes campestres.

### 13. Rentas de los templos

Las rentas del Templo Mayor de México como de todos los demás de la ciudad y del imperio, eran cuantiosísimas. Todos los templos tenían posesiones y tierras propias y aun vasallos que las cultivasen, y contribuían el maíz, chile y demás cosas necesarias al sustento de los sacerdotes, y la leña y copal para el gasto del templo, cuyo consumo era excesivo. Estás posesiones eran visitadas a tiempos por los sacerdotes intendentes de las rentas, y los que en ellas servían se creían felices en contribuir con sus fatigas al culto de los dioses y al sustento de sus ministros.

Los 29 lugares grandes del reino de Acolhuacán que contribuían por turno, como dijimos, a los gastos del real palacio, contribuían de la misma suerte a los del templo. Es de creer que las tierras que se hallaron en aquel reino con el nombre de *teotlalpan,* o tierra de los dioses, se llamaron así por ser posesiones de los templos. A esto se añadían las infinitas oblaciones de varias especies de comestibles que diariamente hacían por su voluntad los devotos, y las primicias que debían pagar los labradores en hacimiento de gracias por la lluvia oportuna y demás beneficios del cielo. Había cerca de los templos trojes en donde se recogían las semillas y demás efectos pertenecientes al sustento de los ministros del altar, y lo que de estas cosas anualmente sobraba se repartía entre los pobres, para los cuales había en los lugares grandes algunos hospitales destinados para su cura y regalo.

### 14. Número y grados diversos de sacerdotes

A proporción de la muchedumbre de los dioses y de los templos de los mexicanos, era la de los sacerdotes consagrados a su culto, y no menor al culto supersticioso de sus divinidades era la veneración que tenían a sus ministros. El número de sacerdotes que había en el imperio mexicano, se puede conjeturar por el de los que vivían dentro del recinto del Templo Mayor de México, que llegaba, según deponen varios historiadores antiguos, a 5,000; ni es inverosímil habiendo sido 400 solamente los dedicados en aquel lugar al servicio del dios Tetzcatzoncatl. Cada templo tenía un número competente de sacerdotes, y así creo que no sería temerario el que afirmase que los sacerdotes que había en todo el imperio no eran menos de un millón. Contribuía grandemente a esta excesiva multiplicación de los ministros del altar la suma estimación y respeto con que aquellas naciones miraban el sacerdocio. Los señores a porfía consagraban por algún tiempo sus hijos al servicio interior de los templos. De Moctezuma II sabemos que cuando fueron a darle noticia de su elección, lo hallaron barriendo el templo. La nobleza inferior empleaba a sus hijos en las obras exteriores, como en acarrear leña, en atizar el fuego de los braseros y otras semejantes, creyendo unos y otros que no podían aspirar a mayor honor que al de servir en calidad de sacerdotes a sus dioses.

Había entre los sacerdotes su jerarquía compuesta de varios órdenes y grados. Las supremas cabezas de todos los órdenes eran los dos sumos sacerdotes a quienes daban el nombre de *Teoteuctli*, señor divino, y de *Hueiteopixqui*, gran sacerdote. Esta eminente dignidad recaía siempre en personas de la más alta nobleza, de la mejor vida y de la mayor inteligencia en los ritos y ceremonias de su religión. Los sumos sacerdotes eran los oráculos que consultaban los reyes en los más graves negocios de Estado, y sin su parecer no se emprendía guerra alguna. Ellos eran los que ungían al rey después de su elección. Ellos eran los que abrían el pecho y sacaban el corazón a las víctimas humanas en los más solemnes sacrificios. El sumo sacerdote en el reino de Acolhuacán era siempre, según dicen algunos historiadores, el hijo segundo del rey. El de los totonacas era ungido con el *ulle* o resina elástica confeccionada con sangre de niños, y a ésta llamaban la unción divina.[31] Del de México afirman lo mismo algunos autores. Por lo dicho se deja entender que los sumos sacerdotes de México eran jefes de la religión solamente respecto de la nación mexicana, y no de las conquistadas, que aún después de sujetas en la política al rey de México, conservaron su sacerdocio independiente.

El sumo sacerdocio se confería por elección; pero no sabemos si los electores eran del cuerpo de los sacerdotes o eran los mismos que elegían el jefe político de la nación. La insignia que distinguía a los sumos sacerdotes de los demás era una bola de algodón pendiente del

---

[31] El P. Acosta confunde la unción divina del Sumo Sacerdote con la del rey; pero eran muy diferentes. El rey no era ungido sino con tinta.

pecho, y en las fiestas principales usaban algunos vestidos más lucidos, en que estaban labradas las insignias del dios cuya fiesta celebraban. El sumo sacerdote de los mixtecas se vestía en las fiestas solemnes una túnica en que estaban representados los sucesos más notables de su mitología; sobre ella un roquete blanco y sobre todo una capa grande; en la cabeza un penacho de plumas verdes primorosamente entretejidas con algunas imagencillas de sus dioses; pendíale de la espalda una gran borla de algodón y otra del brazo. Después de la suprema dignidad sacerdotal, era la más considerable la del *Mexicoteahuatzin,* que conferían los sumos sacerdotes. Su empleo era velar sobre la observancia de los ritos y ceremonias de todos los templos, sobre la conducta de los sacerdotes que cuidaban de los seminarios, y castigar a los ministros delincuentes. Para cumplir con un cargo tan vasto y voluminoso tenía dos vicarios, el *Huitznahuateohuatzin* y el *Tepantehuatzin.* Éste era el superior general de los seminarios. La insignia principal del *Mexicoteohuatzin* era un saquillo de copal que traía siempre consigo. El *Tlatquilolteuctli* era el supremo intendente de las rentas de los santuarios, el *Ometochtli* era el principal compositor de los himnos que se cantaban en las fiestas; el *Tecuacuilli*[32] el maestro de ceremonias; el *Tlapixcatzin* el maestro de capilla, que no solamente ordenaba la música, sino también enseñaba y corregía a los cantores y presidía el canto. Otros había que eran superiores inmediatos de los colegios de sacerdotes consagrados a diferentes dioses, cuyos nombres, como el de otras dignidades, omito por no ser enfadoso a los lectores.[33] A los sacerdotes se daba el nombre general de *Teopixqui,* que es lo mismo que guarda u oficial de Dios. En cada barrio de los que componían la ciudad de México (y lo mismo se puede creer de las demás ciudades grandes) había un sacerdote preeminente que era como párroco de todo aquel distrito, y éste verosímilmente sería el que hacía las ceremonias supersticiosas que se practicaban en los casamientos y funerales, y el que dirigía las prácticas de religión que se ofrecían en cada barrio. Todos éstos reconocían por superior al *Mexicoteohuatzin.*

15. Empleos de los sacerdotes, su traje y su vida

Entre los sacerdotes estaban distribuidos todos los ministerios de su religión. Unos eran sacrificadores y otros agoreros. Unos eran compo-

---

[32] Torquemada llama a este sacerdote *Epqualiztli,* y el doctor Hernández *Epoaquacuiltzin;* pero uno y otro me parecen error.
[33] El que tuviere curiosidad de saber los demás empleos y nombre de los sacerdotes, consulte la relación del Dr. Hernández que insertó Nieremberg en su *Historia natural,* y el libro VIII de Torquemada.

sitores de himnos y otros los cantaban. Entre los cantores había unos para ciertas horas del día y otro para las de la noche. Unos cuidaban del aseo y limpieza de los templos, y otros del adorno de los altares. A los sacerdotes tocaba la instrucción de la juventud, la ordenación del calendario y de las fiestas y las pinturas mitológicas. Cuatro veces al día incensaban a los ídolos; al amanecer, al mediodía, al ponerse el sol y a la medianoche; a esta incensación asistían las dignidades, y la hacía el sacerdote a quien tocaba por turno. Al sol hacían diariamente 9 incensaciones, cuatro en diferentes horas del día y cinco en las de la noche. Ordinariamente incensaban con copal y otras resinas aromáticas, y en ciertas fiestas con *chapopotli* o betún de Judea. Los incensarios eran ordinariamente de barro, pero a veces los usaban también de oro.

Todos los días se teñían las partes visibles del cuerpo con una tinta hecha del hollín del ocote (cierta especie de pino muy aromático) y se matizaban con ocre o con almagre, y todas las noches se bañaban en los estanques que había en el recinto del templo. El vestido de los sacerdotes mexicanos era el común del pueblo, a excepción de una manta negra que en forma de velo llevaban sobre la cabeza; pero los que hacían profesión de vida más austera en las casas religiosas que había a manera de nuestros monasterios traían todo el vestido negro como los sacerdotes comunes de las demás naciones del imperio. No se cortaban jamás el cabello y lo tenían algunos tan largo que les llegaba a las corvas; traíanlo trenzado con gruesos cordones de algodón, formando trenzas de seis dedos de ancho. El cabello tan crecido con estas trenzas y la tinta de que estaba cargado hacía un volumen que los incomodaba notablemente y formaba de cada uno de ellos un objeto de asco y de horror.

La tinta del ocote era la unción ordinaria de los sacerdotes; pero otra más horrible usaban cuando iban a sacrificar a las cumbres de los montes o a cavernas tenebrosas donde solían tener sus simulacros. Esta unción se hacía de una competente cantidad de sabandijas venenosas, como alacranes, arañas, gusanos y culebras, que cazaban los jóvenes que se educaban en los seminarios, los cuales con este ejercicio, a que se acostumbraban desde niños, perdían enteramente el horror a semejantes animales y siempre tenían una buena provisión de ellos para cuando los sacerdotes los hubiesen menester. Quemaban las sabandijas en uno de los braseros del templo y sus cenizas molían en un mortero con el hollín del ocote, con tabaco, con la célebre hierba *ololiuhqui* y con otras sabandijas vivas. Presentaban en unos pequeños vasos a sus dioses esta diabólica confección, y después se ungían con ella todo el cuerpo. Así ungidos acometían cualquier peligro, persuadidos de que no podrían hacerles daño alguno ni las fieras de los montes ni los más venenosos insectos de la tierra. Llamábanla *teopatli* o medicamento divino, y lo creían eficaz contra varias enfermedades, y por esta causa presentaban frecuentemente los enfermos y los niños a los sacerdotes para que los ungiesen. No solamente se valían de esta unción contra las enfermedades, sino también de insuflaciones supersticiosas y ridículas y de cierta agua que bendecían a su modo (especialmente los sacerdotes del dios Ixtliton) y hacían beber a los enfermos.

Los sacerdotes practicaban, como veremos, muchos ayunos y austeridades; jamás se embriagaban y aun pocas veces bebían vino. Los sacerdotes de *Tezcatzoncatl,* después que terminaban su canto diario en honra de su dios, ponían en el suelo un manojo de 303 cañas según el número de los cantores y de la cual una sola estaba agujerada; tomaba cada cantor su caña y aquel a quien tocaba la agujerada era el único que tomaba vino. Guardaban continencia todo el tiempo que estaban dedicados al servicio del templo no usando más que de su legítima mujer, y aun afectaban tanta compostura y modestia que, en encontrando alguna mujer, bajaban los ojos para no verla. Cualquier exceso en esta materia era rigurosamente castigado.

En Tehuacán el sacerdote que violaba la continencia era entregado por el cuerpo de sacerdotes al pueblo, y de noche le quitaban a palos la vida. En Ichcatlan estaba obligado el sumo sacerdote a no salir jamás del Templo Mayor y a abstenerse de todo comercio con mujer, y si faltaba a alguna de estas obligaciones era despedazado y sus miembros ensangrentados se presentaban diariamente a su sucesor por algunos días para el escarmiento. A los negligentes en levantarse a los ministerios nocturnos del templo castigaban echándoles brasas encendidas o agua caliente en las cabezas, o agujerándoles los labios y las orejas, y si no se enmendaban de ese o de otros descuidos, los zambullían en el lago y despedían del templo en la fiesta que hacían al dios Tláloc en el sexto mes de su año. Los más de los sacerdotes vivían en comunidad bajo la dirección de un superior que velaba diligentemente sobre su conducta.

### 16. Sus sacerdotistas

El sacerdocio entre los mexicanos no era empleo de su naturaleza perpetuo. Había algunos que se dedicaban de por vida al ministerio de los altares; pero otros solamente por tiempo determinado, en cumplimiento de algún voto de sus padres o por devoción personal. Tampoco estaba el sacerdocio ligado al sexo viril; había mujeres dedicadas también al servicio inmediato de los templos; incensaban los ídolos, atizaban el fuego sagrado, barrían el atrio y preparaban la oblación de comestibles que diariamente se hacía, y aun la presentaban por sus manos a los ídolos; pero estaban excluidas del ministerio de sacrificios y de las preeminentes dignidades del sacerdocio.

Entre estas sacerdotisas había algunas consagradas por sus padres desde niñas al servicio del templo, y otras que por voto particular que hacían con ocasión de alguna enfermedad o por merecer de los dioses un buen marido, o la prosperidad de su familia, servían uno o dos años. La consagración de las primeras se hacía en esta forma: luego que nacía la niña la ofrecían sus padres al culto de alguno de los dioses, y daban parte de su voto al párroco de aquel barrio y éste al *Tepanteohuatzin*, que era, como dijimos, el superior general de los seminarios. Pasados dos años la llevaban al templo y le ponían en las manecitas una escobilla y un pequeño incensario de barro con un poco de copal para significar su destino. Aquella corta oblación que quedaba al templo se repetía cada 20 días juntamente con algunas cortezas de árboles para el fuego sagrado. En llegando a edad de poder ir por su pie al templo, la misma niña llevaba su ofrenda y luego que podía servir en alguna cosa, la entregaban sus padres a los sacerdotes y éstos la ponían en uno de los seminarios de vírgenes en donde eran instruidas en la religión, las buenas costumbres y en los misterios propios del sexo.

A las que entraban a servir por voto personal cortaban luego el cabello. Unas y otras vivían en mucha honestidad, modestia, silencio y recogimiento bajo la disciplina de sus respectivas superioras. Dormían vestidas y a vista unas de otras en salas grandes sin comunicación alguna con los hombres. Levantábanse unas a las diez de la noche, y otras a la madrugada a atizar el fuego de los braseros del templo y a ofrecer incienso; y aunque en este ministerio concurrían con los sacerdotes, era con alguna separación, formando un ala las mujeres y otra los hombres; unos y otros a vista de sus superiores para que no hubiese desorden. Todas las mañanas preparaban la ofrenda de pan y carne guisada que, caliente y vaheando, presentaban a los dioses para el sustento de sus ministros; barrían las piezas bajas del templo, y el tiempo que les sobraba de éstos y otros ministerios lo empleaban en hilar y tejer telas hermosas para vestidos de los ídolos y adorno de los santuarios.

Nada se velaba tanto en estas mujeres consagradas al templo como la continencia. El delito en esta materia era irremisible; pero no hay memoria en los anales de México, dice el Dr. Sigüenza y Góngora, de ninguna de estas vírgenes vestales que violase la continencia. Cuando las vírgenes dedicadas desde su infancia al culto de los dioses llegaban a los 17 ó 18 años, que era la edad en que acostumbraban casarse, les buscaban sus padres marido y, concertado el matrimonio, presentaban al *Tepanteohuatzin* en platos curiosamente pintados cierto número de codornices, copal, flores y algunos comestibles, con un razonamiento bien estudiado en que le daban las gracias por el cuidado y diligencia en la educación de su hija y le pedían licencia para ponerle en estado. El *Tepanteohuatzin* concedía la licencia en otro buen razonamiento exhortando a la joven en la perseverancia, la virtud y el cumplimiento de las obligaciones del matrimonio.

## 17. Sus diferentes órdenes de religiosos

Entre las diferentes órdenes o congregaciones de hombres y de mujeres consagrados al culto de algunos dioses particulares, es digna de particular mención la del dios Quetzalcoatl. En los colegios, así de hombres como de mujeres dedicados a este imaginario dios, se vivía con especial rigor y austeridad. Su vestido era muy honesto; bañábanse indefectiblemente a medianoche y velaban hasta las dos de la mañana cantando himnos a su dios y practicando en su honor varias penitencias. Tenían libertad para ir a cualquiera hora del día o de la noche a derramar sangre a los montes y bosques, lo cual se les permitía fácilmente por la grande opinión que se tenía de su virtud.

El superior de estos colegios tomaba el mismo nombre de Quetzalcoatl y era de tanta autoridad que a nadie visitaba, sino al rey cuando se ofrecía. Los miembros de esta orden eran consagrados a él desde su infancia. Para consagrar un niño a Quetzalcoatl hacían sus padres un convite a dicho superior, el cual enviaba uno de sus súbditos para que recibiese al niño y lo llevase a su presencia, y tomándolo en los brazos lo ofrecía con una deprecación a su dios. Si era ya de dos años tomaba posesión de él con una ligera incisión que le hacía en el pecho como marca de su consagración; si aún no llegaba a esa edad, le ponía al cuello un collar que llamaban *yahualli*, que debía traer siempre hasta tener uso de razón, cuando era admitido al colegio después de una larga plática en que sus padres, haciéndole cargo del voto, lo exhortaban a su cumplimiento, a las buenas costumbres, la vida penitente, la sumisión a sus prelados y la oración al cielo por sus padres y por toda la nación. A esta orden llamaban *Tlamacazcayotl*.

Otra orden había consagrada a Tezcatlipoca, que llamaban *Telpochtiliztli* o juventud, así porque se componía de niños y jóvenes, como porque representaban siempre en esa edad a aquel dios. Dedicábanse también desde niños casi con las mismas ceremonias que los de Quetzalcoatl; pero no vivían en comunidad sino cada uno en su casa. Tenían en cada barrio un superior que los dirigiera y una casa en donde se juntaban al ponerse el sol a cantar y bailar en honra de aquella divinidad.

Concurrían ambos sexos al baile, pero sin el más leve desorden por la vigilancia de los superiores y por el rigor con que eran castigados los que se desmandaban en algún exceso.

Los totonacas tenían una especie de monjes dedicados a su diosa Centeotl. Vivían en una grande austeridad y abstracción, y su vida, quitada la superstición y la vanidad, era inculpable. En este monasterio no entraban sino hombres de más de 60 años, que fuesen viudos, ajenos ya de todo comercio con mujer y de grande opinión de virtud. Tenían número fijo y en muriendo alguno se elegía otro en su lugar. Era tan grande el crédito de estos monjes, que no solamente eran consultados por personas vulgares, sino aun de la principal nobleza y del sumo sacerdote. Oían las consultas en cuclillas y con los ojos fijos en el suelo respondían en pocas palabras y sus respuestas eran respetadas como oráculos, aun de los reyes de México. Ocupábanse en hacer pinturas históricas, las cuales entregaban al sumo sacerdote para que las comunicase al pueblo.

## 18. Sacrificio ordinario de víctimas humanas

El empleo más considerable del sacerdocio y el acto principal de la religión de los mexicanos eran los sacrificios que hacían para merecer algún favor del cielo o en acción de gracias por los beneficios recibidos. Punto es éste que con toda voluntad omitiríamos, si las leyes de la historia nos lo permitiesen, por no presentar a los ánimos de nuestros lectores tanta abominación y crueldad; porque aunque no ha habido casi nación alguna[34] en el mundo que no haya practicado los mismos sacrificios, difícilmente se hallará alguna que haya arribado al exceso de los mexicanos. No sabemos qué especie de sacrificio hacían los antiguos toltecas. Los chichimecas no lo usaron por mucho tiempo, no teniendo al principio ni ídolos, ni templos, ni sacerdotes; después que comenzaron a usar de varios ejercicios de religión, no ofrecían al Sol y a la Luna sino hierbas, flores, frutas y copal. No dieron aquellas naciones en la inhumanidad de sacrificar víctimas humanas hasta que los mexicanos con su ejemplo les hicieron deponer el horror natural.

Lo que decían aquellas naciones sobre el origen de esos bárbaros sacrificios queda expuesto en otro lugar; pero el primer sacrificio de esa naturaleza que sabemos haberse ejercitado fue el de aquellos cuatro cautivos xochimilcas que hicieron morir los mexicanos cuando estaban en Colhuacán. Poco después, en la fundación de México dedicaron,

---

[34] Véase nuestra *Octava disertación*, que trata sobre la religión de los mexicanos.

como vimos, su primer santuario con el sacrificio de un colhúa apresado para ese fin. Es verosímil que en el tiempo en que los mexicanos estuvieron aislados en la laguna, y especialmente cuando estuvieron bajo la dominación de los tepanecas, sería muy raro o ninguno el sacrificio de víctimas humanas por no tener prisioneros ni facultades con que adquirir las víctimas; porque casi siempre observaron no sacrificar otros que los prisioneros de guerra o los esclavos que compraban de otras naciones. Pero después que extendieron sus dominios y multiplicaron sus victorias, eran frecuentes y casi diarios los sacrificios, y en algunas fiestas eran muchos los sacrificados.

Los sacrificios variaban en el número, el lugar y el modo, según las circunstancias de las fiestas. Unas víctimas morían y era lo más ordinario, abierto el pecho, otras sumergidas en el lago, otras de hambre encerradas en las cuevas de los montes y otras en el sacrificio gladiatorio. El lugar más común era el templo en cuya placeta superior estaba el ara destinada para los sacrificios ordinarios. La del Templo Mayor de México era una piedra verde (verosímilmente jaspe) de dos varas de largo, una de ancho y otro tanto de alto, algo elevada en el medio para la mayor comodidad del sacrificador. Los ministros del sacrificio eran seis sacerdotes, entre los cuales el principal era una dignidad muy preeminente que llamaban *topiltzin,* cuyo empleo era hereditario; pero tomaba en cada función de éstas el nombre del dios en cuyo honor se celebraba. Vestíase para ella de una ropa colorada en forma de dalmática con flecos por orla; sobre la cabeza llevaba una corona de plumas preciosas, verdes y amarillas, en las orejas zarcillos de oro con piedras verdes y en el labio inferior otro pendiente de piedra azul. Los otros cinco ministros se vestían de una especie de dalmáticas blancas labradas de negro, y llevaban el cabello enmarañado, la cabeza ceñida con cintas de cuero y en la frente unas rodelillas de papel pintado de varios colores y todo el cuerpo teñido de negro.

Llevaban estos diabólicos ministros a la miserable víctima enteramente desnuda a aquella parte superior del templo, y después de mostrar a los circunstantes el ídolo a quien se ofrecía el sacrificio para que lo adorasen, la tendían en el ara; cuatro sacerdotes servían a sujetarla por los pies y los brazos, y otro le aseguraba la cabeza con una corma o argolla de madera en forma de culebra enroscada que le ponía en el cuello; y por tener la piedra aquella elevación en medio, quedaba la víctima hecha un arco, con el pecho levantado e imposibilitada de moverse. Llegaba luego el *topiltzin* y con un cuchillo agudo de pedernal le abría con suma presteza el pecho y le arrancaba el corazón, que aún palpitante ofrecía al sol, y vuelto al ídolo lo arrojaba a sus pies; de allí lo volvía a tomar en un vaso pintado que llamaban los mexicanos *xicalli,* y lo ofrecía al ídolo. El corazón se quemaba y sus cenizas se guardaban con veneración. Si el ídolo era hueco y grande, solían meterle por la boca el corazón de la víctima con un cucharón de oro. Acostumbraban también untar con la sangre del sacrificado los labios del ídolo y la cornisa de la puerta del santuario.

Si la víctima era algún prisionero de guerra, luego que lo sacrificaban le cortaban la cabeza que conservaban en el osario, y echaban a rodar el cuerpo por las escaleras del templo, donde lo tomaba el que lo había apresado y con grande regocijo lo llevaba a su casa para hacer guisar su carne y dar con ella un banquete a sus amigos. Si era esclavo comprado, de la misma ara tomaba su amo el cadáver para el mismo efecto. Comían solamente las piernas y brazos, y lo demás quemaban o reservaban para el sustento de las fieras y aves de rapiña que había en los reales palacios. Los otomíes descuartizaban la víctima después de muerta y vendían los cuartos en el mercado. Los zapotecas sacrificaban los hombres a los dioses, las mujeres a las diosas y los niños a no sé qué pequeños númenes.

Éste, como ya dijimos, era el modo más ordinario de sacrificar, con algunas circunstancias de mayor crueldad en ciertas fiestas, como en adelante se dirá; pero tenían otras varias especies de sacrificios. En la fiesta que hacían en el mes XI a la madre de los dioses, la mujer que representaba a la diosa moría degollada sobre las espaldas de otra mujer. En la fiesta de la venida de los dioses, que celebraban en el mes XII, morían las víctimas en el fuego. En una de las fiestas que hacían al dios Tláloc, le sacrificaban dos niños de ambos sexos de 3 a 4 años de edad, sumergiéndolos en cierto lugar del lago. En otra fiesta del mismo dios compraban cuatro niños de 6 a 7 años y los encerraban con abominable crueldad en alguna cueva para que allí muriesen de hambre y horror.

### 19. Sacrificio gladiatorio

Pero el sacrificio más célebre entre los mexicanos era el que los españoles llamaron, no sin razón, gladiatorio. Éste era un sacrificio de mucho honor y no se ejecutaba sino en prisioneros célebres por su valor. Había cerca del Templo Mayor de las ciudades grandes, en lugar capaz de recibir mucha gente, un terraplén redondo de tres varas de alto y sobre él una gran piedra redonda semejante en su figura a las de los molinos, pero mucho mayor y de una vara de alto, muy pulida y labrada con varias figuras y con un agujero en medio. Sobre esta piedra, que llamaban *temalacatl,* ponían al prisionero armado de rodela y espada corta, atado por un pie y asegurada la cuerda por el agujero de la piedra.

Salía a combatir con él sobre la misma piedra un oficial o soldado mexicano con más ventajosas armas. Ya se dejan entender los esfuerzos que aquel miserable haría para salvar su vida y los que haría el mexicano para que no quedase deslucido su valor en presencia de la gran muchedumbre que concurría a ver aquel espectáculo. Si el prisionero era vencido llegaba luego un sacerdote que nombraban *chalchiuhtepehua*, y medio vivo o enteramente muerto lo llevaba al ara común de los sacrificios para abrirle el pecho y sacarle el corazón, y el vencedor quedaba con mucha gloria y era premiado con cierta insignia de valor. Pero si el prisionero vencía a aquel soldado y a otros seis que, según dice el **Conquistador Anónimo**, salían sucesivamente a combatir con él, se le concedían la vida, la libertad y cuanto se le había quitado en la batalla en que había sido apresado.[35]

El mismo autor refiere que en una batalla que dieron los cholultecas a sus vecinos los huexotzincas, el señor de Cholula se empeñó tanto en el alcance de los enemigos, que perdió de vista a los suyos y aunque hizo prodigios de valor fue hecho prisionero; pusiéronlo en el ara gladiatoria y venció los siete combatientes que exigía la costumbre para quedar libre; pero los huexotzincas, temiendo que si lo ponían en libertad les podría hacer mucho daño en lo futuro por su singular esfuerzo, lo hicieron morir contra la costumbre universal, por lo cual quedaron con eterna infamia entre aquellas naciones.

### 20. Número incierto de víctimas

Sobre el número de víctimas que anualmente perecían en estos bárbaros sacrificios, nada podemos afirmar de positivo porque apenas hay punto en que más varíen los historiadores.[36] El número de 20,000, que es el más común en los autores, si comprende todos los que se

---

[35] Varios autores dicen que, en venciendo al primer combatiente, quedaba libre el prisionero; pero yo sigo en esto al Conquistador Anónimo, porque no es verosímil que a tan poca costa diesen la libertad a un enemigo que, por su valor, les podía ser más perjudicial y privasen a sus dioses de una víctima tan acepta a su crueldad.

[36] El Sr. Zumárraga, primer Obispo de México, en su carta de 12 de junio de 1531 al Capítulo general de su orden congregado en Tolosa, dice que en la sola ciudad de México se sacrificaban anualmente 20,000 víctimas humanas. Algunos, citados por Gómara, afirmaron que el número de sacrificados arribaba a 50,000. Acosta escribe que había día en que, en diversas partes del imperio mexicano, morían 5,000 y día también de 20,000. Otros creen que en sólo el monte de Tepeyacac se sacrificaban cada año 20,000 a la diosa Tonatzin. Aún más es lo que dice Torquemada, citando una carta del Sr. Zumárraga, que solamente de niños morían 20,000 sacrificados. Por el contrario, Las Casas, en su impugnación del libro sangriento del Dr. Sepúlveda, niega de tal suerte la muchedumbre de semejantes sacrificios que los reduce a un número cortísimo, y da a entender que sólo eran 10 o cuando más 100. Lo que parece cierto es que todos erran el número, Las Casas por defecto y los demás por exceso.

sacrificaban anualmente en el imperio mexicano, no me parece excesivo; pero si se limita, como quieren algunos historiadores, a solos los niños o a los sacrificados en el monte de Tepeyacac o en sola la capital, me parece totalmente inverosímil. Lo cierto es que no había número fijo de sacrificios, sino proporcionado al de los prisioneros que se hacían en la guerra, a las necesidades del Estado y a la calidad de las fiestas, como se vio en la dedicación del Templo Mayor en que se excedió la crueldad de los mexicanos. Pero no hay duda de que siempre eran muchos; porque las conquistas de los mexicanos fueron muy rápidas y en sus frecuentes guerras no procuraban tanto el matar enemigos cuanto el apresarlos para los sacrificios. Si a éstos se agregan los esclavos que para el mismo efecto se compraban y varios delincuentes que eran condenados a expiar en el ara sus delitos, hallaremos un número mucho mayor del que pretendía Las Casas, demasiadamente empeñado en purgar a los americanos de todos los excesos de que los acusaban los españoles.[37] Los sacrificios se multiplicaban cada cuatro años en el año *tochtli* y mucho más en los años seculares. Era costumbre entre los mexicanos vestir a la víctima el mismo traje e insignias del dios en cuyo honor debía ser sacrificada, y en ese traje andaba mucho tiempo antes por la ciudad pidiendo limosna para el templo, acompañado de un piquete de soldados porque no se escapase. Si por algún accidente se huía, entraba en su lugar el cabo de la guardia en pena de su descuido. Para algunas fiestas procuraban regalar y engordar a las víctimas, del mismo modo que nosotros cebamos algunos animales.

## 21. Sacrificios de animales y varias oblaciones

No se limitaba a estos sacrificios la religión de los mexicanos; hacíanlos también de varias especies de animales. A su dios Huitzilopochtli sacrificaban codornices y gavilanes, y a Mixcoatl conejos, liebres, ciervos y coyotes. Al sol ofrecían diariamente codornices, para lo cual se ponían varios sacerdotes en lo alto del templo con la cara vuelta al oriente y cada uno con su codorniz en la mano; y al nacer aquel planeta lo saludaban con música e inmediatamente degollaban las codornices y se las ofrecían. A este sacrificio seguía la incensación, acompañada de un grande estrépito de instrumentos músicos.
Ofrecían también a sus dioses, en obsequio de su divinidad y en reconocimiento de su dominio, varias especies de plantas y de flores,

---

[37] Es de admirar que Las Casas, que tantas veces se vale en sus obras contra los conquistadores del testimonio del Sr. Zumárraga y de los primeros religiosos, les contradijese tan abiertamente en el número de los sacrificios.

de piedras preciosas, plumas, resinas y otras cosas insensibles. Al dios Tláloc ofrecían las primicias de las flores, y a la diosa Centeotl tres diferentes primicias del maíz en distintas estaciones del año, las primeras de las cañas tiernas, las segundas del grano en leche y las terceras del grano hecho y sazonado. A los dioses de los montes ofrecían unas culebras que hacían de raíces de árboles y ciertas mantequillas que llamaban *ehecatotontin,* cubiertas de la pasta de cierta especie de bledos que llaman *tzoatli,* las cuales colocaban en unos montecillos que hacían de papel o de otra materia. Las oblaciones que hacían a sus dioses de pan, vino y toda especie de masas y guisados eran tan abundantes que bastaban, según dicen, para hartar a todos los ministros del templo. Todas las mañanas se veían las peanas de los altares llenas de pan y guisados calientes con el fin de que el vapor de los manjares llegase a las narices de los ídolos y sirviese de alimento a sus dioses inmortales.

Pero la oblación más frecuente era la del copal. Todos incensaban diariamente a sus ídolos, y así no había casa que no estuviese proveída de incensarios o braserillos destinados para ese efecto. Acostumbraban incensar a las cuatro partes del cielo los sacerdotes en el templo, los padres de familia en sus casas y los jueces antes de pronunciar sentencia definitiva en cualquier causa civil o criminal. Pero la incensación entre los mexicanos y demás naciones del imperio no era acto puramente religioso, sino también obsequio civil que se practicaba con los señores y los embajadores. La crueldad y superstición de los mexicanos en sus sacrificios emularon a todas las naciones conquistadas por sus armas o vecinas a su imperio, sin más diferencia que la de ser entre ellas mucho menor el número de tan abominables sacrificios y haber alguna variación en las circunstancias. Los tlaxcaltecas en una de sus fiestas ataban un cautivo en una cruz alta y lo asaeteaban, y en otra función ataban al prisionero en otra cruz baja y le quitaban la vida a palos.

## 22. Sacrificios crueles en Cuauhtitlán

Eran célebres por su circunstancia de crueldad y terror los sacrificios que cada cuatro años celebraban los de Cuauhtitlán en honra del dios del fuego. La víspera de la fiesta erigían seis altísimos maderos en el atrio inferior del templo y sacrificaban dos esclavas, y después de muertas les quitaban las pieles y les sacaban los huesos de los muslos. Al día siguiente dos sacerdotes principales se vestían de las pieles ensangrentadas, y tomando aquellos huesos en las manos comenzaban a bajar con paso grave, pero al mismo tiempo con terribles bramidos, por la escalera del templo.

El inmenso pueblo que asistía a la fiesta clamaba y repetía varias veces: "Ya vienen nuestros dioses"; y en llegando al atrio les cosían en el vestido muchas cortaduras de papel y les colgaban del labio inferior una codorniz degollada; comenzaban luego al son de sus instrumentos un baile que duraba casi todo el día. Entre tanto iba sacrificando el pueblo delante de aquellos dos sacerdotes tan grande multitud de codornices, que hubo ocasión que llegaron a 8,000. Concluidos estos sacrificios subían los sacerdotes seis cautivos a lo más alto de los maderos, en donde ya tenía sacrificadas el pueblo aquellas infelices víctimas con un número increíble de flechas que les disparaba. Subían de nuevo los sacerdotes para desatar los cadáveres que dejaban caer desde aquella altura; abríanles inmediatamente el pecho y les sacaban los corazones. Así estas víctimas como las codornices se repartían entre los sacerdotes y los nobles de la ciudad para los banquetes que coronaban tan inhumana y abominable fiesta.

### 23. Austeridades y ayunos de los mexicanos

Los que eran tan crueles con otros no es mucho que fuesen también inhumanos consigo mismos. Familiarizados los mexicanos con los sangrientos sacrificios de sus prisioneros y esclavos, se hicieron pródigos de su propia sangre, creyendo que la mucha que derramaban sus víctimas no bastaba para apagar la diabólica sed de sus dioses. No pueden leerse sin horror las austeridades que practicaban, o en penitencia de sus culpas o en preparación para algunas fiestas. Trataban su carne como si fuera insensible y derramaban con tanta prodigalidad su sangre como si fuera un líquido superfluo del cuerpo.

Era frecuente y diaria en algunos sacerdotes que hacían profesión de penitencia la efusión de sangre, a los cuales daban el nombre de *tlamacazque*. Punzábanse con agudas púas de maguey y se horadaban algunas partes del cuerpo, especialmente las orejas, los labios, la lengua, las pantorrillas y los molledos de los brazos, y aun algunos el miembro genital. Por los agujeros que se hacían con dichas púas pasaban astillas de caña al principio delgadas y en el progreso de su penitencia cada vez mayores. La sangre que derramaban recogían diligentemente en ramas de *acxóyatl*.[38] Fijaban las púas ensangrentadas en unas pelotas de heno, que exponían al público en las almenas de la muralla del templo para que a todos constase la penitencia que hacían por el pueblo. Los que hacían estas austeridades dentro del recinto del Templo Mayor de

---

[38] La *acxóyatl* es una planta de muchos tallos rectos, semejantes en su figura a las plumas de las aves, de los cuales hacían y hacen buenas escobas.

México se bañaban en un estanque que por estar siempre teñido en sangre llamaban *Exapan*. Las cañas solían quemar en honra del dios en cuyo obsequio habían hecho la penitencia. Estaba determinado, en la más de esas penitencias, el número de astillas con que debían traspasarse, que solían ser muchas porque no servían más de una vez. Además de estas austeridades, eran frecuentísimas entre los mexicanos las vigilias y los ayunos. Apenas había fiesta para la cual no se preparasen con ayuno de más o menos días, según los prescribía su ritual. Su ayuno ordinario se reducía, a lo que parece, a abstenerse de la carne y el vino y a comer una sola vez en el día, lo cual hacían unos al mediodía y otros a la tarde; pero algunos se mantenían sin probar bocado hasta la noche. Acompañaban ordinariamente el ayuno con la vigilia y la efusión de sangre, y todos en el tiempo que duraba el ayuno se abstenían de todo acceso aun a su propia mujer, por lo cual dormían separados los casados.

Entre los ayunos había algunos generales que obligaban a todo el pueblo, como el de cinco días antes de la fiesta de Tezcatlipoca, el de cuatro días (en que eran comprendidos aun los niños) antes de la fiesta de Mixcoatl, y, según creo, también el que se celebraba en honra del Sol.[39] Para este ayuno se retiraba el rey a cierto lugar del templo en que velaba y se sacaba sangre según el uso de la nación. Otros ayunos obligaban solamente a algunos particulares, como el que hacían los amos de las víctimas la víspera de su sacrificio. En el mes segundo ayunaban 20 días los dueños de los prisioneros que se sacrificaban en honra de Xipe. Los nobles tenían, como el rey en el recinto del templo, una casa con varias celdillas, a donde se retiraban al mismo fin de hacer penitencia. En una de las fiestas todos los que ejercían oficio público, después de haber servido en el día sus empleos, se recogían de noche a la misma casa. En el mes tercero velaban todas las noches los *tlamacazques* o penitentes, y en el cuarto les acompañaba en la vigilia la nobleza.

En la Mixteca, en que había muchos monasterios, antes de poner a los primogénitos de los señores en posesión de sus estados los obligaban a un año de rigurosa penitencia. Llevaban al primogénito con grande acompañamiento al monasterio, en donde lo despojaban de sus vestidos y lo vestían de andrajos untados de *ulle* o resina elástica, frotábanle la cara, el vientre y la espalda con ciertas hierbas hediondas y le entregaban una lanceta de *iztli* para que se sacase sangre. Obligábanlo a una grande abstinencia, sujetábanlo a los más duros trabajos y castigábanlo riguro-

---

[39] El Dr. Hernández dice que este ayuno del sol se celebraba cada 200 ó 300 días. Yo creo que se celebraba siempre que ocurría el siglo I Olin, que era cada 260 días. A este ayuno llamaban *Netonatiuhzahualo* o *Netonatiuhzahualiztli*.

samente por cualquier falta. Concluido el año era conducido a su casa con grande pompa y regocijo de instrumentos músicos después de haberle lavado cuatro jóvenes doncellas y limpiándole las manchas de la resina y de las hierbas con aguas olorosas.

En el templo principal de Teotihuacán había cuatro capellanes célebres por su vida austera. Su vestido era el de la gente pobre; su comida se reducía a una sola tortilla de maíz, que sería de dos onzas, y a una escudilla de *atolli* o poleadas hechas del mismo grano. Todas las noches velaban dos de ellos empleando todo ese tiempo en cantar himnos a los dioses, en ofrecer incienso que hacían cuatro veces en el discurso de la noche y en derramar sangre sobre el brasero del templo. El ayuno era continuo en los cuatro años que servían de capellanes, a excepción del día de fiesta que tenían cada mes, en el cual les era permitido comer cuanto querían; pero para cada fiesta se disponían con una terrible carnicería que ejecutaban en su cuerpo, agujerándose las orejas con las púas del maguey y pasando por el agujero hasta 60 cañas de diferente grosura en el modo que ya insinuamos. A los cuatro años entraban otros capellanes, y si antes de este término moría alguno, se le sustituía con otro para que jamás faltase el número. Era tan grande la fama de virtud que tenían estos santones, que aun los reyes de México los veneraban; pero si alguno no por su desgracia faltase a la continencia que profesaban, después de bien examinado y averiguado el delito, era muerto a palos, quemado su cadáver y arrojadas las cenizas al viento.

Se vio algunas veces en ocasión de alguna pública calamidad, practicar por los sumos sacerdotes del imperio mexicano un ayuno extraordinario. Para ejecutarlo se retiraban a un monte en donde se hacían fabricar una choza cubierta de ramas verdes, que se renovaban luego que perdían su verdor. Encerrado en esta choza, sin comunicación alguna con los hombres y sin más sustento que maíz crudo y agua, pasaba 9 ó 10 meses y a veces un año en continua oración y frecuente efusión de sangre. Este ayuno no era obligatorio ni lo practicaban todos los sumos sacerdotes, ni el que lo emprendía lo ejecutaba más de una vez en toda su vida; y a la verdad no es creíble que quedase con fuerzas para repetirlo en caso de sobrevivir a tan rigurosa y dilatada abstinencia.

## 24. Penitencia célebre de los tlaxcaltecas

Era también muy celebrado en aquella tierra el ayuno de tlaxcaltecas y la penitencia de sus sacerdotes en el *teoxihuitl* o año divino, en el cual hacían una solemnísima fiesta a su dios Camaxtle. Llegado el tiempo convocaba a todos los *tlamacazques* o penitentes su jefe conocido entre ellos con el nombre de *achcauhtli,* y les hacía una grave exhortación a la penitencia, intimándoles al mismo tiempo que el que no se sintiese con fuerzas suficientes para practicarla avisase dentro de cinco días, porque si pasado ese término y comenzado una vez el ayuno flaqueaba y volvía atrás, sería tenido por indigno de la compañía de los dioses, sería privado del sacerdocio y despojado de toda su hacienda.

Pasados los cinco días que se concedían para deliberar, subía con todos los que se hallaban animados a la penitencia, que solían ser más de 200, al altísimo monte Matlalcueye, en cuya cumbre había un santuario dedicado a la diosa del agua. El *achcauhtli* subía hasta la cumbre a hacer su oblación de piedras preciosas, de plumas bellas y de copal, y los demás quedaban a la mitad de la subida en oración, pidiendo a su dios fuerzas y aliento para la penitencia. Bajaban del monte y se hacían fabricar navajas de *iztli* y un gran número de varillas de diferente grosura. Los artífices de estos instrumentos debían ayunar cinco días antes, y si alguna varilla o navaja se rompía se tenía por mal agüero y se atribuía a infracción del ayuno en alguno de los artífices. Comenzaban luego el suyo los *tlamazcaxques,* que duraba nada menos que 160 días.

El primer día se hacían un agujero en la lengua para entrar por él las varillas que tenían preparadas. Sin embargo del gran dolor que sentían y de la sangre que en abundancia arrojaban, se esforzaban en entonar cánticos a su dios inmediatamente después de tan inhumana operación, que se repetía cada 20 días. Pasados los primeros 80 días del ayuno de los sacerdotes, comenzaba el ayuno general del pueblo, que duraba otro tanto tiempo. No se eximían de él ni aun los cuatro señores que gobernaban la república. A nadie era lícito en todo ese tiempo comer chile o pimiento ni bañarse.

A semejantes excesos de crueldad inducía el fanatismo de aquellas naciones. Pero ninguna cosa dará más a conocer la religión de los mexicanos y la demasía de su execrable superstición, que la exposición de las fiestas que celebraban en honra de sus dioses y de los ritos que en ellas observaban, pero antes de entrar en esta materia es indispensablemente necesario el dar razón de la distribución que hacían del tiempo y del método que observaban en contar los días, meses, años y siglos.

25. Edad, siglo y año mexicano

Lo que sobre este asunto diremos está prolijamente averiguado por hombres hábiles y dignos por todas sus circunstancias de la mayor fe, que se aplicaron con el mayor empeño a ese trabajo, examinaron diligentemente las pinturas antiguas, y se informaron de los mexicanos y acolhúas más bien instruidos; especialmente nos reconocemos deudores de estas luces a los apostólicos religiosos Motolinia y Sahagún, de cuyos manuscritos se sirvió Torquemada, y al doctísimo mexicano don Carlos Sigüenza y Góngora, de cuya verdad me consta por el examen que he hecho por mí mismo de muchas pinturas mexicanas, en que se ven representados claramente con sus propios caracteres los meses, años y siglos.

Distinguían los mexicanos, los acolhúas y demás naciones de Anáhuac cuatro diferentes edades del mundo y en ellas cuatro distintos Soles. La I *Atonatiuh,* Sol o Edad del Agua, corrió desde la creación del mundo hasta el tiempo en que el Sol y casi todos los hombres se acabaron con una general inundación. La II *Tlaltonatiuh,* o Edad de Tierra, desde la general inundación hasta la destrucción de los gigantes y los grandes terremotos en que pereció el segundo Sol. La III *Ehecatonatiuh,* o Edad del Aire, desde la destrucción de los gigantes hasta los grandes huracanes que acabaron con el tercer Sol y con todos los hombres. La IV *Tletonatiuh,* o Edad de Fuego, desde la última reparación del linaje humano, según lo dicho en la mitología, hasta que el cuarto Sol y la Tierra sean consumidas con fuego. De esta edad tenían creído que debía fenecer al terminar uno de sus siglos, y esto parece haber sido la causa de las ruidosas fiestas que hacían al principio del nuevo siglo al dios del fuego, como en acción de gracias de haber suspendido por entonces su voracidad y prorrogado el término del mundo. En el cómputo del siglo, los años y los meses, seguían los mexicanos y demás naciones cultas el mismo método de los antiguos toltecas.

Su siglo constaba de 52 años, distribuidos en cuatro períodos de 13 años, y de dos siglos formaban una edad o como ellos la llamaban, una vejez: *te-huehuetiliztli*[40] de 104 años. Al fin del siglo daban el nombre de *toxiuhmolpia* o atadura de nuestros años, porque en él se unían los dos siglos para formar una edad. Los años tenían cuatro nombres característicos que eran *tochtli* (conejo), *acatl* (caña), *técpatl* (pedernal) y *calli* (casa), y de éstos, con diferentes números, se componía el siglo. El primer año del siglo era 1 *conejo,* el segundo 2 *caña,* el tercero 3 *pedernal,* el cuarto 4 *casa,* el quinto 5 *conejo,* el sexto 6 *caña,* etc., hasta el año treceno, que era 13 *conejo,* con el cual concluían el primer período. Comenzaban el segundo con 1 *caña* y seguían con 2 *pedernal,* 3 *casa, 4 conejo,* hasta terminarlo con 13 *caña.* El tercer período comenzaba en 1 *pedernal* y terminaba en 13 *pedernal,* y el cuarto tenía su principio en 1 *casa* y su fin, que lo era también del siglo, en 13 *casa;* de suerte que cada uno de los cuatro caracteres era principio y fin de su

---

[40] Uno u otro autor llama siglo a la edad o vejez y medio siglo al siglo, pero eso poco importa mientras no se altere en la sustancia el método de contar los años y la distribución del tiempo.

período, y estaban de tal modo distribuidos que en todos los 52 años no había uno que pudiese equivocarse con otro,[41] como se reconocerá por la tabla del siglo que después daremos.

El año mexicano constaba, como el nuestro, de 365 días, porque aunque tenía 18 meses, cada uno de 20 días, que hacen solamente 360, añadían al fin del año cinco días que llamaban *nemontemi* o inútiles, porque en ellos no hacían más de visitarse unos a otros. El principio del año mexicano era al comenzar el siglo el día 26 de nuestro febrero, según la opinión[42] más bien fundada; pero cada cuatro años de los nuestros se anticipaba un día el mexicano por razón del día intercalar de nuestro bisiesto, y así en los últimos años del siglo mexicano comenzaba el día 14 de febrero, por los 13 días que intercalamos en discurso de 52 años. Concluido el siglo volvía a ser el 26 de febrero principio del año, como ya veremos. Los nombres que daban a los meses eran tomados de los ritos y acciones que en ellos practicaban, o de los accidentes de la estación en que caían, y de ellos nos hemos servido para verificar el orden y el tiempo de dichos meses. Estos nombres se leen con alguna variedad en los autores, porque eran varios, no solamente entre distintos pueblos, sino aun entre los mismos mexicanos. Los más comunes eran los siguientes:

1.—*Atlacahualco* [43]
2.—*Tlacaxipehualiztli*
3.—*Tozoztontli*
4.—*Hueitozoztli*
5.—*Toxcatl*
6.—*Etzalcualiztli*
7.—*Tecuilhuitontli*

[41] Boturini afirma, contra el sentir común de los autores, que no comenzaban todos los siglos por un mismo carácter sino por diversos, de tal suerte que si el primer año de un siglo era 1 *conejo* el primero del siglo siguiente era 1 *caña*, del tercer siglo 1 *pedernal* y del cuarto 1 *casa*; pero, además de afirmar lo contrario todos los autores, consta de las pinturas mexicanas que yo mismo he visto, que todos los siglos comenzaban por el año 1 *conejo*. Añade que en cuatro siglos no se repetía un carácter con el mismo número; pero ¿cómo es posible no repetirlo en 208 (que son cuatro siglos) no siendo más de 4 los caracteres y 13 los números con que se variaban, como el mismo autor confiesa?

[42] Son diversas las opiniones sobre el día en que comenzaba el año mexicano. La causa de tal variedad fue sin duda la misma diversidad que resultaba de la interposición de nuestro día intercalar, que no advirtieron los más de los autores. Pudo ser también que alguno hablase del año astronómico o civil y no del religioso de que tratamos nosotros.

[43] Gómara, Valadés y también (a lo que parece por la *Historia* de Gemelli) el Dr. Sigüenza y Góngora ponen por mes primero a *Tlacaxipehualiztli*. En la copia que se publicó en México en 1770 de una pintura que se halló entre las de Boturini, se pone por primero el *Atemoztli*, que en nuestra tabla es el 16. Nosotros en este punto deferimos más al juicio de Motolinia, que lo examinó a fondo y se informó de los mexicanos antiguos. Con Motolinia concuerdan Torquemada, Betancourt y León Dominicano.

8.—*Hueiteculhuitl*
9.—*Tlaxochimaco*
10.—*Xocohuetzi*
11.—*Ochpaniztli*
12.—*Teotleco*
13.—*Tepeilhuitl*
14.—*Quecholli*
15.—*Panquetzaliztli*
16.—*Atemoztli*
17.—*Tititl*
18.—*Izcalli*

## 26. Mes mexicano

El mes constaba, como ya insinuamos, de 20 días, cuyos nombres son los siguientes:

1.—*Cipactli*, tiburón [44]
2.—*Ehecatl*, viento
3.—*Calli*, casa
4.—*Cuetzpalin*, lagartija
5.—*Coatl*, culebra
6.—*Miquiztli*, muerte
7.—*Mazatl*, ciervo
8.—*Tochtli*, conejo
9.—*Atl*, agua
10.—*Itzcuintli*, cierto cuadrúpedo
11.—*Ozomatli*, mono
12.—*Malinalli*, cierta hierba
13.—*Acatl*, caña
14.—*Ocelotl*, tigre
15.—*Cuauhtli*, águila
16.—*Cozcacuauhtli*, ave[45]
17.—*Olin Tonatiuh*, movimiento del sol
18.—*Tecpatl*, pedernal
19.—*Quiahuitl*, lluvia
20.—*Xóchitl*, flor

---

[44] El nombre de *cipactli* interpretan unos pez-espada y otros serpiente armada de arpones. Yo sigo la interpretación de Betancourt.
[45] Boturini pone en su lugar el *temetlatl*, piedra en que los mexicanos molían su maíz y cacao; pero los demás autores ponen el mismo carácter que nosotros.

Aunque estos signos o caracteres estaban distribuidos, según el orden expresado por los 20 días del mes, no se atendía en el modo de contarlos a la división de los meses ni de los años, sino a ciertos períodos de 13 días (semejantes a los de 13 años en el siglo) que iban corriendo sin interrupción aun después de concluido el mes o el año. El primer día del siglo era 1 *tiburón,* el segundo 2 *viento,* el tercero 3 *casa,* hasta el día trece que decían 13 *caña;* el día catorce comenzaban otro período, diciendo 1 *tigre,* 2 *águila,* etc., hasta concluir el mes con 7 *flor,* y en el mes segundo seguían contando 8 *tiburón,* 9 *viento,* y así de los demás. Veinte de estos períodos formaban en trece meses completos un ciclo de 260 días, y en todo ese tiempo no se repetía signo alguno con el mismo número, como puede verse en el calendario que presentamos a los lectores al fin de este tomo. En el día primero del mes catorceno comenzaban a contar otro ciclo con el mismo orden y con el mismo número de períodos que el primero.

Si el año no tuviera más de los 18 meses o si en los cinco días inútiles no se siguieran contando los períodos, el día primero del segundo año del siglo sería como en el antecedente 1 *tiburón,* y del mismo modo el último día de todos los años sería *flor;* pero continuando, como en efecto se continuaba, en los días inútiles el período de 13 días, mudaban asiento los signos y el signo *muerte,* que en todos los meses del año antecedente había ocupado el sexto lugar, este año ocupaba el primero, y el *tiburón,* que tuvo el primero, tiene en este año el decimosexto. La regla general que hay en esto es que al año del *conejo* corresponde siempre en el día primero el signo del *tiburón;* al año de la *caña* el signo de la muerte; al año del *pedernal* el signo del *moho,* y al año de la *casa* el signo de *cozcacuauhtli,* dando siempre al signo del primer día el mismo número que al año; de suerte que como el año 1 *conejo* tiene por día primero 1 *tiburón,* así el 2 *casa* tiene por primero 2 *muerte;* el 3 *pedernal* comienza por 3 *mono,* y el 4 *casa* por 4 *Cozcacuauhtli.*[46]

De lo dicho hasta aquí se entenderá la particular predilección que tenían los mexicanos al número 13. De 13 eran los cuatro períodos de años de que se componía el siglo, de 13 el período de meses que abrazaba el ciclo de 260 días y de 13 finalmente los períodos de días. La causa de esta predilección fue, según creyó el Dr. Sigüenza y Góngora, el haber sido 13 sus dioses mayores. Poco menos célebre fue entre ellos el número 4, como contaban en su siglo 4 períodos de 13 años, así contaban 13 períodos de 4 años y al fin de cada uno de estos

---

[46] Boturini dice que ningún año comenzaba por *cipactli* (tiburón), sino que al año del conejo correspondía siempre por día primero el del *conejo;* al año de la *caña* el día de la *caña,* etc.; pero nosotros deferimos más en esto al Dr. Sigüenza y Góngora, de quien lo tomó Gemelli. El sistema especioso de Boturini, si se examina diligentemente, se hallará lleno de contradicciones.

períodos hacían extraordinarias fiestas. En otros lugares hicimos mención del ayuno de cuatro meses y del *nappapohualtlatolli* o audiencia general cada cuatro meses. Para lo civil dividían el mes en cuatro quinarios o períodos de cinco días, y en un día fijo cada período se hacía la feria o mercado grande; pero como aun en lo político se dirigían por principios de religión, se celebraba esa feria en la capital en los días del *conejo,* la *caña,* el *pedernal* y la *casa,* sus cuatro signos favoritos. El año mexicano constaba de 73 quinarios o períodos de cinco días y el siglo de 73 ciclos de 13 meses o 260 días.

## 27. Días intercalares

Pero lo más admirable en el cómputo de los mexicanos o, por mejor decir, en el de los toltecas, y que verosímilmente no merecerá la fe de los lectores poco instruidos en las antigüedades mexicanas, es que conociendo el exceso de pocas horas del año solar sobre el civil, usaron de días intercalares para igualarlos; pero con esta diferencia respecto del método establecido por Julio César en el calendario romano, que no intercalaban un día cada cuatro años, sino 13 días (que aun en esto quisieron servirse del número 13) cada 52 años que, para el efecto de ordenar el tiempo, vale lo mismo. Al expirar su siglo rompían, como diremos, sus utensilios temiendo que terminase con él la cuarta Edad, el Sol y el mundo todo; y la última noche hacían la célebre ceremonia del fuego nuevo.

Asegurados con esto, como creían, del nuevo siglo que les concedían sus dioses, empleaban los 13 siguientes días en proveerse de nuevos utensilios y nuevos vestidos, en aderezar los templos y casas y en hacer todos los preparativos necesarios para las grandes fiestas del siglo nuevo. Estos 13 días eran los que intercalaban entre uno y otro siglos, sin contarlos en uno ni en otro y sin llevar en ellos la cuenta de los signos como en los días del año, y en sus pinturas los expresaban con 13 puntos azules. Pasados los días intercalares comenzaban el nuevo siglo con el año 1 *conejo* y el día 1 *tiburón,* comenzando el año como al principio del siglo antecedente en el día 26 de febrero.

No me atrevería a publicar esto si no estuviera asegurado con el gravísimo testimonio del sabio Sigüenza y Góngora que vale por ciento, porque, además de su grande erudición, sinceridad y crítica, fue el hombre que con mayor diligencia trabajó en esta materia, consultando a los mexicanos y texcocanos más instruidos y estudiando sus historias y pinturas. Boturini dice que desde ciento y tantos años antes de la Era Vulgar corrigieron los toltecas su calendario intercalando, como nosotros, un día cada cuatro años, lo cual se usó por algunos siglos hasta que los mexicanos establecieron el método que arriba expusimos; que la causa de ese nuevo método fue el que, habiendo concurrido en un día dos fiestas, una movible de Tezcatlipoca y otra fija de Huitzilopochtli, celebraron ésta los colhúas y omitieron aquélla, de lo cual indignado Tezcatlipoca predijo que el reino de Colhuacán se perdería algún día, que cesaría el culto de los antiguos dioses y se verían sujetos al de un Dios solo no visto ni conocido, y al mando de unos remotos extranjeros; que habiendo sabido esto los reyes de México mandaron por público edicto que, concurriendo dos fiestas en un día, se celebrase en ese día la principal y la otra al día siguiente, y que el día que se intercalaba cada cuatro años se omitiese por entonces y que, concluido el siglo, se intercalasen los 13 omitidos.

Pero, ¿quién no ve desde luego que toda esta narración es una mera fábula? Dos cosas se extrañarán necesariamente en el método cronológico de los mexicanos; la una que no arreglasen sus meses al movimiento de la Luna y la otra que no tuviese su siglo algún carácter particular que lo distinguiese de los otros. Cuanto a lo primero, no dudo que su mes astronómico estaría perfectamente arreglado a la Luna y sin duda por esa razón usaron indiferentemente del nombre de Metztli para significar la Luna y el mes. El que nosotros presentamos no es el astronómico porque lo ignoramos, sino el religioso de que usaban para el reglamento de sus fiestas y para la arte divinatoria. Igualmente creemos que usaban de algún carácter para distinguir un siglo de otro, siendo por una parte tan fácil y por otra tan necesario; pero no lo he hallado en autor alguno.

## 28. Arte divinatoria

La distribución de los signos y caracteres, así de los días como de los años, servía a los mexicanos para sus pronósticos supersticiosos, vaticinando la buena o mala ventura de los niños por el signo en que habían nacido, y la felicidad o desgracia de los matrimonios, las guerras y otros sucesos por el día en que se emprendían o se ejecutaban, para lo cual consideraban no solamente el signo propio de cada día y de cada año, sino también el dominante en cada período de días o de años; porque el primer signo en cada período era dominante en todo él.

De los mercaderes sabemos que cuando trataban de salir a algún viaje, procuraban ejecutarlo en alguno de los días en que dominaba el signo de la *culebra*, con lo cual se prometían buena fortuna en el comercio. De los que nacían en el signo del *águila* creían que, si eran hombres, serían satíricos y burlones, y si eran mujeres, locuaces y desvergonzadas. El concurso del año y día del *conejo* se tenía por el más feliz.

## 29. Figuras de los años, meses y siglos

Para representar los mexicanos el mes pintaban una rueda dividida en 20 figuras significativas de los 20 días, como se muestra en nuestra lámina, la cual es copia de la que se halla en la *Retórica Cristiana* de Valadés, que es la única que hasta ahora se ha publicado. Para representar el año pintaban otra rueda dividida en 18 figuras de los 18 meses y frecuentemente pintaban en el centro de la rueda la imagen de la Luna. La imagen que presentamos en la lámina del año está tomada de la de Gemelli Carreri, la cual es copia de una pintura original que poseía el Dr. Sigüenza y Góngora.[47] El siglo se representaba en una rueda dividida en 52 figuras o, por mejor decir, en cuatro figuras repetidas 13 veces. Solían pintar en contorno de la rueda una serpiente que formaba cuatro espiras expresivas de los cuatro vientos cardinales, y del principio de los cuatro períodos. La imagen de nuestra lámina es copia de la de Gemelli Carreri, en cuyo centro hicimos representar el Sol como lo hacían comúnmente los mexicanos. En otro lugar expondremos, para satisfacción de los lectores, las figuras de dichas láminas.

## 30. Años y meses chiapanecos

El método de computar los siglos, años y meses que usaban los mexicanos era, como ya insinuamos, común a las demás naciones cultas de Anáhuac,[48] y no variaban sino en los nombres y en las figuras. Los chiapanecas, que eran entre los tributarios de la corona de México los más distantes de la capital, usaban en vez de los nombres y figuras del *conejo,* la *caña,* el *pedernal* y la *casa,* los de *Votan, Lambat, Been* y *Chinax;* y en vez de los de *tiburón, viento,* etc., para los días, usaban los de 20 hombres ilustres de sus antepasados, entre los cuales ocupaban

---

[47] Tres distintas ruedas del año he visto: 1ª La de Sigüenza y Góngora, cuya copia es la nuestra, aunque separada para mayor claridad de la del siglo. 2ª La que publicó Valadés en su *Rhetórica Christiana*. 3ª La que se publicó en México el año de 1770 en la edición de las *Cartas* de Cortés, copia de una pintura que se halló en la colección de Boturini; pero esta pintura no era mexicana sino tlaxcalteca, y ésta es la causa de que en algunas figuras y nombres se diferencie de nuestra copia, lo cual no advirtieron los editores de aquella edición.

[48] Boturini dice que los indios del Obispado de Oaxaca daban 13 meses al año; pero esto sería acaso en el año astronómico o en el civil y no en el religioso.

los cuatro nombres ya expresados el mismo lugar que entre los días de los mexicanos ocupaban los nombres del *conejo, caña, pedernal* y *casa*. Los nombres de los chiapanecas eran los siguientes:

1.—*Mox*
2.—*Yoh*
3.—Votan
4.—*Ghanan*
5.—*Abagh*
6.—*Tox*
7.—*Moxic*
8.—Lambat
9.—Molo o Mulu
10.—*Elah*
11.—*Batz*
12.—*Enoh*
13.—Been
14.—*Hix*
15.—*Tziquin*
16.—*Chabin*
17.—*Chix*
18.—Chinax
19.—*Cabogh*
20.—*Aghual*

No había mes en que no celebrasen los mexicanos varias fiestas, unas fijas y establecidas para determinado día del mes, y otras movibles por estar anexas a ciertos signos, que, como ya vimos, no correspondían a los mismos días todos los años. Las principales fiestas movibles eran, según Boturini, 16, entre las cuales la cuarta era dedicada al dios del vino y la decimatercera al dios del fuego. Por lo que mira a las fijas expondremos, con cuanta brevedad sea posible, lo que baste para dar una idea completa de su religión y de su genio supersticioso.

### 31. Fiestas de los cuatro primeros meses

En el segundo día del primer mes se hacía una gran fiesta al dios Tláloc y a sus compañeros, con sacrificios de niños tiernos comprados a ese efecto y con el sacrificio gladiatorio de que hablamos en otro lugar; pero no todos los niños comprados eran sacrificados en este día, sino muchos se reservaban para sacrificarlos poco a poco en el discurso de los tres primeros meses correspondientes a los de marzo y abril, con el fin de impetrar la lluvia necesaria para las sementeras de maíz.

El primer día del segundo mes, que en el principio de su siglo correspondía al 18 de marzo, hacían una fiesta solemnísima al dios Xipe. Los sacrificios que en ella se hacían eran de lo más crueles. Subían a las víctimas por los cabellos a lo alto del templo y allí, después de abrirles el pecho y sacarles el corazón, desollaban los cadáveres y se vestían los sacerdotes por algunos días de sus pieles, haciendo gala de aquellos sangrientos despojos. Los amos de los cautivos sacrificados ayunaban 20 días antes de la fiesta, y después hacían grandes convites, en los cuales se servían guisadas las carnes de las víctimas. Algunas de estas víctimas solían ser los ladrones de oro y plata que eran condenados por la ley del reino a semejante sacrificio. La circunstancia de desollar a los sacrificados dio a este mes el nombre de *tlacaxipehualiztli*, que significa desolladura de hombres. Había en esta fiesta escaramuzas de los hombres de guerra y los nobles celebraban en cantares la hazaña de sus mayores. En Tlaxcala había bailes, así de los nobles como de los plebeyos vestidos de pieles de animales y adornados de oro y plata, que por esto daban a la fiesta y al mes el nombre de *coailhuitl*, fiesta general.

En el tercer mes, que comenzaba (se entiende en éste y en los demás al principio del siglo) el día 7 de abril, se celebraba la segunda fiesta del dios Tláloc, con el sacrificio de los niños que habían quedado. Las pieles de los sacrificados en la fiesta de Xipe eran llevadas en procesión a uno de los templos menores que había en el recinto del mayor, llamado Yopico, y depositadas en una cueva que allí había. En este mismo mes los *xochimanques* o ramilleteros hacían fiesta a su diosa Coatlicue y le ofrecían ramilletes de flores hechos con singularidad, y antes de esta oblación a ninguna era lícito el olerlas. Todas las noches de este mes velaban los ministros del templo, para lo cual encendían grandes hogueras y por esta vigilia se dio al mes el nombre de *tozoztontli*.

Al mes cuarto, por ser más general y más solemne la vigilia, daban el nombre de *hueitozoztli* (vigilia grande); porque no solamente velaban como en el antecedente los sacerdotes, sino también la nobleza y la plebe; sacábanse sangre de las orejas, los párpados, las narices, la lengua, los muslos y los brazos, para purgar las culpas cometidas con todos los sentidos, de las cuales se acusaban ante los ídolos. Ponían en las puertas algunas espadañas teñidas en la misma sangre, no con otro fin, a lo que parece, que el de hacer ostentación de su penitencia. Seguíase luego la fiesta a la diosa Centeotl, la cual celebraban con sacrificios de hombres y de animales, especialmente de codornices, y con varias escaramuzas que hacían delante del templo de la diosa. Iban al mismo tiempo las niñas en procesión llevando a cuestas mazorcas de maíz que, después de haberlas ofrecido a aquella menuda deidad, volvían a los graneros para que aquellas mazorcas santificadas preservasen del gorgojo lo restante del grano. Este mes tenía principio el día 27 de abril.

## 32. Fiesta grande del dios Tezcatlipoca

El quinto mes, que comenzaba el 17 de mayo, era casi todo festivo. La primera fiesta que en él se hacía y era una de las cuatro principales de los mexicanos la celebraban en honor de su gran dios Tezcatlipoca. Diez días antes se vestía un sacerdote del mismo traje e insignias de aquel dios, y salía del templo con unas flores en la mano y con una flautilla de barro de un sonido muy agudo; vuelto al oriente y después a los otros tres vientos la sonaba fuertemente, quedaba luego por un rato en silencio y tomando con un dedo el polvo de la tierra, se lo ponía en la boca y lo comía.

Al oír el son de la flautilla, todos los delincuentes entraban en un extraordinario terror y consternación, y arrodillándose pedían con lágrimas a su dios que les perdonase sus pecados y no permitiese que llegasen a noticia de los hombres. Los militares le pedían valor y fuerza contra los enemigos de la nación, grandes victorias y abundancia de cautivos para los sacrificios, y el resto del pueblo, arrodillándose y practicando aquella ceremonia de tomar y comer el polvo de la tierra, imploraba con grandes sollozos la clemencia de sus dioses.

El son de la flautilla se repetía del mismo modo todos aquellos días anteriores a la fiesta. La víspera llevaban los señores un vestido nuevo al ídolo, el cual le vestían luego los sacerdotes y guardaban el viejo como reliquia en las arcas del templo; adornaban el ídolo de particulares insignias de oro y plumas preciosas, y corrían la cortina que cubría siempre la puerta del santuario, para que fuese visto y adorado de los circunstantes. Llegado el día de la fiesta concurría el pueblo al atrio inferior del templo; unos sacerdotes, teñidos de negro y vestidos del traje del ídolo, lo bajaban en unas andas bien aderezadas al pie de la escalera. Los mancebos y vírgenes del templo rodeaban las andas de una cuerda gruesa compuesta de sartas de maíz tostado y ponían al ídolo una sarta al cuello y una guirnalda en la cabeza. A esta cuerda, por ser de granos secos y símbolo de la sequedad que pretendían evitar con sus plegarias; llamaron *toxcatl*, el cual nombre se dio por esta ceremonia al quinto mes de que hablamos.

Los mancebos y vírgenes del templo y los magnates de la corte se colgaban semejantes sartas del cuello y en las manos llevaban unos ramilletes de la misma materia. Ordenábase luego una procesión por el atrio del templo que estaba sembrado de flores y hierbas odoríferas; dos sacerdotes incensaban por intervalos el ídolo, que otros llevaban sobre sus hombros, y entre tanto se mantenía el pueblo arrodillado hiriéndose las espaldas con unas sogas gruesas y anudadas. Acabada la procesión y con ella la disciplina subían al ídolo a su altar y allí le hacían copiosísimas oblaciones de oro y pedrería, de flores, plumas, codornices y otros animales, y de viandas que preparaban las vírgenes y otras mujeres que por voto particular iban aquel día a servir al templo.

Esta comida llevaban en procesión las mismas vírgenes, guiadas de un sacerdote constituido en dignidad que iba en un traje notable. Llevaba una especie de sobrepelliz hasta media pierna y sobre ella un jubón de cuero colorado sin mangas, y en vez de ellas unas alas de las cuales pendían unas cintas que sostenían una calabaza llena de agujeros y en cada uno una flor. Ponían con mucho orden los manjares delante del altar y, hecha una profunda reverencia al ídolo, se retiraban a sus recogimientos. Los jóvenes que servían en el templo recogían toda la comida y la llevaban a la vivienda de los sacerdotes a quienes pertenecía. A la comida seguía el solemne sacrificio de la imagen de Tezcatlipoca. Éste era un joven, el más bien hecho y de mayor gentileza que había entre los cautivos; escogíanlo un año antes y en todo ese tiempo andaba vestido del traje mismo del dios que representaba; giraba libremente por la ciudad, pero escoltado siempre de una buena guardia y en todas partes lo adoraban como imagen viva de aquel supremo dios. Veinte días antes de la fiesta le daban cuatro doncellas hermosas para que le sirviesen de mujeres, y cinco días antes le hacían grandes banquetes y le franqueaban todos los placeres de la vida. El día de la fiesta lo conducían con grande acompañamiento al templo de Tezcatlipoca, pero antes de llegar a él se le despedían las cuatro mujeres. Acompañaba al ídolo en la procesión y en llegando la hora del sacrificio lo tendían en el ara común y el sumo sacerdote le abría con suma reverencia el pecho y le sacaba el corazón. Su cadáver no era como los de las demás víctimas precipitado por las escaleras del templo, sino transportado en brazos de sacerdotes al pie de la escalera, en donde era degollado; su cabeza se ensartaba en el *tzompantli* o percha en que estaban ensartadas las de las otras víctimas sacrificadas al mismo dios, y sus piernas y brazos se dividían y guisaban para las mesas de los señores.

Después del sacrificio se hacía un gran baile de los jóvenes del templo y de los nobles que asistían a la fiesta. Al ponerse el sol hacían las vírgenes del templo una nueva oblación de pan amasado con miel, sobre el cual hacían varias labores de huesos de muertos. Poníase ésta como las antecedentes oblaciones delante del altar de Tezcatlipoca, y se destinaba para premio de los jóvenes que se aventajasen en las carreras que hacían desde el atrio inferior del templo hasta el pie del altar. Los que salían victoriosos no solamente eran dueños de aquella oblación, sino también eran premiados con algún vestido y celebrados con elogios de los sacerdotes y del pueblo que estaba presente. Concluíase esta gran fiesta con despedir de los seminarios a los jóvenes y doncellas que tenían ya edad para el matrimonio. La juventud que aún quedaba en los seminarios les disparaba al salir pelotas de juncia y de otras hierbas, y les insultaba con motes satíricos y burlescos porque abandonaban el servicio de los dioses por el interés del matrimonio, lo cual les permitían los sacerdotes como desahogo de la edad.

### 33. Fiesta grande del dios de la guerra

En el mismo mes quinto se hacía la primera fiesta al dios Huitzilopochtli. Fabricaban los sacerdotes una estatua de ese dios de la estatura regular de un hombre; la materia de que se hacía era la masa del *tzohuatli* (cierta semilla comestible) y le formaban los huesos de la madera del mezquite o acacia mexicana; vestíanla de algodón y pita y de un manto de pluma; en la cabeza le ponían una gorra de papel en forma de lebrillo cubierta de plumaje fino, y sobre ella un cuchillo de pedernal ensangrentado; en el pecho una plancha de oro bien labrada y en el vestido se veían representados huesos de muertos y la imagen de un hombre despedazado; en lo cual pretendían significar o su poder en las batallas o el terrible castigo que según su mitología ejecutó en los que conspiraron contra el honor y la vida de su madre.

Ponían esta estatua en unas andas formadas sobre cuatro serpientes de madera, que cargaban en sus hombros cuatro oficiales principales del ejército mexicano desde el lugar donde se fabricaba hasta el altar en que debía colocarse. Varios mancebos, asidos unos de otros por medio de unas flechas, llevaban delante de las andas una gran pieza de papel de unas 40 varas de largo, en que verosímilmente estarían pintadas las hazañas imaginarias de aquel dios de la guerra, que iban cantando al son de instrumentos. Colocaban la estatua en el altar y al pie de ella ponían enrollada la pieza de papel; hacían una oblación de tamales o bollos de maíz y se retiraba luego el pueblo quedando solos los sacerdotes a quienes tocaba velar aquella noche. Al día siguiente se repetía en todas las casas la oblación, y el rey con toda la nobleza y un gran concurso de pueblo hacía delante del altar el sacrificio de codornices arrancándoles las cabezas y arrojándolas al pie del altar. El primero en este sacrificio era el rey, seguíanle los sacerdotes y después el pueblo. De esta gran muchedumbre de codornices que se sacrificaban se guisaba una parte para la mesa del rey y de los sacerdotes y ministros del templo, y las demás se salaban para reservarse a otro tiempo.

Todos cuantos asistían a esta fiesta llevaban incensarios de barro y alguna cantidad de *chapopotli* o betún de Judea, que quemaban en honra de su dios, y todas las brasas que servían para la incensación se arrojaban en un gran brasero redondo que llamaban *tlexictli*. Por esta razón llamaban a esta fiesta la incensación de Huitzilopochtli. Seguíase inmediatamente el baile de las vírgenes y de los sacerdotes; las vírgenes bailaban con la cara teñida y con los brazos adornados hasta el codo de plumas rojas; en las cabezas llevaban guirnaldas de maíz tostado y en las manos unas cañas hendidas con banderillas de papel o de tela de algodón. Los sacerdotes llevaban plumas blancas de garza en las cabezas, las caras teñidas de negro, las frentes armadas de rodelillas de papel y los labios untados de miel; cubrían con papel sus partes secretas y en las manos tenían unos cetros en cuya extremidad había una flor hecha de pluma negra, y sobre ella una bola hecha de la misma pluma. Sobre el brocal del brasero bailaban dos hombres llevando a cuestas una jaula de pino. Los sacerdotes en el discurso del baile llegaban a ratos con la punta del cetro a la tierra en ademán de apoyarse sobre él. Todas estas ceremonias tenían su particular significación, y a este baile, por razón del mes en que se hacía, llamaban *toxcachocholla*. En otro lugar separado danzaban trabados de las manos los hombres de palacio y de guerra. Los instrumentos músicos, que comúnmente ocupaban el centro del baile, en éste se ponían fuera y en lugar oculto de suerte que se oyese el son y no se viesen los músicos.

Desde la fiesta del año antecedente se elegía, juntamente con la víctima de Tezcatlipoca, el cautivo que debía ser sacrificado a Huitzilopochtli, a quien daban el nombre de Ixteocale, que es decir el sabio Señor del Cielo. Ambos andaban juntos todo el año; pero con esta notable diferencia: que adoraban al de Tezcatlipoca y no al de Huitzilopochtli. El día de su sacrificio lo vestían de un traje vistoso de papel pintado, poníanle en la cabeza una mitra hecha de plumas de águila con un penacho también de plumas en el ápice y entre ellas un cuchillo de pedernal semejante al que llevaba el ídolo. Sobre las espaldas una especie de red de un palmo en cuadro y sobre ella una taleguilla; y con este traje se mezclaba en la danza de los cortesanos y militares. Lo más particular de este cautivo era que, aunque debía morir aquel día, la hora de su sacrificio era a su elección; cuando le parecía se presentaba a los sacerdotes, en cuyos brazos y no en el ara común, le abría el sacrificador el pecho y le arrancaba el corazón. Concluido el sacrificio comenzaban los sacerdotes una gran danza que duraba lo restante del día con algunas interrupciones que hacían para repetir la incensación. En esta misma fiesta hacían los sacerdotes una ligera incisión en el pecho y en el vientre a todos los niños de uno y otro sexo nacidos de un año a aquella parte. Ésta era la marca y carácter con que la nación mexicana se reconocía especialmente consagrada al culto de su dios protector, y el fundamento que tuvieron algunos autores para creer establecido entre los mexicanos el rito de la circuncisión.[49] Pero si acaso lo usaron los yucatecos y los totonacas, como dicen algunos, es cierto que ni lo practicaron los mexicanos ni otra alguna nación del imperio.

## 34. Fiestas de los meses sexto, séptimo, octavo y nono

En el sexto mes, que comenzaba el 6 de junio, se celebraba la tercera fiesta del dios Tláloc. Enramaban curiosamente su templo con juncia del lago de Citlaltepec, distante pocas leguas al norte de México. Los sacerdotes que iban a cogerla cometían impunemente en el camino los mayores insultos contra los caminantes que encontraban, despojándolos de cuanto llevaban hasta dejarlos algunas veces desnudos, e hiriéndolos si

---

[49] El P. Acosta dice que a los niños sacrificaban los mexicanos las orejas y el miembro viril que, en alguna manera, remedaba la circuncisión de los judíos. Pero si por mexicanos entiende los descendientes de los antiguos aztecas que fundaron la ciudad de México y cuya historia escribimos, es absolutamente falso porque no se halló en ellos, después de una diligente investigación, el menor vestigio de semejante rito. Si habla de los totonacas, a quienes por ser vasallos de los reyes de México suelen comprender bajo el nombre de mexicanos, es cierto que hacían semejante incisión a los niños. El sucio autor de *Recherches Philosophiques sur les Americains* adopta la noticia de Acosta y hace un largo discurso sobre el origen de la circuncisión, que cree invención de los egipcios o de los etíopes, para preservarse, según dice, de los gusanos que se crían en los incircuncisos habitantes de la zona tórrida, y afirma que de los egipcios la aprendieron los hebreos y que, no habiendo sido, al principio más de un remedio físico, lo erigió después del fanatismo ceremonia religiosa; da a entender que el calor de los climas de la tórrida es la causa de semejante enfermedad, y por librarse de ella usaron la circuncisión los mexicanos y otras naciones de la América. Dejando aparte la falsedad de sus principios, su poco respeto a los Libros Santos y su particular empeño en desmenuzar todas las materias que tienen relación con los placeres obscenos, y reduciéndome a lo que toca a mi historia, digo que estando todas las tierras bajo el Imperio mexicano, en ninguna de ellas se halló práctica ni noticia de la circuncisión, ni he sabido en 36 años que viví en aquellos países asistiendo a centenares de enfermos, que alguno padeciese semejante enfermedad de gusanos, sobre lo cual me remito a la deposición de los médicos de aquella tierra. No fue menor el error de Maller, citado por el dicho autor, que en su diatriba sobre la circuncisión, que se halla en la *Enciclopedia*, por no haber entendido al P. Acosta, creyó que a los niños mexicanos cortaban enteramente las orejas y el miembro viril, y pregunta asombrado si habría muchos que quedasen con vida de semejante operación; pero si yo creyese lo que creyó Maller, preguntaría con mucha mayor admiración cómo había mexicanos en el mundo; pues, supuesta la verdad de aquel rito que los privaba del órgano de la generación, deberían haberse acabado muchos siglos hace. Para que en lo de adelante ninguno incurra en semejante desatino, advierto que cuando los historiadores antiguos de México dicen que los mexicanos u otras naciones se sacrificaban la lengua, las orejas u otro miembro del cuerpo, sólo pretenden significar que se herían y sacaban sangre de aquel miembro en honor de sus mentidas deidades.

hacían alguna resistencia. Era tanta la impunidad de estos sacerdotes convertidos en salteadores, que no solamente desnudaban a la gente plebeya sino aun quitaban los tributos reales a los recaudadores, si por accidentes los encontraban, sin que los particulares pudiesen presentar querella contra ellos, ni el rey castigarlos por tales excesos.

El día de la fiesta comían todos ciertas poleadas que llamaban *etzalli*, y convidaban con ellas a cuantos los visitaban. De estas poleadas tomó el mes el nombre de *etzalcualiztli*. Llevaban al templo mucho papel pintado y competente cantidad de resina elástica, y con ella untaban el papel y las mejillas de los ídolos. A esta ridícula ceremonia seguían los sacrificios de varios cautivos del traje del dios Tláloc y sus compañeros, y para complemento de su crueldad iban los sacerdotes con mucho pueblo en canoas a cierto lugar del lago donde dicen que había un vórtice o remolino, y allí sumergían, en honra de sus dioses, dos niños tiernos de ambos sexos, y con ellos juntamente los corazones de los cautivos sacrificados, todo a fin de impetrar de los dioses la lluvia necesaria para sus sementeras.

En este mismo lugar y ocasión eran privados del sacerdocio y castigados los ministros del templo que en el discurso del año habían sido negligentes en su ministerio e incurrido en algún grave delito de aquellos que no tenían pena capital. El castigo era semejante a aquella burla que suelen ejecutar los marineros en los navegantes que pasan por la primera vez la línea, pero más pesado, porque de las repetidas inmersiones en el agua quedaban tan estropeados los reos, que era menester que sus parientes los recogiesen y llevasen a curar a sus casas.

En el séptimo mes, que empezaba el día 26 de junio,[50] se celebraba la fiesta de Huixtocíhuatl, diosa de la sal. La víspera de la fiesta había una gran danza de mujeres que danzaban en círculo asidas de unas cuerdas de muchas y diversas flores, y con guirnaldas de *iztauhyatl* o ajenjo mexicano que los españoles de aquel reino llaman estafiate. El centro de este círculo ocupaba una cautiva vestida del traje de la diosa. Acompañaban la danza con el canto, y en uno y otro guiaban dos sacerdotes ancianos y autorizados. Continuaba la danza toda la noche alternándose varias compañías de mujeres. A la mañana siguiente se hacía otra danza de los sacerdotes y ministros del templo, que duraba todo el día, interrumpiéndose algunas veces con sacrificios de cautivos. Los sacerdotes iban decentemente vestidos y con aquellas hermosas flores amarillas en las manos, que en Europa llaman claveles de las Indias. Al ponerse el sol se hacía el sacrificio de la cautiva y terminaba la fiesta con grandes convites, en que no poco se excedían en el vino.

---

[50] Torquemada incurre en muchos errores y contradicciones en la correspondencia de los meses mexicanos a los nuestros, como podrá reconocer quien quisiere leer su Libro X.

Todo ese mes era de gran regocijo para los mexicanos. En él se vestían de las mejores galas que tenían, eran frecuentes los bailes y las recreaciones en los jardines, las poesías que cantaban eran todas de amores y asuntos de caza. La gente plebeya iba a cazar a los montes y los nobles hacían ejercicio de guerra, así en el campo como en el lago con barcos. Estos regocijos de la nobleza dieron a este mes el nombre de *tecuilhuitl,* fiesta de los señores, o *tecuilhuitontli,* fiesta menor de los señores, por serlo en comparación con la del mes siguiente.

En el octavo mes, que comenzaba el 16 de julio, hacían una solemne fiesta a la diosa Centeotl bajo el nombre de Xilonen, porque, como insinuamos en otro lugar, le mudaban el nombre según el estado en que se hallaba el maíz. En esta fiesta la llamaban Xilonen porque la mazorca de maíz cuando está en leche, como sucede por este tiempo, se llama *xílotl.* Duraba la fiesta ocho días, en los cuales había danza casi continua en el templo de aquella diosa. Danzaban los hombres mezclados con las mujeres con el mayor orden y concierto por la vigilancia de los superiores; las mujeres llevaban los cabellos sueltos en significación de los del maíz. El rey y los señores daban de comer y beber al pueblo en todos aquellos días; poníanse en filas en el atrio inferior del templo y allí se les ministraba la *chiampinolli,* que era una de sus más usuales bebidas, tamales o bollos cocidos del mismo maíz y otras viandas de que hablaremos en su lugar. Hacíanse muchos presentes a los sacerdotes y los señores se convidaban recíprocamente a comer, y se presentaban oro, plata, plumas y animales raros; cantaban las hazañas de sus antepasados y ensalzaban la nobleza y antigüedad de sus familias. Al ponerse el sol, concluida ya la comida del pueblo, formaban los sacerdotes su danza, que duraba unas cuatro horas, para lo cual se hacía una grande iluminación en el templo. El último día era la danza de los nobles y militares, entre los cuales danzaba una cautiva que representaba a la diosa y, después de la danza, era sacrificada juntamente con otros prisioneros. A esta fiesta y mes llamaron con razón *hueitecuilhuitl,* la gran fiesta de los señores.

En el noveno mes, que comenzaba a 5 de agosto, se celebraba la segunda fiesta de Huitzilopochtli, en que además de las ceremonias comunes adornaban de flores a todos los ídolos, no solamente a los que se veneraban en los templos, sino también a los que tenían por devoción particular en sus casas; que por esto daban al mes el nombre de *tlaxochimaco.* La noche antecedente a la fiesta se empleaba en preparar toda suerte de viandas, que comían al otro día con gran regocijo. Los nobles de ambos sexos danzaban echados los brazos de los unos sobre los cuellos de los otros. Esta danza, que duraba hasta la noche, terminaba con el sacrificio de varios cautivos. Hacíase también en este mes, con muchos sacrificios, la fiesta de Xacateuctli, dios del comercio.

## 35. Fiestas de los meses décimo, undécimo, duodécimo y decimotercio

En el décimo mes, que comenzaba a 25 de agosto, se hacía la fiesta de Xiuhteuctli, dios del fuego. Desde el mes antecedente cortaban los sacerdotes un grande árbol del monte y lo llevaban al templo en cuyo atrio lo plantaban. La víspera de la fiesta lo derribaban para despojarlo de sus ramas y corteza y aderezarlo con papeles pintados; hecho esto volvían a levantarlo y desde entonces quedaba constituido imagen de Xiuhteuctli. Los amos de los cautivos que en esta fiesta se sacrificaban se teñían todo el cuerpo de ocre para remedar el color del fuego, y se vestían de sus mejores galas. Iban al templo acompañados de sus cautivos y con ellos pasaban danzando y cantando toda la noche. El día de la fiesta, en llegando la hora del sacrificio, ataban de pies y manos a las víctimas y les echaban polvos de *xauhtli* en la cara,[51] con el fin de amortiguarles el sentido para que les fuese menos doloroso el tormento. Seguían luego su danza cada uno con su cautivo a cuestas, y de uno en uno por intervalos los iban arrojando en una grande hoguera que a ese fin tenían encendida en el mismo atrio, y antes de que expirasen los extraían del fuego con unos garabatos de madera para consumar el sacrificio en el ara y modo ordinario. Los mexicanos daban a este mes el nombre de *xocohuetzi,* que expresa la madurez que las frutas tenían en este tiempo en los árboles.

Los tlaxcaltecas llamaban al noveno mes *miccailhuitl,* fiesta de los muertos, porque en él hacían oblaciones de legumbres por las almas de sus difuntos; y al décimo mes *huelimiccuilhuitl,* la gran fiesta de los muertos, porque en él se vestían de luto y hacían llantos por la muerte de sus antepasados.

Cinco días antes de comenzar el undécimo mes, cuyo principio era el 14 de septiembre, cesaban todas las fiestas. Los ocho primeros días del mes había danza en el templo, pero sin música ni canto, siguiendo cada uno en sus movimientos el compás que su antojo le prescribía. Pasado ese tiempo vestían a una cautiva del traje de Teteoinan, la madre

---

[51] El *xauhtli* es una planta cuyo tallo es de un codo, sus hojas semejantes a las del sauce, pero terminan en sierra; su flor amarilla y su raíz delgada. Así las flores como todas las demás partes de la planta tienen el mismo olor y sabor del anís. Es de mucha utilidad en medicina y sabían emplearla los antiguos mexicanos contra varias enfermedades; pero también se servían de ella para varias supersticiones.

de los dioses, a cuyo honor se celebraba la fiesta, y acompañábanla varias mujeres, especialmente las parteras y curanderas que, por espacio de cuatro días, se ocupaban en divertirla con varios juegos. Llegado el día principal de la fiesta la llevaban al atrio superior del templo de aquella diosa, en donde la sacrificaban; pero ni en el modo ordinario ni en el ara común en que inmolaban las demás víctimas, sino en las espaldas de otra mujer la degollaban y después le quitaban la piel, la cual se vestía un joven, y con grande acompañamiento la llevaba a presentar al dios Huitzilopochtli en memoria del cruel sacrificio ejecutado en otro tiempo en la princesa de Colhuacán; pero antes de presentarla sacrificaban en el modo ordinario cuatro cautivos, aludiendo, como se puede pensar, a los cuatro xochimilcas sacrificados en tiempo de su cautiverio de Colhuacán. En este mes se hacía revista de las tropas mexicanas, y se alistaban los jóvenes que se destinaban al empleo de las armas y que en adelante debían salir a campaña siempre que se ofreciese; barrían todos, nobles y plebeyos, los templos, y por este motivo se dio al mes el nombre de *ochpaniztli*, que significa el acto de barrer. Se limpiaban y aderezaban los caminos y se reparaban las calzadas, los acueductos y las casas, en lo cual intervenían muchos sacrificios y ritos supersticiosos.

En el duodécimo mes, que comenzaba a 4 de octubre, se celebraba la fiesta de la venida de los dioses, que eso significa el nombre de *teotleco*, que daban al mes y a la fiesta. El día 16 de este mes mexicano enramaban los templos y las encrucijadas de las calles y a los dos días comenzaban a llegar, según creían, los dioses, y el primero de todos el gran dios Tezcatlipoca. Ponían en la puerta del santuario una estera de palma sobre la cual esparcían harina de maíz. Velaba toda la noche antecedente el sumo sacerdote y acudía en varias horas a reconocer la estera, y en viendo estampada en la harina alguna huella humana, que sin duda sería de algún sacerdote embaucador, comenzaba a clamar: "Ya ha llegado nuestro gran dios". A sus voces acudían los demás sacerdotes y el pueblo a adorarle y a celebrar su llegada con himnos y danzas que duraban lo restante de la noche. En los tres días siguientes iban llegando los demás dioses, y finalmente en el día 20 y último del mes acababan de llegar todos. En este día danzaban en contorno de una hoguera muchos jóvenes disfrazados en varias suertes de monstruos, y en el discurso de la danza iban echando por intervalos varios cautivos al fuego en donde morían abrasados en holocausto. Al ponerse el sol hacían banquetes en que bebían más de lo ordinario, creyendo que el vino con que henchían sus vientres servía para lavar los pies a sus dioses. A tales excesos llegó la bárbara superstición de aquellos pueblos. No era menos supersticiosa la ceremonia que en esta fiesta practicaban con los niños para preservarles del daño que temían de uno de sus dioses, que era la de pegarles muchas plumas con trementina en las espaldas, brazos y piernas, los cuales debían traer el tiempo que les prescribía el agorero a quien consultaban.

En el mes decimotercio, que comenzaba a 24 de octubre, se celebraba la cuarta fiesta a los dioses del agua y de los montes. El nombre de *tepeuilhuitl* con que llamaban a este mes no significa otra cosa que la fiesta de los montes. Hacían unos montecillos de papel sobre los cuales ponían unas culebras de madera o de raíces de árboles y ciertos idolillos o muñecos que llamaban *ehecatotontin,* cubiertos de masa de bledos; colocaban unos y otros en los altares y los adoraban como a imágenes de los dioses de los montes, les cantaban himnos y les ofrecían copal y manjares. Los cautivos que en esta fiesta eran sacrificados eran cinco, un hombre y cuatro mujeres, y a cada uno de ellos ponían cierto nombre particular con alusión sin duda a algún misterio que ignoramos. Vestíanlos de papel pintado y salpicado de *ulle,* poníanlos en andas y sacábanlos en procesión, la cual concluida los sacrificaban en el modo regular.

### 36. Fiestas de los últimos cinco meses

En el decimocuarto mes, que comenzaba a 13 de noviembre, se hacía la fiesta de Mixcoatl, diosa de la caza. Precedían cuatro días de ayuno riguroso y general con efusión de sangre, en los cuales se fabricaban dardos y flechas para provisión de las armerías, y unas saetillas que, juntamente con astillas de pino y algunos manjares, ponían sobre las sepulturas de sus deudos, y pasado un día natural las quemaban. Concluido el ayuno salían los mexicanos y tlaltelolcas a una caza general a uno de los montes circunvecinos y todos los animales que se cazaban, que eran innumerables, se llevaban con grande regocijo a México y en el templo de Mixcoatl eran sacrificados. El mismo rey intervenía no menos en el sacrificio que en la caza. A este mes dieron el nombre de *quecholli,* que es el de una ave hermosa que por este tiempo se dejaba ver en las riberas del lago mexicano.

En el mes decimoquinto, que comenzaba a 15 de diciembre, se celebraba la tercera y principal fiesta de Huitzilopochtli y de su hermano, en la cual pretendió el demonio, según parece, remedar los augustos misterios de la religión cristiana. El día primero del mes fabricaban los sacerdotes dos estatuas de aquellos dos dioses, de la pasta de varias semillas con sangre de niños sacrificados, y le ponían por huesos algunos leños de acacia. Colocábanlos en el altar principal del templo y toda aquella noche se mantenían en vela los sacerdotes. Al día siguiente las bendecían solemnemente, así como a cierta cantidad de agua, que se guardaba en el templo y no servía sino para rociar la cara al nuevo rey de México y al general del ejército después de su elección, con la diferencia de que al general, además de rociarlo, se la hacían beber. Desde que se consagraban las estatuas comenzaba la danza de ambos sexos, que duraba todo aquel mes por tres o cuatro horas cada día.

Todo el mes había mucha efusión de sangre en preparación para la fiesta, y los cuatro días que a ella precedían ayunaban los amos de los cautivos que debían ser sacrificados, a los cuales escogían de antemano y les teñían el cuerpo de varios colores. La mañana del día 20, en que se hacía la fiesta, ordenaban una grande y solemne procesión, que salía del Templo Mayor. Guiaba un sacerdote, que llevaba levantada una serpiente de madera que llamaban *ezpamitl*, y otro llevaba un pendón de los que solían llevar en los ejércitos. A éstos seguía otro sacerdote con la estatua del dios Painalton, vicario de Huitzilopochtli. Tras de él iban las víctimas, después los sacerdotes y finalmente el pueblo. Dirigíase esta procesión al barrio de Teotlachco, en donde hacían mansión y se sacrificaban dos prisioneros de guerra y algunos esclavos; de allí pasaba a Tlaltelolco, a Popotla, a Chapultepec; y de allí volvía a la ciudad y, habiendo paseado otros barrios, se restituía al Templo Mayor. En este viaje, que era de más de tres leguas, gastaban la mayor parte del día y en cada una de las menciones que hacían se sacrificaban codornices y acaso también algunos otros cautivos. En llegando el templo subían la estatua de Painalton y el pendón al altar de Huitzilopochtli, y el rey incensaba los ídolos de masa; hacíase otra procesión en contorno del templo y concluida se sacrificaban en el ara común los restantes prisioneros de guerra y esclavos.

Este sacrificio se hacía al acabarse el día; aquella noche, que era la última del mes, velaban también los sacerdotes y a la mañana siguiente llevaban la estatua de masa de Huitzilopochtli a una sala que había en el recinto del templo, y en presencia solamente del rey, de cuatro dignidades del templo y de cuatro superiores de los seminarios, el sacerdote Quetzalcoatl, que era el jefe de los *tlamacazques* o penitentes, arrojaba un dardo a la estatua con que la atravesaba de parte a parte. Con esto decían que ya había muerto su dios; uno de los sacerdotes le sacaba el corazón y lo presentaba al rey para que lo comiese; el cuerpo se dividía por medio y la una mitad se daba a los tlaltelolcas y la otra quedaba para los mexicanos; de ésta se hacían cuatro partes para los cuatro cuarteles de la ciudad, y cada parte se dividía en menudas partículas que se distribuían entre todos los individuos del sexo masculino. Esta ceremonia explicaban con la palabra *teocualo,* comer a Dios. Las mujeres no probaban de esta sagrada masa por razón, como se puede creer, de no pertenecer a su sexo el empleo de la guerra. No sabemos si tenía el mismo destino la estatua de Tlacahueyen. Daban a este mes el nombre de *panquetzaliztli,* que significaba el acto de enarbolar el pendón, por la ceremonia que expusimos. En él se reparaban los mojones de las tierras y las cercas de los sembrados.

En el mes decimosexto, que comenzaba a 23 de diciembre, se hacía la quinta y última fiesta a los dioses de las aguas y de los montes. Disponíanse a ella con sus acostumbradas austeridades y con oblaciones de copal y otras resinas aromáticas. Hacían por voto unas pequeñas imágenes de los montes que consagraban a aquellos dioses y algunos idolillos de masa de varias semillas comestibles a las cuales, después de tributarles culto con varias ceremonias muy supersticiosas, abrían el pecho y sacaban el corazón que le habían fingido con el *tzotzopatli* o lanzadera de que usaban las mujeres, y les cortaban las cabezas. El cuerpo repartía cada padre de familia entre los de su casa, para que comiéndolo se libertasen de ciertas enfermedades a que, según creían, estaban expuestos los negligentes en el culto de aquellos dioses. Quemaban los ornamentos con que habían vestido a las estatuas y guardaban escrupulosamente las cenizas en su oratorio, juntamente con las vasijas que habían servido para fabricarlas. Además de estas ceremonias que se practicaban en las casas, se hacían en el templo algunos sacrificios de víctimas humanas. A la fiesta precedía un riguroso ayuno de cuatro días con efusión de sangre. Daban a este mes el nombre de *atemoztli,* que significa la bajada del agua, porque la fiesta se ordenaba para impetrar de los dioses la lluvia oportuna.[52]

En el mes decimoséptimo, que comenzaba a 12 de enero, se hacía la fiesta a la diosa Ilamateuctli. Escogían una cautiva que la representase y vestíanla de su traje; hacíanla danzar sola al son que le cantaban unos sacerdotes ancianos, y permitíanle entristecerse por la muerte que le esperaba, lo cual no se tenía a bien en otras víctimas. Al ponerse el sol, el día de la fiesta se vestían los sacerdotes de los ornamentos de varios dioses y la sacrificaban en el modo ordinario; cortábanle luego la cabeza y tomándola uno de los sacerdotes comenzaba una danza en que le

---

[52] Fr. Martín de León, dominicano, interpreta el nombre de *atemoztli,* ara de los dioses; pero la palabra que significa ara de los dioses no es ésa, sino *teomomoztli.* Boturini dice que aquel nombre es síncope de *ateomomoztli;* pero los mexicanos no usaron jamás en su lengua semejantes síncopes. La misma pintura del mes (agua tirada sobre las gradas de un edificio) expresa claramente el descenso del agua que significa la voz *temoztli.*

seguían todos los demás. Solemnizábase la fiesta con carreras de los sacerdotes por las escaleras del templo. Al día siguiente se divertía la chusma del pueblo con un juego semejante a los lupercales de los romanos, corriendo por las calles y dando golpes a cuantas mujeres encontraban, con unas talegas llenas de heno. En el mismo mes se hacía la fiesta de Mictlanteuctli, dios del infierno, con el sacrificio nocturno de un cautivo, y la segunda fiesta de Xacateuctli, dios de los mercaderes. *Tititl,* que significa apretado, era el nombre de este mes, porque en ese tiempo, que es la segunda parte de enero, es cuando más aprieta el frío.[53]

En el decimoctavo y último mes, que comenzaba el día 1º de febrero, se hacía la segunda fiesta al dios del fuego. El día 10 salía a caza de agua y monte toda la juventud mexicana. El día 16 se apagaba el fuego de los templos y de las casas y encendían fuego nuevo delante del simulacro de aquel dios que, para esta función, adornaban de ricas plumas y de piedras preciosas. Los cazadores presentaban a los sacerdotes toda la caza que habían alcanzado, de la cual parte se sacrificaba y guisaba para la nobleza y sacerdotes, y parte se ofrecía en holocausto a sus dioses. Las mujeres ofrecían tamales que se repartían entre los cazadores. Una de las ceremonias particulares de esta fiesta era la de horadar las orejas a los niños de ambos sexos para los zarcillos que usaban. No se sacrificaba víctima humana. Hacíase también en este mes segunda fiesta a la madre de los dioses, de la cual nada sabemos en particular, a excepción de la ridícula ceremonia de alzar a los niños por las orejas creyendo que así serían muy altos. Por lo que mira al nombre *izcalli,* que daban a este mes, nada podemos decir de cierto.[54] Concluidos los 18 meses del año mexicano el día 20 de febrero, comenzaban en el 21 los cinco días de *nemontemi,* en los cuales no se hacía fiesta alguna, ni se emprendía negocio o litigio, porque se tenían por aciagos. A los que nacían en ellos si era hombre le llamaban Nemoquichtli, si mujer Nemocíhuatl, hombre o mujer inútil.

Las fiestas que anualmente se hacían eran más solemnes en el *teocíhuitl* o año divino, que eran todos los años del conejo. Eran entonces más numerosos los sacrificios, más abundantes las oblaciones y más solemnes las danzas, especialmente en Tlaxcala, Huexotzinco y Cholula. Del mismo modo era mayor la celebridad de sus fiestas en el principio de cada período de 13 años, que era en los años de 1 *conejo,* 1 *caña,* 1 *pedernal* y 1 *casa.*

---

[53] Fr. Marcos de León dice que *tititl* significa nuestro vientre; pero los versados en la lengua mexicana saben que ése sería un gran solecismo.

[54] Torquemada dice que *Izcalli* significa resucitado, y León interpreta cuando retoña; pero una y otra significación es muy violenta. *Izcalli* significa literalmente aquí está la casa; pero ignoramos el motivo de haber puesto ese nombre al mes.

## 37. Fiestas seculares

Pero la fiesta mayor y más célebre, no solamente entre los mexicanos sino también entre todas las naciones del imperio y vecinas a él, era la que se hacía cada 52 años. La última noche del siglo se apagaba el fuego de los templos y de las casas y se rompían todos los utensilios domésticos, preparándose de esa suerte para el fin del mundo, que temían al fin de cada siglo. Salían del templo y de la ciudad los sacerdotes vestidos de los diferentes trajes e insignias de sus dioses y, acompañados de infinito pueblo, se encaminaban al monte Huixochtla, cercano a la ciudad de Iztapalapa, y más de dos leguas distante de la capital; arreglaban de tal suerte su marcha que llegasen poco antes de la media noche al monte, en cuya cumbre se debía hacer el fuego nuevo.

Entre tanto se mantenía el pueblo en grande expectación, esperando, por una parte, asegurar con el nuevo fuego un siglo más de duración al mundo, y temiendo, por otra parte, su total ruina, si el fuego por disposición de los dioses no se encendía. A las mujeres preñadas cubrían las caras con pencas de maguey y las encerraban sus maridos en los graneros, porque temían que fuesen convertidas en fieras y los devorasen; a los niños cubrían también las caras y no les permitían dormir porque no se transformasen en ratones; los demás subían a los terrados de sus casas a observar el éxito de aquella gran ceremonia.

El empleo de sacar el fuego en esta ocasión era privativo de un sacerdote de Copolco, uno de los barrios de la capital. Los instrumentos eran unos leños como en otro lugar diremos, y el lugar el pecho de un valiente cautivo que sacrificaban. Luego que el fuego se encendía daban todos grandes voces de júbilo, no menos los que estaban en el monte que los que observaban desde sus casas; hacíase luego en el mismo monte una grande hoguera para que fuese vista de todas partes, y quemaban en ella la víctima ya sacrificada. Todos a porfía acudían a tomar de aquel fuego sagrado para transportarlo en teas de pino con la mayor celeridad a sus casas. Los sacerdotes lo llevaban al Templo Mayor de México, de donde se proveían todos los habitantes de la capital.

Los 13 días siguientes a la renovación del fuego, que eran los que se intercalaban entre uno y otro siglo para arreglar el año al curso solar, se empleaban en reparar y aliñar los edificios así públicos como privados y en proveerse de nuevos utensilios y vestidos, de suerte que todo fuese o pareciese nuevo al principio del nuevo siglo. El día primero, que como ya insinuamos era el 20 de febrero, a nadie era lícito probar el agua hasta el medio día. A esta hora comenzaban los sacrificios cuyo número era correspondiente a la grandeza de la fiesta. Oíanse por todas partes voces de regocijo y recíprocos parabienes del nuevo siglo que el cielo les concedía. Las iluminaciones de estas primeras noches eran extraordinarias, y los juegos públicos los mayores. Entre otros se hacía con infinito concurso de pueblo y singulares demostraciones de júbilo el juego de los voladores, que describiremos en otro lugar, en el cual eran cuatro los voladores y 13 los giros que cada uno hacía en su vuelo para representar los cuatro períodos de 13 años de que constaba el siglo. Lo que hasta ahora hemos dicho de las fiestas de los mexicanos demuestra claramente su genio supersticioso; pero aún más se dará a conocer en lo que expondremos de los ritos que observaban en el nacimiento de sus hijos, en sus matrimonios y en sus funerales.

### 38. Ritos en el nacimiento de los hijos

Luego que nacía alguna criatura, la partera, después de haberle cortado el ombligo y enterrado las secundinas, la lavaba, diciéndole estas palabras: "Recíbate el agua por ser tu madre la diosa Chalchiuhcueye. Esta ablución te libre de las manchas y suciedades que traes del vientre de tu madre, te limpie el corazón y te dé buena y perfecta vida". Dirigiendo después su oración a la diosa, le hacía la misma demanda con semejantes palabras, y tomando de nuevo agua con la mano derecha la soplaba y humedecía con ella la boca, la cabeza y el pecho de la criatura. Seguíase luego otro lavatorio de todo el cuerpo, que administraba con estas palabras: "El Dios invisible descienda sobre esta ablución y te limpie de todo pecado, suciedad y mala fortuna". Y vuelta a la misma criatura le hablaba de esta suerte: "Niño precioso: los dioses Ometeuctli y Omecíhuatl te criaron en lo más alto del cielo para enviarte al mundo; pero advierte que la vida que comienzas es triste y dolorosa y llena de trabajos y miserias, y en creciendo no comerás el pan sin el trabajo de tus manos. Dios te guarde y libre de las muchas adversidades que te esperan". Concluían estas ceremonias dando el parabién a los padres y deudos del infante. Si el nacido era hijo del rey o de algún gran señor, concurrían sus principales vasallos a congratularle y augurar mucha felicidad al recién nacido.[55]

---

[55] En Guatemala y otras provincias comarcanas se celebraba el nacimiento de los hijos con más solemnidad y mayores supersticiones. Luego que nacía el hijo sacrificaban un pavo. La ablución se hacía en una fuente o río, se ofrecía copal y se sacrificaban papagayos; cortábanle el ombligo sobre una mazorca de maíz y con un cuchillo nuevo que luego se echaba al río; sembraban el maíz de la mazorca y lo cuidaban mucho como cosa sagrada y en la cosecha que de él cogían daban una parte al agorero, de otra hacían poleadas para el infante y el resto guardaban para que el mismo niño lo sembrase cuando llegase a edad de poderlo hacer por sí.

Pasada esta primera ablución se consultaba a los agoreros sobre la fortuna del recién nacido, para lo cual les informaban del día y hora del nacimiento. Consideraban éstos la calidad del signo propio de aquel día y del dominante en aquella trecena o período de 13 días, y si había nacido a media noche entraban a colación ambos signos, el del día que acababa y del que comenzaba. Hecha la observación y combinación de los dos signos, declaraba la buena o mala ventura del niño. Si era mala y aciago el día quinto después del nacimiento en que se acostumbraba hacer la segunda ablución, se difería la ceremonia a otro día más favorable. Para esta segunda ablución, que era la principal y más solemne, convidaban a los deudos y amigos y a algunos muchachos, y, si sus recursos lo permitían, hacían grandes banquetes y presentaban vestidos a todos los convidados.

Si el padre de familia era militar, preparaba para esta ceremonia un arquillo, cuatro pequeñas flechas y un vestido para el hijo de la misma hechura del que había de usar de grande. Si era labrador o artífice preparaba algunos instrumentos propios de su arte proporcionados al cuerpo del infante. Si era hija la recién nacida se le aprontaba el traje propio de su sexo, un huso y algún otro instrumento de tejer. Encendían un gran número de telas y tomando la partera a la criatura la llevaba por todo el patio de la casa y la colocaba sobre unas espadañas junto a un lebrillo con agua que tenían prevenido en medio del patio, y desnudándola le decía: "Hijo mío, los dioses Ometeuctli y Omecíhuatl, señores del Cielo, te han enviado a este mundo triste y calamitoso; recibe esta agua que te ha de dar la vida". Y le humedecía con el agua la boca, cabeza y pecho con fórmulas semejantes a las de la primera ablución. Bañábale luego todo el cuerpo y estregando cada uno de los miembros, decía: "¿Dónde estás, mala fortuna? ¿En qué miembro te has situado? Apártate de esta criatura". Dicho esto levantaba en alto la criatura para ofrecerla a los dioses, pidiéndoles le infundiesen la virtud. La primera deprecación era a Ometeuctli y a Omecíhuatl, la segunda a Chalchiuhcueye, la tercera al común de los dioses y la cuarta al Sol y a la Tierra: "Señor dios Sol, decía, padre de todos los vivientes, y vos, oh tierra, madre nuestra, os ofrezco esta criatura para que como vuestra la amparéis; y pues nació para la guerra (si era militar su padre), muera en ella defendiendo la causa de los dioses, para que goce en el cielo las delicias preparadas a los hombres esforzados que sacrificaron a tan buena causa su vida". Poníale después en las manecitas los instrumentos del arte que había de ejercer, con una deprecación dirigida al dios protector de dicho arte. De estos instrumentos los del arte militar se enterraban en algún campo donde sospechaban que alguna vez combatiría el niño, y los instrumentos mujeriles se sepultaban bajo del metate o piedra de moler maíz.

En esta ocasión se hacía también, según dice Boturini, la ceremonia de pasar al niño cuatro veces por el fuego. Antes de poner al niño en las manos los instrumentos del arte, pedía la partera a los muchachos convidados que le pusiesen nombre, y ellos le ponían el que los padres del infante les habían sugerido. Vestíalo luego la partera y poníalo en el *cozolli* o cuna con esta oración, a Yohualtícitl: "Diosa de las cunas y madre de los niños, a cuyo cuidado han encomendado los supremos dioses todos los recién nacidos, recibe éste que te ofrezco para que en tu seno lo calientes y lo guardes"; y juntamente pedía a Yohualteuctli, dios de la noche, que le diese sueño.

El nombre que se daba a los niños, unas veces se tomaba del signo en cuyo día habían nacido (lo cual era muy usado en la Mixteca) como el de Nahuixóchitl (4 *flor),* Macuilcoatl (5 *culebra),* Omecalli (2 *casa);* otras veces de algunas circunstancias que habían intervenido en el nacimiento, como a uno de los cuatro señores que gobernaban la república de Tlaxcala al arribo de los españoles, pusieron el nombre de Citlalpopoca, estrella que humea, por haber nacido en el tiempo en que se veía un cometa en el cielo. Al que nacía en el día de la renovación del fuego, si era varón llamaban Molpilli y si mujer, Xiuhnenetl, uno y otro alusivo a las circunstancias del día. A los varones daban frecuentemente nombres de animales y a las mujeres de flores, en lo cual es de creer que tendrían mucha parte a los sueños de los padres o la superchería de los agoreros. Comúnmente era uno solo el nombre que se les ponía; pero algunos adquirían después con sus acciones algún sobrenombre, como a Moctezuma I se dio por su valor el nombre de Ilhuicamina, y a un célebre capitán tlaltelolca, por haber cautivado para la renovación del fuego a un huexotzinca llamado Xiuhtlemin, se le dio el apellido de Xiuhtlaminma.

Concluidas las ceremonias religiosas de la ablución, se seguían los banquetes y regocijos en que se esforzaban, según sus recursos, a quedar con honor. En estas fiestas era permitido excederse en el vino; pero los desconciertos de la embriaguez no salían fuera de la casa. Las teas quedaban ardiendo hasta consumirse y se tenía gran cuidado de mantener continuo fuego en los cuatro días que mediaban entre la primera y segunda ablución, persuadidos de que, si se apagaba o sacaba fuera de casa, fallaría con él la felicidad de la criatura. Estas fiestas se repetían cuando se quitaba el pecho al niño, que por lo común era a los tres años.[56]

---

[56] En Guatemala se hacía también fiesta cuando el niño comenzaba a andar y por espacio de siete años se celebraba el aniversario de su nacimiento.

## 39. Ritos nupciales

Por lo que mira a los matrimonios de los mexicanos, intervenía mucha superstición en sus ritos pero ninguna acción ofensiva del pudor. Estaba severísimamente prohibido, como diremos, por las leyes de México y de Acolhuacán todo matrimonio entre personas consanguíneas o afines en primer grado, a excepción de los cuñados.[57] Los padres eran los que concertaban el casamiento y nunca se ejecutaba sin su voluntad.

Cuando el hijo llegaba a edad proporcionada para contraer y sostener las cargas del estado, que en los hombres era de los 20 a los 22 años y en las mujeres a los 17 o 18, le buscaban mujer correspondiente a su calidad, para lo cual consultaban a los agoreros y éstos, considerando el día del nacimiento del joven y de la doncella que pensaban darle, resolvían si era conveniente o no el matrimonio. Si por la combinación de los signos declaraban ominosa la alianza, se pensaba desde luego en otra mujer; si pronosticaban felicidad, se pedía la doncella a sus padres por medio de unas mujeres que llaman *cihuatlanque* o solicitadoras, que eran las más ancianas y autorizadas de la parentela del pretendiente. Éstas iban por la primera vez a media noche a la casa de la doncella, llevaban un presente a sus padres y la pedían con un humilde y discreto razonamiento. Esta primera demanda era infaliblemente rechazada por costumbre de la nación, aunque fuese ventajosa la alianza y la deseasen los mismos padres de la doncella, alegando, para no admitirla, varias razones aparentes. Pasados algunos días volvían las ancianas a hacer nueva demanda con otro presente, empleando súplicas y razones para obtener su intento, dando razón de las calidades y hacienda del pretendiente y de lo que había de dar como dote a la doncella, y juntamente informándose de lo que la doncella podría llevar de su parte. Esta vez respondían los padres que lo consultarían con sus deudos, que inquirirían la voluntad de su hija y avisarían a su tiempo. No volvían más aquellas ancianas a su negociación, porque los mismos padres de la doncella daban la respuesta decisiva por medio de otras mujeres de su parentela.

---

[57] En el Lib. 4. Tít. 2, del Tercer Concilio Mexicano se supone que los infieles de aquel Nuevo Mundo casaban con sus hermanas; pero es de advertir que el celo de aquellos padres no comprendía solamente las naciones que componían el Imperio Mexicano, entre quienes no eran permitidos semejantes matrimonios, sino también los bárbaros chichimecas, los panuquenses y otras naciones que fueron más desarregladas en sus costumbres. No hay duda de que el Concilio habla de estas naciones que por ese tiempo (1585) se iban reduciendo al cristianismo, y no de las del Imperio Mexicano, que ya estaban reducidas. Además de que en las naciones americanas se introdujeron después de la conquista varios abusos que en tiempo de su monarquía no eran tolerados, como testificaron los primeros religiosos que entendieron en su conversión.

Obtenida finalmente la respuesta favorable y señalado el día de las bodas, después de haber exhortado a la doncella sus padres a la fidelidad y obediencia a su marido y a una tal conducta de vida que mantuviese el buen nombre de su familia, la llevaban con grande acompañamiento y música a la casa del suegro, y si era noble la llevaban en andas. Su marido y sus suegros la recibían a la puerta de su casa con cuatro teas encendidas que llevaban cuatro mujeres. Luego que llegaba, la incensaba el marido y ella le correspondía con el mismo obsequio y, tomándola de la mano, la introducía a la sala o pieza que tenían dispuesta para las bodas. Sentábanse los novios en una estera bien labrada que había en medio de la sala y junto al fuego que tenían encendido. Un sacerdote ataba una extremidad del *huepilli* (camisa de la mujer) con una punta del *tilmatli* (manta del marido) haciendo un nudo, y en esta ceremonia hacían consistir principalmente su contrato matrimonial. Daba luego con la mujer siete vueltas en contorno del fuego y, restituida a su estera, ofrecían ambos copal a sus dioses y se presentaban recíprocamente sus donas. Seguíase inmediatamente el banquete; los novios comían en la estera dándose uno a otro los bocados y los convidados en sus respectivos lugares.

Después que los convidados se calentaban con el vino, que en estas ocasiones se bebía en abundancia, salían al patio a bailar. Los novios quedaban en su estera sin moverse de aquella pieza por espacio de cuatro días, sino cuando les precisaban las necesidades naturales; porque el faltar a esta ceremonia se tenía por indicio de liviandad. Todos estos cuatro días pasaban en oración y ayuno, vestidos de ropa nueva con ciertas insignias de los dioses de su devoción. No podían en ese tiempo lavarse ni avanzarse a alguna acción menos decente; porque tenían por cierto el castigo del cielo. Sus camas en aquellas noches eran dos esteras nuevas de enea cubiertas con unas pequeñas sábanas con plumas en medio y una piedra *chalchihuitl*. En los cuatro ángulos de la cama ponían unas cañas verdes y unas púas de maguey para que los novios se sacasen sangre de la lengua y de las orejas en honra de los dioses. Los mismos sacerdotes eran los que aderezaban el lecho para santificar el matrimonio. Todo este tiempo salían los novios al oratorio a media noche a incensar a los ídolos y a ofrecerles comestibles, e incensaban también las cañas verdes. Ignoramos el misterio que tenían las cañas, las plumas y la piedra.

En la última de estas cuatro noches se consumaba el matrimonio, estando firmemente persuadidos de que sería infausto si antes de ese tiempo se consumaba. Al día siguiente se lavaban en unas esteras con el mayor recato posible, ministrándoles el agua un sacerdote. A los señores se echaba cuatro veces agua en honra de la diosa Chalchiuhcueye y otras tantas vino en honra de Tezcatzoncatl. Vestíanse después de ropa nueva y adornaban los circunstantes la cabeza de la novia de plumas blancas, y los pies y manos de plumas rojas. Concluíase la función con presentar vestidos a los convidados, según los recursos de los novios. El mismo día se llevaban al templo las sábanas, las esteras, las cañas y la comida que se había ofrecido a los dioses. Si en las sábanas se reconocía algún indicio de la virginidad, daban los parabienes al novio y a los padres de la novia; si faltaba, hacía notable sentimiento el marido y daba en cara a la mujer con su oprobio. Esta práctica, aunque por otra parte tan reprensible, servía de freno a las doncellas para preservarse de la corrupción. Vence hasta hoy en uno u otro lugar de la capital vestigios de esa antigua costumbre,[58] aun después de dos siglos y medio de introducido el cristianismo.

Los ritos del matrimonio no eran del todo uniformes en las provincias del imperio mexicano. En Ichcatlan el que quería casarse se presentaba a los sacerdotes, los cuales le subían al templo y delante del ídolo le cortaban parte del cabello. Desde aquella altura lo mostraban al pueblo diciendo: "Este hombre quiere casarse". Hacíanle luego bajar y tomar la primera mujer libre que encontraba, como que esa puntualmente fuese la que los dioses le deparaban. La mujer que no le quería por marido se guardaba de ponerse en necesidad de tomarlo, y así este matrimonio no tenía de particular más del modo. Los otomíes podían comerciar libremente con todas las mujeres solteras hasta casarse; cuando se casaban, si en la primera noche reconocían algún defecto de la mujer, podían al día siguiente desecharla; pero si en aquel día se declaraban contentos, la tomaban de por vida y ya no podían dejarla. Ratificado de esa suerte el contrato se aplicaban por espacio de 20 o 30 días a hacer penitencia de sus pasados desórdenes, que se reducía a sacarse sangre, a abstenerse de varios placeres de los sentidos y a algunas abluciones. Entre los mixtecas, además de atar a los novios las extremidades de los vestidos, les cortaban parte de los cabellos, y el marido hacía la ceremonia de cargar a sus espaldas por un breve rato a la mujer.

La poligamia era permitida en el imperio mexicano. Los reyes y señores tenían muchísimas mujeres; pero a lo que parece solamente con las principales observaban rigurosamente las ceremonias expresadas, y respecto de las otras se contentaban con lo esencial del contrato. Los

---

[58] En algunos lugares de la sierra de Michoacán sacan en las bodas, según me dijeron, la sábana ensangrentada a la sala donde se hace el festín y bailan en contorno de ella los convidados. Toleran a lo que parece esta práctica por el especioso pretexto de los buenos efectos que producen el temor de la infamia en las doncellas, como si los buenos efectos bastasen a justificar las acciones por su naturaleza indecorosas. No faltará acaso quien pretenda autorizarla con la ley que impuso Dios a los israelitas, de que hace mención el *Deuteronomio* (cap. 22); pero ¿quién ignora que no todas las leyes divinas que se publicaron para aquel pueblo pueden servir de regla en nuestras acciones?

teólogos y juristas españoles que pasaron a México inmediatamente después de la conquista dudaron de la legitimidad del matrimonio de los mexicanos y demás naciones de Anáhuac, por no estar bien instruidos en sus costumbres; pero después que aprendieron su lengua y examinaron con la mayor diligencia posible este y otros puntos importantes, reconocieron legítimos sus matrimonios. El Papa Paulo III y los Concilios Provinciales de México ordenaron, según los sagrados Cánones y la práctica de la Iglesia, que aquellos que quisiesen abrazar el cristianismo, reteniendo la primera mujer con quien habían contraído matrimonio, desechasen las demás.

### 40. Ritos funerales

Finalmente, los mexicanos, que en todo fueron supersticiosos, se excedieron en los funerales. Luego que alguno moría se hacía llamar ciertos maestros de ceremonias fúnebres que, por lo común, eran hombres ancianos. Éstos, en entrando en la casa del difunto, cortaban un buen número de papeles y llegándose luego al cadáver le encogían los pies y lo vestían de papel, y tomando un pequeño vaso de agua se la derramaban en la cabeza diciéndole: "Ésta es la que gozaste en la vida". Después lo amortajaban según su condición y recursos y según las circunstancias de su muerte. Al soldado vestían con el traje de Huitzilopochtli; al esterero con el de Nappateuctli; al mercader con el de Xacateuctli, y a cada uno finalmente con el vestido del dios protector del arte o profesión que había ejercitado.

Al que moría ahogado vestían el traje de Tláloc, al borracho el de Tezcatzoncatl o de Ometochtli, dioses del vino, y al que moría ajusticiado por adulterio el de Tlazolteotl; generalmente llevaban, como advierte Gómara, más ropa cuando muertos que de vivos. Poníanle un jarrillo de agua entre la mortaja, diciéndole: "Ésta es el agua con que has de hacer este viaje", y le iban dando por orden los papeles cortados, expresándole el destino de cada cual. Al entregarle el primero le decían: "Con éste pasarás sin peligro por entre los dos montes que se están recíprocamente batiendo". Al segundo: "Con éste irás con seguridad por el camino que defiende la gran serpiente". Al tercero: "Con éste caminarás seguro por donde está el cocodrilo Xochitonal". Al cuarto: "Éste te servirá de amparo en el pasaje de los ocho desiertos." El quinto era un salvoconducto para los ocho collados y el sexto para pasar sin lesión por el viento aguzado, porque fingían haberse de pasar un sitio nombrado Itzehecayan, donde soplaba un viento tan fuerte que arrancaba las piedras y tan penetrante que cortaba como un cuchillo. Por esta causa quemaban la ropa, las armas y algunos muebles del difunto, creyendo que el calor de este fuego le ayudaría a no sentir el frío de aquel terrible viento.

Una de las principales y más ridículas ceremonias era la de matar un *techichi* o perrillo mexicano que se procuraba fuese de pelo rubio para que acompañase al difunto en su viaje. Atábanle un hilo de algodón al cuello diciendo que era necesaria esa diligencia para pasar el río profundo de Chiuhnahuapan (río de 9 aguas). Enterraban al *techichi* o lo quemaban juntamente con el cadáver de su amo, según el género de muerte que éste había tenido. Entre tanto que dos maestros de ceremonias atizaban el fuego en que debía quemarse el cadáver, los demás sacerdotes cantaban en tono lúgubre. Después de quemado recogían en una olla todas las cenizas y echaban en ellas una piedra preciosa de mucho o de poco valor, según la posibilidad del difunto, y decían que esta piedra debía servirle de corazón en el otro mundo. Enterraban la olla en un hoyo profundo y por cuatro días continuos hacían ofrendas de pan y vino sobre el sepulcro. Éstas eran las ceremonias fúnebres de la gente ordinaria; pero en las exequias de los reyes y a proporción en las de otros señores y personas de elevado carácter, intervenían algunas particularidades dignas de referirse.

Cuando el rey enfermaba, dice Gómara, se ponía una máscara al ídolo de Huitzilopochtli y otra al de Tezcatlipoca y no se les quitaba hasta que el rey sanaba o moría; pero es cierto, como dijimos en otro lugar, que el ídolo de Huitzilopochtli tenía en todo tiempo no solamente una, sino dos máscaras. Luego que el rey de México moría, se publicaba con grande solemnidad su muerte y se daba aviso a todos los señores, especialmente a los deudos y circunvecinos, notificándoles el día en su funeral para que asistiesen. Entre tanto colocaban el cadáver en unas esteras finas y curiosamente labradas y le hacían compañía sus domésticos. Al cuarto o quinto día en que ya habían llegado los convidados con vestidos ricos, plumas preciosas y esclavos que presentaban para la solemnidad de las exequias, vestían el cadáver de 15 ó 20 vestidos finísimos de algodón tejidos con varias labores; adornábanlo de joyas de oro, plata y pedrería; poníanle por corazón, en la boca, una esmeralda, en la cara una máscara y sobre los demás vestidos las insignias del dios en cuya casa, templo o atrio se habían de enterrar sus cenizas; cortábanle una guedeja del cabello y juntamente con otra que le habían cortado en su infancia se guardaba en una arquilla, pretextando que aquellos cabellos perpetuaban su memoria; sobre la arquilla ponían el retrato del difunto labrado en madera o piedra. Mataban luego al esclavo que había servido al difunto de capellán en cuidar del oratorio y quemar el incienso que se consumía en culto de los dioses, para que en el otro mundo le sirviese en el mismo empleo.

Seguíase la procesión fúnebre llevando el real cadáver con grande acompañamiento de señores y de los deudos y mujeres del difunto que, con su llanto y otras demostraciones, iban significando su dolor. Los señores llevaban un gran pendón de papel y las armas e insignias del rey; los sacerdotes iban cantando sin el *teponaztli* ni otro alguno instrumento. En llegando al atrio del templo salían a recibir el real cadáver los sumos sacerdotes con sus ministros e inmediatamente lo ponían en la pira que ya estaba preparada en el mismo atrio, de leña odorífera y resinosa con una gran cantidad de copal y de otros aromas. Mientras ardía el real cadáver con sus vestidos, armas e insignias, iban sacrificando al pie de las escaleras del templo un gran número de esclavos, parte de los del difunto y parte de los que presentaban los señores para ese efecto. Entre los esclavos eran también sacrificados algunos hombres contrahechos y monstruosos de los que mantenían los señores en sus casas para su recreación, con el fin de que les sirviesen también de placer en el otro mundo, y con el mismo destino solían sacrificarse algunas de sus mujeres.[59]

El número de las víctimas era proporcionado a la grandeza del difunto, y eran tantos que hubo ocasión, según deponen algunos autores, que llegaron a 200. No faltaba entre tantos sacrificados el *techichi* o perrillo; porque decían que sin ese guía no podría salir de algunos malos pasos que ocurrían en el camino al otro mundo. Al día siguiente recogían las cenizas y los dientes que habían quedado enteros; buscaban con diligencia la esmeralda que le habían puesto en la boca y todo junto lo guardaban en la arquilla en que habían puesto los cabellos y la depositaban en el lugar destinado para su sepultura. En los cuatro siguientes días hacían sus oblaciones de comestibles sobre el sepulcro; al quinto sacrificaban algunos esclavos, y otros a los 20, 40, 60 y 80 días. Después de este término no se sacrificaban más víctimas humanas; pero cada año hacían un aniversario con sacrificios de conejos, mariposas, codornices y otras aves, y hacían ofrendas de pan, vino, copal, flores y ciertos canutillos de materias aromáticas, que llamaban *acayetl*. Este aniversario se celebraba cuatro años seguidos. Los más de los cadáveres eran quemados; sólo se enterraban sin quemarse los que morían de hidropesía o ahogados, y no sé qué otros. No sabemos el motivo de esta diversidad.

[59] El P. Acosta (Lib. 5, cap. 8) hablando de las exequias de los señores dice que sacrificaban a todos los de la casa del difunto, lo cual es evidentemente falso y del todo increíble, porque se hubiera acabado en breve toda la nobleza; ni hay vestigio en la historia mexicana de haber sacrificado en la muerte del rey de México a alguno de sus hermanos, como dice el mismo autor. ¿Cómo es posible que diesen en semejante crueldad habiendo de elegir de entre los mismos hermanos del difunto, el sucesor, según la ley del reino?

## 41. Sepulcros

El lugar de la sepultura era vario, según la calidad y voluntad del difunto. Ordinariamente se mandaban sepultar junto a algún templo, ara o ídolos. Algunos hacían enterrar sus cenizas en sus propias heredades o en los sacrificaderos de los montes. Las de los reyes de México y otros señores se depositaban en las torres de los templos,[60] especialmente en las del Templo Mayor. Cerca de Teotihuacán, donde había, como decimos, muchos templos, había también innumerables sepulcros. Las sepulturas de los que enterraban sin quemar eran, según depone el Conquistador Anónimo que las vio, unas fosas profundas de cal y canto en las cuales sentaban sobre *icpallis* o taburetes los cadáveres; poníanles los instrumentos propios de su arte; si era soldado, la rodela y espada; si mujer, un huso, una jícara y una lanzadera. A los ricos ponían joyas de oro y a todos proveían de comestibles como de viático para el largo viaje que habían de hacer.

Los conquistadores españoles, noticiosos del oro que encerraban los sepulcros de los señores mexicanos, abrieron muchos y sacaron cantidades considerables de aquel precioso metal. Cortés dice que en una de las entradas que hicieron en México en tiempo del sitio hallaron sus soldados 1,500 castellanos de oro en un sepulcro que abrieron en la torre de un templo. El Conquistador Anónimo testifica de sí haber ayudado a la excavación de otro sepulcro del que sacaron unos 3,000 castellanos.

Los sepulcros de los antiguos chichimecas fueron las cuevas de los montes, pero después que se civilizaron adoptaron en este punto, como en otros muchos, las costumbres y ritos de los acolhúas que fueron casi los mismos que los de los mexicanos. Los mixtecas retuvieron en parte la costumbre de los primeros chichimecas; pero en otras cosas se singularizaron. Cuando enfermaba el señor de algún lugar se hacían plegarias, votos y sacrificios por su salud; si sanaba se hacían grandes regocijos; si moría se proseguía hablando de él como si estuviese aún vivo, y, entre tanto, se ponía delante del cadáver uno de sus esclavos vestido de los mismos ornamentos de su señor, y por todo aquel día recibía los honores debidos a su dignidad. A media noche llevaban cuatro sacerdotes el cadáver a un bosque o cueva en donde le enterraban y a la vuelta sacrificaban al esclavo enmascarado y con todas las insignias de la dignidad que había tenido en apariencia, lo ponían en un hoyo, pero sin cubrirlo de tierra. Todos los años se hacía una fiesta en honra del último señor; pero se celebraba en ella su nacimiento, no su muerte, de la cual no se hablaba. Sus vecinos los zapotecas embalsama-

---

[60] Solís dice que las cenizas de los reyes se depositaban en Chapultepec; esto es falso y opuesto al testimonio de Cortés (cuyo panegírico escribe), Bernal Díaz y otros testigos oculares.

ban el cadáver del principal señor de su nación. Aun desde el tiempo de los primeros reyes chichimecas existían en aquella tierra confecciones aromáticas para suspender por poco tiempo la corrupción de los cadáveres; pero no sabemos que fuesen muy usadas.

Esto es lo que sabemos de la religión de los mexicanos. La vanidad de su culto, la superstición de sus ritos, la crueldad de sus sacrificios y el rigor de sus austeridades harán conocer más claramente a sus descendientes las incomparables ventajas que han logrado en las máximas dulces, puras y santas de la religión cristiana, y les servirán de estímulo para dar incesantes gracias al padre de las misericordias por haberlos llamado a la admirable luz de su Evangelio, habiendo dejado perecer a sus mayores en las tinieblas del error.

# LIBRO VII

GOBIERNO POLÍTICO, MILITAR Y ECONÓMICO DE LOS MEXICANOS.—SUS REYES Y SEÑORES, EJECUTORES, EMBAJADORES, DIGNIDADES Y MAGISTRADOS.—SUS JUICIOS, LEYES Y PENAS.—SU MILICIA, AGRICULTURA, CAZA, PESCA Y COMERCIO.—SUS JUEGOS, SUS TRAJES, ALIMENTOS Y UTENSILIOS.—SU LENGUA, POESÍA, MÚSICA Y DANZAS.—SU MEDICINA.—SU HISTORIA Y PINTURA.—SU ESCULTURA, SUS OBRAS DE FUNDICIÓN Y DE MOSAICO.—SU ARQUITECTURA Y OTRAS ARTES.

Así en el gobierno público como en el doméstico de los mexicanos, que vamos a exponer en este libro, se dejan ver tales rasgos de discernimiento político, de celo por la justicia y de amor al bien público, que serían absolutamente inverosímiles si no nos constaran por la fe de sus mismas pinturas y por la deposición de muchos autores imparciales y diligentes que fueron testigos oculares de mucha parte de lo que escribieron. Los que neciamente pretenden conocer a los mexicanos en sus descendientes o en las naciones del Canadá y de la Luisiana tendrán desde luego por imaginario su sistema político y calificarán de patrañas inventadas por los españoles cuanto diremos de sus luces, de sus leyes y de sus artes. Pero yo, por cumplir con las leyes de la historia y con la fidelidad que debo al público, escribiré llanamente la verdad sin temor alguno a la censura. La educación de la juventud, que es el fundamento principal de un estado y el que da mejor a conocer el carácter de una nación, fue tal entre los mexicanos que ella por sí basta a confundir el orgulloso desprecio de ciertos críticos que imaginan reducido a los límites de Europa el imperio de la razón. En lo que diremos sobre este asunto seguiremos a las pinturas antiguas de aquellas naciones y a los autores más bien instruidos.

"Ninguna cosa —dice el P. Acosta— me ha admirado más ni parecido más digno de alabanza y memoria que el cuidado y orden que en criar a sus hijos tenían los mexicanos. En efecto, difícilmente se hallará nación que en tiempo de su gentilidad haya puesto mayor diligencia en este artículo de la mayor importancia para el Estado." Es verdad que viciaban sus instrucciones con la superstición; pero el celo que tenían en la educación de sus hijos debe confundir la negligencia de nuestros padres de familia, y muchos de los documentos que daban a su juventud pueden servir de lecciones a la nuestra.

## 1. Crianza de los hijos

Los niños mexicanos se criaban todos a los pechos de sus propias madres, y era esto tan general que ni las reinas se dispensaban por su grandeza de criar ellas mismas a sus hijos. Si por enfermedad o por otro motivo no podía la madre cumplir con esa obligación, no lo fiaba a otro pecho hasta haber examinado la calidad de la leche.[1] Desde la infancia los acostumbraban a sufrir el hambre, el calor y el frío. En llegando a cinco años o los entregaban a los sacerdotes para que los educasen en los seminarios (lo cual hacían casi todos los nobles y aun los mismos reyes) o, si se habían de criar en casa de sus padres, comenzaban a imponerlos en el culto de los dioses y a enseñarles las fórmulas de orar y de implorar su protección.

Llevábanlos frecuentemente a los templos para aficionarlos a la religión, y les ponían en las manos un braserillo para que incensasen a los ídolos. Inspirábanles horror al vicio, recato en sus acciones, respeto a sus mayores y amor al trabajo. Hacíanles dormir en una estera; no les daban más alimento que el que exigía la necesidad de la vida, ni más vestido que el necesario para el reparo de la honestidad. Cuando llegaban a edad competente les enseñaban el manejo de las armas, y si eran militares sus padres los llevaban consigo a la guerra para que perdiesen el miedo y se fuesen instruyendo en el arte militar. Si sus padres eran labradores o artífices, les enseñaban su propio oficio. A las niñas enseñaban a hilar y a tejer, las obligaban a bañarse con mucha frecuencia para que estuviesen limpias, y generalmente procuraban que sus hijos estuviesen siempre ocupados. Una de las cosas que más les encargaban era la verdad en sus palabras, y si alguno de los hijos se deslizaba en alguna mentira le herían los labios con púas de maguey. A las hijas que mostraban demasiada inquietud por salir de casa les ataban los pies. Al hijo avieso y desobediente azotaban con ortigas o daban otro castigo proporcionado, según su modo de pensar, a la gravedad de la culpa.

## 2. Exposición de siete pinturas mexicanas sobre la educación

De las siete pinturas que hay en la *Colección de Mendoza* desde la 49 hasta la 56 inclusive, se puede rastrear el sistema de educación que daban a sus hijos los mexicanos y el sumo cuidado con que velaban

---

[1] Una de las diligencias era examinar en la uña del dedo pulgar la fluidez de la leche.

sobre sus acciones. En ellas se expresa la cantidad y calidad del alimento que se les suministraba, según su edad, los empleos en que los ocupaban y las penas con que corregían sus descuidos. En la pintura 50 se representa un niño de 4 años a quien ocupan sus padres en cosas fáciles para irlo imponiendo al trabajo; un niño de 5 años que, cargado de un ligero hacecillo, acompaña a su padre al mercado; una niña de la misma edad que comienza a aprender a hilar, y un niño de 6 años a quien ocupa su padre en recoger los granos de maíz y otras menudencias que casualmente se desperdiciaban en el mercado.

En la pintura 51 se muestra un padre que enseña a pescar a su hijo de 7 años y una madre que hace ya hilar a su hija de esa edad; unos niños de 8 años a quienes amenazan con el castigo si no hacen su deber; un niño de 9 años a quien su padre pica varias partes del cuerpo por indócil, y una niña de la misma edad a quien también punza su madre, pero no más de las manos; un niño y una niña de 10 años a quienes azotan sus padres con una vara porque no quieren ocuparse en lo que se les ordena. En la pintura 52 se representan unos niños de 11 años a quienes, por no haberse enmendado con otros castigos, obligan sus padres a recibir en las narices el humo del chile o pimiento; un niño de 11 años a quien, en castigo de sus travesuras y descuidos, tiene su padre atado y tendido un día entero en un lugar inmundo, y una niña de la misma edad a la cual obliga su madre a barrer de noche toda la casa y parte de la calle; un muchacho de 13 años a quien hace su padre conducir un barquillo o pequeña canoa cargada de enea, y una muchacha de la misma edad a quien hace su madre moler maíz; un joven de 14 años a quien ocupa su padre en la pesca y una doncella de la misma edad a la cual emplea su madre en tejer.

En la pintura 53 se representan dos jóvenes de 15 años, de los cuales al uno pone su padre en poder de un sacerdote para que le enseñe los ritos de la religión y al otro en poder de un *achcauhtli* u oficial de ejército para que le instruya en el arte militar. La pintura 54 representa los jóvenes de los seminarios ocupados por sus superiores en barrer el templo y en llevar ramas y hierbas para el adorno de los santuarios, leña para los braseros, enea para la fábrica de taburetes y piedra para reparo del templo. En la misma pintura y en la siguiente se representan diferentes castigos ejecutados en los jóvenes delincuentes por los *telpochtlatos* o superiores de los seminarios; uno punza a un joven con púas de maguey por haberse descuidado en lo que era su obligación; dos sacerdotes arrojan tizones encendidos sobre la cabeza de otro joven por haberlo hallado en conversación sospechosa con una mujer; a otro, por el mismo delito, punzan el cuerpo con estacas de pino, y a otro por desobediente queman los cabellos. Finalmente, en la pintura 56 un joven del templo lleva el bagaje de un sacerdote que va al ejército a alentar a los soldados y a practicar ciertas ceremonias supersticiosas.

Criábanse los hijos con tanto respeto a sus padres, que aun ya grandes y puestos en estado apenas osaban hablar en su presencia. Las instrucciones y consejos que sus padres les daban eran tales, que no puedo menos de copiar casi a la letra una u otra de las exhortaciones que les hacían, las cuales supieron de los mismos mexicanos los primeros apostólicos religiosos que se emplearon en su conversión, especialmente Motolinia, Olmos y Sahagún, que aprendieron perfectamente su lenguaje y se ocuparon con suma diligencia en inquirir sus costumbres.

### 3. Instrucciones de un padre a su hijo

"Hijo mío —le decía su padre— nacido del vientre de tu madre como el polluelo del cascarón, y que creciendo como él te vas habilitando para ir por el mundo no sabemos por cuánto tiempo nos concederá el cielo gozar de la preciosa joya que en ti poseemos; pero sea cuanto fuere, tú procura vivir con sumo cuidado, pidiendo continuamente a Dios que te ayude. Él te crió y te posee, él es tu Padre que te ama más que yo; pon en él tu pensamiento y suspira a él de día y de noche. Reverencia y saluda a tus mayores y a nadie desprecies. Con los pobres y afligidos no seas mudo, sino consuélalos con buenas palabras. Honra a todos, especialmente a tus padres, a quienes debes obediencia, temor y servicio. El hijo que en esto fallare no será bien logrado. No sigas el ejemplo de aquellos malos hijos que, como brutos privados de razón ni reverencian a sus padres ni obedecen a su corrección, porque el que los imitare tendrá mal fin; morirá desesperado o despeñado o lo matarán y comerán las fieras.

"No te burles, hijo mío, de los viejos, ni de los inválidos, ni del que se deslizó en alguna culpa o error; no los afrentes ni quieras mal, sino humíllate y teme, no te suceda lo mismo que en otro te ofende. No seas disoluto porque se indignarán contra ti los dioses y te cubrirán de confusión. No vayas a donde no seas llamado ni te entrometas en lo que no te toca, porque te tendrán por intruso. En tus acciones y palabras procura siempre mostrar tu buena crianza. Al hablar no des a otro con la mano, ni hables demasiado, ni cortes o perturbes las razones que otro dijere. Si alguno habla desconcertadamente y no te toca a ti el corregirlo, calla; si está a tu cargo el advertirle, considera antes lo que le has de decir, y no le hables con muestras de presunción, porque así apreciará lo que le dijeres.

"No te detengas más de lo necesario en el baño y en el mercado, porque son lugares muy ocasionados a algún exceso. No andes demasiadamente pulido, porque te tendrán por disoluto. Al andar no hagas gestos ni lleves a otro trabado del brazo. Guarda recato en los ojos y mira por dónde vas, porque no te lleves a alguno de encuentro. Cuando alguno viniere por donde tú vas, no te pongas delante sino hazte a un lado para que pase. Cuando te encargaren algún empleo, hazte cargo de que quizá te lo dan para probarte; y así no lo admitas luego aunque te reconozcas más hábil que otros para ejercerlo, sino espera a que te hagan fuerza, para que así seas más estimado y te tengan por cuerdo. No pases por delante de tus mayores sino por necesidad o a instancias suyas, y cuando comieres en su compañía no comas ni bebas antes que ellos, y sírveles en cuanto convenga para granjearte su gracia. Cuando te den alguna cosa no la desprecies por ser de poco valor, ni muestres enojo, ni des ocasión a que se sienta el amigo que te favorece.

"No llegues a mujer ajena ni hagas algún exceso en esta materia siguiendo los deseos de tu corazón porque darás enojo a los dioses y te ocasionarás mucho daño. Contente, hijo mío, por algún tiempo, que aún eres niño; espera a que acabe de crecer la mujer que los dioses te tienen destinada; déjalo a su cuidado, que ellos lo ordenarán como convenga. Cuando llegue el tiempo de casarte, no oses emprenderlo sin el beneplácito de tus padres, porque te irá mal. No hurtes jamás ni te des al juego; porque incurrirás en deshonra y afrentarás a tus padres, debiéndoles honrar por la educación que te han dado. Susténtate del trabajo de tus manos, que así te será más gustoso el alimento.

"Yo, hijo mío, te he mantenido hasta ahora con el sudor de mi rostro; en nada te he faltado a lo que debo como padre; te he suministrado lo necesario sin quitarlo a otros; hazlo así tú. No mientas, porque la mentira es un gran pecado. Cuando convenga referir a alguno lo que otro te contó, no añadas cosa alguna, sino di la pura verdad. De nadie murmures; calla lo más que vieres si no estuviere a tu cargo el remediarlo. No seas revoltoso ni siembres discordias entre los amigos.

"Cuando fueres enviado con algún mensaje, si el que lo recibe se indigna y dice mal del que te envió, no vuelvas enojado con la respuesta ni la des a entender; y si el que te envió te pregunta cómo te fue, dale razón con sosiego y buenas palabras, callando el mal que oíste, porque no ocasiones enemistades y otros daños de que después te arrepientas. Cuando hablares con otro y oyeres lo que te dice, sea con asiento y reposo, no haciendo movimientos extraños con el cuerpo, ni jugando los pies, ni mordiendo la manta, ni escupiendo demasiado, ni mirando con inquietud a varias partes, ni levantándote con frecuencia si estuvieres sentado; porque todas estas acciones indican liviandad y mala crianza.

"No te engrías si te vieres rico ni menosprecies a los pobres; porque lo que tienes quitaron a otros los dioses para darlo a ti, y con tu presunción y orgullo obligarás a los mismos dioses a quitarte lo que tienes para darlo a otros. Recibe con agradecimiento lo que te dieren y no te ensoberbezcas por ello si fuere mucho.

"Cuando estés comiendo no des muestras de enojo ni desdeñes la comida, y si alguno sobreviniere, parte con él de lo que comes. Si comes con otro no le veas a la cara, sino ten bajos tus ojos. No comas arrebatadamente porque no te ahogues o descompongas. Si vivieres en compañía de otro, cuida mucho de lo que te encomendare y sírvele con diligencia para conciliarte su amor.

"Si tú fueres bueno, tu buen ejemplo servirá de represión y confusión a los malos. Ya no más, hijo mío —concluía el padre— con lo que he dicho cumplo con la obligación de padre; con estos avisos fortifico tu corazón, mira no los deseches ni los olvides, porque de ellos depende tu vida y todo tu bien".

Éstas eran las máximas que inculcaban frecuentemente a sus hijos. Los labradores y los mercaderes daban a los suyos particulares avisos relativos a su profesión, los cuales omito por no cansar al lector; pero no puedo excusarme de copiar de las exhortaciones que hacían las madres a sus hijas para dar mejor idea de su educación y de sus costumbres.

### 4. Instrucciones de una madre a su hija

"Hija mía —le decía— yo te parí con dolor, te crié a mis pechos, he procurado educarte con el mayor cuidado, y tu padre te ha pulido como una esmeralda para que parezcas a los ojos de los hombres como una joya engastada de virtudes. Trata de ser buena, porque si no, ¿quién te querrá por mujer? Serás el desecho de todos. La vida es trabajosa y es menester consumir nuestras fuerzas para alcanzar los bienes que los dioses nos envían; por tanto, no seas perezosa y descuidada sino muy diligente en todo.

"Sé limpia y trabaja en tener bien concertada la casa; sirve el agua de manos a tu marido y haz el pan para la familia. Por donde quiera que vayas ve con mucho recato y mesura, no apresurando el paso ni riéndote con los que encuentres, ni mirando de lado, ni fijando la vista en los que vinieren hacia ti, sino ve tu camino, especialmente si vas acompañada: de esta manera alcanzarás mucha estimación y buen nombre. A los que te saludaren o preguntaren algo, responde cortésmente, porque si callas te tendrán por necia.

"Sé muy diligente en hilar, tejer, coser y labrar, porque así serás amada y alcanzarás lo necesario para comer y vestir. No te des demasiado al sueño; huye de la sombra, la frescura y el descanso, porque el regalo enseña pereza y otros vicios. O estés en pie o sentada o andando, no pienses jamás en cosa mala, sino trata solamente de servir a los dioses y de ayudar a los que te engendraron.

"Si fueres llamada de tus padres, no esperes a que te llamen dos veces, sino acude luego a saber lo que mandan para no darles pesar con tu tardanza; oye bien lo que te mandan y no lo olvides sino ejecútalo diligentemente. No des malas respuestas ni muestres repugnancia; si no puedes hacer lo que se ordena, excúsate con humildad. Si otra fuere llamada y no acudiere presto, acude tú, o lo que se manda y hazlo bien, que así te harás estimar.

"Nunca prometas hacer lo que no puedes; a nadie burles ni engañes, pues te están viendo los dioses. Vive en paz con todos y a todos ama honesta y cuerdamente para que de todos seas amada. De los bienes que tuvieres no seas avarienta. No interpretes a mal lo que vieres dar a otros, ni lo envidies; porque los dioses cuyos son todos los bienes, los reparten como quieren. A nadie des motivo de enojo, porque si lo das a otro, tú también lo recibirás.

"No tengas trato poco honesto con los hombres ni sigas los deseos malos de tu corazón; porque nos afrentarás y ensuciarás tu alma como el agua con el cieno. No te acompañes con malas mujeres, las callejeras, las mentirosas y las perezosas, porque ciertamente te pervertirán con su ejemplo. Atiende a las cosas domésticas y no salgas fácilmente de tu casa ni andes vagando por las calles, el mercado o los caminos; porque en esos lugares encontrarás el daño y la perdición. Mira que el vicio mata como las hierbas venenosas y que una vez admitido es muy difícil dejarlo.

"Si yendo por la calle te encontrare algún joven atrevido y se riere contigo, no le correspondas, sino disimula y pasa adelante. Si te dijere alguna cosa no le contestes, ni atiendas a sus palabras, y si te siguiere no vuelvas a verle, porque no le enciendas más la pasión; si así lo hicieres él se cansará y te dejará en paz. No entres sin justa causa en casa alguna, porque no te levanten alguna calumnia, y lo padezca tu honor; pero si entras en casa de tus parientes salúdalos con respeto y no te estés mano sobre mano, sino toma luego el huso para hilar y ayúdales en lo que se ofreciere.

"Cuando te cases ten respeto a tu marido, obedécele con alegría y ejecuta con diligencia lo que te ordenare; no lo enojes ni le vuelvas el rostro, ni te le muestres desdeñosa o airada, sino recíbelo amorosamente en tu regazo, aunque viva, por ser pobre, a tus expensas. Si tu marido te da algún pesar, no le manifiestes tu desazón al tiempo de ordenarte alguna cosa, sino disimula por entonces y después dile mansamente lo que sientes, para que con tu mansedumbre se ablande y excuse el mortificarte. No te afrentes delante de otros, porque tú también quedarás afrentada.

"Si alguno entrase en tu casa a visitar a tu marido, muéstrate agradecida a la visita y obséquialo en lo que pudieres. Si tu marido fuere necio, sé tú discreta; si yerra en la administración de la hacienda, adviértele los yerros para que los enmiende; pero si lo reconoces inepto para manejarla, encárgate de ella y procura adelantarla cuidando mucho de las tierras y de la paga de los que en ella trabajaren; mira no se pierda alguna cosa por tu descuido.

"Sigue, hija mía, los consejos que te doy, soy ya grande y tengo bastante experiencia del mundo, soy madre tuya y como tal te he criado y deseo que vivas bien. Fija estos avisos en tus entrañas, que así vivirás alegre y satisfecha. Si por no abrazarlos llovieren sobre ti desgracias, tuya será la culpa y tuyo el daño. No más, hija mía, los dioses te guarden".

## 5. Escuelas públicas y seminarios

No satisfechos los mexicanos con estas instrucciones y con la educación doméstica, todos enviaban sus hijos a las escuelas públicas que había cerca de los templos para que, por espacio de tres años, fuesen instruidos en la religión y buenas costumbres. Además de eso todos procuraban que sus hijos se educasen en los seminarios anexos a los templos, de los cuales había muchos en las ciudades del imperio mexicano, unos para niños, otros para mancebos y otros para doncellas. Los de los niños y mancebos estaban a cargo de unos sacerdotes únicamente destinados a su educación, los de las vírgenes estaban al cuidado de unas matronas respetables por su edad y sus costumbres.

No se permitía trato alguno o comunicación entre los jóvenes de uno y otro sexo, y cualquier falta en esa materia era rigurosamente castigada. Había seminarios distintos para la nobleza y para la plebe. Los mancebos nobles se ocupaban en los ministerios interiores y más inmediatos al altar, como en barrer el atrio superior del templo y en atizar los braseros que ardían delante de los santuarios; los otros entendían en llevar la leña necesaria para los braseros, la piedra y cal para los reparos que se ofrecían y en otros semejantes empleos. Unos y otros tenían sus superiores y maestros que los instruían en las cosas de la religión, la historia, la pintura, la música y en otras artes convenientes a su condición.

Las doncellas estaban encargadas de barrer el atrio inferior del templo, de levantarse tres veces en la noche a quemar incienso en los braseros, de preparar la comida que diariamente se presentaba a los ídolos y de tejer varias suertes de telas. Instruíanse en todos los oficios mujeriles, con lo cual se conseguía tenerlas ocupadas en edad tan peligrosa y habituarlas para las cargas del matrimonio. Dormían muchas en una gran sala a vista de las ancianas que las gobernaban, que nada celaban tanto en ellas cuanto la modestia de sus semblantes y la compostura de sus acciones.

Cuando salía algún alumno o alumna de los seminarios a visitar a sus padres, que era de tarde en tarde, no iba solo sino acompañado de otros alumnos y de su respectivo superior; estaba un breve rato con sus padres, oía con humildad y silencio las instrucciones y consejos que le daban y de allí volvían inmediatamente a sus seminarios, en los cuales se mantenían hasta el tiempo de tomar estado, que en los jóvenes era, como ya dijimos, de los 20 a los 22 años y en las doncellas los 17 o 18. En llegando a esa edad, o el mismo joven pedía licencia al superior para salir a casarse o, lo que era más común, sus padres lo recobraban para el mismo fin, dando al superior las gracias por el cuidado que había tenido en su instrucción.

El superior hacía al joven en la despedida una buena exhortación encargándole la perseverancia en la virtud y el exacto cumplimiento de las obligaciones del nuevo estado. Eran especialmente buscadas para mujeres las vírgenes que se educaban en los seminarios, así por sus costumbres como por su inteligencia en las artes propias de su sexo. El joven que pasados los 22 años no tomaba estado se reputaba perpetuamente consagrado al servicio del templo; y si alguna vez, arrepentido de su celibato, intentaba casarse, era tenido por infame y no había mujer que lo quisiese por marido. En Tlaxcala trasquilaban a los que rehusaban a su tiempo el matrimonio, la cual pena era una especie de deshonra muy temida.

Los hijos aprendían en lo general el oficio de sus padres y seguían su profesión y así se perpetuaban las artes en las familias, con no pocas ventajas del Estado. A los que se destinaban para la judicatura hacían asistir a los tribunales para que fueren aprendiendo las leyes del reino y la práctica y forma judicial. La pintura 60 de la *Colección de Mendoza* representa cuatro magistrados examinando una causa, y detrás de ellos cuatro jóvenes *teuctlis* oyendo atentamente su deliberación.

A los hijos de los reyes y señores principales se daban ayos que arreglasen su conducta, y antes de que pudiesen entrar en la posesión de la corona o del señorío, se les confería regularmente el gobierno de alguna ciudad o estado menor para que se ensayasen en el arte difícil de gobernar hombres. Esto comenzó a practicarse desde los primeros reyes chichimecas; pues, como dijimos en otro lugar, Nopaltzin desde que tomó posesión de la corona de Acolhuacán, encargó a su primogénito Tlotzin el gobierno de la ciudad de Texcoco. De Cuitláhuac, penúltimo rey de México, sabemos que antes de ocupar el trono fue señor de Iztapalapa, y su hermano Moctezuma fue antes, a lo que parece por la historia, señor de Ehecatepec. Sobre este sólido fundamento de la educación levantaron los mexicanos el sistema político de su reino que vamos a exponer.

### 6. Derecho mexicano sobre la elección del rey

Desde el tiempo en que los mexicanos, a ejemplo de las demás naciones comarcanas, pusieron a Acamapitzin al frente de su nación, revistiéndolo del título, la dignidad y la potestad monárquica, establecieron que fuese la corona electiva, para lo cual criaron poco después cuatro electores en cuyo parecer se refundieron los sufragios de la nación. Éstos eran cuatro señores de la primera nobleza y por lo común de sangre real y de tanta prudencia y probidad cuanta pedía un empleo de tan grande importancia. Este empleo no era vitalicio; su voz electoral expiraba en la primera elección que se hacía de nuevo rey, e inmediatamente se criaban nuevos electores o se reelegían los antiguos por sufragios de la nobleza. Si antes de morir el rey faltaba alguno de los electores, se sustituía otro en su lugar. Desde el tiempo del rey Itzcoatl se añadieron otros dos electores, que eran los reyes de Acolhuacán y de Tacuba; pero éstos sólo tenían, como ya dijimos, el honor electoral sin más uso que el de ratificar la elección hecha por los cuatro verdaderos electores, ni sabemos que jamás interviniesen en alguna elección.

Para no dejar demasiada libertad a los electores y evitar en cuanto fuese posible las inconveniencias de partidos y facciones, legaron la corona a la familia de Acamapitzin, y algún tiempo después se estableció por ley que al rey difunto sucediese uno de sus hermanos y a falta de hermanos uno de sus sobrinos y, en caso de faltar unos y otros, un sobrino de los reyes antecedentes, quedando al arbitrio de los electores el escoger entre los hermanos y sobrinos del rey difunto el que reconociesen más idóneo para el gobierno, con lo que precavían el inconveniente de verse alguna vez gobernados de un niño.

Esta ley se observó inviolablemente desde el segundo hasta el último rey. A Huitzilíhuitl, hijo de Acamapitzin, sucedieron sus dos hermanos

Chimalpopoca e Itzcoatl; a Itzcoatl, su sobrino Moctezuma Ilhuicamina; a Moctezuma, sucedió Axayácatl, hijo de Tezozómoc y sobrino de los tres reyes antecesores de Moctezuma; a Axayácatl siguieron sus dos hermanos Tízoc y Ahuízotl, a Ahuízotl, su sobrino Moctezuma Xocoyotzin; a Moctezuma, su hermano Cuitláhuac, y a éste su sobrino Cuauhtémoc; todo lo cual mostramos en la tabla de la genealogía de los reyes de México que damos en nuestra *Segunda disertación*. No se atendía para la elección a los derechos de primogenitura; y así se vio en la muerte de Moctezuma I, en que (por consejo del mismo rey) dieron por sucesor a Axayácatl con preferencia a sus dos mayores Tízoc y Ahuízotl.

### 7. Pompa y ceremonia en la proclamación y unción del rey

La elección del nuevo rey no se hacía hasta haber concluido con la pompa y magnificencia correspondiente a las exequias del anterior. Luego que se hacía la elección se daba parte a los reyes de Acolhuacán y de Tacuba para que la confirmasen, y a los señores feudatarios de la corona que habían venido a asistir a los funerales. Los dos reyes y toda la nobleza conducían al electo al Templo Mayor. Precedían todos los señores feudatarios con las insignias peculiares de sus señoríos, y los nobles de la corte con las propias de sus dignidades y empleos. Seguían los dos reyes aliados y tras ellos el electo desnudo y sin más ropa que el *maztlatl* o pañetes para reparo de la honestidad.

Subía la escalera del templo apoyado en los brazos de dos principales señores de la corte. En llegando al atrio superior, en donde le aguardaba el sumo sacerdote acompañado de muchas dignidades del templo, adoraba el ídolo de Huitzilopochtli tocando con la mano el suelo y llevándola después a la boca. El sumo sacerdote le teñía con una tinta negra hecha de particular confección para ese efecto y lo rociaba cuatro veces de agua bendita según su rito, valiéndose para esta aspersión de un hisopo de ramas de cedro, de sauce y de hojas de maíz; vestíalo de una manta en que estaban pintados varios cráneos y huesos de muertos, y le cubría la cabeza con otras dos mantas, una negra y otra azul, con las mismas pinturas; colgábale del cuello ciertas insignias reales y además una calabacilla con ciertos polvos que creían tener virtud para preservar de enfermedades, maleficios y engaños (feliz el pueblo cuyo soberano pudiese lograr semejante preservativo) y le ponía en la mano un incensario con una taleguilla de copal para que incensase el ídolo.

Concluido este acto de religión, durante el cual se mantenía arrodillado el electo, tomaba asiento; el sumo sacerdote le hacía una cumplida arenga dándole el parabién por su exaltación, haciéndole cargo de la obligación que tenía con sus vasallos por haberle escogido por su jefe, y encargándole el celo de la religión y de la justicia, la protección de los miserables y la defensa de la patria y el reino. Seguíanse luego las arengas de los reyes aliados y de la nobleza dirigidas al mismo intento, a los cuales respondía el rey dando las gracias y ofreciendo ejecutar cuanto fuere de su parte para la felicidad de la nación. Gómara y otros que le han copiado dicen que el sumo sacerdote tomaba juramento al electo de mantener la antigua religión, de conservar los fueros y leyes de sus antecesores, de hacer justicia a todos, de ser valiente en la guerra y de hacer andar al sol, llover las nubes, correr los ríos y producir la tierra todos los mantenimientos. Si este juramento tan extravagante se tomaba al rey de México, de lo cual no nos consta, es de creer que por él no intentaba obligarse a otra cosa que a no desmerecer con su conducta esos beneficios del cielo.

Terminadas las arengas bajaba el rey con todo su acompañamiento al atrio inferior, en donde le esperaba el resto de la nobleza para darle la obediencia y presentarle en testimonio de su vasallaje joyas y vestidos. De allí le conducían a una pieza que había dentro del recinto del templo, que llamaban *tlacatecco,* en donde quedaba solo por espacio de cuatro días en los cuales no comía más de una vez al día, pero podía comer carne y cualquier otro manjar; cada día se bañaba dos veces y después del baño se sacaba sangre de las orejas y la ofrecía a Huitzilopochtli juntamente con el copal que en su honor quemaba; todo dirigido a impetrar luz y acierto para el gobierno.

## 8. Coronación del rey, corona, vestidos e insignias

Al cabo de los cuatro días volvía la nobleza al templo para conducir al nuevo rey a su palacio, en donde acudían los señores feudatarios a pedir la confirmación de sus señoríos. Hacíanse grandes regocijos de danzas e iluminaciones y acabados trataba el rey de salir a campaña para proveerse de las víctimas necesarias a las fiestas de su coronación, según la ley del reino o la costumbre introducida desde el tiempo de Moctezuma Ilhuicamina, de que ningún rey se coronase sin haber apresado por sí mismo las víctimas que debían sacrificarse en esa gran función. Nunca faltaban enemigos a quienes hacer guerra o por haberse rebelado alguna de las provincias conquistadas, o por haber dado muerte a algunos mercaderes mexicanos, o por haber insultado a los embajadores del rey, de que tenemos repetidos ejemplos en nuestra historia. Las armas e insignias con que salía el rey a campaña, la solemnidad con que eran conducidos a la corte sus prisioneros y las circunstancias que intervenían en su sacrificio se expondrán cuando hablemos de la milicia de los mexicanos; pero ignoramos las particulares ceremonias de su coronación. El rey de Acolhuacán era el que por su mano le ponía la corona. Ésta, que llamaban los mexicanos *copilli*, era una especie de mitra pequeña, cuya parte anterior se levantaba y terminaba en punta, y la posterior estaba caída sobre el cuello; su forma puede verse en las figuras simbólicas de los reyes que representamos en una de las láminas. Era de varias materias, según el gusto de los reyes; unas eran de oro macizo, otras de plata y otras tejidas de hilo de oro o de otra materia noble, con bellas labores de plumas preciosas.

El vestido de que ordinariamente usaba el rey en palacio, y que a ninguno de los vasallos era permitido, era *xiuhtilmatli* o manta entretejida de blanco y azul. Cuando salía de palacio para el templo iba vestido de blanco. Para asistir al consejo y actos públicos era diferente el vestido, según las circunstancias; uno para las causas criminales y otro para las civiles; uno para los actos de justicia y otro para los regocijos. En todos estos actos públicos llevaba ceñida su corona, la cual regularmente hermanaba en el color con el vestido. Siempre que se dejaba ver en público entre la gran comitiva que llevaba, le precedía un noble con tres varas, parte de oro y parte de palo dorado, levantadas en alto, que servían para avisar al pueblo la presencia de su señor.

## 9. Derechos del rey

El poder y la autoridad de los reyes de México fue vario según los tiempos. En los principios de la monarquía fue su poder limitado y su autoridad verdaderamente paternal; su trato más humano y los derechos que exigía de sus vasallos muy cortos. Con la extensión de sus conquistas se fue aumentando su riqueza, su magnificencia y su fausto, y a proporción de su riqueza crecieron también, como regularmente sucede, los gravámenes de sus vasallos. Su soberbia les hizo traspasar los límites que el consentimiento de la nación había prescrito a su autoridad, hasta declinar en el odioso despotismo que vimos en el reinado de Moctezuma II; pero a pesar de su tiranía los mexicanos les conservaron en todo tiempo el respeto y la fidelidad que debían a su carácter en tanto grado, que vengaron con riguroso suplicio la muerte que dos feudatarios rebeldes dieron a su rey Tízoc, aun no siendo, según parece, muy acepto a la nación. No cometieron jamás atentado alguno contra la majestad de su príncipe, sino fue en el año penúltimo de la monarquía en que, cansados de sufrir en su rey Moctezuma tanto abatimiento de ánimo y tan excesiva condescendencia con sus enemigos, le ultrajaron con palabras y le hirieron con flechas y piedras en el calor de un asalto.

El fausto a que llegaron los reyes de México se entenderá de lo que dejamos dicho tratando del reinado de Moctezuma y de lo que diremos en la narración de la conquista. Los reyes de Acolhuacán emularon a los de México en la magnificencia, como los de México a los de Acolhuacán en la policía. La legislación de los acolhúas sirvió de regla a los mexicanos; pero en lo que mira a los derechos de sucesión a la corona eran muy diferentes; porque en Texcoco (y lo mismo era en Tacuba) sucedían los hijos a los padres no por orden de su nacimiento sino por su calidad, siendo siempre preferidos los nacidos de la reina o mujer principal, que era por lo común de sangre real. Así se observó desde el primer rey Xólotl hasta Cacamatzin, a quien sucedió su hermano Cuicuitzcatl por influjo del rey Moctezuma y del conquistador Cortés.

### 10. Consejos reales y oficiales de casa y corte

Tenía el rey de México como el de Acolhuacán tres consejos supremos para el gobierno del reino en que se examinaban las materias del Estado, de hacienda y de guerra, compuestos de hombres de la primera nobleza, y ordinariamente no emprendía cosa mayor sin oír antes el dictamen de sus consejeros. En la historia de la Conquista veremos a Moctezuma deliberar frecuentemente con sus consejeros sobre las pretensiones de los españoles. No sabemos el número de los miembros de cada consejo, ni los historiadores nos suministran todas las luces que necesitamos para exponer con individualidad lo que toca a esta materia; solamente nos han conservado los nombres de algunos consejeros, especialmente del tiempo de Moctezuma II. En la pintura 61 de la *Colección de Mendoza* se representan las salas de los consejos en el real palacio con algunos de los señores que los componían.

Había entre los muchos oficiales de la corte un intendente general de la Real Hacienda, que llamaban *hueicalpixqui* (gran mayordomo) el cual recibía todos los tributos que exigían de sus respectivos partidos los recaudadores, y llevaba la cuenta de la entrada y gasto, expresada en pinturas. Bernal Díaz pondera la prodigiosa multitud de semejantes pinturas que tenía aquel intendente. Había un tesorero o depositario de las joyas de oro y piedras preciosas, que juntamente era director de los artífices que las trabajaban, y otro había para las obras de pluma, cuyos artífices tenían sus oficinas u obradores en el real palacio de las aves. Había también un montero mayor con el nombre de *huexaminqui*, a cuyo cargo estaba el proveer los parques y viveros del rey de toda especie de animales. Por lo que mira a los demás empleos de casa y corte, me remito a lo que dejo escrito hablando de la grandeza de Moctezuma y de la de los reyes de Acolhuacán, Techotlala y Nezahualcóyotl; porque la policía texcocana fue por la mayor parte el modelo de la mexicana.

## 11. Embajadores

Para embajadores se escogían siempre personas nobles y elocuentes. Iban comúnmente acompañados de tres o cuatro o más, y para hacer respetar su carácter llevaban ciertas insignias que los daban luego a conocer, especialmente una vestidura verde a manera de dalmática de la cual pendían unas borlas de algodón. Llevaban trenzado el cabello con plumas finas y vistosas y pendientes de él otras borlas de diferentes colores. En la mano derecha llevaban una flecha levantada con la punta para abajo; en la izquierda una rodela y, colgada del mismo brazo, una redecilla en que llevaban su viático. En todos los lugares por donde pasaban eran bien recibidos y tratados con la distinción que pedía su carácter con tal que siguiesen el camino real para el término a donde se dirigían; porque en extraviándose voluntariamente perdían la inmunidad y fueros de embajadores.

Cuando llegaban al lugar de su embajada suspendían su entrada hasta que, avisada la nobleza del lugar, salía a recibirlos y conducirlos a la casa del común, en donde eran alojados y regalados. Después de haber descansado iban los nobles a presentarles ramilletes de flores y con grande acompañamiento los llevaban a la casa o palacio del señor del lugar, e introducían a la sala de audiencia, en donde los esperaba el dicho señor con sus consejeros, sentados todos en sus taburetes. Aquí, después de hacer al señor una profunda reverencia, se ponían en cuclillas en medio de la pieza, recogían su vestido y bajaban sus ojos, aguardando a que se les diese la señal de hablar. Dada la señal, el principal de los embajadores hecho nuevo acatamiento del señor, exponía en voz baja su embajada en una bien estudiada arenga, la cual oían el señor y sus consejeros con suma atención y con las cabezas tan inclinadas que casi besaban sus rodillas.

Concluida la arenga volvían los embajadores con el mismo acompañamiento a su posada. Entre tanto consultaba el señor con su consejo, y tomada su resolución la comunicaba a los embajadores por uno de sus ministros, se les proveía de bastimentos para el camino, se les daban algunos presentes y salían a conducirlos fuera del lugar los mismos que los habían recibido. Si el señor a quien se dirigía la embajada era amigo de los mexicanos, se tenía por desaire muy sensible el no recibirles los presentes; si era enemigo no podían aceptarlo los embajadores sin orden expresa del soberano.

No siempre se hacían las embajadas con todas estas ceremonias, como tampoco se dirigían todas al señor de la provincia o lugar, pues muchas veces eran dirigidas al cuerpo de la nobleza o al pueblo, como diremos en otro lugar. Una de las ceremonias obsequiosas que practicaban con todos los embajadores era la de incensarlos, lo cual hacían, como ya dijimos, con todas las personas de respeto.

### 12. Correos y postas

Los correos, de que usaban mucho los mexicanos, llevaban diferentes insignias según la calidad de la noticia o negocio que llevaban. Si la noticia era de haber perdido los mexicanos alguna batalla, llevaban el cabello suelto y desgreñado y sin hablar palabra se iban derechamente a palacio y echándose a los pies del rey daban cuenta de lo sucedido. Si la noticia era de victoria obtenida por las armas del imperio, llevaban el cabello atado con una cinta de color y ceñido el cuerpo con un lienzo blanco, en la izquierda una rodela y en la derecha una espada que de rato en rato esgrimían haciendo varios movimientos de júbilo y cantando las proezas de los antiguos mexicanos, a cuya vista regocijada el pueblo le acompañaba con demostraciones semejantes hasta el real palacio.

Para que el mensaje llegase más prontamente había a trechos, por los caminos del reino, unas torrecillas en que habitaban los correos prontos a ponerse en caminos a cualquier hora. Luego que se despachaba el primer correo corría con suma celeridad hasta la primera posta dos leguas, de donde comunicaba a otro el mensaje y le entregaba la pintura que servía de carta, si acaso la llevaba. Este segundo corría sin dilación alguna hasta la segunda posta, y de esta suerte en continua y nunca interrumpida carrera caminaba el mensaje muchas leguas (hasta cien dicen algunos autores) en un día. De este arbitrio dicen que se valió Moctezuma II para comer pescado fresco del Seno Mexicano, que por el camino más breve no dista de la capital menos de 80 leguas, aunque, a la verdad, poco necesitaba de esa diligencia teniendo en sus estanques tantas especies de peces de mar y de río.

Estos correos se ejercitaban desde niños en la carrera, especialmente en las escaleras del Templo Mayor de México, y para alentarlos a ese ejercicio acostumbraban los sacerdotes dar algunos premios a los que con mayor ligereza subían las 113 gradas de aquella escalera.

## 13. Nobleza y derechos de sucesión

La nobleza de México y de todo el imperio estaba dividida en varias clases que los españoles confundieron bajo el nombre general de cacique.[2] Cada clase tenía sus fueros y usaba de particulares insignias, de tal manera que, aun siendo tan sencillo su vestido, se conocía a primera vista el carácter de cada persona. Los nobles solamente podían usar ornamentos de oro y de piedras preciosas en el vestido, y desde los principios del reinado de Moctezuma II ejercieron privativamente todos los empleos de la real casa y corte, de la magistratura y de la milicia, a lo menos los más considerables.

El grado más prominente de la nobleza en Tlaxcala, Huexotzinco y Cholula era el de *teuctli*. Para obtenerlo era necesario ser noble de nacimiento, haber dado suficientes pruebas de valor en algunas campañas, cierta edad y muchas facultades para soportar los gastos exorbitantes que se hacían en la posesión de esa dignidad. Debía también el pretendiente hacer un año de rigorosa penitencia, que consistía en un perpetuo ayuno, en frecuente efusión de sangre y en la privación de todo comercio con mujer, y tolerar con paciencia los insultos, oprobios y malos tratamientos con que probaban su constancia.

Horadábanle la nariz con una uña de águila o con un hueso de tigre para colgarle de ella unos granos de oro que eran la principal insignia de la dignidad. El día de la posesión le desnudaban del vestido pobre y ordinario de que había estado cubierto en el tiempo de su penitencia y le vestían de las mejores galas; atábanle el cabello con una correa colorada de que pendían curiosos plumajes, y le colgaban de la nariz los granos de oro. Esta ceremonia se hacía por mano de un sacerdote en el atrio superior del Templo Mayor, el cual, después de conferirle la dignidad, le hacía una arenga gratulatoria.

De allí bajaba el nuevo *teuctli* al atrio inferior, en donde asistía con los demás señores a un gran baile que se hacía para celebrarlo; al baile seguía el magnífico banquete que, a sus expensas, daba a todos los señores del Estado, en que, además de los muchos vestidos que les presentaba, era tan grande la abundancia de carnes que se les servía, que solían consumirse, según dicen algunos autores, 1,400 y aun 1,600 pavos, y muchos conejos, liebres, ciervos y otros animales; una gran

---

[2] El nombre cacique, que significa señor o principal, se tomó de la lengua haitiana, que se hablaba en la isla Española. Los mexicanos llamaban al señor *Tlatoani* y al noble *Pilli* o *Teuctli*.

cantidad de cacao en varias bebidas y las frutas más exquisitas y regaladas de la tierra. El dictado de *teuctli* se añadía al nombre propio de la persona, como Chichimecateuctli, Pilteuctli y otros. Precedían los *teuctlis* en el senado a todos los demás, así en el asiento como en el sufragio y podían llevar por detrás un criado cargado con el *icpalli* o taburete, que era un privilegio de mucho honor.

La mayor parte de la nobleza mexicana era hereditaria; hasta la ruina del imperio se mantuvieron con esplendor varias familias, descendientes de aquellos ilustres aztecas que fundaron a México, y aun hasta hoy subsisten algunas ramas de aquellas antiguas casas, pero abatidas en la mayor parte por la miseria y confundidas entre la ínfima plebe.[3] No hay duda de que hubiera sido más acertada la política de los españoles si en vez de llevar mujeres de Europa y esclavos de África, se hubieran enlazado con las mismas casas americanas, hasta hacer de todas una sola e individua nación. Haría aquí una demostración de las incomparables ventajas que de semejante alianza hubieran resultado al reino de México y a toda la monarquía, y de los daños que de lo contrario se han originado, si el carácter de esta obra me lo permitiera.

Sucedían en México y en casi todo el imperio, a excepción, como ya dijimos, de la casa real, los hijos a los padres y, a falta de los hijos, los hermanos, y, a falta de éstos, los sobrinos, y así de los demás grados de parentesco.

### 14. División de las tierras y diversos títulos de posesión y propiedad

Las tierras del imperio mexicano estaban repartidas entre la corona, la nobleza, las comunidades y los templos, para lo cual tenían pinturas en que clara e individualmente se describía lo que a cada uno tocaba. Las tierras de la corona estaban pintadas con color purpúreo, las de la nobleza de encarnado y las de las comunidades de amarillo claro. No era menester más de extender un mapa de éstos para conocer la extensión y linderos de la tierra, y lo que a cada uno pertenecía. Los jueces españoles después de la conquista se sirvieron de esta especie de instrumentos o títulos de propiedad para decidir algunos pleitos.

---

[3] No se puede ver sin dolor el abatimiento y miseria a que se hallan reducidas muchas familias de las más ilustres de aquel reino. Pocos años hace vivía en Pátzcuaro un herrero descendiente en la línea recta de los antiguos reyes de Michoacán. En México conocí un pobre sastre de una casa nobilísima de Coyohuacán. De estos ejemplos hay muchos, aun de las casas reales de México, Acolhuacán y Tacuba, no habiendo bastado a preservarlas de la común desgracia las muchas cédulas que la clemencia y justicia de los reyes católicos han expedido en su favor.

En las tierras de la corona que llamaban *tecpantlalli* (tierras de palacio), reservado siempre el dominio al rey, gozaban del usufructo ciertos señores a quienes daban el nombre de *tecpanpouhque* o *tecpantlacaque,* es decir, gente de palacio. Éstos no pagaban tributo alguno, sino ramilletes de flores en muestra de reconocimiento y varias especies de aves que presentaban al rey cuando le visitaban; pero tenían el gravamen de reparar las casas reales y de cultivar los jardines, concurriendo ellos con su dirección y costos, y los plebeyos de su distrito con su trabajo personal. Tenían también obligación de hacer corte al rey y de acompañarle siempre que se dejaba ver en público, por lo cual tenían mucha estimación entre los mexicanos. Cuando moría algún señor de éstos, entraba el hijo mayor en posesión de las tierras con el mismo gravamen que su padre; pero si iba a establecerse a otra parte las perdía, y el rey o por sí nombraba un nuevo usufructuario, o lo dejaba a arbitrio del pueblo en cuyo distrito estaban situadas las tierras.

Las tierras que llamaban *pillalli* (tierras de los nobles) o eran posesiones antiguas de la nobleza, que habían heredado los hijos de sus padres, o eran mercedes que el rey hacía a algunos de sus vasallos en premio de sus hazañas o de algún importante servicio hecho a la corona. Unos y otros podían por lo común enajenar sus posesiones; pero no podían darlas ni venderlas a los plebeyos. Dije por lo común, porque entre estas tierras había algunas que concedía el rey con la condición de no enajenarlas sino dejarlas como mayorazgo a sus hijos. Los mayorazgos eran muy antiguos y comunes entre aquellas naciones; pero no estaban tan anexos a la primogenitura que no fuese libre al padre el dejarlos al que mejor le pareciese de sus hijos, cuando el primogénito era inepto para gobernarlo. A los demás hijos señalaban fondos suficientes para su manutención. No heredaban, a lo menos en Tlaxcala, las hijas, porque no recayese el mayorazgo en algún extraño. Fueron tan celosos los tlaxcaltecas aun después de la Conquista, de mantener en sus familias los mayorazgos, que repugnaron dar la investidura de uno de los señoríos de la república a don Francisco Pimentel, nieto del rey de Acolhuacán, Coanacotzin,[4] casado con doña María Maxixcatzin, nieta del príncipe del mismo nombre, que, como veremos, era el principal de los cuatro señores que gobernaban aquella república cuando llegaron los españoles.

No eran menos antiguos en aquellos reinos los feudos. Comenzaron desde el rey Xólotl, que repartía las tierras de Anáhuac entre sus chichimecas y los advenedizos acolhúas con las propias condiciones feudales de una inviolable fidelidad, de cierto reconocimiento y de

---

[4] Coanacotzin, rey de Acolhuacán, fue padre de don Fernando Pimentel, y éste tuvo en una señora tlaxcalteca a don Francisco. De aquí que muchísimos mexicanos y especialmente los nobles tomaron en el bautismo juntamente con el nombre algún apellido español.

acudir con sus personas, bienes y vasallos en caso de rebelarse algún Estado. Los feudos propiamente tales eran muy pocos, a lo que parece, en el imperio mexicano, y si queremos hablar con rigor, ninguno; porque ni eran de su naturaleza perpetuos, sino a arbitrio del rey, que cada año en la fiesta del fuego los confirmaba, ni aunque los feudatarios fuesen exentos de pagar tributos a la corona, lo eran sus vasallos.

Las tierras que llamaban *altepetlalli* o tierras de los pueblos eran las que poseía el común de cada ciudad o lugar, las cuales estaban divididas en tantas partes cuantos eran los barrios de la población y cada barrio poseía su parte con entera exclusión e independencia de los demás. Estas tierras no podían en manera alguna enajenarse. Entre ellas había algunas destinadas para proveer de víveres al ejército en tiempo de guerra, las cuales llamaban *milchimalli* y *cacalomilli,* según la especie de víveres con que debían contribuir. Los Reyes Católicos han señalado a los lugares de los mexicanos sus tierras propias[5] y han expedido las órdenes convenientes para asegurarles la perpetuidad de la posesión; pero al presente se hallan muchos pueblos desposeídos de ellas por la avaricia de algunos poderosos, favorecidos de la iniquidad de algunos jueces.

### 15. Tributos y gravámenes de los vasallos

Todas las provincias conquistadas por las armas mexicanas eran tributarias de la corona y pagaban de los frutos, animales y minerales de la tierra, según la tasa que se les había prescrito, y además de eso los mercaderes contribuían una parte de sus mercaderías y todos los artífices cierto número de las obras que trabajaban. En la capital de cada provincia había una casa destinada para depósito de las semillas, ropa y demás renglones que recogían los recaudadores reales de los lugares de su distrito. Estos hombres eran generalmente aborrecidos por las vejaciones que hacían a los tributarios; su insignia era una vara que llevaban en una mano y un abanico de plumas en la otra. Los intendentes de la real hacienda tenían pinturas de los pueblos tributarios y de la cantidad y calidad de tributos. En la *Colección de Mendoza* hay 36 de estas pinturas,[6] y en cada una se representan los lugares principales de una o varias provincias del imperio.

---

[5] Las leyes reales dan a cada pueblo toda la tierra que tiene en su contorno hasta la distancia de 600 varas o 257 toesas.
[6] Las 36 pinturas son desde la 13 hasta la 48 inclusive. En la copia que publicó Thevenot faltan las pinturas 21 y 22 y la mayor parte de las figuras de las ciudades. La copia que se publicó en México en el 1770 está muy disminuida, pues le faltan las pinturas 21, 22, 38, 39, 47 y 48 de la *Colección de Mendoza,* además de los muchos errores que contiene su interpretación, pero tiene sobre la de Thevenot la ventaja de estar bien grabadas las láminas y de contener las figuras de las ciudades.

Además de un número excesivo de vestidos de algodón y cierta cantidad de semillas y plumas, que eran renglones comunes a casi todos los lugares tributarios, contribuían otras muchas cosas diferentes según la calidad de las tierras. Para dar alguna idea a los lectores diremos algo de lo que contienen dichas pinturas. Los lugares de Xoconochco, Huehuetlan, Mazatlán y otros pagaban anualmente, fuera de la ropa de algodón, 4,000 puñados de plumas hermosas de diferentes colores, 200 cargas de cacao, 40 pieles de tigres, 160 pájaros de cierto color, etc. Huaxyacac, Coyolapan, Tlalcuechahuayan y otros lugares de su distrito, 40 planchas de oro de cierta medida y 40 sacos de grana o cochinilla. Tlachquauhco, Ayotlan y Teotzapotlan 20 jícaras o vasos grandes llenos de oro en polvo. Tochtepec, Otatitlan, Cozamaloapan, Michapan y otros lugares de la costa del Seno Mexicano, además de la ropa, oro y cacao, 24,000 puñados de plumas de diversas calidades y colores, 6 gargantillas, dos de esmeraldas finísimas y cuatro de ordinarias, 20 zarcillos de ámbar claro guarnecidos de oro y 20 de cristal, 100 cantarillos de liquidámbar y 16,000 pelotas de *hule* o resina elástica. Tepeyacac, Quecholac, Tecamachalco, Acatzinco y otros lugares 4,000 cargas de cal, 4,000 de otates grandes o cañas sólidas para los edificios y otras tantas de otates menores para dardos; 8,000 cargas de *acayetl* o cañutos de olores, 91 espadas y otras tantas rodelas una por cada 4 días: Malinaltepec, Tlalcozauhtitlan, Olinallan, Ichcatlan, Cualac y otros lugares meridionales de tierra caliente, 600 cantarillos d. miel de abejas, 40 lebrillos de *tecozahuitl* o tierra mineral amarilla para pinturas, 160 hachas de cobre, 40 planchas redondas de oro de cierta magnitud y grosor, 10 pequeñas medidas de turquesas finas y una carga de ordinarias. Cuauhnahuac, Panchimalco, Atlacholoayan, Xiuhtepec, Huitzilac y otros lugares de los tlalhuicas, 16,000 piezas de papel y 4,000 jícaras de diferente magnitud. Cuauhtitlan, Teohuilloyocan y otros lugares de sus contornos, 8,000 esteras de enea y otros tantos *icpalles* o taburetes.

Otros contribuían una cantidad excesiva de leña, otros un número exorbitante de vigas y planchones para los edificios y otros una gran cantidad de copal. Había pueblos que tenían obligación de dar a los viveros y parques reales cierto número de aves y de cuadrúpedos, como Xilotepec, Michmaloyan y otras poblaciones de la tierra de los otomíes, que debían presentar anualmente al rey 40 águilas vivas. De los matlaltzincas sabemos que, después que Axayácatl los sojuzgó, se les impuso además del tributo que se representa en la pintura 27 de la *Colección de Mendoza,* el gravamen de cultivar una sementera de maíz de 1,600 varas de largo y 800 de ancho para víveres del ejército mexicano. En una palabra, se pagaba tributo a la corona de México de todas las producciones de la naturaleza y de todas las obras de arte que podían ser útiles en alguna manera al rey.

Estas excesivas contribuciones, juntamente con los cuantiosos regalos que le hacían los gobernadores de las provincias y señores de lugares, y los despojos de la guerra, formaban aquella inmensa riqueza de la corte que tanto asombro causó a los españoles conquistadores y tanta pobreza a los vasallos. Los tributos, que al principio eran tenuísimos, llegaron con el tiempo al exceso que hemos visto; porque con las conquistas se aumentó la soberbia y el fausto de los reyes. Es verdad que una gran parte y por ventura la mayor de estas rentas se expendía en beneficio de los mismos vasallos, ya manteniendo tan gran número de ministros y de magistrados que les administrasen justicia, ya premiando a los beneméritos del Estado, ya socorriendo a los menesterosos, especialmente a las viudas, los huérfanos y los viejos inválidos, que eran las tres clases de gente que merecieron siempre particular compasión de los mexicanos, ya franqueando al pueblo las reales trojes en tiempo de carestía; pero cuántos infelices de aquellos que apenas podían con el sudor de su rostro pagar tan exorbitante tributo perecían al rigor de la miseria por no poder participar de la real beneficencia. A lo excesivo de las contribuciones se allegaba el rigor con que se exigían. Al que no pagaba el tributo vendían por esclavo para sacar de su libertad lo que no podían de su industria.

### 16. Magistratura de México y de Acolhuacán

Para la administración de la justicia tenían los mexicanos varios tribunales y jueces. En la corte y en otros lugares grandes del reino había un supremo magistrado nombrado por el rey, al cual llamaban *cihuacoatl*. Tenía pena de la vida el que usurpaba su autoridad. Ésta era tan grande que de las sentencias que pronunciaba o fuese en lo civil o en lo criminal no se podía apelar a otro tribunal, y ni aun al mismo rey. A él tocaba nombrar los jueces subalternos y tenía intendencia sobre las rentas reales de su jurisdicción.

Inferior a éste era el tribunal del *tlacatecatl*, que era una especie de audiencia compuesta de tres jueces, del *tlacatecatl*, que era el presidente y de quien tomaba el nombre el tribunal, y de otros dos que llamaban *cuauhnochtli* y *tlailotlac*. Juzgaba este tribunal de las causas civiles y criminales en primera instancia, aunque las sentencias se pronunciaban a nombre del *tlacatecatl*. Juntábanse todos los días mañana y tarde, en una sala de las casas del ayuntamiento que decían *tlatzontecoyan*, que es lo mismo que nosotros decimos juzgado, en la cual había, como en nuestras audiencias, sus porteros y alguaciles. Oían allí con suma flema a los litigantes, examinaban diligentemente su causa y daban, según sus leyes, la sentencia. Si era en causa civil no había apelación al *cihuacoatl;* pero si era criminal podía apelar el reo a aquel tribunal supremo. La sentencia se publicaba por boca del *tecpoyotl* o pregonero y se ejecutaba por mano del *cuauhnochtli,* que era, como ya dijimos, uno de los tres jueces. Uno y otro empleo eran de mucha estimación, porque así el pregonero como el ministro ejecutor de la justicia, eran considerados como imágenes del rey.

Este tribunal del *tlacatecatl* tenía en cada barrio un lugarteniente nombrado *teuctli,* elegido anualmente por el común del barrio. Éstos tenían también su juzgado para conocer de las causas de su respectivo distrito y diariamente iban al *cihuacoatl* o al *tlacatecatl* para informarle de todo y recibir sus órdenes. Además de los *teuctlis* había en los mismos barrios unos comisarios que llamaban *centectlapixque,* los cuales tenían a su cargo cierto número de personas. Eran también nombrados del común del barrio, pero a lo que parece no eran jueces sino meros inspectores que velaban sobre la conducta de las familias que tenían encargadas, y daban cuenta a los magistrados de todo lo que ocurría. Bajo las órdenes de los *teuctlis* estaban los *tequitlatoques,* que eran los cursores o solicitadores, que iban a intimar sus órdenes a los particulares y a citar a los reos; y los *topiles,* que eran los alguaciles que ejecutaban las prisiones que se ofrecían.

En el reino de Acolhuacán estaba repartida la judicatura en seis ciudades principales. Los jueces asistían al juzgado desde la primera luz del día hasta la noche; a la misma sala del tribunal se les llevaba la comida, y porque no se distrajesen de su empleo por atender a su manutención, ni tuviesen pretexto para corromper los juicios, tenían (y lo mismo era en el reino de México) tierras propias y vasallos que se las cultivasen, las cuales eran del oficio y no de la persona, ni pasaban a sus herederos, sino a sus sucesores en la magistratura. En las causas graves no podían sentenciar (a lo menos en la capital) sin dar parte al rey.

En la corte cada mes mexicano o cada 20 días hacía el rey una junta de todos los jueces para terminar las causas pendientes. Si por ser especialmente graves y escabrosas no podían entonces concluirse, se reservaban para otra junta general y más solemne que se tenía cada 80 días que llamaban *nappapohualtlatolli* (conferencia de 80) en la cual quedaban todas las causas perfectamente concluidas y allí mismo, en presencia de toda aquella asamblea, se ejecutaba la pena en los reos convictos. El rey daba la sentencia haciendo con la punta de una flecha una raya en la cabeza del reo que le presentaban pintado en el proceso.

En los juicios de los mexicanos, las mismas partes hacían su causa sin intervención de abogados o relatores. En las causas criminales no se admitía al actor otra prueba que la de los testigos; pero al reo se le admitía el juramento en su defensa, por la razón que en otro lugar expusimos; a lo menos no se sabe que jamás acusador alguno se valiese de este género de probanza. En las causas civiles o litigios sobre linderos se consultaban, como ya dijimos, las pinturas de las tierras como títulos de propiedad. Todos los magistrados debían juzgar según las leyes del reino que tenían expresadas en sus pinturas. De éstas he visto algunas de las cuales he tomado una parte de lo que diré en esta materia.

La potestad legislativa en Texcoco residió siempre en los reyes, que hacían observar con el mayor rigor las leyes que publicaban. Entre los mexicanos las primeras leyes fueron formadas, según parece, por el cuerpo de la nobleza; pero después fueron los reyes los legisladores de la nación, y mientras se mantuvo dentro de los justos límites su autoridad, celaban la observancia de las que ellos o sus antecesores habían establecido. En los últimos tiempos de la monarquía, el despotismo las alteraba y mudaba según su antojo. Expondré aquí las que estaban en vigor cuando entraron los españoles en México. En algunas se dejan ver ciertos golpes de prudencia y un gran celo de las buenas costumbres, y en otras un rigor excesivo que declinaba en crueldad.

### 17. Leyes penales

El traidor al rey o al Estado moría descuartizado, y sus parientes que, sabiendo la traición, no le descubrían, eran privados de la libertad. Había establecida pena de muerte y de confiscación de bienes contra cualquiera que en la guerra o en alguna fiesta usase de las insignias o armas reales de México, de Texcoco o de Tacuba. Cualquiera que maltrataba a algún embajador, ministro o correo del rey era reo de muerte; pero los embajadores y correos debían de su parte no extraviarse del camino real, so pena de perder el derecho de inmunidad. Eran también reos de muerte los que causaban algún motín en el pueblo, los que quitaban o mudaban los mojones puestos con autoridad pública en las tierras, y los jueces que daban sentencia injusta o no conforme a las leyes, o hacían al rey o al superior relación infiel de alguna causa, o se dejaban corromper con dones. El que en la guerra hacía alguna hostilidad a los enemigos sin orden de los jefes, o acometía antes de tiempo, o abandonaba la bandera, o quebrantaba algún bando publicado en el ejército, moría degollado. El que en el mercado alteraba las medidas establecidas por los jueces era reo de muerte, que allí mismo y sin dilación alguna se le daba, para lo cual había inspectores que velasen sobre los mercaderes, y jueces que examinasen las causas. El homicida pagaba con su vida el delito, aunque fuese ejecutado en un esclavo.

El marido que quitaba la vida a su mujer era reo de muerte, aun en caso de sorprenderla en adulterio; porque usurpaba la jurisdicción a los magistrados, a quienes pertenecía conocer de los delitos y castigar a los delincuentes. El adulterio se castigaba irremisiblemente con pena de muerte; a los adúlteros o apedreaban o quebrantaban la cabeza entre dos losas. Esta ley de apedrear a los adúlteros es una de las que vi representadas en las primeras pinturas antiguas que se conservaban en la biblioteca del Colegio Máximo de los Jesuitas de México. Se halla también en la última pintura de la *Colección de Mendoza,* y de ella hacen mención Gómara, Torquemada y otros autores. Pero no se reputaba adulterio, a lo menos no se castigaba, el comercio del marido con una soltera, y por consiguiente no obligaban a tanta fidelidad al marido como a la mujer.

En todo el imperio mexicano era castigado este delito, pero en unas partes con más rigor que en otras. En Ichcatlan la mujer acusada de adulterio comparecía ante los jueces, y si las pruebas del delito eran convincentes, se le daba allí la muerte sobre la marcha; la descuartizaban y dividían los pedazos entre los testigos. En Itztepec la infidelidad de la mujer era castigada con autoridad de los jueces por el mismo marido, que en público le cortaba la nariz y las orejas. En algunas partes del imperio era castigado con pena de muerte el marido que tenía acceso a su mujer cuando constaba que ella le hubiese violado la fe conyugal. El repudio no era lícito sin permiso de los jueces. El que pretendía repudiar a su mujer se presentaba en juicio y exponía sus motivos. Los jueces le aconsejaban la paz con su consorte y procuraban disuadirle la separación; pero si él persistía y sus motivos eran justos, le decían que hiciese lo que mejor le pareciese sin autorizar jamás con sentencia normal el repudio. Si finalmente la repudiaba, no podía en caso alguno volver a tomarla ni a tener comercio con ella.

Los reos de incesto en primer grado de consanguinidad o afinidad morían ahorcados, y todos los matrimonios en ese grado estaban severamente prohibidos por las leyes, a excepción del de cuñados; porque había entre los mexicanos, como entre los hebreos, costumbre de casarse los hermanos con las cuñadas viudas; pero con esta diferencia, que entre los hebreos sólo tenía lugar la ley cuando el hermano moría sin sucesión, y en los mexicanos, por el contrario, se requería que hubiese dejado hijos de cuya educación se encargase el otro hermano entrando en todos los derechos de padre. En algunas partes retiradas de la capital solían los nobles tomar por mujeres las madrastras viudas en quienes no hubiesen tenido hijos sus padres; pero en las cortes de México y de Texcoco y en sus cercanías se miraban con horror semejantes matrimonios. El reo de pecado nefando moría ahorcado, y si el delincuente era sacerdote lo quemaban vivo. Entre todas las naciones de Anáhuac, a excepción de los panuquenses, se abominaba de semejante delito y se castigaba con rigor. Algunos malos hombres para justificar sus excesos acusaron generalmente de sodomitas a todas las naciones americanas; pero la falsedad de esta acusación, que con demasiada y represible facilidad han adoptado y repetido varios autores europeos, consta por la deposición de otros muchos autores imparciales y mejor instruidos.[7]

El sacerdote que en el tiempo que estaba dedicado al servicio del templo tenía comercio con alguna mujer libre era privado del sacerdocio y desterrado. Cualquiera de los mancebos o vírgenes que se educaban en los seminarios que incurría en algún exceso contra la continencia que profesaba era rigurosamente castigado y, según dicen algunos autores, con pena de muerte. Por lo demás no había pena alguna establecida por las leyes contra la simple fornicación; pero conocían su malicia, y los padres exhortaban frecuentemente a sus hijos a evitar todo comercio con mujeres. A la mujer que servía de tercera para alguna comunicación ilícita quemaban en la plaza los cabellos con teas de pino y le embarraban la cabeza con la resina del mismo árbol. Cuanto más distinguidas eran las personas a quienes servía de tercera, tanto más se le agravaban las penas. Moría ahorcado el hombre que se vestía de mujer y la mujer que se vestía de hombre.

El ladrón de cosas leves no tenía otra pena que la de satisfacer al agraviado. Si la cosa hurtada ya no existía, ni el ladrón tenía con qué pagar su equivalente, moría apedreado. Si el hurto era de oro o plata, después de pasear al ladrón por las calles de la ciudad, le sacrificaban en honra del dios de los plateros. Al que hurtaba cierto número de mazorcas de maíz[8] de alguna sementera, o arrancaba cierto número de plantas útiles, perdía la libertad en favor del dueño de la sementera; pero a cualquier viandante necesitado era lícito tomar de la sementera o de los árboles frutales que había sobre el camino cuanto bastase para remediar la necesidad presente.

El que hurtaba en el mercado era allí mismo sin dilación alguna muerto a palos. El que robaba a otro en el ejército sus armas o sus

---

[7] Véase lo que dicen en defensa de aquellas naciones el célebre obispo Las Casas y Torquemada, y lo que producimos en nuestra *Quinta disertación* contra Paw, que reproduce aquella calumnia.

[8] El Conquistador Anónimo dice que bastaba robar 3 ó 4 mazorcas para incurrir en la pena. Torquemada dice que tenía pena de muerte, pero eso fue en el reino de Acolhuacán, no a lo que parece en el de México.

insignias era condenado a muerte. El que vendía por esclavo a algún niño perdido, perdía en pena de su delito su libertad y sus bienes, de cuyo producto aplicaban la mitad al niño para sus alimentos, y del resto pagaban el precio al comprador para restituir al dicho niño su libertad. Si eran muchos los delincuentes, todos incurrían en la misma pena. En la misma pena de esclavitud y perdimiento de bienes incurría el que vendía tierras ajenas que tenía en administración. Los tutores que no daban buena cuenta de los bienes de sus pupilos morían ahorcados. A la misma pena estaban sujetos los hijos que disipaban en vicios la hacienda heredada de sus padres porque decían que era gravísimo delito no estimar el sudor de los que les dieron el ser.

El que hacía algunos maleficios era sacrificado en honra de los dioses, y el que con bebedizos quitaba a otro la vida moría ahorcado. La embriaguez en los jóvenes era delito capital; el hombre moría a golpes y la mujer apedreada. En los hombres ya provectos, aunque no tenía pena de muerte, se castigaba con sumo rigor. Si era hombre noble le privaban de su empleo y nobleza y quedaba infame; si era plebeyo lo trasquilaban, que era una pena muy sensible para aquellas naciones, y le derribaban la casa, diciendo que no era digno de vivir entre los hombres el que voluntariamente se privaba de la razón. Esta ley no prohibía la embriaguez en ocasión de bodas o de otras fiestas semejantes en que se les permitía excederse en el vino dentro de sus casas, ni comprendía a los viejos septuagenarios a quienes, en atención a sus años, se les concedía beber cuanto quisiesen, como consta de la pintura 63 de la *Colección de Mendoza.* Al que profería una mentira grave y perjudicial cortaban parte de los labios y a veces también las orejas.

18. LEYES SOBRE LOS ESCLAVOS

Por lo que mira al derecho de servidumbre se ha de advertir que entre los mexicanos había tres especies de esclavos. La primera de los prisioneros de guerra; la segunda de los comprados, y la tercera de los que en pena de algún delito eran privados de su libertad. Los prisioneros de guerra morían por la mayor parte sacrificados a los dioses. El que en la guerra quitaba a alguno de sus conmilitones su cautivo, era reo de muerte, y lo mismo el que ponía en libertad a alguno de los prisioneros. La compra de un esclavo no era válida si no se hacía delante de testigos ancianos que, por lo menos, debían ser cuatro; ordinariamente asistían más y se celebraba siempre con mucha solemnidad este contrato.

El esclavo entre los mexicanos podía tener peculio, adquirir posesiones y aun comprar esclavos que le sirviesen, sin que su señor pudiese estorbárselo ni aprovecharse de dichos esclavos; porque la esclavitud no se reducía propiamente a otra cosa que a la obligación del servicio personal y este contenido dentro de ciertos límites. Tampoco era hereditaria la esclavitud; todos nacían libres aunque fuesen esclavas sus madres. El hombre libre que hacía preñada a una esclava ajena, si ésta moría en tiempo de su preñez, quedaba esclavo del señor de la difunta; pero si llegaba a parir, el padre y el hijo quedaban libres.

Los padres menesterosos podían vender alguno de sus hijos para socorrer su necesidad, y a cualquier hombre libre era lícito el venderse por el mismo fin; pero los amos no podían vender a otros sus esclavos contra su voluntad, si no eran de collar. Los esclavos fugitivos, rebeldes o viciosos eran por dos o tres veces amonestados de sus amos, quienes para su mayor justificación hacían semejantes admoniciones delante de testigos; si con todo eso no se enmendaban, les ponían un collar de madera, y así podían ya venderlos en el mercado. Si después de mudar dos o tres amos persistían en su indocilidad, eran vendidos para los sacrificios, lo cual sucedía raras veces. Si el esclavo de collar se escapaba de la prisión en que su amo lo tenía y se refugiaba en el palacio real, quedaba libre; y si alguno le embarazaba el tomar ese asilo perdía, en pena de su atentado, la libertad, a excepción del mismo amo y de sus hijos, que tenían derecho de impedírselo.

Las personas que se vendían por esclavos eran por lo común los jugadores para jugar el precio de su libertad; los que por ociosidad o por otro contratiempo se veían reducidos a miseria, y las malas mujeres para tener con qué costear sus galas; porque ese género de gente entre los mexicanos no buscaba, por lo común, otro interés en sus desórdenes que el del placer delincuente. No tenían mucha dificultad los mexicanos en venderse por esclavos, por no ser tan dura la condición de su esclavitud. Además de la moderación de su trabajo y de la facultad que tenían de adquirir, eran benignamente tratados de sus amos, los cuales al morir ordinariamente los dejaban libres. El precio común de un esclavo era una carga de mantas o vestidos de algodón.

Había también entre los mexicanos cierta especie de servidumbre que llamaban *huehuetlatlacolli* (servidumbre antigua) y era cuando una o dos familias por su pobreza se obligaban a un señor a mantenerle perpetuamente un esclavo. Entregaban a ese fin a uno de sus hijos, y después de haber servido algunos años lo sacaban de la servidumbre para que tomase estado o para que descansase, y le sustituían con otro de sus hijos, lo cual se hacían tan sin repugnancia del amo, que antes solía espontáneamente pagar alguna cosa por el nuevo esclavo. El año 1506, con ocasión de la carestía que hubo de grano por el tiempo adverso, se obligaron muchas familias a este género de servidumbre;

pero a todas puso en libertad el rey de Acolhuacán Nezahualpili, por los inconvenientes que se experimentaron, y a su ejemplo hizo lo mismo en su reino Moctezuma.

Los conquistadores que se creían en posesión de todos los derechos de los antiguos señores mexicanos tuvieron a los principios muchos esclavos de aquellas naciones; pero habiendo sido informados los Reyes Católicos de personas celosas, doctas y bien instruidas en las costumbres de aquellos pueblos, los declararon libres y prohibieron, bajo graves penas, el atentar contra su libertad, encargando sobre asunto tan grave la conciencia de los virreyes, las audiencias y los gobernadores. Providencia justísima y digna del cristiano celo de aquellos soberanos; pues, como declararon después de un prolijo examen los primeros religiosos que trabajaron en la conversión de los mexicanos, entre los cuales había hombres de grande literatura, no se halló un solo esclavo de quien constase haber sido justamente privado de su libertad natural.

Lo dicho hasta aquí es lo que hemos podido averiguar de la legislación de los mexicanos. Apreciaríamos una más cumplida instrucción en la materia, especialmente en lo que mira a sus contratos, a la forma de sus juicios y a sus últimas voluntades; pero la pérdida lamentable de la mayor parte de sus pinturas y de algunos estimables manuscritos de los primeros españoles nos han privado de estas luces.

## 19. Leyes de otros países

Las leyes de la capital no estaban tan generalmente recibidas en todas las provincias conquistadas, que no hubiese una variedad considerable; porque como los conquistadores no precisaban a los pueblos conquistados a hablar la lengua de la corte, tampoco los obligaban a adoptar todas sus leyes. Más conforme a la de México era la legislación de Acolhuacán; pero no tanto que no fuese en algunos artículos diversa y mucho más rigorosa. Según las leyes que publicó el célebre rey Nezahualcóyotl, el ladrón era arrastrado por las calles y después ahorcado; el homicida moría degollado. Al agente en el pecado nefando sofocaban en un montón de ceniza, y al paciente sacaban las entrañas, le rellenaban el vientre de ceniza y después consumían su cadáver en una hoguera. Al que era causa con malignos artificios de discordia entre dos Estados quemaban vivo atado a un palo. Al que se embriagaba hasta perder el juicio, si era noble, luego lo ahorcaban y arrojaban en un río o laguna su cadáver; si era plebeyo, la primera vez era vendido por esclavo y a la segunda lo ahorcaban. Preguntado aquel legislador por qué su ley era más rigorosa respecto de los nobles, respondió que por ser mayor su obligación a dar buen ejemplo, era más grave su delito. El mismo Nezahualcóyotl estableció pena de muerte contra los historiadores que publicasen en sus pinturas alguna falsedad, como depone su ilustre descendiente don Fernando de Alva Ixtlilxóchitl en sus manuscritos. A la misma pena sujetó a los ladrones de sementeras, y declaró que bastaba para incurrirla el hurto de siete mazorcas.

Los tlaxcaltecas adoptaron también, por la mayor parte, la legislación de Acolhuacán. Los hijos de nobles que faltaban gravemente al respeto y debida sumisión a sus padres eran muertos por orden del Senado. Los que hacían algún daño al público que no mereciese pena de muerte eran desterrados. Generalmente hablando, en todas las naciones cultas de Anáhuac se castigaba con mucho rigor el homicidio, el hurto, la mentira, el adulterio y demás excesos en materia de incontinencia, excepto la simple fornicación, y en todo se deja ver la verdad de lo que dijimos describiendo su carácter, que eran naturalmente propensos (como son hasta hoy) a la severidad y al rigor, y más celosos del castigo de los vicios que del premio de las virtudes.

### 20. Penas y cárceles

Entre las penas que los mexicanos prescribían contra los delincuentes, parece haber sido la de horca una de las más ignominiosas. La de destierro era también muy infame por suponer vicio contagioso en el reo. La de los azotes no se halló establecida entre ellos por alguna ley, ni sabemos que la practicasen otros que los padres para con sus hijos, y los maestros para con sus discípulos. Tenían dos especies de cárceles; unas semejantes a las nuestras que llamaban *teilpiloyan,* para los deudores que rehusaban pagar sus créditos y para los reos que no tenían pena de muerte, y otras más rigorosas que llamaban *cuauhcalli,* que eran unas jaulas de madera muy estrechas, destinadas para los cautivos que se debían sacrificar y para los reos de pena capital.

Unas y otras se mantenían con buena guardia, y a los reos de muerte se daba el alimento muy escaso, para que comenzasen con anticipación a gustar las amarguras de la muerte. A los cautivos, por el contrario, regalaban cuanto podían para que se presentasen con buenas carnes al sacrificio. Si por descuido de la guardia se escapaba de la jaula alguno de los prisioneros, el común del barrio que tenía a su cargo el guardarlos era obligado a pagar al amo del fugitivo una esclava, una carga de ropa de algodón y una rodela.

## 21. Oficiales de guerra y órdenes militares

No había entre los mexicanos profesión más estimada que la de las armas. El dios más reverenciado entre ellos era el de la guerra, al cual veneraban como principal protector de la nación. No elegían príncipe alguno por rey, si no había dado en algunas acciones pruebas de su valor y de su genio militar hasta merecerse el empleo de general de ejército, ni le coronaban si después de electo no apresaba por su mano las víctimas que se habían de sacrificar en las fiestas de su coronación. Todos los reyes que hubo, desde Itzcoatl hasta Cuauhtémoc, pasaron del mando de las tropas al del reino. Aun en los destinos que señalaban a las almas de sus difuntos, a ningunos creían mejor librados que a los que morían con las armas en la mano por la gloria de su nación. El grande aprecio que hacían de la profesión militar era causa de que los padres inspirasen a sus hijos aun en la más tierna edad sentimientos de valor, y de que procurasen endurecerlos para los trabajos de la guerra. Esta idea tan ventajosa que tenían de la gloria de las armas fue la que formó los héroes cuyas hazañas hemos referido en esta historia. Ésta fue la que les hizo sacudir el yugo de los tepanecas y levantar de tan humildes principios tan ilustre y famosa monarquía. Ésta, finalmente, fue la que en sucesivas conquistas amplió la dominación mexicana desde las orillas de la laguna hasta las riberas de ambos mares.

La suprema dignidad militar era la de general del ejército; pero entre los mexicanos había cuatro diferentes grados de generales, entre los cuales el principal era el de *Tlacochcalcatl* [9] y cada grado tenía sus insignias particulares. De los otros tres grados no sabemos si estaban en alguna manera subordinados a *Tlacochcalcatl* e ignoramos sus nombres por la variedad con que los refieren los autores.[10] Seguíase a esta dignidad la de los capitanes, entre los cuales había diferentes órdenes, como las de *achcauhtin, cuauhtin* y *ocelo,* que es lo mismo que príncipes, águilas y tigres. Éstas eran unas especies de órdenes militares instituidas para premio de los buenos soldados.

Los más estimados eran los que en la orden de los príncipes llamaban *cuachictin.* Éstos llevaban el pelo atado en la coronilla de la cabeza con una cinta encarnada y adornado de bello plumaje, del cual pendían unos ramales con borlas en los cabos que les caían sobre las espaldas. Esta

---

[9] *Tlacochcalcatl* interpretan algunos príncipe de las lanzas arrojadizas; pero en rigor no parece significar otra cosa que habitante de la casa de los dardos o armería.
[10] El intérprete de la colección Mendoza dice que los nombres de los cuatro grados de generales eran *tlacochcalcatl, atempanecatl, ezhuacatecatl* y *tlillancalqui.* Acosta por *atempanecatl.* dice *tlacatecatl,* y por *ezhuacatecatl* dice *ezhuahuacatl* y añade que éstos eran los nombres de los cuatro electores. Torquemada usa del nombre de *tlacatecatl* pero unas veces lo hace inferior al *tlacochcalcatl* y otras confunde ambos.

dignidad era de tanta estimación que no solamente se gloriaban de ellas los príncipes y los generales, sino aun los mismos reyes. De esta orden era Moctezuma II, como dice el P. Acosta, y también su tío el rey Tízoc, como los muestran sus retratos. Las borlas que cada uno de estos capitanes llevaba eran tantas cuantas habían sido las hazañas memorables que había ejecutado.

Los tigres se distinguían por cierta armadura que llevaban, manchada como la piel de esas fieras en la forma en que se representa en la lámina de las armaduras. Los trajes dichos servían para la guerra; en la corte se distinguían los capitanes con cierta vestidura labrada que llamaban *tlachcuauhyo*. Todos los que salían la primera vez a campaña iban sin insignia alguna y vestidos de ropa blanca gruesa y basta, tejida de hilo de maguey, lo cual se observaba con tanto rigor, que aun los príncipes reales debían dar pruebas de valor para mudar ese vestido humilde en otro de más estimación llamado *tencaliuhqui*.

No solamente en las insignias tenían las órdenes su distinción, sino aun en los cuartos que ocupaban en el real palacio cuando hacían la guardia al rey. Podían tener vasos de oro y plata, vestirse del más fino algodón y usar mejor calzado que el ordinario del pueblo; nada de esto se permitía a los soldados rasos, si con sus hazañas no se hacían dignos de algún ascenso. Había un vestido particular que se decía *tlacatziuhqui,* destinado a premiar el soldado que, en ocasión de flaquear el ejército, lo alentaba con su valor a continuar vigorosamente la batalla.

## 22. Vestido militar del rey

El rey cuando salía a campaña llevaba sobre las armas sus particulares insignias; en las piernas unas medias botas de láminas sutiles de oro, y otras laminillas del mismo metal en los brazos, en las muñecas unas manillas de piedras preciosas, en el labio inferior una esmeralda engastada en oro y unos zarcillos de semejantes piedras en las orejas, al cuello una cadena de oro y pedrería y un penacho de vistosas plumas en la cabeza; pero la insignia más característica de su dignidad era un precioso tejido de bellas plumas que le bajaba de la cabeza por las espaldas a la cintura.[11] Generalmente tuvieron los mexicanos un gran cuidado de distinguir a las personas, especialmente en la guerra, por sus insignias.

[11] Todas estas reales insignias tenían sus nombres particulares. Llamaban las botas *cozehuatl,* los brazaletes *matemecatl,* las manillas *matzopeztli,* la esmeralda del labio *tentetl,* los pendientes *nacochtli,* la cadena *cozcapetlatl,* y la principal insignia en las espaldas *cuachictli.*

## 23. Armas de los mexicanos

Las armas defensivas y ofensivas de que usaban los mexicanos y demás naciones de Anáhuac eran varias. Las defensivas, comunes a nobles y plebeyos, a oficiales y soldados, eran los escudos, que llamaban *chimalli* y eran de diversas hechuras y materias. Unos eran de otates o cañas sólidas y elásticas, entretejidas de algodón grueso y doble y cubiertas de pluma, y los de los nobles de láminas redondas de oro, y otros eran de conchas grandes de tortuga guarnecidas de cobre, de plata o de oro, según el grado que tenían en la milicia y sus facultades. Estas eran de una magnitud regular; pero había otros tan grandes que cubrían todo el cuerpo cuando peleaban, y cuando no, los recogían debajo del brazo a manera de nuestros quitasoles, los cuales serían verosímilmente de pieles de animales.[12] Por el contrario, tenían otros muy pequeños y menos fuertes que vistosos por la pluma con que los adornaban; pero éstos no servían para la guerra, sino para las danzas que hacían en representación de batalla.

Las armas defensivas privativas de los oficiales y de los nobles eran unas corazas o jaquetas de algodón flojo, del grueso de uno o dos dedos, que cubrían el tronco o caja del cuerpo y resistían suficientemente a las flechas, por lo cual las usaron los españoles en la guerra contra los mexicanos. El nombre de *ichcahuepilli,* que daban los mexicanos a esta especie de corazas, mudaron los españoles en escaupil. Cubría a esta coraza otro vestido o armadura que les servía juntamente de jubón y de calzas en la forma que se representa en la lámina de las armaduras. Los señores solían llevar un grueso vestido de pluma sobre una cota compuesta de planchas de oro o plata sobredorada, la cual, como testifica el Conquistador Anónimo, era impenetrable no solamente a las flechas sino aun a los dardos y a las espadas.

Además de estas armaduras para defensa del cuerpo, y de otras semejantes que usaban para defensa de los brazos y de las piernas, llevaban la cabeza metida dentro de una cabeza de león, de tigre o de serpiente hecha de madera o de otra materia, con la boca abierta y armada de dientes para causar más terror, y en tal disposición que parecía, según testifica dicho autor, que iba a vomitar al soldado.[13] Todos los oficiales y nobles llevaban un hermoso penacho de plumas en la cabeza, esforzándose en representar con esos aditamentos, más ventajosa estatura. Los soldados rasos iban

---

[12] Hacen mención de estos grandes escudos Diego Godoy, Bernal Díaz y el Conquistador Anónimo. Solís da a entender que sólo los señores usaban de escudos; pero el Conquistador Anónimo, que vio muchas veces armados a los mexicanos y se halló en muchas batallas con ellos, dice expresamente que esa arma defensiva era común a todos. Este autor es el que habla con mayor individualidad y exactitud de las armas de los mexicanos.

[13] Véase la lámina de las armaduras.

enteramente desnudos, sin más vestido que el *maxtlatl* o pañetes que defendían las partes que oculta el pudor; pero fingían la ropa que les faltaba con los diversos colores con que teñían su cuerpo. Los historiadores que han hablado con tanto encarecimiento de esta y de otras costumbres extravagantes de los americanos no advirtieron cuán comunes habían sido en las naciones del antiguo continente.

Las armas ofensivas de los mexicanos eran las flechas, que eran las más comunes, las hondas, las porras, las lanzas o picas, las espadas y los dardos. Los arcos eran de un leño elástico y difícil de romperse, y su cuerda de nervios de animales o de pelo de ciervo hilado. Usábanlos algunos tan grandes (y hasta hoy se ven en algunas naciones) que tenían dos varas de cuerda. Las flechas eran de una vara dura armada de un hueso aguzado o de espina de pez, o de pedernal, o de la piedra *iztli* de que ya hemos hablado en otro lugar. En disparar eran prontísimos y muy certeros, para lo cual se ejercitaban desde niños y los alentaban con premios.

Los tehuacaneses eran celebrados especialmente por su destreza en disparar tres y cuatro flechas de un solo tiro. Los prodigios que hacen hoy con la flecha los tarahumaras, los yaquis y otras naciones de aquellos países[14] pueden dar una idea de los que harían los antiguos mexicanos. Ninguna nación de la tierra de Anáhuac usó jamás del veneno en las flechas, en lo cual influiría, como es verosímil, el empeño de apresar vivos a sus enemigos para sacrificarlos a sus dioses. El *macuahuitl,* que los españoles llamaron espada por ser el arma que tenían equivalente a la espada del antiguo continente, era un bastón largo 5 ó 6 palmos castellanos y ancho como 4 dedos, armado por uno y otro lado de unas navajas agudísimas de *iztli,* embutidas y fuertemente pegadas en el bastón con la goma laca,[15] las cuales tenían 3 dedos de longitud y uno o más de latitud, y casi tan gruesas como nuestras espadas regulares. Era esta arma tan terrible que hubo ocasión en que de un solo golpe cortaron a cercén, como dice el P. Acosta, la cabeza a un caballo;[16] pero sólo el primer golpe era el temible, porque inmedia-

[14] La destreza de aquellos pueblos en tirar la flecha no sería creíble si no constara por la declaración de infinitos testigos oculares. Júntanse algunos indios y echando por alto una panocha de maíz, se ponen a flecharla con tal prontitud y destreza, que no la dejan bajar a tierra hasta haberla desgranado enteramente. Arrojan del mismo modo una peseta y la mantienen a flechazos en el aire cuanto tempo quieren.

[15] Herrera dice que pegaban los pedernales en las espadas con el jugo viscoso de una raíz que llamaban *cacotle,* mezclado de sangre de murciélagos; pero ni eran pedernales los que empleaban en sus espadas, ni los pegaban con otra cosa que con la laca, a la cual, por parecerles semejante al estiércol de murciélago, llamaban *tzinancacuitlatl,* y de aquí sin duda nació el error de aquel cronista.

[16] El Dr. Hernández dice que con el golpe de *macuahuitl* se podía dividir un hombre por medio, y el Conquistador Anónimo testifica haber visto en un mismo día a un mexicano que de un golpe de espada que dio a un caballo en el pecho le hizo echar los intestinos, y a otro que de un golpe semejante en la cabeza de otro caballo lo derribó muerto a sus pies. La hechura del *macuahuitl* es bien sabida: a quien no tuviere idea de ella bástale ver la que representamos en la lámina de las armas.

tamente se embotaba el filo. Esta arma llevaban atada con una cuerda en la muñeca de la mano, porque no se les fuese al descargar el golpe.

Las picas de los mexicanos tenían en vez de hierro un gran pedernal, que solía tener una vara o más de longitud, pero otras había con punta de cobre. Los chinantecas y algunos pueblos de Chiapas usaban picas tan enormemente grandes, que tenían hasta 30 palmos castellanos o 7 varas y media de longitud, y de ellas se valió el conquistador Cortés contra el ejército de Pánfilo Narváez.

El *tlacochtli* o dardo mexicano, al cual dieron los españoles los nombres de lancilla arrojadiza, vara tostada y vara con amiento, era una lancilla de otate o de otra materia fuerte con la punta aguzada y tostada, que a veces armaban de cobre o de *itztli* o de hueso. Algunos tenían dos y aun tres puntas, y hacían otras tantas heridas de un golpe. Arrojaban los dardos con amiento[17] o cuerda, para retirarlos después de haber herido. Ésta era el arma que más temían los españoles; porque muchos mexicanos los arrojaban con tanta fuerza, que pasaban un hombre de parte a parte. Los más de los soldados iban a la guerra armados a un tiempo de espadas, de arco y flechas, de dardo y de hondas; pero no sabemos si alguna vez se servían en la guerra del hacha.

24. Estandartes e instrumentos militares

Usaban también en la guerra de estandartes y de instrumentos músicos. Los estandartes, que eran menos diferentes del *signum* de los romanos que de nuestras banderas, eran unos palos de 3 ó 4 varas de largo que, en su punta, tenían las armas e insignias del Estado, hechas de oro, de pluma o de otra materia noble. Las armas del imperio mexicano eran un águila que se abatía a hacer presa en un tigre; las de la república de Tlaxcala un águila de oro[18] con las alas extendidas; pero cada señorío de los 4 que componían la república tenía su escudo particular. El de Ocotelolco era un pájaro verde sobre un peñasco; el de Tizatlan una garza blanca sobre otro peñasco; el de Tepeticpac un lobo feroz, y el de Quiahuiztlan unas plumas verdes en forma de sombrajo y un medio mosqueador. El estandarte que ganó el conquistador Cortés en la célebre batalla de Otumba era una red de oro, que verosímilmente sería la insignia de alguna de las ciudades de la laguna por alusión a la pesca.

---

[17] El dardo mexicano era de la misma especie del que los romanos llamaban *hastile, jaculum* o *telum amentatum*, y el nombre castellano amento o amiento es tomado del latino *amentum*, en la misma significación.
[18] Gómara dice que era una grulla; pero Torquemada y Herrera afirman que era un águila.

Además del estandarte común y principal del ejército, cada compañía, que era de 200 ó 300 hombres, llevaba el suyo particular, la cual se distinguía de las demás no solamente en la forma del estandarte, sino también en el color de las plumas que llevaban sobre sus armas los nobles y oficiales. El llevar el estandarte principal tocaba, a lo menos (según parece por la Historia) en los últimos tiempos del imperio, al mismo general del ejército, y en las compañías, según conjeturo, al jefe principal de cada una. Llevaban el asta del estandarte tan fuertemente atada en la espalda, que era casi imposible el arrancársela sin hacerlos pedazos. En la república de Tlaxcala, cuando marchaban en tiempo de paz las tropas, llevaban el estandarte en la vanguardia; los mexicanos la llevaban en el centro del ejército. Su música militar, que más tenía de ruido que de armonía, se reducía a pequeños tambores o bocinas y a caracoles marinos.

25. Modo de declarar y hacer la guerra

Para mover la guerra se examinaba antes en consejo la justicia. Las causas ordinarias de emprenderla eran la rebelión de alguna ciudad o provincia del imperio, la muerte dada a algunos correos o mercaderes mexicanos, acolhúas o tepanecas, o algún grave insulto hecho a sus embajadores. Si la rebelión era solamente de algunos jefes y no del pueblo, hacían llevar los culpados a la capital para castigarlos. Si era culpado el pueblo se le pedía antes satisfacción de parte del rey; si se humillaban y daban pruebas de un sincero arrepentimiento, se les perdonaba la culpa y se les exhortaba a la enmienda; pero si respondían con orgullo y se obstinaban en no dar satisfacción o cometían nuevo insulto con los mensajeros que iban a hacerles el requerimiento, se proponía la causa en el consejo y, resuelta la guerra, se daban desde luego las órdenes convenientes a los generales.

Algunas veces, para justificar más su conducta los reyes, despachaban antes de emprender la guerra contra algún estado o lugar tres diferentes embajadas; la primera dirigida al señor del Estado, ordenándole cumpliese lo que se le encargaba dentro de cierto tiempo so pena de ser tratado como enemigo; la segunda, a la nobleza para que persuadiese a su señor que no diese ocasión a la fuerza, y la tercera al pueblo para darle cuenta de los motivos que tenía su soberano para la guerra, y algunas veces eran, dice un historiador, tan eficaces las razones que les proponían y les ponderaban tan vivamente los bienes de la paz y los males de la guerra, que se venía a algún ajuste. Solían también enviar con los embajadores un ídolo de Huitzilopochtli, encargando al pueblo que motivaba la guerra le diese lugar entre sus dioses y le tributase el culto que se le debía. Si el pueblo se creía con fuerzas suficientes para resistir, desechaba la propuesta y desairaba al dios extranjero; pero si no se reconocía en estado de poder sostener la guerra, admitía el ídolo y lo colocaba entre los de sus dioses provinciales y a la embajada respondía con un buen presente de oro, piedras preciosas o plumería, protestando su reconocimiento y sumisión al soberano que lo requería.

En caso de hacerse la guerra, la primera diligencia que se ejecutaba era la de avisar a los enemigos para que se previniesen a la defensa; porque se reputaba cosa indigna y de menos valor el acometer a los desprevenidos, para lo cual se enviaban algunas rodelas, que era señal de desafío, y algunos vestidos de algodón; si el desafío era de rey a rey, se añadía la ceremonia de ungirle y emplumarle la cabeza por medio del embajador, como se vio en el desafío del rey Itzcoatl al tirano Maxtlaton por el célebre general Moctezuma. Después despachaban sus espías, a los cuales daban el nombre de *quimichtin* o ratones, para que disfrazados se introdujesen en la tierra de los enemigos a observar todas sus disposiciones, y el número y la calidad de las tropas que reclutaban. Si salían con felicidad de su comisión eran premiados. Finalmente, después de hechos algunos sacrificios de cautivos al dios Huitzilopochtli o al protector del Estado o ciudad que hacía la guerra, para merecer su protección, salía el ejército a campaña. No iba ordenado en alas o filas, pero tenía sus divisiones y cada una su jefe y su estandarte.

Cuando el ejército era numeroso se contaba por *xiquipilles;* cada *xiquipilli* constaba de 8,000 hombres y es verosímil que cada cuerpo de ésos fuese bajo las órdenes de algún *tlacatecatl* o de otro general. El lugar donde ordinariamente se daba la primera batalla era un pedazo de tierra que habían destinado a ese efecto en todas las provincias, que llamaban *yaotlalli,* tierra de guerra o campo de batalla. La batalla se comenzaba con un espantoso ruido (muy usado entre los romanos) de los instrumentos militares y de gritos y silbos tan grandes que, como testifica de propia experiencia el Conquistador Anónimo, causaban horror a los que no estaban acostumbrados. En el ejército de los texcocanos, lo mismo sería en los otros, daba la señal de la batalla el rey o el general con un atabalillo que llevaba colgado a las espaldas. Su primer ataque era furioso, pero no acometían todos de una vez como publicaron algunos escritores; acostumbraban tener, aun en el mayor calor de la batalla, ciertas tropas de reserva para la mayor necesidad. Unas veces daban principio a la batalla con las flechas, y otras con los dardos y piedras y en agotando las flechas empleaban las picas, porras y espadas. Procuraban con particular diligencia mantener la unión de sus batallones, defender el estandarte y retirar los muertos y heridos de la vista de los enemigos. Había en el ejército varios hombres que no tenían otro empleo que el de ocultar de los ojos de los enemigos esos objetos que podrían alentar sus ánimos e insolentar su orgullo. Los heridos que no podían ir por su pie eran llevados a los cirujanos para que los curasen.

Usaban mucho de la guerra de emboscada, agazapándose entre la hierba y ocultándose en hoyos que hacían en la tierra, de lo cual tuvieron bastante experiencia los españoles y frecuentemente simulaban fuga para llevar a los enemigos empeñados en el alcance a algún sitio peligroso, o cargarles con nueva gente por las espaldas. Su principal empeño en las batallas no era tanto el matar enemigos, cuanto el apresarlos para los sacrificios; ni se calificaba el esfuerzo de un soldado por el número de muertos que dejaba en el campo, sino por el de los prisioneros que presentaba después de la batalla al general. Ésta fue sin duda una de las causas que más contribuyeron a la conservación de los españoles entre tantos peligros, y especialmente en la Noche Triste. Cuando algún enemigo se resistía a darse por prisionero, el que quería apresarlo lo desjarretaba para que no se le escapase; y si un soldado no bastaba a prenderlo, acudían otros a ayudarle. Cuando el ejército veía tomado el estandarte, o muerto el general, se ponía en fuga, y una vez vueltas las espaldas al enemigo no había poder humano para detenerlo. Concluida la batalla celebraban los vencedores con grandes regocijos la victoria y premiaban a los oficiales y soldados que habían cautivado a algunos enemigos.

Cuando el rey de México apresaba a alguno por sus manos, le enviaban de todas las provincias del reino los parabienes con algunos regalos, vestían al cautivo de las mejores galas y joyas y en andas lo llevaban a la corte, en donde salían los ciudadanos a recibirle con música y aclamaciones. Llegado el día de su sacrificio, después de ayunar la víspera el rey, como acostumbraban los dueños de las víctimas, llevaban al real cautivo al ara común vestido de las insignias del ídolo del sol, en donde le sacrificaba el sumo sacerdote; hacía con su sangre una aspersión a los cuatro vientos cardinales y enviaba un vaso de la misma sangre al rey, el cual hacía rociar con ella todos los ídolos que había en el recinto del templo en acción de gracias por la victoria obtenida sobre los enemigos del Estado. Fijaban en un madero altísimo la cabeza de la víctima y después de secar su piel la rellenaban de algodón y colgaban en el mismo palacio del rey para memoria de tan ilustre acción; en lo cual, como se ve, tenía la mayor parte la lisonja. Cuando se ponía sitio a una ciudad, el primer cuidado de los sitiados era poner en seguridad a sus hijos, sus mujeres y los inválidos para lo cual los pasaban con tiempo a otro lugar de su partido o a los montes. Con esto lograban salvar toda aquella gente débil del furor de los enemigos e impedir que les consumiesen los víveres.

## 26. Fortificaciones

Para defensa de los lugares usaban de varias especies de fortificaciones, como murallas y baluartes con sus parapetos, estacadas, fosos y trincheras. De la ciudad de Cuauhquechollan sabemos que estaba defendida con una buena muralla de cal y canto alta como 8 varas y ancha 4 con un buen parapeto.[19] Los conquistadores que describen las fortificaciones de esta ciudad nos dan noticia de otras muchas, y entre otras de la muralla que los tlaxcaltecas habían construido en la raya oriental de la república para defenderse de las invasiones de las tropas mexicanas que presidiaban a Iztacmaxtitlan, Xocotlan y otros lugares de aquella parte. Tenía esta muralla dos leguas de largo, 3 varas de alto y unas 7 de ancho. Era de piedra[20] unida con una fuerte argamasa, con un buen parapeto y sin más que una estrecha entrada de 10 pies, que era el espacio interpuesto entre las dos extremidades paralelas de la muralla dobladas por más de 40 pasos en forma de 2 semicírculos concéntricos, como se representa en la figura de una de nuestras láminas. Cerraba esta muralla el espacio que hay entre dos montañas, en donde hasta hoy se dejan ver sus ruinas. En las cercanías de Molcazac, no muy distante de la raya de la Mixteca, subsiste hasta el presente un castillo en la cima de un monte de figura cónica, ceñido de 4 o más murallas de la altura de un hombre, dispuestas en competente distancia una de otra desde la raíz del monte hasta su cumbre. En sus contornos hay muchos pequeños baluartes de cal y canto y a dos millas de distancia se ven en una colina vestigios de una grande y antigua población cuya memoria no nos han conservado los autores.[21]

Ocho o nueve leguas al nordeste de la villa de Córdoba se ve el castillo antiguo de Cuahtochco, circundado de altas murallas de piedra muy dura. Se entra a él subiendo por unas gradas de mucha elevación y de poca latitud, que así eran por lo común las entradas de sus fortalezas. De este castillo, que, por falta de curiosidad y sobra de

---

[19] En el libro IX describiremos las fortificaciones de Cuauhquechollan.
[20] Bernal Díaz dice que la muralla de Tlaxcala era de cal y canto y de otro betún tan recio, que con picos de hierro era preciso deshacerlo. Cortés dice que era de piedra seca. Yo sigo a Bernal Díaz, que testifica haberla visto despacio, aunque dio a la argamasa que usaban aquellas naciones el nombre de betún.
[21] Estas escasas noticias de aquellas fortificaciones antiguas habidas de testigos oculares y fidedignos nos hacen sospechar que hay en aquel reino algunos otros restos de la antigüedad mexicana, de los cuales nada sabemos por la incuria de nuestros compatriotas. Véase lo que sobre este asunto decimos en nuestras disertaciones contra Paw y el Dr. Robertson.

descuido está todo cubierto de malezas, sacó un caballero de la villa de Córdoba varias estatuas antiguas bien labradas para adorno de su casa. Cerca de la antigua corte de Texcoco se conserva una parte de la alta muralla de Coatlichan. Deseo que mis compatriotas conserven estos pocos restos de la arquitectura militar de los mexicanos, ya que han dejado perder tantas cosas apreciables de la antigüedad.

La corte de México, bastantemente fuerte en aquellos tiempos por su natural situación, se había hecho inexpugnable a sus enemigos por la industria de sus habitantes. No había acceso a la ciudad sino por las calzadas que habían fabricado sobre la laguna, y para dificultarlo en tiempo de guerra habían construido muchos baluartes y cortado las calzadas con varios fosos profundos, sobre los cuales tenían puentes levadizos, que alzaban cuando era menester, y para defender los fosos formaban, como veremos adelante, muy buenas trincheras. Estos fosos de las calzadas fueron el sepulcro de tantos españoles y tlaxcaltecas en la Noche Triste, y los que impidieron por tanto tiempo la expugnación de la ciudad a un ejército tan numeroso y tan ventajosamente armado como el que empleó Cortés en el sitio; y si no hubiera sido por los bergantines, hubieran tardado más en tomar la ciudad y les hubiera costado mucha más sangre. Para defender por agua la ciudad tenían millares de canoas y se ejercitaban frecuentemente en ese género de combates.

Pero las fortificaciones más singulares de México eran sus mismos templos, especialmente el Templo Mayor, que parecía una especie de ciudadela. La muralla que circunvalaba todo el recinto del templo, los 5 arsenales que allí mismo tenían surtidos de toda especie de armas y la misma hechura del templo, que hacía tan molesta y difícil la subida, dan suficientemente a conocer que en aquellas fábricas no tenía la política menor interés que la religión. Si no hubieran pretendido que aquel edificio religioso fuese al mismo tiempo fortaleza, a qué fin lo habrían construido tan alto y tan macizo, los santuarios en figura de torres, las gradas tan altas, los corredores tan estrechos y sin balaustres y, sobre todo, ¿a qué fin le habrían dispuesto en tal forma las escaleras que, al que intentase subir al atrio superior, le fuese necesario dar cuatro vueltas a todo el edificio? De la historia consta que se hacían fuertes en los templos cuando no podían embarazar a los enemigos la entrada en la ciudad, y desde allí les ofendían con flechas, con dardos y con guijarros. En el discurso de la historia veremos la dificultad que tuvieron los españoles en ganar el Templo Mayor a 500 nobles mexicanos que en él se habían fortalecido.

La agricultura, que es uno de los principales caracteres de la vida civil, se ejerció desde tiempo inmemorial en las tierras de Anáhuac. Nos consta por la historia que los toltecas la ejercieron y enseñaron a los chichimecas.

Los mexicanos, en su lenta peregrinación desde Aztlán hasta el lago en que fundaron su ciudad, cultivaron las tierras en donde hicieron mansión y se mantuvieron de las cosechas que levantaban. Oprimidos después de los colhúas y tepanecas, y reducidos a unos miserables islotes, cesaron por algunos años de labrar la tierra, porque no la tenían, hasta que la necesidad les enseñó a formar sementeras nadantes en la laguna.

### 27. Sementeras y jardines nadantes en el lago mexicano

El modo que tuvieron de hacerlas y que hasta hoy conservan es muy sencillo. Forman un gran tejido de mimbres o de raíces de enea que llaman *tolin* y de otras hierbas palustres, o de otra materia leve, pero capaz de tener unida la tierra de la sementera. Sobre este fundamento echan algunos céspedes ligeros de los que sobrenadan en la laguna, y sobre todo el cieno que sacan del fondo de la misma laguna. Su figura regular es cuadrilonga; su longitud y latitud es varia, por lo común tendrán, a lo que me parece, de 25 a 30 varas de largo, de 6 a 8 de ancho y como un pie de elevación sobre la superficie del agua. Éstas fueron las primeras sementeras que tuvieron los mexicanos después de la fundación de México, las cuales se multiplicaron después excesivamente y servían no solamente para el cultivo del maíz, del chile o pimiento y de otras semillas y frutos necesarios para su sustento, sino también para el de las flores y plantas odoríferas que se empleaban en el culto de los dioses y en las delicias de los señores.

Al presente siembran en ellas hortalizas y flores. Todas estas plantas se logran bien, porque el cieno de la laguna es fertilísimo y no necesita del agua del cielo para sus producciones. Algunas de estas sementeras tienen uno u otro arbolillo, y aun una chozuela en donde se resguarde el cultivador de los ardores del sol y de la lluvia. Cuando el dueño de una sementera, o como vulgarmente la llaman, chinampa, quiere pasarse a otro sitio por librarse de algún mal vecino o por estar más cerca de su familia, se embarca en su canoa y lleva a remolque su sementera o huerta a donde quiere. La parte del lago en que están estas huertas nadantes es uno de los paseos más deliciosos que tienen los mexicanos, en donde perciben los sentidos el más dulce placer del mundo.[22]

---

[22] Yo me persuado a que sería muy útil a México el que el gobierno fomentase las sementeras de la laguna. Se crearían nuevas tierras y se aumentarían los plantíos de los frutos; muchos pobres tendrían en qué ocuparse y de qué mantenerse; con la extracción del cieno que se emplearía en las sementeras, se ahondaría más el vaso de la laguna y, por consiguiente, sería menor el peligro de inundación.

## 28. Método de cultivar la tierra

Después que los mexicanos, sacudido el yugo de los tepanecas, comenzaron a hacer sus conquistas en tierra firme, se dedicaron con suma diligencia a la agricultura. Carecían del arado y de los bueyes, y lo suplían con su trabajo y algunos instrumentos muy sencillos. Servíanse de la *coatl*, que era una pala fuerte de encino, cuya extremidad era comúnmente de cobre para aflojar y remover la tierra. Usaban de hachas de cobre para rozar y para otras funciones de la agricultura; su hacha no se diferenciaba de las nuestras sino en el entrar en las nuestras el palo o mango en el anillo de la hacha, y en aquélla, por el contrario, el hacha en el mango en la forma que se representa en la dicha lámina de los trajes. Empleaban otros varios instrumentos; pero el descuido que en esta materia tuvieron los escritores antiguos nos priva de las luces que necesitamos para su descripción.

Para el riego de las tierras que eran capaces de recibirlo sangraban los ríos y hacían presas y acequias. Las tierras pendientes no se sembraban todos los años, sino se dejaban reposar hasta que criasen mucha breña, la cual quemaban y con sus cenizas reparaban las sales que el agua había robado. Usan los españoles hasta hoy de esta operación en las tierras altas, o para sembrarlas o para que produzcan el heno en abundancia para pasto del ganado. Hacían cercas para resguardo de los sembrados de piedra, de espinos y de magueyes que son las mejores; y en el mes *panquetzaliztli*, que correspondía, como ya dijimos, a nuestro diciembre, acostumbraban repararlas renovando juntamente, si fuere necesario, los mojones de las tierras.

El modo que tenían y tienen hasta ahora en varias partes de sembrar el maíz es éste: abre el sembrador, con un bastón de punta aguda y endurecida al fuego, un agujero en la tierra, y echa en él uno, dos o más granos de una espuerta que lleva pendiente del hombro izquierdo, y con el pie arrima un poco de tierra al agujero y cubre la semilla; pasa adelante y a cierta distancia, que varía según la calidad de la tierra, abre otro agujero y así continúa en línea recta hasta el cabo de la sementera, desde donde vuelve formando otra línea paralela a la primera. Las líneas salen tan derechas como si las tirasen a cordel, y la distancia entre planta y planta tan igual en todas partes, como si se hubiesen antes medido. Este modo de sembrar, que no se usa al presente, sino entre algunos indios pobres, es, aunque más lento,[23] más útil porque se proporciona mejor la cantidad de la semilla a las fuerzas del terreno y casi nada se pierde del grano que se siembra. Las cosechas en los campos cultivados

---

[23] La lentitud no es tanta como parece, porque los indios, acostumbrados a aquel ejercicio, lo hacen con suma presteza.

de esta suerte son mucho más abundantes. Cuando la caña llega a cierta altura le aporcan el pie para que se nutra mejor y para que pueda resistir a los embates del viento. En los trabajos del campo ayudaban las mujeres a sus maridos. A los hombres tocaba el romper la tierra, sembrar, aporcar, segar y desgranar, y a las mujeres deshojar la panocha y limpiar el grano; el escardar era común a unos y otros.

## 29. Eras y trojes

Tenían eras para desgranar las mazorcas y para limpiar las semillas, y trojes para guardar el grano. Sus trojes eran cuadradas y por la mayor parte de madera. Servíanse para esto principalmente del *oyametl,* que es un árbol altísimo y muy derecho, de tronco redondo, de corteza sutil y lisa, de pocas ramas y muy delgadas y de una madera correosa y difícil de romperse y de apolillarse. Formaban estas trojes sobre un envigado de pino disponiendo en cuadro los troncos de *oyametl* hasta la altura que querían, sin más labor que unas muescas o hendiduras que les hacían cerca de las extremidades para encajar un tronco en el otro y unirlos tan estrechamente que no permitiesen el paso a la luz. En llegando el cuadro a la altura que habían determinado darle, lo cubrían con otro envigado de pino y sobre él formaban el techo para defender el grano de la lluvia.

Tenían estas trojes la puerta en la parte superior y en la inferior una ventanilla. Eran tan grandes que contenían 5 ó 6,000 y aun más fanegas de maíz. Vense hasta hoy de estas trojes en muchos lugares distantes de la capital y entre ellas algunas que, a lo que parece, fueron construidas antes de la Conquista, y según me ha dicho un agricultor inteligente, en ellas se conserva mucho mejor el grano que en las que se acostumbran en Europa. Para cuidar de las mieses tenían miradores en la orilla de las sementeras. Fijaban cuatro palos altos en la tierra y en lo más elevado de ellos formaban una chozuela de ramas o de esteras desde donde podía un hombre, sin ser ofendido del sol o de la lluvia, observar todo el sembrado y ahuyentar con la honda las aves y animales perjudiciales. Son hasta hoy muy comunes en aquel reino estos miradores.

## 30. Huertas, jardines y bosques

Además de las sementeras de maíz y otras semillas, tenían los mexicanos un gusto exquisito en la cultura de huertas y jardines en que había plantados con bello orden árboles frutales, hierbas medicinales y flores de que hacían grande uso por el sumo placer que en ellas tenían los mexicanos y por la costumbre que había de presentar a los reyes, señores, embajadores y otras personas, ramilletes de flores, además de la excesiva cantidad que se consumía en el culto de los dioses, así en los templos como en los oratorios privados.

Entre las muchas huertas y jardines de la antigüedad de que ha quedado alguna memoria, fueron célebres los jardines reales de México y de Texcoco, de que ya hemos hecho mención, y las huertas de los señores de Iztapalapa y de Huaxtepec. El señor de Iztapalapa tenía dentro de su vasto palacio varios jardines y una gran huerta, cuya grandeza, disposición y hermosura asombró a los españoles conquistadores, entre los cuales la mencionan Hernán Cortés y Bernal Díaz. Estaba ésta repartida en varios cuarteles de diversas especies de plantas y flores que igualmente recreaban la vista que el olfato, con sus calles formadas unas de árboles frutales y otras de espaleras de caña cubiertas de flores y hierbas odoríferas. Bañábanlo algunos canales y entre otros uno por el cual entraban las canoas de la laguna. En medio de la huerta había un estanque cuadrado, tan grande que por cada banda tenía 400 pasos; era de piedra y argamasa y por todas partes tenía gradas hasta el fondo. Rodeaba el estanque un andén bien enladrillado por el cual podían pasear con desahogo cuatro hombres apareados. Veíanse en él innumerables lavancos, cercetas y otras aves acuátiles. Esta famosa huerta o fue plantada o a lo menos perfeccionada por Cuitláhuac, hermano y sucesor de Moctezuma II. Él hizo trasplantar en su huerta muchos árboles peregrinos, como testifica el Dr. Hernández que en parte la vio.

Mucho más grande y más célebre que la de Iztapalapa era la huerta de Huaxtepec. Tenía de circuito dos leguas y varias pequeñas casas de campo con bellísimos jardines, a distancia una de otra como de dos tiros de ballesta. Contribuía no menos a la hermosura que a la amenidad de aquel sitio un hermoso río que la atravesaba. Había en esa huerta muchas especies de plantas extranjeras, llevadas aun de países muy distantes y se cultivaban con el mayor cuidado. Conserváronla los españoles por muchos años después de la conquista, y criaban en ella cuantas especies de hierbas medicinales permitía el clima, para uso del hospital que allí erigieron, en el cual vivió por algún tiempo el admirable anacoreta Gregorio López.[24]

---

[24] Cortés (carta a Carlos V, 15 mayo 1522) dice que era la mayor y más hermosa y fresca que nunca se vio. Bernal Díaz (cap. 142) dice que era muy admirable y digna de un gran príncipe. El Dr. Hernández menciona varias veces esa huerta y algunos árboles que se trasplantaron a ella, entre otros el *huitzilóxitl* o árbol del bálsamo. El mismo Cortés (carta a Carlos V, 30 octubre 1520) dice que, habiendo suplicado al rey Moctezuma mandase hacer una granja en Manilaltepec para aquel emperador, en dos meses tenía ya fabricadas 4 buenas casas, sembradas 60 fanegas de maíz y 10 de frijol, plantados 2,000 pies de cacao, construido un estanque en que había 500 patos y en las casas 1,500 pavos.

No era menor el cuidado de los mexicanos por la conservación de los bosques para el abasto de la madera que se empleaba en la construcción de sus edificios y sus canoas, y para el surtimiento de la leña y carbón que se consumía en los templos, los palacios reales y las casas particulares. Pluguiese a Dios que al presente no hubiese tanta libertad en el desmonte de los bosques y que muchos labradores de aquel reino no antepusiesen su utilidad particular al bien público, abatiendo sin orden ni concierto las arboledas para dar mayor extensión a sus sementeras.

### 31. Plantas que más cultivaban

Entre las plantas que más cultivaban los mexicanos, las principales, después del maíz, eran el algodón, el cacao, el *metl* o maguey, la chía y el chile o pimiento, por la grande utilidad que de ellas percibían.

El maguey suministraba por sí solo todo lo necesario a la vida de los pobres. Esta planta servía de cerca a los sembrados; su tronco, de viga para los techos de las chozas, y sus hojas de tejas. De estas hojas sacaban papel, hilo, aguja, vestido, calzado y sogas. De su abundantísimo jugo hacían vino, miel, azúcar y vinagre. Del tronco y de la parte más gruesa de las hojas, cocida debajo de tierra, hacían un manjar de no mal gusto. En ella, finalmente, tenían medicina eficaz para varias enfermedades, especialmente para males de orina. Aún hoy es sumamente estimada esta planta por su incomparable utilidad.[25]

### 32. Crianza de animales

Por lo que mira a la crianza de animales, que es un empleo accesorio a la agricultura, aunque entre los mexicanos y demás naciones de Anáhuac no hubo pastores por faltarles los ganados, había criadores de innumerables especies de animales no conocidos en el antiguo Continente. Los hombres comunes criaban pavos y guajolotes, como allí los llaman; *techichis,* a los cuales llamaron perrillos comestibles los españoles; codornices, patos y otras varias especies de aves. En las posesiones de los señores se criaban peces, ciervos, conejos y muchas especies de pájaros, y en los jardines y sitios reales casi todas las especies de cuadrúpedos y de volátiles y muchísimas de acuátiles y reptiles. No hay

---

[25] *Véase* en nuestra *Cuarta disertación* el consumo del pulque o vino del maguey. El jugo de esta planta destilado se endulza más, y cocido se endulza y espesa hasta condensarse en azúcar. De este azúcar, desleído en agua y expuesto por nueve días al sol, hacían vinagre.

duda de que en esta especie de magnificencia excedió Moctezuma II a todos los reyes del mundo, y que no ha habido nación que igualase a la mexicana en el cuidado de criar tanta especie de animales y en el conocimiento de sus inclinaciones, del pasto conveniente a cada especie y de todos los medios para su conservación y propagación.

Entre los animales que criaban los mexicanos, ninguno hay más digno de mencionarse que el *nochiztli* o cochinilla, que ya describimos en el Libro I. Este insecto, tan estimado en todo el mundo por su color, siendo por una parte tan delicado y por otra tan perseguido, necesita de mucho mayor cuidado que los gusanos de seda. La lluvia, el frío y los vientos le dañan. Los pájaros, ratones y orugas le persiguen furiosamente y le devoran, por lo cual es necesario tener siempre muy limpios los plantíos de nopales o tunas en que se crían estos preciosos insectos, velar continuamente para ahuyentar los pájaros perjudiciales, disponer a los mismos insectos nidos de heno, de borra o cosa semejante en las hojas de la tuna, de cuyo jugo se alimentan, y removerlos de la planta juntamente con las hojas cuando viene el tiempo de las lluvias para resguardarlos dentro de casa. Antes de dar a luz a sus hijos mudan las hembras la piel, y para quitarles de encima este inútil despojo se valen de una cola de conejo, manejándola suavemente para no despegarlas de las hojas ni hacerles algún mal. En cada hoja se disponen tres nidos y en cada nido se colocan hasta quince cochinillas.

Cada año hacen tres cosechas, reservando en cada una cierto número para la futura generación; pero la última cosecha es la menos apreciada, porque en ella son más pequeñas las cochinillas y van mezcladas con alguna raspadura de la tuna. Matan comúnmente la cochinilla en agua caliente; pero hay diferentes modos de secarla y de aquí depende, en gran parte, la calidad del color. Algunos la secan al sol y éste, según dicen, es el mejor modo; otros la secan en el comal o tortera en que usan cocer los indios su pan de maíz, y otros en el *temazcal* o hipocausto, de que hablaremos adelante.

### 33. Caza de los mexicanos

No abandonaron los mexicanos el ejercicio de la caza por las fatigas de la agricultura. Usaban para la caza de arcos y flechas, de dardos, redes, lazos y cerbatanas, en que eran muy diestros. Las cerbatanas que usaban el rey y principales señores estaban guarnecidas de oro o de plata, o curiosamente entalladas y pintadas. Además de la caza que hacían los particulares para proveerse de sustento y vestido o por mera diversión, solían hacerse cazas generales o establecidas por costumbre para allegar una gran copia de víctimas para los sacrificios, como se hacían en los meses decimocuarto y decimoctavo, u ordenadas extraordinariamente por el rey.

Escogíase un bosque, que ordinariamente solía ser el de Zacatepec, pocas leguas distante de México, y en él el lugar más a propósito para tender gran número de lazos y redes. Hacían un gran bloqueo de dos o tres leguas, según el número de los animales que intentaban cazar; pegaban fuego por todas partes al heno y hierba, y al mismo tiempo hacían un ruido tremendo de tambores, bocinas, gritos y silbos. Los animales, espantados del ruido y del fuego, huían hacia el centro del bosque, que era el lugar donde tenían dispuestas las redes. Los cazadores, dirigiéndose al mismo sitio y continuando el estrépito, iban estrechando más y más su cordón hasta dejar un espacio cortísimo a la caza, y entonces todos cargaban sobre ella con sus armas. De los animales unos morían heridos y otros caían vivos en las redes o en las manos de los cazadores. Era tan grande la muchedumbre y variedad de animales que se cazaban, que habiéndola oído contar el primer virrey de México D. Antonio de Mendoza y haciéndose difícil el creerla, quiso hacer por sí mismo la experiencia. Señaló para la caza una llanura que hay en la tierra de los otomíes entre Xilotepec y San Juan del Río y ordenó que aquellos indios la hiciesen del modo que la hacían en su gentilidad.

El mismo virrey fue con un gran séquito de españoles a dicha llanura, en donde se le había prevenido alojamiento en unas casas de madera que brevemente construyeron. Formaron 11,000 otomíes un círculo de más de 5 leguas y habiendo practicado las diligencias que ya expresamos, llegó a juntarse tanta caza que el virrey, asombrado mandó dar libertad, como se hizo, a una gran parte; sin embargo, fueron tantos los animales que se cazaron que parecía increíble si no hubiese sido cosa tan pública y si no la depusiera Motolinia, un testigo de mayor excepción. Se mataron 600 y tantos ciervos y cabras monteses, más de 100 coyotes y un número prodigioso de zorrillos, liebres y conejos. Conserva hasta hoy aquella llanura el nombre que entonces se le dio de Cazadero.

Además de este modo común de cazar, tenían otros particulares y proporcionados a la condición de los animales. Para cazar monos hacían una pequeña hoguera y echaban en ella cierta especie de piedra que llamaban *cacalotetl* (piedra de cuervo), la cual tiene la particularidad de reventar con un grande estallido cuando está bien inflamada del fuego; cubrían la hoguera con tierra y en contorno de ella esparcían algún maíz. Las monas, cargadas de sus hijuelos, acudían al cebo del grano, y cuando más engolosinadas estaban daba el estallido la piedra, huían despavoridas las monas dejando a sus hijos en el peligro, y los cazadores los apresaban antes de que las madres los buscasen.

Era también singular (y lo usan hasta hoy) el modo de cazar patos. Hay en las lagunas de México y en otras del reino una increíble multitud de patos, gallaretas y otras aves acuátiles. Mantenían nadantes sobre las aguas a donde acudían estas aves algunas calabazas huecas para que, familiarizándose con ellas, no se ahuyentasen al tiempo de la caza. Entraba el cazador en el agua y ocultando bajo de ella todo el cuerpo no llevaba fuera más de la cabeza enmascarada en una de esas calabazas; los patos llegaban a picarla y el cazador los cogía por los pies y los zambullía, y de esta suerte apresaba con suma facilidad cuantos quería.

Cazaban vivas las serpientes o echándolas con suma destreza un lazo al tiempo de erguir la cabeza, o llegándose intrépidamente a ellas las cogían con una mano del cuello y con la otra les cosían la boca. Hasta hoy practican este género de caza y cada día se ven vender, en las boticas de la capital y de otras ciudades, culebras vivas apresadas de esta suerte. Pero lo más admirable en esta materia es el tino que tienen para perseguir a las fieras por el rastro. Aun cuando la fiera no deja huella alguna estampada por estar cubierta la tierra de hierba o de hojas secas que caen de los árboles, aciertan a seguirla especialmente si huye herida, observando con imponderable perspicacia o las gotas de sangre que va salpicando en las hojas o la hierba que maltrata u oprime al pasar.[26]

## 34. Pesca

Para la pesca, que tiene tanta afinidad con la caza, convidaba a los mexicanos la misma situación de su capital y la vecindad del lago de agua dulce abundante de pescado. En ella se ejercitaron desde que se establecieron en aquellos contornos, y lo que pescaban les servía para comerciar y proveerse de lo demás que les faltaba. Para coger los cocodrilos o caimanes se valían de dos arbitrios; el uno, lazarlos por el cuello que era, como testifica el Dr. Hernández, muy común y practicado aun en los muchachos con cocodrilos de enorme grandeza; pero este autor no expresa el modo con que se ejecutaba impunemente una acción tan temeraria con una bestia tan terrible. El otro modo, que hasta hoy se practica, es el mismo que han usado los egipcios con los célebres cocodrilos del Nilo. Presentábase el pescador al cocodrilo llevando en la mano una grande y fuerte estaca aguzada en ambas puntas, y al abrir la bestia la boca para devorarlo, le introducía el brazo armado, y

---

[26] Aún más admirable es lo que se ve en los tarahumaras, ópatas y otras naciones de más allá del trópico perseguidas de los bárbaros apaches; y es que por el contacto y observación de las huellas de sus enemigos conocen, poco más o menos, el tiempo en que pasaron por el lugar que observaban. Lo mismo se nota con admiración en los indios de Yucatán.

queriendo el cocodrilo cerrar la boca para hacer presa quedaban clavadas entrambas mandíbulas. El pescador esperaba a que desangrado se debilitase para acabar de matarlo. Los instrumentos más comunes de que se servían los mexicanos para la pesca eran las redes; pero usaban también de anzuelos, arpones y mazas. Todo lo que los mexicanos percibían de su agricultura, su caza y su pesca hacía, como ya veremos, diversos renglones muy considerables de su comercio.

### 35. Comercio

El comercio de los mexicanos en la tierra de Anáhuac comenzó desde su primer establecimiento en el lago en que fundaron después su ciudad. El pescado que cogían y las esteras que tejían de la enea que lleva el mismo lago permutaban por maíz para su sustento, por algodón para su vestido y por piedras, cal y madera para sus edificios. A proporción del poder que adquirían con sus armas, se aumentaba y extendía su comercio; y, limitándose al principio a los contornos del lago, se propagó después hasta las más remotas provincias. Eran infinitos los mercaderes mexicanos que giraban de mercado en mercado por todas las provincias del imperio, sacando efectos de cada lugar para permutarlos en otro con ventajas. Adquirían en otros lugares algodón en capullo, pieles crudas, piedras preciosas y otros materiales, y llevándolos a México les daban en sus manufacturas todo el beneficio y labor de que eran capaces para hacer con ellos nuevas y ventajosas permutas. En todos los lugares del imperio mexicano y de toda la tierra de Anáhuac había mercado todos los días; pero el mayor y general era cada cinco días. Los lugares poco distantes entre sí tenían este célebre mercado o feria en distintos días para no perjudicarse el uno al otro. En la capital se celebraba en los días 3, 8, 13 y 18 de cada mes, que eran los que tenían los caracteres principales de *Casa, Conejo, Caña* y *Pedernal*.

Para dar alguna idea de estos mercados, tan celebrados por los historiadores de aquel reino, bastará decir lo que era el de la capital. Éste hasta el tiempo del rey Axayácatl se había tenido, a lo que parece, en una plaza que había delante del palacio real, pero después que Tlaltelolco entró en la corona de México se pasó a aquella nueva parte de la gran capital. La plaza de Tlaltelolco era, según testifica Cortés, dos veces mayor que la de Salamanca, cuadrada y rodeada toda de pórticos para la comodidad de los comerciantes. Cada renglón de comercio tenía su puesto señalado por los intendentes del mercado. En un puesto se vendían las cosas de oro, plata y piedras preciosas; en otro las obras de pluma, en otro los tejidos de algodón y así de lo demás, y a nadie se le permitía mudar de lugar; y por si no cabían en aquella gran plaza todas las cosas venales sin embarazar a los comerciantes, había la providencia de que las cosas de mayor volumen, como vigas, piedras y semejantes, se quedaran en las calles o acequias inmediatas. El número de los contratantes que diariamente concurrían a aquella plaza era, según el mismo Cortés, de más de 50,000.[27]

Las cosas que allí se vendían eran tantas y tan varias, que los historiadores que las vieron, después de hacer una larga y prolija enumeración, concluyen diciendo que es imposible expresarlas todas. Yo procuraré decirlas en pocas palabras para excusar la molestia de los lectores. Lo que se llevaba a vender y a permutar al mercado era de cuanto había en el imperio mexicano y en las provincias y reinos vecinos[28] que pudiese servir a las necesidades de la vida, a la comodidad y regalo, a la vanidad y curiosidad de los hombres; innumerables especies de animales, así muertos como vivos; todo género de comestibles usados en aquella tierra, todos los metales y piedras preciosas allí conocidas, todos los simples medicinales y hierbas útiles, resinas, aceites y tierras minerales, y todo género de obras y manufacturas de pita, algodón, pluma, pelo de animales, madera, oro, plata, cobre y piedra. Vendíanse también esclavos y aun canoas enteras de excremento humano para curtir las pieles de animales. En una palabra, vendíase en aquella plaza cuanto podía venderse en toda la ciudad; porque, a excepción de los comestibles, que había venales en otros mercadillos de la ciudad, ninguna cosa se vendía fuera de la plaza del gran mercado. Allí concurrían los alfareros y lapidarios de Cholula, los plateros de Azcapotzalco, los pintores de Texcoco, los estereros de Cuauhtitlán, los ramilleteros de Xochimilco, los pescadores de Cuitláhuac, los cazadores de Xilotepec y los canteros de Tenayuca.

### 36. Moneda

El comercio no se hacía solamente por vía de permuta, como han publicado varios historiadores, sino también por rigurosa compra y venta. Tenían cinco especies de moneda que servía de precio a sus mercaderías. La primera era una especie de cacao, distinto del que ordinariamente empleaban en sus bebidas, el cual circulaba incesante-

---

[27] Aunque Cortés dice que cotidianamente concurrían más de 50,000, parece que debe entenderse del mercado grande de cada cinco días, porque el Conquistador Anónimo, que habla con más distinción, dice que concurrían de 20,000 a 25,000, y en los mercados grandes de 40 a 50,000.

[28] Quien leyere la descripción que hacen Cortés, Bernal Díaz y el Conquistador Anónimo reconocerá que no hay exageración alguna en lo que digo.

mente de mano en mano, como entre nosotros el dinero. Contaban el cacao por *xiquipiles* (cada *xiquipilli* eran 8,000 almendras); para ahorrarse la molestia de contar cuando la mercadería era de mucho valor, contaban por cargas, regulando cada carga, que era por lo común del peso de dos arrobas, por tres *xiquipiles* o 24,000 almendras.

La segunda especie de moneda eran ciertas pequeñas mantas de algodón que llamaban *patolcuachtli*, casi únicamente destinadas a adquirir las mercaderías que habían menester. La tercera especie era el oro en grano o en polvo, encerrado en cañones de ánsares que por transparencia dejaban ver el precioso metal que contenían y subían o bajaban su valor según su grandeza y amplitud. La cuarta, que más se acercaba a la moneda acuñada, era de ciertas piezas de cobre en forma de T, que se empleaba en cosas de poco valor. La quinta, finalmente, de que hace mención Cortés en su última carta a Carlos V, era de ciertas piezas útiles de estaño. Esta moneda creo que era sellada por la razón que daré en mis *Disertaciones*.

Vendíanse y permutábanse las mercaderías por número y medida; pero no sabemos que se sirviesen del peso, o fuese porque lo creyeron expuesto a fraudes, como dijeron algunos autores, o porque no les pareció necesario, como escribieron otros, o por ventura lo usaron y los españoles no alcanzaron a saberlo.[29]

### 37. Reglamentos sobre el comercio

Para evitar todo fraude en los contratos y todo desorden en los contratantes, había varios inspectores que giraban incesantemente por el mercado, observando cuanto pasaba, y un tribunal de comercio que residía en una de las casas de la plaza, compuesto de 12 jueces únicamente destinados a juzgar de las diferencias de los mercaderes y de los delitos que allí se cometían. De todo lo que se introducía en el mercado se pagaba un tanto de derechos al rey, el cual se obligaba de su parte a administrarles justicia y a indemnizar sus personas y bienes. Rara vez se veía un hurto en el mercado por la vigilancia de los ministros reales y el rigor con que inmediatamente se castigaba. Pero ¿qué mucho que el hurto se castigase, si aun otros desórdenes menores no se perdonaban?

---

[29] Gómara dice que los mexicanos no usaron de peso por ignorancia; pero no es verosímil que una nación que tanto adelantó sus conocimientos ignorase el modo de discernir el peso de las cosas, habiéndolo alcanzado otras de menos industria y cultura, como confiesa el mismo autor, y habiéndose hallado en una de ellas una especie de romana para pesar el oro. Cuántas cosas de los antiguos americanos ignoramos, por no haberse hecho las convenientes averiguaciones.

El laborioso y sincerísimo Motolinia depone como testigo ocular que, habiendo dos mujeres una rencilla en el mercado de Texcoco y propasándose una de ellas hasta poner en la otra las manos y sacarle sangre, con asombro del pueblo, que no estaba acostumbrado a ver semejante exceso en aquel lugar, fue inmediatamente condenada a muerte por el escándalo. Todos los españoles que asistieron a estos mercados los celebraron con los más encarecidos elogios y no hallaron palabras con que ponderar el orden admirable y bella disposición que había entre tanta muchedumbre de mercaderes y de mercaderías.

Los mercados de Texcoco, Tlaxcala, Cholula, Huexotzinco y demás lugares grandes eran en la misma forma que el de México. Del de Tlaxcala dice Cortés que concurrían todos los días más de 30,000 contratantes.[30] Del de Tepeyac, que no era de las mayores ciudades, testifica el citado Motolinia haber averiguado, como ya insinuamos en otro lugar, que 24 años después de la conquista, cuando ya había decaído el comercio de aquellos pueblos, no se vendían cada cinco días menos de 8,000 gallinas europeas en aquella plaza, y que otras tantas se vendían en el mercado de Acapetlayocan.

### 38. Práctica de los viajes de los mercaderes

Cuando los mercaderes tenían que hacer algún largo viaje hacían convites a los veteranos de su profesión que ya por su edad estaban imposibilitados de viajar, y a sus propios parientes, y les exponían su intento y el motivo de ir a tan remotos países, que era el de adelantar la hacienda que habían heredado de sus padres. Los convidados le alababan su resolución y lo alentaban a seguir con fortaleza las huellas de sus mayores, especialmente si era aquel el primer viaje que emprendían; representábanle los trabajos que le esperaban, excitábanlo a tolerarlos por el bien de su familia y aconsejábanlo que en el camino invocase frecuentemente a su dios, que no omitiese las penitencias que acostumbraban los mercaderes y que respetasen y obsequiasen a los veteranos.

Hacían ordinariamente estos viajes en caravanas para su mayor seguridad; llevaban cada uno un báculo negro y liso que, según decían, era la imagen de su dios Iyacateuctli, con la cual se creían seguros en los peligros del camino. Luego que llegaban a alguna posada juntaban y ataban los báculos y les tributaban culto, y a la noche por dos o tres veces se sacaban sangre en honor de su dios. Todo el tiempo que el mercader estaba ausente de su casa, su mujer e hijos no se lavaban la

---

[30] Debe, a lo que me parece, entenderse de los que concurrían al gran mercado de cada cinco días, como dijimos del de México.

cabeza aunque se lavasen el cuerpo, sino de 80 en 80 días, así para mostrar la pena de su ausencia como para alcanzar con ese género de penitencia la protección de sus dioses. Cuando alguno de los mercaderes moría en el viaje, enviaban la nueva derechamente a los mercaderes ancianos de su lugar, y éstos la participaban a sus domésticos, los cuales hacían luego de pino una informe estatua de difunto y practicaban con ella las ceremonias que harían con el cadáver.

### 39. CAMINOS, PUENTES, BARCAS, ALBERGUES

Para comodidad de los mercaderes y demás viajantes había caminos públicos que tenían cuidado de aderezar todos los años después de las aguas; había en los montes y despoblados casas destinadas para su alojamiento, y en los ríos barcos, balsas y puentes. Los barcos eran como los de la laguna de México, unas grandes artesas con remos pero sin quilla ni velas. Las balsas (que así las llaman en aquel reino) eran unos tabladillos cuadrados de otates o cañas sólidas bien atadas sobre unos calabazos. Sobre esta máquina se sentaban los pasajeros y eran conducidos de la una a la otra parte del río de uno, dos o más nadadores que se asían con una mano de un ángulo de la máquina y con el otro brazo nadaban.

Los puentes eran de piedra, de vigas o de redes. Los de piedra eran, a lo que parece, muy pocos. Las redes que allí nombran hamacas eran unos tejidos de bejucos (ciertas cuerdas naturales muy fuertes que allí se crían) cuyas extremidades ataban a los árboles de una y otra ribera, quedando casi en la forma de un columpio. Así las hamacas como las balsas se usan hasta hoy en algunos ríos distantes de la capital. Los españoles se sirven de las balsas y yo pasé en ellas un gran río en la provincia de Xicayan; pero no se atreven, y con razón, a usar de las hamacas. Los indios pasan por ellas con tanta serenidad de ánimo como si fueran por un puente de piedra. Yo vi con asombro en el río de Tonalla de la Mixteca pasar un indio sin temor alguno ni de las oscilaciones que hacía la hamaca ni del ímpetu de la corriente que veía debajo de sus pies.[31] En la antigüedad poco necesitaban de semejantes puentes los mexicanos por ser todos tan diestros nadadores, si no era cuando la rapidez de la corriente o el peso de la carga que llevaban no les permitía pasar a nado.

No sabemos que los mexicanos tuviesen algún comercio marítimo, porque aunque tenían muchos barquillos, así en el Seno Mexicano como

---

[31] Algunas de estas hamacas tienen tan tirantes y fuertes los bejucos que poco o nada ondean y todas tienen sus pasamanos de la misma materia.

en el mar del Sur, eran todos, a lo que parece, de pescadores. Donde había mucho comercio por agua era en la laguna de México. La piedra y madera para los edificios, el pescado y mucha parte de las semillas, legumbres, frutas y flores se conducía por agua. El comercio con Texcoco, Xochimilco, Cuitláhuac, Chalco y con otras ciudades situadas sobre la laguna se hacía por agua, para lo cual había en dichos lagos, según deponen varios autores, más de 50,000 canoas de diferente magnitud.

### 40. Hombres de carga

Todo lo que no se transportaba por agua se llevaba a cuestas, para lo cual había infinita gente destinada a la carga, que llamaban *tlamama* o *tlameme*. Acostumbrábanse desde niños a ese ejercicio en que debían emplearse toda su vida. La carga era solamente de unas dos arrobas y la jornada de cinco leguas; pero hacían con ella viajes de 80 a 100 leguas, frecuentemente por montes y quebradas asperísimos. Estaban necesitados a esta intolerable fatiga por faltarles las bestias de carga, y aún hoy que abundan tanto esos animales en aquella tierra se ve frecuentemente a los mexicanos hacer largos viajes con una buena carga a las espaldas.

Transportaban el algodón, el maíz y otras cosas en un *petlacalli,* que era una caja tejida de cierta especie de caña y cubierta de cuero, que siendo ligera defendía suficientemente la mercadería de las injurias del sol y del agua. Son muy usadas hasta hoy estas cajas, a las cuales dan los españoles el nombre alterado de petacas, el cual ha sido adoptado por la Academia Española, como otros varios de la lengua mexicana.

### 41. Lengua mexicana

No embaraza al comercio de los mexicanos la muchedumbre y variedad de lenguas que se hablan en las tierras de Anáhuac; porque la mexicana, que era la dominante, se entendía y hablaba en todas partes. Esta lengua era la propia y nativa de los acolhúas y aztecas[32] y, según lo que decimos en otra parte, de los toltecas y de los chichimecas. Carece

---

[32] No sé que hasta ahora haya habido quien diga que la lengua que llamamos mexicana no era la nativa de los mexicanos sino Boturini, el cual afirma que la excelencia de esta lengua fue la causa de que los chichimecas, los mexicanos y los tochichimecas la adoptasen, dejando la que antes hablaban pero además de que no hay vestigio de semejante cosa en la historia de aquel reino, ¿quién ha visto ni sabido que una nación deseche su idioma nativo por tomar otro mejor, y mucho menos una nación tan tenaz, como la mexicana y las demás de aquel reino, de su primitivo lenguaje?

la lengua mexicana de las consonantes *b, d, f, g, r* y *s,* y abunda en *l, x, t, z, tl* y *tz*; pero siendo tan común la *l* no sé de voz alguna que comience con esa consonante. Carece también de esdrújulos; uno u otro muy raro que hoy se oye, parece introducido después de la conquista. Tampoco tiene voz alguna de terminación aguda. Sus aspiraciones son moderadas y suaves, ni es menester servirse jamás de la nariz para su pronunciación.

A pesar de faltarle aquellas seis consonantes, es lengua muy copiosa, muy cortesana, singularmente expresiva, por lo cual la han apreciado y celebrado cuantos europeos la han aprendido, hasta llegar algunos a concederle ventajas sobre la latina y la griega; pero yo, aunque conozco y confieso la excelencia de la lengua mexicana, no me atrevería jamás a compararla con la de los Homeros, Platones, Demóstenes, Sófocles y Eurípides. De la copia de sus voces tenemos un buen argumento en la *Historia natural* del Dr. Hernández, pues describiéndose en ella 1,200 plantas del país de Anáhuac, 200 y tantas especies de aves y un gran número de cuadrúpedos, reptiles, insectos, peces y minerales, apenas se hallará cosa sin nombre propio. Los que hemos vivido en aquella tierra, aunque apreciamos esta obra como la mejor que en este género se ha escrito, conocemos muy bien cuánto le falta para su perfección. Pero ¿qué mucho que tenga la lengua mexicana tanta abundancia de voces para significar los objetos materiales, si aun para expresar los espirituales casi nada le falta? Los más altos misterios de nuestra religión se hallan bien explicados en mexicano, sin haber sido necesario mendigar vocablos de otra lengua.

El P. Acosta protesta su admiración de que, teniendo así los peruanos como los mexicanos noticia de un Ser Supremo, creador del cielo y de la tierra, no tuviesen vocablo propio para nombrar a Dios. Porque si queremos —dice— hallar vocablo que responda a este Dios como en latín responde Deus, en griego Theos, en hebreo Él y en arábigo Alá, no se halla en lengua del Cuzco ni en lengua de México; por tanto, los que predican o escriben para indios usan el mismo nuestro español Dios. De lo cual se conoce que este autor, aunque por otra parte tan docto y tan exacto, no tuvo inteligencia alguna de la lengua mexicana; porque a tenerla sabría que lo mismo mismísimo significa el *Teotl* de los mexicanos que el Theos de los griegos y el Dios de los españoles, y que la causa de haber introducido en la lengua mexicana aquella palabra española no fue porque hubiese necesidad de ella, sino por la escrupulosa timidez de los primeros historiadores, que, como quemaron las pinturas históricas de los mexicanos por recelo que tuvieron de su superstición (de lo cual se lamenta y con mucha razón el mismo P. Acosta), así desecharon la voz mexicana *teotl,* porque había servido a la significación de los falsos dioses que adoraban. Pero, ¿no hubiera sido más acertado seguir el ejemplo de san Pablo, que hallando en Grecia empleada la voz Theos en la significación de unas deidades muchos más abominables que las de los mexicanos, no obligó a los griegos a adoptar el Él o el Adonai de los hebreos, sino se sirvió del mismo vocablo griego corrigiendo su noción y haciendo que en adelante se emplease para declarar la idea de un Ser Supremo, eterno e infinitamente perfecto? En efecto, muchos autores, juiciosos de los que han escrito después en mexicano, han usado sin escrúpulo del *teotl* como usan todos del *Ipalnemoani,* del *Tloqui Nahuaque* y de otros nombres expresivos de la perfección del Supremo Ser, que dieron antiguamente los mexicanos a su Dios invisible.

En nuestra *Sexta* Disertación daremos una lista de los autores que han escrito en mexicano de la religión y moral cristiana, otra de los nombres numerales y otra de voces significativas de seres metafísicos y morales para disipar los errores del insolente y mordaz autor de la obra intitulada *Recherche Philosophiques sur les Americains,* que tuvo osadía para afirmar que los mexicanos no tenían voces para contar arriba de tres, ni términos para explicar las ideas metafísicas y morales, y que por la rudeza de la lengua mexicana no ha habido español que sepa pronunciarla. En citada disertación daremos las voces numerales de la lengua, con que podrían contar los mexicanos hasta 48 millones, y haremos ver cuán común ha sido y es la lengua mexicana entre los españoles y cuán bien la han sabido los autores que de ella han escrito.

Falta también a la lengua mexicana los nombres superlativos, como a la hebrea y a la francesa, y los comparativos como a la misma hebrea y a la mayor parte de las lenguas vivas de Europa, y los suplen con partículas equivalentes a las que emplean algunas de esas lenguas. Abunda, como la italiana, en diminutivos y aumentativos, que faltan casi enteramente a la francesa. En la copia de verbales y de nombres abstractos excede sin duda la lengua mexicana a cuantas conocemos; porque apenas hay verbo de que no se formen muchos y diferentes verbales, y casi no hay nombre o sustantivo o adjetivo de que no se formen abstractos. No es menor la abundancia de verbos que de nombres; porque de cada verbo nacen varios otros de diferente significación. *Chihua* es hacer, *chiulia* hacer a otro, *chihualtia* hacer que otro haga, *chihuatiuh* ir a hacer, *chihuaco* venir a hacer, *chiuhtiuh* ir haciendo, *chichihua* hacer con diligencia o repetidas veces, etc. Mucho podríamos decir sobre este asunto, si no temiésemos salir de los límites de la historia.

El modo de hablar en el mexicano es diverso, según la calidad de las personas con quienes se trata y de quienes se habla, añadiendo a los nombres, a los verbos y a las preposiciones ciertas sílabas significativas de respeto. *Tatli* es padre; *amota* vuestro padre; *amotatzin* vuestro señor padre. *Tleco* es subir; si mando o encargo a una persona igual o inferior que suba, le digo *xitleco*, si lo suplico a persona superior le digo *ximotlecahui,* y si quiero expresarle mayor sumisión y respeto, *ximotlecahuitzino*. Esta variedad, que hace tan cortesana a esta lengua, no la vuelve embarazosa, porque está sujeta a reglas fijas y fáciles; ni sé que haya lengua que sea tan metódica y regular como la mexicana.

Tienen los mexicanos, como los griegos y otras naciones, la comodidad de componer una voz de dos, tres o más simples; pero lo hacen con mayor economía que los griegos, porque éstos emplean en la composición casi enteras las voces, y los mexicanos les cercenan algunas letras o sílabas, por lo cual pueden, sin tanto gasto de sílabas, emplear mayor número de voces en la composición. *Tlazotli* significa amado o estimado; *mahuiztic* digno de reverencia; *teopixqui* sacerdote (voz compuesta de *teotl,* dios, y el verbo *pia,* que significa tener o guardar) y *tatli* es padre, como ya dijimos. Para unir, pues, estas cinco palabras en una, les cercenan ocho consonantes y cuatro vocales diciendo *notlazomahuizteopixcatatzin,* mi amado señor y padre y reverendo sacerdote, anteponiéndole el semipronombre *no,* mío, y el *tzin,* que es partícula reverencial. La dicha palabra es muy familiar a los indios cuando hablan con algún sacerdote y especialmente cuando se confiesan; y con ser tan grande no es de las mayores; porque hay algunas que, por causa de las muchas voces de que se componen, tienen hasta 15 o 16 sílabas. De tales composiciones se valen para presentar en una sola palabra la definición o descripción de una cosa, como se ve en los nombres de las plantas y animales que se hallan en la *Historia natural* de Hernández y en los de los lugares que se leen a cada paso en la historia. Casi todos los nombres que pusieron a los lugares del imperio son compuestos y expresan la situación o calidad de los lugares o las acciones memorables que en ellas se ejecutaron. Tiene muchos frasismos tan expresivos, que sirven de hipotiposis de las cosas, especialmente en materia de amor. Finalmente todos los europeos[33] que han advertido su abundancia, economía y regularidad se han persuadido de que no eran bárbaras las naciones que la hablaban.

## 42. Oratoria y poesía

En una nación que poseía una lengua tan bella, no podían faltar oradores y poetas. En efecto, se ejercitaban mucho en estas dos nobles

---

[33] Entre los europeos que han sabido la lengua mexicana ha habido algunos franceses y flamencos, muchos italianos y alemanes e innumerables españoles.

artes, aunque no se hallaban en estado de conocer todo su valor. Los que se destinaban para oradores eran instruidos desde niños en hablar bien, y les hacían aprender de memoria las más famosas arengas de sus mayores, que iban pasando de padres a hijos. Empleaban particularmente su elocuencia en las embajadas, en las deliberaciones de los consejos y en las arengas gratulatorias a los nuevos reyes. Aunque sus más célebres arengadores no eran comparables con los buenos oradores de la naciones cultas de Europa, no podemos negar que sus razonamientos eran graves, sólidos y elegantes, como se ve en los fragmentos que nos han quedado de su elocuencia.

Aún hoy cuando están reducidos a tanta humillación y destituidos de la instrucción que en otro tiempo tenían en esta materia, hacen tan buenos razonamientos en sus juntas, que asombran a cuantos los oyen. El número de sus oradores era excedido del de sus poetas. En sus versos observaban el metro y la cadencia. Entre los pocos fragmentos que nos han quedado de su poesía se ven algunos versos en los cuales, entre las voces significativas, hay algunas interjecciones o sílabas de ninguna significación, empleadas únicamente, a lo que parece, para ajustarse al metro, pero éste sería probablemente un abuso de sus malos poetas. El lenguaje de su poesía era puro, ameno, brillante, figurado y adornado de frecuentes símiles tomados de las cosas naturales. En los versos eran en donde más usaban de la composición de voces que eran a veces tan largas, que una sola llenaba un gran verso.

La materia de su poesía era varia. Componían himnos en alabanza de sus dioses, y para pedirles los bienes temporales que deseaban, los cuales cantaban en los templos y en las danzas religiosas. Otros eran poemas históricos que contenían los sucesos de la nación y las proezas de sus mayores, que cantaban en las danzas profanas. Otros eran poesías amatorias o de asuntos alegres, las cuales cantaban en los regocijos del mes séptimo. Los compositores eran por lo común los sacerdotes, los cuales enseñaban esas poesías a los niños para que en llegando a suficiente edad las cantasen. En otro lugar hicimos ya mención de las composiciones poéticas del célebre Nezahualcóyotl; el aprecio que este rey hizo de la poesía introdujo ese gusto y multiplicó los poetas en la corte. De uno de estos poetas se refiere en los anales e aquel reino que, habiendo sido condenado a muerte por no sé qué delito, compuso en la prisión una pieza en que se despedía del mundo tan tierna, y tan patética, que los músicos de palacio, que eran sus amigos, resolvieron cantarla al rey; oyóla y se enterneció de tal suerte que perdonó la vida al reo. Caso raro en la historia de Acolhuacán en que no se leen sino ejemplos de la mayor severidad. Apreciaríamos tener a mano algunos de los fragmentos que hemos visto de la poesía de aquellas naciones para satisfacer más cumplidamente la curiosidad de nuestros lectores.[34]

### 43. TEATRO MEXICANO

No solamente usaban los mexicanos de la poesía lírica, sino también de la dramática. El teatro en que representaban estas piezas era un terraplén cuadrado en la plaza del mercado, o en el atrio inferior de algún templo, de una altura competente para que los actores fuesen vistos de todo el pueblo. El que había en la plaza de Tlaltelolco era, según dice Cortés, de cal y canto, de 30 pasos de largo por cada banda y de 5 de alto. Boturini dice que las comedias mexicanas eran excelentes, y que entre otras piezas de que se componía su curioso museo, tenía dos dramas sobre las apariciones de la Madre de Dios al neófito Juan Diego, de singular delicadeza y dulzura en sus expresiones.

Yo no he podido ver pieza alguna de esta especie para formarme juicio de su arte; pero no puedo creer que fuesen dignas de los elogios que les da el citado autor. Más digna de fe y más conforme al carácter de aquellas naciones es la descripción que de su teatro y representaciones nos dejó el P. Acosta,[35] haciendo mención de las que se hacían en Cholula en la gran fiesta del dios Quetzalcoatl. "Había —dice— en el patio de este templo un pequeño teatro de 30 pies en cuadro curiosamente encalado, el cual enramaban y aderezaban para aquel día con toda la policía posible, cercándolo todo de arcos hechos de flores y plumería, colgando a trechos muchos pájaros, conejos[36] y otras cosas apacibles, donde después de haber comido se juntaba toda la gente. Salían los representantes y hacían entremeses, haciéndose sordos; arromadizos, cojos, ciegos y mancos, viniendo a pedir sanidad al ídolo; los sordos respondiendo adefesios, los arromadizos tosiendo y los cojos cojeando decían sus miserias y quejas, con que hacían reír grandemente al pueblo. Otros salían en nombre de las sabandijas; unos venían como escarabajos y otros como sapos y otros como lagartijas, etc.; y encontrándose allí referían sus oficios, volviendo cada uno por sí, tocaban algunas flautillas de que gustaban sumamente los oyentes, porque eran muy ingeniosos; fingían asimismo muchas mariposas y

---

[34] El P. Horacio Carochi, docto jesuita italiano, publicó algunos elegantes versos de los antiguos mexicanos en su excelente *Arte de la lengua mexicana*, México, 1759.
[35] *Historia natural y moral de las Indias*, Lib. 5, cap. 29.
[36] Usan hasta hoy los indios en muchas partes este género de enramadas vestidas de muchas especies de flores, frutas y animales. Las que vi poner en Xamiltepec, capital de la provincia de Xicayan, para la procesión del Corpus, han sido las cosas más bellas y curiosas que en mi vida he visto.

pájaros de muy diversos colores, sacando vestidos a los muchachos del templo en aquellas formas; los cuales, subiendo en una arboleda que allí plantaban, los sacerdotes del templo les disparaban con cerbatanas, donde había en defensa de los unos y ofensa de los otros graciosos dichos con que entretenían a los circunstantes, lo cual concluido hacían un baile con todos estos personajes y se concluía la fiesta y esto acostumbraban hacer en las más principales fiestas."

Esta descripción del P. Acosta nos presenta una viva imagen de las primeras escenas de los griegos. Es muy verosímil que si hubiera durado algún siglo más el imperio mexicano, hubiera reducido a mejor forma su teatro, del mismo modo que se perfeccionó el de los griegos. Los primeros religiosos que anunciaron el Evangelio a aquellas gentes, viéndolas tan apasionadas por el canto y la poesía y reconociendo que las composiciones de la antigüedad estaban llenas de superstición, compusieron en mexicano muchos cánticos en alabanza del verdadero Dios y de sus santos. El laborioso franciscano Sahagún publicó en México con el título de *Psalmodia* 365 cánticos para todos los días del año, llenos de los más santos y dulces sentimientos de religión, en un mexicano puro y elegante;[37] y los mismos mexicanos compusieron muchos en honra del verdadero Dios. Hicieron también aquellos celosos franciscanos varias representaciones dramáticas de los misterios de la religión cristiana. Entre otras fue muy celebrado un auto del *Juicio universal,* que compuso el infatigable misionero Andrés de Olmos e hizo representar en mexicano en la iglesia de Tlaltelolco con asistencia del primer virrey, del primer arzobispo de la capital y de un inmenso concurso de nobleza y pueblo mexicano.

### 44. Música

Aún más imperfecta que su poesía era su música. No tenían instrumento alguno de cuerdas; toda su música se deducía al *huéhuetl,* al *teponaztli,* a bocinas, a caracoles marinos y a ciertas flautillas que más servían para silbar que para otra cosa. El *huéhuetl* o tambor mexicano era un cilindro de unos cinco palmos castellanos de altura, hueco, entallado por de fuera y bien pintado; sobre la boca tenía un cuero de ciervo bien curtido y estirado que apretaban o aflojaban para subir o bajar el tono; tocábase solamente con los dedos y exigía especial destreza en el tañedor. El *teponaztli* o atabal, que hasta hoy es muy

---

[37] El Dr. Eguiara y Eguren se lamenta en su *Biblioteca mexicana* de no haber podido hallar un ejemplar de la *Psalmodia* de Sahagún; yo vi uno en la biblioteca del Colegio de San Javier de Puebla. Esta obra, según parece la especie que conservo, se imprimió el año de 1540.

usado, era también cilíndrico y hueco; pero todo de madera, de una pieza y sin cuero alguno. En uno de los costados tenía dos pequeñas hendiduras paralelas y poco distantes entre sí. El intervalo que había entre las dos hendiduras era la parte donde se tocaba con dos palillos semejantes a los de nuestros tambores, pero con las extremidades cubiertas de un *ulle* para hacer más suave su melancólico sonido. La magnitud de este instrumento era varia; unos eran pequeños, que llevaban pendientes del cuello; otros medianos y otros grandes de más de dos varas, cuyo espantoso sonido se oía a más de media legua de distancia. Al son de estos dos instrumentos, cuya figura representamos en la lámina de los instrumentos músicos, entonaban los mexicanos sus cánticos; el canto era duro y molesto a los oídos europeos, pero ellos percibirían tanto placer, que pasaban a veces en sus fiestas cantando todo el día.

### 45. Danzas

Sin embargo de ser tan imperfecta su música, eran bellísimas sus danzas. Desde niños se ejercitaban en ellas bajo la dirección de los sacerdotes. Eran de diversas suertes y con diferentes nombres que expresaban o la calidad de la danza o las circunstancias de la fiesta en que se usaban. En unas danzaban en círculo y en otras en filas; unas eran de sólo hombres y en otras danzaban también las mujeres. Vestíanse para la danza los nobles de los más ricos vestidos; adornábanse de brazaletes, zarcillos, pendientes de oro, pluma y pedrería, y llevaban en una mano un pequeño escudo cubierto de las más vistosas plumas, o un mosqueador de la misma materia, y en la otra un *ayacaxtli*, que era un calabacillo con muchos agujeros y cantidad de pedrezuelas dentro, que agitaban acompañando su ruido, que no era desagradable, el son de los instrumentos. Los plebeyos se disfrazaban en varias figuras de animales con vestidos hechos de papel, pluma o pieles.

Las danzas menores, que se hacían en los palacios para recreación de los señores, o en los templos por devoción particular, o en sus casas en ocasión de algunas bodas u otro regocijo doméstico, se componían de pocos danzantes, formados por lo común en dos líneas rectas y paralelas que a ratos danzaban con las caras vueltas hacia una extremidad de su línea, a ratos mirando cada uno al correspondiente de la otra línea, o entreverándose los de una línea con los de la otra y permutando de lugar; a ratos desprendiéndose uno de una línea y otro de la otra, danzaban solos en el espacio interpuesto entre ambas líneas, cesando entre tanto los demás.

Las danzas mayores, que se tenían en las plazas grandes y en el atrio del Templo Mayor, se diferenciaban de las menores en el orden y forma, y en el número de los danzantes. Éste era tan grande que a veces danzaban a un tiempo mil y aun dos mil hombres. Ocupaba la música el centro del atrio o plaza; inmediatos a ella danzaban los señores formando dos, tres o más círculos, según el número que concurría; a distancia de estos círculos se formaban otros concéntricos a los primeros, y a distancia de estos segundos otros círculos mucho mayores, que ordinariamente se componían de jóvenes. Todos estos círculos tenían por centro al *huéhuetl* y al *teponaztli*. Para la más fácil inteligencia del orden y disposición de esta danza, véase la lámina de los instrumentos músicos, en la cual se representan los danzantes formando una rueda cuyos rayos eran tantos cuantos los danzantes del círculo menor contiguo a la música. Todos describían su círculo al danzar y ninguno discrepaba de la rectitud de su rayo o línea; los que componían los círculos menores se movían con lentitud y gravedad por ser menor el espacio que corrían, y por tanto era éste el lugar de los señores y ancianos; los que ocupaban las extremidades exteriores de la línea se movían con suma ligereza, para no perder la rectitud de su línea sin faltar al compás de los señores. La danza se acompañaba casi siempre con el canto, como todos los movimientos de los danzantes seguían el compás de los instrumentos. En el canto entonaban dos un verso y lo repetía la multitud. Ordinariamente comenzaba la música con son grave y los danzantes con voz baja; cuanto más se continuaba la danza tanto más se avivaba la música con tonos más alegres y eran más acelerados los movimientos de los danzantes y más ameno el tono del canto.

En los intervalos que dejaban las líneas, danzaban algunos bufones, remedando en sus trajes diferentes naciones y animales y haciendo varias acciones ridículas para divertir más a los espectadores. Cuando una tropa de danzantes se fatigaba la sucedía otra, y de esta suerte mantenían el baile por seis u ocho horas continuas. Esta era la forma regular de las danzas generales; pero variaba a veces por las circunstancias de la fiesta o por el número de los danzantes. Había danzas en que representaban algún misterio de su religión o algún suceso de su antigüedad, o la guerra o la caza o la agricultura. Entre otros bailes había uno muy curioso, que hasta ahora se usa entre los yucatecos. Fijaban en tierra un madero alto 6 u 8 varas, de cuya punta suspendían 20 o más cintas de diversos colores, según el número de los bailarines; tomaba cada uno su cinta por la extremidad y comenzaban a bailar al son de los instrumentos, entreverándose y cruzándose con suma destreza hasta formar sobre el madero un bello tejido de las cintas, en que se veían ajedrezados los colores. Cuando por razón del mismo tejido se acortaban tanto las cintas que apenas alcanzaban a ellas con la mano alzada, deshacían con nuevas danzas el tejido.

Se conserva también hasta hoy entre los mexicanos una danza antigua que llaman vulgarmente el *tocotin,* la cual es bellísima y tan honesta y grave, que se permite a los indios el hacerla aun en los templos. Danzaban no solamente los nobles, los sacerdotes y las vírgenes de los colegios, sino aun los mismos reyes, unas veces en el templo por ejercicio de religión y otras por recreación en su palacio; pero aun en este ejercicio tenían lugar distinguido en atención a su carácter.

### 46. Juegos

No eran el teatro y la danza los únicos divertimientos que tenían los mexicanos; usaban, como las demás naciones, de juegos, unos públicos establecidos para ciertos tiempos y ocasiones, y otros privados para desahogo de los particulares. Entre los juegos públicos era uno el de las carreras que, como ya dijimos en otro lugar, se hacían en las escaleras del Templo Mayor, pero es verosímil que se harían también en otros lugares. En el mes segundo y probablemente también en otros tiempos, hacían los hombres de guerra muchas escaramuzas y representaban vivamente al pueblo una batalla campal. Juegos uno y otro de grande utilidad al Estado, porque, además de la inocente diversión que se daba al pueblo, se agilitaban y ejercitaban para las fatigas de la guerra.

Menos útil, pero más célebre entre sus juegos públicos, era el de los voladores, que se hacía en algunas grandes fiestas y especialmente en las del año secular. Buscaban en la selva un árbol altísimo, fuerte y derecho, y despojándolo de todas sus ramas y corteza, lo llevaban a la ciudad y lo fijaban en el centro de una gran plaza. En la punta del árbol ajustaban un madero cilíndrico, al cual dan los historiadores el nombre de mortero, por la tal cual semejanza con ese instrumento. De este madero pendían cuatro sogas fuertes que servían de sostener un bastidor cuadrado que colgaban poco más abajo del madero cilíndrico. Otras cuatro sogas fijaban en el espacio interpuesto entre el madero cilíndrico y el bastidor, y le daban tantas vueltas en el árbol cuantas eran las que debían dar en su vuelo los voladores. Las extremidades de estas cuerdas entraban por cuatro agujeros que había en medio de los cuatro maderos de que se componía el bastidor, y terminaban en unas lazadas con que se ataban los voladores.

Éstos, disfrazados de águilas, garzas y otras aves, subían con suma agilidad al bastidor por las lazadas de una soga que enredaban desde el pie a lo alto del árbol. Desde el bastidor subían a danzar de uno en uno con maravillosa destreza sobre el madero cilíndrico, y después de haber divertido por un rato a la inmensa multitud que concurría a verlos, se ataban los cuatro voladores y, arrojándose con violencia, comenzaban su vuelo con las alas tendidas. El impulso de los vuelos ponía en movimiento el bastidor y el cilindro, y el bastidor con sus vueltas iba desenredando las sogas de que pendían los voladores, y a proporción de la extensión que se daba a las sogas, eran mayores, como se deja entender, los círculos que describían en su vuelo. Entre tanto que estos cuatro volaban, uno danzaba en lo alto del cilindro tocando un pequeño tambor o tremolando una banderilla, sin mostrar pavor del inminente riesgo de precipitarse de tan grande altura.

Los otros (pues solían ser diez o doce los que subían al bastidor), en viendo a los voladores en sus últimos giros, se precipitaban por las mismas sogas para llegar juntamente con ellos al suelo, a lo cual seguían las aclamaciones del pueblo. Los que se descolgaban por las sogas solían, para ostentación de su agilidad, pasar de una a otra soga en aquella parte en que la distancia de la una a la otra lo permitía. Lo principal de este juego consistía en proporcionar de tal suerte el árbol y las cuerdas, que con trece giros llegasen los voladores a la tierra para representar en ellos su siglo de 52 años compuesto, como ya dijimos, de cuatro períodos de trece años.

Este célebre juego se usa hasta hoy en aquel reino, pero sin observar determinado número de vueltas o de voladores, ni arreglarse en todo a la forma de los antiguos. Suele ser hexágono u ochavado el bastidor y seis u ocho los voladores. En algunos lugares ponen ya ciertos reparos en el bastidor para impedir las desgracias que han sido frecuentes después de la Conquista; porque siendo ya tan común en aquellos pueblos el vicio de la embriaguez, por no estar sujetos a los severos castigos de la antigüedad, suelen subir los voladores al árbol algo turbados con los humos del vino o del aguardiente y pierden fácilmente el equilibrio en aquella altura, que a las veces pasa de 25 varas castellanas.

Entre los juegos particulares de los mexicanos, el principal era el de la pelota. El lugar donde se jugaba, que llamaban *tlachco*, era un espacio plano de unas 40 varas de largo y de proporcionada anchura, cerrado de cuatro paredes más gruesas por abajo que por arriba y más altas las dos laterales que las testeras, todas bien encaladas y bruñidas, adornadas de hermosas almenas y con dos ídolos sobre las dos paredes más bajas, los cuales se colocaban a medianoche en cierto signo y con varias ceremonias supersticiosas, y antes de estrenarse el juego lo bendecían con semejantes supersticiones los sacerdotes. Así lo describe Torquemada; pero en cuatro o cinco pinturas mexicanas que he visto, se representa la planta de aquel juego en la misma forma que se ve en nuestra lámina de los instrumentos músicos, la cual es muy diversa de la del citado autor.

Los ídolos que colocaban sobre las paredes eran de los dioses del juego, cuyos nombres ignoramos; pero sospechamos que uno de ellos fuese Omacatl, dios de los regocijos. Había muchos juegos en México y en los demás lugares; pero el mejor y el más nombrado era el de la plaza mayor; éste, a lo que parece, era del público, y los demás de personas particulares. La pelota era de *hule* o resina elástica, que salta mucho más que las de viento, de tres o cuatro pulgadas de diámetro. Jugaban en partida dos contra dos, o tres contra tres. Los jugadores iban enteramente desnudos, a excepción del *maztlatl* o lienzo que servía de reparo a la honestidad, y unos cueros con que cubrían los cuadriles y los brazos. Servíanse de estos cueros para recibir el golpe de la pelota; porque era condición esencial del juego la de no tocar la pelota con otra parte del cuerpo que con el codo o el cuadril. El jugador que hacía tocar la pelota en otra parte del cuerpo del contrario, o la arrojaba hasta la pared opuesta o por encima de ella, ganaba una raya. Los pobres apostaban mazorcas de maíz, otros cierta cantidad de ropa, y los ricos, oro, plumas preciosas y pedrería; y los que no tenían qué apostar, solían jugar su libertad. Había en medio del espacio interpuesto entre los jugadores dos grandes piedras semejantes en su figura a las de los molinos, cada una con su agujero en medio, poco mayor que la pelota. El que acertaba a introducir la pelota por uno de esos agujeros (que sucedía raras veces) era por ley establecida en el juego dueño de las mantas de todos los circunstantes y se celebraba su tiro como una hazaña inmortal.

Era este juego de grande estimación entre los mexicanos y demás naciones de aquel vasto reino, y tan usado como se deja entender del número excesivo de pelotas de *hule* que anualmente pagaban a la corona por vía de tributo Tochtepec, Otlatitlan y otros lugares, que, como dijimos en otro lugar, no eran menos de 16,000. Los mismos reyes lo jugaban frecuentemente y solían desafiarse, como sabemos de Moctezuma II y Nezahualpilli. Dura hasta hoy este juego entre los sinaloas, los ópatas, los tarahumaras y otras naciones del norte, y cuantos españoles lo han visto celebran la prodigiosa agilidad de los jugadores.

Gustaban también mucho los mexicanos del *patolli,* que era un juego semejante al de las Tablas reales. Los dados eran unos frijoles grandes señalados con puntos. Jugábanlo en una estera, en la cual pintaban un cuadro y dentro de él tiraban dos líneas diagonales y otras dos transversales. Según el punto que daban los dados, ponían o quitaban unas chinas de las extremidades o del concurso de las líneas. Bernal Díaz hace mención de otro juego que vio jugar a Moctezuma con Cortés en tiempo de su prisión, al cual llamaban *totoloque*. "Jugábalo —dice— aquel rey con unos bodoquillos de oro muy lisos, que arrojaba desde muy lejos a unos tejuelos del mismo metal, y a cinco rayas ganaba o perdía ciertas piezas o joyas ricas que apostaba."

Había entre los mexicanos hombres muy diestros en juegos de pies y manos, especialmente destinados a la recreación de los reyes y señores. Echábase un hombre de espaldas en el suelo y levantando los pies tomaba en ellos un madero grueso y rollizo de más de tres varas, el cual arrojaba a competente altura, y cayendo lo repelía con las plantas de los pies; después, abrazándolo con los mismos pies, le hacía dar por un rato un giro violentísimo. Lo más admirable era que a veces lo hacían, como yo lo he visto hacer, con dos hombres sentados en las extremidades del madero. Este juego ejecutaron dos mexicanos en Roma en presencia del Papa Clemente VII y de muchos príncipes romanos, con singular placer de aquella corte.

Usaban también los mexicanos el danzar con otros dos hombres encima; el segundo puesto de pie sobre los hombros del primero, le acompañaba con algunos movimientos, y el tercero, sobre la cabeza del segundo, danzaba y hacía otras pruebas de su agilidad. Otras veces erigían un madero sobre los hombros de dos jugadores, y otro tercero danzaba sobre la punta del madero. Los primeros españoles que vieron estos y otros juegos de los mexicanos, hablan con asombro de su destreza y protestan que algunas veces estuvieron inclinados a creer que intervenía en ellos el demonio; porque no se hacían cargo de lo que puede la industria de los hombres ayudada de la aplicación y diligencia.

## 47. Diversas suertes de pinturas mexicanas

Pero los juegos, los bailes y la música servían más al placer que a la utilidad, no así la historia y la pintura, dos artes que no pueden separarse en la historia mexicana, no siendo distintos sus historiadores de sus pintores, ni teniendo otros escritos, sino sus pinturas, para conservar la memoria de sus sucesos. Los toltecas fueron en el Nuevo Mundo los primeros que se sirvieron de la pintura para la historia; a lo menos no tenemos noticia de que otra nación lo practicase antes de ellos. Del mismo modo que los toltecas, usaban desde tiempo inmemorial de aquellas artes los alcolhúas y las siete tribus de aztecas, y de ellas las aprendieron los chichimecas, los otomíes y todas las demás naciones del imperio mexicano y aun fuera del imperio todas las que vivían en sociedad, como las de Yucatán, Guatemala, Nicaragua y Michoacán. Entre las pinturas de los mexicanos y demás naciones de Anáhuac, unas eran meras imágenes y retratos de sus dioses, sus reyes, sus hombres ilustres, sus animales y sus plantas, de las cuales había en los palacios reales de México y de Texcoco; otras eran puramente históricas que contenían los sucesos de la nación, como son las trece primeras de la *Colección de Mendoza* y la del viaje de los mexicanos, que se halla en la obra de Gemelli-Carreri. Otras eran mitológicas, que encerraban los arcanos de su religión, como son las del volumen que se conserva en la biblioteca del Instituto de Bolonia, de que ya hablaremos. Otras eran códigos en que se veían compiladas sus leyes, ritos y costumbres, los tributos que se pagaban a la corona, etc.; como son todas las de la citada *Colección de Mendoza* desde la XIV hasta LXIII. Otras eran cronológicas o astronómicas, que llamaban *tonalamatl,* en que expresaban su calendario, la situación de los astros, los aspectos de la Luna y los pronósticos de las variaciones del aire.

El Dr. Sigüenza y Góngora hace mención[38] de una pintura de semejantes pronósticos que insertó en su *Ciclolografía mexicana.* El P. Acosta refiere que en la provincia de Yucatán había unos libros, a su modo encuadernados y plegados, en que tenían los indios sabios la distribución de sus tiempos y conocimientos de planetas, y de animales y otras cosas naturales, y sus antiguallas, cosa de grande curiosidad y diligencia,[39] los cuales, según él mismo testifica, perecieron por el celo indiscreto de un párroco, que creyéndolos llenos de superstición, los entregó a las llamas con llanto de los indios y dolor de los españoles curiosos.

Otras pinturas eran topográficas o corográficas, que servían no solamente a representar la extensión y límites de las posesiones de campo, sino también la situación de los lugares, la dirección de las costas y el curso de los ríos. Cortés testifica en su primera carta a Carlos V que, deseando saber si en el golfo mexicano había algún puerto seguro para los navíos, le presentó Moctezuma pintada en un lienzo toda la costa desde el puerto de Chalchiuhcuecan (hoy de San Juan de Ulúa) hasta el río de Coatzacoalco; y Bernal Díaz cuenta que el mismo Cortés se sirvió para dilatado y penoso viaje que hizo hasta Honduras, de un mapa que le presentaron los caciques de Coatzacoalco, en que estaban demarcados todos los lugares y ríos que había desde Coatzacoalco hasta Hueyacallan. De todas estas especies de pinturas estaba inundando el imperio mexicano; porque eran innumerables los pintores y no había cosa alguna que no pintasen.

---

[38] Prólogo del *Teatro de virtudes políticas*, México, 1680.
[39] *Historia natural y moral de las Indias*, Lib. 6, cap. 7.

Si se hubieran conservado no tendríamos que desear para la historia de México; pero los primeros misioneros, sospechando superstición en todas ellas, las persiguieron a sangre y fuego; de cuantas pudieron haber a las manos en Texcoco, donde estaba la principal escuela de pintura, hicieron un grandísimo montón y le pegaron fuego en la plaza del mercado. Fue lamentable esta pérdida, que sintieron después los mismos autores del incendio y repararon en cuanto pudieron, recogiendo con diligencia las pinturas que se habían sustraído del ardor de su celo para que allegaron muchas, no tantas como era menester; porque los dueños de las pinturas se han vuelto desde aquel tiempo tan celosos en guardarlas y ocultarlas de los españoles que es muy difícil el conseguir una de ellas.

### 48. Lienzo y colores

El lienzo en que pintaban eran telas de pita o del hilo de la palma silvestre que llaman *icxotl*,[40] pieles de animales bien curtidas y papel, que era lo más común. Hacían el papel de pencas de maguey, las cuales echaban a podrir en agua como el cáñamo, y después las lavaban, extendían y alisaban. Hacíanlo también de la palma *icxotl*, de cortezas sutiles de otros árboles, que unían y preparaban con cierta goma y, finalmente, de algodón, aunque ignoramos el beneficio que le daban. He tenido en mis manos varias piezas de este papel mexicano; es semejante al cartón de Europa, pero más suave y más liso y puede escribirse en él cómodamente. Boturini añade que entre las pinturas que tenía en su precioso museo, había algunos lienzos de gusano tan delgados y suaves como la seda. Es verosímil que fuesen de aquella especie de seda que fabrica el *temictli*, de que hablamos en nuestro libro.

Hacían el papel en piezas muy largas y angostas que conservaban enrolladas como las membranas antiguas de Europa, o plegadas a manera de nuestros biombos. El volumen de pinturas mexicanas que se conserva en la biblioteca del Instituto de Bolonia es una piel muy gruesa y mal curtida o, por mejor decir, varias unidades de más de 5 varas de largo y como de 8 pulgadas de ancho, pintadas por una y otra parte y plegadas en la forma dicha.

Los colores que empleaban en sus pinturas, que eran muchos y bellísimos, los sacaban de la madera y hojas de varias plantas, de flores, de frutas y de tierras minerales. El blanco de la piedra mineral *chimal-*

---

[40] De esta palma silvestre es el lienzo en que está pintada la celebérrima imagen de la Virgen de Guadalupe.

*tizcatl* después de calcinada, o del *tizatlalli*, que es una tierra mineral que se halla en la laguna, la cual, amasada como lodo y reducida a pelotas, recibe con la acción del fuego un color blanco semejantísimo al del albayalde de España. El negro hacían de otra tierra mineral que llamaban *tlalihiyac* (tierra hedionda) o del *tetlilli* o del hollín que forma el humo del ocote recibido en vasos de barro al modo que lo hacían los antiguos europeos; el azul de la tierra mineral nombrada *tezatli*, de la rosilla o flor del *matlalxihuitl* y del *xiuhquilipitzahuac*,[41] que es la planta del añil, aunque el modo de sacarlo no era en todo conforme al que hoy se practica. Echaban en una vasija de agua caliente o tibia la hoja picada de aquella planta, y después de haber revuelto el agua con una pala, la pasaban a una tinaja, en donde la dejaban reposar hasta que, asentadas en el fondo las partes sólidas, vaciaban poco a poco por el pico de la tinaja toda el agua. Aquel sedimento se ponía al sol, se filtraba por un saco y se formaban de él unas tortas redondas, las cuales cubrían con platos y sobre ellos ponían fuego para acabar de endurecerlas. Tenían los mexicanos otra planta del mismo nombre, de la cual sacaban también el azul, pero de calidad muy inferior al antecedente. El color de escarlata hacían de los granos del *achiotl* cocidos en agua, y el morado y otros bellos colores, de la cochinilla. El amarillo sacaban del ocre y del *xochipalli*, que es una planta cuyas hojas se asemejan a las de la artemisa. Sus flores, que son bellas, cocidas en agua con nitro les daban un bello amarillo anaranjado. Como se valían del nitro para sacar este color, se servían para otros del alumbre. Después de haber molido y desleído en agua el *tlalxócotl* o tierra aluminosa, la cocían al fuego en unos vasos de barro; extraían luego por destilación el puro alumbre blanco y diáfano, y antes de que acabase de endurecerse lo dividían en trozos para venderlo en el mercado. Para dar mayor firmeza a sus colores se valían del glutinoso jugo del *tzauhtli*[42] y del excelente aceite de *chía*.

---

[41] La descripción de la planta del *añil* se puede ver en la *Historia natural* del Dr. Hernández (Lib. IV, cap. 12), la cual es muy diversa de la que hace Raynal en su *Historia filosófica y política*. Este autor afirma que el añil fue trasplantado de la India Oriental y que, habiendo hecho experiencia en varias partes, finalmente se fijó su cultura en la Carolina, en la Española y en México; pero éste es uno de los muchos errores que tiene en su historia aquel filósofo. Consta por el testimonio de D. Fernando Colón (cap. 61 de la *Historia* de su incomparable padre Cristóbal Colón) que una de las plantas propias de la Española era el añil. Consta por la deposición de los historiadores de México, y entre otros el citado Hernández, que esa planta se da naturalmente en aquella tierra, y que se servían de ella los antiguos mexicanos; ni sé que entre tantos historiadores haya habido alguno que la haya tenido por extranjera.

[42] El *tzauhtli* es una planta muy común en aquella tierra; sus hojas son semejantes a las del puerro, con líneas tiradas a lo largo de ellas, su tallo es recto y nudoso, sus flores de un amarillo encendido y su raíz blanca y fibrosa. Para extraer de ella el jugo la partían en pedazos y la secaban al sol.

## 49. Carácter de su pintura y modo de representar los objetos

Sabían los mexicanos pintar al vivo montes, ríos, edificios, plantas y animales; pero las figuras humanas representaban comúnmente desproporcionadas y disformes, lo cual debe atribuirse, a lo que parece, no tanto a la ignorancia de las proporciones del cuerpo humano, cuanto a la velocidad con que pintaban (de la cual fueron testigos varios españoles) y a que, atentos únicamente a la fiel representación de los sucesos, no se cuidaban de la perfección de sus imágenes; porque yo he visto, entre otras pinturas antiguas, unos retratos de los reyes de México en que, además de la viveza singular de los colores, se observaba exactamente la proporción de las partes del cuerpo; pero no negaremos que a los pintores mexicanos faltaba mucho para la perfección del dibujo, la perspectiva y el sombrío.

Usaban los mexicanos en sus pinturas no solamente de las simples imágenes de los objetos, como han pensado algunos escritores, sino también de jeroglíficos y de caracteres. Representaban las cosas materiales con su propia figura y, para abreviar, con una parte de ella bastante a darla a conocer a los inteligentes; pues como nosotros necesitamos de aprender a leer para entender lo que otros escriben, así el común de aquellas naciones necesitaba de ser instruido en la significación de las pinturas que eran sus escritos. Para las cosas que carecen de figura sustituían ciertos caracteres, no verbales o destinados a formar palabras como nuestras letras, sino reales e inmediatamente significativos de las cosas, como los caracteres de los astrónomos y de los algebristas.

Para que los lectores puedan formarse alguna idea de lo que decimos, presentamos aquí a su vista los caracteres numerales y los significativos del tiempo, el cielo, la tierra, el agua, el fuego y el aire.[43] Para representar alguna persona pintaban un hombre o una cabeza humana, que era lo común, y sobre ella una figura expresiva del significado de su nombre, como se ve en las figuras simbólicas de los reyes mexicanos que están en nuestra lámina. Para representar algún lugar pintaban también una figura que expresase lo que su nombre significaba. Para formar sus historias o anales, pintaban al margen del lienzo las figuras características de los años en otros tantos pequeños cuadros, y al canto

---

[43] Cuanto a los caracteres numerales es de notarse que pintaban tantos puntos cuantas eran las unidades hasta 20. Este número tenía su carácter propio, el cual se iba doblando hasta 20 veces 20, o 400. El número de 400 tenía también su carácter propio que se iba doblando del mismo modo hasta 20 veces 400 u 8,000 el cual número se expresaba con otro diverso carácter. Con estos 3 caracteres y los puntos expresaban cualquier cantidad. Es de creer que tuviesen otro carácter distinto de los ya dichos para significar 20 veces 8,000 ó 160,000; pero no lo hemos hallado en sus pinturas.

de cada cuadro el suceso o sucesos correspondientes; y si por ser muchos los años no podían estar en un solo lienzo, los continuaban en otro.

Por lo que mira al orden de representarlos, era libre a los historiadores el comenzarlos desde cualquier ángulo del lienzo; pero con esta regla, según lo que he observado en sus pinturas: que si el pintor comenzaba en el ángulo superior de la mano derecha, continuaba hacia la mano siniestra; si comenzaba, como en lo común, en el ángulo superior de la mano siniestra, seguía perpendicularmente para abajo; si pintaba el primer año en el ángulo inferior de la mano siniestra, seguía hacia la derecha, y si daba principio en el ángulo inferior de la diestra, continuaba perpendicularmente hacia arriba; de manera que jamás pintaban en la parte inferior del lienzo de la derecha a la izquierda, ni en la parte superior de la izquierda a la derecha; jamás subían por la siniestra ni bajaban por la diestra. Sabido este método de los mexicanos se conoce a la primera vista de un lienzo cuál es el principio y cuál el fin de la pintura histórica. No hay duda de que el modo que tenían los mexicanos de expresar las cosas era muy imperfecto, embarazoso y equívoco; pero es loable su conato por perpetuar la memoria de los sucesos y su industria en suplir, aunque imperfectamente, el uso de las letras, que por ventura hubieran inventado, según se iba adelantando su cultura, si no hubiera fenecido tan breve su imperio; a lo menos hubieran abreviado considerablemente y facilitado sus pinturas con la multiplicación de sus caracteres. Sus pinturas no deben mirarse tanto como una historia ordenada, cuanto como un recuerdo y apoyo de la tradición.

Era indecible el cuidado que tenían los padres de instruir a sus hijos, los maestros a sus discípulos y los ancianos a los jóvenes en la historia de su nación. Hacíanles aprender de memoria los razonamientos que no podía expresar el pincel; poníanles en metro los sucesos y enseñábanles a cantarlos. Esta tradición aclaraba las dudas, impedía las equivocaciones que podrían ocasionar por sí solas las pinturas y, ayudada de estos monumentos, eternizaba la memoria de sus héroes, los ejemplos de virtud y de valor, su mitología, sus ritos, sus leyes y sus costumbres. Lamentamos siempre la pérdida de aquella prodigiosa multitud de pinturas que el celo violento de los primeros misioneros entregó a las llamas, la cual ha imposibilitado la perfección de la historia mexicana.

No solamente se sirvieron aquellas naciones de la tradición, las pinturas y los cantores para perpetuar la memoria de los sucesos, sino también antiguamente de hilos de diversos colores y diferentemente anudados que los peruanos llaman *quipu* y los mexicanos *nepohualtzitzin*. Pero este raro modo de representar las cosas, que fue tan usado en el Perú, no lo fue, a lo que parece, en la tierra de Anáhuac sino en la más remota antigüedad; porque ya no se hallan vestigios de semejantes monumentos. Boturini atestigua que, después de la más diligente pesquisa, sólo pudo hallar uno en cierto lugar de Tlaxcala cuyos hilos estaban ya carcomidos y casi destrozados del tiempo. Si los pobladores de la América meridional pasaron, como es creíble, por Anáhuac, dejarían naturalmente en estos países aquel arte que después abandonaron por el uso de la pintura que introdujeron los toltecas u otra nación más antigua. Después que aprendieron de los españoles el uso de nuestras letras, algunos hábiles mexicanos texcocanos y tlaxcaltecas escribieron sus historias parte en castellano y parte en puro y elegante mexicano, de las cuales se conservan las más hasta nuestros días en algunas bibliotecas de la Nueva España, como insinuamos ya en la lista de los escritores de la historia antigua de México que dimos al principio de esta obra.

## 50. Escultura

Más felices que en la pintura fueron los mexicanos en la escultura, y en las obras de fundición y de mosaico. Mejor expresaban en la piedra, la madera, el oro, la plata y la pluma las imágenes de sus héroes y las obras de la naturaleza que en el papel; o porque la mayor dificultad de esas obras hacía que las emprendiesen con mayor conato o porque el sumo aprecio que merecían a la nación avivaba el ingenio y estimulaba la industria. La escultura fue una de las artes que cultivaron los antiguos toltecas; hasta el tiempo de los españoles se conservaban varias estatuas de piedra trabajadas por los artífices de aquella nación, como el ídolo de Tláloc, erigido en el monte del mismo nombre, que tuvo tanto culto y veneración entre los chichimecas y acolhúas, de que hablamos en otro lugar, como también, según se cree, aquellas estatuas gigantescas del Sol y de la luna colocadas en los dos célebres templos de Teotihuacán. Los mexicanos tenían ya escultores cuando salieron de su patria Aztlán, pues sabemos que en el principio de su peregrinación fabricaron la estatua de Huitzilopochtli que llevaron consigo en todo su largo viaje.

La materia común de sus estatuas eran la piedra y la madera. Labraban la piedra sin hierro ni acero, ni más cincel que un pedernal; y, lo que más admira, labraban aun aquella piedra que por ser vidriosa y no obedecer perfectamente al cincel, es desechada como inútil de nuestros escultores. Solamente su flema, que en este género de trabajo no tiene igual, podía vencer tanta dificultad y tolerar la lentitud de estas obras; pero las sacaban tan buenas que no dejaban nada que desear. Sabían expresar en sus estatuas todas las actitudes de que es capaz el cuerpo;

observaban exactamente todas las proporciones y hacían con perfección aquellas menudísimas labores que tanto se estiman en esa arte. Labraban no solamente estatuas enteras, sino también esculpían en las piedras imágenes de medio relieve, como son las de Moctezuma II y de su hijo, esculpidas primorosamente en una peña de Chapultepec, que menciona y celebra el P. Acosta. Las estatuas de madera labrada con cincel de cobre; pero no poseían el arte de encarnarlas. Hacían también estatuas de barro y de masa de varias semillas.

El número exorbitante de sus estatuas se puede conjeturar por el de sus ídolos que expusimos en el libro antecedente. Los ídolos eran monstruosos y disformes; pero no por ignorancia del arte, sino, como ya dijimos, por principios de religión. Tenemos también en esta parte que quejarnos del celo del primer obispo de México y de los primeros misioneros que, por no dejar a sus neófitos incentivos de la idolatría, nos privaron de muchos apreciables monumentos de la escultura de los mexicanos. De ídolos se hicieron los cimientos de la primera iglesia de México y se cuentan a millares las estatuas de todo género que demolieron; de suerte que habiendo sido aquel reino el más abundante de esa especie de obras, apenas puede hoy hallar una u otra la más diligente curiosidad. La conducta de aquellos santos hombres tan beneméritos de la Nueva España fue muy loable por su principio y por sus efectos; pero querríamos que las estatuas inocentes de aquellas naciones no hubiesen sido envueltas en la ruina de los simulacros supersticiosos, y que aun de éstos se hubiesen conservado algunos en algún lugar en que no sirviesen de escándalo a los neófitos.

### 51. Obras de fundición

Las obras de fundición tenían mucho mayor aprecio entre los mexicanos que todas las obras de escultura, no solamente por el valor de la materia sino mucho más por la excelencia del artificio. No serían creíbles las maravillas de este arte si, además de testificarlas cuantos las vieron, no se hubieran enviado en gran número a Europa. Las piezas que el conquistador Cortés envió al emperador Carlos V asombraron a los plateros europeos, los cuales al verlas confesaron, según deponen algunos escritores de aquel tiempo, que eran inimitables. Vaciaban los plateros mexicanos en oro y plata las más perfectas imágenes de las cosas naturales. Sacaban por fundición un pescado con las escamas entreveradas de oro y plata; un papagayo con la cabeza, lengua y alas movedizas; un mono al cual se le jugaban los pies y la cabeza, con un huso en la mano en ademán de hilar. Engastaban piedras preciosas en oro y en plata, y hacían unas joyas curiosísimas de inestimable valor. En una palabra, eran tales estas obras que aun aquellos soldados españoles que se sentían aquejados de una sed insaciable del oro, celebraron en ellas más el arte que la materia.

Este arte maravilloso que poseyeron los primeros toltecas y cuya invención o perfección atribuían al dios Quetzalcoatl, se ha perdido por la miseria de los indios y la incuria de nuestros españoles. No sé que haya quedado alguna de esas piezas apreciables; a lo menos no será tan difícil hallarla en algún gabinete de Europa como en toda la Nueva España. Prevaleció sin duda a la curiosidad de conservar la hechura de semejantes obras la codicia de aprovecharse de la materia. Trabajaban también los mexicanos obras de martillo, pero pocas respecto de las de fundición y no comparables con las de los plateros europeos, porque no tenían para batir los metales otros instrumentos que las piedras. Sin embargo, sabemos que trabajaban bien el cobre y que los españoles hicieron aprecio de sus hachas. Los plateros hacían un cuerpo muy considerable; tributaban particular culto a Xipe, su dios protector, a quien celebraban una gran fiesta en el segundo mes, con los más inhumanos sacrificios.

### 52. Obras de mosaico

Pero nada estimaron tanto los mexicanos como las obras de mosaico que nacían de la pluma más delicada y vistosa de las aves. A ese fin criaban muchas especies de aves bellísimas de que abunda aquella tierra, no solamente en los palacios de los reyes, donde había todo género de animales, sino también en las casas de los particulares, los cuales a su tiempo les quitaban la pluma para emplearla en ese género de obras o venderla en el mercado. Apreciaban singularmente por su sutileza y por la fineza y variedad de sus colores la de aquella maravillosa avecilla que llaman los mexicanos *huitzitzilin* y los españoles chupaflores o picaflores. En ésta y otras bellísimas aves les proveía la naturaleza de todos cuantos colores ha inventado el arte y aun de muchos más que el arte no es capaz de imitar.

Juntábanse para cada obra varios oficiales y, después de formado el diseño y tomadas las proporciones, se encargaba cada uno de una parte de la imagen y trabajaba en ella con tan grande aplicación y paciencia, que solía gastar un día en acomodar una pluma, probando ya una y ya otra y observándolas a diferentes visos hasta hallar la que llenase la idea de perfección que se había propuesto. Concluida la parte que a cada uno tocaba, volvían a juntarse para formar el cuerpo de la imagen. Si alguna parte no ajustaba exactamente, se volvía a trabajar en ella hasta darle la última perfección. Tomaban con pinzas la pluma para no ajarla, y la pegaban en el lienzo, tabla o lámina de cobre, con *tzauhtli* o con otra materia glutinosa y después la asentaban hasta dejar llana y lisa la superficie.

Éstas son aquellas imágenes tan celebradas de los españoles y de otras naciones europeas, en que no sabe el que las ve qué alabar más, si la viveza y hermosura de los colores naturales o la destreza del artífice y la ingeniosa disposición del arte. "Las cuales —dice el P. Acosta— son con mucha razón estimadas, y causa admiración que de pluma de pájaros se pueda labrar obra tan delicada y tan igual, que no parece sino de colores pintados y, lo que no pueden el pincel y los colores del tinte, tienen unos visos mirados un poco de soslayo tan lindos y tan alegres y vivos, que deleitan admirablemente. Algunos indios buenos maestros retratan con perfección, de pluma, lo que ven de pincel, que ninguna ventaja les hacen los pintores de España. Al príncipe de España don Felipe dio su maestro tres estampas tan pequeñitas como para registros de diurno y su alteza las mostró al rey Felipe II, nuestro señor su padre, y mirándolas su Majestad dijo que no había visto en figuras tan pequeñas cosa de mayor primor. Otro cuadro mayor en que estaba retratado San Francisco, recibiéndole alegremente la santidad de Sixto V, y diciéndole que aquello hacían los indios de pluma, quiso probarlo trayendo los dedos un poco por el cuadro para ver si era pluma aquella, pareciéndole cosa maravillosa estar tan bien asentada que la vista no pudiese juzgar si eran colores naturales de pluma o si eran artificiales de pincel. Los visos que hace lo verde y un anaranjado como dorado y otros colores finos son de extraña hermosura, y mirada la imagen a otra luz parecen colores muertos."

Eran tan estimadas estas obras de pluma entre los mexicanos, que las apreciaban más que el oro. Cortés, Bernal Díaz, Gómara y demás historiadores de México que las vieron no hallan expresiones con qué encarecer su perfección.[44] Poco tiempo hace que vivía en Pátzcuaro (capital en otro tiempo del reino de Michoacán, en donde, más que en otra parte, floreció ese arte después de la Conquista) el último artífice de pluma que había quedado, y con él habrá perecido o estará ya para perecer ese arte tan precioso, aunque ya hace más de dos siglos que no se trabajaba con la perfección de los antiguos.

---

[44] Juan Lorenzo de Anagnia, docto autor italiano del siglo XVI, hablando en su *Cosmografía* de estas imágenes de los mexicanos, dice: "Entre otras, me ha causado gran admiración un San Jerónimo con su crucifijo y un león, que me enseñó la señora Diana Loffreda, tan notable por la hermosura y viveza de los colores y por el arte con que estaban distribuidos, que creo no haber visto cosa semejante, no diré mejor, en los antiguos ni en los mejores pintores modernos".

Consérvanse algunas de esas obras en los museos de Europa y muchas en la Nueva España; pero pocas del siglo XVI y ninguna que yo sepa del tiempo anterior a la Conquista. Era también curiosísimo el mosaico que hacían de conchas desmenuzadas, cuyo arte se ha conservado hasta nuestro tiempo en Guatemala. A imitación de estos célebres artífices había otros que, con diferentes flores y hojas de árboles, formaban sobre esteras vistosísimas imágenes y labores para algunas fiestas. Después de recibida la fe de Jesucristo, hacían de esas obras para adorno de nuestros templos, las cuales solicitaban a porfía los españoles por la belleza y curiosidad del artificio. Al presente hay muchos artífices en aquel reino que pretenden remedar con la seda las imágenes de pluma; pero no son en manera alguna comparables sus obras con las de los antiguos mexicanos.

### 53. Arquitectura doméstica

A una nación tan industriosa en aquellas artes que sólo sirven a la curiosidad y al lujo, no podían faltar las necesarias a la vida. La arquitectura, que es una de las artes que inventó la necesidad de los primeros hombres, se practicó en la tierra de Anáhuac, a lo menos desde el tiempo de los toltecas. Los chichimecas, sus sucesores, los acolhúas y todas las demás naciones del reino de Acolhuacán, del imperio mexicano, la república de Tlaxcala, el reino de Michoacán y de otras provincias y reinos, fabricaron casas y formaron ciudades desde tiempo inmemorial. Cuando los mexicanos arribaron a aquel país, lo hallaron lleno de grandes y hermosas poblaciones. Ellos, que llevaban de su patria un suficiente conocimiento de la arquitectura y estaban acostumbrados a la vida sociable, construyeron en el tiempo de su dilatado viaje muchos edificios en los lugares en que demoraron algunos años y cuyos restos subsisten, como ya dijimos, hasta ahora. Aislados después en el lago y reducidos a la mayor miseria, hicieron humildes chozas de caña y lodo, hasta que, con el comercio del pescado, adquirieron materiales para mejores edificios. A proporción del aumento de su poder y riqueza se aumentaron y mejoraron sus fábricas, no solamente en la ciudad sino en todo el imperio; de manera que cuando arribaron a aquella tierra los conquistadores hallaron mucho que admirar sus ojos y no menos que destruir sus manos.

Las casas de los pobres eran de cañas o de adobes o de piedra y lodo, y el techo de una especie de heno crecido y grueso que es muy común en aquellos campos, o de pencas de maguey dispuestas en forma de tejas, que por tener casi la misma hechura, suplían bien por ellas. Una de las estacas o postes principales de estos humildes edificios solía ser un árbol de proporcionado grosor que servía de hermosura y sombra a la habitación, y les excusaba algún trabajo. No constaban regularmente estas casas sino de una sola pieza en que tenían su familia, sus animales, su hogar y sus muebles todos; y si no eran tan pobres los dueños, tenían además de esa pieza un pequeño oratorio, un estrecho granero y un baño. Las casas de los ricos y señores eran de cal y canto, y tenían altos con varias salas y cámaras y grandes patios; el techo plano, de buena madera y bien labrado con su terrado; las paredes eran tan bien encaladas y bruñidas que las primeras que vieron de lejos los españoles les parecieron de plata; el pavimento de argamasa, perfectamente plano y bruñido. Muchas de estas casas tenían sus torreones y almenas, su atrio con arboleda, y su huerta con estanques y calles formadas con simetría. Las mas de las casas de la capital tenían dos puertas; una que era la principal a la calle y la otra al canal o acequia; ni una ni otra entrada tenían puertas de madera; porque no las usaban creyendo por ventura suficientemente bien defendidas sus casas con la severidad de las leyes contra los ladrones; pero para defender lo interior de su habitación de la observación de los pasajeros, tenían cubierta la entrada con un cañizo, del cual colgaban una sarta de tejuelas para que cualquiera que quisiese entrar excitase con el movimiento y el ruido de dichas tejuelas la atención de los domésticos. A nadie era permitido pasar de la puerta adentro sin el beneplácito de los dueños de la casa; si la necesidad o la civilidad o la relación de parentesco en el que llegaba no cohonestaba su entrada, era oído en la puerta y desde allí prontamente despachado.

Supieron los antiguos mexicanos fabricar arcos y bóvedas,[45] como lo han demostrado sus baños, los restos de los palacios reales de Texcoco y de otros edificios que se salvaron del furor de los conquistadores, y varias pinturas antiguas. Usaban cornisas y algunas particulares decoraciones en sus edificios. Gustaban especialmente de formar lazos de piedra en contorno de las puertas y ventanas; y en algunos edificios se veía una serpiente de piedra mordiendo su cola sobre la puerta principal, después de haber rodeado con su cuerpo todas las ventanas y puertas. Las paredes de sus edificios eran rectas y perpendiculares, para lo cual empleaban la plomada, o cosa equivalente; pues por la negligencia de los historiadores ignoramos los instrumentos de que se servían para sus fábricas, como otras muchas relativas a esta y otras artes.

---

[45] Torquemada dice que cuando quitaron los españoles las cimbrias a una bóveda que fabricaron en la primera iglesia de México, los mexicanos, espantados por no haberlas visto jamás, se asomaban recatadamente a la puerta esperando verla caer por instantes; pero lo contrario consta de lo que decimos en el cuerpo de la historia; y si acaso los mexicanos se espantaron no fue ciertamente de la bóveda sino de alguna otra circunstancia que intervendría en la fábrica.

Algunos historiadores dicen que los albañiles de Anáhuac arrimaban tierra por una y otra parte a las paredes que construían y que a proporción que las elevaban crecía también la tierra, de suerte que las paredes hasta concluirse estaban cubiertas y enterradas y los fabricadores no necesitaban de andamios. Pero aunque es verdad que este modo de fabricar fue usado entre los mixtecas y en otras naciones del imperio mexicano, no creemos que lo practicasen los mismos mexicanos, sabiendo la suma presteza con que acababan sus fábricas. Sus columnas eran redondas o cuadradas, pero sin basas ni capiteles, a lo menos no hay noticia de que los usasen. Todo su empeño era en que fuesen de una pieza, y solían adornarlas de figuras de bajo relieve. Los cimientos de las casas grandes de la capital se hacían, por la poca firmeza del suelo, sobre gruesas estacas de cedro, cuyo ejemplo han seguido hasta ahora los españoles. El techo de estas casas era de cedro, pino, ciprés, abeto y oyamel. La piedra de las columnas era de cantería; pero en los palacios reales eran muchas de mármol, y algunas también, a lo que parece, de alabastro oriental, que los historiadores tuvieron por jaspe. Antes del reinado de Ahuízotl las paredes de las casas se hacían de piedra común; pero habiéndose descubierto en tiempo de dicho rey la cantera de piedra *tetzontli* en el llano que ahora llaman de Santa María, a orillas del lago, se comenzó a usar de ella, como la más conforme a los edificios de México; porque es dura, liviana y porosa, y se une estrechamente con el mortero. Por estas ventajas y porque su color es rojo oscuro, se emplea hasta hoy con preferencia a cualquiera otra piedra. La piedra común de que hacían los enlosados de los atrios de los palacios reales y de los templos era de Tenayuca; pero los hacían también de mármol y de otras estimables labradas en cuadro y dispuestas en forma de ajedrez para la mayor hermosura.

Por lo demás, aunque no eran en manera alguna comparables los mexicanos en el gusto de la arquitectura doméstica con los europeos, sorprendió tanto a los españoles la vista de los palacios reales de México que el conquistador Cortés, escribiendo[46] al emperador Carlos V y no hallando palabras con qué describirlos, se sirvió de estas expresiones: "Tenía —dice, hablando de Moctezuma— dentro de esta ciudad sus casas de aposentamiento tales y tan maravillosas, que me parecería casi imposible poder decir la bondad y grandeza de ellas. Y, por tanto, no podré expresar cosas de ellas más de que en España no hay su semejable". De semejantes expresiones usan así el mismo Cortés en otros lugares de sus cartas, como el Conquistador Anónimo, en su preciosa relación, y Bernal Díaz en su *Historia*: los tres testigos oculares.

---

[46] Carta escrita desde Segura de la Frontera o Tepeyacac, el 30 de octubre de 1520.

## 54. Acueductos y calzadas

Hacían los mexicanos, para comodidad de las poblaciones, muy buenos acueductos. Los de México para conducir el agua de Chapultepec, distante como dos millas de la ciudad, eran dos canales paralelos de piedra y argamasa, altos casi 2 varas y anchos 2 pasos, que corrían por una calzada formada sobre el lago y llegaban hasta la entrada de la ciudad, desde donde se repartía el agua a diversas fuentes, especialmente a las de los reales palacios. Aunque eran dos los acueductos no corría el agua sino por uno, y entre tanto limpiaban el otro para que siempre fuese el agua limpia. Vese hasta ahora en Tezcotzinco, lugar que fue de recreación de los reyes de Texcoco, algunos restos del antiguo acueducto por donde se conducía el agua a los jardines de aquellos reyes.

Esta calzada de Chapultepec y las demás fabricadas sobre el lago, de que en otros lugares hacemos mención, son monumentos incontestables de la industriosa policía de los mexicanos, pero aún más lo es el mismo suelo de la ciudad. Otros arquitectos no tienen que hacer más que abrir cimientos en la tierra para levantar sobre ellos los edificios; los mexicanos se fabricaron el suelo en que debían levantar su ciudad; porque no teniendo al principio espacio suficiente para la población, terraplenaron en parte el lago, unieron los primeros islotes en que se habían establecido y aumentaron, con maravillosa industria y fatiga inmensa, el terreno. A este trabajo añadieron el de los diques y compuertas que hicieron en diferentes lugares de la ciudad para la seguridad de los edificios.

## 55. Restos de edificios antiguos

Entre los monumentos que han quedado en el imperio mexicano de la antigua arquitectura, son célebres los vastos edificios de Mictlan, en que hay mucho que admirar, y especialmente una gran sala sostenida sobre varias columnas redondas de piedra, altas 10 brazas y tan gruesas que dos hombres de buena estatura no alcanzan a abrazarlas, todas de una pieza. Se dejan ver también en estas fábricas algunas grandes portadas compuestas de solas tres piedras.

Excede a estas y a todas cuantas fábricas nos han quedado de la antigüedad, la de los famosos arcos de Cempoala. Esta obra, digna de compararse a las mayores de Europa, se hizo hacia la mitad del siglo xvi. Dirigióla, sin tener principios algunos de arquitectura, el apostólico franciscano Francisco Tembleque, y ejecutáronla con sumo acierto los cempoaltecas. Compadecido este fervoroso y caritativo misionero de que faltase a sus neófitos el agua que antes tenían, por consumirla los ganados de los españoles, emprendió socorrer a todo costo la necesidad de aquellos pueblos. El agua estaba muy distante y el terreno por donde debía conducirse era todo montuoso y quebrado; pero todo lo venció el celo del misionero y la industria y trabajo de los neófitos. Hicieron un acueducto de cal y canto de casi 11 leguas por los rodeos que era preciso hacer en los montes.[47] La principal dificultad consistía en salvar barrancas interpuestas en el camino; superóse con tres puentes, el primero de 46 arcos, el segundo de 13 y el tercero, que es el mayor y más célebre, de 67 arcos. El arco mayor, que es el que abraza la mayor profundidad de la barranca, tiene de alto 42-2/3 varas castellanas, que son 18-2/7 toesas, y de ancho 23-1/3 varas, o 10 toesas; de suerte que por debajo de él podría pasar un navío de alto bordo. Los 66 arcos colaterales van en disminución hasta las dos extremidades de la barranca, según exige el terreno para igualar al plan del acueducto. El puente principal tiene 3,178 pies de largo, que hace más de media milla. En su construcción se trabajó cinco años y en toda la obra diecisiete. Fábrica digna de que el pueblo se interese en su conservación, no menos por su grandeza que por su utilidad.[48] No me ha parecido este grandioso acueducto ajeno a mi historia, porque aunque lo dirigió un español después de la Conquista, lo ejecutaron con felicidad los mismos que sobrevivieron a la ruina de su imperio.

Los mexicanos se servían para sus fábricas de la cal y del mortero ni más ni menos que los europeos, como haremos ver en nuestras *Disertaciones,* con documentos irrefragables contra los desatinos de Paw, que, entre otras grandes extravagancias, ha tenido la de negar a todos los americanos el conocimiento y el uso de la cal. El vulgo de aquel reino cree que mezclaban la cal con huevo para darle mayor tenacidad; pero éste es un error que no necesita de impugnación. Sabemos bien, por testimonio de los primeros historiadores, que no solamente empleaban los mexicanos en sus edificios adobes, sino también ladrillos cocidos al fuego, y que éste era uno de los renglones de comercio en sus mercados.

### 56. Canteros, lapidarios y alfareros

Los canteros que cortaban y labraban la piedra para los edificios no usaban pico, escoda ni cincel, sino ciertos instrumentos de pedernal,

---

[47] Torquemada dice que el acueducto tiene 160,416 pies de marca, que hacen, añade, más de 15 leguas; pero si él habla, como parece, de pies geométricos, harán poco menos de 11 leguas; si habla de pies toledanos será aún menos, pues el toledano al geométrico es como 1,240 a 1,417.

[48] Betancourt, que escribió a fines del siglo XVII, testifica que hasta su tiempo perseveraba intacto el acueducto de Cempoala, sin haberse descantillado una piedra en 140 años, ni nacido en él hierba, ni faltado jamás el agua. He oído decir que en los tiempos posteriores ha sido maltratado de un rayo y no se ha reparado el daño.

cuya hechura no nos han conservado los historiadores. Pero sin valerse para nada del hierro hacían tales estatuas y esculpían y grababan tan buenas figuras en la piedra, que asombraron a cuantos las vieron. No menor admiración han excitado en los españoles las piedras de enorme peso y volumen que se hallaron en la capital y en otras partes, transportadas de muy lejanos y colocadas en lugares eminentes sin el auxilio de las máquinas que han inventado la mecánica. Labraban, además de la piedra común de sus edificios, el mármol, el jaspe, el alabastro, el *itztli* y otras especies de piedras estimables. Del *itztli* hacían bellísimos espejos, que guarnecían de oro, y aquellas agudísimas navajas de que armaban sus espadas y puñales y de que se servían sus barberos. Hacían estas navajas con tal presteza, que en una hora sacaban un artífice más de ciento.[49]

Los lapidarios mexicanos no solamente tenían conocimiento de las piedras preciosas, sino también sabían trabajarlas y grabar en ellas cuanto querían. Los historiadores dicen que todo esto se hacía con cierta arenilla; pero es cierto que no podrían hacerse sin algún otro instrumento, o del pedernal o del cobre duro que lleva aquella tierra. Las piedras más comunes y usuales entre los mexicanos eran las esmeraldas. Las esmeraldas eran tan comunes que no había señor que no las tuviese, ni moría alguno de ellos a cuyo cadáver no le pusiesen una esmeralda en la boca para que le sirviese, como decían, de corazón. Fueron infinitas las que se enviaron a la corte de España en los primeros años después de la Conquista. Cortés, la primera vez que volvió de España, llevó consigo, entre muchas inestimables joyas, cinco esmeraldas que, según testifica Gómara, se valuaron en cien mil ducados, y por una de ellas le ofrecieron unos mercaderes genoveses 40,000 para revenderla al Gran Señor.[50] Y

[49] Torquemada, *Monarquía indiana* (Lib. 13, cap. 34, y Lib. 17, cap. 1) expone el modo que tenían los mexicanos de sacar las navajas de *itztli*. Siéntase, dice, en el suelo uno de los oficiales y toma un pedazo de aquella piedra de un palmo de largo o poco más, y de grueso como la pierna o poco menor, rollizo; y tiene un palo del grueso de una lanza y largo como tres codos o poco más. Al principio de este palo pone muy pegado y bien atado otro trozuelo de un palmo (para que pese más aquella parte); luego junta ambos pies descalzos y con ellos aprieta la piedra como si fuera con tenazas o tornillos de banco de carpintero y toma con ambas manos el palo, que también es llano y tajado, y pónelo a besar con el canto de la frente de la piedra, que también es llana y tajada por aquella parte, y entonces aprieta hacia el pecho y con la fuerza que hace salta de la piedra una navaja con su punta y filos de ambas partes. Salen estas navajas de la forma y hechura de las lancetas de nuestros barberos, salvo que tienen un lomillo por medio, y hacia las puntas salen algo combadas con mucha graciosidad. Verlas sacar es cosa digna de admiración y no pequeño argumento de la viveza de los ingenios de los hombres que tal manera de invención hallaron. Véase también al Dr. Hernández *Historia natural de México* (Lib. 10, cap. 14) que celebra justamente la industria y habilidad de esos artífices.

[50] La 1ª de las cinco esmeraldas de Cortés era labrada en forma de rosa; la 2ª como una corneta, la 3ª era un pez con los ojos de oro; la 4ª una campanilla, que tenía por badajo una finísima perla y en el bordo de dicha campanilla formado con letras de oro: "Bendito quien te crió". La 5ª, que era la que querían comprar los genoveses en 40,000 ducados, era una copilla con el pie de oro y con cuatro cadenicas que la sujetaban, las cuales se unían en una perla en forma de botón. El bordo de la copilla era de oro y en él se leía: *Inter natos mulierum non surrexit major*. Estas esmeraldas

en su segundo viaje trajo dos vasos de esmeralda apreciados, según afirma el P. Mariana en su *Sumario,* en 300,000 ducados, los cuales perdió en la infeliz expedición de Carlos V contra Argel el año de 1541. Hoy ni se trabajan estas piedras, ni se sabe el sitio de las minas de donde se sacaban; pero subsisten algunos trozos enormes de esmeralda, como el ara que está en el Sagrario de la iglesia Catedral de Puebla, y la de la iglesia parroquial de Quechollan (si ya no es la misma transportada después a Puebla) la cual tenían asegurada los indios, según dice Betancourt, con cadenas de hierro, para que no se la hurtasen.

Los alfareros hacían de barro no solamente las vajillas necesarias, sino muchas piezas de mera curiosidad que pintaban de varios colores, pero no alcanzaron el secreto de vidriarlas. Antiguamente sobresalieron en este arte los cholultecas, cuyas obras celebraron mucho los españoles; hoy son célebres los alfareros de Cuauhtitlán.

### 57. Carpinteros, tejedores, etc.

Los carpinteros labraban primorosamente varias especies de madera con sus instrumentos de cobre. Vense hasta hoy algunas hachuelas de las que usaban esos oficiales. Los telares eran comunísimos en el imperio mexicano y era ésta una de las artes que aprendían todos. Carecían de lana, seda común, lino y cáñamo. Suplían la lana con el algodón, la seda con la pluma y el pelo de conejo; y el lino y el cáñamo con el *icxotl* o palma silvestre, con el *quetzalichtli,* el *pati* y con otras especies de maguey.

De algodón hacían excelentes telas, unas gruesas y otras tan delgadas y sutiles como la holanda, que fueron justamente apreciadas en Europa. Poco tiempo después de la Conquista se llevó a Roma una vestidura sacerdotal de México, que asombró, según refiere Boturini, a aquella corte por su fineza y primor. Tejían estas telas con diferentes labores y color representando en ellas varios animales y flores. De pluma entretejida con el mismo algodón hacían mantas, colchas, tapices, cotas y otras piezas igualmente suaves que hermosas. He visto algunas vistosas mantas de esta especie que hasta hoy conservan algunos señores y suelen vestírselas en algunas fiestas extraordinarias, como en las de la jura del rey. Del mismo modo entretejían con el algodón el pelo sutil de la panza del conejo y de la liebre, después de haberlo teñido e hilado. Hacíanse de estas suavísimas telas almillas de invierno para los señores. De las hojas del *pati* y del *quetzalichtli* sacaban hilo delgado para tejidos

presentó Cortés a su segunda mujer doña Juana de Zúñiga, hija del conde de Aguilar. Joyas, dice Gómara, que entonces vivía, las mejores que nunca en España tuvo mujer.

equivalentes a los de lino, y de las hojas de *metl* o maguey común y de la palma silvestre, hilo más grueso. El modo de beneficiar estos materiales era el mismo que tienen en Europa con el lino y el cáñamo. Maceraban en agua las hojas y después las aporreaban, lavaban y asoleaban hasta ponerlas en estado de poderlas hilar. De las mismas hojas del *icxotl* como también de las del *izhuatl* (otra especie de palma) hacían finísimas esteras de diversos colores. Tejían también otras gruesas de la enea, que lleva en abundancia aquella laguna. Unas y otras son hasta hoy muy comunes en aquel reino. El mismo hilo del maguey les servía para sogas y para alpargatas. Curtían y adobaban muy bien las pieles de animales, así cuadrúpedos como volátiles, dejando en unas el pelo y la pluma y quitándola a otras, según sus diferentes destinos. Finalmente, para dar alguna idea del gusto de los mexicanos en las artes, me ha parecido oportuno el copiar aquí la memoria del primer quinto que, de lo adquirido en el imperio mexicano, envió el conquistador Cortés al emperador Carlos V pocos días después de haber llegado a aquel país.[51]

## 58. Lista de piezas curiosas que envió Cortés a Carlos V

Dos ruedas de 10 palmos de diámetro, una de oro con la imagen del Sol y otra de plata con la imagen de la Luna, formadas de láminas de uno y otro metal con figuras de animales y otras labores de bajorrelieve, trabajadas con singular artificio.[52]

Un collar de oro, de 8 piezas con 183 pequeñas esmeraldas engastadas, y 232 pedrezuelas parecidas a los rubíes, del cual pendían 27 campanillas de oro y unos barruecos o perlas imperfectas.

Otro collar del mismo metal, de 4 piezas con 102 pedrezuelas como rubíes, 172 esmeraldas y 10 buenas perlas engastadas y por la orla campanillas de oro. Entrambos collares, dice Gómara, eran de ver y tenían otras cosas primorosas sin las dichas.

Un morrión de madera, chapado de oro y guarnecido de pedrería, con 25 campanillas de oro en las extremidades y por cimera o penacho un ave verde con los ojos, pico y pies del mismo metal.

Un capacete de oro, cubierto de piedras y rodeado de campanillas.

Un brazalete de oro muy delgado.

Una vara como cetro real, con dos anillos de oro por remaches y guarnecidos de perlas.

---

[51] Tomada de la *Historia* de Gómara, que florecía por aquel tiempo en España, omitidas algunas cosas que no hacen a nuestro intento.
[52] La rueda de oro era sin duda figura del siglo, y la de plata figura del año mexicano.

Cuatro arrexaques o tridentes de 3 ganchos, cubiertos de pluma de muchos colores y las puntas de barruecos atados con hilo de oro.

Muchos zapatos de cuero de ciervo cosido con hilo de oro, cuya suela era de la piedra *itztli*,[53] blanca y azul muy delgada.

Seis pares de zapatos de cuero, guarnecidos de oro, plata y perlas.

Una rodela de palo y cuero, con campanillas en el contorno, y en la copa una plancha de oro en que estaba esculpida la imagen del dios de la guerra y cuatro cabezas de león, tigre, águila y buaro en aspa, representadas al vivo con su pelo y pluma.

Muchas pieles de aves y de cuadrúpedos, adobados con su pluma y su pelo.

Veinticuatro rodelas de oro, pluma y aljófar, bellas y curiosas, y 5 de pluma y plata.

Cinco peces, 2 ánades y otras aves huecas y vaciadas de oro.

Dos grandes caracoles de oro y un espantoso cocodrilo con muchos hilos de oro en derredor

Un espejo grande guarnecido de oro y otros pequeños.

Muchas mitras y coronas de pluma y oro adornadas de perlas y piedras preciosas.

Muchos penachos grandes y vistosos, de plumas de diferentes colores sembradas de oro y aljófar.

Muchos abanicos y mosqueadores de oro y pluma, y pluma sola, de diferente hechura y grandeza, pero todos muy hermosos.

Una manta grande de algodón tejida de muchos colores y de pluma, con una rueda negra en medio con sus rayos y por dentro rasa.

Muchas mantas de algodón, o blancas solamente o blancas y negras, escaqueadas o coloradas, verdes, amarillas y azules y de otros colores, por de fuera vellosas como la felpa y por el envés sin pelo ni color.

Muchas camisetas, jaquetas, tocadores, colchas, cortinas y alfombras de algodón.

Todas estas cosas eran, según el testimonio del citado Gómara, más estimables aún por su artificio que por su materia. "Los colores —añade— del lienzo de algodón eran finísimos, y los de la pluma naturales. Las obras de vaciados excedían al juicio de nuestros plateros."

Este presente, que fue una parte de lo que regaló el rey Moctezuma a Cortés recién desembarcado en Chalchiuhcuecan, envió aquel conquistador a Carlos V por julio de 1519, y éste fue el primer oro y plata que envió la Nueva España a la antigua; ligero ensayo de los inmensos tesoros que había de enviar después.

---

[53] Gómara no expresa que fuese *itztli* la piedra de los *zapatos*, pero su descripción lo da a entender.

## 59. Conocimiento de la naturaleza y uso de los simples medicinales

Entre las artes de los mexicanos tiene un distinguido lugar la medicina, de la cual hablaron muy poco los historiadores de México, siendo una parte muy interesante de su historia. Contentáronse con decir que tenían sus médicos mucho conocimiento de las hierbas y que hacían con ellas excelentes curas, sin especificar los progresos que hicieron en este arte tan útil al género humano. Pero no hay duda de que la misma necesidad que obligó a los griegos a hacer una colección de experimentos y observaciones sobre la naturaleza de las enfermedades y las virtudes de los simples, condujo también a los mexicanos al conocimiento de estas dos principalísimas partes de la medicina.

No sabemos que se sirvieran de sus pinturas, como los griegos de sus escritos, para comunicar sus luces a la posteridad. Los que hacían profesión de médicos daban a conocer a sus hijos los accidentes a que está expuesta la mortalidad, y las hierbas que la Providencia divina creó para su remedio, cuya virtud habían experimentado sus mayores. Enseñábales a discernir los diferentes estados de las enfermedades, el modo de preparar los medicamentos y las circunstancias en que debían aplicarse. De todo esto tenemos suficientes documentos en la *Historia natural de México* escrita por el Dr. Francisco Hernández.[54] Este docto y laborioso escritor llevó siempre por guías a los médicos mexicanos en la investigación de la naturaleza de aquel vasto imperio. Ellos le dieron a conocer como 1,200 plantas con sus propios nombres mexicanos y sus diferentes usos en la medicina; 200 y tantas especies de aves, y un número grande de cuadrúpedos, reptiles, peces y minerales. De esta obra se puede formar un cuerpo de medicina práctica para aquel reino, como, en efecto, lo formó el Dr. Farfán[55] en su libro de curaciones.

---

[54] El Dr. Hernández, médico de Felipe II y célebre por las obras que había publicado sobre Plinio, fue enviado por aquel monarca a México para trabajar en la *Historia natural* de aquel reino, en que se empleó diligentemente, en compañía de otros hábiles naturalistas, por algunos años, siguiendo las luces de los médicos mexicanos. Su obra, digna de los 60,000 ducados que gastó en la empresa el Real Erario, constaba de 24 libros de historia y de 11 tomos de excelentes retratos de plantas y animales; pero habiendo parecido al rey demasiado voluminosa para darla al público, la sometió a su médico Nardo Antonio Reco, napolitano, para que la compendiase. El compendio se redujo a truncarla y a invertir el orden de las materias, aunque sin alterar la letra del autor. Este compendio lo publicó en México (1615) Fr. Francisco Ximénez, dominicano, y en Roma (1651) los Académicos Linceos, con notas y disertaciones doctas pero demasiado prolijas y molestas. El original del autor se guardó en el Escorial, del cual copió el P. Nieremberg (como él mismo confiesa) mucha parte de lo que trae en su *Historia natural*. El P. Claudio Clement, jesuita francés, hablando de los manuscritos del Dr. Hernández, dice: *Qui omnes libri et commentarii, si pro ut affecti sunt, ita forent perfecti et absoluti. Philippus Secundus, et Franciscus Hernandius haud quaquam Alexandro et Aristoteli hac in parte concederent.*

[55] La obra del Dr. Farfán, firmada sobre los manuscritos del Dr. Hernández, se imprimió en México (1605).

Y si en los tiempos posteriores no se hubiera abandonado el estudio de la Historia Natural, ni hubiera habido tan grande preocupación en favor de todo lo que va a la América desde esta otra parte del mar, hubieran ahorrado los habitantes las drogas de Europa y de Asia, y hubieran percibido mayor utilidad de las producciones de su propio país.[56] A los indios mexicanos debió Europa el tabaco, el bálsamo americano, el copal, el liquidámbar, la zarzaparrilla, la tacamaca, el xalapa, el piñoncillo, la hierba de Juan infante y otros muchos simples de experimentada eficacia y de mucho uso en la medicina; pero son muchísimos más aquellos de que Europa está privada por la incuria de los comerciantes. Entre los purgantes de que se servían los médicos mexicanos, además del Jalapa, el piñoncillo y la habilla, les era familiar el *mechoacán,* tan conocido en Europa,[57] el *itzticpatli,* que tanto recomienda el Dr. Hernández, y el *amamaxtla* o, como le llaman los españoles, el ruibarbo de frailes. En esta planta discernían las diferentes y opuestas cualidades de las partes líquidas y de las sólidas; extraían el jugo para purgante y la parte sólida que restaba la usaban como astringente.

Para evacuar por vómito empleaban, entre otros eméticos, el *mexóchitl* y el *neixcotlalpatli,* y para purgar por la orina el *axixipatli* y el *axixtlacotl,* diuréticos grandemente celebrados del citado autor. Para antídotos, la célebre contrahierba llamada de ellos por su figura *coanenepilli* (lengua de sierpe) y por sus efectos *coapatli* (remedio contra las serpientes), y el *chipalhuacaiztic.* Contra las fiebres intermitentes se servían ordinariamente del *chatalhuic* y contra otras especies de calenturas del *chiantzolli,* del *iztacxalli* (arena blanca), del *huehuelzontecomatl* y, sobre todo, del *itzticpatli.*

En el *zozoyatic* tenían un eficaz estornutatorio con aplicar solamente su raíz a la nariz. Para preservarse de los males que les ocasionaba el demasiado ejercicio en el juego de la pelota, usaban comer la corteza del *apitzalpatli,*[58] humedecida en agua. Sería nunca acabar el mencionar las plantas, resinas, minerales y demás medicamentos, así simples como compuestos, de que se valían contra todas las especies de enfermedades que conocía su medicina. Quien quisiese mayor instrucción en esta

---

[56] Están tan acostumbrados los habitantes de aquel reino a que todo se les lleve de fuera, que hacen llevar muchos simples medicinales de Europa que la tierra de la Nueva España produce abundantemente sin cultivo, como el sen, la violeta y otros muchos.

[57] La célebre raíz de mechoacán, que los tarascos llaman *tacuache* y los mexicanos *tlalantlacuitlapilli,* dio a conocer un médico del rey de Michoacán a los primeros religiosos que anunciaran la fe de Cristo en aquel reino, curándolos de unas calenturas que los iban consumiendo. De los religiosos pasó la noticia a los demás españoles y de éstos a toda Europa.

[58] La descripción y uso de estas plantas mexicanas se puede ver en la obra de Hernández y en los demás autores que se aprovechan de sus luces.

materia consulte a los autores arriba citados y al Dr. Monardes, en los dos tratados que publicó de las cosas medicinales que se llevan de América a Europa.

## 60. Infusiones, emplastos, aceites

Usaban los médicos mexicanos de infusiones, cocimientos, emplastos, ungüentos y aceites todo lo cual se vendía en el mercado con las demás cosas necesarias a la vida, como deponen Cortés y Bernal Díaz, testigos oculares. Los aceites más usuales entre ellos eran el del *hule* o resina elástica, el del *tlápatl* o higuerilla, el del pimiento o chile, el de la chía y el del ocote. Éste sacaban por destilación y los demás por cocimiento. Del de chía se servían más los pintores que los médicos, por ser, como ya dijimos, muy superior a la linaza.

Sacaban del *huitzilóxitl,* como ya insinuamos en otro lugar, las dos especies de bálsamo que distingue Plinio y otros naturalistas antiguos; el opobálsamo o bálsamo virgen por incisión del árbol, y el xilobálsamo, por cocimiento de sus ramas. De la corteza del *huaconex,* echada en infusión por cuatro días continuos, extraían otro licor equivalente al bálsamo. De uno y otro usaban con felicidad para curar heridas; porque, en efecto, son admirables para precaver la putrefacción y cicatrizar prontamente. De la planta que los españoles llaman maripenda sacaban también un licor semejante al bálsamo en su olor y en sus admirables efectos, echando a cocer en agua sus tiernos tallos y su fruto hasta darle la espesura del mosto. De este modo extraían otros muchos apreciables licores y aceites, como los del liquidámbar y del abeto.

## 61. Sangrías y baños

## 62. El temascal o hipocausto mexicano

Poco menos frecuente era entre los mexicanos y demás naciones de Anáhuac el baño del *temazcalli,* el cual, siendo digno por todas sus circunstancias de particular mención en la historia de México, no la ha merecido a ninguno de los historiadores, entretenidos por lo común en descripciones de menor importancia; de suerte que si no se hubiera conservado hasta hoy entre los americanos aquel baño, se hubiera perdido enteramente su memoria. El *temazcalli* o hipocausto mexicano se fabrica por lo común de adobes. Su hechura es semejantísima a la de los hornos de pan, con la diferencia de no estar construido sobre terraplén, sino al haz de la tierra; su mayor diámetro es de unas tres varas castellanas, su mayor altura de poco más de dos. Su entrada, que es también semejante a la boca de un horno, tiene la amplitud suficiente para que un hombre pueda entrar cómodamente en cuatro pies. En la puerta opuesta a la entrada tiene una hornilla con su boca hacia afuera por donde se le mete el fuego, y un agujero arriba por donde respira el humo. La parte por donde la hornilla se une a la bóveda del hipocausto, que es un espacio como de una vara en cuadro, está cerrada a piedra seca con *tetzontli* o con otra piedra porosa. El pavimento del baño es un poco convexo y como un palmo más bajo que el suelo exterior, la cual depresión comienza antes de la boca o entrada del baño. Junto a la clave de la bóveda tiene un respiradero como el de la hornilla. Ésta es la estructura común del *temazcalli,* que representamos en la lámina del mismo; pero en algunas partes se reduce a un pequeño edificio o choza cuadrilonga y sin bóveda ni hornilla, pero más abrigada.

Cuando llega la ocasión de bañarse se mete en el baño una estera,[59] una vasija de agua y un buen manojo de hierbas o de hojas de maíz; se enciende fuego en la hornilla y se mantiene ardiendo hasta dejar perfectamente inflamadas las piedras porosas que dividen el baño de la hornilla. El que ha de bañarse entra por lo común desnudo y las más veces o por enfermedad o por mayor comodidad lo acompaña alguno de sus allegados. En entrando cierra bien la puerta dejando un rato abierto el respiradero de la bóveda para evacuar el humo de la leña, que de la hornilla se insinúa en el baño por las junturas de las piedras. Después de cerrado este conducto apaga con agua las piedras inflamadas,[60] de las cuales se levanta inmediatamente un denso vapor que ocupa la región superior del baño. Entre tanto que el enfermo se mantiene tendido en la estera, su doméstico (si ya no lo hace él mismo por su mano)

---

Los españoles, que suelen usar también de este baño, meten su colchón.

Cuando el baño no tiene hornilla, suelen inflamar las piedras en el hogar de la casa y de allí al baño.

comienza a llamar el vapor hacia abajo con el manojo de hierbas un poco humedecidas, y a azotar suavemente al enfermo y en especial en la parte doliente. El enfermo prorrumpe inmediatamente en un dulce y copioso sudor, el cual se promueve o modera a proporción de la necesidad. Conseguida la evacuación deseada se da libertad al vapor, se abre la puerta del baño y se viste al enfermo o es transportado en su misma estera y bien cubierto a su cámara; pues regularmente se continúa el baño con la habitación, y tiene su entrada a alguna de las piezas interiores de la casa para mayor resguardo de los que se bañan.

Ha sido en todo tiempo muy usado este baño para varias especies de enfermedades, especialmente para fiebres ocasionadas de constipación de los poros. Lo usan comúnmente las mujeres después del parto y aun los que son mordidos o picados de animal ponzoñoso con buen efecto, y no hay duda de que es un remedio excelente para los que necesitan evacuar humores crasos y tenaces. Cuando se pretende del enfermo un sudor más copioso del que produce regularmente el baño, lo elevan del pavimento y lo acercan más al vapor, porque es mayor el sudor a proporción de la mayor elevación. Es hasta hoy tan común el *temazcalli*, que no hay población, por pequeña que sea, que no tenga muchos.

### 63. Cirugía

Por lo que mira a la cirugía de los mexicanos, los mismos conquistadores deponen de su prontitud y felicidad[61] en curar las heridas. Además del bálsamo y de la maripenda, usaban de la leche del *itzontecpatli* (especie de titimalo), del tabaco y de otras varias hierbas. Para curar úlceras se valían del *nanahuapatli,* del *zacatlepatli* y del *itzcuintpatli;* para abscesos y tumores del *tlalamatl* o de la leche del *chilpatli,* y para la fractura de los huesos del *nacazol* o *toloatzin;* seca la semilla de esta planta, hecha polvo y mezclada con cierta resina, la aplicaban a la parte doliente, ponían sobre el apósito plumas de aves y sobre ellas unas tablillas para sujetar los huesos.

Los médicos eran ordinariamente los que preparaban y aplicaban a los enfermos los medicamentos, pero acompañaban la cura, para hacerla más misteriosa y estimable, con varias ceremonias superticiosas, con la invocación de sus dioses y con imprecaciones contra las enfermedades. Veneraban los médicos por protectora de su arte a la diosa Tzapotlatenan, la cual creían inventora de varios secretos medicinales, y entre otros del aceite que sacaban por destilación del ocote.

---

[61] El mismo conquistador Cortés, hallándose en peligro de la vida de resulta de una grave herida que recibió en la cabeza en la batalla de Otumba, fue perfectamente curado por los médicos de Tlaxcala.

## 64. Alimentos de los mexicanos

Es de admirar que los mexicanos no estuviesen sujetos a muchas enfermedades, considerada la calidad de sus alimentos. En esta materia tuvieron cosas muy particulares, porque habiendo vivido por tantos años aislados en el lago, los obligó su miseria a alimentarse de cuanto se criaba en aquellas aguas. En este tiempo de calamidad aprendieron a comer no solamente raíces de varias plantas palustres, las sierpes acuátiles de que hay una abundancia excesiva, el *ajolote*, el *atetepitz*, el *ahuihuitla*, el *atopinan* y otras semejantes sabandijas del agua, sino también hormigas, moscas palustres y huevos de las mismas moscas. De éstas que llaman *axayácatl* pescaban tantas, que tenían para comer, para sustentar varias especies de aves y para vender en el mercado; molíanlas y reducían aquella masa a pelotas, que, envueltas en hojas de maíz, cocían en agua con nitro. Algunos autores que las probaron dicen que no tenían mal gusto. De los innumerables huevecillos que ponen estos insectos en el junco del lago, sacaban, como ya insinuamos en otro lugar, aquella hueva que llaman *ahuauhtli*. Comían no solamente de las cosas vivientes, sino aun de cierta sustancia limosa que sobrenada en el lago, la cual recogían, secaban un poco al sol y hacían de ellas unas tortas que volvían a secar y guardaban para que les sirviese de queso, cuyo sabor remeda. Daban a esta sustancia el nombre de *tecuitlatl* (excremento de piedra).

Acostumbrados a estos y semejantes alimentos, los mexicanos no los desecharon aun en la época de su mayor abundancia, y así se veían en todo tiempo llenos los mercados de mil especies de sabandijas crudas, guisadas, fritas o tostadas, que vendían especialmente para sustento de los pobres. Sin embargo, luego que con el comercio del pescado comenzaron a adquirir mejores comestibles y a cultivar con su industria las sementeras nadantes en la laguna, ya se daban mejor trato y en sus convites no se echaba de menos la abundancia, variedad y buen gusto de los manjares, de lo cual fueron buenos testigos los conquistadores. Entre sus comestibles tenía el principal lugar el maíz, que ellos llamaban *tlaolli*, semilla que la Providencia dio a aquella parte del mundo, en vez del trigo de Europa y del arroz de Asia, con algunas considerables ventajas sobre una y otra semilla; porque, además de su mayor multiplicación, que es notable, se aviene a cualquier clima, no necesita de tanto cultivo ni es tan delicada, ni exige, como el arroz, un terreno húmedo y poco favorable a la salud de los cultivadores. Por otra parte, no cede al trigo ni al arroz en el gusto, ni en la bondad y fortaleza del nutrimiento. Tenían, como ya dijimos, muchas especies de esta semilla, diferentes en la magnitud, el color y la calidad. Del maíz hacían su pan, distinto en todo del pan de Europa. Cocían el grano en agua con cal; ya blando lo frotaban entre las manos para quitarle el hollejo; después lo molían en el metate; tomaban un poco de aquella pasta y, amasándola con golpes recíprocos en ambas palmas, formaban una tortilla orbicular y le daban el último cocimiento en el comal. El diámetro de las tortillas era regularmente de unos 8 dedos y su grosor de más de una línea; pero las hacían también más pequeñas y más delgadas, y para los señores las formaban tan sutiles como nuestro papel. Solían mezclar al maíz algunas otras cosas o para la salud o para las delicias. Para la gente principal solía hacerse el pan de maíz colorado amasado con la hermosísima flor del lino y algunas otras hierbas medicinales para templar el calor del estómago.

Este pan es el que usaron los mexicanos y demás naciones de aquel vasto imperio en tiempo de su gentilidad, y que constantemente han usado hasta el día presente, desechando por él el mejor pan de trigo. La fábrica del pan (como de toda su comida) ha sido en todo tiempo en aquellas naciones empleo propio de las mujeres. Ellas eran las que lo fabricaban para sus familias y las que lo vendían en los mercados. No solamente les servía el maíz para pan, sino también para innumerables manjares y bebidas en diferentes mezclas y preparaciones. El *atolli* (los españoles lo llaman atole) son unas gachas hechas de la masa del maíz cocido, bien molido, desecho en agua y colado; ponen al fuego el caldo filtrado por el cedazo y allí le dan nuevo cocimiento hasta que adquiere la densidad conveniente. Al paladar de los españoles son insípidas; pero reconocen su utilidad y las ministran comúnmente por alimento a sus enfermos. A los indios son tan gustosas, que no pueden pasar sin ellas; éste era antiguamente y es hasta hoy su desayuno, y con él toleran las duras fatigas de la agricultura y de todos los empleos serviles en que se ejercitan. El Dr. Hernández distingue 17 especies de atole que usaban los mexicanos, diferentes en el modo con que se preparaban y en el condimento que se les añadía. Después del maíz, las semillas más usadas entre los mexicanos eran el cacao, la chía y los frijoles o judías.

Del cacao hacían varias bebidas que les eran muy familiares y, entre otras, la que llamaban *chocolatl*. Molían igual porción de cacao y de granos de *pochotl,* echábanla en un jarrillo con una cantidad proporcionada de agua y la revolvían y agitaban con un molinillo de palo; separaban luego, en otro vaso, la parte más oleosa que sobrenadaba, y a lo restante de la bebida mezclaban un puñado de masa de maíz cocido; cocíanla al fuego hasta cierto punto y después le mezclaban la parte oleosa que le habían separado y esperaban a que se entibiase para tomarla. Éste es el origen de la célebre bebida del chocolate que, juntamente con su nombre mexicano, han adoptado las naciones cultas de Europa, aunque alterando el nombre y mejorando la misma confección, según el gusto y la lengua de cada pueblo. Solían los mexicanos, así a su chocolate como a otras bebidas que hacían del cacao, mezclarle, o por darle mayor gusto o por hacerlas más saludables, el *tlilxóchitl* o vainilla, la flor de *xochinacaztli*[52] y el fruto del *axóchitl*[63] y a veces también, por endulzarla, le añadían miel como nosotros mezclamos el azúcar.

De la semilla de la chía hacían una bebida muy refrigerante, que hasta hoy es comunísima en aquel reino y de ella y del maíz hacían el *chiantzotzolatolli,* que era una excelente bebida muy usada en la antigüedad, especialmente en tiempo de guerra. El soldado que llevaba consigo un saquillo de harina de maíz y de chía se creía abundantemente provisto de víveres; en llegando la ocasión cocía en agua la cantidad que le parecía, añadiéndole un poco de miel de maguey y con esta bebida deliciosa y nutritiva (como la llama el Dr. Hernández) toleraban los ardores del sol y las fatigas de la guerra.

De la carne usaban poco los mexicanos; pero en ocasión de algún banquete y diariamente en las casas de los señores, se guisaban varias especies de animales, como el *techichi,* que cebaban como hacemos nosotros con los puercos; el ciervo, el conejo, la liebre, el *coyametl* o pecar, la tuza, el armadillo y otras muchas especies de animales de la tierra, el agua y el aire; pero los más comunes eran el pavo y las codornices.

De las frutas de la tierra las más usuales eran el mamey, el zapote negro, el zapote blanco, el chicozapote, la anana o piña, la chirimoya, el aguacate, la anona, la pitahaya, con todo lo cual suplían ventajosamente las peras, manzanas, duraznos y demás frutas que les faltaban.

Pero entre tanta abundancia de víveres carecían los mexicanos de la leche y la manteca, por faltarles las vacas, las ovejas, las cabras y los puercos. De huevos no sabemos que comieran otros que los de los pavos y de iguanas, cuya carne también comían y comen hasta ahora. El condimento común de sus manjares, además de la sal, eran el pimiento y el tomate, que se han hecho comunísimos aun en la comida de los españoles.

---

[62] El árbol del Xochinacaztli tiene las hojas largas y angostas, de color verde oscuro y pendientes de un pezoncillo que parece a primera vista marchito. Sus flores constan de seis hojas, que, por la parte interior, son purpúreas y, por de fuera, verdes, de agradable olor. Su figura semejante a la de una oreja dio ocasión al nombre que le dieron los mexicanos, y al de *orejuela,* que le dieron los españoles. Su fruto, que es anguloso y de color de sangre, se da en vainas de seis pulgadas de largo y de un dedo de grueso. Es árbol propio de tierras cálidas; su flor era muy estimada y no faltaba jamás en los mercados.

[63] El Mecaxóchitl es una pequeña planta voluble de hojas grandes y gruesas, cuya semilla es semejante a la pimienta larga.

## 65. Su vino

Usaban varias especies de vino o bebida equivalente que hacían del maguey, la palma, las cañas del maíz y del maíz mismo, que es el que llaman en otras partes chicha, del cual hacen mención muchos historiadores de América por ser el más general del Nuevo Mundo. El modo de hacer el vino de maguey, que era el más usual entre los mexicanos y es sin disputa el mejor de todos, era el siguiente: cuando llegaba el maguey común a cierta edad le castraban los pimpollos u hojas más tiernas del centro hasta descubrir cierta cavidad formada en la parte más interior y gruesa de dichas hojas; raíanles la superficie interior y extraían con un cañuto o calabazo largo y estrecho el jugo que destilaban las hojas en la cavidad, que es muy líquido y dulce, y destila en tanta copia que de una buena planta sacaban en 6 meses hasta 20 arrobas, y en todo el tiempo de su fecundidad hasta 50,[64] según testifica el doctor Hernández. Extraían el jugo aplicando la boca a una de las extremidades del cañuto y atrayendo el aire en el contenido, y con el aire el jugo, como se hace con la bomba; recibían el jugo en una vasija y lo guardaban hasta que se fermentara, que venía a ser en menos de 24 horas.

Para abreviar la fermentación y darle mayor fortaleza, le mezclaban cierta hierba, a la cual, por ese destino, llamaban *ocpatli* (medicina del vino). El color de este vino es blanco y el gusto algo áspero; tiene competente fortaleza y embriaga, pero no tanto como el vino de uva. Por lo demás, no puede negarse que es una bebida muy sana y por muchos títulos apreciable; porque es un excelente diurético y un remedio eficaz contra la diarrea tomado como se debe.

El consumo de esta bebida es increíble y muy considerable la utilidad del real erario y de los que tienen plantíos de magueyes en sus heredades. Los derechos del rey por la entrada solamente del pulque que se consume en la capital suben anualmente a 300,000 pesos fuertes, pagando un real mexicano por cada arroba. El año de 1774 entraron en aquella capital 2.214,294 arrobas y media, sin contar lo que entró de contrabando y lo que vendieron en la Plaza Mayor los indios exentos.[65]

---

[64] El Dr. Hernández usa en latín de la palabra *amphora*, que si habla, como supongo, de la toledana es lo mismo que la arroba, y las 50 amphoras hacen 400 azumbres; pero si habla de amphoras romanas, hacen 750 azumbres, según el valor que da el P. Mariana a las medidas romanas comparadas con las españolas. Betancourt, en su *Teatro mexicano* (Parte I, Trat. 2, cap. 11), dice que en seis meses se sacan de un maguey 20 arrobas de vino. Este autor sabría sin duda el producto de los magueyes por haber sido párroco de los mexicanos por muchos años.

[65] Los mexicanos llaman *octli* al vino. La voz pulque tomaron los españoles de la lengua araucana que se habla en Chile, en la cual *pulcu* es el nombre genérico de toda bebida que embriaga; pero es difícil adivinar cómo pasó esta palabra a México.

## 66. Vestido y calzado

No eran los mexicanos en sus trajes como en sus alimentos. Su vestido común y ordinario era muy sencillo; reducíase en los hombres al *maxtlatl* y al *tilmatli*, y en las mujeres al *cueitl* y al *huepilli*. El *maxtlatl* eran unos pañetes con que se ceñían la cintura, dejando colgado un cabo por delante y otro por detrás para reparo de la honestidad. Algunos se contentaban con cubrirse la parte anterior con un lienzo cuadrado que se ataban en la cintura en forma de delantal y les llegaba hasta cerca de las rodillas. El *tilmatli* o palio mexicano era un lienzo cuadrado de cinco o seis pulgadas castellanas; anudaban dos puntas del lienzo sobre el pecho o sobre uno de los hombros. El *cueitl* era otro lienzo o faldellín con que se envolvían las mujeres desde la cintura hasta más abajo de las rodillas. El *huepilli* era una camisa sin mangas propia de las mujeres.

El vestido de los pobres era de hilo de maguey o de palma silvestre, y cuando mucho de tela basta de algodón; pero el de la gente acomodada era de tela fina de algodón puro de varios colores y con varias figuras de animales y flores, o de algodón entretejido de pluma hermosa o de pelo de conejo, y adornado de algunas piececillas de oro y de vistosos flecos, especialmente en los pañetes. Los hombres llevaban dos o tres palios y las mujeres tres o cuatro camisas y otros tantos faldellines, de los cuales se ponían debajo los más largos para que de todos se dejase ver alguna parte; y sobre el *huepilli* se ponían una especie de camisón semejante a la sobrepelliz o cota de los eclesiásticos de Italia, pero más ancho. Los señores añadían en el invierno a los demás vestidos una almilla de algodón entretejido de pluma o de pelo de conejo.[66] El calzado de los mexicanos no constaba sino de una suela tejida por lo común de hilo grueso de maguey que afianzaban con correas o cordones, de suerte que no quedaba cubierta y defendida más de la planta del pie. Usaban algunas suelas de gamuza o de otras pieles curtidas. Los reyes y señores adornaban su calzado de oro y pedrería, y los cordones eran de hilo de oro.

## 67. Ornato de su cuerpo

Todos los mexicanos traían el cabello largo y tenían por grave ignominia el que se lo cortasen, si no era a las vírgenes que se dedicaban al servicio del templo. Las mujeres lo traían suelto sobre las espaldas y

---

[66] En otros lugares de esta *Historia* hemos descrito las vestiduras reales, sacerdotales y militares.

los hombres atado en diferentes maneras; pero ni unos ni otros acostumbraban cubrirse la cabeza, sino en algunos lugares distantes de la capital, en que las mujeres llevaban un pañuelo o lienzo de color leonado. Pero aunque no se cubrían la cabeza, la adornaban los hombres en ocasión de danza o de guerra con vistosos plumajes.

Apenas se hallará nación en el mundo que con tanta sencillez en el vestido juntase tanta vanidad y lujo en el adorno de sus cuerpos. Además de las plumas y joyas con que adornaban su vestido, usaban arracadas en las orejas, pendientes en su labio inferior y algunos también en su nariz; gargantillas, collares, pulseras, brazaletes y aun cierta especie de anillos en sus piernas. Los zarcillos y pendientes de la gente pobre eran de conchuelas, cristal, ámbar o de alguna especie de piedra reluciente de poco valor; pero los ricos los traían de perlas, esmeraldas, amatistas o de otras piedras preciosas engastadas en oro.

### 68. MUEBLES Y EMPLEOS DOMÉSTICOS

No eran correspondientes a esta vanidad sus muebles y utensilios. Su cama se reducía a una o dos esteras de enea; los ricos añadían esteras finas de palma y lienzos de algodón más o menos curiosos, y los señores telas entretejidas de pluma. La almohada de los pobres era una piedra o un madero, y la de las personas distinguidas sería verosímilmente de algodón. El común de la gente se cubría con su *tilmatli* o palio, y los ricos y nobles con colchas de algodón o de pluma. No usaban mesas; comían en esteras que tendían sobre la tierra. Servíanse de manteles, platos, escudillas y ollas, cazuelas y lebrillos de buen barro y de varias hechuras, pero no de tenedores o cucharas; sus asientos eran unos taburetes bajos de madera, enea o palma, o de cierta especie de cañas, a los cuales llamaban *icpalli,* palabra que los españoles alteraron en equipal.

En ninguna casa faltaba el *metlatl* ni el *comalli.* El metate, como le llaman los españoles, que era el mortero de los mexicanos, era una piedra cuadrilonga de unas tres palmas de largo y unas dos de ancho, arqueada y con tres pies, dos en la parte anterior y otro más alto en la parte posterior, para darle la inclinación conveniente. La mano de este mortero era otra piedra poco más larga que el ancho del mortero, gruesa por en medio como unas tres pulgadas y delgada por uno y otro cabo para mayor comodidad de la molendera. Poníase ésta de rodillas, arrimaba a sus muslos el mortero por la parte más elevada y tomando con ambas manos, por las dos extremidades, la mano de piedra o *metlapilli* como ellos la llaman, la bajaba y subía con fuerza sobre el maíz o cacao. Es hasta hoy muy usado este mortero en toda la Nueva España, de donde pasó a la antigua y a otros reinos de Europa. En Italia, donde lo adoptaron para moler el chocolate, lo hacen de mármol con varias líneas transversales elevadas sobre la superficie de la piedra para quebrantar más fácilmente el cacao. En México se hace comúnmente de una piedra muy dura de que abundan los montes que hay entre el valle de Atlisco y el volcán Popocatépetl, y se contentan con picarla, como se suele hacer con las losas que se emplean en nuestras escaleras.

El comal, como dicen los españoles, es (porque hasta el tiempo presente es muy usado para cocer las tortillas de maíz) una tortera redonda de barro de la figura de nuestras patenas, de un dedo de grueso y de más de dos palmos de diámetro. Los vasos en que bebían los mexicanos eran hechos de ciertos calabazos, que se dan en tierras cálidas en árboles de mediana corpulencia. Unos son grandes y perfectamente redondos que llaman *xicalli*[67] y otros menores de figura cilíndrica a los cuales dan el nombre de *tecomatl*. Unos y otros son muy sólidos y pesados; su corteza es dura, leñosa y de un verde oscuro, y su núcleo es algo semejante al de las calabazas comunes. El *xicalli* tiene de diámetro como un palmo castellano y el *tecomatl* poco menos de largo y como cuatro dedos de grueso,[68] cada calabazo partido por medio les daba dos vasos; vaciábanles toda la sustancia interior y les daban con tierras minerales un barniz permanente, de agradable olor y de varios colores, en especial de un bellísimo encarnado. Al presente los platean y doran curiosamente. Usaban también de buenos búcaros de barro que trabajaban en Cholula y en Cuauhtitlán.

No usaban los mexicanos candeleros en sus casas, ni candelas de cera o de sebo, ni se servían del aceite para alumbrarse; pues aunque sacaban mucha cera de las colmenas, o no quisieron o no supieron percibir de ella el beneficio de la luz. En las tierras marítimas solían alumbrarse con los cucuyos o escarabajos luminosos, y en lo restante del reino con teas, que, aunque daban mucha luz y buen olor, ahumaban necesariamente la habitación. Uno de los usos de Europa que más celebraron a la llegada de los españoles fue el de las candelas; pero a la verdad poca necesidad tenían aquellas gentes de las candelas, consagrando al descanso casi

---

[67] Las españoles lo llamaron jícara, y los de Europa adoptaron ese nombre, pero para significar vasos menores como los pocillos para tomar el chocolate. Valmont de Bomare menciona el árbol del *xicalli* bajo el nombre de *Calebassier d'Amerique* y dice que en la Nueva España es conocido con los nombres de *Choine* o *Cuite* o *Hyguero;* pero es falso. El nombre de Hibuero (no Higuero) era el que daban a ese árbol los indios de La Española y de Cuba y lo usaron los españoles conquistadores de México, pero inmediatamente se abolió; los otros nombres no se han oído en aquel reino.

[68] Hay también en aquella tierra otra especie de calabazos tan grandes que tienen más de media cara de diámetro. De éstos hacían unas hermosas fuentes que llamaban *xicalpechtli*.

todas las horas de la noche, después de haber empleado en el trabajo todas las del día. Los hombres trabajaban en sus respectivos oficios y las mujeres en coser, tejer y labrar, en hacer el pan, en preparar la comida y en asear la casa. Unos y otras hacían diariamente oración a sus dioses y les ofrecían copal; por lo cual no había casa que no tuviese, como dijimos en otro lugar, sus idolillos y su incensario o braserillo. Estos braserillos eran de barro pintado y casi de la figura de nuestros copones. Sacaban el fuego con la violenta confricación de dos leños, a imitación de los antiguos pastores de Europa.[69] Los mexicanos se valían comúnmente del leño del *achiote;* pero Boturini afirma que también se servían para este efecto del pedernal.

Acostumbraban los mexicanos tomar su desayuno después de algunas horas de trabajo, y era regularmente de atole o gachas de maíz; hacían su comida después del mediodía; pero no cenaban; a los menos no hallo historiador alguno que haga mención de su cena. Comían muy poco, pero bebían mucho en varias horas del día, ya vino de maguey o de maíz, ya la chía, ya el cacao, o, cuando no había otra cosa, el agua natural.

### 69. Uso del tabaco

Después de comer usaban los señores conciliarse el sueño con el humo del tabaco.[70] Tenía esta planta mucho uso entre los mexicanos. Servíanse de ella para varios apósitos y la tomaban en humo por la boca y en polvo por las narices para evacuar la pituita de que abundaban. Para fumar metían en un pequeño tubo de madera o de caña la hoja del tabaco con la resina del liquidámbar y algunas hierbas cálidas y odoríferas. Recibían el humo apretando el tubo con la boca y tapándose con los dedos las narices para que más fácilmente penetrase con la inspiración del aliento hasta el pulmón.

¿Quién creería que el uso del tabaco, que inventó la necesidad de aquellas naciones flemáticas, había de ser con el tiempo vicio o moda general de casi todos los pueblos del mundo, y que una humilde planta

---

[69] Plinio, *Historia natural,* Lib. XVI, cap. 40, y Lib. 1, cap. 40. Lo mismo en Séneca *Nat. Quest,* Lib. 2, cap. 22, y en otros autores antiguos.

[70] Tabaco es nombre tomado de la lengua haitiana. Los mexicanos tenían dos especies de tabaco diferentísimos en la magnitud de la planta y de las hojas, en la figura de la flor y en el color de la semilla. Al menor, que es el común, llaman *picietl* y al mayor *quauhyetl*. Éste crece a la altura de un árbol; su flor no está dividida en cinco partes como la del *picietl*, sino es de la figura de la campanilla o del floripundio con seis o siete ángulos. Estas plantas varían mucho, según el clima, no solamente en la calidad del tabaco, sino también en la magnitud de las hojas y en otros accidentes, por lo cual algunos autores han multiplicado las especies.

de que tanto mal escribieron los europeos debía hacer algún día una de las rentas más considerables de los reinos de Europa? Pero lo más admirable en esta materia es, que siendo hoy tan común el uso del tabaco entre los mismos que lo censuraban, sea ya tan raro entre sus inventores, que poquísimos, en la Nueva España, lo toman en humo y ninguno en polvo.

### 70. Plantas usadas en vez de jabón

Como faltó a los mexicanos el uso de las candelas para alumbrarse, así también les faltó el del jabón para lavarse, aunque tenían animales de que poderlo sacar,[71] pero suplían bien esa falta con un fruto y con una raíz. El fruto era el del *copaixócotl,* árbol mediano que se da en Michoacán, Yucatán, la Mixteca y en otras partes.[72] La pulpa que contiene su corteza, que es blanca, tenaz y muy amarga, hace espuma en el agua, la tiñe de blanco y sirve para limpiar y emblanquecer la ropa, ni más ni menos que el jabón.

La raíz es la del *amatli* (planta pequeña comunísima en la Nueva España, a la cual conviene el nombre de saponaria americana por ser más análoga a la saponaria del Antiguo continente).

Lo que hasta aquí hemos producido de la policía y economía de los mexicanos es lo que hemos hallado digno de fe y de la memoria de los hombres. Tales eran sus costumbres públicas y privadas, su gobierno, sus leyes y sus artes cuando arribaron a la tierra de Anáhuac los españoles, cuya guerra vamos a describir en los libros siguientes.

---

[71] He oído decir que del zorrillo se saca un jabón excelente.
[72] El Dr. Hernández hace mención de este árbol bajo el nombre de *Copalxócotl*, pero nada dice de la facultad delersiva de su fruto. Betancourt lo trae bajo el nombre de árbol de jabón con que es conocido de los españoles y Valmont de Bomare lo describe en su *Diccionario de historia natural* con el nombre de *Sevoier* y *Saponaria americana*. La raíz de este árbol sirve también de jabón, aunque no tan bueno como el del fruto.

# ADICIONES

## PARA AYUDA DE LA HISTORIA

### EL SIGLO MEXICANO

(52 años, formado de cuatro períodos de trece años, que comienzan con el año que va en mayúsculas.)

| AÑOS | AÑOS |
|---|---|
| 1. TOCHTLI | 1. TECPATL |
| 2. Acatl | 2. Calli |
| 3. Tecpatl | 3. Tochtli |
| 4. Calli | 4. Acatl |
| 5. Tochtli | 5. Tecpatl |
| 6. Acatl | 6. Calli |
| 7. Tecpatl | 7. Tochtli |
| 8. Calli | 8. Acatl |
| 9. Tochtli | 9. Tecpatl |
| 10. Acatl | 10. Calli |
| 11. Tecpatl | 11. Tochtli |
| 12. Calli | 12. Acatl |
| 13. Tochtli | 13. Tecpatl |
| 1. ACATL | 1. CALLI |
| 2. Tecpatl | 2. Tochtli |
| 3. Calli | 3. Acatl |
| 4. Tochtli | 4. Tecpatl |
| 5. Acatl | 5. Calli |
| 6. Tecpatl | 6. Tochtli |
| 7. Calli | 7. Acatl |
| 8. Tochtli | 8. Tecpatl |
| 9. Acatl | 9. Calli |
| 10. Tecpatl | 10. Tochtli |
| 11. Calli | 11. Acatl |
| 12. Tochtli | 12. Tecpatl |
| 13. Acatl | 13. Calli |

### AÑOS MEXICANOS

#### Desde la fundación hasta la conquista de México y correspondencia con los años cristianos

Va con mayúscula el primer año de cada período de 13 años y con asterisco los años seculares.

| Años mexicanos | Años cristianos | |
|---|---|---|
| 2. Calli | 1325 | Fundación de México. |
| 3. Tochtli | 1326 | |

| Años mexicanos | Años cristianos | |
|---|---|---|
| 4. Acatl | 1327 | |
| 5. Tecpatl | 1328 | |
| 6. Calli | 1329 | |
| 7. Tochtli | 1330 | |
| 8. Acatl | 1331 | |
| 9. Tecpatl | 1332 | |
| 10. Calli | 1333 | |
| 11. Tochtli | 1334 | |
| 12. Acatl | 1335 | |
| 13. Tecpatl | 1336 | |
| | | |
| 1. CALLI | 1337 | |
| 2. Tochtli | 1338 | División de los tenochcos y tlatelolcos. |
| 3. Acatl | 1339 | |
| 4. Tecpatl | 1340 | |
| 5. Calli | 1341 | |
| 6. Tochtli | 1342 | |
| 7. Acatl | 1343 | |
| 8. Tecpatl | 1344 | |
| 9. Calli | 1345 | |
| 10. Tochtli | 1346 | |
| 11. Tcatl | 1347 | |
| 12. Tecpatl | 1348 | |
| 13. Calli | 1349 | |
| | | |
| 1. TOCHTLI | 1350 | |
| 2. Acatl | 1351 | |
| 3. Tecpatl | 1352 | Acamapitzin primer rey de México. |
| 4. Calli | 1353 | Cuacuauchpitzahuac 1er. rey de Tlatelolco. |
| 5. Tochtli | 1354 | |
| 6. Acatl | 1355 | |
| 7. Tecpatl | 1356 | |
| 8. Calli | 1357 | |
| 9. Tochtli | 1358 | |
| 10. Acatl | 1359 | |
| 11. Tecpatl | 1360 | |
| 12. Calli | 1361 | |
| 13. Tochtli | 1362 | |
| | | |
| 1. ACATL | 1363 | |
| 2. Tecpatl | 1364 | |
| 3. Calli | 1365 | |
| 4. Tochtli | 1366 | |
| 5. Acatl | 1367 | |
| 6. Tecpatl | 1368 | |
| 7. Calli | 1369 | |
| 8. Tochtli | 1370 | |
| 9. Acatl | 1371 | |
| 10. Tecpatl | 1372 | |
| 11. Calli | 1373 | |
| 12. Tochtli | 1374 | |
| 13. Acatl | 1375 | |
| | | |
| 1. TECPATL | 1376 | |
| 2. Calli | 1377 | |
| 3. Tochtli | 1378 | |
| 4. Acatl | 1379 | |
| 5. Tecpatl | 1380 | |
| 6. Calli | 1381 | |
| 7. Tochtli | 1382 | |

# HISTORIA ANTIGUA DE MÉXICO.—LIBRO VII

| Años mexicanos | Años cristianos | |
|---|---|---|
| 8. Acatl | 1383 | |
| 9. Tecpatl | 1384 | |
| 10. Calli | 1385 | |
| 11. Tochtli | 1386 | |
| 12. Acatl | 1387 | |
| 13. Tecpatl | 1388 | |
| 1. CALLI | 1389 | Huitzilíhuitl, 2º rey de México. |
| 2. Tochtli | 1390 | |
| 3. Acatl | 1391 | |
| 4. Tecpatl | 1392 | |
| 5. Calli | 1393 | |
| 6. Tochtli | 1394 | |
| 7. Acatl | 1395 | |
| 8. Tecpatl | 1396 | |
| 9. Calli | 1397 | |
| 10. Tochtli | 1398 | |
| 11. Acatl | 1399 | Tlacatcotl, 2º rey de Tlatelolco. |
| 12. Tecpatl | 1400 | |
| 13. Calli | 1401 | |
| 1. TOCHTLI | 1402 | |
| 2. Acatl | 1403 | |
| 3. Tecpatl | 1404 | |
| 4. Calli | 1405 | |
| 5. Tochtli | 1406 | Ixtlilxóchitl, rey de Acolhuacán. |
| 6. Acatl | 1407 | |
| 7. Tecpatl | 1408 | |
| 8. Calli | 1409 | |
| 9. Tochtli | 1410 | Chimalpopoca, 3er. rey de México. |
| 10. Acatl | 1411 | |
| 11. Tecpatl | 1412 | |
| 12. Calli | 1413 | Tezozomoc, tirano. |
| 13. Tochtli | 1414 | |
| 1. ACATL | 1415 | |
| 2. Tecpatl | 1416 | |
| 3. Calli | 1417 | |
| 4. Tochtli | 1418 | |
| 5. Acatl | 1419 | |
| 6. Tecpatl | 1420 | |
| 7. Calli | 1421 | |
| 8. Tochtli | 1422 | Maxtlaton, tirano. |
| 9. Acatl | 1423 | Itzcoatl, 4º rey de México. |
| 10. Tecpatl | 1424 | |
| 11. Calli | 1425 | Conquista de Azcapotzalco. |
| 12. Tochtli | 1426 | Nezahualcóyotl, rey de Acolhuacán, y Totoquilhuatzin, rey de Tacuba. |
| 13. Acatl | 1427 | |
| 1. TECPATL | 1428 | |
| 2. Calli | 1429 | |
| 3. Tochtli | 1430 | |
| 4. Acatl | 1431 | |
| 5. Tecpatl | 1432 | |
| 6. Calli | 1433 | |
| 7. Tochtli | 1434 | |
| 8. Acatl | 1435 | |
| 9. Tecpatl | 1436 | Moctezuma Ilhuicamina, 5º rey de México. |
| 10. Calli | 1437 | |

| Años mexicanos | | Años cristianos | |
|---|---|---|---|
| 11. | Tochtli | 1438 | |
| 12. | Acatl | 1439 | |
| 13. | Tecpatl | 1440 | |
| 1. | CALLI | 1441 | Moquihuix, 4º rey de Tlatelolco. |
| 2. | Tochtli | 1442 | |
| 3. | Acatl | 1443 | |
| 4. | Tecpatl | 1444 | |
| 5. | Calli | 1445 | |
| 6. | Tochtli | 1446 | Inundación de México. |
| 7. | Acatl | 1447 | |
| 8. | Tecpatl | 1448 | |
| 9. | Calli | 1449 | |
| 10. | Tochtli | 1450 | |
| 11. | Acatl | 1451 | |
| 12. | Tecpatl | 1452 | |
| 13. | Calli | 1453 | |
| 1. | TOCHTLI | 1454 | |
| 2. | Acatl | 1455 | |
| 3. | Tecpatl | 1456 | |
| 4. | Calli | 1457 | Famosa guerra de Cuetlachtlan. |
| 5. | Tochtli | 1458 | |
| 6. | Acatl | 1459 | |
| 7. | Tecpatl | 1460 | |
| 8. | Calli | 1461 | |
| 9. | Tochtli | 1462 | |
| 10. | Acatl | 1463 | |
| 11. | Tecpatl | 1464 | Axayácatl, 6º rey de México. |
| 12. | Calli | 1465 | |
| 13. | Tochtli | 1466 | |
| 1. | ACATL | 1467 | |
| 2. | Tecpatl | 1468 | |
| 3. | Calli | 1469 | Chimalpopoca, rey de Tacuba. |
| 4. | Tochtli | 1470 | Nezahualpilli, rey de Acolhuacán. |
| 5. | ACATL | 1471 | |
| 6. | Tecpatl | 1472 | |
| 7. | Calli | 1473 | |
| 8. | Tochtli | 1474 | |
| 9. | Acatl | 1475 | |
| 10. | Tecpatl | 1476 | |
| 11. | Calli | 1477 | Tízoc, 7º rey de México. |
| 12. | Tochtli | 1478 | |
| 13. | Acatl | 1479 | |
| 1. | TECPATL | 1480 | |
| 2. | Calli | 1481 | |
| 3. | Tochtli | 1482 | Ahuízotl, 8º rey de México. |
| 4. | Acatl | 1483 | |
| 5. | Tecpatl | 1484 | |
| 6. | Calli | 1485 | |
| 7. | Tochtli | 1486 | Dedicación del Templo Mayor. |
| 8. | Acatl | 1487 | Totoquihuatzin, 2º rey de Tacuba. |
| 9. | Tecpatl | 1488 | |
| 10. | Calli | 1489 | |
| 11. | Tochtli | 1490 | |
| 12. | Acatl | 1491 | |
| 13. | Tecpatl | 1492 | |

HISTORIA ANTIGUA DE MÉXICO.—LIBRO VII 385

| Años mexicanos | Años cristianos | |
|---|---|---|
| 1. CALLI | 1493 | |
| 2. Tochtli | 1494 | |
| 3. Acatl | 1495 | |
| 4. Tecpatl | 1496 | |
| 5. Calli | 1497 | |
| 6. Tochtli | 1498 | Nueva inundación de México. |
| 7. Acatl | 1499 | |
| 8. Tecpatl | 1500 | |
| 9. Calli | 1501 | |
| 10. Tochtli | 1502 | Moctezuma Xocoyotzin, 9º rey de México. |
| 11. Acatl | 1503 | |
| 12. Tecpatl | 1504 | |
| 13. Calli | 1505 | |
| 1. TOCHTLI | 1506 | |
| 2. Acatl | 1507 | |
| 3. Tecpatl | 1508 | |
| 4. Calli | 1509 | Memorable suceso de la princesa Papantzin. |
| 5. Tochtli | 1510 | |
| 6. Acatl | 1511 | |
| 7. Tecpatl | 1512 | |
| 8. Calli | 1513 | |
| 9. Tochtli | 1514 | |
| 10. Acatl | 1515 | |
| 11. Tecpatl | 1516 | Camatzin, rey de Acolhuacán. |
| 12. Calli | 1517 | |
| 13. Tochtli | 1518 | |
| 1. ACATL | 1519 | Entrada de los españoles en México. |
| 2. Tecpatl | 1520 | Cuitlahuatzin, 10º rey, y Cuauhtemotzin, 11º rey de México; muerte de Moctezuma y derrota de los españoles. |
| 3. Calli | 1522 | Conquista de México y ruina del imperio mexicano. |

Sobre la exactitud de esta tabla ver nuestra *Segunda Disertación.*

## CALENDARIO MEXICANO

DEL AÑO I TOCHTLI, PRIMERO DEL SIGLO

1er. MES: ATLACAHUALCO

| Días mexicanos | | Fiestas |
|---|---|---|
| 26 Febrero | 1. CIPATLI * | Gran fiesta secular. |
| 27 „ | 2. Ehecatl | Fiesta de Tlalocateuctli y de los otros dioses del agua: sacrificio de tiernos niños y sacrificio gladiatorio. |
| 28 „ | 3. Calli | |
| 1 Marzo | 4. Cuetzpalin | |
| 2 „ | 5. Coatl | |
| 3 „ | 6. Miquiztli | |
| 4 „ | 7. Mazatl | |

\* Van con mayúsculas los días en que comenzaban los pequeños períodos de trece días.

| Días mexicanos | | | Fiestas |
|---|---|---|---|
| 5 | Marzo | 8. Tochtli | |
| 6 | ,, | 9. Atl | |
| 7 | ,, | 10. Itzcuintli | |
| 8 | ,, | 11. Ozomatli | Sacrificio nocturno de los prisioneros engordados. |
| 9 | ,, | 12. Malinalli | |
| 10 | ,, | 13. Acatl | |
| 11 | ,, | 1. OCELOTL | |
| 12 | ,, | 2. Quauhtli | |
| 13 | ,, | 3. Cozcaquauhtli | |
| 14 | ,, | 4. Olin | |
| 15 | ,, | 5. Tecpatl | |
| 16 | ,, | 6. Quiahuitl | |
| 17 | ,, | 7. Xochitl | |

## 2º MES: TLACAXIPEHUALIZTLI

| | | | |
|---|---|---|---|
| 18 | Marzo | 8. Cipactli | Gran fiesta de Xipe, diosa de los plateros: sacrificio de prisioneros y ejercicios militares. |
| 19 | ,, | 9. Ehecatl | |
| 20 | ,, | 10. Calli | |
| 21 | ,, | 11. Cuetzpalin | |
| 22 | ,, | 12. Coatl | Ayuno de 20 días de los dueños de los prisioneros. |
| 23 | ,, | 13. Miquiztli | |
| 24 | ,, | 1. MAZATL | |
| 25 | ,, | 2. Tochtli | |
| 26 | ,, | 3. Atl | |
| 27 | ,, | 4. Itzcuintli | |
| 28 | ,, | 5. Ozomatli | |
| 29 | ,, | 6. Malinalli | |
| 30 | ,, | 7. Acatl | Fiesta del dios Chicomacatl. |
| 31 | ,, | 8. Ocelotl | |
| 1 | Abril | 9. Quauhtli | Fiesta del dios Tequiztlimatehuatl. |
| 2 | ,, | 10. Cozcaquautli | |
| 3 | ,, | 11. Olin | |
| 4 | ,, | 12. Tecpatl | |
| 5 | ,, | 13. Quiauhtli | Fiesta del dios Chaconti: sacrificios nocturnos. |
| 6 | ,, | 1. XOCHITL | |

## 3er. MES: TOZOZTONTLI

| | | | |
|---|---|---|---|
| 7 | Abril | 2. Cipactli | Vigilia en los templos del templo todas las noches de este mes. |
| 8 | ,, | 3. Ehecatl | |
| 9 | ,, | 4. Calli | |
| 10 | ,, | 5. Cuetzpalin | |
| 11 | ,, | 6. Coatl | |
| 12 | ,, | 7. Miquiztli | |
| 13 | ,, | 8. Mazatl | |
| 14 | ,, | 9. Tochtli | |
| 15 | ,, | 10. Atl | |
| 16 | ,, | 11. Itzcuintli | |
| 17 | ,, | 12. Ozomatli | |
| 18 | ,, | 13. Malinalli | Fiesta de la diosa Coatlicue: oblaciones de flores y procesión. |
| 19 | ,, | 1. ACATL | |

HISTORIA ANTIGUA DE MÉXICO.—LIBRO VII 387

| Días mexicanos | | | Fiestas |
|---|---|---|---|
| 20 | Abril | 2. Ocelotl | |
| 21 | „ | 3. Quauhtli | |
| 22 | „ | 4. Cozcaquauhtli | |
| 23 | „ | 5. Olin | |
| 24 | „ | 6. Tecpatl | |
| 25 | „ | 7. Quiahuitl | |
| 26 | „ | 8. Xochitl | |

4º MES: HUEITOZOZTLI

| | | | |
|---|---|---|---|
| 27 | Abril | 9. Cipactli | Vigilia de los templos y ayuno general. |
| 28 | „ | 10. Ehecatl | |
| 29 | „ | 11. Calli | |
| 30 | „ | 12. Cuetzpalin | Fiesta de Centeotl: sacrificios humanos y de codornices. |
| 1 | Mayo | 13. Coatl | |
| 2 | „ | 1. MIQUIZTLI | |
| 3 | „ | 2. Mazatl | |
| 4 | „ | 3. Tochtli | |
| 5 | „ | 4. Atl | |
| 6 | „ | 5. Itzcuintli | Convocación solemne para la gran fiesta del mes siguiente. |
| 7 | „ | 6. Ozomatli | |
| 8 | „ | 7. Malinalli | |
| 9 | „ | 8. Acatl | |
| 10 | „ | 9. Ocelotl | |
| 11 | „ | 10. Quauhtli | |
| 12 | „ | 11. Cozcaquautli | Ayuno en preparación de la fiesta siguiente. |
| 13 | „ | 12. Olin | |
| 14 | „ | 13. Tecpatl | |
| 15 | „ | 1. QUIAHUITL | |
| 16 | „ | 2. Xochitl | |

5º MES: TOXCATL

| | | | |
|---|---|---|---|
| 17 | Mayo | 3. Cipactli | Gran fiesta de Tezcatlipoca: solemne procesión de penitencia, sacrificio de un prisionero y despedida del templo de las vírgenes casaderas. |
| 18 | „ | 4. Ehecatl | |
| 19 | „ | 5. Calli | |
| 20 | „ | 6. Cuetzpalin | |
| 21 | „ | 7. Coatl | |
| 22 | „ | 8. Miquiztli | |
| 23 | „ | 9. Mazatl | |
| 24 | „ | 10. Tochtli | |
| 25 | „ | 11. Atl | 1ª fiesta de Huitzilopochtli: sacrificios humanos y de codornices; incensación solemne de chapopotli; baile solemne del rey, los sacerdotes y el pueblo. |
| 26 | „ | 12. Itzcuintli | |
| 27 | „ | 13. Ozomatli | |
| 28 | „ | 1. MALINALLI | |
| 29 | „ | 2. Acatl | |
| 30 | „ | 3. Ocelotl | |

| Días mexicanos | | | Fiestas |
|---|---|---|---|
| 31 | Mayo | 4. Quauhtli | |
| 1 | Junio | 5. Cozcaquauhtli | |
| 2 | „ | 6. Olin | |
| 3 | „ | 7. Tecpatl | |
| 4 | „ | 8. Quiahuitl | |
| 5 | „ | 9. Xochitl | |

5º MES: ETZALCUALIZTLI

| | | | |
|---|---|---|---|
| 6 | Junio | 10. Cipactli | |
| 7 | „ | 11. Ehecatl | |
| 8 | „ | 12. Calli | 3ª fiesta de los dioses del agua: sacrificios y baile. |
| 9 | „ | 13. Cuetzpalin | |
| 10 | „ | 1. COATL | |
| 11 | „ | 2. Miquiztli | |
| 12 | „ | 3. Mazatl | |
| 13 | „ | 4. Tochtli | |
| 14 | „ | 5. Atl | |
| 15 | „ | 6. Itzcuintli | |
| 16 | „ | 7. Ozomatli | |
| 17 | „ | 8. Malinalli | |
| 18 | „ | 9. Acatl | |
| 19 | „ | 10. Ocelotl | |
| 20 | „ | 11. Quauhtli | |
| 21 | „ | 12. Cozcaquautli | |
| 22 | „ | 13. Olin | |
| 23 | „ | 1. TECPATL | |
| 24 | „ | 2. Quiahuitl | |
| 25 | „ | 3. Xochitl | |

7º MES: TECUILHUITONTLI

| | | | |
|---|---|---|---|
| 26 | Junio | 4. Cipactli | |
| 27 | „ | 5. Ehecatl | |
| 28 | „ | 6. Calli | |
| 29 | „ | 7. Cuetzpalin | |
| 30 | „ | 8. Coatl | |
| 1 | Julio | 9. Miquiztli | Fiesta de Huixtocíhuatl: sacrificio de prisioneros y baile de sacerdotes. |
| 2 | „ | 10. Mazatl | |
| 3 | „ | 11. Tochtli | |
| 4 | „ | 12. Atl | |
| 5 | „ | 13. Itzcuintli | |
| 6 | „ | 1. OZOMATLI | |
| 7 | „ | 2. Malinalli | |
| 8 | „ | 3. Acatl | |
| 9 | „ | 4. Ocelotl | |
| 10 | „ | 5. Quauhtli | |
| 11 | „ | 6. Cozcaquauhtli | |
| 12 | „ | 7. Olin | |
| 13 | „ | 8. Tecpatl | |
| 14 | „ | 9. Quiahuitl | |
| 15 | „ | 10. Xochitl | |

8º MES: HUEITECUILHUITL

| | | | |
|---|---|---|---|
| 16 | Julio | 11. Cipactli | 2ª fiesta de Centeotl: sacrificio de una esclava, iluminación del templo, baile y limosnas. |

HISTORIA ANTIGUA DE MÉXICO.—LIBRO VII 389

| Días mexicanos | | Fiestas |
|---|---|---|
| 17 Julio | 12. Ehecatl | |
| 18 ,, | 13. Calli | |
| 19 ,, | 1. CUETZPALIN | |
| 20 ,, | 2. Coatl | |
| 21 ,, | 3. Miquiztli | |
| 22 ,, | 4. Mazatl | |
| 23 ,, | 5. Tochtli | Fiesta de Macuiltochtli. |
| 24 ,, | 6. Atl | |
| 25 ,, | 7. Itzcuintli | |
| 26 ,, | 8. Ozomatli | |
| 27 ,, | 9. Malinalli | |
| 28 ,, | 10. Acatl | |
| 29 ,, | 11. Ocelotl | |
| 30 ,, | 12. Quauhtli | |
| 31 ,, | 13. Cozcaquautli | |
| 1 Agosto | 1. OLIN | |
| 2 ,, | 2. Tecpatl | |
| 3 ,, | 3. Quiahuitl | |
| 4 ,, | 4. Xochitl | |

### 9º MES: TLAXOCHIMACO

| | | |
|---|---|---|
| 5 Agosto | 5. Cipactli | Fiesta de Macuilcipactli. |
| 6 ,, | 6. Ehecatl | |
| 7 ,, | 7. Calli | |
| 8 ,, | 8. Cuetzpalin | |
| 9 ,, | 9. Coatl | |
| 10 ,, | 10. Miquiztli | 2ª fiesta de Huitzilopochtli: sacrificio de prisioneros, oblación de flores, baile general y comida solemne. |
| 11 ,, | 11. Mazatl | |
| 12 ,, | 12. Tochtli | |
| 13 ,, | 13. Atl | |
| 14 ,, | 1. ITZCUINTLI | |
| 15 ,, | 2. Ozomatli | |
| 16 ,, | 3. Malinalli | |
| 17 ,, | 4. Acatl | Fiesta de Iacateuctli, dios de los comerciantes: sacrificios y convite. |
| 18 ,, | 5. Ocelotl | |
| 19 ,, | 6. Quauhtli | |
| 20 ,, | 7. Cozcaquautli | |
| 21 ,, | 8. Olin | |
| 22 ,, | 9. Tecpatl | |
| 23 ,, | 10. Quiahuitl | |
| 24 ,, | 11. Xochitl | |

### 10º MES: XOCOHUETZI

| | | |
|---|---|---|
| 25 Agosto | 12. Cipactli | Fiesta de Xiuhteuctli, dios del fuego; baile solemne y sacrificio de prisioneros. |
| 26 ,, | 13. Ehecatl | |
| 27 ,, | 1. CALLI | |
| 28 ,, | 2. Cuetzpalin | |
| 29 ,, | 3. Coatl | |
| 30 ,, | 4. Miquiztli | |
| 31 ,, | 5. Mazatl | |
| 1 Sept. | 6. Tochtli | |

| Días mexicanos | | | Fiestas |
|---|---|---|---|
| 2 Sept. | 7. Atl | | |
| 3 „ | 8. Itzcuintli | | |
| 4 „ | 9. Ozomatli | | |
| 5 „ | 10. Malinalli | | |
| 6 „ | 11. Acatl | | |
| 7 „ | 12. Ocelotl | | |
| 8 „ | 13. Quauhtli | | |
| 9 „ | 1. COZCA-QUAUHTLI | | Cesan en estos cinco días todas las fiestas. |
| 10 „ | 2. Olin | | |
| 11 „ | 3. Tecpatl | | |
| 12 „ | 4. Quiahuitl | | |
| 13 „ | 5. Xochitl | | |

### 11º MES: OCHPANIZTLI

| | | | |
|---|---|---|---|
| 14 Sept. | 6. Cipactli | | Baile preparatorio para la fiesta siguiente. |
| 15 „ | 7. Ehecatl | | |
| 16 „ | 8. Calli | | |
| 17 „ | 9. Cuetzpalin | | |
| 18 „ | 10. Coatl | | |
| 19 „ | 11. Miquiztli | | |
| 20 „ | 12. Mazatl | | |
| 21 „ | 13. Tochtli | | |
| 22 „ | 1. ATL | | Fiesta de Teteoinam, madre de los dioses: sacrificio de una esclava. |
| 23 „ | 2. Itzcuintli | | |
| 24 „ | 3. Ozomatli | | |
| 25 „ | 4. Malinalli | | |
| 26 „ | 5. Acatl | | |
| 27 „ | 6. Ocelotl | | 3ª fiesta de Centeotl en el templo Xiuhcalco: procesión y sacrificios. |
| 28 „ | 7. Quauhtli | | |
| 29 „ | 8. Cozcaquautli | | |
| 30 „ | 9. Olin | | |
| 1 Oct. | 10. Tecpatl | | |
| 2 „ | 11. Quiahuitl | | |
| 3 „ | 12. Xochitl | | |

### 12º MES: TEOTLECO

| | | | |
|---|---|---|---|
| 4 Oct. | 13. Cipactli | | |
| 5 „ | 1. EHECATL | | |
| 6 „ | 2. Calli | | |
| 7 „ | 3. Cuetzpalin | | |
| 8 „ | 4. Coatl | | |
| 9 „ | 5. Miquiztli | | |
| 10 „ | 6. Mazatl | | |
| 11 „ | 7. Tochtli | | |
| 12 „ | 8. Atl | | |
| 13 „ | 9. Itzcuintli | | Fiesta de Chiuhnahuitzcuintli Nahualpilli y Centeotl, dioses de los lapidarios. |
| 14 „ | 10. Ozomatli | | |
| 15 „ | 11. Malinalli | | |
| 16 „ | 12. Acatl | | |
| 17 „ | 13. Ocelotl | | |
| 18 „ | 1. QUAUHTLI | | |

HISTORIA ANTIGUA DE MÉXICO.—LIBRO VII 391

| Días mexicanos | | Fiestas |
|---|---|---|
| 19 Oct. | 2. Cozcaquauhtli | |
| 20 ,, | 3. Olin | Vigilia por la fiesta siguiente. |
| 21 ,, | 4. Tecpatl | Fiesta del arribo de los dioses: gran cena y sacrificio de prisioneros. |
| 22 ,, | 5. Quahuitl | |
| 23 ,, | 6. Xochitl | |

### 13º MES: TEPEILHUITL

| | | |
|---|---|---|
| 24 Oct. | 7. Cipactli | Fiesta de los dioses de los montes; sacrificio de esclavas y un prisionero. |
| 25 ,, | 8. Ehecatl | |
| 26 ,, | 9. Calli | |
| 27 ,, | 10. Cuetzpalin | Fiesta del dios Tochinco: sacrificio de un prisionero. |
| 28 ,, | 11. Coatl | |
| 29 ,, | 12. Miquiztli | |
| 30 ,, | 13. Mazatl | Fiesta de Napateuctli: sacrificio de un prisionero |
| 31 ,, | 1. TOCHTLI | |
| 1 Nov. | 2. Atl | |
| 2 ,, | 3. Itzcuintli | |
| 3 ,, | 4. Ozomatli | |
| 4 ,, | 5. Malinalli | Fiesta de Centzontotochtin, dios del vino: sacrificio de 3 esclavos en 3 diversos lugares. |
| 5 ,, | 6. Acatl | |
| 6 ,, | 7. Ocelotl | |
| 7 ,, | 8. Quauhtli | |
| 8 ,, | 9. Cozcaquauhtli | |
| 9 ,, | 10. Olin | |
| 10 ,, | 11. Tecpatl | |
| 11 ,, | 12. Quiahuitl | |
| 12 ,, | 13. Xochitl * | |

### 14º MES: QUECHOLLI

| | | |
|---|---|---|
| 13 Nov. | 1. CIPACTLI | Ayuno de 4 días en preparación de la fiesta siguiente. |
| 14 ,, | 2. Ehecatl | |
| 15 ,, | 3. Calli | |
| 16 ,, | 4. Cuetzpalin | Fiesta de Mixcoatl, dios de la caza; caza general, procesión y sacrificio de animales. |
| 17 ,, | 5. Coatl | |
| 18 ,, | 6. Miquiztli | |
| 19 ,, | 7. Mazatl | |
| 20 ,, | 8. Tochtli | |
| 21 ,, | 9. Atl | |
| 22 ,, | 10. Itzcuintli | |
| 23 ,, | 11. Ozomatli | |
| 24 ,, | 12. Malinalli | |
| 25 ,, | 13. Acatl | |
| 26 ,, | 1. OCELOTL | |
| 27 ,, | 2. Quauhtli | |
| 28 ,, | 3. Cozcaquauhtli | |

\* Aquí termina el primer ciclo de 260 días, que comprende veinte períodos de trece días.

|  Días mexicanos | | Fiestas |
|---|---|---|
| 29 Nov. | 4. Olin | Fiesta de Tlamazincatl: sacrificio de prisioneros. |
| 30 ,, | 5. Tecpatl | |
| 1 Dic. | 6. Quihuitl | |
| 2 ,, | 7. Xochitl | |

### 15º MES: PANQUETZALIZTLI

|  |  |  |
|---|---|---|
| 3 Dic. | 8. Cipactli | |
| 4 ,, | 9. Ehecatl | 3ª y principal fiesta de Huitzilopochtli y sus compañeros. Ayuno riguroso, procesión solemne y sacrificio de prisioneros y codornices, y comé·ón de la estatua de pasta de aquel dios. |
| 5 ,, | 10. Calli | |
| 6 ,, | 11. Cuetzpalin | |
| 7 ,, | 12. Coatl | |
| 8 ,, | 13. Miquiztli | |
| 9 ,, | 1. MAZATL | |
| 10 ,, | 2. Tochtli | |
| 11 ,, | 3. Atl | |
| 12 ,, | 4. Itzcuintli | |
| 13 ,, | 5. Ozomatli | |
| 14 ,, | 6. Malinalli | |
| 15 ,, | 7. Acatl | |
| 16 ,, | 8. Ocelotl | |
| 17 ,, | 9. Quauhtli | |
| 18 ,, | 10. Cozcaquauhtli | |
| 19 ,, | 11. Olin | |
| 20 ,, | 12. Tecpatl | |
| 21 ,, | 13. Quiahuitl | |
| 22 ,, | 1. XOCHITL | |

### 16º MES: ATEMOXTLI

|  |  |  |
|---|---|---|
| 23 Dic. | 2. Cipactli | |
| 24 ,, | 3. Ehecatl | |
| 25 ,, | 4. Calli | |
| 26 ,, | 5. Cuetzpalin | |
| 27 ,, | 6. Coatl | |
| 28 ,, | 7. Miquiztli | |
| 29 ,, | 8. Mazatl | |
| 30 ,, | 9. Tochtli | |
| 31 ,, | 10. Atl | |
| 1 Enero | 11. Itzcuintli | |
| 2 ,, | 12. Ozomatli | |
| 3 ,, | 13. Malinalli | |
| 4 ,, | 1. ACATL | |
| 5 ,, | 2. Ocelotl | |
| 6 ,, | 3. Quauhtli | |
| 7 ,, | 4. Cozcaquauhtli | Ayuno de 4 días: preparación de la fiesta siguiente. |
| 8 ,, | 5. Olin | |
| 9 ,, | 6. Tecpatl | |
| 10 ,, | 7. Quiahuitl | |
| 11 ,, | 8. Xochitl | 4ª fiesta de los dioses del agua: procesión y sacrificios. |

## 17º MES: TITITL

| | Días mexicanos | Fiestas |
|---|---|---|
| 12 Enero | 9. Cipactli | |
| 13 ,, | 10. Ehecatl | |
| 14 ,, | 11. Calli | Fiesta de la diosa Ilamateuctli; baile y sacrificio de una esclava. |
| 15 ,, | 12. Cuetzpalin | |
| 16 ,, | 13. Coatl | |
| 17 ,, | 1. MIQUIZTLI | Fiesta de Mictlanteuctli, dios del infierno: sacrificio nocturno de un prisionero. |
| 18 ,, | 2. Mazatl | |
| 19 ,, | 3. Tochtli | |
| 20 ,, | 4. Atl | |
| 21 ,, | 5. Itzcuintli | |
| 22 ,, | 6. Ozomatli | 2ª fiesta de Iacateuctli, dios de los comerciantes; sacrificio de un prisionero. |
| 23 ,, | 7. Malinalli | |
| 24 ,, | 8. Acatl | |
| 25 ,, | 9. Ocelotl | |
| 26 ,, | 10. Quauhtli | |
| 27 ,, | 11. Cozcaquauhtli | |
| 28 ,, | 12. Olin | |
| 29 ,, | 13. Tecpatl | |
| 30 ,, | 1. QUIAHUITL | |
| 31 ,, | 2. Xochitl. | |

## 18º MES: IZCALLI

| | | | |
|---|---|---|---|
| 1 Febrero | 3. Cipactli | | |
| 2 ,, | 4. Ehecatl | | |
| 3 ,, | 5. Calli | | |
| 4 ,, | 6. Cuetzpalin | | |
| 5 ,, | 7. Coatl | | |
| 6 ,, | 8. Miquiztli | | |
| 7 ,, | 9. Mazatl | | |
| 8 ,, | 10. Tochtli | | |
| 9 ,, | 11. Atl | | |
| 10 ,, | 12. Itzcuintli | Caza general para los sacrificios de la fiesta siguiente. | |
| 11 ,, | 13. Ozomatli | | |
| 12 ,, | 1. MALINALLI | | |
| 13 ,, | 2. Acatl | | |
| 14 ,, | 3. Ocelotl | | |
| 15 ,, | 4. Quauhtli | | |
| 16 ,, | 5. Cozcaquauhtli | | |
| 17 ,, | 6. Olin | 2ª fiesta de Xiuhteuctli, dios del fuego: sacrificio de animales. | |
| 18 ,, | 7. Tecpatl | | |
| 19 ,, | 8. Quiahuitl | | |
| 20 ,, | 9. Xochitl | | |

## NEMONTEMI, O DIAS INUTILES

| | |
|---|---|
| 21 Febrero | 10. Cipactli |
| 22 ,, | 11. Ehecatl |
| 23 ,, | 12. Calli |
| 24 ,, | 13. Cuetzpalin |
| 25 ,, | 1. COATL |

El año siguiente (2 Acatl), comienza por 2 Miquiztli y continúa en el mismo orden.

# EXPLICACIÓN DE LAS FIGURAS OSCURAS

### Figuras del siglo mexicano

En la rueda del siglo mexicano hay cuatro figuras trece veces repetidas, para significar, como ya hemos dicho, los cuatro períodos (llamados por algunos historiadores indicciones) de trece años de que se componía su siglo. Las cuatro figuras son: 1ª una cabeza de conejo; 2ª una caña; 3ª un cuchillo o punta de lanza (pedernal), y 4ª un pedazo de edificio (casa). Comienzan a contarse los años del siglo desde el doblez superior de la culebra, descendiendo hacia la izquierda. La 1ª figura con un punto denota 1 *conejo;* la 2ª con dos significa 2 *caña;* la 3ª con tres puntos significa 3 *pedernal;* la 4ª con cuatro, 4 *casa;* la 5ª con cinco puntos, 5 *conejo,* y así continúa hasta el doblez de la mano izquierda; aquí comienza el segundo período con la figura de la *caña* y termina en el doblez inferior. En ésta comienza el tercer período, y así los demás.

### Figuras del año

La figura 1 es la del agua extendida sobre un edificio para denotar el primer mes, cuyo nombre, *Acahualco* o *Atlahualco,* significa la cesación del agua, pues el mes de marzo cesan las lluvias del invierno en los países septentrionales, en donde tuvo origen el calendario mexicano o tolteca. Lo llamaban también *Cuauhuitlehua,* que significa la vegetación de los árboles, que se verifica en este tiempo en los países fríos. Los tlaxcaltecas llamaban a este mes *Xilomaniliztli,* esto es, oblación de las mazorcas de maíz, porque en él ofrecían a sus dioses las del año corrido, para ayudar la siembra que por este tiempo comenzaban a hacer en los lugares altos.

La figura del segundo mes parece a primera vista un pabellón; pero yo creo que sea más bien una piel humana mal diseñada, para manifestar lo que significa el nombre *Tlacaxipehualiztli* que daban a este mes, esto es, desollamiento de los hombres, por razón del bárbaro rito de desollar las víctimas humanas en la fiesta del dios de los plateros. Los tlaxcaltecas llamaban a este mes *Coailhuitl* o fiesta general, y lo representaban en la figura de una culebra enroscada alrededor de un abanico y de un *ayacaxtli.* El abanico y el *ayacaxtli* denotaban los bailes que entonces se hacían, y la culebra enroscada significa su generalidad.

La figura del tercer mes es la de un pájaro sobre una lanceta. Esta significa el derramamiento de sangre que hacían en las noches de este mes, pero no sabemos qué pájaro será el que se ve, ni qué signifique.

El cuarto mes se representa en la figura de un pequeño edificio, sobre el que se ven algunas hojas de junco, para significar la ceremonia que hacían en este mes, de poner sobre las puertas de las casas junco y otras yerbas mojadas en la sangre que se sacaban en honor de sus dioses.

Los tlaxcaltecas representaban el tercer mes con una lanceta para significar penitencia, y el cuarto mes con una lanceta más grande para denotar que en él era mayor la penitencia.

La figura del quinto mes es la de una cabeza humana con una cadena debajo, para representar las sartas de maíz tostado que se ponían al cuello y con las que adornaban también al ídolo de Tezcatlipoca, por lo que el mes se llamó *Toxcatl,* según hemos dicho.

El sexto mes se representa con una olla para significar ciertas poleadas que entonces tomaban y llamaban *etzalli,* de las cuales tuvo el mes el nombre *Etzalqualiztli.*

Las dos figuras de los meses séptimo y octavo parecen alusivas a los bailes que en ellos se hacían, y porque eran más grandes los del octavo es también más grande la figura que lo representa. Junto a las referidas figuras se ven lancetas, para denotar la austeridad con que se preparaban para aquellas fiestas. Los tlaxcaltecas representaban estos dos meses en dos cabezas de señores: la del mes *Tecuilhuitontli,* o fiesta pequeña, parece de joven, y la del mes *Hueitecuilhuitl,* o fiesta grande, de un viejo.

Las figuras de los meses nono y décimo son significativas del luto que vestían y del duelo que hacían por sus muertos, lo que hizo llamar al mes nono *Micailhuitl,* esto es fiesta de los muertos, y al mes décimo *Hueimicailhuitl,* o fiesta grande de los muertos por ser este mes más grande el duelo es también mayor la figura que lo representa. Los tlaxcaltecas pintaban en cada uno de los referidos meses una calavera con dos huesos; pero la calavera del mes décimo era más grande.

La figura del mes undécimo es una escoba, que significa la ceremonia de barrer los templos, que en este mes se hacía por todos; por lo que tuvo el nombre de *Ochpaniztli.* Los tlaxcaltecas pintaban una mano empuñando la escoba.

La figura de los meses duodécimo y decimotercero es la de una planta parásita llamada por los mexicanos *pachtli,* que se da en este tiempo sobre las encinas. De aquí tomó el nombre el mes duodécimo; pero como el mes siguiente esta planta está más crecida, su figura es más grande y el mes tuvo el nombre de Hueipachtli. Estos nombres, aunque más usados entre los tlaxcaltecas, estaban también en uso entre los mexicanos; pero nosotros nos valemos en la *Historia* de los nombres de *Teotleco* y *Tepeilhuitl,* porque los hallamos más comúnmente usados por los mexicanos.

La figura del mes decimocuarto es muy semejante a la del mes segundo, pero no sabemos qué signifique. Los tlaxcaltecas representaban este mes en la figura del pájaro que llamamos flamenco y los mexicanos *quecholli,* nombre que impusieron al mes los mexicanos porque por este tiempo llegaban esos pájaros a la laguna de México.

La figura del mes decimoquinto es un estandarte mexicano, para significar que se llevaba en la solemnísima procesión de Huitzilopochtli que se hacía en este mes. El nombre *Panquetzaliztli,* con que era llamado, significa el acto de enarbolar el estandarte.

La figura del mes decimosexto es la del agua sobre una escala, para significar el descenso de ella, y esto significa *Atemoztli,* nombre que daban a este mes o porque este tiempo es en los países septentrionales el de las lluvias, o porque se hacía la fiesta a los dioses de los montes y del agua para obtener lluvia oportuna.

La figura del mes decimoséptimo es la de dos o tres palos atados con una cuerda y una mano que, tirando fuertemente, aprieta los palos, para significar el encogimiento que causa en este tiempo el frío, sentido del nombre de *Tititl.* Los tlaxcaltecas pintaban dos palos encajados o bien ajustados en una tabla.

La figura del mes decimoctavo es la de la cabeza de un cuadrúpedo sobre un altar, para significar los sacrificios de animales que en este mes se hacían al dios del fuego. Los tlaxcaltecas pintaban un hombre sosteniendo a un niño por la cabeza, lo que hace verosímil la interpretación del nombre *Izcalli,* que algunos autores dicen que significa resucitado o nueva creación.

La figura de la Luna, que está en el centro de la rueda o círculo del año, está copiada de una pintura mexicana, en la que se manifiesta que los antiguos indios sabían bien que la Luna tiene su luz del Sol.

He visto algunas ruedas del año mexicano en que, después de las figuras de los diez y ocho meses, había cinco puntos grandes que denotaban los cinco días *Nemontemi.*

### Figuras del mes

1er. día. Hay una gran variedad en orden a la significación de *Cipactli,* nombre del primer día. Según Boturini, significa una culebra;

según Torquemada, el pez espada, y según Betancourt, el tiburón. En la única rueda del mes mexicano publicada hasta ahora (la de Valadés), la figura es casi en todo semejante a la lagartija que se ve en el día cuarto. Nosotros, no sabiendo qué cosa sea, hemos puesto la cabeza de un tiburón, según la interpretación de Betancourt.

2º día. *Ehecatl* (viento), una cabeza humana soplando con la boca.
3º día. *Calli* (casa), un pequeño edificio.
4º día. *Cuetzpalin* (lagartija), la figura de este animal.
5º día. *Coatl* (culebra), la figura del mismo animal.
6º día. *Miquiztli* (muerte), una calavera.
7º día. *Mazatl* (venado), la cabeza de aquel cuadrúpedo.
8º día. *Tochtli* (conejo), la figura de mismo animal.
9º día. *Atl* (agua), la figura de este elemento.
10º día. *Itzcuintli* (cierto cuadrúpedo mexicano semejante al cachorro), la figura de este animal.
11º día. *Ozomatli* (mono), la figura de este animal.
12º día. *Malinalli* (nombre de cierta planta de la cual hacían granates), la figura de la misma planta.
13º día. *Acatl* (caña), se representa en una caña.
14º día. *Ocelotl* (tigre), la cabeza de este animal.
15º día. *Cuautli* (águila), la cabeza de esta ave.
16º día. *Cozcaquauhtli* (un pájaro mexicano descrito por nosotros), la figura, aunque imperfecta, de él.
17º día. *Olin Tonatiuh* (movimiento del Sol), la figura del mismo planeta.
18º día. *Tecpatl* (pedernal), la punta de una lanza, que solía ser de dicha piedra.
19º día. *Quiahuitl* (lluvia), una nube lloviendo.
20º día. *Xóchitl* (flor), la figura de una flor.

En el centro de esta rueda hemos puesto la figura del mes decimoquinto, por reducirla a un mes determinado.

### Figuras de ciudades

1. Tenochtitlán, o México, quiere decir el lugar en donde está el nopal en la piedra, aludiendo a lo dicho sobre la fundación de esta gran ciudad.
2. Chalco: su nombre quiere decir piedra preciosa.[1]
3 y 4. La parte posterior de un hombre junto a una planta de junco, y la misma parte posterior junto a una flor, para significar las ciudades

---

[1] El P. Acosta dice que Chalco quiere decir en las bocas; pero el nombre mexicano que significa la boca es *camatl*, y para decir bocas dicen *camas*.

de Tolantzinco y Xochitzinco, los cuales nombres significan *en el fin de los juncos* y *en el fin de las flores* o del campo florido, y casi todos los nombres de lugares que terminan en *tzinco,* que son muchos, tienen una significación semejante y se representan en semejantes figuras.

5. Un ramito del árbol *huaxin* sobre una nariz, para representar la ciudad *Huaxyacac,* nombre compuesto de *Huaxin* y de *Yacac,* que quiere decir en la punta o extremidad de la arboleda de Huaxin; porque aunque *Yacac* sea propiamente nariz, se usa para significar cualquier punta. Así Tepeyacac, nombre de dos lugares, quiere decir la punta del monte.

6. Una olla sobre tres piedras, como la ponían y la ponen aún hoy los indios para tenerla al fuego, y en la boca de la olla la figura del agua para representar la ciudad de Atotonilco,[2] cuyo nombre significa *en el agua caliente* o *lugar de las termas.*

7. Agua, en que se ve un hombre con los brazos abiertos en señal de alegría, para representar la ciudad de *Ahuilizapan,* llamada por los españoles Orizaba; el nombre quiere decir en *el agua del placer* o *en el río alegre.*

8. Agua en una boca para representar la ciudad de *Atenco.*[3] Este nombre es compuesto de *atl* (agua), de *teutli* (labio y, metafóricamente, ribera, orilla, bordo) y de la preposición *co,* que equivale a *en;* y así *Atenco* quiere decir en la ribera, en la orilla o *sobre el borde del agua,* y todos los lugares que tienen este nombre están situados en la orilla de alguna laguna o río.

9. Un espejo mexicano para representar la ciudad de *Tehuiloxocan,* que quiere decir *lugar de los espejos.*

10. Una mano en actitud de contar con los dedos, para representar el pueblo de *Necohualco,* que equivale a lugar donde se cuenta o de la numeración.

11. Un brazo que coge un pescado, para representar la ciudad de *Michmaloyan,* que significa *lugar en donde se coge el pescado* o lugar de pesca.

12. Un pedazo de edificio con una cabeza de águila dentro, para representar la ciudad de *Cuauhtlinchan,* que significa *casa de las águilas.*

13. Un monte como lo figuraban los mexicanos, y poco más arriba un cuchillo para representar la ciudad de *Tlacotepec,* que quiere decir *monte cortado.*

---

[2] Había y hay muchos lugares llamados Atotonilco; pero el principal es el que está al norte de México, hacia Tolantzinco.

[3] Hay algunos lugares llamados Atenco; pero el más respetable es el que se ve junto a Texcoco en nuestro mapa de las lagunas de México.

14. Una flor, y bajo de ella cinco puntos de aquellos que usaban para significar los números de uno hasta veinte. Representa el lugar llamado *Macuilxóchitl*, que quiere decir cinco flores. Este nombre significa también un día del año, y puede creerse que por haber comenzado la fundación de aquel lugar en tal día, haya tenido semejante nombre.

15. Un juego de pelota, para representar la ciudad de *Tlachco* (Tasco), que significa el lugar en donde se hace tal juego. Las dos figuritas redondas que se ven al medio son las dos piedras agujeradas del centro que había en el juego a fin de pasar por uno de los agujeros la pelota. Había lo menos dos ciudades o pueblos así llamados.

16. Representa el lugar de *Tecotzautla*, que quiere decir lugar abundante de ocre.

### Figuras de los reyes mexicanos

Estas figuras no son retratos sino símbolos de sus nombres. Al lado de una cabeza coronada a la mexicana se ve una contraseña para significar su nombre.

*Acamapitzin*, primer rey de México, el que tiene cañas en el puño.

*Huitzilíhuitl*, segundo rey, pluma de chupamirto, y por eso se representa la cabeza de este pajarito con una pluma en el pico.

*Chimalpopoca*, tercer rey, escudo que humea.

*Itzcoatl*, cuarto rey, equivale a culebra de itztli, o armada de lancetas o navajas de piedra itztli.

*Ilhuicamina*, sobrenombre de Moctezuma I, quinto rey, que saetea al cielo, y por eso se representa una flecha tirada a la figura con que los mexicanos representaban al cielo.

*Axayácatl*, sexto rey, lo es también de una mosca palustre, y significa cara de agua, y por lo tanto se representa en una cara sobre la cual está la figura del agua.

*Tízoc*, séptimo rey, agujerado, y por eso se representa en una pierna agujerada.

*Ahuízotl*, octavo rey, lo es también de un cuadrúpedo anfibio que hemos mencionado, y por esto se representa en la figura, aunque imperfecta, del tal cuadrúpedo, y para significar que este animal vive en el agua, se ve en su lomo y en su cola la figura de este elemento.

*Moctezuma*, rey nono, quiere decir señor indignado; pero no hemos podido entender la figura.

Nos faltan las figuras de los últimos reyes *Cuitlahuatzin* y *Cuauhtemotzin;* pero no dudamos que la de Cuauhtemotzin sea una águila que baja, pues esto significa su nombre.

## Figuras del diluvio y de la confusión de las lenguas

El agua significa el Diluvio; la cabeza humana y la de pájaro que se ve en el agua significan la sumersión de los hombres y los animales. La barca con un hombre encima denota aquella en que, según su tradición, se salvaron un hombre y una mujer para conservar la especie humana sobre la tierra.

La figura que se ve en un pedrón es la del monte Colhuacan, junto al cual, según ellos decían, desembarcaron el hombre y la mujer que escaparon del Diluvio. En todas las pinturas mexicanas en las que se hace mención de aquel monte se ve representado en esta figura.

El pájaro sobre el árbol representa una paloma, la cual, según decían ellos, comunicó el habla a los hombres, pues todos habían nacido mudos después del Diluvio. Las virgulillas que nacen del pico de la paloma hacia los hombres son figuras de las lenguas. Siempre que en las pinturas mexicanas ocurre hacer mención de lenguas o de voces, se usan tales virgulillas. Su multitud en nuestra pintura denota la multitud de las lenguas comunicadas.

Aquellos quince hombres que reciben de la paloma las lenguas representan otras tantas familias separadas del resto de los hombres, de las cuales, según decían ellos, descendían las naciones de Anáhuac.

# CARTA

## DEL ABATE DON LORENZO HERVÁS AL AUTOR SOBRE EL CALENDARIO MEXICANO

El abate Hervás, autor de la obra *Idea del universo,* habiendo leído mis manuscritos y hecho sobre el Calendario Mexicano algunas curiosas observaciones, me las comunicó en la siguiente apreciadísima carta, que publico omitiendo los cumplimientos y los elogios, porque creo que será estimada del público.

"Por la obra de usted comprendo, con sumo disgusto mío, cuán lamentable sea la falta de aquellos documentos que sirvieron al célebre Dr. Sigüenza y Góngora para formar su *Ciclografía,* y al caballero Boturini para su *Idea de la historia general de la Nueva España,* y al mismo tiempo me confirmo más en mi opinión de ser contemporáneo o aun anterior al Diluvio el uso del año solar, como intento probar en el tomo XI de mi obra, donde inserto el *Viaje estático al mundo planetario,* que contiene algunas reflexiones sobre el Calendario Mexicano que quiero insinuar aquí y sujetar a su censura.

"El año y el siglo han sido desde tiempo inmemorial regulados entre los mexicanos con una inteligencia mayor de la que corresponde a sus artes y ciencias. En éstas fueron sin duda inferiores a los griegos y los romanos; pero el ingenio que se descubre en el Calendario no le cede al de las naciones más cultas. De aquí debíamos conjeturar que este Calendario no ha sido obra de los mexicanos, sino de otra nación más ilustrada, y pues en América no se ha encontrado, es necesario buscarla en otra parte, como en Asia o Egipto. Esta suposición está confirmada por aquello que usted afirma, esto es, que los mexicanos tuvieron su Calendario de los toltecas (provenientes de Asia), los cuales, según Boturini, tenían su año exactamente ajustado al curso del sol más de cien años antes de la Era cristiana, así como porque otras naciones, como los chiapanecos, usaron el mismo Calendario Mexicano, sin otra diferencia que la de las figuras.

"El año mexicano comenzaba a 26 de febrero, día célebre en la Era de Nabonassar, fijada 747 años antes de la Era cristiana por los sacerdotes egipcios, pues al mediodía del dicho día correspondía entre ellos el principio del mes Toth.[1] De modo que si aquellos sacerdotes fijaron también ese día en la época, porque era célebre en Egipto, tenemos el Calendario Mexicano conforme al egipcio. Pero aun omitiendo esto, no puede dudarse que el Calendario Mexicano convenía mucho con el egipcio. De éste dice Herodoto (Lib. 2, caps. 1 y 6) que fue primeramente regulado por los egipcios, dando al año doce meses de treinta días y añadiéndole cinco días a cada año, para que el círculo de éste volviese sobre sus propias huellas; que los principales dioses de Egipto eran doce, y que cada mes estaba bajo la tutela y patrocinio de uno de estos dioses. Los mexicanos añadían también esos cinco días en cada año, a los cuales llamaban *nemontemi,* esto es, inútiles, porque en ellos nada hacían. Plutarco dice *(De Iside et disiride)* que en tales días celebraban los egipcios el nacimiento de sus dioses.

"Es cierto, por otra parte, que los mexicanos dividían su año en diez y ocho meses, no en doce como los egipcios; pero habiendo llamado al mes Meztli (Luna), como usted observa, parece innegable que su antiguo mes fuese lunar, como el de los egipcios y chinos, verificándose en el mes mexicano lo que la Sagrada Escritura nos dice de ser el mes deudor de su nombre a la Luna (Eccli. 43). Y así los mexicanos, habiendo tal vez recibido de sus antepasados el mes lunar, habrían después por otros fines instituido la otra especie de meses. Usted afirma en su *Historia* sobre la fe de Boturini que los mixtecos tenían el año de trece meses, número sagrado en el Calendario de los mexicanos por respeto a sus trece principales dioses, del mismo modo que en Egipto era consagrado el número doce a sus doce dioses mayores.

"Es ciertamente admirable en el Calendario Mexicano el uso de los símbolos y de los períodos de los años, los meses y los días. Por lo que respecta a los períodos, me parece que el de cinco días podría decirse su semana civil, y el de trece su semana religiosa. Igualmente el período de veinte días habrá sido su mes civil; el de veintiséis días, el mes religioso, y el de treinta, el lunar y astronómico. En el siglo puede creerse que el período de cuatro años fuese el civil, y el de trece, el religioso. Con la multiplicación de estos dos períodos tenían su siglo de 52 años, y con la duplicación del siglo tenían su edad de 104 años. En todos estos períodos se descubre un arte no menos maravilloso que el de nuestros ciclos e indicciones.

"El período de semanas civiles se contenía perfectamente en el mes civil y en el astronómico; éste tenía seis y aquél cuatro, y el año contenía 73 semanas completas; en lo cual nuestro método no es tan bueno como el mexicano, pues nuestras semanas no se contienen perfectamente en

---

[1] A 26 de febrero comenzaba el año, según el meridiano de Alejandría que se fabricó tres siglos después. Quinto Curt., Lib. 4 y 21. Véase a Lalande, *Astronomía,* número 1597.

el mes, ni tampoco en el año. El período de semanas religiosas se contenía dos veces en su mes religioso y veintiocho veces en el año; pero en éste adelantaba un día, como se adelanta en nuestras semanas. De los períodos de trece días multiplicados por los veinte caracteres del mes, resultaba el ciclo de 260 días de que usted hace mención; pero porque en el año solar después de las veintiocho semanas religiosas adelantaba un día, de aquí resulta igualmente otro ciclo de 260 días, de tal modo que los mexicanos podían por el primer día del año sacar el año que fuese aquél.

"El período de meses civiles multiplicado por el número de días (esto es, diez y ocho multiplicado por veinte) y el período de meses lunares multiplicado por el número de días (esto es, doce multiplicado por treinta) dan el mismo producto o el número de 360; número a la verdad no menos inmemorial y en uso entre los mexicanos que entre las más antiguas naciones, y número que de tiempo inmemorial rige en la geometría y astronomía, y es importantísimo por su relación con el círculo, que se divide en 360 partes o grados. No tenemos en ninguna nación del mundo una cosa semejante a este claro y admirable método de calendario.

"El pequeño periodo de cuatro años, multiplicado por el referido ciclo, da 1040 años. Los mexicanos combinaban el pequeño período de cuatro años con el período arriba dicho de semanas de trece días; de donde resultaba su conocido ciclo o siglo de 52 años. Y así, con las cuatro figuras indicantes del período de cuatro años, tenían, como nosotros tenemos con las letras dominicales, un período que, para decir verdad, hacía ventajas al nuestro, pues el nuestro es de veintiocho años y el mexicano de 52; éste era perpetuo y el nuestro en los años gregorianos no lo es.

"Tanta variedad y simplicidad de períodos de semanas, meses, años y ciclos no pueden dejar de admirarse; tanto más cuanto se descubre inmediatamente la clara relación que los dichos períodos tienen con muy diferentes fines, que indica así Boturini: "Era el Calendario Mexicano de cuatro especies; esto es, natural para la agricultura, cronológico para la historia, ritual para las fiestas y astronómico por el curso de los astros, y el año era lunisolar". Este año, si no lo ponemos al acabar tres edades mexicanas, yo no lo encuentro, a pesar de los muchos cálculos que he hecho.

"El mismo Boturini determina, según las pinturas mexicanas, el año de la confusión de las lenguas y los años de la creación del mundo, la cual determinación no debe parecer difícil, pues notándose en las pinturas mexicanas los eclipses, no hay duda que por ellos se puede sacar la verdadera época de la cronología, como el P. Jouciet saca la chinesca por el eclipse solar, que fijó en el año 2155 antes de la Era cristiana.

"Un eclipse bien circunstanciado, como largamente prueba el P. Briga Romagnoli, puede dar luz para fijar la época de la cronología en el espacio de 20,000 años, y aunque en las pinturas mexicanas no se describan todas las circunstancias de los eclipses, el defecto de éstas se remedia con los muchos eclipses que en ellas se notan. De aquí los señores mexicanos que aun conservan gran número de pinturas podrían, con el estudio de ellas, proporcionar mucha utilidad a la cronología.

"Respecto a los símbolos de los meses y del año mexicano, se descubren ideas totalmente conformes a las de los antiguos egipcios. Distinguían éstos (como se ve en sus monumentos) cada mes o parte del Zodíaco en que estaba el sol, con figuras características de aquello que sucedía en cada estación del año. Por eso vemos los signos de Aries, Tauro y de los dos cabritos (que en el día son dos mellizos) estar en los meses del nacimiento de estos animales, y los signos de Cáncer, León y Virgo con la espiga, en aquellos meses en que retrocede el sol como cangrejo, los cuales es mayor el calor y en los que se hace la cosecha; los signos de Escorpión (que en la esfera egipcia ocupaba el espacio que ahora ocupa el de Libra y el de Sagitario) en los meses de enfermedades venenosas y de la caza, y últimamente los signos de Capricornio, Acuario y Piscis, en los meses en que el sol vuelve a salir hacia nosotros, en que llueve mucho y en que comienza la abundante pesca.

"Estas ideas son algo semejantes a aquellas que los mexicanos acomodaron a su clima. Llamaban ellos Acahualco, esto es, cesación de las aguas, a su primer mes, que comenzaba a 26 de febrero, y lo simbolizaban con una casa y la figura del agua encima de ella. Daban también al dicho mes el nombre de Cuahuitlehua, esto es, germinar o retoñar los árboles. Los mexicanos, pues, distinguían su primer mes con dos nombres, de los cuales el primero *(Acahualco* o cesación de las aguas)* no convenía a su clima, en donde las aguas cesan en octubre; pero conviene a los campos de Sernaar y a los climas septentrionales de América, en los que habían estado sus progenitores, y por esto se conoce claramente haber sido antiquísimo el origen de dicho nombre. El segundo *(Coahuitlehua* o germinación de los árboles) conviene mucho con la palabra *kimath,* usada por Job para significar las Cabrillas, que en su tiempo anunciaba la primavera, en la que retoñan los árboles.

"El símbolo del segundo mes mexicano era un pabellón, que servía para denotar el gran calor que se siente en México por abril antes de comenzar las lluvias de mayo. El símbolo del tercer mes era un pájaro que en aquel tiempo se veía. El duodécimo y decimotercero mes tenía por símbolo la planta *pachtli,* que en dichos meses nace y crece. El símbolo del mes decimoséptimo se explica con ciertos leños atados con una cuerda y una mano que la tiraba, queriéndose significar con esto cuánto aprieta el frío en tal mes, esto es, en enero, y a esto alude claramente el nombre *Tititl,* que se le daba. La constelación *Kesil,* de que habla Job para significar el invierno, en su raíz arábiga *(kesal)* significa estar frío y adormecido, y en el texto de Job se lee así: '¿Podrás tú romper las cuerdas o ligaduras de kesil?'

"Y prescindiendo aquí de la clara conformidad que los símbolos y expresiones mexicanos de primavera y de invierno tienen con las de Job, que a mi parecer floreció poco tiempo después del Diluvio (como digo en mi tomo XI), debe notarse cómo dichos símbolos, que son ciertamente excelentes para mantener invariable el año, demuestran el uso de días intercalares entre los mexicanos; de otro modo se vería que en los dos siglos el símbolo del mes frío vendría a caer en el mes del calor.

"Así, si por las pinturas mexicanas se infiere que en ellas se notaba la conquista de México en el mes nono, llamado *Tlaxochimaco,* también se infiere haber estado en uso los días intercalares. Lo mismo se deducirá viendo que los mexicanos, a la entrada de los españoles, conservaban el orden de meses que, según la significación de su nombre, convenía a las estaciones del año y a los productos de la tierra. Además, para conocer cómo regulaban los mexicanos sus años bisiestos y si su año era justo, debería examinarse y confrontarse algún suceso conocido tanto a nosotros como a los mexicanos. Usted, por ejemplo, fija la muerte de Moctezuma a 29 de junio de 1520. Si las pinturas mexicanas fijan este suceso en el día 7 Cuetzpalin del séptimo mes, se inferirá que su año era justo y que los bisiestos se intercalaban de cuatro en cuatro años; si correspondiese el día 4 Cipactli, será señal de que su año era justo y que los bisiestos se contaban después del siglo; si correspondiese al 7 Ozomatli, se inferirá que sus bisiestos se ponían después del siglo y que su año estaba tan errado como el nuestro en aquel tiempo. El ejemplo propuesto se apoya en el calendario que usted pone al principio del tomo II, lo que he hecho para mayor claridad; pero si se tratase de hacer un cálculo exacto, debería tenerse presente que su calendario corresponde al año I del siglo mexicano, y que el año 1520 corresponde al año XIV de dicho siglo, por lo cual los nombres de los días tienen un orden diverso.

"Últimamente, respetabilísimo amigo, el símbolo que usted pone para significar el siglo mexicano es evidentemente el mismo que tenían los antiguos egipcios y caldeos. Se ve en el símbolo mexicano el sol medio eclipsado por la luna y circundada de una culebra, que hace cuatro nudos y abraza los cuatro períodos de trece años. Esta mismísima idea es inmemorial en el mundo para significar el curso periódico y anual del sol. Sabemos en la astronomía que los puntos en que suceden los eclipses (como notó el P. Briga Romagnoli) se llaman desde tiempo inmemorial *cabeza* y *cola de dragón*. Los chinos, con ideas falsas pero conformes a esta inmemorial alusión, creen que en los eclipses un dragón quiere tragarse al sol. Los egipcios convienen más particularmente con los mexicanos, pues para simbolizar el sol usaban un círculo con una o dos culebras; todavía convenían más los antiguos persas, entre los cuales su *Mitras* (el sol adorado por los griegos y romanos) se simbolizaba[2] con el sol y con una culebra, y el P. Montfaucon cita en sus *Antigüedades* (tomo I, página 378) un monumento de una culebra, que, rodeando los signos del Zodíaco, los divide de varios modos enroscándose.

"En vista de estos innegables ejemplos, es convincentísima la reflexión siguiente: no hay duda que el símbolo de la culebra es una cosa totalmente arbitraria para significar el sol, con el cual no tiene ninguna relación física: ¿por qué, pues, pregunto yo, tantas naciones diversas y de las cuales algunas no han tenido el menor contacto sino en los primeros siglos después del Diluvio, por qué han convenido en usar un mismo símbolo tan arbitrario y han querido significar con él un mismo objeto? El hallar la palabra *sacco* en la lengua hebrea, griega, teutónica, latina, etc., nos obliga a creer que pertenece a la lengua primitiva de los hombres después del Diluvio. Y el ver usado por mexicanos, chinos, antiguos egipcios y persas un mismo símbolo arbitrario para significar el sol y su curso, ¿no nos obligará a reconocer en dicho símbolo su verdadero origen en tiempo de Noé o de los primeros hombres después del Diluvio?

"Esta bien deducida consecuencia está eficazmente confirmada por el Calendario Chiapaneco (que es todo mexicano), en donde los chiapanecos, según el Sr. Núñez de la Vega, obispo de Chiapa, en el prólogo de las *Constituciones sinodales,* ponen por primer símbolo o nombre del primer año del siglo un Votan, nieto, dicen ellos, de aquel que fabricó una muralla hasta el cielo y dio a los hombres las lenguas que ahora se hablan. Ved aquí el Calendario Mexicano con un hecho claramente relativo a la fábrica de la torre de Babel y a la confusión de las lenguas. Muchas otras reflexiones semejantes podrían hacerse sobre los bellos documentos que usted nos ofrece. Cesena, 31 de julio de 1780."

Aquí acaba la carta del señor abate Hervás. Mas sea lo que fuese del uso del año solar entre aquellos primeros hombres, disputa en la que no

---

[2] Banier, *Mitología,* Tom. II, lib. 4, cap. 4: Tom. III 1, 7, c. 12. Pluchet, *Historia del cielo,* Tom. I, c. 2.1. Goguet, *Origen de las ciencias,* Tom. I, disertación 4.

quiero enredarme, no puedo persuadirme que los mexicanos o los toltecas hayan sido deudores a alguna de las naciones del antiguo continente de su calendario y método de computar el tiempo. ¿De quién aprendieron los toltecas su edad de 104 años, el siglo de 52, el año de diez y ocho meses, éstos de veinte días, los períodos de trece años y de trece días, el ciclo de 260 días, y, sobre todo, los trece días intercalares terminando el siglo, para ajustar el año al curso solar?

Los egipcios fueron los mejores astrónomos de aquellos remotos tiempos y, sin embargo, no hicieron ninguna corrección intercalar para remediar el retardo anual del sol de cerca de seis horas. Pues si los toltecas por sí mismos conocieron ese retardo, no es de admirar que conociesen otras cosas que no requieren tan menudas y prolijas observaciones astronómicas. El mismo Boturini, de cuyo testimonio se vale el señor Hervás, dice expresamente sobre la fe de los anales toltecas vistos por él que, habiendo observado aquellos astrónomos, en su antigua patria Huehuetlapalan (país septentrional de América) el exceso de casi seis horas del año solar sobre el civil que estaba en uso entre ellos, corrigieron esta diferencia introduciendo los días intercalares, ciento y más años antes de la Era cristiana. Por lo que respecta a la analogía entre los mexicanos y los egipcios, hablaremos en las *Disertaciones*.

## ADVERTENCIA

### Sobre la obra titulada *Cartas americanas*

Algunas reflexiones del señor Hervás se hacen también por el docto autor de las *Cartas americanas,* obra novísima y llena de erudición, publicada en el "Almacén literario de Florencia" y venida a mí cuando se imprimían los últimos pliegos de este volumen. El autor, al impugnar los despropósitos del Sr. de Paw, da una idea verdadera aunque no completa de la cultura de los mexicanos; por lo general razona bien sobre sus costumbres, usos, artes y, sobre todo, sus conocimientos astronómicos; expone su calendario y sus ciclos, y en todo los confronta con los antiguos egipcios, como lo hizo en el siglo xvii el doctísimo mexicano Sigüenza y Góngora, para probar su conformidad y la antigüedad de la población de América.

Al recorrer estas *Cartas* he tenido el placer de ver promovidas e ilustradas algunas opiniones mías expuestas en mis *Disertaciones;* pero, por otra parte, me disgusta haber encontrado algunos errores, a más de ciertos rasgos muy injuriosos a la nación española y ajenos a un literato honrado e imparcial. Casi todos los nombres mexicanos se leen alterados, y algunos tan desfigurados, que ni yo, con ser tan práctico en la lengua y en la historia de México, puedo reconocerlos. Algunas veces se toma una ciudad en lugar de un rey, como cuando hablando de la pintura IV de la *Colección de Mendoza,* dice la "ciudad de Chimalpopoca", siendo este nombre de un rey mexicano.

En la Carta IX de la Segunda Parte, en que habla del año mexicano, cita a Gemelli Carreri y le objeta injustamente un error. Dice Gemelli Carreri que el año mexicano al principiar su siglo comenzaba a 10 de abril, pero que cada cuatro años se anticipaba un día por razón de nuestro bisiesto; y así, después de cuatro años, comenzaba a nueve de aquel mes, después de ocho años comenzaba a ocho, y así se iba anticipando un día cada cuatro años hasta el fin del siglo mexicano, en que, por la interposición de los trece días intercalares, omitidos en el curso del siglo, volvía el año a comenzar a 10 de abril. "Ésta, añade el autor de las *Cartas,* es una manifiesta contradicción, porque el año, después de los cuatro años, debería comenzar a los 11 y no a los 9, y así cada cuatro años debía crecer un día, en cuyo caso era superflua la corrección de trece días después de los 52 años, o bien, admitido el retroceso de un día cada cuatro años, la diferencia del año solar al fin del siglo hubiera sido de 26 días."

Me admiro que un literato que muestra ser un buen calculador yerre en un cálculo tan sencillo. El año 1506 fue secular entre los mexicanos. Supongamos, para mayor claridad, que su año comenzase como el nuestro el día 1º de enero. Este primer año del siglo mexicano, compuesto como el nuestro de 365 días, terminó, igualmente que el nuestro, a 31 de diciembre, y del mismo modo el año segundo correspondiente a 1507; pero en 1508 el año mexicano debía terminar un día antes que el nuestro, porque éste, como bisiesto, tuvo 366 días, cuando el mexicano tenía 365. De modo que el año cuarto de aquel siglo mexicano, correspondiente a 1509, debía comenzar un día antes que el nuestro, esto es, a 31 de diciembre de 1508. Igualmente el año octavo, correspondiente a 1513, debía comenzar a 30 de diciembre de 1512, por la misma razón de haber sido este año bisiesto. El año duodécimo, correspondiente a 1517, debía comenzar a 29 de diciembre de 1516, y así hasta el año de 1557, último de aquel siglo mexicano, en que el año mexicano debía anticiparse al nuestro tantos días cuantos habían sido los años bisiestos.

En los años del siglo mexicano hay trece bisiestos; luego el último año del siglo debía anticiparse al nuestro tantos días cuantos habían sido los años bisiestos. Pues en los 52 años del siglo mexicano hay trece bisiestos, el último año del siglo debía anticiparse al nuestro trece días, no veintiséis. No era, pues, superflua la interposición de los trece días terminado el siglo para ajustar el año al curso solar. Y así Gemelli Carreri dice bien en lo que escribe respecto a la anticipación del año, aunque errase en decir que el año mexicano comenzaba a 10 de abril, pues comenzaba, como ya he dicho, a 26 de febrero.

El autor de las *Cartas* cree que los mexicanos comenzaban su año en el equinoccio de primavera. Yo soy del mismo parecer en cuanto a su año astronómico; pero no me he atrevido a afirmarlo, porque no lo sé. Los antiguos historiadores españoles de México no eran astrónomos, y en sus historias no cuidaron tanto de exponer los progresos de los mexicanos en las ciencias, como en sus ritos supersticiosos. La *Ciclografía mexicana,* compuesta por el gran astrónomo Sigüenza y Góngora, después de un diligente estudio de las pinturas mexicanas y después de muchísimos cálculos de eclipses y cometas señalados en aquellas pinturas, no ha llegado a nosotros.

No puedo perdonar al autor de las *Cartas* el agravio que hace a este gran mexicano en la Carta 3 del tomo II, en donde habla sobre la fe de Gemelli Carreri de las pirámides de Teotihuacán. "Carlos de Sigüenza —dice— juzga tales edificios anteriores al Diluvio." No es cierto.

¿Cómo podría Sigüenza y Góngora juzgar tales pirámides anteriores al Diluvio, creyendo posterior la población de América a la confusión de las lenguas y los primeros pobladores descendientes de Nephtuin, bisnieto de Noé, como testifica Boturini, que vio algunas obras de Sigüenza y Góngora? El mismo Gemelli Carreri, de quien se vale el autor de las *Cartas,* lo contradice (Tomo VI, lib. 2, cap. 8). "Ningún historiador indiano —dice este viajero— ha sabido investigar el tiempo de la creación de las pirámides de América; pero don Carlos de Sigüenza las estimó antiquísimas y poco posteriores al Diluvio." Ni tampoco Gemelli Carreri explicó bien la opinión de Sigüenza y Góngora, pues el Dr. Eguiara, en su *Biblioteca mexicana,* dice, especialmente de la obra que escribió sobre la población de América, que en ella fija la primera población del Nuevo Mundo, *paulo post Babilonicam confusionem,* que es algo después de lo que da a entender Gemelli Carreri.

En cuanto a otros puntos más importantes discutidos en las *Cartas,* hablaremos oportunamente en nuestras *Disertaciones,* en las cuales en parte nos conformamos con aquel autor y en parte disentimos.

# LIBRO VIII

ARRIBO DE LOS ESPAÑOLES A LAS COSTAS DE ANÁHUAC.—SOBRESALTOS, EMBAJADAS Y PRESENTES DE MOCTEZUMA. —CONFEDERACIÓN DE LOS ESPAÑOLES CON LOS TOTONACAS. —SU GUERRA Y ALIANZA CON LOS TLAXCALTECAS.—SU SEVERA VENGANZA EN CHOLULA. —SU SOLEMNE ENTRADA EN LA CORTE DE MÉXICO. —FUNDACIÓN DE LA VILLA RICA DE LA VERACRUZ

## 1. Primeros viajes de los españoles a las costas de Anáhuac

Los españoles, que desde 1492 habían descubierto el Nuevo Mundo bajo la dirección y mando del incomparable genovés Cristóbal Colón, y en pocos años tenían ya conquistadas las principales islas Antillas, salían frecuentemente de ellas a descubrir otras tierras y a hacer sus rescates, que así llamaban a las permutas que hacían de las bujerías de Europa por el oro de América.

Entre otros salió el año de 1517 el capitán Francisco Hernández de Córdova del puerto de Ajaruco (que hoy es La Habana) con 117 soldados, y habiendo seguido el rumbo del oeste por dictamen de Antón de Alaminos, uno de los mejores y más célebres pilotos de aquel tiempo, descubrieron a principios de marzo la punta oriental de la península de Yucatán, que nombraron Cabo Catoche. Costearon parte de aquella tierra admirando las altas torres[1] y hermosos edificios que se descubrían por toda la costa y que hasta entonces no habían visto en el Nuevo Mundo, y los vestidos de diferentes colores que llevaban sus habitantes. Los yucatecos, por su parte, se asombraron de la grandeza de las embarcaciones y del aspecto y traje de los españoles. Éstos, habiendo desembarcado en Catoche y en Champotón, tuvieron dos encuentros con los yucatecos, en los cuales, y en varias desgracias que después les sobrevinieron, perdieron más de la mitad de sus soldados, y el mismo comandante recibió 12 flechazos que a los pocos días le ocasionaron la muerte.

---

[1] El Dr. Robertson da a entender que la admiración fue efecto de su imaginación por haber visto de lejos aquellos objetos, pero consta por la deposición de Bernal Díaz, el único testigo ocular de aquella navegación, cuya relación nos ha quedado, que no vieron solamente de lejos los edificios de Yucatán, sino tan de cerca que entraron en ellos.

Restituidos aceleradamente a Cuba, avivaron, con su relación y algún oro que llevaron de muestra, la codicia de Diego Velázquez, conquistador y actual gobernador de aquella isla, el cual envió al año siguiente a Juan de Grijalva, su deudo, con 4 navíos y 240 soldados. Este jefe, después de haber reconocido la isla de Cozumel, costeó toda la tierra que hay desde Cabo Catoche hasta el río de Pánuco, permutando cuentas de vidrio y otras cosas de poco valor por el oro y los víveres que necesitaban.

Cuando llegaron a la isleta que llamaron de San Juan de Ulúa,[2] distante media legua de la de Chalchiuhcuecan, los gobernadores mexicanos de aquella provincia entraron en grave cuidado, viendo unas embarcaciones tan grandes y unos hombres de tan extraña figura y traje. Confirieron entre sí sobre lo que debían hacer y resolvieron, por ser la cosa tan extraordinaria, ir ellos mismos en persona a México a dar cuenta de todo al rey; pero para darla más individual, hicieron que unos pintores retratasen los navíos, la artillería, las armas, el traje y la fisonomía de aquella nueva gente, y se pusieron luego en camino para la corte, en donde expusieron a Moctezuma todo lo que pasaba en la costa, y le presentaron las pinturas y algunas cuentas de vidrio que habían recibido de los españoles.

Sobresaltóse el rey con una novedad tan grande y para tomar el mejor expediente convocó a Cacamatzin, rey de Texcoco, a Cuitlahuatzin, señor de Ixtapalapa, su hermano, y a otros diez personajes de su consejo ordinario, y después de una larga conferencia concluyeron que el que venía con tan grande aparato a aquellas costas no era otro que el dios Quetzalcoatl, a quien tantos años había que esperaban, y, por tanto, que se le debía enviar una solemne embajada con un presente digno de su grandeza, y ofrecerle el reino de Anáhuac, que le pertenecía. Era el caso que en aquellas naciones se tenía por antigua tradición que Quetzalcoatl, dios del aire, después de haberse conciliado con su vida irreprensible y con su singular beneficencia la veneración de los pueblos en Tula, en Cholula y en Onohualco, se había desaparecido prometiendo volver después de algunos años a regirlos en paz y a hacerlos felices. Los reyes de aquellos países no se consideraban sino como lugartenientes de aquel Numen y depositarios de la corona que debían cederle en el momento en que se dejase ver en sus tierras.

---

[2] Le dieron el nombre de San Juan, por haber aportado a ella el día del Santo precursor y por ser el nombre del jefe. Llamáronle Ulúa, porque habiendo hallado en ella sacrificadas dos víctimas humanas y preguntado por señas la causa de aquella crueldad, respondieron señalando para México, "Acolhua, acolhua" dando a entender que lo hacían por orden de los mexicanos, a quienes, como a los demás del Valle de México, confundían los pueblos distantes de la corte bajo el nombre general de acolhúas.

Esta tradición inmemorial, varias señas que observaron en los españoles conformes a las que su mitología les daba de Quetzalcoatl, la estupenda grandeza de las embarcaciones, el estruendo y la violencia de la artillería tan semejante a la que se deja ver en las nubes tempestuosas, les persuadieron a que no era otro que el dios del aire el que llegaba a sus costas con el terrible aparato de truenos, relámpagos y rayos. En consecuencia de esta resolución destinó Moctezuma cinco señores principales para que, partiendo con la mayor celeridad a Chalchiuhcuecan, diesen la bienvenida a aquel imaginario dios de su parte y a nombre de toda la nación, y le llevasen un gran presente.

Mientras los señores disponían su partida, anticipó el rey algunos correos a los gobernadores de aquellas costas encargándoles pusiesen centinelas en las eminencias de Nauhtla, Tochtlan, Mictlan y Cuauhtla, que observasen los movimientos de la armada, y de todo lo que ocurriese de nuevo en el mar le enviasen pronto aviso a la corte. Por mucha prisa que se dieron los señores que llevaban la embajada, no alcanzaron a los españoles, los cuales continuaron su navegación hacia el norte hasta Pánuco, desde donde se volvieron a Cuba con más de 20,000 en oro, adquirido con el comercio de las bujerías y parte en un rico presente que les hizo uno de los señores de Onohualco.

## 2. Carácter de los principales conquistadores de México

Sintió el gobernador de Cuba que Grijalva no hubiese hecho algún establecimiento en la nueva tierra que todos pintaban como la más rica y feliz del mundo, y trató luego de que se equipase una armada, cuyo mando solicitaron para sí varias personas principales de aquella isla; pero el gobernador le encargó a Hernán Cortés, hombre noble y suficientemente rico para poder costear por sí y con el auxilio de sus muchos amigos, una buena parte de la armada. Era natural de Medellín, en Extremadura. Por parte de padre unía en sí la sangre de los Corteses y los Monrois, y por parte de madre la de los Pizarros y los Altamiranos, cuatro linajes de los más antiguos e ilustres de aquella villa. A los 14 años le enviaron sus padres a estudiar latinidad a Salamanca, pero su genio marcial le enajenó del estudio y lo transportó al Nuevo Mundo siguiendo el ejemplo de otros muchos ilustres jóvenes de su nación.

Acompañó a Diego Velázquez en la conquista de la isla de Cuba, en donde se procuró un honroso establecimiento y se ganó mucha autoridad. Era hombre de buen entendimiento, de singular valor y destreza en todo género de armas, de genio fecundo en arbitrios para llevar al cabo sus ideas, de una rara habilidad para hacerse obedecer y respetar aun de sus iguales. Era magnánimo en sus designios y acciones, cauto en su conducta, constante en sus empresas, medido en sus palabras y sufrido en las adversidades. Su celo de la religión no era inferior a la inviolable fidelidad que guardó a su soberano; pero el esplendor de estas y otras buenas cualidades que lo elevaron a la clase de los héroes se amortiguó con algunas acciones indignas de la grandeza de su alma. Su amor desordenado al bello sexo lo empeñó en varias ilícitas alianzas y le ocasionó en su juventud gravísimas desazones; su empeño u obstinación en llevar adelante sus empresas, y el temor de no menoscabar su fortuna, le hicieron faltar algunas veces a la justicia, a la gratitud y a la humanidad. Mas, ¿qué conquistador formado en la escuela del mundo ha poseído jamás el heroísmo sin graves defectos? Era Cortés de buena estatura, de cuerpo bien proporcionado, ágil y robusto, de pecho levantado, de barba negra y rala y de ojos halagüeños. Tal es el retrato que nos hacen del famoso conquistador de México los primeros historiadores que le conocieron.

Luego que Cortés se vio con el empleo de general, comenzó a hacer con la mayor solicitud y calor todos los preparativos para la armada, y a tratarse como señor en porte y servicio, no ignorando cuanto contribuye en semejantes acciones para conciliarse autoridad en el pueblo. Puso banderas y dio pregones por toda la isla para reclutar gente. Alistáronse a porfía bajo sus órdenes aun de los más distinguidos en aquellas partes por su nacimiento y empleos, como Alonso Hernández de Portocarrero, primo del conde de Medellín; Juan Velázquez de León, pariente inmediato del gobernador; Francisco Montejo, Francisco de Lugo y otros que nombraremos en el discurso de la historia.

Entre los demás merecen particular mención, por haber sido los cabos principales de quienes se sirvió Cortés en la Conquista, Pedro de Alvarado, Cristóbal de Olid y Gonzalo de Sandoval, hombres todos tres muy esforzados, duros para las fatigas de la guerra y diestros en el arte militar, pero de muy diferente carácter. Alvarado era un mozo bien hecho y muy ágil, rubio, agraciado, popular, alegre y amigo de galas y de pasatiempos, codicioso del oro que necesitaba para ostentar grandeza y, según lo pintan algunos historiadores, poco escrupuloso en los medios de adquirirlo; inhumano y violento en algunas de sus conquistas. Olid era membrudo, de voz muy gruesa y de genio sombrío y doblado. Uno y otro sirvieron bien a Cortés en la guerra de México; pero ambos le fueron después ingratos y ambos tuvieron un fin trágico: Alvarado murió despeñado de un caballo en la Nueva Galicia y Olid degollado en la plaza de Naco en Honduras.

Sandoval, hidalgo natural de Medellín, era joven de sólo 22 años cuando le alistó en la armada de su compañía Cortés. Era de proporcionada estatura y de razonable cuerpo, robusto y bien fornido de pecho y espalda, de barba y cabello castaño y crespo, de voz corpulenta y de pocas palabras, pero de buenos hechos. A él encargó Cortés las más arduas y peligrosas empresas, y de todas salió con honor. Sirvió en la guerra de México en calidad de comandante de una parte del ejército, y en el sitio de la capital tuvo bajo sus órdenes más de 30,000 hombres, mereciendo siempre con su buena conducta la gracia de su general, el respeto de sus soldados y el amor de los mismos enemigos, a quienes, vencidos, trataba con la mayor humanidad. Fundó las villas de Medellín y del Espíritu Santo de Coatzacualco, fue gobernador de Villarica, alguacil mayor y gobernador de la Nueva España, y en todos estos empleos dio manifiestas pruebas de su equidad. Fue infatigable en el trabajo, obediente y fiel a su general, benigno con sus soldados, piadoso con sus enemigos y enteramente libre del común contagio de la codicia. En una palabra, no hallo en toda la serie de los conquistadores del Nuevo Mundo hombre digno de mayores elogios, ni hubo jamás quien hermanase tan bien el ardor juvenil con la prudencia, el valor y la intrepidez con la moderación, el desinterés con el mérito y la modestia con la felicidad. Murió en la flor de sus años en un lugar de la Andalucía yendo en compañía de Cortés para la corte de España. Hombre digno de más larga vida y de mejor fortuna.[3]

### 3. Armada y viaje de Hernán Cortés

Después de hechos casi todos los preparativos para el viaje, el gobernador de Cuba, instigado de algunos émulos de Cortés, revocó la

---

[3] El Dr. Robertson acusa a Sandoval del terrible ejemplo de severidad ejecutado en los panuquenses, cuando los españoles quemaron 60 señores y 400 nobles en presencia de sus hijos y parientes, y alega para esto el testimonio de Cortés y de Gómara; pero Cortés no dice que Sandoval hizo aquel castigo, ni aun lo nombra. Bernal Díaz, cuyo testimonio en este punto es de mucho mayor peso que el de Gómara, dice que habiendo Sandoval vencido a los panuquenses y hecho prisioneros 20 señores y algunos otros principales, escribió a Cortés inquiriendo su determinación sobre los prisioneros, y Cortés, para justificar más el castigo de los delincuentes, sometió su causa a Diego de Ocampo, alcalde mayor, el cual, después de oída la confesión de los reos y formado el proceso, los condenó a ser quemados, y así se ejecutó. Bernal Díaz no expresa el número de los reos castigados. Cortés dice que entre señores y personas principales fueron quemados 400. Este castigo fue sin duda excesivo y cruel; pero el Dr. Robertson, que reprende con tanto ardor a los españoles, debería mostrar su imparcialidad, expresando los motivos que tuvieron los españoles para irritarse tanto contra los panuquenses. Éstos, después de haberse sometido a la corona de España, sacudieron el yugo, y tomando las armas ejecutaron inauditas crueldades. Mataron 400 españoles, de los cuales quemaron vivos 40 en una casa, y se comieron a los demás. Estos atroces delitos no bastan para disculpar a los españoles, pero hicieron menos reprensible su severidad. El Dr. Robertson leyó igualmente en Gómara los atentados de los panuquenses y la venganza de los españoles; pero exageró ésta callando aquellos.

comisión y aun dio orden de que le prendiesen; pero las personas a quienes se cometió la prisión no se atrevieron a ejecutarla, y Cortés, que no solamente había empleado en los gastos todo su caudal, sino aun se había adeudado, llevó adelante la empresa a pesar de sus enemigos; y habiendo enviado por delante a Pedro de Alvarado, se hizo a la vela con lo restante de la armada el 10 de febrero de 1519.

La armada se componía de 11 navíos, 508 soldados, 109 hombres de mar, 16 caballos, 10 piezas de artillería y 4 falconetes. Navegaron por dirección del piloto Alaminos hasta la isla de Cozumel, en donde recobraron a Gerónimo de Aguilar, diácono español que años antes, navegando con otros de Darién a la isla Española, naufragó en las costas de Yucatán y fue hecho prisionero de los yucatecos; y en esta ocasión, con la noticia que le dio Cortés de su llegada, se rescató e incorporó en la armada. Con el largo y continuo trato de los yucatecos había aprendido la lengua maya, y sirvió en adelante de intérprete a Cortés.

### 4. Victoria de los españoles en Tabasco

De Cozumel pasaron costeando la península de Yucatán hasta el río de Tabasco, por el cual subieron en los navíos de menor porte y en los bateles hasta unos palmares que había distantes media legua de una buena población. Aquí tomaron tierra con pretexto de hacer aguada y otras provisiones necesarias, y se encaminaron a la población combatiendo siempre con una gran muchedumbre de indios que con flechas, dardos y otras armas les disputaban la entrada, y venciendo las estacadas con que habían procurado embarazarles el paso. Apoderados finalmente del lugar salían de allí a hacer sus correrías en los contornos, en que se les ofrecieron varios peligrosos encuentros con los enemigos hasta venir el día 25 de marzo a una batalla campal y decisiva. La batalla se dio en la llanuras de Cintla, lugar poco distante de aquella primera población. El ejército de los tabascos era muy superior en número, pero la mejor disciplina de los españoles y la ventaja de los caballos y de las armas les dieron una completa victoria. Quedaron más de 800 tabascos en el campo; de los españoles murió uno u otro, y salieron más de 70 heridos.

Esta victoria, que fue el principio de la felicidad de los españoles y en cuya memoria se fundó después en aquel mismo lugar una villa con el nombre de Nuestra Señora de la Victoria,[4] por mucho tiempo la

---

[4] Esta villa de la Victoria se acabó enteramente hacia la mitad del siglo XVII por las incursiones de los ingleses. Sus habitantes fundaron, en sitio más distante del mar, otra población con el nombre de Villa Hermosa; pero la capital de la provincia, donde tiene su residencia el gobernador, es Tlacotlalpan.

capital de aquella provincia, se procuró justificar de su parte con los repetidos requerimientos y protestas que antes de venir a las manos hicieron por el intérprete Aguilar a los tabascos, de que no llegaban a aquella tierra como enemigos a hacerles algún daño, sino como navegantes menesterosos a proveerse por vía de compra o de permuta de las cosas necesarias para continuar su viaje, a cuyas protestas respondieron siempre los indios con una lluvia de flechas y dardos. Cortés tomó posesión jurídica de aquella tierra a nombre de su soberano con una ceremonia conforme al estilo y a las ideas caballerescas de aquel tiempo. Embrazó la rodela y desenvainó la espada, con la cual dio 3 cuchilladas en un grande árbol que había en la principal población, protestando que si alguno osase contradecirle la posesión, él la defendería con aquella espada.

Para afianzar más el dominio de su rey, convocó a los señores de aquella provincia y les persuadió a darle la obediencia y reconocerle en adelante por su legítimo señor, y para hacerles formar más ventajoso concepto de su poder, mandó disparar en su presencia un cañón de artillería y les hizo creer con un artificio bien dispuesto que los relinchos de los caballos eran demostraciones de su indignación contra los enemigos de los españoles. Todos mostraron adherir a las proposiciones del vencedor y oyeron con gusto y aprobación las principales verdades de la religión cristiana, que por medio del intérprete les declaró Fray Bartolomé de Olmedo, religioso mercedario, docto y de buena vida que iba de capellán de la armada. Presentaron a Cortés en señal de su rendimiento algunas alhajas de oro, algunos vestidos de tela basta (porque no se usaban otros en aquella provincia), muchos víveres y veinte esclavas que se repartieron entre los capitanes de la armada.

## 5. Noticias de la célebre doña Marina.

Entre ellas había una joven noble, bella, piritosa y de buen entendimiento nombrada Tenepal, natural de Painalla, pueblo de la provincia de Coatzacualco.[5] Su padre era feudatario de la corona de México y

[5] En una historia manuscrita que se conservaba en la biblioteca del Colegio de San Pedro y San Pablo de México, se dice que doña Marina era natural de Huilotla, lugar de Coatzacualco. Gómara, a quien siguen Herrera y Torquemada, dice que era de hacia Jalisco y que unos mercaderes do Xicalanco la robaron y transportaron a su patria. Pero esto es ciertamente falso; Jalisco dista de Xicalanco más de 300 leguas; ni se sabe que jamás hubiese comercio entre aquellas dos provincias tan separadas. Bernal Díaz, que vivió mucho tiempo en Coatzacualco, trató mucho a doña Marina y conoció a su madre y hermano, testifica como cosa cierta y oída muchas veces de boca de la misma doña Marina lo que sobre este asunto referimos. A lo cual debe añadirse la tradición que hasta nuestros tiempos se conserva en Coatzacoalco, conforme a nuestra narración y opuesta a la de aquellos autores.

señor de varios lugares. Habiendo muerto casó la viuda con otro noble, de quien tuvo un hijo. La predilección que ambos consortes tuvieron a este fruto de su matrimonio, y el deseo de que la primogénita no le perjudicase en la herencia, los indujo al inicuo consejo de suponerla muerta, y para hacerlo creer al público la entregaron a unos comerciantes de Xicalanco, lugar situado en la raya de Tabasco, en ocasión de haber muerto una hija de una de sus esclavas, en cuya muerte hicieron el mismo aparato y demostraciones de dolor que habrían hecho por su verdadera hija.

Los xicalancas la dieron o vendieron a los tabascos, y éstos finalmente la presentaron a Cortés, muy ajenos de prever que aquella rara joven había de servir con su lengua a la conquista de toda aquella tierra. Instruida prontamente en los misterios de la religión cristiana, fue con las demás esclavas solemnemente bautizada con el nombre de Marina.[6] Sabía la lengua mexicana, que había recibido de sus padres, y la maya, que se hablaba en Tabasco, y con poco tiempo aprendió también la castellana.

Fue constantemente fiel y adicta a los españoles y de imponderable utilidad en la conquista, no solamente siendo el conducto de su comunicación con los mexicanos, los tlaxcaltecas y las demás naciones de Anáhuac, sino previniéndoles los peligros y sugiriéndoles los medios oportunos para precaverlos. Acompañó a Cortés en todas sus expediciones, sirviéndole siempre de intérprete, muchas veces de consejera y alguna vez, por su desgracia, de amiga. El hijo que en ella tuvo aquel conquistador se nombró don Martín Cortés, caballero que fue del orden de Santiago, a quien por temerarias sospechas de rebelión dieron tormento en México el año de 1568, desatendiendo aquellos apasionados y bárbaros jueces los incomparables servicios que los padres de aquel ilustre reo hicieron al rey y a toda la nación española; pero no fue esta la primera ni la última vez en que, pretextando celo de la corona, se desahogó la pasión de unos malos ministros[7] contra la inocencia de los más beneméritos vasallos.

Después de la conquista casó doña Marina con un caballero español llamado Juan de Jaramillo. En el largo viaje que hizo en compañía de Cortés a Comayagua, el año de 1524, tuvo ocasión al pasar por su patria de ver a su madre y hermano, los cuales se le presentaron bañados en

---

[6] Los mexicanos, acomodando el nombre de Marina a su lengua, la llamaron Malitzin, y los españoles, por corrupción, Malinche.

[7] Los ministros que pusieron en tortura a D. Martín Cortés y prendieron al marqués del Valle, primogénito del conquistador, fueron dos jueces pesquisidores enviados por Felipe II. El principal de ellos, que fue el Lic. Muñoz, ejecutó en México tan horribles crueldades, que el rey, movido de las quejas del reino, lo llamó con ejecución a su corte y le dio tan severa represión, que al día siguiente le hallaron muerto de pesadumbre en su silla.

lágrimas y temerosos de que, hallándose con la protección de los españoles en tan grande prosperidad, se vengase del agravio que recibió en su niñez; pero doña Marina los acarició y consoló dando a conocer que su piedad y generosidad no eran inferiores a las demás prendas de que la dotó el cielo. No hemos podido excusarnos de estas pocas noticias de una mujer que fue la primera cristiana del imperio mexicano, que hace tanto papel en la historia de la conquista y cuyo nombre es tan célebre hasta ahora en aquel reino, no menos entre los mexicanos que entre los españoles.

Satisfecho Cortés de la tranquilidad de Tabasco y reconociendo que no era tierra de que pudiese sacarse mucho provecho, trató de levar anclas para ir en busca de otro país más rico; pero antes quiso dar a los tabascos en la fiesta de las Palmas, que ocurrió en uno de aquellos días, alguna idea de la santidad y pureza de la religión cristiana. Celebróse misa con el mayor aparato que se pudo, bendijéronse los ramos y se hizo una solemne procesión con la música de instrumentos militares y de algunas buenas voces que había en la tropa, a cuyo espectáculo asistieron admirados y edificados aquellos gentiles, quedando por entonces en sus corazones esa semilla de la gracia que debía fructificar a su tiempo.

### 6. Desembarque de la armada española en las costas de Anáhuac

Concluida la función y despedido Cortés de los señores de Tabasco, se hizo la armada a la vela y siguiendo su derrota al oeste, después de costear la provincia de Coatzacualco y atravesar por la boca del río de Papaloapan, dio fondo el Jueves Santo, 21 de abril, en el puerto de San Juan de Ulúa. Apenas había anclado cuando se vieron venir a la costa de Chalchiuhcuecan hacia la Capitana dos grandes canoas o piraguas que llevaban a bordo muchos mexicanos, enviados del gobernador de aquella costa a saber quiénes eran los que habían aportado en aquella nueva armada[8] y qué querían, y a ofrecerles los socorros que necesitasen

---

[8] Torquemada dice que, avisado con tiempo Moctezuma de la nueva armada que observaron los centinelas apostados en los montes de la costa, despachó luego sus embajadores al imaginario Quetzalcoatl, los cuales, partiendo con suma presteza al puerto de Chalchiuhcuecan, pasaron inmediatamente a bordo de la Capitana el mismo día que llegaron los españoles; que Cortés, enterado del error de aquellas gentes, para llevarlo adelante los recibió sentado en un alto trono que hizo prontamente aderezar, en donde se dejó adorar y vestir de la ropa sacerdotal de Quetzalcoatl, ceñir el cuello con un collar de piedras preciosas y la cabeza con un casquete de oro esmaltado de pedrería, etc.; pero esta narración es ciertamente falsa. La armada partió de Tabasco el Lunes Santo y llegó el Jueves Santo a San Juan de Ulúa. Los montes de Tochtlan y Mictlan, desde donde pudo primero avistarse la armada, no distan menos de 100 leguas de la capital, y la

para la continuación de su viaje. Diligencia en que se manifestaron igualmente la vigilancia de aquel gobernador y la humanidad de aquella nación con los extranjeros.

Presentados a Cortés y expuesta con mucha urbanidad su comisión, fueron bien acogidos y acariciados de aquel general, el cual, sabiendo cuán agradables habían sido en los habitantes de aquella tierra en el año antecedente las bujerías de Europa, les respondió que su venida era a comerciar y a comunicar al señor de aquella tierra cosas de la mayor importancia, y para ganarse más su voluntad les hizo gustar el vino de Castilla y les regaló algunas bagatelas de las que podrían merecer su aprecio.

El Domingo de Pascua, cuando ya habían desembarcado los españoles con sus caballos y artillería, y albergádose en unas chozas de ramas de árboles que construyeron con la ayuda de los mexicanos en los mismos arenales en que al presente está fundada la Nueva Veracruz, llegaron allí dos gobernadores de aquella costa nombrados Teuhtlile y Cuitlalpitoc[9] con un gran séquito de criados, y, practicadas de una y otra parte las debidas demostraciones de urbanidad y respeto, antes de entablar alguna conferencia dispuso Cortés, por dar un principio feliz a su empresa y alguna idea de nuestra religión a aquellos idólatras, que en su presencia se celebrase el santo sacrificio de la misa. Cantóse con la mayor solemnidad que fue posible y ésta fue la primera que se celebró en el imperio mexicano.[10] Convidólos después el general a comer consigo y con otros de sus capitanes, procurando ganarse la voluntad con sus obsequios.

Luego que se levantaron de la mesa los condujo a un lugar separado para exponerles sus pretensiones. Díjoles que era vasallo de don Carlos

---

capital no dista de la costa de Chalchiuhcuecan menos de 70 leguas; así aunque se hubiese avistado la armada el mismo día que salió del río de Tabasco, era imposible que estuviesen el jueves en la costa los embajadores que la corte envió en virtud de aquel aviso. Añádase a lo dicho que ningún otro autor hace mención de tal suceso, que, siendo tan notable, no lo hubieran omitido. Del contexto mismo de la narración de Bernal Díaz, que se halló presente, consta la falsedad de aquella anécdota de Torquemada, y que ya 105 mexicanos habían depuesto el error de la venida de Quetzalcoatl que les había ocasionado la primera armada.

[9] Bernal Díaz, por ignorancia de la lengua, llama a Teuhtlile Tendile, y a Cuitlalpitoc Pitalpitoque; Herrera le llama Pitalpitoc y Solís, que quiso corregirlos, Pilpatoc.

[10] Solís trata de infiel a Bernal Díaz porque asienta, dice, que se dijo misa el mismo día del desembarque, y nota, a lo que parece, de ligero a Herrera porque siguió a Bernal Díaz. El autor del proemio de la edición de Herrera de 1730 reprende a Solís y emplea un gran golpe de erudición enfadosa para justificar al P. Olmedo por haber celebrado en Viernes Santo; pero ambos autores se fundaron en la mala inteligencia del texto de Bernal Díaz. Éste sólo dice (cap. 35) que el Viernes Santo desembarcaron los caballos, artillería, etc., "e hicimos —añade— un altar en que se dijo luego misa", lo cual no significa, como entienden aquellos autores, que el mismo día se celebró la misa sino dentro de poco; y aun de lo que dice Bernal Díaz poco más abajo se infiere que la primera misa se celebró el Domingo de Pascua. Herrera y Torquemada no hacen más de copiar la expresión de Bernal Díaz.

de Austria, rey de España; ponderóles su bondad, grandeza y poder, y añadió que aquel gran monarca, noticioso de aquella tierra y del señor de ella, le enviaba a visitarle y a decirle boca a boca ciertas cosas importantes; que por tanto quería saber dónde quería recibir la embajada.

"Apenas habéis llegado a esta tierra, respondió Teuhtlile, y ya queréis ver al rey. He escuchado con gusto lo que decís de la bondad y grandeza de ese vuestro monarca; pero sabed que el nuestro no es menos bueno ni menos rey; antes me admiro de que pueda haber en el mundo otro más poderoso; mas puesto que vos lo afirmáis, yo lo haré saber a mi soberano, de cuya clemencia confío que no solamente recibirá placer con las nuevas de ese gran príncipe, sino aun hará mercedes a su embajador. Entre tanto recibid este regalo que os presento de su parte." Y sacando de una petaca muchas primorosas alhajas de oro, los presentó al general español. Dióle también varias obras curiosas de pluma, unas diez cargas de ropa fina de algodón y una gran copia de víveres.[11] Recibió Cortés el presente con singulares muestras de gratitud y correspondió con cosas de poco valor; pero que fueron estimadas o por nunca vistas en aquella tierra, o por su aparente esplendor.

Había llevado consigo Teuhtlile algunos pintores para que, repartiendo entre sí los diversos objetos de que se componía la armada, en breve la copiasen toda y tuviese el rey la satisfacción de informarse por sus mismos ojos de lo que se le debía referir de palabra. Cortés, por suministrar a las pinturas nueva materia, capaz de hacer mayor impresión en el ánimo del rey, dispuso que su corta caballería corriese e hiciese varias evoluciones en la playa, y que toda su artillería se disparase con el mayor estruendo posible; todo lo cual vieron con el asombro que se deja entender los dos gobernadores con su numerosa comitiva que, si creemos a Gómara, no eran menos de 4,000 hombres.

Entre las armas de los españoles observó Teuhtlile un casquete medio dorado, que, por ser semejante al que tenía uno de los ídolos principales de México, lo pidió a Cortés para mostrarlo al rey, y Cortés se lo dio con la condición de que se lo había de volver lleno de oro en grano, pretextando[12] que quería ver si el oro que se sacaba de la tierra de México era semejante al de su patria. Teuhtlile, luego que tuvo conclui-

---

[11] Solís y Robertson hacen a Teuhtlile general de las armas y lo privan del gobierno político de aquella costa, constándonos por el testimonio de Bernal Díaz, Gómara y otros escritores primitivos, que era gobernador de Cotasta. Dicen también aquellos dos historiadores que Teuhtlile desde el principio imposibilitó a Cortés el viaje a la corte, pero sabemos, por la relación de los mejores historiadores antiguos, que aquel gobernador no se opuso a la determinación de Cortés hasta que tuvo una orden positiva de su soberano.

[12] Algunos historiadores dicen que el motivo que pretextó Cortés para pedir que le llenasen el casquete de oro fue que él y sus compañeros padecían cierta enfermedad de corazón, que no podía aliviarse con otro remedio que con el de aquel precioso metal. Poco importa que fuese el uno o el otro para la sustancia del hecho.

das sus pinturas, se despidió cariñosamente de Cortés, prometiéndole volver dentro de pocos días con la respuesta de su soberano; y dejando en su lugar a Cuitlalpitoc para que asistiese con todo lo necesario a los españoles, se partió a Cotasta, lugar de su ordinaria residencia, desde donde llevó personalmente a la corte la relación, las pinturas y el regalo del general español, como afirman Bernal Díaz y Torquemada, o como dicen Gómara y Solís, y es más verosímil, lo envió todo por medio de los correos apostados a cierta distancia por todo el camino.

## 7. Sobresaltos de Moctezuma, primera embajada y presente magnífico a Cortés

Ya se dejan entender los sobresaltos y la perplejidad en que entraría Moctezuma con la noticia de la nueva armada y el informe más circunstanciado del carácter de aquellos extranjeros, del juego de sus caballos y de la violencia de sus armas. Consultó como supersticioso a sus dioses sobre la pretensión de Cortés y le fue respondido que en ningún caso admitiese en la corte aquella nueva gente. O bien recibiese esta respuesta inmediatamente del demonio, que tanto se interesaba en tener cerrados todos los conductos al Evangelio, como creen varios autores, o bien la fingiesen los sacerdotes, como es más verosímil, por el interés común de la nación, Moctezuma se resolvió desde entonces a repeler a los españoles; pero por hacerlo con modo y conforme a su genio, les dirigió una embajada con un presente digno de su real grandeza.

El embajador fue un gran personaje de la Corte, que era, según declara un testigo ocular,[13] muy semejante en el cuerpo y las facciones al general español. Apenas habían pasado siete días después de que se despidió Teuhtlile, cuando volvió acompañando al dicho embajador con unos 100 hombres de carga que llevaban el presente. Luego que se vio

---

[13] El testigo ocular es Bernal Díaz; pero por ignorancia de la lengua le da el nombre de Quintalbor, que ni es ni puede ser mexicano. Solís, atendido el corto término de 7 días y la distancia de 70 leguas, no quiere creer que viniese a esta función el embajador mexicano. Pero si hubieran tenido atención a lo que poco antes dejaba escrito, no hubiera negado la fe a Bernal Díaz, a quien afecta seguir en todo lo demás.

"Mudábanse estos correos (dice hablando de los mexicanos) de lugar en lugar como los caballos de nuestras postas, y hacían mayor diligencia, porque se iban sucediendo unos a otros antes de fatigarse; con que duraba sin cesar el primer ímpetu de la carrera. Si aquellos correos caminaban más que los caballos de nuestras postas, ¿qué dificultad hay en que en día y medio o dos días fuesen los mensajeros de Jeuhtlile a la corte, y en 4 ó 5 días fuese el embajador a la costa transportado en andes sobre hombros de los correos o de otros hombres de carga habituados a semejante ejercicio? No siendo pues el hecho inverosímil, debemos creer a un testigo ocular y sincero que lo afirma.

el embajador en presencia de Cortés tocó con la mano la tierra y la llevó después a la boca, según la costumbre de aquellas naciones; incensó al general y a los demás españoles que estaban junto a él,[14] los saludó con palabras respetuosas y, tomando el asiento que le ofreció Cortés, pronunció su arenga, que en substancia se reducía a darles la bienvenida de parte de su soberano, protestarles el placer que su majestad había recibido con el aviso de la venida a su reino de unos hombres tan esforzados, y la noticia que le habían participado de un rey tan grande como el que los enviaba, cuya amistad apreciaba infinitamente, y a significarles cuán acepto le había sido su regalo, en prueba de lo cual les enviaba aquel presente.

Concluida su arenga hizo tender en el suelo varias esteras finas de palma y lienzos de algodón, sobre los cuales se puso con orden todo el presente, que consistía en muchas piezas de oro y de plata, más estimables por su maravilloso artificio que por su preciosa materia, de las cuales unas eran esmaltadas de piedras preciosas y otras eran figuras de leones, tigres, monos y otros animales; en 30 cargas de ropa fina de algodón de varios colores, alguna entretejida de bellísima pluma; en diversas obras excelentes de pluma, cuyo precio aumentaban varias piececzuelas de oro de que se componían, y en el casquete lleno de oro en grano, como lo pidió Cortés que valía 3,000 pesos.

Lo más notable fueron dos grandes láminas redondas, una de oro y otra de plata. La de oro, que, según creemos, representaba el siglo mexicano, tenía esculpida la imagen del sol y en su contorno varias figuras de bajorrelieve; su circunferencia era de 30 palmos y su valor de 20,000 pesos.[15] La de plata, que, según parece, era la imagen del año mexicano, era mayor, con una luna en medio circundada también de figuras de bajorrelieve. Quedaron los españoles no menos contentos que asombrados de ver tanta riqueza.

"Este regalo —añadió el embajador hablando con Cortés— destina mi señor a vos y a vuestros compañeros; que para vuestro soberano enviará cuanto antes ciertas piedras de inestimable valor. Vos, entre tanto, podréis manteneros en esta costa cuanto tiempo quisiereis para reposar de las fatigas de tan largo viaje, y para proveeros de todo lo necesario para la vuelta a vuestra patria. Ved qué cosa os agrada de esta tierra para vuestro soberano, que al punto se os dará; mas por lo que

---

[14] La incensación hecha a los españoles y el nombre de Teteuctin (señores o caballeros) con que eran llamados, semejante al de *Teteo* (dioses), parecen haberles dado motivo de pensar que eran reputados dioses de los mexicanos. Bernal Díaz dice que los llamaban *teules*, que es, dice, lo mismo que dioses.
[15] Varían mucho los historiadores en el peso y el valor de aquellas láminas. Yo sigo a Bernal Díaz, que las vio y supo su valor. El curioso que quisiere mayores informes de aquel gran regalo vea a Torquemada, *Monarquía indiana* (Lib. 4, cap. 17).

mira a vuestra pretensión de pasar a la corte, vengo encargado de deciros que desistáis de tan penoso y peligroso viaje; porque os sería preciso atravesar por desiertos inhabitables y por tierras de enemigos."
Cortés recibió el presente con las mayores protestas de reconocimiento a la real beneficencia, y correspondió como pudo; pero sin desistir de su demanda suplicó al embajador que representase al rey los trabajos y peligros que habían pasado en tan dilatada navegación, y el disgusto que recibiría su soberano de no ver cumplidos sus deseos; que por lo demás los españoles eran de tal condición que ni las penalidades ni los riesgos eran capaces de hacerles abandonar sus empresas. Prometió el embajador informar de nuevo al rey y se despidió cortésmente con Teuhtlile, quedando como la vez pasada Cuitlalpitoc con mucho número de gente en una especie de población que habían formado de chozas a poca distancia del real de los españoles.

Bien veía Cortés que en medio de tanta prosperidad como había gozado hasta entonces, era imposible subsistir en aquellos arenales; porque, además de la molestia que recibían del excesivo ardor del sol y de la importunidad de los mosquitos que abundan en toda aquella playa, temía de la violencia de los nortes algún grave daño en sus naves, por el poco abrigo del puerto. Mandó, pues, dos navíos a cargo del capitán Montejo con orden de buscar otro puerto más seguro en lo largo de la costa hacia Pánuco, los cuales volvieron dentro de pocos días con la noticia de haber 12 leguas de allí, una población en lugar muy fuerte y junto a ella un puerto razonable.

8. Presente de Moctezuma para el rey católico

Entre tanto volvió al real Teuhtlile y apartándose con Cortés y los intérpretes, dijo que su rey Moctezuma agradecía el nuevo regalo que se le había remitido; que el que enviaba entonces su majestad lo destinaba al gran rey de España; que les deseaba en todo suma felicidad, pero que ni le enviasen más mensajeros, ni le hablasen más sobre la ida a la corte.

El presente para el Rey Católico consistía en varias alhajas de oro que se valuaron en 3,000 pesos; en 10 cargas de ropa curiosísima de pluma y en 4 piedras preciosas de tanta estimación entre los mexicanos que, según afirmó el mismo Teuhtlile, valían más de 4 cargas de oro. Pensaba aquel rey obligar con su liberalidad a los españoles a la partida, sin advertir que el amor del oro es un fuego que tanto más se enciende cuanto es más abundante al pábulo que se le suministra. Sintió Cortés vivamente la repulsa; pero no por eso abandonó su proyecto, ayudando a la natural constancia de su ánimo el poderoso atractivo de la riqueza del país.

Observó Teuhtlile antes de despedirse que los españoles, al oír la campana que sonaban al Ave María, se arrodillaban delante de una santa cruz, y lleno de admiración preguntó por qué adoraban aquel palo. Tomó de aquí ocasión el P. Olmedo para exponerle brevemente las principales verdades del cristianismo y para afearle el culto abominable de los ídolos y la crueldad de sus sacrificios; pero este discurso fue infructuoso porque aún no había amanecido para aquellos pueblos.

Al día siguiente se hallaron los españoles tan abandonados de los mexicanos, que ni uno solo se dejaba ver en todos aquellos contornos; efecto de la orden que había dado el rey de substraerles los víveres y la gente de servicio en caso de persistir en su temeraria resolución. Esta novedad hizo entrar a los españoles en aprehensión de otra mayor. Cortés, receloso de que atacasen su real los mexicanos con un poderoso ejército, mandó asegurar los víveres en los navíos y dispuso su gente para la defensa. No hay duda de que en esta y otras muchas ocasiones que se irán viendo en la historia pudo fácilmente Moctezuma deshacerse de aquellos pocos extranjeros de quienes tanto se recelaba; pero Dios los conservaba para instrumentos de su justicia, sirviéndose de sus armas para vengar la superstición, la crueldad y los otros delitos con que aquellas naciones habían provocado por tanto tiempo su indignación. No pretendemos por esto justificar la intención y la conducta de los conquistadores; pero tampoco podemos menos de reconocer en la serie de la conquista, a pesar de la incredulidad, la mano de Dios que iba disponiendo las cosas de aquel imperio a su ruina y se servía de los mismos desaciertos de los hombres para los altos fines de su Providencia.

### 9. Embajada del señor de Cempoala a Cortés y sus consecuencias

Vióse en este mismo día de tanta consternación para los españoles un rasgo de la Providencia Divina. Dos soldados que estaban de centinela en uno de aquellos arenales vieron venir hacia sí cinco hombres algo diferentes de los mexicanos en el traje y en los adornos de los labios y orejas, los cuales conducidos a Cortés dijeron en mexicano (porque no había allí quien entendiese su lenguaje nativo) que eran de la nación totonaca y enviados del señor de Cempoala, ciudad distante solas ocho leguas de aquella playa, a darles la bienvenida y saber quiénes eran y de dónde venían y a suplicarles que fuesen a aquella ciudad, en donde serían bien recibidos, protestando que no habían llegado antes por temor de los acolhúas.

Era el señor de Cempoala uno de aquellos feudatarios que gemían impacientes bajo el yugo de los mexicanos. Noticioso de la famosa victoria de los españoles en Tabasco y de su arribo a aquel puerto, le pareció ésta oportuna ocasión para sacudir el yugo con el auxilio de unos hombres tan esforzados. Cortés, que nada deseaba tanto como contraer alianzas para engrosar su ejército, después de informarse a su satisfacción del estado de los totonacas y de las vejaciones que sufrían de la prepotencia de los mexicanos, respondió agradeciendo la atención del cempoalteca y prometiendo ir prontamente a visitarle. En efecto publicó luego Cortés la jornada a Cempoala; pero para ejecutarla tuvo antes que vencer las dificultades que se le ofrecieron de parte de su misma gente.

Varios dependientes y parciales del gobernador de Cuba, cansados de las molestias que habían tolerado, temerosos de los peligros que preveían y deseosos del descanso y las comodidades de sus casas, instaron fuertemente y con alguna destemplanza por la vuelta a Cuba, alegando la escasez de víveres y la temeridad de tan grande empresa con tan poca gente, especialmente después de haber perdido 35 hombres en aquellos arenales, unos de las heridas que habían recibido en la batalla de Tabasco y otros de enfermedad ocasionada del clima insalubre de aquella costa.

Cortés, parte con dádivas, parte con promesas y parte con un poco de rigor usado a tiempo, y con otros medios que arbitró su rara habilidad, manejó de tal suerte los ánimos que no solamente los aquietó e indujo a quedar en aquella feliz tierra, sino llevando adelante sus negociaciones, consiguió que el ejército con entera independencia del gobernador de Cuba, lo nombrase capitán general y justicia mayor y como a tal se le asignase el quinto de todo el oro que se adquiriese después de sacado el que al rey pertenecía. Nombráronse también alcaldes, regidores, alguacil mayor, procurador y escribano de una villa que pensaba Cortés fundar en aquella costa. Habiendo superado estas dificultades y tomando estas providencias, que tanto importaban para la ejecución de sus vastos designios, dio Cortés orden para la marcha.

El fin de su ida a Cempoala no era solamente el de reparar su gente de las incomodidades que habían sufrido en aquella arenosa playa y el de solicitar alianzas, sino también el de escoger sitio a propósito para la fundación de la villa, siendo, como era, Cempoala camino para Chiahuitztla[16] en cuyo distrito estaba el nuevo puerto. El ejército marchó

---

[16] Solís y Robertson dan a Chiahuitzla el nombre de Quiabislan, que jamás se ha oído en aquellos países.

con una parte de la artillería la vuelta de Cempoala, en buen orden y dispuesto a resistir a cualquier ataque que se ofreciese o de parte de los totonacas, de cuya buena fe aún no estaban plenamente satisfechos, o de parte de los mexicanos que suponían ofendidos de su resolución; prevenciones que ningún buen general califica de superfluas, y en que jamás se descuidó Cortés aun en el tiempo de su mayor prosperidad, útiles para mantener la disciplina militar y necesarias casi siempre a la propia seguridad.

    Los navíos se dirigieron por la costa al puerto de Chiahuitztla. El ejército, después de pasar en canoas y en balsas el río que hoy llaman de la Antigua y que entonces era la raya del estado de Cempoala, y de alojarse en dos de sus poblaciones, fue saludado una legua antes de llegar a la ciudad por veinte hombres principales, que en nombre de su señor presentaron a Cortés un refresco de frutas y le excusaron de no haber salido en persona a recibirlo por hallarse impedido. Entró el ejército bien ordenado y apercibido para cualquiera novedad que se intentase de parte de los ciudadanos. Uno de los corredores, que se había adelantado hasta la plaza mayor, habiendo visto la cerca del palacio, que por estar recientemente encalada y prolijamente bruñida, resplandecía con el sol, la creyó toda de plata, y volvió a rienda suelta a dar tan plausible noticia a Cortés. Semejantes ilusiones de la razón son frecuentes en aquellas almas que están dominadas de alguna pasión violenta.

    Iban los españoles no menos gustosos que admirados de ver tan gran población, la mayor que hasta entonces habían visto en el Nuevo Mundo, tanta multitud de gente y tan hermosas huertas y jardines. Unos en atención a su grandeza la llamaron Sevilla, y otros por su amenidad Villaviciosa.[17] En llegando al templo mayor salió a recibirlos a la puerta del atrio el señor de aquel estado, que era un hombre a quien su excesiva gordura inhabilitaba para el movimiento, pero sin embarazarle las funciones del alma; porque era dotado de buen entendimiento y de grande prudencia. Después de saludarlos, según el estilo del país, y de incensar a Cortés, se despidió prometiendo volver a verlos más despacio luego que hubiesen descansado de las fatigas del viaje.

    Alojóse cómodamente todo el ejército en unos grandes y bellos aposentos que había dentro del recinto del templo, o fuesen de algún hospicio destinado para acoger forasteros; como el que había en el

---

[17] De la grandeza antigua de Cempoala no puede dudarse según los que la vieron y la extensión de sus ruinas; pero no debe aceptarse el cálculo que hace Torquemada de su vecindario porque en el Lib. 3, Cap. 5 le da de 25 a 30,000 almas, en otro lugar 50,000 y en el índice del primer tomo 150,000. A la población de Cempoala tocó la misma suerte que a otras del Nuevo Mundo, que con las enfermedades y desgracias del siglo XVI se fue menoscabando hasta arruinarse enteramente.

templo mayor de México, o de la misma vivienda de los ministros de los ídolos. Dióseles allí de comer y se les proveyó abundantemente de todo lo necesario a expensas de dicho señor, el cual volvió a la tarde en andas acompañado de mucha nobleza.

En la conferencia privada que tuvo con Cortés, le ponderó este general por medio de los intérpretes la grandeza y poder de su soberano, que le enviaba a aquella tierra con varias comisiones de la mayor importancia, y entre otras con la de socorrer con todas sus fuerzas a la inocencia oprimida. Añadióle que si en algo podía servirle con su persona y con su gente, se lo dijese; que lo haría con buena voluntad. Al oír el cempoalteca estas razones artificiosamente tejidas del general español, explicó su dolor con un gran suspiro, al cual siguieron amargas quejas de las desgracias a su nación. Díjole que habiendo sido los totonacas libres desde tiempo inmemorial, y gobernándose algunos siglos por señores de su propia nación, se hallaban de pocos años a aquella parte oprimidos del tiránico yugo de los mexicanos; que los mexicanos, por el contrario, habiendo tenido humildes principios se habían elevado a tanta grandeza por la estrecha y constante alianza con los reyes de Acolhuacán y de Tlacopan, que se habían hecho señores de casi toda aquella tierra; que su poder era muy grande y su tiranía proporcionada a su poder; que el rey se apoderaba del oro de sus vasallos, y los recaudadores de sus tributos pedían a sus tributarios sus hijas para violarlas y sus hijos para sacrificarlos, además de otras inauditas violencias que cometían.

Cortés se mostró muy compadecido de sus desgracias y prometió ayudarles en todo, difiriendo para otra ocasión el deliberar sobre los medios que debían practicarse por estar entonces de paso para Chiahuitztla, a donde le llamaba el cuidado de sus navíos. En esta visita le hizo el cempoalteca un regalo de joyas de oro y de ropa de algodón que importaría, según algunos historiadores, como dos mil pesos. Al día siguiente se presentaron a Cortés 400 hombres de carga que le enviaba aquel señor para el importe del bagaje. Con esta ocasión supieron de doña Marina los españoles la costumbre de aquellas naciones de proveer espontáneamente y sin interés alguno de hombres de carga a todas las personas distinguidas que transitaban de paz por sus ciudades.

### 10. Prisión en Chiahuitztla de cinco ministros reales de México

De Cempoala pasó el ejército a Chiahuitztla, población considerable situada en un monte áspero y armado de riscos, poco más de cuatro leguas al norte de Cempoala y una del nuevo puerto. Aquí tuvo Cortés una nueva conferencia sobre el mismo asunto de la pasada con el señor de aquel lugar y con el de Cempoala, que a ese fin se había hecho transportar. Estando en ella llegaron allí con mucho séquito cinco nobles mexicanos recaudadores de los reales tributos, mostrando grande indignación contra los totonacas porque habían osado abrigar a aquellos extranjeros sin beneplácito del rey y exigiendo veinte víctimas humanas que debían sacrificarse a los dioses para expiación de semejante delito. Turbóse todo el lugar con la novedad, y especialmente los dos señores, que se reconocían más culpados.

Informóse Cortés de todo por medio de doña Marina y se le ofreció desde luego un arbitrio con que sacarlos de aquel embarazo y conciliarse los ánimos de la nación. Aconsejó a los señores de Cempoala y de Chiahuiztla que prendiesen a los mexicanos, y aunque al principio repugnaron hacerlo pareciéndoles un atentado lleno de temeridad y de peligro, por último cedieron a sus instancias. Fueron arrestados y puestos en collera aquellos cinco caballeros que habían entrado en el lugar con tanto orgullo y con tan grande desprecio de los españoles, que aun pasando por delante de ellos no se dignaron de mirarlos.

Los totonacas, habiendo dado este primer paso y perdido el temor pánico que los tenía embargados, avanzaron hasta el exceso de querer sacrificarlos aquella noche; pero lo embarazó Cortés, el cual, habiéndose conciliado con aquella prisión el amor y respeto de los totonacas, resolvió ganarse con la libertad de los presos la benevolencia de los mexicanos. Su conducta artificiosa y doblada demuestra sin duda su habilidad; pero sólo puede ser alabada de aquellos cortesanos que no conocen otra política que el arte de engañar a los hombres y que, prescindiendo enteramente de la honestidad, solamente buscan la utilidad en sus acciones.

Mandó pues a los guardias españoles que aquella misma noche soltasen a dos de los presos y los condujesen a su presencia sin que lo entendiesen los totonacas. Hízose así y los mexicanos quedaron tan agradecidos al general español, que le dieron encarecidas gracias y le aconsejaron que no se fiase de los bárbaros y pérfidos totonacas. Cortés les encargó dijesen a su señor cuánto sentía el insolente atentado de aquellos serranos, y que como los había puesto en libertad, así haría que, a pesar de sus enemigos, se librasen los otros tres. Ellos se partieron luego para México conducidos de una escolta de españoles en una barca hasta más allá de la raya de aquella provincia, y Cortés al día siguiente se fingió muy enojado por el descuido que se había tenido con los presos, añadiendo que porque no sucediese lo mismo con los otros, él quería guardarlos a su satisfacción, y para hacerlo creer los hizo llevar encadenados a los navíos; pero desde allí los puso en salvo para que siguiesen a sus dos compañeros.

### 11. Confederación de los totonacas con los españoles

Esparció inmediatamente la voz por todas las montañas de Totonacapan de que ya quedaban libres del tributo que pagaban al rey de México, y les hizo decir que si había otros recaudadores de tributos en aquella provincia, le diesen pronto aviso para prenderlos. Al son de esta voz se excitó en toda la nación la dulce esperanza de la libertad y comenzaron a venir a Chiahuitztla varios señores, así por dar las gracias a Cortés, como por deliberar sobre los medios de afianzar su libertad.

Algunos que no habían depuesto el temor de los mexicanos pretendían se pidiese perdón al rey del atentado cometido contra sus ministros; pero prevaleció, a influjos de Cortés y los señores de Cempoala y de Chiahuitztla, el parecer contrario de substraerse con las armas y con el auxilio de aquellos esforzados extranjeros de la tiránica dominación del rey de México, ofreciendo para esto levantar un formidable ejército al mando del general español.

Cortés, después de asegurarse a su satisfacción de la sinceridad de los totonacas y de sus fuerzas, se aprovechó de este momento favorable para inducir a toda aquella numerosa nación a dar la obediencia al rey de España. Celebróse este acto ante el escribano de la armada con todas las solemnidades del Derecho.

### 12. Fundación de Veracruz

Concluido este gran negocio, con tanta felicidad se despidió Cortés de aquellos señores para ejecutar otro proyecto de suma importancia que pocos días antes había concebido, y era el de fundar una villa fuerte que les sirviese de asilo en casos de necesidad, de fortaleza para mantener a los totonacas en la debida fidelidad, de escala a las nuevas tropas que les acudiesen de España o de las islas, y de almacén para depositar los efectos que entrasen en aquella tierra o saliesen de ella para Europa.

Fundóse en la misma tierra de los totonacas, en una llanura que está al pie del monte de Chiahuitztla, cuatro leguas al norte de Cempoala y muy cerca del nuevo puerto.[18] Nombráronla Villarrica de la Veracruz por las muestras de riqueza que habían visto en aquella nueva tierra y por haber desembarcado en ella el Viernes Santo, y esta fue la primera población que fundaron los europeos en la América Septentrional. Cortés fue el primero al trabajo para alentar con su ejemplo a toda su gente, la cual con la ayuda de los totonacas levantó en breve un número suficiente de casas, y una pequeña fortaleza capaz de resistir por algún tiempo a las débiles armas de los mexicanos.

### 13. Nueva embajada y presente de Moctezuma

Entre tanto habían llegado a México los dos primeros recaudadores a quienes había puesto Cortés en libertad, e informando al rey de todo lo acaecido con grandes recomendaciones del general español. Moctezuma, que ya disponía castigar la insolente temeridad de aquellos extranjeros y arrojarlos violentamente de las tierras de su imperio, se aplacó con aquella noticia y agradeció a los buenos oficios practicados con sus ministros por el general español, le envió a dos jóvenes sobrinos suyos, hijos por ventura de su hermano Cuitlahuatzin, señor de Iztapalapa, con numeroso y lucido acompañamiento y con un regalo de alhajas de oro y ropa, que importaba más de dos mil pesos. Dieron a Cortés las gracias de parte del rey y al mismo tiempo se quejaron con buen modo de que hubiese intimado tanto con los rebeldes totonacas, y de que esta nación con su favor rehusase pagar el tributo que debía a su señor, y le protestaron que solamente en atención a tales huéspedes, no enviaba desde luego la corte un buen ejército a castigar la rebelión de aquellos pueblos; pero al cabo llevarían la pena de su delito.

Cortés mostró con muchas expresiones su gratitud; se purgó del cargo de la amistad con los totonacas, con la necesidad en que se había hallado de buscar víveres para su tropa, por habérselos sustraído los mexicanos; que por lo que miraba al tributo, no era posible que aquella nación sirviese a un tiempo a dos señores; que esperaba ir dentro de

---

[18] Por la poca diligencia de algunos historiadores se cree comúnmente en aquel reino que la primera población de españoles fue la Antigua, fundada sobre el río del mismo nombre, y por consiguiente que no ha habido más de dos poblaciones con el nombre de Veracruz, la dicha Antigua y la nueva Veracruz fundada en los arenales en que desembarcó Cortés; pero no hay duda de que han sido 3 las poblaciones de Veracruz. La primera fundada por julio de 1519, junto al puerto de Chiahuitzla, que después quedó con el nombre solo de Villarrica. La segunda, la antigua Veracruz, fundada en 1523 ó 1524. La tercera la nueva Veracruz, que es la que hoy conserva el nombre, se fundó por la mayor vecindad al puerto de S. Juan de Ulúa, y para la mayor comodidad de la descarga de los navíos, siendo virrey el conde de Monterrey a fines del siglo XVI o principios del XVII. Dióle título de ciudad Felipe III en 1615.

breve a México para satisfacerle más cumplidamente y hacerle ver la sinceridad de su conducta.

## 14. Demolición de los ídolos de Cempoala

Los dos príncipes mexicanos, después de haber visto con gran placer y admiración escaramucear la caballería española, dieron la vuelta para la corte. El señor de Cempoala, que no podía ver con indiferencia aquella embajada, para estrechar más la alianza de los españoles presentó a Cortés ocho doncellas bien vestidas, para mujeres de los capitanes, y entre ellas una sobrina suya que destinaba al mismo general. Cortés, que varias veces le había hablado en materia de religión, le dijo que no podía aceptarlas si no detestaban antes la idolatría y abrazaban el cristianismo.

Con esta ocasión le expuso de nuevo las puras y santas verdades de nuestra religión y peroró con cuanta eficacia pudo contra el vano culto de sus mentidas deidades y mayormente contra la horrorosa crueldad de sus sacrificios. A esta fervorosa exhortación respondió el cempoalteca que apreciaba sumamente su amistad, pero no podía complacerle en abandonar el culto de unos dioses de cuya mano recibían la salud, la abundancia y cuantos bienes gozaban, y de cuya ira, provocada con la ingratitud, debían temer los mayores castigos.

Encendióse más con esta respuesta el celo militar de Cortés, y vuelto a sus soldados: "Ea, españoles —les dijo— ¿qué hacemos? ¿Cómo sufrimos que estos hombres, que se precian de amigos nuestros, tributen a estas abominables figuras del demonio el culto debido a nuestro único y verdadero Dios? ¿Cómo permitimos que diariamente a nuestros ojos se le sacrifiquen con tan horrible crueldad víctimas humanas? Ánimo, soldados; ahora es tiempo de mostrar que somos españoles y que heredamos de nuestros mayores el celo ardiente de nuestra santa religión. Derroquemos los ídolos y quitemos de la vista de estos infieles ese infame fomento de su superstición. Si lo conseguimos, haremos el mayor y más acepto servicio a Dios; si morimos en la empresa, su majestad premiará con una gloria eterna el sacrificio que le hacemos de nuestras vidas".

El cempoalteca, que en el semblante de Cortés y en los movimientos de sus soldados percibió claramente su intento, hizo seña a su gente para que se apercibiese a la defensa de sus ídolos. Ya comenzaban los españoles a subir las escalas del templo cuando los cempoaltecas, turbados y llenos de indignación, clamaron diciendo que mirasen lo que hacían, porque si cometían algún desacato, inmediatamente verían sobre sí toda la ira de los dioses. Cortés les replicó que ya varias veces les había amonestado para que desistiesen de tan infame superstición; que puesto que jamás habían querido seguir un consejo que tanto les importaba, ya no los mirarían como amigos; que si los mismos totonacas no se resolvían a quitar aquellas abominables estatuas, él con su gente las haría pedazos, y que se guardasen de disparar una flecha contra los españoles, porque darían luego sobre ellos con tal ímpetu que no quedaría un solo totonaca con vida.

A estas razones añadió doña Marina otra de mayor eficacia, y fue que si se oponían al intento de aquellos extranjeros, en vez de aliarse con los totonacas contra los mexicanos, se aliarían con los mexicanos contra los totonacas y sería inevitable su ruina. Esta razón hizo volver en sí al cempoalteca del primer ímpetu de su celo y, prevaleciendo en su ánimo el temor de las armas mexicanas al de sus dioses, dijo a Cortés que hiciese lo que le pareciese, que ellos no se atrevían a poner sacrílegamente las manos en sus dioses.

Apenas hubieron este permiso los españoles, cuando subieron 50 de sus soldados a lo alto del templo y derribando de sus altares los ídolos los echaron a rodar por las escaleras. Ya se deja entender la conmoción y el llanto de los totonacas. Se cubrían los ojos para no ver tan grande sacrilegio y pedían con voz lastimera a sus dioses no castigasen en su nación la temeridad de aquellos extranjeros que no podían embarazar sin sacrificarse al furor de los mexicanos. Sin embargo, muchos de los circunstantes, o menos cobardes o más celosos del honor de sus dioses, se disponían a tomar venganza a los españoles, y hubieran llegado a las manos si los españoles, apoderándose de la persona del señor de Cempoala y de cinco principales sacerdotes y amenazándoles con la muerte, no les hubiesen precisado a contener el ímpetu de sus ciudadanos.

Después de una acción tan atrevida en que no tuvo parte alguna la prudencia, mandó Cortés que quitasen de su presencia y entregasen luego al fuego los fragmentos de los ídolos. Fue prontamente obedecido, y lleno de regocijo como si con demoler los ídolos hubiese abolido la idolatría y disipado el error de aquellos pueblos, dijo al señor de Cempoala que aceptaba ya las doncellas que le ofrecía; que desde aquel momento recibía a los totonacas por amigos y hermanos, y que en todas ocasiones los ayudaría contra sus enemigos; que, puesto que en aquel templo no se habían de adorar más aquellas detestables imágenes del demonio, quería colocar en él una imagen de la Madre del verdadero Dios, para que la honrasen e implorasen su protección en todas sus necesidades; y de aquí pasó a hacerle un largo razonamiento sobre la santidad de la religión cristiana.

Ordenó luego a los albañiles de la ciudad que rozasen las paredes de aquel santuario de las manchas de sangre humana que conservaban como trofeos de la inhumana religión y que las encalasen curiosamente.

Hizo erigir allí un altar y colocar la imagen de María Santísima; encargó a cuatro de los cempoaltecas el aseo y adorno del santuario, con la condición de andar siempre muy limpios y de usar vestido blanco en lugar del hábito negro que usaban por razón de su ministerio. Para que no faltasen las luces ante aquella sagrada imagen, les enseñó a fabricar candelas, haciéndoles que se utilizasen de la cera que fabricaban las abejas de sus montañas. Y porque en su ausencia no cometiesen algún desacato contra la imagen o repusiesen los ídolos, dejó allí uno de sus soldados, nombrado Juan de Torres, que por su edad era de poca utilidad para la guerra, el cual hizo a Dios el sacrificio de quedar solo entre aquella gente a promover su culto.

Las ocho doncellas, después de suficientemente catequizadas, recibieron el santo bautismo, tomando la sobrina del señor de Cempoala el nombre de Catarina, y el de Francisca la hija de Cuexco, uno de los principales señores de aquella nación. De Cempoala volvió Cortés a la nueva villa de Veracruz, en donde tuvo el consuelo de reforzar su ejército con otros dos capitanes y diez soldados que aportaron allí de Cuba, a los cuales dentro de pocos días se añadieron otros seis hombres que por engaño tomaron de un navío de Jamaica.

### 15. Relación de Cortés al rey católico

Antes de ejecutar su marcha a México determinó Cortés dar cuenta a su soberano de todo lo acaecido hasta entonces, y para que las noticias le fuesen más aceptas le envió juntamente todo el oro que hasta entonces se había allegado, cediendo voluntariamente su parte, a influjos de Cortés, cada uno de los capitanes y soldados. Cortés prevenía al rey contra las tentativas del gobernador de Cuba.

El cabildo de Veracruz y el ejército, en cartas que por sí escribieron, pedían a su majestad que confirmase la elección que habían hecho de capitán general y justicia mayor en la persona de Hernán Cortés, cuyas prendas y conducta celebraban con los mayores elogios. Fueron destinados para procuradores a la corte los capitanes Alonso Hernández de Portocarrero y Francisco Montejo, que se hicieron a la vela el día 16 de julio de 1519.

### 16. Acción grande de Cortés

Apenas se habían partido los procuradores cuando Cortés, que traía siempre el ánimo ocupado de ideas grandes, pasó a ejecutar una acción que por sí sola bastaría a dar a conocer la grandeza de su alma. Para quitar a sus soldados todo recurso, y con él la esperanza de volver a Cuba, y para reforzar su pequeño ejército con toda la marinería, después de castigar a dos que intentaban fuga clandestina en una de las embarcaciones y traición, con el último suplicio, y a otros tres con menores penas corporales, trató con algunos de sus confidentes y con uno u otro piloto de quienes más se fiaba, de que diesen secretamente barreno a algunos de los navíos y persuadiesen a la multitud que por estar mal acondicionados se habían ido a pique y que, por lo que miraba a los demás, le representasen que estaban también para perderse a causa de la broma que habían contraído en aquel puerto por la inacción de tres meses.

Tomó este arbitrio porque no se alborotase la tropa contra él, viéndose reducida a la dura necesidad de morir o vencer. Ejecutóse todo como Cortés lo dispuso, y con la aprobación de su gente se echaron a pique los restantes navíos. De esta suerte, viéndose sin ninguna esperanza de salvarse en el mar, trataron seriamente de procurarse con las armas un ventajoso establecimiento en aquella tierra.

Y a la verdad, si no hubiera Cortés ejecutado esta diligencia, hubiera sido absolutamente imposible la empresa que meditaba; porque los soldados, a vista de las grandes dificultades que a cada paso se les presentaban, hubieran evitado con la fuga el peligro, y el mismo gobernador se hubiera visto precisado a seguirlos.

### 17. Viaje de los españoles hasta las tierras de Tlaxcala

Libre, pues, de este cuidado, ratificada la alianza de los totonacas y dadas las providencias convenientes para el adelantamiento y seguridad de la nueva villa, trató de emprender su jornada a México. Dejó en la Veracruz 150 hombres a cargo del capitán Juan de Escalante, hombre de valor y de probada conducta, encargando a los cempoaltecas acudiesen con su trabajo a la fábrica de la fortaleza, y con víveres a la tropa que allí dejaba, y él tomó desde Cempoala el camino para México el día 16 de agosto con 415 infantes españoles y 16 caballos, 200 hombres de carga para el transporte del bagaje y de la artillería y alguna tropa totonaca, en la cual iban 40 nobles[19] que llevó Cortés no solamente como auxiliares para la guerra, sino también como rehenes de los totonacas, entre los cuales iban tres de mayor representación nombrados Mamexi, Teuchpan y Tomalli.

[19] Otros historiadores varían el número de los totonacas. Yo sigo a Bernal Díaz, único testigo ocular que lo expresa.

Dirigió Cortés su marcha por Xalapa y Texotla, y después de atravesar con sumo trabajo unos montes desiertos y de clima frío, llegó a Xocotla,[20] lugar grande y de bellos edificios entre los cuales sobresalen trece templos y el palacio del señor, que era de cal y canto bien labrado y con un gran número de grandes y hermosas salas y cámaras; el mejor edificio que hasta entonces habían visto los españoles en el Nuevo Mundo.

Tenía el rey de México en este lugar y en sus aldeas 20,000 vasallos y 5,000 hombres de guarnición. Olintetl (que así se llamaba el señor de Xocotla) salió a recibir a los españoles y los proveyó de cómodo alojamiento; pero en la asistencia y regalo anduvo al principio algo escaso, hasta que por informe de los totonacas formó concepto más ventajoso de su valor y del poder de sus armas y caballos.

En la conversación que tuvo con el general español, uno y otro exaltaron a competencia el poder y grandeza de su respectivo soberano. Cortés pretendía inconsideradamente que desde luego se diese por vasallo del rey católico y le reconociese con algún oro. "Oro tengo —respondió Olintetl— pero no quiero darlo sin orden de mi rey." "Yo haré —dijo Cortés— que dentro de breve os mande dar el oro y cuanto tuviereis." "Si él lo mandare —replicó Olintetl— daré no solamente mi oro y todas mis cosas, sino también mi persona."

Pero lo que no pudo Cortés conseguir con sus amenazas de aquel señor obtuvo por mera liberalidad de otras dos personas principales de aquel valle que, viniendo a visitarle a Xocotla, le presentaron unos collares de oro y siete u ocho esclavas. Hallóse aquí perplejo Cortés sobre el camino que debía tomar para México. El señor de Xocotla y los jefes de la guarnición mexicana le aconsejaban que fuese por Cholula; pero tuvo por más seguro el consejo de los totonacas de ir por Tlaxcala; y no hay duda, por lo que se vio después, de que hubiera perecido con todo su ejército si hubiera seguido el primer dictamen.

Para obtener el beneplácito del senado de Tlaxcala, le despachó cuatro mensajeros de los mismos cempoaltecas que llevaba consigo, desde un lugarejo del mismo valle; pero estos mensajeros no hicieron, como ya veremos, la embajada a nombre de los españoles sino de los totonacas, o porque así se lo encargó el general español o porque ellos lo tuvieron por más conveniente.

De Xocotla pasó el ejército español a Iztacmaxtitlan, cuya población se extendía por tres o cuatro leguas en una serie no interrumpida de casas situadas a una y otra orilla de un pequeño río que corre a lo largo de aquel valle o cañada. La parte principal de la población, compuesta

---

[20] Bernal Díaz y Solís escriben *Zocotlán*, lo cual puede ocasionar error creyendo que se habla de Zacatlán, lugar muy diverso, situado al norte de Tlaxcala.

de buenos edificios en que había de 5,000 a 6,000 habitantes, ocupaba la eminencia de un alto monte en la cual tenía su palacio el señor de aquella población, que era uno de aquellos personajes que visitaron y regalaron a Cortés en Xocotla. A la fortaleza natural del lugar había añadido el arte muros, barbacanas y fosos,[21] porque a causa de ser frontera de los tlaxcaltecas, estaba más expuesto a sus invasiones. Los españoles fueron allí bien recibidos y tratados con mucha atención y regalo.

## 18. Alteración de Tlaxcala y deliberación del senado sobre los españoles

Entre tanto se ventilaba en el senado de Tlaxcala su pretensión, toda aquella gran ciudad se había alterado con las nuevas de semejantes extranjeros, especialmente con la relación que hacían los mensajeros cempoaltecas de su aspecto y valor, la ferocidad de sus caballos, la grandeza de sus embarcaciones, y el espantoso estruendo y horrible estrago de su artillería.

Gobernaban entonces aquella república Xicoténcatl, señor del cuartel de Tizatlán; Maxixcatzin, señor de Ocotelolco y general de las armas de la república; Tlehuexolotzin, señor de Tepeticpac, y Citlalpopocatzin, señor de Quiahuitztlan. Los mensajeros cempoaltecas fueron[22] cortésmente recibidos y alojados en la casa destinada para hospicio de embajadores y, habiendo descansado y comido, fueron introducidos en la sala del senado para exponer su embajada.

Hecha una profundísima reverencia y practicadas todas las ceremonias que se acostumbraban en semejantes ocasiones, hablaron de esta suerte: "Muy grandes y esforzados señores, los dioses os guarden y os den victoria contra vuestros enemigos. El señor de Cempoala y toda la nación totonaca os saluda y os noticia que de la parte de oriente han arribado a nuestra tierra en grandes embarcaciones unos héroes fuertes y animosos con cuyo favor se ve ya libre de la tiránica dominación del rey de México. Ellos se protestan vasallos de un monarca poderoso en cuyo nombre quieren visitaros, ofreciéndose a daros noticia del verdadero Dios, y a favoreceros contra vuestro antiguo y capital enemigo. Nuestra nación, por la amistad que constantemente ha mantenido con

---

[21] Cortés, en su relación a Carlos V, compara la fortaleza do Iztacmaztitlan a las mejores de España.

[22] Bernal Díaz dice que los mensajeros fueron dos y que luego que llegaron a Tlaxcala fueron presos; pero Cortés, que los envió, dice que fueron cuatro, y del contexto de su relación se infiere que Bernal Díaz fue mal instruido de lo que pasó en Tlaxcala. Su narración, contraria en este punto a la de todos los escritores antiguos, ha inducido en error a muchos autores posteriores y, entre otros, al Dr. Robertson.

vuestra república, os exhorta a recibir por amigos a estos héroes que aunque pocos en número, por su valor equivalen a muchos".

Maxixcatzin les respondió a nombre de la república que agradecía a los señores totonacas la noticia y el consejo y a aquellos valerosos extranjeros el favor que le ofrecían; pero que para resolverles en asunto tan importante necesitaba de tiempo; que entre tanto se retirasen a su alojamiento en donde serían tratados con la decencia que correspondía a su nobleza y al carácter de que venían revestidos. Retiráronse los mensajeros y entró en consulta el senado.

Maxixcatzin, que era hombre generalmente acepto por su benignidad y estimado por su prudencia, dijo que no era para despreciar el consejo que daban unos amigos tan fieles como los totonacas y tan contrarios al mayor enemigo de la república; que aquellos extranjeros, según las señas que daban de ellos los cempoaltecas, parecían ser los héroes que según su tradición debían aportar a aquellas tierras; que los terremotos que poco antes se habían sentido, el cometa que entonces se dejaba ver en el cielo y otros varios sucesos notables de aquellos últimos años, eran pronósticos nada falaces de haber llegado ya el tiempo de su cumplimiento; que si ellos eran inmortales, en vano se opondría la república a su entrada; la repulsa les podría acarrear gravísimos daños y para el rey de México sería asunto de una maligna complacencia el ver introducidos en Tlaxcala por fuerza a los que la república no quiso admitir de su grado; que, por tanto, era de parecer que se admitiesen benignamente.

Este dictamen fue recibido con aplauso, pero lo contradijo Xicoténcatl,[23] hombre anciano y de mucho crédito por su consumada experiencia en negocios políticos y militares. "Nuestra ley —dijo— nos manda hospedar a los forasteros; pero no cuando hay prudente sospecha de que pueden ocasionar daño al Estado. Estos hombres que pretenden entrar a nuestra ciudad más me parecen monstruos vomitados del mar, porque no los podía sufrir en sus aguas, que dioses bajados del cielo como algunos han pensado. ¿Cómo pueden ser dioses unos hombres que buscan con tanta ansia el oro y los placeres? Y ¿qué no deberemos temer de ellos en una tierra tan pobre como la nuestra, en que aun de la sal se carece? Agravia al valor de nuestra invicta nación quien la cree tan fácil de vencer por unos pocos extranjeros. Si ellos son mortales, las armas de los tlaxcaltecas lo harán manifiesto al mundo, y si son inmortales tiempo habrá para aplacar su indignación con obsequios y para implorar su clemencia con el arrepentimiento. Repélase, pues, su demanda, y si quieren entrar por la fuerza sea reprimida con las armas su temeridad."

---

[23] Solís pone en boca de Xicoténcatl el joven la arenga de su anciano padre. En esto se debe mayor fe a los historiadores antiguos que se informaron de los mismos tlaxcaltecas.

Esta contradicción de pareceres entre dos personajes autorizados dividió los ánimos de los consejeros subalternos. Los que eran adictos al comercio y acostumbrados a una vida pacífica se adhirieron al dictamen de Maxixcatzin, y los militares abrazaron el de Xicoténcatl. Temiloltécatl,[24] uno de los miembros del senado, sugirió un temperamento para conciliar entrambos pareceres. Propuso que se enviase al jefe de aquellos extranjeros una respuesta atenta concediéndole el permiso de entrar en la ciudad; pero al mismo tiempo se ordenase a Xicoténcatl el joven que saliese con las tropas otomíes de la república a probar la fuerza de aquellos advenedizos.

"Si vencemos —decía— será inmortal la gloria de nuestras armas; si quedamos vencidos culparemos a los otomíes y diremos que sin orden nuestra emprendieron la guerra." Arbitrios políticos muy frecuentes en el mundo, especialmente entre las naciones cultas, pero no menos contrarios a la buena fe que se deben unas a otras las naciones. Aceptó el senado el temperamento de Temiloltécatl; pero entonces, antes de despachar a los mensajeros con la respuesta, se dieron las órdenes convenientes a Xicoténcatl. Éste, hijo de Xicoténcatl el viejo, era un joven intrépido, enemigo de la paz y muy picado de honor en punto de armas, que recibió con gusto la comisión por la ocasión que se le ofrecía de mostrar su valor.

Habiendo aguardado Cortés ocho días la respuesta del senado, atribuyendo la dilación a la lentitud que suele afectar la majestad de los potentados y no dudando por lo que le aseguraban los totonacas, de ser admitido de los tlaxcaltecas, salió de Iztacmaxtitlan y se puso en marcha con todo su ejército, bien ordenado y apercibido, como siempre acostumbraba, el cual, además de los españoles y totonacas, constaba de un competente número de tropas mexicanas del presidio de Xocotla y de otros lugares.

Llegó con este buen orden a la gran muralla que dividía por aquella parte los estados de Tlaxcala de los de México, cuya descripción y medidas dimos ya en el libro antecedente hablando de las fortificaciones de los mexicanos. Habíanla fabricado los tlaxcaltecas para defenderse por la banda de oriente de los mexicanos,[25] como habían hecho grandes fosos y trincheras para el mismo fin por la banda del poniente.

[24] Herrera y Torquemada dicen que Temiloltécatl era uno de los cuatro señores de Tlaxcala; pero de Camargo y otros historiadores tlaxcaltecas y aun del mismo Torquemada (Lib. 3 y Lib. 16) consta que los cuatro señores que gobernaban aquella república al arribo de los españoles eran Xicoténcatl, Maxixcatzin, Tlehuexolotzin y Citlalpopocatzin. Lo que puede pensarse para salvar la verdad de Herrera y Torquemada es que Tlehuexolotzin tenía también el nombre de Temiloltécatl, como tenía el de Tezcacalteuctli, pues sabemos que muchos se llamaban con dos nombres y algunos con tres.

[25] Los mexicanos dieron a entender a Cortés que ellos habían construido aquella muralla; pero consta que fue obra de los tlaxcaltecas.

La entrada de la muralla, que solía regularmente guardarse por un buen número de otomíes, esta vez, cuando más necesidad había, estaba, no sabemos por qué motivo, sin defensa alguna; por lo cual pudo entrar libremente el ejército español en las tierras de la república, que en otras circunstancias no sería posible sino a costa de mucha sangre.

Ese día, que fue el 31 de mayo, se dejaron ver algunos indios armados, y queriendo alcanzarlos los corredores del ejército para tomar de ellos alguna razón, en la resistencia que hicieron mataron dos caballos e hirieron a otros tres y a dos hombres. A este tiempo apareció un escuadrón como de 4,000 hombres, al cual acometieron los españoles y aliados y en breve los desbarataron con muerte de unos 50 otomíes.

Poco después de esta acción,[26] llegaron a Cortés dos de los mensajeros cempoaltecas con otros dos de los tlaxcaltecas, los cuales le cumplimentaron de parte de la república y le noticiaron el permiso que se le daba para pasar con su ejército a Tlaxcala, atribuyendo las hostilidades que había experimentado a la inquietud de los otomíes y ofreciéndose a pagarle los caballos que le habían muerto. Cortés fingió creerlos y protestó su gratitud a la república. Los tlaxcaltecas se despidieron y retiraron del campo los cadáveres para quemarlos. Cortés, por su parte, hizo enterrar los dos caballos muertos porque su vista no alentase a sus enemigos para hacer nuevas hostilidades.

Al día siguiente continuó el ejército español su marcha hasta las inmediaciones de unas quebradas dominadas de montes por una y otra parte. Aquí llegaron los otros dos mensajeros cempoaltecas que habían quedado en Tlaxcala, bañados de sudor y lágrimas, quejándose de la perfidia y crueldad de los tlaxcaltecas que, violando el derecho de gentes, los habían maltratado y preso, y los tenían ya destinados al sacrificio del cual decían haberse librado desatándose uno a otro las prisiones.

Esta relación de los mensajeros fue ciertamente falsa; porque era muy difícil, por no decir imposible, el libertarse una vez destinados al sacrificio, no menos por el rigor de la prisión en que tenían a las víctimas que por la vigilancia de las guardias; además de que no hay memoria

---

[26] Bernal Díaz dice que los primeros mensajeros cempoaltecas llegaron a Cortés antes de entrar en las tierras de Tlaxcala; pero Cortés dice expresamente lo contrario. Es indecible la diversidad que se observa en la narración de uno y otro, y el embarazo que me ha causado. Sigo generalmente a Cortés por haber sido el testigo más autorizado, por haber sido hombre de mejores luces, por haber escrito su relación cuando estaba fresca la memoria de los sucesos y por haberla dirigido a su soberano, a quien no es verosímil se atreviese a engañar pudiendo fácilmente ser desmentido por las cartas de sus capitanes y los oficiales reales. Sin embargo, no defiero tanto a su autoridad que me dispense de confrontar su narración con la de los demás historiadores, o me prive de la libertad de seguir a otros cuando lo exige la razón, especialmente en aquellos puntos en que puede sospecharse algún interés que le moviese a ocultar la verdad.

de que jamás atentasen los tlaxcaltecas contra la inmunidad de los embajadores. Lo más verosímil es que, ya impacientes de que el senado los detuviese para despacharlos a su tiempo, se ausentarían clandestinamente de la ciudad y procurarían cohonestar su fuga con semejantes pretextos.

### 19. Guerra de Tlaxcala

No bien habían concluido su narración los cempoaltecas, cuando se dejaron ver unos mil hombres que desde luego comenzaron a disparar piedras, dardos y flechas sobre los españoles. Cortés, después de haber protestado ante el escribano real del ejército por medio de sus tres prisioneros que venían de paz, y de haberles suplicado que se contuviesen, viendo que nada aprovechaban sus requerimientos, mandó acometerles.

Los tlaxcaltecas se fueron retirando hasta llevar a los españoles a las quebradas en donde no pudiesen manejar los caballos y en donde los esperaba un grueso ejército de cuyo número hablan con variedad los historiadores.[27] Aquí fue lo más vigoroso del combate, en que se tuvieron por perdidos los españoles; pero, unidos con el mejor orden que pudieron y alentados con las exhortaciones y el ejemplo de su general, salieron aunque con gran dificultad y no pocas heridas a la llanura, en donde con la artillería y los caballos hicieron tan grande estrago en los enemigos, que los obligaron a retroceder.

Del ejército de Tlaxcala salieron muchísimos heridos y quedaron no pocos muertos y, entre ellos, ocho oficiales de la primera nobleza. De los españoles, aunque hubo unos quince mal heridos, murió uno sólo al día siguiente. En esta ocasión uno de los cempoaltecas, que habían ido de mensajeros a Tlaxcala, tuvo un famoso duelo con un capitán tlaxcalteca, de quien estaba ofendido. Combatieron valerosamente por largo rato a vista de ambos ejércitos; pero finalmente prevaleció el cempoalteca y, habiendo derribado en tierra a su competidor, le cortó la cabeza y la llevó en triunfo al ejército. Celebróse la victoria con aclamaciones al son de los instrumentos militares. El lugar en que se dio la batalla se llamaba Teoatzinco.

Aquella noche se acuarteló el ejército español en un montecillo en que había una torre distante solas seis leguas de la ciudad de Tlaxcala; fabricáronse barracas para comodidad de la tropa y se formaron trin-

---

[27] Bernal Díaz dice que serían unos 40,000 hombres; Cortés afirma que más de 100,000 y otros historiadores creyeron que 30,000. Es difícil estimar el número de un gran ejército, especialmente si no se observa el orden de la milicia europea. Yo, por no errar, me abstengo de expresar el número.

cheras para su defensa. En este lugar estuvo el real de los españoles hasta la paz con Tlaxcala. Cortés, para obligar con sus hostilidades a los tlaxcaltecas a aceptar la paz y amistad que les ofrecía, salió el 2 de septiembre con su caballería y con 100 hombres de la infantería española, 400 cempoaltecas y 300 mexicanos del presidio de Iztacmaxtitlan, quemó cinco o seis aldeas e hizo 400 prisioneros, a los cuales, después de halagarlos y regalarlos, puso en libertad, encargando a los principales que fuesen de su parte a convidar con la paz a los jefes de la nación.

Los mensajeros se fueron derechamente a Xicoténcatl el joven, que estaba dos leguas de allí con un lucido y numeroso ejército. Este orgulloso tlaxcalteca respondió que si los españoles querían tratar de paces fuesen a la capital en donde servirían de víctimas a sus dioses y sus carnes de manjar a los tlaxcaltecas; que por lo que a sí tocaba, al día siguiente iría a darles la respuesta decisiva.

La resolución del general tlaxcalteca, comunicada por los mismos mensajeros a los españoles, y la relación que hicieron de las fuerzas que se disponían a combatirlos los puso en tal consternación que aquella noche se prepararon todos a la muerte con la confesión sacramental, sin omitir las disposiciones convenientes para la defensa.

Al día siguiente, que fue 5 de septiembre, se dejó ver el ejército enemigo, no menos terrible a la vista por su innumerable multitud[28] que agradable por la vistosa variedad de sus plumajes y de otros adornos militares. Iban en el ejército 10,000 hombres del partido de Maxixcatzin, 10,000 del de Xicoténcatl, 10,000 del de Tlehuexolotzin, 10,000 del de Chichimecateuctli, uno de los más distinguidos señores de la república,[29] y otros tantos del de Tecpanecatl, señor de Topoyanco, ciudad considerable de aquel estado.

Cada uno de estos cuerpos llevaba su respectivo estandarte, y en la retaguardia iba, según el estilo de aquella nación, el de la república, que era, como ya dijimos en otro lugar, una águila de oro con las alas extendidas. El arrogante Xicoténcatl, para mostrar el desprecio que hacía de los españoles y que no pretendía cogerlos por hambre sino vencerlos con las armas, les envió un refresco de 300 pavos y 200 cestas de tamales o bollos de maíz cocido, encargándoles que restaurasen sus

---

[28] Cortés dice que el ejército constaba de más de 149,000 hombres. Bernal Díaz afirma como cosa bien averiguada que se componía de sólo 50,000, expresando el número de cada partido, aunque altera por su ignorancia los nombres, llamando a Maxixcatzin Mase Escaci; a Xicoténcatl Xicotenga; a Tlehuexolotzin Guaxolocin; a Chichimecateuctli Chichimeca tecle, y a Tecpanecatl Tecapaneca. Es más verosímil el cálculo de Bernal Díaz; el que se lee en las *Cartas* de Cortés pudo haber sido error de sus primeros copistas; porque es natural que hablando, como habló, por estima, usase de un número redondo, diciendo que eran como 150,000.

[29] Solís da a entender que Chichimecateuctli era confederado de los tlaxcaltecas, pero miembro de aquella república.

fuerzas para la batalla; y poco después destacó 2,000 hombres resueltos para que asaltasen el campo de los españoles.

El asalto fue tan vigoroso que, forzando las trincheras y entrando en el mismo real, combatieron cuerpo a cuerpo con los españoles. Podría ser que esta vez hubiesen salido victoriosos los tlaxcaltecas, no tanto por el número superior de sus tropas, cuanto por su valor y la calidad de sus armas, que eran lanzas, chuzos, macanas y dardos de dos y tres puntas, si la discordia que se excitó en su campo no hubiera abierto el paso a la felicidad de sus enemigos. El hijo de Chichimecateuctli, que era general del cuerpo de tropas de su partido, habiendo sido maltratado con razones del soberbio Xicoténcatl, concibió tan grande indignación que lo provocó a un duelo que decidiera de su valor y de su suerte, y por vengarse de él retiró del campo sus 10,000 hombres y aún consiguió lo mismo de los del partido de Tlehuexolotzin. A pesar de la falta de estos 20,000 hombres, el combate fue obstinado y sangriento.

Los españoles, después de haber rechazado con esfuerzo a las tropas que dieron el asalto, salieron del real en orden de batalla contra el ejército de los tlaxcaltecas. El grande estrago que hacía la artillería en la muchedumbre no les obligaba a retroceder, ni les impedía el volver a unirse prontamente; antes con su firmeza y valor desordenaron de tal suerte a los españoles, que no bastaban los clamores de Cortés y de sus capitanes para ordenarlos. Finalmente, al cabo de cuatro horas, volvieron victoriosos los españoles al real, aunque no por eso dejaron los tlaxcaltecas de atacarlos allí varias veces en lo restante del día. De los españoles no faltó más de un hombre y salieron heridos 60 y todos los caballos. De los tlaxcaltecas murieron innumerables; pero ni un solo cadáver fue visto de los españoles por la suma diligencia y prontitud con que los retiraban del campo.

Disgustado Xicoténcatl de la infelicidad de esta jornada, consultó a los agoreros de Tlaxcala, los cuales respondieron que aquellos extranjeros como hijos del sol eran invencibles durante el día; pero en llegando la noche, juntamente con el calor vital de aquel planeta les faltaban las fuerzas para defenderse. Según este oráculo resolvió aquel general dar de noche un asalto al real de los españoles contra el estilo común de aquellas naciones. Entre tanto Cortés salió de nuevo a ejecutar hostilidades en las poblaciones vecinas, de las cuales incendió diez y entre otras unas de 3,000 casas y volvió con algunos prisioneros.

Xicoténcatl para dar con mayor seguridad el golpe que meditaba, envió un presente a Cortés con grandes expresiones de benevolencia por mano de 50 hombres, a quienes encargó que observasen atentamente toda la disposición y fuerzas del real; pero no pudieron estos espías hacer su observación con tanto disimulo que no lo advirtiese Teuch, uno de los tres principales cempoaltecas, y lo noticiase luego a Cortés, el cual, llevando aparte a uno y otro de los tlaxcaltecas, les apretó de tal suerte con amenazas que los obligó a declarar que para la noche siguiente tenía dispuesto Xicoténcatl el asalto y que a ese fin los había enviado a reconocer el real y la parte por donde sería menos difícil la entrada.

Con esta confesión mandó Cortés cortar a todos las manos [30] y los despachó a Xicoténcatl, encargándoles le dijesen de su parte que o fuese al real de día o de noche, en todo tiempo le daría a conocer quiénes eran los españoles; y pareciéndole estas circunstancias favorables para la batalla, antes de que acabasen de prepararse para el asalto, salió a prima noche con toda la caballería y un competente número de tropas, habiendo antes ordenado que se pusiesen pretales de cascabeles a los caballos para causar mayor espanto, y fue en busca del enemigo que ya venía para el real en orden de batalla.

La vista del castigo ejecutado en los espías y el ruido desacostumbrado de los cascabeles en el silencio y oscuridad de la noche causaron tan gran pavor a los tlaxcaltecas, que sin esperar al conflicto se desordenaron prontamente y se pusieron en fuga por diversos caminos, y aun el mismo Xicoténcatl se volvió confuso a Tlaxcala. Valióse de esta ocasión Maxixcatzin para instar sobre su primer dictamen, añadiendo a las razones que antes había propuesto la funesta experiencia de tantas acciones perdidas, con la cual movió los ánimos de todo el senado a la paz.

## 20. Nuevos embajadores y presente de Moctezuma a Cortés

Mientras se trataba este negocio en Tlaxcala, en México se deliberaba sobre el expediente que deberían abrazar en tan críticas circunstancias. Moctezuma, noticioso de las victorias de los españoles y temeroso de su confederación con los tlaxcaltecas, llamó a consejo a su hermano el príncipe Cuitlahuatzin, a Cacamatzin, rey de Texcoco, y a otros personajes con quienes solía consultar en semejantes ocasiones. Expuso el estado de las cosas, les significó sus temores y les pidió consejo.

Cacamatzin insistió en su primer dictamen de que se obsequiase con la mayor magnificencia a aquellos extranjeros en todos los lugares del imperio por donde pasasen; que se admitiesen benignamente en la corte y se oyesen sus proposiciones como se oirían las de cualesquiera nobles

---

[30] Algunos de nuestros escritores dicen que les fueron cortados solamente los dedos; pero el mismo Cortés afirma que les hizo cortar las manos.

vasallos, mostrando siempre el rey su superioridad y guardando el decoro conveniente a la majestad del trono; que si allí intentasen alguna cosa contra la persona real o contra el estado, se emplease contra ellos la fuerza y el rigor. Cuitlahuatzin reprodujo lo que ya había dicho en otra ocasión; que no convenía admitirlos en la Corte; que se enviase al jefe de aquellos advenedizos un buen regalo, se le preguntase qué quería de aquel país para el gran señor en cuyo nombre venía y se le ofreciese la amistad y buena correspondencia de los mexicanos; pero al mismo tiempo se le hiciesen nuevas instancias para que se volviese a su patria. De los demás consejeros unos siguieron el parecer del rey de Tezcoco y otros el del señor de Iztapalapan, al cual se adhirió también Moctezuma.

Por todas partes tenía qué temer este infeliz rey. La inminente confederación de los tlaxcaltecas con los españoles lo tenía, como era razón, en continuo sobresalto. Por otra parte temía la alianza de Cortés con el príncipe Ixtlilxóchitl, su sobrino y enemigo capital, el cual, desde que se conjuró contra su hermano el rey de Texcoco, vivía siempre con las armas en la mano y actualmente se hallaba al frente de un formidable ejército en Otumba. Agravaba estos temores la rebelión de varias provincias que habían seguido el ejemplo de los totonacas.

Envió pues de embajadores a Cortés seis hombres principales con mil vestidos curiosos de algodón y una competente cantidad de oro y plumajería, encargándoles le felicitasen de sus victorias, le ofreciesen mayores presentes y le disuadiesen del viaje a México pretextándole la aspereza del camino y varios otros inconvenientes que tenía que superar. Partieron con prontitud los embajadores con un séquito de más de 200 hombres, y llegados al real de los españoles ejecutaron puntualmente cuanto les fue prescrito.

Cortés los recibió con todo el honor que se les debía y se mostró muy agradecido a la dignación de tan gran monarca; pero detuvo la respuesta esperando que entre tanto o se le ofreciese alguna acción con los tlaxcaltecas que acreditase a vista de los mexicanos el valor de su gente y la superioridad de las armas europeas, o, concluida la paz con la república, fuesen testigos de la severidad con que pensaba reprenderles su protervia.

No tardó mucho en presentarse la ocasión que deseaba. Tres escuadrones enemigos cargaron improvisadamente sobre el real de los españoles con una tempestad de flechas y dardos acompañada de una confusa gritería. Cortés, a pesar de haber tomado un purgante aquel mismo día, montó a caballo y salió intrépidamente contra los tlaxcaltecas, que sin mucho trabajo fueron deshechos y puestos en fuga a vista de los embajadores mexicanos.

## 21. Paz y confederación de los tlaxcaltecas con los españoles

Convencidos con estas experiencias los partidarios del viejo Xicoténcatl de que no era conveniente la guerra a la república, y recelosos de que los españoles se aliasen con los mexicanos, resolvieron de común consentimiento hacer la paz, y tomaron por instrumento de ella al mismo que lo había sido de la guerra. Encargóse el tratarla al joven Xicoténcatl, el cual, aunque lo rehusaba por la confusión que le habían causado las pasadas desgracias, hubo finalmente de admitir la comisión. Pasó al real con un lucido y numeroso acompañamiento, saludó a Cortés a nombre de toda la república, se disculpó de la guerra pasada con el pretexto de haberlo imaginado aliado de Moctezuma, así por los grandes presentes que había recibido de aquella corte, como por la mucha tropa mexicana que llevaba consigo; le ofreció una paz firme y una eterna alianza entre los españoles y tlaxcaltecas, y le presentó una cantidad de oro y de ropa, excusándose de no presentarle más por la pobreza de la tierra, ocasionada de la guerra perpetua con el reino de México, que les impedía el comercio con otras provincias. Cortés no omitió demostración alguna de honor para con Xicoténcatl; mostróse satisfecho con sus disculpas; pero exigió que la paz fuese sincera y firme; porque si alguna vez la quebrantaban, tomaría de ellos tal venganza que sirviese a otros pueblos de escarmiento. Hecha la paz y despedido Xicoténcatl, se celebró en acción de gracias el santo sacrificio de la misa.

Ya se deja entender el dolor de los embajadores mexicanos que se hallaron presente a todo el tratado. Lamentáronse con Cortés de la facilidad con que daba crédito a las promesas de unos hombres tan pérfidos como los tlaxcaltecas. Decíanle que todas aquellas apariencias de paz no se dirigían a otro fin que a inspirarle confianza para atraerlo a la capital y ejecutar allí a su salvo por traición lo que no habían podido hacer a fuerza abierta en la campaña; que comparase la conducta de aquella república con la de la corte de México. Los tlaxcaltecas, habiéndole admitido de paz en su tierra, no cesaron de hacerle guerra hasta que reconocieron inútiles todos sus esfuerzos. De los mexicanos, por el contrario, no había experimentado hostilidad alguna sino la mejor acogida, los mayores obsequios y servicios en todos los lugares de la corona por donde había pasado, y de su soberano las mayores pruebas de benevolencia y amistad.

Cortés respondió que no pensaba ofender con aquel tratado a la corte de México a la que estaba tan obligado; porque él quería paz con todos; que, por lo demás, él no temía a los tlaxcaltecas en caso de que quisiesen ser sus enemigos; que para sí y para los demás españoles lo mismo era ser acometido en la ciudad que en el campo, lo mismo de noche que de día, porque en cualquier tiempo y lugar sabían vencer; que aun por lo mismo que le decían de los tlaxcaltecas quería ir a la capital para tener allí ocasión de ejecutar un castigo ejemplar de su perfidia.

Muy ajenos estaban los tlaxcaltecas de la mala fe que les atribuían los mexicanos; pues desde el momento en que decretó el senado la paz, fueron siempre los más fieles aliados de los españoles, como se verá en el discurso de la historia. Deseaba seriamente el senado que Cortés pasase con todo su ejército a Tlaxcala para estrechar más los vínculos de amistad y deliberar maduramente sobre la confederación contra los mexicanos, y le habían convidado por medio de sus mensajeros con sus casas, protestando el rubor que les causaba el ver en tanta incomodidad a tan ilustres amigos de la república; pero Cortés difirió la partida no menos para asegurarse con nuevas experiencias de la fidelidad de los tlaxcaltecas, que por condescender a las súplicas de los embajadores mexicanos, que le habían pedido suspendiese su ida a Tlaxcala hasta que volviese de México uno de los mismos embajadores que había ido a aquella corte a dar cuenta al rey de todo lo acaecido.

## 22. Embajada y ofertas del príncipe Ixtlilxóchitl. Confederación de los huexotzincas

No fue la alianza de los tlaxcaltecas el único fruto que percibieron los españoles de sus victorias. En el mismo real en que acababa Cortés de oír al embajador de Tlaxcala, recibió poco después a los de la república de Huexotzinco y a los del príncipe Ixtlixóchitl. Los huexotzincas, que habían sido vasallos de la corona de México y enemigos de Tlaxcala, se habían ya substraído de la dominación de los mexicanos y confederado con sus vecinos los tlaxcaltecas, y en esta ocasión siguieron su ejemplo en la confederación con los españoles.

El príncipe Ixtlixóchitl desde Otumba envió a felicitar a Cortés por sus victorias y le convidó a hacer el viaje por Teotlalpan, en donde quería unir su ejército al de los españoles contra los mexicanos. Cortés, después de haberse informado de la condición, pretensiones y fuerzas de aquel príncipe, aceptó con gratitud su alianza y prometió colocarle en el trono de Texcoco.

Al mismo tiempo volvió de la corte el embajador mexicano que se esperaba, con un presente de joyas de oro que importaban unos 3,000 pesos y de 200 vestidos preciosos de pluma, con nuevas instancias a Cortés de parte de su soberano para que desistiese del viaje a México y de la amistad de los tlaxcaltecas. Esfuerzos inútiles de la pusilanimidad de aquel monarca; pues cuanto más oro expendía en obsequio de aquellos nuevos hombres, tanto más caras compraba las cadenas que debían oprimir su libertad.

### 23. Reconocimiento de la República de Tlaxcala al rey católico

Seis días habían ya pasado después de celebrada la paz con la república, cuando los cuatro señores de Tlaxcala, para obligar a los españoles a pasar a la capital, se hicieron transportar en andas a su campo con el tren y comitiva correspondiente a su grandeza. Las demostraciones de respeto y de júbilo fueron extraordinarias de una y otra parte. Aquel ilustre senado, no satisfecho con ratificar su alianza, dio espontáneamente la obediencia al rey católico; homenaje tanto más apreciable para los españoles, cuanto era más preciosa para los tlaxcaltecas la libertad que habían gozado de tiempo inmemorial.

Quejáronse amorosamente a Cortés de la desconfianza que aún mostraba de su fidelidad, y con sus súplicas le precisaron a resolver para el día siguiente su marcha a la vuelta de Tlaxcala. Faltaban ya 55 españoles del número que se alistó en Cuba y de los restantes los más estaban heridos o quebrantados; lo cual había ocasionado tal desaliento en la tropa, que no solamente en corrillos privados condenaban de temeraria la conducta de Cortés, sino varias veces le requirieron para volverse a Veracruz. Cortés los alentó con eficaces razones de honor y con su ejemplo de valor y constancia en todos los peligros y fatigas de aquella grande empresa. Finalmente cobraron mayor aliento con la esperanza de mayor felicidad que prometían las alianzas nuevamente contraídas.

### 24. Entrada de los españoles en Tlaxcala

Los embajadores mexicanos que aún mantenía Cortés consigo rehusaban acompañarle a Tlaxcala; pero Cortés los obligó prometiéndoles que a su lado estarían seguros de todo insulto. Vencida esta dificultad se puso en marcha el ejército, bien ordenado y apercibido para cualquiera novedad. En los lugares de Tecompantzinco y Atlihuetzian le recibieron con toda la magnificencia posible pero no igualó con mucho a la de Tlaxcala, de donde salieron a recibirle los cuatro señores de la república con una danza lucida y numerosa de la nobleza, y tan grande concurso de pueblo que no falta quien haga ascender el número a

100,000 almas; número nada inverosímil atendida la población de Tlaxcala y la novedad de aquellos hombres extraordinarios que excitaba la curiosidad de todos los pueblos. En la entrada de la ciudad y en las calles había formados arcos de flores. Por todas partes resonaba una música confusa de instrumentos y aclamaciones con tales muestras de regocijo, que más parecía celebrarse el triunfo de la república que el de sus enemigos. Este célebre día, tan memorable en los anales de Tlaxcala, fue el 23 de septiembre de 1519.

Era esta ciudad en aquel tiempo una de las más considerables de Anáhuac. Cortés afirma a Carlos V que en la grandeza de su población, calidad de sus edificios y abundancia de las cosas necesarias a la vida, excedía con mucho a Granada al tiempo en que se ganó a los moros, y que en su mercado, cuya abundancia y variedad describe, concurrían diariamente 30,000 comerciantes. El mismo conquistador testifica que, habiendo obtenido de los señores de Tlaxcala que se hiciese la enumeración de las casas y habitantes que contenían las poblaciones de la república, se halló que las casas eran más de 150,000 y los habitantes más de 500,000.

Tenían dispuesto en aquella ciudad a todo el ejército de los españoles y aliados un bello y cómodo alojamiento proveído de todas las cosas necesarias. Cortés ordenó que los embajadores mexicanos fuesen alojados en un aposento contiguo al suyo, así por hacerles honor, como por obligarles a deponer el recelo que tenían de los tlaxcaltecas. Los jefes de aquella república, para dar nuevas pruebas a los españoles de su sincera amistad, presentaron a Cortés, según la costumbre de aquellas naciones, 300 jóvenes hermosas. Cortés se excusó de admitirlas alegando que, según la ley que profesaban, no podían tener más de una mujer; pero aunque no quedase desairada la beneficencia de aquellos señores, recibió finalmente algunas en calidad de damas de la intérprete doña Marina.

No obstante esta resistencia, le presentaron luego otras cinco doncellas de la primera nobleza, que también admitió por no enajenarse sus ánimos. Estas señoras juntamente con las otras fueron en breve catequizadas, y renunciando la superstición de sus padres fueron solemnemente bautizadas en un templo que se hizo limpiar y aderezar para celebrar en él los sacrosantos misterios de nuestra religión. Una de las cinco doncellas era hija del príncipe Maxixcatzin, que en el bautismo se llamó doña Elvira y se dio al capitán Juan Velázquez de León. Otra, hija de Xicoténcatl el viejo, tomó el nombre de doña Luisa Techquihuatzin[31] y

---

[31] En doña Luisa tuvo Alvarado dos hijos, Pedro y Leonor Alvarado, la cual casó con Francisco de la Cueva, caballero de la Orden de Santiago y gobernador de Guatemala, primo del duque de Alburquerque, de cuyo matrimonio nacieron varios hijos.

se dio al capitán Pedro de Alvarado, y las otras tres a los capitanes Cristóbal de Olid, Gonzalo de Sandoval y Alonso de Ávila.

Con tan feliz principio intentó Cortés persuadir a los señores y a la nobleza que detestasen su culto supersticioso y reconociesen la única y verdadera Divinidad; pero ellos, aunque movidos de las razones que se les expusieron, confesaron la bondad y el poder del Dios que adoraban los españoles, pero no convinieron por entonces en renunciar a sus dioses imaginarios, creyéndolos necesarios para la felicidad humana.

"Nuestro dios Camaxtle —decían— nos da victoria sobre nuestros enemigos. Nuestra diosa Matlalcueye envía la lluvia a nuestras sementeras y nos defiende de las inundaciones del Zahuapan.[32] A cada uno de nuestros dioses somos deudores de una parte de la felicidad de nuestra vida, y su ira, irritada con nuestra ingratitud, descargaría sobre el Estado los más terribles castigos."

Cortés, animado de un celo más ardiente y violento de lo que convenía, pensó ejecutar sobre los ídolos de Tlaxcala lo mismo que había hecho con felicidad en los de Cempoala; pero el P. Olmedo y otras personas de respeto le disuadieron de tan temerario atentado, representándole que semejante violencia, además de ser improporcionada a la promulgación pacifica del Evangelio, podría ocasionar la ruina total de los españoles en una ciudad tan populosa y tan adicta a la superstición.

No cesó, sin embargo, en todos los veinte días que allí estuvo, de inculcarles por medio de doña Marina la crueldad abominable de sus sacrificios, la pureza y santidad de la religión cristiana, la falsedad de las deidades que adoraban y la existencia de un único Supremo Ser que preside a todas las causas naturales y vela con admirable providencia sobre la conservación de las criaturas. Estas exhortaciones, hechas por una persona de tanta autoridad y de quien habían formado tan alto concepto los tlaxcaltecas, aunque no produjeron todo el efecto que se pretendía, fueron de grande utilidad; porque, movido de ellas, el senado consintió en que se quebrantasen las jaulas de los templos y se pusiesen en libertad todos los cautivos y esclavos que en ellas estaban depositados para ser ofrecidos en sacrificio a sus dioses en las fiestas solemnes o en las públicas necesidades del Estado. De esta suerte se confirmaba cada día con nuevas demostraciones la alianza de los tlaxcaltecas a pesar de las continuas sugestiones de los embajadores mexicanos para romperla.

Cortés, aunque persuadido de la sinceridad de sus aliados, había dado orden a su gente de mantenerse siempre sobre las armas por lo que

---

[32] Río de Tlaxcala.

pudiese suceder. Resintióse de esto el senado y dio amargas quejas a Cortés de su desconfianza después de tantas y tan claras pruebas de su buena fe. Cortés se descargó protestando que aquella demostración no se hacía por desconfianza sino porque así lo llevaba la costumbre y disciplina militar de los españoles. Satisfizo al senado la respuesta, y le agradó tanto aquella especie de disciplina que Maxixcatzin quiso introducirla en las tropas de la república.

Finalmente, después de haber adquirido Cortés en el tiempo que estuvo en Tlaxcala noticias más individuales de la situación de la ciudad de México, de las fuerzas de aquel reino y de todo cuanto conducir a sus intentos, trató de proseguir su viaje; pero antes de partir regaló a los tlaxcaltecas un gran número de los mejores vestidos que le había enviado el rey de México.

Dudábase del camino que se debía tomar para la corte. Los embajadores mexicanos querían que se fuese por Cholula, en donde se tenía ya dispuesto alojamiento al ejército. Los tlaxcaltecas disuadían a Cortés de este consejo alegando la perfidia de los cholultecas, y le aconsejaban que fuese por Huexotzinco, que era la ciudad aliada igualmente de los españoles que de los tlaxcaltecas. Por otra parte, parecía más conveniente el ir por Calpulalpan, pasando inmediatamente de los dominios de Tlaxcala a los del príncipe Ixtlilxóchitl y uniéndose el ejército de este príncipe al de los españoles antes de entrar en tierras del imperio mexicano; pero Cortés no quiso, a lo que parece, tomar este partido por no enajenarse el ánimo de Moctezuma, presentándose más como enemigo que iba a declararle la guerra, que, como deseaba, en calidad de embajador que iba a tratar los intereses de su soberano. Inclinábase al camino de Cholula no menos por condescender a las súplicas de los embajadores mexicanos, que por mostrar a los tlaxcaltecas el desprecio que hacía de los conatos de sus enemigos.

## 25. Enemistad entre los cholultecas y tlaxcaltecas

El señorío de Cholula había sido por mucho tiempo libre y aliado de la república de Tlaxcala; pero al arribo de los españoles era confederado de los mexicanos y enemigo implacable de los tlaxcaltecas. La causa de esta grande enemistad había sido una torpe traición de los cholultecas en una batalla que como aliados de aquella república tuvieron contra los mexicanos; porque llevando la vanguardia del ejército de Tlaxcala, con una repentina evolución se apoderaron de su retaguardia y, cargando a las espaldas a los tlaxcaltecas al tiempo que los mexicanos les acometían por el frente, hicieron en ellos un horrible estrago.

El odio rabioso que los tlaxcaltecas habían concebido contra los de Cholula por esta abominable perfidia esperaba ocasión de vengarla, y ninguna les pareció más oportuna que la presente, en que se hallaban confederados con los españoles. Para inspirar el mismo odio a Cortés y moverlo a entrar por armas a la ciudad, le hacían advertir la singularidad de los cholultecas de no haberle enviado mensajeros a cumplimentarle como habían hecho los huexotzincas que estaban más distantes. Referíanle el mensaje que habían recibido de los cholultecas dándoles en cara la alianza con los españoles, tratándolos de viles y cobardes, y amenazándoles que, cuando intentasen cosa alguna contra aquella santa ciudad, morirían todos ahogados; porque entre otros errores tenían creído que siempre que se les antojase podrían, sin más diligencia que la de descostrar las paredes del santuario de Quetzalcoatl, hacer que brotasen ríos caudalosos que inundasen la ciudad; y aunque los tlaxcaltecas no dejaban de temer semejante infortunio, sobrepujaba a su temor el deseo de la venganza.

Por todo lo dicho determinó Cortés enviar algunos nobles tlaxcaltecas a Cholula, a reconvenir al gobernador y nobleza de aquella ciudad por haber omitido con los españoles la atención que habían usado otros lugares. Los cholultecas se excusaron con la enemistad de la república de la cual no podían fiarse jamás.[33] Esta respuesta llevaron a Cortés cuatro hombres de baja condición que era manifiesta demostración de desprecio. Cortés, advertido de los tlaxcaltecas, les mandó decir por medio de cuatro mensajeros cempoaltecas que embajada de un gran monarca como el de España no podía fiarse a tan viles mensajeros; que aun sus mismos señores no eran dignos de oírla; que supiesen que el rey católico era legítimo señor de todas aquellas tierras, en cuyo nombre venía a exigir la obediencia de los pueblos; que los que quisiesen reconocerle serían honrados y los rebeldes serían castigados conforme a la justicia; que, por tanto, compareciesen dentro de tres días en Tlaxcala a hacer el debido homenaje so pena de ser tratados como enemigos.

Los cholultecas, aunque verosímilmente se burlarían entre sí de tan arrogante embajada, por ocultar más sus intentos se presentaron al siguiente día a Cortés, suplicándole les disculpase su omisión ocasio-

---

[33] Torquemada, siguiendo verosímilmente al tlaxcalteca Camargo, añade que los cholultecas retuvieron al principal de los enviados, llamado Patlahuatzin, y con inaudita crueldad le desollaron la cara y los brazos y le cortaron las manos; pero es sin duda falso porque semejante atrocidad no podía ser ignorada de los españoles, ni Bernal Díaz la hubiera omitido cuando expresa cosas de menor importancia, ni Cortés la hubiera callado en su relación a Carlos V, para justificar la severidad del castigo que ejecutó en los cholultecas; ni es creíble que después de tal crueldad usada con uno de sus mensajeros, hubiera esperado para castigarla nuevos indicios de la perfidia de los cholultecas.

HISTORIA ANTIGUA DE MÉXICO.—LIBRO VIII 457

nada del recelo que tenían de los tlaxcaltecas y vendiéndose no solamente por amigos de los españoles, sino aun por vasallos del rey de España.

## 26. Entrada de los españoles en Cholula

Resuelto pues el viaje por Cholula salió Cortés de Tlaxcala con todas sus tropas y además con un lucido ejército de tlaxcaltecas que espontáneamente le dio la república, el cual despidió dos leguas antes de Cholula, a excepción de 5,000 ó 6,000 hombres que quiso le acompañasen.[34] Poco antes de llegar a la ciudad salieron los principales señores y sacerdotes a cumplimentar al general español con las ceremonias acostumbradas de incensarle y tocar la tierra con la mano y llevarla después a la boca.

Dijéronle que entrase enhorabuena en la ciudad con todos sus españoles y totonacas; pero le suplicaron no permitiese entrar a sus enemigos los tlaxcaltecas. Condescendió Cortés con su demanda por llevar adelante sus designios de paz. Los tlaxcaltecas quedaron acampados fuera de la ciudad, remedando en sus guardias y en la distribución de sus velas la disciplina militar de los españoles. En la entrada del ejército en Cholula hubo el mismo concurso de pueblos, las mismas ceremonias, aclamaciones y obsequios que en Tlaxcala; pero no tan sinceros.

Era Cholula ciudad populosa distante seis leguas al sur de Tlaxcala y poco más de veinte al oriente de México, y célebre no menos por el comercio de sus habitantes que por su religión. Estaba situada (como hasta hoy se conserva) en una hermosa llanura a poca distancia de aquella cadena de altas montañas que ciñen el valle de México por la parte de oriente. Su población en aquel tiempo constaba, según depone el mismo Cortés, de 20,000 casas, y otras tantas serían las de las poblaciones contiguas que le servían de arrabales. Su comercio consistía en manufacturas de algodón, en pedrería y en obras de barro. Los lapidarios de Cholula eran célebres y su loza era estimada en todas partes. Por lo que mira a la religión se puede decir que Cholula era la Roma de Anáhuac. La predilección que mostró Quetzalcoatl en vida a aquella ciudad hizo que después de sus apoteosis se le consagrase con especial culto. La multitud de templos que allí tenía y especialmente el templo mayor, erigido sobre una montaña artificial que hasta hoy subsiste, atraía infinitos peregrinos no solamente de los lugares comarcanos, sino aun de provincias muy distantes.

---

[34] Cortés dice que las tropas tlaxcaltecas que le acompañaron por importunidad hasta dos leguas antes de Cholula fueron 100,000 hombres. Bernal Díaz pone sólo 2,000 de 10,000 que le ofreció el senado.

Fue aposentado Cortés con todo su ejército en unas casas de grande amplitud, en donde los dos primeros días se les asistió con abundancia de víveres; pero luego comenzaron a escasearlos los cholultecas hasta llegar a no suministrarles más de agua y leña. No fue ésta la única demostración de su mal ánimo; a cada momento se observaban nuevos indicios de la traición que meditaban. Los cempoaltecas aliados reconocieron en las calles de la ciudad algunos hoyos con estacas agudas y bien encubiertas, que no parecían dispuestas a otro fin que al de inhabilitar los caballos. Ocho hombres venidos del campo de los tlaxcaltecas avisaron que habían visto salir tropas de mujeres y niños de la ciudad, señal nada equívoca entre aquellas naciones de guerra inminente. Por otra parte, se sabía que en algunas calles habían formado trincheras y amontonado guijarros en los terrados de las casas.

Finalmente, una señora cholulteca, que se había prendado de la hermosura, discreción y viveza de doña Marina, la convidó a librarse en su casa del peligro que amenazaba a los españoles, con cuya ocasión se informó doña Marina de toda la trama y dio pronto aviso a Cortés. Supo este general de la misma señora cholulteca que sus compatriotas habían concertado acabar con los españoles al salir de la ciudad, con el socorro de un buen cuerpo de tropas mexicanas apostadas en las inmediaciones.[35]

No satisfecho con esta noticias, encargó a doña Marina que con halagos y dádivas atrajese a su alojamiento dos sacerdotes, los cuales le confirmaron cuanto había depuesto aquella señora. Viéndose Cortés en tan grande peligro, resolvió aplicar prontamente los medios oportunos para salvarse. Hizo venir a su presencia a las personas principales de la ciudad y les dijo que si tenían alguna queja contra los españoles la declarasen abiertamente como convenía a hombres de honor, para darles la debida satisfacción. Respondieron que estaban satisfechos de su buena conducta y prontos a servirle; que cuando resolviese su partida, sería proveído de todo lo necesario para el viaje y aun de gente armada para su seguridad. Aceptó Cortés la oferta y aplazó para el día siguiente la partida.

Los cholultecas se retiraron contentos por parecerles que todo iba disponiendo al buen éxito de su traición, y para más asegurarla sacrificaron a sus dioses diez niños, cinco de cada sexo. Cortés llamó a consejo a sus capitanes, les declaró los perversos designios de los cholultecas, les ponderó el riesgo y les mandó dar su parecer. Algunos querían que se evitase el peligro pasando a la ciudad de Huexotzinco, que distaba no más de tres leguas, o volviéndose a Tlaxcala; pero los más se remitieron a la determinación de su jefe. Cortés dio las órdenes que le parecieron más

---

[35] Bernal Díaz dice que el ejército de los mexicanos, según los informes que hubieron, era de 20,000 hombres. Cortés dice que los mismos señores de Cholula confesaron que eran 50,000.

convenientes, protestando que no se creería jamás seguro en México sin dejar bien castigada aquella pérfida ciudad. Ordenó a las tropas auxiliares de Tlaxcala que al día siguiente al nacer el sol entrasen a sangre y fuego a la ciudad sin perdonar a nadie sino a las mujeres y a los niños.

### 27. Venganza ejecutada en los cholultecas

Amaneció el día fatal para Cholula. Prepararon los españoles sus caballos, su artillería y todas sus armas, y se apostaron en un gran patio que debía ser el teatro principal de aquella tragedia. Llegaron los cholultecas al cuartel al comenzar el día. Los señores y nobleza hasta el número de 40 personas entraron con los hombres de carga en las salas y cámaras para aprestar el equipaje, a los cuales se pusieron prontamente guardias porque no se escapasen.

La tropa cholulteca entró con el principal señor de la ciudad en el patio a instancias, como se puede creer, del mismo Cortés, el cual montado a caballo les habló de esta suerte: "Yo, señores, os he solicitado por amigos; entré de paz en vuestra ciudad y en ella no habéis recibido agravio alguno de mí o de alguno de mi gente, y aun porque no tuvieseis motivo alguno de queja, no permití entrar en la ciudad las tropas auxiliares de Tlaxcala. Os he rogado que me expongáis vuestros sentimientos, si algunos teníais de mí, para daros conveniente satisfacción; pero vosotros con abominable perfidia me habéis dispuesto bajo la apariencia de amistad la más cruel traición para acabar conmigo y con toda mi gente; nada ignoro de vuestras malignas intenciones."

Y llamando aparte a cuatro o cinco cholultecas, les preguntó qué motivo habían tenido para tan execrable atentado. Respondieron que los embajadores mexicanos, por complacer a su señor, los habían inducido a maquinarles la muerte. Cortés, entonces con un semblante lleno de fuego, habló así a los embajadores que se hallaban presentes: "Estos malvados, por disculpar su delito, os culpan a nosotros y a vuestro rey en la traición; pero ni os imagino capaces de semejante maldad, ni es creíble que el gran monarca Moctezuma observase conmigo una conducta tan irregular que, convidándome con tanta benignidad a su corte, tratase de darme la muerte en el camino, y pudiendo oponerse abiertamente a mis pretensiones con la fuerza de las armas, se valiese de unos fementidos para embarazarlas. Estad, pues, seguros de que haré respetar vuestras personas en el castigo que se va a ejecutar. Hoy han de perecer a nuestras manos estos traidores y ha de ser asolada su ciudad. Pongo al cielo y a la tierra por testigos de que su perfidia es la que arma nuestros brazos para una venganza tan contraria a nuestra inclinación."

Dada luego la señal de acometer con un tiro de escopeta, embistieron los españoles con tal furia sobre aquellas miserables víctimas, que de todos los que se hallaban presentes siendo muchos, no quedó uno solo con vida. Los raudales de sangre que corrían por el patio y los clamores lastimosos que levantaban al cielo los moribundos serían capaces de inspirar horror y compasión a cualquier alma que no estuviese poseída del furor de venganza.

No teniendo ya qué hacer dentro de la casa, salieron a las calles ensangrentando con el mismo rigor sus espadas en cuantos cholultecas se les presentaban. Los tlaxcaltecas, por su parte, entraron en la ciudad como unos leones irritados. Un golpe tan inopinado desordenó al principio a los ciudadanos; mas habiéndose unido en varias tropas, hicieron por algún tiempo una vigorosa resistencia, hasta que, reconociendo el estrago que hacían en ellos la artillería y la superioridad de las armas europeas, se volvieron a poner en desorden.

Muchos se salvaron con la fuga; algunos acudieron al remedio supersticioso de descostrar las paredes del templo mayor para inundar la ciudad, y viendo que nada les aprovechaba, se hicieron fuertes en las casas y en los templos; pero no les valió porque sus enemigos pusieron fuego a todos los edificios en donde hallaron alguna resistencia. Arden las casas y las torres de los templos; por las calles no se ven más de cadáveres ensangrentados o medio quemados; ni se oyen más que voces de los capitanes que ordenan el último exterminio de la ciudad, gritos de los soldados que insultan a los vencidos, llantos de los moribundos, imprecaciones contra los vencedores y quejas de sus dioses porque los han abandonado en tan grave aprieto.

Entre muchos que se refugiaron en las torres de los templos no hubo más de uno que se rindiera a los vencedores; todos los demás o murieron abrasados en el incendio o se procuraron una muerte menos dolorosa precipitándose de aquella altura. Con este horrible estrago,[36] en que perecieron 6,000 cholultecas, quedó por entonces desierta la ciudad. Se

---

[36] El célebre obispo Las Casas pinta en una de sus obras este suceso de Cholula con los más negros colores. No hay duda de que fue horrible la carnicería y demasiada la venganza; pero ni faltaban a los españoles para castigar a los cholultecas los justos motivos que expresamos y aquel autor omite, ni intervinieron aquellas odiosas circunstancias que él dice y no se leen en ningún otro de los historiadores antiguos. Para creer al señor Las Casas que los españoles ejecutaron aquel estrago solamente por antojo, y que, al tiempo de derramar los soldados arroyos de sangre, el general estaba cantando coplas, sería menester que lo depusiese como testigo ocular, o que produjese documentos que borrasen la idea que nos dan de Cortés cuantos le conocieron e hiciesen verosímil lo que absolutamente es increíble. Yo no dudo que escribió sobre el informe de alguno de los muchos enemigos de Cortés. No soy panegirista de este conquistador para encubrir sus defectos; pero soy historiador para no acriminarla contra verdad y justicia, y soy cristiano para no creer tan grandes maldades de un individuo de mi especie sin graves fundamentos. Describo el suceso de Cholula como lo hallo en los historiadores más sinceros que estuvieron presentes o se informaron, así de los antiguos españoles como de los indios.

saquearon las casas y los templos, apoderándose los españoles del oro y de la plata y los tlaxcaltecas de la pluma, la ropa y la sal.

No bien terminada la tragedia de Cholula, se dejó ver en aquella ciudad un ejército de 20,000 hombres que enviaba en socorro la república de Tlaxcala a cargo del general Xicoténcatl, de resulta, como se puede creer, del aviso que la noche antecedente darían a aquel senado los jefes de las tropas tlaxcaltecas que estaban acampadas fuera de la ciudad. Agradeció Cortés a la república el socorro, regaló a Xicoténcatl y a sus capitanes parte del botín y le suplicó volviese con su ejército a Tlaxcala por no ser necesario, reteniendo los 5,000 ó 6,000 hombres que le habían ayudado en el castigo de Cholula, para que le acompañasen a México. Con esta ocasión se acabó de consolidar la alianza de los españoles con aquella república.

### 28. Paz de Cholula. Reconocimiento a España de los cholultecas y tepeyacas

Restituido Cortés a su cuartel, en donde habían quedado en calidad de prisioneros 40 hombres de la primera nobleza, le suplicaron que entre tanto rigor diese lugar a la clemencia; que cesasen ya las hostilidades para con unos hombres infelices que más habían delinquido por error que por malicia; que permitiese que uno o dos de ellos saliesen a recoger las mujeres y niños que andaban descarriados y ocupados del espanto por los montes. Movióse Cortés a compasión, mandó cesar del todo el furor de las armas y publicó perdón general.

A la voz de este pregón se vieron levantar de entre los cadáveres muchos hombres que habían aparentado la muerte para evadirla, y volver a la ciudad tropas de fugitivos, llorando, unos la muerte de sus padres y hermanos y, otras, las de sus maridos. Mando Cortés limpiar las calles y los atrios de los templos de los cadáveres que ya comenzaban a heder y dio libertad a todos los prisioneros. Quedó dentro de pocos días aquella ciudad tan poblada, que parecía no haber faltado alguno de sus habitantes.

Aquí recibió Cortés los parabienes de las repúblicas de Tlaxcala y Huexotzinco y la obediencia a la corona de España de la misma Cholula y de Tepeyacac, ciudad y estado considerable ocho leguas al oriente de Cholula; ajustó las diferencias entre los cholultecas y tlaxcaltecas y restableció su antigua amistad y alianza que en adelante jamás se rompió. Finalmente, por cumplir también con su religión, hizo romper las jaulas de los templos y dio libertad a todos los cautivos y esclavos que estaban destinados al sacrificio; mandó asear el templo mayor y erigió en él el estandarte de la cruz después de dar a los cholultecas, como a los demás pueblos por donde pasaba, alguna idea de la religión cristiana.

## 29. Nueva embajada y presente del rey de México

Engreído el general español con tan felices sucesos, o deseoso de inspirar terror a Moctezuma, encargó a los embajadores mexicanos dijesen a su señor que si antes pensaba entrar pacíficamente en México, había mudado de resolución después de lo acaecido en Cholula, y estaba determinado a entrar como enemigo a hacerle cuanto daño pudiese. Los embajadores le respondieron que antes de resolverse averiguase mejor las cosas y así se certificaría de las buenas intenciones de su señor; que si le parecía bien iría uno de ellos a México a presentar sus quejas al rey. Vino Cortés en ello y a los seis días volvió el embajador con un gran regalo consistente en diez platos de oro fino, que importaban 10,000 pesos; en 1,500 vestidos y mucha vitualla, dándole las gracias a nombre de su señor por el castigo ejecutado en los pérfidos cholultecas y protestando que el ejército que se había levantado para sorprender a los españoles en el camino había sido de los acatzincas e itzocas, confederados de los cholultecas, que aunque vasallos suyos habían tomado sin su orden las armas. Lo mismo confirmaron con juramentos los embajadores y Cortés mostró quedar satisfecho.

No es fácil en este punto atinar con la verdad, ni podemos menos que condenar la ligereza de nuestros historiadores en creer y en afirmar tan francamente lo que ignoraban. ¿Qué razón hay para que sean creídos los cholultecas que, como todos confiesan, eran gente doblada, y no los mexicanos y el mismo Moctezuma que, por la elevación de su carácter, era más digno de fe? La conducta que desde el principio observó constantemente aquel monarca de no hacer mal a los españoles, habiéndosele ofrecido tantas y tan oportunas ocasiones para deshacerse de ellos, y la moderación con que siempre habló de sus personas (la cual testifican los mismos historiadores) hacen inverosímil el descargo de los cholultecas; pero, por otra parte, le dan alguna apariencia de verdad ciertos indicios de la indignación de Moctezuma, especialmente las hostilidades que por este tiempo ejecutó en la guarnición de la Veracruz un poderoso vasallo de la corona de México.

Cuauhpopoca,[37] señor de Nauhtlan (que los españoles llamaron Almería), ciudad situada en la costa del Golfo Mexicano doce leguas más

---

[37] Bernal Díaz le llama Quetzalpopoca, que también es nombre mexicano.

arriba de la primera villa de la Veracruz y en la raya del imperio mexicano por aquella parte, recibió orden de Moctezuma de reducir a los totonacas a la debida obediencia luego que el ejército de los españoles se ausentase de aquella costa. En cumplimiento de su obligación requirió con amenazas a aquellos pueblos para que pagasen el tributo que debían a la corona. Los totonacas, insolentes con el favor de sus nuevos aliados, respondieron que no tenían que pagar tributo a quien no reconocían por su rey. Viendo Cuauhpopoca que eran inútiles los requerimientos para con unos hombres que tenían sobrada confianza en sus aliados y ningún respeto ni temor a su soberano, puesto al frente de las tropas mexicanas que había de guarnición en aquellas fronteras, comenzó a correr los lugares de Totonacapan castigando con las armas su rebelión.

Los totonacas presentaron sus lamentos al capitán Juan de Escalante, gobernador de la Veracruz, que en ausencia de Cortés procuraba mantener la amistad de aquella nación, y le pidieron que reprimiese la crueldad de los mexicanos, ofreciéndose a ayudarle con un buen número de tropas. Escalante envió al jefe de los mexicanos un mensaje muy cortés suplicándole que suspendiese las hostilidades que no podían ser del agrado de su soberano, que tanto se había esmerado en favorecer a los españoles protectores de los totonacas. Cuauhpopoca respondió que él sabía mejor si era o no del agrado de su señor el castigo de aquellos rebeldes; que si los españoles querían protegerlos, los esperaría en las llanuras de Nauhtlan.

No pudo el gobernador sufrir esta respuesta; salió luego al lugar señalado con dos caballos, dos pequeños cañones, 50 infantes españoles y unos 10,000 totonacas. A la primera descarga de los mexicanos se desordenaron los totonacas y huyeron los más a sus pueblos; pero a pesar de su cobardía, los españoles combatieron con singular valor e hicieron no poco daño a los mexicanos. Éstos, que nunca habían experimentado la violencia de la artillería y el estrago de las armas europeas, se retiraron espantados a la vecina ciudad de Nauhtlan. Los españoles los siguieron con furor y pegaron fuego a la población.

Esta victoria costó a los españoles la vida del gobernador, que dentro de tres días murió de las heridas; de seis o siete de sus soldados y de muchos totonacas. Uno de los soldados, que era de aspecto fiero y de cabeza muy abultada, fue hecho prisionero y enviado a México por Cuauhpopoca; pero habiendo muerto de las heridas en el camino no llevaron más que su cabeza a Moctezuma, el cual, asombrado de su extraordinaria catadura, no permitió que se ofreciese a sus dioses en algún templo en la corte. Estas revoluciones supo Cortés por carta que le despacharon de la Veracruz, antes de salir de Cholula,[38] pero por entonces parece que disimuló el sobresalto que le causaron por no ocasionar, como se puede creer, algún desaliento en sus soldados.

### 30. Marcha de los españoles a México. Nuevos sobresaltos y embajadas de Moctezuma

No teniendo ya qué hacer en Cholula, se puso Cortés en camino para México a principios de noviembre con sus españoles y más de 6,000 hombres de Tlaxcala, Cholula y Huexotzinco. En Izcalpan, pequeña población de Huexotzinco, distante cuatro leguas de Cholula, le cumplimentaron de nuevo los señores huexotzincas y le advirtieron que había desde allí dos caminos para la corte; el uno abierto y bien aderezado, que conducía a unas quebradas en que debía temer alguna fatal emboscada de los enemigos, y el otro recientemente embarazado y cubierto con árboles cortados, que era el mejor y el más breve.

Cortés se aprovechó del aviso y a pesar de los mexicanos mandó desembarazar el camino cubierto, pretextando que para el valor de los españoles era aliciente la aspereza y dificultad, y siguió su marcha por aquel gran bosque de pinos y encinos hasta subir a una eminencia llamada Ithualco, entre los dos volcanes Popocatepetl e Ixtaccíhuatl, donde había unas grandes casas para alojamiento de los mercaderes mexicanos. Aquí se hicieron cargo de la hazañosa empresa del capitán Diego Ordaz, que pocos días antes, por dar idea a aquellos pueblos del valor de su nación, subió con otros nueve soldados casi hasta la cumbre elevadísima del Popocatepetl, aunque no pudo reconocer su boca por la alta nieve que cubría su cima y los torbellinos de humo y ceniza que lanzaba de sus entrañas.[39]

Desde la altura de Ithualco en que se hallaban divisaron los españoles el delicioso valle de México con muy diversos sentimientos; unos recreaban sus ojos con la vista de sus lagos, sus amenas campiñas y de las muchas, grandes y bellas poblaciones repartidas en los lagos y sus contornos; a otros se avivó la esperanza de enriquecerse con los despo-

---

[38] Todos o casi todos los historiadores dicen que la noticia de lo acaecido en Nauhtlan se recibió en México; pero Cortés dice expresamente que la tuvo en Cholula.

[39] Bernal Díaz y casi todos los demás historiadores dicen que Ordaz subió a la cumbre del Popocatepetl y observó su boca; pero Cortés dice lo contrario. Sin embargo, Ordaz obtuvo del rey el poner un volcán en su escudo de armas. Esa hazaña estaba observada para Montaño y otros españoles que después de la Conquista no solamente reconocieron la boca, sino entraron en el volcán, no sin grave peligro de la vida, y sacaron algunas arrobas de azufre para hacer pólvora.

jos de tanta grandeza; pero algunos, más prudentes, viendo tan grande población, reputaron temeridad el meterse en tan graves peligros, y se apoderó de tal suerte el temor de sus corazones que desde allí se hubieran vuelto a la Veracruz, si Cortés, valiéndose de toda autoridad y de las razones que le sugería su buen entendimiento, no los hubiera alentado a la empresa.

Entre tanto Moctezuma, consternado con el suceso de Cholula, se retiró al palacio Tlillancalmécatl, que era el destinado para las ocasiones de tristeza y de dolor, y allí por espacio de nueve días ayunó y practicó varias austeridades para merecer la protección de los dioses. Desde este retiro envió cuatro personas principales a Cortés con un presente y nuevas súplicas y pretextos para que no fuese a la corte, ofreciéndose a pagar cierto tributo anual al rey de España, cuatro cargas de oro al general español y una a cada uno de los capitanes y soldados, si desde el lugar donde se hallaban regresaban a su patria.[40] Tan grande era el horror que aquel supersticioso príncipe había concebido de los españoles. No hubiera hecho mayor diligencia por evitar su vista si hubiera sabido todo el mal que le habían de hacer.

Los embajadores alcanzaron a Cortés en Ithualco; el presente que llevaban era de alhajas de oro, que importaban 3,000 pesos. Cortés los obsequió cuando pudo y respondió agradeciendo al rey su regalo y sus magníficas promesas, que esperaba pagar en buenas obras; pero protestando al mismo tiempo que no podía volver atrás sin faltar a las órdenes de su soberano; que prometía que su ida no ocasionaría el más leve perjuicio al Estado; que si después de expuesta boca a boca a su majestad la embajada que llevaba y que no podía fiar a otra persona, no hallase conveniente la estada de los españoles en la corte, sin dilación alguna tomarían el camino para volverse a su patria.

Avivábanse los sobresaltos de Moctezuma con las sugestiones de los sacerdotes, especialmente con la relación que por estos días le hicieron de ciertas visiones espantosas que decían haber tenido y de varios oráculos de sus mentidas deidades. Por tanto, sin aguardar el éxito de la última embajada, llamó a consejo a su hermano Cuitlahuatzin y a Cacamatzin, su sobrino, rey de Texcoco, y a los demás señores con quienes solía consultar. Todos persistieron en su primer dictamen. Cuitlahuatzin en el de no permitir a los españoles la entrada en la corte y de obligarles o por bien o por mal a salir del reino, y Cacamatzin en el de admitirlos por la cualidad de embajador de que venía revestido su

---

[40] Siendo la carga ordinaria de un mexicano de dos arrobas y considerando el número de los españoles que iban con Cortés, podemos conjeturar que lo que Moctezuma ofrecía porque desistiesen del viaje a México importaba como dos millones de doblones.

general, puesto que no faltaban fuerzas al rey de México para hacerles entrar en razón si algo intentasen contra su real persona o contra el Estado.

Moctezuma, que siempre se había adherido al dictamen de su hermano y que solamente había mostrado consentir en la ida de los españoles a la corte cuando le importó sacarlos de entre los tlaxcaltecas, esta vez abrazó el parecer de su sobrino Cacamatzin en no impedirles por fuerza la entrada; pero al mismo tiempo le encargó de visitar al general español y de procurar de buen modo disuadirle de su intento. Entonces Cuitlahuatzin vuelto al rey le dijo: "Quieran, señor, los dioses que no introduzcáis en vuestra casa a quien os eche de ella y os despoje de la corona, y que cuando queráis remediarlo tengáis tiempo y halléis medios para hacerlo". "¿Qué hemos de hacer —exclamó el rey—, si nuestros amigos y, lo que es más, nuestros mismos dioses, en vez de favorecernos, prosperan a nuestros enemigos? Yo estoy ya resuelto y quiero que nos resolvamos todos a no huir, ni escondernos, ni dar la menor muestra de cobardía venga lo que viniere; pero no puedo menos de compadecerme de los niños y de los viejos que no tienen fuerza para defenderse."

### 31. Nuevas alianzas contraídas por Cortés

Cortés, despedidos los embajadores de México, movió su campo de Ithualco y continuó su marcha por Amaquemecan y Tlalmanalco, lugares entonces considerables de la provincia de Chalco distantes entre sí unas tres leguas y situados en la bajada de los montes. Amaquemecan,[41] juntamente con las aldeas comarcanas, contenía 20,000 vecinos.

En estos lugares fueron muy bien tratados los españoles y a Cortés visitaron e hicieron sus presentes de oro y de esclavas varios señores de aquella provincia, los cuales se quejaron amargamente de las vejaciones que sufrían del rey y sus ministros, casi en los mismos términos en que lo habían hecho en Chiauiztlan los totonacas; y por sugestión de los cempoaltecas y de los tlaxcaltecas se confederaron con los españoles por el interés de su libertad.

De esta suerte iba Cortés engrosando sus fuerzas en cada paso que daba, al modo que un pequeño arroyo va creciendo hasta hacerse un río caudaloso con las aguas que va recibiendo en su curso.

---

[41] Amaquemecan, que los españoles llaman *Mecameca,* es hoy un lugar miserable, pero célebre por haber sido patria de Sor Juana Inés de la Cruz, uno de los mayores ingenios de su sexo.

## 32. Visita del rey de Texcoco a Cortés

De Tlalmanalco pasó el ejército a Ayotzinco, lugar pequeño sobre la ribera meridional del lago de Chalco,[42] que servía de puerto a las canoas mercantiles que comerciaban con varios lugares de tierra caliente. La curiosidad, que atrajo muchos mexicanos al cuartel de los españoles, costó a algunos la vida; porque las guardias españolas, teniéndolos por espías por el continuo recelo en que estaban de alguna traición, mataron unos quince hombres aquella noche.

Al día siguiente, estando ya a punto de marchar, llegaron cuatro nobles mexicanos con el aviso de que venía el rey de Texcoco a visitar a Cortés de parte de su tío el rey de México. No tardó mucho en llegar en unas andas adornadas de precioso plumaje sobre los hombros de cuatro de sus familiares, con un numeroso y lucido acompañamiento de nobleza mexicana y texcocana. Luego que llegó a vista del general español se apeó de las andas y siguió a pie llevando por delante varios criados que con suma diligencia iban limpiando el camino de cuanto pudiese ofender a sus ojos o a sus pies.

Los españoles quedaron asombrados de tanta grandeza y por ella conjeturaron cuánta sería la del rey de México. Cortés salió a recibirle a la puerta de su alojamiento y le previno con una profunda reverencia, a la cual correspondió el rey tocando con la diestra el suelo y llevándola después a su boca. Entró con despejo majestuoso en una de las salas y tomando asiento dio de parte de su tío la bienvenida a Cortés y a sus capitanes, y protestó el deseo que tenía Moctezuma de establecer una buena correspondencia y amistad con el príncipe de oriente en cuyo nombre venía; pero al mismo tiempo inculcó las grandes dificultades que embarazaban su viaje a la corte y le suplicó que, si era posible, desistiese de su pretensión. Cortés respondió que no era posible desistirse sin incurrir en la indignación de su soberano, especialmente hallándose ya tan cerca de la corte, después de superar innumerables peligros en tan largo viaje. "Pues si es así, replicó el rey, en la corte nos veremos." Y despidiéndose cortésmente, después de haber recibido algunas bagatelas de Europa, le dejó alguna nobleza para que le acompañase en el viaje.

De Ayotzinco pasó el ejército español a Cuitláhuac, ciudad de dos mil vecinos fundada en una isleta en medio del lago de Chalco; pero

---

[42] Solís, por ignorancia de la geografía, confunde a Amaquemecan con Ayozinco. Amaquemecan no está situada, como dice aquel historiador, en la laguna, sino unas cuatro leguas distante de ella en la bajada de los montes a la llanura de Chalco. La visita de Cacamatzin a Cortés fue ciertamente en Ayotzinco, como dicen los historiadores mejor instruidos y consta de la descripción que hace Cortés de aquel lugar, y ninguno hasta Solís ha dicho o pensado que fuese en Amaquemecan. Bernal Díaz dice que fue en *Izpapalatenco*, pero es evidente error nacido de olvido.

aunque pequeña, era, según dice Cortés, la más bella que hasta entonces había visto. Comunicaba esta isleta con la tierra firme por medio de dos calzadas formadas sobre el mismo lago, anchas y cómodas; una de dos millas por la banda del sur y otra por la del norte de más de una legua. Iban por la calzada los españoles, por una parte, regocijados de ver la muchedumbre y belleza de las poblaciones que había en el lago, los templos y torres que se levantaban sobre los demás edificios, las arboledas que hermoseaban las ciudades, las sementeras y jardines que sobrenadan en las aguas y las innumerables canoas que surcaban el lago; pero, por otra parte, no poco sobresaltados del numeroso concierto de pueblo que de todos aquellos lugares acudían a verlos, por lo cual mandó Cortés a los suyos que fuesen bien ordenados y apercibidos, y a los demás que no embarazasen la marcha ni se acercasen a las filas, si no querían ser tratados como enemigos.

En Cuitláhuac fueron bien alojados y regalados. El señor de aquella ciudad se quejó secretamente con Cortés de la tiranía de su soberano, se confederó con él y le facilitó la ida a México exponiéndole la comodidad del camino y la consternación que habían causado en el ánimo de Moctezuma los oráculos de sus dioses, los fenómenos del cielo y la felicidad de las armas españolas.

### 33. Entrada de los españoles en Texcoco

De Cuitláhuac salieron por la otra calzada para Iztapalapa; pero en el camino se vio precisado Cortés a mudar la resolución. El príncipe Ixtlilxóchitl, viendo que el general español no se había avenido a hacer el viaje por Calpulalpan donde le esperaba, resolvió salir a verle al camino de Iztapalapa. A ese fin pasó con un buen número de tropas por las cercanías de Texcoco.

Noticioso de su marcha su hermano el príncipe Coanacotzin, que desde las desazones que tuvieron tres años antes vivía enajenado de él, o movido de la ternura de la sangre o esperando mayor ventaja de unir sus intereses a los de su hermano, salió a encontrarle al camino. Allí se comunicaron recíprocamente sus sentimientos, se reconciliaron y se unieron para confederarse con los españoles. Siguieron juntos su camino hasta Iztapalatenco, en donde alcanzaron al ejército de los españoles.

Cortés, viendo venir tanta gente armada, entró en gran recelo; pero certificado de la calidad de los personajes que venían a verle y del motivo de su venida, salió a recibirlos y, practicadas de una y otra parte todas las demostraciones de urbanidad y respeto, convidaron ambos príncipes a Cortés a pasar a la corte de Texcoco, y él se dejó persuadir por las grandes ventajas que se prometía del príncipe Ixtlixóchitl, cuya adhesión a los españoles se había ya manifestado suficientemente.

Era Texcoco en aquel tiempo, aunque inferior a México en la magnificencia y esplendor, la mayor y más numerosa población de la tierra de Anáhuac. Su vecindario, comprendiendo el de las ciudades de Huexotla, Coatlichan y Atenco, que le eran contiguas y le servían de arrabales, era, si creemos a Torquemada, de 140,000 casas. A los españoles les pareció como dos veces Sevilla. La grandeza de los templos y palacios reales, la hermosura de las calles, las fuentes y jardines dieron copiosa materia a su admiración.

Entró Cortés[43] en esta gran ciudad acompañado de los dos príncipes y de mucha nobleza acolhúa, por entre un concurso innumerable de pueblo. Hospedóse con todo su ejército en el palacio principal del rey, en donde el trato y el regalo de su persona fue correspondiente a la posada. Allí le expuso el príncipe Ixtlilxóchitl sus pretendidos derechos a la corona de Acolhuacán, y sus quejas contra su hermano Cacamatzin y contra su tío el rey de México. Cortés le prometió ponerlo en posesión de la corona luego que hubiese evacuado sus negociaciones en México; y sin demorarse en aquella ciudad partió luego para Iztapalapa.

## 34. Entrada en Iztapalapa

Era Iztapalapa una ciudad considerable situada casi en el cabo de una pequeña península que se formaba entre los dos lagos, el de agua salobre al norte y el de agua dulce al sur. Uníase esta península a la isleta de México por medio de una ancha calzada de dos leguas y media de largo, fabricada muchos años antes entre las aguas del lago. El vecindario de Iztapalapa era de más de 12,000 casas, fabricadas por la mayor parte en islotes del lago salobre en cuyos contornos había innumerables sementeras y jardines nadantes.

Gobernaba entonces esa ciudad el príncipe Cuitlahuatzin, hermano del rey Moctezuma y su inmediato sucesor en la corona, el cual, en compañía de su hermano Matlatzincatzin, señor de la ciudad de Coyo-

---

[43] De la ida de los españoles a Texcoco nada dicen Cortés, Bernal Díaz, Gómara, ni Torquemada, aunque se infiere de un pasaje de la carta de Cortés (año 1522) a Carlos V. Herrera y Solís hacen mención de ella, pero con alguna variedad. Dicen que primero fueron a Texcoco y después a Cuitlahuac, en lo que muestran ignorar la situación de esos lugares. Afirman también que Cacamatzin acompañó a Cortés a Texcoco; pero lo contrario consta de los manuscritos antiguos que cita en su historia Fernando de Alva Ixtlilxóchitl. Omiten la reconciliación de los dos príncipes y por consiguiente no expresan el motivo que tuvo el general español para hacer aquella diversión del camino de México. Yo sigo en ese viaje a Betancourt, que escribió sobre las memorias de Alva Ixtlilxóchitl y de Sigüenza y Góngora.

huacan, recibió a Cortés con las mismas demostraciones que habían usado los demás señores por cuyos lugares había pasado. Hízole una muy cumplida arenga, a la cual respondió Cortés por sus intérpretes. Hospedóle con todo su ejército en su mismo palacio. Era éste un soberbio edificio de cal y canto, recientemente fabricado y aun no del todo concluido, en que, además de las muchas salas y piezas cómodas para la habitación, techada de cedro y entapizadas de vistosos lienzos de algodón, y de los patios espaciosos en que se acomodaron las tropas aliadas de los españoles, tenía una huerta de admirable grandeza y hermosura cuya descripción dimos ya cuando hablamos de la agricultura de los mexicanos.

Después de comer llevó el príncipe a Cortés y a su gente a pasear esta huerta, cuya vista les recreó mucho y les hizo formar un alto concepto de la magnificencia mexicana. En este lugar observaron los españoles que, en vez de las quejas y murmuraciones que habían oído en otros lugares, no se oían más que elogios del gobierno, porque la inmediación de la corte los hacía más cautos en hablar.

Al día siguiente bien temprano se puso el ejército en marcha por aquella gran calzada que unía, como ya dijimos, a Iztapalapa con México, cortada a trechos con varios pequeños canales de comunicación de una parte del lago a la otra, para el paso de las canoas, sobre los cuales había puentes de vigas que servían a la comodidad de los pasajeros, y se quitaban cuando se quería cortar el paso a los enemigos.

Y pasando por Mexicaltzinco, población de 3,000 vecinos, y a vista de Huitzilopochco y de Mixcoac, ciudades fundadas en la ribera del lago, ésta de 6,000 y aquélla de 4,000 ó 5,000 vecinos, buenos edificios y altas torres, llegó por entre inmenso concurso de gente al ángulo que formaba aquella calzada con otra que venía de la ciudad de Coyohuacan. En este sitio, que llamaban Xoloc, a media legua de distancia de México, había un buen baluarte con dos torres, cercado de un muro de cuatro varas de alto con su parapeto almenado, dos puertas y un puente levadizo; lugar memorable por haber fijado en él su campo Cortés cuando sitió aquella gran ciudad. Aquí hizo alto el ejército para recibir los cumplimientos de más de mil nobles mexicanos uniformemente vestidos, que al pasar por delante del general español le hacían una reverencia y la acostumbrada ceremonia de tocar el suelo y besar la mano.

### 35. Entrada de los españoles en México

Concluidos estos cumplimientos en que tardaron una hora, continuaron los españoles su marcha en tan buen orden como si fueran a dar una batalla. Poco antes de llegar a la ciudad recibió Cortés aviso de que salía a recibirle el rey de México, y a poco rato se dejó ver con un lucido y numeroso acompañamiento. Precedían tres nobles con unas varas de oro levantadas en alto, que eran insignias de la majestad, con las cuales se advertía al pueblo la presencia de su señor. Venía el rey ricamente vestido y calzado sobre unas andas cubiertas de planchas de oro, que sostenían en sus hombros cuatro nobles, y bajo un palio o quitasol de pluma verde entretejida de varias pedrezuelas de oro. Traía pendiente de sus hombros un manto adornado de riquísimas joyas de oro y piedras preciosas; en la cabeza una corona de oro sutil y en los pies unas suelas de oro atadas con unas correas tachonadas del mismo precioso metal y de pedrería.

Acompañábanle 200 señores mejor vestidos que los primeros; pero todos iban descalzos, de dos en dos y arrimados a una y otra acera de la calle para demostrar el respeto a su soberano. Luego que se divisaron el rey y el general español se apearon, éste de su caballo y aquél de sus andas, y comenzó a caminar apoyado en los brazos del rey de Texcoco y del señor de Iztapalapa, que se habían adelantado a ese efecto. Cortés, después de hacer al rey una profunda reverencia, se fue hacia él para echarle al cuello un hilo de oro en que estaban ensartadas cuentas de vidrio que remedaban las piedras preciosas, el cual recibió el rey inclinando la cabeza; pero al ir Cortés a abrazarle, se lo impidieron aquellos dos señores como desacato a la majestad.[44]

Significóle en una breve arenga, como pedían las circunstancias, su benevolencia y respeto y el placer que sentía de haber llegado a conocer tan gran monarca. El rey le correspondió en pocas palabras con la ceremonia de tocar la tierra, que era común en todo género de persona, y le pagó el presente de las cuentas de vidrio con dos collares de nácares de que pendían grandes camarones de oro en los cuales el arte había imitado perfectamente a la naturaleza. Encargó a su hermano el señor de Iztapalapa el llevar de brazo al general español y él se adelantó con el rey de Texcoco.

Atónita estaba la nobleza y el inmenso pueblo que desde los terrados, puertas y ventanas de las casas observaba lo que pasaba, no menos de la novedad de tantos objetos extraordinarios que de un golpe se presentaban a sus ojos, que de la inaudita dignación de su rey; lo cual sirvió

---

[44] Solís dice que los señores que servían de braceros al rey detuvieron con alguna destemplanza a Cortés cuando quiso echarle al cuello una banda o cadena de vidrio. Pero es falso, primero, que el presente de Cortés fuera banda o cadena; lo segundo, que aquellos dos impidieron a Cortés aquel obsequio, pues lo que le impidieron, como consta de la misma relación de Cortés, fue solamente el abrazarle. Lo tercero fue que en esta acción hubiera destemplanza. Lo cuarto es falsísimo e inventado de Solís, que el rey reprendiera a aquellos señores. Lo cierto es que ni Cortés abrazó al rey, ni se quejó, ni el rey le satisfizo.

a exaltar la reputación de los españoles. Éstos marchaban asombrados de la grandeza de la ciudad, de la magnificencia de sus edificios y de la muchedumbre de sus habitantes, por aquella grande y espaciosa calle que, sin perder un punto de su rectitud, servía de continuación a la calzada hasta la puerta meridional del Templo Mayor, alternándose en sus ánimos con el asombro algún temor de su futura suerte, viéndose tan pocos en el centro de un reino extraño.

Así caminaron por una media legua dentro de la ciudad hasta llegar al palacio del difunto rey Axayácatl, situado a poca distancia de la puerta occidental del Templo Mayor, en donde se les había dispuesto el alojamiento. Aquí los aguardaba el rey que a ese fin se había adelantado, y llegando Cortés a la puerta del palacio le tomó el rey de la mano y le introdujo a una gran sala; dióle asiento en un magnífico estrado en que brillaba el oro y las piedras preciosas y despidiéndose cortésmente le dijo: "En vuestra casa quedáis; comed y descansad, que presto volveré a veros".

Fuése el rey a su palacio y Cortés mandó hacer una salva con la artillería para inspirar terror con el estruendo; recorrió las salas y cámaras del alojamiento para distribuir en ellas su gente. Era de tanta amplitud aquel edificio, que en él se alojaron cómodamente los españoles, que eran más de 400, y los aliados, que eran unos 6,000. Estaba prolijamente limpio y había muchas piezas esteradas y entapizadas con lienzos finos de algodón de varios colores. En todas o en casi todas había camas de esteras de enea y de palma con otras esteras enrolladas por cabecera, y un toldillo de algodón y sillas labradas de una pieza. Las paredes eran muy gruesas y tenía sus torreones, de suerte que los españoles hallaron allí cuanto deseaban para su defensa.

Distribuyó luego el general las guardias, formó una batería de sus cañones enfrente de la puerta del palacio y cerró su cuartel, obrando en todo esto con tanta diligencia, como si aquel mismo día esperase algún asalto de los enemigos. Diose a Cortés y a sus capitanes un magnífico banquete servido de la nobleza, y para el resto del ejército se suministró abundante comida aunque de inferior calidad. Este día tan memorable para los españoles y para los mexicanos fue el 8 de noviembre de 1519, corriendo el año XVIII del reinado de Moctezuma, y el séptimo mes del arribo de los españoles a la tierra de Anáhuac.

# LIBRO IX

CONFERENCIAS DE MOCTEZUMA CON EL GENERAL ESPAÑOL.—PRISIÓN DE LOS REYES DE MÉXICO Y DE ACOLHUACÁN Y DE OTROS SEÑORES. —SUPLICIO DE CUAUHPOPOCA. —TENTATIVAS DEL GOBERNADOR DE CUBA CONTRA CORTÉS Y DERROTA DE PÁNFILO DE NARVÁEZ. —MUERTE DE UNA PARTE DE LA NOBLEZA MEXICANA Y ALTERACIÓN DEL PUEBLO.—MUERTE DE MOCTEZUMA. —PELIGRO Y COMBATES DE LOS ESPAÑOLES; SU DERROTA EN LA NOCHE TRISTE, BATALLA EN OTUMBA Y RETIRADA A TLAXCALA. —ELECCIÓN DEL REY CUITLAHUATZIN. —VICTORIAS DE LOS ESPAÑOLES EN TEPEYACAC, XALATZINCO, TECAMACHALCO Y CUAUHQUECHOLLAN. —ESTRAGO DE LAS VIRUELAS. —MUERTE DE CUITLAHUATZIN Y DE LOS PRÍNCIPES CUICUITZCATL Y MAXIXCATZIN. —ELECCIÓN EN MÉXICO DEL REY CUAUHTEMOTZIN.

### 1. Presente del rey a Cortés y primera conferencia

Después que los españoles habían comido y tomado todas las providencias necesarias para su seguridad, volvió el rey a visitar a Cortés acompañado de mucha nobleza. Cortés salió a recibirle con sus capitanes y juntos entraron en la sala principal, en donde le dispusieron prontamente un estrado junto al del general español. Presentóle muchas joyas de oro y de plata, varias piezas curiosas de pluma y de 5,000 a 6,000 vestidos finísimos de algodón. Tomó asiento y lo dio a Cortés, quedando en pie todos los demás.

Cortés le significó con muchas expresiones su gratitud, y queriendo continuar su arenga, se la cortó el rey y le habló de esta suerte: "Valiente general y vosotros sus compañeros, testigos son los de mi casa y corte del placer que he tenido en vuestra venida; y si hasta ahora he mostrado repugnancia sólo ha sido por contemporizar con mis vasallos. La fama de vuestras personas ha abultado los objetos y alterado los ánimos. Decíase que erais dioses inmortales que veníais montados en unas fieras de portentosa magnitud y ferocidad, y que vibrábais rayos que hacían temblar la tierra. Otros decían que erais monstruos vomitados del mar, que una sed insaciable del oro os había obligado a abandonar vuestra patria, que erais muy adictos al regalo y tan voraces que uno de vosotros comía por 10 hombres de los nuestros; pero todos estos errores se han desvanecido con el trato que ha tenido con vosotros nuestra gente.

"Ya se sabe que sois hombres mortales como nosotros, aunque algo diferentes en ciertos accidentes exteriores, originados de la diversidad del clima en que nacisteis. Ya hemos visto por nuestros propios ojos que esas fieras que han hecho tanto ruido no son más que unos ciervos más corpulentos que los nuestros, y que vuestros pretendidos rayos no son otra cosa que una especie mejor de cerbatanas, cuyas balas se disparan con mayor estruendo y hacen mayor estrago. Por lo que mira a vuestras cualidades personales, no ignoramos, por el informe de los que os han conocido, que sois benignos y liberales, que sufrís con paciencia los trabajos, que no usáis de rigor sino con los que os hacen mal, y no empleáis vuestras armas sino en la justa defensa de vuestras personas.

"No dudo que también vosotros habréis depuesto o depondréis luego el errado concepto, que os habrá hecho formar, o la lisonja de mis vasallos o la malevolencia de mis enemigos. No habrá faltado quien os diga que soy uno de los dioses y que tomo a mi arbitrio la figura de león o de tigre o de otro animal; pero ya veis (y diciendo esto se cogió la piel del brazo) que soy de carne y hueso como los demás mortales, aunque más noble por mi nacimiento y más poderoso por la eminencia de mi dignidad. Los totonacas y huexotzincas, que se han sustraído con vuestro favor de mi obediencia (pero no quedará impune su rebeldía) os habrán hecho creer que los techos y paredes de mi palacio son de oro. Vuestros mismos ojos están desmintiendo sus informes. Éste es uno de mis palacios y ya veis que las paredes son de cal y piedra, y los techos de madera.

"No niego que son grandes mis riquezas; pero las hacen mayores las exageraciones de mis vasallos. Algunos se habrán quejado con vosotros de mi crueldad y tiranía; pero ellos llaman tiranía al uso legítimo de la soberana autoridad, y crueldad la precisa severidad de la justicia. Depuestas, pues, de una y otra parte, las siniestras ideas que hubiéremos formado, yo acepto la embajada de ese gran rey que os envía, aprecio su amistad y ofrezco a su obediencia todo mi reino, porque, según las señales que hemos visto en el cielo y lo que hemos observado en vosotros, parece haber llegado ya el tiempo de cumplirse los oráculos de nuestros mayores de que vendrían de las partes de oriente hombres de diferente traje y costumbres que deberían ser señores de toda esta tierra; pues nosotros somos advenedizos en ella; no hace muchos años que nuestros antepasados vinieron de la parte del norte y no hemos gobernado a estos pueblos sino como lugartenientes de nuestro Dios y legítimo señor Quetzalcoatl".

Cortés respondió dándole muchas gracias por los singulares beneficios que hasta entonces les había hecho y entre otros por el ventajoso concepto que había formado de los españoles. Díjole que venía de embajador del mayor monarca de Europa, el cual, aunque podía aspirar a más en virtud de su descendencia de Quetzalcoatl, se contentaba con establecer una confederación y amistad perpetua con su majestad y sus sucesores; que el fin principal de su embajada no había sido quitar a alguno lo que poseía, sino a anunciarle la verdadera religión y a comunicarle algunos acontecimientos útiles para el mejor gobierno y felicidad de sus vasallos, lo cual haría en otra ocasión, si se dignaba de oírle.

Aceptó el rey la proposición y habiéndose informado del grado y condición de cada uno de los españoles, se despidió e inmediatamente les envió un gran presente; a cada uno de los capitanes ciertas joyuelas de oro y 3 cargas de vestidos preciosos de pluma, y a cada soldado dos cargas de ropa de algodón. Feliz principio que podría asegurar a los españoles la pacífica posesión de aquella vasta monarquía[1] si su conducta se hubiera dirigido más por la prudencia que por el valor.

## 2. Visita de Cortés al rey

Al día siguiente, deseando Cortés pagar al rey su visita, envió a pedir audiencia y la concedió el rey con tanta prontitud, que llevaron la respuesta los mismos introductores de embajadores que le habían de conducir e instruir en el ceremonial de aquella corte. Vistióse Cortés de la mejor gala que tenía y llevó consigo a los capitanes Alvarado, Sandoval, Velázquez de León y Ordaz, y a cinco soldados. Pasaron al real palacio por entre inmenso concurso de pueblo, y al llegar a la primera puerta comenzaron los de la comitiva a retirarse formando por uno y otros lados dos líneas; porque el entrar de tropel era falta de respeto a la majestad. Después de pasar por tres patios de aquel grande edificio a la vivienda del rey, fueron recibidos en la última antesala de varios señores que les obligaron a descalzarse los zapatos y a cubrirse la gala con otro vestido de menos esplendor.

El rey estaba en pie en la sala de audiencia y dio algunos pasos para recibir a Cortés; tomóle cariñosamente de la mano y volvió a ver con agrado a los que le acompañaban. Sentóse el rey y dio asiento a todos

[1] El docto y juicioso P. Acosta, hablando en su *Historia natural y moral de las Indias* (Lib. VII, cap. 25) de esta primera conferencia de Moctezuma, dice: "Es opinión de muchos que como aquel día quedó el negocio puesto, pudieran con facilidad hacer del rey y del reino lo que quisiesen y darles la Ley de Cristo con gran satisfacción y paz. Mas los juicios de Dios son altos y los pecados de ambas partes muchos, y así se rodeó la cosa muy diferente, aunque al cabo salió Dios con su intento de hacer misericordia a aquella nación con la luz de su Evangelio, habiendo primero hecho juicio y castigo de los que lo merecían en su divino acatamiento".

los diez españoles. La conversación fue larga y sobre diferentes asuntos. Hizo el rey varias preguntas sobre lo político y natural de España, y Cortés, después de satisfacerle a todo, se introdujo con destreza en materias de religión. Expúsole la unidad de Dios, la Encarnación del Verbo divino, la creación del mundo, la severidad del juicio de Dios, la gloria con que premia a los justos y las penas eternas a que condena a los delincuentes. Hablóle de los ritos del cristianismo y especialmente del incruento sacrificio de la misa para hacer el paralelo con los crueles sacrificios de los mexicanos, declamando fuertemente contra la abominable inhumanidad de inmolar víctimas humanas y de alimentarse de sus carnes.

Moctezuma repuso que en lo que miraba a la creación del mundo nada le cogía de nuevo; que así como Cortés lo había expuesto lo habían entendido sus mayores; que, por lo demás, ya se había hecho cargo por informe de sus embajadores, del sistema de religión de los españoles. "No contradigo, añadió, la bondad del Dios que adoráis, pero si él es bueno para España, los nuestros lo son para México, como lo ha mostrado la experiencia de tantos siglos, y así no tratéis de persuadirme a que abandone su culto." Finalmente dijo que en cuanto a los sacrificios no hallaba razón para no inmolar a los dioses unos hombres que, o por sus delitos personales o por la cualidad de prisioneros de guerra, estaban ya condenados a muerte.

Pero aunque no consiguió Cortés persuadirle, como deseaba, la verdad de la religión cristiana, obtuvo, según dicen, el buen efecto de que en adelante no se volviese a poner en la mesa real plato de carne humana, o fuese porque con las declamaciones de Cortés comenzase a sentir su alma la disonancia a la razón, o precisamente por complacer a los españoles. Repartió entre Cortés y los cuatro capitanes que le acompañaban algunas piezas de oro y diez cargas de ropa fina de algodón, y a cada soldado un collar de oro; con lo cual se despidieron no menos pagados de la real benignidad, que satisfechos de su beneficencia.

Restituido Cortés al cuartel (que así llamaremos en adelante al palacio de Axayácatl donde se alojaron los españoles) comenzó a reflexionar atentamente sobre el peligro en que se hallaban en el centro de una ciudad tan populosa y tan fuerte. Resolvió desde luego ganarse los ánimos de la nobleza con una buena conducta y con un trato agradable, y mandó a su gente que viviese de tal suerte que en nada ofendiese a los mexicanos; pero en el mismo tiempo en que se mostraba más adicto a la paz, resolvía en su ánimo pensamientos atrevidos y temerarios, que no podían compadecerse con la paz que promovía; y siéndole necesario para madurarlos el informarse antes de las fortificaciones de México y de las fuerzas de los mexicanos, pidió al rey licencia para ver los palacios reales, el Templo Mayor y la plaza del mercado. Acordósela el rey sin dificultad porque no preveía los intentos del astuto general. Vieron cuanto quisieron y en todo hallaron abundante materia a su admiración.

## 3. Descripción de la ciudad de México

Estaba la ciudad de México situada, como ya hemos insinuado antes, en una isleta del lago salobre, cinco leguas al poniente de Texcoco y poco más de una legua al oriente de la de Tlacopan. Comunicábase con la tierra firme por tres grandes calzadas fabricadas sobre el mismo lago: la de Iztapalapa, al sur, de dos leguas y media, la de Tlacopan al poniente y la de Tepeyacac al norte, una y otra de una legua [2] y las tres de tanta amplitud que podían ir por ella diez hombres a caballo; además de otra calzadilla estrecha que servía a los dos acueductos de Chapultepec, de cuya agua se proveía la ciudad. El ámbito de la población era de tres leguas, sin comprender los arrabales, y el número de sus casas era de más de 60,000.[3]

Dividíase en cuatro cuarteles y cada cuartel en muchos barrios cuyos nombres mexicanos en gran parte conservan hasta hoy entre los indios. Las líneas divisorias de los cuarteles eran las cuatro grandes calles correspondientes a las cuatro puertas del Templo Mayor. El primer cuartel, llamado Teopan (hoy San Pablo), estaba comprendido entre las dos calles que correspondían a las puertas oriental y meridional; el segundo, nombrado Moyotla (hoy San Juan), entre las calles correspondientes a las puertas meridional y occidental; el tercero, Tlaquechiuhcan

[2] El Dr. Robertson pone, en lugar de la calzada de Tepeyac, la de Texcoco, que en la descripción de México sitúa al noroeste y donde habla de los puestos en que formaron sus reales los españoles. En el sitio de aquella capital la pone al oriente, habiendo antes dicho que hacia el oriente no había calzada alguna en el lago; pero ya dijimos en otro lugar que de México a Texcoco no había ni podía haber calzada por la mucha profundidad del lago; y en caso de haberla no hubiera sido de una legua, como asienta nuestro autor, sino de cinco, o sea, la anchura del lago por aquella parte.

[3] Torquemada afirma que la población de México era de 120,000 casas; pero el Conquistador Anónimo, Gómara, Herrera y otros historiadores convienen en 60,000 casas, no 60,000 habitantes, como dice Robertson; pues no hubo escritor antiguo que la creyese tan pequeña. Es verdad que en la traducción italiana de la relación del Conquistador Anónimo se lee *sessenta mila abitanti*; pero fue yerro del traductor por mala inteligencia de la palabra vecinos, que creyó significar habitantes en vez de hogares o familias. De no ser así, deberíamos decir que Cholula era mucho mayor que México y Iztapalapa igual. Pero en las 60,000 casas no se comprendían las de los arrabales. Afirman Bernal Díaz y otros historiadores que por la parte del poniente se continuaban las casas, a uno y otro lado de la calzada, hasta la tierra firme por espacio a lo menos de dos millas. Al sudeste tenía la capital el arrabal de *Aztacualco,* al medio día los de *Acatlan, Malcuitlapilhuac, Xocotitlan, Coltonco* y otros. Es de creer que Torquemada comprendiese en su cómputo los arrabales; pero aun así parece excesivo el número de 120,000 casas.

(hoy Santa María) entre las calles correspondientes a las puertas occidental y septentrional, y el cuarto Atzacualco (hoy San Sebastián) entre las calles correspondientes a las puertas septentrional y oriental. A estas cuatro partes, en que se dividió desde su fundación la ciudad, se añadió como quinta parte la ciudad de Tlaltelolco, situada al noroeste de México, unida a ésta desde la conquista del rey Axayácatl.

Eran tantos los canales de la ciudad que a cualquier barrio se podía ir por agua, lo cual contribuía a la hermosura de la población, al más fácil transporte de los víveres y demás cosas necesarias a la vida, y a la defensa de los ciudadanos. Las calles principales eran anchas y rectas; de las demás unas eran meros canales, otras eran de tierra sola y otras tenían un estrecho canal en medio de dos terraplenes, que o servían a la comodidad de los viandantes y al descargue de las canoas, o sustentaban árboles frondosos y flores. En todos los canales había puentes bastante elevados para permitir el paso de las canoas, y en los canales mayores tenían diques y compuertas para disminuir el agua cuando les parecía.

Por lo que mira a los edificios, además de los muchos templos y magníficos palacios reales de que hablamos ya en otros lugares, había muchos otros palacios y casas grandes que habían edificado los señores feudatarios de la corona por la obligación que tenían de residir en la corte una parte del año. Todas las casas eran de terrados, a excepción de las de los pobres, que estaban cubiertas de heno o de pencas de maguey, y en los terrados tenían parapetos para su defensa, en caso de ser asaltada de enemigos la ciudad. Algunos de estos palacios tenían también sus torreones, aunque no tan elevados como los de los templos; de suerte que no menos en las casas y canales que en los templos habían proveído a su seguridad los mexicanos.

Además de la grande y famosa plaza de Tlaltelolco, donde se hacía el principal mercado, había otras repartidas por la ciudad, en las cuales se vendían los comestibles ordinarios. Había también en varias partes de la ciudad fuentes y estanques, especialmente en el recinto de los templos, y muchos jardines, unos plantados a la haz de la tierra y otros en altos terrados. Los muchos y grandes edificios curiosamente encalados y bruñidos, las altas torres repartidas por los cuarteles de la ciudad, el agua de los canales, las arboledas y los jardines armaban un conjunto de tanta hermosura, que los españoles no se hastiaban de contemplarlo, especialmente cuando lo observaron desde la altura del Templo Mayor que dominaba la ciudad, las lagunas y las bellas y grandes poblaciones que había en ellas y en sus contornos.

No menos tuvieron que admirar la magnificencia de los palacios reales y la muchedumbre de plantas y animales que en ellos se criaban. Pero sobre todo les sorprendió la vista de la gran plaza del mercado. No hubo entre los españoles quien no la celebrase con los mayores encarecimientos, y algunos, que habían corrido toda Europa y visto sus principales ciudades, protestaban, según testifica Bernal Díaz, no haber visto en plaza alguna del mundo tan excesivo concurso de comerciantes, ni tan gran variedad de mercancías, ni tan bello orden y disposición en todo.

4. Demostraciones de Cortés por el celo de la religión

Cuando subieron al Templo Mayor hallaron en él al rey que se había anticipado para contener sin duda con su presencia cualquier atentado contra sus dioses. Después de haberles mostrado desde aquella eminencia la ciudad, le pidió Cortés licencia para ver lo interior de los santuarios. El rey consultó con los sacerdotes y, no hallando inconveniente, les satisfizo la curiosidad, no sin horror de los españoles de ver por sus ojos los horrendos estragos que hacía en aquella ciega gente la supersticiosa crueldad de sus sacrificios.

Cortés entonces vuelto al rey le dijo que se admiraba de que un monarca tan sabio reconociera por dioses a aquellas abominables figuras del demonio. "A saber —repuso el rey— que habíais de tratar con ese desprecio a nuestros dioses, jamás hubiera condescendido a vuestras súplicas." Cortés, viendo tan alterado al rey, le pidió le perdonase el disgusto que le había ocasionado y se despidió para volverse al cuartel. "Enhorabuena —le dijo el rey—, que yo quedaré aquí para aplacar la ira de mis dioses que habéis provocado con vuestras blasfemias."

A pesar de este disgusto, obtuvo Cortés del rey no solamente el permiso de erigir al verdadero Dios una capilla dentro del recinto del cuartel, sino aún los materiales y operarios para la construcción. En ella se celebró misa mientras no faltó el vino, y cumplían diariamente sus devociones los soldados. Erigió también una gran cruz en el patio principal para que fuesen testigos los mexicanos de la veneración de los españoles a aquel santo instrumento de nuestra redención. Había intentado su celo el consagrar al verdadero Dios el mismo santuario de Huitzilopochtli. Embarazóle por entonces el respeto del rey y de los sacerdotes; pero lo ejecutó algunos meses después, porque habiendo cobrado mayor autoridad con la prisión del rey y con otras acciones temerarias que ya veremos, demolió los ídolos, hizo limpiar y aderezar el santuario, colocó un crucifijo y una imagen de la Madre de Dios [4] y

---

[4] La imagen de la Madre de Dios que colocó Cortés en el santuario de Huitzilopochtli se cree ser la misma que con el título de los Remedios se venera en un magnífico templo distante tres leguas al poniente de la capital. Dícese que la llevó un soldado de Cortés llamado Villafuerte, y que al día siguiente a la Noche Triste la ocultó en lugar donde fue hallada algunos años después y donde al presente es venerada.

arrodillado delante de estas sagradas imágenes dio gracias al Altísimo por haberles concedido el adorarle en aquel lugar que había sido por tanto tiempo teatro de la más abominable y cruel idolatría.

Este mismo celo de la religión le hacía no perder ocasión alguna de inculcar al rey las santísimas verdades del cristianismo; pero aunque Moctezuma no tenía el corazón dispuesto para recibirlas, movido de sus razones dio orden de que en adelante no se sacrificasen víctimas humanas; y aunque no complacía al general español en detestar la idolatría, le agasajaba continuamente y cada día hacía su real beneficencia mayores favores y regalos a los españoles. La orden que él dio a los sacerdotes no fue constantemente observada y la armonía que hasta entonces reinaba se turbó prontamente por el inaudito atentado del general español.

### 5. Prisión de Moctezuma

Apenas contaban seis días de su entrada a México los españoles cuando Cortés, después de haberse hecho cargo de la fortaleza de aquella capital, de la multitud de sus habitantes y del peligro que corrían sus vidas si se mudaba, como podía suceder, el ánimo del rey, se persuadió de que no había otro arbitrio para su seguridad que el de apoderarse de la misma persona real; pero siendo este medio tan repugnante a la razón que le dictaba el respeto a la majestad de aquel príncipe y la gratitud a su beneficencia, buscó pretextos[5] para aquietar su conciencia y para poner su honor a cubierto de la censura, y no se le ofreció otro más oportuno que el de las revoluciones de Veracruz, cuya noticia habida en Cholula había tenido, a lo que parece, reservada hasta este tiempo en su pecho.

Pero ahora que pensaba servirse de ella la descubrió a sus capitanes, encargándolos que pensasen seriamente en el partido que debían tomar

---

[5] Que la intención de Cortés fuese en todo caso apoderarse de Moctezuma y que las revoluciones de Veracruz no fuesen más de un pretexto consta de la carta a Carlos V (30 octubre 1520). "Pasados, invicto príncipe (dice), seis días después que en la gran ciudad de Temistitan entré y habiendo visto algunas cosas de ella, aunque pocas según las que hay que ver y notar; por aquéllas me pareció, y, aun por lo que de la tierra había visto, que convenía al real servicio y a nuestra seguridad, que aquel señor [Moctezuma] estuviese en mi poder y no en toda su libertad; porque no mudase el propósito y voluntad que mostraba en servir a vuestra Alteza, mayormente que los españoles somos algo incomportables e importunos e porque enojándose nos podía hacer mucho daño, y tanto que no hubiese memoria de nosotros según su gran poder; e también porque teniéndole conmigo todas las otras tierras que a él eran súbditas venían más aina al conocimiento y servicio de V. Majestad; y con este propósito y demanda me partí de la ciudad de Cempoal." Cuando salió de Cempoala no había sucedido la revolución de Veracruz, ni había recibido Cortés agravio alguno sino repetidas gracias y regalos.

en tan críticas circunstancias; y para justificar más su atentado y mover a su ejecución los ánimos de sus españoles, llamó a algunas personas principales de sus aliados (cuyo informe debería serles siempre sospechoso por su enemistad con los mexicanos) y les preguntó si habían reconocido alguna novedad en los habitantes de aquella corte. Respondiéronle que la gente plebeya estaba muy divertida en los públicos regocijos que había ordenado el rey en obsequio de los españoles; pero que en la nobleza habían observado cierto recato sospechoso, y entre otras razones cortadas les habían oído decir que sería fácil quitar los puentes de los canales, lo cual parecía significar alguna secreta conjuración contra los españoles. No pudo Cortés dormir aquella noche por el sobresalto y la pasó toda girando pensativo por las piezas del cuartel.

Avisóle un soldado que en una de la piezas había una puerta recién tapiada; mandó luego abrirla y entrando por ella descubrió varias camaras en que estaba depositado el tesoro del difunto rey Axayácatl; muchos ídolos, una gran cantidad de piezas de oro, plata, piedras preciosas, pluma, algodón y todos los demás efectos con que reconocían a la corona las provincias tributarias, o presentaban los señores feudatarios a su soberano. Después de haber observado con asombro tan gran riqueza, mandó Cortés tapiar otra vez la puerta, sin permitir que por entonces se tocase cosa alguna.

A la mañana siguiente convocó a sus capitanes, ponderóles las hostilidades ejecutadas por el señor de Nauhtlan en el presidio de Veracruz y en los aliados totonacas, en las cuales, según el parecer de los mismos aliados, no podía menos de tener mucha parte el rey de México; representóles con la mayor viveza el gran peligro en que se hallaban y les indicó su dictamen revelando las ventajas que deberían prometerse de su ejecución y apocando los males que podrían temer. Los pareceres fueron varios. Algunos reprobaban el partido del general como temerario e impracticable, y creían que lo mejor sería pedir licencia al rey para salir de la ciudad; que quien con tanto empeño y tan excesivas dádivas había procurado impedir su entrada, fácilmente condescendería en su partida. Otros decían que convenía en todo caso salir de la ciudad, pero furtivamente para no dar lugar a los mexicanos de disponerles alguna traición. La mayor parte (ganada verosímilmente de antemano por el mismo general) accedió a Cortés desechando los otros partidos como ignominiosos y más arriesgados.

"¿Qué se dirá de nosotros —decían— viéndonos salir repentinamente de la corte en que tanto nos han honrado? ¿Quién no se persuadirá que el temor nos ahuyenta? Y una vez perdida la reputación del valor, ¿qué seguridad nos podremos prometer ni entre los pueblos mexicanos por donde necesariamente hemos de pasar, ni entre nuestros aliados a quienes no contendrá más el respeto a nuestras armas?" Tomóse finalmente la resolución de prender al rey; resolución bárbara e inaudita que les dictó el temor de su futura suerte y la experiencia de la propia fidelidad, que es la que más alienta a los hombres para acometer las más arduas y peligrosas empresas.

Para la ejecución de tan peligroso atentado puso Cortés en arma a toda su tropa y la distribuyó en los sitios que le parecieron más convenientes; ordenó a cinco de sus capitanes y algunos soldados de su mayor confianza fuesen de dos en dos a palacio de tal suerte que concurriesen como por casualidad al mismo tiempo, y él fue con sus intérpretes a la hora en que solía visitar al rey, obtenido antes su beneplácito. Entró a la sala de audiencia en donde el rey, muy ajeno de lo que le esperaba, le recibió con la honra y agrado de otras veces. Mandóles tomar asiento y les hizo algunos presentes de oro, y a Cortés ofreció por mujer una de sus hijas. Cortés, significando con las mayores expresiones su gratitud, se excusó de admitirla por ser casado en Cuba y no permitirle la ley cristiana más de una mujer; pero al cabo la recibió en su compañía, así por no desairar la real benignidad como por lograr la ocasión de hacerla cristiana, como en efecto lo consiguió. A los demás capitanes dio el rey algunas hijas de señores mexicanos de las que tenía en su serrallo. Hablóse por un rato sobre varios asuntos; pero viendo Cortés que aquella conversación le distraía de su intento dijo al rey que aquella visita se dirigía a darle parte de la conducta de su vasallo el señor de Nauhtlan; quejóse de las hostilidades que aquel señor había ejecutado en los totonacas por la amistad de los españoles, de la guerra hecha a los españoles de Veracruz, de la muerte del gobernador Escalante y de seis soldados de aquella guarnición. "Yo —añadió— soy responsable de estas muertes a mi soberano, y para dar el debido descargo he inquirido la causa de un procedimiento tan irregular. Todos os culpan como al principal autor de semejantes revoluciones: pero yo estoy muy lejos de imaginar en tan gran monarca tan abominable perfidia, que nos persiguiese por una parte como a enemigos, colmándonos por otra de favores."

"No dudo —respondió el rey— que los que me culpan en la guerra de Nauhtlan son los tlaxcaltecas, mis capitales enemigos; pero os protesto que no he tenido en ella influjo alguno. Cuauhpopoca se ha adelantado a ejecutarla sin orden mía y aun contra mi propia voluntad, y para que veáis ser así, lo haré venir luego a la corte y lo pondré en vuestras manos." Llamó inmediatamente a dos personajes de su corte y dándoles cierta pedrezuela en que estaba grabada la imagen del Dios de la tierra, la cual traía colgada del brazo y servía de sello o contraseña de sus órdenes, les mandó partir con la mayor presteza para Nauhtlan, para traer de allí a la corte a Cuauhpopoca y a otras personas distinguidas que habían intervenido en la muerte de los españoles, con orden de levantar tropas y prenderlos por fuerza de armas en caso de hallar alguna resistencia.

Los dos enviados partieron luego y el rey vuelto a Cortés le dijo: "¿Qué más podéis desear para certificaros de la sinceridad de mi conducta?" "Yo no dudo de ella —repuso Cortés—, mas para desvanecer el error en que están aún vuestros mismos vasallos de haberse ejecutado por vuestras órdenes el atentado a Nauhtlan, es necesaria una demostración extraordinaria que haga visible vuestra buena voluntad hacia nosotros, y ninguna otra me ha parecido más a propósito a ese fin que la de dignaros ir a vivir con nosotros hasta tanto que se traigan los reos y por su confesión se haga notoria vuestra inocencia. Esta demostración servirá para satisfacer a nuestro soberano, para sincerar vuestra conducta y para honrar y poner a cubierto nuestras personas a la sombra de vuestra majestad".

A pesar de dorar Cortés cuanto pudo su atrevido designio, el rey lo penetró sin dificultad y con el semblante turbado: "¿Cuándo, le dijo, se ha visto que los reyes se dejen prender? Y en caso de que yo me aviniese a semejante bajeza, ¿no se armarían luego todos mis vasallos para libertarme? Yo no soy hombre que pueda esconderme o huirme a los montes. Sin sujetarme a la ignominia de prisionero me tenéis aquí a cualquiera hora pronto a satisfacer vuestras quejas". "La habitación, señor, con que os convidamos —replicó Cortés— es una de vuestras reales casas, y no habrá novedad a vuestros vasallos, acostumbrados a veros mudar por tiempos de palacios, el que por algunos días habitéis el de vuestro padre Axayácatl bajo el pretexto de manifestar la buena voluntad que nos tenéis. En caso de que vuestros vasallos intentasen alguna cosa contra vuestra real persona o contra las nuestras, hombres somos para reprimir su atrevimiento. Por lo demás, yo os empeño mi palabra de que allí nada os faltará de la honra, el tratamiento y el regalo con que aquí sois servido."

El rey persistió en su renuncia, proponiendo varios partidos, y Cortés en sus instancias, hasta que uno de los capitanes españoles, hombre atrevido y destemplado, impaciente de demoras, dijo con enfado que se dejasen de razones y tratasen de llevarle por fuerza o de matarle. El rey, que por el semblante del español sospechó lo que decía, vuelto a la intérprete doña Marina: "¿Qué es —le preguntó— lo que dice tan descompuesto ese extranjero?" "Señor —le respondió con discreción doña Marina— yo como vasalla vuestra deseo vuestra felicidad, y como confidente de estos hombres sé sus secretos y conozco su resolución. Si os avenís a lo que os proponen, os tratarán con el honor y distinción que se debe a vuestra real persona; si persistís en vuestra resistencia, corre peligro vuestra vida."

El rey, que desde la primera noticia que tuvo de los españoles, se había preocupado de un temor supersticioso y cada día se hallaba más pusilánime, viéndose ahora en tan gran aprieto y haciéndose cargo de que cuando acudiese su gente llamada a socorrerle ya podría haber perecido a manos de unos hombres tan resueltos, cedió finalmente a sus instancias. "Yo me fío —les dijo— de vosotros; vamos, vamos a vuestro alojamiento, pues así lo quieren los dioses." Y llamando a sus criados ordenó que le trajesen las andas y sin dilación se puso en ellas para transportarse al cuartel de los españoles.

Bien conozco que los lectores percibirán, al leer y reflexionar en las circunstancias de este extraordinario suceso, la misma displicencia que yo siento al escribirlo; pero es preciso adorar en éste y otros sucesos de nuestra historia los altísimos consejos de la Divina Providencia, que tomó a los españoles por instrumentos de su justicia y de su misericordia para con aquellas naciones, castigando en unos la superstición y la crueldad, e iluminando a los demás con la luz del Evangelio. No nos cansaremos jamás de inculcar esta verdad y de dar a conocer, aun en las acciones más desarregladas de las criaturas, la bondad, la sabiduría y la omnipotencia del Creador.

Salió finalmente Moctezuma de su real palacio para no volver jamás a él. Salió protestando a sus ministros que, por ciertas causas que tenía comunicadas con sus dioses, se iba espontáneamente a vivir por algunos días entre aquellos extranjeros; que así lo publicasen por toda la corte. Iba con todo el tren y comitiva que solía llevar cuando se dejaba ver en público, y los españoles iban junto a las andas guardándole con pretexto de honrarle. Esparcióse luego el rumor de que los extranjeros se llevaban al rey, y concurrió infinita gente a verlo; unos enternecidos lloraban y despechados se tiraban contra el suelo. El rey procuraba sosegarlos, significándoles el placer con que iba a vivir entre aquellos sus amigos; pero temiendo algún grave desorden mandó a sus ministros que despejasen la calle de la gente popular e impuso pena de muerte a quien ocasionase alguna inquietud.

Llegado al cuartel agasajó a los españoles que salieron a recibirle y escogió para su habitación la vivienda que le pareció, la cual adornaron prontamente sus criados con los más finos lienzos de algodón y de pluma y con los mejores muebles del real palacio. Púsole Cortés guardia en la entrada; dobló las que ordinariamente había para la seguridad del cuartel, y aún fuera de él apostó en lugares convenientes algunos centinelas. Intimó a todos sus españoles y aliados que le tratasen y sirviesen con el respeto que se debía a su majestad, y permitió que entrasen los mexicanos a visitarle cuantos quisiesen, con tal de que no fuesen muchos de una vez; de suerte que, a excepción de la libertad, nada faltaba al rey de cuanto gozaba en su real palacio.

## 6. Vida del rey en la prisión

Daba Moctezuma en la prisión audiencia libre a sus vasallos, despachaba negocios, daba sentencias y gobernaba el reino con la asistencia de sus ministros y consejeros. Servíanle sus mismos criados con la puntualidad y esmero que solían. Llevábale la comida una cuadrilla de caballeros ordenados de cuatro en cuatro y llevando levantados en alto los platos para mayor ostentación. Después de haber tomado lo que le gustaba, haría repartir lo restante entre los españoles que le asistían y entre los nobles mexicanos que le servían. No satisfecha con esto su generosidad, hacía frecuentes y valiosos regalos a los españoles.

Cortés, por su parte, mostraba tanto celo de que su gente le respetase, que hizo dar 200 palos a un soldado español por haberle respondido con algún desabrimiento, y aun, según dicen, le hubiera ahorcado si el mismo rey no se hubiese interpuesto en su favor. Siempre que Cortés entraba a verle le hacía las mismas reverencias y ceremonias de respeto que acostumbraba hacer cuando iba a palacio. Para divertirle en su prisión hacía que los soldados hiciesen el ejercicio de las armas o jugasen en su presencia, y el mismo rey solía dignarse algunas veces de jugar con Cortés y con el capitán Alvarado al juego que los españoles llamaron el bodoque, holgándose de perder, por tener esas más ocasiones de ejercer su liberalidad; hubo vez, según refieren varios historiadores, que en una sola tarde perdió cuarenta tejos de oro. Tan fácilmente disipan sus riquezas los que las han adquirido sin trabajo.

Viéndole Cortés tan liberal o tan pródigo, le dijo un día que algunos soldados traviesos habían tomado del tesoro de su difunto padre Axayácatl ciertos tejuelos de oro, y que él los haría volver puntualmente al mismo lugar de donde los habían tomado. "Como no toquen —respondió el rey— a las imágenes de los dioses y a lo demás que está destinado a su culto, que tomen cuanto quisieren." Con esta licencia sacaron de allí los españoles más de mil vestidos finos de algodón para repartir entre sí. Cortés los mandó restituir; pero Moctezuma le fue a la mano diciendo que no recibía jamás lo que una vez había dado. En otra ocasión hizo prender Cortés a unos soldados porque habían tomado del mismo tesoro cierta cantidad de liquidámbar; pero por interposición del rey los puso en libertad. No contento Moctezuma con haber franqueado a los españoles sus riquezas, presentó a Cortés otra de sus hijas, la cual aceptó este general para mujer de Cristóbal de Olid, maestre de campo del ejército. Esta princesa y la otra que le había presentado el día de la prisión fueron brevemente catequizadas y bautizadas con la mayor solemnidad sin que el rey mostrase la menor repugnancia.

No dudando ya Cortés de la buena voluntad del rey, no menos por las extraordinarias demostraciones de su liberalidad que por el placer que manifestaba de vivir entre los españoles, pasados los primeros días de su prisión, le instó a que saliese cuando gustase a la práctica de sus ejercicios de religión o a divertirse en la caza, a la cual era muy aficionado. No rehusó el rey este tal cual uso que se le ofrecía de su libertad; salía muchas veces de los templos a hacer sus devociones; otras iba por agua a caza de aves acuátiles y algunas por tierra al bosque de Chapultepec o a algún otro sitio de recreación, llevando siempre un buen número de soldados españoles de guardia. Cuando salía por agua iba escoltado de muchas canoas o de dos bergantines que hizo fabricar Cortés luego que llegó a México.[6] Cuando salía a algún bosque le acompañaban más de dos mil tlaxcaltecas, además de la numerosa comitiva de mexicanos que iban siempre en su servicio; pero nunca dormía fuera del cuartel.

### 7. Suplicio del señor de Nauhtlan y nuevo insulto a la majestad del rey

Más de quince días llevaba Moctezuma en la prisión cuando volvieron a aquella corte los dos personajes enviados a Nauhtlan, con Cuauhpopoca, su hijo y con otros quince nobles que como cómplices en la muerte del capitán Escalante eran llamados del rey. Venía Cuauhpopoca ricamente vestido sobre unas andas. Llegado al cuartel se descalzó, conforme al ceremonial de palacio, y se vistió de ropa menos lucida; entró a la audiencia del rey y, después de practicar las reverencias y humillaciones que se acostumbraban, dijo así: "Muy grande y poderoso señor, aquí tenéis a vuestro siervo obediente a vuestras órdenes y pronto a ejecutar en todo vuestra voluntad".

"Muy mal os habéis portado en esta ocasión —le respondió el rey con rostro severo— en tratar como a enemigos a unos extranjeros que yo favorezco, y ha sido grande vuestro atrevimiento en culparme a mí como autor de semejante atentado; por tanto, seréis castigado como traidor a vuestro rey." Y queriendo Cuauhpopoca disculparse, no quiso oírle y mandó que fuese luego entregado a Cortés con todos sus cómplices,

---

[6] Presentamos de un golpe toda la vida de Moctezuma en la prisión, aunque algunas de las cosas referidas aquí fueron posteriores a los sucesos que después exponemos.

para que después de examinar a su satisfacción el delito, lo castigase con el rigor que convenía. Cortés les hizo los cargos y ellos confesaron la verdad; pero sin culpar al principio al rey, hasta que, viéndose amenazados con tormentos y reconociendo inevitable su suplicio, declararon que cuanto habían hecho había sido por orden de su soberano, sin lo cual jamás se habrían atrevido a intentar cosa alguna contra los españoles.

Cortés, oída su confesión y fingiendo no creer su descargo, los sentenció a ser quemados vivos delante del real palacio como reos de lesa majestad. Pasó inmediatamente al cuarto del rey con tres o cuatro de sus capitanes y un soldado que llevaba un par de grillos en la mano, y sin omitir las reverencias que solía hacer cuando le visitaba: "Ya están, señor —le dijo—, examinados los reos; todos han confesado el delito y os culpan a vos como a principal autor de la muerte de mis españoles. Yo los he sentenciado a la muerte que merecen y que merecíais también vos, según su confesión; pero atendiendo a lo mucho que, por otra parte, nos habéis favorecido y al afecto que habéis manifestado a mi rey y a mi nación, quiero conservaros la vida, pero no puedo excusarme de haceros sufrir una ligera parte de la pena que se debía a vuestro delito". Dicho este mandó con voz airada al soldado que le pusiese los grillos, y sin dar lugar al rey para replicarle volvió las espaldas y se retiró a su cuarto.

Fue tal el asombro del rey de ver en tanto ultraje su persona, que ni le dejó movimiento para la resistencia ni palabras para significar su dolor. Estuvo largo rato como fuera de sí. Los criados que le asistían explicaban con mudas lágrimas la aceveridad de su pena, y arrojándose a sus pies le aliviaban con sus manos el peso de los grillos y con lienzos de algodón le defendían del contacto del hierro. Vuelto en sí de su asombro prorrumpió en algunos movimientos de impaciencia, pero la reprimió prontamente atribuyendo su desgracia a la soberana disposición de los dioses. Cortés, apenas ejecutada esta acción tan atrevida, pasó a otra empresa no menos temeraria.

Después de haber dado orden a las guardias del cuartel de no dejar entrar a ver al rey a ninguno de sus vasallos, mandó que fuese conducido al suplicio Cuauhpopoca con su hijo y los demás reos. Condujéronlos los mismos españoles armados y puestos en orden de batalla para cualquier movimiento que se excitase en el pueblo. Pero a la verdad, ¿qué era toda su tropa comparada con la inmensa multitud de mexicanos que deberían ser espectadores de aquel gran suceso, si Dios, ordenando todas las cosas a los fines de su providencia, no impidiera los efectos que naturalmente deberían temerse del inaudito atentado de aquellos pocos hombres?

La hoguera se encendió delante del palacio principal del rey. La leña que se empleó fue una gran cantidad de arcos, flechas, dardos, lanzas, espadas y escudos que había en uno de los arsenales, por haberlo pedido al rey Cortés, que vivía en continuo sobresalto a vista de tantas armas. Cuauhpopoca, atado de pies y manos y puesto sobre la leña en que debía ser consumido, protestó de nuevo su inocencia, repitió que cuanto había ejecutado había sido por expreso mandato de su rey; hizo luego oración a sus dioses y animó a sus compañeros para el suplicio. Encendióse la hoguera y fueron en pocos minutos abrasados[7] a vista de infinito concurso de gente, la cual no hizo el menor movimiento porque se persuadió, como es de creer, de que aquel acto de justicia se hacía por orden del rey, y es muy verosímil que a nombre suyo se pregonaría la sentencia.

No es justificable en modo alguno la conducta de Cortés; porque si creía verdaderamente que el rey había sido autor de las revoluciones de Veracruz, ¿por qué sentencia a muerte tan cruel a unos hombres que no tenían más culpa que la de obedecer puntualmente las órdenes de su soberano? Si no le creía culpable, ¿por qué le condena a tanta ignominia, atropellando el respeto que se debía a su majestad, la gratitud que exigía su beneficencia y la indemnidad a que era acreedora su inocencia? Yo conjeturo que el rey dio a Cuauhpopoca la orden precisa de reponer a los totonacas en la debida obediencia a la corona de México, y Cuauhpopoca, por no poder ejecutar la orden sin romper con los españoles que protegían a los rebeldes, se vio precisado a llevar las cosas a los términos que ya expusimos.

Concluida la justicia de los reos volvió Cortés al rey y saludándole con agrado y ponderándole el favor que le hacía en excusarle la muerte, le mandó quitar los grillos. El regocijo que sintió Moctezuma en esta ocasión fue proporcionado al sentimiento que le causó la ignominia de las prisiones; disipósele el temor que había concebido de que el general español atentase también a su vida, y le pareció la libertad una gracia imponderable que se le hacía; ¡tan grande era el abatimiento de ánimo en que había caído! Abrazó cariñosamente a Cortés, expresóle con singulares demostraciones su gratitud, y aquel día hizo extraordinarios favores a los españoles y a sus mismos vasallos.

[7] Solís, hablando de la sentencia que dio Cortés contra Cuauhpopoca, dice: "Juzgóse militarmente la causa y se les dio sentencia de muerte, con la circunstancia de que fueron quemados públicamente sus cuerpos". En lo cual, sin expresar el género de muerte que se les dio, da a entender que no fueron los reos quemados, sino sus cadáveres. Esto se opone a la verdad y a la sinceridad que debe profesar el historiador; pero Solís había resuelto disimular cuanto no contribuyese al panegírico de su héroe. Poco importa su disimulo cuando no solamente los demás historiadores sino aun el mismo Cortés lo afirma expresamente en su relación a Carlos V. Véase especialmente al cronista real Herrera, *Década II* (Lib. VIII, cap. IX).

Cortés mandó retirar las guardias y dijo al rey que ya podía restituirse cuando gustase a su real palacio, cierto de que no aceptaría la oferta, por haberle oído decir en varias ocasiones que no le convenía volver a su palacio mientras se mantuviesen los españoles en la corte. Fue así que aun esta vez se excusó de dejar el cuartel, ponderando el riesgo que corrían los españoles si en algún tiempo los dejaba; pero a la verdad lo que principalmente le retraía de volver a su palacio era el peligro a que él mismo se exponía de perder el reino y la vida a manos de sus propios vasallos, que ya no podían sufrir tanta vileza de ánimo de su rey y tan excesiva condescendencia con los españoles.

## 8. Esfuerzos del rey de Acolhuacán contra los españoles

Es muy verosímil que el suplicio de Cuauhpopoca excitase alguna fermentación en la nobleza; porque pocos días después Cacamatzin, rey de Acolhuacán, impaciente de la autoridad que iban cobrando los españoles en la corte de México, y avergonzado de la miserable situación del rey Moctezuma, su tío, le envió a requerir para que se acordase de que era señor y dejase ya de ser esclavo de aquellos extranjeros; y no aceptando Moctezuma la proposición, resolvió hacer por sí la guerra a los españoles. La ruina de éstos hubiera sido inevitable, si la aceptación de Cacamatzin entre los mexicanos y texcocanos hubiera sido correspondiente a su intrepidez y resolución; pero los mexicanos sospechaban que bajo la apariencia de celo del honor de su tío se ocultaba una fina ambición y el designio de usurpar la corona de México.

Entre los texcocanos, sus vasallos, no era muy acepto por su soberbia y por lo mal que había tratado a su hermano el príncipe Cuicuitzcatzin que, huyendo de su persecución, se había refugiado en México y era más amado por su genio apacible y popular. Pasó, pues, Cacamatzin a Texcoco, en donde convocó a los de su consejo y a los hombres más distinguidos de su corte y les representó el lamentable estado en que se hallaba la corte de México por la audiencia de los españoles y por la pusilanimidad del rey su tío; la autoridad que aquellos pocos extranjeros se iban arrogando; las ofensas que habían hecho a la persona del rey, poniéndola en prisiones como a un vil esclavo, y a los mismos dioses introduciendo en aquel reino el culto de otras deidades extranjeras; ponderó los daños que de estos principios podrían redundar con el tiempo a la corte y reino de Texcoco.

"Ya es tiempo —decía— de mirar por nuestra religión, por nuestra patria, por nuestra libertad y por nuestro honor, antes que se aumente el poder de esos hombres, o con nuevos socorros venidos de su tierra o con nuevas alianzas contraídas en la nuestra." Finalmente, les mandó que dijesen libremente su parecer. Los más de los circunstantes se inclinaron al partido de la guerra; pero algunos ancianos de mucha autoridad dijeron al rey que no se dejase arrebatar del ardor de la juventud; que antes de tomar alguna determinación se hiciese cargo de que los españoles eran hombres belicosos y resueltos, y peleaban con armas superiores; que no mirase tanto al rey Moctezuma como tío, cuanto como aliado y amigo de los españoles; que esta amistad, de la cual había argumentos ciertos y claros, le haría sacrificar a la ambición de aquellos extranjeros todos los intereses de la sangre y de la patria.

A pesar de esta representación de los ancianos se resolvió la guerra y se comenzaron a hacer desde luego todos los preparativos con el mayor secreto; pero no con tanto que no llegase en breve la noticia a Moctezuma y a Cortés. Este general entró en gravísimo cuidado; pero considerando que todas las empresas temerarias que le había dictado su valor le habían salido bien, pensó prevenir el golpe yendo con su gente y sus aliados a poner sitio a la corte de Texcoco. Retrájole Moctezuma de este pensamiento representándole la fortaleza de aquella ciudad y el inmenso pueblo de que se componía. Determinó pues enviar una embajada al rey Cacamatzin, diciéndole que se acordase de la amistad contraída en Ayotzinco y de los favores que allí le había hecho cuando salió a recibirle; que advirtiese que tan fácil era emprender la guerra como difícil el salir de ella con felicidad; que más cuenta le tendría mantenerse en buena correspondencia con el rey de Castilla y con la nación española.

Respondióle Cacamatzin que él no podía tener por amigos a quienes le quitaban el honor, oprimían su patria, ultrajaban su sangre y combatían su religión; que no sabía quién era ese rey de Castilla ni le importaba el saberlo; que si querían evadir el golpe que les amenazaba, saliesen prontamente de México y tratasen de volver a su patria. A pesar de una respuesta tan agria repitió Cortés la embajada; pero, habiéndosele respondido en el mismo tono de la primera vez, se quejó al rey Moctezuma, significándole la sospecha que tenía de haber algún influjo suyo en la alteración de su sobrino. Moctezuma se purgó de la sospecha con las mayores protestas y ofreció interponer su autoridad. Mandó decir al rey Cacamatzin que pasase a México a verse con él; que no faltaría arbitrio para ajustar aquellas diferencias.

Cacamatzin, indignado de ver que Moctezuma se interesaba más en favor de los que oprimían su libertad que de quien trataba de restituírsela, le respondió que si después de tanta infamia le hubiera quedado algún sentimiento de honor, se avergonzaría de verse esclavizado de cuatro hombres advenedizos, que al tiempo que le ultrajaban con sus acciones, le tenían encantado con buenas palabras para usurparle la corona; que puesto que no lo movía el celo de la religión mexicana y de los dioses acolhúas, a quienes habían insultado y despreciado aquellos fementidos, ni la gloria y fama de sus antepasados, oscurecida y envilecida por su cobardía, él quería socorrer a su religión, vengar a sus dioses, conservar el reino, recobrar la fama y la libertad para él y toda su nación; que a ese fin iría, como le pedía, a México; pero no con las manos en el seno, sino empuñando la espada para borrar con la sangre de los españoles el oprobio de los mexicanos.

### 9. Prisión del rey de Acolhuacan y de otros señores. Exaltación del príncipe Cuicuitzcatzin

Consternóse mucho el rey Moctezuma con esta respuesta, viendo que en aquella tempestad corría gravísimo peligro de ser víctima de la venganza de los españoles o del furor del rey Cacamatzin; y así se resolvió a valerse de un remedio extremo para impedirla y a salvar su vida a costa de una traición. A este fin dio orden secreta a ciertos oficiales mexicanos que servían en la guardia del rey su sobrino, de procurar sin dilación apoderarse de su real persona y transportarla con toda seguridad a México, porque importaba grandemente al bien del reino. Sugirióles el plan de la traición y verosímilmente les haría algún donativo o les prometería algún premio para alentarlos a la empresa. Los oficiales invocaron, según la instrucción que se les había dado, a tres oficiales o criados del rey que reconocieron mejor dispuestos para entrar en la facción, y con su auxilio ejecutaron el golpe a satisfacción de Moctezuma.

Tenía el rey de Acolhuacán, entre otros palacios, uno fabricado a la orilla del lago, en tal disposición que por debajo de él pasaba un canal por donde podían entrar y salir las canoas. En este palacio, en que por entonces residía el rey Cacamatzin, dispusieron un buen número de canoas con gente armada, y en la oscuridad de la noche, que es el abrigo de los mayores delitos, dieron improvisamente sobre el rey, y antes de que pudiese acudir su gente a la defensa, le embarcaron en una canoa y con la mayor brevedad lo pusieron en México. De la canoa lo transportaron, como convenía, en unas ricas andas al cuartel de los españoles. Moctezuma desatendiendo en su sobrino, no menos el carácter de soberano que el vínculo de la sangre, sin darle audiencia lo entregó a Cortés, y este general, que por lo que se veía en su conducta, no tenía idea alguna del respeto que se debe a la real majestad aun en la persona de un bárbaro, le hizo poner grillos y esposas bajo el cuidado de suficiente guardia. Las reflexiones que pueden hacerse sobre este y otros sucesos extraordinarios de nuestra historia son, desgraciadamente, obvias para detenernos en escribirlas.

Cacamatzin, que comenzó su infausto reinado con las disensiones de su hermano el príncipe Ixtlilxóchitl y el desmembramiento del reino, y lo acabó con la pérdida de la corona, la libertad y la vida, fue el último de los reyes texcocanos que ocupó el trono por legítima sucesión, habiendo observado constantemente por más de tres siglos que el hijo sucediese al padre. Determinó Moctezuma con gusto de Cortés que la corona de Acolhuacan se diese al príncipe Cuicuitzcatzin, a quien había mantenido entre sus familiares desde que, huyendo de su hermano Cacamatzin,[8] había refugiado en México y acogido a su sombra. En esta elección se injuria a los príncipes Coanacotzin e Ixtlixóchitl que por su nacimiento tenían más derecho a la corona. No se sabe el motivo que tuvo el rey de México para desatender el derecho de Coanacotzin; que, por lo que mira a Ixtlixóchitl, ya se deja entender que no quiso aumentar el poder a un enemigo tan terrible. Sea de eso lo que fuere, Moctezuma hizo aclamar rey a Cuicuitzcatzin por la nobleza acolhúa, y le acompañó juntamente con el general español hasta el embarcadero, encargándole mucho que fuese constantemente amigo de los mexicanos y de los españoles, pues a unos y otros debía la corona.

Desde el embarcadero pasó el nuevo rey a Texcoco con numeroso séquito de nobleza mexicana y acolhúa y con algunos capitanes españoles. Fue recibido en aquella corte con arcos triunfales, danzas y semejantes regocijos, llevándole en andas la nobleza hasta el real palacio, en donde el noble más anciano le puso una guirnalda de flores en la cabeza y le hizo una grande arenga, felicitándole a nombre de la nación chichimeca-acolhúa, exhortándole al amor de sus vasallos y ofreciéndose a amarle como a padre y a respetarle como a señor.

Ya se deja entender el eco que harían estas novedades en el ánimo del infeliz rey Cacamatzin, viéndose en la flor de su edad (pues no tenía más de 25 años) privado de la corona que tres años antes había heredado de su padre, y reducido a la estrechez y soledad de una cárcel por el mismo rey a quien él había procurado libertad, y por los mismos

---

[8] Cortés afirma (carta a Carlos V, 30 octubre 1520) que Cuicuitzcatzin era hijo de Cacamatzin; pero yerro de algún copista o del mismo Cortés, porque aquellos dos señores eran hijos de Nezahualpilli, aunque nacidos de diferentes madres. Ni podía ser lo que dice Cortés, porque él mismo y en la misma carta afirma que Cacamatzin era mancebo de veinte y cinco años, y, por otra parte, representa a Cuicuitzcatzin en edad de poder gobernar el reino de Acolhuacán. Finalmente, el mismo Cortés (carta de 15 mayo 1522) dice expresamente que Cacamatzin y Cuicuitzcatzin eran hermanos.

extranjeros a quienes había deseado echar del reino. Ya tenía Cortés en su poder a los dos mayores reyes de Anáhuac y no tardó mucho en apoderarse del rey de Tacuba, de los señores de Iztapalapa y de Coyoacán, hermanos ambos de Moctezuma, de dos hijos del mismo rey, de Itzcuahtzin, gobernador de Tlaltelolco, de un sumo sacerdote de México y de otras personas principales de aquella corte, aunque ignoramos las circunstancias de tales prisiones; pero puede creerse que Cortés los fue prendiendo de uno en uno con ocasión de entrar a visitar al rey.[9]

### 10. Reconocimiento solemne del rey y nobleza mexicana al rey de España

Alentado aquel general con tan felices sucesos y viendo al rey de México tan sacrificado a su voluntad, le propuso que ya era tiempo de hacer a sus vasallos que reconociesen al rey de España por su legítimo soberano[10] como descendiente que era del rey y Dios Quetzalcoatl. Moctezuma, que no sentía ya en sí valor para contradecirle, convocó a la principal nobleza de la corte y de las ciudades comarcanas. Concurrieron todos prontamente a recibir sus órdenes, y juntos en un salón del cuartel, presente Cortés y algunos otros españoles, les hizo el rey una larga arenga cuya sustancia fue protestarles el amor que como padre les tenía, de quien no debían temer que les propusiese cosa alguna que no fuese justa y ventajosa; acordóles la constante tradición de sus mayores sobre la devolución del imperio mexicano a los descendientes de Quetzalcoatl, de quien él y todos sus antecesores no habían sido más que lugartenientes, y las señales y fenómenos que habían precedido en todos los cuatro elementos que, según la interpretación de los sacerdotes y agoreros, significaban ser ya llegado el tiempo de cumplirse los oráculos. Y no hay duda de que haría también mención del memorable suceso y vaticinio de su hermana la princesa Papatzin (y ésta sería verosímilmente la principal causa del abatimiento de ánimo en que se hallaba). Pasó de allí a conferir las señas que se observaban en los españoles con las de la tradición, y a asentar por consiguiente que no era otro que el rey de España el legítimo descendiente de Quetzalcoatl,

---

[9] Bernal Díaz dice que el mismo Moctezuma los hizo prender a instancias de Cortés por haber sido cómplices en las alteraciones del rey de Acolhuacán.
[10] Estos sucesos de la proclamación del rey de España en México, del homenaje que se le hizo en oro, plata, etc., y de la orden que dio el rey a Cortés de partirse de aquella corte y reino, se refieren con tanta variedad de circunstancias que no se hallaron dos autores que concuerden del todo en la narración. Torquemada no menciona la proclamación. Yo sigo principalmente la relación combinada de Cortés y Bernal Díaz, que fueron testigos oculares.

a quien como a tal cedía el reino y reconocía por su señor natural[11] y concluyó exhortando a todos a seguir en esto su ejemplo.

Al pronunciarse vasallo de otro rey, fue tan grande el sentimiento de su alma, que le obligó a interrumpir el discurso y a subsistir las lágrimas a las voces. A su llanto hizo eco toda la asamblea con tales sollozos, que enternecieron y movieron la compasión de los mismos españoles. A los sollozos siguió un melancólico silencio, el cual interrumpió con estas palabras uno de los señores mexicanos: "Puesto, señor —dijo al rey—, que ha llegado el tiempo de cumplirse nuestros oráculos, y los dioses quieren y vos lo ordenáis, que seamos vasallos de otro señor, ¿qué hemos de hacer todos sino someternos a las disposiciones del cielo significadas por vuestra boca?"

Habló entonces Cortés por sus intérpretes, dando las gracias al rey y a los señores por su pronta y sincera sumisión, y protestando que no era la intención de su soberano el desposeer al rey de México de la corona, sino precisamente el hacer reconocer su alto dominio sobre aquel reino; que no solamente seguiría Moctezuma mandando a sus vasallos, sino que ejercería la misma autoridad sobre cuantos pueblos se sujetasen a los españoles. Deshecha aquella asamblea, mandó hacer Cortés un instrumento público de aquel acto, autorizado con todas las solemnidades que le parecieron necesarias para remitirlo a la corte de España.

## 11. Primer tributo de México a la corona de Castilla

Habiendo dado con tanta felicidad este paso, representó a Moctezuma que, una vez reconocido el dominio del rey de España sobre aquellas

---

[11] Solís afirma que este homenaje de Moctezuma fue un mero artificio; que jamás tuvo intento de cumplir lo que prometía; que su mira es deshacerse de los españoles y tomar tiempo para entenderse después con su ambición sin cuidarse de su palabra. Pero si este acto fue un mero artificio y jamás pensó el rey cumplir lo que prometía, ¿por qué fue tan grande su dolor al nombrarse vasallo de otro monarca, que le cortó la voz y le sacó las lágrimas como confiesa el mismo autor? Si su mira era deshacerse de los españoles, ¿qué necesidad había de semejante ficción? ¿Cuántas veces no pudo, si hubiera querido, con una leve insinuación a sus vasallos, o sacrificar a todos los españoles, o perdonando a sus vidas, hacerles conducir maniatados al puerto para que de allí se fuesen como pudiesen a Cuba? Toda la conducta de Moctezuma se opone diametralmente a las intenciones que le supone Solís; pero nada desmiente más la acriminación de este historiador que el ilustre testimonio que dio la Corte de España, la cual en muchas cédulas que expidió a favor de la real descendencia de Moctezuma, concediéndole singulares exenciones y privilegios, declaró que dichos privilegios no pudiesen servir de ejemplar a alguna familia por no tenerle un servicio tan grande como el que hizo el Emperador Moctezuma incorporando por su voluntaria cesión en la Corona de España un reino tan rico y dilatado como el de México. Ni la corte de España se mostraría tan reconocida a semejante servicio de Moctezuma, ni se empeñaría tanto en premiarlo en sus descendientes, si creyera ilusoria aquella cesión como la creyó Solís. Betancourt, *Teatro mexicano* (parte 2, trat. 5), hace mención de dichas cédulas reales, cuyos originales se conservan sin duda en las casas del Conde de Moctezuma y del Duque de Atrisco.

tierras, era indispensable manifestar su subordinación con alguna contribución de oro y plata, alegándole el derecho que tienen los soberanos de exigir semejante reconocimiento de sus vasallos para mantener el esplendor de su corona, para sustentar a sus ministros, para los gastos de la guerra y demás necesidades del Estado. Moctezuma con real magnificencia le franqueó el tesoro de su padre Axayácatl que estaba, como ya dijimos, depositado en el mismo palacio, del cual no había querido Cortés aprovecharse hasta entonces, a pesar de la expresa permisión del rey.

Todo este tesoro pasó a poder de los españoles juntamente con lo que contribuyeron los señores feudatarios de la corona de México, que fue tanto que con ello, además de lo que se apartó para el rey de España, tenía Cortés para pagar las deudas contraídas en Cuba con ocasión de su armada y para gratificar a sus capitanes y soldados, quedándole aún mucho para los gastos que tenía que hacer. Al rey se destinaron, fuera del quinto que le tocaba del oro y plata que desbarataron, ciertas joyas que conservaron enteras en atención a su maravilloso artificio, las cuales, según el juicio del mismo Cortés, importaban más de cien mil ducados; pero la mayor parte de esta riqueza se perdió, como veremos, en la salida de México.

## 12. ALTERACIÓN DE LA NOBLEZA MEXICANA Y NUEVOS SOBRESALTOS DE MOCTEZUMA

No cabían en sí de gozo los españoles al verse dueños tan a poca costa de tanta riqueza, y sujeto a su rey un imperio tan grande, tan florido y tan opulento; pero ya era demasiada su felicidad y era preciso, según la condición de las cosas humanas, que se alterasen con tantos sucesos prósperos los adversos. La nobleza mexicana, que hasta entonces había observado un respetuoso silencio por su suma deferencia a la voluntad de su señor, viéndole ya en tanta abyección, al rey de Acolhuacán y otros principales señores en prisiones y a la nación sometida al poder de un monarca extranjero que no conocían, comenzaron a hablar con alguna libertad, a condenar la tolerancia, a formar cábalas y aun, según se cree, a juntar tropas para libertar de aquella opresión tan ignominiosa a su nación y a su rey.

Hablaron a Moctezuma algunos de sus mayores privados representándole el dolor que sentían sus vasallos de verle en poder de aquellos extranjeros, menoscabando su poder y oscureciendo el esplendor de su dignidad, y la alteración que ya se percibía en los ánimos, impacientes de mirarse entregados a un rey extraño y condenados a sacrificarle el fruto de sus fatigas. Exhortáronle a deponer el temor que le había ocupado y a recobrar su autoridad; que de no hacerlo él por sí lo harían sus vasallos, que estaban resueltos a echar de la corte y del reino a unos huéspedes tan insolentes y perniciosos.

Por otra parte, los sacerdotes le ponderaban el detrimento que padecía la religión y las amenazas que los dioses ofendidos hacían de negar el agua a las sementeras y de abandonar la protección de la nación mexicana, si no se deshacía de aquellos hombres tan enemigos de su culto. Algunos historiadores, que creen en las apariciones de espíritus, añaden que al mismo rey se hizo visible el demonio, conminándole con muchos males que descargaría sobre su persona y su reino si permitía en él por más tiempo a los españoles y prometiéndole, si los echaba del reino, perpetuar en su familia la corona de México y colmar de felicidad a sus vasallos.

Movido Moctezuma de tantas representaciones y amenazas, avergonzado de ver notada su condescendencia de cobardía, y enternecido con la desgracia de su sobrino Cacamatzin, a quien siempre había amado con especial ternura, y por las de sus hermanos y otras personas de la primera nobleza, aunque no consintió en privar de la vida a los españoles, como algunos le aconsejaban, se resolvió a decirles abiertamente que se fuesen del reino. A ese fin hizo un día llamar a Cortés, el cual, noticioso de las secretas conferencias que en los días antecedentes había tenido el rey con sus ministros, los nobles y los sacerdotes, sintió una grave turbación en su ánimo, pero disimulándola cuanto pudo, pasó luego a ver al rey acompañado de doce españoles.

Moctezuma lo recibió con menos afabilidad que otras veces y le declaró sin embozo su determinación. "Ya véis —le dijo— el amor tan grande que os he tenido, del cual no podéis dudar después de tantas y tan evidentes demostraciones. Hasta ahora os he mantenido con gusto en mi corte y aun he querido quedarme a vivir entre vosotros por la singular complacencia que tengo en vuestra comunicación. Por lo que a mí toca os mantendríais aquí sin novedad, recibiendo cada día nuevas pruebas de mi benevolencia; pero no puede ser porque ni mis dioses lo permiten, ni lo pueden sufrir mis vasallos. Me hallo amenazado del cielo con los más terribles azotes si os consiento más tiempo en mi reino; y en mis vasallos comienzan ya a percibirse tales alteraciones que si toman cuerpo me será absolutamente imposible sosegarlas. Por tanto, os pido por vuestro bien, por el mío y por el de todo el Estado, tratéis luego de volveros a vuestra patria."

Cortés, aunque penetrado del más vivo dolor, afectando serenidad en su semblante, respondió que estaba con el ánimo pronto a obedecerle; pero faltando navíos para su transporte por haber perdido los que los trajeron de Cuba, necesitaba de tiempo, de gente y de maderas para hacer otros. El rey lo abrazó cariñosamente por la prontitud con que se ofrecía a obedecer; díjole que no era necesario precipitarse en la partida, que construyese enhorabuena sus navíos; que él le proveería de maderas y de gente que las cortase y transportase al puerto. En efecto mandó luego un buen número de peones para que cortasen la madera de un pinar que había poco distante de Veracruz, y Cortés, por su parte, nombró algunos españoles que dirigiesen el corte y labrasen las maderas, esperando que entre tanto o tomasen otro semblante las cosas de México, o de resulta de los procuradores que había enviado a la corte de España, le viniesen en nuevos socorros.[12]

Ocho días después de tomada esta providencia llamó el rey de nuevo a Cortés y este general entró en nuevo cuidado. Díjole el rey que ya no era necesaria la fábrica de los navíos, porque acababan de llegar al puerto de Chalchiuhcuecan 18 embarcaciones semejantes a las que habían transportado a los españoles, en las cuales podría irse; que dispusiese luego su viaje porque así convenía al bien del reino. Cortés disimuló el regocijo que percibía de semejante nueva, y dando en su interior gracias a Dios de que le enviase tan oportuno socorro, respondió al rey que si aquellas embarcaciones deberían hacer viaje para Cuba, estaba pronto a irse en ellas; que de no, sería menester continuar la construcción de los navíos. Vio y examinó las pinturas que habían remitido al rey los gobernadores de la costa y no dudó que aquellas embarcaciones eran de españoles, pero muy ajeno de imaginarse que fuese aquella armada contra él, su buen deseo le hizo creer que eran sus procuradores que volvían ya de España con las provisiones reales y un buen socorro para la conquista.

### 13. Armada de Velázquez contra Cortés

Este gran consuelo le duró hasta que llegaron las cartas de Gonzalo de Sandoval, gobernador de Veracruz, en las cuales le notificaba que aquella armada, compuesta de once navíos y siete bergantines, de 85 caballos, 800 infantes y más de 500 hombres de mar, con 12 piezas de artillera y abundante provisión de armas, a cargo del general Pánfilo de

---

[12] Los más de los historiadores españoles afirman que cuando Moctezuma llamó a Cortés para intimarle la orden de partir del reino, tenía prevenido un ejército para hacerse obedecer por fuerza en caso de hallar alguna resistencia; pero hablan con tanta variedad, que unos dicen que estaban sobre las armas 100,000 hombres, otros rebajan la mitad y otros, finalmente, no cuentan más de 5,000. Yo creo que habría en efecto alguna tropa prevenida, pero no por orden del rey, sino de algunos nobles de los que tomaron con mayor calor el negocio.

Narváez, era enviada por Diego Velázquez, gobernador de Cuba, contra el mismo Cortés, como contra vasallo rebelde y traidor a su soberano.

Recibió este golpe tan terrible en presencia del rey Moctezuma; pero sin mostrar la más leve alteración en su semblante, dio a entender al rey que eran nuevos compañeros que le venían de Cuba. Del mismo disimulo usó para con los suyos hasta prepararles los ánimos. No hay duda de que fue éste uno de los lances en que mostró aquel general la grandeza de su alma. Hallábase, por una parte, amenazado de todo el poder de los mexicanos si quedaba en la corte, y, por otra parte, veía dispuesta contra sí una armada de sus mismos nacionales notablemente superior a la suya; pero su prudencia, su singular industria y su prodigioso valor convirtieron en bien todo el mal que le amenazaba.

Solicitó por cartas y por personas de su satisfacción templar la furia de Pánfilo de Narváez y hacerle entrar en razón, sacándole varios partidos y representándole las ventajas que resultarían a los españoles si se uniesen y obrasen de acuerdo ambas armadas y los gravísimos perjuicios que debían temer unos y otros de la discordia. Narváez, por dirección de tres desertores de Cortés, había desembarcado con toda su gente en las costas de Cempoala y se había acuartelado en dicha ciudad, cuyo señor, conociendo que los nuevos huéspedes eran también españoles y creyendo que venían a unirse con su amigo Cortés, o temiendo su poder, los recibió con mucha honra y les acudió con todo lo necesario. Moctezuma, creyendo al principio lo mismo, envió a Narváez considerables presentes y dio orden a sus gobernadores de servirle con la misma puntualidad que a Cortés; pero a pocos días se hizo cargo de la discordia que entre ellos había a pesar del gran disimulo de Cortés y de las diligencias que practicó para que no llegase a noticia del rey o de sus vasallos.

No podía presentarse a Moctezuma ocasión más favorable que la actual para deshacerse de unos y de otros, si no procediera de buena fe. Narváez procuró indisponerlo contra Cortés y los de su partido tratándolos de traidores, prometiendo castigar el atrevimiento que habían tenido de prender a un rey tan grande y ofreciéndose a librar al mismo rey y a su nación de la opresión en que se hallaban. Pero tan lejos estuvo Moctezuma de intentar cosa alguna contra Cortés, que cuando este general le fue a dar parte de su viaje a Cempoala, mostró mucha pena del riesgo a que se exponía con tan poca gente y le ofreció levantar luego un ejército para que le auxiliase en la expedición.

Había ya Cortés apurado todos los medios imaginables para la paz, sin más fruto que el de sufrir nuevos desprecios y amenazas del arrogante y fiero Narváez. Viéndose obligado al rompimiento y no queriendo por su desconfianza valerse del socorro que le ofrecía el rey de México, envió a suplicar al senado de Tlaxcala que le tuviesen prevenidos 4,000 hombres de guerra, y a Chinantla despachó un soldado nombrado Tobilla, hombre diestro en todo género de armas, para que reclutase dos mil hombres de aquella nación guerrera y se proveyese de 300 picas de las que usaban los mismos chinantecas, para contrarrestar a la caballería de Narváez, por ser más largas y fuertes que las de los españoles.

Dejó en México 140 españoles[13] y todos los aliados bajo las órdenes del capitán Alvarado, encargándoles que guardasen y tratasen bien al rey y se mantuviesen en buena armonía con los mexicanos, especialmente con la familia real y la noble. En su despedida dijo al rey que allí dejaba en su lugar al capitán Tonatiuh (con ese nombre del sol llamaban los mexicanos a Alvarado por ser rubio) encargado de servirle en todo; que suplicaba a su majestad continuase su protección sobre aquellos españoles; que él iba a verse con el comandante recién venido y a dar todas las providencias convenientes para cumplir sus reales órdenes. Moctezuma, después de asegurarle con las mayores expresiones su buena voluntad, le hizo proveer abundantemente de víveres y de hombres de carga para el transporte del bagaje, y se despidió con singular afecto.

Salió Cortés de México a principios de mayo de 1520 después de haber estado seis meses en aquella corte, con 70 españoles y alguna nobleza mexicana que quiso acompañarle algunas jornadas. Algunos historiadores han creído que los mexicanos iban de espías para avisar al rey de todo lo que fuese ocurriendo; pero Cortés no los tuvo por tales aun viviendo en continuo recelo y desconfianza. Hizo el viaje por Cholula, en donde se le agregó con su gente el capitán Velázquez de León, que volvía de Coatzacoalco, a cuya provincia había ido a buscar un puerto más cómodo para las embarcaciones. Aquí recibió un buen refresco de víveres que le envió el senado de Tlaxcala; pero no los 4,000 hombres que había pedido, o porque los tlaxcaltecas no se atrevieron a entrar en nueva guerra con los españoles, como dicen Bernal Díaz y otros historiadores, o porque no se avinieron a retirarse tanto de su patria, como afirman otros, o, lo que es más verosímil, porque viendo a Cortés con fuerzas tan inferiores a las de su enemigo, no quisieron sacrificarse. Algunas jornadas antes de Cempoala se les juntó el soldado Tobilla con las 300 lanzas de Chinantla, y en Tapanicueta, lugar distante doce leguas, se le agregó el famoso capitán Sandoval con 60 soldados de la guarnición de Veracruz.

---

[13] Bernal Díaz dice que quedaron en México 83. En las modernas ediciones de las *Cartas* de Cortés se dice que quedaron 500 hombres; pero una edición antigua dice que fueron 140. Este número tengo por cierto atendido el total de las tropas de Cortés. El número de 500 es ciertamente falso y opuesto a la relación del mimo Cortés.

## 14. Victoria de Cortés contra Narváez

Finalmente, después de hechos nuevos requerimientos a Narváez y de haber distribuido algún oro entre los de su facción, entró Cortés en Cempoala a medianoche con 250 hombres,[14] sin caballos ni más armas que picas, espadas, rodelas y puñales, y asaltó el templo mayor de la ciudad donde estaba acuartelado Narváez, con tal ímpetu y furia que antes de amanecer ya era dueño del cuartel, de todos sus enemigos, de la artillería, las armas y los caballos, quedando muertos cuatro de sus soldados y quince de los enemigos y heridos muchos de una y de otra parte.[15]

Se hizo reconocer de todos por capitán general y justicia mayor, y mandó asegurar con prisiones en la fortaleza de Veracruz a Narváez y a Salvatierra, persona distinguida del partido contrario y enemigo personal de Cortés, y quitar de los navíos las velas, los timones y las agujas. Apenas comenzaba a rayar la luz del día, que fue el domingo de Pentecostés 27 de mayo, cuando llegaron[16] los dos mil chinantecas en muy buen orden y bien armados solamente a ser testigos de las aclamaciones de Cortés y del rubor que sentían los del partido de Narváez de verse vencidos de tan pocos hombres.

La felicidad de esta ocasión se debió en gran parte al incomparable valor de Sandoval, que con 80 hombres subió a lo alto del templo por entre una lluvia de saetas y balas, asaltó el santuario en que se había fortalecido Narváez y se apoderó de su persona. Viéndose Cortés con 18 navíos, con casi 2,000 hombres de tropa española, con unos 100 caballos y suficiente copia de municiones de guerra, meditó nuevas expediciones por las costas del Golfo de México, y ya tenía nombrados dos jefes y señalada la gente que debía ir bajo sus órdenes, cuando las funestas nuevas que le llegaron de México desconcertaron sus proyectos y le precisaron a marchar aceleradamente para aquella ciudad.

## 15. Estrago ejecutado en la nobleza mexicana y sus efectos

Fue el caso que en la ausencia de Cortés ocurrió en México la fiesta del incienso de Huitzilopochtli, que se celebra en el mes *toxcatl*, cuyo

---

[14] Bernal Díaz dice que fueron 206; Torquemada, 266 y 5 capitanes. Yo sigo a Cortés.
[15] Varían los autores en el número de muertos; pongo el más verosímil atendida la narración de los mismos autores.
[16] Algunos dicen que cuando Cortés asaltó el real de Narváez llevaba ya consigo los 2,000 chinantecas. Bernal Díaz, que se halló presente, dice lo contrario. Cortés no hace mención de ellos. Quien quisiera informarse de las circunstancias de esta gloriosa expedición de Cortés, consulte a los historiadores de la Conquista; yo los omito por no ser tan propios de mi historia.

principio en aquel año fue el 13 de nuestro mayo. Celebrábase esta fiesta, que era de las más solemnes, con danzas del rey y la nobleza, de los sacerdotes y el pueblo. Suplicó la nobleza al capitán Alvarado que permitiese al rey salir al templo a cumplir aquella ceremonia. Rehusólo Alvarado o por los particulares encargos que le dejó Cortés o porque temió no intentasen alguna novedad los mexicanos teniendo al rey consigo y siendo tan ocasionados a sediciones los públicos regocijos; y así se tomó el expediente de hacer la danza en el atrio del mismo palacio[17] o cuartel de los españoles, o fuese por disposición del jefe español o por orden del rey para intervenir, según costumbre, en la danza.

Llegado el día de la fiesta concurrieron a aquel atrio muchos hombres de la primera nobleza (cuyo número[18] no consta) bien adornados de joyas de oro, de pedrería y de plumaje. Comenzaron a cantar y a danzar al son de los instrumentos, y entre tanto hizo Alvarado que se ocupasen con disimulo las puertas. Cuando vio en mayor calor la danza y a los mexicanos más divertidos, dio la señal de acometer e inmediatamente cargaron con furia los españoles sobre aquellos infelices, que ni podían resistir por hallarse desarmados, ni salvarse con la fuga por estar ocupadas las puertas. Fue terrible el estrago, lastimosos los clamores que levantaban al cielo, mucha la sangre que allí se derramó. Fue este golpe uno de los más sensibles a los mexicanos por haber perdido con él la flor de su nobleza, y para perpetuar su memoria compusieron ciertos cantares que conservaron hasta muchos años después de la Conquista. Concluida tan trágica y horrorosa función, despojaron los españoles a los cadáveres de toda la riqueza que tenían.

No se sabe de cierto el motivo que pudo tener Alvarado para una acción tan temeraria y tan inhumana. Algunos dicen [19] que no fue otro

---

[17] Los historiadores de la Conquista dicen comúnmente que el teatro de esta tragedia fue el atrio del Templo Mayor; pero es increíble que el inmenso concurso del pueblo que asistía a aquella fiesta permitiese ejecutar tan horrible carnicería en su nobleza; y más teniendo en el mismo templo las armerías de donde podían tomar cuantas armas quisiesen para reprimir la temeridad de aquellos pocos extranjeros; y mucho menos se puede creer que los españoles se pusiesen en tan evidente peligro de perecer. Cortés y Bernal Díaz no expresan el lugar. El P. Acosta dice que la danza se hizo en Palacio y no pudo ser en otro que en aquel donde moraba actualmente el rey. La inverosimilitud que aparece en la narración de aquellos historiadores, y la antigüedad y el juicio de Acosta, me obligan a deferir más al testimonio de este solo escritor que al de todos los demás.

[18] Gómara dice que concurrieron a la danza más de 600 nobles. Otros citados por el mismo, que fueron más de mil; y el señor Las Casas que fueron más de 2,000.

[19] Los historiadores mexicanos, el P. Sahagún en su historia (M. S.), Las Casas en su *Memorial sobre la destrucción de los indios* y Gómara en su *Crónica de la Nueva España*, afirman que la codicia de Alvarado fue la causa del estrago que se hizo en la nobleza mexicana; pero yo, para creer tan atroz delito ejecutado a sangre fría, necesito de pruebas más concluyentes. Gómara y Las Casas siguieron verosímilmente la relación de Sahagún, y Sahagún los informes de los mexicanos, que como enemigos de los españoles pudieron alterar en odio suyo la verdad.

que la codicia de aprovecharse del oro y pedrería que llevaban los nobles. Otros afirman [20] y parece lo más verosímil, que siendo informado Alvarado de que los mexicanos meditaban dar con ocasión de aquella fiesta un golpe decisivo a los españoles, para libertarse de su opresión y poner en libertad a los reyes y señores que tenían presos, él se les adelantó sobre aquel decantado principio "quien acomete vence". Lo cierto es que su conducta no puede excusarse de imprudencia y de crueldad.

La plebe, irritada con tan sensible golpe, trató desde entonces a los españoles como a enemigos capitales de su patria. Asaltaron varias tropas el cuartel con tanta fuerza que derribaron una parte del muro, minaron por varias partes el palacio y quemaron sus municiones; pero fueron repelidos con el fuego de la artillería y de las escopetas, con cuyo favor pudieron reparar los españoles el muro. Aquella noche descansaron; pero al día siguiente fue tan terrible el asalto que los españoles se creyeron perdidos y, en efecto, no hubiera quedado ni uno solo con vida, como ellos mismos lo confesaron después a Cortés, si el rey no se dejara ver y contuviera con su autoridad el furor de la plebe, después de haber muerto unos seis o siete españoles.

El respeto a la majestad del soberano contuvo a la plebe para que no asaltase con armas el cuartel; pero no la retrajo de otro género de hostilidades; quemó cuatro bergantines o fustas que había hecho fabricar Cortés para salvarse en caso de no poder hacerlo por las calzadas, y se resolvió a acabar por hambre con los españoles, negándoles todos los víveres y procurando impedir su introducción con un foso que hicieron en contorno del cuartel. En este estado se hallaban los españoles en México cuando Alvarado avisó a Cortés, suplicándole por dos mensajeros tlaxcaltecas que acelerase su vuelta si no quería hallarlos muertos a todos. Lo mismo le pidió de su parte Moctezuma, significándole cuán sensible le había sido aquella revolución de sus vasallos, ocasionada del temerario y sangriento atentado del capitán Tonatiuh.

Cortés, después de haber dado sus providencias para mudar la villa de Veracruz a otro lugar más cercano al puerto de San Juan de Ulúa (aunque por entonces no se puso en ejecución este proyecto), partió con su gente a marchas forzadas para México. En Tlaxcala fue magníficamente alojado en el palacio del príncipe Maxixcatzin. Hizo aquí la reseña de su tropa y se halló con 96 caballos y 1,300 infantes, a los

---

[20] Es totalmente inverosímil que los mexicanos maquinasen contra los españoles la traición que suponen varios historiadores, y mucho menos que tuviesen ya prevenidas las ollas en que debían cocer las carnes de los españoles, como dice Torquemada. Lo que creo es que los tlaxcaltecas, por el odio tan grande que tenían a los mexicanos, hicieron creer a Alvarado la supuesta traición. Tenemos en la historia de la Conquista infinitos ejemplares de semejantes sugestiones de los tlaxcaltecas contra sus enemigos.

cuales se agregaron 2,000 tlaxcaltecas que le dio aquella república. Con este ejército entró en México el día 24 de junio. No halló oposición alguna en la entrada; pero desde luego reconoció la alteración del pueblo en la escasez de gente que se dejaba ver en las calles y en algunos puentes quitados de las acequias.

Cuando entró en el cuartel, con el regocijo que se deja entender de unos y otros soldados, salió Moctezuma al patio a cumplimentarle con las más obsequiosas muestras de amistad; pero Cortés, o engreído con la vanidad de la pasada victoria sobre Narváez y de la mucha gente que tenía bajo sus órdenes, o persuadido a que convenía a sus intentos el fingir que creía culpable al rey en la inquietud de sus vasallos, se pasó de largo sin hacer caso de sus cumplimientos, y aquél se retiró luego a su cuarto, en donde se le agravó el dolor con la noticia que inmediatamente le llevaron sus criados, de las palabras descompuestas en que había prorrumpido contra su majestad, el general español.[21]

Reprendió Cortés severísimamente al capitán Alvarado, y sin duda le hubiera dado el castigo que merecía si lo permitieran las circunstancias del tiempo y de la persona. Bien preveía Cortés la tempestad que iba a descargar sobre sus cabezas, y no le pareció conveniente enajenarse en ocasión de tanto peligro el ánimo de uno de sus más esforzados capitanes y de cuyo brazo fiaba las más arduas empresas. Con la gente que llevó Cortés a México pasaba ya su ejército de 9,000 hombres; y no pudiendo alojarse tanto número en el cuartel, se acuarteló una buena parte en los edificios que había dentro del recinto del Templo Mayor más cercanos al cuartel.

Con la muchedumbre se agravó la necesidad de víveres que ya se padecía, por lo cual mandó Cortés decir al rey con grandes amenazas que hiciese celebrar el mercado acostumbrado (que en aquellos días se había omitido en odio de los españoles) para poder proveerse de lo necesario a la vida. Respondió el rey que los hombres de más autoridad de quienes podría servirse para mandarlo se hallaban presos como él; que pusiese Cortés en libertad al que le pareciese para que hiciese cumplir sus órdenes. Cortés sacó de la prisión para ese efecto al príncipe Cuitlahuatzin, hermano del rey, muy ajeno de prever que la libertad de

---

[21] Solís no cree el desaire que hizo Cortés a Moctezuma, y por defender a aquel jefe injuria a Bernal Díaz, que fue testigo ocular, y al cronista Herrera, que lo refiere sobre buenos documentos. Dice que Bernal Díaz es apasionado, y que de Herrera se puede sospechar que adoptó la narración de Bernal Díaz por lograr una sentencia de Tácito. Ambición, añade, peligrosa en los historiadores; y en ninguno más, agregamos nosotros, que en el mismo Solís; pues cualquier hombre desapasionado y bien instruido en la historia de México, conocerá que Solís, en vez de acomodar las sentencias a la narración, acomoda la narración a las sentencias. Mientras no se produzcan mejores razones de las que él emplea contra la narración de Bernal Díaz, debemos estar al testimonio de este autor.

aquel príncipe había de ser para ruina de los españoles. Cuitlahuatzin ni volvió jamás a la prisión, como verosímilmente esperaría Cortés, ni restituyó el mercado, o porque no quiso favorecer a los españoles, que debía mirar como enemigos, o porque no se lo permitieron los mexicanos, obligándole, como se puede creer, a servir en tales circunstancias el empleo que tenía de general. En efecto, él fue el que en adelante mandó las tropas y dirigió las hostilidades contra los españoles, hasta que por muerte de Moctezuma fue electo y proclamado rey de México.

### 16. Combates en la capital entre españoles y mexicanos

El día que entró Cortés en México no hubo movimiento alguno en la plebe; pero al día siguiente comenzaron a disparar con hondas tantas piedras sobre el cuartel, que parecía, según dice Cortés, un aguacero; y tantas flechas que cubrieron todo el patio y terrados del palacio, y la gente era tanta que no se veía el suelo de las calles ni el de las azoteas. No pareció conveniente a Cortés mantenerse sobre la defensiva porque no le atribuyesen a cobardía y cobrasen más ánimo los enemigos; y así salió contra ellos con 400 hombres, parte españoles y parte tlaxcaltecas. Los mexicanos se le fueron retirando con poco daño, y Cortés, después de haber pegado fuego a algunas casas, se retiró a su cuartel; pero viendo que los enemigos continuaban sus hostilidades, hizo salir al capitán Ordaz con 200 soldados.

Los mexicanos simularon fuga para empeñarle en el alcance y retirarle más, como en efecto lo consiguieron, del cuartel; repentinamente se vieron los españoles rodeados por todas partes de enemigos, con un cuerpo de tropas que les acometía por el frente y otro por la espalda, aunque tan tumultuaria y desordenadamente que los unos embarazaban a los otros. Al mismo tiempo se dejó ver sobre los terrados una gran muchedumbre de pueblo que sin cesar les arrojaba piedras y saetas. Viéronse aquellos españoles en el mayor conflicto y ésta fue una de las acciones en que mostró más valor el esforzado Ordaz.

Fue muy sangriento el combate pero no con mucho daño de los españoles, los cuales con las escopetas y ballestas descombraron los terrados, y con las espadas y picas rechazaron la muchedumbre que embarazaba la calle; y de esta suerte lograron finalmente retirarse al cuartel, dejando muertos muchos mexicanos y de los suyos no más de ocho; pero salieron casi todos heridos y entre ellos el mismo Ordaz. Uno de los daños que en este día hicieron los mexicanos a los españoles fue el de haber pegado fuego en varias partes del cuartel, y en una fue tal el incendio que se vieron precisados los españoles a derribar la pared y a defender aquella brecha con la artillería y mucha gente hasta la noche, en que los enemigos dieron lugar al reparo de la pared y a la curación de los heridos.

Al día siguiente, que fue el 26 de junio, fue más terrible el asalto y mayor la furia de los mexicanos. Los españoles se defendían con 12 piezas de artillería, que hacían un horrible estrago en la multitud; pero como eran tantos los enemigos, se ocultaban los muertos bajo los pies de los que entraban a reemplazarlos. Cortés, viendo su porfía, salió del cuartel con la mayor parte de su gente y se dirigió combatiendo a una de las principales calles de la ciudad; ganó algunos puentes, quemó algunas casas y después de haber peleado casi todo el día volvió al cuartel con cincuenta y tantos españoles heridos dejando muertos innumerables mexicanos.

La experiencia hizo conocer a Cortés que el mayor daño lo recibía de las azoteas, y para impedirlo hizo fabricar tres mantas o castillejos de madera capaces de llevar cada uno veinte hombres, guarnecidos de fuertes tablones para defenderse de las piedras, con ruedas para facilitar el movimiento y con troneras para la descarga de las escopetas. Mientras se fabricaban estas máquinas ocurrieron grandes novedades en aquella Corte. Moctezuma había sido testigo, desde un torreón del cuartel, de uno de los combates ya referidos y acertó a ver entre la multitud a su hermano el príncipe Cuitlahuatzin, dando órdenes y acalorando la acción. Ya se deja entender el tropel de pensamientos melancólicos que ocuparía su ánimo a vista de tantos objetos dolorosos. Veía el peligro en que se hallaba de perder la corona y la vida; veía arruinar los edificios de su corte, disminuir el número de sus vasallos y aumentar cada día el de sus enemigos, y conocía que no había otro remedio a tanto mal que la pronta salida de los españoles. En estos pensamientos pasó aquella noche, y al día siguiente muy temprano habló a Cortés sobre el mismo asunto, estrechándole a no diferir más su viaje.

No había menester tanto Cortés para persuadirse de la necesidad de semejante partido. Hallábase sumamente necesitado de víveres; dábase ya por tasa la comida, y era tan corta que bastaba a mantener precisamente la vida y no las fuerzas necesarias para resistir a tantos enemigos que los tenían en continuo movimiento. Finalmente, conocía que tan imposible le era el ganar la ciudad, que ni aun podría por más tiempo mantenerse en ella. Por otra parte, sentía infinito abandonar la empresa comenzada, perdiendo en un momento con su retirada todas las ventajas que había logrado su valor, su industria y su felicidad; pero cediendo a la necesidad presente respondió al rey que estaban prontos a abandonar la corte por la paz del reino; pero que no podrían ejecutarlo mientras sus vasallos no dejasen las armas.

## 17. Razonamiento del rey al pueblo, su afrenta y sus heridas

Aún no se había concluido esta conferencia cuando tocaron al arma en el cuartel, por un asalto general de los mexicanos. Por todas partes intentaron a porfía subir la muralla, mientras otras tropas de arqueros a competente distancia hacían su descarga para vencer la oposición de los sitiados, y a pesar de la artillería de las escopetas y de las ballestas, espadas y picas, llegaron algunos a entrar en el cuartel y a combatir cuerpo a cuerpo con los españoles. Éstos se creían ya perdidos y peleaban como desesperados. Moctezuma, viendo su conflicto y el riesgo de su propia vida, resolvió dejarse ver para contener con su presencia y con su voz el furor de sus vasallos. Vistióse de las vestiduras reales y acompañado de sus criados y de 200 soldados españoles subió al terrado y se presentó al pueblo, intimando sus criados silencio a la multitud, para que pudiese ser oída la voz de su señor.

A su vista cesó el ataque, callaron todos, y algunos doblaron la rodilla para reverenciarle según su costumbre. Habló en voz alta y les dijo en substancia estas razones: "Si el motivo de tomar las armas contra estos extranjeros es el celo de mi libertad, os agradezco el amor y fidelidad que me mostráis; pero os engañáis en imaginarme preso, estando como estoy con entera libertad para dejar cuando quisiere este palacio de mi difunto padre y pasarme al mío. Si vuestro enojo es ocasionado de su detención en la corte, os hago saber que ya me han dado palabra de partirse, y yo os prometo que se partirán luego que depongáis las armas. Cesen, pues, vuestras inquietudes, y mostradme, en dejar prontamente las armas, vuestra fidelidad, si no es ya que como he oído decir, atropellando mis derechos y vuestra obligación, habéis jurado a otro señor la obediencia que a mí me debéis; lo cual ni yo puedo creer de vosotros, ni vosotros podríais ejecutar sin sentir sobre vuestras cabezas la venganza del cielo".

Quedó la multitud por un rato en silencio hasta que un hombre[22] más atrevido levantó la voz llamando al rey cobarde y afeminado, más hábil para hilar y tejer que para mandar una nación tan valiente como la mexicana, improperándole de que por su cobardía se hubiese hecho vilmente prisionero de sus enemigos; y no satisfecho con injuriarle de palabra, tomando el arco le disparó una flecha. La muchedumbre, fácil de moverse al primer impulso que se le da, siguió prontamente su ejemplo; comenzaron a llover piedras y flechas hacia aquella parte

---

[22] El P. Acosta dice que el mexicano que injurió al rey fue su mismo sobrino Cuauhtemotzin, que fue el último rey de México; pero no es creíble ni conforme al carácter de este rey.

donde estaba el rey. Los historiadores españoles dicen que, a pesar de estar cubierta la persona real con dos rodelas, fue herida de una piedra en la cabeza, de otra en una pierna y de una flecha en un brazo. Retiráronle de allí sus criados para llevarle a su cuarto, más atormentado, como se deja entender, de la ira y del dolor de su afrenta, que de sus heridas.

Entre tanto continuaban los mexicanos en su ataque y los españoles en su defensa, hasta que varios señores llamaron a Cortés al mismo sitio en que había sido herido el rey, para hablarle sobre varios asuntos que no expresan los historiadores. Cortés les preguntó por qué le daban tanta guerra no recibiendo mal alguno de los españoles. "Si queréis —le respondieron— que cesen nuestras hostilidades, partíos luego de la ciudad; si no, estamos resueltos todos a morir o a acabar con todos vosotros." Cortés replicó que no decía aquello por temor que tuviese de sus armas, sino por el dolor que le causaba el verse precisado a darles la muerte y a destruir tan bella ciudad. Retiráronse aquellos señores reiterando sus amenazas.

Concluidas finalmente las máquinas, salió Cortés[23] con ellas muy de mañana, el 28 o 29 de junio, y se encaminó a una de las calles principales de la ciudad. Iban con ellas 3,000 tlaxcaltecas y otras tropas auxiliares, y la mayor parte de los españoles con cuatro piezas de artillería. Llegados al primer puente aplicaron las máquinas y escalas a las casas circunvecinas para limpiar los terrados del populacho que les incomodaba; pero fue tan grande la tempestad de piedras que descargaron sobre las máquinas, que rompieron sus más gruesas tablas. Combatieron los españoles hasta el medio día sin poder ganar el puente, y se volvieron no poco avergonzados al cuartel, dejando un español muerto y llevando muchos heridos.

## 18. Terrible combate en el templo

Alentados los mexicanos con este suceso, se hicieron fuertes en lo alto del Templo Mayor hasta 500 nobles, bien provistos de armas y de víveres, y desde allí comenzaron a hacer gran daño a los españoles con piedras y flechas que arrojaban dentro del cuartel, al mismo tiempo que otras tropas los combatían desde la calle. Envió Cortés a uno de sus capitanes con cien soldados a desalojar a aquellos nobles; pero habiendo

---

[23] Es indecible la variedad con que hablan los historiadores, así en lo que mira al orden como a las circunstancias de los combates que tuvieron en estos días los españoles. Basta comparar las relaciones de Cortés y de Bernal Díaz, ambos testigos oculares. Yo prefiero el testimonio de Cortés, por las razones que ya expresé en otro lugar.

intentado por tres veces la subida, fueron vigorosamente rechazados. Resolvióse a ejecutar en persona el asalto; atóse la rodela al brazo por tener herida la mano izquierda desde el primer combate, y dejando bloqueado el templo por un número competente de españoles y de tlaxcaltecas, comenzó a subir las escaleras con una gran parte de su gente.

Los mexicanos les disputaban con valor la subida y precipitaron a tres o cuatro españoles, entre tanto que otras tropas que habían entrado en el atrio combatían furiosamente con los que formaban el bloqueo. Logró Cortés a costa de inmenso trabajo el poner el pie con su gente en el atrio superior del templo. Aquí fue lo más fuerte y peligroso del combate, que duró más de tres horas. Los mexicanos murieron parte al filo de la espada y parte se arrojaron a los relejes o corredores que tenía a trechos el templo, en donde continuaron su resistencia hasta perder todos la vida. Cortés hizo pegar fuego a los santuarios y se restituyó en buen orden a su cuartel.

Murieron en esta función 46 españoles y todos los demás salieron heridos y bañados en sangre. Fue uno de los combates en que se peleó con más valor de una y otra parte, y como tal lo representaron después de la conquista los tlaxcaltecas y mexicanos en sus pinturas. Algunos historiadores añaden a este suceso la circunstancia del peligro en que se vio, dicen, Cortés de ser precipitado de dos mexicanos que, resueltos a sacrificar sus vidas al bien de la patria, se abrazaron con él en el bordo del atrio superior para llevárselo consigo en la caída, pensando dar fin a la guerra con la muerte de aquel general; pero este hecho, de que no hacen mención los primeros historiadores, Cortés, Bernal Díaz y Gómara, se ha hecho más inverosímil con las circunstancias de que lo han revestido algunos historiadores modernos.[24]

Restituido Cortés al cuartel volvió a hablar a ciertos mexicanos principales, poniéndoles delante el daño que recibían de las armas españolas. Respondieron que todo lo daban por bien empleado con tal de acabar con los españoles; que en caso de no morir a manos de los mexicanos, perecerían todos de hambre encerrados en el cuartel. Aquella noche, observando Cortés algún descuido en los ciudadanos, salió

[24] Solís dice que los dos mexicanos se llegaron a Cortés con la rodilla en tierra en ademán de pedir misericordia y, sin perder tiempo, se dejaron caer del pretil con la presa en las manos, haciendo mayor la violencia del impulso con la fuerza natural de su mismo peso; que Cortés los arrojó de sí no sin alguna dificultad. Yo la siento grande en creer tan estupendas fuerzas en Cortés. Los humanísimos filósofos Reinal y Robertson, compadecidos, como se puede pensar, del peligro de Cortés, le proveyeron éste de unas almenas y aquél de una reja o balaustre de donde se asiese para desasirse de los mexicanos, pero nos consta que en aquel templo no había rejas, balaustres ni almenas. Yo me admiro de que estos autores, que se muestran tan incrédulos en lo que mira a la historia antigua de aquel reino, crean un hecho que ni se halla mencionado de los historiadores primitivos, ni es verosímil.

por una de las tres calles principales con algunas compañías de soldados y les quemó más de 300 casas.[25] Al día siguiente, después de haber hecho reparar las máquinas y provístolas de la gente, armas e instrumentos necesarios, salió con ellas y la mayor parte de sus tropas por la gran calle de Iztapalapa con mejor efecto que la primera vez; porque a pesar de la vigorosa resistencia que hacían los enemigos al abrigo de las trincheras y reparos que habían hecho contra el fuego de los españoles, les ganó los cuatro primeros puentes y les quemó cuantas casas había por aquella parte, y aprovechándose de los materiales de las casas incendiadas cegó los fosos o canales para tener el paso libre por ellos en caso de que los mexicanos alzasen los puentes.

Dejó para la conservación de aquellos puestos suficiente guarnición y se volvió al cuartel con muchos heridos y diez o doce muertos. Continuó al día siguiente sus avances por la misma calle, ganó los tres puentes que le restaban, y en seguimiento de los enemigos que los defendían llegó hasta la tierra firme. Mientras entendía en cegar los últimos fosos, con la mira, a lo que parece, de efectuar su retirada de la corte por aquella calzada por donde había entrado, fue avisado de que los mexicanos querían capitular. Para oír sus proposiciones se volvió prontamente al cuartel con la caballería, dejando toda la infantería en guarda de los puentes ganados.

Propusiéronle los mexicanos que cesarían las hostilidades y harían dejar a todos las armas y especialmente a cierto número de soldados que desde los torreones del real palacio ofendían a los del cuartel; pero que necesitaban de la persona del sumo sacerdote que habían hecho prisionero los españoles, para que autorizase y confirmase el tratado. Cortés lo puso en libertad y se capituló luego el armisticio. Es muy verosímil que éste fuese una mera estratagema de los electores para libertarle, por necesitar de su persona para la unción del nuevo rey que ya tenían elegido o estaban para elegir. Ello es que apenas había recibido Cortés el consuelo de la suspensión de las armas, cuando llegaron algunos tlaxcaltecas a avisarles que los mexicanos habían recobrado todos los puentes con muerte de algunos españoles, y venía una gran multitud de tropas contra el cuartel

Salió Cortés a encontrarlas con la caballería y rompiendo por ellas no sin grande dificultad y peligro, volvió a ganar los puentes; pero al tiempo en que se ocupaba en ganar los últimos ya tenían los mexicanos

---

[25] Cuando digo que quemaban las casas por usar de la misma palabra de que usa Cortés, no debe entenderse que ardían todas y quedaban reducidas a cenizas, sino precisamente que se les pegaba fuego. Bernal Díaz pondera la dificultad que había en incendiarlas por ser terrados y estar separadas entre sí. En unas haría mucho daño el fuego, y en otras poco o ninguno.

en su poder los cuatro primeros, y habían extraído una gran parte del material con que se habían cegado los canales. Volvió finalmente Cortés a ganarlos y se retiró al cuartel con toda su gente fatigada, aporreada y herida. Pondera Cortés en su relación al emperador Carlos V el gran peligro en que se vio este día de perder la vida, y atribuye a extraordinaria providencia el haberla salvado entre tanta multitud de enemigos.

No hay duda de que, desde el momento en que comenzaron a desazonarse los ánimos de los mexicanos, podrían haber acabado con todos los españoles y sus aliados si hubieran observado mayor orden en combatirlos y hubiera habido mayor unión en los jefes subalternos que dirigían las acciones; pero los jefes estaban, como luego veremos, poco acordes, y el populacho no seguía más que los ímpetus de su furor tumultuario. Por otra parte, no puede negarse que los españoles parecían hombres de hierro, que no cedían al rigor del hambre, ni a la necesidad del sueño, ni a la fatiga continua y a las heridas. Después de emplear todo el día en combatir con sus enemigos, gastaban la noche en enterrar los muertos, en curar los heridos y en reparar los daños que hacían los enemigos durante el día en el cuartel; y aun en aquel poco tiempo que concedían al precioso descanso no dejaban las armas, prontos a todas horas del día y de la noche a cualquier alarma. Pero aún más se hará ver la dureza de aquellos hombres en los terribles combates que ya expondremos.

### 19. Muerte de Moctezuma II y de otros señores

En uno de estos días, que fue, a lo que parece, el 30 de junio, murió dentro del cuartel de los españoles el rey Moctezuma a los 53 años de edad y a los 17 años y casi 10 meses de reinado, después de más de siete meses de prisión. Sobre la causa y circunstancia de su muerte hay tanta variedad y contradicción entre los historiadores, que es imposible atinar con la verdad. Los historiadores mexicanos culpan a los españoles, y los españoles a los mexicanos.[26] Yo no puedo creer que los españoles quisiesen deshacerse de un rey de cuya benignidad y protec-

---

[26] Cortés en su relación a Carlos V y Gómara en su *Crónica de la Nueva España* dicen que Moctezuma murió de la pedrada que le dieron sus vasallos en la cabeza. Solís afirma que de no haberse querido curar la herida. Bernal Díaz añade a esta omisión su voluntaria inedia. El cronista Herrera en sus *Décadas* dice que la herida no era mortal y que murió de enojo y pesadumbre. El P. Sahagún y los historiadores mexicanos afirman que los españoles lo mataron a puñaladas, y uno de estos historiadores expresa la circunstancia de que un soldado le atravesó la ingle con la espada. Entre estos últimos historiadores unos dicen que su muerte fue la fatal noche de la derrota de los españoles, y otros que antes. Acosta, Torquemada y Betancourt se muestran indecisos y lo reservan al juicio de Dios.

ción habían recibido mucho bien y de cuya muerte debían temer muchos males. Su pérdida, si creemos a Bernal Díaz, autor sincerísimo, fue llorada no menos de Cortés que de cada uno de los capitanes y soldados como la de su propio padre. Él los favoreció infinito o fuese en todo por inclinación o en parte por temor. Procedió siempre de buena fe con Cortés, o a lo menos no hay fundamento para creer lo contrario; ni se sabe que jamás hablase mal de los españoles, como ellos mismos lo confesaron. Sus buenas y malas cualidades se pueden conocer por la relación de sus sucesos.

Fue hombre circunspecto, magnífico, liberal, celoso de la justicia y reconocido a los servicios de sus vasallos; pero su nimia circunspección y gravedad hacía inaccesible el trono a los lamentos de sus súbditos. Su magnificencia y su liberalidad se sostenían en los gravámenes de su pueblo, y su justicia declinaba en crueldad. Fue exacto y puntual en materia de religión[27] y muy celoso del culto de sus dioses y de la observancia de todos sus ritos. En su juventud fue animoso y se dice de él que salió victorioso de nueve batallas; pero en los últimos años de su reinado, las delicias domésticas, la fama de las primeras acciones de los españoles y, sobre todo, la superstición apocaron de tal suerte su ánimo que parecía haber mudado de sexo, como decían sus vasallos. Gustaba mucho de la música y de la caza y era diestro no menos en el manejo del arco que en el de la cerbatana. Era de buena estatura, de pocas carnes, de rostro aguileño y de ojos vivos.

Dejó varios hijos, de los cuales algunos fueron muertos en la Noche Triste a manos de los españoles, como afirman los mexicanos, o como dicen los españoles y es más verosímil, a manos de los mexicanos que no acertaron a conocerlos entre los españoles por la oscuridad de la noche. De los que sobrevivieron el mayor fue Yotiualicahuatzin, que bautizado se llamó Pedro Moctezuma, de quien descienden los condes de Moctezuma y de Tula. Este hijo tuvo Moctezuma en Miahuaxóchitl,[28] hija de Ixtlicuechahuac, señor de Tolan. En otra mujer tuvo a Tecuichpotzin, princesa bella que en el bautismo tomó el nombre de doña Isabel Moctezuma, de quien descienden las dos nobilísimas casas

---

[27] Solís dice que Moctezuma apenas doblaba la cerviz a sus dioses; que votaba por sus méritos cuando encarecía su fortuna, y que pensaba de sí mejor que de sus dioses. Ésta y otras cosas que dice este historiador son arbitrarias y muy ajenas del carácter de Moctezuma, según lo representan sus historiadores nacionales y los españoles de aquel tiempo que más conocieron la historia de México. El mismo Solís añade que el demonio llegó a favorecerle con frecuentes visitas; pero harto necio sería el demonio en favorecer de esa suerte a quien tanto lo despreciaba. Desdice mucho semejante credulidad en un historiador tan famoso.

[28] Solís, alterando según su costumbre el nombre de esta reina, la llama *Niaga Suchil*. Sobrevivió a la Conquista y se bautizó con el nombre de doña Maria Miahuaxóchitl.

de los Canos Moctezumas y Andrades Moctezumas, como decimos en la genealogía de los reyes de México. Además de éstos sabemos que tenía otro hijo que era señor de Tenayuca, que, habiéndose salvado en la Noche Triste y ocultándose por algún tiempo en Tepotzotlán, recibió el bautismo en su última enfermedad a fines del año 1524 o principios del 1525.[29]

Los reyes católicos han concedido muchas mercedes a la ilustre posteridad de Moctezuma en atención al incomparable servicio que hizo a aquel monarca en incorporar con su voluntaria cesión en la corona de Castilla un reino tan dilatado y opulento como el de México. Dichoso él si después de haber cedido su reino al rey católico, hubiera ganado para sí el reino de los Cielos; pero ni las repetidas instancias de Cortés en todo el tiempo de su prisión, ni las continuas exhortaciones del Padre Olmedo en los últimos días de su vida bastaron a reducirle a abrazar la fe de Jesucristo[30] que tan fácilmente abrazaron los más de sus vasallos. Secretos altísimos de la predestinación que no es lícito indagar a los mortales.

Luego que murió el rey avisó Cortés al príncipe Cuitlahuatzin por medio de dos ilustres prisioneros que habían sido testigos de su muerte, y poco después hizo sacar el real cadáver en hombros de seis nobles mexicanos y acompañado de varios sacerdotes que estaban presos.[31] Excitóse a su vista un gran llanto en el pueblo (último tributo que pagaban a su señor) ensalzando, como ordinariamente sucede, sus virtudes los que antes no hallaban en su persona más que vicios que censurar. La nobleza, después de derramar copiosas lágrimas sobre el cadáver de su desgraciado rey, lo llevó a un lugar de la ciudad que llamaban Copalco,[32] en donde lo quemaron con las ceremonias acos-

---

[29] Este hijo de Moctezuma, señor de Tenayuca, tomó en el bautismo el nombre de su padrino Rodrigo de Paz, primo del conquistador Cortés y Alguacil Mayor de México. Asistieron a su bautismo los magistrados españoles de aquella ciudad y se enterró con la pompa conveniente en la Iglesia de San José, que llaman de los naturales, primera Parroquia de la Nueva España.

[30] Diego Muñoz Camargo, noble tlaxcalteca, dice en sus memorias que Moctezuma poco antes de morir recibió el bautismo y aún nombra sus padrinos, que dice haber sido Cortés, Alvarado y Olid; pero esto es ciertamente falso, porque es increíble que Cortés omitiese semejante noticia en su relación a Carlos V, que tanto importaba para su justificación. Bernal Díaz expresa el dolor que sentía el P. Olmedo de no haber podido reducirlo al cristianismo. Gómara dice que Moctezuma pidió por carnestolendas el bautismo, que se le difirió para la Pascua porque fuese más solemne, y después se impidió con la llegada de Narváez; pero es cierto y constante que por Pascua (que fue aquel año a 8 de abril) nada se sabía en México de la armada de Narváez.

[31] Torquemada y otros autores dicen que el cadáver de Moctezuma fue arrojado del cuartel en Tehuayoc con los demás cadáveres; pero de Cortés y de Bernal Díaz consta que fue sacado en hombros de nobles.

[32] Herrera dice que debieron de depositar las cenizas de Moctezuma en Chapultepec, porque se oyó hacia aquella parte un gran llanto. Solís afirma que allí se depositaron y que éste era el entierro de los reyes. Todo es falso; Chapultepec distaba una legua del cuartel, y así era imposible que los españoles oyesen el llanto de aquel lugar, y más en circunstancias de tanto alboroto. Los reyes no tenían lugar señalado de entierro, y de las cenizas de Moctezuma consta, por el testimonio de los mexicanos, que se enterraron en Copalco.

tumbradas y enterraron con la decencia correspondiente sus cenizas, aunque no faltaron algunos hombres indignos y malos vasallos que lo insultaron con apodos.

En esta misma ocasión, si creemos a varios historiadores,[33] mandó Cortés arrojar del cuartel en un lugar nombrado Tehuayoc los cadáveres de Itzquauhtzin, gobernador de Tlaltelolco, y de otros señores cuyos nombres ignoramos, muertos todos, según dicen, por orden de Cortés, aunque ninguno expresa el motivo de semejante resolución, que aun en caso de haber sido justa no pudo excusarse de imprudencia; pues la vista de aquel estrago debería necesariamente irritar más los ánimos de los mexicanos y ocasionarles la sospecha de haberse ejecutado el mismo género de muerte en su soberano. Sea lo que fuere de eso, los tlaltelolcas transportaron en una canoa el cadáver de su señor, y al ponerlo en tierra decían con llanto sus súbditos: "Sea bien venido nuestro infeliz jefe Itzquauhtzin, que tan fielmente acompañó a nuestro soberano así en la guerra como en la prisión. Qué no sufrió por nuestro bien en los tiempos pasados este cuerpo ahora yerto, cuando le animaba aquella grande alma". Y celebradas sus exequias depositaron sus cenizas en un lugar que llamaban Cuauhxicalco.

Entre tanto continuaban con mayor vigor las hostilidades de los mexicanos. Cortés, a pesar del gran estrago que en ellos había hecho y de las victorias que había conseguido, consideraba que era más la sangre que derramaban sus soldados que las ventajas que le procuraban sus victorias y que al cabo la falta de víveres y de municiones y la multitud de los enemigos debía prevalecer al esfuerzo de sus tropas y a la superioridad de sus armas. Por tanto, creyó absolutamente necesaria la pronta partida de la ciudad; pero dudando si sería más conveniente hacerla de día abriéndose el paso con las armas, o de secreto en el silencio de la noche, consultó a sus capitanes, cuyos dictámenes fueron varios; pero a todos prevaleció el de un soldado que se preciaba de astrólogo, a cuyo juicio defería Cortés más de lo conveniente por algunos casuales aciertos que había experimentado en sus predicciones.

Resolvióse, pues, anteponiendo las vanas observaciones del soldado a las luces de la prudencia militar, a salir de noche con el mayor recato, como si pudiesen bastar todas sus diligencias para ocultar la vigilancia de tanto número de enemigos y en tiempo de tanta alteración, la marcha de 9,000 hombres con armas, caballos, artillería y bagaje. Escogióse para ella la noche del día 1º de julio,[34] noche fatal y memorable para

---

[33] Sobre la muerte de estos señores nada dicen Cortés, Bernal Díaz, Gómara, Herrera y Solís; pero la refieren como cierta Sahagún, Torquemada, Betancourt y los historiadores mexicanos. Yo, por respeto a esos autores y la fidelidad que debo al público, la menciono, pero con alguna desconfianza por la inverosimilitud que hallo en el hecho.

los españoles por el horrible estrago que sufrieron, que fue causa de darle el nombre de Noche Triste, con que es conocida en sus historias.

Mandó Cortés hacer un puente de madera que pudiese transportar 40 hombres para servirse de él en el paso de las acequias. Hizo sacar todo el oro, plata y pedrería que se había allegado hasta entonces; separó el quinto del rey y lo entregó jurídicamente a los oficiales reales, protestando la imposibilidad en que se hallaba de salvarlo, dejó lo restante para que cada uno de los oficiales y soldados tomase lo que quisiese, insinuándoles su dictamen de abandonarlo todo a los enemigos; porque estando más desembarazados para la marcha, podrían salvar con menos dificultad sus vidas. Muchos, sintiendo privarse del principal objeto de sus deseos y del único fruto de sus fatigas, se echaron a cuestas aquella preciosa carga, bajo de cuyo peso perecieron, víctimas no menos de su codicia que de la venganza de sus enemigos.

## 20. Terrible derrota de los españoles en la Noche Triste

Ordenó su marcha en el mayor silencio de la noche, cuya oscuridad se había hecho mayor con un nublado, y cuya molestia y peligro se agravaba con alguna lluvia. Dio la vanguardia al invicto Sandoval con otros capitanes, 200 infantes y 20 caballos. En el cuerpo del ejército iban los prisioneros, la gente de servicio, el bagaje y el mismo Cortés con 5 caballos y 100 infantes para acudir con prontitud adonde hubiese mayor necesidad. La retaguardia se encargó al capitán Pedro de Alvarado con el resto de los españoles. Las tropas auxiliares de Tlaxcala, Cholula y Cempoala, que eran más de 7,000 hombres, se repartieron en las tres partes del ejército; e invocando la protección del cielo, comenzaron a pasar por la calle de Tlacopan.

Pasó la mayor parte con felicidad el primer canal o acequia con la ayuda del puente que llevaban, sin más resistencia que la poca que hicieron las centinelas que guardaban aquel lugar; pero, advertidos los sacerdotes que velaban en los templos, tocaron al arma y excitaron con sus bocinas al pueblo. En un momento se vieron los españoles atacados por tierra y por agua de un número extraordinario de enemigos que con su misma multitud y desorden se embarazaban en el ataque. Fue muy sangriento el combate en el segundo canal, extremo el peligro y extraordinarios los esfuerzos de los españoles por salvarse.

---

[34] Bernal Díaz dice que fue la del 10 de julio. En nuestra *Segunda disertación* exponemos la razón que hemos tenido para fijarla en el día 1º.

La oscuridad de la noche, el estrépito de las armas, los clamores e imprecaciones de los combatientes, los gemidos de los prisioneros y los ayes de los moribundos formaban un conjunto de lástima y de horror. Aquí se oye la voz de un soldado que implora el socorro de sus compañeros, y allí la de otro que en los últimos alientos de su vida pide a Dios misericordia. Todo es confusión, gritos, heridas y muerte. Cortés, cumpliendo con todas la obligaciones de un buen general, acude con suma intrepidez a todas partes, pasando y repasando a nado los canales, alentando a los unos, socorriendo a los otros y dando a las reliquias de su ejército todo el orden que permitían las circunstancias, no sin gravísimo riesgo de ser muerto o hecho prisionero.

El segundo canal se cegó de tal suerte con los cadáveres, que sobre ellos pasaron los que habían quedado de la retaguardia; Alvarado, que la mandaba, se halló tan apretado en el tercer canal, que no pudiendo contrarrestar el furor de los enemigos, ni echarse a nado sin ser muerto, fijó, según dicen, su lanza en el fondo del canal y sus brazos en el cuento de la lanza, y dando un extraordinario impulso a su cuerpo, se puso de un salto de la otra parte del canal. Acción que siempre se celebró como un prodigio de agilidad y que dio a aquel lugar el nombre que hasta hoy conserva de Salto de Alvarado.[35]

La pérdida de los mexicanos en esta noche no pudo menos de ser muy considerable. De la de los españoles hablan, como en otros cálculos, con mucha variedad los autores.[36] Lo más cierto (según dice Gómara, que muestra haberlo averiguado con mayor diligencia) es que murieron sobre 450 españoles, más de 4,000 hombres de tropas auxiliares, y entre ellos, según dice Cortés, todos los cholultecas; murieron también todos[37] o casi todos los prisioneros y toda la gente de servicio y 46 caballos, y se perdió casi toda la riqueza adquirida, toda la artillería y todos los papeles pertenecientes a la Real Hacienda y a la Historia de lo acaecido hasta aquel tiempo a los españoles.

---

[35] Bernal Díaz se burla de los que creían este salto y dice que era absolutamente imposible, atendida la profundidad y anchura del canal; pero lo dan por cierto los demás historiadores y lo autoriza la tradición.

[36] Cortés dice que murieron 150 españoles; pero o disminuyó por particular motivo el número, o lo erraron los copistas. Bernal Díaz cuenta 870 españoles muertos; pero en este número comprende no solamente los que faltaron esta noche, sino también los que perecieron en los días siguientes hasta entrar en Tlaxcala. Solís no cuenta más de 200 y Torquemada 290. En el número de los que faltaron de las tropas auxiliares convienen con Gómara, Herrera, Torquemada y Betancourt. Solís dice solamente que fueron más de mil tlaxcaltecas, lo cual ni concuerda con el cálculo de Cortés, que cuenta más de 2,000 aliados, ni con el de los demás historiadores.

[37] Cortés dice que murieron todos los prisioneros; pero de este número se debe exceptuar Cuicuitzcatzin, que estaba preso como consta de esta relación de Cortés, aunque ignoramos el tiempo y causa de su prisión, y no murió esa noche, como después veremos.

Entre los españoles, que faltaron, los demás consideración fueron los capitanes Juan Velázquez de León, persona principal e íntimo amigo de Cortés, Amador de Lariz, Francisco de Morla y Francisco de Saucedo, hombres todos de mucho valor y mérito. Entre los prisioneros pereció el desgraciado rey Cacamatzin;[38] un hijo y dos hijas del difunto rey Moctezuma. Acompañó a estas princesas en su desgracia doña Elvira, hija del príncipe Maxixcatzin. No pudo el esforzado corazón de Cortés contener a vista de tanta calamidad el llanto a sus ojos. Sentóse en una piedra cerca de Popotla, población cercana a Tlacopan, no tanto por respirar de la fatiga cuanto por llorar la pérdida de sus amigos y compañeros; pero sirvióle de consuelo en su aflicción el ver vivos a sus más esforzados capitanes: Sandoval, Alvarado, Olid, Ordaz, Ávila y Lugo; a sus intérpretes Aguilar y doña Marina, y a su ingeniero Martín López, en quienes principalmente libraba desde entonces la reparación de su honor y la conquista de México.

## 21. Marcha trabajosa de los españoles hacia Tlaxcala

Estaban ya los españoles tan heridos y quebrantados, que si los mexicanos les hubiesen seguido el alcance no hubieran dejado uno vivo; pero desde la calzada se volvieron a la ciudad, o por haber quedado satisfechos con el destrozo que en ellos habían hecho o porque, habiendo encontrado los cadáveres del rey de Acolhuacán, de los príncipes reales de México y de otros señores, se ocuparon en llorar su muerte y en celebrar sus exequias. Lo mismo harían los demás con sus respectivos deudos, dejando en aquel día limpias las calles, calzada y canales de los cadáveres antes que inficionasen el aire con su corrupción.

Al rayar el día (2 de julio) se hallaban los españoles en Popotla esparcidos, debilitados y angustiados. Recogiólos Cortés y ordenólos marchando por en medio de la ciudad de Tlacopan, combatiendo siempre con algunas tropas de la misma ciudad y de la vecina Azcapotzalco, hasta Otoncalpolco, templo situado en la eminencia de un montecillo tres leguas cortas al poniente de la capital, en donde al presente está el célebre santuario y magnífico templo de Nuestra Señora de los Remedios. Aquí se acuartelaron para resistir sin tanta fatiga a las tropas de enemigos que les combatieron todo el día.

A la noche descansaron un poco y tomaron algún refresco que les suministraron los otomíes de dos vecinas poblaciones que vivían impa-

---

[38] Torquemada afirma como cosa bien averiguada que pocos días después de preso Cacamatzin le hizo Cortés dar garrote en la prisión. Cortés, Bernal Díaz, Betancourt y otros dicen que murió con los demás prisioneros en la Noche Triste.

cientes bajo el yugo de los mexicanos. Desde este lugar comenzaron a dirigir su marcha hacia Tlaxcala, único asilo, entre tantas desventuras, por Cuauhtitlan, Citlaltepec, Xoloc y Zacamalco, molestados en todo este camino de varias tropas volantes de enemigos. En Zacamalco fue tanta el hambre y necesidad de los españoles, que se vieron precisados a cenar un caballo que aquel día les habían matado, entrando a la parte el mismo general. Los tlaxcaltecas se arrojaban en la tierra a pacer la hierba que encontraban, implorando el amparo de sus dioses.

## 22. Batalla famosa de Otumba

Al día siguiente al comenzar su marcha por el monte de Aztaquemecan, divisaron en las llanuras de Tonan, cerca de los términos de Otumba, un numeroso y lucido ejército, o de mexicanos, como dicen comúnmente los escritores, o, lo que me parece más verosímil, compuesto de los vecinos de Otumba, Calpulalpan, Teotihuacán y otros lugares inmediatos, a instigación de los mexicanos. Algunos historiadores dan a este ejército el número de 200,000 hombres, calculando más por la vista y por el pavor de los españoles que por cuenta cierta. Todos los españoles se persuadieron, como testifica el mismo Cortés, de que éste era el último día de su vida.

Ordenó este general su gente prolongando el frente de su pequeño ejército, para que pudieran quedar medio cubiertos sus costados con dos pequeñas alas que formó de la poca caballería que le quedaba, y con un semblante lleno de ardimiento dijo: "Nos hallamos en un trance en que es necesario vencer o morir; valor y esfuerzo, castellanos; que quien nos ha librado de tantos peligros nos sacará también de este aprieto". Diose la batalla, que fue sangrienta, por más de cuatro horas. Cortés, viendo a su gente disminuida, herida y en gran parte desanimada y a los enemigos orgullosos a pesar del daño que recibían, tomó con gravísimo riesgo de su vida un expediente que le dio la victoria y salvó de aquel peligro los restos de su ejército.

Acordóse de haber oído decir que los mexicanos se desalentaban y ponían en fuga en viendo muerto a su general o perdida la bandera. Llamábase el general de aquel ejército Cihuacatzin, que iba elevado sobre unas andas, ricamente vestido y adornado de un vistoso penacho de plumas y armado de un escudo dorado. La bandera que llevaba era una red de oro en un asta que tenía fuertemente atada las espaldas, y se levantaba unos diez palmos sobre su cabeza.[39] Acertó Cortés a verla en

---

[39] A esta especie de bandera llamaban los mexicanos *tlahuizmatlaxopilli*.

el centro de aquella gran multitud de enemigos y, resuelto a dar a todo trance un golpe decisivo, ordenó a los valerosos capitanes Sandoval, Alvarado y Ávila que le siguiesen para guardarle las espaldas, y con otros que le asistían se arrojó por la parte donde le pareció menos difícil la empresa, con tal ímpetu, que a unos derribaba con la lanza y a otros con los estribos.

Así fue penetrando por los escuadrones interpuestos hasta el lugar donde estaba el general acompañado de algunos oficiales, y del primer bote de lanza lo precipitó de las andas. Juan de Salamanca, soldado animoso que acompañaba a Cortés, lo acabó de matar, y quitándole de la cabeza el penacho de plumas, lo presentó a Cortés.[40]

El ejército enemigo, viendo muerto a su general y abatida la bandera, se desconcertó y comenzó a ponerse en fuga. Los españoles, alentados con este suceso, les siguieron el alcance haciendo en ellos un gran estrago. Fue la victoria de las más celebradas que tuvieron en el Nuevo Mundo las armas españolas. Señalóse en esta acción sobre todos el general español, de quien decían después sus capitanes y soldados que jamás habían visto mayor valor y actividad que la que mostró en la batalla de Otumba; pero salió con una grave herida en la cabeza, que agravándose cada vez más puso en riesgo inminente su vida.

Bernal Díaz celebra el esfuerzo de Sandoval y el aliento que inspiraba a los soldados, no menos con su ejemplo que con sus palabras. Es también celebrada de las plumas el ánimo de María de Estrada, mujer de un soldado español, la cual, armada de lanza y rodela, corría por entre los enemigos hiriendo y matando con una intrepidez muy ajena de su sexo. De los tlaxcaltecas dice Bernal Díaz que combatían como unos leones; entre ellos se señaló Calmecahua, capital del partido de Maxixcatzin, el cual tomó en el bautismo el nombre de don Antonio y se hizo célebre aún más que por su valor, por su larga vida, que fue de 130 años.

La pérdida de los enemigos fue considerable, aunque no tanta ni con mucho como pretenden varios historiadores, que la hacen ascender a 20,000 hombres, absolutamente inverosímil atendido el corto número y cifra el quebranto de los españoles y la falta de artillería y de otras armas de fuego. La pérdida del ejército español no fue tan corta como la pinta Solís.[41] Murieron casi todos los tlaxcaltecas y muchos españoles proporcionalmente al número de su tropa, y salieron todos heridos.

[40] Carlos V hizo mercedes a Juan de Salamanca por su importante hazaña y le concedió poner en sus armas un penacho de plumas en memoria del que quitó al general de los enemigos.

[41] Solís, para exagerar la victoria de Otumba, dice que hubo algunos heridos entre los de Cortés, de los cuales murieron en Tlaxcala dos o tres españoles. Pero este autor, atento a escribir elogios y sentencias, tuvo poco cuidado con la cuenta. Cortés llevó, según él dice, a México después de la derrota de Narváez 1,100 hombres, que con los 80 que dice quedaron con Alvarado son 1,180. En los combates que precedieron a la Noche Triste apenas hace mención de uno u otro muerto; en

Cansados finalmente los españoles de perseguir a los fugitivos, se retiraron siguiendo el camino de Tlaxcala hacia la parte oriental de aquella llanura en donde pasaron al sereno la noche, y el mismo general, después de la fatiga, heridas y hazañas de aquel día, hizo personalmente la guardia para la seguridad mayor de su campo. No eran ya los españoles más de 440. En la Noche Triste y en los combates y encuentros que tuvieron en los seis días siguientes, perecieron 870, según depone como testigo ocular Bernal Díaz, de los cuales muchos, habiendo caído vivos en manos de los mexicanos, fueron inhumanamente sacrificados en el Templo Mayor de la capital.

### 23. Retirada de los españoles a Tlaxcala

Al día siguiente, 8 de julio de 1520,[42] entraron levantando las manos al cielo y bendiciendo la misericordia del Señor en tierras de Tlaxcala y pasaron a Hueyotlipan,[43] lugar considerable de aquella república. Iban con algún recelo de hallar mudados a los tlaxcaltecas, sabiendo que no hay cosa más común en el mundo que verse abandonados los hombres de sus mayores amigos en tiempo de adversidad; pero presto se desengañaron viendo sus sinceras demostraciones de aprecio y de compasión por las desgracias pasadas.

Apenas supieron los cuatro señores de la república su llegada, cuando pasaron a cumplimentarles con un señor principal de Huexotzinco y mucha nobleza. El príncipe Maxixcatzin, aunque pesaroso por la muerte de su hija doña Elvira, procuró consolar a Cortés con la futura venganza que aseguraba en el valor de los españoles y en las fuerzas de la república, que ofreció desde luego a su disposición. Lo mismo ofrecieron los demás señores a quienes agradeció Cortés su singular benevolencia, y sacando la bandera que había ganado el día antecedente, la puso en manos de Maxixcatzin, y a los demás presentó otros preciosos despojos.

la Noche Triste cuenta solamente 200 y en la marcha hasta Tlaxcala no menciona más de los dos o tres de la batalla de Otompan. Sin embargo, en la reseña que hizo Cortés poco después de llegado a Tlaxcala, no halló, según el mismo Solís, más de 420 hombres inclusos los oficiales. Pues ¿qué se hicieron los restantes 10 y más españoles que faltan para completar los 1,180? Muy diversa es la idea que nos dan de la batalla de Otumba los que se hallaron en ella, como Cortés y Bernal Díaz. "O, qué cosa era de ver, dice este autor, esta tan temerosa y rompida batalla. ¡Cómo andábamos pie con pie, y con qué furia los perros (así llama injuriosamente a los enemigos) peleaban! ¡Y qué herir y matar hacían en nosotros con sus lanzas y macanas y espadas de dos manos!" Y pocas líneas más abajo dice: "Y tornaré a decir los muchos de nuestros soldados que nos mataban y herían".

[42] Bernal Díaz dice que la batalla de Otumba fue el día 14 de julio; pero es un error nacido de olvido; porque Cortés afirma que entraron en tierras de Tlaxcala el 8 de julio, un día después de dicha batalla.

[43] A *Hueyotlipan* llaman Cortés y Herrera *Gualipan*; Bernal Díaz *Gualiopar*, y Solís *Gualipar*.

Las mujeres pedían al general español que vengase la muerte de sus hijos o deudos, prorrumpiendo en mil imprecaciones contra la perfidia de los mexicanos. Después de haber descansado tres días en este lugar, pasaron a la capital de la república, distante cuatro leguas, para curarse de sus heridas, de las cuales murieron ocho. El concurso del pueblo en su entrada de Tlaxcala fue en esta ocasión igual o mayor que la primera vez que entraron diez meses antes en aquella capital. La acogida que allí les hizo Maxixcatzin, la asistencia y el regalo fueron dignos de su ánimo generoso y de su singular benevolencia para con los españoles, quienes cada día se reconocían más obligados a aquella nación cuya amistad constantemente cultivada fue el medio más eficaz no solamente para la conquista de México, sino también para la pacificación de cuantas provincias se opusieron a los progresos de las armas españolas.

### 24. Elección en México del rey Cuitlahuatzin y sus providencias

Mientras los españoles reposaban de sus fatigas y curaban sus heridas en Tlaxcala, los mexicanos procuraban reparar sus quebrantos en la corte y en el reino. Grandes eran y lamentables los daños que de un año a aquella parte habían recibido; porque, además de las enormes cantidades de oro, plata, piedras y otras materias preciosas, erogadas parte en presentes y parte en contribuciones a los españoles, de que recobraron sin duda alguna parte, se había menoscabado el crédito de sus armas y el respeto de la corona de México; se habían substraído de la obediencia los totonacas y otros pueblos; se habían insolentados más los enemigos de la nación; estaban maltratados los templos y arruinadas muchas casas de la capital; habían perdido a su rey, varias personas reales y una buena parte de la nobleza.

A estos daños recibidos de los españoles se allegaban los que ellos mismos se causaron con la guerra civil, cuya noticia debemos a los manuscritos de un mexicano que se hallaba en aquel tiempo en la corte y sobrevivió algunos años a la ruina del imperio.[44] En el tiempo en que se hallaban los españoles apretados del hambre en el cuartel, varios señores mexicanos de la primera nobleza, o por favorecer el partido de los españoles o, lo que es más verosímil, por socorrer a su rey que estando en poder de los españoles debería padecer la misma necesidad, les enviaban secretamente víveres, y por ventura se declararían abiertamente en su favor confiados en su grande autoridad.

---

[44] De este manuscrito hace mención Torquemada.

De aquí se originó poco después una funesta disensión que no se apagó sino con la sangre de muchos señores, y entre ellos de Cihuacatl, Tzihuacpopoca, Cipocatli y Tencuecuenoltzin, hijos unos y otros hermanos del difunto rey Moctezuma, según dice dicho historiador. Necesitaban los mexicanos poner al frente de su nación un hombre capaz de reparar su honor y de resarcir las pérdidas habidas en el último año del reinado de Moctezuma. Fue elegido o poco antes o poco después de la derrota de los españoles, por rey de México el príncipe Cuitlahuatzin, que era, como ya hemos dicho, hermano del difunto rey, señor de Iztapalapa, consejero real y *tlacochcalcatl* o general de ejército.

Era hombre prudente y de gran discernimiento, como testifica Cortés, liberal y magnífico como su hermano, y de un gusto exquisito en materia de arquitectura y de jardinaje, como se mostró en su célebre palacio y huerta de Iztapalapa que tanta admiración causó a Cortés y a los demás españoles. El insigne naturalista Hernández alcanzó a ver una parte de aquella huerta y hace mención de varios árboles y plantas transplantadas a ella de otros países por orden de Cuitlahuatzin. Su valor y disciplina militar le hizo muy recomendable a su nación, y algunos españoles que tuvieron noticia individual de su carácter afirmaron que si la muerte no le hubiera cortado los pasos, no hubiera ganado Cortés a México.[45]

Es de creer que los sacrificios que se hicieron en su coronación serían de los españoles que hicieron prisioneros en la Noche Triste. Luego que se desembarazó de las fiestas de su coronación, se aplicó a remediar los quebrantos de la corte y del imperio. Dio orden de que se reparasen los templos maltratados y de que se reedificasen las casas demolidas o incendiadas; aumentó y mejoró las fortificaciones de la ciudad; despachó mensajeros a las provincias del imperio, alentándolas a la común defensa del Estado contra aquellos advenedizos, y prometiendo relevar de tributo a los que tomasen las armas a favor de la corona.

---

[45] Solís, alterando el nombre, llama a Cuitlahuatzin Quetlabaca, y dice de él que vivió pocos días, pero los bastantes para que su tibieza y falta de aplicación dejasen poco menos que borrada entre los suyos la memoria de su nombre. Pero en esto habla arbitrariamente y contradice a la verdad de la Historia y a la deposición de los españoles más bien instruidos, como Cortés, Bernal Díaz, Gómara y Torquemada. ¿Cómo podía borrarse la memoria de su nombre entre los mexicanos, habiéndose conservado tan fresca entre los españoles, como que lo miraban como autor de la terrible derrota que sufrieron la Noche Triste, como consta de los citados autores. Cortés se acordaba tanto de Cuitlahuatzin y mantenía tal indignación contra él, que cuando se halló con fuerzas bastantes para sitiar a México, deseando tomar venganza de él y no pudiendo tomarla en su persona, la tomó en su ciudad favorita. Éste fue el motivo, como depone el mismo Cortés, de su expedición a Iztapalapa.

## 25. Embajada de Cuitlahuatzin a los tlaxcaltecas

Envió también embajadores a la república de Tlaxcala con un buen presente de plumas, de ropa de algodón y de sal, los cuales fueron honoríficamente recibidos según las leyes establecidas entre las naciones cultas de aquel país. La embajada se redujo a representar a aquel senado que, aunque hasta entonces habían sido enemigos irreconciliables entre sí los tlaxcaltecas y mexicanos, ya era tiempo de unirse como originarios de un mismo país, como hombres de una misma lengua y como adoradores de unos mismos dioses, contra los enemigos comunes de la patria y de la religión; que ya veían los sangrientos estragos que habían hecho en México y en otros lugares aquellos crueles y soberbios extranjeros; sus sacrílegos atentados contra los santuarios y las venerables imágenes de los dioses; la ingratitud y perfidia contra su hermano y antecesor y contra los más respetables personajes de los Anahuatlacan y su sed insaciable del oro que les hacía violar los más sacrosantos fueros de la amistad; que si la república persistía en favorecer los perversos designios de aquellos monstruos, al cabo recibirían de ellos el pago que recibió el rey Moctezuma de la humanidad, atención y liberalidad con que los acogió y favoreció por tanto tiempo en su corte; los tlaxcaltecas serían detestados de todas las naciones por haber favorecido a tan inicuos usurpadores, y los dioses descargarían sobre la república todo el furor de su venganza por haberse aliado con los enemigos de su culto.

Por el contrario, si se deshacían, como les suplicaban, de aquellos hombres aborrecidos del cielo y de la tierra, la corte de México establecería una alianza perpetua y un comercio libre con la república con lo cual se librarían de la pobreza y necesidad en que hasta entonces habían vivido; todas las naciones de Anáhuac les quedarían obligadas por tan importante servicio, y los dioses, aplacados con esas víctimas, enviarían el agua oportuna sobre sus sementeras, harían felices sus armas y el nombre de los tlaxcaltecas célebre por toda la tierra.

Oída con la debida atención la embajada y despedidos según costumbre los embajadores de la sala de audiencia para su alojamiento, se quedó el senado a deliberar sobre el negocio. No faltaron algunos a quienes parecieron justas las proposiciones de la corte de México y convenientes a la felicidad de la república, ponderando las ventajas que se les ofrecían y, por otra parte, el mal éxito que había tenido la empresa de los españoles en México y el estrago ejecutado en las tropas tlaxcaltecas que iban a su devoción.

Levantó entre los demás la voz el joven Xicoténcatl que siempre había aborrecido a los españoles, y procuró persuadir con cuantas razones pudo la alianza con los mexicanos, añadiendo cuánto mejor sería conservarse en las antiguas costumbres de la nación que no sujetarse a las nuevas y exóticas de una gente indómita e imperiosa; y no podía imaginarse mejor ocasión para librarse de los españoles que la presente, en que se hallaban tan debilitados y abatidos.

Maxixcatzin que, por el contrario, profesaba una cordial y sincera amistad a los españoles y tenía mejor entendimiento para conocer el Derecho de Gentes, y voluntad más recta para observarlo, reclamó contra el dictamen de Xicoténcatl afeando de pérfido y alevoso el designio de sacrificar a la venganza de los mexicanos a unos pocos hombres maltratados de la fortuna, que habían buscado su asilo en Tlaxcala confiados en las promesas y demostraciones del senado y de la nación; que si algunos se lisonjeaban con las ventajas que ofrecían los mexicanos, él las esperaba mayores del valor de los españoles; que si se debía desconfiar de los españoles, menos se debía fiar de los mexicanos, de cuya perfidia tenían mayores y más claras experiencias; y, finalmente, que ningún delito era capaz de irritar tanto la ira de los dioses y de oscurecer la gloria de la nación, como aquella indigna acción que se proponía contra unos huéspedes inocentes.

Xicoténcatl porfiaba en su dictamen pintando el genio y las costumbres de los españoles con los más negros colores. La alteración pasó tan adelante y encendió de tal suerte los ánimos, que Maxixcatzin, arrebatado de la ira, dio un empujón a Xicoténcatl, con que le obligó a bajar algunas gradas que allí había, llamándolo revoltoso y traidor a la patria. Esta demostración en un hombre tan circunspecto, tan respetado y tan amado de la nación como Maxixcatzin obligó al senado a mandar prender a Xicoténcatl.

De la sesión salió resuelto el responder a la embajada que la república estaba pronta a establecer una firme y sincera amistad con la corte de México, cuando no se pretendiese a costa de una acción tan indigna y de un delito tan enorme como el de sacrificar a sus huéspedes y amigos. Pero cuando buscaron a los embajadores mexicanos para darles la respuesta del senado, ya se habían partido con toda aceleración para México, temiendo que el populacho de Tlaxcala, que reconocieron conmovido con su llegada, no cometiese algún desacato contra el respeto que se debía a su carácter. Es de creer que el senado enviaría sus embajadores a la corte con la respuesta. Los senadores procuraron ocultar a los españoles el motivo de la embajada y lo acaecido en el senado; pero a pesar de sus diligencias llegó todo a noticias de Cortés, quien agradeció, como debía, a Maxixcatzin sus buenos oficios y le prometió desempeñar la confianza que tenía en el valor y en la amistad de los españoles.

## 26. Bautismo de los cuatro señores de Tlaxcala

No satisfecho el senado con estas pruebas de su gran fidelidad, se ofreció de nuevo con toda la república a la obediencia del rey católico, y, lo que es más, movidos aquellos cuatro señores de la gracia del Espíritu Santo, reconocieron la vanidad de su religión y la verdad del cristianismo y pidieron el bautismo, y, después de bien catequizados, lo recibieron de mano del P. Juan Díaz, capellán del ejército español.[46] Siendo sus padrinos Cortés y sus principales capitanes.

Hízose esta función con la mayor solemnidad y demostraciones de regocijo, así de parte de los españoles como de los tlaxcaltecas. Nombróse en el bautismo Maxixcatzin, don Lorenzo; Xicoténcatl el viejo, don Vicente; Tlehuexolotzin, don Gonzalo, y Citlalpopoca, don Bartolomé. Siguieron por entonces su ejemplo algunos otros tlaxcaltecas, aunque de éstos no todos perseveraron en la fe, por no estar, como convenía, íntimamente persuadidos de la verdad.

## 27. Desaliento de algunos españoles

Ya por este tiempo se hallaba Cortés libre del peligro en que puso su vida el golpe recibido en la cabeza en la última batalla, y los demás españoles, a excepción de algunos pocos que murieron, habían sanado de sus heridas con la asistencia de los médicos tlaxcaltecas. En el tiempo de su enfermedad no había pensado Cortés sino en los medios que debería tomar para llevar al cabo la grande empresa de la conquista de México, y a ese fin había hecho cortar una gran cantidad de madera para la construcción de trece bergantines.

Pero al tiempo que formaba estos grandes proyectos, muchos de sus soldados tenían muy diversos pensamientos. Veíanse pobres, quebrantados y disminuidos, con pocas armas y menos caballos; no podían olvidar el terrible conflicto de México y la trágica noche del 1º de julio, ni querían exponerse de nuevo a semejantes desventuras. Fomentábanse unos a otros sus ideas y temores, y censuraban la obstinación de su jefe en querer llevar adelante una empresa tan temeraria. De las murmura-

---

[46] Ni Cortés ni Bernal Díaz hablan de esta función. Herrera no hace mención sino del bautismo de Maxixcatzin y Solís añade el de Xicoténcatl. Uno u otro autor hace ministro del bautismo al P. Olmedo, y algunos dicen que Maxixcatzin lo recibió en su última enfermedad. Cuanto a lo primero se sabe de cierto que todos los 4 señores fueron bautizados antes de la conquista de México, aunque Torquemada y Betancourt no concuerdan en el tiempo. Se sabe también que Maxixcatzin no recibió el bautismo en su última enfermedad, y que no los bautizó el P. Olmedo, sino el P. Díaz. Esto consta (además de otros documentos) de las pinturas antiguas que habían en varios conventos de franciscanos, hechas por los mismos tlaxcaltecas, que vio Torquemada.

ciones clandestinas pasaron a una respuesta jurídica, pretendiendo obligarle con varias razones a volver a Veracruz, desde donde podrían solicitarse socorros de gente, armas y municiones, para emprender con mayores fuerzas la conquista, que por entonces era imposible.

Turbóse Cortés con esta novedad que le desconcertaba todas sus ideas; pero con el arte que poseía de persuadir cuanto quería a sus soldados, les hizo un eficaz razonamiento con que los obligó a desistir por entonces de su pretensión. Afeóles su cobardía; despertó en sus ánimos los sentimientos de honor, haciéndoles un recuerdo lisonjero de sus hazañas y de las protestas llenas de ardimiento y valor que les había oído en varias ocasiones; hízoles manifiesto cuánto más peligrosa sería la vuelta a Veracruz que la demora en Tlaxcala; aseguróles de la fidelidad de aquella república, de la que se mostraban algunos muy desconfiados; pidióles finalmente que a lo menos desistiesen de su intento hasta ver el éxito de la guerra que pensaba hacer a la provincia de Tepeyacac, en que esperaba recibir nuevas pruebas de la sinceridad de los tlaxcaltecas.

### 28. GUERRA DE LOS ESPAÑOLES EN TEPEYACAC

Los señores de la provincia de Tepeyacac, confinante con la república de Tlaxcala, se habían ofrecido por amigos a Cortés y aun por vasallos del rey de España desde aquel terrible estrago que hicieron los españoles en Cholula; pero viendo después abatidos a los mismos españoles y victoriosos a los mexicanos, volvieron a la obediencia del rey de México y para merecer su gracia dieron muerte a algunos españoles que de Veracruz pasaban a México ignorando la tragedia de sus compañeros; admitieron las guarniciones mexicanas y ocuparon los pasos que había de Veracruz a Tlaxcala, y no contentos con esto hicieron algunas correrías en las tierras de aquella república.

Resolvió Cortés hacerles guerra, así para castigar su alevosía y perfidia, como por despejar y asegurar el camino del puerto para los socorros que de allí le enviasen. Estimulábale a la empresa el joven Xicoténcatl, que ya se hallaba libre de la prisión por interposición, como es creíble, del mismo general español; y para borrar las siniestras impresiones que podría haber contra su persona por lo acaecido en el senado, se ofreció a ayudarle en aquella guerra con un buen ejército. Cortés aceptó la oferta; pero antes de tomar las armas reconvino a los tepeyacas y les exhortó a dejar el partido de los mexicanos, prometiendo perdonarles el delito que habían cometido en dar la muerte a los españoles. Pero siendo repelidas con desprecio sus propuestas, salió a

Tlaxcala con 420 españoles y con 6,000 flecheros tlaxcaltecas, en tanto que Xicoténcatl acababa de levantar un ejército de 50,000 hombres.

En Tzinpantzinco, ciudad de Tlaxcala, se le agregó tanta gente de la república, de Huexotzinco y de Cholula movida del rumor de la guerra, que se creyó serían por todos 150,000 hombres. Su primera expedición fue contra Zacatepec, lugar de la alianza de Tepeyacac. Los habitantes de aquel lugar dispusieron una emboscada a los españoles; peleóse de una y otra parte con valor y obstinación; pero fueron vencidos los zacatepecas, dejando innumerables muertos en el campo.[47]

De allí pasó el ejército a Acatzinco, ciudad considerable cuatro leguas al sureste de Tepeyacac, en la cual entraron triunfantes los españoles después de ganar una batalla poco menos reñida que la antecedente. Desde aquel lugar envió Cortés varios destacamentos a incendiar algunas poblaciones de la comarca y a sujetar a otras a su obediencia; y pareciéndole ser ya tiempo de dar el golpe a la principal población, marchó para Tepeyacac, en donde fue recibido sin ninguna resistencia. Hizo herrar por esclavos, según la costumbre bárbara de aquel siglo, a muchos prisioneros de aquella provincia, aplicando el quinto a la Hacienda Real repartiendo los demás entre los españoles sus aliados. Fundó en aquella ciudad una villa que nombró Segura de la Frontera,[48] cuya fundación se redujo a establecer allí un cabildo de españoles y hacer una pequeña fortificación

### 29. Guerra de Cuauhquecholan

Las guarniciones mexicanas se habían retirado de aquella provincia por no hallarse con fuerzas suficientes para resistir al poder de sus enemigos; pero al mismo tiempo se dejó ver sobre la ciudad de Cuahquecholan,[49] distante unas catorce leguas al sudoeste de Tepeyacac, un ejército de mexicanos enviado allí por el rey Cuitlahuatzin, así para contener en la debida obediencia a aquellos pueblos, como para impedir a los españoles el paso a la corte en caso de intentarlo por aquella parte.

Era Cuauhquecholan una ciudad bastantemente populosa (de 5,000 a 6,000 vecinos, según dice Cortés), muy amena y fuerte no menos por

---

[47] Algunos historiadores dicen que la noche siguiente a la batalla de Zacatepec tuvieron los aliados de los españoles una gran cena de carne humana, parte asada en infinitos de palo y parte cocida en 50 ollas; pero esto tiene aire de fábula; ni es verosímil que omitiese cosa tan notable Bernal Díaz, demasiado prolijo en la narración de semejantes barbaridades.

[48] Subsiste hasta ahora la ciudad de Tepeyacac o Tepeaca, como la llaman los españoles, pues el nombre de Segura de la Frontera le duró poco. Carlos V le dio título de ciudad en 1649. Tenía, según dicen algunos historiadores, 20,000 vecinos.

[49] A Cuauhquecholan llaman los españoles *Guaquechula* o *Huacachula*.

la naturaleza que por el arte; defendíanla, por una parte, unas altas y ásperas montañas y, por otra, dos ríos no muy distantes entre sí. Toda la ciudad estaba circunvalada de una fuerte muralla de cal y canto, alta unas ocho varas y ancha poco menos de cinco, con un buen parapeto por toda ella, que tenía una vara de elevación. No tenía esta muralla más de cuatro entradas, en que las extremidades de la muralla se doblaban formando un semicírculo semejante al de la de Tlaxcala, que describimos en otro lugar. Agravaba la dificultad de la entrada la elevación del suelo de la ciudad, que era tanta que igualaba a la altura de la muralla.

El señor de aquella ciudad, que era adicto al partido de los españoles, despachó mensajes a Cortés protestando su vasallaje a la corona de Castilla, contraído en la célebre asamblea que tuvo el rey Moctezuma con la nobleza mexicana en presencia del mismo Cortés; que deseaba mostrar su fidelidad, pero no se lo permitían los mexicanos; que actualmente había en aquella ciudad un buen número de oficiales mexicanos y hasta 30,000 hombres de guerra repartidos en Cuauhquecholan y otros lugares de su comarca para embarazar toda alianza con los españoles. Pedíanle que fuese a socorrerlos y a librarlos de las vejaciones que sufrían de aquellas tropas.

Agradeció Cortés el aviso y envió luego, con los mismos mensajeros, un socorro de trece caballos, 200 infantes españoles y 30,000 hombres de tropas auxiliares a cargo del capitán Olid. Ofrecieron los mensajeros, según la instrucción que tenían de su señor, conducir el ejército por caminos excusados, y que antes de llegar a la ciudad los cuauhquecholtecas sitiarían con mano armada los alojamientos de los oficiales mexicanos y procurarían prenderlos o darles muerte, para que, entrando inmediatamente el ejército de los españoles, le fuese más fácil desbaratar al de los enemigos destituido ya de jefe.

Pero cuatro leguas antes de Cuauhquecholan entró el jefe español de aquel ejército en grave sospecha de que los huexotzincas estaban secretamente aliados con los cuauhquecholtecas y mexicanos para acabar con todos los españoles. Esta sospecha, originada de siniestros informes y agravada con la muchedumbre de huexotzincas que espontáneamente se agregaron al ejército, lo obligó a retroceder a Cholula, y a buen recaudo los remitió a Cortés para que averiguase la supuesta traición. Sintió Cortés semejante proceder contra unos amigos tan fieles como los huexotzincas; sin embargo, los examinó muy despacio, descubrió la inocencia y buena fe de unos y otros, y conoció que las pasadas desgracias habían hecho a los españoles más tímidos y el temor los había hecho, como ordinariamente sucede, más suspicaces de lo que convenía.

Acarició cuanto pudo y regaló a los huexotzincas y cuauhquecholtecas, y partió luego con ellos para Cholula con 100 infantes y diez caballos, resuelto a ejecutar esta empresa por sí mismo. Halló a los españoles en Cholula acobardados; alentólos y marchó para Cuauhquecholan con todo el ejército, que ya constaba de más de 300 españoles y de más de 100,000 aliados. ¡Tanta era la prontitud de aquellos pueblos en armarse contra los mexicanos, por la impaciencia con que sufrían su dominación! Dos leguas antes de la ciudad le llegaron unos cuauhqueoltecas enviados de su señor a avisarle que estaban bien tomadas todas las providencias; que los mexicanos estaban muy descuidados, porque fiaban en los centinelas que habían apostado en las torres de la ciudad y en los caminos, los cuales habían sido secretamente presos por los cuauhquecholtecas.

Apenas divisaron los cuauhquecholtecas el ejército que iba en su socorro, asaltaron de mano armada los alojamientos de los mexicanos con tal violencia, que antes de entrar Cortés en la ciudad le presentaron 40 prisioneros. Cuando entró en ella aquel general, combatían 3,000 ciudadanos el alojamiento de los oficiales mexicanos, los cuales, siendo en número notablemente inferior, hacían tan vigorosa resistencia que no podían entrar los cuauhquecholtecas, aun después de haberlos ocupado el terrado de la casa. Dio Cortés el asalto con su gente y ganó la casa; pero por más diligencias que hizo para prender a alguno de quien informarse del estado de la corte, pelearon con tal obstinación los mexicanos, que todos fueron muertos, y apenas pudo tomar alguna instrucción de un oficial moribundo.

Los demás mexicanos que había repartidos en la ciudad salieron prontamente a incorporarse con el grueso de su ejército, que acampaba en unas barracas formadas en un lugar alto que dominaba todas las poblaciones de la comarca, el cual se ordenó en un momento y entró en la ciudad pegando fuego a las casas. Dice Cortés que era éste el ejército más lucido que hasta entonces había visto, por el oro y plumaje de que iba adornado. Acudió el general español a la defensa con su caballería y muchos millares de aliados, con lo cual se vieron los mexicanos precisados a retirarse a un lugar alto y difícil, y siendo aun allí perseguidos, se refugiaron en la cima de una altísima montaña, dejando innumerables muertos en el campo. El vencedor, después de haber saqueado el real de los enemigos, volvió lleno de gloria y cargado de despojos a la ciudad.[50]

---

[50] Bernal Díaz niega que Cortés fuese en persona a las expediciones de Cuauhquecholan y de Itzocan; pero Cortés lo afirma expresamente y habla con tal individualidad de estas dos ciudades, que aunque no lo afirmara deberíamos creer que fue a aquella guerra. Bernal Díaz pudo haberse olvidado después do 40 años. Cortés escribió su segunda relación a Carlos V pocos días después de aquellas expediciones a Tepeyacac.

## 30. Guerra de Itzocan

Tres días reposó el ejército en Cuauhquecholan y al cuarto marchó para Itzocan,[51] ciudad de tres o cuatro mil vecinos, situada en la falda de una montaña a cuatro leguas de Cuauhquecholan, cercada de un profundo río y de una pequeña muralla. Sus calles eran bien ordenadas y tantos sus templos, que entre grandes y pequeños eran, si creemos a Cortés, unos ciento; su clima cálido por estar sobre un valle profundo cerrado de altas montañas; y su terreno como el de Cuauhquecholan, fertilísimo y poblado de árboles, de bellas flores y excelente fruta.

Era en aquel tiempo señor de Itzocan un personaje de la sangre real de México, al cual dio Moctezuma la investidura de aquel estado, después de haber hecho morir, no sabemos por qué motivo, a su legítimo señor, y actualmente había allí de 5,000 a 6,000 hombres de tropa mexicana. Estas noticias, que recibió Cortés del señor de Cuauhquecholan, le movieron a la expedición contra Itzocan.

Su ejército se había aumentado tanto, que, según él mismo testifica, sería de 120,000 hombres. Acometió a la ciudad por aquella parte por donde supo que era menos difícil la entrada. Los itzocanecas, ayudados de las tropas reales, hicieron al principio alguna resistencia; pero no pudiendo contrastar contra fuerzas tan superiores fueron prontamente desbaratados y huyeron por la parte opuesta de la ciudad; pasaron el río y deshicieron los puentes para impedir que los alcanzaran sus enemigos. Los españoles y aliados, a pesar de la dificultad que tuvieron en el paso del río, los siguieron por más de legua y media, dando a unos la muerte, haciendo a otros prisioneros y dejando a los restantes bien escarmentados.

Vuelto Cortés a la ciudad hizo pegar fuego a todos los templos y por medio de algunos prisioneros convocó a los ciudadanos que andaban derramados por los montes, para que volviesen a sus casas, ofreciéndoles toda seguridad. El señor de Itzocan se había ausentado de la ciudad y puesto en camino para la corte desde que se avistó el ejército de los españoles. Esto bastó a la nobleza, a quien verosímilmente no era acepto, para declarar vacante el señorío; acordaron con la autoridad y protección de Cortés conferirlo a un nieto de aquel señor a quien hizo morir Moctezuma, e hijo del señor de Cuauhquecholan que era yerno del difunto; y por ser aún niño de pocos años, se le dieron por tutores y administradores a su padre, a un tío suyo, hijo bastardo de su abuelo, y a éstos dos nobles. Este niño fue brevemente instruido en la doctrina cristiana y bautizado.

---

[51] A Itzocan llaman los españoles *Izúcar*.

La fama de las victorias de los españoles voló luego por toda la tierra y atrajo varios pueblos a la obediencia del rey Católico. Entre éstos, además de Cuauhquecholan, de Itzocan y de Ocopetlacoyan, población grande y vecina a aquellas dos ciudades,[52] vinieron a hacer su reconocimiento a la corona de Castilla ocho pueblos de Coixtlahuaca[53] y parte de la gran provincia de Mixtecapan, distante unas 50 leguas de Itzocan, deseando todos a porfía la alianza y amistad de unos hombres tan esforzados.

### 31. Guerra de Xalatzinco, Tecamachalco y Tochtepec

Restituido Cortés a Tepeyacac hizo guerra por medio de sus capitanes a los xalatzincas, cuya población estaba cerca del camino de Veracruz; a los tecamachalcas, que eran de la nación popoluca establecida en las inmediaciones de Tepeyacac; a los tochtepecas, en las costas del Golfo de México, y a otros pueblos que habían cometido hostilidades en los españoles que transitaban de Veracruz a Tlaxcala. Los xalatzincas fueron vencidos del esforzado Sandoval, y los principales de aquella población fueron conducidos prisioneros a Cortés, quien viéndoles humillados y arrepentidos los puso en libertad.

Los tecamachalcas hicieron una gran resistencia, pero al cabo cedieron y 2,000 de ellos fueron herrados por esclavos. Contra Tochtepec, en donde había guarnición mexicana, fue un capitán llamado Salcedo con 80 españoles, de los cuales no quedó uno que pudiese llevar a Cortés la noticia de su desgracia. Sintió Cortés amargamente esta pérdida, que en las circunstancias en que se hallaba era muy considerable, y para vengarla envió a los capitanes Ávila y Ordaz con parte de la caballería y 20,000 aliados, los cuales, a pesar del valor con que se defendieron los mexicanos, ganaron aquella población con muerte de muchos enemigos.

No fue la pérdida de aquellos soldados la más sensible a Cortés. Los mismos que antes le habían requerido para el regreso a Veracruz

---

[52] A Ocopetlayocan llama Cortés, por ignorancia de la lengua, *Ococpatuyo*, y el autor de las notas de sus *Cartas* (México, 1770) interpreta Ocuituco; pero este lugar no está tan cerca de Cuauhquecholan como dice Cortés que estaba su pretendido Ococpatuyo. Torquemada, que es tan exacto en la escritura de los nombres mexicanos, le llama unas veces Acapetlahuacan y otras Acapetlayocan.

[53] A Coixtlahuaca, que hoy dicen Justlahuaca los españoles, llamó Cortés *Coastoaca*, y dice que está junto a Tamazula, a donde, estando en México, había enviado algunos españoles en busca de minas. En las citadas notas sobre las *Cartas* de Cortés se dice que dicha Tamazula está en la provincia de Sinaloa, pero éste es un error, porque aunque hay en Sinaloa un lugar con este nombre, Cortés no hablaba ni podía hablar de ese lugar, que dista 400 leguas de México, sino de Tamazula de la Mixteca; porque afirma que estaba junto Coixtlahuaca y que distaba 40 leguas de Itzocan.

persistieron después de la guerra tan obstinadamente en su demanda, que se vio precisado a darles licencia para volver a Cuba; pareciéndole menor inconveniente el disminuir su tropa que el mantener gente involuntaria, que con su desazón entibiase el valor y resfriase la voluntad de los demás; pero esta pérdida se reparó luego con la llegada de un buen número de soldados que con caballos, armas y pertrechos arribaron al puerto de Veracruz, enviados unos del gobernador de Cuba a Narváez y otros del gobernador de Jamaica a la expedición del Pánuco; todos los cuales se agregaron con buena voluntad al partido de Cortés, convirtiéndose en instrumentos de felicidad los medios que sus enemigos empleaban para su daño.

32. Estrago de las viruelas. Muerte de Cuitlahuatzin y del príncipe Maxixcatzin. Elección del rey Cuauhtemotzin

Las victorias de los españoles y la multitud de aliados que tenían a su devoción engrandecieron de tal suerte su nombre y conciliaron a Cortés tan grande autoridad en la tierra, que él era el árbitro de las diferencias que ocurrían, y el que daba o confirmaba la investidura de los señoríos que vacaban, como se vio en el de Cholula y en el de Ocotelolco en Tlaxcala, vacantes uno y otro por muerte ocasionada de las viruelas.

Este terrible azote del género humano, ignorado hasta entonces en aquel Nuevo Mundo, lo llevó consigo un negro esclavo de Narváez; contagiáronse con su comunicación los cempoaltecas y de allí se propagó el mal por todo el imperio mexicano con indecible daño de aquellas naciones. Perecieron muchos millares de hombres y quedaron algunos lugares despoblados. Aquellos cuya complexión prevaleció a la violencia del mal se levantaron tan estragados y con tan profundos vestigios del veneno en los rostros, que causaban espanto a los demás.

Entre los estragos que causó esa nueva enfermedad fue muy sensible a los mexicanos la pérdida de su rey Cuitlahuatzin a los tres o cuatro meses de reinado, y a los tlaxcaltecas y españoles la del príncipe Maxixcatzin. Los mexicanos eligieron en lugar de Cuitlahuatzin a su sobrino Cuauhtemotzin, porque ya no vivía hermano alguno de los pasados reyes. Era joven de 25 años y de mucho espíritu, y aunque por poca edad poco práctico en la guerra, llevó adelante las providencias militares de su antecesor. Tomó por mujer y reina a su prima Tecuichpotzin, viuda del rey Cuitlahuatzin e hija de Moctezuma.

La muerte de Maxixcatzin fue de gravísimo sentimiento para Cortés, así por la estrecha amistad con que se habían unido sus ánimos, como porque a su influjo se debía principalmente la buena armonía entre los españoles y tlaxcaltecas. Por lo cual, después de haber asegurado el camino de Veracruz y de haber enviado a la corte de España al capitán Ordaz con una relación muy cumplida de todo lo sucedido hasta entonces, y al capitán Ávila a la isla de Santo Domingo a solicitar nuevos socorros para la conquista de México, partió de Tepeyacac para Tlaxcala, y entró en aquella ciudad vestido de luto y haciendo otras demostraciones de dolor por la muerte del príncipe su amigo.

Dio, a instancias de los mismos tlaxcaltecas y en nombre del rey católico, el señorío vacante de Ocotelolco, uno, como ya hemos dicho, de los cuatro principales de aquella república, a un hijo del difunto, niño de solos doce años, que en el bautismo se nombró don Juan de Maxixcatzin,[54] quedando el nombre del padre por sobrenombre del hijo y de toda su ilustre posteridad; y por hacer alguna mayor distinción en atención a su padre, lo armó caballero al uso de Castilla.

### 33. Exaltación del príncipe Coanacotzin y muerte del príncipe Cuicuitzcatzin

Por este mismo tiempo, aunque por muy distinta causa, sucedió la muerte del príncipe Cuicuitzcatzin, a quien habían puesto Moctezuma y Cortés en el trono de Acolhuacán, en lugar de su infeliz hermano Cacamatzin. Poco tiempo gozó del tal cual esplendor de su corona precaria, porque luego le hizo prisionero el mismo que lo había hecho rey. Salió con los demás prisioneros de la Noche Triste; pero tuvo entonces la fortuna o desgracia de salvar la vida, que en breve había de perder con mayor ignominia.

Acompañó a los españoles en todos los conflictos hasta Tlaxcala, en donde se mantuvo, hasta que impaciente de la opresión o deseoso de recobrar el trono, salió clandestinamente de aquella ciudad para su corte. Reinaba ya en Texcoco su hermano Coanacotzin, a quien pertenecía de derecho la corona, a falta de Cacamatzin. Apenas se presentó en aquella corte Cuicuitzcatzin, cuando fue preso por los ministros reales, los cuales pasaron luego aviso al rey, que se hallaba actualmente en México. Éste dio cuenta a su deudo el rey Cuauhtemotzin, quien, teniéndolo por espía o emisario de los españoles, fue de parecer de que se le diese la muerte. Coanacotzin, por complacer a aquel monarca, o lo que es más verosímil, por recelo de que Cuicuitzcatzin intentáse recobrar el trono

---

[54] Solís dice que se llamó don Lorenzo; pero éste fue el nombre de su padre. El del hijo fue don Juan, como consta en Torquemada.

con perjuicio de sus derechos y de la paz del reino, lo hizo morir sin dilación. Así acabó aquel desdichado príncipe, cuya exaltación sólo sirvió para hacer más grande y más ruidosa su caída.[55]

---

[55] No hay historiador alguno entre los españoles, a excepción de Cortés, que haga mención de la fuga, prisión y muerte de Cuicuitzcatzin. Gómara apunta solamente su muerte y le nombra *Cocuzcacatzin*. Dice Cortés que tenía también el nombre de *Ipatsúchil*, alterando el de *Iepalxóchitl*.

# LIBRO X

MARCHA DE LOS ESPAÑOLES A TEXCOCO —SUS NEGOCIACIONES CON LOS MEXICANOS; SUS CORRERÍAS Y BATALLAS EN LOS CONTORNOS DEL LAGO. —SU EXPEDICIÓN CONTRA YACANICHTLAN, CUAUHNAHUAC Y OTROS LUGARES. —CONSTRUCCIÓN DE LOS BERGANTINES. —CONJURACIÓN CONTRA CORTÉS. —RESEÑA Y ACAMPAMIENTO DEL EJÉRCITO DE LOS ESPAÑOLES. —SITIO DE MÉXICO. —PRISIÓN DEL REY CUAUHTEMOTZIN Y RUINA DEL IMPERIO MEXICANO.

## 1. Reseña y marcha a Texcoco del ejército español

Cortés, que no perdía jamás de vista la conquista de México, daba en Tlaxcala todo el calor a la fábrica de los bergantines y a la disciplina de su tropa. Obtuvo de aquel senado algunos centenares de hombres de carga para el transporte de las velas, jarcia, hierro y otros materiales de los navíos, que había desbaratado el año antecedente, para emplearlos en los bergantines. Para la brea hizo sacar pez del bosque de la gran montaña Matlalcueye.[1]

Convocó a sus aliados cholultecas, huexotzincas, tepeyacas y otros, y mandó hacer una cuantiosa provisión de municiones de boca y guerra para el numeroso ejército que debía emplearse en el sitio de México; y pareciéndole ya tiempo de ponerse en marcha, pasó revista a su tropa, que se componía de 40 caballos y 550 infantes. Dividió su corta caballería en 4 escuadras y su infantería en 9 compañías, armadas unas de escopetas, otras de ballestas, otras de espada y rodela, y otras de picas.

Desde el caballo en que estaba arreglando su gente, les dijo en substancia estas razones: "Amigos y compañeros míos: cualquier discurso que pretenda hacer para alentar vuestro valor es excusado a vista del grande empeño en que nos hallamos de volver por el honor de nuestras armas y de vengar la sangre de nuestros españoles y aliados. Vamos a la conquista de México, empresa la más gloriosa que se nos puede ofrecer en toda nuestra vida. Vamos a castigar con un solo golpe

---

[1] Solís añade que para la pólvora sacaron azufre del Popocatepetl y que el que la sacó fue Montano, para lo cual cita a Luet. Es absolutamente falso que por este tiempo se sacase azufre de aquel volcán, pues sabemos que se sacó hasta después de la Conquista. El que hizo aquella hazaña se llamaba Montaño, no Montano como dice Solís; ni era menester sacar azufre para esto a un holandés, constando en nuestros historiadores nacionales, Herrera, Torquemada y otros, y aun de las cédulas reales expedidas en favor de los descendientes del mismo Montaño.

el orgullo, la perfidia y la crueldad de nuestros enemigos, a acrecentar los dominios de nuestro soberano con un reino tan dilatado y opulento, a abrir el paso al Evangelio y las puertas del cielo a tantos millones de almas; a asegurar con la fatiga de pocos días el descanso de nuestras familias, y a ganar una gloria inmortal a nuestro nombre; estímulos todos capaces de alentar los pechos más cobardes; cuanto más unos ánimos tan nobles y esforzados como los vuestros.

"Yo no veo dificultad en la empresa que no pueda vencer nuestro valor. Son muchos nuestros enemigos; pero los sobrepujamos en el esfuerzo, en la disciplina y en las armas. Además, llevamos a nuestro mando tan gran número de tropas auxiliares, que con ellas podríamos conquistar no una, sino muchas ciudades como México. Es fuerte aquella ciudad, pero no tanto que sea capaz de resistir a un ataque por agua y por tierra como el que vamos a darle. Finalmente Dios, cuya causa promovemos, ha mostrado favorecer nuestros designios. Su providencia nos ha conservado entre tantos peligros, nos ha reemplazado la gente que hemos perdido y ha convertido en nuestro provecho los mismos medios que nuestros enemigos han puesto para nuestra ruina. ¿Qué no debemos esperar en adelante de su protección? Él es nuestro jefe en esta expedición; sigámosle y no le desobliguemos con nuestra desconfianza y cobardía."

Los tlaxcaltecas, que procuraban remedar la disciplina de los españoles, quisieron también hacer la revista de sus tropas en presencia de Cortés. Daba principio el ejército la música militar de bocinas, caracoles y huesos. Tras la música iban los cuatro señores de la república, armados de macana y escudo con un airoso penacho de plumas que les salía de la espalda y se levantaba como una vara sobre la cabeza; las orejas y labios adornados de pendientes de piedras preciosas, el cabello ceñido con una venda de oro o de plata y los pies con un costoso calzado. Guardaban las espaldas de los señores cuatro pajes armados de arco y flechas. Seguíanse luego los estandartes de los cuatro principales señoríos de la república, cada uno con su propia insignia labrada de pluma.

Comenzaron después a pasar los flecheros en filas bien ordenadas de 20 hombres, dejándose ver a trechos los estandartes particulares de sus compañías, que se componían de 300 ó 400 hombres, a las cuales seguían las tropas armadas de espada y escudo, y finalmente los piqueros. Herrera y Torquemada dicen que los flecheros eran 60,000, los piqueros 10,000 y los armados de espada 40,000.[2] Xicoténcatl el joven

---

[2] Solís, siguiendo a Bernal Díaz, cuenta, en la revista de los tlaxcaltecas, 10,000 hombres y nota a Herrera de que, apartándose de Bernal Díaz, cuente 80,000. Pero Herrera, a quien siguen Torquemada y Betancourt, cuenta no 80,000, sino 110,000 (*Década II, Libro II, cap. XX*). Bernal Díaz no menciona tal revista y sólo dice que Cortés pidió 10,000 hombres a la República, la cual

hizo también su arenga, según dicen, a imitación de Cortés, la cual en substancia se redujo a decirles que ya sabían cómo debían marchar al día siguiente en compañía de los esforzados españoles contra los mexicanos sus mortales enemigos; que aunque el nombre solo de los tlaxcaltecas era bastante para causar terror a todas las naciones de la tierra, procurasen ganar nueva fama con sus hazañas.

Cortés de su parte convocó a los principales señores de las ciudades aliadas y los exhortó a una constante fidelidad a los españoles, ponderándoles las ventajas que debían esperar de la ruina de los mexicanos, y los males que les amenazaban si, por instigación de los mexicanos o por temor de aquella guerra o por ligereza de ánimo, faltaban alguna vez a la fe prometida. Publicó luego las ordenanzas militares para el arreglo de su tropa, de que no queremos defraudar a los lectores, y fueron las siguientes:

1. Nadie blasfeme el santo nombre de Dios, de su Santa Madre o de sus santos.
2. Nadie riña con otro ni eche mano a la espada ni otra arma.
3. Nadie juegue las armas, el caballo o el herraje.
4. Nadie fuerze a mujer alguna, so pena de la vida.
5. Nadie tome ropa a otro ni castigue a indio que no sea su esclavo.
6. Nadie salga a ranchear ni correr sin licencia.
7. Nadie cautive a algún indio ni saquee su casa sin licencia.
8. Nadie trate mal a los aliados, sino téngase con ellos mucha amistad.

Y porque nada aprovecha establecer leyes si no se cela su observancia y se castigan los delincuentes, hizo ahorcar a dos negros esclavos porque hurtaron un pavo y dos mantas de algodón; con cuyo castigo y otros que ejecutó hizo respetar sus ordenanzas, tan necesarias para la conservación de su gente.

Tomadas ya todas las providencias que le parecieron convenientes para el buen éxito de su empresa, marchó finalmente con toda su tropa el día 28 de diciembre de 1520, después de haber oído misa e invocado el Espíritu Santo. No llevó consigo todo el ejército de aliados que había pasado revista el día antecedente, así por la dificultad de mantener tan excesivo número de gente en Texcoco, como porque quedase la mayor parte para la seguridad de los bergantines cuando fuese tiempo de transportarlos.[3]

De los tres caminos que había para Texcoco tomó Cortés el más áspero, persuadido de que, no esperándole por él sus enemigos, sería

---

respondió que estaba pronta a dar mucho mayor número. Ojeda, que se halló presente y era general de las tropas aliadas, dice que fueron 150,000; pero en este número incluía a los huexotzincas, cholultecas y tepeyacas.

[3] No hay duda, dice Solís, que Cortés salió de Tlaxcala con más de 60,000 hombres; pero no se sabe, pues ni Bernal Díaz ni Cortés lo expresan. Gómara dice que eran más de 80,000.

más segura la marcha. Dirigióla por Texmelucan, población del estado de Huexotzinco. El día 30, desde la parte más alta de aquellas montañas, divisaron el hermoso valle de México, parte con alegría por ser aquel el objeto de todos sus deseos, y parte con no poco sinsabor por la memoria de las desgracias pasadas. Al comenzar a bajar el valle reconocieron embarazado el camino con muchos troncos y ramas, y fue menester emplear mil tlaxcaltecas en limpiarlo para el pasaje del ejército, temiendo, como dice Cortés, detrás de cada árbol alguna emboscada.

Apenas tocaron en la llanura cuando se hallaron acometidos de algunas tropas de enemigos; pero habiendo muerto algunos a manos de los españoles, se retiraron los demás. Albergáronse aquella noche en Coatepec, lugar distante poco más de tres leguas de Texcoco, y al día siguiente, dirigiendo su marcha para aquella capital, solícitos de la disposición en que hallarían a los texcocanos, pero igualmente resueltos de no volver pie atrás hasta haber tomado venganza de sus enemigos, vieron venir hacia sí cuatro hombres de autoridad, desarmados y con una vara en las manos y en ella una bandera de oro; y reconociéndola Cortés por señal de paz, se adelantó a hablarles.

Eran enviados del rey Coanacotzin a cumplimentar al general español, a ofrecerle su corte y a suplicarle que no hiciese hostilidades en sus dominios, los cuales le presentaron la banderilla, que tenía 32 onzas de oro. Cortés les hizo cargo de la muerte que pocos meses antes dieron en Zoltepec a 45 españoles, cinco caballos y 300 tlaxcaltecas que los acompañaban cargados de oro, plata, ropa y armas, con tanta inhumanidad, que habían colgado por trofeos en los templos de Texcoco las pieles de los españoles con sus armas y vestidos, y las de los caballos con sus herraduras; que ya que no podían recompensarle la pérdida de aquella gente, a lo menos le pagasen el oro y plata que le habían robado. Que de no darle la debida satisfacción haría que muriesen mil texcocanos por cada uno de los españoles muertos. Los enviados respondieron que de aquellas muertes y robo se debía hacer cargo a los mexicanos, con cuya autoridad habían cometido aquel atentado los zoltepecas; sin embargo, se interpondrían con la corte de México para que todo les fuese restituido. Y despedidos cortésmente del general español, se restituyeron a su corte con la noticia de que los españoles dirigían a ella su marcha.

2. Entrada del ejército en Texcoco y
revoluciones de aquella corte

Entró Cortés con su ejército en Texcoco el día último de aquel año; salieron a recibirle algunos nobles y le alojaron en uno de los palacios del difunto rey Nezahualpilli que era tan grande que, según depone el mismo Cortés, no solamente se alojaron en él los 600 españoles que llevaba, sino aun podrían estar con desahogo otros tantos más. Desde luego reconoció Cortés disminuido el gentío de la ciudad, pareciéndole que no veía ni la tercera parte del que había observado en otras ocasiones, y especialmente adivinó que faltaban los niños y las mujeres, indicio nada equívoco de la indisposición de aquella corte. Por no agravar la desconfianza de los ciudadanos y por no exponer a algún desmán a su gente, publicó bando con pena de la vida para que nadie saliese del alojamiento sin su licencia.

A la tarde vieron desde los terrados del palacio la mucha gente que abandonaba la ciudad encaminándose unos a los bosques vecinos y otros a diferentes poblaciones del lago. A la noche se ausentó el mismo rey Coanacotzin, transportándose a México en una canoa con no pequeña pesadumbre de Cortés, que deseaba prenderle como había hecho con sus tres hermanos Cacamatzin, Cuicuitzcatzin e Ixtlixóchitl. No podía Coanacotzin tomar otro consejo; porque ¿qué seguridad podía prometerse entre los españoles a vista de lo que habían ejecutado con sus hermanos y con su tío el rey Moctezuma? Y mucho más previendo cuántos de sus mismos vasallos tomarían esta ocasión para declararse sus enemigos; unos por temor de los españoles o por interés particular de sus familias; otros por vengar la muerte de Cuicuitzcatzin y otros por poner en el trono de Ixtlixóchitl. Las revoluciones que inmediatamente sucedieron en aquella corte justificaron bastante su resolución.

Apenas había estado tres días en ella Cortés, cuando se le presentaron los señores de Huexotla, Coatlichan y Atenco, tres ciudades, como ya hemos dicho, tan contiguas a Texcoco que le servían de arrabales, solicitando su alianza y amistad. Cortés, que nada deseaba tanto como engrosar su partido, los acogió benignamente y les ofreció su protección. La corte de México, luego que supo esta novedad, envió a aquellos señores una severa represión de su conducta y les mandó decir que, si el haberse abatido a aquella vileza había sido por temor del poder de los enemigos, considerasen las grandes fuerzas con que se hallaban los mexicanos, que eran tales que en breve acabarían con los españoles y con sus aliados favoritos los tlaxcaltecas; que si el motivo había sido el interés de sus señoríos y de las posesiones que tenían en Texcoco, se pasasen a México, en cuyos dominios se les darían mejores tierras.

Aquellos señores, en vez de intimidarse con la represión o de moverse con las promesas de la corte, prendieron a los mensajeros y los remitieron a Cortés, el cual les preguntó el motivo de su embajada; respondieron que, sabiendo que aquellos señores estaban en su gracia, venían a solicitarlos por medianeros de la paz entre los españoles y mexicanos. Cortés, fingiendo creer lo que decían, los envió libres, encargándoles que dijesen a su soberano que él no quería la guerra ni la haría jamás sino forzado; que acabasen de entrar en razón, porque si no, les arruinaría sus ciudades. Mucho importaba a Cortés la alianza de aquellas tres ciudades; pero más que todo le era necesario el conciliarse la misma corte de Texcoco, así por la mucha nobleza que en ella había, como por su influencia sobre las demás ciudades del reino. Desde que puso el pie en aquella corte procuró siempre ganarse los ánimos con la urbanidad y buen trato, y lo mismo había encargado a su gente prohibiéndole severísimamente toda especie de hostilidad con los ciudadanos.

Reconoció desde luego que había en la nobleza un partido favorable al príncipe Ixtlixóchitl, a quien tenía asegurado en Tlaxcala. Hízole venir a la corte con un buen número de españoles y de tlaxcaltecas, presentólo a la nobleza y consiguió que lo admitiesen por rey y lo coronasen con las mismas ceremonias y demostraciones de regocijo que acostumbraban hacer con sus legítimos soberanos.[4] Promovió Cortés la exaltación de este príncipe, así por vengarse del legítimo rey Coanacotzin, como por tener el reino a su devoción. El pueblo lo aceptó, o por no poder contrastar contra el partido de los españoles, o porque estaba acaso disgustado del gobierno de Coanacotzin.

Era Ixtlixóchitl joven de poco más de 23 años. Desde la primera entrada de Cortés en Tlaxcala se había declarado abiertamente por los españoles; había ofrecido a Cortés el ejército que tenía a sus órdenes y le había convidado a pasar por Otumba a México. A pesar de ello le tenían preso los españoles cuando salieron de México, y en calidad de prisionero lo mantenían en Tlaxcala cuando lo llamaron al trono. Las circunstancias del suceso nos obligan a creer que su prisión sería una

---

[4] Solís al narrar la exaltación del príncipe Ixtlixóchitl, además de las imaginarias arengas que pone en boca de Cortés y los texcocanos, incurre (por lo menos) en 7 errores substanciales. 1. Supone vivo por este tiempo a Cacamatzin, constando de la relación de Cortés y de todos los historiadores que fue muerto en la Noche Triste o antes. 2. Muda primero y después asienta que por este tiempo reinaba en Texcoco Cacamatzin, sabiéndose por el testimonio de todos los historiadores que reinaba Coanacotzin. 3. Hace a Cacamatzin hermano de Nezahualpili (al que llama Nezabal) siendo su hijo, como saben cuantos han estudiado la historia de aquellos pueblos. 4. Supone a Nezahualpili muerto a manos de Cacamatzin, fábula inaudita en la historia de Texcoco. 5. Cree muerto a Nezahualpili en tiempo del antecesor de Moctezuma, no habiendo duda de que murió en el 1516; y en consecuencia de este error deba dar a Cacamatzin 8 o 10 años más de edad (por lo menos) sobre los 25 que, siguiendo a Cortés, le da en otro lugar. 6. Supone a Cacamatzin usurpador de la Corona, siendo legítimo heredero, como consta de la historia, y el que supone legítimo no lo era, sino a falta de sus hermanos mayores, de los cuales vivía Coanacotzin, que era el que ocupaba el trono. Véase la misma relación de Cortés. 7. Finalmente finge al nuevo electo como un hombre que vivía en Texcoco, a quien jamás había visto Cortés, y a quien en la primera vez que se le presentó le echó los brazos arrebatado de su elocuencia y despejo, siendo así que, como consta de las *Cartas* de Cortés y la historia de Herrera, de Torquemada y otros, este príncipe (a quien Solís no nombra) hacía más de un año que era conocido de Cortés y por lo menos seis meses su prisionero, y que para coronarlo lo hizo venir de Tlaxcala.

decorosa opresión de su libertad, coloreada con algún bello pretexto de los que suele inventar la política de los hombres para asegurarse de los que temen.

Su largo trato con los españoles lo había adaptado a sus modales; fue instruido en los misterios de la religión cristiana y bautizado con el nombre de don Fernando Cortés Ixtlixóchitl, en atención al general español que fue su padrino. No tuvo en el trono más de algunos accidentes de la majestad; pues en realidad, más que señor de sus vasallos, fue ministro de la voluntad de los españoles, a quienes hizo grandes servicios no menos en la conquista de México en que sirvió con su persona y sus tropas, que después de ella en la reedificación de aquella capital a que ayudó con sus arquitectos y peones. Murió en 1523 y le sucedió en el señorío de Texcoco don Carlos, su hermano. Con la elección del nuevo rey y las honras que Cortés le hacía, se engrosó considerablemente el partido de los españoles, y las familias que se habían ausentado a otras poblaciones o a los montes, depuesto ya el primer susto, volvieron a habitar sus casas.

Había Cortés determinado hacer a Texcoco su plaza de armas y a ese fin había dado todas las providencias para fortificar el real palacio, que le servía de alojamiento. Fue este proyecto uno de los más acertados que pudieron ofrecerse a aquel industrioso general. Texcoco, por ser la capital de aquel reino y ciudad tan grande, abundaba de víveres para la manutención del ejército; tenía buenos edificios para su alojamiento y buenas fortificaciones para su defensa y copia de todo género de artífices para las maniobras que se ofrecieran. Sus dominios, colindantes con los de Tlaxcala, hacían menos difícil la comunicación necesaria con aquella república; la inmediación del lago importaba infinito para la habilitación de los bergantines, y su ventajosa situación franqueba a los españoles todas las noticias que les importaban de los movimientos del enemigo sin exponerlos a sus hostilidades.

### 3. Expedición peligrosa contra Iztapalapa

Después de haber asegurado las cosas de Texcoco resolvió dar un asalto a la ciudad de Iztapalapa por vengarse en ella y en sus habitantes de Cuitlahuatzin, su antiguo señor, a quien reconocía autor de la fatal derrota de la Noche Triste. Dejó en Texcoco al capitán Sandoval con alguna guarnición y marchó con más de 200 españoles, más de tres mil tlaxcaltecas[5] y mucha nobleza texcocana. Antes de llegar a Iztapalapa

---

[5] Gómara dice que fueron 5,000 tlaxcaltecas. Solís cuenta 10,000 y Cortés de 3,000 a 4,000.

les salieron al encuentro, en apariencia de disputarles la entrada, combatiendo unos por tierra y otros por agua, pero al tiempo que combatían se iban retirando a la ciudad, fingiendo ceder por fuerza el campo. De esta suerte, empeñados en el alcance, entraron los españoles y tlaxcaltecas en la ciudad, cuyas casas hallaron en gran parte despobladas, porque los ciudadanos se habían retirado a las canoas y a las casas que tenían en los islotes del lago, con sus mujeres, hijos y la mayor parte de su hacienda; pero allí fueron también perseguidos de sus enemigos, peleando obstinadamente aun dentro del agua.

Era ya muy entrada la noche cuando los españoles, alegres por la victoria que creían haber conseguido, se ocupaban en saquear las casas y los tlaxcaltecas en incendiarlas; pero presto se convirtió en susto el regocijo, porque a la luz del incendio se advirtió que rebosaban los canales de la ciudad y comenzaban a inundarse las casas. Advertido el peligro se tocó luego retirada, y se abandonó con la mayor diligencia la ciudad para tomar el camino de Texcoco; pero a pesar de su diligencia llegaron a un lugar donde había tanta agua que los españoles lo pasaron con suma dificultad; de los tlaxcaltecas se ahogaron algunos y se perdió la mayor parte del botín.

No hay duda, según depone Cortés, de que no hubiera quedado uno vivo si se hubieran detenido tres horas más en salir; porque los vecinos de Iztapalapa, con intento de ahogar a sus enemigos, rompieron una calzada que servía de freno al lago, y dejaron venir sus aguas sobre la ciudad. Al día siguiente, caminando siempre a la orilla del lago, les fue preciso sufrir la burla y la descarga que sobre ellos hacían los enemigos. Salieron los españoles con poca reputación de esta jornada; pero aunque perdieron los despojos y fueron muchos heridos, no murieron más de uno o dos. Los enemigos salieron peor librados; porque, además del daño que recibieron en sus casas, quedaron muertos, según dice Cortés, más de seis mil.

### 4. Alianza de Otumba y de otras ciudades con los españoles

Las desazones que tuvo Cortés en esta expedición se compensaron ventajosamente con el consuelo que luego recibió de la obediencia que le prestaron por medio de sus embajadores las ciudades de Mizquic, Otumba y otras tres o cuatro de aquella comarca, alegando para merecer su gracia que, habiendo sido solicitados de los mexicanos para tomar las armas contra los españoles, jamás habían consentido. Cortés, que iba cobrando cada día mayor autoridad cuanto eran mayores los progresos que hacía su partido, exigió de ellos, como condición necesaria para obtener su alianza, que le llevasen presos cuantos mensajeros les fuesen de México y cuantos mexicanos se presentasen en sus lugares. Prometiéronlo, aunque no sin dificultad, y en lo de adelante fueron siempre fieles a los españoles.

A esta alianza se siguió inmediatamente la de Chalco, ciudad y estado considerable al oriente del lago dulce; porque, sabiendo Cortés que los chalcas se inclinaban a su partido, pero no se atrevían a declararse por temor de las guarniciones mexicanas que tenían en su estado, mandó al capitán Sandoval con 20 caballos, 200 infantes y un buen número de tlaxcaltecas con orden de encaminar a Tlaxcala cierto número de soldados de aquella nación que llevaban la parte que salvaron del botín de Iztapalapa; y de volver de allí sobre Chalco a librar aquel estado del poder de los mexicanos. Dio Sandoval la vanguardia a los tlaxcaltecas; algunas tropas de mexicanos que estaban en emboscada cargaron repentinamente sobre ellos, los desbarataron, les mataron alguna gente y les quitaron el botín; pero acudiendo los españoles a los clamores de los tlaxcaltecas, derrotaron a los mexicanos y los pusieron en fuga.

Recobrando el botín siguieron los tlaxcaltecas ya con seguridad su camino, y Sandoval marchó para Chalco. Mucho antes de llegar a la ciudad se le presentó el grueso de la guarnición mexicana que, según algunos, constaba de 12,000 hombres. Diose la batalla, que duró más de dos horas y terminó con la muerte de muchos mexicanos y la fuga de los restantes. Los chalcas, noticiosos de la victoria, salieron a recibir con indecible regocijo a los españoles y los introdujeron en triunfo en la ciudad.[6] El señor de aquel estado, que había fallecido poco tiempo antes, encargó en los últimos momentos de su vida a dos hijos suyos que se confederasen con los españoles, cultivasen su amistad y tuviesen a Cortés por padre.

En cumplimiento de su última voluntad pasaron aquellos dos jóvenes a Texcoco, escoltados del ejército español y acompañados de mucha nobleza chalca. Presentaron a Cortés unos 300 pesos en oro y asentaron la alianza en la cual se mantuvieron constantemente fieles. La causa de tan repetidas deserciones de los vasallos era, en unos, el terror de las armas españolas y del poder de sus aliados, y, en otros, el odio de la dominación mexicana. No es posible que sea constante la fidelidad de los vasallos cuando en la subordinación influye más el terror que la

---

[6] Solís al narrar este suceso incurre en dos errores geográficos: I. Supone a la ciudad de Chalco contigua a la de Otumba, ignorando que entre ambas estaba la Corte de Texcoco y las principales poblaciones del reino de Acolhuacán. II. Dice que los chalcas eran colindantes con los tlaxcaltecas, pero es falso, porque entre Chalco y Tlaxcala mediaba, por un lado, un bosque de más de cinco leguas y una parte del estado de Huexotzinco y, por otro, los estados más populosos del reino de Acolhuacán.

beneficencia. No hay trono más vacilante que el que se sostiene más en el poder de las armas que en el amor de los pueblos. Cortés, después de acariciar a los dos jóvenes chalcas, o a petición de ellos mismos o por sugestión de la nobleza, dividió entre los dos el estado. Dio al mayor la investidura de la ciudad principal con otros lugares, y al menor adjudicó Tlalmanalco, Chimalhuacan, Ayotzinco y otros.

No cesaban entre tanto los mexicanos de hacer hostilidades en los lugares que se habían confederado con los españoles; pero la diligencia de Cortés en socorrerlos hacía inútiles por la mayor parte sus esfuerzos. Entre otros acudieron dentro de pocos días a Texcoco los mismos chalcas a implorar su auxilio; porque tenían aviso de que los mexicanos se disponían a dar un golpe en aquel estado recientemente confederado con los españoles. No pudo Cortés servir esta vez a sus pretensiones porque, habiendo recibido por estos días noticia de estar ya labradas las piezas de los bergantines, necesitaba de su tropa para la seguridad de su transporte a Texcoco. Aconsejóles que se aliasen con los huexotzincas cholultecas y cuauhquecholtecas; rehusábanlo los chalcas por antiguas enemistades con aquellos estados, pero a las instancias de Cortés aceptaron finalmente, aunque no sin grave repugnancia, el partido.

Poco después de haber partido los chalcas vinieron oportunamente al general español mensajeros de Huexotzinco y Cuauhquecholan, significándole de parte de aquellos señores el cuidado en que se hallaban por haber observado los centinelas que tenían apostados en las cumbres de los montes ciertos humos que eran anuncios de guerra; y ofreciéndole sus tropas que tenían prontas, siempre que quisiere servirse de ellas. Aprovechóse Cortés de esta bella ocasión para confederar aquellos estados con el de Chalco, obligándolos a deponer sus particulares disgustos por el bien común. Fue tan sólida esta alianza que en adelante se ayudaron recíprocamente contra los mexicanos.

### 5. Transporte del tablaje y materiales de los bergantines a Texcoco

Siendo ya tiempo de transportar los bergantines a Texcoco, despachó Cortés a ese fin al capitán Sandoval con quince caballos y 200 infantes españoles, encargándole que de paso ejecutase un ruidoso castigo en los zoltepecas por la muerte de los 45 españoles y 300 tlaxcaltecas de que hicimos mención en otro lugar. Los zoltepecas, cuando vieron venir sobre sí aquella tempestad, desampararon el pueblo para salvar sus vidas con la fuga; diéronles alcance los españoles, mataron muchos y a otros dieron por esclavos.

De allí pasaron a Tlaxcala, en donde hallaron enteramente concluidos los bergantines. Fabricó el primero el español Martín López; armólo para probarlo en el río de Zahuapan, al cual dieron con una presa la profundidad que exigía el vaso, y hallándolo bueno construyeron los demás los tlaxcaltecas sobre sus medidas. Ejecutóse el transporte con el mayor aparato y regocijo de los tlaxcaltecas, haciéndoseles leve aquella carga que había de contribuir a la ruina de sus enemigos. 8,000 tlaxcaltecas llevaban sobre sus hombros la tablazón, herraje, velas, jarcias y cables de los bergantines; 2,000 iban cargados de víveres y 30,000 hombres armados iban en su guarda bajo el mando de tres jefes principales: Chichimécatl o Chichimecateuctli,[7] Ayotécatl y Teotepil o Teotlipil.

Cuando salieron de Tlaxcala llevaba Chichimécatl la vanguardia del ejército con la tablazón; pero cuando salieron de las tierras de aquella república, le dio el jefe español la retaguardia por recelo de los enemigos. Sintiólo amargamente el tlaxcalteca, alegando que en todas las batallas en que hasta entonces se había hallado había siempre ocupado, a ejemplo de sus antepasados, el puesto más peligroso; y que en caso de ocupar él la retaguardia no debían ir en ella españoles, porque eso era demostrar desconfianza de su valor. Costó no poco trabajo a Sandoval aquietar a fuerza de razones su ardimiento.

Cortés, vestido de la mejor gala y con un lucido acompañamiento, salió a recibirlos, abrazó a los señores tlaxcaltecas y les dio muchas gracias por sus buenos servicios. Medio día gastaron en entrar en Texcoco con el mejor orden y apellidando entre el ruido de sus instrumentos a Castilla y a Tlaxcala.

### 6. Expedición contra las ciudades de Xaltocan y Tlacopan

Apenas llegado el general Chichimécatl pidió a Cortés que emplease su valor y el de su tropa contra los enemigos. Cortés, que no esperaba más que las tropas auxiliares de Tlaxcala para ejecutar una expedición que días hace tenía meditada, después de dejar una buena guarnición en Texcoco y de dar las órdenes convenientes para la habilitación de los bergantines, salió a principios de la primavera de 1521 con 25 caballos,

---

[7] Este Chichimécatl, que tanta figura hace en nuestra historia, no parece ser el padre, que ya era muy viejo, sino el hijo, el mismo que había tenido aquel grave disgusto con Xicoténcatl en la guerra de Tlaxcala con los españoles. A Ayotécatl llama así Torquemada en el cuerpo de su historia y en el índice le nombra Ayutetécatl. Al otro da en la historia el nombre de Teutepil y en el índice el de Teutlypil. Yo sospecho que el nombre de aquel jefe fuese Acxotécatl, señor de Atilhuetzian, aquel padre inhumano que en odio de la fe cristiana mató después a dos de sus hijos, Cortés les nombra Yutécatl y Teutipil.

350 infantes españoles, seis pequeños cañones de artillería, 30,000 tlaxcaltecas a cargo de sus propios jefes y una parte de la nobleza texcocana. Y porque temía que los texcocanos, de quienes aún no se fiaba, diesen algún aviso secreto a los enemigos y le desconcertasen sus medidas, salió sin declarar a dónde iba.

Caminó el ejército cuatro leguas hacia el norte y pasó la noche en campaña rasa. Al día siguiente pasó a poner sitio a Xaltocan, ciudad fuerte situada en medio de un pequeño lago con una calzada de comunicación, que hallaron cortada con algunos fosos. La infantería española, ayudada de un buen número de aliados, pasó los fosos combatiendo y recibiendo una continua descarga de dardos, flechas y piedras con que fueron muchos heridos; pero no pudiendo los enemigos sufrir el estrago de las armas españolas, abandonaron la ciudad y se salvaron con la fuga, dejando muertos algunos de los suyos. Los vencedores saquearon las casas y quemaron algunas.

Durmió aquella noche el ejército una legua distante de la ciudad, y al día siguiente entró en la grande y hermosa ciudad de Cuauhtitlán, como la llama con razón Cortés, y la halló despoblada, porque sus habitantes, temerosos de la suerte de los de Xaltocan, procuraron ponerse en seguro. De allí pasó a Tenayucan y Atzcapozalco, y por no haber encontrado resistencia en estas tres ciudades no se hizo en ellas hostilidad alguna. Finalmente llegaron a la corte de Tlacopan, que era el término que se había propuesto Cortés, con ánimo de solicitar desde allí algún ajuste con la corte de México, y en caso de no tener efecto examinar más de cerca sus intenciones y preparativos.

Halló a los habitantes de la ciudad dispuestos a disputarle la entrada; acometieron con el ímpetu acostumbrado a los españoles y combatieron por algún tiempo con ardor; pero al fin cedieron al fuego de las escopetas y al furor de los caballos y se retrajeron a la ciudad, y los españoles, por ser ya muy tarde, se alojaron en una gran casa del arrabal. Al día siguiente incendiaron los tlaxcaltecas muchas casas de la ciudad, y en los seis días que allí se mantuvieron los españoles tuvieron frecuentes encuentros con los enemigos, y hubo algunos duelos memorables entre mexicanos y tlaxcaltecas, en que unos y otros combatieron con singular valor y desahogaban el odio recíproco que se tenían en muchos oprobios. Los mexicanos llamaban a los tlaxcaltecas damas de los españoles, a cuyo abrigo habían podido y no de otra suerte llegar a aquel sitio. Los tlaxcaltecas replicaban que los mexicanos merecían por su cobardía con más razón el nombre de mujeres pues siendo tan superiores en número a los tlaxcaltecas, jamás los habían vencido.

No se libraron los españoles de semejantes insultos, convidándolos de burla a entrar en México, en donde mandarían como señores y gozarían de todos los placeres de la vida. "¿Qué pensáis, cristianos —decían a Cortés—, que ha de ser ahora como la vez pasada? ¿Juzgáis por ventura que reina en México otro Moctezuma sacrificado a vuestros antojos? Entrad, entrad en la Corte para hacer de todos vosotros un gran banquete a nuestros dioses."

En algunos encuentros que tuvieron en estos días los españoles, entraron en aquella fatal calzada y llegaron a aquellos memorables puentes en que nueve meses antes habían sido derrotados. Hallaron en los puentes una terrible resistencia, y una vez se vieron en grande aprieto porque, empeñados en el alcance de unos mexicanos que maliciosamente salieron a insultarles para atraerlos al peligro, se vieron repentinamente acometidos por una y otra banda de la calzada de tan grande multitud de enemigos, que con suma dificultad retrocedieron combatiendo hasta salir a tierra firme. En esta acción murieron 5 españoles y salieron muchos heridos. De los mexicanos quedaron en este y en otros encuentros muchos muertos.

Cortés, no poco disgustado de la burla de los mexicanos y desesperado de conseguir su intento, dio la vuelta por el mismo camino de Texcoco con todo su ejército, recibiendo en su marcha los insultos de sus enemigos, que atribuían su retirada a temor y cobardía.[8] Los tlaxcaltecas que acompañaron en aquella expedición a los españoles, habiendo allegado una gran cantidad de despojos, pidieron a Cortés licencia para llevarlos a su patria, y la obtuvieron sin dificultad.[9]

---

[8] Solís, para impugnar la relación de Bernal Díaz sobre lo acaecido en la calzada de Tacuba, dice: "Por más que la procure deslucir nuestro historiador, fue de tanta consecuencia (la supuesta victoria de los españoles en aquella calzada) para el intento principal, que apenas llegó Cortés a Texcoco, cuando vinieron rendidos a darle obediencia los caciques de Tucapan, Mazcaltzinco y Autlan (así llama a Tizapán, Mexcaltzinco y Nauhtlan) y otros pueblos de la ribera septentrional. Bastante seña de que se volvió con reputación, etc.". Pero disimulando la expresión ambigua de la ribera septentrional, que los lectores ignorantes de la geografía de aquel reino no sabrían discernir si es la del mar o la del lago, y el error de decir que vinieron a Texcoco los caciques de aquellos lugares, no habiendo venido sino sus mensajeros, como testifica Cortés: ¿cómo es posible que habiendo llegado Cortés a Texcoco viniesen aquellos mensajeros de unos pueblos distantes 70 u 80 leguas movidos de la fama de una victoria obtenida tres o cuatro días antes en Tacuba? Lo cierto es que ni hubo tal victoria ni aquellos señores se movieron de esa fama a enviar sus mensajeros a Cortés, sobre lo cual me remito al testimonio de los historiadores antiguos.

[9] Herrera y Torquemada dicen que Cortés hizo despojar violentamente a los tlaxcaltecas de todas las joyas de oro y plata con que se dejaron ver adornados después de la expedición de Tacuba, y que los tlaxcaltecas llevaron tan pesadamente esta violencia que en dos días desertaron más de 20,000. Si eso fuera cierto, Cortés hubiera sido el hombre más necio e imprudente del mundo, y la misma codicia, que hizo perecer a tantos españoles en la Noche Triste, hubiera trastornado la empresa de la Conquista; pero la narración de estos historiadores es opuesta a lo que afirman Cortés y Bernal Díaz, testigos oculares, y Gómara, autor antiguo que se informó de los mismos conquistadores. Los tres dicen que los tlaxcaltecas pidieron licencia para llevar a Tlaxcala los despojos, que la obtuvieron fácilmente de Cortés y que partieron muy contentos.

## 7. Expedición de Sandoval contra Huaxtepec y Yacapixtla

Dos días después de restituido Cortés a Texcoco, salió el capitán Sandoval, que en ausencia del general había quedado gobernando aquella plaza, con veinte caballos, 300 infantes españoles y un gran número de aliados a socorrer a los chalcas, que temían un gran golpe de los mexicanos; pero habiendo hallado en Chalco suficientes tropas de Huexotzinco y Cuauhquecholan que habían acudido a su socorro y teniendo noticia de que el daño que recibía aquella ciudad era principalmente de los mexicanos que estaban de guarnición en Huaxtepec, ciudad situada en los montes a cinco leguas de distancia de la banda del sur, se encaminó para allá con todo su ejército.

En la mañana fueron dos veces acometidos de los enemigos; pero los desbarataron prontamente, en lo cual no tuvieron la menor parte los aliados, que eran innumerables. Entraron en Huaxtepec y tomaron unas buenas casas para su alojamiento; pero inmediatamente tuvieron un nuevo asalto de los mexicanos, que les obligaron a tomar las armas, a rechazarlos y perseguirlos por más de una legua hasta dejarlos enteramente derrotados. Volvieron a la ciudad, en donde descansaron dos días.

Era Huaxtepec ciudad célebre no menos por sus excelentes manufacturas de algodón, que por la maravillosa huerta de que en otro lugar hicimos mención. Desde Huaxtepec convidó Sandoval con la paz a los vecinos de Yacapixtla,[10] lugar fortísimo por su naturaleza, situado a dos leguas de distancia en una eminencia inaccesible a la caballería y defendido de una competente guarnición de mexicanos; pero habiendo sido repelidas con desprecio sus proposiciones, se puso en marcha para aquella ciudad, resuelto a dar en ella un golpe que abatiese su orgullo y librarse para siempre a los chalcas del perjuicio que recibían de aquella parte.

Los tlaxcaltecas y demás aliados se amedrentaron a vista de la dificultad y del peligro; pero Sandoval, animado de aquel gran valor que le acompañaba en todas sus acciones, se resolvió a morir o vencer. Acometió a subir con su infantería, combatiendo a un tiempo con la aspereza del monte y con la multitud de enemigos que lo defendían con una tempestad de dardos, piedras y aun de peñascos, los cuales, aunque se rompían en el choque que hacían en las peñas interpuestas, herían con sus fragmentos a los españoles; pero nada fue bastante a detenerlos hasta entrar bañados en sudor y sangre en la ciudad, y a su ejemplo los aliados.

La fatiga y las heridas habían inflamado su ira; embistieron con tanta furia a los enemigos, que muchos, por huir de las espadas, se precipitaron. Fue tanta la sangre que se derramó, que tiñó un riachuelo que corría

[10] Herrera y Solís, alterando notablemente el nombre de este lugar, le llaman Capistlan.

a un lado del monte y ensució de tal suerte sus aguas que en más de una hora no pudieron servirse de ellas los vencedores.[11] Fue ésta, dice Cortés, una de las más señaladas victorias y en que los españoles dieron mayores muestras de su constancia y valor. Costó esta jornada la vida a Gonzalo Domínguez, uno de los más esforzados soldados que tenía Cortés.

Irritados los mexicanos con el estrago de Yacapixtla, armaron prontamente 20,000 hombres y los enviaron en 2,000 canoas contra Chalco. Los chalcas acudieron como otras veces a implorar el socorro de los españoles, y acertaron a llegar sus mensajeros a Texcoco al mismo tiempo que volvía Sandoval con su ejército de Yacapixtla fatigado, estropeado y herido. Cortés, atribuyendo ligeramente a negligencia de Sandoval las repetidas hostilidades de los mexicanos contra Chalco, sin informarse antes de su conducta y sin permitirle un momento de reposo, le mandó luego marchar al socorro de aquellos aliados con el frente del ejército que venía menos quebrantado.

Fue muy sensible a Sandoval este desaire en circunstancias en que debía recibir los mayores elogios de su general; pero fue tanta su prudencia en disimular su injuria y su prontitud en obedecer, cuanto había sido su valor en la campaña antecedente. Partió sin dilación a Chalco; pero cuando llegó a aquella ciudad halló concluida ya la función en que salieron victoriosos los chalcas con la ayuda de sus nuevos aliados los huexotzincas y los cuauhquecholtecas; y aunque tuvieron de su parte una pérdida considerable, mataron muchos enemigos e hicieron 40 prisioneros, entre ellos un cabo de ejército y dos personajes de la primera nobleza, los cuales entregaron por medio de Sandoval a Cortés. Este general, reconocido de su yerro y enterado de la irreprensible conducta de Sandoval, procuró desvanecerle su justo sentimiento con particulares honras y demostraciones de aprecio.

## 8. Negociación infructuosa de Cortés en la Corte de México

Deseando Cortés algún ajuste con los mexicanos, así por ahorrar las fatigas y quebrantos de la guerra, como por hacerse dueño de tan

---

[11] Bernal Díaz, que no se halló en esta acción, se burla de Gómara porque habla de las aguas enturbiadas con la sangre lo mismo que nosotros, y dice que no tenían necesidad de beber el agua del arroyo porque había otras fuentes de buena agua; pero si estas fuentes estaban en el mismo lugar de la refriega es verosímil que también se tiñesen en sangre; si estaban distantes no se hallaban los españoles en estado de reconocerlas. Nosotros seguimos la relación de Cortés. "Fue tanta —dice— la matanza de los enemigos a manos de los nuestros, y de los despeñados de lo alto, que todos los que allí se hallaron afirman que un río pequeño que cercaba casi aquel pueblo, por más de una hora fue teñido en sangre, y les estorbó de beber por entonces, etc."

hermosas ciudades sin destruirlas, resolvió enviar los dos ilustres prisioneros de Chalco a México con una carta al rey Cuauhtemotzin, que aunque en aquella corte no podía entenderse por ignorancia de los caracteres, servía de credenciales a los mensajeros o de contraseña de su embajada.

Expuso a éstos por medio de los intérpretes el contenido de la carta, y encargóles de representar a su soberano que él no pretendía otra cosa sino que fuese reconocido por Señor de aquella tierra el rey de España, según lo acordado por la nobleza mexicana en aquella respetable asamblea que se había tenido el año antecedente en presencia del difunto rey Moctezuma; que se acordasen del homenaje que hicieron entonces al soberano del oriente todos los señores mexicanos; que quería establecer con ellos una sólida paz y una eterna alianza, y no hacía la guerra sino compelido de sus hostilidades; que le dolía derramar tanta sangre mexicana y arruinar tan bellas poblaciones; que ya veían el valor de los españoles, la superioridad de sus armas, la muchedumbre de sus aliados y la felicidad de sus progresos; que acabasen de entrar en razón y no le precisasen con su obstinación a llevar adelante tan funestos estragos hasta el total exterminio de la corte y del imperio.

El fruto de esta embajada se reconoció desde luego en los lamentos de los chalcas que, noticiosos de las fuerzas que se disponían contra aquel estado, acudieron de nuevo a Cortés a implorar su auxilio, presentándole pintados en unos lienzos los pueblos que por orden de la Corte se armaban para hacerles guerra, y la marcha que debían hacer. Entre tanto que Cortés se preparaba para la expedición que pensaba ejecutar en persona, le llegaron mensajeros de Tizapán, Mexicaltzinco y Neuhtlan, ciudades situadas en la costa del Seno Mexicano, más allá de Veracruz, a dar en nombre de sus señores la obediencia al rey de España.

### 9. Marcha del ejército español a las montañas del sur

El 5 de abril salió Cortés de Texcoco con treinta caballos, 300 hombres de infantería española y 20,000 aliados, dejando entre tanto encargado el cuidado de aquella plaza y la intendencia sobre los bergantines al capitán Sandoval. Su primera marcha fue a Tlalmanalco y al día siguiente por Chalco a Chimalhuacán,[12] en donde se engrosó

---

[12] Había y hay dos lugares de este nombre. Al uno, situado a la orilla del lago salobre en la garganta de la pequeña península de Iztapalapa, llaman simplemente Chimalhuacán; al otro, que está en los montes del sur, nombran Chimalhuacán-Chalco. A éste fue la segunda jornada del ejército.

el ejército con otros 20,000 y más hombres,[13] que o por vengarse de los mexicanos o por el interés de los despojos o, lo que es más verosímil, por uno y otro motivo, acudieron de varios lugares a servir en esta guerra.

De allí siguiendo, como se debe creer, el derrotero que presentaron los chalcas a Cortés, se encaminaron por las montañas del sur hacia Huaxtepec. Vieron en el camino un monte asperísimo cuya cumbre ocupaba una gran multitud de niños y mujeres y sus laderas mucha gente armada; los cuales, fiados en la natural fortaleza del lugar, comenzaron a burlarse con gritos y silbos de los españoles. No pudiendo sufrir Cortés semejante escarnio, mandó asaltar por tres diferentes partes el monte; pero apenas habían subido una parte de él con inmensa fatiga, con muerte de ocho[14] soldados españoles y muchos heridos de las piedras y dardos que les arrojaban de arriba, cuando hizo cesar el asalto; porque además de reconocer temeraria la empresa y más difícil que fructuosa, se dejó ver un ejército de enemigos que marchaba hacia aquella parte con el fin de cargarles por las espaldas cuando estuviesen más empeñados en el asalto. Cortés les salió al encuentro con su gente bien ordenada; la batalla duró poco, porque los enemigos, reconociéndose inferiores en fuerzas, cedieron luego el campo; siguióseles el alcance por más de hora y media hasta desbaratarlos enteramente y se les mató alguna gente con poca o ninguna pérdida de los españoles.

La sed que afligía al ejército y el aviso que tuvo Cortés de otro monte ocupado también de enemigos y distante poco más de una legua le obligaron a marchar hacia aquella parte. Observaron en una parte del monte dos padrastros o rocas dominantes defendidas de mucha gente armada; pero al llegar el ejército al pie del monte, creyendo los sitiados que los españoles intentaban la subida por la parte opuesta, abandonaron las rocas y acudieron a donde les pareció que amenazaba mayor peligro. Cortés, que sabía aprovecharse de cuantas oportunidades le ofrecía el acaso o la inadvertencia de sus enemigos, ordenó a uno de sus capitanes que con suficiente número de soldados procurase ganar una de aquellas rocas, mientras él divertía por la parte opuesta a los sitiados.

Comenzó Cortés a subir con sumo trabajo y cuando hubo ganado una vuelta del monte y ocupado un puesto de tanta elevación cuanta era la del lugar que ocupaban los enemigos, vio ya enarbolada la bandera

---

[13] Cortés dice que allí se le juntaron más de 40,000 hombres; Bernal Díaz dice que más de 20,000. Bernal Díaz cuenta solamente los que allí se agregaron de nuevo; Cortés expresa el número total que resulta de los que sacó de Texcoco y de los que se le juntaron en Chimalhuacán.

[14] Cortés en su relación no cuenta más de dos muertos; pero Bernal Díaz hace mención de ocho y los nombra.

española en una de las rocas. Los sitiados, viéndose acometidos por ambas partes y sintiendo ya el daño que habían comenzado a hacer las armas de fuego, se rindieron. Cortés los recibió con mucha humanidad, pero les exigió como condición necesaria para obtener el perdón del castigo que merecían, que indujesen también a rendirse a los que ocupaban el primer monte, como en efecto se consiguió.

### 10. Conquista de la ciudad de Cuauhnahuac

Libre Cortés de estos embarazos se encaminó por Huaxtepec, Yauhtepec y Xiuhtepec a la grande y amena ciudad de Cuauhnahuac,[15] capital de la nación tlalhuica, distante de México doce leguas al sur. Era esta ciudad muy fuerte por su situación, asentada en un alto circunvalado de barrancas que le servían de fosos y tenían unas veinte varas de profundidad. No era accesible a la caballería sino por dos partes que aun ignoraban los españoles. Mientras éstos buscaban lugar por donde acometer, la guarnición de la ciudad descargaba sobre ellos una tempestad de piedras, dardos y flechas. Pero habiendo observado un animoso tlaxcalteca que dos árboles que nacían con alguna inclinación de los dos costados opuestos de la barranca cruzaban y unían entre sí sus ramas, hizo de ellos puente para pasar a la otra parte, cuyo ejemplo siguieron prontamente, aunque no sin grave dificultad y peligro, seis soldados españoles.

Esta intrepidez inspiró tanto terror a los que por aquella parte defendían la ciudad, que inmediatamente se retiraron a unirse con los que por otra parte disputaban el paso al grueso del ejército que acompañaba a Cortés; pero cuando estaban más empeñados en la defensa se hallaron improvisadamente acometidos de una tropa de españoles y aliados que, siguiendo al tlaxcalteca,[16] entraron por la parte indefensa de la ciudad. El señor de ella, que había huido con los demás, temiendo ser perseguido aun en los montes tomó el partido de rendirse, protestando no haberlo hecho antes por dar tiempo a que se desfogase la ira de los españoles en la ciudad, y ya satisfecha con otras hostilidades, no se ensañase en su persona.

[15] El nombre de Cuauhnahuac es uno de los más alterados por los españoles. Cortés llama a esta ciudad *Coadnabaced*, Bernal Díaz *Coadalbaca*, Solís *Cuatlabaca*. Es uno de los 30 lugares que dio Carlos V a Cortés, y hoy lo posee el Duque de Monteleón como Marqués del Valle. Su nombre actual es Cuernavaca.

[16] Solís, sin hacer mención de este tlaxcalteca, da toda la gloria de la acción a Bernal Díaz en la cual contradice a Cortés y a los demás historiadores. El mismo Bernal Díaz, que en narración de este suceso se hace cuanto honor puede, se jacta de haber sido él uno de los que con tanto peligro de la vida pasaron por los árboles; pero no se atribuye la gloria de haber sido el primero, ni de haber sugerido el arbitrio.

## 11. Conquista de Xochimilco

Después de haber descansado, el ejército partió de Cuauhnahuac, cargado de despojos, de vuelta a México por un gran bosque de pinos en que padeció mucha sed, y al día siguiente se halló a vista de la grande y deliciosa ciudad de Xochimilco. Esta ciudad, la mayor del valle de México después de las cortes, estaba fundada en la ribera del lago dulce, en distancia de poco más de cuatro leguas al sur de la capital. Su vecindario era muy numeroso, sus templos muchos, sus edificios suntuosos y singularmente bellos sus jardines nadantes, que dieron ocasión a su nombre.[17]

Tenía a semejanza de la capital muchos canales, que le servían de fosos, y en esta ocasión por temor del ejército de los españoles habían formado varias trincheras. Luego que avistaron el ejército enemigo levaron los puentes de las canales para dificultarles la entrada. Los españoles dividieron en tres escuadrones su ejército para acometer por otras tantas partes a la ciudad, y en todas hallaron gran resistencia, y tanta que no pudieron ganar el primer foso sino después de un recio combate de más de media hora en que perdieron la vida dos españoles y salieron muchos heridos; pero, superados al cabo estos primeros obstáculos, entraron en la ciudad en alcance de los xochimilcas, que, desde las canoas a donde se retiraron, continuaron peleando hasta la noche.

Oíanse a ratos salir de entre los combatientes algunas voces que pedían la paz; pero conociendo los españoles que esas voces vagas se dirigían solamente a ganar tiempo para salvar sus familias y hacienda y para recibir el socorro que esperaban de México, les apretaron con mayor fuerza hasta que, no hallando resistencia, se retiraron a descansar y a curar los heridos; mas apenas comenzaban a respirar cuando de improviso vieron sobre sí una gran multitud de enemigos que entraron en ejército formado por la parte por donde habían entrado los mismos españoles.

Viéronse éstos en el mayor conflicto y Cortés estuvo en peligro de quedar prisionero, porque, habiendo caído de cansancio el caballo en que iba, como él dice, o derribándole los xochimilcas, como afirmaron otros, continuó peleando a pie con su lanza; pero le cercaron muchos enemigos y le redujeron a punto de ser inevitable su ruina, si un valiente tlaxcalteca[18] y tras él dos criados del mismo Cortés y algunos otros españoles no hubieran acudido oportunamente a favorecerle.

[17] *Xochimilli* significa sementera de flores o jardín.
[18] Herrera y Torquemada, que le copia, dicen que al día siguiente del conflicto en que se vio Cortés, habiendo buscado al tlaxcalteca que le favoreció, no le halló vivo ni muerto, y que por la devoción que tenía a San Pedro creyó que este santo Apóstol fue el que le salvó la vida. No sé dónde tomó Herrera tan curiosa anécdota; pues Bernal Díaz, Gómara y, lo que es más, el mismo Cortés dicen que quien acudió a favorecerle fue un tlaxcalteca, sin hacer mención de aquel Santo Apóstol.

Libres los españoles de este peligro y desbaratados los xochimilcas, lograron finalmente el descanso que tanto necesitaban, aunque no sin sobresaltos de nuevo ataque. Murieron este día algunos españoles y salieron casi todos heridos, entre ellos el mismo Cortés y sus principales capitanes Alvarado y Olid. Entre los muertos fueron cuatro prisioneros que llevados a México fueron prontamente sacrificados, cuyos brazos y piernas fueron enviados a varios lugares del reino para alentar los ánimos contra los enemigos del Estado. No hay duda de que así en ésta como en otras muchas ocasiones pudieran fácilmente dar la muerte a Cortés sus enemigos, si hubieran desistido del empeño de tomarle vivo para sacrificarlo a sus dioses. Ésta fue sin duda una de las cosas que facilitaron a los españoles la conquista.

La noticia de la toma de Xochimilco puso en grande consternación a la corte. Llamó el rey Cuauhtemotzin a algunos de los jefes militares; propúsoles el daño y el peligro que resultaban a México de la pérdida de una plaza tan considerable, el servicio que harían a los dioses y a la nación en recobrarla, y el valor y las fuerzas que eran necesarias para vencer a aquellos perniciosos extranjeros. Dióse luego orden de armar un ejército por tierra y otro por agua, cada uno de 12,000 hombres, y se ejecutó con tanta prontitud que, apenas habían reposado los españoles de la fatiga del día antecedente, cuando fue avisado Cortés por sus centinelas de la marcha de los enemigos.

Dividió su ejército en tres escuadrones, dando las órdenes convenientes a sus capitanes; dejó alguna tropa de guarnición en el alojamiento y mandó que veinte caballos con 500 tlaxcaltecas penetrasen por entre los enemigos para ocupar un montecillo cercano, y esperasen allí su orden para acometer. Los jefes mexicanos venían muy orgullosos blandiendo ciertas espadas españolas que habían tomado en la derrota del 1º de julio y apellidando a México.

Dióse la batalla fuera de la ciudad, y cuando le pareció a Cortés oportuno, mandó que la tropa apostada en el montecillo acometiese por las espaldas a los mexicanos. Éstos, viéndose por todas partes acometidos, se desordenaron y huyeron dejando 500 muertos en el campo. Los españoles vueltos al alojamiento hallaron que la tropa que en él había quedado se había visto en grande aprieto por la multitud de xochimilcas que los combatieron. Cortés, después de haber estado tres días en Xochimilco en frecuentes encuentros con los enemigos, hizo pegar fuego a las casas y templos y salió a la plaza del mercado que estaba fuera de la ciudad, en donde ordenó su ejército para la marcha. Creyendo los xochimilcas que el temor los obligaba a partirse, acometieron con grandes clamores a la retaguardia; pero los españoles los dejaron tan bien escarmentados que no volvieron más a acometerlos.

## 12. Marcha del ejército por los contornos de las lagunas hasta Texcoco

Pasó Cortés con su ejército a Coyohuacan, ciudad grande de la ribera del lago, distante dos solas leguas de México al sur, con ánimo de reconocer todos aquellos puestos para disponer con más acierto el sitio de la capital. Halló la ciudad despoblada, y al día siguiente se salió a reconocer la calzada que desde allí corría por entre el lago hasta unirse con la de Iztapalapa. Encontró una trinchera que habían levantado los mexicanos, ordenó a la infantería que la combatiese, y aunque en la terrible resistencia que hicieron los enemigos que la defendían le hirieron 10 españoles, finalmente la ganó con muerte de muchos mexicanos. Desde lo alto de la trinchera se vio lo alto de la calzada de Iztapalapa ocupada de una muchedumbre innumerable de enemigos, y el lago poblado de millares de canoas.

Después de haber observado Cortés cuanto importaba a su intento, dio vuelta a la ciudad, a cuyas casas y templos hizo pegar fuego. De Coyohuacan marchó el ejército a Tlacopan, en cuyo tránsito fue incomodado de algunas tropas volantes de enemigos que varias veces acometieron al bagaje, y en uno de los encuentros, en que se vio Cortés en grave peligro, le hicieron prisioneros a dos de sus criados que sin dilación fueron sacrificados en México. Llegó Cortés apesadumbrado a Tlacopan por las desgracias de sus dos criados; pero se le agravó más la tristeza cuando desde lo alto del templo mayor de aquella corte vio, en compañía de otros españoles, la calzada en que algunos meses antes había perdido a tantos de sus amigos y soldados, y consideró despacio las grandes dificultades que tenía que vencer para hacerse dueño de la capital. Algunos le aconsejaban que hiciese salir la tropa a la calzada a hacer algunas hostilidades en los mexicanos; pero escarmentado de la vez pasada no quiso exponer su gente a semejante peligro, y así, sin demorarse más, se volvió por Tenayucan, Cuauhtitlan, Citlaltepec y Acolman a Texcoco, después de haber rodeado en este viaje todos los lagos del valle mexicano y considerado cuanto era menester para ejecutar con felicidad la grande empresa que meditaba.

## 13. Conjuración contra Cortés

En Texcoco continuó Cortés todos los preparativos para el sitio. Estaban ya armados los bergantines, concluido un canal de media legua y de suficiente profundidad para recibir el agua del lago en que debían botarse los bergantines, maniobra en que diariamente trabajaron 8,000[19] tlaxcaltecas y texcocanos, y construida una gran máquina para echarlos al agua. La gente que tenía Cortés a su disposición era innumerable, y aun el número de los españoles se había aumentado considerablemente con los que pocos días antes habían venido en un navío de España que aportó a Veracruz cargado de caballos, armas y municiones de guerra.

Todo parecía prometer un éxito feliz cuando se vio la empresa en el mayor peligro de arruinarse enteramente. Ciertos soldados españoles partidarios del gobernador de Cuba, o por odio a Cortés, o por ambición de su gloria o, lo que parece mas verosímil, por temor de los peligros que les amenazaban en el sitio de la capital, trataron secretamente de dar muerte a Cortés, a sus capitanes Alvarado, Sandoval y Tapia y a otros de los más adictos a su partido. Tenían ya los conjurados, entre los cuales había personas muy distinguidas, no solamente concretado el tiempo y modo de ejecutar con seguridad el golpe, sino aun distribuidos entre sí los empleos de general, alguacil mayor y capitanes; pero uno de los cómplices, arrepentido de su mal intento, reveló oportunamente la traición a Cortés. Este general prendió sin dilación a Antonio de Villafaña, que era el jefe de la conjuración; sometió al conocimiento de la causa a un alcalde, y habiendo el reo confesado su delito, fue sentenciado a muerte, la cual se ejecutó ahorcándole de una ventana de su alojamiento. Con los demás disimuló prudentemente Cortés, fingiendo no creerlos culpados y atribuyendo a malignidad de Villafaña la infamia que de su confesión les resultaba; porque no permitían otra cosa las circunstancias en que se hallaba; mas para tener en lo de adelante menos expuesta su vida, crió una guardia compuesta de varios hombres de cuya fidelidad y valor estaba enteramente satisfecho, los cuales le acompañasen de día y de noche y velasen en la conservación de su existencia.

### 14. Últimos preparativos para el sitio de México y reseña del ejército

Deshecha ya con el castigo del día 28 de abril, después de celebrada la misa del Espíritu Santo en que recibieron todos los españoles la sagrada Eucaristía, y de haber bendecido el sacerdote los bergantines,

---

[19] Gómara dice que en el canal trabajaron 400,000 hombres de la corte y reino de Texcoco, porque en 50 días que tardó en abrirse trabajaban cada día 8,000 de refresco. Dice que el canal tenía media legua de largo, más de 12 pies de ancho y, donde menos, más de 4 varas de profundidad; que iba todo el canal chapado de estacas y encima su valladar; pero no creo que fuese tan angosto como dice este autor.

se echaron con felicidad al agua, y desplegando inmediatamente las velas comenzaron a surcar el agua con el disparo de la artillería y de las escopetas, a que se siguió el *Te Deum* entonado por el ejército español al son de los instrumentos militares. Estas demostraciones se debieron a la gran confianza que tenía Cortés en los bergantines para la felicidad de su empresa, sin los cuales jamás hubiera podido llevarla a cabo.

Hizo después revista de su ejército y se halló con 86 caballos, 118 entre escopeteros y ballesteros y 700 y tantos infantes de lanza, espada y rodela; tres grandes cañones de hierro, quince menores de cobre, diez quintales de pólvora y una gran cantidad de balas y saetas; habiéndose doblado el número y las fuerzas de su pequeño ejército con los socorros que en aquel año le habían llegado de las islas y de España. Hizo a todos, para estimular su valor, un razonamiento semejante al que les había hecho al salir de Tlaxcala. Despachó luego mensajeros a esa república, a Huexotzinco, a Cholula y a otras ciudades, dándoles parte de estar ya concluida la obra de los bergantines, y suplicándoles le enviasen dentro de diez días el mayor número que pudiesen de tropas escogidas, por llegarse ya el tiempo de poner sitio a aquella soberbia corte que por tantos años los había oprimido.

Cinco días antes de la fiesta de Pentecostés llegó a Texcoco el ejército de Tlaxcala que constaba, según testifica Cortés, de más de 50,000 hombres a cargo de varios jefes valerosos, entre los cuales venían Xicoténcatl el joven y el famoso Chichimécatl, a quienes salió a recibir Cortés con su gente. Las tropas de Huexotzinco y Cholula pasaron por las montañas de Chalco conforme a la orden que se les había dado. En los dos días siguientes acabaron de entrar las demás tropas de Tlaxcala y de otros lugares comarcanos que, según testifica Alonso de Ojeda, que fue el conductor de aquellas tropas, pasaban de 200,000 hombres, de suerte que siendo tan grande la ciudad de Texcoco no cabían en ella.

### 15. Distribución del ejército para el sitio de México

El lunes de Pentecostés, que fue aquel año el 20 de mayo, convocó Cortés toda su gente a la plaza mayor de aquella corte para hacer la distribución del ejército, nombrar los jefes que debían comandar en cada uno de los ataques, asignarles la tropa que debía ir bajo sus órdenes y publicar de nuevo las ordenanzas militares. Nombró al capitán Pedro de Alvarado por jefe del ataque que se debía formar en la ciudad de Tlacopan y le dio 30 caballos, 168 infantes españoles divididos en tres compañías bajo otros tantos capitanes y 25,000 tlaxcaltecas con dos piezas de artillería.

Al capitán Cristóbal de Olid nombró maestre de campo y jefe del ataque de Coyohuacan y le dio 33 caballos, 178 infantes españoles con otros ocho capitanes y otros dos cañones de artillería y más de 20,000 aliados. Al alguacil mayor Gonzalo de Sandoval dio 24 caballos, 163 infantes españoles con tres capitanes y otras dos piezas de artillería y los aliados de Chalco, Huexotzinco y Cholula, que eran más de 30,000 hombres, y le dio orden de destruir la ciudad de Iztapalapa y de pasar después a fijar su campo en el lugar que, atendidas las circunstancias, le pareciese más conveniente.

Cortés, a pesar de las representaciones que le hicieron sus capitanes y soldados, quiso encargarse del mando de los bergantines por parecerle más necesaria en ellos su asistencia. Repartió en los trece bergantines 325 hombres y trece falconetes, dando a cada uno un capitán con doce soldados y otros tantos remeros. Constaba, pues, todo el ejército que se destinó a comenzar el sitio de la capital de 917 españoles y más de 75,000 aliados,[20] cuyo número creció dentro de poco tiempo, como veremos, a dos tantos más. Las demás tropas que habían acudido a Texcoco o se quedaron allí para emplearse en caso de necesidad o, lo que tenemos por más verosímil, se volvieron a sus lugares, no estando tan distantes de la capital que no pudiesen ocurrir al sitio con prontitud en caso de ser llamados.

### 16. Suplicio de Xicoténcatl

Partieron juntos de Texcoco con sus respectivas tropas Olid y Alvarado. Entre los más distinguidos tlaxcaltecas que acompañaban a este jefe iba el joven Xicoténcatl y su primo Pilteuctli. Éste, en cierta diferencia que se ofreció, fue herido de un español que, violando imprudentemente las órdenes de su general, pudo ocasionar con su atentado la deserción de los tlaxcaltecas. Sintieron éstos amargamente el ultraje y comenzaron a dar algunas muestras de inquietud; procuró sosegarlos Ojeda, que era general o inspector de las tropas auxiliares, y dio licencia al herido para ir a curarse a Tlaxcala.

---

[20] Herrera y Solís cuentan 100,000 aliados destinados a los tres ataques. Bernal Díaz no cuenta más de 24,000, 8,000 en cada ataque. Nosotros seguimos la relación de Cortés, que sin duda sabía mejor que Bernal Díaz el número de los que señaló a cada comandante. Solís dice que Bernal Díaz repite varias veces que los aliados les fueron más de embarazo que de servicio. Es falso, y aunque lo dijera no debería merecer ningún aprecio su testimonio, constando del mismo Cortés y de todos los historiadores que sin ellos hubiera sido imposible la conquista de México. Por el contrario, Bernal Díaz repite y pondera el gran servicio que les hacían los aliados y el valor con que peleaban contra los mexicanos. "Nuestros amigos de Tlaxcala (dice en el cap. 151) nos ayudaban en toda la guerra muy como varones." Toda su *Historia* está llena de semejantes expresiones.

Xicoténcatl, a quien no menos por su empleo que por el vínculo de la sangre, era más sensible que a ningún otro la injuria, no hallando otro modo por entonces de vengarse, se ausentó secretamente del ejército y tomó en compañía de algunos otros el camino de su patria. Avisó Alvarado a Cortés y Cortés mandó luego a Ojeda para que lo prendiese, y preso lo hizo ahorcar públicamente, o en la misma capital de Texcoco,[21] como afirman Herrera y Torquemada, o en un pueblo cercano, como dice Bernal Díaz, declarando a voz de pregonero la causa de su condenación, que era el haberse desertado y haber procurado conmover a los tlaxcaltecas contra los españoles.

Es de creer que Cortés no procediese a semejante ejecución sin haber antes obtenido, como expresamente afirma Herrera, el consentimiento del Senado de Tlaxcala; lo cual no sería difícil por la severidad con que castigaban aquellas naciones los delitos aun en las personas de más elevado carácter, y por el odio particular que tenían a aquel príncipe cuyo orgullo les era intolerable. Tan ruidoso castigo en tal personaje, que debería naturalmente concitar los ánimos de los tlaxcaltecas contra los españoles, inspiró en ellos y en los demás aliados tal terror, que en adelante observaron con mayor puntualidad las leyes de la milicia y se mantuvieron más subordinados a aquellos jefes extranjeros, sacando los españoles ventajas aun de sus mismos desaciertos; pero no temieron los tlaxcaltecas dar algunas muestras de respeto y veneración a su príncipe, llorando su muerte, repartiendo entre sí como preciosas reliquias sus vestidos, y celebrando, como es de creer, con la magnificencia correspondiente sus exequias. La familia y hacienda de Xicoténcatl se adjudicó al rey de España, y se hizo transportar a Texcoco, en la cual había treinta mujeres y mucha cantidad de oro, plumaje y ropa fina de algodón.

---

[21] Cortés no menciona este suceso; pudo tener particular motivo para callarlo. Bernal Díaz dice que se ausentó Xicoténcatl por apoderarse, en la ausencia de Chichimécatl, de sus estados; pero esto es del todo inverosímil. No falta quien diga que lo llevó a Tlaxcala el amor de una dama. Yo sigo a Herrera y Torquemada, que escribieron sobre los manuscritos de Ojeda y de Camargo. Solís tiene por increíble que Xicoténcatl fuese ajusticiado en Texcoco porque "aventuraría mucho Cortés en resolverse a tan violenta ejecución con tanto número de tlaxcaltecas a la vista, que precisamente habían de sentir aquel afrentoso castigo en uno de los primeros hombres de su nación". Pero mucho más aventuró en prender a Moctezuma en su misma corte y a vista de un número mayor sin comparación de mexicanos, que precisamente habían de sentir aquella afrenta en el primer hombre de su nación. Si en la conquista de México no hubieran intervenido otras naciones igualmente temerarias, sería de alguna eficacia la razón de Solís; además de que, como decimos siguiendo a Herrera, Cortés no daría la sentencia contra Xicoténcatl sin el consentimiento del Senado, y por ventura en nombre del mismo Senado se pregonaría.

## 17. Primeras hostilidades de los españoles y principio del sitio de la capital

Alvarado y Olid continuaron su marcha hasta Tlacopan, desde donde pasaron a romper los acueductos de Chapultepec para quitar el agua a los mexicanos; pero no pudieron ejecutar tan importante hostilidad sin gran resistencia de los enemigos que, previendo este golpe, se habían prevenido por agua y tierra a la defensa. Fueron en breve desbaratados los mexicanos, y los tlaxcaltecas en el alcance que les dieron les mataron veinte hombres y les hicieron siete u ocho prisioneros. Dado este primer paso con tanta felicidad, resolvieron los jefes entrar por la calzada de Tlacopan a ganarles algún foso a los mexicanos; pero fue tanta la muchedumbre que por agua y por tierra cargó sobre ellos, y tan denso el nublado de flechas, dardos y piedras que les dispararon, que les mataron ocho españoles y les hirieron más de 50 y apenas les dieron lugar para retirarse[22] llenos de confusión a Tlacopan, en donde fijó Alvarado su campo, según las órdenes del general, y Olid pasó a fijar el suyo en Coyohuacan el 30 de mayo, día consagrado aquel año a la solemnidad del Corpus, en el cual comenzó, según la cuenta de Cortés, el sitio de la capital.

Mientras Olid y Alvarado terraplenaban varias acequias que había en las riberas del lago y aderezaban algunos pasos para la comodidad de la caballería, el comandante Sandoval,[23] con el número que ya expresamos de españoles y con más de 35,000 aliados, partió a Texcoco el día 31 de mayo con intento de tomar por asalto la ciudad de Iztapalapa, contra la cual mantenía Cortés una particular ojeriza. Entró haciendo un terrible estrago con el fuego en las casas y con las armas en sus habitantes, los cuales, amedrentados de tan grande poder, se procuraban salvar en las canoas.

Cortés para combatir al mismo tiempo la parte de la ciudad que estaba dentro del lago, después de haberlo hecho sondear todo, se embarcó con su gente en los bergantines, y a vela y remo navegó hacia Iztapalapa. Dio fondo a la orilla de una isleta o roca alta y fuerte del lago en las inmediaciones de aquella ciudad, cuya eminencia ocupaba una gran multitud de enemigos resueltos a defenderse y a ofender cuanto pudie-

---

[22] Dice Bernal Díaz que los tlaxcaltecas que ocupaban la retaguardia les embarazaban para la retirada, y este pasaje sirvió a Solís de fundamento para afirmar que aquel autor decía que los aliados les eran de más embarazo que servicio, sin hacerse cargo de que unos hombres que, acosados de sus enemigos, se apresuraban a retraerse por una calzada, igualmente hubieran sido embarazo de cualquiera otra retaguardia numerosa.

[23] Solís dice que partieron juntos Cristóbal de Olid y Gonzalo de Sandoval; pero ésta fue una manifiesta equivocación en escribir Gonzalo de Sandoval en vez de Pedro de Alvarado.

sen a los españoles; para lo cual habían aumentado la natural fortaleza del lugar[24] con algunas trincheras.

Desembarcó en ella Cortés y con 150 hombres, venciendo la aspereza y dificultad de la subida y la resistencia de los enemigos, la ganó con muerte de cuantos la defendían.[25] Pero no bien habían ganado la roca, cuando vieron venir contra sí una gran flota de canoas[26] que, llamadas con los humos que a la primera vista de los bergantines habían hecho en la dicha roca y en algunos templos de la comarca, venían al socorro de los suyos. Embarcáronse prontamente los españoles y se mantuvieron sobre la defensiva esperando la primera descarga de los enemigos. Un viento fresco y favorable que oportunamente se levantó les obligó a soltar las velas y aumentando la velocidad de los bergantines con el impulso de los remos, se entraron impetuosamente por entre las canoas, rompiendo unas y trastornando otras con el choque. Algunos de los enemigos murieron heridos de las balas y muchos ahogados. Las demás canoas huyeron hacia México perseguidas de los bergantines por casi tres leguas hasta la misma entrada de la ciudad.

El comandante Olid, viendo desde un templo de Coyohuacan el combate de los bergantines, salió con su gente en orden de batalla por la calzada; atacó y ganó algunos fosos y trincheras con muerte de muchos enemigos. Cortés por su parte reconoció aquella tarde sus bergantines[27] y fue con ellos a atacar el baluarte que, como dijimos en otro lugar, estaba en el ángulo que formaba la calzada de Coyohuacan con la de Iztapalapa. Bloqueólo por tierra y por agua, y a pesar del esfuerzo con que se defendía la guarnición, lo ganó, y con dos cañones grandes de artillería hizo un terrible estrago en la inmensa muchedumbre que ocupaba la

---

[24] En la eminencia de esta roca fabricó Solís un castillo de bastante capacidad; digo que él lo fabricó, porque ningún historiador hace mención de él, ni hay memoria de que jamás haya habido allí castillo ni de mucha ni de poca capacidad. El mismo Cortés, que califica de muy hermosa la victoria que allí obtuvo, no menciona más de las trincheras.

[25] Dice Solís que de los que defendían la roca los más fueron perdonados por no ensangrentar las espadas en los rendidos, cuando se despreciaba como embarazosa la carga de los prisioneros. Cortés dice que ninguno de los enemigos escapó, excepto las mujeres y niños, que ciertamente no defendían la roca. A esta isleta o roca dieron en memoria de la victoria de Cortés el nombre de *Peñol del Marqués*, que conserva hasta hoy.

[26] Bernal Díaz dice que se juntaron contra Cortés todas las canoas que había en México y en todos los lugares de la laguna; pero es hipérbole desatinado de quien no vio la flota. Solís dice que eran 4,000. Cortés, que fue el que combatió con ellas y que se interesaba más que Solís y Bernal Díaz en que fuesen más las canoas para hacer más recomendable su victoria, dice solamente que pasarían de 500.

[27] El P. Sahagún en su *Historia* (M. S.) *de la Conquista*, citada y seguida de Torquemada, dice que Cortés por medio de algunos principales que había preso en el combate naval llamó al rey y nobleza de México al puesto de Acachinanco, y trae la arenga que le hizo, exponiéndoles las causas de la guerra, etc. Pero este congreso es ciertamente supuesto e inverosímil. Cortés, que refiere menudamente cuanto él decía a los mexicanos y los mexicanos a él y todas sus negociaciones con la corte de México, no hubiera omitido una cosa tan notable.

calzada y lago. Parecióle ventajoso aquel lugar para poner en él su campo, y verdaderamente no podía hallarlo mejor para el intento.

Por su situación se hacía dueño de la principal calzada y de aquella parte del lago por donde podían entrar mayores socorros a la ciudad, y además de la calzada de Coyohuacan para la comunicación con el real de Olid. La poca distancia de los reales de Coyohuacan y de Tlacopan le importaba para saber las operaciones de aquellos dos comandantes, para dar con prontitud sus órdenes y para acudir donde lo exigiese la necesidad. Finalmente, la cercanía de México (pues no distaba más de media legua) le facilitaba las entradas.[28] Recogió en aquel lugar sus bergantines y abandonando su primer designio sobre Iztapalapa, resolvió dar principio desde luego a sus ataques; para lo cual hizo venir a su campo a la mitad de la tropa de Coyohuacan y 50 infantes escogidos de la gente de Sandoval.

Aquella noche sintieron venir hacia el real una gran muchedumbre de enemigos que, a lo que pareció, intentaban dar algún asalto. Los españoles, sabiendo que los mexicanos no acostumbraban pelear de noche sino teniendo seguridad de la victoria, entraron en gran sobresalto; pero aunque recibieron algún daño de los enemigos, los precisaron con el fuego de la artillería y de las escopetas a retirarse a la ciudad. Al día siguiente se vieron acometidos por tierra y por agua de una prodigiosa multitud de guerreros cuyos espontáneos alaridos abultaban el número en la imaginación de los españoles. Cortés, habiéndole llegado oportunamente el socorro que esperaba de Coyohuacan, salió con su gente bien ordenada a la calzada en que se peleó con valor y obstinación de una y otra parte; pero Cortés con sus aliados ganaron un foso y una trinchera y con la artillería y los caballos les hicieron tanto daño, que los precisaron a refugiarse en la ciudad; y porque de la banda occidental de la calzada les incomodaban mucho las canoas mexicanas, hizo Cortés ensanchar un foso para dar paso por él a cuatro bergantines, los cuales embistieron a las canoas, las persiguieron hasta la entrada de la ciudad y pegaron fuego a algunas casas del arrabal.

Entre tanto Sandoval, concluida con felicidad aunque no sin grande peligro la expedición de Iztapalapa, marchó con toda su gente de vuelta a Coyohuacan. En el camino fue acometido de las tropas de Mexicaltzinco; pero las derrotó y pegó fuego a la ciudad. Cortés, noticioso de su marcha y de un gran foso que habían abierto los enemigos en la entrada de Mexicaltzinco, les envió dos bergantines para facilitarles el paso. De

---

[28] Betancourt dice que Cortés asentó su real en Xoloc, lugar donde ahora es el rastro; pero es absolutamente falso, porque el lugar del rastro caía entonces, como al presente, dentro de la ciudad, y el baluarte donde se acuarteló Cortés estaba en el concurso de las calzadas de Iztapalapa y Coyohuacan, a media legua de México, como afirma Cortés. De

allí marchó la tropa a Coyohuacan, y Sandoval con diez caballos al campo de Cortés. Cuando llegó los halló actualmente combatiendo con los mexicanos; la fatiga del camino y la batalla de Mexicaltzinco no le excusó de entrar en el combate; peleó con el valor que acostumbraba, pero fue malamente herido con un dardo que le atravesó la pierna, y con él fueron heridos otros muchos españoles.

Estas ventajas que consiguieron los mexicanos no fueron comparables con las pérdidas que en este día tuvieron y con el horror que les inspiró la artillería, que fue tanto que en mucho tiempo no osaron acercarse al real de los españoles. Éstos pasaron seis días en continuos combates; los bergantines, girando en contorno de la ciudad, quemaban muchas casas de los arrabales, y entre estas excursiones descubrieron un canal de bastante profundidad para entrar por él los bergantines a la ciudad, lo cual fue en adelante de mucha utilidad a los españoles.

Alvarado, por su parte, apretaba cuanto podía a los mexicanos, ganándoles con frecuentes combates algunos fosos y trincheras de la calzada de Tlacopan, aunque no sin algunas muertes y muchas heridas de los suyos. Observó que por la calzada de Tepeyacac, situada a la parte norte de la ciudad, les entraban continuos socorros a los sitiados y podrían por aquella parte escapar de las manos de los españoles en caso de no poder resistir a sus fuerzas. Dio pronto aviso a Cortés y este general ordenó a Sandoval que con 18 escopeteros y ballesteros, 100 infantes de espada y rodela y un gran número de aliados, ocupase el sitio de Tepeyacac y desde allí embarazase los socorros que entraban a los enemigos. Obedeció Sandoval a pesar de hallarse aquejado de la herida de la pierna, y ocupó sin dificultad el puesto; con lo cual quedó cortada a los mexicanos toda comunicación por tierra con las demás poblaciones.[29]

### 18. Primera entrada de los sitiadores en la ciudad

Tomada esta providencia tan necesaria resolvió Cortés hacer al día siguiente una entrada en la ciudad con más de 500 españoles y más de 80,000 aliados de Texcoco, Tlaxcala, Chalco y Huexotzinco, dejando en guarda del real y de sus espaldas alguna caballería con 10,000

---

[29] El Dr Robertson dice que Cortés quiso asaltar a México por tres partes: desde Texcoco, al lado oriental del lago; desde Tacuba, al poniente, y desde Coyoacan, al sur; estas ciudades, añade, estaban situadas sobre las principales calzadas que conducían a la capital y que habían sido construidas para su defensa. Comete varios errores, porque: 1º las calzadas no se construyeron para defensa de la ciudad sino para su comunicación con tierra firme; 2º por el oriente no había, como ya dijimos, ni podía haber calzada por la profundidad del lago, 3º Sandoval no acampó en Texcoco, desde donde era imposible asaltar a México, sino en Tepeyacac por el norte.

aliados, y ordenando a Sandoval y Alvarado que cada uno por su respectiva calzada entrase al mismo tiempo con toda su gente, que no era menos de 80,000 hombres.

Marchó Cortés por la calzada con su numeroso ejército en buen orden, llevando guardados los costados con los bergantines, y a poco trecho se hallaron con un ancho y profundo foso y una trinchera que tenía de alto cuatro varas con suficiente guarnición. Disputáronles los mexicanos con valor el paso; pero la artillería de los bergantines les obligó a desamparar la trinchera; pasó el ejército persiguiéndolos hasta la entrada de la ciudad, en donde al pie de un templo había un gran foso con una fuerte y alta trinchera. El ímpetu que en este foso llevaba el agua, la multitud de enemigos que los esperaba, los descompasados clamores con que les amenazaban y la lluvia de flechas, dardos y piedras que les disparaban suspendieron por un rato la resolución de los españoles, hasta que con una furiosa descarga de la artillería, las escopetas y las ballestas, retiraron de la trinchera a los que la defendían, dejando el paso libre al ejército, el cual avanzó ganando otros fosos y trincheras que obstinadamente defendían los mexicanos, hasta una de las plazas principales de la ciudad que estaba llena de pueblo.

Púsose a la entrada de ella un grande cañón de artillería; pero aun viendo el estrago que hacía en la multitud, no se resolvían los españoles a entrar en la plaza si el mismo general, acusando su irresolución e invocando al apóstol Santiago, no se hubiera arrojado intrépidamente sobre los enemigos, cuyo ejemplo siguieron luego sus soldados. Los mexicanos, amedrentados de tan grande intrepidez, se refugiaron dentro de la muralla del Templo Mayor, y viéndose aun allí acometidos subieron a lo alto de los templos en donde también fueron forzados; pero repentinamente se hallaron los españoles acometidos por las espaldas de otras tropas mexicanas y tan apretados que no pudiendo sostener la furia de los enemigos ni en el recinto del templo ni en la plaza vecina, fueron precisados a retirarse a la calle por donde habían entrado, dejando el cañón de artillería en poder de los enemigos; pero sobreviniendo oportunamente tres o cuatro caballos a la plaza creyeron los mexicanos que venía sobre ellos toda la caballería, y por el temor que tenían de aquellos grandes y fogosos brutos, se retiraron ignominiosamente de la plaza y del atrio del Templo Mayor, que sin dilación volvieron a ocupar los españoles y aliados.

Habíanse hecho fuertes diez o doce mexicanos en lo alto del Templo Mayor; asaltáronles cuatro o cinco españoles y, a pesar de la obstinada resistencia que les hicieron, ganaron el templo con muerte de sus defensores. Al retirarse el ejército pegó fuego a las mayores y más bellas casas de la calle de Iztapalapa, aunque no sin gravísimo peligro por la fuerza con que cargaban los mexicanos a la retaguardia y el daño que les hacían desde los terrados. Alvarado y Sandoval hicieron por su parte bastante estrago a los mexicanos. De los españoles salieron muchos heridos y verosímilmente quedaron algunos muertos. Los aliados merecieron este día con su valor los elogios del general.

### 19. Nuevos socorros a los sitiadores

Aumentábanse cada día las fuerzas de los españoles con nuevos socorros y nuevas alianzas de ciudades y provincias enteras; de suerte que no habiendo en los tres reales al principio del sitio 90,000 hombres, pasaron dentro de pocos días de 240,000 los sitiadores. El nuevo rey de Texcoco, para manifestar a Cortés su gratitud y buena voluntad, procuraba conciliarle toda la nobleza de su reino, y consiguió formar por este tiempo un ejército de 50,000 hombres que envió al socorro de los españoles bajo las órdenes de un príncipe hermano suyo que en el bautismo se llamó don Carlos Ixtlilxóchitl,[30] joven de cuyo valor y prudencia dan ilustre testimonio los historiadores y entre ellos el mismo Cortés, que pondera la importancia y oportunidad de este socorro.

Quedó el príncipe con 30,000 hombres en el real de Cortés y los otros 20,000 se repartieron con los campos de Sandoval y Alvarado. A este socorro de los texcocanos se siguió la confederación con los españoles, los xochimilcas y los otomíes montañeses que eran súbditos de los mexicanos, los cuales aumentaron con 20,000 hombres el ejército de Cortés. No faltaba a este general para complemento del sitio, sino impedir los socorros que entraban por agua en la ciudad. A ese fin, quedándose con siete bergantines envió los otros seis a las inmediaciones de Tenayuca, con orden de que desde allí asistiesen a Alvarado y Sandoval en las entradas que hiciesen por sus respectivas calzadas; y mientras aquellos comandantes no los empleasen, corriesen de dos en dos aquel trecho de lago que había entrambas calzadas y apresasen todas las canoas que condujesen víveres o gente a la ciudad.

---

[30] Cortés le llama *Istrixúchil;* Bernal Díaz y Solís, alterando aún más el nombre, le llaman *Súchel.* Torquemada, con notable inconsecuencia, dice que este joven príncipe era Coanacotzin, hermano menor de Fernando Ixtlilxóchitl, que es decir que fue enviado por general de los 50,000 hombres el legítimo rey de Acolhuacán; y lo peor es que a pocas páginas pone a Coanacotzin de consejero principal del rey Cuauhtemotzin durante el sitio. Lo cierto es que dicho joven no fue Coanacotzin sino Carlos Ixtlilxóchitl, que por muerte de su hermano Fernando Cortés Ixtlilxóchitl, entró con el favor de Cortés poco después de la conquista en el señorío de Texcoco. Coanacotzin se mantuvo siempre en la corte de México desde principios de este año hasta la conquista; fue preso juntamente con el rey Cuauhtemotzin y ajusticiado con él tres años después en Izancanac, camino de Comayahua.

## 20. Nuevas entradas en la ciudad

Tomada esta providencia y hallándose con tan excesivo número de tropas aliadas, resolvió Cortés hacer dentro de tres días otra entrada en la ciudad como la pasada; para lo cual dio con tiempo sus órdenes y el día prefijo marchó por la calzada con la mayor parte de su caballería, 300 españoles de infantería, siete bergantines y con una multitud innumerable de aliados. Hallaron los fosos abiertos y las trincheras levantadas, y a los enemigos bien preparados; sin embargo, ganaron, con la ayuda de los bergantines, todos los fosos y trincheras que había hasta la plaza principal de la parte de Tenochtitlan. Aquí hizo alto el ejército, no permitiendo Cortés que se avanzase más sin dejar asegurados los pasos difíciles que iba ganando; pero entre tanto que 10,000 aliados se ocupaban en terraplenar los fosos, los demás pegaban fuego y demolían los templos, casas y palacios, entre otros el del rey Axayácatl, que había servido de cuartel en otro tiempo a los españoles, y el célebre palacio de las aves del rey Moctezuma.

Después de ejecutadas estas hostilidades, no sin grave dificultad y peligro por el esfuerzo que hacían los mexicanos para impedirlas, llamó Cortés a la retirada, que ejecutaron con felicidad, aunque combatida incesantemente la retaguardia de tropas enemigas. Lo mismo ejecutaron por las otras calzadas Alvarado y Sandoval. Fue este día de mucha fatiga para los españoles y aliados, pero de intolerable dolor para los mexicanos, no solamente por la pérdida de los más bellos edificios de la ciudad, sino también por los insultos de sus mismos vasallos aliados de los españoles, que al tiempo de pelear apellidaban su patria, y de sus capitales enemigos los tlaxcaltecas, que les mostraban las piernas y brazos de los mexicanos que habían muerto, y amenazaban cenarlos aquella noche, como efectivamente lo hicieron.

Al día siguiente, por no dar tiempo a los mexicanos de abrir los fosos y reparar las trincheras, salió muy temprano Cortés de su campo en la misma forma que el día antecedente; pero a pesar de su diligencia tenían ya reparadas dos partes de las fortificaciones de las tres que les habían desbaratado, y las disputaron con tal obstinación que no pudo el ejército de los sitiadores ganarlas sino después de un recio combate de cinco horas. Pasó adelante el ejército y ganó dos fosos de la calle de Tlacopan, y estando ya para terminar el día se retiró a su campo, combatiendo como el día antecedente con las tropas enemigas que cargaban a la retaguardia.

Los mismos combates que el ejército de Cortés tuvieron los de Alvarado y Sandoval, teniendo los sitiados que pelear a un mismo tiempo con tres numerosísimos ejércitos que lograban sobre ellos las ventajas de las armas, los caballos, los bergantines y la disciplina militar. Alvarado tenía ya demolidas casi todas las casas que había a una y otra parte de la calzada de Tlacopan; pues la población de la capital se continuaba por aquella parte, según testifican Cortés y Bernal Díaz, hasta cerca de la tierra firme.[31]

Bien querría Cortés no verse en necesidad de repetir los combates para ganar en cada entrada los mismos fosos y trincheras; pero ni podía dejar guarnición en los puestos que ganaba sin dejarla sacrificada al furor de los mexicanos, ni podía fijar su campo en la misma entrada de la ciudad como le aconsejaban algunos de sus capitanes; porque además de los continuos asaltos que le darían de día y de noche sus enemigos, no podría desde allí impedir los socorros que se enviaran a la ciudad con tanta comodidad como lo hacía desde la calzada.

### 21. Alianza de varias ciudades del lago con los españoles

Estos socorros iban faltando a los sitiados, al tiempo que se aumentaban los de los sitiadores, quienes por este tiempo recibieron uno que les fue de tanta utilidad cuanto fue de detrimento a sus enemigos. Los vecinos de las ciudades situadas en las isletas y riberas del lago dulce se habían conservado enemigos de los españoles y podían haber hecho gravísimo daño a Cortés si a un mismo tiempo le hubiesen acometido sus tropas por una parte de la calzada y por otra las de México; pero por fortuna de los españoles no habían intentado hostilidad alguna en tiempo del sitio, quizá porque lo reservaban para ocasión más oportuna.

Los chalcas y otros aliados, a quienes no tenían cuenta la vecindad de tantos enemigos, procuraban atraerlos por una parte con promesas y por otra parte con amenazas y vejaciones; y tanto pudo su importunidad y por ventura también el temor de la venganza de los españoles, que vinieron al campo de Cortés solicitando su alianza los vecinos de Iztapalapa, Mexicaltzinco, Colhuacan, Huitzilopochco, Mizquic y Cuitlahuac, que hacían una parte muy considerable del valle de México. Alegróse infinito Cortés de esta alianza y la aceptó con la condición de que no solamente le ayudasen con gente y con canoas, sino también transportasen materiales y edificasen barracas en su campo; porque por falta de habitación en tiempo tan lluvioso como era aquel en que se hallaban, padecía mucho su gente.

---

[31] Estas casas no estaban fabricadas sobre la misma calzada sino cerca de ella, en los islotes que a una y otra parte formaba el lago. No sabemos de más edificio construido en esta calzada sino de un templo en una parte en que, ensanchándose, formaba una especie de placeta, el cual ganó Alvarado y mantuvo en él guarnición casi todo el tiempo que duró el sitio.

Correspondieron tan bien los deseos de Cortés, que inmediatamente pusieron a sus órdenes un cuerpo considerable de tropas cuyo número no se expresa, y 3,000 canoas para que ayudasen en su curso a los bergantines, en las cuales transportaron prontamente todos los materiales necesarios y construyeron a una y otra parte de la calzada tantas barracas, que bastaron a recibir todos los españoles y 2,000 indios de servicio; pues el grueso de las tropas aliadas estaba acuartelado en Coyohuacan, distante legua y media del campo de Cortés; y no satisfechos con estos servicios acudieron también con víveres, especialmente con pescado y capulines o cerezas mexicanas en notable abundancia.

Hallándose ya Cortés con tantas fuerzas, entró con ellas en dos o tres días seguidos en la ciudad, haciendo considerable estrago en sus habitantes. Esperaba que capitulasen viendo tan excesivo número de tropas contra sí y experimentando el daño que les hacía su resistencia; pero se engañó, porque los mexicanos estaban resueltos a rendir antes sus vidas que su libertad. Resolvió el general español hacer continuas entradas para precisarles con repetidos estragos a pedir la paz que rehusaban. Formó de sus barcos dos armadas compuestas cada una de tres bergantines y 1,500 canoas, con orden de que bloqueasen la ciudad, incendiasen sus edificios y le hiciesen cuanto daño pudiesen. Ordenó a Sandoval y Alvarado que, por su parte, ejecutasen lo mismo y él con todos sus españoles y a lo que parece con unos 80,000 aliados[32] entró como solía por la calle de Iztapalapa sin otras considerables ventajas en ésta y otras entradas de estos días, que la de disminuir poco a poco el número de los enemigos, arruinar algunos de los edificios y avanzar cada día algo más para comunicarse, como intentaba, con el campo de Alvarado, aunque no pudo por entonces conseguirlo.

## 22. Operaciones de Alvarado y hazañas de Tzilacatzin

Alvarado con su gente y bergantines había ganado un templo que había en una placeta de la calzada de Tlacopan, en que mantuvo siempre guarnición a pesar de los violentos ataques de los mexicanos; había forzado varias trincheras y ganado varios pasos difíciles, y sabiendo que la mayor fuerza de los enemigos estaba en Tlaltelolco, en donde tenía el rey Cuauhtemotzin el palacio de su ordinaria residencia y a donde se había acogido infinita gente de Tenochtitlan, dirigió a aquella parte sus operaciones; pero combatiendo con todas sus fuerzas por tierra y por

---

[32] Conjeturo que serían 80,000 los aliados que llevó consigo en esta entrada Cortés; porque él dice que se halló aquel día en su campo con más de 100,000, de los cuales irían 20,000 ó 22,000 en las 3,000 canoas.

agua, no pudo penetrar hasta donde quería por la vigorosa oposición de los sitiados, en cuyos combates murieron muchos de una y otra parte.

En una de las primeras refriegas se dejó ver un membrudo y animoso tlaltelolca en traje de otomí, con un escaupil o cota de algodón y sin más armas que una rodela y tres guijarros; adelantóse a los suyos y dando una veloz carrera hacia los contrarios, arrojó sucesivamente los tres guijarros con tal tino y con tanta fuerza, que con cada uno derribó en tierra un español; hazaña que excitó la cólera de los españoles y el temor y la admiración de los confederados. Hicieron cuanto pudieron por haberlo a las manos, pero jamás lo consiguieron, porque en todos los combates parecía con nuevo disfraz y en todos hacía daño en los sitiadores, teniendo tanta velocidad en los pies para salvarse como fuerza en los brazos para ofender. El nombre de este célebre tlaltelolca era Tzilacatzin.

Alvarado, ensoberbecido con algunas ventajas que había logrado sobre los mexicanos, quiso un día penetrar hasta la plaza del mercado; tenía ya ganadas con el auxilio de los bergantines algunas trincheras y fosos y, entre otros, uno de profundidad, y olvidado con sus buenos sucesos de hacerlo cegar, como le había ordenado su general, pasó adelante con 40 o 50 españoles y algunos aliados. Advertidos los mexicanos de su descuido, cargaron inmediatamente sobre ellos, los derrotaron e hicieron huir, y al repasar el foso les mataron algunos aliados e hicieron prisioneros cuatro españoles, que a vista de Alvarado y de su gente fueron luego sacrificados en el templo mayor de Tlaltelolco. Sintió Cortés amargamente esta adversidad por el aliento y orgullo que con ella cobrarían los enemigos, y partió sin dilación a Tlacopan para reprender severamente a Alvarado su desobediencia y temeridad; pero informado del valor con que se había portado en aquellas entradas y con que había forzado los puestos más difíciles, se contentó con una blanda admonición, reiteró sus órdenes y dio vuelta a su campo.

23. Traición y castigo de los Xochimilcas y otros pueblos

Las tropas de Xochimilco, Cuitláhuac y otras ciudades del lago que servían en el campo de Cortés con sus personas y canoas, queriendo aprovecharse de la ocasión que se les presentaba en las entradas de los españoles para saquear las casas de los mexicanos, tramaron contra ellos una traición abominable. Enviaron una secreta embajada al rey Cuauhtemotzin, protestando su inviolable fidelidad a la corona y quejándose de los españoles que los violentaban a tomar las armas contra su señor natural; que para deshacerse de ellos habían pensado incorporarse, en la primera entrada que hicieran, con las tropas mexicanas y unirse con ellas contra aquellos enemigos comunes de la patria. Alabó el rey su buena voluntad, señalóles los puestos que debían ocupar y aún les gratificó con algunos dones.

Entraron estos pérfidos como solían a la ciudad, y fingiendo al principio volver sus armas contra los españoles, comenzaron luego a saquear las cosas, dando muerte a cuantos les resistían y llevando maniatadas a las canoas a las mujeres y los niños; pero reconocida con tiempo la traición dieron sobre ellos los mexicanos con tal furor, que en brevísimo tiempo libraron de aquella peste a la ciudad. Fueron innumerables los que dejaron muertos; pero aún más los que llevaron presos al rey, que actualmente se hallaba con Mayeuatzin, señor de Cuitláhuac, quien no había entrado en la confederación con los españoles sino, fiel a su soberano y a su patria, había pasado desde antes del sitio de México para asistir a su señor y correr con él la misma fortuna. Diose luego sentencia de muerte contra los presos y sin dilación alguna fueron sacrificados; premio digno de su perfidia. Esta traición no fue, a lo que parece, movida ni ejecutada sino por una parte del populacho de aquellas ciudades, gente de pocas obligaciones y pronta a semejantes delitos.

### 24. Victoria de los mexicanos y sacrificio de algunos españoles

Veinte días había que hacían los españoles continuas entradas en la ciudad. Algunos de los capitanes y soldados, fatigados de tantos combates cuyo fruto consideraban aún muy distante, se quejaron al general y le instaron a aventurar las grandes fuerzas con que se hallaba a un golpe decisivo, que los redimiese de tantos peligros y fatigas. El intento de estos hombres era el de penetrar hasta el centro de Tlaltelolco, a donde habían recogido sus fuerzas los mexicanos, para acabarlos de una vez o precisarlos a capitular. Cortés, que conocía muy bien cuán arriesgada era la empresa, procuraba disuadirlos con las más eficaces razones; pero, no bastando ni pareciéndole conveniente el repugnar a un dictamen que era casi general, cedió por último a la importunidad de sus instancias.

Mandó al comandante Sandoval que con 115 infantes y diez caballos se uniese a Alvarado; que pusiesen en emboscada la caballería y cargando el bagaje fingiesen alzar el campo y abandonar el sitio de la ciudad, para que, excitados con esto los mexicanos al alcance, les cargase por las espaldas la caballería; que con los seis bergantines procurasen ganar el foso en que fue derrotado Alvarado y terraplenarlo, y lo mismo hiciesen en todos los fosos, no dando jamás un paso adelante sin dejar asegurado el camino para la retirada y que procurasen ganar la plaza del mercado si pudiesen hacerlo sin peligro.

El día señalado marchó Cortés con 25 caballos, con toda su infantería y más de 100,000 aliados. Formaban las alas de su ejército, por una y otra banda de la calzada, los siete bergantines con más de 3,000 canoas auxiliares. Entró sin oposición en la ciudad y dividió luego su ejército en tres partes para entrar a un tiempo por otras tantas a la plaza del mercado. La principal y más ancha de las calles encargó al tesorero Julián de Alderete, que había sido el que con mayor calor había solicitado esta expedición, con 70 infantes españoles y 20,000 aliados. De las otras dos calles, que conducían de la calle real de Tlacopan a la plaza del mercado, encomendó la menos estrecha a los capitanes Andrés de Tapia y Jorge de Alvarado con 80 infantes y más de 10,000 aliados, y la otra más estrecha y peligrosa tomó Cortés a su cargo con ocho caballos, unos 100 infantes y el grueso de los aliados, dejando fortificada una y otra bocacalles con la caballería y la artillería.

Entraron todos combatiendo con esfuerzo. Los mexicanos hicieron al principio una vigorosa resistencia; pero después, simulando cobardía, se retrajeron y abandonaron algunos fosos a los españoles, para empeñarlos con el ardor del alcance en mayores peligros. Algunos españoles del campo de Cortés se avanzaron hasta las cercanías del mercado, dejando incautamente a las espaldas un ancho foso mal terraplenado, y al tiempo en que vanagloriosos pretendían entrar los primeros en aquella plaza, hirió sus oídos el penetrante y formidable sonido de la bocina del dios Painalton, que en casos de pública y urgente necesidad solían sonar los sacerdotes para excitar al pueblo a tomar las armas A su voz concurrió tan grande muchedumbre de mexicanos y cerró con tal furor con los españoles y aliados, que los derrotó y precisó a recorrer precipitadamente la calle que creían haber ganado.

Así llegaron desordenados al foso[33] y queriendo repasarlo por sobre la fagina con que parecía terraplenado, se hundió con el peso y la violencia de la multitud. Aquí fue el mayor aprieto y desbarato de los fugitivos, no pudiendo a un tiempo nadar y resistir a la carga de los enemigos, quienes, parte a nado y parte en canoas que oportunamente

---

[33] Solís pone este foso fuera de la ciudad y dice que al salir de ella fue cuando los mexicanos acometieron a los españoles; pero es un error manifiesto, pues consta de las relaciones de Cortés, Gómara, Herrera, Torquemada y Betancourt, que el foso en que fue la mayor derrota estaba entre la calle real de Tlacopan y la plaza del mercado, y que para ir de allí la gente de Cortés a su real le fue preciso atravesar más de la mitad de la ciudad.

llegaron, los herían y apresaban a su salvo. Cortés, que con la vigilancia propia de un buen general había llegado a reconocer el foso al punto en que iba a repasarlo su gente derrotada, procuró detenerla con sus clamores, porque no facilitasen con su tropelía la victoria de sus enemigos; pero ¿qué voces son capaces de suspender la fuga de una muchedumbre desordenada a cuyos pies añade alas el temor?

Penetrado del más vivo dolor por la pérdida de sus soldados y olvidado de su propio peligro, se puso a la orilla del foso para salvar a los que pudiese. Unos salían desarmados, otros heridos y otros medio ahogados. Ordenólos como pudo y les hizo marchar de vuelta al real, quedando él atrás con doce o quince hombres para asegurarles las espaldas; pero apenas se comenzó la marcha cuando en un paso estrecho se halló rodeado de muchos enemigos. Este día hubiera sido el último de Cortés a pesar del extraordinario esfuerzo con que se defendió, y hubieran fenecido con su vida todas las esperanzas de la conquista de México, si los mexicanos, en vez de darle la muerte como fácilmente pudieron, no se hubieran empeñado en prenderle vivo para honrar con tan ilustre víctima a sus dioses. Teníanle ya preso e irremediablemente se lo llevaran, si su gente, al rumor que luego se esparció de su prisión, no hubiese acudido prontamente a salvarle.

Debió Cortés principalmente su vida y su libertad a un soldado de su guardia, hombre de singular valor nombrado Cristóbal de Olea,[34] que ya en otra ocasión lo había librado de semejante peligro, y ahora a costa de su propia vida, que inmediatamente perdió a manos de los enemigos, cortó de un golpe el brazo del mexicano que lo tenía asido. Debió también su libertad al esforzado príncipe Carlos Ixtlixóchitl y a un valiente tlaxcalteca de Hueyotlipan llamado Temacatzin.

Finalmente, con indecible fatiga y no pocas heridas que recibieron en los pasos peligrosos, salieron a la calle ancha de Tlacopan, en donde pudo Cortés ordenar mejor su gente, tomando él la retaguardia con la caballería; pero la insolencia y furor con que los perseguían los mexicanos era tal, que les parecía imposible escapar de sus manos. Los que habían entrado por las otras dos calles tuvieron fuertes combates, y por haber observado mejor el orden de cegar los fosos pudieron ejecutar con menos dificultad la retirada cuando Cortés les mandó recogerse a la plaza mayor de Tenochtitlan, en donde se juntó todo su ejército. Vieron desde ella, no sin gravísimo dolor, elevarse de los braseros del templo de Huitzilopochtli el humo del copal que quemaban los mexicanos en acción de gracias por la victoria; pero más se agravó su pena cuando vieron las cabezas de españoles que para aterrar les arrojaron los

---

[34] Bernal Díaz ensalza repetidas veces el valor de este soldado, cuya muerte fue muy sentida.

enemigos, y cuando les oyeron decir que habían muerto a los comandantes Alvarado y Sandoval.

Desde la plaza continuaron su marcha por la calle real de Iztapalapa hasta el real de la calzada, apretados siempre de una gran multitud de enemigos. Sandoval y Alvarado habían intentado la entrada en la plaza del mercado por una calle que había de la calzada de Tlacopan a Tlaltelolco y habían continuado con felicidad sus operaciones hasta cerca de dicha plaza; pero habiendo visto el sacrificio que ya diremos de los españoles prisioneros y oído a los mexicanos que era muerto Cortés y sus capitanes, se retrajeron con suma dificultad; porque a los enemigos que antes los combatían se allegaron los que se habían desembarazado del ejército de Cortés. Fue muerto el capitán de un bergantín y uno de estos barcos estuvo a punto de perderse si la vigilancia y valor de Sandoval no lo hubiera defendido. La pérdida total de los sitiadores fue de 60 y tantos españoles,[35] parte muertos en los combates y parte presos e inmediatamente sacrificados en el templo mayor de Tlaltelolco a vista del campo de Alvarado; de mil y tantos aliados, de siete caballos y de un cañón de artillería.

Cortés salió herido en una pierna y apenas hubo hombre entre los sitiadores que no saliera herido o aporreado. Celebraron los mexicanos por ocho días continuos la victoria con iluminaciones y música en los templos; hicieron correr la fama por todo el reino y, en confirmación de ella, enviaron algunas cabezas de españoles con el fin de inspirar terror a las provincias que se habían rebelado a la Corona y volverlas a su obediencia, como en efecto lo consiguieron de algunas. Limpiaron los fosos, repararon las trincheras y fortificaciones, y a excepción de las casas y templos que habían arruinado sus enemigos, pusieron la ciudad en el estado en que se hallaba antes del sitio.

### 25. Combates de los bergantines y estratagemas de los mexicanos

Entre tanto los españoles se mantenían en sus reales sobre la defensiva, curándose las heridas y rehaciéndose para los futuros combates; pero porque no se aprovechasen de esta inacción los enemigos para introducir socorros en la ciudad, ordenó Cortés que los bergantines corriesen continuamente de dos en dos el lago. Los mexicanos, recono-

---

[35] Cortés no cuenta más de 35 o 40 españoles muertos y más de 20 heridos; pero, minuye siempre sus pérdidas. Por lo cual, siguiendo la política de otros generales, disaceptamos en este punto a Bernal Díaz, que muestra haber puesto particular cuidado en contar los españoles que iban faltando.

ciendo la superioridad de las embarcaciones y armas españolas y no pudiendo emplear armas iguales, procuraron contrarrestar, por lo menos, las ventajas de los bergantines. A ese fin habían construido 30 barcos grandes que los españoles llamaron piraguas, bien empavezados con fuertes tablones para combatir desde ellos sin tanto peligro de ser ofendidos.

Resolvieron poner una emboscada a los bergantines, lo cual les era fácil entre los cañaverales nadantes del lago, y fijaron en varios sitios gruesas estacas ocultas bajo el agua para que, zabordando incautamente en ellas los bergantines, se hiciesen pedazos o a lo menos se embarazasen para la defensa.[36] Dispuesta la emboscada hicieron salir tres o cuatro canoas y ponerse a vista de los bergantines que andaban a corso, para provocarlos al alcance. Luego que los españoles las divisaron les dieron caza, y empeñados en perseguirlos zabordaron en las estacas y al mismo tiempo salieron de la emboscada los 30 barcos y los acometieron por todas partes. Viéronse los españoles en grave peligro de perder los bergantines y sus vidas; pero con la descarga de las escopetas y ballestas dieron lugar a algunos diestros nadadores de remover aquellos embarazos, con lo cual pudieron jugar libremente la artillería y derrotar a la escuadra enemiga.

Los bergantines quedaron muy maltratados, los españoles heridos, y de los dos capitanes que los mandaban el uno quedó muerto en el combate y el otro murió dentro de tres días de las heridas. Los mexicanos repararon luego sus barcos para repetir la estratagema; pero, noticioso Cortés por un aviso secreto que recibió, del lugar donde se ocultaban los barcos, dispuso una emboscada de seis bergantines y, aprovechándose de la lección que le habían dado sus enemigos, ordenó que uno de los bergantines se llegase hacia aquella parte donde estaban emboscados los barcos y al descubrirlos huyese hacia donde estaban los españoles. Sucedió todo como Cortés lo había pensado; porque en viendo los mexicanos el bergantín salieron prontamente de su emboscada y cuando creían más segura la presa salieron los otros bergantines a recibirlos con la artillería, cuya primera descarga se llevó a algunos barcos y desordenó a los restantes; pereció la mayor parte de los mexicanos y otros fueron hechos prisioneros, entre los cuales había algunos nobles, de quienes quiso servirse Cortés para tratar de algún ajuste en la corte de México.

---

[36] Los historiadores varían en el tiempo en que sucedió este combate de los bergantines y la embajada al rey de México. Cortés sólo habla en general sin especificar el tiempo. De Bernal Díaz no se puede tomar luz alguna; porque embarazado con la multitud y variedad de operaciones de los 3 campos, embrolló todos los sucesos del sitio. Tenemos por más verosímil que dicho combate fue pocos días después de la derrota.

## 26. Embajada infructuosa del general español al rey de México

Envió Cortés a decir al rey Cuauhtemotzin por medio de estos nobles prisioneros que ya veía cuanto se iban disminuyendo las fuerzas de México al mismo tiempo que se iban aumentando las de los españoles; que al cabo sería preciso rendirse al mayor poder; que aunque los españoles no entrasen a hacerles daño en la ciudad, bastaría solamente el impedir los socorros para que pereciesen de hambre; que aún era tiempo de evitar los desastres que les amenazaban; que si se avenía a proposiciones de paz cesarían desde luego todas las hostilidades, el rey quedaría en pacífica posesión de la corona con toda la grandeza, poder y autoridad de que hasta entonces había gozado, y sus vasallos libres y dueños absolutos de todos sus bienes, sin exigir otra cosa de su Majestad y de sus súbditos que el reconocimiento al rey de España como supremo señor de aquel imperio, cuyos derechos habían confesado los mismos mexicanos, apoyados en la antigua tradición de sus mayores; que si, por el contrario, se obstinaba en llevar adelante la guerra, él perdería la corona, la mayor parte de sus súbditos la vida, y aquella hermosa y gran ciudad sería enteramente arruinada.

El rey tuvo acuerdo con sus consejeros, con los generales del ejército y con los jefes de la religión; propúsoles la substancia de la embajada, el estado de la corte, el poder de los enemigos, la escasez de víveres, las congojas del pueblo y los males aún mayores que les amenazaban, y les pidió que dijesen libremente su parecer. Algunos, presintiendo el resultado de la guerra, persuadían la paz; otros, movidos del odio de los españoles o de los estímulos del honor, aconsejaban la guerra. Los sacerdotes, cuya autoridad era en este y otros puntos tan respetada, se pusieron fuertemente a las proposiciones de paz, produciendo varios supuestos oráculos de los dioses, cuya ira se debía temer si se rendían a aquellos crueles enemigos de su religión, y cuya protección debía procurarse con oraciones y sacrificios.

Prevaleció este dictamen por el temor supersticioso que dominaba en sus espíritus, y conforme a él se respondió al general español que no había lugar a sus proposiciones; que continuase en hora buena la guerra, porque ellos estaban resueltos a defenderse hasta el último aliento. Si en este dictamen hubieran tenido más influjo los sentimientos de honor y el amor de la patria y de su propia libertad, que la superstición no fuera tan reprensible; porque aunque previeran inevitable su ruina continuando la guerra, no tenían esperanza de mejor fortuna con la paz. La experiencia de los pasados sucesos les hacía desconfiar de las ventajas que les prometían; y así debería representárselos como más conforme a las ideas de honor, el morir con las armas en la mano en defensa de su patria y de su libertad, que el prostituir su patria a la ambición de aquellos extranjeros y sujetarse, con su rendición, a una triste y miserable servidumbre.

## 27. Expediciones contra los malinalcas y los matlatzincas

Dos días después de la derrota de los españoles llegaron al campo de Cortés unos mensajeros de la ciudad de Cuauhnahuac, quejándose de los grandes daños que recibían de sus vecinos los malinalcas, quienes pensaban aliarse con los cohuixcas, nación numerosa establecida en la parte del sur para destruir a Cuauhnahuac por la alianza con los españoles y de allí pasar los montes con un grande ejército contra el campo de Cortés. Este general, aunque se hallaba más en estado de pedir auxilio que de darlo, pero por el crédito de las armas españolas y por prevenir el golpe que le amenazaba, envió al capitán Andrés de Tapia con los mensajeros y juntamente con diez caballos y 200 infantes españoles y un gran número de aliados, encargándole se uniese con las tropas de Cuauhnahuac y ejecutase cuanto hallase conveniente al servicio de su rey y la seguridad de los españoles.

Tuvo este destacamento, en un pequeño lugar situado entre Cuauhnahuac y Malinalco, una batalla muy reñida con los enemigos; los derrotó y persiguió hasta la falda del alto monte en que estaba la ciudad de Malinalco, a la cual no pudo hacer daño por ser el monte inaccesible a la caballería; pero taló las campiñas, y por cumplírsele ya el término de diez días que se le había prescrito para la expedición, dio la vuelta a su real. Dos días después llegaron al mismo campo de Cortés los otomíes del valle de Toluca, presentando a aquel general sus quejas contra los matlatzincas, nación poderosa y guerrera del mismo valle, que les hacían continua guerra, les habían incendiado una población y les habían hecho muchos prisioneros, y tenían determinado asaltar por la parte de tierra firme el campo de Cortés con todas sus fuerzas, al mismo tiempo que los mexicanos, con quienes ya estaban concertados, cuando les acometieron por la parte de la ciudad.

En varias entradas que habían hecho los españoles habían oído a los mexicanos amenazarles con el poder de los matlatzincas y en esta ocasión, con la relación de los otomíes, se hizo cargo Cortés del grave peligro que corría si daba lugar a que los enemigos pusieran en ejecución su proyecto. No quiso Cortés fiar a otro esta expedición que al valeroso y diligente Sandoval. Este hombre, infatigable a pesar de haber salido herido en la última entrada de la ciudad, había hecho en aquellos días el oficio de general, recorriendo con indecible solicitud los tres campos y dando las providencias convenientes para su seguridad.

Apenas pasados catorce días de la derrota se puso en marcha para el valle de Toluca con 18 caballos, 100 infantes españoles y 60,000 aliados. Por el camino hallaron frecuentes vestigios de las ruinas que habían causado los matlatzincas; al entrar en el valle vieron un lugar que acababan de destruir y divisaron las tropas de enemigos que iban cargados de despojos, los cuales abandonaron cuando vieron el ejército español, por quedar más desembarazados para la batalla. Esguazaron un río que atraviesa el valle y esperaron en la ribera a los españoles. Sandoval lo pasó intrépidamente con todo su ejército, acometió a los enemigos, los desbarató y persiguió por tres leguas hasta una ciudad en que se refugiaron, dejando muertos unos mil matlatzincas.

Sitió Sandoval la ciudad y precisó a los enemigos a abandonarla y a guarecerse en una fortaleza construida en un monte escarpado. Entró el ejército victorioso en la ciudad y después de saquearla la incendió. Por ser ya tarde y hallarse la gente muy fatigada se reservó el asalto de la fortaleza para el día siguiente, en el cual pensando tener tan gran contraste con los enemigos, hallaron la fortaleza desamparada. Resolvió Sandoval dar la vuelta por otros lugares que se habían declarado contrarios; pero no fue necesario emplear contra ellos las armas porque, al ver contra sí tan gran ejército (que se había engrosado con numerosas tropas de otomíes) se rindieron luego. Sandoval los recibió con la mayor benignidad y les pidió que persuadiesen a los matlatzincas la amistad de los españoles, proponiéndoles las ventajas que les resultarían y los perjuicios que, por el contrario, les acarrearía su enemistad.

Estas expediciones produjeron a los españoles cuanto bien podrían desear; porque cuatro días después de vuelto Sandoval llegaron al campo de Cortés varios señores matlatzincas y cohuixcas[37] a pedir perdón de lo pasado y a establecer una confederación que fue tan útil a los españoles como perniciosa a los mexicanos. Los españoles quedaron con las espaldas seguras por todas partes y con tan excesivo número de tropas a su disposición, que podrían haber empleado en el sitio de México muchos más hombres de los que armó Xerxes contra los griegos, si por la situación de la ciudad no fuera embarazosa tan extraordinaria muchedumbre de sitiadores.

---

[37] Cortés por decir *Cohuixco* dijo *Cuisco*. En las notas sobre sus *Cartas* (ed. de Lorenzana, 1770; pág. 412) se habla de *Huisuco*, por ignorar que había una gran provincia llamada *Cohuixco*. *Huisuco* (en mexicano Huitzoco) es un lugar oscuro y no una gran provincia, como era, según dice Cortés, *Cuisco*.

Los mexicanos, por el contrario, se hallaban aislados y destituidos de amigos y de socorros, rodeados de enemigos y afligidos del hambre. Tenía contra sí aquella sola corte a los españoles, al reino de Acolhuacán, a las repúblicas de Tlaxcala, Huexotzinco y Cholula, a casi a todas las ciudades del valle de México, a las numerosísimas naciones de los totonacas, los mixtecas, los otomíes, los tlahuicas, los matlatzincas, los cohuixcas y otras, de tal suerte que, además de los enemigos externos, más de la mitad del reino habían conspirado a su ruina, y la otra mitad por lo menos no le favorecía.

## 28. Acción memorable del general Chichimécatl

En el tiempo en que el comandante Sandoval empleaba su valor contra los matlatzincas, dio pruebas del suyo contra los mexicanos el general Chichimécatl. Este famoso jefe, viendo la inacción de los españoles por la derrota pasada, se resolvió a hacer una entrada en la ciudad con solos sus tlaxcaltecas. Salió pues del campo de Alvarado, en donde se había mantenido desde el principio del sitio, acompañando en todas las entradas a los españoles y saliendo con gloria de todos los combates. Ganó con su esfuerzo en esta ocasión todos los fosos que interrumpían la calzada de Tlacopan y dejó en custodia del más peligroso 400 arqueros que le asegurasen el paso en la retirada.

Entró con el grueso de sus tropas en la ciudad, en donde tuvo un terrible combate con los mexicanos, en que fueron muertos y heridos muchos de una y otra parte. Lisonjeábanse los mexicanos de acabarlos a todos en el paso del foso, cargándoles fuertemente en la retirada; pero con el favor de los arqueros que había apostados en la otra banda del foso, lo repasaron felizmente los tlaxcaltecas y se restituyeron llenos de gloria a su campo.[38]

---

[38] Bernal Díaz dice que con la derrota pasada quedaron los españoles en los tres campos abandonados de los aliados; que por el terror que les inspiraron los mexicanos con ciertas amenazas que les hicieron de parte de los dioses, se fueron todos a sus respectivas ciudades; que en el campo de Cortés sólo quedó el príncipe don Carlos con 40 texcocanos; en el de Sandoval un señor de Huexotzinco con 50 hombres y en el de Alvarado el general Chichimécatl con unos 80 tlaxcaltecas; pero esto no puede ser, porque dos días después de la derrota salió, del campo de Cortés, Andrés de Tapia con muchos aliados, como dice el mismo Bernal Díaz. Quince días después de la derrota salió del mismo campo Sandoval con 60,000 aliados, como testifica Cortés. En el tiempo en que Sandoval hacía la guerra a los matlatzincas, que sería 16 ó 18 días después de dicha derrota, hizo el general Chichimécatl su famosa entrada en México, y no podía hacerla sin muchos millares de tlaxcaltecas. Lo cierto es que si no se fueron todos, y si algunos se fueron volvieron luego; porque dentro de pocos días había en los tres campos, especialmente en el de Cortés, mucho mayor número de aliados que antes de la derrota. Cortés nada dice de semejante deserción, y no la hubiera omitido en circunstancias de ponderar al rey sus quebrantos.

Los mexicanos, por vengarse del atrevimiento de los tlaxcaltecas, asaltaron una noche el campo de Alvarado; pero habiendo sido anticipadamente sentidos de los guardias, se pusieron en arma los españoles y aliados para resistirles. Duró el ataque tres horas, en cuyo tiempo, habiendo oído Cortés un tiro de artillería y haciéndose cargo de lo que era, le pareció oportuna ocasión para hacer una entrada en la ciudad con su gente que ya estaba sana de sus heridas. Los mexicanos que habían ido al asalto del real de Tlacopan, viendo la valerosa resistencia de los españoles, se volvieron a la ciudad, en donde hallaron ya el ejército de Cortés; peleóse con ardor, pero sin considerables ventajas ni de una ni de otra parte.

Por este tiempo, en que había necesidad de armas y de municiones por las que se perdieron el día de la derrota, tuvieron nuevo socorro los españoles en un navío que arribó al puerto de Veracruz, con el cual se pusieron en estado de continuar sus operaciones. El príncipe don Carlos Ixtlilxóchitl había aconsejado al general español que no se empeñase en nuevas entradas en la ciudad, en que necesariamente padecía mucho su ejército; que sin tanto daño y peligro y sin arruinar los bellos edificios de aquella capital, podía hacerse dueño de ella solamente con impedir la entrada de los víveres; porque cuanto mayor era el número de los sitiados, tanto más breve consumirían los pocos víveres que les quedaban, y los precisaría el hambre a rendirse. Este prudente consejo, tanto más estimable cuanto parecía más ajeno de un príncipe joven que por su edad y su brío deseaba ocasiones de ostentar su valor, agradó tanto a Cortés que, sin poderse contener, le echó los brazos al cuello, significándole con las mayores expresiones su agradecimiento, y por algunos días siguió su dictamen; pero la impaciencia del sitio le hizo presto mudar de conducta.

Antes de continuar sus ataques quiso convidar de nuevo con la paz a los mexicanos, haciéndoles el paralelo de unas y otras fuerzas y reproduciendo las razones que otras veces les había propuesto. La respuesta de los mexicanos fue que cesaría la guerra luego que los españoles saliesen del reino de México y se retirasen a su patria; que de no hacerlo, jamás depondrían las armas.

### 29. Estragos ejecutados en México y hazañas de algunas mujeres

Viendo Cortés la resolución de los mexicanos después de 45 días de sitio, y que cuanto más les brindaba con la paz tanto más se obstinaban en desecharla, determinó no dar un paso adelante en la ciudad sin arruinar cuantos edificios hubiese a una y otra parte, así por la seguridad de sus marchas, como por obligar a los sitiados con semejantes estragos a admitir sus proposiciones. A ese fin solicitó y obtuvo de los señores aliados que tenía en su campo, algunos millares de villanos armados de los instrumentos necesarios para demoler edificios y terraplenar acequias.

Hizo en los días siguientes varias entradas en la ciudad con sus españoles y bergantines y más de 150,000 aliados, arruinando edificios, cegando fosos y disminuyendo con la muerte el número de sus enemigos, aunque no sin grave peligro de su persona y de su gente; pues él se vio a punto de ser hecho prisionero, si no le hubieran socorrido oportunamente sus soldados; y sus tropas se vieron algunas veces precisadas a salvarse con la fuga del furor de los mexicanos. Perecieron algunos españoles y aliados, y dos bergantines estaban ya casi vencidos por una flota de canoas, pero otro bergantín que llegó de refresco los salvó del peligro.

Hiciéronse memorables en estas entradas las hazañas de ciertas mujeres españolas[39] que habían seguido voluntariamente a sus maridos a la guerra, y con los continuos trabajos que padecían y los ejemplos de valor que tenían diariamente a su vista habían cobrado bríos militares. Hacían a veces sus guardias, marchaban con sus maridos armadas de cota de algodón, de espada y de rodela, y se arrojaban con intrepidez a los mayores peligros, aumentando, a pesar de su sexo, el número de los sitiadores.

El día 24 de julio se hizo nueva entrada en la ciudad con mayor número de tropas[40] que en la antecedente, y combatiendo con el mayor esfuerzo llegaron a ganar la calle por donde se comunicaba la de Iztapalapa con la de Tlacopan, que era lo que tanto había deseado Cortés para la libre comunicación de su campo con el de Alvarado. Ganaron y terraplenaron varios fosos y quemaron y demolieron varios edificios y entre otros un palacio del rey Cuauhtemotzin, que era un edificio vasto, fuerte y circundado de fosos; con lo cual quedaron este día, de las cuatro partes de la ciudad, tres en poder de los españoles, quedando los sitiados reducidos a la parte de Tlaltelolco, que por tener más agua era más segura.

Por una noble prisionera supo el general español el miserable estado de la ciudad por la escasez de víveres, y que había discordia entre los sitiados porque el rey y sus allegados estaban resueltos a morir antes

---

[39] Estas amazonas españolas fueron María de Estrada, de cuyo valor hicimos mención en otro lugar, Beatriz Bermúdez de Velasco, Juana Martín, Isabel Rodríguez y Beatriz de Palacios.

[40] Dice Cortés que, viendo los aliados la prosperidad de las armas españolas, acudieron en tanta multitud que no tenían cuento.

que rendirse, pero el pueblo resistía ya con poca voluntad y mucho desaliento a los ataques. Lo mismo confirmaron dos fugitivos de mediana condición que, forzados del hambre, acudieron al campo de los españoles. Con estas noticias resolvió Cortés no pasar día alguno sin entrar en la ciudad hasta ganarla o destruirla; y así el día 25 volvió a ella con su ejército y ganó una ancha calle en que había un foso tan grande que en todo el día no pudieron terraplenarlo; derribaron e incendiaron todas las casas que había por aquella parte, con no poco peligro por la resistencia de sus habitantes.

Los mexicanos, al ver empleados a los aliados en la demolición de los edificios, "destruid, traidores —les decían— destruid esas casas, que después tendréis el trabajo de reedificarlas". "Nosotros —les respondían los aliados— nosotros las reedificaremos si fueseis vencedores; pero si quedáis vencidos, vosotros mismos las reedificaréis para vuestros enemigos." Los mexicanos, no pudiendo reparar los edificios, levantaban en las calles algunas pequeñas fortificaciones de madera para ofender desde ellas a los sitiadores, como antes lo hacían desde los terrados; y para embarazar a la caballería llenaron la plaza y las calles de piedras, pero los sitiadores se sirvieron de ellas para cegar los fosos.

En la entrada que hicieron el día 26 ganaron dos nuevos y grandes fosos que habían abierto los mexicanos. Alvarado, por su parte, iba avanzando cada día más en la ciudad y el día 27 se adelantó tanto, forzando varios fosos y trincheras, que llegó a ocupar dos torres cercanas al palacio en que residía el rey Cuauhtemotzin. No pudo ir adelante como quería por la suma dificultad de los pasos que había que vencer y por la gallarda resistencia de los enemigos, que desde aquel lugar lo precisaron a retroceder cargando incesantemente y con furor a su retaguardia. Cortés, que desde su campo observó una extraordinaria humareda que se levantaba de aquellas torres, sospechando lo que realmente había sucedido, entró como solía a la ciudad y, sin empeñarse en ganar nuevo terreno, ocupó el día en aderezar todos los malos pasos. No le faltaba a más de un foso, una calle de agua y una trinchera para entrar a la plaza del mercado; resolvióse a ganarlos y lo consiguió con felicidad, en cuya ocasión fue la primera vez que concurrían sus tropas con las de Alvarado con inexplicable regocijo de unas y otras.

Entró Cortés con alguna caballería en la plaza del mercado y halló innumerable pueblo alojado en dos pórticos, por no caber en las casas que aún habían quedado en pie. Subió al templo mayor de Tlaltelolco, desde cuya altura observó la ciudad y reconoció que de las ocho partes de ella tenían ya ganadas siete. Hizo pegar fuego a la alta y hermosa torre en que se adoraba, como en el Templo Mayor de México, el ídolo del dios de la guerra. A vista de aquella gran llama que parecía elevarse hasta el cielo, levantó un lastimoso llanto la plebe mexicana. Viendo Cortés reducidos los enemigos a tan estrecho recinto y compadecido de la ruina de tanta gente, mandó suspender por aquel día las hostilidades y reconvino de nuevo a los sitiados para que se rindiesen; pero ellos le respondieron que en ningún caso se rendirían; que si no quedase más de un mexicano vivo, aun ese solo continuaría la defensa hasta morir.

### 30. Situación lastimosa de los mexicanos

Pasados cuatro días sin combate, entró de nuevo en la ciudad y encontró una gran multitud de hombres miserables, de mujeres y de niños débiles, macilentos y moribundos de hambre, que era ya tan grande que muchos entretenían la vida con hierbas y raíces palustres, con sabandijas y aun con cortezas de los árboles. Movióse aquel general a compasión y ordenó a sus tropas que no les hiciesen daño alguno; pasó a la plaza del mercado y halló los pórticos llenos de gente desarmada, indicio claro del desaliento del pueblo y de lo mal que llevaba la resistencia del rey y de la nobleza.

Lo más de aquel día se pasó en negociaciones de paz, hasta que, viendo su poco fruto, ordenó el general a Alvarado que entrase por una gran calle en que había más de mil casas, y él con todo su ejército acometió por otra parte. Fue tan grande el estrago que hicieron este día en los sitiados, que entre muertos y prisioneros fueron más de 12,000. Los aliados se encarnizaron de tal suerte en aquellas infelices víctimas que a nadie dejaron con vida, no bastando a contener su crueldad las severas órdenes del general.

Al día siguiente volvió Cortés con todas sus fuerzas; pero ordenó que no se hiciese daño a los sitiados, parte por la compasión que le causaba la vista de sus miserias, y parte por la esperanza que tenía de que a cada momento se rindiesen. Los mexicanos, viendo contra sí tanta gente y entre ella a sus mismos vasallos que en otro tiempo les servían y ahora les amenazaban con la muerte, estando ya reducidos a tanta necesidad y con tantos objetos de horror a sus ojos, pues ni ponían ya los pies sino sobre los cadáveres de sus ciudadanos, prorrumpían en horrendos clamores de desesperación y pedían la muerte como el único remedio de sus males.

Suplicaron algunos plebeyos a Cortés se avocase con ciertos nobles que defendían una trinchera, para tratar de paces. Fue Cortés a ellos aunque con pocas esperanzas de conseguir lo que deseaba; eran puntualmente de aquellos que llevaban ya con impaciencia tan larga serie de calamidades, y así, al ver cerca de sí al general español, movidos de la rabia y del despecho le dijeron: "Si sois como algunos han pensado, hijo del Sol, ¿por qué siendo vuestro padre tan veloz que en el breve espacio de un día concluye su carrera, vos tardáis tanto en librarnos con la muerte de tantas miserias? Deseamos morir para ir al cielo, donde nos aguarda nuestro dios tutelar Huitzilopochtli para darnos el descanso de nuestras fatigas y el premio de nuestros servicios".

Cortés les propuso varias razones para inducirlos a rendirse; pero no siendo ellos árbitros en esa materia ni esperando del rey que se dejase persuadir de sus representaciones, se retiró para solicitar lo mismo por medio de un ilustre personaje a quien tres días antes había hecho prisionero, un tío del rey de Texcoco. Preguntóle Cortés si quería encargarse de aquella comisión, y aceptándola a pesar de hallarse herido, pasó inmediatamente a Tlaltelolco a verse con el rey; pero no se vio otro fruto de su embajada[41] que los repetidos clamores con que el pueblo pedía la muerte. Arrojábanse desesperadamente muchas tropas de mexicanos sobre los españoles; pero como estaban ya tan débiles, era poco el daño que hacían y mucho el que recibían.

### 31. Negociaciones inútiles de Cortés para la paz

Volvió Cortés al día siguiente a la ciudad, esperando por momentos que se rindiesen los sitiados, y sin permitir que se les hiciese daño alguno se dirigió a unos hombres principales que ocupaban una trinchera, a quienes conocía desde la primera vez que estuvo en aquella corte y les preguntó por qué se empeñaban tan obstinadamente en defenderse, estando ya perdidos y en tan lastimoso estado que de un golpe podría quitarles a todos la vida. Respondieron que veían inevitable su ruina y querrían impedirla, pero no podían por no ser árbitros de la paz, y ofreciéronse a suplicar al rey que viniese a aquel mismo lugar a oír las proposiciones que se le querían hacer.

En efecto, partieron luego y dentro de breve tiempo volvieron diciendo que por ser ya tarde no podía venir el rey; pero que no dudaban que al día siguiente concurriría con Cortés en aquella plaza. En virtud de este aviso hizo Cortés aderezar un estrado en un edificio cuadrado que había en el centro de la plaza y servía de teatro a los mexicanos para

---

[41] Dice Cortés que se dijo que cuando aquel personaje se presentó al rey para hacerle las proposiciones de paz de parte de los españoles, le mandó luego sacrificar Cuauhtemotzin; pero como este hecho no tuvo más fundamento que un rumor vago, no es digno de nuestra fe.

sus juegos y representaciones y previno de comer para el rey y su comitiva; ordenó a su gente que estuviese sobre las armas por si acaso se intentase de parte de los mexicanos alguna traición. Desde este sitio envió a decir al rey que allí le aguardaba; pero el rey envió en su lugar cinco personajes de mucha autoridad, excusándose de ir en persona así por cierta indisposición que sentía en su salud, como por la poca confianza que tenía en la palabra de los españoles.

Recibiólos Cortés con mucha benignidad, dioles de comer, en cuya ocasión mostraron la necesidad que padecían, y les encargó volviesen al rey a suplicarle de su parte que se dignase venir a aquel lugar deponiendo todo recelo; que él le empeñaba su palabra de que no se haría el más leve daño a su real persona; que su presencia era absolutamente necesaria y sin ella nada se podía concluir; y juntamente con esta embajada le envió un refresco de víveres, que era en aquellas circunstancias el presente más estimable. Al cabo de dos horas volvieron los mensajeros con un regalo de ricos vestidos de parte del rey, reproduciendo las excusas del día antecedente. Tres días pasaron en estas negociaciones sin fruto alguno.

### 32. Terrible conflicto y estrago de los mexicanos

Por haberle pedido los mexicanos que los aliados no se hallasen presentes a la conferencia con el rey, había dado orden Cortés de que se mantuviesen fuera de la ciudad; pero viendo burladas sus esperanzas llamó a los de su campo, que eran más de 150,000 hombres, y a las tropas del campo de Alvarado, y con todas estas fuerzas comenzó a combatir ciertas trincheras y fosos que eran la mayor fortificación que quedaba a los sitiados; y al mismo tiempo los atacó el comandante Sandoval con sus respectivas tropas por la parte del norte. Éste fue el día más fatal para aquella ciudad y en el que derramó más sangre mexicana, no teniendo ya aquellos infelices ciudadanos ni armas con qué rechazar la muchedumbre y furor de sus enemigos, ni fuerzas para defenderse, ni aun suelo en que combatir.

La tierra estaba toda cubierta de cadáveres y el agua teñida en sangre; no se veían más que ruinas, estragos y lástimas, ni se oían más que llantos dolorosos y clamores de desesperación. Los aliados se encarnizaban de tal suerte en aquella miserable gente, que más trabajaban los españoles en contener su crueldad que en combatir con sus enemigos. Fue tan grande el estrago que este día se hizo en los mexicanos, que entre muertos y prisioneros pasaron, según declara Cortés, de 40,000.

### 33. Último asalto, toma de la ciudad y prisión de los reyes

La intolerable hediondez de los cadáveres que habían estado por algunos días sobre la tierra precisó a los sitiadores a retirarse por entonces de la ciudad; pero al otro día volvieron para dar el último asalto a aquel rincón de Tlaltelolco que quedaba en poder de los mexicanos. Llevó consigo Cortés tres cañones de artillería y toda su gente, señaló a sus capitanes los lugares por donde debían dar el asalto, ordenóles que hiciesen cuanto les fuese posible para obligar a los sitiados a echarse al agua por aquella parte donde esperaba Sandoval con todos los bergantines, que era una especie de puerto ceñido por todas partes de casas, en el cual se recogían las canoas mercantiles que acudían al mercado de Tlaltelolco, y sobre todo que procurasen prender al rey Cuauhtemotzin, pues con sólo esta diligencia quedaría ganada la ciudad y concluida la guerra.

Pero antes de dar este golpe decisivo hizo nuevas tentativas para la paz, en las cuales influía no solamente la compasión de tantos miserables, sino también el deseo de apoderarse de los tesoros del rey y de los particulares; porque tomándose por asalto aquella última parte de la ciudad, podrían los mexicanos, destituidos ya de toda esperanza de salvar sus riquezas, sepultarlas en el lago porque no las disfrutasen los vencedores o, en caso de no hacerlo, servirían al pillaje de los aliados que, por ser tantos y más prácticos en los secretos de las casas, no dejarían en el tumulto y confusión del asalto qué gozar a los españoles.

Con este designio volvió Cortés a hablar desde un lugar eminente a ciertos mexicanos de distinción que conocía, representándoles la crítica situación en que se hallaban y suplicándoles instasen de nuevo al rey; pues de no avenirse a la conferencia que tanto había solicitado por su bien y el de todos sus vasallos, estaba resuelto a no dejar aquel día ni uno solo con vida. Encargándose dos de ellos de negociar la venida del rey y poco después de haberse partido volvieron en compañía del Cihuacoatl o Supremo Magistrado de la corte. Recibiólo Cortés con demostraciones de honor y de agrado; pero él, con su despejo propio de quien quería manifestar la superioridad de su ánimo en el mayor conflicto, le dijo en substancia estas palabras: "No os canséis, general, en solicitar la conferencia de mi rey y señor Cuauhtemotzin; él está resuelto a morir antes que comparecer en vuestra presencia. Bien saben los dioses el gran dolor que me causa semejante resolución; pero no puedo remediarlo. Por tanto, tomad vos de vuestra parte las medidas que os parecieren más oportunas a vuestros designios".

Cortés le dijo que se retirase y preparase los ánimos de sus ciudadanos para la muerte que ya iban a darles. Entre tanto habían venido a entregarse a los españoles tropas numerosas de mujeres, niños y gente miserable, porfiando a quien se anticipaba a salvarse del último exterminio, y ahogándose algunos de los que se esforzaban a pasar a nado los fosos, por la debilidad de sus fuerzas. Dio Cortés orden de que no se hiciese daño alguno a los que venían a entregarse, y aún distribuyó en varios puestos algunos españoles para que reprimiesen con su autoridad la bárbara crueldad de los aliados; pero a pesar de sus órdenes y providencias perecieron a manos de aquellas inhumanas y furiosas tropas más de 15,000 entre hombres, mujeres y niños.

Los nobles y militares que se mantenían obstinados en la resolución de defenderse hasta el último aliento, ocupaban los terrados de las casas y algunas calzadas. Cortés, viendo que ya era tarde y no acababan de rendirse, asestó contra ellos la artillería, y, no bastando, dio con un tiro de escopeta la señal del asalto. Acometieron a un tiempo todos los sitiadores y apretaron de tal suerte a los débiles y angustiados ciudadanos, que no quedándoles ya parte alguna de la ciudad donde ampararse del furor de tan grande número de enemigos, se arrojaban unos al agua y otros se entregaban rendidos a los vencedores.

Tenían los mexicanos prevenidas canoas para salvarse con la fuga del poder de los españoles; pero Cortés, previendo este recurso, había ordenado a Sandoval que con los bergantines ocupase el puerto y apresase las canoas. A pesar de la actividad de Sandoval se escaparon muchas y entre ellas la que llevaba a bordo las personas reales. Mandó Sandoval en su seguimiento a García de Holguín, capitán del más ligero bergantín, el cual se dio tanta prisa que en breve la alcanzó. Disponíanse a disparar sobre ella los españoles, pero los fugitivos bajaron sus armas en señal de rendirse. Iban en aquella gran canoa o piragua, como la llama Bernal Díaz, el rey de México Cuauhtemotzin y la reina Tecuichpotzin y el rey de Tlacopan Tetlepanquetzaltzin con otras personas distinguidas.

Abordó el bergantín y el rey de México se adelantó diciendo: "Soy, oh capitán, vuestro prisionero; no os pido otra gracia sino que guardéis a la reina mi esposa y a sus damas el decoro que se debe a su sexo y a su calidad", y dando la mano a la reina, pasó con ella al bergantín. Observó el capitán español solícito las demás canoas, y el rey le dijo que depusiese todo su cuidado, que todos, en sabiendo que su señor era preso, vendrían a morir con él. Condujo el capitán Holguín aquellos ilustres prisioneros a Cortés, que se hallaba en el terrado de una de las casas de Tlaltelolco. Recibiólos el general español con todas las demostraciones de honor y de humanidad y les hizo tomar asiento.

Cuauhtemotzin, con una gran presencia de ánimo, le dijo estas palabras: "He practicado, oh valiente general, para mi defensa y la de mis vasallos, cuando exigía el honor de mi corona y el celo de mi pueblo; pero por haberme sido contrarios los dioses me veo al presente desposeído de la corona y de la libertad. Yo soy vuestro prisionero; disponed en adelante de mi persona a vuestro arbitrio". Y poniendo la mano sobre un puñal que tenía Cortés a la cinta, "quitadme, añadió, la vida que no perdí en defensa de mi reino". Cortés procuró consolarle con buenas razones, protestándole que no lo miraba como prisionero suyo sino del mayor monarca de Europa, de cuya clemencia debería esperar no solamente la libertad que había perdido, sino aun el trono de sus mayores que tan dignamente había ocupado y defendido.

Pero ¿qué consuelo podría recibir con semejantes protestas, o qué crédito dar a las palabras de Cortés el que había sido siempre su enemigo, habiendo visto que a su tío, el rey Moctezuma, no le valió el ser su amigo y protector para no perder la corona, la libertad y la vida? Pidió a Cortés que no se hiciese daño alguno a sus vasallos, y Cortés le encargó que mandase a todos sus súbditos que se rindiesen. Uno y otro dieron sus órdenes y ambos fueron obedecidos. Determinóse que saliesen de la ciudad todos los mexicanos sin armas ni carga alguna, y, según depone Bernal Díaz del Castillo, testigo ocular y sincero, tres días con sus noches se vieron llenas las tres calzadas de hombres, mujeres y niños débiles, macilentos y sucios que salían a buscar amparo en otras poblaciones.

El hedor de la ciudad por la multitud de cadáveres corrompidos e insepultos era tan insoportable, que al mismo general español ocasionó indisposición en la salud. Todas las calles y fosos estaban llenos de cuerpos muertos y desfigurados,[42] el suelo se halló en parte arado por los ciudadanos que buscaban dentro de la tierra raíces de qué alimentarse, y los árboles descortezados por el hambre. Mandó el general enterrar los cadáveres y encender luminarias en la ciudad, así por celebrar su victoria como por purgar el aire de la corrupción. A la voz que luego corrió por toda la tierra de la toma de la capital, vinieron a dar la obediencia a Cortés las provincias del imperio, aunque no faltaron algunas que aun después de uno y de dos años dieron no poco qué hacer a los españoles.

---

[42] "Es verdad y juro, amén, que toda la laguna y casas y barbacoas estaban llenos de cuerpos y cabezas de hombres muertos, que yo no sé de qué manera lo escriba: pues en las calles y en los mismos patios de Tlaltelolco no había otras cosas, y no podíamos andar sino entre cuerpos y cabezas de indios muertos. Yo he leído la destrucción de Jerusalén: mas si en ella hubo tanta mortandad como ésta, yo no lo sé, etc." Bernal Díaz (cap. 156.) *Historia verdadera de la Conquista de la Nueva España.* Yo creo que los mexicanos dejaron de propósito insepultos los cadáveres para ahuyentar con su mal olor a los sitiadores. No se puede pensar otra cosa si se considera la escrupulosa diligencia de aquella nación en las exequias de sus difuntos.

Los aliados se volvieron a sus respectivos lugares muy alegres con los despojos que les habían tocado y satisfechos de haber destruido una corte cuya dominación les era intolerable o cuyas armas les tenían en perpetuo sobresalto, no advirtiendo que con sus mismas armas habían forjado las cadenas que habían de oprimir su libertad, y que la ruina de aquel imperio sería el abatimiento de las demás naciones.

El botín no igualó con mucho la esperanza de los vencedores. La ropa que se halló se repartió por la mayor parte entre los aliados. Las piezas de oro y plata y pluma, que por su singular artificio se conservaron enteras, se remitieron al emperador Carlos V. Lo restante del oro que se fundió apenas llegó a 19,200 onzas,[43] así porque los mexicanos sepultaron la mayor parte en el lago[44] como porque los particulares españoles y aliados procuraron en el saco recompensarse clandestinamente sus fatigas.

La total ocupación de la ciudad y conquista del imperio mexicano fue el día 13 de agosto de 1521, a los 196 años de fundada por los aztecas y a los 169 de erigida por monarquía, que gobernaron once reyes. El sitio de aquella capital, comparable en los estragos y lástimas con el de Jerusalén por las armas de los romanos, duró 75 días, en cuyo tiempo murieron de los 200 y tantos mil aliados algunos millares, y de 900 españoles más de ciento. El número de los mexicanos muertos no se sabe con certeza. Parece, por la relación de Cortés y por lo que dicen otros historiadores, que los que perecieron a manos de los sitiadores fueron más de 100,000. De los que murieron de hambre y de enfermedad, ocasionada del agua salitrosa que bebían o de la corrupción del aire, afirma el mismo Cortés que pasaron de 50,000.

La ciudad quedó casi enteramente arruinada. El rey de México, a pesar de las grandiosas promesas del general español,[45] fue pocos días después puesto ignominiosamente en tortura para que declarase dónde paraban las inmensas riquezas de la corte y del templo, la cual sufrió con admirable constancia, y al cabo de tres años fue, por ciertos recelos,

[43] Cortés dice que fueron 130,000 castellanos, que son las 19,200 onzas que expresamos. Bernal Díaz dice que importó el oro 380,000 pesos, que parece ser algo más. Todo lo que se envió a Carlos V, en que iban joyas singulares de oro, perlas de enorme magnitud y piedras de inestimable valor, fue robado por Juan Florin, corsario francés y conducido a la corte de Francia, la cual autorizaba semejantes latrocinios bajo el no menos frívolo que celebrado título de *Hijo de Adán*.

[44] Bernal Díaz dice que después de la conquista sacaron los españoles del fondo del lago algunas piezas de oro y, entre otras, un sol semejante al que Moctezuma había regalado a Cortés cuando éste se hallaba en los arenales de Chalchiuhcuecuan.

[45] No tomó Cortés la indigna y bárbara resolución de dar tormento al rey de México sino por condescender a las instancias de los oficiales reales, los cuales sospechaban que el rehusar Cortés la tortura era por aprovecharse secretamente del tesoro real. El tormento que se dio al rey fue quemarle los pies a fuego lento. Acompañólo y murió en los tormentos un íntimo privado. Bernal Díaz dice que fue también atormentado el rey de Tlacopan.

ahorcado con los reyes de Acolhuacán y de Tlacopan.[46] Los mexicanos, con todas las demás naciones que ayudaron a su ruina, quedaron, a pesar de las cristianas y prudentes leyes de los Monarcas Católicos, abandonados a la miseria, la opresión y al desprecio no solamente de los españoles, sino aun de los más viles esclavos africanos y de sus infames descendientes, vengando Dios en la miserable posteridad de aquellas naciones la crueldad, la injusticia y la superstición de sus mayores. Funesto ejemplo de la Justicia Divina y de la inestabilidad de los reinos de la tierra.

---

[46] Cuauhtemotzin, rey de México, Coanacotzin, rey de Acolhuacán, y Tetlepanquetzaltzin, rey de Tlacopan, fueron ahorcados de un árbol en Izancanac, capital de la provincia de Acatlán, en un día de Carnestolendas de 1525. Bernal Díaz no hace mención del rey de Acolhuacán. La causa de su muerte fue una conversación que tuvieron entre sí sobre sus desgracias y sobre la facilidad con que podrían, si quisiesen, deshacerse de Cortés y de todos los españoles, y recobrar su libertad y sus coronas. Un traidor mexicano, por ganarse la gracia del general español, le dio parte de todo, alterando la substancia de las palabras y pintando como conjuración concertada lo que había sido un mero discurso. Cortés, que iba de camino para la provincia de Comayahua y se hallaba con pocos españoles debilitados por las fatigas del viaje entre más de 3,000 mexicanos, sobresaltado del peligro no halló otro medio para salir de él que la muerte de aquellos tres reyes. "Fue esta muerte —dice Bernal Díaz— muy injustamente dada, y pareció mal a todos los que íbamos en aquella jornada." Ocasionó a Cortés una gran tristeza y algunos privilegios. El citado autor añade que Fray Juan Varillas, religioso mercedario, los confesó y auxilió en el suplicio; que eran buenos cristianos y murieron bien dispuestos, de lo cual se infiere que habían sido bautizados; pero entre tantos historiadores de México no hay uno que haga mención de un suceso tan notable y tan glorioso como era el bautismo de estos tres últimos reyes, gastando páginas y pliegos enteros en cosas ridículas y de ninguna entidad; y, lo que es más de admirar, Torquemada, que trabajó veinte años en la *Historia de México*, que abultó sus tres enormes volúmenes con las relaciones del descubrimiento de las Islas Salomón, las revoluciones de Filipinas, las persecuciones de Japón y otras mil cosas impertinentes, no había una sola palabra de la conversión de aquellos tres reyes.

# DESCENDENCIA DE HERNÁN CORTÉS

Fernando Cortés, conquistador, gobernador, y capitán general del reino de México, I marqués del Valle de Oaxaca, casado en segundas nupcias con Juana Ramírez de Arellano y Zúñiga, hija de Carlos Ramírez de Arellano, II conde de Aguilar, y de Juana de Zúñiga, hija del conde de Bañares, primogénito de Álvaro de Zúñiga, I duque de Béjar.[1]

## I

Su hijo: Martín Cortés Ramírez de Arellano, II marqués del Valle, casado con su sobrina Ana Ramírez de Arellano.

## II

1. Sus hijos: Fernando Cortés Ramírez de Arellano, III marqués del Valle, casado con Mencia Fernández de Cabrera y Mendoza, hija de Pedro Fernández Cabrera y Bobadilla, II conde de Chinchón, y de María de Mendoza y de la Cerda, hermana del príncipe de Melito. No tuvo don Fernando más que un hijo, que murió niño, por lo que le sucedió su hermano.
2. Pedro Cortés Ramírez de Arellano, IV marqués del Valle, casado con Ana Pacheco de la Cerda, hermana del II conde de Montalván. Murió sin hijos, y por esta razón le sucedió su hermana.
3. Juana Cortés Ramírez de Arellano, V marquesa del Valle, casada con Pedro Carrillo de Mendoza, IX conde de Priego, asistente y capitán general de Sevilla y mayordomo mayor de la reina Margarita de Austria.

---

[1] A más del heredero del marquesado, tuvo Cortés algunos otros hijos, parte legítimos y parte bastardos. Los legítimos fueron:
    1. María Cortés, etc., casada con Luis de Quiñones, V conde de Luna.
    2. Catarina, muerta en Sevilla.
    3. Juana, mujer de Fernando Enríquez de Ribera, II duque de Alcalá, marqués de Tarifa, conde de los Morales.
    4. Leonor, casada en México con Juan Tolosa, vizcaíno.
Los bastardos fueron:
    1. Martín Cortés, nacido de la famosa doña Marina, caballero de la orden de Santiago.
    2. Luis, nacido de una dama llamada doña N. Hermosilla, y otras tres hijas de tres indias nobles.

## III

Su hija: Estefanía Carrillo de Mendoza y Cortés, VI marquesa del Valle, mujer de Diego de Aragón, IV duque de Terranova, príncipe de Castel Veterano y del S. R. I. marqués de Avola y de la Favara, condestable y almirante de Sicilia, comendador de Villafranca, virrey de Cerdeña, caballero de la insigne orden del Toisón de oro.

## IV

Su hija única: Juana de Aragón Carrillo de Mendoza y Cortés, V duquesa de Terranova y VII marquesa del Valle, camarera mayor de la reina Luisa de Orleáns, y después de la reina Mariana de Austria, casada con Héctor Pignatelli, V duque de Monteleón, príncipe de Noja, marqués de Cerchiara, conde de Borello, de Caronia y de Santángelo, virrey de Cataluña, grande de España, etc.

## V

Su hijo único: Andrés Fabricio Pignatelli de Aragón Carrillo de Mendoza Cortés, VI duque de Monteleón, VI duque de Terranova, VIII marqués del Valle, grande de España, gran camarlengo del reino de Nápoles, caballero del Toisón de oro, etc., casado con Teresa Pimentel y Benavides, hija de Antonio Alfonso Pimentel de Quiñones, XI conde de Benavente, de Luna y de Mayorga, grande de España, etc., y de Isabel Francisca de Benavides, III marquesa de Javalquinto y de Villarreal.

## VI

Si hija: Juana Pignatelli de Aragón, Pimentel Carrillo de Mendoza y Cortés, VII duquesa de Monteleón, VII duquesa de Terranova, IX marquesa del Valle, grande de España, etc., mujer de Nicolás Pignatelli, de los príncipes de Noja y de Cerchiara, príncipe del S. R. I., virrey de Cerdeña y de Sicilia, caballero del Toisón de oro, etc.

## VII

Su hijo: Diego Pignatelli de Aragón, etc., VIII duque de Monteleón, VIII duque de Terranova, X marqués del Valle, grande almirante y condestable del reino de Sicilia, grande de España, príncipe del S. R. I., caballero del Toisón de oro, etc., casado con Margarita Pignatelli, de los duques de Bellosguardo.

## VIII

Su hijo: Fabricio Pignatelli de Aragón, etc., IX duque de Monteleón, IX duque de Terranova, XI marqués del Valle, grande de España, príncipe del S. R. I., etc., casado con Constanza Médici, de los príncipes de Otajano.

## IX

Su hijo: Héctor Pignatelli de Aragón, etc., X duque de Monteleón, X duque de Terranova, XII marqués del Valle de Oaxaca, grande de España, príncipe del S. R. I., vive actualmente en Nápoles, casado con N. Piccolomini, de los duques de Amalfi.

De aquel nobilísimo matrimonio que hemos puesto bajo el número VI nacieron cuatro hijos: Diego, Fernando, Antonio y Fabricio, y otras tantas hijas: Rosa, María Teresa, Estefanía y Catarina:

I. Don Diego fue el heredero del marquesado del Valle y de los ducados de Monteleón y de Terranova.

II. Don Fernando casó con doña Lucrecia Pignatelli, princesa de Strongoli, cuyo hijo don Salvador casó con doña Julia Mastrigli, de los duques de Marigliano.

III. Don Antonio se casó en España con la hija única del conde de Fuentes. De este matrimonio nació don Joaquín Pignatelli de Aragón Moncayo, etc., conde de Fuentes, marqués de Coscojuela, grande de España, príncipe del S. R. I., caballero del Toisón de oro, de Santiago, etc., embajador del rey de España en las cortes de Inglaterra y Francia y presidente del real consejo de las órdenes militares, cuyo hijo don Luis, que hoy vive, ha casado con la hija única y heredera de Casimiro Pignatelli, conde de Egmont, duque de Bisaccia, caballero del Toisón y teniente general de los ejércitos del rey cristianísimo.

IV. Don Fabricio tomó por mujer a doña Virginia Pignatelli, hermana de la princesa de Strongoli, cuyo hijo don Miguel es marqués de Salice y Guagnano.

V. Rosa fue dada en matrimonio al príncipe Sacalca.

VI. María Teresa al marqués de Westerto, señor bohemio.

VII. Estefanía, al príncipe de Bisignano.

VIII. Catarina, al conde de Acerra.

# DESCENDENCIA DEL REY MOCTEZUMA

MOCTEZUMA, IX rey de México, casado con Miahuaxóchitl, su sobrina.

Pedro Johualicahuatzin Moctezuma, casado con Catarina Quauxóchitl, su sobrina.

Diego Luis Ihuatemotzin Moctezuma, casado en España con Francisca de la Cueva.

Pedro Tesifonte Moctezuma de la Cueva, I conde de Moctezuma y de Tula, vizconde de Iluca, casado con Gerónima Porras.

---

Diego Luis Moctezuma y Porras, II conde de Moctezuma, etc, casado con Luisa Jofre de Loaisa y Carrillo, hija del conde de Arco.

María Gerónima Moctezuma Jofre de Loaisa, III condesa de Moctezuma, etc., casada con José Sarmiento de Valladares, virrey de México y I duque de Atrisco.

Doña Fausta Dominga Sarmiento Moctezuma, IV condesa de Moctezuma, muerta doncella (1697).

Melchora Sarmiento Moctezuma, V condesa de Moctezuma, muerta sin sucesión (1717); los Estados de Moctezuma recayeron en Teresa Nieto etc., hija del I marqués de Tenebron.

Teresa Francisca Moctezuma y Porras, casada con Diego Cisneros de Guzmán.

Gerónima Cisneros Moctezuma, casada con Félix Nieto de Silva, I marqués de Tenebron.

Teresa Nieto de Silva y Moctezuma, II marquesa de Tenebron y VI condesa de Moctezuma, etc., casa con Gaspar de Oca Sarmiento y Zúñiga.

Gerónimo de Oca Moctezuma, III marqués de Tenebron y VII conde de Moctezuma, casado con María Josefa de Mendoza.

Joaquín de Oca Moctezuma y Mendoza, VIII conde de Moctezuma, IV marqués de Tenebron y grande de España, que vive hoy.

Hay, así en España como en México, otras ramas de esta nobilísima estirpe.

## AL LECTOR

Las disertaciones que damos ahora a la luz son no sólo útiles sino necesarias para ilustrar la *Historia antigua de México* y para confirmar la verdad de muchas cosas contenidas en ella. La I *Disertación* suple la falta de noticias sobre la primera población del Nuevo Mundo. La segunda, para que se sepan los fundamentos de nuestra cronología, y servirá para cualquiera que quiera escribir en lo sucesivo la historia de México. Todas las demás son necesarias para disuadir a los incautos lectores de los errores en que han incurrido muchos autores modernos que, sin suficientes conocimientos, han escrito sobre la tierra, los animales y los hombres de la América.

Porque, ¿cuántos al leer, por ejemplo, la obra de Paw, *Investigaciones filosóficas sobre los americanos,* no se llenarán las cabezas de mil ideas indecentes y contrarias a la verdad de mi *Historia?* Él es filósofo a la moda y erudito, principalmente en ciertas materias, en las que sería mejor que fuese ignorante o, a lo menos, que no hablase; sazona sus discursos con bufonadas y maledicencia, poniendo en ridículo cuanto hay respetable en la Iglesia de Dios, y mordiendo a cuantos se enfrentan a sus *Investigaciones,* sin ningún respeto a la verdad ni a la buena fe. Decide sin reparo, y en tono magistral cita a cada tres palabras a los escritores de América, protestando que su obra es fruto del trabajo de diez años. Todo esto hace, ante muchos lectores de nuestro siglo, muy recomendable al autor. Su maledicencia, el desprecio con que habla de los padres más venerados de la Iglesia, la burla que hace de los pontífices romanos, los soberanos y las órdenes religiosas, y su poco aprecio por los Libros Sagrados, en lugar de disminuir su autoridad parecen aumentarla, en un siglo en que se han publicado más errores que en todos los siglos pasados, en que se escribe con libertad, se miente con desvergüenza y no es apreciado el que no es filósofo, ni se reputa tal el que no se burla de la religión y toma el lenguaje de la impiedad.

Paw quiere persuadir al mundo que en América la naturaleza ha degenerado enteramente en los elementos, las plantas, los animales y los hombres. La tierra sombría por los altos montes y las rocas, y las llanuras anegadas con aguas muertas y dañosas, o cubierta de vastos bosques, tan espesos que no penetran los rayos solares, es, dice, generalmente muy estéril y más abundante en plantas venenosas que el resto del mundo. El aire malsano es mucho más frío que el del otro continente.

El clima, contrario a la generación de los animales. Todos los propios de América son más pequeños, más deformes y más débiles, más cobardes y más estúpidos que los del Antiguo Mundo, y los que se trasladaron a ella de otra parte, inmediatamente degeneraron, así como todas las plantas de Europa trasplantadas a América.

Los hombres apenas se diferenciaban de las bestias si no es en la figura; pero aun en ésta se descubren muchas señales de su degeneración: el color trigueño, la cabeza muy dura y armada de gruesos cabellos, y todo el cuerpo privado enteramente de pelo. Son brutos y débiles y están sujetos a muchas enfermedades extravagantes, causada por el clima insalubre. Pero aun siendo así sus cuerpos, todavía son más imperfectas sus almas. Carecen de memoria, al punto que hoy no recuerdan lo que hicieron ayer. No saben reflexionar ni ordenar sus ideas, ni son capaces de mejorarlas, ni aun de pensar, porque en sus cerebros sólo circulan humores gruesos y viscosos. Su voluntad es insensible a los estímulos del amor y de cualquier otra pasión. Su pereza los tiene sumergidos en la vida salvaje. Su cobardía se manifestó en la Conquista.

Sus vicios morales corresponden a estos defectos físicos. La embriaguez, la mentira y la sodomía eran comunes en las islas, México, el Perú y en todo el Nuevo Continente. Vivían sin leyes. Las pocas artes que conocían eran muy groseras. La agricultura estaba entre ellos enteramente abandonada, su arquitectura muy mezquina, y más imperfectos todavía sus instrumentos. En todo el Nuevo Mundo no había más que dos ciudades: Cuzco, en la América meridional, y México en la septentrional, y estas dos no eran más que dos miserables aldeas.

Éste es un ligero bosquejo del monstruoso retrato que Paw hace de la América. No lo expongo enteramente y omito los que han hecho otros autores mal informados o, como él, preocupados, porque no tengo paciencia para copiar tantos despropósitos. No pretendo hacer la apología de América y los americanos, porque sería necesaria una obra voluminosa. Para escribir un error o una mentira bastan dos líneas, y para impugnarla se necesitan tal vez dos páginas. ¿Cuántas serían menester para refutar tantos centenares de errores? Por lo mismo, solamente quiero impugnar los que se oponen a la verdad de mi *Historia*. He escogido la obra de Paw, porque, como en una sentina o albañal, ha recogido todas las inmundicias, esto es, los errores de todos los demás. Si parecen un poco fuertes mis expresiones, es porque no hay que usar dulzura con un hombre que injuria a todo el Nuevo Mundo y a las personas más respetables del Antiguo.

Pero aunque la obra de Paw sea el principal blanco de mis tiros, tendré también que hacer con algunos autores, entre éstos Buffon. Le tengo gran estimación y lo reputo el más diligente, el más hábil y el más elocuente naturalista de nuestro siglo; creo que no ha habido hasta ahora otro en el mundo que haya dado a conocer mejor los animales; pero como el asunto que trata es tan vasto, no es de admirar que a veces errase o se olvidase de lo que antes había escrito, principalmente sobre América, en donde la naturaleza es tan varia, por lo que ni esos errores, ni las razones que damos contra ellos, podrán perjudicar la gran reputación de que goza entre los literatos del mundo.

En el cotejo que hago de un continente con el otro, no pretendo hacer aparecer que la América es superior al Mundo Antiguo, sino solamente demostrar las consecuencias que pueden naturalmente deducirse de los principios de los autores que impugno. Semejantes paralelos son odiosos, y el alabar apasionadamente el propio país sobre los demás parece más de niños que se pelean que de hombres que discuten.

En las citas de la *Historia de los cuadrúpedos,* de Buffon, me he valido de la edición de París, en la imprenta real, en treinta y seis tomitos (1749—1788). De las *Investigaciones,* de Paw, he usado la edición de Londres (1771) en tres tomos, con la impugnación de don Pernety y la respuesta de Paw.

# PRIMERA DISERTACIÓN

## 1. Población de América y particularmente la de México

Apenas se encontrará en la Historia un problema de más difícil solución que el de la población de América, ni en cuestión en que haya habido una variedad más grande de opiniones. Puede decirse que son tantas como las de los antiguos filósofos en orden al Sumo Bien. No quiero examinarlas todas, porque sería un trabajo infructuoso; ni menos establecer un nuevo sistema, pues no hay fundamentos en qué apoyarlo. Quiero solamente exponer y sujetar al juicio de los hombres doctos mis conjeturas, porque me parece que no serán del todo inútiles; pero para discurrir con la claridad y precisión que conviene dividiré el punto general en algunos artículos y declararé mis ideas en diversas conclusiones.

¿En qué tiempo se comenzó a poblar América? Betancourt *(Teatro mexicano,* Trat. 1, cap. I) y otros autores se persuadieron de que el Nuevo Mundo comenzó a poblarse antes del diluvio. Esto pudo ciertamente suceder, porque el espacio de 1656 años corridos desde la creación de los primeros hombres hasta el diluvio, según la cronología del texto hebreo del *Génesis* y de nuestra *Vulgata,* y mucho más el de 2,242 o de 2,262 años, según el cómputo de los Setenta, fue sin duda suficiente para poblar todo el mundo, como ya se ha demostrado, a lo menos después de diez o doce siglos pudieron algunas familias de aquellas que se fueron extendiendo hacia las partes más orientales de Asia, parar en aquella parte del mundo que llamamos América, o fuese, como yo creo, unida a aquella otra, o separada por un pequeño estrecho de mar. Pero, ¿cómo se puede probar que en efecto se pobló América antes del Diluvio, como quieren aquellos autores? Porque antes en América, dicen, hubo gigantes, y la época de éstos fue antediluviana *(Gén.* 6). Porque Dios, dirán otros, no creó la tierra sino para que fuese habitada *(Isai.* 45), y no es verosímil que, habiendo creado con este fin a América, quisiese dejarla tanto tiempo sin habitantes, y principalmente habiéndole mandado a los primeros hombres que se multiplicasen y llenasen la tierra *(Gén.* 1).

Pero aun cuando concediéramos a aquellos autores que el sagrado texto, en el cual se hace mención de los gigantes, deba entenderse en el sentido vulgar, esto es, de hombres de extraordinaria altitud y corpulencia, y no dudamos que haya habido tales hombres en el Nuevo Mundo, como hemos dicho en otra parte, a pesar de los señores Lloane,[1] Paw y otros, que no creen si no aquello que están acostumbrados a ver: esto, por otra parte, nada contribuiría a confirmar aquella opinión, pues los mismos Sagrados Libros nos dan noticia de algunos gigantes posteriores al diluvio, como de Og, rey de Basan,[2] y de aquellos cinco Getheos de quienes se habla en los Libros de los Reyes. De estos gigantes, que menciona la Sagrada Escritura por la relación que tienen con la historia de los hebreos, podemos conjeturar que hubiese habido otros muchos, así en Palestina como en otros países, cuya noticia no importaba a los historiadores sagrados. El texto de Isaías nada prueba en favor de la opinión, pues aunque Dios hubiese creado la tierra para que fuese habitada, nadie puede adivinar el tiempo señalado por él para la ejecución de sus divinos consejos.

El viajero Gemelli Carreri dice, alegando ciertas pinturas antiguas de los mexicanos *(Giro del mundo,* tomo VI), que la ciudad de México se fundó el año 2 *Calli,* correspondiente al año 1325 de la creación del mundo, esto es, más de trescientos años antes del diluvio; pero este enorme despropósito no fue error de su entendimiento sino yerro de su pluma, como claramente se conoce leyendo todo el contexto de su narración; por lo que sin fundamento se lo echa en cara el maldiciente investigador, que culpa también de este error al celebradísimo Sigüenza y Góngora, cuando estamos seguros de que este docto mexicano era de una opinión muy diversa. Es, pues, cierto que la ciudad de México se fundó el año 2 *Calli* y que este año fue el de 1325, pero no de la creación del mundo sino de la Era vulgar del cristianismo.

[1] El escrito de Hans Lloane, inglés, en el que trata de probar que los grandes huesos hallados en América han sido de elefantes, etc., no de gigantes, figura en las *Memorias de la Academia Real de Ciencia* de París (Lib. I, 1727). A más de lo dicho en nuestra *Historia* contra esta opinión, añadimos aquí el testimonio del Dr. Hernández, testigo ocular, sincero y muy inteligente: *Per multa gigantium,* dice, *non vulgaris magnitudines ossa per hosce dies inventa sunt cum apud texcocanos, tum apud tollosenses.* Hec autem, añade, *notiora sunt quam ut fides queat illis ab aliquo denegari: et tamen non me latet a multis judicari, multa fieri non posse, ante quam facta sunt. Adeo verum, est, atque indubitatum quod Plinius noster dixit: nature vim atque majestatem ómnibus momentis fide carere.* Tract. 1, de cuadrup. N. Hisp. cap. 32. Si en las excavaciones hechas en América solamente se hubieran encontrado huesos separados y esparcidos, podría creerse con razón que hubiesen sido de algunas grandes bestias; pero habiéndose hallado así cráneos humanos como esqueletos enteros, no hay lugar a las conjeturas de Lloane. Véase lo que refiere el P. Acosta en el libro 7, cap. 3, de su *Historia* en orden al esqueleto gigantesco desenterrado el año de 1586 en *Jesús del Monte,* hacienda de los jesuitas de México inmediata a esta capital, cuando él vivía allí. Véase también lo que dice Zárate, docto y respetable escritor de la historia del Perú (Lib. I, cap. 5), sobre los huesos y cráneos humanos desenterrados en su tiempo en Puerto-Viejo, provincia de Guayaquil. Véase lo que refiere el sincerísimo Bernal de los huesos presentados por los tlaxcaltecas a Cortés, etc., etc.

[2] Torrubia, en su *Aparato a la historia natural de España,* incurre en tres ocasiones en el grosero error de hacer a Og antediluviano y afirma expresamente que fue anegado en el diluvio.

Es, por otra parte, inútil al investigador el que la América se haya poblado antes del diluvio, pues no pudiéndose adivinar esto, y siendo, por otra parte, ciertísimo que en el diluvio perecieron todos los hombres, siempre es necesario después de aquella inundación general buscar para América nuevos pobladores. Bien sé que algunos autores circunscriben el diluvio a los confines de una parte de Asia; pero esta opinión no se conforma con la verdad de los Libros Sagrados,[3] ni con la tradición de los mismos americanos,[4] ni con las observaciones físicas.

El doctor Sigüenza y Góngora creyó comenzada la población de América poco después de la dispersión de las gentes. Como no tenemos los manuscritos de este famosísimo mexicano, ignoramos los fundamentos de su opinión, que, por otra parte, es muy conforme a la tradición de los chiapanecos, de quienes hablaremos después. Otros autores, por el contrario, creen muy moderna aquella población, porque los escritores de la historia de los mexicanos y los peruanos no encontraron en estas naciones ninguna memoria de sus particulares acontecimientos que pasase de ocho siglos. Pero estos autores confunden la población del mismo México hecha por los chichimecas y los aztecas, con aquella

---

[3] *Operti sunt omnes montes excelsi sub universo coelo. Quindecim cubitis altior fuit aqua super montes quos operuerat,* Gén. 7. Parece que Dios sugirió estas palabras para desmentir las cavilaciones de los incrédulos, pues no es fácil encontrar expresiones más propias para significar la universalidad del diluvio. Pero aun cuando aquel sagrado texto debiera entenderse solamente de los montes de Palestina y de otros países no muy distantes de ella, como algunos pretenden, no puedo entender cómo pueda el agua, atendidas las leyes del equilibrio de los líquidos, levantar quince codos los altos montes de aquellos países sin anegar Asia, África, Europa y aun América. Si no fue pues universal el diluvio, ¿para qué mandar la construcción del arca cuando la familia Noé hubiera podido sustraerse de la inundación yéndose a otros países donde no se había de verificar aquella calamidad? ¿Para qué hacer encerrar en el arca algunos individuos de los cuadrúpedos, aves y reptiles, a fin de conservar la especie sobre la superficie de la Tierra? *Salvetur semen super faciem universe terre,* Gén. 7. Quedando las especies de los animales en otros muchísimos países que no debían anegarse, esta diligencia hubiera sido superflua y ridícula, especialmente con respecto a las aves. Por esta y otras razones debemos concluir que aquellos que, creyendo divina la autoridad de los Sagrados Libros, niegan la universalidad del diluvio deben por caridad llevarse a un hospital.

[4] Queriendo Dios hacer respetar su justicia por la posteridad de Noé y confundir la incredulidad de los mortales, dispuso que a más del testimonio de las Sagradas Escrituras y de los cuerpos marinos que en mucha abundancia han quedado en los montes para eternos monumentos del diluvio, se conservase también la memoria de aquel espantoso y general castigo entre las naciones americanas. Éstas, en efecto, sin tener alguna noticia de los libros santos, ni comercio alguno con las naciones del antiguo continente, tenían conocimiento del diluvio, como testifican Gómara, Acosta, Herrera, García, Martínez, Torquemada, Sigüenza y Góngora, Ixtlilxóchtl y todos aquellos autores que hicieron en esto diligentes averiguaciones. Los toltecas, acolhúas, tarascos, michoacaneses, mexicanos, mixtecos, tlaxcaltecas, chiapanecos y otras naciones conservaban la tradición del diluvio y lo tenían representado en sus pinturas. Creían que había sido universal y que todos los hombres habían sido ahogados, a excepción de un hombre y una mujer o una familia. Éste es un hecho de que no puede dudarse sin temeridad. Véase lo dicho en nuestra *Historia* y lo que diremos después. El P. Acosta dice que todos los indios tenían noticia del diluvio; pero esto debe entenderse de los que vivían en sociedad.

que sus antepasados habían hecho muchos siglos antes en los países septentrionales de América, ni saben distinguir a los mexicanos de las otras naciones que ocuparon antes aquel país.

¿Quién sabe, por ejemplo, cuándo entraron en el país de Anáhuac los otomíes, los olmecas, los cuitlatecos y los michoacaneses? No es de admitir que algunos escritores del reino de México no pudiesen encontrar memoria más antigua de ocho siglos, porque, a más de la pérdida de la mayor parte de los monumentos históricos de aquellas naciones, de que tantas veces hemos hecho mención, no sabiendo ellos por lo común ajustar los años mexicanos con los nuestros, se extraviaron de tal modo que incurrieron en muchos groseros anacronismos; pero aquellos que se proporcionaron mayor abundancia de antiguas y selectas pinturas, y tuvieron mayor sagacidad para averiguar la cronología de aquellos pueblos, como Sigüenza y Góngora e Ixtlilxóchitl, encontraron ciertamente memorias mucho más antiguas y se sirvieron de ellas para sus preciosísimos escritos.

Yo no dudo que la población de la América sea antiquísima, y mucho más de lo que parece a los autores europeos: 1º Porque a los americanos faltaban ciertas artes e invenciones, por ejemplo, la de servirse de la cera o aceite para alumbrarse, las cuales, siendo por una parte antiquísimas en Asia y Europa, son por otra utilísimas, por no decir necesarias, y una vez aprendidas, no se dejan jamás. 2º Porque las naciones cultas del Nuevo Mundo, y particularmente la del reino de México, conservaban en sus tradiciones y en sus pinturas de la creación del mundo el diluvio, la construcción de la torre de Babel, la confusión de las lenguas y la dispersión de las gentes, como hemos dicho en la *Historia* y testifican los autores arriba dichos, aunque alterada con algunas fábulas, y no tenían ninguna noticia de los sucesos acaecidos después en Asia, África ni Europa, a pesar de que muchos de ellos fuesen tan grandes y notables, que no podían fácilmente borrarse de su memoria. 3º Porque ni entre los americanos había noticia alguna de los pueblos del Antiguo Continente, ni entre éstos se ha encontrado vestigio alguno del tránsito hecho por aquellas naciones al Nuevo Mundo. Estas razones hacen, cuando no cierta, sí muy verosímil nuestra opinión.[5]

---

[5] Cierto autor moderno afirma que la población de América es más antigua que el uso del fierro, porque tal uso no se encontró entre los americanos. Pero esta opinión es sin duda falsa, pues la invención del fierro fue anterior al diluvio. De Tubalcain, sexto nieto de Adán, se dice en el cap. 4, del Génesis, que fue herrero y trabajó toda suerte de obras de fierro y de cobre. *Sella genuit Tubalcain, qui fuit malleator, et faber in cuneta osera eris et ferri.* Pues ¿quién creerá que América se pobló antes de Tubalcain? Los americanos no usaban del fierro, tal vez porque en los países septentrionales de la América, en donde primero se establecieron, no encontraron minas y después se perdió entre ellos la memoria de aquel metal.

## 2. Quiénes fueron los pobladores de América

Aquellos "espíritus fuertes" que no reconocen en los Libros Santos la suma verdad, o no hacen aprecio de ella, dicen que los americanos no traen su origen de Adán y de Noé, y creen, o fingen creer, que como Dios crió a Adán para que fuese padre de los asiáticos, así hizo después, o antes de él, otros hombres para que fuesen patriarcas de los africanos, los europeos y los americanos. Esto no se opone, dice un autor moderno,[6] a la verdad de los Sagrados Libros, porque aunque Moisés no haga mención de ningún otro primer patriarca fuera de Adán, esto fue porque él no se puso a escribir la historia de los otros pueblos, sino solamente la de los israelitas.

Pero a más de que este rancio sistema contradice abiertamente a la venerable tradición, a las Sagradas Escrituras[7] y a la común creencia de la Iglesia Católica (lo que poco importa a los filósofos de aquel país), ha sido también desmentido por la tradición de los mismos americanos, que en sus pinturas y sus cánticos se decían descendientes de los hombres que se salvaron de la general inundación. Los toltecas, acolhúas, mexicanos, tlaxcaltecas, tarascos, mixtecos, chiapanecos y otros pueblos, todos estaban de acuerdo en este punto; todos decían que sus antepasados habían venido de otra parte a aquellos países: señalaban el camino que habían llevado y aún conservaban los nombres, verdaderos o supuestos, de sus primeros progenitores, que después de la confusión de las lenguas se separaron del resto de los hombres.

El ilustrísimo Francisco Núñez de la Vega, obispo de Chiapas, dice en el proemio de sus *Constituciones sinodales* que en la visita de su diócesis que hizo hacia el fin del siglo pasado encontró muchos calendarios antiguos de los chiapanecos y un viejo manuscrito en la lengua de aquel país hecho por los mismos indios, el cual se decía, según su antigua tradición, que un cierto *Votan*[8] intervino en la construcción de aquel gran edificio que se hizo por orden de su abuelo para subir al cielo; que allí se dio a cada pueblo su lenguaje y que el mismo Votan fue encargado por Dios de hacer la división de las tierras de Anáhuac. Añade después que había en su tiempo en Teopixca, lugar grande de aquella diócesis, una familia de apellido Votan, que se creía descendiente de aquel antiguo poblador. Yo no pretendo hacer creer tan antigua la

---

[6] En su miserable obrilla *El filósofo dulce*, Berlín, 1775.
[7] *Tres isti filii sunt Noe: ab his disseminatum est omne genus hominum super universam terram*, Gén. 9. *Fecit ex uno omne hominum genus in habitare super faciem universae terrae*, Act. 17. No puede explicarse con palabras más significativas el común origen de todos los hombres traídos de Adán y de Noé.
[8] Votan es el principal entre aquellos veinte hombres ilustres que dieron su nombre a los veinte días del mes chiapaneco.

población de la América sobre la fe de aquella tradición de los chiapanecos, sino solamente dar a conocer que los americanos se reputaban descendientes de Noé.

De los antiguos indios de Cuba cuentan algunos historiadores de América que, habiéndoles preguntado los españoles su origen, respondieron que habían sabido por sus mayores que Dios crió el cielo, la tierra y todas las cosas; que un viejo, habiendo presentido una gran inundación, con la que Dios quiso castigar los pecados de los hombres, se fabricó una gran canoa y se embarcó en ella con su familia y muchos animales; que habiendo disminuido después la inundación, mandó al cuervo, el cual, como encontró carne mortecina de que alimentarse, no volvió jamás a la canoa; que después mandó a la paloma, y ésta volvió llevando en el pico un ramillo de *hoba*, árbol fructífero de la América; que cuando el viejo vio la tierra enjuta desembarcó, y habiendo hecho vino de uva silvestre, se embriagó y durmió; que entonces uno de sus hijos hizo mofa de su desnudez, y otro hijo piadosamente lo cubrió; que despertando bendijo a éste y maldijo a aquél; finalmente, que ellos traían su origen del hijo maldito, y por eso andaban casi desnudos; que los españoles, que estaban bien vestidos, acaso descendían de aquel otro.

Los mexicanos llamaban a Noé *Coxcox y Teocipactli,* y los michoacaneses *Tezpi.* Éstos decían que hubo un gran diluvio y que Tezpi, por no quedar ahogado, se embarcó en un madero hecho a manera de un arca, con su mujer, sus hijos y con diversos animales y algunas semillas de frutas, y que habiendo disminuido el agua, mandó aquella ave que tiene el nombre de *aura,* la cual se quedó para comer cuerpos muertos, y después mandó otras aves que tampoco volvieron, a excepción de aquel pajarito (el chupamirto), tan apreciado de ellos por la variedad de los colores de sus plumas, el cual le llevó un ramo,[9] y de esta familia creen todos traer su origen. Pues si tenemos respeto a los Sagrados Libros o a la tradición de los americanos, debemos buscar en la posteridad de Noé los pobladores del Nuevo Mundo.

Pero ¿quiénes fueron éstos? ¿Cuál de los hijos de Noé fue el tronco de las naciones americanas? Sigüenza y Góngora y la ingeniosísima mexicana sor Juana Inés de la Cruz creyeron que los mexicanos y otras naciones de Anáhuac fueron descendientes de Nephtuim, hijo de Mesraim y nieto de Cham. Boturini fue el de parecer que descendieron, no

---

[9] Herrera, *Déc.* 3, lib. 3, cap. 10. Véase *Déc.* 4, lib. 1, cap. 2, en orden a lo que decían de su origen los indios de Tierra firme. Véanse al mismo Herrera, Torquemada y otros sobre la tradición que había entre los haitíes o habitantes de la isla Española. De la tradición de los mexicanos, acolhúas y tlaxcaltecas hemos hablado en nuestra *Historia.* De la de los toltecas hacen mención Boturini, Torquemada y otros. De la de los mixtecos escribió García en su erudito tratado sobre el origen de los indios.

solamente de Nephtuim, sino también de sus otros cinco hermanos. El doctísimo español Arias Montano se persuadió de que los americanos, y particularmente los peruanos, perteneciesen a la posteridad de Ophir, cuarto nieto de Sem. Las razones de este autor son tan débiles e insuficientes, que no merecen se haga mención de ellas. De las de Sigüenza y Góngora hablaremos después.

Los otros autores que no han querido avanzar en sus investigaciones hasta una antigüedad tan remota han buscado en diversos países del mundo el origen de los americanos. Sus opiniones son tantas y tan diversas, que no es fácil numerarlas. Quién cree haber encontrado a los progenitores de los americanos en Asia, quién en África, quién en Europa. Entre los que se imaginan haberlos hallado en Europa, parece a algunos que aquéllos fueron los griegos, a otros los romanos, a otros los españoles, a otros los irlandeses, a otros los curlandeses y a alguno aun los rusos.

Entre aquellos que los reputan originarios de África quién los atribuye descendientes de los egipcios, quién de los cartagineses, quién de los númidas. Pero no hay mayor variedad de opiniones que entre aquellos que creen deberse a Asia la población de América. Los israelitas, cananeos, asirios, fenicios, persas, tártaros, indios orientales, chinos, japoneses, todos tienen sus abogados entre los historiadores y filósofos de estos dos últimos siglos. Algunos, pues, no contentos con buscar a los referidos pobladores en los países conocidos del mundo, sacan de debajo de las aguas del Océano, o de los espacios imaginarios a la famosa isla Atlántida, para mandar de allí colonos a América. Pero esto es poco, pues hay autores (García y Betancourt) que por no hacer agravio a ningún pueblo, creen a los americanos descendientes de todas las naciones del mundo.

La causa de una variedad tan grande y de tal extravagancia de opiniones ha sido la de que para creer a una nación nacida de otra, no se necesita más que encontrar alguna afinidad en unas cuantas veces de sus lenguas y alguna semblanza en sus ritos, costumbres y usos. Tales son los fundamentos de casi todas las mencionadas opiniones, recogidas ya, y con una gran copia de erudición ilustradas por el dominico García, y por los doctores españoles que, con nuevas adiciones, reimprimieron su obra, en la cual puede verlos quien quiera, pues yo creería perder el tiempo en refutarlas.

Pero no puedo menos de hacer mención de la opinión de Sigüenza y Góngora, adoptada también por el famosísimo obispo Francisco Pedro Daniel Huet, porque me parece la más bien fundada. Sigüenza, pues, se persuadió de que las naciones que poblaron el imperio mexicano pertenecían a la posteridad de Nephtium y que sus progenitores, salidos de

Egipto no mucho después de la confusión de las lenguas, se encaminaron hacia América. Las razones en que apoyó esta opinión se hallan nada más apuntadas en la *Biblioteca mexicana*. Quisiéramos verlas expuestas con toda aquella fuerza y erudición con que sin duda serían escritas por aquel doctísimo autor; pero como carecemos de sus preciosísimos escritos, no haremos más que indicarlas, como hizo el doctor Eguiara en dicha *Biblioteca*.

Tales razones se reducen, por lo que parece, a la conformidad de las naciones americanas con los egipcios en el uso de los edificios piramidales y de los jeroglíficos, en el modo de computar el tiempo, en el vestir y en algunas costumbres, y a esto tal vez habrá añadido la semejanza del *Teotl* de los mexicanos con el *Theuth* de los egipcios, la cual produjo al ilustrísimo Huet la misma opinión de Sigüenza y Góngora, aunque por diverso camino. Si este pensamiento se propone como una conjetura, yo no lo contradeciré; pero si se pretende que sea una verdad que pueda afirmarse, no me parecen suficientes aquellas razones.

Sigüenza y Góngora quiere que los hijos de Nephtuim saliesen de Egipto para América no mucho después de la confusión de las lenguas; por lo que debería hacer el cotejo de las costumbres americanas con las de los primeros egipcios y no con las de sus descendientes, que muchos años después de ellos habitaron en Egipto y de los cuales no se creen descendientes los americanos. Pues, ¿quién se persuadirá de que los egipcios inmediatamente después de la dispersión de las gentes, comenzaron a fabricar pirámides y a servirse de jeroglíficos, y que desde entonces hubiesen ya ordenado sus años y puéstolos en la forma en que los tuvieron después?

Todas estas cosas fueron sin duda posteriores a aquella época. Ni era necesario haber visto las pirámides de Egipto, para que viniera al pensamiento a los mexicanos el hacer semejantes edificios, pues para esto bastaba el ver los montes que están sobre la tierra. A cualquiera que quiera fabricar un alto edificio para inmortalizar su nombre, fácilmente le vendrá al pensamiento el hacerlo piramidal, porque no hay ningún otro edificio que pueda elevarse a tanta altitud con menos gastos, porque cuanto más se eleva, tanto menor cantidad de materiales requiere. A más que los edificios mexicanos eran enteramente diversos de los de los egipcios. Éstos eran verdaderamente pirámides; aquéllos no, sino fábricas compuestas por lo común de tres, cuatro o cinco cuerpos cuadrados o cuadrilongos, de los cuales los superiores tenían menor amplitud que los inferiores. Los de los egipcios eran por lo común huecos, los de los mexicanos macizos. Éstos servían de base a sus santuarios, aquéllos de sepulcros de los reyes. Los templos de los mexicanos y de las otras naciones de Anáhuac eran de una especie tan rara, que no sé que se hayan usado en ninguna otra nación del mundo; y así deben considerarse como una invención original de los toltecas o de otros pobladores más antiguos que ellos.

En el modo de computar el tiempo fueron los mexicanos menos semejantes a los egipcios (hablo de los egipcios posteriores, no de los primeros, de cuyo método nada se sabe). El año egipcio era solar de 365 días, como el de los mexicanos; unos y otros contaban 365 días en sus meses, y así como los egipcios añadían cinco días a su último mes Mesori, los mexicanos a su mes Izcalli, en lo que convenían así con los egipcios como con los persas; pero por lo demás hay una gran diferencia entre unos y otros. El año egipcio constaba de doce meses y éstos de treinta días; el mexicano[10] de dieciocho meses, y éstos de veinte días. Los egipcios, como muchas otras naciones del Antiguo Continente, contaban por semanas; los mexicanos por períodos de cinco días en lo civil y de trece en lo que toca a la religión.

Los mexicanos se servían, como los egipcios, de jeroglíficos; pero ¿cuántas otras naciones no se han servido igualmente de ellos para ocultar los misterios de su religión? Y si los mexicanos aprendieron de los egipcios los jeroglíficos, ¿por qué no aprendieron de ellos también el uso de las letras? Porque las letras, se dirá, se inventaron después de su separación; pero ¿cómo se sabe que antes de que ellos se separasen ya se habían encontrado los jeroglíficos?

El vestido de los primeros egipcios habrá sido verosímilmente el mismo de los otros hijos y nietos de Noé; a lo menos no hay razón para hacernos creer lo contrario. En orden, pues, a las costumbres políticas de aquellos primeros hombres, nada sabemos. Los más antiguos egipcios de que tenemos noticias ciertas han sido los que vivieron en tiempo del patriarca José. Pues si queremos hacer cotejo de sus usos, indicados en los Libros Sagrados, con los de los mexicanos, más bien que identidad, hallaremos diferencia. Finalmente, yo no pretendo demostrar falsa la opinión de Sigüenza y Góngora, sino solamente hacer ver que no es una verdad que pueda asegurarse.

El extravagante Paw dice que los mexicanos traen su origen de los apalaches meridionales; pero ni alega ni pudo alegar razón alguna que haga verosímil tal paradoja; y aunque esto fuese cierto, quedaría todavía en pie la dificultad en orden al origen de los mismos apalaches. Es verdad que para aquel atrevido autor no hay en esto dificultad, porque algunas veces da a entender que no le disgusta el disparatado sistema del francés Peirere.

---

[10] El religioso, pues de su año civil o astronómico nada sabemos.

Por lo que mira a mi opinión, me parece bien exponerla en las siguientes conclusiones: 1ª Los americanos descienden de diversas naciones o de diversas familias dispersas después de la confusión de las lenguas. No podrá dudar de esta verdad cualquiera que tenga algún conocimiento de la multitud y suma diversidad de las lenguas americanas. En el reino de México he contado treinta y cinco de las conocidas hasta ahora. En la América meridional son muchas más. Al principio del siglo XVII contaban los portugueses hasta cincuenta en el Marañón. Es verdad que entre algunas de estas lenguas se advierte una afinidad tal, que luego da a conocer que han nacido de una misma madre, como la *endeve*, la *ópata* y la *tarahumara* en la América septentrional, y la *mocobi*, la *toba* y la *abipona* en la América meridional; pero hay otras muchas entre sí, mucho más diversas que la flebuca y la ilírica.

Puedo afirmar, sin peligro de engañarme, que no se encontrará ni entre las vivas ni entre las lenguas muertas de Europa, dos más diversas entre sí que la mexicana, la *otomí*, la *tarasca*, la *maya* y la *mixteca*, cinco lenguas dominantes en diversas provincias del reino de México. Y así sería un grande despropósito decir que semejantes lenguas americanas hayan sido diversos dialectos de una lengua madre. ¿Cómo es posible que una nación alterase de tal modo su primitivo lenguaje o lo multiplicase en tantos dialectos tan diversos entre sí, que no hubiese, aun después de muchos siglos, muchas voces comunes a todos, o a lo menos que no hubiese en ellos alguna afinidad o quedase algún rastro de su origen?

¿Quién podrá creer jamás lo que se lee[11] en la *Historia* del P. Acosta? Esto es, que habiendo llegado los aztecas o mexicanos después de su larga peregrinación al reino de Michoacán, quisieron establecerse allí atraídos de la amenidad de la tierra; pero no pudiendo quedar allí todo el cuerpo de la nación, consintió su dios Huitzilopochtli que permanecieran allí algunos, y aun sugirió a los otros el modo de hacerlo, mandándoles que cuando aquellos que debían quedarse se bañasen en la laguna de Pátzcuaro, les robasen sus vestidos y huyesen para continuar su viaje; que los que se bañaban, viéndose privados de sus vestidos y burlados por sus compañeros, tuvieron un enojo tal que resolvieron no sólo permanecer allí, sino también tomar un nuevo lenguaje, y que de aquí tuvo origen la lengua tarasca.

Aún más increíble es el cuento adoptado por Gómara y algunos historiadores, esto es, que de un viejo llamado *Iztac, Mixcoatl* y de su mujer *Ilancueitl* nacieron seis hijos, todos de diversa lengua, llamados *Xelhua, Tenoch, Olmecatl, Xicallancatl, Mixtecatl* y *Otomitl*, los cuales

---

[11] *Historia natural y moral de las Indias*, Lib. 7. El P. Acosta no manifiesta creer la relación fabulosa de los mexicanos, pero tampoco la impugna.

fueron progenitores de otras tantas naciones que poblaron el país de Anáhuac. Esta alegoría, con la cual querían significar los mexicanos que todas aquellas naciones traían origen de un tronco común, fue convertida en fábula por los referidos autores y por mal entendida.

2ª Los americanos no traen su origen de ningún pueblo existente hoy en el Antiguo Mundo, o a lo menos no hay razón para afirmarlo. Esta conclusión se funda en la misma razón que la anterior, pues si los americanos descendiesen de algunos de aquellos pueblos, se podría rastrear su origen por algún vestigio que hubiese quedado en sus lenguas, a pesar de la antigüedad de su separación; pero tal vestigio no se ha podido encontrar hasta ahora, a pesar de que muchos autores lo han buscado con grande empeño, como puede verse en la obra del dominico García. Yo he confrontado prolijamente la lengua mexicana y otras americanas con algunas otras, así vivas como muertas, del Antiguo Continente, y no he podido encontrar ninguna afinidad. La semejanza del *Teotl* de los mexicanos con el *Theos* de los griegos me ha movido algunas veces a confrontar estas dos lenguas; pero siempre he encontrado una grande diversidad. Este argumento es más eficaz respecto a los americanos por su firmeza y constancia en retener sus lenguas. Los mexicanos conservan su lengua entre los españoles, y los otomíes retienen su difícil locución entre los españoles y los mexicanos, aun después de dos siglos y medio.

Si los americanos descienden, como yo creo, de diversas familias dispersas después de la confusión de las lenguas y desde entonces separadas de las otras que poblaron los países del Antiguo Continente, inútilmente se fatigaron los autores en buscar en las lenguas o en las costumbres de los pueblos asiáticos el origen de los pobladores del Nuevo Mundo. Yo no dudo, atendiendo a lo que nos dicen los Libros Sagrados, que después que se multiplicó bastantemente la descendencia de Noé, hubo orden expresa de Dios para que se separasen las familias y se fuera cada una a poblar el país que se le había señalado.

Moisés, en su divino cántico, habla así al pueblo de Israel: "Acuérdate de los días antiguos y piensa en cada una de las pasadas generaciones; pregunta a tu padre y tus antepasados, y te dirán que cuando el Altísimo dividía las gentes y separaba a los hijos de Adán, señaló los términos de los pueblos (de la Palestina) según el número de los hijos de Israel" *(Deut.* 32); en lo que manifiesta al Señor en el acto de repartir las familias y de señalar los límites de los países que debían ocupar.

Aquellos hombres que emprendieron la construcción de la torre de Babel se animaban a trabajar en aquella fábrica con estas palabras: "Venid, edifiquemos una ciudad y una torre cuya cima toque en el cielo, y hagamos célebre nuestro nombre antes de que seamos divididos por toda la tierra" *(Gén.* 11). Sabían, pues, que debían ser diseminados por todos los países, y Dios, porque con semejante fábrica se oponían a sus determinaciones, o a lo menos diferían la ejecución de sus órdenes con respecto a la población de la tierra, confundió su lenguaje, y por este medio logró separarlos y dividirlos desde aquel lugar por todos los países *(Gén.* 11).

De aquí se infiere ser verosímil que Noé, viejo venerable, venerado por todos como padre, el cual sobrevivió trescientos cincuenta años al diluvio, señalase a cada familia su distrito, según la instrucción que hubiese recibido de Dios, porque de otro modo no se hubiera podido ejecutar la división sin guerras sangrientas, queriendo cada uno gozar de su nativo país sin exponerse a muchos peligros y desastres en tierras desconocidas. Esta opinión mía se hace más verosímil por la tradición de los chiapanecos en orden a la población del Anáhuac; hecha por *Votan,* de quien ya hemos hablado.

No por esto se debe pensar que aquellas mismas personas que en Babel se separaron de las otras familias poblasen en efecto, como dicen los chiapanecos, los países de América, sino sus descendientes, pues aquellas primeras familias irían andando poco a poco, encaminándose hacia aquella parte y multiplicándose en su viaje.

### 3. DE DÓNDE Y CÓMO PASARON LOS POBLADORES Y LOS ANIMALES A AMÉRICA

Éste es el otro punto y el más difícil en el problema de la población de América, en el que, como en el otro, son muy diversas las opiniones de los autores. Algunos atribuyen la población del Nuevo Mundo a ciertos comerciantes fenicios, que navegando por el océano llegaron casualmente allí. Otros se imaginan que aquellos mismos pueblos que suponen haber pasado del Antiguo Continente a la isla Atlántida, de allí fácilmente se fueron a la Florida, y de este vasto país se fueron esparciendo por toda la América. Otros creen que pasaron de Asia por el estrecho de Aman, y otros que se trasladaron allí de las regiones septentrionales de Europa por no sé qué brazo de mar glacial.

El padre Feijóo, benedictino español, ofreció pocos años hace "proponer al mundo literario un nuevo sistema".[12] ¿Y cuál es este nuevo sistema? Que América estaba antes unida por la parte septentrional al Antiguo Continente, y que por ella pasaron los hombres y los animales. Pero esta opinión es tan antigua como el P. Acosta, el cual, ciento

---

[12] *Teatro crítico universal* tomo V, discurs. 14.

cuarenta y cuatro años antes que Feijóo, la publicó en su *Historia de América* (Lib. 1, caps. 20 y 21), a más de que no es bastante para desatar todas las dificultades que hay respecto al tránsito de los animales, como después veremos.

Buffon, a pesar de su gran ingenio y prolija exactitud, se contradice abiertamente en este punto. Supone unidos antes ambos continentes por la parte de la Tartaria Oriental, y afirma que por allí pasaron a América los primeros pobladores y todos aquellos animales que allí se encontraron comunes de uno y otro mundo: bisontes (llamados en México *cíbolos),* lobos, zorras, martas, venados, gamos y otros semejantes cuadrúpedos, a los cuales conviene el clima frío; pero que no podía haber leones, tigres, camellos, elefantes, jirafas, ni ninguna de aquellas diecisiete especies de monos que hay en el Antiguo Continente, y para decirlo en pocas palabras, ningún cuadrúpedo propio de clima caliente puede ser común a ambos continentes, porque no era capaz que resistiera el frío de los países septentrionales, por los cuales debía pasar del uno al otro mundo.

Esto repite incesantemente en toda su *Historia natural,* y con tal firmeza, que por sola esta razón destierra de América gacelas, cabras y conejos. No acepta cuadrúpedos propiamente americanos, sino aquellos que viven en los países calientes del Nuevo Mundo, entre los cuales cuenta las trece o catorce especies de monos americanos, divididos por él en las dos clases *sapayus* y *sagoini;* de ésta, añade, ninguna había en el Antiguo Continente, así como no hay en el Nuevo ninguna de las diecisiete especies del Antiguo. ¿Cuál, pues, fue el origen de éstos y otros cuadrúpedos propiamente americanos? Esta duda, que ocurre con frecuencia en la *Historia natural* de aquel gran filósofo, queda indecisa hasta el penúltimo tomo de la historia de los cuadrúpedos, en el cual, hablando como buen católico, discurre así:[13] "Como no puede dudarse que todos los animales en general fueron creados en el Antiguo Continente, es necesario admitir el tránsito de éste al otro continente, y suponer juntamente que estos animales (el gamo, el cabrito y las mufetas), en vez de haber degenerado como los otros en el Nuevo Mundo, por el contrario, se han perfeccionado allí, y que por la conformidad del clima han excedido a su propia naturaleza... El haberse encontrado en el Nuevo Mundo tantos animales que no pueden referirse a ninguno del Antiguo Mundo, da a conocer bastantemente que el origen de estos animales, propios del Nuevo Mundo, no debe atribuirse a la simple degeneración. Por grandes y eficaces que se quieran suponer los efectos, no se podrá jamás convencer, con alguna apariencia de razón,

---

[13] Tomo 29. *Discours sur la dégéneration des animaux.*

que estos animales hayan sido originalmente los mismos del Antiguo Continente. Es sin duda más conforme a la razón creer que los dos continentes estaban antes contiguos y continuos, y que aquellas especies, que se habían retirado a las regiones del Nuevo Mundo, por allí encontraron el cielo y la tierra más convenientes a su naturaleza, fueron encerradas allí y separadas de las otras por las irrupciones de los mares que dividieron África de América.[14] Esta causa es natural, etc.".

De este discurso de Buffon se concluye: 1º Que no hay animal propiamente americano, pues todos fueron allí del Antiguo Continente, en donde fueron criados; 2º Que el argumento fundado sobre la naturaleza de los animales repugnante al frío nada vale para demostrar que no pudieron pasar al Nuevo Continente, porque los que no podían por su naturaleza hacer el tránsito por los países septentrionales pudieron hacerlo por aquella parte por donde estaba antes unida América a África, como cree aquel autor; 3º Que por donde pasaron al Nuevo Mundo los *sagoini* y los *sapayus* pudieron igualmente ir elefantes, camellos, jirafas, leones, tigres, etc.

Dejando, pues, otras opiniones que no merecen ser mencionadas, expongo en algunas conclusiones de mi dictamen no ya para establecer un nuevo sistema, sino para suministrar materiales a otros mejores ingenios e ilustrar algunos puntos de mi *Historia*.

1ª Los hombres y animales de la América pasaron a ella del Antiguo Continente. Esta verdad está fundada en los Sagrados Libros. El mismo Moisés, que declara a Noé tronco común de todos los hombres después del diluvio, dice expresamente que en aquella general inundación de la tierra perecieron todos sus cuadrúpedos, aves y reptiles, a excepción de pocos individuos que se salvaron en el arca para restablecer las especies. Las repetidas expresiones que usa el sagrado historiador para significar la universalidad no permiten dudar que todos los cuadrúpedos, reptiles y aves que en el día hay en el mundo descienden de aquellos pocos individuos que Dios sustrajo de la general inundación; de otro modo hubiera sido inútil, como hemos expuesto arriba, y aun ridícula la diligencia de encerrar aquellos animales y particularmente las aves, en el arca para conservar las especies, y un despropósito semejante al de las hijas de Lot, las cuales, porque vieron arder las ciudades de Sodoma y de Gomorra, se persuadieron de que habían perecido todos los

---

[14] Confronten los lectores lo que dice aquí Buffon sobre la antigua unión de África y América, con lo que escribe en el tomo 18 cuando habla del león: "El león americano no puede descender del león del Antiguo Continente, porque no habitando éste sino en los trópicos, y habiéndoles cerrado la naturaleza, a lo que parece, todos los caminos del norte, no pudo pasar de las partes meridionales de Asia y África a la América, pues estos dos continentes están separados por inmensos mares; por lo que debe decirse que el león americano es un animal propio y particular al Nuevo Mundo".

hombres, y que ellas solas habían quedado para conservar la especie humana sobre la Tierra.

2ª Los primeros pobladores de la América pudieron pasar a ella en canoas por mar, o a pie por tierra o por el hielo. 1º Pudieron pasar en canoas o casualmente arrebatados de un viento fuerte o de intento, si tal vez era pequeño el estrecho de mar que separaba un continente del otro. No hay duda de que aquellos pobladores pudieron pasar al Nuevo Mundo, del mismo modo que muchos siglos después fue llevado a él aquel marinero o piloto a quien, según el dicho de muchos autores, debió Colón las primeras noticias que lo movieron a su glorioso y memorable descubrimiento.[15] 2º Pudieron pasar a pie por tierra, supuesto, como ya veremos, la unión de ambos continentes. 3º Pudieron también hacer aquel tránsito a pie por algún estrecho de mar helado. Ninguno ignora cuán grandes y cuán durables son los hielos de los mares septentrionales. No sería, pues, de admirar que un estrecho de mar entre dos continentes se helase hasta un punto tal, que los tuviese unidos por algunos meses y sobre él pasasen los hombres, buscando nuevos países o persiguiendo alguna fiera. Aquí no hablamos de lo que en efecto sucedió, sino solamente lo que pudo suceder.

3ª Los progenitores de las naciones que poblaron el país de Anáhuac (de quienes ahora solamente hablamos) pasaron de los países septentrionales de Europa a los septentrionales de América, o más bien de los países más orientales de Asia a los más occidentales de América. Esta conclusión se funda en la constante y general tradición de aquellas naciones, que unánimemente decían haber sido sus progenitores gente venida a Anáhuac de los países situados al norte y al nordeste. Una tradición tal está confirmada por los restos de algunos antiquísimos edificios, fabricados por aquellas naciones en su peregrinación, de los cuales hemos hecho mención en la *Historia* (Lib. 29), por la común creencia de los pueblos septentrionales. A más de lo que hemos dicho en otra parte, tenemos en Torquemada y Betancourt un clarísimo documento. En un viaje que hicieron los españoles el año de 1606 desde Nuevo México hasta el río que ellos llamaron Tizón, 600 millas de aquella provincia hacia el nordeste, encontraron unos grandes edificios y vieron muchos indios que hablaban la lengua mexicana, de los que supieron que hacia el norte estaba el reino de Tollan y muchas poblaciones muy grandes de las que salieron los que poblaron el imperio

---

[15] Algunos autores afirman que el marinero que dio noticia a Colón de los nuevos países del Poniente era de Andalucía; uno dice que era vizcaíno, otro lo hace portugués y otros niegan este hecho. Sea lo que fuere, lo cierto es que en la Historia tenemos no pocos ejemplos de bajeles arrebatados por los vientos y llevados muchos grados distantes del camino que seguían. Léase Plinio, *Historia natural* (Lib. 2, cap. 67 y Lib. 6, cap. 22).

mexicano, a quienes atribuían la construcción de aquellos y otros edificios. En efecto, todos los pueblos de Anáhuac afirmaban que hacia el nordeste y hacia el norte estaban los reinos y las provincias de Tollan, Teoacolhuacán, Amaquemecan, Aztlán, Tehuayo, Copala (nombres todos mexicanos), cuyo descubrimiento, si en lo sucesivo se extiende por aquellas partes la población de los españoles, ilustrará mucho la historia antigua del reino de México. Boturini testifica que en las pinturas antiguas de los toltecas se representaba la peregrinación de sus antepasados por Asia y los países septentrionales de América hasta establecer en el reino de Tollan, y aun ofreció señalar en su *Historia general* el camino que tuvieron en su viaje; pero como no tuvo tiempo de componer la *Historia,* que meditaba, nada más podemos decir en este asunto.

Pues siendo aquellos países, en que los progenitores de aquellas naciones tiempo antes se establecieron hacia la parte donde la costa más occidental de América están más inmediata a la costa más oriental de Asia, es probable que por esa misma parte pasaran de un continente al otro en canoas, si había entonces el estrecho de mar que hay ahora, según parece por los modernos descubrimientos de los rusos, o a pie, si era todo un continente, como después veremos. Las huellas que fueron dejando aquellas naciones nos conducen hasta aquel estrecho, el cual sin duda es el mismo que descubrieron los viajeros en el siglo XVI y llamaron estrecho de Anam.[16]

En cuanto a las otras naciones de América, no hallando entre ellas ninguna tradición en orden a la parte por donde pasaron al Nuevo Mundo, nada podemos afirmar. Pudo ser que todas pasasen por donde fueron los progenitores de los mexicanos, y pudo ser también que pasasen por otra parte muy diversa. Yo conjeturo que los progenitores de las naciones que poblaron la América meridional fueron allí por aquella parte por donde pasaron, como dentro de breve diremos, los animales propios de países calientes, y que los progenitores de aquellas naciones que habitaron en todos aquellos países que hay desde la Florida hasta la parte más septentrional de América pasaron del septentrión de Europa. La diversidad de caracteres que se advierte en las tres referidas clases de americanos, y la situación de países que ocuparon, me hacen sospechar que ellas tuvieron diverso origen y que por diversas partes fueron allí sus progenitores; pero ésta es una mera conjetura.

Algunos señalan otra parte para el tránsito de los primeros pobladores, y es la de la isla Atlántica, cuya existencia, impugnada por el P.

---

[16] En las cartas geográficas de América del siglo XVII se ve comúnmente el estrecho de Anam, aunque con no poca variedad. De pocos años acá se comenzó a omitir, porque se creía fabuloso; pero después de los descubrimientos de los rusos, alguno geógrafos lo han vuelto a poner.

Acosta, fue sostenida por el doctor Sigüenza y Góngora, según aparece de la relación de Gemelli Carreri, y novísimamente promovida con mucha copia de erudición por el ilustre autor de las *Cartas americanas*. Si en la relación que de aquella isla hace Platón en el *Timeo* no estuviesen mezcladas algunas fábulas, podría tal vez la autoridad de un filósofo tan grande inducirnos al asenso. Dejando, pues, a otros esta encomienda, vengamos al punto más difícil de nuestro problema.

4. Los cuadrúpedos y reptiles del Nuevo Mundo pasaron a él por tierra. Esta verdad se hará manifiesta demostrando la improbabilidad o la inverosimilitud de las otras opiniones. El gran doctor de la Iglesia, San Agustín, fue de parecer que las fieras y animales nocivos que hay en las islas pudieron trasladarse a ellas por los ángeles, así como puede creerse que por estos mismos se hizo la reunión de los animales en aquel lugar en donde estaba fabricada el Arca de Noé, pues no era posible que los hombres reuniesen allí a las fieras errantes por los bosques y a las aves que volaban esparcidas en tan diversas regiones, si ellas mismas no hubiesen sido trasladadas allí por los ángeles, o tal vez inducidas por una cierta inclinación que les hubiera infundido el Criador. Pero esta solución, aunque quita enteramente todas las dificultades en el tránsito de las fieras al Nuevo Mundo, no agradaría en el siglo en que vivimos, ni deberíamos valernos de ella sino cuando hubiésemos reconocido inútiles todos los otros recursos, para salvar la verdad de los Sagrados Libros.

El mismo santo doctor sugiere *(De Civit Dei,* Lib. 16, cap. 7) otras tres soluciones para desatar aquella dificultad. Pudieron, dice, pasar las fieras a nado a las islas; pudieron ser trasladadas a ellas por los hombres para tener cacería, y pudieron también ser allí formadas de la tierra, como fueron hechas al principio del mundo. Pero ninguna de esas soluciones basta a allanar las dificultades que hay en el tránsito de las fieras al Nuevo Mundo, pues en cuanto a la primera, lo cierto es que, por estrecho que se quiera el intervalo de mar que separaba a los dos continentes, no es creíble que se atreviesen a pasarlo tantos animales que no están destinados a vivir en el agua ni están acostumbrados a nadar. Es verdad que algunos hubieran podido pasar a nado como pasaron los jabalíes de Córcega a Francia; pero ¿quién creería otro tanto de los monos americanos, que son enteramente inhábiles para nadar, o del perico ligero, o sea el perezoso, que es tan lento y tarda tanto en moverse? A más de esto, ¿qué cosa podría inducir a tantos animales a dejar la tierra y abandonarse a los peligros de la mar?

No es menos increíble que esos animales fuesen llevados por los hombres en los navíos, principalmente si se supone casual su arribo a las costas de América. Podrían, en el caso de emprender de intento aquel viaje, llevar consigo algunas ardillas y algunos micos curiosos para su diversión, algunos conejos, liebres y *techichis*, para que después de haberse multiplicado les sirviesen para su sustento, y algunos venados, gamos, martas, y aun tigres para vestirse de sus pieles. Pero ¿a qué fin llevar lobos, zorras, fuinas, coyotes, tlalcoyotes, pumas o leones americanos y otras semejantes bestias que, en lugar de traerles alguna utilidad, le son tan nocivas? ¿Para la caza? Pero ¿no podían tener este recreo sin ningún daño y con gran utilidad en sus venados, gamos, cabras monteses, conejos, liebres y en otros animales menos feroces? Y si acaso se suponen tan necios los primeros pobladores de América que quisiesen llevar a sus nuevos países aquellos animales tan perniciosos para cazarlos, a lo menos no habrían sido tan locos que se resolvieren a llevar tantas especies de serpientes para tener después el gusto de matarlas.

Por lo que mira a la tercera solución, esto es, que Dios haya criado los animales en América como los había creado en Asia, resolvería enteramente la dificultad, si no se opusiese a los Sagrados Libros. Si Dios debía crear aquellas especies después del diluvio, ¿para qué dio orden a Noé que encerrase en el arca un cierto número de individuos de todos los cuadrúpedos, reptiles y aves para que no perecieran las especies? *Ut salvetur semen super faciem universae terrae* ("para que se conserve su especie sobre la faz de toda la Tierra"). Si este texto debe entenderse solamente de los animales del Antiguo Continente y no de los del Nuevo Mundo, igualmente podría aquel otro en el cual se dice que de los tres hijos de Noé se propagó todo el género humano. *Ab his disseminatum est omne genus hominum super universam terram* ("de ésos se propagó todo el género humano sobre toda la Tierra"), podría entenderse solamente de los pobladores de Asia, África y Europa, y no de América; y así deberíamos acceder al disparatado sistema de Isaac de la Peyrere o algún otro de la misma naturaleza. Y, por lo menos, no puedo distinguir el *super faciem universae terrae* del primer texto del *super universam terram* del segundo.

Resta aún otro recurso para el tránsito de los animales, y es el mismo que hemos expuesto arriba hablando de los hombres. Podría alguno imaginarse que los animales pasasen por algún estrecho de mar helado; pero ¿quién podrá persuadirse de que algunas especies de bestias voracísimas se fuesen a aquellas regiones, que carecen de todo lo que podría servir a su sustento, y que otras, a cuya naturaleza repugna excesivamente el frío, se atreviesen a penetrar en el rigor del invierno a aquellos lugares helados?

No siendo, pues, probable que los animales del Nuevo Mundo pasasen a él nadando o por mar helado, ni que fuesen trasladados por los hombres o por los ángeles, ni que fuesen criados nuevamente por Dios, debemos creer que así los cuadrúpedos como los reptiles que se encontraron en América pasaron a ella por tierra, y por consiguiente que estaban entonces unidos ambos continentes. Ésta ha sido la opinión de Acosta, Grocio, Buffon y otros grandes hombres. Yo estoy muy distante de adoptar el sistema de Buffon en toda su extensión. Jamás podrá persuadirme este filósofo, con toda su elocuencia y erudición, de que todo antes lecho de mar. No podré jamás creer que el Antiguo Continente (y lo mismo digo del Nuevo) haya estado sujeto jamás a una general inundación distinta del diluvio de Noé y de más duración que ésta. Todos los argumentos de Buffon no son suficientes a persuadirnos una tal opinión, que parece poco conforme a los Sagrados Libros, en cuya historia se da a entender que lo menos una parte de Asia ha estado poblada desde la creación de los primeros hombres hasta el diluvio universal, y desde que se enjutó la tierra hasta algunos años después de la muerte de nuestro divino Redentor. En la serie de cuarenta siglos y más comprendidos en la narración de la Sagrada Escritura, no se encuentra un vacío en el cual se pueda acomodar aquella pretendida inundación. Por lo que respecta, pues, al Nuevo Continente, no hay razón alguna capaz de inducirnos a creer que en él haya habido alguna inundación general diversa de la de Noé, como demostraremos en nuestra *Tercera disertación.*

Pero no hay duda en que nuestro planeta ha estado sujeto a grandísimas variaciones después del diluvio. Las historias antiguas y modernas confirman aquella verdad, que Ovidio cantó a nombre del filósofo Pitágoras *(Metamorph,* Lib. 15):

Vide ego quod fuerat quondam solidissima telus,
Esse fretum: vide factas ex aequore terras.

Ahora se aran algunas tierras por donde en otro tiempo se navegaba y, por el contrario, hoy surcan las naves por donde antes surcaba el arado. Los terremotos han hundido muchas tierras, y los fuegos subterráneos han elevado otras.[17] Los ríos han formado con su fango nuevos terrenos; el mar, retirándose de algunas costas, ha extendido por aquella parte la tierra, e introduciéndose en otras con sus irrupciones, lo ha disminuido; ha separado algunos terrenos que estaban unidos, y ha formado nuevos estrechos y senos.

Tenemos ejemplos de todas estas revoluciones en los siglos pasados. Sicilia estaba antes unida al continente de Nápoles, como Eubea (hoy

---

[17] Plinio, *Hist. nat,* Lib. 2, cap. 86.

Negroponte) a Beocia. Diodoro, Estrabón y otros autores antiguos dicen lo mismo de España y de África, y afirman que por una violenta irrupción del océano en la tierra que hay entre los montes Ávila y Calpe, se abrió aquella comunicación y formó el Mar Mediterráneo. Entre los de Ceilán hay la tradición que una irrupción del mar separó su isla de la península de la India: lo mismo creen los malabares respecto a las islas Maldivas, y los malayos respecto a Sumatra. Es cierto, dice Buffon, que en Ceilán ha perdido la tierra treinta o cuarenta leguas de terreno que le ha quitado el mar, y, por el contrario, en Tongres, lugar de los Países Bajos, el mar ha crecido más de treinta leguas a la tierra.

La parte septentrional de Egipto debe su existencia a las inundaciones del Nilo.[18] La tierra que este río ha llevado de los países mediterráneos de África y ha dejado en sus inundaciones ha formado un suelo de más de veinticinco brazas de profundidad. Igualmente, añade el referido autor, la provincia del río Gialo de China y la de Luisiana no se han formado sino del fango de los ríos. Plinio, Séneca, Diodoro y Estrabón refieren innumerables ejemplos de tales revoluciones,[19] que omito porque no parezca muy prolija y pesada esta *Disertación*, como también muchas revoluciones modernas que se leen en la *Teoría de la Tierra* de Buffon y en otros autores.

En nuestra América, todos los que han observado con ojos filosóficos la península de Yucatán no dudan que su terreno haya sido antes lecho de mar, y, por el contrario, en el canal de Bahama se advierten algunos indicios de haber estado unida en un tiempo la isla de Cuba al continente de la Florida. En el estrecho que separa América de Asia se ven muchísimas islas, las cuales serían verosímilmente aquellas montañas que había en aquel espacio de tierra que creemos hundida por algunos terremotos; lo que hace más verosímil la multitud de volcanes que sabemos hay en la península de Kamschatka.

Conjeturamos, pues, que el hundimiento de aquella tierra y la separación de los dos continentes haya sido causada por los grandes y

---

[18] Faro y Farion, isla de Egipto, la cual, según Homero en la *Odisea*, distaba un día y una noche de navegación septentrional de Egipto, estaba tan inmediata a ella en tiempo de la célebre Cleopatra, que apenas distaba siete estadios, pues tanto era el largo del puente que aquella reina mandó hacer a los rodienses para dar comunicación a aquella isla con el continente. Herodoto, Aristóteles, Séneca, Plinio y otros autores hacen mención de este notable aumento del terreno de Egipto.

[19] Véanse particularmente a Plinio, *Hist. nat.* (Lib. 2) y a Séneca, *Quest. nat.* (Lib. 6). Plinio enumera entre las nueve islas aparecidas en el mar y formadas por levantamiento de la tierra las de Rodi, Delo, Anafe, Nea, Abone, Yera, Tera, Teracia y, en su tiempo, la de Tia. Entre las islas formadas por los terremotos pone a Sicilia, separada del continente de Italia por doce millas, a Chipre, separada de la Soria, a Eubea de la Beocia, a Atlanta y Nacris de Eubea, a Berbisco de Bitinia, y a Leucocia del promontorio de las Sirenas. Entre las tierras sumergidas en el mar, hace mención de la isla Cea, en la cual se hundieron treinta millas de terreno con un estrago increíble de los habitantes.

extraordinarios terremotos de que hacen mención las historias de los americanos, y de los cuales hicieron una época casi tan memorable como la del diluvio. Las historias de los toltecas fijan tales terremotos en el año 1 *Tecpatl;* pero como no sabemos de qué siglo fuese, tampoco podemos adivinar el tiempo en que sucedió aquella gran calamidad. Si un gran terremoto hundiese el istmo de Suez y hubiese allí entonces tanta escasez de historiadores cuanto hubo en los primeros siglos después del diluvio, después de trescientos o cuatrocientos años se dudaría si Asia había estado unida por aquella parte a África, y algunos lo negarían atrevidamente.

5. Los cuadrúpedos y reptiles de América pasaron por diversas partes de un continente al otro. Entre los animales americanos hay algunos a cuya naturaleza repugna sumamente el frío, como los monos, las dantas y los cocodrilos. Hay también otros cuya inclinación los lleva a países helados, como las martas, los rangíferos y los glotones. Pues ni éstos pudieron ir a América por la zona tórrida, ni aquéllos por las zonas frías, pues necesitarían hacer una gran violencia a su genio, y se hubieran muerto sin duda en el camino. Los monos que hay en la Nueva España pasaron a ella sin duda de la América meridional.[20] El centro de su población son los países situados bajo la equinoccial, y entre ella y el grado de 14 ó 15 de latitud: a proporción de la distancia del Ecuador, se va por lo común disminuyendo su número, y más allá de los trópicos no los hay ya sino en el territorio que por algunas circunstancias particulares sea tan caliente como los países equinocciales.

¿Quién podrá creer que semejantes animales se dirigiesen al Nuevo Mundo por el rígido clima del Septentrión? Podría alguno decir que no es inverosímil que los llevasen los hombres, siendo tan apreciados por su extravagancia y por su ridícula imitación del hombre; pero a más de que el argumento que hacemos de los monos se puede hacer de otros cuadrúpedos que no tienen ningún aprecio para ser buscados, antes bien muchas malas cualidades para huir de ellos, no es creíble que los hombres quisiesen llevar consigo individuos de tantas especies de monos cuantas hay en América, y mucho menos de algunas que, en lugar de ser graciosas, son de un aspecto feo y de una índole feroz, como los que llaman *zambos.*

---

[20] Fernando de Alva Ixtlilxóchitl, indio muy instruido en las antigüedades de su nación, dice en su *Historia universal de la Nueva España,* que no había monos en la tierra de Anáhuac; que los primeros que se dejaron ver allí vinieron del lado del Mediodía después de la época de los grandes vientos. Los tlaxcaltecas, convirtiendo en fábula este acontecimiento, decían que el mundo se acabó una vez con viento, y que los pocos hombres que sobrevivieron se transformaron en monos.

Y caso que los hombres hubiesen resuelto llevar al Nuevo Mundo dos individuos de cada especie, éstos ciertamente no podían arribar allí ni por los mares del septentrión, por más que procurasen los conductores defenderlos del frío. Hubieran, pues, debido transportarlos de los países calientes del Antiguo Continente a países igualmente calientes del Nuevo por un mar sujeto a un clima no desemejante al del país propio de aquellos cuadrúpedos, esto es, o de los países meridionales de Asia a los meridionales de América por los mares Índico y Pacífico, o de los países occidentales de África a los orientales de América por el océano Atlántico.

Con que si los hombres transportaron aquellos animales del uno al otro mundo, esto se ejecutó por uno de aquellos mares. Pero esta navegación ¿fue casual o hecha de intento? Si casual, ¿cómo y por qué llevaron consigo tantos animales? Si se hizo de intento y con propósito deliberado de pasar del uno al otro mundo, ¿quién les dio noticia? ¿Quién les mostró la situación de aquellos países? ¿Quién les señaló el camino? ¿Cómo se arriesgaron a atravesar un mar tan grande sin aguja? ¿Sobre qué bajeles? Si éstos llegaron allí felizmente, ¿por qué no quedó entre los americanos memoria alguna de su construcción?

A más de esto, son comunes en la zona tórrida del Nuevo Mundo los cocodrilos, animales que requieren un clima caliente o templado y viven alternativamente en la tierra o en el agua dulce. ¿Por dónde pasaron estos animales? No ciertamente por el Septentrión, porque a su naturaleza repugna sumamente el frío. Ni tampoco fueron transportados por los hombres porque ¿dónde se han visto jamás hombres tan mentecatos que quisieran embarcar consigo cocodrilos para llevarlos a aquellos países a donde iban a poblar? Ni menos puede decirse que pasasen a nado, porque no es posible que se alejasen nadando por las aguas saladas del Océano casi dos mil millas de las orillas de los ríos o lagunas en las cuales se habían criado, y en las que gozaban de la compañía de otros individuos de su especie.

No queda, pues, otro recurso que el de admitir la antigua unión de los países septentrionales de América con los de Europa o de Asia, ésta para el tránsito de los animales propios de los climas fríos, y aquélla para los cuadrúpedos y reptiles propios de los climas calientes. Por las razones que hasta ahora hemos expuesto, nos persuadimos de que hubo antes un grande espacio de tierra que unía la parte ahora más oriental del Brasil a la parte más occidental de África y que todo este espacio de tierra se sumergió tal vez por algunos grandes terremotos, quedando solamente algunos restos de él en las islas de Cabo Verde, Fernando de Noroña, la Ascensión, San Mateo y otras, y en los muchos bajos reconocidos por algunos viajeros, y particularmente por Boache, el cual sondeó con suma diligencia aquel espacio de mar.[21] Estas islas y bajos habrán sido verosímilmente las partes más altas de aquel continente sumergido. Igualmente creemos que la parte ahora más occidental de América estaba antes unida por medio de un continente menor a la parte más oriental de Tartaria, y tal vez estaba también unida a América por Groenlandia a otros países septentrionales de Europa.

El sumo respeto que tenemos a los Sagrados Libros nos obliga a creer que los cuadrúpedos y reptiles del Nuevo Mundo descienden de aquellos individuos que se salvaron en el arca de Noé del diluvio universal, y las razones expuestas hasta ahora, con otras que omitimos por no ser molestos, nos persuaden de que tales animales pasaron por tierra y por diversas partes al Nuevo Continente. Todos los otros sistemas están sujetos a gravísimas dificultades; en el nuestro hay algunas, pero no del todo insuperables. La más grande es la aparente inverosimilitud de un terremoto tan grande que sumergiese un espacio de tierra de más de 1,500 millas, cual era en nuestra suposición el que unía a África con América, y que lo hundiese hasta la profundidad que se observa en algunos sitios de aquel mar.

Pero a más de que nosotros no atribuimos a un solo terremoto aquella estupenda revolución, habiendo por otra parte en las entrañas de la tierra tanto cúmulo de materias combustibles, la inflamación de una podría rápidamente comunicarse a otras (del mismo modo que explica Gasendo la propagación del rayo), y la violencia rarefacción del aire contenido dentro de aquellas minas naturales podría a un tiempo sacudir, agitar y hundir un espacio de tierra de dos o tres mil millas. Esto no es imposible ni inverosímil, ni faltan ejemplos en la Historia. El terremoto que se sintió en el Canadá en 1663 hundió una cadena de montañas de piedra viva, de largo de más de trescientas millas, quedando todo aquel espacio de tierra convertido en una grande llanura. ¿Cuánto, pues, habrá sido el estrago causado por aquellos extraordinarios y memorables terremotos de que hacen mención las historias americanas, y con los cuales creían acabado el mundo?

Puede también oponerse a nuestro sistema que si los animales pasaron por tierra del uno al otro continente, no es fácil adivinar la causa porque pasaron algunas especies, sin quedar ni un solo individuo en el Continente Antiguo, y quedaron, por el contrario, algunas especies enteras en el Antiguo Continente, sin que pasase un individuo de ellas a América. ¿Por qué pasaron, por ejemplo, las catorce especies de

---

[21] Boache presentó en 1737 a la Real Academia de Ciencias de París las cartas hidrográficas de aquel mar, hechas según sus observaciones, que fueron examinadas y aprobadas por la Academia. El célebre autor de las *Cartas americanas* da en su Tomo II un extracto de aquellas cartas.

monos que en el día hay en América, y no pasaron las diecisiete especies que Buffon enumera en Asia y África, siendo todas de un mismo clima y teniendo igualmente libertad y comodidad para pasar? ¿Por qué pasaron los perezosos y no las gacelas, que son tan veloces? Si de Armenia, pues, en donde paró el arca de Noé, se dirigieron los animales hacia América, debieron sin duda hacer un viaje de seis mil millas las especies destinadas a los países equinocciales del Nuevo Mundo, yéndose de América por Mesopotamia y Siria a Egipto, de allí por el centro de África al supuesto espacio de tierra que unía ambos continentes, y de él finalmente al Brasil.

Y aunque en cuanto a los otros animales no aparezca dificultad alguna en hacer aquel viaje en diez, veinte o cuarenta años, sin embargo, por lo que respecta a los perezosos no se puede concebir cómo pudiesen ejecutarlo ni aun en seis siglos caminando siempre. Si creemos a Buffon, el perezoso no puede avanzar en una hora más que una toesa o seis pies reales de París; por lo que para hacer aquel viaje de seis mil millas necesitaría de cerca de seiscientos ochenta años y aún más, si asentimos a lo que escribieron Maffei, Herrera y Pison, los cuales afirman que aquel miserable cuadrúpedo apenas puede hacer en quince días un tiro de piedra.

Esto es lo que puede decirse contra nuestro sistema; pero algunos de los referidos argumentos tienen mayor fuerza contra las otras opiniones, menos contra la que emplea a los ángeles en el transporte de los animales. ¿Por qué, en lugar de lobos y zorras, no llevaron caballos, bueyes, ovejas y cabras? ¿Cómo no dejaron ni un individuo de algunas especies en el Continente Antiguo? Si se quiere que pasaran tales animales a nado, entonces se añade la dificultad del viaje marítimo a la del terrestre. Si se hacen pasar todos los animales, aun los de la América meridional, por el Septentrión, entonces, en lugar de hacer un viaje de seis mil millas, hubieran debido hacer otro de más de quince mil, para el que hubiera necesitado el perezoso de mil setecientos cuarenta años.

Nosotros respondemos a las referidas objeciones: 1º Que no estando hasta ahora conocidos todos los cuadrúpedos de la Tierra, no podemos saber cuántos hay en uno y otro continente ni cuántos faltan. Buffon enumera solamente doscientas especies de cuadrúpedos. Vaalmont de Bomare, que escribió poco tiempo después de aquel autor, enumera doscientas sesenta y cinco; pero ninguno es capaz de contarlas todas, porque nada se sabe de los cuadrúpedos de algunas regiones mediterráneas de África, de una gran parte de Tartaria, del país de las Amazonas, de la Luisiana septentrional, de los territorios situados al norte del río Colorado, del país de los apaches, de las islas de Salomón, de la Nueva

Holanda, etc., los cuales países son una parte considerable de nuestro globo.

No es, pues, extraño que no se tenga conocimiento de los animales de aquellos países desconocidos, cuando de los muy conocidos y habitados doscientos sesenta años hace, por los europeos, no tienen los zoólogos las noticias que se requieren para escribir una historia completa de los cuadrúpedos. Buffon, a pesar de ser el hombre más instruido en esta materia, omite algunos cuadrúpedos del reino de México, expatría a otros de su propio país y confunde a otros, como lo haremos ver en la Disertación sobre los animales. Más por lo que respecta a aquellos que ciertamente faltaban en América, como elefantes, camellos y caballos, se pueden dar algunas razones de esta falta. Puede ser que aquellos animales pasasen en efecto al Nuevo Mundo y después pereciesen, o muertos por las fieras o extinguidos por alguna epidemia que les sobreviniese. Puede ser también que no pasasen jamás a América. Algunos, como los elefantes y los rinocerontes, cuya multiplicación es muy lenta, se detendrían en los países meridionales de Asia y de África, porque allí encontraron un clima conforme a su naturaleza, buenos pastos y un gran espacio de tierra para poder vivir cómodamente, y así no tuvieron necesidad de salir de aquellas regiones para proporcionarse en otra parte su sustento.

Es verdad que muchos autores han estado persuadidos de que los grandes huesos desenterrados junto al río Ohio y en otros lugares de América han sido de elefantes, lo cual demostraría su antigua existencia en aquel Continente; pero como los zoólogos modernos no están de acuerdo en orden a la especie de cuadrúpedos a que pertenecían tales huesos, no puede deducirse de ellos ningún argumento contra nosotros.[22] Finalmente, otros animales no pasaron al Nuevo Mundo porque los detuvieron los hombres. Yo no dudo que después que salió del arca la familia de Noé, retuvo en su poder las vacas, ovejas y cabras reducidas a manadas y rebaños, para tomar de ellas, así el vestido, al ejemplo de sus antepasados, como el sustento, según el permiso dado por Dios después del diluvio.

A proporción que se iban multiplicando los hombres, se iban igualmente aumentando sus posesiones en Armenia, Caldea, Siria, Persia y Egipto, en cuyas regiones quedaron, como es de creer, confinadas en aquellos primeros tiempos las vacadas y los rebaños bajo el cuidado de

---

[22] Muller dice que los huesos eran de ciertos grandiosos cuadrúpedos, que él llama mamuts. Buffon, fiándose demasiado de él, calculó que eran seis veces más grandes que los elefantes. Otros creyeron que fuesen huesos de hipopótamos, otros de bestias marinas y otros, finalmente, que perteneciesen a otros cuadrúpedos desconocidos y extinguidos. Mas no hay duda que muchos de aquellos huesos han sido de gigantes, como hemos dicho en nuestra *Historia*.

los primogénitos de las familias, mientras los otros cuadrúpedos que estaban en libertad, huyendo de los hombres, se fueron a países aún no poblados, y algunos, buscando el clima y alimento conveniente a su naturaleza, se encaminaron para América.

Entre tanto, muchas familias destinadas a poblar diversos países de la Tierra, presintieron su separación, y queriendo dejar a la posteridad un monumento claro de su magnificencia, emprendieron la construcción de la ciudad y de la torre de Babel. Dios les confundió el lenguaje, para obligarlos a que se fueran a los países que les estaban señalados, y ellos, obligados de la orden y del castigo del cielo, se pusieron a viajar por diversos caminos. Los progenitores de los que fueron destinados a poblar América o no llevaron consigo rebaños o vacadas, porque no pudieron tenerlas o, habiéndolas sacado de Caldea, las consumieron por falta de víveres en su larga peregrinación. Lo cierto es que ninguno de aquellos animales, que desde los primeros siglos han estado bajo el cuidado y la dirección de los hombres en el Mundo Antiguo, se encontró en el Nuevo; lo parece un claro indicio de que los animales pasaron por su propio instinto al Nuevo Mundo y no llevados por los hombres.

Lo que decimos de las vacas, ovejas y cabras podemos también conjeturarlo de los burros y los caballos, pues no debemos dudar que aun estos animales fueron reducidos a servidumbre inmediatamente después del diluvio. Mas sea lo que fuere, el argumento tomado de que pasaron algunos animales y no otros nada prueba contra nuestro sistema.

En orden pues al cálculo arriba expuesto sobre el tiempo que necesitaba el perezoso para ir desde Armenia hasta el Brasil, no encontramos ningún inconveniente. Aunque hubiese tenido necesidad de mil años, pudo fácilmente llegar al Nuevo Mundo en el caso de que se hayan conservado todo aquel tiempo unidos ambos continentes; la cual suposición no puede demostrarse falsa ni por la Historia ni por la razón; pero ni tampoco hay alguna que nos obligue a admitir este cálculo. El mismo Buffon protesta que los autores han exagerado la lentitud del perezoso, y Aubenton reconoció que no era tan lento como la tortuga. A más de que no siendo este animal nocivo, sino más bien digno de compasión, pudo ser ayudado por los hombres y trasladado de un país a otro.

Tales son mis sentimientos en orden a la población de América, los cuales someto al juicio de los doctores cristianos y sabios; pero no al de ciertos filósofos incrédulos y caprichosos, que ni respetan la autoridad divina ni hacen caso de las tradiciones humanas, ni quieren escuchar la razón.

## SEGUNDA DISERTACIÓN

## PRINCIPALES ÉPOCAS DE LA HISTORIA DEL REINO DE MÉXICO

La suma variedad que hallamos en los autores sobre la cronología del reino de México nos obliga a examinar prolijamente las épocas de los principales acontecimientos. Si hubiéramos hecho esto en el cuerpo de la *Historia*, habría sido necesario interrumpir el hilo de la narración con disputas espinosas. Si lo hubiéramos hecho en las notas, éstas habrían salido extremadamente largas. La variedad de opiniones nace de no haber podido ajustar los años mexicanos a los nuestros. Yo he trabajado con mucha diligencia por averiguar lo cierto, y me parece haberlo conseguido en gran parte, como haré ver en la presente disertación, que será sin duda enfadosa para los que no tienen interés en la ilustración de estos puntos de cronología.

### 1. Época de la llegada de los toltecas y de otras naciones al Anáhuac

No discurrimos aquí de los primeros pobladores, de que hemos hablado antes, sino solamente de aquellas naciones que hacen alguna figura en nuestra historia. Discordan primeramente los autores sobre el orden de llegada de tales naciones, pues los chichimecas, por ejemplo, que, según Acosta, Gómara y Sigüenza y Góngora, fueron los primeros que llegaron a aquel país, según Torquemada fueron los terceros y según Boturini los cuartos. No es menor su discordancia sobre el tiempo de la llegada de cada nación, como iremos viendo.

Ninguno duda que hayan sido muy antiguos los toltecas. Por las mismas historias de los chichimecas, consta que éstos no llegaron a Anáhuac sino después de la ruina de los toltecas, cuyos edificios reconocieron en su viaje y cuyos vestigios hallaron en las orillas de las lagunas mexicanas y en otros lugares. En este punto están de acuerdo Torquemada, Betancourt y Boturini. Herrera, Acosta y Gómara no hacen mención de los toltecas, acaso porque los autores de quienes se valieron omitieron las noticias de aquella nación, por ser escasas y oscuras.

En orden al tiempo de su llegada a Anáhuac, Torquemada dice en su *Historia* (Lib. 3) que fue el año 700 de la Era vulgar; pero, por lo que escribe en el Lib. 1, se deduce que fue hacia el año de 648. Boturini los hace casi un siglo más antiguos, pues cree que reinaba en Tula el año 660 Ixtlacuechahuac, rey II de aquella nación. Por sus pinturas sabemos que salieron de Huehuetlapallan el año 1 *Tecpatl;* que después de haber peregrinado 104 años, se establecieron, primero en Tollantzinco y después en Tula, y que su monarquía comenzó el año 667. Cualquiera que quiera continuar retrocediendo hacia aquel tiempo la serie de los años mexicanos igualados con los cristianos, expuesta por nosotros, hallará que el año 544 de la Era vulgar fue el 1 *Tecpatl,* y el año 667 el 7 *Acatl.* No hay, por otra parte, razón para anticipar tales épocas, ni se pueden posponer sin desconcertar las de las naciones posteriores. Pues habiendo comenzado aquella monarquía el año 667 y habiendo durado 384 años, debe fijarse el fin de ella y la destrucción de los toltecas en 1051.

Entre la ruina de los toltecas y la llegada de los chichimecas no pone Torquemada más que nueve años; pero esto no puede ser, porque los chichimecas encontraron, como dice el mismo autor, arruinados los edificios de los toltecas, y no es verosímil que se arruinasen en solo nueve años. A más de esto, no puede fijarse en aquel siglo el principio de la monarquía chichimeca sin aumentar el número de aquellos reyes o sin prolongar extremadamente su vida, como hace Torquemada. ¿Quién será capaz de creer que Xólotl reinase mil trece años y viviese doscientos? ¿Que Nopaltzin viviese ciento setenta, Techotlala, su tercer nieto, reinase ciento cuatro, y Tezozómoc, su descendiente, reinase en Atzcapotzalco ciento sesenta o ciento ochenta años?

Es verdad que un hombre de complexión robusta, ayudado de la sobriedad en la comida y de un clima tan benigno como el de México, podría llegar a una edad tan avanzada, y no son muy raros en la historia de aquel país los ejemplares de hombres que han prolongado su vida más allá del término regular de los mortales. Calmecahua, uno de los capitanes tlaxcaltecas que ayudaron a los españoles en la conquista de México, vivió ciento treinta años. Pedro Nieto, jesuita, murió en 1636 de ciento treinta y dos años. Fray Diego Ordóñez, franciscano, murió en Sombrerete de ciento diecisiete años,[1] predicando al pueblo hasta el último mes de su vida.

Se podría hacer un largo catálogo de los que así, en los dos siglos pasados como en nuestros días, han excedido en aquellos países de la

---

[1] Fray Diego Ordóñez vivió en la religión 104 años y en el sacerdocio casi 91. En su último sermón se despidió del pueblo de Sombrerete con aquellas palabras de San Pablo: *Bonum certamen certavi, cursum consumari...*

edad centenaria. Particularmente entre los indios no son tan raros los que llegan a los noventa y a los cien años, conservando hasta la extrema vejez el cabello negro, la dentadura firme y buena su vista; pero habiendo sido tan pocos los que después del siglo XIII del mundo han prolongado su vida hasta los ciento cincuenta años, que se miran como otros tantos prodigios, no podemos asentir a la extravagante cronología de Torquemada, apoyada tal vez sobre la fe de alguna pintura o escrito de los texcocanos, principalmente confesando el mismo autor que aquellas naciones no tuvieron mucho cuidado de los años. Nosotros, por lo tanto, creemos sin duda que el arribo de los chichimecas a Anáhuac fue en el siglo XII y verosímilmente hacia el año de mil ciento sesenta.

Apenas habían corrido ocho años, después que Xólotl, primer rey chichimeca, se había establecido en Tenayuca, cuando llegaron allí nuevas gentes, conducidas, como hemos dicho en la *Historia,* por seis jefes. No dudo que estas nuevas gentes hayan sido las seis tribus de los xochimilcas, tepanecas, colhúas, chalqueños, tlahuiques y tlaxcaltecas, separadas de los mexicanos en Chicomoztoc y unidas en el valle de México, no todas a un tiempo, sino con alguna diferencia de tiempo y con el orden que hemos asentado.

Ello es cierto que cuando llegaron allí pocos años después los acolhúas, encontraron ya fundada por los tepanecas la ciudad de Atzcapotzalco y por los colhúas la de Colhuacán. Se sabe, por otra parte, que estas tribus llegaron por aquel país después de los chichimecas y de los acolhúas. Pues no hay memoria de otras gentes llegadas en aquel tiempo a Anáhuac, sino de las conducidas por los referidos seis jefes; éstas, pues, fueron aquellas seis tribus de nahuatlacos, esto es, los xochimilcas, tepanecas, colhúas, etcétera, conducida cada una por su jefe. El Padre Acosta hace a estas tribus casi tres siglos más antiguas, pues dice que llegaron a las orillas de la laguna mexicana el año 902, después de una peregrinación de ochenta años; pero esta cronología no se confirma bien con la Historia, por la cual consta que cuando Xólotl llegó al valle mexicano con su colonia de chichimecas, halló despobladas las orillas de aquella laguna, y el arribo de esta colonia no pudo ser antes de la mitad del siglo XII, según lo que hemos dicho arriba.

No se sabe el año del arribo de los acolhúas; pero no dudo que haya sido hacia el fin del siglo XII, porque llegaron pocos años después del arribo de las seis tribus, y consta, por otra parte, de la misma historia que Xólotl sobrevivió algunos años a su arribo.

La última nación o tribu que llegó a Anáhuac fue la de los mexicanos. Entre tantos historiadores consultados por mí, no he encontrado uno que sea de contrario parecer, sino Betancourt, el cual pone a los otomíes después de los mexicanos. El P. Acosta fija el arribo de éstos a las orillas de la laguna mexicana en el año 1208, pues afirma que llegaron allí trescientos seis años después de los xochimilcas y de las otras tribus de los nahuatlacos, cuya llegada pone él en 902. Torquemada, según el cálculo hecho por Betancourt sobre su relación, pone el arribo de los mexicanos a Chapultepec el año 1269. Una historia mexicana anónima, citada por Boturini, pone el arribo de aquella tribu a Tula en 1196, y en esta época parece que están de acuerdo algunos historiadores indios.

Además, esta cronología se conforma perfectamente en todas las otras épocas, por lo que nosotros la hemos adoptado como la más probable y casi cierta. Esto supuesto, es necesario decir que los mexicanos llegaron a Tzompanco el año 1216 y a Chapultepec en 1245, porque se sabe que estuvieron en Tula nueve años, en Tepexi y otros lugares antes de llegar a Tzompanco once, en Tzompanco se detuvieron siete años, y en otros lugares, antes de ir a Chapultepec, veintidós. Después de haber estado en Chapultepec, pasaron a Acolco en 1262, en donde estuvieron cincuenta y dos años, y de allí fueron esclavos a Colhuacán, en 1314.

Por lo que respecta a los otomíes, hay una gran variedad en los historiadores. Algunos los confunden con los chichimecas, como Acosta, los Guiara y la mayor parte de los autores españoles. Torquemada (Lib. 1) los distingue expresamente; pero en otros lugares de su historia parece que los confunde. Betancourt, después de haber copiado la relación de Torquemada en todo lo que pertenece a los toltecas, chichimecas y las otras naciones, dice, hablando del reinado de Chimalpopoca, tercer rey de México, que en tiempo de él llegaron a Anáhuac los otomíes, y se establecieron principalmente en Xaltocan.

Esta anécdota de Betancourt no es de despreciarse, porque sin duda la tomó de los escritos de Sigüenza y Góngora, pues no acostumbra apartarse de Torquemada sino para seguir a aquel docto mexicano; pero yerra en la cronología, pues fija el arribo de los otomíes el año 6 *Tecpatl*, que cree haber sido 1381. Se engañó ciertamente, pues, como aparece de nuestra tabla cronológica puesta al fin del tomo II, el año 1381 no fue 6 *Tecpatl* sino 6 *Calli*, ni entonces reinaba Chimalpopoca sino Acamapitzin, como haremos ver luego.

Si el arribo de los otomíes al valle mexicano (no al país de Anáhuac, en el cual se habían establecido muchos años antes) fue el año 6 *Tecpatl*, esto habrá sido sin duda en 1420. El no hacerse mención de los otomíes antes de esta época, y el haberlos encontrado los españoles menos civilizados que las otras naciones, esparcidos en algunas provincias y en algunos lugares aislados, y rodeados de otras naciones de diverso idioma, nos hace creer que puntualmente en aquel tiempo comenzaron a vivir en sociedad bajo la dominación de los tepanecas, y después bajo la de los mexicanos y tlaxcaltecas. Yo me persuado de que, por haber encontrado ocupada la tierra por otras naciones, no pudieron, como los otros, establecerse todos en un solo país, aunque la mayor parte de aquella nación poblase aquel espacio de tierra que está al nordeste y al norte de la capital, como más inmediato al país en donde antes vivían esparcidos a manera de fieras.

La causa de haber sido los otomíes confundidos por muchos historiadores con los chichimecas puede tomarse de la misma Historia. Cuando los antiguos chichimecas fueron civilizados por los toltecas y nahuatlacas, muchas familias de aquella nación se abandonaron a la vida salvaje en el país de los otomíes, apreciando más el ejercicio de la caza que las fatigas de la agricultura. Éstos retuvieron el nombre de chichimecas, y los otros, reducidos a civilidad, comenzaron a llamarse acolhúas, honrándose con el nombre de una nación que se estimaba la más culta. De los otomíes, pues, aquellos que adoptaron la vida civil quedaron con el nombre de otomíes, con el cual son conocidos en la Historia; pero los otros que, esparcidos en los bosques y mezclados con los chichimecas, no quisieron abandonar su bárbara libertad fueron llamados, por muchos, chichimecas, por nombre de aquella célebre nación; por lo que algunos escritores, hablando de estos bárbaros, los cuales por más de un siglo después de la conquista de México molestaron mucho a los españoles, distinguen a los chichimecas mexicanos de los chichimecas otomíes, porque los unos hablaban la lengua mexicana y los otros la otomí, según la nación de donde traían su origen.

De todo lo que hasta ahora hemos dicho, podemos concluir, con la mayor verosimilitud que se puede en un asunto tan oscuro, que el orden y tiempo del arribo de aquellas naciones a Anáhuac fue éste:

Los toltecas, el año 648. Los chichimecas, hacia 1170. Los primeros nahuatlacos hacia 1178. Los acolhúas hacia el fin del siglo XII. Los mexicanos llegaron a Tula el año 1196, a Tzompanco en 1216, y a Chapultepec en 1245. Los otomíes entraron en el valle mexicano y comenzaron a reducirse a vida civil el año de 1420.

Bien sé que los tepanecas ponderaban tanto la antigüedad de su ciudad de Atzcapotzalco, que, al decir de Torquemada, contaban 1561 años desde la fundación de ella hasta principios del siglo XVII, y así la creían fundada inmediatamente después de la muerte de nuestro Divino Redentor, pero lo contrario consta por las historias de las otras naciones, las cuales hacen a los tepanecas poco más antiguos que los mexicanos en Anáhuac, y aun por la misma serie de señores de Atzcapotzalco, cuyos retratos se conservan hasta nuestros días en un edificio antiguo de aquella ciudad. Ellos no contaban más de diez señores desde la fundación de su ciudad hasta la memorable ruina de su Estado, causada por las armas combinadas de los mexicanos y los acolhúas, la cual sucedió, como veremos, el año de 1425, por lo que sería necesario dar a cada señor ciento cuarenta años de gobierno para completar aquella suma.

Los totonacos, por su parte, se decían más antiguos que los chichimecas, pues el ponderar antigüedad es una debilidad común a todas las naciones. Contaban que, habiéndose establecido por algún tiempo en las orillas de la laguna de Texcoco, se fueron a poblar las montañas a que dieron el nombre de Totonacapan; que allí fueron gobernados por diez señores, cada uno de los cuales gobernó la nación ochenta años cabales, hasta que llegados los chichimecas a Anáhuac en el tiempo de Xatoncan, segundo señor de la nación totonaca, los sometieron a su dominio, y que después fueron finalmente sujetados a los reyes mexicanos. Torquemada, que trae esta relación de los totonacas en su *Monarquía indiana* (Lib. III), añade ser "cierto esto y comprobado con historias antiguas y dignas de fe"; pero diga lo que quiera, lo cierto es que no se sabe ni se puede saber el tiempo del arribo de aquella nación a Anáhuac, y que el cuento de los diez señores que gobernaron ochenta años cabales cada uno es solamente bueno para divertir a los niños.

Menos se sabe el tiempo en que llegaron los olmecas y xicalancos. Boturini dice que no pudo hallar ninguna pintura ni memoria concerniente a estas naciones; con todo, las cree más antiguas que los toltecas; pero, sea lo que fuere, es indubitable que fueron antiquísimas.

No hacemos aquí mención de las otras naciones porque se ignora su antigüedad; pero no dudamos, lo que hemos expuesto en otra parte, que los chiapanecos fueron de los más antiguos, y acaso los primeros de todas las naciones que poblaron el país de Anáhuac.

## 2. Correspondencia de los años mexicanos a los nuestros y época de la fundación de México

Todos los escritores, así mexicanos como españoles, que han hecho mención de la cronología mexicana están de acuerdo sobre el método que tenían aquellas naciones para encontrar su siglo y sus años, que expusimos en nuestra *Historia* y en las tablas puestas al fin del tomo II. Siempre, pues, que se halle la correspondencia de un año mexicano con alguno de los años cristianos, se sabrá la correspondencia de todos los demás. Si, por ejemplo, sé que este año 1780 es, como en efecto lo es, 2 *Tecpatl*, estoy seguro de que 1781 es 3 *Calli*, 1782, es 4 *Tochtli*, etcétera.

Toda la dificultad consiste en hallar un año mexicano, cuya correspondencia a algún año cristiano sea enteramente cierta e indubitable; mas ya tenemos vencida esta dificultad, pues estamos seguros, no menos por las pinturas de los indios que por el testimonio de Acosta, Torquemada, Sigüenza y Góngora, Betancourt y Boturini, que el año 1519, en que entraron en México los españoles, fue 1 *Acatl* y, por consiguiente, que 1518 fue 13 *Tochtli;* 1517, 12 *Calli,* etc., y así no puede dudarse de la exactitud de nuestra tabla cronológica en lo que mira a la correspondencia de los años mexicanos con los cristianos.

Los autores que discordan de ellas erraron en el cálculo y se contradijeron. Betancourt, para hacernos comprender el modo de computar los años que tenían los mexicanos, nos presenta una tabla de los años de éstos comparados con los cristianos desde 1663 hasta 1688; pero esta tabla está errada de pies a cabeza, porque supone que el año 1663 fue 1 *Tochtli,* lo cual se demuestra falso combinando nuestra tabla hasta aquel año. Afirma que 1507 fue año secular; admitido este error, no puede menos que errar en toda su cronología. Si el año 1519 fue 1 *Acatl,* como supone con otros escritores, hallaremos retrocediendo en nuestra tabla que no fue año secular 1507, sino 1506.

Por confirmar su cronología, alega el testimonio de su amigo y compatriota el doctor Sigüenza y Góngora, el cual dice había encontrado que el año 1684 había sido 9 *Acatl.* Si esto fuese así, su cálculo sin duda iría bien; pero aunque no dudamos de su veracidad en la cita de Sigüenza y Góngora, tenemos ciertamente razón para creer que este docto mexicano corrigiese su cronología, ni podría hacerlo de otra manera, sabiendo, como en efecto sabía, que el año 1519 había sido 1 *Acatl,* principio cierto sobre el que debe apoyarse toda la cronología mexicana y del cual se deduce claramente que 1684 no fue 9 *Acatl* sino 10 *Tecpatl.* Torquemada, en el Lib. 3 de los totonacas, dice de un noble de aquella nación "que había nacido el año 2 *Acatl,* y que el año antes 1519, en el cual habían llegado a aquel país los españoles, era entre los mexicanos 1 *Acatl".* Cuando Torquemada escribió esto, o estaba agravado con el sueño o distraído en otro pensamiento, pues sabía, como todos lo saben, que el año que entre los mexicanos viene después de 1 *Acatl* no es 2 *Acatl,* sino el 2 *Tecpatl,* y tal fue el año 1520 de que habla.

Supuesto, pues, que el año 1519 fue 1 *Acatl,* y sabida la correspondencia de los años mexicanos con los cristianos, no es difícil averiguar la época de la fundación de México. Todos los historiadores que han consultado las pinturas de los mexicanos o se han informado de ellos a boca, están de acuerdo en decir que aquella célebre ciudad fue fundada por los aztecas en el siglo XIV del cristianismo; pero discordan en cuanto al año. El intérprete de la *Colección de Mendoza* fija la fundación en 1324; Gemelli Carreri, siguiendo a Sigüenza y Góngora, en 1325; éste, citado por Betancourt, y un mexicano anónimo, citado por Boturini, en 1327.[2] Torquemada, según el cálculo hecho por Betancourt sobre la relación de él, en 1341, y Enrico Martínez, en 1357.

Los mexicanos ponen esta fundación en el año 2 *Calli,* como se ve en la primera pintura de la *Colección de Mendoza* y en otras citadas por Sigüenza y Góngora. Siendo pues cierto que aquella ciudad fue fundada en el XIV y en el año 2 *Calli,* esto no pudo ser en 1324, ni tampoco en 1327, ni en 1341, ni en 1357, porque ninguno de estos años fue 2 *Calli.* Si queremos retroceder desde el año 1519 hasta el siglo XIV, hallaremos en éste dos años 2 *Calli:* 1325 y 1377. Como en este año no se hizo ciertamente tal fundación, porque entonces sería necesario acortar mucho el reinado de los monarcas mexicanos, contradiciendo la cronología de las pinturas antiguas, no resta otro recurso que decir que aquella célebre capital se fundó en 1325 de la Era vulgar; y ésta fue sin duda la opinión de Sigüenza y Góngora, porque Gemelli Carreri, que no tuvo en esta materia otra instrucción que la que le dio aquel literato mexicano, pone esta fundación en 1325, el cual dice fue 2 *Calli.*[3] Si antes fue de otro parecer, lo mudó después, advirtiendo que no se conformaba bien con aquel principio cierto de haber sido 1 *Acatl* el año de 1519.

### 3. Cronología de los reyes mexicanos

Es difícil poner en claro la cronología de los reyes mexicanos por la discordancia de los autores. Nosotros nos valdremos de algunos puntos ciertos para averiguar los inciertos. Para dar a los lectores alguna idea de la variedad de las opiniones basta fijar la vista en la siguiente tabla, en la que ponemos el año en que, según Acosta, el intérprete de la *Colección de Mendoza,* y Sigüenza y Góngora, comenzó a reinar cada uno de los reyes.[4]

---

[2] El testimonio del mexicano anónimo se halla en la copia de una pintura sacada el año de 1531.
[3] Hemos manifestado en otra parte el error de Gemelli Carreri en haber escrito el año 1325 de la creación del *mundo,* en lugar del de la Era vulgar.
[4] Los años del intérprete de la Colección de *Mendoza* son los que se leen en la edición de *Tevenot,* no en la de *Purchas,* que no hemos podido ver.

| | ACOSTA | EL INTÉRPRETE | | SIGÜENZA Y GÓNGORA |
|---|---|---|---|---|
| Acamapitzin | 1384 | 1375 | 3 de mayo | 1361 |
| Huitzilíhuitl | 1424 | 1396 | 19 de abril | 1403 |
| Chimalpopoca | 1427 | 1417 | 24 de febrero | 1414 |
| Itzcoatl | 1437 | 1427 | | 1427 |
| Moctezuma I | 1449 | 1440 | 13 de agosto | 1440 |
| Axayácatl | 1481 | 1469 | 21 de noviembre | 1468 |
| Tízoc | 1477 | 1488 | 30 de octubre | 1481 |
| Ahuízotl | 1492 | 1486 | 13 de abril | 1480 |
| Moctezuma II | 1503 | 1502 | 15 de septiembre | 1502 |

Acosta, y después de él Enrico Martínez y Herrera, no solamente discordan de los otros autores en la cronología sino también en el orden de los reyes, poniendo a Tízoc en el trono antes que a Axayácatl, cuando consta lo contrario, así por el testimonio de los mexicanos como por el de los autores españoles. Gómara embrolla los reinados de los señores de Tula con los de los reyes de Colhuacán y con los de los mexicanos. Torquemada indica los años de los unos y de los otros, y su cronología discorda de la de los otros autores. Solís hace a Moctezuma II el undécimo de los reyes mexicanos; pero no sé de dónde sacó una anécdota tan peregrina.

Paw, para demostrar aun en esto su extravagancia, no enumera más que ocho reyes de México; pero es indudable que los mexicanos tuvieron once reyes, esto es, los nueve referidos arriba y después Cuitlahuatzin y Cuauhtemotzin. Algunos autores no quieren contar entre los reyes a estos dos últimos, porque reinaron poco tiempo; pero habiendo sido legítimamente electos y pacíficamente aceptados por la nación, tienen tanto derecho para ser contados entre los reyes mexicanos como sus antecesores. Acosta dice que no hace mención de ellos porque no tuvieron más que el nombre, pues en su tiempo estaba ya casi todo el reino sujeto a los españoles y no tenían a sus órdenes sino la provincia de los totonacas, y otros eran más bien aliados que súbditos. Cuando fue elegido Cuauhtemotzin habían agregado a aquella provincia los estados de Quauhquechollan, Itzocan, Tepeyacac, Tecamachalco y algunos otros lugares de aquellos contornos; pero todos estos estados, comparados con el resto del imperio mexicano, eran menos que Bolonia en comparación del estado pontificio.

Para averiguar la cronología de estos once reyes, es necesario usar de otro método, comenzando por los últimos y continuando en orden retrógrado hasta los principios de la monarquía.

CUAUHTEMOTZIN. Este rey acabó su reinado a 13 de agosto de 1521, habiendo sido hecho prisionero por los españoles y conquistada la corte de México. El día de su elección no se sabe; pero de la relación de Cortés se deduce que fue elegido en octubre o noviembre del año anterior, y así no pudo reinar más que nueve o diez meses.

CUITLAHUATZIN. Este rey, sucesor de su hermano Moctezuma, subió al trono en los primeros días de julio de 1520, como se deduce de la relación de Cortés. Algunos autores españoles dicen que no reinó más que cuarenta días; otros afirman que sesenta; pero, por lo que dice Cortés haber oído a un oficial mexicano en la guerra de Cuauhquechollan, se infiere que aquel rey aún vivía en octubre. Por lo tanto, no dudamos que su reinado fue a lo menos de seis meses.

MOCTEZUMA II. Se sabe que reinó diecisiete años y poco más de nueve meses, y que comenzó a reinar en septiembre de 1502 y murió en los últimos días de junio de 1520. La razón de haber puesto algunos autores el principio de su reinado en 1503 fue porque sabían que había reinado diecisiete y no hicieron cuenta de nueve meses más.

AHUÍZOTL. Acosta da a este rey once años de reinado; Enrico Martínez, doce; Sigüenza y Góngora, dieciséis, y Torquemada, dieciocho. Yo creo que podremos averiguar los años de su reinado y el tiempo de su exaltación por la época de la dedicación del templo mayor. Ésta se hizo sin duda en 1486, en lo que están de acuerdo algunos autores. Por otra parte, consta que, habiendo apenas comenzado el rey Tízoc esta fábrica, la continuó y finalizó Ahuízotl; y esto no lo pudo hacer en el mismo año en que comenzó a reinar, ni tampoco en dos o tres años, siendo tal edificio tan vasto como sabemos. Ni menos pudo en tan breve tiempo hacer la guerra que hizo en tantos países tan distantes entre sí, y proporcionarse aquel número sorprendente de prisioneros que se sacrificaron en aquella gran fiesta. Por esto creemos nosotros que no se puede fijar el principio de su reinado después del año de 1482, ni menos se puede anticipar sin trastornar las épocas de sus antecesores, como luego veremos. Habiendo, pues, comenzado a reinar en 1482 y habiendo acabado en 1502, debemos darle diecinueve años y algunos meses, o casi veinte años de reinado.

TÍZOC. Ninguno duda que su reinado no fuese muy breve, y no hay entre los autores quien le dé más de cuatro años y medio de vida sobre el trono. Podremos deducir el tiempo de su reinado, y aun el de su antecesor, por el de Nezahualpilli, rey de Acolhuacán, porque habiendo sido este rey tan célebre y habiendo tenido historiadores en su corte, tenemos noticias ciertas de su reinado. Nezahualpilli murió en 1516, después de haber reinado en Acolhuacán cuarenta y cinco años y algunos meses así debe fijarse el principio de su reinado en 1470. Se sabe, por otra parte, que el octavo año de Nezahualpilli fue el primero de Tízoc, y así éste debió comenzar su reinado en 1477 y debió reinar cuatro años y medio, como dicen algunos historiadores. Torquemada dice que reinó menos de tres años; pero este autor se contradice abiertamente, así en este como en otros artículos de su cronología; porque adoptando él como adopta el referido cálculo sobre el reinado de Nezahualpilli, y dando menos de tres años al reinado de Tízoc, debía fijar su muerte en 1480, y dar por consiguiente a Ahuízotl no dieciocho años, sino veintidós de reinado.

AXAYÁCATL. Se sabe que comenzó a reinar seis años antes que Nezahualpilli, esto es, el año de 1464, y que acabó, según lo que hemos dicho, en 1477, en que subió al trono su sucesor Tízoc. De lo que se deduce que reinó trece años, como afirman Sigüenza y Góngora y otros historiadores. Acosta no le da más de once, ni el intérprete de la *Colección de Mendoza* más de doce. Lo más probable es que los trece años no fueron completos.

MOCTEZUMA I. Todos afirman que este famoso rey cumplió veintiocho años en el trono; pero algunos le dan un año más, porque cuentan por un año completo los meses que reinó a más de los veintiocho años, los cuales se omitieron por los otros. Comenzó, pues, a reinar en 1436 y acabó en 1464. En su tiempo se celebró el *Toxiuhmolpia* o año secular, no en el decimosexto de su reinado como quiere Torquemada, sino en el decimoctavo, esto es, en 1454.

ITZCOATL. Casi todos los historiadores dan trece años de reinado a este gran rey; solamente Acosta y Enrico Martínez le dan doce. La causa de esta diferencia habrá sido la misma referida arriba, esto es, que no habiendo Itzcoatl completado los trece años en el trono, dichos autores no hicieron caso de los meses sobre los doce años, y los otros los contaron como si hubiese sido un año completo. Comenzó a reinar en 1423; no pudo comenzar ni más pronto ni más tarde porque subió al trono un año después que Maxtlaton usurpó la corona de Acolhuacán; Maxtlaton reinó tres años, y acabó juntamente con él el reino de los tepanecas. El año siguiente, esto es, tres años después que Itzcoatl había comenzado a reinar, fue restablecido Nezahualcóyotl al trono de Acolhuacán, que le habían usurpado los tepanecas. Se sabe, por otra parte, que Nezahualcóyotl reinó cuarenta y tres años y algunos meses, y por esta razón, habiendo acabado en 1470, parece que debe fijarse el principio de su reinado en 1426, la ruina de los tepanecas en 1425, el principio del reinado de Itzcoatl en 1423, y el de la tiranía de Maxtlaton en 1422.

CHIMALPOPOCA. Este infeliz rey fue confundido por Acosta, Enrico Martínez y Herrera, con su sobrino Acolnahuacatl, hijo de Huitzilíhuitl, y así hacen que Chimalpopoca subiese al trono de solos diez años, y lo hacen morir inmediatamente a manos de los tepanecas; pero lo contrario consta por las pinturas y relaciones de los indios, citadas por Torquemada y en parte vistas por nosotros. Sigüenza y Góngora incurre por inadvertencia en una contradicción, pues dice que Chimalpopoca fue hermano menor, como en efecto era, de Huitzilíhuitl; de este rey afirma que comenzó a reinar de dieciocho años y que reinó poco menos de once; y así debió morir sin haber llegado a los veintinueve de edad, y Chimalpopoca, que inmediatamente le sucedió, debería haber tenido a lo más veintiocho años que comenzó a reinar; con todo, Sigüenza y Góngora lo hace subir al trono de más de cuarenta años. En la *Colección de Mendoza* no se dan a este rey más que diez años de reinado. Torquemada y Sigüenza y Góngora le dan trece, y esto es sin duda lo más probable, atendida la serie de sus acciones y de sus acontecimientos; pero Betancourt, siguiendo a Torquemada, tiene en este punto algunos anacronismos notables. Pone la elección de Chimalpopoca en el tiempo de Techotlalla, rey de Acolhuacán; supongamos que esto fuese en el último año de este rey; a Techotlalla sucedió Ixtlilxóchitl, que reinó siete años; a Ixtlixóchitl sucedió Tezozómoc, que tiranizó aquel imperio nueve años, y a éste sucedió Maxtlaton, en cuyo tiempo murió Chimalpopoca. Según estos principios adoptados por Torquemada y Betancourt, es necesario dar a Chimalpopoca dieciséis años a lo menos de reino, resultantes de los siete de Ixtlixóchitl y de los nueve de Tezozómoc, lo cual se opone a su misma cronología y a la de los otros historiadores. Si queremos, pues, continuar la cronología de los reyes de México con la de los reyes de Tlaltelolco, según el cálculo de los referidos autores, apenas nos quedarán diecinueve años que poder distribuir entre dos reyes, Chimalpopoca e Itzcoatl, como veremos luego. Debiendo, pues, contarse trece años en el reinado de Chimalpopoca, según el parecer de la mayor parte de los historiadores, debemos fijar el principio de su reinado en 1410. Maxtlaton sucedió a Tezozómoc, su padre, un año antes de la muerte de Chimalpopoca, esto es, en 1422. Tezozómoc tuvo nueve años la corona de Acolhuacán; habiendo muerto en 1422, comenzó su tiranía en 1413. Por lo que respecta a Ixtlixóchitl, legítimo rey de Acolhuacán, sabemos que reinó siete años, hasta que en 1413 le fue quitada por el tirano Tezozómoc, juntamente con la corona, la vida; comenzó, pues, a reinar en 1406.

Huitzilíhuitl. Son muy diversas las opiniones de los historiadores sobre el número de años que reinó este monarca. Sigüenza y Góngora dice que fueron diez años y diez meses. Acosta y Enrico Martínez le dan trece, y el intérprete de la *Colección de Mendoza*, veintiuno. Torquemada testifica que entre los historiadores mexicanos que vio, algunos le dan 22 años, y otros, 26; pero no dudo que el verdadero número de años es el que asienta el intérprete de la *Colección de Mendoza*, porque sabemos por las pinturas históricas de los mexicanos, que el año decimotercero de este rey fue año secular, que, según nuestra tabla cronológica no puede ser otro que el de 1402: comenzó pues a reinar en 1389. Habiendo muerto en 1410, como aparece por lo que hemos dicho en orden al reinado de Chimalpopoca, debemos contar en el de Huitzilíhuitl 25 años.

ACAMAPITZIN. Supuesta la cronología de los reyes mexicanos y establecida la época de la fundación de México, poco tenemos que hacer por lo que respecta a este rey. Torquemada afirma que las pinturas y las historias manuscritas de los mexicanos fijan su elección en el año vigesimosexto de la fundación de México. Fue, pues, elegido en 1352 o a principio de 1353, y su reinado sería de treinta y siete años, o poco menos. El interregno que hubo después de la muerte de este rey fue, al decir de Sigüenza y Góngora, de cuatro meses, cuando todos los otros apenas fueron de pocos días.

### 4. ÉPOCAS DE LOS SUCESOS DE LA CONQUISTA

No es muy difícil averiguar las épocas de los sucesos de la conquista, porque las encontramos por lo común puestas por el conquistador Cortés en sus cartas a Carlos V; pero habiendo algunos anacronismos en los historiadores españoles, o porque no consultaron aquellas cartas o porque no cuidaron de saber en cuáles días cayeron las fiestas movibles de aquellos años, de las cuales suele servirse Cortés, es necesario fijar algunos puntos de cronología, omitiendo otros de menor importancia para ahorrar molestia a los lectores.

La llegada de la armada de Cortés a la costa de Chalchicuecan fue, como todos saben, el jueves Santo de 1519. Éste fue el 21 de abril, porque la Pascua cayó aquel año el día 24.

La entrada de los españoles en la ciudad de Tlaxcala no fue el 23 de septiembre, como dicen Herrera y Gómara, sino el 18, como afirman Bernal Díaz, Betancourt y Solís, lo que puede demostrarse calculando según la relación de Cortés de los días que estuvieron los españoles en Tlaxcala y Cholula y los que emplearon en su viaje hasta México. Bernal Díaz dice que antes de entrar en Tlaxcala estuvieron veinticuatro días en las tierras de aquella república, y después veinte en la ciudad, como consta por la carta de Cortés. En Cholula entraron el 14 de octubre, y en México el 8 de noviembre. Seis días después fue hecho prisionero Moctezuma, como refiere Cortés.

Este general se mantuvo en aquella capital hasta principios de mayo del año siguiente, en cuyo tiempo fue a Cempoala para oponerse a Narváez. Dio allí el asalto y consiguió la victoria contra aquel enemigo suyo el domingo de Pentecostés, que en aquel año (1520) cayó en 27 de mayo. La sublevación de los mexicanos causada por la violencia de Alvarado sucedió en la gran fiesta del mes *Texcatl,* que comenzó aquel año en 13 de mayo. Cortés volvió a la capital, después de su victoria, el 24 de junio. En la relación de los sucesos ocurridos en los últimos días de junio y principio de julio, encuentro confusión y anacronismos en los historiadores. Yo he seguido las cartas de Cortés, que contienen la relación más auténtica de la conquista.

La muerte de Moctezuma parece haber sido el 30 de junio, porque murió, según Cortés, tres días después de haber recibido la pedrada; ésta la recibió mientras se construían las dos máquinas de guerra de que hacemos mención en la *Historia,* que se hicieron la noche del 26 de junio y en el siguiente, según se deduce de la relación de Cortés. No puede ponerse aquella muerte ni antes ni después del día 30 sin trastornar la serie de los acontecimientos.

Fijamos en el 1º de julio la Noche Triste, esto es, aquella en que salieron derrotados los españoles, porque Cortés pone siete días en su viaje desde México al territorio de Tlaxcala, y afirma que entraron en éste el 8 de julio. Bernal Díaz y Betancourt dicen que los españoles salieron de México el 10 y entraron el 16 en los dominios de aquella república; pero en esto se debe dar más crédito a Cortés. Los acontecimientos ocurridos desde el 24 de junio hasta el 19 de julio parecerán muchos para tan poco tiempo; pero no es de admirar que en circunstancias de tanta estrechez y peligro, se multiplicasen las acciones de los que hacían el último esfuerzo por salvar la vida.

La guerra de los españoles en Cuauhquechollan fue el mes de octubre, según la relación de Cortés. Esta época nos importa para saber el tiempo que reinó Cuitlahuatzin, pues un capitán mexicano de quien se informó Cortés sobre el estado de la corte le dio noticia de las diligencias que hizo entonces aquel rey contra los españoles. Los que quieren que el rey no reinase más que cuarenta días desprecian como falso aquel informe pero sin dar ninguna razón suficiente.

Respecto al día en que comenzó el asedio de México y el tiempo de su duración, yerran comúnmente los autores. Éstos por lo común dicen que el asedio duró noventa y tres días; pero no hicieron exactamente su cálculo, porque Cortés hizo la revista de sus tropas en la gran plaza de Texcoco y señaló el lugar que debían ocupar en aquel asedio las tres divisiones del ejército el lunes de Pentecostés de 1521. Aun cuando supusiésemos contra la verdad de la Historia que el mismo día de la revista diese principio al asedio, no serían noventa y tres días, sino solamente ochenta y cinco, porque aquel lunes cayó en 20 de mayo, y todos saben que el asedio terminó con la toma de la capital el 13 de agosto. Si reputan asedio las hostilidades hechas por los españoles en las ciudades de la laguna, debían fijar el principio de tal asedio en los primeros días de enero, y no contar noventa y tres días, sino siete meses. Cortés, que en este punto merece más crédito que cualquier otro historiador, dice expresamente que el asedio comenzó el día 30 de mayo y duró setenta y cinco días. Es verdad que la misma carta de Cortés pudo causar aquel error, porque en ella se da a entender que el día 14 de mayo estaban ya en Tacuba las divisiones de Alvarado y de Olid, en donde comenzó el asedio; pero esto es un manifiesto error en los números, porque lo cierto es que aquellos dos capitanes no fueron a Tacuba antes de hacer la revista de las tropas, y sabemos por Cortés y los otros historiadores que ésta se hizo el lunes de Pentecostés 20 de mayo.

Torquemada (Lib. 4, cap. 46) dice que los españoles entraron la primera vez en México el 8 de noviembre; pero en el capítulo 14 afirma que tal entrada fue en 22 de julio; que allí se mantuvieron ciento cincuenta días, noventa y cinco en amistad con los mexicanos y cuarenta en guerra, ocasionada por las muertes hechas por Alvarado en la fiesta del mes *Texcatl,* correspondiente, según él cree, a nuestro abril. El conjunto de anacronismos, errores y contradicciones que tiene el referido autor en el citado capítulo basta para dar idea de su disparatada cronología. Creo que la diligencia que hemos puesto en aclarar semejantes puntos nos ha evitado, si no todos, a lo menos muchos errores.

# TERCERA DISERTACIÓN

## TIERRA DEL REINO DE MÉXICO

Cualquiera que lea la horrible descripción que hacen algunos europeos de América, u oiga el injurioso desprecio con que hablan de su tierra, su clima, sus plantas, sus animales y sus habitantes, se persuadirá de que el furor y la rabia han armado sus plumas y sus lenguas, o de que el Nuevo Mundo es verdaderamente una tierra maldita y destinada por el cielo para suplicio de malhechores.

Si damos crédito a Buffon (*Hist. Nat.*, t. VI), la América es un país enteramente nuevo, apenas salido de bajo las aguas que lo habían anegado; un continuo pantano en sus llanuras, una tierra inculta y cubierta de bosques aun después de poblada por los europeos, más industriosos que los americanos, o embarazado por montañas inaccesibles, que no dejan más que un pequeño espacio de tierra para el cultivo y habitación de los hombres; tierra infeliz, bajo un "cielo avaro", en la cual todos los animales trasladados del Antiguo Continente han degenerado, y los propios de su clima son pequeños, deformes, débiles y privados de armas para su defensa.

Si damos crédito a Paw (que copia en gran parte las opiniones de Buffon, y, cuando no las copia, multiplica y aumenta los errores), la "América ha sido generalmente, y es aún hoy día, un país muy estéril", en el que han degenerado todas las plantas de Europa, a excepción de las acuáticas y jugosas; su terreno pestilente produce más plantas venenosas que todas las otras partes del mundo... "Su tierra, o embarazada con las montañas o cubierta de bosques y pantanos, no presenta más que un inmenso y estéril desierto"; su clima es muy contrario a la mayor parte de los cuadrúpedos y, sobre todo, "pernicioso a los hombres, embrutecidos, debilitados y viciados de una manera sorprendente en todas las partes de su organización". *(Recherches philosophiques sur les américains*, part. 1.)

El cronista Herrera, aunque tan juicioso y moderado, cuando se pone a hacer la comparación del cielo y tierra de Europa con los de América, se muestra ignorante aun de los elementos de la geografía, y prorrumpe en tales despropósitos que ni en un niño se podrían tolerar; "nuestro hemisferio —dice— es mejor que el nuevo con respecto al cielo.

Nuestro polo está más hermoseado de estrellas, porque tiene el Septentrión a 3 1/2 grados con muchas estrellas resplandecientes". En lo que supone: 1º que el hemisferio austral es nuevo, cuando ya hace tantos siglos que es conocido en Asia y en África. 2º que toda la América pertenece al hemisferio austral, y que la América septentrional no mira al mismo polo y las mismas estrellas de los europeos. "Tenemos —añade— otra preeminencia, esto es, que el sol se detiene siete días más hacia el trópico de Cáncer que hacia el de Capricornio." Como si el exceso de permanencia del sol en el hemisferio boreal no fuese el mismo en el Nuevo que en el Antiguo Continente. Parece que nuestro buen cronista estaba persuadido de que el mayor amor que tiene el sol a la bella Europa sea la causa de detenerse más en el hemisferio boreal. ¡Pensamiento galán y digno de un poema francés! "Y de aquí procede —sigue nuestro cronista— que la parte ártica es más fría que la antártica, porque se goza menos del sol." Pero ¿cómo puede gozarse menos del sol en la parte ártica, deteniéndose este planeta siete días más en el hemisferio boreal? "Nuestra tierra se extiende de Poniente a Levante, y por esto es más apropiada a la vida humana que la otra, que estrechándose de Poniente a Levante, se ensancha con demasía de polo a polo, porque la tierra que corre de Poniente a Levante guarda más igualdad respecto del frío del Norte y del calor del Sur." Pero si el septentrión es la causa del frío y el Sur la del calor, como quiere nuestro cronista, los países equinocciales serán sin duda, según sus principios, los más cómodos para la vida humana, como que están igualmente distantes del septentrión y del Sur. "En el otro hemisferio —concluye finalmente *(Década* I, lib cap. V)— no había perros, asnos, ovejas, etc. No tenían naranjas, limones, granadas, higos, membrillos, etc."

Estos y otros semejantes despropósitos son efecto de un ciego y excesivo patriotismo, que les ha hecho concebir ciertas imaginarias preeminencias de su propio país sobre todos los otros del mundo. No nos sería difícil oponer a sus invectivas contra América los grandes elogios que han escrito sobre ella muchos famosísimos europeos más instruidos que ellos; pero, a más de que sería ajeno a nuestro asunto, resultaría molesto a los lectores, y así nos contentaremos con examinar lo que aquellos escribieron contra la tierra de América en general, o contra la del reino de México en particular.

### 1. Pretendida inundación de América

Casi todo lo que Buffon y Paw escribieron contra la tierra de América respecto a sus plantas, animales y habitantes se apoya en la suposición de una inundación general diversa de la que hubo en tiempo de Noé y mucho más reciente, por cuya causa quedó mucho tiempo todo aquel vastísimo país bajo del agua. De esta reciente inundación nace, según dice Buffon, la malignidad del clima de América, la esterilidad de su terreno, la imperfección de sus animales y la frialdad de los americanos. "La naturaleza no había tenido tiempo para poner en ejecución sus designios ni para tomar toda su extensión." De las lagunas y pantanos que quedaron de aquella inundación, tiene origen, según Paw, la excesiva humedad del aire, y la humedad es la causa de la infección del ambiente, la extraordinaria multiplicación de los insectos, la irregularidad y pequeñez de los cuadrúpedos, la esterilidad y fetor del terreno, la infecundidad de las mujeres, la abundancia de leche en los pechos de los hombres, la estupidez de los americanos y de otros mil fenómenos extraordinarios que él, desde su gabinete en Berlín, ha observado mejor que nosotros, que hemos estado tantos años en América. Estos autores, aunque de acuerdo en la referida inundación, discordan sin embargo sobre el tiempo, pues Paw la cree mucho más antigua que Buffon.

Pero esta suposición carece de fundamento y la pretendida inundación del Nuevo Mundo es una quimera. Paw se esfuerza en apoyarla sobre el testimonio del Padre Acosta, el número "casi infinito" de lagunas y pantanos, las minas de metales pesados encontradas casi en la superficie de la Tierra, los cuerpos marinos amontonados en los lugares mediterráneos más bajos, la destrucción de los grandes cuadrúpedos, y, finalmente, sobre la unánime tradición de los mexicanos, los peruanos y los salvajes que hay desde la tierra de Magallanes hasta el río de San Lorenzo, todos los cuales testifican la residencia de sus antepasados sobre las montañas durante el tiempo en que estaban anegados los valles.

Es verdad que el P. Acosta en su *Historia* (Lib. 1, cap. 25*)* duda si lo que los americanos decían del diluvio deba entenderse del de Noé o de algún otro particular acaecido en su tierra, como los de Deucalión y Ogiges, en Grecia, y parece también adherirse a esta opinión, la cual dice haber sido de algunos hombres prácticos; pero hablando (Lib. V, cap. 19) de las conquistas de los primeros incas, da a entender que creía firmemente deberse entender esto del diluvio de Noé: "El pretexto —dice— con el cual conquistaron (los incas) y se hicieron dueños de la tierra fue el de fingir que, después del *diluvio universal (del cual tenían noticias todos aquellos indios),* ellos habían poblado de nuevo el mundo saliendo siete de ellos de la cueva de Pacaritambo, y que, por lo tanto, todos los otros hombres debían tributarles como a sus progenitores". Conoció, pues, el P. Acosta que aquella tradición de los americanos era sin duda del Diluvio Universal, y las fábulas con que estaba desfigurada habían sido inventadas por los incas para establecer su imperio.

¿Qué diría aquel autor si hubiese visto en favor de aquella general tradición los documentos que nosotros tenemos? Los mexicanos, según afirman sus propios historiadores y nosotros decimos en otra parte, no hacían mención del diluvio sin recordar tanto la confusión de las lenguas como la dispersión de las gentes, y representaban estas tres cosas en una sola pintura, como se ve en la que tuvo el famosísimo Sigüenza y Góngora de Fernando de Alva Ixtlilxóchitl, y éste de sus nobilísimos antepasados, cuya copia hemos puesto en nuestra *Historia*. La misma tradición se halló entre los chiapanecos, tlaxcaltecas, michoacanos,[1] cubanos y los indios de tierra firme,[2] con la expresión de haberse salvado del diluvio algunos hombres con algunos animales en una canoa, y haber puesto en libertad primero a un ave, la cual no volvió a la canoa porque se dio a comer carne mortecina, y después otra, la cual volvió con un ramo verde en el pico, lo que manifiesta que ellos no hablaban de otro diluvio sino de aquel que inundó toda la Tierra en tiempo del patriarca Noé.

Todas las circunstancias con que se encontró alterada en algunas naciones americanas esta universal y antiquísima tradición o han sido alegorías, como las de las siete cuevas de los mexicanos para significar las siete principales naciones que poblaron el país de Anáhuac, o ficciones de la ignorancia o de la ambición. Ni una de aquellas naciones creía que se hubiesen salvado los hombres en las montañas sino en una canoa, y si acaso hubo alguna que creyese otra cosa fue sin duda porque la tradición del diluvio después de tantos siglos había sido alterada. Es, pues, absolutamente falso que hubiese allí una tradición unánime de una inundación particular de América entre todos los pueblos que habitaron desde la tierra de Magallanes hasta el río de San Lorenzo.

Las lagunas y pantanos que parecen a Buffon y a Paw señales indudables de la pretendida inundación son efectos necesarios de los grandes ríos, las innumerables fuentes y las abundantísimas lluvias de la América. Si aquellas lagunas y pantanos se hubiesen formado por la antigua inundación, y no por las causas que acabamos de indicar, se habrían secado después de tantos siglos por la continua evaporación que causa el calor del sol, principalmente en la zona tórrida, o a lo menos habrían disminuido considerablemente; pero tal disminución sólo se observa en las lagunas de las que la industria humana ha extraviado los

---

[1] Véase el apartado 2 de la I *Disertación* y también a Herrera, *Déc.* 3, lib. 3, cap. 10 y *Déc.* 4, lib. 1, cap. 11; de la que habla entre los tlaxcaltecas, chiapanecos y cubanos, hemos hablado en otra parte.

[2] Hace mención de ella Herrera, *Déc.* 4, lib. 1, cap. II.

ríos y torrentes que descargaban en ellas, como en las del valle mexicano. Yo he visto y observado las cinco principales lagunas de Nueva España, que son las de Texcoco, Chalco, Cuitzeo, Pátzcuaro y Chapala, y estoy seguro que éstas no se han formado ni se conservan sino por las copiosas aguas de las lluvias, los ríos y las fuentes. Todo el mundo sabe que no hay lluvias más copiosas y excesivas, ni ríos más grandes que los de América. ¿Para qué, pues, inventar inundaciones cuando tenemos a la mano causas más naturales y más ciertas? Si las aguas fuesen prueba de inundación, deberíamos creer que la ha habido más bien en el Antiguo que en el Nuevo Continente, porque todas las lagunas de América, aun las del Canadá, que son las mayores, no son comparables con los mares Negro, Blanco, Báltico y Caspio, que, aunque vulgarmente llamados mares, son, según lo que dice Buffon, verdaderas lagunas formadas de los ríos que desembocan en ellas. Si a éstas se agregan las lagunas Leman, Onega, Pleskow y otras muchas y muy grandes de Rusia, Tartaria y otros países,[3] inmediatamente advertimos cuánto se olvidan de su propio continente los que exageran las peculiaridades americanas.

La laguna de Chapala, que en las cartas geográficas se ve honrada con el magnífico nombre de mar Chapálico, que he visto y costeado tres veces, apenas tendrá cien millas de circunferencia. Si los ríos Don, Volga, Boristene, Danubio, Oder y otros del Antiguo Continente, aunque menos caudalosos que el Marañón, La Plata, el Magdalena, el San Lorenzo, el Orinoco, el Mississippi y otros del Nuevo Mundo, sin embargo, bastan, según dice Buffon, para formar aquellos inmensos lagos, que han merecido el nombre de mares, ¿qué extraño es que los caudalosísimos ríos de América formen lagunas menores y pantanos? Paw dice: "Estas lagunas parecen receptáculos de aguas que no han podido salir todavía de aquellos lugares anegados por una violenta agitación impresa a todo el globo terráqueo. Los muchísimos volcanes de la cordillera o Alpes americanos y de las rocas del reino de México, y los terremotos que incesantemente agitan una u otra parte de aquellas elevaciones, dan a entender que aquella tierra no está todavía en reposo". Pero si aquella violenta agitación fue general a todo el globo terráqueo, ¿por qué inundaron el Perú y México siendo como son, y como confiesan Buffon y Paw, sumamente elevados sobre la superficie del mar y no inundaron las tierras de Europa siendo mucho más bajas? Quien haya observado la estupenda elevación de los países de América, no podrá jamás persuadirse que el agua pudiese cubrirlos sin inundar a

---

[3] Valmont de Bomare cuenta 38 lagos en los cantones suizos, y dice que en el de Harlem entran navíos de alto bordo. El de Aral, en Tartaria, tiene, dice el mismo autor, 100 leguas de largo y 50 de ancho.

toda Europa. Por lo demás, podremos decir igualmente que el Vesubio, el Etna, el Hecla y los muchísimos volcanes de las islas Molucas, las Filipinas y el Japón, y los frecuentes terremotos de esas islas, así como de China, Persia, Siria y Turquía, dan a entender que el mundo antiguo no está todavía en reposo.

"Las vetas de metales —añade Paw— que en algunos lugares se hallan en la superficie de la Tierra parecen indicar que aquel suelo fue anegado, y que los torrentes arrebataron la superficie." Pero ¿no sería mejor decir que algunas violentas erupciones de los fuegos subterráneos, bastante claras en los "muchísimos volcanes de la cordillera", arruinando la superficie de algunos terrenos, dejaron casi a descubierto esos depósitos de metales?

Los cuerpos marinos amontonados en algunos lugares mediterráneos de América, si acaso probasen la pretendida inundación, probarían más bien otra mayor en el mundo antiguo, pues si en América son pocos los lugares en que se encuentran masas de conchas y otros cuerpos marinos petrificados, Europa, por el contrario, está casi toda llena de petrificaciones de semejantes cuerpos, que demuestran con mayor evidencia que estuvo antes anegada por el mar.[4] Sabidos son los elogios y cálculos que han hecho algunos físicos franceses de la inmensa cantidad de conchas que se ve en Turena, y nadie ignora que semejantes cuerpos marinos petrificados se encuentran también en los Alpes. ¿Por qué de los cuerpos marinos encontrados en algunos lugares de América se infiere la inundación de aquellos países y no la de Europa, en donde son más comunes y abundantes esos cuerpos? Si la traslación de esos cuerpos a los lugares mediterráneos de Europa se atribuyó a las aguas del Diluvio Universal, ¿por qué no deberá atribuirse a la misma causa en América?[5] Por el contrario, si no fueron las aguas del Diluvio las que llevaron los referidos cuerpos marinos a los lugares mediterráneos de Europa, sino las de otra inundación posterior; si Europa en general es, según Buffon, un país nuevo; si no ha mucho tiempo que estaba cubierta

[4] Bourget, *Tratado de las petrificaciones*, y el P. Torruvia, *Apartado de la historia natural de España*, dan un larguísimo catálogo de los lugares de Europa y Asia donde se encuentran cuerpos marinos petrificados.

[5] Uno de los montes más altos de América es el *Descabezado*, en los Alpes chilenos, distante del mar más de 150 millas. Su altitud perpendicular sobre el mar es, según el abate Molina, erudito y diligente historiógrafo de aquel reino, de más de tres millas. En la cima de este monte se ha encontrado gran cantidad de cuerpos marinos petrificados, que ciertamente no podían llevarse hasta aquella estupenda altitud por una inundación particular y diversa de la general acaecida en los tiempos de Noé. Ni menos puede decirse que aquella cima, habiendo sido antes lecho de mar, se fue elevando loco a poco y con ella los cuerpos marinos; porque aunque esto no sea inverosímil en algunos lugares no muy elevados sobre el nivel del mar, en altitud tan extraordinaria es enteramente increíble; así que la existencia de aquellos cuerpos marinos en aquella cima debe considerarse como una prueba indudable del Diluvio Universal.

de bosques y de pantanos, ¿por qué en Europa no se ven ni se veían hace dos mil años aquellos estupendos efectos de la inundación que ven estos autores en América? ¿Por qué los animales de Europa no se han degradado como los de América? ¿Por qué los europeos no son fríos como los americanos? ¿Por qué las mujeres de una y otra parte del mundo no son actualmente, o a lo menos no han sido antes, igualmente infecundas? ¿Por qué habiendo sido anegada Europa como América, y más aquélla y por más tiempo (como evidentemente se deduce de las razones de Buffon), el terreno de Europa quedó fecundo y el de América estéril, el cielo de Europa es tan benigno y el de América tan avaro, a Europa se concedieron todos los bienes y a América se mandaron todos los males? Quien quiera instruirse mejor de estas dificultades lea lo que escribe Buffon sobre la inundación de Europa.

El último argumento de Paw es tomado de la extinción de los grandes cuadrúpedos en América, los cuales, dice, son los primeros que perecen en las aguas. Este autor cree que antiguamente había en América elefantes, camellos, hipopótamos y otros grandes cuadrúpedos, y que todos perecieron en la supuesta inundación. Pero ¿quién no se admirará de que pereciesen los elefantes[6] y los camellos siendo tan veloces, y escapase el perezoso, siendo tan lento y tan inhábil para el movimiento? Que ¿no pudieran refugiarse en los montes los elefantes, como se refugiaron los hombres, saliendo a nado, en el que son diestrísimos, o valiéndose de la velocidad de sus pies, la cual es tan grande que en un día andan, según afirma Buffon, hasta ciento cincuenta millas, y tuvieron facilidad para subir a las cimas de los montes los perezosos, que apenas pueden, por lo que dice el referido autor, andar una toesa en una hora? Aun cuando concediésemos que semejantes cuadrúpedos hayan existido antes en América, no por esto estamos obligados a creer que su destrucción haya sido causada por la supuesta inundación, pues podía aquella atribuirse a otras muchas causas. El mismo Paw (Parte 1) afirma que si se trasladasen a América los elefantes, como lo han intentado los portugueses, "correrían la misma suerte que los camellos en el Perú, que no se propagarían aunque se dejasen en los bosques a su propio instinto, porque la mutación de alimento y de clima es infinitamente más sensible a los elefantes que a todos los otros cuadrúpedos de primera magnitud". En otra parte dice que "las causas destructivas de los grandes cuadrúpedos en el Nuevo Mundo son una de las dificultades más grandes, y uno de los puntos más interesantes de la física del globo terráqueo". ¿Por qué decide tan atrevidamente en cuestión tan espinosa, señalando por causa una inundación tan problemática?

---

[6] *Téorie de la terre*, tomo I.

Buffon trata de probar la reciente inundación de América con algunos argumentos a los que responderemos en pocas palabras. "Si este continente —dice hablando de América— es tan antiguo como el otro, ¿por qué se encontraron allí tan pocos hombres?" Los hombres que se encontraron en América no eran pocos sino con respecto al vastísimo país que habitaban. Los que vivían en sociedad, como los mexicanos, acolhúas y otros que ocupaban todo el espacio de la Tierra que se extiende desde el grado 9 hasta el 23 de latitud, y desde el 271 hasta el 294 de longitud, formaban pueblos tan numerosos como los de Europa, como lo haremos ver en la *VII Disertación*.[7] Los que vivían dispersos formaban pequeñas naciones o tribus, porque la poca multiplicación es un efecto necesario de la vida salvaje en todos los países del mundo. "Si los salvajes son pastores —dice Montesquieu— necesitan de un gran país para poder mantener a un reducido número. Si son cazadores (como eran los salvajes de América), son aún en menor número y componen para mantenerse una nación más pequeña."

"¿Por qué —vuelve a preguntar Buffon— eran casi todos salvajes y dispersos?" No es así. ¿Cómo puede decirse que todos fuesen salvajes y dispersos, cuando sabemos que los mexicanos y peruanos y todos los pueblos sujetos a ellos vivían en sociedad? Los cuales, como confiesa el mismo Buffon, eran "muy numerosos y no pueden decirse nuevos". Las otras naciones se mantuvieron salvajes por demasiado amor a la libertad o por otra causa que ignoramos. En Asia, a pesar de ser un país antiquísimo, hay todavía pueblos salvajes y dispersos. "¿Por qué —añade— los que vivían en sociedad contaban apenas doscientos o trescientos años después de que se congregaron?" Ved aquí otro error. Los mexicanos contaban doscientos años desde la fundación de su capital, y los tlaxcaltecas algo más desde el restablecimiento de su república; pero tanto estas naciones como las otras sujetas a ellas, y los toltecas, acolhúas y michoacanos, vivían en sociedad de tiempo inmemorial. Ni Buffon, ni Paw, ni Robertson, ni otros muchos autores europeos saben distinguir el establecimiento de aquellas naciones de Anáhuac, del que muchos siglos antes habían tenido en los países septentrionales del Nuevo Mundo.

"¿Por qué —vuelve a decir— aun las naciones que vivían en sociedad ignoraban el arte de transmitir a la posteridad la memoria de los hechos por medio de signos duraderos, puesto que habían encontrado el modo de comunicarse de lejos y de escribirse anudando cordones?"

---

[7] Los argumentos de Buffon contra la antigüedad de América se hallan en su *Historia natural* (tomo VI); pero poco antes dice: "Se encontraron en México y el Perú hombres instruidos y pueblos cultos sujetos a leyes y gobernados por reyes; tenían industria, artes y una especie de religión; habitaban ciudades, en que se mantenía el orden, y el gobierno a beneficio de la autoridad del soberano. Estos pueblos, por otra parte, muy numerosos, no pueden decirse nuevos".

¿Y qué eran las pinturas y los caracteres de los mexicanos y de las otras naciones cultas de Anáhuac, sino signos duraderos destinados como nuestros caracteres a perpetuar la memoria de los hechos? Véase lo que dice Acosta en su *Historia* (Lib. 6, cap. 7) y lo que nosotros exponemos en la *VI Disertación*.

"¿Por qué —añade— no habían domesticado a los animales, ni se servían de otros que de la llama[8] y del paco, los cuales no eran, como nuestros animales domésticos, estables, fieles y dóciles?" Porque no había otros animales que poderse domesticar. ¿Quiere Buffon que domesticasen los tigres, los pumas, los lobos y otras semejantes fieras? Paw reprende a los americanos por no haberse servido de los rengíferos como los lapones; pero estos cuadrúpedos no se hallan sino en países muy distantes de México, y los salvajes en cuyas tierras se encuentran estos animales no quisieron servirse de ellos porque no los necesitaban o no les ocurrió el domesticarlos. A más de esto, la proposición de Buffon tomada en su generalidad es falsa, porque él mismo dice que el *alco* o *techichi*, cuadrúpedo semejante a un cachorro y común a ambas Américas, estaba domesticado por los indios. Igualmente los mexicanos habían domesticado a los conejos, los ánades, los pavos y otros animales.

Finalmente, "sus artes —concluye Buffon— eran tan nuevas como su sociedad, su talento imperfecto, sus ideas aún no desarrolladas, sus órganos toscos y bárbara su lengua". Los errores contenidos en estas palabras serán refutados en las disertaciones siguientes.

Debemos, pues, desechar la pretendida inundación de América como una de las quimeras filosóficas inventadas por los inquietos talentos de nuestro siglo, pues entre los americanos no hay memoria de otra inundación, sino de la universal de que hacen mención los Libros Santos. Antes bien, digo que si acaso fuese cierto que el diluvio de Noé no anegó toda la Tierra, ningún otro país tendría mayor razón que el de México para creerse sustraído de aquella gran calamidad, porque, a más de su gran elevación sobre el nivel del mar, no hay país mediterráneo en que sean más raros los cuerpos marinos petrificados.

## 2. Clima de México

Si quisiéramos refutar todos los despropósitos que Paw escribe contra el clima de América, sería necesario escribir, en lugar de una disertación, un gran volumen. Basta decir que ha recogido todo lo que algunos

---

[8] Llama era, según el P. Acosta, el nombre genérico de las cuatro especies de cuadrúpedos de aquel género; hoy se usa para significar solamente el que los españoles llaman carnero del Perú. Las otras especies son el paco, el guanaco y la vicuña.

autores han dicho tuerto o derecho contra diversos países particulares de América, para presentar a sus lectores un conjunto monstruoso y horrible, sin advertir que si nosotros, siguiendo sus huellas, hiciésemos lo mismo con los diversos países de que se compone el Antiguo Continente (lo que no sería difícil) lograríamos un retrato más abominable que el suyo; pero siendo esto ajeno a nuestro propósito, nos contentaremos con discurrir sobre el clima de México.

Este país, siendo tan vasto y dividido en tantas provincias diversas por su situación, está necesariamente sujeto a diferentes climas. Algunas tierras, como las marítimas, son calientes y por lo común húmedas y malsanas; otras son, como casi todas las mediterráneas, templadas secas y sanas. Éstas son muy altas y aquéllas muy bajas. En algunas reina el viento Sur, en otras el Levante y en otras el Norte. El mayor frío de todos los lugares habitados no llega al de Francia ni aun al de Castilla, ni el mayor calor puede compararse con el de África, ni aun con el de los días caniculares en algunos países de Europa. La diferencia entre el invierno y el estío es tan poca en todas partes, que aun las personas más delicadas llevan el mismo vestido en agosto y en enero. Todo esto, y lo demás que hemos dicho antes en la *Historia* sobre la benignidad y dulzura de aquel clima, es tan notorio que no necesitamos de testimonios ni de otros argumentos para probarlo.

Paw, para demostrar la malignidad del clima americano, alega: 1° La pequeñez e irregularidad de los animales de la América; 2° El grandor y la enorme multiplicación de los insectos y de otros semejantes animalillos; 3° Las enfermedades de los americanos, y particularmente el mal venéreo; 4° Los defectos de su constitución física; 5° El exceso de frío en los países de América respecto a los del Antiguo Continente situados a igual distancia de la equinoccial.

Pues la supuesta pequeñez y menor ferocidad de los animales americanos, de que hablaremos en otra parte, más bien que la malignidad del clima, demuestran su dulzura y bondad si damos crédito a Buffon, en cuya fuente bebió Paw y de cuyo testimonio se ha valido contra Pernety. Buffon, que en muchos lugares de su *Historia natural* expone la pequeñez de los animales americanos como un argumento cierto de la malignidad del clima de América, hablando después de las bestias salvajes (tomo XI), dice: "Como todas las cosas, aun las criaturas más libres están sujetas a leyes físicas, y los animales, al igual que los hombres, lo están a la influencia del cielo y de la tierra; parece que aquellas mismas causas que han civilizado y suavizado la especie humana en nuestros climas, habrán igualmente producido semejantes efectos en las otras especies. El lobo, acaso es el más feroz de todos los cuadrúpedos de la zona templada, es incomparablemente menos terrible que el tigre, el león y la pantera de la zona tórrida, y que el oso blanco, el lobo cerbelo y la hiena de la zona fría. En América, en donde el aire y la tierra son más benignos que en África, el tigre, el león y la pantera no son terribles sino en el nombre... Han degenerado, si acaso, la ferocidad, unida a la crueldad hacia su naturaleza o, por mejor decir, no han hecho más que sufrir la influencia del clima; bajo de un cielo más dulce se ha suavizado su natural... En los climas excesivos se cogen las drogas, los perfumes, los venenos y todas aquellas plantas cuyas cualidades son excesivas. La tierra templada, por el contrario, no produce sino cosas templadas: las yerbas más dulces, las legumbres más sanas, los frutos más suaves, los animales más tranquilos y los hombres más humanos son propios de este clima feliz. Así, la tierra hace las plantas; la tierra y las plantas hacen a los animales; la tierra, las plantas y los animales hacen al hombre... Las cualidades físicas del hombre y las de los animales que se alimentan de otros animales dependen, aunque más remotamente, de aquellas mismas causas, las cuales tienen influjo aun en su natural y en sus costumbres. La mayor prueba para demostrar que en los climas templados todo se templa y en los climas excesivos todo es excesivo, y que el tamaño y la forma, que parecen cualidades físicas y determinadas, dependen, esto no obstante, como las cualidades relativas, de la influencia del clima: el grandor de nuestros cuadrúpedos no puede compararse con el del elefante, el rinoceronte y el hipopótamo; las más grandes de nuestras aves son muy pequeñas, si se comparan con el avestruz, el ruc y el cazoare". Hasta aquí Buffon, cuyo texto he copiado porque es muy importante a mi propósito y del todo contrario a lo que escribe Paw contra el clima de América, y lo mismo Buffon en otros muchos lugares.

Ahora pues, si los animales grandes y feroces son propios de los climas excesivos, y los más pequeños y más tranquilos de climas templados, como establece Buffon; si la dulzura del clima influye en el natural y en las costumbres de los animales, deduce mal Paw la malignidad del clima de América del menor tamaño y de la menor ferocidad de sus animales; antes bien debía deducir de este antecedente la benignidad de aquel clima. Si, por el contrario, el menor tamaño y la menor ferocidad de los animales americanos respecto de la de los del Antiguo Continente son pruebas de su degradación por la malignidad del clima, como quiere Paw, deberemos igualmente argüir la malignidad del clima de Europa de la menor grandeza y la menor ferocidad de sus animales comparados con los de África.

Si algún filósofo de Guinea emprendiese una obra sobre el modelo de la de Paw, con el título de *Investigaciones filosóficas sobre los europeos,* podría valerse del mismo argumento de Paw para demostrar la malignidad del clima de Europa y las ventajas del de África. "El clima de Europa —diría con las mismas palabras que Paw— es muy contrario a la generación de los cuadrúpedos, que allí se encuentran incomparablemente menores y más cobardes que los nuestros. ¿Qué son el caballo y el buey, los más grandes de sus animales, comparados con nuestros elefantes, rinocerontes, hipopótamos, camellos y jirafas? ¿Qué son sus sepentones en su tamaño o en su intrepidez, comparados con nuestros cocodrilos? Los lobos y los osos, las más temidas de sus fieras, al lado de nuestros leones y nuestros tigres parecen cachorros. Sus águilas, sus buitres y sus grullas, si se comparasen con nuestros avestruces, parecerían otras tantas gallinas." Omito otras bellas cosas que podría decir contra Europa, valiéndose de los mismos materiales y aun de las mismas palabras de Paw, por no hacer molesta esta disertación. Aquello, pues, que Buffon y Paw responderían a aquel filósofo africano respondemos nosotros a estos filósofos europeos, pues sus argumentos, o no prueban que es malo el clima de América o prueban también que es malo el de Europa o, a lo menos, que es mejor el clima africano que el europeo.

De la escasez y pequeñez de los cuadrúpedos pasa Paw a la enorme grandeza y prodigiosa multiplicación de los insectos y de otros animalillos nocivos. "La superficie de la Tierra —dice— infecta con la putrefacción, estaba inundada de lagartijas, serpientes, reptiles y de insectos monstruosos por su tamaño y por la actividad de su veneno, que sacaban de los jugos abundantes de este suelo inculto, viciado y abandonado a sí mismo, en el cual el jugo nutritivo se agriaba, como la leche en el seno de los animales que no ejercitan la virtud propagativa. Las orugas, las ladillas, las mariposas, los escarabajos, las arañas, las ranas, los sapos eran por lo común de una corporatura gigantesca en su especie, y se habían multiplicado más de lo que puede imaginarse... Panamá está infestada de serpientes; Cartagena de nubes de enormes murciélagos; Portobelo de sapos; Suriñan de cucarachas; la Guadalupe y otras colonias de las islas, de escarabajos; Quito de niguas, y Lima de piojos y chinches. Los antiguos reyes de México y los emperadores del Perú no hallaron otro modo de libertar a sus vasallos de estos insectos que los comían, que el de imponerles el tributo de una cierta cantidad de piojos que debían pagar cada año. Cortés encontró sacos llenos de ellos en el palacio del rey Moctezuma..." Mas este argumento, lleno por otra parte de falsedad y exageraciones, nada prueba contra el clima de América en general, y mucho menos contra el de México. El haber algunas tierras en América, en las que porque son calientes y húmedas, o inhabitadas, se encuentran insectos grandes que se multiplican excesivamente, probará cuando más que en algunos lugares de ella la superficie de la Tierra está infestada, como él dice, de putrefacción; pero no que el terreno de México o el de toda América sea "pestilente, inculto, viciado y abandonado a sí mismo", como neciamente pretende Paw.

Si tal consecuencia fuese buena, diremos también que el suelo del Antiguo Continente es igualmente corrompido y pestilente; pues en muchos países de él hay una prodigiosa multitud de insectos monstruosos, de reptiles nocivos y de animaluchos despreciables, como en las islas Filipinas, en muchas de las del Archipiélago indiano, en algunos países del Asia meridional, en muchos de África y aun en algunos de Europa. Las islas Filipinas se ven infestadas de ciertas enormes hormigas; Holanda, de ratas campestres; Ukrania, de sapos, como afirma el mismo Paw; en Italia, la campaña de Roma (después de tantos siglos de estar poblada), de víboras; la Calabria, de tarántulas; las costas del mar Adriático, de nubes de mosquitos, y aun en la misma Francia, cuya población es tan grande y tan antigua, sus tierras tan bien cultivadas y su clima tan celebrado por los mismos franceses, compareció pocos años hace, según testifica Buffon, una nueva especie de ratones campestres, más grandes que los comunes, llamados por él *surmots,* los cuales se han multiplicado excesivamente con gran daño de los campos. Bazin, en su *Compendio de la historia de los insectos,* enumera 77 especies de chinches, todas las cuales se encuentran en París y en los contornos. Aquella gran corte, según dice Bomare, hormiguea en tan asquerosos insectos. Es verdad que hay lugares en América en los cuales la multitud de insectos y de animalillos sucios hacen molesta la vida; pero no sabemos que el exceso de su multiplicación haya llegado a despoblar algún lugar; a lo menos no hay tantos ejemplos de semejante despoblación en el Nuevo como en el Antiguo Continente, de que testifican Teofrasto, Varron, Plinio y otros autores. Las ranas despoblaron un lugar en las Galias, y otro en África las langostas; la isla de Giaro, una de las Cicladas, quedó despoblada por los ratones; Amiclas, junto al lugar de la Terracina, por las serpientes; otro lugar inmediato a Etiopía, por los escorpiones y las hormigas venenosas, y otro, por los ciempiés, y más inmediato a nuestros tiempos la isla Mauricio estuvo para ser abandonada de sus habitantes por la extraordinaria multiplicación de ratas, según he leído en un autor francés.

Por lo que mira al grandor de los insectos, reptiles y semejantes animales, Paw se vale del testimonio de Dumont, quien en sus *Memorias sobre la Luisiana* dice que allí hay ranas tan grandes, que pesan treinta y siete libras francesas, cuyo horrendo grito imita al mugido de las vacas. Pero ¿quién podrá fiarse de aquel autor, sabiendo lo que dice el mismo Paw (en su respuesta a Pernety, Cap. 17), "que todos los que han escrito sobre la Luisiana, desde Kenepin, Leclerc y el caballero Torti hasta Dumont, se han contradicho los unos a los otros, ya sobre éste, ya sobre aquel artículo"? Yo me admiro de que Paw haya tenido el atrevimiento de escribir "que no existen semejantes monstruos en el resto del mundo". Sé muy bien que no existen en el Antiguo Continente, como tampoco en el Nuevo, ranas de treinta y siete libras; pero existen ciertamente en Asia y en África serpientes, murciélagos, hormigas y otros semejantes animales de tan estupendo tamaño, que exceden mucho a todos los que se han descubierto en el Nuevo Mundo. ¿En qué lugar de América se ha visto jamás una serpiente de cincuenta codos romanos, como la que mostró Augusto al pueblo romano en los espectáculos, según lo que afirma Suetonio,[9] o tan gruesa como la que se mató en el Vaticano en tiempo del emperador Claudio, de la que testifica Plinio, autor casi coetáneo, que en el vientre se le encontró un niño entero? Pero sobre todo, ¿dónde jamás se ha visto, aun en los bosques más solitarios de América, una serpiente que en cierto modo pueda compararse con aquella enormísima y prodigiosa de 120 pies, vista en África durante la primera guerra púnica, y muerta con máquinas de guerra por el ejército de Atilio Régulo, cuya piel y mandíbulas se conservaron en un templo de Roma hasta la guerra de Numancia, como testifican Tito Livio, Plinio y otros historiadores romanos?

Bien sé que algún historiador de América dice que en algunos bosques se encuentra cierta especie gigantesca de serpientes, las cuales con su aliento atraen a los hombres y los tragan; pero también sé que lo mismo refieren algunos historiadores, tanto antiguos como modernos, de las serpientes de Asia, y alguna cosa más. Megastene, citado por Plinio, dice que en Asia se encontraban serpientes tan grandes, que se tragaban venados y toros enteros. Metrodoro, citado por el mismo autor, afirma que en el Ponto había serpientes que con el aliento atraían las aves, por alto y veloz que fuese su vuelo. Entre los modernos, Gemelli Carreri, en su *Giro del mundo* (tomo V), en donde habla de las islas Filipinas, dice: "Hay en estas islas serpientes de desmesurado tamaño. Hay una llamada *Ibitin*, muy larga, que, colgándose por la cola del tronco de un árbol, espera que pasen venados, jabalíes y también hombres, para atraerlos a sí violentamente con el aliento, para devorarlos cómodamente y enteros." Por lo que se ve que esta antiquísima fábula ha sido común a uno y otro continente.[10]

Paw querrá tal vez desembarazarse con decir que aquellos monstruosos animales se veían antes en el Antiguo Continente, cuando su clima

---

[9] Augusto, en *Vidas de los doce césares*.
[10] Plin., *Hist. Natur.*, lib. 8, cap. 14.

no estaba todavía perfeccionado. Mas ¿quién habrá que, cotejando lo que escribieron los antiguos con lo que al presente sabemos de Asia y África, no vea que, en general, el clima de aquellos países es actualmente como era hace dos mil años; el mismo calor, la misma sequedad o humedad, la misma especie de plantas, animales y hombres? A más de esto, aún en nuestro tiempo se ven en aquellas regiones varias suertes de monstruosos animales, que exceden mucho a los análogos del Nuevo Continente.

¿En qué país de América podrá encontrar Paw hormigas que puedan compararse con las que en las islas Filipinas se llaman *sulum,* de las que afirma el doctor Hernández que tienen seis dedos de largo y uno de ancho? ¿Quién ha visto jamás en América murciélagos gordos como los de las islas de Borbón, de Ternate, las Filipinas y de todo el archipiélago indiano? El murciélago más grande de América (propio de ciertas tierras calientes y sombrías), llamado por Buffon *vampiro,* es, según el mismo autor, del tamaño de un pichón; la *rougette* (una de las especies de Asia) es tan grande como un cuervo, y la *roussette* (otra especie de Asia) tan gorda como una gallina grande. Sus alas extendidas tienen de un extremo al otro tres pies de París, y según Gemelli Carreri, que la midió en las islas Filipinas, seis palmos.

Buffon confiesa el exceso en el tamaño de los murciélagos asiáticos respecto de los americanos; pero lo niega en el número. Gemelli Carreri, testigo ocular, dice que los de la isla de Luzón eran tantos que cubrían el aire, y que el ruido que hacían con los dientes al comer la fruta de los bosques se oía a dos millas. El mismo Paw dice, hablando de las serpientes: "no se puede afirmar que en el Nuevo Mundo se hayan encontrado serpientes más grandes que las que vio Adanson en los desiertos de África". La mayor serpiente encontrada en México después de las más diligentes investigaciones hechas por el doctor Hernández era de 18 pies de largo; pero ésta no puede compararse ni con la de las Molucas, de la que dice Bomare que tiene 32 pies de largo, ni con la *anacandaja* de Ceilán, que tiene, según dice el mismo autor, más de 33 pies, ni con otras de Asia y de África, de que hace mención el referido autor. Finalmente, el argumento tomado de la multitud y tamaño de los insectos americanos es casi tan ineficaz como el otro tomado de la pequeñez y escasez de los cuadrúpedos, y en uno y otro se manifiesta la misma ignorancia o el mismo voluntario olvido de las cosas del Antiguo Continente.

En cuanto a lo que dice Paw sobre el tributo de piojos en México, manifiesta en esto, como en otras muchas cosas, su mala fe. Es verdad que Cortés encontró sacos de piojos en los almacenes del palacio del rey Axayácatl. Es igualmente cierto que Moctezuma impuso este tributo no a todos, sino solamente a los mendigos, no porque la extraordinaria multitud de semejantes insectos los devoraba, como afirma Paw, sino porque Moctezuma, que no podía sufrir la ociosidad de sus vasallos, quiso que aun aquella gente miserable y sin trabajo se ocupase a lo menos en despiojarse. Esta fue la verdadera causa de un tributo tan extravagante, como afirman Torquemada, Betancourt y otros historiadores, y a ninguno hasta ahora se le ha ocurrido lo que afirma Paw, solamente porque le tenía cuenta para su disparatado sistema. Por lo demás, abundan tanto aquellos asquerosos insectos en los cabellos y vestidos de los mendigos americanos, como en la gente miserable e inmunda de cualquier país del mundo, y no hay duda que si algún soberano de Europa exigiese este tributo de los pobres de su Estado, no sólo sacos, sino aun navíos podrían llenar.

Finalmente, reservando para otra disertación el examen de las pruebas del mal clima de América, fundadas sobre las enfermedades y defectos de la constitución física de los americanos, en la que demostraremos los errores y las preocupaciones pueriles de Paw, veamos ahora lo que dice sobre el exceso del frío en los países del Nuevo Mundo, respecto a los del Antiguo, situados a igual distancia de la línea equinoccial: "Cotejando —dice— las experiencias hechas con los termómetros en el Perú, por La Condamine y Antonio de Ulloa, con las del infatigable Adanson en el Senegal, se puede fácilmente entender que el aire es menos caliente en el Nuevo Mundo que en el Antiguo. Calculando con la mayor exactitud posible la diferencia de temperamento, creo que será de doce grados de latitud, esto es, que hace tanto calor en África a los 30 grados del Ecuador como a los 18 de la misma línea en América. El termómetro no ha subido a tanta altitud en el Perú ni en el centro de la zona tórrida, como ha subido en Francia en el mayor calor del estío. Quebec, a pesar de estar en la misma altitud polar que París, tiene un clima incomparablemente más áspero y más frío. La diferencia es igualmente sensible en la bahía del Hudson y en el Támesis, que tienen la misma altitud".

Aunque concediésemos todo esto a Paw, nada le favorecería para demostrar la malignidad del clima americano. ¿Por qué del exceso de frío en las tierras americanas se quiere deducir de su mal clima, y no se deberá más bien deducir el mal clima del Antiguo Continente del exceso de calor en los países situados en igual distancia de la línea equinoccial? No podrá Paw afirmar en esta materia ningún argumento contra América, que no lo vuelvan eficazmente los americanos contra Europa o contra África. Mas, para decir la verdad, todas las observaciones hechas no son suficientes para establecer como un principio general que los países del Nuevo Mundo sean más fríos que los del Mundo Antiguo, situados en la misma latitud, y mucho menos para creer, como Paw, que haya tanto calor en el Antiguo Continente a los 30 grados de latitud polar, como en el Nuevo Continente a los 18. Si esto fuera cierto, sería en América tan intenso el frío a los 67 grados de latitud como en el Continente Antiguo a los 18. Ahora bien, Paw dice que el frío en el Antiguo Continente debe ser en noviembre, arriba de los 80 grados, tan nocivo a los hombres que ninguno podría vivir allí; luego menos podría vivir en América más allá de los 67 grados. ¿Cómo afirma que en los países de los esquimales se encuentran habitantes más allá de los 75 grados? Y si los débiles americanos pueden subsistir en aquella latitud, debemos creer que los fortísimos europeos serán capaces de sufrir el frío de los 80 grados. Además, si aquel principio fuese cierto, haría tanto calor en Jerusalén, situado en poco menos de 32 grados, como en Veracruz, situada en poco menos de 20, lo que ningún otro, sino Paw es capaz de pensar.

Igualmente podrían deducirse otros despropósitos, principalmente si se adoptase el cálculo del doctor Michel, que, según Robertson, concluye, después de treinta años de observaciones, que la diferencia entre el clima del Nuevo Mundo y el del Antiguo es de 14 a 15 grados; esto es, que hace tanto calor en los países del Antiguo Continente que está a 29 o 30 grados como en los del Nuevo que están a 15. Es cierto que, así como hay muchos países en América más fríos que otros del Antiguo Continente, igualmente distantes de la línea equinoccial, así también hay otros muchos más calientes. Agra, capital del Mogol, y el puerto de Loreto en California se hallan casi en la misma latitud, y sin embargo, no es comparable el calor de aquella ciudad asiática con el de este puerto americano. Hue, capital de Cochinchina, y Acapulco están casi igualmente distantes de la línea equinoccial, y sin embargo, el aire de Hue es fresco en comparación del de Acapulco.

Mucho más falsa e improbable es la otra proposición de Paw, esto es, que en el centro de la zona tórrida no sube a tanta altitud el termómetro, como en París en el mayor calor del estío. Si esto fuera cierto, la diferencia entre el clima americano y el europeo no sería de sólo 12 grados, como quiere Paw, sino de 49, esto es, cuanta es la diferencia de latitud entre el centro de la zona tórrida y París. Es cierto que atendiendo a las observaciones hechas en Quito y comparadas con las que hicieron en París, no llega jamás el calor de aquella ciudad equinoccial al de París en el estío; pero es igualmente cierto, atendidas las observaciones hechas por los mismos académicos con los mismos termómetros en la ciudad de Cartagena, la cual no es centro de la zona tórrida, sino que dista 10 grados de la equinoccial, "que el calor ordinario de esta ciudad es igual al más grande calor de París, como testifica don Antonio Ulloa, uno de aquellos observadores".[11]

Son muchas las causas que, además de la proximidad o la distancia de la equinoccial, causan el calor o el frío de un país. La elevación del terreno, la proximidad de alguna montaña alta cubierta de nieve, la abundancia de lluvias, etc., contribuyen mucho a la frialdad del ambiente, y, por el contrario, la depresión del terreno, la escasez del agua y los arenales, etc., aumenta el calor. Ciudad Real, capital de la diócesis de Chiapas, por estar situada en un punto alto, es fría, y Chiapa de los Indios, poco distante de ahí, es calidísima por estar en un punto bajo. Chachicomula, pueblo grande situado al pie de la altísima montaña de Orizaba, es frío, y Veracruz, puesta en la misma latitud, es calidísima, y lo que es todavía más, siendo frío el aire de Ciudad Real en la latitud de 16 1/2 grados, es calidísimo el de Loreto en California en la latitud de 25 1/2 grados.

Las mismas observaciones alegadas por Paw convencen que el clima de América no es tan variable como el de Europa, y que los habitantes del Nuevo Mundo no pasan, como los de la mayor parte de Europa, del extremo de un frío excesivo al de un calor intolerable. Cuanto más uniforme es el clima, más fácilmente se acostumbran a él los hombres, y evitan los perniciosos efectos que causa la mutación de las estaciones. En Quito no sube el termómetro tanto como en París en el estío, pero tampoco baja tanto como en los países más templados de Europa en el invierno. ¿Qué cosa puede desearse más en un clima que un temperamento en el aire igualmente distante de uno y otro extremo, como el de Quito y de la mayor parte de México? ¿Qué clima más dulce y más conveniente a la vida que aquel en que se goza todo el año de las delicias del campo; en que la tierra se ve siempre adornada de yerbas y de flores, los campos cubiertos de granos y los árboles cargados de fruto; en que el ganado mayor y menor, sin necesidad del trabajo del hombre, tienen bastante con lo que les da la Providencia, sirviéndoles el cielo de techo para resistir a la inclemencia de la estación. Ni la nieve ni la escarcha obligan al hombre a vivir entumido junto al fuego, ni el ardiente calor del estío lo destierra de las ciudades, sino que, experimentando siempre la acción benigna de la naturaleza, goza indiferentemente en todas las estaciones de la compañía de los hombres en la ciudad o de las delicias de la naturaleza en el campo. Ésta es la idea que tienen los hombres de un clima dulce, y por esto los poetas, queriendo ensalzar algunos países, decían que reinaba en ellos una perpetua primavera, como Virgilio

---

[11] El año de 1735 se mantuvo regularmente el termómetro de Reaumur en Cartagena en 1025 1/2, sin otra diferencia alguna vez que bajar a 1024, o la de subir a 1026. En París aquel mismo año no subía más de 1025 1/2 en el mayor calor del verano.

hablando de Italia *(Georg.* 2) y Horacio de las islas Afortunadas (Lib. 2, oda 4), a donde convidaba a sus compatriotas. Así representaban los antiguos los Campos Elíseos, y aun en los Libros Santos, para darnos alguna idea de la felicidad de la Jerusalén celestial, se dice que en ella no hay ni frío ni calor.

El P. Acosta, cuya *Historia* llama Paw "obra excelente", tenía experiencia de los climas de ambos continentes y, por otra parte, no era parcial de América, ni tenía interés en engrandecerla, hablando de su clima dice: "Mirando la gran templanza y agradable temple de muchas tierras de Indias, donde ni se sabe qué es invierno que apriete con fríos, ni estío que congoje con calores; donde con una estera se reparan cualesquier injurias del tiempo, donde apenas hay que mudar vestido en todo el año; digo cierto que, considerando esto, me ha parecido muchas veces, y me lo parece hoy día, que si acabasen los hombres consigo de desenlazarse de los lazos que la codicia les arma, y si se desengañasen de pretensiones inútiles y pesadas, sin duda podrían vivir en Indias, vida muy descansada y agradable, porque lo que los otros poetas cantan de los Campos Elíseos de la famosa Tempe, y lo que Paltón o cuenta o finge de aquella su isla Atlántida, cierto lo hallarían los hombres en tales tierras, etc.". (Lib. 2, cap. 14.)

Lo mismo que Acosta dicen de la América otros historiadores, y particularmente de México y de las provincias circunvecinas, cuyos países mediterráneos, casi desde el istmo de Panamá hasta los 40 grados de latitud (pues los que están más allá no se han descubierto), gozan de un aire dulce y de un clima favorable a la vida, a excepción de pocos lugares, que por su depresión son calientes y húmedos, o por su suma elevación son de un clima áspero. Pero ¿cuántos no hay en el Mundo Antiguo ásperos y nocivos?

### 3. Calidad de la tierra en México

"Es cierto —dice Paw— que la América en general ha sido y todavía es un país muy estéril"; pero es más cierto que ésta, en general, es una gran falsedad. Y si Paw quiere asegurarse, que se informe de muchos tudescos recién venidos de América, en donde han vivido algunos años, que actualmente se hallan en Austria, Bohemia, el Palatinado de Reno y aun en Prusia, o que vuelva a leer la "excelente obra" del P. Acosta, y en ella encontrará (Lib. 2, cap. 14) que si alguna tierra hay en el mundo a la que convenga el nombre de paraíso, es a la América. Esto dice un europeo docto, juicioso e imparcial y nacido en España, uno de los mejores países de Europa, y hablando (Lib. 3) del imperio mexicano dice que "la Nueva España es el mejor país de todos cuantos circunda el sol".

No hablaría así ciertamente el P. Acosta de la América en general y de Nueva España en particular, bajo cuyo nombre comprende a todo el continente de la América septentrional española, si América fuese en lo general un país estéril. No hablan de otro modo de América, y principalmente de México, muchísimos otros europeos, cuyos testimonios omito por no cansar a los lectores.[12] Por el mismo motivo omitiremos también lo que escribe Paw contra otros países del Nuevo Mundo, ya que sería imposible examinar las razones que alega contra cada uno de ellos sin hacer un gran volumen, por lo que nos contentaremos con lo relativo a la tierra de México.

Buffon y Paw están persuadidos de que todo el terreno de América son montes inaccesibles, bosques impenetrables y llanuras anegadas y pantanosas. Leyeron estos filósofos en las descripciones de América que los famosos Andes o Alpes americanos formaban dos larguísimas cadenas de montañas altas y cubiertas en gran parte de nieve; que el vasto desierto del Amazonas se compone de espesos bosques; que Guayaquil y algún otro lugar es húmedo y pantanoso, y esto les bastó para decir que América no es más que montes, bosques y pantanos. Leyó Paw en la historia de Gumilla el modo que tenían los indios del Orinoco de reparar el terrible veneno de sus flechas, y en la historia de Herrera de otros autores, que los caníbales y otras naciones bárbaras usaban flechas envenenadas, y esto le bastó para afirmar que "el Nuevo Continente produce mayor número de yerbas venenosas que el resto del mundo". Leyó que en las tierras muy calientes no nace el trigo ni la fruta de Europa, y esto le bastó para decir que "los duraznos y albaricoques solamente han fructificado en la isla de Juan Fernández,[13] y que el trigo y cebada no se han dado sino en algunas provincias del Septentrión". Tal es la lógica de Paw en toda su obra, como lo haremos ver en estas disertaciones.

Pero nada es cierto respecto a México de todo lo que dice contra la tierra de América. Hay ciertamente en dicho reino montañas altísimas

[12] Tomás Gage, oráculo de los ingleses y de los franceses respecto a América, dice: "Nada falta a México de todo lo que puede hacer feliz a una ciudad; y si los escritores que han empleado sus plumas en alabar las provincias de Granada, en España, y de Lombardía y Toscana, en Italia, de las que hacen paraísos terrestres, hubieran visto este Nuevo Mundo y la ciudad de México, se desdirían inmediatamente de todo lo que han dicho en favor de estos lugares". Part. 1, cap. 22. Así habla de México este autor, que no supo hablar bien de nadie.

[13] Contra lo que dice Paw, en la miserable isla de Juan Fernández se dan muy pocos duraznos y muy malos, como lo he oído del abate José García, valenciano, que estuvo allí seis meses y se halló en la estación de la fruta. Por el contrario, en casi todos los países templados y fríos de la América española, en donde Paw cree que no fructifican los duraznos, se dan muy bien, y en muchos países, como en Chile y en algunos de Nueva España, mucho mejor que en Europa.

y cubiertas de nieve; hay grandes bosques y también lugares pantanosos; pero es sin comparación más grande el terreno fértil y cultivado, como es manifiesto en todos los que han estado en aquellos países. En todo el inmenso espacio de tierra donde actualmente se siembra trigo, cebada, maíz y otras semillas y legumbres en que abunda aquel reino, se sembraba antes maíz, chile, frijol, cacao, chía, algodón y otras plantas que servían al sustento, al vestido y a las delicias de aquellos pueblos, que, siendo tan numerosos como hemos asentado en la *Historia,* y demostraremos en otra parte, no hubiera podido la tierra proveer a sus necesidades si no hubiese sido más que montes, bosques y pantanos. Buffon, que en su tomo I dice que "la América no es más que continuado pantano", y en el tomo V afirma que "las montañas inaccesibles de América apenas dejan pequeños espacios a la agricultura y a la habitación de los hombres", en este mismo tomo confiesa que "los pueblos del reino de México y del Perú eran muy numerosos". Pero si estos pueblos, que ocupaban una grandísima parte de América, eran muy numerosos y vivían, como él dice, en sociedad y bajo las leyes, no es ciertamente América un continuado pantano; y si estos pueblos tan numerosos se sustentaban, como es cierto, de las semillas y frutos que cultivaban, no son pequeños los espacios que las montañas inaccesibles dejan a la agricultura y a la habitación de los hombres.

La multitud, variedad y bondad de las plantas de México no dejan ninguna duda de la prodigiosa fertilidad de aquellas tierras. "En los pastos —dice el P. Acosta— es excelente la Nueva España, y por esta razón se cría allí una multitud innumerable de caballos, vacas, ovejas y otros animales. Es también muy abundante, así de frutas como de toda suerte de semillas." En efecto, no hay semilla, legumbre, hortaliza o fruta que no se dé bien en aquella tierra feliz. El trigo, que apenas concede Paw a algunas provincias de la América septentrional, no se da por lo común en las tierras muy calientes de Nueva España, como tampoco en la mayor parte de África ni en muchos otros países del Antiguo Continente; pero en las tierras frías y templadas de aquel reino se da excelente y mucho más abundante que en Europa. Basta decir que en la diócesis de Puebla se cosecha tanto, que del que sobraba después de provistos todos sus innumerables habitantes, surtía a las Antillas y a la flota de navíos que había antes en La Habana con el nombre de Armada de Barlovento.

En Europa no hay más que una siembra y una cosecha; en Nueva España hay varias. "En las tierras —dice Torquemada, autor europeo que vivió muchos años en aquel reino y viajó por todo él— en las tierras en donde se ejercita la labranza del trigo, se ve en todo el tiempo del año un trigo que lo están segando, y otro que va madurando, y otro más verde, y otro que acaba de nacer, y otro que van sembrando; y ahora que es por el mes de noviembre, se verifica esta verdad en el trigo que está segando de temporal y el que va creciendo de riego[14] en el valle de Atlixco y otras partes, y otro que se va sembrando; cosa que podría causar admiración viendo tanta fertilidad de tierra." [15]

El mismo autor hace mención de algunas tierras que rendían ya sesenta, ya ochenta, ya ciento por uno, y en nuestros días se ha visto una multiplicación tan grande de trigo en algunos campos de aquellos países,[16] que, hablando en general, es más grande que la de Europa con mucho menor cultivo, como es notorio a los europeos inteligentes en agricultura que han estado en aquella parte de América. Lo que decimos del trigo podemos también decirlo de la cebada, bien que ésta no se siembra sino a proporción del consumo que se hace en el sustento de caballos, mulas de caballeriza y puercos. Mucho más podría decirse del maíz, como que es la semilla más propia de América.

Paw pretende que todas las plantas de Europa han bastardeado en América, a excepción de las acuáticas y jugosas, y para probar semejante despropósito, dice "que los albérchigos y los albaricoques solamente han fructificado en la isla de Juan Fernández". Aunque le concediésemos que en ningún país de América se dan aquellas frutas, nada le favorecería para lo que quiere; pero tan falsa es la proposición particular como la universal. El P. Acosta dice de tales frutas: "Se dan bien en la América los albérchigos, melocotones y albaricoques, aunque más en Nueva España". [17] En toda ésta, a excepción de las tierras muy calientes, han prosperado muy bien esas frutas y todas las demás trasplantadas de Europa, y se dan en mucha abundancia, como saben

---

[14] El trigo llamado *de riego* se siembra en octubre, noviembre o diciembre, y se cosecha en marzo o junio. El *temporal* se siembra en junio y se corta en octubre, y el trigo aventurero se siembra en noviembre y se cosecha o más temprano o más tarde.

[15] *Monarquía indiana*, Lib. 1, cap. 4. Véase también lo que dice de la variedad y abundancia de frutos en todas las estaciones, y a Herrera en varios lugares de su *Historia*.

[16] Yo he estado en países donde la tierra solía dar 50 por uno, y he sabido de otros que daban algunas veces hasta 100. En Sinaloa, a pesar de ser país bien caliente, suelen dar las tierras 200 por uno, según me ha informado persona respetable y muy digna de fe que estuvo allí algunos años. Mi erudito amigo el abate Juan Ignacio Molina dice en la *Historia compendiosa del reino de Chile*, publicada en Bolonia, que en aquellos países suele dar el trigo 150 por uno. Es tanta la abundancia de esta semilla, que se vende la fanega a cinco paulis, y cada año van al Perú cerca de treinta navíos cargados de ella, y aún sobra.

[17] Libro 4, cap. 31. Es tanta la abundancia de albérchigos en Nueva España, que ordinariamente se venden por veintenas, y se dan dos, tres y aun cuatro por la moneda más pequeña del país. En Chile se cuentan hasta doce especies de albérchigos y los hay tan grandes, que algunos pesan una libra española. Molina, *Historia de Chile*. Véase lo que dice el P. Le Feuillée de su delicadísimo sabor.

todos los europeos que han estado en aquellos países.[18] Finalmente —dice Acosta hablando de la América en general— casi todo lo bueno que se produce en España lo hay allí en parte mejor y en parte no: trigo, cebada, ensaladas, hortalizas, legumbres", etc. (Lib. 4, cap. 31). Si hubiese hablado solamente de Nueva España, hubiera omitido el casi.

"Hay allí también otra ventaja —dice Acosta—, esto es, que en América se dan mejor las cosas de Europa que en Europa las de América." ¿Y parecerá pequeña semejante ventaja a Paw? Esto sólo bastaría para demostrar que si hay algún exceso, éste está por parte de la América. En la Nueva España se dan muy bien, como testifican muchos autores europeos y es notorio, todas las otras semillas de Europa: garbanzos, arvejas, habas y todas las otras legumbres; lechugas, coles, nabos, espárragos y otras ensaladas y raíces, y toda suerte de hortaliza; albérchigos, manzanas, peras, melocotones y las otras frutas; claveles, rosas, violetas, jazmines, albahacas, yerbabuena, mejorana, toronjil y otras flores y plantas olorosas trasplantadas de Europa; pero en ésta no prenden lo común ni pueden prender las plantas americanas.

El maíz se da en las tierras de Europa, pero más pequeño y mucho menos bueno que el de América. De las muchas deliciosas frutas del Nuevo Mundo, algunas, como el plátano y las ananas, han progresado en los jardines de los príncipes de Europa a beneficio de las estufas y de un gran cuidado y diligencia; pero ni tan bien sazonadas, ni en aquella abundancia que en su propio país; otras, pues, más apreciables que aquéllas, como chirimoya, mamey y chicozapote, no sé que hayan podido hasta ahora prender, a pesar de la industria europea. La causa de esta gran diferencia entre América y Europa es la que asienta el referido Acosta, esto es, "porque en América hay mayor variedad de temperamento que en Europa, y así es más fácil dar a cada planta aquel temperamento que le conviene".

Pues así como no es argumento de la esterilidad de Europa que en ella no prendan las plantas propias de América, tampoco es argumento de la esterilidad de algunos países de América que en ellos no prendan algunas plantas de Europa; porque

...*non omnis fert omnia tellus*
*Hic segetes, ibi proveniente felicius uvae.*

(No toda especie de tierra produce todos los frutos: una es más propia para el cultivo de las mieses, otra para el de las vides.)

---

[18] Las peras se venden también por veintenas en México y hay más de cincuenta especies. Gemelli Carreri testifica que los carmelitas de San Ángel, pueblo a siete millas de la ciudad de México, sacaban cada año 6,500 pesos de las frutas europeas de su huerta, y los dominicos 3,000 pesos de la hortaliza de su pequeña huerta de San Jacinto, en un barrio de México.

Antes bien, los países calientes, en los que no se da el trigo ni prosperan las frutas europeas, son los más amenos y fecundos, como saben bien los hombres prácticos de aquellos países.

No dudo que, si se coteja América con el Antiguo Continente, se hallarán casi iguales en sus producciones, porque en Asia y África hay tierras climas proporcionados a todas las plantas de América, que por la diversidad del clima no puedan prosperar en Europa. Pero ¿qué utilidad podrá traer a los europeos la abundancia de Asia a tan grande distancia? Por el contrario, los mexicanos, rodeados de países de toda suerte de climas, gozan de todas sus diferentes frutas. El mercado de México (como los de muchísimas otras ciudades de América) es el centro de todos los dones de la naturaleza. Allí se encuentran manzanas, albérchigos, albaricoques, peras, uvas, guindas, cerezas, camotes, jícamas, nueces y otras innumerables frutas, raíces y yerbas sabrosas que producen las tierras frías y templadas; ananas, plátanos, cocos, anonas, chirimoyas, mameyes, chicozapotes, zapotes negros y otras muchísimas que dan las tierras calientes; melones, pepinos, membrillos, granadas, aguacates, zapotes blancos y otras que se dan indiferentemente en los países calientes y en los fríos.

En todas las estaciones del año se ve aquel mercado abundantemente provisto de varias excelentes frutas, aun en el tiempo en que los europeos se la pasan con sus castañas, o cuando más con las manzanas y uvas que su industria conserva. Todo el año, aun en el rigor del invierno, entran en aquella plaza por uno de los innumerables canales canoas cargadas de tal variedad de frutas, flores y hortaliza, que parece que a un tiempo se han venido todas las estaciones del año, concurriendo en aquel lugar las plantas más apreciables de Europa con los vegetales propios de México, lo que pueden testificar todos los europeos que han tenido el placer de verlo.

No es menor la abundancia de aquella tierra en plantas medicinales. Basta ver la obra del célebre naturalista Hernández, en que se describen y dibujan más de 900 plantas (producidas la mayor parte en las inmediaciones de México) cuya virtud ha sido conocida por experiencia, a más de otras 300, cuyo uso no se expone, y no hay duda que faltan muchísimas. Paw, por el contrario, dice que América produce mayor número de plantas venenosas que todo el resto del mundo. Pero ¿qué sabe él de las plantas que nacen en los países mediterráneos de África y de Asia para hacer semejante comparación? Siendo tan grande la fertilidad del suelo americano, ¡cómo no sería de admirar que de todo hubiese allí abundancia! Mas, a decir verdad, yo no sé que hasta ahora se haya descubierto en Nueva España ni aun la vigésima parte de las plantas venenosas del Antiguo Continente, de que hacen frecuente mención en sus libros los naturalistas y médicos europeos.

En cuanto a las gomas, resinas, aceites y otros jugos que despiden los árboles, espontáneamente o ayudados de la industria humana, es excelente, al decir de Acosta, la Nueva España. En efecto, hay bosques enteros de acacia que da la verdadera goma arábiga, la cual, por su abundancia, no es allí estimada. Hay, además, bálsamo, incienso de copal de muchas especies por su suavísimo olor o por su virtud medicinal.

Aun los mismos bosques de que está cubierta la tierra de América, según afirman Buffon y Paw, demuestran su fecundidad. Ha habido siempre y todavía hay en aquellas vastísimas regiones grandes bosques; pero no son tantos que no se pueda hacer un viaje de quinientas y seiscientas millas sin encontrar ni uno. ¡Y qué bosques! Por lo común, o de árboles frutales, como plátanos, mameyes, chicozapotes, manzanos, naranjos, limones, como los de Coatzacoalco, la Mixteca y Michoacán, o de árboles apreciables por su madera o por sus resinas, como los que separan el valle mexicano de la diócesis de Puebla, y los de Chiapa de los zapotecas. A más de pinos, robles, fresnos, nogales, acebos y otros muchísimos, comunes a ambos continentes, hay en mucho mayor número los árboles propios de aquella tierra, más apreciables.

De cedro hay, como hemos dicho en otra parte, bosques enteros. El conquistador Cortés fue acusado por sus émulos ante el emperador Carlos V de haber puesto en el palacio que se mandó hacer en México siete mil vigas de cedro, y él se excusó diciendo que ésta era una madera común en aquel país. En efecto, tan común es que de esta preciosa madera se hacen las estacadas para los cimientos de las casas en el suelo fangoso de la capital. Del famoso y con razón celebrado ébano hay igualmente bosques en Chiapa, Yucatán y Cozumel; del Brasil en las tierras calientes, y de la olorosa madera áloe en la Mixteca. El tapincerán, el granadillo o ébano rojo, el camote y los otros que hemos mencionado en nuestra historia proveen de maderas mucho mejores que las que se usan en Europa. Finalmente, por no detenerme en una larga y molesta enumeración, me remito al P. Acosta, al Dr. Hernández, a Jiménez y otros autores europeos que han estado en la Nueva España, aunque todo lo que ellos dicen no basta a dar una idea completa de la fertilidad de aquella tierra. El P. Acosta (Lib. 4, cap. 30) afirma que así en cuanto al número como en cuanto a la variedad de árboles producidos por la misma naturaleza, hay mayor abundancia en América que en Asia, África y en Europa.

He aquí un nuevo argumento oportuno para convencer de las ventajas de la tierra de América sobre la de Europa.

La naturaleza y calidad de un terreno se da a conocer mejor por las plantas que produce por sí mismo, sin el auxilio del arte. Cotejemos, pues, las producciones propias de Europa, no con las de toda América, sino solamente con las de la Nueva España. "La causa —dice Montesquieu—[19] de haber tantos salvajes en América es que la tierra produce por sí misma muchos frutos de que pueden alimentarse... Yo creo que estas ventajas no se tendrían en Europa si la tierra se dejase sin cultivo; no produciría más que selvas de encinos y de otros árboles inútiles."

"Examinando —dice Paw— la historia y el origen de nuestras legumbres, de nuestras hortalizas, de nuestros árboles frutales y aun de nuestros granos, se conoce que todos son extranjeros y que de otro clima se han trasladado al nuestro. Puede entenderse fácilmente cuán grande habrá sido la miseria de los antiguos galos, y aun la de los germanos, en cuya tierra no se producía, ni aun en tiempo de Tácito, un árbol frutal." Si Alemania debiera restituir los vegetales extranjeros que no pertenecen originalmente a su terreno o clima, casi nada le quedaría, ni conservaría más entre sus semillas, que sirven para el sustento, sino la adormidera silvestre y la avena, también silvestre...[20] Lo que Paw confiesa abiertamente de las Galias y de Alemania podría también decirse de los demás países de Europa, y aun de Grecia e Italia, a las cuales proveyeron otros países.

Si Italia estuviese obligada a restituir todos los frutos que no pertenecen originalmente a su terreno, ¿qué le quedaría a excepción de las bellotas? Aquellos nombres, *Malum Sidonium, Malum Armeniacum, Malum Persicum, Malum Medicum, Malum Assyrium, Malum Pernicum, Nux Pontica,* etc., sirven para recordarle que tales frutas le han venido de Asia y de África. "Se sabe —dice Busching en su *Geografía* (tomo I)— que las más hermosas y mejores frutas de árboles pasaron de Italia a aquellos países en donde al presente se producen. Italia las recibió de Grecia, Asia y África. La manzana le vino de Soria, de Egipto, de Grecia, etc.; el albaricoque, de Epiro; la pera, de Alejandría, de Soria, de Numidia y de Grecia; el limón y la naranja, de Media, de Asiria y de Persia; el higo, de Asia; la granada, de Cartago; la castaña, de Castania, en Magnesia, provincia de Macedonia; la cereza, de Ceresunto del Ponto; la almendra, de Asia y Grecia, y de allí a Italia; la nuez, de Persia; la avellana, del Ponto; la aceituna, de Chipre; la ciruela, de Armenia y de Soria; el albérchigo, de Persia; el melocotón, de Sidonia en Candía a Grecia, y de allí a Italia."

---

[19] *L'esprit des lois,* Lib. 18, cap. 9.
[20] *Recherches philosophiques,* Parte I.

Plinio dice que los hombres al principio no se sustentaban más que de bellotas.[21] Esto, aunque sea falso con relación al común de los hombres, parece ser cierto respecto a los primeros pobladores de Italia; al menos tal era la opinión de los antiguos, como aparece de sus escritos. Plinio añade que aun en su tiempo muchos pueblos, por falta de granos, se estiman ricos a proporción de la cantidad de bellotas que tenían, de cuya harina hacían pan, como en el día lo hacen en Noruega de corteza de pino, y en otros países septentrionales de Europa de huesos de pescados, lo que es sin duda la miseria más grande.

Bomare protesta que todas las bellezas de los jardines europeos son extranjeras[22] y que las flores más hermosas que tienen han venido de Levante. El mismo Paw (Parte 1) hace una confesión más general de la antigua miseria de los europeos, en donde afirma que las plantas útiles que tienen al presente pasaron de la Asia meridional a Egipto, de Egipto a Grecia, de Grecia a Italia, de Italia a las Galias, y de las Galias a Germania. Así, el terreno de Europa, en cuanto a sus propias y originales producciones, es de los más pobres y estériles del mundo. Por el contrario, ¡cuán feraz y abundante no es el suelo americano, y principalmente el de México, de plantas propias y útiles al sustento, al vestido y a los otros usos de la vida! Véanse las obras de los autores europeos que han escrito sobre la historia natural del Nuevo Mundo.

He aquí, pues, la respuesta que podrían dar los americanos a aquel ridículo cotejo que hace el cronista Herrera en su I *Década,* del que hemos hecho mención al principio de esta disertación. "En América —dice— no había, como en Europa, limones, ni naranjas, ni granadas, ni higos, ni melocotones, ni melones, ni uvas, ni aceitunas, ni azúcar, ni arroz, ni trigo." Dirán, pues, los americanos: 1º Que tampoco en Europa había tales frutos hasta que fueron trasplantados a ella de Asia y de África; 2º Que en el día los hay en América como en Europa, y por lo común son allá mejores y más abundantes, principalmente las naranjas, los limones, los melones y las cañas de azúcar; 3º Que si América no tenía trigo, tampoco Europa tenía maíz, el cual no es menos útil ni menos sano; si América no tenía granadas, limones, etc., hoy día los tiene; pero Europa no ha tenido, ni tiene, ni puede tener chirimoyas, aguacates, plátanos, chicozapotes, etc.

Finalmente, Buffon, Paw y otros filósofos e historiadores europeos que tanto han ponderado la esterilidad, los bosques, los pantanos y los desiertos de América, que recuerden por gracia que los miserables países de Laponia, Noruega, Islandia, Nueva Zembla, Spitzberg y los vastos y horrorosos desiertos de Siberia, Tartaria, Arabia, África y otros

---

[21] *Hist. nat.*, Lib. 2, cap. 56.
[22] *Diction. univ.:* "Historia natur., Piante y Fleurs."

son ciertamente países del Antiguo Continente y hacen por lo menos una cuarta parte de su extensión. Pero ¿qué países? Véase la descripción que hacen de ellos los mismos europeos. Véase siquiera la elocuente descripción que hace Buffon de los desiertos de Arabia en su *Historia natural* (tomo 22). "Un país —dice— sin verdor y sin aguas; un sol siempre abrasador, un cielo siempre seco, llanuras arenosas, todavía más áridas, sobre las cuales se extiende la vista sin encontrar ni un objeto viviente; una tierra, por decirlo así, muerta y descortezada por los vientos, la cual no presenta más que osamentas, piedras esparcidas y peñas levantadas o volcadas; un desierto enteramente descubierto, en el cual el caminante no respira jamás bajo de sombra; en donde nada le hace compañía y nada hay allí que le recuerde a la naturaleza viva; soledad absoluta mucho más espantosa que la de los bosques, pues a lo menos los árboles son criaturas vivientes que proporcionan algún alivio al hombre, el cual se halla solo, aislado, más desnudo y más desmayado en estos lugares vacíos y sin término. Todo el terreno que se le presenta lo ve como su sepulcro; la luz del día, más melancólica que las sombras de la noche, no renace sino para hacerle ver su desnudez y su impotencia, y para ponerle delante de los ojos su horrenda situación, alejando de su vista los límites del vacío y ampliando alrededor de él el abismo de la inmensidad que lo separa de la tierra habitada; inmensidad tan grande, que inútilmente pretendería pasar, porque el hambre, la sed y el calor abrasador le acortan aquellos momentos que le restan entre la desesperación y la muerte."

# CUARTA DISERTACIÓN

## ANIMALES DEL REINO DE MÉXICO

Una de las cosas más inculcadas por Buffon y Paw para dar a conocer la infelicidad del suelo americano y la malignidad de su clima es la de la pretendida degradación de los animales, así de los que son propios de aquella tierra, como de los que han sido trasladados del Antiguo Continente. En esta disertación examinaremos sus razones y demostraremos algunos de sus muchos errores y contradicciones.

### 1. Animales propios de México

Todos los animales que hay en el Nuevo Mundo pasaron del Antiguo, como hemos establecido en la *I Disertación,* y esto lo confiesa el mismo Buffon en su *Historia natural* (tomo 29), y deben confesarlo todos los que tengan respeto a los Libros Sagrados. Nosotros, pues, llamamos propios de México aquellos animales que encontraron allí los españoles, no porque traigan en efecto su primer origen de aquella tierra, como dan a entender Paw en toda su obra y Buffon en los primeros veintiocho tomos de su *Historia,* sino solamente para distinguir los animales que desde tiempo inmemorial se criaban en aquellos países, de los otros que después fueron trasladados allá de Europa: llamaremos, pues, a éstos europeos, y a aquéllos americanos.

El primer capítulo de improperio contra América es, según Buffon, el pequeño número de sus cuadrúpedos, comparado con los del Antiguo Continente. Enumera 200 especies de cuadrúpedos en toda la tierra hasta ahora descubierta, de las cuales hay 130 en el Antiguo Continente y solamente 70 en el Nuevo Mundo, y si de este número se quitan los que son comunes a ambos continentes, apenas tendremos, dice, 40 especies de cuadrúpedos propiamente americanos. De este antecedente deduce que en la América ha escaseado prodigiosamente la materia (*Historia natural,* tomo 23).

Pero ¿por qué quitar a América de las 70 especies que tiene de cuadrúpedos, las 30 que son comunes a ambos continentes, pues éstas, por su antiquísima residencia en aquellos países, son tan propiamente americanas como las otras? A más de esto, si aquellos brutos que él llama propiamente americanos hubiesen sido creados desde el principio de la América, podría él tal vez con alguna menor inverosimilitud afirmar la pretendida escasez de la materia en aquella parte del mundo; pero habiendo sido asiáticos en su primer origen todos los brutos, como él mismo confiesa, no sé cómo tuvo valor para deducir una consecuencia tal. "Cada animal —dice—, abandonado a su instinto, se busca una zona y una región adecuada a su naturaleza" (tomo 29). He aquí, pues, la causa del menor número de las especies de cuadrúpedos en América, porque, abandonados a su instinto después que salieron del Arca de Noé, buscaron y hallaron en los países del Antiguo Continente una zona y una región conveniente a su naturaleza, y así no tuvieron necesidad de hacer aquel largo viaje a América. Si el Arca de Noé, en vez de pararse en los montes de Armenia, se hubiese parado en los Andes americanos, hubiera sido por la misma razón menor el número de las especies de cuadrúpedos en el Antiguo Continente, y sería digno de desprecio el filósofo americano que de tal antecedente pretendiese inferir la prodigiosa escasez de la materia y el "cielo avaro" del que ahora llamamos Continente Antiguo.

Pero aunque todos los cuadrúpedos fuesen verdaderamente originarios de América, no debería deducirse de aquí la pretendida "escasez de la materia", porque no puede decirse que escasea la materia en un país que tiene un número de especies de cuadrúpedos proporcionado a su extensión. La de América es la tercera parte de la de toda la tierra; pues no puede decirse que allí escasea la materia siempre que haya la tercera parte de las especies de cuadrúpedos. Las especies de éstos son, según dice Buffon, doscientas, y América tiene setenta, esto es, un poco más de la tercera parte; luego no puede decirse que allí escasea la materia.

Hasta ahora hemos discurrido en la suposición de que sea cierto cuanto dice Buffon en orden al número de las especies de cuadrúpedos; pero ¿quién lo sabe, pues hasta ahora no se ha hallado el verdadero carácter distintivo de las especies? Así Buffon, como algunos otros naturalistas que han escrito después de él, creen que el único argumento indudable de la diversidad específica de dos animales, semejantes por otra parte en muchos accidentes y propiedades, es no poder el macho cubrir la hembra y producir por medio de la generación un individuo fecundo y semejante a ellos. Pero este argumento de la diversidad, a más de que falla en algunos animales, es respecto de otros muy difícil de verificar. Para que se vea la incertidumbre de él, pongamos por una parte un asno y una yegua, y por otra un mastín y una galga, dos razas muy diferentes de perros. De esta mezcla nace un perro que tiene de mastín y de galga; de aquella nace una mula, que tiene igualmente de burro y de yegua. Pero ahora quiero yo saber por qué el asno y la yegua son dos especies diversas de cuadrúpedos, y el mastín y la galga son solamente dos diferentes razas de una misma especie. Porque esta mezcla, dice Buffon, engendra un individuo fecundo, y aquélla no. Pero ¿cómo? El mismo Buffon afirma (tomo 29) abiertamente que el no concebir por lo común las mulas no es por razón de alguna absoluta impotencia, sino solamente por el excesivo calor y las extraordinarias convulsiones que padecen en el coito. Bomare,[1] después de haber citado el testimonio de Aristóteles, que en la *Historia de los animales* refiere que en su tiempo los machos de la Siria provenientes de caballos y mulas engendraban muletos semejantes a ellos, añade: "Este hecho, referido por un filósofo muy digno de crédito, prueba que las mulas son animales específicamente fecundos en sí mismos y en su posteridad". Semejantes hechos, que demuestran la fecundidad de las mulas, se hallan testificados por muchos autores, igualmente dignos de fe, así antiguos como modernos, y algunos han sucedido en nuestros días en México.[2] No hay pues otra disparidad entre estas dos mezclas de cuadrúpedos, sino que los partos de las perras engendradas por la mezcla de perros son más frecuentes que los de las mulas.

A más de esto, ¿de quién ha sabido Buffon que el *gibbon* y el *magoto*, el *mammon* y el *papiere* (cuatro especies de monos) no se mezclan entre sí ni engendran un individuo fecundo? Ni este autor ha hecho en orden a esto experiencia alguna, ni cita algún otro naturalista que la haya hecho, no obstante lo cual decide que todos los referidos cuadrúpedos son otras tantas especies diversas. Es pues en gran parte dudosa e insubsistente la división de las especies de cuadrúpedos hecha por él, y no sabemos si ciertos cuadrúpedos que él pone como especies diferentes sean en efecto una sola especie, y, por el contrario, si otros que cree de una especie, sean en realidad específicamente diversos.

Pero dejando esto, bastaría ciertamente para causar gran desconfianza de la división que Buffon hace de los cuadrúpedos el advertir las contradicciones que se encuentran tanto en éste como en otros puntos de su *Historia,* aunque, por otra parte, muy apreciable. En el discurso sobre la degeneración de los animales (tomo 29), afirma que "si se quiere hacer la enumeración de los cuadrúpedos propios del Nuevo Continente, hallaremos cincuenta especies diferentes", y en la enume-

---

[1] *Diction de Hist. Nat.* Artículo "Mulet".
[2] Entre otros es digno de mención el parto repetido de una mula engendrada de burro y yegua, en la gran hacienda llamada de Salto de Zurita junto a la ciudad de Lagos, perteneciente a don Fulgencio González Rubalcaba. Esta mula concibió de un burro y parió un muleto en 1752 y otro en 1753.

ración que hace de los cuadrúpedos de ambos continentes, dice que los de América apenas son cuarenta especies. En la referida enumeración pone como especies diferentes las de la cabra doméstica, la gamuza y el buguetino o cabrón silvestre, y tratando de los referidos animales (tomo 24), dice que estos tres cuadrúpedos y las otras seis o siete especies de cabras que distinguen los nomenclatores son todas de una misma especie, y así deben quitarse estas ocho o nueve especies de aquellas ciento treinta que él enumera en el Antiguo Continente. En la referida enumeración cuenta al perro, al topo y la marmota, y añade que ninguno de estos cuadrúpedos había en la América; pero hablando después de los animales comunes a ambos continentes dice que las marmotas y los topos son especies comunes a uno y otro continente, aunque sea difícil decidir si tales cuadrúpedos americanos son de la misma especie que los del Continente Antiguo; y luego afirma (tomo 16) que los topos fueron llevados a América de Europa en navíos. En cuanto a los perros, que en la referida enumeración niega a América, se los concede después (tomo 30), pues afirma que el *xoloitzcuintli*, el *itzcuintepotzotli* y el *techichi* eran tres diferentes razas de la misma especie de perros del Antiguo Continente. Basta este ensayo para dar a conocer que Buffon, a pesar de su gran talento y suma diligencia, se olvidó algunas veces de lo que había escrito.

Entre las ciento treinta especies de cuadrúpedos del Antiguo Continente enumera siete especies de murciélagos comunes en Francia y otros países de Europa, de las cuales las cinco que antes eran desconocidas o confundidas fueron novísimamente descubiertas o distinguidas por Daubenton, como él afirma (tomo 16). Pues si en la docta Francia, en donde tantos siglos hace se estudia la historia de la naturaleza, estuvieron hasta ahora ignoradas cinco especies de murciélagos, ¿por qué admirarse de que en las vastas regiones de América, en donde no ha habido tan grandes naturalistas ni ha mucho tiempo que está en aprecio este estudio, hayan estado igualmente desconocidas muchas especies de cuadrúpedos? Yo no dudo que si fuesen algunos Buffones y Daubentones al Nuevo Mundo, se podrían contar muchas más especies de cuadrúpedos que los que él enumera desde París, en donde no pudo tener, en orden a los animales americanos, todas aquellas luces que tiene respecto a los europeos. Me da ciertamente compasión que un filósofo tan célebre, tan ingenioso, tan erudito y tan elocuente, que se ha puesto a escribir de todos los cuadrúpedos del mundo, distingue sus especies, familias y razas, describe su carácter, su índole y sus costumbres, enumera sus dientes y aun mide sus colas, se muestre por otra parte ignorante de los animales más comunes del reino de México. ¿Qué bestia más común y más conocida en dicho reino que el coyote? De ella hacen mención todos los historiadores de aquel reino, una exacta y menuda descripción el Dr. Hernández, cuya *Historia* hallamos frecuentísimamente citada por Buffon; sin embargo, este autor no habla ni una palabra del coyote, ni bajo este ni otro algún nombre.[3] ¿Quién no sabe que el propio conejo era cuadrúpedo comunísimo en el imperio mexicano, bajo el nombre de *tochtli,* que la figura de él era uno de los cuatro caracteres de los años mexicanos, y que del pelo de su barriga se tejían jubones para el uso de los señores en el invierno? Con todo, Buffon quiere que el conejo sea uno de los cuadrúpedos que de Europa se trasladaron a América; pero entre tantos historiadores europeos de México no he encontrado ni uno que lo diga; antes todos suponen que él habita desde tiempo inmemorial en aquellos países, y yo no dudo que los mexicanos al leer esta singular anécdota de Buffon se reirán de él.

El Dr. Hernández enumera en la *Historia de los cuadrúpedos* cuatro animales mexicanos de la clase de los perros, mencionados por nosotros (*Historia,* Lib. I): 1º, el *xoloitzcuintli* o perro pelado; 2º, el *itzcuintepotzotli* o perro corcovado; 3º, el *techichi* o cachorro comestible, y 4º, el *tepeitzcuintli* o cachorro montés. Estas cuatro diversísimas especies de cuadrúpedos las ha reducido Buffon a una sola; dice que el Dr. Hernández se engañó en lo que escribió *xoloitzcuintli,* porque ningún otro autor hace mención de él, y por lo tanto debe creerse que aquel cuadrúpedo fue transportado de Europa, pues el mismo Hernández afirma haberlo visto antes en España, y no tenía nombre en el reino de México, pues *xoloitzcuintli* es el nombre propio del lobo, impuesto por Hernández a aquel otro cuadrúpedo; que todos aquellos perros eran conocidos en el reino de México con el nombre genérico de *alco.* He aquí en pocas palabras un conjunto de errores. El nombre alco no es mexicano, ni jamás se ha usado en México, sino en la América meridional. El de *xoloitzcuintli* no es el nombre del lobo, ni sé que jamás haya habido alguno en México que lo haya llamado así. Los mexicanos llaman al lobo *cuetlachtli,* y en algunos lugares en donde no se habla con la mayor propiedad el mexicano le llaman *tecuani,* nombre genérico de las fieras: consta a más de esto por el mismo texto de Hernández (cap. 2º), que ni el *xoloitzcuintli* fue trasladado de Europa a México, ni este nombre se le impuso por Hernández, sino que era con el que los mexicanos lo llamaban. Hernández había visto aquel cuadrúpedo en España, porque había sido trasladado de México, como él mismo asienta, así como había

---

[3] Los animales del antiguo continente a los que más se asemeja el coyote son el chacal, el adive y el isatis; pero es distinto de ellos. El chacal es del tamaño de una zorra; el coyote doblemente mayor. Los chacales van casi siempre acompañados en número de 30 ó 40; el coyote va por lo común solo. El adive es aún más pequeño y más débil que el chacal. El isatis es propio de zona fría y huye de los bosques; el coyote los ama y habita en los países calientes y templados.

visto en los jardines de Felipe II algunas plantas mexicanas. Pero ¿por qué ningún otro autor ha hecho mención del *xoloitzcuintli*? Porque ningún otro, ni antes ni después de él, ha comprendido la historia de los cuadrúpedos mexicanos, y los historiadores de aquel reino se han contentado con hablar de los animales más comunes. Por lo demás, todo hombre sabio e imparcial deberá dar mayor crédito al Dr. Hernández en la historia natural de México, pues tantos años se ocupó en ella por orden del rey Felipe II, y con sus propios ojos observó los animales, de los cuales escribió y se informó de los mismos mexicanos, cuya lengua aprendió, y no como Buffon, que, aunque más ingenioso y elocuente, no tuvo otras noticias de los animales mexicanos sino las que adquirió de la obra del mismo Hernández o en las relaciones de algún otro autor no tan digno de crédito como aquel docto y práctico naturalista.

Quiere Buffon que el *tepeitzcuintli* del Dr. Hernández no sea otro que el glotón, cuadrúpedo común en los países más septentrionales de ambos continentes; pero cualquiera que compare la descripción que Buffon (tomo 27) hace del glotón con la que el Dr. Hernández (cap. 11) hace del *tepeitzcuintli*, advertirá una enorme diferencia entre ambos. El glotón es, según Buffon, propio de los países fríos del Septentrión, el *tepeitzcuintli* de la zona tórrida; el glotón es, al decir de Buffon, doble de grande que el tejón; el *tepeitzcuintli* es, como dice Hernández, *parvi canis magnitudine*. El glotón se llama así por su estupenda e inaudita voracidad, que lo lleva a desenterrar los cadáveres para comérselos; nada que se parezca a esto, dice Hernández, hay en el *tepeitzcuintli*, y no lo habría omitido siendo éste el principal carácter del glotón; antes bien afirma que el *tepeitzcuintli* se domestica y se alimenta de yemas de huevo y de pan deshecho en agua caliente, que no sustentaría ciertamente a un animal tan ambicioso de carne como el glotón. Finalmente, omitiendo otras pruebas de su diversidad, la piel del glotón es, según Buffon, casi tan apreciable como la de la *cebellina*,[4] y no sabemos que la del *tepeitzcuintli* haya sido jamás estimada o usada.

Siendo, pues, el *xoloitzcuintli* distinto del lobo y el *tepeitzcuintli* del glotón, y siendo aquellos cuatro cuadrúpedos americanos de la clase de los perros muy distintos entre sí en el tamaño, la índole y otros muchos accidentes notables, y no constando, por otra parte, que puedan mezclarse entre sí y producir un tercer individuo fecundo, debemos concluir que son cuatro especies diversas, y por esta razón deben restituirse a América aquellas tres especies quitadas injustamente por Buffon.

---

[4] Bomare dice que la piel del glotón es más estimada por los naturales de Kamtchatka que la de la cebellina y que en Suecia es muy solicitada y muy cara.

No acabaríamos nunca si quisiéramos exponer todos los errores de este autor respecto a los cuadrúpedos mexicanos; pero para demostrar que el número de sesenta especies, prescrito por él a América, no es justo sino muy falso, y contrario, por otra parte, a lo que él mismo escribe, daremos al fin de esta disertación una lista de los cuadrúpedos americanos sacada de su *Historia,* a la que agregaremos los cuadrúpedos confundidos por él con otros muy distintos, y también los que omitió, con lo que haremos ver cuánto se ha separado de la verdad al decir que en América "ha escaseado prodigiosamente la materia". A más de que, para inferir tal escasez no basta hacernos conocer que son pocas las especies, sino que sería necesario demostrar que son pocos los individuos de tales especies, pues si los individuos de las setenta especies de cuadrúpedos americanos son más que los de las ciento treinta del Antiguo Continente, será ciertamente en América, menos varia la naturaleza, pero no "más escasa la materia". Sería necesario también demostrar que son igualmente pocas y poco numerosas las especies de los reptiles y las aves, pues no menos éstas que aquéllas sirven para manifestar la escasez o la abundancia de la materia; pero ¿quién es tan ignorante de las cosas de América que no tenga noticia de la increíble variedad y la sorprendente multitud de las aves americanas? Dígaseme, ¿por qué habiendo sido la naturaleza tan avara en los cuadrúpedos para América como quieren Buffon y Paw, ha sido tan pródiga en las aves?

No contentos estos autores con disminuir las especies de cuadrúpedos americanos, se esfuerzan también en acortar su estatura. "Todos los animales de América, dice Buffon (tomo 18), tanto los que fueron trasladados por los hombres, como los caballos, burros, toros, ovejas, cabras, puercos, perros, etc., como los que pasaron por sí mismos, por ejemplo, los lobos, zorros, venados y halcones, son allí considerablemente más pequeños que en Europa, y *esto sin ninguna excepción.*" Este efecto estupendo lo atribuye al "cielo avaro" de América y a la combinación de los elementos y de otras causas físicas. "No había, dice Paw, bajo la zona tórrida del Nuevo Continente ningún cuadrúpedo grande. El mayor (entre los propios de aquellos países) que existe actualmente en el Nuevo Mundo, entre los trópicos, es el tapir, el cual es del tamaño de un becerro" (Part. III, Sect. 2). "El animal más corpulento del Nuevo Continente, dice Buffon, es el tapir, el cual es tan grande como una pequeña mula, y después de él el cabiai, que es del tamaño de un puerco mediano."

Ya hemos demostrado *(III Disertación)* que aunque concediésemos a estos filósofos la pretendida pequeñez de los cuadrúpedos americanos, nada se concluía contra la tierra o el clima de América, pues, según los principios establecidos por Buffon y citados por nosotros en otra parte, los animales más grandes son propios de los climas excesivos y los menos grandes de los climas templados y dulces, y si de la grandeza de los cuadrúpedos deberían argüirse las ventajas del clima, diremos sin duda que el clima de África y de Asia meridional es mucho mejor que el de Europa. Mas si en América, al ser descubierta por los europeos, no había elefantes, rinocerontes, hipopótamos, camellos, jirafas, a lo menos los hubo en otro tiempo, si damos fe a Paw, Lloane, Pratz, Lienery y algunos otros autores, que afirman la antigua existencia de aquellos grandes cuadrúpedos en América, fundados en el descubrimiento de huesos fósiles y de esqueletos enteros de desmesurado tamaño en diversos lugares del Nuevo Mundo, y si creemos lo que Buffon escribe (tomo 18) hubo antes en América un cuadrúpedo seis veces más grueso que el elefante, llamado *mamut*,[5] pero en Europa ni jamás hubo ni puede haber un cuadrúpedo de primer tamaño.

En América no había caballos, burros, ni toros[6] antes de que fuesen llevados de Europa; pero tampoco los había en ésta antes de que los hubiesen trasladado de Asia. Todos los animales traen su origen de ésta, y de allí se esparcieron por otros países; la inmediación de Europa y el comercio de los pueblos asiáticos con los puertos facilitaron el tránsito de aquellos cuadrúpedos a Europa, y con ellos algunos usos e invenciones útiles a la vida, de los cuales fueron privados los americanos por la distancia y la falta de comercio.

Cuando Buffon afirmó que el cuadrúpedo más grande del Nuevo Continente era el tapir, y después el cabiai, se había olvidado enteramente de las morsas, las focas, los cíbolos, los rangíferos, los alazanes, los osos y los huanacos. El mismo confiesa (tomo 27) que el becerro marino visto por lord Andson y Roger en América, y llamado por ellos *león marino*, era incomparablemente más grande que todos los becerros marinos del mundo antiguo. ¿Quién se atreverá a comparar el cabiai, que no es más grande que un puerco mediano, con los cíbolos y los alazanes? Los cíbolos son corrientemente iguales a los toros comunes de Europa, y algunas veces les exceden en tamaño. Véase la descripción

[5] Atendiendo a lo que dice Muller, este cuadrúpedo sería de largo de 133 pies y 105 de alto. Buffon dice (tomo 16): "El prodigioso mamut, cuyos huesos enormes hemos examinado muchas veces y que hemos juzgado seis veces a lo menor más grande que el más grueso elefante, no existe ya". En el tomo 22 dice habérsele asegurado que aquellos desmesurados huesos habían sido de elefantes siete u ocho veces más grandes que aquel cuyo esqueleto había observado en el real gabinete de París; pero en su nueva obra, *Las épocas de la naturaleza*, vuelve a afirmar la antigua existencia de aquel enorme cuadrúpedo en América.

[6] Cuando decimos que no había toros en América, hablamos de la raza común que se emplea en la agricultura, pues había cíbolos, que algunas veces cree Buffon que son de la misma especie de los toros comunes, y otras lo duda.

que hace Bomare[7] de uno de estos cuadrúpedos llevado de Luisiana a Francia y exactamente medido por él en París el año de 1779. Hay una innumerable multitud de estos grandes animales en la zona templada de América septentrional. Los alazanes del Nuevo Mundo, México, son del tamaño de un buen caballo. Hubo un caballero en la ciudad de Zacatecas que se sirvió de ellos para su carroza en lugar de caballos, como testifica Betancourt,[8] y algunas veces han sido mandados a la corte de España para presentarlos al rey católico.

    La proposición universal en la cual afirma Buffon que todos los cuadrúpedos comunes a ambos continentes son más pequeños en América "sin ninguna excepción", la han desmentido algunos autores europeos que vieron aquellos animales con sus propios ojos, y aun el mismo Buffon en otros lugares de su *Historia*. Del *miztli* o león americano, dice el Dr. Hernández que es más grande que el león de la misma especie del Antiguo Continente. Del tigre mexicano afirma lo mismo. Ni Buffon ni Paw tienen una justa idea de esta fiera. Yo vi una entre otras muertas pocas horas antes, de nueve escopetazos, mucho más grande de lo que quiere hacernos creer Buffon. Estos autores, si no se fían de la relación de los españoles, deberán por lo menos dar crédito a La Condamine, francés docto y sincero, que dice que los tigres que vio en los países calientes del Nuevo Mundo no le parecieron diversos de los tigres africanos, ni en cuanto a los colores de la piel ni en cuanto al tamaño.

    Del lobo mexicano dice el Dr. Hernández que en la figura, color e inclinaciones, como en el tamaño, es semejante al lobo europeo, a excepción de tener aquél la cabeza más grande.[9] Lo mismo afirma de los venados comunes, y Oviedo, de éstos y de las cabras monteses. El mismo Buffon, a pesar de la generalidad del principio establecido por él sobre el menor tamaño de los cuadrúpedos americanos, hablando después de la degeneración de los animales (tomo 29) dice que la cabra montés y el cabrito son entre los cuadrúpedos comunes a ambos continentes, los únicos que son, más grandes y más fuertes en el Nuevo Mundo que en el Antiguo, y hablando de la lodra del Canadá (tomo 27), confiesa que ésta es mucho más grande que la de Europa, y lo mismo dice del castor americano; y así, el que no admitía ninguna excepción, la admite en las cabras monteses, los cabritos, las lodras, los castores y los becerros marinos.

---

[7] Art. *Bison*. Lo llama, por su tamaño, *cuadrúpedo colosal*; su largo, desde el hocico hasta la cola, medida por los lados, era de nueve pies y once pulgadas; su alto, desde la cima de la corcova hasta las uñas, de cinco pies y cuatro pulgadas; su grueso medio en la corcova y en la papada, de diez pies de circunferencia. El dueño de aquel animal afirmó que las hembras eran todavía más grandes.

[8] Muy grandes debían ser aquellos alazanes para arrastrar las carrozas del siglo XVII.

[9] *His. cuadrup. N. Hisp.*, caps. X, XI y XXII.

Si a éstos se agregan los tigres, los leones sin guedeja y los venados, según testimonio de Hernández y de Oviedo, tendremos a lo menos ocho especies de cuadrúpedos comunes a ambos continentes que son más grandes en el Nuevo Mundo que en el Viejo. A los referidos deben agregarse aquellos cuadrúpedos que son igualmente grandes en uno y otro continente, pues tanto éstos como aquéllos demuestran falso el principio de Buffon. El Dr. Hernández afirma que el lobo mexicano es del mismo tamaño que el europeo. Buffon dice que entre uno y otro no hay más diferencia, sino que el lobo mexicano tiene más hermosa la piel y cinco dedos en los pies anteriores y cuatro en los posteriores. Por lo que respecta a los osos, hay actualmente en Italia muchísimos europeos que han visto los de México y los de los Alpes. No creo que entre tantos testigos haya ni uno que haya reconocido algún exceso en los osos europeos. Yo sinceramente protesto que todos los que he visto en México me han parecido más grandes que los que he visto en Italia.[10]

Es, pues, falso que todos los animales del Nuevo Mundo son más pequeños que los del Antiguo "sin ninguna excepción". Es también falsísimo que son todos "mucho más pequeños, y que la naturaleza se ha valido en el Nuevo Mundo de una escala diferente de grandeza", como afirma Buffon (tomo 18). Igualmente se puede demostrar el error de Paw en decir que todos los cuadrúpedos de América son una sexta parte más pequeños que sus análogos del Antiguo Continente. La tuza de México es análoga al topo europeo y es más grande que éste, según dice Buffon. Aquel cuadrúpedo mexicano que Buffon llama *cocualino* y nosotros *tlalmototli* es análogo a la ardilla de Europa, y, según el mismo autor, doblemente más grande. El toporagno del Brasil es análogo al europeo, y también es más grande que éste, como confiesa Buffon. El coyote, análogo al chacal, es doblemente más grande. La llama o carnero de Perú, análogo al de Europa, es sin comparación más grande. Mas estos filósofos, demasiado empeñados en envilecer a América y desacreditar a sus animales, hallan qué censurar aun en sus colas, pies y dientes.

"No solamente, dice Buffon, escasea prodigiosamente la materia en el Nuevo Continente, sino que también son imperfectas las figuras de sus animales y parecen haber sido desatendidas" (tomo 18). "Los animales de la América meridional, que son los que propiamente pertenecen a este Nuevo Continente, casi todos carecen de colmillos, cuernos y colas; su figura es extravagante y sus miembros desproporcionados y mal unidos, y algunos, como los hormigueros y los perezo-

---

[10] Buffon distingue las especies de los osos negros de las de los morenos, y afirma que los regios no son nada feroces; pero los osos mexicanos, que son todos negros, son ferocísimos, como es notorio en México, y yo puedo ser testigo.

sos, de una naturaleza tan miserable, que apenas tienen la facultad de moverse y de comer" (tomo 23). "Los animales propios del Nuevo Mundo, dice Paw (Part. I), son por lo común de una figura desgraciada y en algunos tan mal dispuesta que los primeros dibujantes no pudieron sino con trabajo hacer sensibles sus caracteres. Se ha observado que a la mayor parte de las especies falta la cola y que tienen una cierta irregularidad en las manos, lo que es notable en el tapir, el hormiguero, el glama de Margrafo, el perezoso y el cabiai. Los avestruces, que en nuestro continente no tienen más que dos dedos unidos con una membrana, tienen todos en América cuatro dedos."

Estos discursos son más bien una censura al Creador que al clima de América, semejante en aquella blasfemia que por algunos se atribuye al rey Alfonso el Sabio sobre la disposición de los cuerpos celestes. Si los primeros individuos de aquellas especies de animales no vinieron así de la mano del Creador, sino que el clima del Nuevo Mundo ha sido la causa de su pretendida irregularidad, siempre que estos animales fuesen trasladados a Europa, se perfeccionaría su figura, índole e instinto; a lo menos después de diez o doce generaciones, aquellos miserables animales a los que el maligno clima de América ha quitado la cola, los cuernos y los colmillos, los recuperarían bajo un clima benéfico. No —dirán aquellos filósofos—, porque no es tan fácil recuperar en la naturaleza lo que se pierde como perder lo que se tiene; y así, aun cuando aquellos animales no pudiesen volver a adquirir en el Antiguo Continente la cola, los cuernos y los colmillos, todavía podría decirse que el clima de América ha sido la causa de tal pérdida. Sea, pues, así y no hablemos ya de las irregularidades consistentes en algún defecto, sino de aquellas por exceso de la materia.

Hablemos de los avestruces, los cuales tienen por vicio de la naturaleza, según dice Paw,[11] dos dedos más en cada pie, o, por seguir con los cuadrúpedos, hablemos del unán, especie de perezoso americano, que, entre otras irregularidades, tiene cuarenta y seis costillas. "El número de cuarenta y seis costillas en un animal de tan pequeño cuerpo es —dice Buffon— una especie de error o exceso de la naturaleza, pues ningún animal, ni aun de los más grandes o cuyo cuerpo es más largo a proporción de su gordura, tiene tantas. El elefante no tiene más que cuarenta costillas, el caballo treinta y seis, el tejón treinta, el perro veintiséis y el hombre veinticuatro." Pues si el primer unán que hubo en el mundo tuvo de la mano de Dios aquel mismo número de costillas que tienen actualmente sus descendientes, el discurso de Buffon es una

---

[11] Se engañó en el número de los dedos del *touruso*, avestruz americano, pues no tiene más que tres; pero en la parte posterior de los pies tiene un tubérculo redondo y calloso que le sirve en lugar de talón, y que el vulgo ha creído dedo.

censura al Creador, y el decir que el excesivo número de costillas ha sido un error de la naturaleza querrá decir que ha sido un error de Dios. Estoy seguro de que una blasfemia tal es muy ajena del entendimiento y el corazón cristiano de Buffon; pero el espíritu filosófico que reina en sus obras lo indujo a veces a usar de tales expresiones que, bien examinadas, no agradarán a los buenos cristianos.[12]

Si, por el contrario, creen estos filósofos que el unán en su origen tuvo un número de costillas proporcionado al tamaño de su cuerpo, y que el maligno clima de América se las fue aumentando, deberemos persuadirnos de que, siempre que fuese trasladada aquella especie de cuadrúpedo al Antiguo Continente y se criase en un clima más favorable, se reduciría finalmente a su primitiva perfección. Hágase, pues, la experiencia; trasládense al Mundo Antiguo dos o tres machos de aquella desgraciada especie y otras tantas hembras, y si después de veinte o más generaciones se reconoce que comienza en ellos a disminuir el número de costillas, inmediatamente confesaremos que la tierra de América es la más infeliz y el clima más malo del mundo. Si no sucede así, diremos, como lo decimos desde ahora, que la lógica de estos señores es más miserable que aquel cuadrúpedo y que sus raciocinios son meros paralogismos. Por lo demás, es digno de admiración que en un país en donde tanto "ha escaseado la materia", haya la naturaleza pecado por exceso en las costillas de los perezosos y los dedos de los avestruces.

Pero para dar a conocer que estos filósofos, empeñados en hacer parecer maligno el clima del Nuevo Mundo, se han olvidado de las miserias de su propio continente, preguntémosles: ¿cuál es el animal más miserable de América? El perezoso, responderán inmediatamente, porque es el más imperfecto en su organización, el más inhábil para el movimiento, el más desprovisto de armas para su defensa y, sobre todo, el que parece tener menos sensación que todos los otros animales; animal verdaderamente infeliz, condenado por la naturaleza a la inercia, al hambre y al llanto, con el cual despierta a toda hora en los otros animales la compasión y el horror. Pero esta clase de cuadrúpedos, tan famoso por su miseria, es común a ambos continentes. Buffon no quiere creerlo porque no le tiene cuenta, y dice que si algún perezoso se halla en Asia, ha sido trasladado de América; pero diga lo que quiera, el unán, una de las especies de perezoso, es animal asiático, como testifican Klein, Linneo, Brisson, el editor del gabinete de Seba y el referido

---

[12] Al explicar Buffon por qué el hombre resiste más que los animales a las influencias de los climas dice (tomo 18): "El hombre es en todo obra del cielo; los animales no son en muchos respectos sino producciones de la tierra". Esta proposición parece un poco dura; pero más duras se leen en su obra *Épocas de la naturaleza*.

Bosmaer, docto y diligente naturalista holandés.[13] El unán de Bengala, visto, criado y exactamente descrito por este autor, no pudo haber sido trasladado de la América meridional, porque jamás ha habido ningún comercio entre la América meridional y Asia. A más de que el unán de Bengala es diverso del americano, éste tiene dos dedos en las manos, y aquél cinco. Si Buffon se persuade que el clima de Asia pudo aumentar el número de los dedos en el cuadrúpedo americano, diremos entonces que el clima del Antiguo Continente sería también capaz de restituir la cola, los cuernos y los colmillos a aquellos cuadrúpedos a los cuales se los había quitado el clima nocivo de América. Por lo demás, quien quiera leer y confrontar la elocuente descripción que Buffon hace de los perezosos americanos y la que Bosmaer hace del "perezoso pentadáctilo" de Bengala, reconocerá que este cuadrúpedo asiático es tan miserable como los americanos.

Mas examinemos lo que estos autores dicen sobre la pretendida irregularidad de aquellos cuadrúpedos. La verdadera irregularidad en los animales es la desproporción en los miembros o la desconveniencia en la forma o en la índole de algunos individuos con respecto al común de la especie, no la que se observa en una nueva especie comparada con otra conocida. Sería, sin duda, un necio quien reputase irregular al *techichi* porque no ladra. Éste es un cuadrúpedo americano, que, por semejante a los cachorros europeos, fue llamado perro por los españoles, no porque fuese de la misma especie, y de aquí nació la fábula, esparcida por no pocos autores europeos, que en América los perros eran mudos. Los lobos son muy parecidos a los perros y tampoco ladran. Si los primeros españoles que fueron a México no hubiesen jamás visto lobos en Europa, al ver los de México hubieran publicado que había allí perros grandes que no sabían domesticarse y que, en lugar de ladrar, aullaban; he aquí un nuevo argumento de que se hubieran valido Buffon y Paw para probar la degradación y la irregularidad de los animales americanos.

En efecto, no es distinto el argumento de Paw sobre los avestruces americanos. El *touyon*[14] es un ave americana específicamente distinta del avestruz, pero porque es muy grande y muy semejante a aquella grande ave africana, ha sido vulgarmente llamado avestruz. Esto basta a Paw para afirmar que hay irregularidad en aquellas aves americanas; pero aun cuando le concediésemos que el touyon es un verdadero avestruz, no podría jamás convencernos de lo que quiere. Pretende hacernos creer irregularidad en el avestruz americano porque, en lugar de dos solos dedos unidos con una membrana, como el africano, tiene

---

[13] *Description de plusieurs animaux.* Amsterdam.
[14] En el Perú el avestruz se llama *suri;* yo adopto el nombre de *touyon* para condescender con nuestros naturalistas.

cuatro separados. Mas un americano podría decir que el avestruz africano es más bien irregular porque, en lugar de cuatro dedos separados, tiene solamente dos, y éstos unidos por medio de una membrana. "No —replicaría colérico Paw—, no es así; la irregularidad está en vuestros avestruces, porque no se conforman con los del Mundo Antiguo que son los ejemplares de la especie, ni con el retrato que de tales aves nos dejaron los más famosos naturalistas de Europa."

"Nuestro mundo —responderá el americano— que vosotros llamáis nuevo porque hace tres siglos no era conocido de vosotros, es tan antiguo como vuestro mundo, y nuestros animales son igualmente coetáneos de los vuestros. Ni éstos tienen ninguna obligación de conformarse con vuestros animales, ni nosotros tenemos la culpa de que las especies de los nuestros hayan sido ignoradas por vuestros naturalistas o confundidas por la escasez de sus luces. Y así, o son irregulares vuestros avestruces porque no se conforman a los nuestros, o a lo menos los nuestros no deben decirse irregulares porque no se conforman con los vuestros. Hasta que no demostréis que los primeros avestruces salieron de las manos del Creador con sólo dos dedos unidos con una membrana, no nos persuadiréis jamás de la irregularidad de nuestros touyon." Esta razón sirve también para disipar otros semejantes discursos, originados de la imperfección de las ideas o de su prevención en favor del Antiguo Continente.

No son ciertamente más felices nuestros filósofos en sus discursos sobre las colas de los cuadrúpedos, que respecto a los pies de los avestruces. Ellos dicen francamente y sin ningún respeto a la verdad, que la mayor parte de los cuadrúpedos del Nuevo Continente carece de cola; lo que, así como los otros efectos que han observado en aquellos desventurados países, atribuyen a la avaricia del cielo americano, a la infancia de la naturaleza en aquella parte del mundo, al mal clima y a no sé qué combinación de los elementos. Así discurren estos célebres filósofos del siglo ilustrado. Pero siendo, según dice Buffon, setenta las especies de cuadrúpedos americanos, sería necesario que a lo menos cuarenta no tuviesen cola, para que fuera cierto que la mayor parte carece de este miembro, como dice Paw, y mucho más para afirmar que "casi todos" los cuadrúpedos están desprovistos de cola, como lo hace Buffon. Pues semejantes cuadrúpedos en la América son cuando más seis, como veremos después; luego su proposición es una desmesurada hipérbole, por no decir una gran mentira.

Parece que en tiempo de Plinio no conocían los naturalistas europeos otros animales sin cola que el hombre y el mono.[15] Si desde entonces

---

[15] *Hist. Nat.*, Lib. 11, cap. 50.

acá no se hubiesen descubierto en el Antiguo Continente otros cuadrúpedos desprovistos de aquel miembro, tendrían ciertamente razón Buffon y Paw para tachar a los cuadrúpedos americanos; pero de la misma *Historia* de Buffon consta que son más las especies de cuadrúpedos sin cola en el Antiguo Continente que en América. He aquí la lista de unos y otros, sacada de la referida historia.

## CUADRÚPEDOS SIN COLA EN EL ANTIGUO CONTINENTE

1. El *pongo* u orong-outon, o sátiro, u hombre salvaje.
2. *Piteco* o mono verdadero.
3. El *gibbon* u otra especie diversa de mono.
4. El *cinocéfalo* o mono grande.
5. El *canturco*.
6. El *taurrec* de Madagascar.
7. El *loris* de Ceilán.
8. El *puerquecillo* de la India.
9. La *russeta*.
10. La *rugetta*.
    (Dos especies de grandes murciélagos de Asia).
11. El *topo dorado* de Siberia.
12. El *perezoso pentadáctilo* de Bengala, descrita por Bosmaer.
13. La *klibda* o marmota bastarda del cabo de Buena Esperanza, descrita por el mismo Bosmaer.
14. El *capiverd* o *capivard*, del cabo de Buena Esperanza, descrito por Bomare.

## EN AMÉRICA

1. El *unán*, especie de perezoso.
2. El *cabiai* o puerco anfibio.
3. La *aperca* del Brasil.
4. El *puerquecillo* de la India.
5. El *saino, pecar* o *cojametl*.
6. El *tapeto*.

Y así, en el Antiguo Continente son a lo menos catorce las especies[16] de cuadrúpedos desprovistos de cola, y en América solamente seis, de

---

[16] Se podría añadir el unán didáctilo de Ceilán, que mencionan algunos autores, y el portamosco, descrito por Aubenton y Bomare; pero omití el primero porque no estoy seguro de que sea

las cuales podemos quitar las dos últimas porque son inciertas.[17] En los treinta tomitos de la *Historia* de Buffon no he encontrado otros animales americanos sin cola sino los referidos. Y no obstante esto, se atrevió a afirmar que en el Nuevo Mundo "casi todos" los animales carecían de cola. En lo que se ve que semejantes proposiciones universales son difíciles de probar.

Si el clima de América es tan pernicioso a las colas de los animales, ¿por qué careciendo enteramente de este miembro cuatro especies de monos del Antiguo Continente, esto es, el pongo, el piteco, el gibbon, el cinocéfalo, lo tienen todas las especies de monos del Nuevo Mundo, y algunos, como los sakis, tienen cola tan larga que es casi doble que su cuerpo? ¿Por qué abundan tanto en América las ardillas, los cocualinos, los hormigueros y otros semejantes cuadrúpedos provistos de una cola enorme en proporción a sus cuerpos? ¿Por qué la marmota del Canadá, a pesar de ser de la misma especie que la de los Alpes, tiene la cola más grande, como confiesa el mismo Buffon? ¿Por qué el venado y el caprivolo de América, a pesar de ser más pequeño que los del Antiguo Continente, tienen la cola más larga, según afirma el mismo autor? (tomo 18). Si alguna vez hubiera habido en América algún principio destructivo de las colas de los animales, los que trasladó Colón de Europa y de las islas Canarias en 1493, hubieran quedado ya enteramente descolados, principalmente los puercos, o, a lo menos, se les hubiera disminuido después de tantos años; pero entre los europeos que han visto las ovejas, caballos, bueyes y otros animales nacidos en América y los que al presente se crían de Europa, no habrá ninguno que pueda encontrar alguna diferencia entre las colas de los unos y de los otros.

Este mismo argumento vale igualmente contra lo que dice Buffon sobre la falta de cuernos y de colmillos en la mayor parte de los cuadrúpedos americanos, pues los bueyes, ovejas y cabras conservan invariables sus cuernos, los perros y los puercos sus dientes, y los gatos sus uñas, como saben todos los que los han visto y comparado con los de Europa. Si el clima americano fuese tan perjudicial a los dientes y cuernos de los animales, habrían ya perdido a lo menos una buena parte de ellos los descendientes de aquellos cuadrúpedos europeos que fueron trasladados a él hace casi tres siglos, y mucho más la posteridad de los

distinto del loris de Buffon, y el segundo porque puede ser que tenga alguna pequeña cola, aunque no pudo encontrarla el diligente Aubenton, por lo que igualmente deberían quitarse como inciertas aquellas dos últimas especies de cuadrúpedos americanos.

[17] El pecar se halla descrito por Oviedo, Hernández y Acosta con los nombres de *saino* y de *cojametl*, pero nada dicen de la falta de cola. Me informé de personas críticas que han visto muchos sainos, y me dijeron que tenían cola, aunque pequeña. En orden al tapeto, cree Buffon que sea el *citli* de Hernández. Mas todos los mexicanos saben que el citli es la liebre de México, y ésta tiene su cola como las liebres comunes de Europa.

lobos, osos y otros semejantes cuadrúpedos que pasaron de Asia, acaso desde el primer siglo después del Diluvio Universal. Si, por el contrario, la zona templada de Europa es más propicia a los dientes de los animales que la zona tórrida del Nuevo Mundo, ¿por qué la naturaleza dio a ésta y no a aquélla el tapir y los cocodrilos, los cuales en el número, tamaño y atrocidad de los dientes exceden a todos los cuadrúpedos y reptiles europeos?

Finalmente, si hay algunos animales en América sin cuernos, sin dientes[18] y sin cola, no es por razón del clima o del cielo avaro de América o de aquella imaginaria combinación de los elementos, sino porque el Creador, cuyas obras son perfectas y cuyos consejos debemos reverenciar humildemente, los quiso hacer así para que tal variedad contribuyese al hermoseamiento general del universo y manifestar más su sabiduría y su poder. Aquello mismo que hace hermoso a unos animales, a otros los haría deformes. En el caballo es perfección tener la cola grande, en el venado tenerla pequeña y en el pongo carecer enteramente de ella.

En cuanto a lo que dicen nuestros filósofos sobre la fealdad de los animales americanos, es verdad que entre tantos hay algunos cuya figura no corresponde a la idea que tenemos de la hermosura de los brutos. Pero ¿quién nos ha asegurado que tal idea sea justa y no más bien imperfecta y originada de la limitación de nuestro entendimiento? ¿Y cuántos otros animales no podemos hallar en el Antiguo Continente aún peor formados que todos los brutos americanos? (Hablo aquí según las ideas de aquellos filósofos, pues por lo demás respeto la mano del Creador en todas sus obras.) ¿Qué cuadrúpedo hay en América que pueda compararse en la deformidad y desproporción de los miembros con el elefante, llamado monstruo de materia por el mismo Buffon?[19] Aquella vasta mole de carne más alta que larga, su piel asquerosa privada de pelo y surcada de arrugas, su enorme trompa en lugar de hocico, sus dientes puestos fuera de aquella feísima boca y vueltos hacia arriba, al contrario de lo que se observa en otros animales, para aumentar más la deformidad de su cara; sus orejas vastas y polígonas; sus manos gruesas, tuertas y desproporcionadamente pequeñas; sus pies informes

---

[18] Entre todos los cuadrúpedos del Nuevo Mundo sólo los hormigueros carecen de dientes, como en el Antiguo Continente el pangotino y el fatagino, cuadrúpedos de la India oriental, cubiertos de escama en lugar de pelo. Todos estos cuadrúpedos, que no se alimentan de otra cosa que de hormigas, no tienen necesidad de dientes; pero han sido provistos por el Creador de una lengua muy larga, con la que cogen las hormigas con destreza y las tragan.

[19] Considerando al elefante (dice Bomare) según las ideas de la exactitud de proporciones, parece mal proporcionado por su cuerpo grueso y corto, sus manos tiesas y mal formadas, sus pies redondos y tuertos, su gran cabeza, sus pequeños ojos y sus grandes orejas; se podría decir también que el vestido de que está cubierto es aún más maltallado y mal hecho. Su trompa, dientes y pies lo hacen tan extraordinario como la grandeza de su talla.

con los dedos apenas bosquejados, y, finalmente, sus pequeños ojos y su ridícula colita en un cuerpo tan desmesurado, ¿no hacen al elefante el cuadrúpedo más irregular? Desafío a nuestros filósofos a que me encuentren en el Nuevo Mundo un cuadrúpedo más desproporcionado y cuya figura sea más desgraciada. Semejantes reflexiones se podrían hacer también sobre el camello, la jirafa, el macaco, del cual dice Buffon que es "de una deformidad espantosa", y sobre otros animales del Antiguo Continente; y no por esto nos atrevemos a murmurar del clima que los cría, ni tampoco a censurar al supremo Artífice que los formó.

Aquello, pues, que dicen nuestros filósofos respecto a la menor ferocidad de las fieras americanas, en lugar de favorecerlos para probar la malignidad de aquel clima, demuestra su dulzura y su bondad. "En América, dice Buffon (tomo 12), en donde el aire y la tierra son más suaves que en África, el tigre, el león y la pantera no son terribles sino de nombre. Han degenerado, si la ferocidad añadida a la crueldad formaba su naturaleza, o, por decirlo mejor, no han hecho más que sufrir la influencia del clima; bajo un cielo más dulce su natural se ha dulcificado." ¿Qué más puede desearse en favor del clima de América? ¿Cómo pues se alega la menor ferocidad de los brutos americanos como una prueba de su degeneración causada por la malignidad del clima? Si el del Antiguo Continente debe reputarse mejor porque bajo él se crían las fieras más terribles, deberá creerse por la misma razón que el clima de África es sin comparación mejor que el de Europa. Este argumento, usado por nosotros en otra parte, debe inculcarse para mayor confusión de nuestros filósofos.

Pero estos autores no tienen una idea justa de las fieras americanas. Es verdad que el *miztli* o león mexicano no es comparable con los célebres leones de África; esta especie o no pasó jamás al Nuevo Mundo o la extinguieron los hombres; pero no cede aquel animal americano a los de su especie o a los leones sin guedeja del Antiguo Continente, como depone el Dr. Hernández, que conocía bien a unos y otros. El tigre mexicano, sea o no de la misma especie de los tigres reales de África, pues esto nada nos importa, es de una fuerza y ferocidad sorprendentes. No hay cuadrúpedo, ni entre los europeos ni entre los americanos, que pueda oponérsele. Acomete intrépidamente y despedaza a los hombres, venados, caballos, toros y aun a los más horrendos cocodrilos, como testifica el padre Acosta (Lib. 3, cap. 17). Este docto autor pondera la intrepidez y velocidad de aquella fiera. Gonzalo de Oviedo, que había viajado por muchos países de Europa y no ignoraba la historia natural, hablando de los tigres americanos dice[20] que "son animales muy fuertes

---

[20] *Sumar. Hist. Nat.*, cap, 11. Véase también lo que dice el abate Glij, *Historia orinoca,* I, lib. 5, cap. 6.

de piernas, bien armados de garras y tan terribles que, a mi juicio, no hay león real de los más grandes que pueda compararse con ellos en la fuerza ni en la ferocidad. El tigre es el terror de los bosques de América; no es capaz de amansarse ni de dejarse coger cuando es adulto; los que se cogen todavía pequeños no pueden guardarse sin peligro sino encerrados en jaulas fuertísimas de madera o de fierro". Tal es el carácter de aquellos animales, que son llamados "poltrones" por Paw y otros autores que no supieron discernir las especies de cuadrúpedos de piel manchada.

Es cierto, por otra parte, que aquellos autores se muestran tan fáciles en creer todo lo escrito sobre el tamaño, fuerza e intrepidez de los tigres reales del Antiguo Continente, como obstinados en no dar crédito a lo que dicen de los tigres americanos algunos testigos oculares. Buffon cree, sobre la fe de no sé qué autores, que el tigre real tiene hasta trece o catorce pies de largo y cinco de alto; que pelea a un tiempo con tres elefantes; que mata un búfalo y lo arrastra fácilmente hasta donde quiere, y otras maravillas que no pueden creerse por los que no están inclinados en favor del Antiguo Continente. Si algunos autores dignos de fe refiriesen de los tigres americanos una pequeña parte de lo que se dice de los tigres asiáticos, sin ningún examen serían tachados de jactanciosos.[21] La relación que hace Plinio (Lib. 8, cap. 18) de la industria de los cazadores en robar a la tigre sus hijos, y de la flema con que ésta los va recuperando uno a uno, y la que hace Bomare (art. *Tigre*) de la lucha que hubo el año de 1764 en la selva de Windsor en Inglaterra entre un venado y una tigre llevada de la India al duque de Cumberland, en la que quedó vencedor el venado, da a conocer que la ferocidad de aquellos animales asiáticos no es tan grande como la representan Buffon y Paw.

Los lobos americanos no son ni menos fuertes ni menos atrevidos que los del Antiguo Continente, como saben bien todos los que tienen experiencia de unos y otros. Aun los venados, que, según dice Plinio (Lib. 8, cap. 32), son los animales más tranquilos, en México son tan audaces, que frecuentemente acometen a los cazadores, como testifica el Dr. Hernández (Lib. 9, cap. 14) y es notorio en aquel reino. Yo he visto el estrago causado en mi casa por un venado, casi doméstico, en una pobre india.

Pero sean pues más pequeños, desgraciados y pusilánimes los cuadrúpedos americanos. Concedamos también a aquellos filósofos que de este antecedente pueda deducirse la bondad del clima del Antiguo Continente; pero no podrán jamás persuadirnos que ello sea una prueba

---

[21] Basta ver el aprecio que hacen del testimonio de La Condamine sobre los tigres americanos, a pesar de la estimación que tiene entre ellos y entre todos ese docto matemático.

completa y un argumento cierto de la malignidad del clima americano, pues no nos hacen ver ni los reptiles ni las aves de América[22] la misma degradación que aquellos suponen en los cuadrúpedos. Paw dice de los cocodrilos americanos, cuya ferocidad es tan notoria, que "parece, de las observaciones del señor de Pratz y de algunos otros, que no tienen el furor y la impetuosidad de los de la África". Pero el Dr. Hernández, que conocía bien a unos y otros, no encontró diferencia alguna entre ellos (Lib. 9, cap. 3). Acosta dice que los americanos son "ferocísimos pero lentos"; mas esta lentitud no es en el movimiento progresivo por línea recta, en que son muy veloces y ágiles, sino solamente al volverse o doblarse a una y otra parte, como sucede también a los cocodrilos africanos, sin duda por la inflexibilidad de sus vértebras. El Dr. Hernández afirma que el *acuetzpalin* o cocodrilo mexicano huye de los que le acometen y persigue a los que huyen (aunque esto sucede más comúnmente que aquello). Plinio dice lo mismo de los cocodrilos africanos (Lib. 8, cap. 25). Finalmente, si se coteja lo que refiere Plinio de éstos con lo que dice Hernández de aquéllos, se hallará que ni en el tamaño hay diferencia entre ellos.[23]

Paw no hace mención de otras aves que los avestruces, y esto tan brevemente como hemos visto. Tomó sin duda el partido de callar porque conoció perdida por esta parte su causa, pues ya sea en el número o variedad de las especies, ya en la intrepidez o en la hermosura de las plumas, ya en la excelencia del canto, no pueden ciertamente compararse con las aves americanas las del Antiguo Continente. De su sorprendente multitud hemos hablado en otra parte. Los campos, bosques, ríos, lagunas y aun los lugares habitados están llenos de innumerables especies. Gemelli Carreri, que había dado vuelta al mundo y visitado los mejores países de Asia, África y Europa, dice que no hay país en el mundo que se compare a la Nueva España en la hermosura y variedad de las aves.[24] Véase también lo que dicen los historiadores de la Nueva Francia, de Luisiana, del Brasil y de otros países del Nuevo Mundo.

[22] Buffon asienta (tomo 18) que no se debe hacer caso de las aves por lo que mira al clima, porque "pudiendo fácilmente pasar de un continente al otro, sería casi imposible distinguir cuáles pertenecen propiamente a uno o al otro". Mas como la causa de los viajes de las aves es el frío o el calor de las estaciones que procuran evitar, las aves americanas no necesitan salir de su continente, porque tienen en él toda suerte de climas para defenderse de la estación que les es nociva y proporcionarse su alimento. Estamos seguros de que las aves mexicanas no hacen viajes al Antiguo Continente.

[23] Plinio dice que el cocodrilo africano tiene corrientemente más de diez y ocho pulgadas de largo o veintisiete pies romanos. El Dr. Hernández afirma que el cocodrilo mexicano suele tener más de siete pasos. Si habla de pasos castellanos, hacen casi veintiocho pies romanos; si habla de pasos romanos, serán treinta y cinco pies, y así la diferencia es corta, o si hay algún exceso, éste está de parte del cocodrilo americano.

[24] "Es tanta la hermosura y variedad de las aves de la Nueva España, que no hay país del mundo que las tenga iguales." *Giro del mundo*, VI, lib. 2, cap. 9.

De la fuerza y animosidad de las aves americanas testifican muchos autores europeos muy dignos de fe. El Dr. Hernández, que había tenido tanta experiencia de las aves de rapiña en la corte de Felipe II, cuando estaba más que nunca en aprecio la cetrería, y había también observado las de México, confiesa, cuando habla del *cuauhtotli* o sacre mexicano, que todas las aves mexicanas de esta clase son mejores y más valientes en la Nueva España que en el Antiguo Continente.[25] Con motivo de haberse conocido desde el principio la excelencia de los halcones americanos, mandó Carlos V que todos los años le enviasen a la corte cincuenta halcones de la Nueva España y otros tantos de la isla Española, como testifica el historiador Herrera (*Dec.* 3, lib. 6, cap. I); y el padre Acosta refiere (Lib. 4, cap. 35) que los halcones del reino de México y del Perú, "porque eran muy estimados, se mandaban de regalo a los magnates de España". El mismo Acosta dice (Lib. 4, cap. 37) que los buitres americanos son de un inmenso grandor, y tienen "tanta fuerza que no sólo descuartizan un carnero, sino un becerro", y Antonio Ulloa testifica[26] que de un alazo tiran a un hombre.[27] El Dr. Hernández dice que el *itzcuauhtli* o águila real del reino de México acomete a los hombres y aun a los más feroces cuadrúpedos (Cap. 100). Si el clima de América hubiera quitado a los cuadrúpedos la fuerza y el valor, hubiera sin duda causado el mismo efecto en las aves; mas por el testimonio de los referidos autores y de otros, todos europeos y dignos de fe, consta que no son débiles ni pusilánimes, sino que exceden en fuerza e intrepidez a las del Antiguo Continente.

En lo que respecta a la hermosura de las aves, no se oponen a las ventajas de las de América aquellos autores que, por otra parte, están empeñados en envilecer al Nuevo Mundo. Quien quiera formar alguna idea, vea las obras de Oviedo, Hernández, Acosta, Ulloa y otros autores europeos que han visto con sus ojos aquellas aves americanas. "En la Nueva España, dice Acosta, hay una grande abundancia de aves adornadas de tan excelentes plumas y tan finas, que no se encuentran iguales en Europa" (Lib. 4, cap. 37).

Es verdad, dicen algunos autores europeos, que las aves americanas son superiores a las nuestras en la hermosura de las plumas, pero no en la excelencia del canto, en lo que les exceden las nuestras. Así lo piensan

---

[25] *Hist. de avibus N. Hisp.*, cap. 92.
[26] *Relación del viaje hecho a la América meridional.* Part. 1, libro 6, cap. 8.
[27] El buitre es tan grande que tiene de catorce a dieciséis pies de una punta a la otra de las alas extendidas. Bomare dice que es común a ambos continentes y que los suizos le llaman *laemmergeyer*; pero lo cierto es que no se ha encontrado hasta ahora en el Antiguo Continente un ave de rapiña que pueda compararse en tamaño y fuerza al buitre de América.

dos modernos italianos,[28] tan doctos en ciertas materias especulativas como ignorantes de las cosas de la América. Bastaría para confundir a estos autores el testimonio del Dr. Hernández que abajo copiamos,[29] el cual, después de haber oído a los mejores ruiseñores en la corte de Felipe II, oyó muchos años a los *centzontli* o poliglotos, a los cardenales, tiguerillos, *cuitlocochi* y otras innumerables especies de aves canoras vulgares en el reino de México y no conocidas en Europa, a más de los ruiseñores, jilgueros, calandrias y otros comunes a ambos continentes.

Entre todas las aves de canto, la más estimada en Europa es el tan celebrado ruiseñor, y aun éste es mucho mejor en América, según Bomare: "El ruiseñor de Luisiana, dice, es el mismo de Europa; pero aquél es más familiar, canta todo el año y su canto es más variado". He aquí tres ventajas del americano sobre el europeo. Pero aun cuando no hubiese en América ruiseñores, ni jilgueros, ni ningún otro pájaro de aquellos estimados en Europa por su canto, le bastaría el *centzontli* o poligloto[30] para no tener que envidiar a ningún país del mundo. Protesto a nuestros filósofos antiamericanos que cuanto dice el Dr. Hernández sobre el grande exceso de mérito en el poligloto sobre el ruiseñor es muy cierto y muy conforme al juicio de los europeos que han estado en el reino de México y al de los mexicanos que han estado en Europa. A más de la singular dulzura de su canto, la prodigiosa variedad de sus tonos y la graciosa propiedad en remedar las diferentes voces de las aves y cuadrúpedos que oye,[31] tiene sobre el ruiseñor la ventaja de ser menos rústico y más común, pues su especie es una de las más numerosas. Si yo quisiese discurrir como Paw, podría añadir, para demostrar la bondad del clima de América, que algunos pájaros que no son estimados en Europa por su canto, cantan muy bien en América. "Los gorriones —dice Baldecebro, autor europeo— que en España no cantan, son en la Nueva España mejores que los jilgueros."[32]

---

[28] El autor de cierta disertación metafísico-política "sobre la proporción de los talentos y su uso", con tales despropósitos sobre América y tan ignorante de la tierra, clima, animales y hombres del Nuevo Mundo como un niño. El otro es el autor de ciertas bellas fábulitas italianas, en una de las cuales pone a un pájaro americano hablando con un ruiseñor.

[29] *In caveis, quibus detinetur suavissime cantat: nec est avis ulla, animalve, cujus vocem nonreddat luculentissine et exquisitisime emuletur. Quid? Philomelam nostram longo superat, intervallo, cujus suavissimum concentum tanto pere laudant celebrantque vetusti auctores; et quidquid avicularum apud nostrum orbem cantu auditur suavisimo.* Hernan, de avib. N. Hisp.

[30] Linneo lo llama *orfeo*, otros autores, *mofador*.

[31] Barrington, vicepresidente de la Sociedad Real de Londres, dice en su curiosa obra sobre el canto de las aves haber observado a un poligloto que, en el espacio de un minuto, remedó el canto de la alondra, el mirlo, el gorrión y el tordo.

[32] *Gobierno de las aves*, Lib. 5, cap. 29. Pero ya dijimos (*Historia*, Lib. I) que los gorriones mexicanos, aunque semejantes a los verdaderos gorriones, son de diversa especie.

Lo que decimos de las aves de canto lo podemos decir de las que remedan la locuela humana, pues no hay en Asia ni en África tantas especies de papagayos, ni tan numerosas como en América.[33] Pero pues estamos en el discurso de las aves, quiero antes de acabar este artículo hacer una oportuna reflexión. No hay animal americano sobre el cual hagan más ruido nuestros filósofos que sobre el perezoso, por razón de su estupenda lentitud e inhabilidad para el movimiento.

Pues ¿qué dirían si allí hubiese un ave de esta naturaleza? Éste sería, sin duda, el animal más irregular del mundo, pues una tardanza tal o inercia desdice más en un ave que en un cuadrúpedo. Pero ¿a dónde hay este ave? En el Antiguo Continente, y la ha descrito el mismo Buffon, quien dice que el *dronte,* ave de la India oriental, más grande que el cisne, es entre las aves lo que el *perezoso* entre los cuadrúpedos; "parece, dice, una tortuga vestida de los despojos de un ave, y la naturaleza, concediéndole estos inútiles adornos (las alas y la cola), parece haber querido añadir el impedimento a la pesadez, y la irregularidad de sus movimientos a la inercia del cuerpo, y hacer su pesada grosura más chocante, recordándole que es ave".

De lo dicho hasta aquí, se concluye evidentemente que ni el cielo de América es avaro, ni su clima contrario a la generación de los animales; que ni la materia se ha escaseado, ni la naturaleza se ha valido de una escala distinta de tamaño; que es un error o, por mejor decir, un conjunto de errores cuanto Buffon y Paw dicen sobre la pequeñez, irregularidad y defectos de los cuadrúpedos americanos, y aun cuando fuese cierto, nada les favorecería para demostrar la malignidad del clima de América; mas ahora veamos si hacen menor agravio al Nuevo Mundo en lo que dicen sobre la pretendida degradación en los cuadrúpedos trasladados de Europa.

## 2. Animales europeos trasladados a América

"Todos los animales trasladados a América, como caballos, burros, toros, ovejas, cabras, puercos y perros, son, dice Buffon (tomo 18), considerablemente más pequeños allí que en Europa, y esto sin excepción alguna." Si buscamos la prueba de una aserción tan universal, no encontraremos otra en toda la Historia natural Canadá que en Francia las vacas, las ovejas, las cabras, los puercos y los perros. "Los animales europeos o los asiáticos, dice Paw (Part. I), trasladados a América

---

[33] "En América hay una gran abundancia de papagayos, principalmente en los Andes del Perú y en las islas de Puerto Rico y Santo Domingo." Acosta, Lib. 4, cap. 35. Y también en las costas mexicanas.

inmediatamente después de su descubrimiento han bastardeado, ha disminuido su cuerpo, y han perdido una parte de su instinto y de su índole; las ternillas y las fibras de su carne se han hecho más rígidas y más groseras.'' Tal es la conclusión general de Paw. Veamos ahora las pruebas:

1ª La carne de buey es tan fibrosa que apenas se puede comer en la isla Española. 2ª Los puercos en la isla de Cubagua cambiaron en breve de tal modo su figura, que no se podían conocer; sus uñas crecieron tanto que tenían un medio palmo de largo. 3ª. Las ovejas sufrieron una grande alteración en la Barbada. 4ª Los perros trasladados de nuestros países perdieron la voz y cesaron de ladrar en la mayor parte del Nuevo Continente. 5ª. El frío del Perú desconcertó en los camellos, trasladados de la África, los órganos de la generación.

Tales son los argumentos de que se valen estos filósofos para promover la degradación de los animales del Antiguo Continente en América; argumentos que, aunque fuesen verdaderos, no serían suficientes para probar una conclusión tan universal; pues "¿qué importa que la carne de buey sea tan fibrosa en la isla Española, si en casi todos los otros países de América es buena, y en muchos, como en todos los de México situados en la costa del Pacífico, es tan excelente como la mejor de Europa, y tal vez más? ¿Qué importa que las ovejas hayan sufrido alguna alteración en la Barbada y en algunos países muy calientes, si en los templados de México y de la América meridional se conservan tales cuales pasaron allí de España? ¿Qué importa que los puercos se hayan desfigurado en Cubagua, isleta miserable que carece de agua y de todo lo necesario para la vida, si en el resto de América han adquirido, como dice el mismo Paw, una corporatura extraordinaria, y su carne se ha perfeccionado mucho, al grado que los médicos la mandan a sus enfermos con preferencia a toda otra carne?" Pues bien, si el haberse desfigurado los puercos en Cubagua no prueba que el clima de América no les sea el más conveniente, ¿por qué el haber padecido las ovejas algún detrimento en la Barbada, haberse hecho más fibrosa la carne del buey en la Española y ser algo pequeños algunos cuadrúpedos en el Canadá, deberá probar que el clima de América en general es contrario a la generación de los animales, a su corporatura y a su instinto?

Si esta lógica fuese tolerable, podríamos valernos de argumentos mucho mejores contra el clima del Antiguo Continente, sin servirnos de otros materiales que los que suministra el mismo Buffon en su *Historia natural*. Los camellos no han podido multiplicarse en España, como dice el mismo autor, a pesar de que aquel clima, entre todos los de Europa, sea el menos contrario a su natural. Los bueyes han bastardeado en Berbería, y en Islandia han perdido sus cuernos. Las "ovejas, dice Buffon, han degenerado de su primer ser en nuestros países", y en todos los calientes del Antiguo Continente han mudado la lana en pelo. Las cabras se han hecho pequeñas en Guinea y en otros países. Los perros en Laponia se han hecho pequeñísimos y deformísimos, y los de climas templados cuando se trasladan a fríos cesan de ladrar, y después de la primera generación nacen con las orejas paradas.

"Por las relaciones de los viajeros nos consta que los mastines, los lebreles y otras razas de perros europeos trasladados a Madagascar, Calicut, Madure y al Malabar bastardean después de la segunda o tercera generación, y que en los países excesivamente calientes, como son Guinea y el Senegal, esta degeneración es más pronta, pues apenas pasados tres o cuatro años, pierden el pelo y la voz." Los venados en los países montuosos, calientes y secos, como Córcega y Cerdeña, han perdido la mitad de su corporatura. Si a estas y otras noticias que nos da Buffon quisiésemos añadir las que nos suministran muchísimos otros autores, ¿qué abundancia de ejemplos de la degeneración de los animales en el Antiguo Continente tendríamos, mucho más grande y verdadera que la de nuestros filósofos? Mas para que se vea la exageración y la falsedad que hay en sus ejemplos, examinemos una a una todas las especies de animales asiáticos y europeos trasladados al Nuevo Mundo, que se dicen por ellos degenerados.

CAMELLOS. "Entre todos los cuadrúpedos trasladados a América, dice Paw, los que menos han probado han sido sin duda los camellos. Al principio del siglo XVI fueron trasladados algunos de Asia al Perú, en donde el frío descompuso sus órganos destinados a la reproducción, y no dejaron posteridad alguna." Pero disimulando por ahora el error cronológico en que incurre, que importa poco a nuestro intento,[34] si el frío fue el que destruyó la especie de los camellos en América, lo mismo sucedería en Europa, especialmente en los países septentrionales, en los que el frío es sin comparación más grande que en cualquier país del Perú. Si el frío fue la causa de su extinción, culpe Paw a los que establecieron a aquellos cuadrúpedos en lugares no convenientes a su naturaleza, y no a la América, en la cual hay tierras calientes y secas, cuales se desean para la subsistencia de los camellos.

La misma experiencia que se hizo en el Perú con los camellos se hizo en España, y salió igualmente infructuosa, y no por esto habrá quien dude que el clima de esta península es de los más templados y más dulces de Europa. Buffon dice que así en América como en España se podrían propagar aquellos cuadrúpedos si se tomaran las precaucio-

---

[34] No se hizo la traslación ni se pudo hacer al principio del siglo XVI, porque entonces no se había descubierto el Perú, sino hasta la mitad de aquel siglo, como testifica Herrera en sus *Décadas*.

nes necesarias; y yo no dudo que en los territorios de Nueva Galicia probarían muy bien. Por lo demás, es falso que los camellos trasladados al Perú no dejaron posteridad alguna, pues el padre Acosta, que fue a él pocos años después, testifica haberlos visto multiplicados, aunque poco. (Lib. 4, cap. 33.)

Bueyes. Ésta es una de las especies de animales que nuestros filósofos creen degradada en América y a la cual se supone contrario el clima. Pero si acaso en el Canadá han perdido los bueyes una parte de su corporatura, como afirma Buffon, y si en la Española se ha hecho más fibrosa su carne, como quiere Paw, a lo menos no es así en la mayor parte de los países del Nuevo Mundo, en los que la multitud y el tamaño de aquellos animales y la bondad de su carne muestran cuán favorables sean aquellos climas a su generación. Su prodigiosa multiplicación en aquellos países se halla testificada por muchos autores europeos, tanto antiguos como modernos. El padre Acosta refiere (Lib. 4, cap. 33) que en la flota que fue de la Nueva España a la antigua, en la que volvió él a Europa en 1587, cerca de sesenta años después que habían sido trasladados a México los primeros toros y vacas, se llevaron de aquel país 64,360 pieles de toro, y de sólo la Española, que cree Paw tan contraria a la generación de estos cuadrúpedos, 35,444. No dudo que si se cotejase el número de toros y vacas llevado del Antiguo Continente al Nuevo con el de las pieles que América ha mandado en cambio a Europa, se hallarían más de cinco millones de cueros por cada uno de aquellos animales.

Baldecebro, dominico español que vivió algunos años en México a mediados del siglo XVII, refiere como cosa notoria que a Juan Orduña, caballero mexicano, le dieron sus vacas en un año treinta y seis mil becerros;[35] lo que no puede suceder sino en una manada de doscientos mil entre toros y vacas. En el día hay particulares que son dueños de 50,000. Pero ninguna otra cosa muestra la estupenda multiplicación de tales cuadrúpedos, como el venderse a precio tan barato en aquellos países, en los cuales son necesarios para el sustento de los hombres y para las labores del campo y en donde por la abundancia del dinero todo se vende caro,[36] y para decirlo en pocas palabras, los toros se han

---

[35] *Gobierno de animales*, Lib. 4, cap. 34.
[36] En los contornos de la ciudad de México, a pesar de ser muy poblados, se vende un par de bueyes para el arado en 10 pesos, y los toros en partida en 45 paulis cada uno; en los contornos de Guadalajara, capital de Nueva Galicia, vale un buen par de bueyes de 6 a 7 pesos, una vaca 25 paulis y un becerro de dos años 10 ó 20 paulis. En muchos otros países de aquel reino se venden a mucho menor precio. En muchísimos lugares del Río de la Plata se tiene una vaca por cinco paulis, según el detalle que me ha hecho una persona muy práctica y sincera: en dichas provincias serán casi cinco millones los bueyes reducidos a manadas, y se cree que los silvestres serán cerca de dos millones.

multiplicado en México, en el Paraguay y en otros países del Nuevo Mundo más que en la *armentosa* Italia.[37]

Por lo que respecta al tamaño de los bueyes americanos, es muy fácil informarse, pues llegan con frecuencia a Cádiz y a Lisboa navíos cargados de cueros de toro.[38] Haga, pues, medir cincuenta o cien cueros Paw o algún otro de los que sostienen la degradación de los animales europeos en el Nuevo Mundo, y si los encuentran más pequeños que los bueyes comunes de Europa, confesaremos que el clima de América les ha disminuido el cuerpo y "escaseado la materia", y si es al contrario, deberán confesar que son falsas sus noticias, mal fundadas sus observaciones y fantástico su sistema.

Y para que se vea cuánta razón tenemos para no fiarnos de sus noticias, Gonzalo de Oviedo, uno de los antiguos pobladores de la isla Española o Santo Domingo y que vivió allí algunos años, hablando de los bueyes de aquella isla, cuya carne no puede comerse, según Paw, por muy fibrosa, dice:[39] "Y así las reses son mayores y mucho más hermosas que todas las que hay en España; y como el tiempo en aquellas partes es suave y de ningún frío, nunca están flacas ni de mal sabor". Buffon afirma que los países fríos son más convenientes a los bueyes que los calientes; pero no es así en Nueva España, pues aunque sean buenos allí los bueyes de países fríos y templados, son sin embargo mejores los de los países calientes. La carne de estos animales en las tierras marítimas, que son muy calientes, es tan excelente, que se manda como regalo a la capital aun de lugares distantes de ella doscientas cincuenta y trescientas millas.

OVEJAS. Buffon confiesa (tomo 18) que las ovejas han probado bien, así en los países calientes como en los fríos del Nuevo Continente; pero añade que, aunque se hayan multiplicado mucho, son, sin embargo, más flacas y su carne menos jugosa y menos tierna que en Europa; en lo que muestra que ha sido mal informado. En los países calientes del Nuevo Mundo no prueban bien por lo común las ovejas, y la carne de los carneros castrados es mala, lo cual no debe causar admiración pues el clima caliente les es tan contrario, aun en el Antiguo Continente, como observa el mismo Buffon, que en él se cubren de pelo en lugar de lana.

---

[37] Timeo, autor griego, y Varrón, citados por Aulo Gelio (rott, artic, lib. 11, cap. 1), dijeron que Italia fue llamada así por la abundancia de bueyes, que en la antigua lengua de los griegos se llamaban italoi: por lo que afirma Gelio que Italia quiere decir *Armentossísima*.
[38] Todos saben que no hay país que haga un comercio más grande con España que el Paraguay, de donde vienen navíos cargados de ellas. Yo sé por informe de persona conocedora de aquel país y digna de fe, que los cueros que de él se llevan a España tienen de largo tres varas, y muchos hasta cuatro, o más de diez pies de París. No creo que haya tres países en Europa en los que lleguen los bueyes a tan desmesurado tamaño.
[39] *Sum. Hist. Nat. de las Indias*, cap. 2.

En los climas fríos y templados de Nueva España se han multiplicado en mayor proporción que los toros; su lana es en muchos lugares tan fina como la de las ovejas de España, y su carne tan buena como la mejor de Europa, como pueden testificarlo los europeos que han estado en aquellos países. La multiplicación de las ovejas en América ha sido sorprendente. El padre Acosta testifica (Lib. 4, cap. 33) que antes que él fuese, había en América ricos que poseían setenta y aun cien mil ovejas, y en el día hay en Nueva España quien tenga cuatrocientas, quinientas y aun seiscientas mil.[40] Baldecebro dice[41] que Diego Muñoz Camargo, noble tlaxcalteca a quien hemos mencionado entre los escritores de la historia antigua del reino de México, de solas diez ovejas tuvo en diez años cuarenta mil. Pues ¿cómo podrían multiplicarse tan excesivamente si el clima fuese contrario a su generación? Respecto a su tamaño, protesto sinceramente no haber visto hasta ahora en Europa carneros más grandes que los de México.

CABRAS. El mismo Buffon, a pesar de que se empeña tanto en tachar los animales de América, confiesa que las cabras han probado bien en los climas americanos y que su multiplicación allí es mucho más grande que en Europa (tomo 18), pues cuando en Europa dan a luz en cada parto un solo cabrito o cuando más dos, en América dan tres, cuatro y algunas veces cinco. Paw, que da a Buffon el título de Plinio de Francia y quiere que en materia de animales se acate su autoridad, porque ha hecho la revista de todos los animales de la tierra, debería haber examinado estas y otras confesiones de aquel docto filósofo antes de ponerse a escribir sobre los animales americanos.

PUERCOS. No están de acuerdo en este artículo nuestros filósofos, pues mientras Buffon pone a los puercos entre los animales degradados en América, Paw afirma que éstos son los únicos que han adquirido en el Nuevo Mundo una corporatura extraordinaria y cuya carne se ha perfeccionado. Esta contradicción nace sin duda de no distinguir, como deberían, los diversos países de América. Puede ser que haya algunos, aunque yo no lo sé, en donde los puercos hayan perdido una parte de su tamaño; pero lo cierto es que en Nueva España, las Antillas, Tierra Firme y otros países de América son tan grandes como los de Europa, y en la isla de Cuba hay una raza de puercos doblemente más grandes que los europeos, lo que es notorio a todos los que han estado en

---

[40] Los europeos que nunca han estado en América no quieren creer lo que decimos sobre el número de bueyes, caballos, ovejas y cabras que tienen muchos señores americanos en sus haciendas; pero si no fuera cierto, no nos atreveríamos a publicarlo delante de tantos que podrían desmentirnos.

[41] *Gobierno de animales*, Libro 4, cap. 34. La afirmación de Baldecebro la confirman algunos otros historiadores de México.

aquellos países. Nuestros filósofos pueden, si quieren, informarse de algunos autores europeos que han visto los puercos de Toluca y los de Puebla de los Ángeles en Nueva España, de Cartagena, Cuba, etc., sobre su excesiva multiplicación y la excelencia de su carne.[42]

CABALLOS Y MULAS. En ninguna otra cosa de todo lo que dicen contra los animales americanos, Buffon y Paw hacen un agravio más grande a América y a la verdad que en suponer también degradados a los caballos. De éstos dice el P. Acosta que "en muchos países de América o en la mayor parte han probado y prueban muy bien, y hay algunas razas tan buenas como las mejores de España, no menos para la carrera y la comparsa, que para los viajes y las fatigas" (Lib. 4, cap. 33). Semejante testimonio de un europeo tan crítico, tan imparcial y tan práctico en las cosas de América y de Europa vale mucho más que todas las declamaciones de aquellos filósofos contra el Nuevo Mundo.

El teniente general Antonio Ulloa, docto matemático español que aún vive,[43] habla con admiración de los caballos americanos que vio en los reinos de Chile y del Perú y celebra con grandes elogios a los chilenos por su paso, a los que llama "aguilillas" por su extraordinaria velocidad, y los llamados "parameros" por su estupenda agilidad en la carrera que hacen en la caza de los venados, con jinete encima, por las faldas de los montes y los lugares más fragosos y arriesgados de las montañas. Testifica haber andado muchas veces, en uno de los caballos dichos "aguilillas", que no era de los más veloces de su raza, más de cinco leguas en 57 ó 58 minutos.

En Nueva España hay una indecible cantidad de caballos y mulas. Su multitud puede conjeturarse por su precio, pues mientras al tiempo de la conquista valía un caballo ordinario hasta mil pesos, hoy día se adquiere uno bueno por diez o doce.[44] Su tamaño es el de los caballos comunes de Europa; raras veces se ve en México un caballo tan pequeño como los eslabones que vemos en Italia, y mucho menos como los de Islandia y otros países septentrionales, según dice Aderson o los de la India, según dicen Taerniel y otros autores. Su fortaleza es tal que es

---

[42] Escribe el P. Acosta (Lib. 4, cap. 38): "Lo cierto es que los puercos se han multiplicado en mucha abundancia por toda la América. En muchos países se come su carne fresca, y se cree tan sana como la del carnero castrado, como en Cartagena... En algunos lugares se engordan con maíz y se ponen excesivamente gordos. En otros se hacen excelentes lardos y tocinos, como en Toluca de Nueva España y en París". Buffon (tomo 18) pone a los puercos entre los animales degenerados en América, pero también dice que los puercos trasladados a América han probado bien en ella.

[43] *Viaje a la América meridional*, Part. I, lib. 6, cap. 9.

[44] En Nueva Galicia se tiene un caballo regular por dos pesos, una mula por tres o dos y medio, y una manada de veinticuatro yeguas con su garañón por veinticinco pesos. En Chile se puede tener también por un peso un caballo de los que andan a trote, que son de los más apreciados en los labradores por su fortaleza y suma agilidad en la carrera, y una yegua suele comprarse por veinticinco bajoques.

muy común en los habitantes de aquellos países andar a caballo veintitrés o veintiséis leguas, y algunas veces más, caminando siempre a buen paso, sin pararse nunca ni mudar caballo, por caminos corrientemente malos. Los caballos de silla, a pesar de que por lo común son castrados, tienen un brío estupendo.

Las mulas, que en aquel reino sirven para los coches y la carga, son también, en cuanto al tamaño, lo mismo que las comunes en Europa. Las de carga que caminan en recua cargan cerca de veinte arrobas; no andan cada día más que cuatro o cuatro leguas y media, según el uso de aquellos arrieros; pero de este modo hacen viajes de ochocientas, mil y aun de mil y quinientas millas. Las de coche van al paso de las postas de Europa, aunque los coches llevan un peso mucho más grande por el equipaje de los pasajeros, y así hacen las mismas mulas viajes muy largos, caminando cada día lo menos diez leguas.

Las de silla sirven para viajes largos. Es común hacer en una mula el viaje desde México a Guatemala, cerca de trescientas treinta leguas y por camino en gran parte montuoso y malo, caminando cada día diez leguas o más. Menciono todo esto para mostrar el engaño de nuestros filósofos respecto a la pretendida degradación de aquellos cuadrúpedos; lo que afirmo es público y notorio en aquel reino y conforme a la relación de algunos autores europeos.

Pero nada da a conocer más claramente la multitud y excelencia de los caballos americanos, que la observación que he hecho de que, entre tantas cosas que hacen llevar de España a cualquier costo los españoles establecidos en América, por el amor que conservan a su patria, no sé (a lo menos respecto al reino de México) que de doscientos años acá hayan hecho conducir nunca caballos de España, y, por el contrario, estoy seguro que muchas veces han mandado a España caballos americanos para regalarlos a los magnates de la corte y aun al mismo rey.

PERROS. Entre los grandes despropósitos publicados por Paw, que no son pocos, es muy grande el que escribe sobre los perros. "Estos, dice (Part. I), trasladados de nuestros países pierden inmediatamente la voz y cesan de ladrar en la mayor parte de las regiones del Nuevo Continente." Los americanos tienen muchas razones para reír en la obra de Paw, pero leyendo este pasaje de los perros se reirán a carcajadas. Aun cuando concediésemos a Paw que en la mayor parte hayan degenerado los perros, nada se inferiría contra aquel Nuevo Continente que no pudiese inferirse también contra el mundo antiguo, pues, según lo afirma Buffon, los perros trasladados de los climas templados a los fríos del Antiguo Continente pierden la voz, y trasladados a países excesivamente calientes pierden, a más de la voz, el pelo. Esa aserción se apoya sobre la experiencia hecha en los perros europeos trasladados a

Asia y África, cuya degeneración, dice el referido filósofo, es tan pronta en la Guinea y en otros países muy calientes, que después de tres o cuatro años quedan enteramente mudos y pelados.

No se atreve Paw a decir otro tanto de los perros trasladados a América; pero aun con lo que afirma, ¿cuáles son los países de América en donde los perros han perdido la voz? ¿Sobre la fe de qué autores se ha atrevido a publicar semejante fábula? La mayor parte de los países americanos a donde han sido trasladados perros europeos están sujetos al rey católico, y en ninguno de ellos ha sucedido a los perros semejante desgracia. Ni entre los autores europeos que han notado las particularidades de América, ni entre muchísimos americanos que actualmente han venido aquí de todos los países de la América española he encontrado uno solo que confirme la anécdota de Paw. Lo que sí sabemos por algunos escritores de América y por algunas personas prácticas de aquellos países es que los perros jamás tienen rabia en el Perú, en Quito, en Chile ni en otras provincias del Nuevo Mundo.

Si acaso en los dominios de Inglaterra o Francia hay algún país (lo que no creo) en donde hayan enmudecido los perros, ¿deberá por esto decirse que "han perdido la voz en la mayor parte de las regiones del Nuevo Continente?" Leyó por acaso Paw que en algunos países de América había perros que no ladraban, y esto le bastó para publicar que los perros europeos trasladados a América perdían la voz. Igualmente podría decir que los higos trasladados de Europa a América se hacen inmediatamente espinosos porque tiene espinas la *nochitli* o tuna, la cual, por no sé qué semejanza con el higo, fue llamada por los españoles higo de Indias, como también fue llamado por ellos cachorro de México el *techichi,* por semejante a los cachorros; pero ni este cuadrúpedo es verdadero perro, ni aquel fruto verdadero higo. Es muy fácil precipitarse en tales errores cuando no se regulan las ideas ni se moderan las pasiones. Buffon, por el contrario, afirma (tomo 10) que los perros europeos han probado bien, así en los países calientes como en los fríos del Nuevo Mundo, en lo que concede sin duda una gran ventaja al clima de América sobre el del Antiguo Continente.

Gatos. Nada dicen en particular nuestros filósofos sobre la degeneración de los gatos en América; pero deben entenderse comprendidos en sus aserciones universales. Sin embargo, Buffon, que no admite excepción alguna en lo que dice sobre la degeneración de los animales en América, hablando en particular de los gatos, después de haber ponderado los de España como los mejores, afirma "que estos gatos españoles trasladados a América han conservado sus bellos colores y no han degenerado nada" (tomo 11).

Éstos son los cuadrúpedos trasladados[45] del Antiguo al Nuevo Continente, todos los cuales, a excepción de los camellos, se han multiplicado excesivamente y han conservado sin alteración su corporatura, figura y todas las perfecciones de sus ascendientes, como consta, parte por la confesión de los mismos filósofos, parte por la deposición de autores europeos imparciales, juiciosos y prácticos de aquellos países, y parte también por la notoriedad que alegamos sin temor de ser desmentidos. No dudamos que los lectores imparciales conocerán, por lo hasta aquí expuesto, los errores y contradicciones de nuestros filósofos, originadas del ridículo empeño de infamar al Nuevo Mundo, de la falsedad de sus observaciones, la insubsistencia de sus raciocinios y la temeridad de su censura.

## CATÁLOGO DE LOS CUADRÚPEDOS AMERICANOS

### 1. Especies reconocidas y admitidas por Buffon

(El número entre paréntesis indica el tomo que habla de ellas.)

ACOUTI, pequeño cuadrúpedo del Paraguay y del Brasil, semejante al conejo. Su verdadero nombre en guaraní es *acuti* (17).

AI, especie de perico ligero con cola (26).

AKOUCHI, pequeño cuadrúpedo de la Guayana (30).

ALCE, llamado vulgarmente gran bestia,[46] por los franceses *elan,* en el Canadá *orignac* (24).

ALCO, en el Perú *allco,* entre los mexicanos *techichi;* cuadrúpedo mudo y comestible, semejante a un cachorro (30).

APAR, especie de *tatú* o *armadillo,* con tres fajas o bandas movibles (21).

APERCA (en guaraní *aperea*), cuadrúpedo semejante al conejo, pero sin cola (30).

BISONTE o toro jorobado, en México cíbolo; cuadrúpedo grande de la América septentrional (23).

CABASSU, especie de *tatú,* cubierto con dos placas o conchas, y de doce bandas movibles.

CABIAI o capibara,[47] cuadrúpedo anfibio semejante al puerco (25).

---

[45] Buffon añade a los cuadrúpedos trasladados a América el puerco de Guinea y el conejo; pero afirma que ambos han probado bien. En cuanto a los topos, sería un gran bien para América que no pudiesen vivir en aquel clima.

[46] En América dan el nombre de *gran bestia* al tapir o danta.

[47] Lo llaman *capibara* o *capihuara* los tuasmantes, *capiiba* o capibara los guaranís o paraguayos, *cappiva* los tamancos; los chiquites *oquis,* y otras naciones *chiaco, ciguiri, irabubi.*

CACHICAMO, especie de tatú cubierto con dos láminas y nueve bandas movibles (21).
CAMOZZA, en francés *chamois* (24).
CAPRISTOLO, en francés *chevreuil* (29).
CASTOR (17).
CHINCHE, especie de gato montés americano[48] (27).
CIERVO (11).
COAITA, especie de cercopiteco o mono con cola (30).
COASO, especie de gato montés[49] (27).
COATI o *cuati,* pequeño y curioso cuadrúpedo de la América meridional (17).
COCHINILLO DE INDIAS, pequeño cuadrúpedo de la América meridional, como el conejo y el puerco, pero sin cola.
COENDU, o más bien *cuandu,* puerco espín de la Guayana y del Paraguay, llamado en el Orinoco *arura* (27).
COJOPOLIN (no cayopoli, como escribe Buffon), pequeño cuadrúpedo de México (31).
CONEPATA, en mexicano *conepatl,* la más pequeña especie de gato montés (27).
COCUALLINO, así llama Buffon al *cozocoteozillin* de los mexicanos, cuadrúpedo semejante a la ardilla (26).
COUGUAR o *cuguar,* fiera manchada como el tigre (19).
DAINO (12 y 29).
ENCOBERTADO, *tatú* cubierto de dos láminas o conchas y de seis bandas (21).
EXQUIMA, especie de mono (30).
FALANGER, pequeño cuadrúpedo semejante al topo (26).
FIERRO DE LANZA, especie de murciélago, así llamado por Buffon por una membrana que tiene, semejante al fierro de una lanza (27).
FILANDRO DE SURIÑAN, cuadrúpedo semejante a la marmosa y al *tlacuatzin* (30).
HORMIGUERO,[50] cuadrúpedo de los países calientes de América (20).
GLOTÓN llamado por los del Canadá *carcaju,* fiera de países septentrionales (27).

---

[48] Este nombre acaso se puso al gato montés por el intolerable hedor que despide por la parte posterior; pero es posible que Buffon haya alterado más bien el nombre *chingue,* que tiene montés en Chile, pues no hallamos en ningún país de América el gato con nombre de chinche para significar aquel cuadrúpedo.
[49] Véase lo dicho en nuestra *Historia* (Lib. I) sobre el nombre *coseso.*
[50] Al hormiguero lo llaman los españoles oso, aunque es más distinto de ese animal que el perro del gato. Buffon distingue tres especies en América; el primero simplemente *fourmiller* u hormiguero, el segundo *tammannoir* y el tercero *tamandua.* Los peruanos le llaman *hueumari.* Los quiteños *huañiri* y *cuchichi,* los tamanchis en el Orinoco *llaraca;* en el Brasil a los hormigueros grandes *tamanduaguazu* y a los pequeños *yrara* y *gualtimonde.*

JAGUAR,[51] tigre americano (19).
JAGUARETE,[52] o más bien jaguareté, fiera del género de los tigres (18).
ISATIS, fiera de los países fríos (27).
LAMENTÍN llaman los franceses al manatí, animal grande del mar, lagunas y ríos, puesto por Buffon entre los cuadrúpedos aunque apenas puede decirse *bípedo* o más bien *bimano* (27).
LEÓN MARINO llama lord Anson al becerro marino, que tiene entre los chilenos el nombre de *lame* (27).
LIEBRE común (13).
LINCE o gato cerval (19).
LLAMA, no *lama* como dice Buffon, ni *glama* como escribe Paw. Es del carnero peruano (26).
LONTRA, llamada por los peruanos miguillo (14).
LOBO COMÚN, llamado por los mexicanos *cuetlachtli* (14 y 19).
LOBO MARINO o foca menor (27).
LOBO NEGRO, muy distinto del común (19).
MAPACH, cuadrúpedo curioso de México (17).
MARGAI o gato tigre, fiera. Acaso este nombre haya sido tomado del mharacayá de los paraguayos (27).
MARIKINA o mora leonina, especie de cercopiteco (30).
MARMOSA, pequeño y curioso cuadrúpedo de los países calientes y templados de América (21).
MARMOTA, llamada *muar* en el Canadá (26).
MICO, la especie más pequeña de los cercopitecos[53] (30).
MORSO, en francés *morse*, gran anfibio del mar (27).
NUTRIA, llamada *miquilo* en el Perú.
OCELOTL[54] o gato pardo de México (27).
ONDATRA *(ratón almizclado del Canadá),* cuadrúpedo algo semejante al topo (20).
OSO OSCURO O PARDO (17).
OSO NEGRO, específicamente distinto del oscuro (17).
PACA, cuadrúpedo semejante al puerco en el pelo y el gruñido, y en la forma de la cabeza al conejo. En el Brasil se llama *paca,* en el Paraguay *pag,* en Quito *picuru* y en el Orinoco *accuri* (21).
PACO, cuadrúpedo de la América meridional del mismo género, pero no de la misma especie que la *llama.* El nombre indiano es *alpaca* (26).

---

[51] *Jagua* en lengua guaraní es nombre común a los tigres, las pumas y los perros. Los peruanos llaman al tigre *uturuncu* y los mexicanos *ocelotl*.
[52] *Jaguarete* es en guaraní el nombre genérico de los tigres.
[53] Mico en español es el nombre genérico de los cercopitecos; pero Buffon lo da a la especie más pequeña.
[54] Ocelotl en mexicano es el nombre del tigre, pero Buffon lo da al gato pardo.

PECARI, cuadrúpedo que tiene sobre el espinazo una glándula de humor pestilente creída por muchos ombligo. Sus verdaderos nombres en diversos países de América son *saino, cojametl, tátabro* y *pachira*[55] (20).

PEKAN o marta americana (27).

PETIT-GRIS llama Buffon a un pequeño cuadrúpedo de los países fríos semejante a la ardilla (20).

PILORI *(ratón almizclado de las Antillas),* pequeño cuadrúpedo semejante al topo y distinto de la ondrata (20).

PINCHIS (en Buffon, *pinche*), especie de pequeño cercopiteco (30).

POLATUCA, semejante en parte a la ardilla llamado por los mexicanos *quimichpatlan* o rata voladora (20).

PUERQUECILLO DE INDIAS *(Porc d'Inde),* pequeño cuadrúpedo de la América meridional, semejante en parte al puerquecillo y en parte al conejo, pero sin cola (16).

PUMA o león americano, llamado por los mexicanos *miztli* y por los chilenos *pagi* (18).

QUIRQUINCHO, especie de tatú cubierto de una concha y dieciocho bandas[56] (21).

RENO, llamado en Canadá *caribu* (24).

SAI,[57] especie de cercopiteco (30).

SAIMIRI o más bien *caimiri,* especie curiosa de cercopiteco (30).

SAKI, especie de cercopiteco con cola larga (30).

SARICOVIENNA, nutria particular del Paraguay, Brasil, la Guayana y el Orinoco. En el Paraguay le llaman *kijá* y en el Orinoco *cairo* y *nevi* (27).

SAYÚ (tal vez *cayú),* especie de cercopiteco (30).

RATA de agua (30).

SURICATE, cuadrúpedo de la América meridional, que tiene, como la hiena, cuatro dedos en los cuatro pies (26).

SUIZO, llamado por los mexicanos *tlalmototli,* cuadrúpedo semejante en la figura a la ardilla, pero distinto en el modo de vivir y casi de doble tamaño (20).

TAIRA o hurón de la Guayana.

TAMANDUA, o más bien Tamanduá, la especie mediana de los hormigueros (26).

---

[55] Acaso lo llama *pecari* Buffon por *pachira*, nombre que se da en el Orinoco a ese cuadrúpedo. Buffon le llama también *toyassou*; pero *tajazu* (así debe escribirse) en lengua guaraní es nombre común a todas las especies de puercos.

[56] *Quirquincho* entre los peruanos; *ayotochtli* entre los mexicanos; *tatú* entre los paraguayos y *armadillo* entre los españoles; son todos nombres genéricos de estas especies de cuadrúpedos. Buffon restringe el nombre *quirquincho* a una sola especie, como también el de *ayotochtli*.

[57] *Cai* (no *sai*) es en lengua guaraní el nombre genérico de todos los cercopitecos; pero Buffon lo limita a una sola especie.

TAMANNIOR, la especie más grande de los hormigueros (26).

TAMARINO, especie de pequeño cercopiteco (30).

TAPET O TAPETO, cuadrúpedo de la América meridional, semejante en parte a la liebre y en parte al conejo. Su verdadero nombre en lengua guaraní es *tapiti* (30).

TAPIR,[58] cuadrúpedo grande de América, llamado por los españoles *anta, danta* y *gran bestia,* y en diversas lenguas americanas *tapii, tapira, beori, tlacaxólotl, huariari, sacha-vaca,* etc. (23).

TARSIERE, cuadrúpedo algo semejante a la marmosa y al *tlacuatzin* (20).

TATUELO, nombre dado por Buffon a aquella especie de tatú que está cubierto con dos conchas y ocho bandas (21).

TLACUATZIN, cuadrúpedo curioso, cuya hembra lleva a los hijos, después del parto, dentro de una bolsa o membrana que tiene bajo el vientre. Se llama, en diversos países de América: *churcha, chucha, mucamuca, jariqué, fara* y *auare.* Los españoles de México le llaman *tlacuache.* Algunos naturalistas le dan el nombre impropio de *filandro,* y otros el propísimo de *didelfo.* Buffon le llama *sarigue* y *cariguey,* alterando el nombre de *jarigue,* con que es conocido en el Brasil (21).

TOPORAGNO (en español *musaraña*) (30).

TUZA (no *tucan,* como escribe Buffon), en mexicano *tozan,*[59] cuadrúpedo de México del género de los topos, pero más grueso y más hermoso (30).

VAMPIRO, murciélago grande de América (20).

VARINA, según Buffon *ouarine,*[60] gran cercopiteco barbado, llamado en el reino de Quito *omeco* (30).

VISON o fuina americana (27).

UNISTITI, especie de pequeño cercopiteco (30).

UNAU, especie de perezoso sin cola[61] (26).

URSON, cuadrúpedo de los países fríos semejante al castor (25).

ZORRA común (14).

ZORRILLO, especie de fuina[62] (27).

---

[58] Adopto gustoso este nombre porque está ya en los zoólogos modernos y porque no es equívoco. El de *gran bestia* es propio de las dantas; y el de *anta* o *danta* se da también al zebú, cuadrúpedo de África muy distinto del tapir.

[59] No sé si sea de la misma especie del cuadrúpedo que los peruanos llaman *tuputupu.*

[60] Buffon duda si la *aloata,* cercopiteco también grande, sea de la misma especie, y por lo tanto no pongo a alosta (según Buffon *alonate*) en este catálogo.

[61] Buffon distingue con razón dos especies de perezosos, una con cola y la otra sin ella; pues a más de éste tienen otros caracteres diversos. En Quito llaman a los perezosos *quillac* o *quilac,* y en el Orinoco *proto.* Los españoles le llaman *pereza* y *perico ligero* por antífrasis.

[62] *Zorrillo* es el nombre genérico que dan los españoles de México y otros países a las fuinas. Los mexicanos le llaman *epatl.* En Chile *chingue,* y en otros países de la América Meridional *mapurito, anagtufa,* etc.

Y así Buffon, que no encontraba en toda América más que setenta especies de cuadrúpedos, en su *Historia Natural* reconoce y distingue a lo menos noventa y cuatro. Digo a lo menos, porque deben agregarse el puerco común, el armiño y otras, que, negadas por Buffon a América en un lugar de su historia, se las concede en otros.

### 2. Especies confundidas por Buffon

El GUANACO con la llama.[63]
La VICUÑA con el paco.
El CITLI con el tapet o tipiit.[64]
El HUITZTLACUATZIN o puerco espín mexicano con el *cuandú* o puerco espín de la Guayana.[65]
El TLACOCELOTL con el ocelotl.[66]
El TEPEITZCUINTLI o perro montés de México con el glotón.
El XOLOITZCUINTLI o perro pelado con el lobo.
El ITZCUINTEPOZOTLI o perro corcovado con el alco o *techichi*.

Agréguense estas ocho especies confundidas por él a las 94 de arriba, y harán 102.

### 3. Especies ignoradas por Buffon

ACHUNI, cercopiteco de Quito, con hocico largo, dientes fortísimos y vestido de pelo grueso como cerdas. MS. en mi poder.
AHUÍTZOTL, pequeño cuadrúpedo anfibio de México, descrito antes (*Historia*, Lib. I).
AMIZTLI, cuadrúpedo anfibio de México, descrito antes.[67]

---

[63] A más de otras diferencias entre la llama, el guanaco, la vicuña y el paco, jamás se han visto mezclarse entre sí, aun puestos juntos en un lugar. Si esto basta para distinguir la especie del perro de la del lobo, cuadrúpedos tan semejantes ¡cuánto más no servirá para los cuatro mencionados, que no tienen tanta semejanza!

[64] Para asegurarse de la diversidad del *citli* y el *tapet*, basta cotejar las descripciones que hacen el Dr. Hernández y Buffon.

[65] Véase lo que dijimos (*Historia*, Lib. I) sobre la diferencia entre el puerco espín mexicano y el de la Guayana.

[66] Buffon pretende que el *tlacocelotl* y el *ocelotl* son un mismo animal, éste el macho y aquél la hembra; que *ocelotl* es el mismo nombre sincopado. Así podemos decir que el *canis* latino no es diverso del *semicanis*, y que *tigre* es lo mismo que *semitigre*. No puede culparse a Buffon que no sepa el mexicano; pero sí que afirme lo que no sabe. El Dr. Hernández, que tuvo a la vista y observó como naturalista aquellas fieras, merece más crédito.

[67] Dije en una nota de la *Historia* (Lib. I) que el *almiztle* me parecía el mismo cuadrúpedo que Buffon llama *saricovienne*; pero habiendo hecho nuevas reflexiones, he hallado que son específicamente diversos.

CACOMIZTLE, cuadrúpedo de México, semejante a la fuina en el modo de vivir, pero distinto en la figura, descrito ya (*Historia,* Lib. I).

CHICHICO, cercopiteco de Quito, tan pequeño que cabe en el puño. Lo hay de diversos colores. MS.

CHILLIHUEQUE, cuadrúpedo grande de Chile, semejante al guanaco, pero distinto. Molina, *Historia de Chile.*

CHINCHILLA, especie de ratón campestre lanudo. Lo mencionan muchos historiadores de la América meridional.

CHINCHEMEN o gato marino, cuadrúpedo anfibio del mar de Chile. *Historia natural de Chile.*

CINOCÉFALO, cercopiteco, cuadrúpedo de México; lo mencionan Hernández, Brisson y otros.

COYOTE (en mexicano *coyotl*), descrito por nosotros.

CONEJO común, llamado por los mexicanos *tochtli.*

CUI o conejo peruano, pequeño cuadrúpedo muy semejante al puerquecillo de India; lo mencionan algunos historiadores del Perú.

CULPEU, especie particular de zorra grande de Chile. *Historia de Chile.*

DEGU o lirón de Chile. *Historia de Chile*

FOCA porcina o puerco marino anfibio, especie particular de foca de Chile. *Historia de Chile.*

FURETTO de Chile y del Paraguay; en guaraní *jaguaro bape. Historia natural de Chile* y MS. en mi poder.

GATO melero. Así llaman los españoles a un cuadrúpedo del Chaco (América meridional), semejante en la figura al gato; caza las aves en los árboles y es muy goloso de la miel de abejas. MS. en mi poder.

GUANAQUE, especie de ratón campestre azul, de Chile. *Historia natural de Chile.*

HORRO, cercopiteco grande de Quito y México, todo negro a excepción del cuello, que es blanco. Grita fuerte en los bosques, y parado en dos pies tiene la altura de un hombre.

HUEMUL, caballo de pezuña hendida, de Chile. *Historia de Chile.*

JAGUARÓN, en guaraní *jagua-ru,* fiera anfibia del Paraguay, llamado por algunos *tigre acuático.* MS. en mi poder.

KIKI, cuadrúpedo de Chile del género de los hurones. *Historia de Chile.*

MAYAN, cuadrúpedo semejante a un puerquecillo; tiene el cuerpo redondo y las cerdas paradas. Habita en el Paraguay. MS. en mi poder.

PERRO DE CIBOLA o de carga, cuadrúpedo del país de Cibola; semejante en la figura a un mastín, lo utilizan los indios para llevar cargas. Mencionan a este robusto cuadrúpedo algunos historiadores de México.

PISCO-CUSHILLO, esto es, cercopiteco ave, cercopiteco de Quito; está cubierto del cuello hasta la cola de cierta especie de plumas. MS. en mi poder.
RICHO, común en el Paraguay. MS. en mi poder.
RATÓN, comunísimo en América antes de la llegada de los españoles; llamado por los mexicanos *quimichin*. (*Historia*, Lib. I).
RATÓN campestre, común en México y otros países de América.
TAYÉ, cuadrúpedo de California, se menciona en la *Historia* impresa y en las relaciones manuscritas de aquella península. Es sin duda el *ibex* de Plinio, descrito por Buffon como *bouquetín*.
TAITETÚ, cuadrúpedo del Paraguay, del género de los puercos; la hembra pare siempre dos hijos, que nacen unidos entre sí por el cordón umbilical. MS. en mi poder.
TEJÓN blanco, de Nueva York, descrito por Brisson.
THOPEL-LAME, cuadrúpedo anfibio del mar de Chile, especie de foca, mucho más semejante al león que la que vio lord Anson. *Historia natural de Chile.*
TLALCOYOTE, en mexicano *tlalcoyotl,* cuadrúpedo común de México, descrito ya. (*Historia*, Lib. I).
TOPO blanco campestre, común en México y otros países de América.
TOPO de Maule, cuadrúpedo de aquella provincia en Chile, muy semejante a la marmota, pero doble de grande. *Historia natural de Chile.*
TREFLE o *trifoglio,* cuadrúpedo grande de América septentrional, descrito por Bomare.
VISCACHA campestre, cuadrúpedo semejante al conejo, pero con una gran cola doblada hacia arriba. Acosta y otros historiadores de la América meridional.
VISCACHA montés, cuadrúpedo muy hermoso del mismo género de la viscacha campestre, pero de diversa especie. MS. en mi poder.
USNAGUA o cercopiteco nocturno de Quito. MS. en mi poder.

Unidas estas 40 especies a las 102 de arriba, hacen 142 especies de cuadrúpedos americanos. Si se añaden las de caballos, burros, toros, ovejas, cabras, puercos comunes y de Guinea, perros, gatos y topos domésticos, trasladados allí después de la conquista, tendremos actualmente en América hasta 152 especies. Buffon que, en toda su *Historia natural,* no cuenta más que 200 especies de cuadrúpedos en los países del mundo hasta ahora descubiertos, en su nueva obra las *Épocas de la Naturaleza* enumera 300. ¡Tanto se aumentó aquel número en pocos años! Mas sean pues las 300; he aquí que América, a pesar de no ser más que la tercera parte del globo, tiene la mitad por lo menos de las especies de cuadrúpedos.

Vuelvo a decir *por lo menos,* porque he omitido todas aquellas de las que dudo si son o no diversas de las descritas por Buffon. El fin principal que me he propuesto al formar este catálogo no ha sido subrayar el error de Buffon respecto al número de los cuadrúpedos americanos y la falsedad de lo que escribe sobre la imaginaria "escasez de la materia" en el Nuevo Mundo, sino servir a los naturalistas europeos, indicándoles algunos cuadrúpedos hasta ahora desconocidos y allanando algún tanto la dificultad causada por una mal entendida nomenclatura. Aquellos querrían que los nombres de los cuadrúpedos fueran acompañados de una exacta descripción, y yo los complacería gustoso en lo posible, si esto no fuese ajeno de mi intento.

Para hacer este catálogo, además del grande estudio que he emprendido, he tomado informes por escrito de personas doctas, exactas y prácticas de diversos países de América, a cuya singular bondad me confieso sumamente obligado.

## QUINTA DISERTACIÓN

## CONSTITUCIÓN FÍSICA Y MORAL DE LOS MEXICANOS

Cuatro clases de hombres pueden distinguirse en México y otros países de América. 1ª. Los americanos propios, llamados vulgarmente indios, esto es, los que descienden de los antiguos pobladores del Nuevo Mundo y no han mezclado su sangre con la de los pueblos del Antiguo Continente. 2ª. Los europeos, asiáticos y africanos establecidos en aquellos países. 3ª. Los hijos o descendientes de éstos, llamados por los españoles criollos, aunque tal nombre se da principalmente a los hijos o descendientes de europeos, cuya sangre no se ha mezclado con la de los americanos, asiáticos o africanos. 4ª. Las razas mezcladas, llamadas por los españoles castas, esto es, aquellos que nacen o descienden de europeo y americana, o de europeo y africana, o de africano y americana, etc.

Todas estas clases han sido infamadas y menospreciadas por Paw, quien supone tan maligno el clima del Nuevo Mundo, que hace degenerar no sólo a los criollos y a los americanos propios nacidos allí, sino también a los europeos habitantes de aquellos países, a pesar de haber nacido bajo un cielo tan benigno y un clima tan favorable, como lo cree para todos los animales. Si Paw hubiera escrito sus *Investigaciones filosóficas* en América, podríamos sospechar la degeneración de la especie humana bajo el clima americano; pero como vemos que esta obra y otras muchísimas del mismo calibre se hacen en Europa, nos confirmamos más en la verdad de aquel proverbio italiano tomado de los griegos: *todo el mundo es país.*

Pero omitiendo, por ahora, los despropósitos de aquel filósofo y de sus partidarios contra las otras clases de hombres, hablaremos solamente de los que escriben contra los americanos propios, pues éstos son los más injuriados y más indefensos. Si al escribir esta disertación nos moviera alguna pasión o interés, hubiéramos emprendido más bien la defensa de los criollos, como que a más de ser mucho más fácil, debía interesarnos más. Nosotros nacimos de padres españoles y no tenemos ninguna afinidad o consanguinidad con los indios, ni podemos esperar de su miseria ninguna recompensa. Y así ningún otro motivo que el amor a la verdad y el celo por la humanidad nos hace abandonar la propia causa por defender la ajena con menos peligro de errar.

## 1. CUALIDADES CORPORALES DE LOS MEXICANOS

Paw, que censura la estatura, figura y pretendida irregularidad de los animales americanos, no ha sido más indulgente con los hombres: si los animales le parecieron una sexta parte más pequeños que los de Europa, los hombres son también, según dice, más pequeños que los castellanos. Si en los animales notó la falta de cola, en los hombres censura la falta de pelo. Si en los animales halló deformidades notables, en los hombres vitupera el color y las facciones. Si creyó que los animales eran menos fuertes que los del Antiguo Continente, afirma igualmente que los nombres son debilísimos y que están sujetos a mil enfermedades causadas por la corrupción de aquel aire y de aquel terreno pestilente.

Sobre la estatura de los americanos dice, en general, que aunque no sea igual a la de los castellanos, hay poca diferencia. Pero estamos enteramente seguros, y es notorio en toda la Nueva España que los indios habitantes de aquellos países, esto es, los que están desde los nueve grados hasta los cuarenta de latitud septentrional, hasta donde han llegado los descubrimientos de los españoles, tienen de altura más de cinco pies de París, y que los que no exceden esta medida son mucho más raros entre los indios que entre los españoles. Estamos, además, ciertos que muchas de aquellas naciones, como los *apaches,*[1] los *yaquis, pimas* y *cochinas,* son a lo menos tan altos como los más altos europeos, y no sabemos que en toda la extensión del Nuevo Mundo se halle ningún pueblo, a excepción de los *esquimales,* que sea de una estatura tan pequeña como la de los lapones, samoyedos y tártaros septentrionales en el Antiguo Continente. Por lo que, en este punto, son iguales los habitantes de ambos continentes.

En cuanto a la regularidad y proporción de los miembros de los mexicanos, no es necesario decir más que lo que hemos dicho en nuestra *Historia* (Lib. 1). Estamos persuadidos de que, entre aquellos que lean en América nuestra obra, no habrá quien contradiga la descripción de la figura y carácter de los indios, si no es que tenga los ojos atrás o trastornado el cerebro. Es verdad que Antonio Ulloa dice,[2] hablando de los indios del reino de Quito, haber observado que "entre ellos abundan los imperfectos, o porque tienen los cuerpos irregulares y monstruosos por razón de su pequeñez, o porque son insensatos, mudos o ciegos, o porque les falta algún miembro"; pero habiendo hecho averiguaciones sobre esta particularidad de los quiteños, he sabido por informe tenido de personas dignas de fe y conocedoras de aquellos países, que tales

---

[1] Lo que decimos de las naciones de América septentrional se podría decir también de los chilenos, patagones y otros pueblos de la América meridional.
[2] *Relación del viaje a la América meridional.*

defectos no son causados ni por malos humores, ni por clima, sino por la mal entendida y cruel humanidad de sus padres, los cuales, por sustraer a sus hijos de las cargas y fatigas a que sujetan los españoles a los indios sanos, los hacen de intento inútiles o imperfectos; lo que no sucede en otros países de América, ni tampoco en los lugares del mismo reino de Quito en donde los indios están libres de aquellas fatigas.

Paw, y después de él el Dr. Robertson, dicen que entre los salvajes de América no se encuentran deformes, porque hacen morir, como los antiguos lacedemonios, a los niños que nacen jorobados, ciegos o faltos de algún miembro; pero que en los países que están reducidos a sociedad y en donde la vigilancia de los que los gobiernan no permiten semejantes infanticidios, el número de los individuos irregulares es más grande que el de cualquier país de Europa. Éste sería un bello efugio a la dificultad si fuese cierto; pero si acaso ha habido en América alguna tribu salvaje que haya imitado el bárbaro ejemplo[3] de los tan celebrados lacedemonios, aquellos autores no tienen razón para imputar tal inhumanidad al resto de los americanos, la cual no ha estado en uso entre la mayor parte de aquellas naciones, como pueden demostrarlo los escritores más bien instruidos en sus costumbres.

A más de esto, en todos los países de México o Nueva España, que hacen a lo menos una cuarta parte del Nuevo Continente, viven los indios en sociedad y congregados en ciudades, pueblos y aldeas, bajo el cuidado de magistrados y de párrocos españoles o criollos; no se ven jamás ni se oyen aquellos ejemplos de crueldad para con los niños tiernos, y no obstante esto son tan raros los deformes, que todos los españoles y criollos que en 1778 vinieron de México a Italia, quedaron y están aún admirados al observar en las ciudades de esta cultísima península un número tan grande de ciegos, jorobados, cojos, tullidos, etc. Es, pues, muy diversa de aquella que se imaginaron los referidos autores la causa de aquel fenómeno observado por tantos escritores en los americanos.

Del color de éstos no se puede formar argumento alguno contra el Nuevo Mundo, porque aquel color es menos distante del blanco de los europeos, que del negro de los africanos y una gran parte de los asiáticos. Los cabellos de los mexicanos y de la mayor parte de los indios son, como hemos dicho en otra parte, gruesos y espesos, y su pelo escaso en la cara y ninguno por lo común[4] en los brazos y piernas; pero es un error decir, como Paw, que carecen de pelo en todas las otras

---

[3] La inhumanidad de matar a los hijos deformes no sólo fue permitida en Roma, sino prescrita por la ley de las 12 Tablas: *Pater insignem and deformitatem puerum cito necato*.

[4] Dije por lo común porque hay en México pueblos americanos barbados y con pelo en brazos y piernas.

partes del cuerpo. Éste es uno de los muchos lugares de las *Investigaciones filosóficas* en que no podrán contener la risa los mexicanos y otras naciones americanas, viendo a un filósofo europeo tan empeñado en despojarlos de aquello que han recibido de la naturaleza. Leyó sin duda aquella ignominiosa descripción que hace Ulloa de algunos pueblos de la América meridional,[5] y de esta premisa particular deduce según su lógica una conclusión universal.

El aspecto solo de algún angolano, mandinga o congo debería haber intimado a Paw y apartádolo de la censura que hace del color, facciones y pelo de los americanos. ¿Qué puede imaginarse más contrario a la idea que tenemos de la hermosura y perfecciones del cuerpo humano, que un hombre pestilente, cuya piel es negra como la tinta, la cabeza y la cara cubierta de lana negra en lugar de pelo, los ojos amarillos o de olor de sangre, los labios gruesos y negruzcos y la nariz aplastada? Tales son los habitantes de una grandísima parte de África y de algunas islas de Asia.

¿Qué hombres más imperfectos que los que no tienen más que cuatro pies de estatura, la cara larga y aplastada, la nariz plana, la iride de los ojos amarilla negruzca, los párpados estirados hacia las sienes, los carrillos extremadamente elevados, la boca muy grande, los labios gruesos y prominentes y la parte inferior del rostro muy estrecha? Tales son, según dice Buffon (tomo 6), los lapones, los zemblas, borandianos, samoyedos y los tártaros orientales. ¿Qué objetos más deformes, qué hombres cuya cara sea más larga y arrugada aun en su juventud, la nariz aplastada y gruesa, los ojos pequeños y hundidos, los carrillos muy levantados, la parte superior de las quijadas abatida, los dientes largos y desunidos, las cejas tan grandes que oscurecen los ojos, los párpados gruesos, algunas cerdas en la cara en lugar de barba, los muslos grandes y las piernas pequeñas? Tal es el retrato que hace Buffon de los tártaros, esto es, de aquellos pueblos que, como él mismo dice, habitan una parte de Asia de más de 1,200 leguas de largo y más de 750 de ancho.

Entre éstos, los calmucos son los más notables por su deformidad, la cual es tan grande que son, según dice Tavernier, los hombres más feos de todo el universo. Su cara es tan ancha que entre los dos ojos hay un espacio de cinco dedos, según afirma el mismo Buffon.

En Calicut, Ceilán y otros países de la India hay, dice Pyrard y otros escritores de aquellas regiones, una raza de hombres que tienen una de las piernas o ambas tan gruesas como el cuerpo de un hombre, cuya

---

[5] Ulloa, al describir a los indios de Quito (Tomo I de su *Viaje a la América meridional*) dice que ni a hombres ni a mujeres les sale pelo al llegar a la pubertad; pero sea lo que se quiera de esta singularidad de los quiteños, no hay duda que en el común de los americanos la pubertad viene acompañada de los mismos caracteres que en las demás naciones del mundo.

enfermedad es entre ellos hereditaria. Los hotentotes tienen, a más de otras grandes imperfecciones, la monstruosa irregularidad de un apéndice calloso que se extiende desde el hueso pubis hacia abajo, como testifican los historiadores del cabo de Buena Esperanza. Marco Polo, Struys, Gemelli Carreri y otros viajeros afirman que en el reino de Lambry, en la isla Formosa y en la de Mindoro, se encuentran hombres con cola.[6] Bomare dice que esta cola no es más que una prolongación del hueso cóccix; pero ¿qué es la cola en los cuadrúpedos sino una prolongación de aquel hueso, aunque dividida en algunas articulaciones?[7] Sea lo que fuere, esa prolongación vale tanto como la verdadera cola para hacer muy irregulares a aquellos asiáticos.

Si recorriéramos las otras naciones de Asia y África, apenas encontraríamos una parte, no muy grande, que no sea de color más oscuro, y en la cual no se adviertan irregularidades más enormes y defectos más grandes que cuantos censura Paw en los americanos. El color de éstos es mucho más claro que el de casi todos los africanos y los habitantes del Asia meridional. La escasez de barba es común a los habitantes de las islas Filipinas y de todo el Archipiélago Indiano, a los famosos chinos, japoneses, tártaros y a muchas otras naciones del Antiguo Continente, como es manifiesto para quienes tengan alguna noticia de la variedad de la especie humana en los diversos países de la Tierra. Las imperfecciones de los americanos, por grandes que se quieran representar, no son comparables con los defectos de los inmensos pueblos cuyo carácter hemos bosquejado, y de otros que omitimos.[8] Todo esto debería haber contenido la pluma de Paw; pero lo ha olvidado o acaso lo disimuló maliciosamente.

Paw presenta a los americanos débiles y enfermizos; Ulloa, por el contrario, afirma[9] que son sanos, robustos y fuertes. ¿Quién de los dos merecerá de nosotros más crédito, Paw que desde Berlín se puso a filosofar sobre los americanos sin conocerlos, o Ulloa que por algunos años los vio y trató en diversos países de la América meridional? ¿Paw que tomó el empeño de vilipendiarlos y envilecernos por establecer su disparatado sistema de la degeneración, o Ulloa, que aunque, por otra parte, poco favorable a los indios, no trató de formar ningún sistema sino solamente escribir lo que juzgaba cierto? El lector imparcial decidirá.

Para demostrar Paw la debilidad y desconcierto de la constitución física de los americanos, alega algunas razones que no debemos disi-

---

[6] *Diction. de Hist. Nat.*, véase *Tomme*.
[7] Heister, *Comp. Anat. de Ossibus traunci.*
[8] *Hist. Nat.* Tomo 6, y los historiadores de Asia y África.
[9] *Relación del viaje a la América meridional,* Tom. 1, Lib. 5, cap. 5.

mular; 1ª. Que los primeros americanos llevados a Europa rabiaron en el viaje, y la rabia les duró hasta la muerte. 2ª. Que los hombres adultos en muchos países de América tienen leche en los pechos. 3ª. Que las americanas paren con demasiada facilidad, tienen una extraordinaria abundancia de leche, y muy escasa e irregular la periódica evacuación de sangre. 4ª. Que el europeo menos vigoroso vencía en la lucha al americano más fuerte. 5ª. Que los americanos no podían resistir el peso de una carga ligera. 6ª. Que padecían el mal venéreo y otras enfermedades endémicas.

En cuanto a la primera prueba, la negamos como absolutamente falsa. Paw, sobre la fe del flamenco Dappers, dice que los primeros americanos que llevó consigo Colón en 1493 se quisieron matar en la navegación; pero que habiéndolos atado para conservarlos, se pusieron rabiosos y su rabia les duró mientras vivieron; que al entrar en Barcelona espantaron a tal grado con sus aullidos, contorsiones y movimientos convulsivos, que fueron reputados por frenéticos. No he visto la obra de Dappers, pero no dudo que toda su relación es un conjunto de fábulas; pues no he encontrado quien haga mención de aquel suceso, ni entre los autores contemporáneos ni entre los que escribieron en los años subsecuentes; antes bien, por lo que testifican aquéllos, se puede demostrar la falsedad de la relación.

Gonzalo Fernández de Oviedo, que se hallaba en Barcelona cuando llegó Colón y que vio y conoció a aquellos americanos y fue testigo ocular de cuanto sucedió, nada dice de su rabia ni de sus aullidos y contorsiones, y no lo hubiera omitido si fuera cierto, siendo más bien contrario a los indios, como después veremos y porque hablando de los que trajo Colón, describe individualmente su entrada en aquella ciudad, su bautismo, sus nombres, y, en parte, su fin. Dice que Colón llevó consigo de la isla Española diez americanos, de los cuales uno murió en el viaje, tres quedaron enfermos en Palos, puerto de Andalucía, en donde, según él conjetura, murieron de allí a poco, y los otros seis llegaron a Barcelona, en donde entonces estaba la corte; que fueron bien instruidos en la doctrina cristiana y solemnemente bautizados, siendo sus padrinos los reyes católicos y el príncipe don Juan; que el principal de ellos, que era pariente del rey Guacanaguari, tomó en el bautismo el nombre del rey católico y se llamó don Fernando de Aragón, y al segundo se le puso el nombre del príncipe, llamándose de allí en adelante Don Juan de Castilla, el cual fue alojado por el príncipe en su palacio y éste lo hizo instruir; que aprendió muy bien la lengua española y murió a los dos años.

Pedro Mártir de Anglería, que estaba también en España cuando llegó Colón, hace mención de los indios que llevó consigo el famoso almirante, y no habla una palabra de su rabia; antes bien refiere que cuando Colón regresó a España volvió a llevar consigo tres de aquellos indios, "pues todos los demás habían ya muerto por la mutación del aire y de los alimentos",[10] y que se valió de uno de ellos para informarse del estado en que se hallaban los españoles que había dejado en aquella isla. Fernando Colón, docto y diligente escritor de la vida de Cristóbal Colón su padre, que se hallaba también entonces en España, hace una menuda relación de los viajes y acciones de su glorioso padre, habla de aquellos indios que vio y no dice más de lo que refiere Pedro Mártir. Es, pues, falsa la relación de Dappers o ¿diremos que los reyes católicos bautizaron a hombres rabiosos, que el príncipe quiso tener consigo a un rabioso para recrearse con sus aullidos espantosos, que un rabioso aprendió muy bien la lengua española, y, finalmente, que el prudente Colón se valió de un hombre rabioso para informarse de todo lo que había acaecido en España mientras él estuvo ausente?

La anécdota de la leche en los pechos de los americanos es una de las más curiosas que se leen en las *Investigaciones filosóficas* y de las más dignas de celebrarse con nuestra risa y con la de todos los americanos; pero es necesario confesar que Paw se mostró en esto más moderado que otros autores que cita. El célebre naturalista Johnston afirma en su *Thaumatografía,* sobre la fe de no sé qué viajeros, que en el Nuevo Mundo casi todos los hombres abundan de leche en los pechos. En todo el Brasil, dice Paw, los hombres solos crían a los niños, porque las mujeres no tienen casi leche. ¡Qué bellos materiales para una *Thaumatografía!* Yo ciertamente no sé qué deba admirarse más: si la temeridad y descaro de aquellos viajeros que propagan semejantes fábulas o la simplicidad de los que las aceptan. Si hubiese observado alguna vez este fenómeno en un pueblo del Nuevo Mundo (lo que jamás probará Paw) esto no sería suficiente para decir que en muchos lugares de América abunda la leche en los pechos de los hombres, y mucho menos para afirmarlo, como lo hace Johnston, de "casi todos los hombres del Nuevo Mundo".

[10] A las causas de la muerte que menciona Pedro Mártir, hay que añadir las extraordinarias incomodidades que padecieron en aquella horrenda navegación, que pueden leerse en las cartas de Colón, referidas por su hijo Fernando. De los muertos que asienta Pedro Mártir se debe exceptuar el americano que retuvo consigo el príncipe don Juan, pues éste murió dos años después, como testifica Oviedo. Pero aunque todos hubiesen muerto en el viaje o se hubiesen puesto frenéticos o maniacos, no sería de admirar, según lo que refiere Paw en sus *Investigaciones* (Parte 3): Los académicos franceses, dice, cogieron más allá de Tornes dos lapones, los cuales, sitiados y martirizados por esos filósofos, murieron de desesperación en el camino. Pues ni el país que dejaban los lapones, ni el viaje que tuvieron que hacer puede compararse con el país y viaje de los americanos, ni yo puedo creer a los marineros españoles del siglo XV tan humanos como los académicos franceses del siglo XVIII.

Las particularidades que nota Paw en las americanas serían muy apreciadas si fuesen ciertas, porque ¿qué más podrían desear que verse libres de los grandes dolores del parto, de tener abundancia del licor con que nutren a sus hijos y de ahorrarse en gran parte las incomodidades de la periódica y asquerosa evacuación? Mas esto que para ellas sería una gran felicidad lo reputa Paw como prueba de degeneración, porque la facilidad de parir demuestra, dice él, la "expansión del conducto vaginal" y la relajación de los músculos de la matriz por los fluidos muy copiosos. La abundancia de leche no puede tener otro origen que la humedad de su complexión, a lo que no se conforman las mujeres del Antiguo Continente, pues éste debe ser, según la legislación de Paw, el modelo de todo el mundo. Pero ¿a quién no causaría admiración que cuando el autor de las *Investigaciones históricas* nota en las americanas tal escasez de leche, que por ella están precisados los hombres a criar ellos mismos a sus hijos, pondera, por el contrario, en ellas una tan extraordinaria abundancia de aquel licor? ¿Y quién será el que al leer estas y otras semejantes contradicciones y consejas publicadas en Europa, especialmente de pocos años acá, no conozca que los viajeros, historiadores, naturalistas y filósofos europeos[11] han hecho de América el almacén de sus fábulas y de sus niñerías, y para amenizar sus obras con la novedad maravillosa de sus supuestas observaciones, atribuyen a todos los americanos lo que se ha observado en algunos individuos o en ninguno?

Las americanas, que están sujetas a la pena común, no paren sin dolor; pero ni tampoco lo hacen con aquel aparato que las mujeres europeas, porque son menos delicadas y están más acostumbradas a trabajos. Thelvenot dice que las mujeres de Mogol paren con suma facilidad, y que al día siguiente se ven andar por las calles de las ciudades, y no por esto se debe contradecir su fecundidad o censurar su complexión.

La cantidad y cualidad de la leche de las americanas son, en México y otros países de América, bien conocidas a las damas europeas y criollas, como que comúnmente las toman por nodrizas de sus hijos, porque saben bien que son sanas, robustas y diligentes en este ministerio. Ni vale decir que se habla de las americanas antiguas y no de las modernas, como alguna vez responde Paw a su contrario, Perneti, pues, a más de que sus proposiciones contra América son casi todas del presente, como consta a los que han leído su obra, esa distinción no tiene lugar en muchos países de América, y particularmente en México. Los mexicanos, en su mayor parte, usan de los mismos alimentos que

[11] Lo que digo de los escritores europeos que han tratado de las cosas de América no debe extenderse a todos, pues entre ellos hay hombres verdaderamente sabios y amantes de la verdad.

antes de la conquista. El clima, que acaso ha mudado en otras regiones por la tala de los bosques y la corriente de las aguas estancadas, en México es sin duda el mismo. Los que han cotejado, como yo lo he hecho, las relaciones de los primeros españoles con el estado presente de aquel reino, saben que subsisten las mismas lagunas, los mismos ríos y, por lo común, los mismos bosques.

En cuanto a los menstruos de las americanas, ni yo puedo dar noticia, ni sé si hay alguno que pueda darla. Paw, que desde Berlín ha visto tantas cosas en América que no ven sus mismos habitantes, habrá tal vez encontrado en algún autor francés el modo de saber lo que nosotros ni podemos ni queremos averiguar. Pero, aunque la evacuación menstrual de las americanas sea escasa e irregular como quiere Paw, nada podría concluirse contra su complexión, "porque la cantidad de tal evacuación depende, como dice bien Buffon (tomo 6), de la cantidad del alimento y de la insensible transpiración. Las mujeres que comen mucho y hacen poco ejercicio tienen los menstruos abundantísimos. En los países calientes, donde la transpiración es más copiosa que en los fríos, es más escasa aquella evacuación". Pues si la escasez de ésta puede provenir de la sobriedad en la comida, del calor del clima y del ejercicio, ¿por qué se quiere aducir como argumento de mala complexión? A más de que yo no sé cómo componer la escasez de menstruo con la sobreabundancia de fluidos que Paw supone en las americanas como una fuente del desorden de su constitución física.

No son mejores las pruebas arriba dichas de la debilidad de los americanos. Dice Paw que éstos eran vencidos por cualquier europeo en la lucha y que se desmayaban con un peso mediano; que hecho el cómputo se encontró haber perecido en un solo año, en el transporte de los bagajes, 200,000 americanos. En cuanto a la primera, sería necesario que la experiencia de la lucha se hubiese hecho entre muchos individuos de uno y otro continente, y que la victoria estuviese testificada no menos por los americanos que por los europeos. Mas sea como quiera, yo no pretendo que sean los americanos más fuertes que los europeos. Pueden ser menos fuertes, sin ser por esto positivamente débiles y sin haber degenerado en ellos la especie humana. Los suizos son más fuertes que los italianos, y no por esto creemos que los italianos han degenerado, ni menos acusamos al clima de Italia.

El ejemplo de 200,000 hombres muertos en solo un año bajo el peso de los bagajes, si acaso fuese cierto, no probaría tanto la debilidad de los americanos cuanto la inhumanidad de los europeos. Como perecieron aquellos 200,000 americanos, hubieran perecido 200,000 prusianos si hubieran sido obligados a caminar ciento, ciento veinticinco y más leguas con cuatro arrobas de peso a cuestas; si poniéndoles collares de fierro unidos con gruesas cadenas hubieran sido obligados a llevar aquella carga por montes y peñascos, y si a los que se cansaban o se les rompían los pies les hubieran cortado las cabezas para que no retardaran el paso de los otros; si se les hubiera dado una mezquina comida para resistir tan intolerable fatiga.

El mismo Las Casas, de quien tomó Paw aquel cómputo de los 200,000 americanos muertos bajo el peso de los bagajes, refiere también todas las circunstancias predichas; de modo que si él da crédito a aquello, debería darlo también a esto. Mas un filósofo que pondera tanto las cualidades físicas y morales de los europeos sobre las de los americanos deberá más bien abstenerse de mencionar aquellos hechos tan ignominiosos de los europeos. Es verdad que ni a Europa ni a ninguna nación europea puede culparse de los excesos en que incurren algunos de sus individuos, principalmente en países tan distantes de la metrópoli y contra la expresa voluntad y repetidas órdenes de sus soberanos; pero si los americanos quisieran valerse de la lógica de Paw, podrían de tales antecedentes particulares deducir consecuencias universales contra todo el Antiguo Continente, como él forma a cada tres palabras argumentos contra todo el Nuevo Mundo por lo observado en algún pueblo o individuo, como se puede ver leyendo su obra.

Paw concede a los americanos gran agilidad y velocidad en la carrera, porque desde niños se acostumbran a este ejercicio; luego tampoco deberá negar su fuerza, pues, como consta por su historia y sus mismas pinturas, apenas comenzaban a andar los niños, los sujetaban al ejercicio de cargar, en el que debían ocuparse toda su vida, y así, según sus principios, ninguna otra nación debía ser más vigorosa para cargar, porque ninguna otra se ejercitaba tanto en esto como la americana por no tener bestias de carga[12] como otras naciones. Si Paw hubiese visto, como yo, los enormes pesos que llevan sobre sus espaldas los americanos, no hubiera tenido valor para echarles en cara su debilidad.

Pero nada demuestra tan claramente la robustez de los americanos como las muchas y grandes fatigas en que son empleados comúnmente. Paw dice[13] que cuando se descubrió el Nuevo Mundo no se veían en él más que espesos bosques, que en el día hay algunos terrenos cultivados, pero por los africanos y europeos, no por los americanos, y que el terreno cultivado respecto al inculto está "en la proporción de dos mil

---

[12] Aunque los peruleros tuviesen bestias de carga, no eran tales para poderse servir de ellas en el transporte de las grandes piedras que se hallaron en algunos de sus edificios, como tampoco en los de México, por lo que, aun teniendo máquinas para facilitar este transporte, debía hacerse con solas las fuerzas de los hombres.

[13] *Defensa de las investigaciones,* cap. 12.

a dos millones".[14] Estas tres aserciones son otros tantos errores; pero reservamos para otra disertación lo relativo a las fatigas de los antiguos mexicanos, y hablando solamente de los tiempos posteriores, lo cierto es que desde la conquista acá los americanos solos han soportado todas las fatigas de la agricultura en todos los vastos países de la América septentrional y en la mayor parte de la América meridional sujetos a la corona de España. No se ve allí jamás un europeo empleado en las labores del campo.

Los negros que en el vasto reino de Nueva España son poquísimos en comparación con los americanos están encargados del cultivo de la caña de azúcar y del tabaco y de la elaboración del azúcar; pero el terreno destinado al cultivo de estas plantas no está, en relación a la tierra cultivada, ni en la proporción de uno a dos mil. Los americanos son los que trabajan la tierra, los aradores, sembradores, escardadores y segadores del trigo, maíz, arroz, haba, frijol y de las otras semillas y legumbres; del cacao, vainilla, algodón, indaco y de todas las otras plantas útiles al sustento, vestido y comercio de aquellas provincias y sin ellos nada se hace; de tal manera que el año de 1772 se abandonó en muchos lugares la cosecha del trigo por la enfermedad que hubo y que no permitió a los indios hacer la siega.

Pero esto es poco: ellos son los que cortan y acarrean de los bosques toda la madera necesaria; los que cortan, acarrean y labran las piedras, y los que hacen la cal, el yeso y los ladrillos. Ellos son los que fabrican todos los edificios de aquel reino, a excepción de pocos lugares en que ellos no habitan. Ellos son los que abren y componen los caminos, los que hacen los canales, diques y los que limpian las ciudades. Ellos trabajan en muchísimas minas de oro, plata, cobre, etc. Ellos son pastores, ganaderos, tejedores, loceros, panaderos, horneros, correos, cargadores, etcétera. En una palabra, ellos son los que llevan todo el peso de los trabajos públicos como es notorio en todas las provincias de aquel gran reino. Esto hacen los débiles, poltrones e inútiles americanos, mientras que el vigoroso Paw y otros infatigables europeos se ocupan en escribir invectivas contra ellos.

Estos trabajos, en los que continuamente se emplean los indios, dan a conocer su sanidad y robustez, pues no podrían resistir tan grandes fatigas si fuesen enfermizos y si por sus venas circulara una sangre dañada, como quiere Paw, quien, por hacer creer viciosa su complexión, alega todo lo verdadero o falso que pudo encontrar en los escritores de América sobre las enfermedades que reinan en algunos países particulares de aquel gran continente, y especialmente sobre el mal venéreo,

---

[14] Hubiera sido mejor decir: *en la proporción de uno a mil*, que equivale a lo mismo con números más simples.

que él cree verdaderamente americano. Del mal venéreo hablaremos en otra disertación, y respecto a las otras enfermedades, yo le concedo que en la vasta extensión de América haya algunos países en los cuales los hombres están más expuestos que en otras partes a ciertas enfermedades causadas por la intemperie del aire o la mala calidad de los alimentos; pero lo cierto es que, según muchos graves autores conocedores del Nuevo Mundo, los países americanos son, en su mayor parte, sanos, y que si los americanos quisieran corresponder a Paw y a otros europeos que escriben como él, tendrían una gran colección de buenos materiales para desacreditar el clima del Antiguo Continente y la complexión de sus habitantes en tantas enfermedades endémicas que hay en él, como la elefantiasis y la lepra de Egipto y de Siria,[15] el vérben del Asia meridional, el dragoncelo o gusano de Medina, el *pircal* de Malabar, el *yaws* o mal de Guinea, la tiriasis o enfermedad pedicular de la pequeña Tartaria, el escorbuto y la disentería boreal de los países septentrionales, la *plica* de Polonia, el bocio del Tirol y de muchos países de los Alpes, la sarna, la raquitis, la viruela,[16] y, sobre todo, la peste que tantas veces ha despoblado muchísimas ciudades y provincias enteras del Antiguo Continente y que cada año causa una grande mortandad en el Oriente, azote terrible del cual hasta ahora se ha preservado el Nuevo Mundo.

Finalmente, no se puede compaginar la pretendida debilidad y viciosa constitución de los americanos con su larga vida. Entre los americanos, a quienes las grandes fatigas y los trabajos excesivos o las enfermedades epidémicas no anticipan la muerte, hay no pocos que llegan a los ochenta, noventa y cien años, y lo que es más de admirar, sin observarse en ellos aquel estrago que causa comúnmente el tiempo en los cabellos, dientes, piel y músculos del cuerpo humano. Este fenómeno, tan admirado por los españoles habitantes de México, no puede atribuirse sino

---

[15] La elefantiasis, enfermedad endémica de Egipto y desconocida en América, fue tan común en Europa en el siglo XIII que había, según dice Mateo Paris, escritor verídico de aquel tiempo, diez y nueve mil hospitales.

[16] La viruela fue llevada a América por los europeos, como saben todos, y ha hecho allí un estrago mucho mayor que en Europa el mal venéreo. La rachitis no es conocida en el Nuevo Mundo, y ésta es, a mi juicio, la principal causa de no observarse allí aquel número de hombres imperfectos que se ve en Europa. La sarna o no la hay o es tan rara, que habiendo yo estado tantos años en algunos países del reino de México, jamás vi un sarnoso ni supe que lo hubiera. El *vómito prieto*, que parece también un mal endémico, es muy moderno y no se padece sino en algunos puertos de la zona tórrida frecuentados por los europeos. Los primeros que lo padecieron fueron los marineros de algunos navíos europeos, los cuales, después de malos alimentos de la navegación, comían excesivamente en aquellos puertos frutas del país y bebían aguardiente. Don Antonio Ulloa afirma que en Cartagena, uno de los lugares más insalubres de América, no fue conocido el *vomito prieto* antes de 1729, y comenzó por la marinería, de la armada europea, que llegó aquel año al mando de Domingo Justiniani.

a la sanidad de su complexión, a su sobriedad en la comida y a la salubridad del clima.

Lo mismo refieren de otros países del Nuevo Mundo los historiadores y otras personas que han vivido en ellos algunos años. Pero si acaso hay allí alguna región en la que no se prolongue tanto su vida, a lo menos no hay una en la cual se acorte tanto como en Guinea, Sierra Leona, el cabo de Buena Esperanza y otras provincias de África, en las cuales comienza comúnmente la vejez a los cuarenta años, y el que llega a los cincuenta es mirado como lo sería entre nosotros un octogenario.[17] De éstos sí podía decirse con razón que tienen la sangre dañada, y desordenada su constitución física.

## 2. Las almas de los mexicanos

Hemos examinado lo que dice Paw sobre las cualidades corporales de los americanos. Veamos los despropósitos que escribe contra sus almas. No ha podido encontrar en ellas sino una memoria tan débil, que hoy no se acuerdan de lo que hicieron ayer; un ingenio tan obtuso, que no son capaces de pensar ni ordenar sus ideas; una voluntad tan fría, que no sienten los estímulos del amor; un ánimo opacado y un genio estúpido e indolente. Finalmente, pinta con tales colores a los americanos y envilece de tal modo sus almas, que aunque algunas veces se irrita contra los que pusieron en duda su racionalidad, no dudo que si entonces se le hubiera consultado, se hubiera declarado contra el parecer de los racionalistas.

Bien sé que otros muchos europeos y, lo que es más de admirar, muchos de sus hijos o descendientes que han nacido en la misma América piensan como Paw, unos por ignorancia, otros por falta de reflexión o prevención hereditaria; pero todo esto y mucho más que hubiera no bastaría a desmentir nuestra propia experiencia y el testimonio de otros europeos, cuya autoridad vale mucho más, así porque eran hombres de gran juicio, doctrina y experiencia de aquellos países, como porque testificaron en favor de hombres extranjeros contra sus principios nacionales. Son tantos los testimonios y razones que podemos

---

[17] Los hotentotes, dice Buffon, viven poco, pues apenas pasan de los cuarenta años. Drak testifica que ciertos pueblos en la frontera de los desiertos de Etiopía, por la escasez de víveres, se alimentan de langostas saladas, y que un alimento tan malo les daña y cuando se acercan a los cuarenta años engendran en sus cuerpos ciertos insectos volantes, que les acarrean la muerte devorándoles primero el vientre, después el pecho y finalmente los huesos. Estos insectos, como también los que devoran a los habitantes de la pequeña Tartaria, según confiesa el mismo Paw, bastan a los americanos para corresponder con creces a los gusanos que dice haber encontrado en no sé qué pueblo de América.

exponer en favor de las almas de los americanos, que se podría formar un gran volumen; pero dejando por ahora la mayor parte por no hacer muy difusa y molesta esta disertación, nos contentaremos con pocos testimonios que valen por mil.

El ilustrísimo Juan de Zumárraga, primer obispo de México, prelado de feliz memoria y sumamente estimado de los Reyes Católicos por su doctrina, su vida inmaculada, celo pastoral y apostólicas tareas, en su carta de 1531 al capítulo general de los franciscanos congregados en Tolosa dice que los indios "son castos y muy ingeniosos, principalmente para el arte de la pintura. Les han tocado en suerte almas buenas. Alabado sea por todo el Señor".

Si Paw no aprecia el testimonio de este venerabilísimo prelado (a quien llama *Sumarica* y bárbaro por la autoridad que se ha arrogado para injuriar a aquellos cuyos dictámenes no se conforman a su equivocado sistema de la degeneración) lea lo que escribe el ilustrísimo fray Bartolomé de las Casas, primer obispo de Chiapas, que conocía a los indios muy bien, como que tuvo de ellos una gran experiencia por tantos años en diversos países de América. En su memorial a Felipe II, habla así: "Son también [los americanos] de claros y vivos ingenios, muy dóciles y capaces de toda buena doctrina, aptísimos para recibir nuestra santa fe y de virtuosas costumbres, y aquellos entre todos los pueblos del mundo que tienen para esto menos impedimento". Casi los mismos términos usa en su impugnación al doctor Sepúlveda. "Tienen —dice— los indios la mente tan buena y el ingenio tan agudo y tanta docilidad y capacidad para las ciencias morales y especulativas, y son por la mayor parte tan racionales en su gobierno político, como se ve en muchas de sus leyes justísimas, y están tan adelantados en las cosas de nuestra santa fe y religión, las buenas costumbres y la corrección, en donde quiera han sido instruidos por religiosos y personas de buena vida, y tanto se adelantan en el día, cuanto cualquiera otra nación desde los tiempos apostólicos acá." Ahora bien, pues Paw cree todo lo que este docto, ejemplar e infatigable prelado escribe contra los españoles, a pesar de no haber existido la mayor parte de los hechos que refiere, deberá mucho más creer lo que el mismo obispo, como testigo ocular y tan enterado declara en favor de los americanos, pues se necesita mucho menos para persuadirnos de que los americanos son de buen genio y buena índole, que para hacernos creer los horrendos e inauditos atentados de los conquistadores.

Mas si no quiere admitir el testimonio de aquel famoso obispo, porque lo reputa, aunque injustamente, enredador y ambicioso, lea la deposición del ilustrísimo fray Julián Garcés, primer obispo de Tlaxcala, hombre doctísimo y con razón estimado y alabado de su famoso maestro Antonio de Nebrija, restaurador de la literatura en España. Este insigne prelado, en su grave carta latina al papa Paulo III (1536) después de diez años de continua experiencia y observación ocular de los americanos, entre los muchos elogios con que celebra su buena índole y las dotes de sus almas, alaba su ingenio y en cierto modo lo ensalza sobre el de los españoles, como puede verse en el lugar que abajo copiamos.[18] ¿Quién habrá, pues, que no dé mayor crédito a estos venerables tres obispos, que, a más de las ventajas de su probidad, doctrina y carácter, tuvieron también la de su larga experiencia de los americanos, que no han tenido otros escritores, que o jamás vieron a los americanos o los vieron sin reflexión, o descansaron más de lo conveniente en informes de hombres ignorantes, prevenidos o interesados?

Pero si, finalmente, Paw rehusa la declaración de estos tres testigos, aunque respetables, porque eran religiosos, de los que cree propia la imbecilidad del entendimiento, no podrá menos que rendirse al juicio del famoso obispo de Puebla, el ilustrísimo Palafox. Paw, aunque prusiano y filósofo, llama a aquel prelado "venerable siervo de Dios".[19] Pues si le da tanto crédito en lo que escribe contra los jesuitas en propia causa, ¿por qué no deberá creerlo en lo que escribe en favor de los americanos? Lea, pues, la obra de aquel prelado, compuesta para manifestar la índole, ingenio y virtudes de los indios: *Las virtudes del indio, o la naturaleza y costumbres de la Nueva España*.

A pesar del odio implacable que tiene Paw a los eclesiásticos de la Iglesia romana, y sobre todo a los jesuitas, alaba la *Historia natural y moral* del P. Acosta, y la llama, con razón, "obra excelente". Pues este juicioso, imparcial y doctísimo español, que vio y observó con sus propios ojos a los americanos, así en el reino del Perú como en el de México, emplea todo el Libro VI de aquella "obra excelente", en demostrar la buena razón de los mismos americanos por medio de la exposición de su gobierno antiguo, leyes, historias en pinturas y cordones, calendarios, etc. Basta para informarse de su juicio en esta materia leer el primer capítulo de aquel libro. Suplico, tanto a Paw como a mis

---

[18] "Nunc vero de horum sigillatim Hominum ingenio, quos vidimus ab hinc decennio quo ego in patria conversatus eorum potui perspicere mores, ac ingenia perscrutari, testificanscoramte, Beatissime Pater, qui Christi in terris vicarium agis, quod vidi, quod audivi et mostrae, contrectaverunt de his progenitis ab Ecclesia perqualecumque ministerium meun, in verbo vitae, quod singula singulia referendum, idest, paribus paria, rations optimae, compotes sunt integri sensus ac capitis, sedinsuper nostratibus pueri istorum et vigori spiritus, et sensurum vivucitate dexteriore in omni agibili, et inteligibili prestantiores reperiuntur." Esta carta se halla en latín en el primer tomo de los Concilios mexicanos (México, 1779) y en francés en la misma *Historia de la América*, del P. Touron, que Paw alega contra los americanos.

[19] *Recherch, philosoph.* Part. 6, letrr. 4.

lectores, que lo lean atentamente, porque hay en él cosas dignas de saberse. En él reconocerá Paw el origen del error en que han incurrido él y muchísimos europeos, y advertirá la diferencia entre ver las cosas con ojos oscurecidos por la pasión y examinarlas con juicio e imparcialidad. Paw reputa bestiales a los americanos; Acosta, por el contrario, reputa necios y presuntuosos a los que piensan así. Paw dice que los más hábiles americanos eran inferiores en industria y sagacidad a las naciones más rudas del Antiguo Continente; Acosta ensalza con elogios el gobierno político de los mexicanos sobre el de muchas repúblicas de Europa. Paw no encuentra en la conducta racional y política de los americanos sino barbarie, extravagancia y brutalidad, y Acosta encuentra leyes admirables y dignas de conservarse aun en su cristianismo. ¿A cuál de estos dos autores debemos dar crédito? La imparcialidad de nuestros lectores decidirá.

No puedo dejar de copiar aquí un lugar de las *Investigaciones filosóficas*, en que se muestra Paw no menos maldiciente que enemigo de la verdad. "Al principio —dice— no fueron reputados por hombres los americanos, sino más bien sátiros o monos grandes que podían matarse sin remordimiento o represión. Al fin, por añadir lo ridículo a las calamidades de aquellos tiempos, un papa hizo una bula original, en la cual declaró que, deseando fundar obispados en las provincias más ricas de América, le agradó a él y al Espíritu Santo reconocer por verdaderos hombres a los americanos; y así sin esta decisión de un italiano, los habitantes del Nuevo Mundo serían aún, a los ojos de los fieles, una raza de hombres equívocos. No hay ejemplar de semejante decisión desde que este globo está habitado por hombres y moros." Dios quisiera que ni tampoco hubiese en el mundo otro ejemplar de calumnias e insolencias como las de Paw; pero para que se vea más su malignidad, copiaremos aquella decisión papal, después de haber expuesto la causa que la motivó.

Algunos de los primeros europeos que se establecieron en América, no menos poderosos que avaros, queriendo enriquecerse más en detrimento de los americanos, los tenían continuamente ocupados y se servían de ellos como de esclavos, y para evitar las represiones que les hacían los obispos y los misioneros a fin de que tratasen con humanidad a aquellos pueblos y les dejasen algún tiempo para instruirse en la religión y satisfacer sus obligaciones con la Iglesia y sus familias, promovían que los indios eran por naturaleza siervos e incapaces de instrucción, y otros semejantes despropósitos, que menciona el cronista Herrera.[20]

---

[20] *Paulas papa III universis Christi Fidelibus praesentes Litteras inspecturis Salutem et Apostolicam benedictionem—* "*Veritas ipsa, quae nec falli, nec fallere potest, cum praedicatores fidei ad officium praedicationis destinaret, dixisse dignocitur*: Euntes docete omnes gentes: *omnes*

No pudiendo aquellos celosos eclesiásticos ni con su autoridad ni con sus sermones sustraer a los miserables neófitos de la tiranía de los avaros, ocurrieron a los Reyes Católicos, y finalmente consiguieron de su equidad y clemencia las leyes tan favorables a los americanos y tan honoríficas a la corte de España que se leen en la "Nueva recopilación de las leyes de Indias", que se debieron principalmente al celo infatigable del ilustrísimo Las Casas. Por otra parte, el ilustrísimo fray Julián Garcés, obispo de Tlaxcala, sabiendo que los españoles, a pesar de su perversidad, tenían gran respeto a las decisiones del vicario de Jesucristo, ocurrió en 1536 al papa Paulo III, por medio de la famosa carta ya mencionada, representándole los males que sufrían los indios de aquellos malvados cristianos y suplicándole interpusiese su autoridad. El papa, movido de tan graves representaciones, expidió el año siguiente la bula *original,* que no fue hecha, como es manifiesto, para declarar verdaderos hombres a los americanos, sino solamente para sostener los derechos naturales de los americanos contra las tentativas de sus perseguidores y para condenar la injusticia e inhumanidad de los que, con el pretexto de que los indios eran idólatras o incapaces de instrucción, les quitaban las propiedades y la libertad y se servían de ellos como de bestias.

Los españoles hubieran sido aún más necios que los más rudos salvajes del Nuevo Mundo, si para reconocer por verdaderos hombres a los americanos hubiesen tenido que esperar la decisión de Roma. Lo cierto es que mucho antes de que el papa expidiese aquella bula, los Reyes Católicos habían recomendado encarecidamente la instrucción de los americanos, dando las órdenes más estrechas para que fuesen bien

*dixit absque omni delectu, cum omnes fidei disciplinae capaces existant. Quod videns, et invidens ipsius humani generis aemulus, qui bonis operibus, ut percant, semper adversatur, modum excogitavit hactenus inauditum, quo impediret, ne Verbum Dei gentibus, ut salvae fierent praedicaretur; ac quosdam suos satellites conmovit qui suam cupiditatem adimplere cupientes Occidentales ac Meridionales Indos et alias gentes quae temporibus istis ad nostram notitiam pervenerunt sub praetextu quod Fidei Catholicae expertes existant, uti bruta animalia, ad nostra obsequia, redigendos esse passin aserere praesumant, et eos in servitutem redigunt tantis, afflictionibus illos urgentes, quantis vix bruta animalia illis servetia urgeant. Nos igitur qui ejusdem, Domini nostri vices, licet, indigni, gerimus in terris et oves gregis sui nobis commissas, quae extra ejus ovle sunt, ad ipsum ovile toto nixu exquirimus, attendentes Indos ipsos, utpote veros homines, nom solum Christianae Fidei capaces existere, sed ut nobis innotuit, ad Fidem ipsam promptisime currere, ac volentes super his congruis remediis providere, praedictos Indos, et omnes alias gentes ad notitiam Christianorum in posterum deventuras, licet extra Fidem Christi existant, sua libertate, et dominio hujusmodi uti, et gaudere libere, et licite posse, nec in servitutem redigi debere, ac quidquid secus fieri contigerit irritum et inane ipsosque Indos, et alias gente Verbi Dei praedicatione, et ejemplo bonae vetae ad dictaum Fidem Christi invitandos fore Autoritate Apostólica per praesentes Litteras decernimus, et declaramus non obstantibus premissis caeterisque contrariis quibuscumque. Datum Romae anno 1537. IV Non. Jun. Pontificatus nostri anno III."*

tratados y no se les hiciese ningún daño en sus haberes o su libertad,[21] enviando al Nuevo Mundo algunos obispos y algunos centenares de misioneros a expensas del real erario para que predicasen a aquellos sátiros la fe de Jesucristo y los instruyesen en la vida cristiana.

En 1531, seis años antes de que se publicase la bula, los misioneros franciscanos ya habían bautizado en el reino de México más de un millón de aquellos sátiros, como testifica el ilustrísimo Zumárraga,[22] y en 1534 se había ya fundado en Tlatelolco el seminario de Santa Cruz para la instrucción de un buen número de monitos, en donde éstos aprendían la lengua latina, la retórica, la filosofía y la medicina.[23] Si desde el principio fueron reputados sátiros los americanos, ninguno podrá decirlo mejor que Cristóbal Colón, su descubridor. Oiga, pues, cómo habla el célebre almirante en su relación a Fernando e Isabel, de los primeros sátiros que vio en la isla Haití o Española: "Juro a VV. AA. que no hay en el mundo gente mejor que ésta, ni tan amorosa, afable y pacífica. Aman a sus prójimos como a sí mismos; su lenguaje es el más suave, el más dulce, el más alegre, pues siempre hablan sonriéndose, y aunque andan desnudos, créanme VV. AA. que tienen costumbres muy laudables y que su rey es servido con gran majestad, el cual tiene modales tan agradables que causa grande placer el verlo, como también el considerar la gran tentativa de aquel pueblo y el deseo de saberlo todo, el cual los obliga a preguntar las causas y los efectos de las cosas".[24]

¡Cuánto mejor sería para nosotros que el mundo estuviese habitado por semejantes sátiros, y no por hombres mentirosos y calumniadores! Por lo demás, pues Paw empleó diez años en averiguar las cosas de América, debía saber que en los países del Nuevo Mundo sujetos a los españoles no se han fundado nunca otros obispados que los que ha querido el rey católico. A él le toca, por el patronato que tiene en las iglesias americanas, autorizado desde 1508 por el papa Julio II para la fundación de los obispados y la presentación de los obispos. Con que afirmar que Paulo III quiso reconocer por verdaderos hombres a los americanos por fundar obispados en las provincias más ricas del Nuevo Mundo es una temeraria calumnia de un enemigo de la Iglesia romana; por el contrario, si él no hubiese tenido obcecado el entendimiento por el odio, debería más bien alabar el celo y la humanidad que manifiesta aquel papa en la mencionada bula.

---

[21] Las órdenes de los Reyes Católicos sobre la conversión de los americanos antes de aquella bula, y las leyes que publicaron en favor de aquellas naciones, pueden verse en las *Décadas* de Herrera y en el *Código indiano*.
[22] Carta al capítulo general de los franciscanos en Tolosa.
[23] Torquemada, *Monarquía indiana* (Lib. 15, cap. 43), refiere la erección solemne del seminario de Santa Cruz, hecha por el primer virrey de México con intervención de dos obispos.
[24] *Historia de don Cristóbal Colón* (Cap. 32) por su hijo Fernando.

El Dr. Robertson, que adopta en gran parte las extravagantes opiniones de Paw, habla así de los americanos en su *Historia de América* (Lib. VIII): "Algunos misioneros, atónitos igualmente de la lentitud de su comprensión y de su insensibilidad, los calificaron por una raza de hombres tan degenerada, que son incapaces de entender los primeros rudimientos de la religión". Quiénes eran estos misioneros y qué valor haya que dar a su sentencia, nadie podría juzgarlo mejor que el ilustrísimo Garcés, en la referida carta al papa Paulo III. Léase lo que copiamos de ella,[25] en que se ve que las causas de este error son la ignorancia y la desidia de aquellos misioneros, y, yo añado, las falsas ideas que les inspiraron desde la primera edad. Casi lo mismo que el ilustrísimo Garcés dicen el ilustrísimo Las Casas, Acosta y otros graves escritores de la América.

"Un concilio celebrado en Lima —continúa el doctor Robertson— decretó que por razón de esta imbecilidad debían ser excluidos del sacramento de la Eucaristía. Y aunque Paulo III, en su bula de 1537, los declarase criaturas racionales y capaces de todos los privilegios de los cristianos, sin embargo, después de dos siglos son tan imperfectos sus progresos en el conocimiento, que poquísimos tienen el discernimiento intelectual necesario para ser juzgados dignos de acercarse a la sagrada mesa... Aun después de la más continua instrucción, su creencia es tenida por débil y dudosa, y aunque algunos de ellos hayan llegado extraordinariamente a aprender las lenguas doctas, y pasado con aplauso el curso de una educación académica, su debilidad es siempre tan sospechosa, que ningún individuo se ha ordenado jamás de presbítero, y raras veces se ha recibido una orden." He aquí en pocas palabras, por lo menos cuatro errores: 1º Que un concilio de Lima haya incluido a los indios del sacramento de la Eucaristía por su imbecilidad. 2º Que Paulo III declaró a los indios criaturas racionales. 3º Que poquísimos indios

---

[25] "*¿Quis tam impudenti animo, ac perfricata fronte incapaces fidei asserere audet, quos mechanicarum artium capacíssimos intuemur, ac quos etiam at ministerium nostrum redactos bonae indolis, fideles, et solertes experimur? Et si quando, Beatissime Pater, Tua Sanctitas aliquem religiosum virum in hanc declinare sententiam audierit, etsi eximia integritate vitae, vel dignitate fulgere videatur, is, non ideo quicquam illi hac in re prestet auctoritatis, sed eumdem parum aut nihil insudasse in illorum conversione certo certius arbitretur, ac in eorum addiscenda lingua, aut investigandis, ingeniis parum studisse perpendat; nan qui in his charitate christiana laborarunt non frustra in eos jactare retia caritatis affirmant; illi vero qui solitudine dediti, aut ignavia praepediti nemimem ad Christi cultum sua industria reduxerunt, ne inculpari possint quod inutiles fuerint quod proprae negligentia vitium est, id infidelium imbellicitare adseribunt, veramque suam decidiam falsae incapacitates inpositione defendunt, ac nom minorem culpam in excusatione commitunt, quam erat illa, a qua liberari conatur. Laedit namque summe istud hominum genus talia asserentium hanc Indorum miserrimam turbam; nam aliquos religiosos viros retrahunt, ne ad eosdem in fide instruendos proficiscantur quamobrem nonnulli Hispanorum, qui ad ilos debellandos acedunt, borum freti judicio illes negligere, perdere ac macture opinare solentnon esse flegitium.*" *Ex litteris Julliam Garcés Ep. Hras. ad Paulum III. Pont Max.*

poseen el necesario discernimiento intelectual para ser juzgados dignos de acercarse a la sagrada mesa. 4° Que ningún indio jamás se ha ordenado de presbítero.

Es cierto que en una congregación de eclesiásticos tenida en Lima en 1552, que fue llamada Primer Concilio Limense, aunque no fue concilio ni tuvo jamás autoridad conciliar, se mandó que no se administrase la Eucaristía a los indios hasta que no estuviesen perfectamente instruidos y persuadidos de las cosas de la fe; porque aquel Sacramento es comida de perfectos, no porque ellos fuesen creídos imbéciles. Esto consta por testimonio del I Concilio Provincial (llamado vulgarmente II), celebrado en Lima en 1567, el cual mandó a los párrocos administrar este Sacramento a todos los indios que hallaron bien dispuestos.[26] Pero no bastando aquella orden para hacer ceder a los eclesiásticos, de lo que se quejó con razón el P. Acosta, el II Concilio Limense (1583) que presidió Santo Toribio de Mogrovejo, trató de remediar tales desórdenes con los decretos que ponemos aquí abajo,[27] en los que se ve que igualmente y por los mismos motivos negaban la Eucaristía a los indios de África; que las verdaderas causas de negarlo eran, a juicio del concilio, la negligencia o desidia, y el celo indiscreto y mal entendido de aquellos párrocos, y que el concilio se creyó obligado a poner remedio a un tan grave desorden con nuevos decretos y severos castigos. Bien sé que tampoco estos respetables decretos fueron exactamente cumplidos y fue

---

[26] *Quamquam omnes Christiani adultiutriusque sexus teneantur Sanctissimun Eucharistiae Sacramentum accipere singulis annis saltem in Paschate bujus tamen Provincia Antistites cum animadverteren gentem hanc Indorum et recentem esse et infantilem in fide, atque id illorum salutie expedire judicarent, statuerunt ut usque dum fidem perfectae tenerent, hoc divino Sacramento quod est perfectorum, cibus, non communicarentur, excepto si quis ei percipiendo satis idoneus videretur. Placuit huic Santae Sinodo monere, prout serio monet, omnes Indorum Parochos ut quos audita confessione, perspexerint, hunc coelestem cibum a reliquo corporali discernere, atque eumdem devote cupere, et poscere, quoniam sine causa neminem divino alimento privare possumus, quo tempora caeteris Christianis solent, Indes omnibus administrent.* Conc. Lim, I vulgo II, cap. 58.

[27] *Coeleste Viaticum, quod nulli ex hac vita migranti negat Mater Ecclesia, multis abhinc omnis Indis, atque Aethiopibus, caeterisque personis miserabilibus praeberi debere concilium Limense constituit. Sed tamen Sacerdotum plurium vel negligentia vel zelo quodam praepostero, atque intempestivo illis nihilo magis bodie praebetur. Quo fit, ut imbecilles animae tanto bono, tamque necesario priventur. Volens igitur Sancta Sinodus ad executionem perducere, quae Christo, duce ad salutem Indorum ordinata sunt, severe paecipit omnibus Parochis ut extreme laborantibus Indis atque Aethiopibus, viaticum administrare non pretermittant, dummodo in eis debitam dispositionem agnoscant, nempe fidem in Christum, et poenitentiam in Deum suo modo. Porro Parochos, qui a prima hujus decreti promulgatione negligentes fuerint noverint se, praeter divinae ultionis judicium, etiam poenas arbitrio ordinariorum, in quo conscientae onerantur, daturos: atque in visitiationibus in illos de hujus statuti observatione specialiter inquirendum.* Conc. Lim. II, vulgo III, Act. 2, cap. 19.

*In Paschate saltem Eucharistiam ministrare Parochus non praetermittate iis, quos et satis instructos, et correctione vitae idoneos judicaverit, ne et ipse alioqui eclesiasstici praecepti violati reus sit, Ibid,* cap. 20.

necesario que de nuevo se inculcasen, por los sínodos diocesanos de Lima, La Plata, La Paz, Arequipa y el Paraguay; pero esto demuestra más bien la obstinación de aquellos eclesiásticos que la incapacidad de los americanos.

Respecto a la bula de Paulo III, ya hemos demostrado que no trató de declarar hombres a los americanos, sino, supuesta su racionalidad —de que no podían dudar sino los brutos, si fueran capaces de dudas—, condenó la injusticia de sus agresores.

En cuanto al tercer error, omitiendo por ahora lo que toca a otros países de América por no necesario, es cierto y notorio que en toda Nueva España los indios están al par que los españoles obligados a recibir la sagrada Eucaristía en la Pascua, a excepción de los neófitos de las provincias remotas, que se admiten o no a la sagrada mesa, según el juicio de los misioneros. "En las tres audiencias en que está dividida la Nueva España, hay —dice Robertson— al menos dos millones de indios." Estoy seguro que este número es muy inferior al verdadero; pero aceptémoslo. No son, pues, "poquísimos los indios que poseen tal porción de discernimiento intelectual, que se juzguen dignos de acercarse a la sagrada mesa", a menos que dos millones le parezcan poquísimos a Robertson o tenga por temerarios a tantos obispos y párrocos que no sólo admiten, sino también obligan a los indios a comulgar. ¿Y qué será si a este número se agregan los indios de muchas provincias de la América meridional, igualmente obligados a recibir la sagrada Eucaristía?

No es menos grosero su cuarto error de que ningún indio se ha ordenado jamás de presbítero. Es de admirar que un escritor que reunió una biblioteca tan grande de escritores de América y a quien se hicieron de Madrid tantas relaciones de las cosas del Nuevo Mundo haya sido, tanto en este como en otros puntos, tan mal informado. Sepa el Dr. Robertson que, aunque el I Concilio Provincial celebrado en México (1555) prohibiese que se ordenaran los indios, no por su incapacidad sino porque se creía que del envilecimiento de su condición redundaría alguna infamia al estado eclesiástico, el III Concilio Provincial (1585), que fue el más célebre de todos y cuyas decisiones están en vigor, permite que se ordenen de presbíteros con tal que se tenga mucho cuidado en admitirlos a los sagrados órdenes.

Pero conviene saber que los decretos de uno y otro concilio comprenden igualmente y en los mismos términos a indios y mulatos, esto es, a los que nacen o descienden de padre europeo y madre africana o al contrario; y sin embargo, nadie duda del gran talento y capacidad de los mulatos para aprender todas las ciencias. Torquemada, que escribió en los primeros años del siglo XVII, dice[28] que solían no admitirse los indios en las órdenes religiosas ni ordenarse de presbíteros por su mucha inclinación a la embriaguez; pero también testifica que en su tiempo algunos indios sacerdotes eran muy sobrios y ejemplares; de manera que hace lo menos ciento sesenta años que comenzaron a ordenarse los indios.

De entonces acá ha habido tantos sacerdotes americanos en Nueva España, que podrían contarse por millares, entre los cuales algunos centenares de párrocos, algunos canónigos y doctores,[29] y también, según se cree, un obispo doctísimo.[30] Actualmente hay muchísimos presbíteros, no pocos párrocos, entre los cuales hay tres o cuatro de mis discípulos. Pues si en una cuestión como ésta erró tan groseramente Robertson, ¿qué será de otra que no pueden averiguarse tan fácilmente por un autor que escribe tan lejos de aquellos países sin haberlos visto jamás?

Yo, por el contrario, traté íntimamente a los americanos; viví algunos años en un seminario destinado a su instrucción; vi la erección y los progresos del real colegio de Guadalupe, fundado en México por un jesuita mexicano para la educación de niñas indias; tuve después algunos indios entre mis discípulos; traté a muchos párrocos americanos, a muchos nobles y a muchísimos artesanos; observé atentamente su carácter, genio, inclinaciones y modo de pensar, y, a más de esto, he examinado con mucha diligencia su historia antigua, religión, gobierno, leyes y costumbres. Después de una experiencia tan grande y de un estudio tan prolijo, por el que creo poder decidir con menos peligro de errar, protesto a Paw y a toda Europa que las almas de los mexicanos en nada son inferiores a las de los europeos; que son capaces de todas las ciencias, aun las más abstractas, y que si seriamente se cuidara de su educación, si desde niños se criasen en seminarios bajo buenos maestros y si se protegieran y alentaran con premios, se verían entre los americanos, filósofos, matemáticos y teólogos que pudieran competir con los más famosos de Europa.

---

[28] *Monarchia Ind.*, lib. 17, cap. 18.

[29] Entre estos doctores americanos es digno de particular mención don Sebastián Grijalva, nativo de Ocozoquauhtla, lugar grande de la diócesis de Chiapa. Éste, habiendo ido a España, se doctoró en sagrada teología en la famosa Universidad de Salamanca y adquirió gran reputación por su doctrina. Regresado a América, fue párroco de su patria e hizo en ella tales reglamentos para la civil y cristiana conducta de sus vecinos, que su parroquia podía ser modelo de todas las de América, y hasta ahora se ven los efectos. Escribió una docta obra teológica sobre la inmaculada concepción de la santísima Virgen, cuyo original se conserva en la biblioteca de los jesuitas de Ciudad Real, capital de aquella diócesis.

[30] Juan de Merlo, obispo de Honduras y doctísimo en los sagrados cánones, vicario general del ilustrísimo Palafox. No he podido encontrar aquí ningún autor que haga mención de aquel obispo, pero la opinión general lo cree indio.

Pero es muy difícil, por no decir imposible, hacer progresos en las ciencias en medio de una vida miserable y servil y de continuas incomodidades. El que contemple el estado presente de Grecia no podría persuadirse que en ella había habido antes aquellos grandes hombres que sabemos, si no estuviera asegurado, así por sus obras inmortales como por el consentimiento de todos los siglos. Pues los obstáculos que tienen actualmente que superar los griegos para hacerse doctos no son comparables con los que siempre han tenido y tienen todavía los americanos. Con todo esto, yo querría que Paw y todos cuantos piensan como él se hallasen presentes, sin ser observados, en los consejos o juntas que celebran en ciertos días, para deliberar sobre los negocios que ocurren, los americanos que tienen alguna apariencia de superioridad en sus pueblos, y oyesen cómo arengan y discurren aquellos sátiros del Nuevo Mundo.

Finalmente, toda la historia antigua de los mexicanos y peruleros da a conocer que saben pensar y ordenar sus ideas, que son sensibles a las pasiones de la humanidad, y que los europeos no han tenido otra ventaja sobre ellos que la de ser mejor instruidos. El gobierno político de los antiguos americanos, sus leyes y artes demuestran evidentemente su buen ingenio. Sus guerras hacen ver que sus almas no son insensibles a los estímulos del amor, como piensan Buffon y Paw, pues algunas veces tomaron las armas por intereses amorosos.

Por lo que respecta a su valor, hemos expuesto sinceramente al hablar de su carácter lo que hemos observado en los americanos presentes y lo que juzgamos de los antiguos. Mas como Paw presenta la conquista de México como una prueba convincente de su cobardía, conviene iluminar su ignorancia o, más bien, convencer su mala fe.

"Cortés, dice (Part. 1), conquistó el imperio de los mexicanos con cuatrocientos cincuenta vagabundos y quince caballos mal armados; su miserable artillería consistía en seis cañoncillos, que en el día no son capaces de causar miedo a un fortín defendido por inválidos. Durante su ausencia, mantuvo en respeto a la capital con la mitad de sus tropas. ¡Qué hombres! ¡Qué sucesos!"

"Ello es constante —añade— por la declaración de todos los historiadores, que los españoles entraron la primera vez en México sin disparar un solo tiro de su artillería. Si el título de héroe conviene al que tiene la desgracia de hacer morir un gran número de animales racionales, Fernando Cortés podría pretenderlo; por lo demás, yo no veo qué verdadera gloria haya adquirido, arruinando una monarquía vacilante, que igualmente podría ser destruida por cualquier asesino de nuestro continente."

Estos lugares de las *investigaciones filosóficas* manifiestan que Paw ignoraba la historia de la conquista de México, o, lo que es más verosímil, que maliciosamente calla lo que desmentía su sistema, pues todos los que han leído la referida historia saben que la conquista de México no se hizo con cuatrocientos cincuenta hombres, sino con más de doscientos mil. El mismo Cortés, a quien interesaba más que a Paw disminuir el número de los conquistadores para representar más grande su valor y más gloriosa su conquista, confiesa el excesivo número de aliados que estaban a sus órdenes en el asedio de la capital y que peleaban con mayor furor contra los mexicanos que los mismos españoles.[31] Consta de la relación a Carlos V que el asedio de México se comenzó con ochenta y siete caballos, ochocientos cuarenta y ocho infantes españoles, armados de escopetas, ballestas, espadas y lanzas, y más de setenta y cinco mil aliados tlaxcaltecas, huexotzincas, cholultecas y chalqueños, armados de varias suertes de armas; con tres grandes cañones de fierro y quince pequeños de bronce y con trece bergantines.

En el curso del asedio se agregaron las numerosas naciones de los otomíes, cohuixcas y matlatzincas, y las tropas de las populosas ciudades de las lagunas. Así, el ejército de los sitiadores no sólo excedió de doscientos mil, sino que llegó a doscientos cuarenta mil, según la misma carta de Cortés, y, a más de esto, tres mil canoas que vinieron en su auxilio. Yo pregunto a Paw, ¿le parece cobardía haber sostenido setenta y cinco días el asedio de una ciudad abierta, peleando diariamente con un ejército tan grande y en parte provisto de armas tan superiores y, sobre todo, luchando contra el hambre y la sed? ¿Merecen el cargo de cobardes los que, después de haber perdido siete de las ocho partes de la ciudad y cerca de ciento cincuenta mil hombres de sus vecinos, parte muertos al filo de la espada y parte de hambre y de enfermedad, continuaron defendiéndose hasta ser furiosamente asaltados y oprimidos en el último rincón que les quedaba?

"Es cierto, dice Paw, por la deposición de todos los historiadores, que los españoles entraron la primera vez en México sin disparar un solo tiro de artillería." ¡Oh, qué bello argumento, digno de la lógica de Paw! Si los mexicanos fueron cobardes porque los españoles entraron la primera vez en México sin disparar ni un solo tiro de artillería, podremos también decir que son cobardes los prusianos porque los embajadores de algunas cortes de Europa entran en Berlín sin disparar ni un solo tiro de fusil. ¿Quién no sabe que los españoles fueron entonces admitidos como embajadores del monarca de Oriente? Véase lo que refieren los historiadores y, sobre todo, el mismo Cortés, que se

---

[31] Carta a Carlos V (Coyoacán, 1522) y también la *Historia* de Bernal Díaz del Castillo.

fingió embajador del rey católico. Si los mexicanos hubieran querido entonces oponerse, como se opusieron la segunda vez, ¿cuándo hubieran sido capaces los españoles de entrar con solos seis mil hombres, habiéndoles sido tan difícil la segunda entrada con doscientos mil?[32]

Respecto a lo que añade Paw contra Cortés, yo ni quiero hacer la apología de este conquistador, ni puedo sufrir el panegírico que, en lugar de historia, escribió Solís; pero cualquier hombre imparcial y bien instruido en la historia de las acciones militares de aquél deberá confesar que en valor, constancia y prudencia militar puede competir con los más famosos generales, y que tuvo aquella especie de heroísmo que reconocemos en los Alejandros y Césares, en quienes se alaba la magnanimidad a pesar de los vicios con que estaban manchados.

Las causas de la rapidez con que los españoles conquistaron América han sido en parte expuestas por el mismo Paw. "Yo confieso, dice, que la artillería era un instrumento destructor y omnipotente que debía necesariamente domar a los mexicanos." Si a la artillería se agregan las otras armas superiores, los caballos y la mejor disciplina militar de los conquistadores, y la división de los conquistados, se verá que no hay razón para censurar a los americanos de pusilánimes ni para admirarse de la violenta destrucción del Nuevo Mundo. Imagínese Paw que al tiempo de las estrepitosas y crueles facciones de Sila y Mario hubieran los atenienses inventado la artillería y otras armas de fuego y, proveídos de ellas sólo seis mil hombres y unidos no a todo el ejército de Mario sino solamente a una parte de sus tropas, hubieran emprendido la conquista de Italia. ¿Cree Paw que no la hubieran conseguido, a pesar del poder de Sila, del valor y disciplina de las tropas romanas, del número de las legiones y la caballería, de la multitud de sus armas, de sus máquinas y fortificaciones de sus ciudades?

¿Cuánto terror no hubiera causado en los ánimos de los más valientes centuriones, así el horrendo estrépito de la artillería como la violencia destructora de las balas, con las cuales se verían desaparecer filas enteras? ¿Pues qué habrá sido entre aquellas naciones del Nuevo Mundo que no tenían ni las armas, ni la caballería, ni la disciplina, ni las máquinas, ni las fortificaciones de los romanos? Es, por el contrario, verdaderamente admirable que los valientes españoles, con toda su disciplina, artillería y armas de fuego, no hayan podido en más de dos siglos sujetar en la América meridional a los guerreros araucanos,

---

[32] En Nueva España, dice Acosta, la ayuda de los de la provincia de Tlaxcala, por la perpetua enemistad que tenían con los mexicanos, dio a Cortés y a los suyos la victoria y señorío de México, y sin ellos fuera imposible ganarla ni aun sustentarse en la tierra. Quien estima poco a los indios y juzga que con la ventaja que tienen los españoles de sus personas, caballos y armas ofensivas y defensivas podrían conquistar cualquiera nación de indios mucho se engaña. *Historia natural y moral* (Lib. 7, cap. 28).

armados solamente de lanzas y de mazas, ni en la América septentrional a los apaches, armados de arco y flecha, y, sobre todo, lo que parece increíble pero es cierto, solos quinientos hombres de la nación de los seris han sido por muchos años el azote de los españoles de Sonora y Sinaloa.

Finalmente, omitiendo otros muchos despropósitos de Paw contra los americanos por no fatigar a los lectores, no puedo disimular la atroz injuria que les hace en materia de costumbre. Cuatro son los principales vicios con que infama a los americanos: glotonería, embriaguez, ingratitud y pederastia o sodomía.

Yo jamás había oído censurar a los indios de glotonería antes de dar en el lugar citado de La Condamine y adoptado por Paw. No he encontrado ningún autor instruido en las cosas de América que no elogie la sobriedad de los americanos en comer. Vea quien quiera lo que dicen Las Casas y Garcés, el Conquistador Anónimo, Oviedo, Gómara, Acosta, Herrera, Torquemada, Betancourt y otros.[33] Casi todos los historiadores refieren la admiración que causó a los españoles la parsimonia de los indios y, por el contrario, la admiración de los indios viendo a los españoles comer más en un día que ellos en una semana, y, para decirlo en pocas palabras, la sobriedad de los americanos es tan notoria que sería superflua su defensa en este punto. La Condamine vio tal vez comer ansiosamente a algunos indios hambrientos en su viaje por el río Marañón, y de aquí se persuadió, como sucede con frecuencia a los viajeros, que eran glotones. Lo cierto es que Antonio Ulloa, que estuvo en América con La Condamine, permaneció en ella más tiempo y se informó más de las costumbres de los indios, afirma todo lo contrario que el matemático francés.

La embriaguez es vicio dominante en aquellas naciones. Así lo confieso en mi *Historia,* expongo los excesos y asigno la causa; pero también añado que no era así en los países de Anáhuac antes de los españoles, por el gran rigor con que se castigaba aquel vicio, que, en la mayor parte de los países del Antiguo Continente queda impune, y aun sirve de excepción o excusa a otros delitos más graves. Consta por testimonio de los escritores que hicieron averiguaciones sobre el gobierno político de los mexicanos, que había leyes muy severas contra la

---

[33] Las Casas, en su memorial a Felipe II *(De la destrucción de las indias),* afirma que el comer de los americanos, comparado con el de los antiguos santos padres de la Tebaida, no podía ser menos agradable, ni más escaso o miserable. Garcés (carta a Paulo III) dice que su sobriedad no puede darse a conocer bastantemente. El Conquistador Anónimo asegura que los americanos son, entre todos los pueblos del mundo, los que se sustentan con menos. Así hablan todos los testigos oculares de sus costumbres. Sabemos por Torquemada que los primeros abstinentísimos religiosos que anunciaron el Evangelio a los mexicanos tuvieron no poco que admirar y aun que aprender de su sobriedad.

embriaguez, así en México como en Texcoco, Tlaxcala y otros Estados, las cuales he visto representadas en pinturas antiguas. La pintura sexagesimatercia de la *Colección de Mendoza* representa a dos jóvenes de ambos sexos condenados a muerte por haberse embriagado, y juntamente un viejo septuagenario, a quien las leyes, por consideración a su edad, permiten beber cuanto quiera. Pocos Estados se hallarán en el mundo en que haya sido más grande el celo de los soberanos para corregir estos excesos.

En nuestra *Historia* hemos impugnado igualmente el error sobre la ingratitud de los indios; mas por si lo dicho allí no fuera suficiente para convencer a los prevenidos contra ellos, queremos referir un singular ejemplo de gratitud, que será por sí solo bastante para disipar cualquier idea contraria. En 1556 murió en Uruapan, lugar considerable del reino de Michoacán, visitando su diócesis, a la edad de noventa y cinco años, el ilustrísimo don Vasco de Quiroga, fundador y primer obispo de aquella Iglesia, el cual, a ejemplo de San Ambrosio, fue trasladado del juzgado secular a la dignidad episcopal. Este insigne prelado, digno de ser comparado con los primeros padres del Cristianismo, trabajó infinitamente en favor de los michoacaneses, instruyéndolos como apóstol y amándolos como padre; fabricó templos, fundó hospitales y asignó a cada lugar de los indios un ramo principal de comercio, para que su recíproca dependencia los tuviese unidos a la caridad, se perfeccionasen las artes y a ninguno faltase modo de vivir. La memoria de tales beneficios se conserva tan viva entre aquellos americanos después de más de dos siglos, como si todavía viviese su bienhechor. El primer cuidado que tienen las indias luego que sus hijos comienzan a tener algún juicio es el de darles noticias de su "tata don Vasco" (así le llaman por el amor filial que le conservan), se lo dan a conocer en sus retratos, declarándoles lo que hizo en favor de su nación, y no pasan jamás delante de su retrato sin hincarse.

A más de esto, fundó aquel gran prelado en 1540 un seminario en la ciudad de Pátzcuaro para la instrucción de la juventud, y encargó a los indios de Santa Fe (lugar fundado por él en la orilla de la laguna de Pátzcuaro) que cada semana mandaran un hombre para servir a los seminaristas. Fue obedecido, y hasta el día, después de más de doscientos y treinta años, no ha faltado el indio que debe servir allí, sin haber sido necesario jamás obligarlo o llamarlo, solamente por corresponder con aquel obsequio al gran bien que les hizo aquel incomparable obispo. Poseen en Pátzcuaro sus huesos con tal veneración, que una vez que intentó trasladarlos a Valladolid el cabildo de aquella catedral, se inquietaron los indios y se prepararon a impedirlo a fuerza de armas, como en efecto hubiera sucedido si el cabildo, por precaver desórdenes, no hubiera desistido de la primera resolución.

¿Puede imaginarse prueba más concluyente de la gratitud de una nación? Semejante, demostraciones han hecho los indios en otros muchos lugares de aquel reino por detener a los misioneros que los habían instruido en la fe. Las de los dos siglos pasados pueden verse en Torquemada (tomo III) y en el *Teatro mexicano* de Betancourt. De las que se han hecho en nuestros días, viven todavía muchísimos testigos oculares, y yo también puedo testificar. Si alguna vez no se muestran los americanos agradecidos a los bienhechores, es porque la continua experiencia de los males que les causan les hace sospechosos los beneficios; pero siempre que están seguros de la sincera benevolencia del bienhechor, son capaces de sacrificar todos sus bienes a la gratitud, como es notorio a todos los que los han tratado y observado sin prevención.

Pero en nada de lo que publicó Paw contra los americanos los injuria tanto como en afirmar que "la sodomía estaba en gran boga en las Islas, el Perú, el reino de México y en todo el Nuevo Continente". Y no sé cómo después de haber publicado una calumnia tan atroz tuvo ánimo Paw para decir, como lo hace en su respuesta a D. Pernety, que toda su obra (las *Investigaciones filosóficas*) respira humanidad. ¿Es humanidad infamar injustamente a todas las naciones del Nuevo Mundo de un vicio tan enorme y afrentoso por la naturaleza? ¿Es humanidad irritarse, como él lo hace contra el inca Garcilaso, porque defiende a los peruleros de esta imputación? Aun cuando hubiese graves autores que atribuyesen ese delito a todos los pueblos de América, habiendo, como en efecto hay, muchos autores también graves que afirman todo lo contrario, debía Paw, según las leyes de la humanidad, abstenerse de una acusación tan grave. ¡Cuánto más no deberá hacerlo no habiendo ni un escritor respetable sobre cuyo testimonio pueda apoyar una aserción tan universal! Encontrará sí algunos autores, como el Conquistador Anónimo, Gómara y Herrera que han culpado de este vicio a algunos americanos o, cuando más, a algún pueblo de América; pero ¿en dónde encontraremos a un historiador respetable que se haya atrevido a decir que la sodomía estaba en gran boga en las islas, el Perú, México y en todo el Nuevo Continente?

Antes bien, todos los historiadores de México dicen a una voz que este vicio era sumamente abominado de aquellas naciones, y hacen mención de las terribles penas prescritas contra él por sus leyes, como puede verse en Gómara, Herrera, Torquemada, Betancourt y otros. El ilustrísimo Las Casas testificó en 1542, en un escrito a Carlos V, que, habiendo hecho diligentes investigaciones en las islas Española, Cuba,

Jamaica, Puerto Rico y las Lucayas, halló que jamás ha habido memoria de aquel delito entre aquellas naciones. Lo mismo afirma del Perú, Yucatán y todos los países de América en general, a excepción de un lugar en donde se dice que hay algunos culpables; "pero no por esto —añade— debe culparse a todo aquel mundo".[34] ¿Quién ha autorizado a Paw para infamar en materia tan grave a todo el Nuevo Mundo? Aun cuando los americanos fuesen verdaderamente, como cree, hombres sin honor y sin vergüenza, las mismas leyes de la humanidad exigían que no los calumniase. A tales excesos lo lleva aquel ridículo empeño de envilecer a América, y tales son las consecuencias de su perversa lógica, deduciendo frecuentemente consecuencias universales de premisas particulares.

Si porque los de *Paruco* u otros pueblos americanos estaban tal vez infestados de aquel vicio, se puede afirmar que la sodomía estaba en gran boga en todo el Nuevo Mundo, podrán igualmente los americanos infamar con semejante imputación a todo el Antiguo Continente, pues la sodomía estuvo en gran boga entre algunos antiguos pueblos de Asia, y fue muy común entre los griegos y los romanos. A más de que no se sabe que en América haya actualmente ninguna nación manchada con aquel vicio, cuando sabemos, por la declaración de algunos autores, que ciertos pueblos asiáticos no han dejado aquella abominación, y que, aun en Europa, si es cierto lo que dicen Locke y Paw, es común entre los turcos que hacen profesión de hipocresía, otro vicio más execrable del mismo género, y que, en vez de ser castigados severamente, son tenidos por aquella nación en concepto de santos y todos a competencia les hacen las más grandes demostraciones de respeto y veneración (Part. 4, sect. 4).

Entre los delitos que echa en cara Paw a los americanos incluye también el suicidio. Es cierto que fueron muchos los que, al tiempo de la conquista, se ahorcaron o precipitaron o con la media pusieron fin a su amarga vida; pero ¿qué maravilla es que hombres privados de la luz de la verdadera religión y desesperados por las intolerables vejaciones que sufrían de los conquistadores, ejecutasen lo que era tan frecuente en los romanos, griegos y españoles antiguos, y en los ingleses, france-

---

[34] "Los españoles (dice el ilustrísimo Las Casas de algunos no de todos) han infamado a los indios con los más grandes delitos, sin más motivo que sus intereses personales... Después que conocieron que su riqueza consistía en apoderarse de los bienes y personas de los indios, los han infamado mil veces y acusado de que estaban infestados de sodomía; pero esta imputación es una gran falsedad y maldad, pues en todas las islas grandes: Española, Cuba, San Juan y Jamaica, y setenta islas Lucayas, donde había pueblos muy numerosos, no hubo jamás memoria de tal vicio, como podemos testificar nosotros habiendo hecho averiguaciones desde el principio. Tampoco en el Perú ni en Yucatán se encontró tal vicio, y así generalmente en todas partes, a excepción de algunos lugares en donde se dice que hay algunos, etc." *Memorial sobre la libertad pretendida por el indio suplicante.* Razón 6.

ses y japoneses modernos por un leve motivo, por una idea ridícula de honor o por un capricho?[35] ¿Quién se persuadiría jamás que un europeo reprendiese a los americanos el suicidio en un siglo en que aquél se ha hecho moda en Inglaterra y en Francia,[36] en donde, desterrando del entendimiento las ideas más justas que tenemos de la naturaleza y la religión, se inventaron razones y se publicaron libros para justificarlo? Tan grande es el empeño de infamar a América y a los americanos.

Semejante empeño parece haber tenido aquel español, sea quien fuere, que ordenó el índice general de las *Décadas* del cronista Herrera, imputando inconsideradamente a todos los americanos lo que aquel autor dice en su obra de algunos particulares con varias excepciones. Quiero copiar lo que se lee en ese índice para que se avergüencen los hombres de escribir tales despropósitos: "Los indios —dice— son muy perezosos, viciosísimos, grandes ebrios por genio, flojos, débiles, mentirosos, estafadores, novadores, inconstantes, ligeros, poltrones, inmundos, sediciosos, ladrones, ingratos, incorregibles, vengativos más que ninguna otra nación, de pasta tan gruesa, que se dudó si eran racionales, bárbaros, bestiales, llevados, como los brutos, de sus apetitos, etc.". Este mismo es el lenguaje de Paw y otros humanísimos europeos; parece que no se creen obligados, respecto al Nuevo Mundo, a respetar la verdad ni observar las leyes de la caridad fraterna, publicadas por el mismo Hijo de Dios en el Antiguo Continente.

Pero a cualquier americano de mediano ingenio y alguna erudición que quisiese corresponder en la misma moneda a estos escritores (como hemos dicho en otra parte de un filósofo guineo) le sería fácil componer una obra con este título: *Investigaciones filosóficas sobre los habitantes del Antiguo Continente*. Siguiendo el mismo método de Paw, recogería lo escrito sobre países estériles del Mundo Antiguo, montañas inaccesibles, llanuras pantanosas, bosques impenetrables, desiertos arenosos y malos climas, reptiles e insectos asquerosos y nocivos, serpientes, escuerzos, escorpiones, hormigas, ranas, ciempiés, escarabajos, chinches y piojos, cuadrúpedos irregulares, pequeños, defectuosos y pusilánimes, gentes degeneradas, de color feo, estatura irregular, facciones deformes, mala complexión, ánimo apocado, ingenio obtuso e índole cruel.

Cuando llegase al artículo de los vicios, ¡qué inmensa copia de materiales no tendría para su obra! ¡Qué ejemplares de vileza, perfidia,

---

[35] Entre las memorables extravagancias de los muchos que, en estos últimos años, se han suicidado en Inglaterra, sé por persona que se hallaba entonces en Londres de un hombre que dejó escrito que se daba la muerte por libertarse de la molestia de vestirse y desnudarse todos los días.

[36] Sabemos que sólo en la ciudad de París, uno de estos ultimos años se suicidaron cerca de ciento cincuenta hombres.

crueldad, superstición y disolución! ¡Qué excesos en toda suerte de vicios! La sola historia de los romanos, la más célebre nación del Mundo Antiguo, le proporcionaría una increíble cantidad de las más horrendas maldades. Reconocería, pues, que semejantes defectos y vicios no eran comunes ni a todos los países ni a todos los demás habitantes del Antiguo Continente; pero no importa, pues escribiría sobre el mismo modelo de Paw y sirviéndose de la misma lógica. Esta obra sería sin duda mucho más apreciable y digna de crédito que la de Paw, porque cuando este filósofo no cita contra América y los americanos sino a los autores europeos, el escritor americano, por el contrario, no se valdría para su curiosa obra sino de los autores nativos del mismo continente contra el que escribiría.

## SEXTA DISERTACIÓN

### LA CULTURA DE LOS MEXICANOS

Paw, enfurecido siempre contra el Nuevo Mundo, llama bárbaros y salvajes a todos los americanos, y los reputa inferiores en sagacidad e industria a los más groseros y rudos pueblos del Antiguo Continente. Si se hubiera contentado con decir que las naciones americanas eran en gran parte incultas, bárbaras y bestiales en sus costumbres, como habían sido antiguamente muchas de las más cultas naciones de Europa y como son actualmente algunos pueblos de Asia, África y aun Europa; que las naciones más civilizadas de América eran muy inferiores en cultura a la mayor parte de las naciones europeas; que sus artes no estaban tan perfeccionadas, ni sus leyes eran tan buenas ni tan bien ordenadas, y que sus sacrificios eran inhumanos y algunas de sus costumbres extravagantes, no tendríamos razón para contradecirle. Pero tratar a los mexicanos y peruleros como a los caribes y los iroqueses, no hacer caso de su industria, desacreditar sus artes, despreciar en todo sus leyes, y poner aquellas industriosas naciones a los pies de los más groseros pueblos del Antiguo Continente, ¿no es obstinarse en envilecer al Nuevo Mundo y a sus habitantes, en lugar de buscar la verdad como debía hacerlo según el título de su obra?

Bárbaros y salvajes llamamos hoy día a los hombres que, conducidos más por capricho y deseos naturales que por la razón, ni viven congregados en sociedad, ni tienen leyes para su gobierno, ni jueces que ajusten sus diferencias, ni superiores que velen sobre su conducta, ni ejercitan las artes indispensables para remediar las necesidades y miserias de la vida; los que, finalmente, no tienen idea de la Divinidad, o no han establecido el culto con que deben honrarla.

Pues bien, los mexicanos y las demás naciones de Anáhuac, así como los peruleros, reconocían un Ser Supremo y omnipotente, aunque su creencia estuviese, como la de otros pueblos idólatras, viciada con mil errores y supersticiones. Tenían un sistema de religión, sacerdotes, templos, sacrificios y ritos ordenados al culto uniforme de la divinidad. Tenían rey, gobernadores y magistrados, tenían tantas ciudades y poblaciones tan grandes y bien ordenadas, como haremos ver en otra disertación; tenían leyes y costumbres, cuya observancia celaban magistrados y gobernadores; tenían comercio y cuidaban mucho de la equidad y justicia en los contratos; tenían distribuidas las tierras y asegurada a cada particular la propiedad y posesión de su terreno; ejercitaban la agricultura y otras artes, no sólo las necesarias a la vida, sino aun las que sirven solamente a las delicias y al lujo.

¿Qué más se quiere para que aquellas naciones no sean reputadas bárbaras y salvajes? La moneda, responde Paw, el uso del fierro, el arte de escribir y los de fabricar navíos, construir puentes de piedra y hacer cal. Agrega que sus artes eran imperfectas y groseras, sus lenguas escasísimas de voces numerales y de términos propios para explicar las ideas universales, y sus leyes inexistentes, porque no puede haber leyes donde reina la anarquía y el despotismo. Todos estos artículos exigen un examen particular.

### 1. La falta de moneda

Paw decide que ninguna nación de América era culta y civil, porque ninguna usaba de moneda, y para fundar su aserto alega un lugar de Montesquieu: "Aristopa, habiendo naufragado, llegó a nado a una plaza inmediata; allí vio delineadas en la arena algunas figuras de geometría y se llenó de júbilo, creyendo haber arribado a un pueblo griego y no a una nación bárbara. Imagínate que por algún accidente llegaras a un país desconocido; si allí encontraras alguna moneda, no dudarías que habías llegado a un pueblo culto".[1] Pero si Montesquieu concluye bien del uso de la moneda la cultura de un pueblo, Paw infiere muy mal el defecto de cultura de la falta de moneda. Si por ésta se entiende un pedazo de metal acuñado con la efigie del príncipe o del pueblo, la falta de ella en una nación no demuestra barbarie.

"Los atenienses, dice Montesquieu, como no usaban los metales, se valían para moneda de bueyes, como los romanos de ovejas." Y de aquí tuvo origen, como saben todos, el nombre *pecunia*, pues los romanos pusieron en la primera moneda que acuñaron la efigie de las ovejas de que se servían antes para sus transacciones. Los griegos eran, sin duda, una nación muy culta en tiempo de Homero, pues no era posible que en una nación inculta se educase un hombre capaz de componer la *Ilíada* y la *Odisea*. Pero los griegos en aquel tiempo no conocían la moneda acuñada, como aparece de las mismas obras de aquel famoso poeta, el cual, cuando quiere significar el valor de alguna cosa, lo explica por el número de bueyes o de ovejas que valía, como en la *Ilíada* (VII), cuando Glauco dice que dio sus armas de oro, que valían cien bueyes, por las

---

[1] *L'esprit des lois*, Lib. 18, cap. 13.

de Diomedes, que eran de cobre y no valían más que nueve bueyes. Siempre que menciona alguna adquisición por contrato, no habla más que de cambio o permuta. Y en aquella controversia antigua entre los sabinianos y proculeyanos, dos sectas de jurisconsultos, los primeros sostenían que podía hacerse verdadera venta y compra sin precio, alegando para esto ciertos lugares de Homero, en los cuales se decía que compraban y vendían los que no hacían más que permutar.

Los lacedemonios eran un pueblo culto de Grecia, a pesar de que no usasen moneda, y de que entre las leyes fundamentales de Licurgo hubiese la de no comerciar sino por permuta. Los romanos no tuvieron moneda acuñada hasta el tiempo de Servio Tulio, ni los persas hasta el reino de Darío Hystaspe, y no por esto deben llamarse naciones bárbaras en los tiempos que precedieron a aquellas épocas. Los hebreos eran civilizados, a lo menos hasta el tiempo de sus jueces, y no sabemos que estuviese entre ellos en uso la moneda grabada, sino en tiempo de los macabeos. Luego la falta de moneda acuñada no es prueba de barbarie.

Si por moneda se entiende un signo representativo del valor de todas las mercaderías, como la define Montesquieu, es indudable que los mexicanos y todas las demás naciones de Anáhuac, a excepción de los bárbaros chichimecas y otomíes, se servían de moneda en su comercio. ¿Qué era el cacao, que constantemente usaban para proporcionarse en el mercado todo lo que necesitaban, sino un signo representativo del valor de todas las mercaderías? El cacao tenía su valor fijo y se daba por número; pero para ahorrarse la molestia de contar cuando las mercaderías importaban millares de almendras, sabían ya que cada saco de cierto tamaño contenía tres *uquipilli* o veinticuatro mil almendras. Pues ¿quién no ve que el cacao es mucho mejor moneda que los bueyes y las ovejas, de que se valían antiguamente los griegos y los romanos, y la sal, que usan ahora los abisinios? Los bueyes y las ovejas no podían servir para adquirir las mercaderías pequeñas y de poco valor, y cualquiera enfermedad u otra desgracia que sobreviniese a esos animales podía empobrecer a los que no tenían otro capital. "Se emplea el metal para moneda, dice Montesquieu, para que sea más duradero el signo. La sal de que se valen los abisinios tiene el defecto de ir continuamente disminuyendo." El cacao, por el contrario, podía servir para cualquier mercadería, se transportaba y custodiaba más fácilmente y se conservaba con menos diligencia.

El uso del cacao en el comercio de aquellas naciones parecerá tal vez un mero trueque; pero no era así, pues habiendo varias especies de cacao, no usaban como moneda el *tlalcacahuatl* o cacao menudo, que usaban en sus bebidas cotidianas, sino más bien otras especies de inferior calidad y menos útiles para alimentarse, que circulaban incesantemente como moneda[2] y no tenían casi otro uso que el de emplearse en el comercio.³ Citan estas especies de moneda todos los historiadores de México, así españoles como indios. Las otras cuatro especies de que hemos hablado en nuestra *Historia* (Lib. VII) constan por el testimonio de Cortés y de Torquemada. Cortés afirma en su última carta a Carlos V, que habiendo estudiado el comercio de aquellas naciones, halló que en Tlachco y otras provincias comerciaban con moneda. Si él no hubiese oído hablar de moneda acuñada, no hubiera restringido el uso de ella a Tlachco y a alguna otra provincia, pues bien sabía, sin que le fuera necesario hacer nuevos estudios, que en los mercados de México y Tlaxcala, en los que había estado muchas veces, utilizaban como moneda, además del cacao, ciertas pequeñas telas de algodón llamadas por ellos *patlolquachtli,* y del oro en polvo metido en plumas de pato. Sospecho, sin embargo, de lo dicho en aquel lugar de mi *Historia* que había también moneda acuñada, y que tanto los pedazos sutiles de estaño que menciona el mismo Cortés, como los de cobre en figura de T, de que habla Torquemada (Lib. 14, cap. 14) como de especies de moneda, tenían alguna imagen autorizada por el soberano o por los señores feudatarios.

Para impedir todo fraude en el comercio, nada, a excepción de los víveres ordinarios, se podía vender fuera de la plaza del mercado, en que había, como ya dijimos con el apoyo de muchos testigos oculares, el más bello orden qué pueda imaginarse. Allí estaban las medidas prescritas por los magistrados, los comisarios, que circulaban incesantemente, observando cuanto ocurría, y jueces de comercio encargados de conocer de los litigios suscitados entre los negociantes, y de castigar los delitos que allí se cometían. ¿Y no obstante esto deberá decirse que los mexicanos eran inferiores en industria a los pueblos más groseros del Antiguo Continente, entre los que hay algunos tan rudos y obstinados en su barbarie que no ha bastado en tantos siglos el ejemplo de las otras naciones de su continente para darles a conocer las ventajas de la moneda?

## 2. El uso del fierro

El uso del fierro es una de las cosas que Paw exige para llamar culta a una nación, y por falta de él cree bárbaros a todos los americanos. Y así, si Dios no hubiese criado aquel metal, todos los hombres deberían ser bárbaros forzosamente, según la opinión de este filósofo. Mas en el mismo lugar de su obra en donde echa en cara la barbarie a los

---

[2] Hernández, *Rerum medicarum N. Hisp. Thesauri,* lib. 3, cap. 46.
[3] En la misma capital de México, donde se acuñan anualmente dieciocho o veinte millones de pesos fuertes en oro y plata, la gente pobre usa todavía el cacao pàra adquirir en el mercado algunas cosas de poco valor.

americanos, nos da los materiales que podríamos desear para rebatirlo. Afirma que "en toda la extensión de América se encuentran muy pocas minas de fierro, y el que hay allí es tan inferior en calidad al del otro continente, que no puede emplearse ni aun para hacer clavos". Dice que "los americanos poseían el secreto, ya perdido en el Antiguo Continente, de dar al cobre un temple igual al que recibe el acero; que Godin mandó en 1727 (querrá decir 1747, pues en 1727 todavía no había ido al Perú Godin) al conde de Maurepas un hacha vieja de cobre perulero endurecido, y habiéndola observado el conde de Caylus, reconoció que casi se igualaba en dureza a las antiguas armas de cobre de que se servían los griegos y los romanos, los cuales no empleaban el fierro en muchas de las sobras en que nosotros lo empleamos ahora, o porque entonces era más raro, o porque su cobre templado era de mejor calidad que su acero". Añade que Caylus, admirado de aquel arte, se persuadió (aunque en esto lo impugne el mismo Paw) que ese instrumento no era obra de aquellos peruanos embrutecidos que los españoles encontraron al tiempo de la Conquista, sino de otra nación más antigua e industriosa.

De todo lo que dice Paw saco yo cuatro consecuencias importantes: 1ª. Que los americanos tuvieron el honor de imitar en el uso del cobre a las dos naciones más célebres del Antiguo Continente; 2ª. Que se portaron sabiamente no sirviéndose de un fierro tan malo, que no puede ser útil ni aun para hacer clavos, y usando un cobre al que daban el temple del acero; 3ª Que si no supieron el arte de trabajar el fierro, poseían el singularísimo de templar el cobre como el acero, que no han podido restaurar los físicos europeos del siglo iluminado, y 4ª Que tanto se engañó Caylus en el juicio que hizo de los peruanos, como Paw en el que ha hecho de todos los americanos.

Éstas son las consecuencias legítimas que deben deducirse de la doctrina de nuestro filósofo sobre el uso del fierro, y no la de la falta de industria como él pretende. Querría yo saber de él mismo si se requiere mayor industria para labrar el fierro como lo labran los europeos, o para labrar sin fierro toda suerte de piedra y madera, fabricar algunas especies de armas y hacer sin fierro, como hacen los americanos las más curiosas obras de oro, plata y piedras. El uso preciso del fierro no prueba gran industria en los europeos. Inventado por los primeros hombres fácilmente, pasó de unos a otros, y así como los americanos modernos lo recibieron de los europeos, los antiguos europeos lo recibieron de los asiáticos. Los primeros pobladores de América conocieron sin duda el uso del fierro, pues la invención de él fue casi coetánea al mundo; pero puede creerse que sucediera lo que conjeturamos *(Primera disertación)* que, no habiendo encontrado al principio las minas de aquel metal en los países septentrionales de América en donde entonces se establecieron, se perdió en los descendientes la memoria.

Mas finalmente, si son bárbaros los que no tienen el uso del fierro ¿qué serán aquellos a quienes falta el uso del fuego? Pues en toda la vasta extensión de América no se ha encontrado una nación, ni aun una tribu, por ruda que sea, que no haya sabido el modo de hacer fuego y servirse de él para usos comunes de la vida; pero en el Mundo Antiguo se han encontrado pueblos tan bárbaros, que no tenían ni uso ni conocimiento del fuego. Tales los habitantes de las islas Marianas, a los cuales era enteramente desconocido aquel elemento antes de la llegada de los españoles, como testifican los historiadores de aquellas islas. ¿Y con todo esto querrá persuadirnos Paw de que los pueblos americanos son más salvajes que todos los salvajes del Mundo Antiguo?

Por lo demás, tanto yerra Paw en lo que dice del fierro americano, como en lo que piensa del cobre. En Nueva España, el reino de Chile y en otros muchos países de América se han descubierto infinitas minas de buen fierro, y si no estuviese prohibido allí el trabajarlas por no perjudicar al comercio de España, podría América ministrar a Europa todo el fierro necesario, como la provee de oro y plata.

Si Paw hubiera sabido hacer sus investigaciones sobre América, hubiera encontrado en el cronista Herrera (*Dec.* 4, lib. 6, cap. 7) que aun en la isla Española hubo fierro mejor que el de Vizcaya. Hubiera también encontrado en el mismo autor,[4] que en Zacatula, provincia marítima del reino de México, hubo cobre de dos calidades: uno duro, del que se servían en lugar del fierro para hacer hachas, machetes y otros instrumentos de guerra y de agricultura, y otro ordinario y flexible, que empleaban en ollas, barreños y otros vasos para los usos domésticos, y así no tenían necesidad del ponderado secreto de endurecer el cobre.

Mi sinceridad me obliga lo mismo a defender los verdaderos progresos de la industria americana que a rechazar las imaginarias-invenciones que se atribuyen a las naciones del Nuevo Mundo. El secreto que verdaderamente poseían los americanos se lee en Oviedo, testigo ocular y muy entendido e inteligente en metales: "Los indios —dice—[5] saben dorar muy bien los vasos de cobre o de oro bajo y darles un tan excelente y encendido color, que parece oro de veintidós quilates y más lo que ellos hacen con ciertas yerbas. Esta obra sale tan buena, que si algún platero de España o de Italia tuviese este secreto, se haría de seguro muy rico.

---

[4] *Descripción de las Indias occidentales*, Cap 10.
[5] *Sumario de la Hist. Nat. de las Indias occidentales*, cap. 84.

## 3. Artes de fabricar navíos y puentes y hacer cal

Si a otras naciones puede echarse en cara la ignorancia en el arte de construir navíos, esta censura no debe hacerse a los mexicanos, porque, no habiéndose adueñado de las costas sino en los últimos tiempos de su monarquía, no tuvieron necesidad ni oportunidad de pensar en semejante construcción. A las naciones que ocupaban las playas de ambos mares antes de que los mexicanos se apoderasen de ellas, les bastaban las canoas que usaban para la pesca y el comercio con las provincias vecinas, para que, libres de ambición y avaricia, que han sido por lo común las causas de las navegaciones largas, ni solicitaban usurpar los Estados legítimamente poseídos por otras naciones, ni querían transportar de países distantes los preciosos metales que no necesitaban.

Los romanos, a pesar de haber fundado su metrópoli muy inmediata al mar, estuvieron nada menos que quinientos años sin construir navíos,[6] hasta que la ambición de ampliar sus dominios y apoderarse de Sicilia les hizo fabricar navíos para pasar aquel estrecho. ¿Qué maravilla es que las naciones americanas, que no sentían tales estímulos para abandonar su patria, no inventasen navíos para poderse transportar con menos riesgos a países distantes? Lo cierto es que el no haber inventado navíos no arguye falta de industria en aquellos que no tenían ningún interés en tal invención.

No es así en la de los puentes. Paw afirma (Part. 5, sect. I) "que no había uno solo de piedra en toda América cuando fue descubierta, porque los americanos no sabían fabricar arcos, y que el secreto de hacer cal fue absolutamente ignorado en toda la América". He aquí tres proposiciones que son otros tantos errores groserísimos. Los mexicanos sabían hacer puentes de piedra, y entre los restos de su antigua arquitectura se ven aún hoy, en el río de Tula, los grandes y fuertes pilares que sostenían el puente que allí había. Las reliquias de los antiguos palacios de Texcoco, y mucho más su *temazcalli,* dan a conocer el uso antiguo de los arcos y de las bóvedas en los mexicanos y las demás naciones de Anáhuac. Diego Valadés, que anduvo en el reino de México pocos años después de la conquista y permaneció en él treinta años, nos muestra en su *Retórica cristiana* la imagen de un pequeño templo que vio allí, que no deja ninguna duda en esta materia.

En orden al uso de la cal, es necesario todo el atrevimiento de Paw para afirmar, como lo hace, que el secreto de hacerla era absolutamente

---

[6] "Apio había puesto toda la diligencia posible para socorrer a los marmetinos. Para conseguirlo había que pasar el estrecho de Mesina, y la empresa era temeraria o, más bien, peligrosa y aun, según las más prudentes apariencias imposible. No tenían los romanos armada naval, sino solamente barcas toscamente fabricadas, que podrían compararse con las canoas de los indios." Rollin, *Hist. rom.,* Lib. 11.

ignorado en toda América, pues consta, así por el testimonio de los conquistadores españoles como de los primeros misioneros, que no solamente usaban las naciones del reino de México de cal, sino que blanqueaban muy bien y ponían curiosamente lisas y bruñidas las paredes de las casas y templos.

Consta por las historias de Bernal Díaz, Gómara, Herrera, Torquemada y otros, que a los primeros españoles que entraron en la ciudad de Cempoala parecieron de plata las paredes del palacio principal, porque estaban pulidamente blanqueadas y resplandecientes. Consta, finalmente, por las pinturas de los tributos que están en la *Colección de Mendoza,* que las ciudades de Tepeyacac, Tecamachalco, Quecholac, etc., estaban obligadas a pagar anualmente al rey de México cuatro mil sacos de cal. Pero aun cuando nos faltasen todos estos documentos, bastarían para demostrar la verdad de cuanto decimos y confundir la temeridad de Paw los restos de los antiguos edificios que todavía se ven en Texcoco, Mitla, Huatusco y otros muchos lugares de aquel reino.

Por lo que respecta al Perú, aunque el padre Acosta confiese que en él no estaba en uso la cal y que aquella nación no fabricaba ni arcos ni puentes de piedra, y esto bastase a Paw para decir, según su perversa lógica, que el uso de la cal era ignorado en toda América; con todo esto, el mismo Acosta, que no era hombre vulgar, ni exagerador, ni parcial de los americanos, alaba mucho la maravillosa industria de los peruleros en sus puentes de *totora* o junco en la desembocadura de la laguna de Titicaca y en otros lugares en donde la suma profundidad no permite hacer puentes de piedra, o la extraordinaria rapidez de los ríos hace peligroso el uso de las barcas. Declara haber pasado por esos puentes y pondera la facilidad y seguridad del tránsito.

Paw llega a decir que los peruleros no conocían el uso de las barcas, que no supieron hacer ventanas en los edificios y aun sospecha que sus casas estuviesen sin techo. Despropósitos los más groseros que pueden saltar a la cabeza a un escritor de América. Da a entender que no sabe qué cosa sean los bejucos de los puentes peruleros y que no se ha formado idea justa de los ríos de la América meridional. Hay muchas cosas que oponer a Paw en esta materia; pero las omitimos por venir a otros artículos más esenciales.

### 4. La falta de letras

Ninguna nación de América conocía el arte de escribir, si por él se entiende el de explicar en papel, pieles, tela u otra materia semejante cualquier suerte de palabras con la diferente combinación de algunos caracteres; pero si por arte de escribir se toma el representar y dar a entender cualquier cosa a los ausentes y a la posteridad con figuras jeroglíficas y caracteres, es cierto que tal arte era conocido y tenía gran uso entre los mexicanos, acolhúas, tlaxcaltecas y todas las demás naciones cultas de Anáhuac.

Buffon, para demostrar que América era una tierra verdaderamente nueva y nuevos igualmente los pueblos que la habitaban, alega, como hemos dicho, que "aun aquellas naciones que vivían en sociedad ignoraban el arte de transmitir los hechos a la posteridad por medio de signos duraderos, a pesar de haber hallado el arte de comunicarse de lejos y de escribirse anudando cordones". Pero aquel mismo arte de que se valían para tratar con los ausentes ¿no debía también servir para hablar a la posteridad? ¿Qué eran las pinturas históricas de los mexicanos sino signos duraderos para transmitir la memoria de los acontecimientos, así a los lugares como a los siglos remotos? Buffon se muestra tan ignorante en la historia de México como docto en la historia natural. Paw, aunque concede a los mexicanos aquel arte, que injustamente les niega Buffon, sin embargo, para desacreditarlo alega algunas razones e innumerables despropósitos que no podemos disimular.

Dice que los mexicanos no tenían jeroglíficos, que las pinturas no eran más que "diseños groseros; que para representar un árbol pintaban un árbol; que en sus pinturas no se advertía ningún vestigio del claroscuro ni idea alguna de la perspectiva o de imitación de la naturaleza; que no habían hecho progreso alguno en aquel arte, por medio del cual procuraban perpetuar la memoria de las cosas pasadas y de los acontecimientos; que la única copia de pintura histórica de los mexicanos, sustraída del incendio que hicieron los primeros misioneros, es la que el primer virrey de México mandó a Carlos V, que publicaron después Purchas en Inglaterra y Thevenot en Francia; que esta pintura es tan tosca y mal ejecutada que no se puede discernir si trata, como dice el intérprete de ella, de ocho reyes de México o de ocho concubinas de Moctezuma..."

En todo esto da a conocer Paw su ignorancia, y de ella nace su temeridad en escribir. Pero ¿deberá darse más fe a un filósofo prusiano que sólo ha visto las groseras copias de Purchas, que a los que han visto y diligentemente estudiado muchísimas pinturas originales de los mexicanos? Paw no quiere que éstos se hayan valido de jeroglíficos, porque no se piense que les concede alguna semejanza a los antiguos egipcios. El padre Kirker, célebre investigador y panegirista de las antigüedades egipcias, en su obra *CEdipus AEgiptiacus,* y Adrián Walton en los prolegómenos de la *Biblia políglota,* son de la misma opinión que Paw, sin otro apoyo que la referida copia de Purchas; pero Motolinia,[7] Sahagún, Valadés, Torquemada, Enrico Martínez, Sigüenza y Góngora y Boturini, que supieron la lengua mexicana, conferenciaron con los indios, vieron y con diligencia estudiaron muchísimas pinturas antiguas, dicen que entre los diversos modos que tenían los indios de representar los objetos, era uno el de los jeroglíficos y pinturas simbólicas.

Lo mismo testifican Acosta y Gómara en sus historias, el Dr. Eguiara en el erudito prefacio de su *Biblioteca mexicana,* y los doctos españoles que publicaron con nuevas adiciones la obra de Gregorio García *Sobre el origen de los indios.* El P. Kirker fue muy bien impugnado por el Dr. Sigüenza y Góngora en su *Teatro de virtudes políticas.* Lo cierto es que Kirker se contradice abiertamente, pues en el tomo I de *CEdipus AEgiptiacus,* al comparar la religión de los mexicanos con la de los egipcios, confiesa claramente que las partes de que se componía la imagen del dios Huitzilopochtli tenían muchos arcanos y misteriosas significaciones.

Acosta, cuya *Historia* es justamente apreciada por Paw, en la descripción que hace de aquella imagen, dice: "Todo este adorno que hemos dicho y el demás, que era mucho, tenía sus particulares significaciones, según declaraban los mexicanos". En la descripción del ídolo de Tezcatlipoca se explica en estos términos: "La coleta de los cabellos la ceñía una cinta de oro bruñido, y en ella, por remate, una oreja de oro con humos pintados en ella, que significaban los ruegos de los afligidos y pecadores que oran cuando se encomendaban a él... En la mano izquierda tenía un mosqueador de plumas preciadas, verdes, azules, amarillas, que salían de una chapa de oro reluciente muy bruñido, tanto que parecía espejo, en que daba a entender que en aquel espejo veía todo lo que se hacía en el mundo... En la mano derecha tenía cuatro saetas que significaban el castigo que por los pecados daban a los malos, etc." ¿Qué son todas estas y otras semejantes insignias de los ídolos mexicanos de que hemos hecho mención en nuestra *Historia* (Lib. VII) sino símbolos y jeroglíficos muy semejantes a los de los egipcios?

Paw dice que los mexicanos no hacían otra cosa que pintar un árbol para representar un árbol; mas, dígame, ¿qué pintaban para representar el día, la noche, el mes, el año, el siglo y los nombres de aquellas

---

[7] Toribio de Motolinia, en sus manuscritos, especialmente en la exposición del calendario mexicano; Bernardino Sahagún, en su *Diccionario visi-versal de la lengua mexicana*; Diego Valadés, en su *Retórica cristiana,* Perugia (1579), dedicada al papa Gregorio XIII; Enrico Martínez, en su *Historia de la Nueva España;* Sigüenza y Góngora, en su *Ciclografía mexicana* y en *Teatro de virtudes políticas,* y Torquemada, en su *Monarquía indiana.* Valdés trató a los mexicanos treinta años, Torquemada más de cuarenta, Motolinia cuarenta y cinco, Sahagún sesenta. Éste fue el hombre más instruido en los secretos de aquella nación. Es necesario gran orgullo para inclinarse más a las propias escasas luces que a las de tantos hombres incomparablemente más ilustrados.

personas que querían dar a entender? ¿Cómo podían representar el tiempo y otras cosas que no tienen figura, sin valerse de símbolos o caracteres? "Tenían los mexicanos —dice el ya celebrado Acosta— sus figuras y jeroglíficos con que pintaban las cosas en esta forma; que las cosas que tenían figura las ponían con sus propias imágenes, y para las cosas que no había imagen propia tenían otros caracteres significativos de aquello y con esto figuraban cuanto querían, y para memoria del tiempo en que acaecía cada cosa tenían aquellas ruedas pintadas, que cada una de ellas tenía un siglo, que eran cincuenta y dos años..." (Lib. 6, cap. 7.)

Mas he aquí otra piedra de escándalo para la ignorancia de Paw. Se burla de las ruedas seculares de los mexicanos, "cuya exposición —dice— se atrevió a dar Carreri siguiendo a un profesor español, llamado Congora, que no se atrevió a publicar la obra que había prometido sobre este asunto, porque sus parientes y amigos le aseguraron que contenía muchos errores". Parece que Paw no sabía escribir sin errar. Aquel profesor a quien siguió Gemelli Carreri no era castellano sino criollo, nacido en la misma ciudad de México, ni se llamaba Congora, sino Sigüenza y Góngora; no imprimió su *Ciclografía mexicana*, que fue la obra de que se valió Carreri, no porque temiese la censura del público sino por el costo excesivo de la impresión en aquellos países, que ha impedido igualmente la publicación de tantas obras excelentes, así del mismo Sigüenza y Góngora como de otros hombres doctísimos.

Decir que los parientes y amigos de Sigüenza y Góngora lo disuadieron de publicar esa obra porque encontraron en ella errores no es un descuido por inadvertencia, sino una manifiesta mentira de intento para deslumbrar al público. ¿Quién ha comunicado a Paw una anécdota tan extraña, ignorada en la Nueva España, en donde es tan cara la memoria y tan célebre la fama de aquel gran hombre, y en donde los literatos se lamentan de la pérdida de aquella y de otras preciosísimas obras del mismo autor? ¿Qué podía temer Sigüenza y Góngora de la publicación de las ruedas mexicanas, publicadas ya en Italia por Valadés más de un siglo antes y descritas por Motolinia, Sahagún, Gómara, Acosta, Herrera, Torquemada y Enrico Martínez, todos europeos, y por los historiadores mexicanos, acolhúas y tlaxcaltecas, Ixtlixóchitl, Chimalpáin, Tezozómoc, Niza, Ayala y otros?

Todos estos historiadores están de acuerdo con Sigüenza y Góngora en lo que mira a las ruedas mexicanas de siglo, año y mes, y solamente discordan sobre el principio del año y los nombres de algunos meses por las causas que hemos expuesto en nuestra *Historia* (Lib. VII). Por lo demás, todos los autores que han escrito de esta materia, así españoles como americanos, que son muchísimos, convienen en que los mexicanos y las demás naciones de aquellos países se valían de tales ruedas para representar su siglo, año y mes; que su siglo constaba de 52 años, su año de 365 días, distribuidos en dieciocho meses de veinte días y a más de esto cinco días, que llamaban *nemontemi;* que en un siglo contaban cuatro períodos de trece años y que aun los días se contaban por períodos de trece; que los nombres y caracteres de los años eran solamente cuatro: *conejo, caña, pedernal* y *casa,* los cuales sin interrupción se alternaban siempre con diversos números.

"No puede ser —dice Paw— porque tal uso supone una larga serie de observaciones astronómicas y de conocimientos muy precisos para regular el año solar, y éstos no pueden acordarse con la prodigiosa ignorancia en que estaban sumergidos aquellos pueblos. ¿Cómo habrían podido perfeccionar su cronología los que no tenían voces para contar arriba de diez?" Está bien. Si los mexicanos tuvieron efectivamente aquel modo de regular el tiempo, no deberán llamarse bárbaros y salvajes, sino más bien cultos y cultísimos, porque no puede ser sino una nación cultísima la que tiene una larga serie de observaciones y conocimientos precisos de astronomía. Pues la certeza de esta regulación del tiempo en los mexicanos es tal que no puede dudarse. Y si el testimonio unánime de los escritores españoles sobre la comunión de los mexicanos no permite dudar de ella, como afirma Paw en otro lugar, ¿cómo podrá dudarse del método que tenían aquellas naciones de computar los siglos y los años, ni la conformidad de él con el curso solar, estando uno y otro unánimemente testificado por todos los autores españoles, mexicanos, acolhúas y tlaxcaltecas? A más de que el testimonio de los españoles en esta materia es de un peso mucho más grande, pues ellos se empeñaron más, según dice Paw, en desacreditar a las naciones americanas hasta poner en duda su racionalidad. Es necesario, pues, creer lo que dicen los historiadores sobre aquellas ruedas, y confesar que los mexicanos no estaban sumergidos en la profunda ignorancia que supone Paw. En cuanto a lo que éste dice de la escasez de voces numerales en la lengua mexicana, demostraremos en otra parte su error e ignorancia.

No puede saberse —replica Paw— el contenido de las pinturas de los mexicanos, porque los españoles no podían entenderlas sin que se las explicasen los mexicanos, y "ninguno de éstos ha sabido hasta ahora lo que basta para traducir un libro". ¡Cuántos despropósitos en tan pocas palabras! Para que los españoles pudiesen entender las pinturas mexicanas no era necesario que los mexicanos supiesen la lengua española, pues bastaba que los españoles entendiesen la mexicana; ni para explicar una pintura se requiere tanto cuanto para traducir un libro. Paw dice que por la rudeza de la lengua mexicana no ha habido hasta ahora un español que pueda pronunciarla, y que por la incapacidad de los mexicanos ninguno de ellos ha aprendido hasta ahora la lengua española; pero lo uno y lo otro distan mucho de la verdad.

De la lengua mexicana hablaremos en su lugar. La castellana ha sido siempre comunísima entre los mexicanos, y hay muchísimos que la hablan tan bien como los mismos españoles. Muchos de ellos escribieron en castellano su historia antigua y aun la de la conquista de México, algunos de los cuales he alabado en el catálogo de los escritores que puse antes en mi *Historia*. Otros tradujeron libros latinos al castellano, castellanos al mexicano y mexicanos al castellano, entre los cuales son dignos de particular mención Fernando de Alva Ixtlilxóchitl, tantas veces citado por mí, Antonio Valeriano, de Atzcapotzalco, maestro en lengua mexicana; del historiador mexicano y celebrado por él con grandes elogios Juan Bernardo, de Huexotzinco; Francisco Bautista Contreras, de Cuauhnahuac; Fernando Rivas y Esteban Bravo, de Texcoco; Pedro de Gante, Diego Adrián y Agustín de la Puente, de Tlatelolco.[8]

Sabemos por la historia de la conquista que la célebre india doña Marina aprendió con suma prontitud y facilidad la lengua castellana, y que hablaba muy bien la mexicana y la maya, más diversas entre sí que la francesa, la hebrea y la lírica. Habiendo sido, pues, en todos tiempos muchísimos los españoles que han aprendido el mexicano, como demostraremos después, y muchísimos también los mexicanos que han aprendido el español, ¿por qué no han de haber podido los mexicanos instruir a los españoles en la significación de las pinturas?

En cuanto a las copias de las pinturas mexicanas publicadas por Purchas y Thevenot, es cierto que en ellas no se advierten las proporciones ni las leyes de la perspectiva; pero habiendo sido aquellas groseras copias grabadas en madera, pudo ser que los autores aumentasen los defectos de las originales; ni debemos admirarnos de que ellos tal vez omitiesen alguna cosa perteneciente a la perfección de las pinturas, pues sabemos que omitieron enteramente las copias de las pinturas 21 y 22 de aquella colección y las imágenes de las ciudades en la mayor parte de las otras, y a más de esto cambiaron las figuras de los años correspondientes a los reinados de Ahuízotl y Moctezuma II, como hemos dicho, al hablar de las diversas colecciones mexicanas en nuestra *Historia* (tomo I).

---

[8] Sobre lo que decimos de los indios traductores véanse Torquemada, *Monarquía indiana;* Pinelo, *Epítome de la biblioteca occidental;* Eguiara, *Biblioteca mexicana,* y Betancourt, *Teatro mexicano.*

El caballero Boturini, que vio en México las pinturas originales de aquellos anales y de la matrícula de tributos que se contienen en las copias publicadas por Purchas y Thevenot, lamenta los grandes defectos cometidos en esas ediciones. En efecto, basta cotejar las copias publicadas en México en 1770 por el arzobispo Lorenzana con las publicadas en Londres por Purchas y en París por Thevenot, para ver la gran diferencia que hay entre las figuras de las unas y las otras. Pero no me empeño en sostener la perfección de las pinturas originales copiadas por Purchas; antes bien no dudo que hayan sido imperfectas, como eran casi todas las pinturas históricas, en las que, contentándose los pintores con los contornos y el colorido de los objetos, no cuidaban de las proporciones, del claroscuro ni de la perspectiva. Ni era posible que observasen aquellas leyes de arte, atendida su extraordinaria prontitud en hacer tales pinturas, de que testifican Cortés y Bernal Díaz, testigos oculares.

Mas veamos las consecuencias que deduce Paw. He aquí sus argumentos, los mexicanos no observan las leyes de la perspectiva en sus pinturas, luego no podían por medio de ellas perpetuar la memoria de sus acontecimientos; los mexicanos eran malos pintores, luego no podían ser buenos historiadores. Mas siempre que se quiera usar de una lógica de esta naturaleza deberá también decirse que todos los que al escribir no lo hacen con buena letra no pueden ser buenos historiadores, pues lo que son las letras para nuestros historiadores eran las figuras para los mexicanos; y así como pueden escribirse buenas historias con mala letra, pueden representarse bien los hechos con pinturas groseras: basta que unos y otros historiadores se hagan entender.

Pero esto puntualmente es lo que Paw no sabe encontrar en las copias de Purchas; protesta que, habiendo confrontado de diversas maneras las figuras de ellas con la interpretación unida allí, jamás pudo descubrir ninguna conexión; que como se interpretan de ocho reyes de México, también podrían interpretarse de ocho concubinas de Moctezuma. Pero esto mismo podría decir si se le presentase el libro *Chun-yum* del filósofo Confucio, escrito en caracteres chinos, con su interpretación a un lado en lengua francesa. Compararía de varios modos aquellos caracteres con la interpretación, y no sabiendo encontrar conexión alguna, podría decir que como interpretan aquel libro de las nueve condiciones que debe tener un buen emperador, así también podrían interpretarse de nueve concubinas o de nueve eunucos de algún emperador antiguo, pues casi tanto entiende él de caracteres chinos como de figuras mexicanas. Si pudiera abocarme con Paw, le haría ver la conexión que tienen aquellas figuras con su interpretación; pero como lo ignora debe estar al juicio de los inteligentes.

Él cree, y nos quiere hacer creer, que sólo las pinturas cuya copia publicó Purchas hayan escapado del incendio que hicieron los primeros misioneros; pero esto es falsísimo, como hemos hecho ver contra Robertson al principio de nuestra historia. Las pinturas escapadas de aquel incendio fueron tantas, que suministraron la mayor parte de los materiales para la historia antigua de México, no menos a los escritores españoles que a los mismos mexicanos. Todas las obras de Fernando de Alva Ixtlilxóchitl, Domingo Chimalpáin, Fernando Alvarado Tezozómoc, Tadeo de Niza, Gabriel de Ayala y de los otros nombrados en el catálogo de los escritores con que principia nuestra *Historia* han sido hechas con el auxilio de un gran número de pinturas antiguas. El infatigable Sahagún se valió de muchísimas para su *Historia de la Nueva España*. Torquemada cita con frecuencia las pinturas consultadas por él para su obra. Sigüenza y Góngora heredó los manuscritos y las pinturas de Ixtlilxóchitl, y se proporcionó otras muchas a grandes expensas, y después de haberse servido de ellas las dejó a su muerte, juntamente con su preciosa biblioteca, al colegio de San Pedro y San Pablo de los jesuitas de México, en donde vi y estudié algunas de dichas pinturas.

En los dos siglos pasados se presentaban frecuentemente por los indios en los tribunales de México pinturas antiguas, como títulos de propiedad o de posesión de algunas tierras, y por esta razón había intérpretes instruidos en la significación de tales pinturas. Gonzalo de Oviedo hace mención de aquel uso en los tribunales en tiempo de Sebastián Ramírez de Fuenleal, presidente de la Real Audiencia de México, y porque importaba mucho la inteligencia de semejantes títulos para la decisión de algunos pleitos, había antes en la Universidad de México un profesor encargado de enseñar la ciencia de tales pinturas, jeroglíficos y caracteres mexicanos. Las muchas pinturas recogidas pocos años hace por Boturini y expuestas en el catálogo de su museo impreso en Madrid en 1776, como también las que hemos citado en otra parte, demuestran que no tan pocas como piensan Paw y el Dr. Robertson escaparon del incendio de los misioneros.

Finalmente, para confirmar más cuanto hemos escrito en nuestra *Historia*, y para hacer entender a Paw la variedad de las pinturas mexicanas, expondremos aquí en compendio lo que dejó escrito el doctor Juan José de Eguiara y Eguren[9] en el erudito prefacio de su

---

[9] Eguiara, digno de perpetuarse en nuestra memoria por su índole amabilísima, su incomparable modestia, su gran literatura y por el celo con que trabajó hasta su muerte en servicio de su patria, nació en México hacia fines del siglo XVII. Fue muchos años profesor de teología en aquella Universidad e imprimió algunos tratados teológicos muy apreciados, en un tomo en folio. Fue rector, y finalmente, cancelado de la misma Universidad y dignidad de aquella Iglesia metropolitana, amado siempre y reverenciado por toda clase de personas, por su vida inmaculada y su

*Biblioteca mexicana*. Había, dice, entre las pinturas mexicanas almanaques, llamados por ellos *tonalamatl*, en los cuales se publicaban sus pronósticos sobre las mutaciones del tiempo. Una de estas pinturas trae el Dr. Sigüenza y Góngora en su *Ciclografía mexicana*, como testifica él en su *Libra astronómica*. Otras contenían los horóscopos de los niños, en que se representaban sus nombres, el día y signo de su nacimiento y su ventura; de esta clase de pinturas hace mención Gerónimo Román en su *República del mundo* (Parte 2, tomo 2). Otras eran dogmáticas y contenían el sistema de su religión. Otras históricas, otras jeroglíficas, etcétera.

Es verdad —añade el celebrado autor— que las pinturas que se hacían para el uso común y familiar eran claras y las entendía fácilmente cualquiera; pero las que contenían los arcanos de la religión estaban llenas de jeroglíficos cuyo sentido no podía comprender el vulgo. Había gran diversidad entre las pinturas, tanto respecto a los autores como por lo que miraba al modo de hacerlas y al fin y uso de ellas. Las que se hacían para adorno de los palacios eran perfectas; pero en otras, que contenían un sentido arcano, se veían ciertos caracteres y algunas figuras monstruosas y horribles. Los pintores eran muchos; pero escribir caracteres, componer anales y tratar materias concernientes a la religión y la política eran empleos propios de los sacerdotes. Hasta aquí el doctor Eguiara.

Sepa, pues, Paw que en las pinturas mexicanas algunas eran meras imágenes de los objetos; había también caracteres, no para componer palabras como los nuestros, sino significativos de cosas, como los de los astrónomos y algebristas. Algunas pinturas eran destinadas a explicar precisamente las cosas o los conceptos y, por decirlo así, a escribir, y en éstas no se cuidaba de las proporciones ni de la belleza, porque se hacían de prisa y con el fin de instruir el entendimiento, no de agradar a los ojos; pero en las que se necesitaba imitar a la naturaleza y que se ejecutaban con la lentitud que requieren las obras de esta clase, se observaban las proporciones, distancias, actitudes y las reglas del arte, aunque no con toda aquella perfección que admiramos en las buenas pinturas de Europa. Por lo demás yo quisiera que Paw me mostrase algún pueblo grosero o medio culto del Antiguo Continente que haya puesto tanta industria y diligencia como los mexicanos para eternizar la memoria de sus acontecimientos.

doctrina. Después de haber renunciado el obispo de Yucatán, al que lo destinó el Rey católico por sus relevantes méritos, publicó en México un tomo en folio de la *Biblioteca mexicana*, para cuya obra, a más del inmenso trabajo de recoger, ordenar y perfeccionar los materiales, hizo llevar a grandes expensas de París una imprenta completa y bien provista de caracteres romanos, griegos y hebreos. Su muerte (1763) no le permitió ver concluida aquella obra, que hubiera hecho gran honor a su patria.

El Dr. Robertson, al hablar de la cultura de los mexicanos en su *Historia de América* (Lib. 7), expone los progresos que hace la industria humana para llegar a la invención de las letras con cuya combinación pueda explicar todos los diferentes sonidos de la palabra. Estos sucesivos progresos son, según él, de la pintura actual al simple jeroglífico, de éste al símbolo alegórico, después al carácter arbitrario y, finalmente, al alfabeto. Si alguno, pues, pretende en su historia saber hasta qué grado llegaron los mexicanos, no podrá ciertamente adivinarlo, porque aquel razonador histórico habla con tanta ambigüedad que algunas veces parece que cree que había llegado apenas el segundo grado, esto es, al de simple jeroglífico, y otras que los juzga adelantados hasta el cuarto del carácter arbitrario.

Mas diga lo que quiera, lo cierto es que todos los modos referidos de representar los conceptos, a excepción del alfabeto, los usaban los mexicanos. Sus caracteres numerales y los significativos de la noche, día, año, siglo, cielo, la tierra, el agua, la voz, el canto, etc., ¿no eran por ventura verdaderos caracteres arbitrarios o de convención? He aquí, pues, que los mexicanos llegaron hasta donde han avanzado después de tantos siglos de cultura los famosos chinos. No hay otra diferencia entre unos y otros, sino que los caracteres chinos se han multiplicado con tal exceso que no basta la vida de un hombre para aprenderlos.

El mismo Dr. Robertson, lejos de negar, como hace temerariamente Paw, las ruedas seculares de los mexicanos, confiesa su método en el cómputo de los tiempos, y dice que habiendo observado que en los dieciocho meses de veinte días cada uno, no quedaba completo el curso del sol, añadieron los cinco días *nemontemi*. "Este estrecho aproximamiento a la exactitud filosófica —añade— muestra con mucha claridad que por los mexicanos se había aplicado aquella atención a las investigaciones especulativas, a las cuales los hombres en el estado de su rudeza jamás han acostumbrado volver el pensamiento" (Lib. 7).

¿Qué hubiera dicho si hubiera sabido, como sabemos nosotros, así por el testimonio gravísimo del doctor Sigüenza y Góngora como por nuestras propias observaciones sobre la cronología mexicana, que los mexicanos no solamente contaban trescientos sesenta y cinco días en su año, sino que también, advertidos del exceso de casi seis horas del año solar sobre el civil, remediaron esta diferencia por medio de trece días intercalares que añadían a su siglo de cincuenta y dos años?

## 5. Las artes de los mexicanos

Después de haber hecho Paw una ignominiosa descripción del Perú y de la barbarie de sus habitantes, habla de México, "de cuyo estado

—dice (Parte 5, sect. 1)— se han contado tantas falsedades y maravillas como del Perú; pero lo cierto es que estas dos naciones eran casi iguales, ya se coteje su policía, ya se consideren sus artes e instrumentos". La agricultura estaba entre ellos abandonada, y la arquitectura era también mezquina; sus pinturas eran groseras y sus artes muy imperfectas; sus fortificaciones, palacios y templos son meras ficciones de los españoles. "Si los mexicanos —dice— hubieran tenido fortificaciones, se hubieran puesto a cubierto de los mosquetes, y aquellos seis mezquinos cañones de fierro que llevó Cortés no hubieran arruinado en un momento tantos baluartes y trincheras... Las paredes de sus edificios no eran otra cosa que piedras grandes puestas unas sobre otras. El ponderado palacio en donde vivían los reyes de México era choza; por lo que Hernán Cortés, no encontrando habitación proporcionada en toda la capital de aquel Estado, que había conquistado recientemente, se vio precisado a fabricar de prisa un palacio, el cual subsiste hasta ahora." No es fácil enumerar todos los despropósitos de Paw en esta materia; omitiendo los que pertenecen al Perú, examinaremos cuanto escribe contra las artes de los mexicanos.

De su agricultura hemos hablado en otros lugares, cuando hicimos ver que los mexicanos no solamente cultivaban con suma diligencia todas las tierras de su imperio, sino que también se criaron con maravillosa industria nuevos terrenos para cultivar, formando en el agua aquellas huertas y campos flotantes que con tantos elogios han celebrado los españoles y los extranjeros, y que hasta ahora son admirados por cuantos navegan por aquellas lagunas. Hemos también demostrado, sobre la deposición de muchos testigos oculares, que no sólo las plantas útiles al sustento, al vestido y a la salud, sino también las flores y otros vegetales que sirven únicamente a las delicias de la vida, eran cultivadas por ellos con suma diligencia. Hernán Cortés en sus cartas a Carlos V y Bernal Díaz en su *Historia* hablan con admiración de las huertas de Iztapalapa y de Huaxtepec que vieron, y el Dr. Hernández en su *Historia natural* dice que vio aquellas huertas cuarenta años después. El mismo Cortés, en una carta a Carlos V, de 30 de octubre de 1520, dice: "Es tan grande la multitud de habitantes en estos países, que no hay ni un palmo de terreno que no esté cultivado". Es necesario ser muy obcecado para no dar crédito al testimonio unánime de los autores españoles.

Hemos expuesto igualmente, sobre la fe de éstos, la gran diligencia de los mexicanos en criar toda clase de animales, en cuyo género de magnificencia excedió Moctezuma, como ya dijimos, a todos los reyes del mundo. Los mexicanos, por otra parte, no podían criar una tan estupenda variedad de cuadrúpedos, reptiles y aves, sin tener gran conocimiento de su naturaleza, instinto y modo de vivir.

Su arquitectura no era comparable con la de los europeos; pero era muy superior a la de la mayor parte de los pueblos asiáticos y africanos. ¿Quién se atreverá a comparar las casas, palacios, templos, baluartes, acueductos y calzadas de los antiguos mexicanos, con las miserables chozas de tártaros, siberianos, árabes y de aquellas tristes naciones que viven entre el Cabo Verde y el de Buena Esperanza? Pero ni aun con las fábricas de Etiopía, de gran parte de la India y de las islas de Asia y África, entre ellas el Japón. Basta confrontar lo que han escrito de unas y otras los autores que las vieron, para desmentir a Paw, quien ha tenido el atrevimiento de publicar que todas las naciones americanas eran inferiores en industria y sagacidad a los más groseros pueblos del Antiguo Continente.

Dice que el ponderado palacio de Moctezuma no era más que una choza; pero Cortés, Bernal Díaz y el Conquistador Anónimo, que tantas veces lo vieron, afirman todo lo contrario. "Tenía —dice Cortés, hablando del rey Moctezuma— en esta ciudad [de México] casas para su habitación, tales y tan maravillosas, que no creería poder jamás explicar la excelencia y grandeza, por lo que no diré más sino que no las hay iguales en España." Así escribe este conquistador a su rey, sin temor de ser desmentido por sus capitanes y soldados, que tenían a la vista los palacios mexicanos. El Conquistador Anónimo en su curiosa y sincera relación, hablando de los edificios de México, dice: "Había hermosas casas de señores tan grandes y con tantas habitaciones y jardines, altos y bajos, que nos dejaban atónitos por la admiración. Entré por curiosidad cuatro veces en un palacio de Moctezuma, y habiendo andado por él hasta cansarme jamás lo vi todo. Acostumbraban tener alrededor de un gran patio cámaras y salas grandísimas; pero, sobre todo, había una tan grande que dentro de ella podían estar sin incomodidad más de tres mil personas; era tal, que en el corredor que estaba encima se formaba una plazuela en la cual treinta hombres a caballo hubieran podido jugar a las cañas".

Expresiones semejantes se leen en la *Historia* de Bernal Díaz. Consta por la deposición de todos los historiadores de México que el ejército de Cortés, compuesto de seis mil y más de cuatrocientos entre españoles, tlaxcaltecas y cempoaltecas se alojó todo en el palacio que había sido del rey Axayácatl y sobró también para la habitación del rey Moctezuma y de sus familiares, a más de los almacenes en que se guardaba el tesoro del rey Axayácatl. Consta por la deposición de los mismos historiadores la magnificencia y bellísima disposición del palacio de las aves, y Cortés añade que en los departamentos que había podían alojarse cómodamente dos grandes príncipes con toda su corte, y describe menudamente sus pórticos, galerías y jardines. El mismo

Cortés dice a Carlos V que en el palacio del rey Nezahualpilli, en Texcoco, se alojó con seiscientos españoles y cuarenta caballos, y que era tan grande que podían estar cómodamente otros seiscientos. De un modo semejante habla del palacio del señor de Iztapalapa y de otras ciudades, alabando la estructura, belleza y magnificencia. Tales eran las chozas del rey y de los señores mexicanos.

    Decir, como Paw, que Cortés mandó construir precipitadamente aquel palacio porque no encontraba habitación proporcionada en toda la capital es un error o, para hablar con más propiedad, es una gran mentira. Es verdad que Cortés durante el asedio de México quemó y arruinó la mayor parte de aquella gran ciudad, como él mismo testifica, y con este designio pidió y consiguió de sus aliados algunos millares de operarios, que no tenían otro empleo que el de ir arruinando los edificios, según los españoles iban avanzando, para que no quedase a sus espaldas ninguna casa desde la cual pudieran dañarlos los mexicanos. No es pues de admirar que Cortés no hubiese encontrado una habitación proporcionada en una ciudad que él mismo había destruido, pero no fue la ruina tan general que no quedase un número de buenas casas en el cuartel de Tlatelolco, en las cuales hubieran podido cómodamente alojarse todos los españoles con un buen número de aliados. "Después de que quiso nuestro Señor —dice Cortés en su última carta a Carlos V— que esta gran ciudad de Temistitan fuera conquistada, no me pareció bien residir en ella por muchos inconvenientes, y así me fui con toda mi gente a residir en Coyoacán."

    Si fuera cierto lo que dice Paw, bastaba decir que no quedó en México porque no había casa en donde estar. El palacio de Cortés se fabricó en el mismo sitio en donde estaba antes el de Moctezuma. Si Cortés no hubiera arruinado este palacio, hubiera podido habitar cómodamente en él, como habitaba aquel monarca con toda su corte. Es, pues, falso que subsista al presente el palacio fabricado por Cortés, pues éste se quemó el año de 1692 en una sedición popular. Pero, sobre todo, es falsísimo que las paredes de los edificios mexicanos no fuesen más que piedras grandes puestas unas sobre las otras sin unión alguna, como lo prueba el testimonio de todos los historiadores y los fragmentos de los edificios antiguos de que hablaremos en su lugar. Y así no hay en toda la cita de Paw ni una proposición que no sea un error.

    No contento Paw con aniquilar las casas de los mexicanos, se pone también a combatir sus templos, e indignado contra Solís porque afirma que los de México no bajaban de dos mil, entre grandes y chicos, dice: "No ha habido jamás un número tan grande de edificios públicos en ninguna ciudad desde Roma hasta Pekín; por lo que Gómara, menos temerario o más sabio que Solís, dice que contando siete capillas pequeñas, no se encontraron más que ocho lugares destinados a guardar los ídolos de México" (Part. 5, sec. 1). Para que se vea cuánta es la infidelidad de Paw en citar los autores, quiero copiar aquí el lugar de Gómara a que se refiere. "Había —dice aquel autor en su *Crónica de la Nueva España* (Cap. 80)— muchos templos en la ciudad de México, esparcidos por las parroquias o barrios con sus torres, en las cuales estaban las capillas y los altares para guardar los ídolos... Casi todos tenían una misma figura, y así lo que diremos del templo principal bastará para dar a conocer todos los demás." Y después de haber hecho una menuda descripción de aquel gran templo, en que pondera su elevación, amplitud y belleza, añade: "A más de estas torres que se formaban con sus capillas sobre la pirámide, había otras cuarenta y más entre pequeñas y grandes en otros *teocalli* menores,[10] que hay dentro del recinto de aquel templo principal, todos los cuales eran de la misma figura de aquél... Otros *teocalli* o cúes había en otros lugares de la ciudad... Todos estos templos tenían sus casas propias, sus sacerdotes y sus dioses, con todo lo necesario a su culto y servicio". Y así, el mismo Gómara, que al decir de Paw no enumera en México más que ocho lugares destinados a guardar los ídolos, incluyendo en dicho número siete capillas pequeñas, enumera claramente más de cuarenta templos dentro del recinto del principal, a más de otros muchos esparcidos por las parroquias o barrios. ¿Quién podrá fiarse de Paw después de una falsificación tan manifiesta?

Es verdad que Solís se mostró poco advertido en poner como cierto aquel número de templos que los primeros historiadores expresaron solamente por conjeturas; pero Paw se da también a conocer poco avisado en comprender entre los edificios públicos aun aquellas capillas pequeñas que los españoles llamaron templos. De éstos había innumerables: todos los que vieron aquel país antes de la conquista testifican concordes que, tanto en los lugares habitados como en los caminos y en los montes, se veían por todas partes semejantes edificios, los cuales, aunque pequeños y enteramente diversos de nuestras iglesias, fueron llamados templos porque estaban consagrados a los ídolos. Así por las cartas de Cortés como por la Historia de Bernal Díaz, sabemos que apenas daban un paso los conquistadores sin encontrarse con algún templo o capilla.

[10] *Teocalli* (casa de Dios) llamaban los mexicanos a sus templos. Entre los españoles, algunos los llamaron templos, otros *adoratorios*, otros *mezquitas*, como acostumbrados al lenguaje de los sarracenos, y otros *cúes*, palabra tomada de la lengua haitiana. A más de estos nombres daban también a los *templos* pequeños los de *sacrificaderos y humilladeros* (lugares de sacrificios y de adoración).

Cortés dice haber contado más de cuatrocientos templos en sólo la ciudad de Cholula. Pero había una gran diferencia en cuanto a tamaño entre unos y otros templos. Algunos no eran más que pequeños terraplenes poco altos sobre los cuales había una capilla para el ídolo tutelar. Otros eran de una grandeza y amplitud estupendas. Cortés, cuando habla del templo mayor de México, protesta a Carlos V que no es fácil describir sus partes, su grandeza y las cosas que allí se contenían; que era tan grande que dentro del recinto de la fuerte muralla que lo circundaba podía caber un pueblo de quinientas casas. No hablan de otro modo de este y otros templos de México, Texcoco, Cholula y otras ciudades, Bernal Díaz, el Conquistador Anónimo, Sahagún y Tovar, que los vieron y los historiadores mexicanos y españoles que escribieron después y se informaron bien, como Acosta, Gómara, Herrera, Torquemada, Sigüenza y Góngora y Betancourt.

Describe Hernández una a una las setenta y ocho partes de que se componía el templo mayor. Cortés añade que entre las altas torres de los templos que hermoseaban esa capital, había cuarenta tan elevadas que la menor de ellas no era inferior en altura a la famosa Giralda de Sevilla. Fernando de Alva Ixtlilxóchitl hace mención en sus manuscritos de la torre de nueve planos que su célebre tatarabuelo Nezahualcóyotl edificó al Creador del cielo, al cual parece haber sido aquel famoso templo de *Tezcutzinco* que con tantos elogios pondera Valadés en su *Relación cristiana*.

Toda esta nube de testigos depone contra Paw. Con todo esto, él no quiere creer aquella gran multitud de templos en México, porque "Moctezuma I fue —dice— el que dio a aquel pueblo la forma de ciudad; del reino de este monarca hasta el arribo de los españoles no habían corrido más que cuarenta y dos años, espacio de tiempo que no bastaba ciertamente para fabricar dos mil templos". He aquí tres aserciones que son otros tantos errores: 1º Es falso que Moctezuma I diese a México la forma de ciudad, pues sabemos por la historia que aquella corte la tenía desde el tiempo del primer rey Acamapitzin; 2º Es falso también que desde el reinado de Moctezuma I hasta el arribo de los españoles no corrieran más que cuarenta y dos años. Moctezuma comenzó a reinar, según vimos en la *II Disertación*, el año de 1436 y murió el de 1464, y los españoles no llegaron a México antes de 1519; luego desde el principio de aquel reinado hasta el arribo de los españoles, corrieron ochenta y tres años, y de la muerte de aquel rey cincuenta y cinco; 3º Paw se muestra enteramente ignorante de la estructura de los templos mexicanos, no sabe cuán grande fuese la multitud de operarios que corría en la fábrica de los edificios públicos y cuánta la prontitud de ellos en fabricarlos. Se ha visto algunas veces en la Nueva España fabricar en una sola noche un pueblo entero (aunque compuesto de chozas de madera cubiertas de paja) y conducir a él los nuevos colonos sus familias, animales y todas sus propiedades.[11]

Por lo que mira a las fortificaciones, es cierto e indubitable, por el testimonio de Cortés y de todos los que vieron las antiguas ciudades de aquel imperio,[12] que los mexicanos y todas las otras naciones que vivían en sociedad usaban murallas, baluartes, estacadas, fosos y trincheras. Pero aun cuando ninguno de estos testigos oculares hiciese fe, bastarían las fortificaciones antiguas que aún hoy día existen en Cuauhtochco o Huatusco y junto a Molcaxac, de que hemos hablado en otra parte, para demostrar el error de Paw. Es verdad que tales fortificaciones no eran comparables a las de Europa, porque ni su arquitectura militar se había perfeccionado tanto, ni ellos necesitaban ponerse a cubierto de la artillería, de la que no tenían noticia; pero dieron bastantes muestras de su industria al inventar tantas suertes de reparos para defenderse de sus enemigos ordinarios. Cualquiera, por otra parte, que lea la unánime deposición de los conquistadores no dudará del trabajo que les costó expugnar los fosos y las trincheras de los mexicanos en el asedio de la capital, a pesar de que tuvieron un tan excesivo número de tropas aliadas y las ventajas de las armas de fuego y los bergantines.

La terrible derrota que padecieron los españoles al retirarse de México no permitirá jamás que se dude de las fortificaciones de aquella capital, que no estaba circundada de murallas, porque su situación la hacía bastante segura con los fosos que había en las tres calzadas por donde podían asaltarla los enemigos; pero otras ciudades, que no estaban en una situación tan ventajosa, tenían murallas y otros reparos para su defensa. El mismo Cortés hace una exacta descripción de las murallas de Cuauhquecholan.

Mas ¿para qué perder el tiempo en acumular testimonios y otras pruebas de la arquitectura de los mexicanos, cuando éstos nos han dejado en las tres famosas calzadas que construyeron en la misma laguna y en el antiguo acueducto de Chapultepec un monumento inmortal de su industria?

Los mismos autores que hablan de la arquitectura de los mexicanos testifican también la excelencia de los plateros tejedores, grabadores de piedras y trabajadores de obras de pluma. Muchos fueron los europeos que vieron semejantes obras y se admiraron de la habilidad de los artífices americanos. Sus obras vaciadas fueron admiradas por los plateros

---

[11] Torquemada, *Monarquía indiana,* Lib. 3º, cap. 33.
[12] De las antiguas fortificaciones hacen frecuente mención Cortés (cartas a Carlos V), Pedro Alvarado y Diego Godoy (cartas a Hernán Cortés), Bernal Díaz (*Historia*), el Conquistador Anónimo, Alfonso de Ojeda *(Memorias)* y Sahagún *(Historia)*: todos testigos oculares.

de Europa, según afirman algunos autores europeos que entonces vivían, y entre ellos el historiador Gómara, el cual tuvo algunas obras en sus manos y oyó el parecer de los plateros sevillanos, que no se creían capaces de imitarlas (Caps. 39 y 79). ¿Y en dónde se encontrará jamás quien sea capaz de hacer las obras maravillosas que hemos dicho en nuestra *Historia*, y testificadas uniformemente por muchísimos escritores, como aquella, por ejemplo, de haber vaciado un pescado que tenía las escamas alternativamente una de oro y otra de plata?

Cortés dice en su segunda carta a Carlos V que las imágenes de oro y pluma se trabajaban tan bien por los mexicanos, que ningún artífice de Europa podría hacerlas mejores; que, en cuanto a las joyas, no se podría comprender con qué instrumentos se hicieron obras tan perfectas, y que las de plumas eran tales que ni en seda se podrían imitar. En su tercera carta al mismo Carlos V, cuando habla del botín de México, le dice que entre los despojos de los mexicanos encontró ciertas rodelas de oro y plumas y otras labores de la misma materia tan maravillosas, que no siéndole posible dar una justa idea por escrito, las manda a su majestad para que con sus propios ojos pueda asegurarse de su excelencia y perfección. Estoy cierto que Cortés no hubiera hablado así a su rey de aquellas labores que le mandaba para que las viese por sus ojos, si no hubiesen sido tales como él las representaba. Casi en los mismos términos que Cortés hablan todos los autores que vieron semejantes obras. Bernal Díaz, el Conquistador Anónimo, Gómara, Hernández, Acosta y otros de los cuales hemos tomado lo escrito sobre esta materia en nuestra *Historia*.

El doctor Robertson,[13] aunque reconoce el testimonio unánime de los antiguos historiadores españoles y cree que éstos no tuvieron intención de engañarnos, afirma que todos exageraron por la ilusión de su entendimiento, originada del calor de su imaginación. Bella solución de la que podría cada uno valerse para no dar crédito a ninguna historia humana. ¿Todos pues nos engañamos, sin exceptuar ni al clarísimo Acosta, ni al docto Hernández ni a los plateros de Sevilla, ni al rey Felipe II, ni al sumo pontífice Sixto V, admiradores todos y panegiristas de aquellas obras mexicanas? ¿Todos tuvieron la imaginación exaltada, aun los que escribieron años después del descubrimiento de México? Sí, todos. Sólo el escocés Robertson y el prusiano Paw han tenido en la fantasía, después de dos siglos y medio, el temperamento que se requiere para formar una idea justa de las cosas, acaso porque el frío de sus países habrá enfriado el calor de su imaginación.

---

[13] *Historia de la América*, Lib. 7.

"Ni se debe juzgar —añade Robertson— del grado de su mérito (de las obras mexicanas) por estas mismas descripciones, pero sí considerando algunas muestras de sus artes, que se conservan todavía... Muchos de sus adornos de oro y plata, así como diversos instrumentos empleados en la vida común, están depositados en el magnífico gabinete de cosas naturales y artificiales, abierto últimamente por el rey de España. Personas de cuyo juicio y gusto puedo fiarme me han asegurado que estos ponderados esfuerzos de su arte son tontas representaciones de objetos comunes o imágenes de figuras humanas o de algunos animales sin gracia ni propiedad." Y en la nota agrega: "En la armería del palacio real de Madrid se muestran series de armas que se dicen de Moctezuma; están compuestas de láminas sutiles de cobre bruñido. En opinión de jueces inteligentes son manifiestamente orientales. Las figuras de los adornos de plata que se ven arriba y representan dragones confirman la misma opinión. En su factura son infinitamente superiores a cualquiera otro esfuerzo del arte americano... La sola muestra indudable que he visto del arte americano en la Gran Bretaña es una copa de oro finísimo, que se dice fue de Moctezuma... Está representada en esta copa la cara de un hombre. Por una parte el rostro lleno, por otra el perfil y por la tercera la parte posterior de la cabeza... Las facciones son toscas pero tolerables, y ciertamente muy groseras para suponerla obra española. Esta copa la compró Odoardo, conde de Orfond, cuando estaba en el puerto de Cádiz". Hasta aquí Robertson, a cuyos argumentos respondemos:

1º Que no ha tenido razón para creer que aquellas toscas obras son verdaderamente mexicanas. 2º Que no sabemos si las personas de cuyo juicio se fió hayan sido tales que merezcan nuestra fe, pues hemos observado que se fía muchas veces del testimonio de Gage, Corral, Ibáñez y otros autores enteramente indignos de ser creídos. Es posible también que las personas que juzgaron tales obras tuviesen la imaginación caliente, pues es más fácil, según la condición de nuestra naturaleza corrompida, calentarse la imaginación contra una nación que en favor de ella. 3º Que es mucho más probable que aquellas armas de cobre creídas "por jueces inteligentes manifiestamente orientales" sean verdaderamente mexicanas, porque el testimonio de todos los escritores de México asegura que aquellas naciones usaban semejantes láminas de cobre en la guerra, y que con ellas se cubrían el pecho, los brazos y los muslos para defenderse de las flechas, y no sabemos que jamás se haya usado por los habitantes de las islas Filipinas (a los que Robertson atribuye dichas armas) o por algún otro pueblo que comerciase con ellos. Los dragones representados con aquellas armas, en lugar de confirmar, como cree Robertson, la opinión de los que las creen orientales, confirma más bien la nuestra, pues jamás ha habido nación alguna en el mundo en la cual se hayan usado tanto en sus armas las imágenes de animales terribles como entre los mexicanos. Ni debe causar admiración que éstos tuviesen idea de los dragones, pues tuvieron también la de los grifos, como testifica Gómara.[14] 4º Que aunque sean toscas las imágenes formadas en las obras de oro y plata, éstas podrían ser por otra parte excelentes, maravillosas e inimitables, porque en aquellas obras deben considerarse dos artes enteramente distintas y no conexas: la del diseño y la del vaciado; y así podría aquel pescado del cual hemos hablado arriba ser mal formado en cuanto a la figura y, sin embargo, ser maravillosa y sorprendente aquella alternativa de escamas de oro y plata, hecha de vaciado. 5º. Finalmente, el juicio de algunas personas enteramente desconocidas sobre aquellas pocas obras dudosas que hay en el real gabinete de Madrid no puede prevalecer a la unánime declaración de todos los historiadores antiguos, los cuales vieron innumerables obras ciertamente mexicanas.

Por todo lo dicho hasta ahora, se ve la gran injusticia que Paw hace a los mexicanos, creyéndolos inferiores en industria y sagacidad a los pueblos más groseros del Antiguo Continente. El P. Acosta, al hablar de la industria de los peruleros, dice: "Si estos hombres son bestias, júzguelo quien quisiere; que lo que yo juzgo de cierto es que, en aquello a que se aplican, nos hacen grandes ventajas" (Lib 6, cap. 8). Esta ingenua confesión de un europeo de tanta crítica, de tanta experiencia y de tanta imparcialidad, ¿no vale más que todas las invectivas de un filósofo prusiano y que todos los discursos de un historiador escocés, mal instruidos de las cosas de América o prevenidos contra los americanos?

Pero aun cuando concediésemos a Paw que la industria de los americanos en las artes sea inferior a la de los otros países del mundo, nada debería inferirse de esto contra las almas de los americanos o contra el clima de la América, pues es indudable que las invenciones y progresos de las artes, en la mayor parte, se deben más bien a la suerte, la necesidad y la avaricia que al ingenio. Los hombres más industriosos en las artes no son siempre los más ingeniosos, sino, por lo común, los más necesitados o los más inclinados al oro. "La esterilidad de la tierra —dice bien Montesquieu—[15] hace a los hombres industriosos... es necesario que se proporcionen lo que no les tributa la tierra. La fertilidad de un país lleva consigo a un tiempo la facilidad de sustentarse y la desidia." "La necesidad —dice Robertson— es el estímulo y la guía del género humano para las invenciones."

---

[14] "Algunos señores tenían en sus armas un grifo volando o llevando entre las garras un venado." *Crónica de la Nueva España*, Cap. 71.
[15] *L'esprit des lois*, Lib. 18, cap. 4.

Los chinos no serían ciertamente tan industriosos si la excesiva población de su país no les hiciese difícil su propio sustento; ni en Europa se hubieran hecho tantos progresos en las artes, si hubiera faltado el aliciente de los premios o la esperanza en los artesanos de mejorar su fortuna. Sin embargo, los mexicanos pueden elogiar sus muchas invenciones, capaces de inmortalizar su nombre, cuales son, a más de sus famosas obras de molde y los mosaicos de plumas y conchas, la del papel,[16] la de teñir con colores indelebles, hilar y tejer el pelo más sutil de los conejos y las liebres; las de hacer las navajas de *itztli*; la de criar tan industriosamente la cochinilla para valerse de ella en los colores; la de la argamasa en los pavimentos de sus casas, y mil otras no menos apreciables que pueden verse en nuestra *Historia* y en las obras de los otros historiadores de México, así como las artes de los peruleros en las obras de Acosta y del inca Garcilaso y en las *Cartas americanas* del conde Carli.

Pero ¿qué maravilla que se encontrasen tales invenciones en las naciones civilizadas, cuando en otros pueblos americanos menos cultos se hallaron artes singularísimas? ¿Qué invención, por ejemplo, más singular y maravillosa que la de domesticar los peces marinos y servirse de ellos para cazar a otros peces grandes, como hacían los habitantes de las islas Antillas? Esta sola arte, de que hacen mención Oviedo,[17] Gómara y otros autores, ¿no sería bastante para desmentir las injuriosas invectivas de Paw contra la industria de los americanos?

### 6. La lengua mexicana

Las lenguas de América, dice Paw, son tan estrechas y escasas de palabras, que no es posible explicar en ellas ningún concepto metafísico. "No hay ninguna de estas lenguas en que se pueda contar arriba de tres.[18] No es posible traducir un libro, no digo en las lenguas de los algonquines y de los guaranís o paraguayos, pero ni aun en las de

---

[16] Véase en nuestra *Historia* (Lib. VII) las diversas clases de papel mexicano: de algodón, maguey, palma silvestre y seda. La invención del papel es sin duda más antigua en América que en Egipto. de donde pasó a Europa. El papel de los mexicanos no era comparable en finura con el de los europeos; pero aquéllos no lo hacían para escribir, sino para pintar.

[17] *Historia general y natural de las Indias* (Lib. 13, cap. 10) y *Sumario de la historia de las Indias* (cap. 8); Gómara, *Historia general de las Indias* (cap. 20). La especie de pez de que se valían los indios para dar caza a los peces grandes, como se sirven en Europa de los halcones para cazar a otras aves, era muy pequeña, llamada por ellos *guaican* y por los españoles *reverso*. Véase en la *Historia* de Oviedo el modo de hacerlo.

[18] En la misma sección 1ª de la parte 5ª de las *Investigaciones filosóficas*, en que afirma que no hay ni una lengua americana en que se pueda contar arriba de tres, dice que los mexicanos contaban hasta diez.

México o del Perú, por no tener un número suficiente de términos propios para enunciar las nociones generales." Cualquiera que lea estas decisiones magistrales de Paw se persuadirá sin duda de que decide así después de haber viajado por toda la América, de haber tratado con todas aquellas naciones y de haber examinado todas sus lenguas. Pero no es así. Paw sin salir de su gabinete de Berlín, sabe las cosas de América mejor que los mismos americanos, y en el conocimiento de aquellas lenguas excede a los que las hablan.

Yo aprendí la lengua mexicana y la oí hablar a los mexicanos muchos años, y sin embargo, no sabía que fuera tan escasa de voces numerales y de términos significativos de idea universales, hasta que vino Paw a ilustrarme. Yo sabía que los mexicanos pusieron el nombre *centzontli* (400), o más bien el de *centzontlatale* (el que tiene 400 voces) a aquel pájaro tan celebrado por su singular dulzura y por la incomparable variedad de su canto. Yo sabía también que los mexicanos contaban antiguamente por *xiquipili,* así las almendras de cacao en su comercio como sus tropas en la guerra; que *xiquipili* valía ocho mil, y así para decir que un ejército se componía, por ejemplo, de cuarenta mil hombres, decían que tenía cinco *xiquipili.*

Yo sabía, finalmente, que los mexicanos tenían voces numerales para significar cuantos millares y millones querían; pero Paw sabe todo lo contrario y no hay duda de que lo sabrá mejor que yo, porque tuve la desgracia de nacer bajo un clima menos favorable a las operaciones intelectuales. Sin embargo, quiero, por complacer la curiosidad de mis lectores, poner abajo la serie de los nombres numerales de que se han valido siempre los mexicanos.[19] En la cual se ve que los que, según dice Paw, no tenían voces para contar más que tres, a pesar suyo las tienen para contar por lo menos cuarenta y ocho millones. Del mismo modo podemos convencer el error de La Condamine y Paw en otras muchas

---

[19]

| | |
|---|---|
| Ce | 1 |
| Ome | 2 |
| Sei | 3 |
| Nahui | 4 |
| Macuilli | 5 |
| Chicuace | 6 |
| Chicome | 7 |
| Chicuei | 8 |
| Chiucnahui | 9 |
| Matlacti | 10 |
| Caxtolli | 15 |

Con estas voces combinadas y unidas con los tres nombres pohualli (poalli 20, tzontli 400 y xiquipili 8,000) explican cualquier cantidad.

lenguas de América, aun de aquellas que se han reputado las más rudas, pues se hallan actualmente en Italia personas experimentadas de aquel Nuevo Mundo y capaces de dar plena noticia de más de sesenta lenguas americanas; pero no queremos cansar la paciencia de los lectores. Entre los materiales recogidos para esta mi obra, tengo los nombres numerales de la lengua araucana, que a pesar de ser la lengua de una nación más guerrera que civil, tiene voces para explicar aun millones.[20]

No es menor el error de Paw en afirmar que son tan escasas las lenguas americanas, que no son capaces de explicar un concepto metafísico, lección que aprendió de La Condamine. "*Tiempo*, dice este filósofo hablando de las lenguas de los americanos, *duración, espacio, ser, sustancia, materia, cuerpo*. Todas estas palabras y otras muchas no tienen voces equivalentes en sus lenguas, y no sólo los nombres de los seres metafísicos, pero ni aun de los seres morales, pueden explicarse

| | |
|---|---|
| Cempoali | 20 |
| Ompoali | 40 |
| Epoali | 60 |
| Nauhpoali | 80 |
| Macuilpoali | 100 |
| Chicocempoalli | 120 etc. |
| Matlapoalli (diez veces 20) | 200 |
| Caxtolpoalli (quince veces 20) | 300 |
| Y así se va contando hasta que se llega a | 400 |
| Cen-tzontli | 400 |
| Ontzentli | 800 |
| Etzontli | 1,200 |
| Nauhtzontli | 1,600 |
| Macuiltzontli | 2,000 |
| Chicuacentzontli | 2,400 |
| Matlactzontli (diez veces 400) | 4,000 |
| Caxtoltzontli (quince veces 400) | 6,000 |
| Y así sigue hasta 8,000 | |
| Cexiquipili | 8,000 |
| Onxiquipili | 16,000 |
| Exiquipili | 24,000 |
| Nauhxiquipili | 32,000 |
| Macuilxiquipili | 40,000 |
| Chicuacenxiquipili | 48,000 etc. |
| Matlacxiquipili (diez veces 8,000) | 80,000 |
| Caxtoixiquipili (quince veces 8,000) | 120,000 |
| Cempoalxiquipili (veinte veces 8.000) | 160,000 |
| Ompoalxiquipili(cuarenta veces 8.000) | 320.000 etc. |
| Centzonxiquipili (cuatrocientas veces 8,000) | 3.200,000 |
| Ontzonxiquipili (ochocientas veces 8,000) | 6.400,000 |
| Matlactzonxiquipili (cuatro mil veces 8,000) | 32.000,000 |
| Caxtoltzonxiquipili (seis mil veces 8,000) | 48.000,000 etc. |

Dije que tenían voces para contar cuarenta y ocho millones *a lo menos*, porque existen otras para llevar más adelante la numeración, pero hay que valerse de palabras más largas, y las citadas bastan para desmentir a Paw.

[20] *Marí* en la lengua araucana quiere decir diez; *patuca*, ciento; *huaranca*, mil; *patachuaranca*, cien mil; *maripatacahuanca*, un millón. Después de terminada esta disertación he adquirido la serie de los nombres numerales en la lengua otomí. Aunque esta lengua es considerada como una de las más rudas de México, tiene, sin embargo, voces para explicar cuantos millones se quieran.

por ellos sino impropiamente y por largos circunloquios." Pero La Condamine sabía tanto de las lenguas americanas como Paw, y tomó sin duda este informe de algún hombre ignorante, como sucede frecuentemente a los viajeros. Estamos seguros de que muchas lenguas americanas no tienen la escasez de voces que piensa La Condamine; pero omitiendo por ahora lo que mira a las otras, discurramos sobre la mexicana, principal asunto de nuestra contienda.

Es verdad que los mexicanos no tenían voces para explicar los conceptos de la materia, sustancia, accidente y semejantes; pero es igualmente cierto que ninguna lengua, de Asia o de Europa, tenía tales voces antes que los griegos comenzasen a adelgazar, abstraer sus ideas y crear nuevos términos para explicarlas. El gran Cicerón, que sabía tan bien la lengua latina y floreció en los tiempos en que estaba en su mayor perfección, a pesar de estimarla más abundante que la griega, lucha muchas veces en sus obras filosóficas para encontrar voces correspondientes a las ideas metafísicas de los griegos. ¿Cuántas veces se vio precisado a crear nuevas voces equivalentes en algún modo a las griegas, porque no las encontraba entre las voces usadas por los romanos? Pero aun hoy día, después de que aquella lengua fue enriquecida con muchas palabras inventadas por Cicerón y otros doctos romanos, que a ejemplo suyo se dedicaron al estudio de la filosofía, le faltan términos para explicar muchos conceptos metafísicos, si no se recurre al bárbaro lenguaje de las escuelas.

Ninguna de aquellas lenguas que hablan los filósofos de Europa tenía palabras significativas de la materia, la sustancia, el accidente y otros semejantes conceptos, y por lo tanto fue necesario que los que filosofaban adoptasen las voces latinas o las griegas. Los mexicanos antiguos, porque no se ocupaban en el estudio de la metafísica, son excusables por no haber inventado voces para explicar aquellas ideas; pero no por esto es tan escasa su lengua en términos significativos de cosas metafísicas y morales, como afirma La Condamine que son las de la América meridional; antes aseguro que no es tan fácil encontrar una lengua más apta que la mexicana para tratar las materias de la metafísica, pues es difícil de encontrar otra que abunde tanto en nombres abstractos, pues pocos son en ella los verbos de los cuales no se formen verbales correspondiente a los en *io* de los latinos, y pocos son también los nombres sustantivos o adjetivos de los cuales no se formen nombres abstractos que significan el ser o, como dicen en las escuelas, la *quiditad* de las cosas, cuyos equivalentes no puedo encontrar en hebreo, ni en griego, ni en latín, ni en francés, ni en italiano, ni en inglés, ni en español, ni en portugués, de las cuales lenguas me parece tener el conocimiento que se requiere para hacer el cotejo. Pues para dar alguna muestra de esta lengua y por complacer a la curiosidad de los lectores, pondré aquí a su vista algunas voces que significan conceptos metafísicos y morales, y que las entienden aun los indios más rudos.[21] La excesiva abundancia de semejantes voces ha sido la causa de haberse expuesto sin gran dificultad en la lengua mexicana los más altos misterios de la religión cristiana y haberse traducido en ella algunos libros de la Sagrada Escritura, y entre otros los de los Proverbios de Salomón y los Evangelios, los cuales, así como la *Imitación de Cristo,* de Tomás Kempis, y otros semejantes trasladados también al mexicano, no pueden ciertamente traducirse a aquellas lenguas que son escasas de términos significativos de cosas morales y metafísicas. Son tantos los libros publicados en mexicano sobre la religión y la moral cristiana, que de ellos solos se podría formar una buena biblioteca. Después de esta disertación pondremos un breve catálogo de los principales autores de que nos acordamos, así para confirmar cuanto decimos como para manifestar nuestra gratitud a sus fatigas. Unos han publicado un gran número de obras que hemos visto. Otros, para facilitar a los españoles

[21] VOCES MEXICANAS QUE SIGNIFICAN CONCEPTOS METAFÍSICOS Y MORALES:

*Tlamantli:* Cosa
*Seliztli:* Esencia
*Cualloti:* Bondad
*Neltiliztli:* Verdad.
*Cetiliztli:* Unidad
*Ometiliztli:* Cualidad.
*Teitiliztli:* Trinidad etc.
*Teot;* Dios
*Teojotl:* Divinidad.
*Nejolnonotzaliztli:* Reflexión.
*Tlachtopaittaliztli:* Previsión.
*Nejoltzotzomaliztli:* Duda.
*Tlalnamiquiliztli:* Recuerdo.
*Tlacahualiztli:* Olvido.
*Tlazotlaliztli:* Amor.
*Tlacocoliztli:* Odio.
*Tlamauhtiliztli:* Temor
*Netemachiliztli:* Esperanza.
*Tloque:* ⎱ *El que tiene en sí todas*
*Nalucaque:* ⎰ *las cosas.*
*Ipoalnemoani:* Aquel por quien se vive.
*Amacicacaconi:* Incomprensible.
*Cemicacjeni:* Eterno.
*Cenmancanjelizili:* Eternidad.
*Cahuitl:* Tiempo
*Cenjocojami:* Criador de todo.
*Oenhuelitini:* Omnipotente.
*Cenhueliciliztli:* Omnipotencia.
*Tlacatl:* Persona.
*Tlacajotl:* Personalidad.
*Tajotl:* Paternidad.

*Nanjotl:* Maternidad.
*Tlalcicpactlacojotl:* Humanidad.
*Tejolia: Alma*
*Teixtamatlia:* La mente.
*Tlamatiliztli:* Sabiduría.
*Ixtlamachiliztli:* Razón.
*Ixaxiliztli:* Comprensión.
*Tlaiximatiliztli:* Conocimiento.
*Tlanemiliztli:* Pensamiento.
*Necocoliztli:* Dolor.
*Nejoltequipacholiztli:* Arrepentimiento.
*Ellehuitliztli:* Deseo.
*Cualtihuani:* ⎱ Virtud.
*Tectihuani:* ⎰
*Acuallotl:* Malicia.
*Tolchicahualiztli:* Fortaleza.
*Tlaixjejecoliztli:* Templanza.
*Jollomachiliztli:* Prudencia.
*Tlamelahuacachicahualiztli:* Justicia.
*Jollhueiliztli:* Magnanimidad.
*Tlapaccaihjohuiliztli:* Paciencia.
*Tlanemactiliztli:* Liberalidad.
*Peccanemiliztli:* Mansedumbre.
*Tlatlacajotl:* Benignidad.
*Necnomatliliztli:* Humildad.
*Tlaxocamatiliztli:* Gratitud.
*Nepohualiztli:* Soberbia.
*Teojehuacatiliztli:* Avaricia.
*Nexicoliztli:* Envidia.
*Tlatzihualiztli:* Pereza.

la inteligencia de la lengua mexicana, han compuesto gramáticas y diccionarios.

Lo que decimos del mexicano podemos en gran parte afirmarlo de otras lenguas que se hablaban en los dominios de los mexicanos, como la *otomí, matlatzinca, mixteca, zapoteca, totonaca* y *popoluca*, pues igualmente se han compuesto gramáticas y diccionarios de todas estas lenguas y en todas se han publicado tratados de religión, como haremos ver en el catálogo prometido.

Los europeos que han aprendido el mexicano, entre los cuales hay italianos, franceses, flamencos, alemanes y españoles, han celebrado con grandes elogios aquella lengua, ponderándola al grado de que algunos la han estimado superior a la latina y la griega, como hemos dicho en otra parte. Boturini afirma que "en la urbanidad, elegancia y sublimidad de las expresiones no hay ninguna lengua que pueda compararse con la mexicana". Este autor no era español sino milanés; no era hombre vulgar sino erudito y crítico; sabía muy bien, por lo menos, el latín, el italiano, el francés y el español, y del mexicano supo cuanto bastaba para hacer un juicio comparativo. Reconozca, pues, Paw su error y aprenda a no decidir en las materias que ignora.

Entre las pruebas en que quiere apoyar Buffon su sistema de la reciente organización de la materia en el Nuevo Mundo, dice que los órganos de los americanos eran toscos y su lengua bárbara. "Véase —añade— la lista de sus animales, y sus nombres son tan difíciles de pronunciar que es de admirar haya habido europeos que se hayan tomado el trabajo de escribirlos." No me admira tanto de su fatiga en escribirlos como de su descuido en copiarlos. Entre tantos autores europeos que han escrito en Europa la historia civil o natural de México, no he encontrado ni uno que no haya alterado y desfigurado los nombres de las personas, animales y ciudades mexicanas, y algunos lo han hecho en tal grado, que no es posible adivinar lo que quisieron escribir. La historia de los animales de México pasó de las manos de su autor el Dr. Hernández a las de Nardo Antonio Recchi, el cual nada sabía de mexicano; de las manos de Recchi pasó a las de los académicos Linces de Roma, los cuales la publicaron con notas y disertaciones y de esta edición se sirvió Buffon. Entre tantas manos de europeos ignorantes de la lengua mexicana, tenían que alterarse los nombres de los animales. Para convencerse de la alteración que sufrieron en las manos de Buffon, basta confrontar los nombres mexicanos que se leen en su *Historia natural* con los de la edición romana del Dr. Hernández.

Por lo demás, es cierto que la dificultad en pronunciar una lengua a la que no estamos acostumbrados, y principalmente si la articulación de ella es muy diversa de la de nuestra propia lengua, nos convence de que sea bárbara. La misma dificultad que experimenta Buffon para pronunciar los nombres mexicanos experimentarían los mexicanos para pronunciar los nombres franceses. Los que están acostumbrados a la lengua española tienen gran dificultad para pronunciar la alemana y la polaca, y les parecen las más ásperas y duras de todas. La lengua mexicana no ha sido la de mis padres ni la aprendí de niño y, sin embargo, todos los nombres mexicanos de animales que cita Buffon como prueba de la barbarie de aquella lengua me parecen más fáciles de pronunciar que muchos otros tomados de algunas lenguas europeas, de las cuales usa[22] en su *Historia natural*. Tal vez parecerá lo mismo a los europeos que no están acostumbrados ni a una ni a otras lenguas; y no faltará quien se admire de que Buffon se haya tomado el trabajo de escribir aquellos nombres, capaces de causar miedo a los más valientes escritores. Finalmente, en lo que respecta a las lenguas americanas, debe estarse al juicio de los europeos que las supieron, más bien que a la opinión de los que nada saben.

### 7. Leyes de los mexicanos

Queriendo Paw impugnar la antigüedad que atribuyó Gemelli Carreri erróneamente a la corte de los mexicanos, alega la "anarquía de su gobierno y la escasez de sus leyes"; y tratando del gobierno de los peruleros, dice que: "no puede haber leyes en un Estado despótico, y caso de que las haya habido en algún tiempo, no es posible al presente hacer el análisis porque no las conocemos, ni podemos conocerlas porque jamás fueron escritas y su memoria debía faltar con la muerte de los que la sabían".

Ninguno había hecho mención de la anarquía del reino de México antes de que viniese al mundo Paw, cuyo cerebro parece tener una particular organización para entender las cosas al contrario de todos los demás hombres. No hay uno tan ignorante de la historia de México que no sepa que aquellos pueblos estaban sujetos a señores particulares, y todo el Estado a un supremo jefe, que era el rey de México. Todos los

---

[22] Léanse los nombres siguientes de animales usados por Buffon y cotéjense con los mexicanos puestos por él alterados.

| | |
|---|---|
| Baurd mannet-jes. | Scebeuschfafer. |
| Brand-hirts. | Sterzeczleck. |
| Chemik-skcarzecjck. | Niedzwiedz. |
| Iidgiers-duir. | Przawiaska. |
| Miszorezechowa. | Meer-schwein. |
| Stachel-schwein. | Sezures, etc. |

historiadores ponderan la gran autoridad de aquel soberano y el sumo respeto que le tenían sus vasallos: si esto es anarquía, serán sin duda anárquicos todos los Estados del mundo.

El despotismo no se introdujo en México hasta los últimos años de la monarquía. En el tiempo anterior los monarcas habían respetado siempre las leyes promulgadas por sus antecesores y celado su observancia. Aun en tiempo de Moctezuma II, único rey verdaderamente despótico, los mexicanos juzgaban según las leyes del reino, y el mismo Moctezuma castigaba severamente a los transgresores, no abusando de su poder, sino en aquello que podía servir al aumento de su opulencia y de su autoridad.

Estas leyes no estaban escritas, pero se perpetuaban en la memoria de los hombres, así por la tradición como por las pinturas. No había súbdito que no las supiese, porque los padres de familia no cesaban de instruir en ellas a sus hijos, para que evitando la trasgresión precaviesen el castigo. Las copias de las pinturas de las leyes eran sin duda infinitas, pues aunque fueron tan furiosamente perseguidas por los españoles, he visto, sin embargo, muchas. La inteligencia de tales pinturas no es tan difícil a quien tiene conocimiento del modo con que representaban los mexicanos las cosas, de los caracteres que usaban y de sus lenguas; pero para Paw serán tan ininteligibles como las leyes de los chinos expresadas en los caracteres propios de aquella nación. A más de esto, después de la conquista muchos mexicanos muy inteligentes escribieron en nuestros caracteres las leyes de México, Acolhuacán, Tlaxcala, Michoacán, etcétera. Entre otros Fernando de Alva Ixtlilxóchitl escribió en lengua española las ochenta leyes publicadas antes por su famoso tatarabuelo el rey Nezahualcóyotl, como hemos dicho en la *Historia*. Los españoles, pues, averiguaron las leyes y costumbres antiguas de aquellas naciones con mayor diligencia que cualquiera otro artículo de la historia, porque su conocimiento importaba mucho al gobierno cristiano, así civil como eclesiástico, principalmente respecto a los matrimonios, las prerrogativas de la nobleza, la calidad del vasallaje y la condición de los esclavos. Se informaron a boca de los indios más instruidos y estudiaron sus pinturas. A más de los primeros misioneros, que trabajaron fructuosamente en esta empresa, Alonso Zurita, uno de los principales jueces de México, docto en leyes y enterado de aquellos países, hizo diligentes averiguaciones por orden del rey católico, y compuso aquella utilísima obra de que hicimos mención en el catálogo de los escritores de la historia antigua de México. He aquí cómo pudieron saberse las leyes de los mexicanos sin haber sido escritas por ellos.

Pero ¿qué leyes? "Dignas muchas de ellas —dice el P. Acosta— de nuestra admiración, y según las cuales debían gobernarse aquellos pueblos aun en su cristianismo." En primer lugar la constitución de su Estado, en lo que mira a la sucesión a la corona, no podía ser más bien entendida, como que en ella igualmente se precavían los inconvenientes de la sucesión hereditaria y los de la electiva. Debía elegirse un individuo de la familia real para conservar así el esplendor de la corona e impedir que el trono jamás fuese ocupado por un hombre de bajo nacimiento. No sucediendo el hijo, sino el hermano, no había peligro de que un empleo tan eminente y tan importante se expusiera a la indiscreción de un joven inexperto o a la malignidad de un regente ambicioso.

Si los hermanos, pues, hubieran debido suceder según el orden de su nacimiento, hubiera necesariamente tocado algunas veces la corona a un hombre inepto para el gobierno, y hubiera también podido suceder que el heredero presuntivo maquinase contra la vida del soberano por anticiparse la sucesión; uno y otro inconveniente se salvaba con la elección. Los electores escogían entre los hermanos del rey muerto y, faltando éstos, entre los hijos de los reyes anteriores, el más idóneo para mandar la nación. Si hubiera estado en arbitrio del rey nombrar los electores, hubiera podido escoger a los que fuesen más favorables a sus designios y ganar sus sufragios en favor de aquel hermano a quien más estimara, y tal vez en favor del hijo, no atendiendo a las leyes fundamentales del Estado; pero no era así, pues los electores eran elegidos por el cuerpo de la nobleza, la cual comprometía en ellos los sufragios de toda la nación. Si el empleo de los electores hubiera sido perpetuo, hubieran podido éstos, abusando de su autoridad, hacerse dueños de la monarquía; pero como en la primera elección acababa la voz electoral y se elegían entonces nueve electores para la siguiente, no era tan fácil a la ambición usurpar la autoridad. Finalmente, para precaver otros inconvenientes los verdaderos electores no eran más que cuatro, hombres de la primera nobleza, de gran prudencia y de notoria probidad. Es verdad que ni aun después de tantas precauciones podían impedirse todos los desórdenes, pero ¿qué gobierno hubo jamás entre los hombres que no estuviese expuesto a mayores males?

La nación mexicana era guerrera y, por lo tanto, necesitaba un jefe inteligente y experto en el arte de la guerra. ¿Qué arbitrio podía tomarse más conducente a este fin que el de no elegir rey al que no hubiese obtenido por solos sus méritos al cargo de general del ejército, y de no coronar al que después de su elección no hubiese proporcionado en la guerra las víctimas que, según su religión, debían sacrificarse en las fiestas de la coronación?

La prontitud con que los mexicanos sacudieron el yugo de los tepanecas y la gloria que adquirieron sus armas en la conquista de Atzcapotzalco debían naturalmente excitar la rivalidad y la desconfianza de sus vecinos, y especialmente la del rey de Acolhuacán, que había sido y era también entonces el mayor rey de aquella tierra, y estando, por otra parte, todavía vacilante el trono de México necesitaba de un fuerte apoyo que lo sostuviese. El rey de Acolhuacán, que había recuperado recientemente, con el auxilio de los mexicanos, la corona que le había usurpado antes el tirano Tezozómoc debía temer que algún súbdito poderoso, siguiendo las huellas de aquel tirano, excitase a la rebelión a una parte de su reino y lo privara, como a su padre, de la corona y de la vida. El rey de Tlacopan, que ocupaba un trono nuevamente establecido y poco considerable, tenía más que temer. Cada uno de estos reyes estaba por sí solo poco seguro y debía desconfiar de los otros dos; pero unidos los tres entre sí podían formar una potencia invencible. ¿Y qué hacen? Forman una triple alianza que asegure a cada uno de los otros dos y a los tres de sus súbditos. Ésta fue la alianza que afirmó los tronos de Acolhuacán y Tlacopan y facilitó a los mexicanos su conquista; alianza tan firme y tan bien ordenada que jamás se desconcertó hasta el arribo de los españoles. Este solo golpe de política basta para demostrar el discernimiento y la sagacidad de aquellas naciones; pero hubo otros semejantes a éste que, si quisiéramos referirlos todos, sería necesario copiar una buena parte de la historia.

La forma judicial de los mexicanos y texcocanos nos suministra algunas lecciones útiles de política. La diversidad de grados en los magistrados servía al buen orden; su continua asistencia en los tribunales desde comenzar el día hasta la tarde abreviaba el curso de las causas y los apartaba de algunas prácticas clandestinas, las cuales hubieran podido prevenirlos en favor de algunas de las partes. Las penas capitales prescritas contra los prevaricadores de la justicia, la puntualidad de su ejecución y la vigilancia de los soberanos tenían enfrenados a los magistrados, y el cuidado que se tenía de suministrarles de cuenta del rey todo lo necesario los hacía inexcusables. Las juntas que se tenían cada veinte días en presencia del soberano, y particularmente la asamblea general de todos los magistrados cada ochenta días para terminar las causas pendientes, a más de precaver los graves males que causa la lentitud en los juicios, hacía que los magistrados se comunicasen recíprocamente sus luces, que el rey conociese mejor a los que había constituido depositarios de su autoridad, que la inocencia tuviera más recursos y que el aparato del juicio hiciera más respetable la justicia.

La ley que permitía la apelación del tribunal de Tlacatecatl al de Cihuacoatl en las causas criminales y no en las civiles da a conocer que los mexicanos, respetando las leyes de la humanidad, reconocían que se requería más para creer a un hombre delincuente que para declararlo deudor. En los juicios de los mexicanos no se admitía otra prueba contra el reo que la de testigos. Ni jamás se vio entre ellos usar la tortura para hacer por la fuerza de los tormentos culpable al inocente, ni valerse de las bárbaras pruebas del duelo, del fuego, del agua hirviendo y otras semejantes, que fueron antes tan frecuentes en Europa y en el día las leemos con admiración en las historias. "No habrá quien no se admire —dice sobre este asunto Montesquieu—[23] que nuestros mayores hiciesen depender el honor, la fortuna y los bienes de los ciudadanos, de ciertas cosas que no eran tanto de la jurisdicción de la razón cuanto de la suerte, y que se valiesen incesantemente de las pruebas que nada probaban y no tenían conexión ni con la inocencia ni con el delito."

Lo que ahora decimos de aquellas pruebas dirá en lo sucesivo nuestra posteridad de la tortura, y no cesarán jamás de admirar que semejante prueba haya estado en uso generalmente por tantos siglos en la parte más ilustrada del mundo. El juramento era prueba de gran momento en los juicios de los mexicanos, como hemos dicho en otra parte; porque como estaban persuadidos de los terribles castigos que infaliblemente debían ejecutar los dioses en los perjuros, creían que ninguno se atrevería a perjurar; pero no sabemos que se permitiera esta prueba a los actores contra el reo, sino solamente al reo para purificarse del delito.

Castigaban severamente los mexicanos todos aquellos delitos particularmente repugnantes a la razón o perjudiciales al Estado: el crimen de lesa majestad, el homicidio, el hurto, el adulterio, el incesto y los otros excesos en esta materia contra la naturaleza; el sacrilegio, la embriaguez y la mentira. Se condujeron sabiamente no dejando impunes estos crímenes; pero pecaron en la pena, que en algunos delitos era excesiva y cruel. No pretendo excusar los errores de aquella nación; pero tampoco puedo disimular que de cuanto hay reprensible en su legislación se hallarán ejemplos en los más famosos pueblos del Antiguo Continente, y tales que harán parecer muy benignas las leyes de los mexicanos y más conformes a la razón.

Las célebres leyes de las Doce Tablas "están llenas —dice Montesquieu—[24] de disposiciones cruelísimas... vese en ellas el suplicio del fuego y las penas siempre capitales". Y ésta es la celebradísima compilación que hicieron los romanos de lo mejor que encontraron en los pueblos griegos. Pues si lo mejor de la cultísima Grecia era tal, ¿qué sería lo que no era tan bueno? ¿Cuál habrá sido la legislación de aquellos pueblos a los que llamaban bárbaros? ¿Qué ley más inhumana y cruel que aquella de las Doce Tablas que permitía a los acreedores descuartizar[25]

---

[23] *L'esprit des lois*, Lib. 25, cap. 17.
[24] *L'esprit des lois*, Lib. 14, cap. 15.
[25] *Si plures forent, quibus reus esse judicatus, secare si vellent, aeque partiti corpus addicti sibi hominis permiserunt.* Aulo Gelio, *Noct. Atticc*, Lib 20, cap 1. Bien sé lo que dicen algunos juristas para justificar esta ley; pero también sé que no lo han conseguido.

al deudor que no pagaba y llevarse cada uno su parte para satisfacción del crédito? Y esta ley no se promulgó en Roma en los groseros principios de aquella tan celebrada ciudad, sino trescientos años después de su fundación.

¿Qué ley, por el contrario, más inicua que la del famoso legislador Licurgo, la cual permitía el hurto a los lacedemonios? Los mexicanos castigaban este delito tan pernicioso a la sociedad; pero no procedían a pena capital sino cuando el ladrón no podía satisfacer y pagar la ofensa con su libertad y sus bienes. No era así respecto al hurto en los sembrados, porque éstos, estando por su situación más expuestos a la rapiña, tenían mayor necesidad de la custodia de las leyes; pero aquella misma ley que prescribía la pena capital contra el que robaba cierto número de frutos o de plantas permitía a los viandantes necesitados comer lo necesario para remediar la necesidad presente. ¿Cuánto más racional era esta ley que aquella de las Doce Tablas, que condenaba sin distinción a ser ahorcado a cualquiera que tomaba alguna cosa de los sembrados ajenos?[26]

La mentira, pecado tan pernicioso a la sociedad, se deja por lo común impune en muchísimos países del Antiguo Continente, y en el Japón se castiga frecuentemente con la pena capital. Los mexicanos se alejaron de uno y otro extremo. Sus legisladores, sabedores del genio o inclinación de la nación, advirtieron que si no prescribían penas graves contra la mentira y la embriaguez, hubiera faltado en los hombres el juicio para satisfacer sus respectivas obligaciones, la verdad en los juicios y la fe en los contratos. La experiencia ha hecho conocer cuán perjudicial ha sido a aquellas naciones la impunidad de estos dos pecados.

Pero en medio de su severidad tuvieron cuidado los mexicanos de no envolver a los inocentes en el castigo de los culpables. Muchas leyes de Europa y de Asia prescribieron la misma pena al reo de alta traición que a toda su familia. Los mexicanos castigaban este delito con la pena capital; pero no privaban de la vida a los parientes del reo, sino solamente de la libertad; y no a todos, sino a los que siendo sabedores de la traición y no habiendo querido revelarla se habían hecho también culpables. ¿Cuánto más humana no es esta ley que las del Japón? "Aquellas leyes —de las cuales dice Montesquieu—[27] que castigaban por un solo delito a toda una familia y a todo un cuartel; aquellas leyes que no saben encontrar inocentes en donde hay culpables." No sabemos que los mexicanos prescribiesen alguna pena contra los que murmuraban del gobierno; parece que no hacían gran caudal de aquel desahogo del amor propio de los súbditos que tanto se teme en otros países.

[26] *Qui frugem aratro quaesitam furtim nox pavit, secuit ve suspensus cereri necator.*
[27] *L'esprit des lois*, Lib. 14, cap. 15.

Sus leyes sobre los matrimonios eran sin duda más honestas y decorosas que las de los romanos, griegos, persas, egipcios y otros pueblos del Antiguo Continente. Los tártaros se casan con sus hijas; los antiguos persas y los asirios tomaban a sus mismas madres; los atenienses y los egipcios a sus hermanas. En el reino de México estaba severamente prohibido todo matrimonio entre personas unidas en primer grado de consanguinidad y de afinidad, menos entre los cuñados cuando el hermano al morir dejaba algún hijo. Esa prohibición da a conocer que los mexicanos juzgaban mejor del matrimonio que todas las mencionadas naciones. Esa excepción demuestra sus sentimientos de humanidad. Si una viuda pasa a segunda nupcia, tiene por lo común el disgusto de ver a sus hijos poco amados de un padre que no les dio la vida; a su marido poco respetado de aquellos mismos hijos, que lo miran como extraño, y a los hijos de uno y otro matrimonio tan desunidos y discordes entre sí, como si hubieran nacido de diversas madres. Pues ¿qué mejor determinación (hablo según las reglas de la política humana, por las que se guiaban aquellas naciones que no tenían conocimiento de las santas leyes del Cristianismo), qué mejor determinación, digo, podían tomar los mexicanos para remediar aquellos males muy comunes, que la de casar a la viuda con el cuñado?

Muchas naciones antiguas de Europa, imitadas por no pocos pueblos modernos de Asia y África, compraban sus mujeres y, por lo tanto, ejercían sobre ellas una autoridad mucho más grande que la que les concede el Autor de la naturaleza, y las trataban más como esclavas que como compañeras. Los mexicanos no adquirían sus mujeres sino por medio de lícitas y decorosas pretensiones; y aunque presentasen regalos a los padres, no eran a cuenta del precio de una hija que pretendían, sino sólo un obsequio para conciliarse su benevolencia e inclinar su voluntad al contrato. Los romanos, a pesar de que no tuviesen escrúpulo de prestar sus mujeres,[28] tenían, no obstante, derecho según las leyes de quitarles la vida cuando fuesen sorprendidas en adulterio.

Esta inicua ley, que constituía al marido juez en propia causa y más bien ejecutor de su sentencia, en lugar de impedir los adulterios, aumentaba los parricidios. Entre los mexicanos no era permitido a los maridos aquel infame comercio de sus mujeres, ni tenían ninguna autoridad sobre su vida. Era castigado con pena capital el que quitaba la vida a su mujer, aun cuando la cogiese en adulterio. Esto es, decían, usurpar la autoridad de los magistrados, a los cuales toca conocer de los delitos y castigarlos según el tenor de las leyes. Antes de que se hubiese

---

[28] "En Roma, dice Montesquieu, era permitido al marido prestar a otro su mujer. Lo dice expresamente Plutarco. Se sabe que Catón prestó su mujer a Hortensio, y Catón no era capaz de violar las leyes de su patria." *L'esprit des lois*, Lib. 25.

publicado por Augusto la ley Julia *de Adulteris,* no sabemos, dice Vives,[29] que jamás se hubiese tenido en Roma algún juicio en causa de adulterio: quiere decir que, por más de siete siglos, faltó a aquella célebre nación la justicia en un punto tan grave y tan importante.

Si después de haber hecho el cotejo de las leyes, se quiere hacer también el de los ritos nupciales de estas dos naciones, se encontrará entre ambas mucha superstición; pero se verá una gran diferencia: los de los mexicanos eran honestos y decentes, los de los romanos obscenos e infames, como veremos en otra parte.

Por lo que mira a las leyes de la guerra, es difícil que hayan sido justas en un pueblo guerrero. La grande estimación que en ésta tiene el valor y la gloria militar le hace contar en el número de los enemigos a los que no lo son, y la ambición de conquistar lo excita a traspasar los términos prescritos por la justicia. Sin embargo, en las leyes de los mexicanos se ven tales rasgos de equidad, que harían honor a las naciones más cultas. No se podía declarar la guerra sin haberse antes examinado en pleno consejo las razones y sin que hubiesen sido aprobadas por el sumo sacerdote. A más de esto, se debían anticipar las embajadas y frecuentemente eran repetidas, dirigidas a aquellos a quienes se determinaban hacer la guerra, para obtener pacíficamente, por medio de algún ajuste, lo que se quería antes de venir el rompimiento.

Semejantes dilaciones daban tiempo a sus enemigos para prepararse a la defensa, y a más de esto servían a su justificación, contribuían a su gloria, pues tenían ellos por vileza hacer la guerra a enemigos desprevenidos y sin haberlos antes solemnemente desafiado, para que la victoria no se pudiese jamás atribuir sino al valor. Es verdad que no observaban siempre estas leyes; pero no eran por esto menos justas; y si hubo injusticia en la conquista de los mexicanos, no fue ciertamente menor en la de los romanos, griegos, persas, godos y otras célebres naciones. Uno de los grandes males que suele traer consigo la guerra es el hambre, por las hostilidades que se hacen en los campos. No es posible impedir enteramente este mal; pero si ha habido alguna cosa capaz de moderarlo fue sin duda la costumbre de los mexicanos y otros pueblos de Anáhuac de tener en cada provincia un lugar señalado para campo de batalla. No era menos conforme a la razón y a la humanidad aquella otra costumbre de tener en tiempo de guerra cada cinco días uno entero de tregua y de reposo.

---

[29] Notas al cap. 5, lib. 3 de *Civitate Dei.* Muchos juristas dicen que a los maridos se les quitó la potestad sobre la vida de las mujeres adúlteras por la ley Cornelia de *Sicariis;* pero sea lo que fuere, lo cierto es que esta ley fue dictada por Sila hacia el fin del siglo VII de Roma, y así, en cuanto al tiempo, no hay gran diferencia entre esta ley y la de Augusto.

Tenían aquellas naciones formada una especie de *jus gentium,* en virtud del cual, si el señor, la nobleza y la plebe resistían las proposiciones hechas por otro pueblo o nación y remitida la decisión de las armas quedaban vencidos, el señor perdía el derecho de soberano, la nobleza el dominio óptimo que tenía sobre sus posesiones, la plebe quedaba sujeta al servicio personal, y todos los que habían sido hechos prisioneros en el calor de la acción quedaban privados *quasi ex delicto* de la libertad y del derecho a la vida. Esto se opone sin duda a las ideas que tenemos de la humanidad; pero la general convención de aquellos pueblos hacía menos represible la inhumanidad, y los ejemplos mucho más atroces de las más cultas naciones del Antiguo Continente hacen desaparecer aquel horror que a primera vista nos causa la crueldad de los pueblos americanos.

Entre los griegos, dice Montesquieu,[30] los habitantes de una ciudad tomada a fuerza de armas perdían la libertad y eran vendidos como esclavos. No se puede ciertamente comparar la inhumanidad que los mexicanos tenían con sus prisioneros enemigos con la que los atenienses usaban con sus propios ciudadanos. Una ley de Atenas, dice el referido autor, mandaba que cuando la ciudad estuviese sitiada, se hiciese morir toda la gente inútil. No podrá encontrarse ni entre los mexicanos ni en ninguna nación del Nuevo Mundo algo culta una ley tan bárbara como esa del pueblo más culto de la antigua Europa; antes bien, el mayor cuidado de los mexicanos y de todas las naciones de Anáhuac cuando debía ser sitiada alguna de sus ciudades era el de poner en seguridad a sus hijos, las mujeres y los inválidos, o mandándolos a otras ciudades o a los montes. Así sustraían aquella débil gente del furor de los enemigos e impedían, por otra parte, el excesivo consumo de los víveres.

El tributo que se pagaba al rey de Anáhuac era excesivo y eran también tiránicas las leyes que lo prescribían; pero estas leyes fueron consecuencias del despotismo introducido en los últimos años en la monarquía mexicana, que en su mayor aumento no llegó al exceso de apoderarse de las tierras del imperio y de los bienes de los súbditos, que justamente censuramos en los monarcas asiáticos; ni jamás se oyó que los soberanos de Anáhuac hubiesen dictado leyes sobre los tributos extravagantes y duros, como se han publicado muchísimas en el Mundo Antiguo, por ejemplo, la del emperador Anastasio, que impuso tributo hasta sobre la respiración: *ut unusquisque pro haustu eris pendat.*

Pero si censuramos en las leyes sobre tributos la tiránica ambición de aquellos monarcas, no podemos menos que alabar y admirar en sus

---

[30] *L'esprit des lois,* Lib. 20, cap. 14.

leyes sobre el comercio la cultura de aquellas naciones y la sabiduría de sus legisladores. El tener en cada ciudad o pueblo una plaza destinada para el comercio de todas las cosas que podían servir a las necesidades y delicias de la vida contribuía a que reunieran todos los comerciantes en el más pequeño espacio las mercaderías, y los ponían a la vista de los inspectores o comisarios, para que se evitase todo fraude y desorden en los contratos. El tener cada mercadería su lugar determinado contribuía al buen orden y a la comodidad de los que querían proveerse de ella. El tribunal de comercio, establecido en la misma plaza del mercado para ajustar las diferencias suscitadas entre los negociantes y castigar prontamente cualquier exceso que allí hubiese, conservaba inviolables los derechos de la justicia y aseguraba la tranquilidad pública. A estas sabias disposiciones se debe aquel orden maravilloso que en medio de un número tan excesivo de negociantes admiraron los primeros españoles.

Finalmente, en las leyes relativas a los esclavos fueron los mexicanos superiores a las más cultas naciones de la antigua Europa. Si se quiere hacer el cotejo de las leyes de los mexicanos con las de los romanos, lacedemonios y otros célebres pueblos, luego se verá en éstas una tal barbarie y crueldad que causa horror, y en aquéllas una grande humanidad y un gran respeto a la ley de la naturaleza (no hablo ahora de los prisioneros de guerra, de los cuales discurriremos después). ¿Qué ley más humana que aquella que hacía nacer libres a todos los hombres aun de padres esclavos; que dejaba al esclavo el dominio de sus cosas y de lo que adquiría con la propia industria o trabajo; que obligaba al señor a tratar al esclavo como hombre y no como bestia, que no le permitía ninguna autoridad sobre su vida y aun lo privaba de la facultad de poderlo vender en el mercado, sino después de haber hecho constar jurídicamente su indocilidad?

¡Cuán diversas de éstas eran las leyes de los romanos! Éstos, por la suma autoridad que les concedían las leyes, eran dueños no sólo de todo lo que adquirían los esclavos con su trabajo, sino también de su vida,[31] de la cual los privaban a su capricho; los trataban con la mayor inhumanidad y los hacían tolerar los más atroces tormentos, y para que se vea la índole inhumana de esta nación, mientras ampliaban tanto la autoridad de los amos contra los esclavos, la restringían también en aquello que era en favor de éstos. La ley *Fusia Caninia* prohibía a los

---

[31] ¿Qué hay de admirar que los romanos concediesen aquella bárbara autoridad a los amos sobre los criados, habiéndola concedido aun a los padres de familia sobre sus hijos legítimos? *Endo liberis justis jus vitae, necis, venundandique potestas patri.* Esta sola ley, publicada en Roma por los primeros reyes, inserta después por los decemviros en las doce tablas, basta para España, y Herrera en la Déc. 2, lib. 7, cap. 12.

amos el manumitir por testamento arriba de cierto número de esclavos. En la ley *Silaniana* estaba prescrito que cada vez que fuese muerto un amo se hiciesen igualmente morir todos los esclavos suyos que habitasen dentro de la misma casa o en lugar inmediato a ella desde donde se pudiese oír su voz. Si era muerto en algún viaje, debían morir todos los esclavos que hubiesen quedado con él, e igualmente todos los que no se hubiesen huido, aunque fuese manifiesta su inocencia. La ley *Aquilia* comprende bajo de una misma acción la herida hecha a un esclavo y la herida hecha a una bestia ajena. A tal exceso llegó la barbarie de los cultísimos romanos. No fueron ciertamente más humanas las leyes de los lacedemonios, las cuales no concedían a los esclavos ninguna acción en juicio contra los que los insultaban o injuriaban.

Si a más de lo dicho se quiere cotejar el sistema de educación que había entre los mexicanos con el de los griegos, se reconocerá que no era tan grande la instrucción de los griegos en las artes y ciencias como la que tenían los niños y jóvenes mexicanos en las costumbres de sus padres. Los griegos se aplicaban más a ilustrar la mente, los mexicanos a rectificar el corazón. Los atenienses prostituían a sus jóvenes a la más execrable obscenidad en aquellas mismas escuelas que estaban destinadas a instruirlos en las artes. Los lacedemonios acostumbraban a sus hijos, según el precepto de Licurgo, a robar para hacerlos ágiles y sagaces, y los azotaban cuando los cogían en algún robo, castigando en ellos no el pecado, sino la poca industria en cometerlo. Mas los mexicanos enseñaban a sus hijos, juntamente con las artes, la religión, la modestia, la honestidad, la sobriedad, la vida laboriosa, el amor de la verdad y el respeto a los mayores.

Ésta es una breve pero verdadera muestra de la cultura de los mexicanos, tomada de su historia antigua, de las pinturas y las relaciones de los más exactos historiadores españoles. Así se gobernaban aquellos pueblos inferiores en industria y sagacidad a los más rudos pueblos del Antiguo Continente. Así se gobernaban aquellos pueblos, de cuya racionalidad quisieron dudar algunos europeos.

## CATÁLOGO

DE AUTORES EUROPEOS Y CRIOLLOS QUE HAN ESCRITO DE DOCTRINA Y MORAL CRISTIANA, EN LENGUAS DE LA NUEVA ESPAÑA

La *a*, equivale a agustino; *d*, dominico; *f*, franciscano; *j*, jesuita; *p*, presbítero secular. El asterisco denota que el autor imprimió alguna obra.

*En lengua mexicana:*

Bartolomé de ALBA, *p.* Criollo.
*Juan de la ANUNCIACIÓN, *a.* Español.
Arnoldo BASACE, *f.* Francés.
*Juan BAUTISTA, *f.* Criollo.
*Agustín de BETANCOURT, *f.* Criollo.
Baltasar del CASTLLO, *f* Español.
Antonio DÁVILA PADILLA, *d.* Criollo.
Felipe DIEZ, *f.* Español.
Alfonso de ESCALONA, *j.* Español.
Benito FERNÁNDEZ, *d.* Español.
Juan FOCHER, *f.* Francés.
*Pedro de GANTE, *f.* Flamenco.
*Juan de GAONA, *f.* Español.
GARCÍA DE CISNEROS, *f.* Español.
*Maturino GILBERT, *f.* Francés.
Francisco GÓMEZ, *f.* Español.
Baltasar GONZÁLEZ, *p.* Criollo.
Alfonso de HERRERA, *f.* Español.
Francisco JIMÉNEZ, *f.* Español.
*Martín de LEÓN, *d.* Criollo.
Gerónimo MENDIETA, *f.* Español.
*Juan de MIJANGOS.
Andrés de OLMOS, *f.* Español.
Pedro de OROZ, *f.* Español.
Bernabé PÁEZ, *a.* Criollo.
*Ignacio de PAREDES, *j.* Criollo.
*José PÉREZ, *f.* Criollo.
Bernardino PINELO, *p.* Criollo.
Alfonso RANGEL, *f.* Español.
Juan de RIVAS, *f.* Español.
*Luis RODRÍGUEZ, *f.*
Juan de ROMANONES, *f.* Español.
*Bernardino de SAHAGÚN, *f.* Español.
Juan de SAN FRANCISCO, *f.* Español.
*Carlos de TAPIA CENTENO, *p.* Criollo.
*Juan de TORQUEMADA, *f.* Español.
Juan de TOVAR, j. Criollo.
Antonio de TOVAR MOCTEZUMA, *p.* Criollo.
Alfonso de TRUJILLO, *p.* Criollo.
Bernabé VARGAS, *p.* Criollo.

Miguel ZÁRATE, f.

*En lengua otomí:*

Horacio CAROCHI, j. Milanés.
Juan de Dios CASTRO, j. Criollo.
*Francisco de MIRANDA, j. Criollo.
Pedro de OROZ.
Pedro PALACIOS, f. Español.
Alfonso RANGEL.
Sebastián RIVERO, f.
N. SÁNCHEZ, p. Criollo.
Bernabé de VARGAS.

*En lengua tarasca:*

*Maturino GILBERT.
Juan Bautista LAGUNA, f.
*Ángel SIERRA, f. Criollo.

*En lengua zapoteca:*

Cristóbal AGUERO, d. Criollo.
Bernardo de ALBURQUERQUE, d. Español y obispo de Oaxaca.
Alfonso CAMACHO, d. Criollo.
Antonio del POZO, d. Criollo.

*En lengua mixteca:*

Benito FERNÁNDEZ, d. Español.
Antonio GONZÁLEZ, d. Español.
*Antonio de los REYES, d. Español.

*En lengua maya:*

Andrés de AVENDAÑO, f. Criollo.
Antonio de CIUDAD REAL, f. Español.
José DOMÍNGUEZ, p. Criollo.
Carlos MENA, f. Criollo.
Alfonso de SOLANA, f. Español.
Bernardino de VALLADOLID, f. Español.

*En lengua totonaca:*

Cristóbal Díaz de Anaya, *p.* Criollo.
Andrés de Olmos.
Antonio de Santoyo, *p.* Criollo.

*En lengua popoluca:*

Francisco Toral, *j.* Español y obispo de Yucatán.

*En lengua matlatzinca:*

Andrés de Castro, *f.* Español.

*En lengua huaxteca:*

Andrés de Olmos.
\*Carlos de Tapia Centeno.

*En lengua mixe:*

Agustín Quintana, *d.* Criollo.

*En lengua quiché:*

Bartolomé de Anlco, *f.* Criollo.
Agustín de Ávila, *f.*

*En lengua cakchiquel:*

Bartolomé de Anlco.
Álvaro Paz, *f.* Criollo.
Antonio Saz, *f.* Criollo.
Benito de Villacañas, *d.* Criollo.

*En lengua tarahumara:*

Agustín Roa, *j.* Español.

*En lengua tepehuana:*

Benito Rinaldini, *f.* Napolitano.

Hay otras lenguas y otros muchísimos escritores; sólo hemos puesto aquellos cuyas obras han sido impresas o particularmente apreciadas de los inteligentes.

## AUTORES DE GRAMÁTICAS Y DICCIONARIOS

### De mexicano:

*Agustín de ALDANA Y GUEVARA, p. Criollo (gramática).
*Agustín de BETANCOURT (gramática).
Cayetano de CABRERA, p. Criollo (gramática).
*Horacio CARACHI (gramática).
*Antonio de CATELÚ, p. Criollo (gramática).
Antonio CORTÉS CANAL, p. Indio (gramática).
Antonio DÁVILA PADILLA (gramática).
Juan FOCHER, f. Francés (gramática).
Francisco JIMÉNEZ (gramática y diccionario).
Bernardo MERCADO, j. Criollo (gramática).
*Alonso de MOLINA (gramática y diccionario).
Andrés de OLMOS (gramática y diccionario).
Bernabé PÁEZ (gramática).
*Ignacio de PAREDES (gramática).
José PÉREZ (gramática).
Alfonso RANGEL (gramática).
Bernardino de SAHAGÚN (gramática y diccionario).
*Carlos de TAPIA CENTENO (gramática y diccionario).
Antonio de TOVAR MOCTEZUMA (gramática).

### De otomí:

Horacio CAROCHI (gramática).
Juan de Dios CASTRO (gramática y diccionario).
Pedro PALACIOS (gramática).
Juan RANGEL (gramática).
Sebastián RIVERO (diccionario).
N. SÁNCHEZ (diccionario).

### De tarasco:

*Maturino GILBERT (gramática y diccionario).
Juan Bautista de LAGUNAS (gramática).

*Ángel Sierra (gramática y diccionario).

*De zapoteca:*

Cristóbal Agüero (diccionario).
Antonio del Pozo (gramática).

*De mixteca:*

Antonio de los Reyes (gramática).

*De maya:*

Andrés de Avendaño (gramática y diccionario).
*Pedro Beltrán, *f.* Criollo (gramática).
Antonio de Ciudad Real (diccionario).
Luis de Villalpando (gramática y diccionario).

*De totonaco:*

Cristóbal Díaz de Anaya (gramática y diccionario).
Andrés de Olmos (gramática y diccionario).

*De popoluca:*

Francisco Toral (gramática y diccionario).

*De matlatzinco:*

Andrés de Castro (gramática y diccionario).

*De huaxteco:*

Andrés de Olmos (gramática y diccionario).
Carlos de Tapia (gramática y diccionario).

*De mixe:*

*Agustín Quintana (gramática y diccionario).

*De cakchiquel:*

Benito de Villacañas (gramática y diccionario).

*De tarahumara:*

Gerónimo FIGUEROA, *f.* Criollo (gramática y diccionario).
Agustín de ROA (gramática).

*De tepehuana:*

Gerónimo FIGUEROA (gramática y diccionario).
Tomás de GUADALAJARA, *j.* Criollo (gramática).
Benito RINALDINI (gramática).

# SÉPTIMA DISERTACIÓN

## CONFINES Y POBLACIÓN DE LOS REINOS DE ANÁHUAC

Los errores de muchos escritores españoles sobre los confines del imperio mexicano, y los despropósitos de Paw y otros autores extranjeros sobre la población de aquellos países, me han obligado a hacer esta disertación, para poner en claro lo cierto con toda la brevedad posible.

### 1. Confines del reino de Anáhuac

Solís, siguiendo a algunos escritores españoles mal informados, afirma que el imperio mexicano se extendía desde el istmo de Panamá hasta el Cabo Mendocino en California. El padre Touron, dominico francés, queriendo en su *Historia general de América* ampliar todavía más aquellos términos, dice que todos los países descubiertos en la América septentrional estaban sujetos al rey de México; que la extensión de aquel imperio de Oriente a Poniente era de quinientas leguas y de Norte a Sur de doscientas a doscientas cincuenta; que sus términos eran por el Norte el Océano Atlántico, por el Poniente el golfo de Anián, por el Sur el mar Pacífico y por el Oriente el istmo de Panamá; pero a más de los errores geográficos que contiene esta descripción, hay también contradicción, pues si fuera cierto que aquel imperio se extendía desde el istmo de Panamá hasta el golfo o, más bien, estrecho de Anián, su extensión no sería de sólo quinientas leguas, sino de no menos de cincuenta grados.

La causa de tales errores se debe a que estos autores estaban persuadidos de que en Anáhuac no había otro soberano que el de México; que los reyes de Acolhuacán y Tlacopan eran súbditos de aquél, y que los michoacaneses y los tlaxcaltecas, que pertenecían también a aquella corona, se habían después rebelado. Mas no es así, pues ninguno de los referidos Estados perteneció jamás al rey de México, como consta del testimonio de todos los historiadores indios y de todos los escritores españoles que por sí mismos tomaron informes, como Motolinia, Sahagún y Torquemada. El rey de Acolhuacán había sido aliado del de México desde 1424, pero jamás fue súbdito. Es verdad que cuando llegaron allí los españoles el rey Cacamatzin parecía depender de Moctezuma, su tío; porque, debido a la prepotencia de su hermano Ixtlilxóchitl, necesitaba del auxilio de los mexicanos. Los españoles vieron que Cacamatzin salió a encontrarlos como embajador del rey de México y servir a éste de bracero. Vieron también conducirlo prisionero a México por orden de Moctezuma. Todo esto hace excusable por muchos capítulos el error de los españoles; pero lo cierto es que aquellas demostraciones de Cacamatzin a Moctezuma no eran servicios de vasallos para con su rey, sino obsequios de sobrino para con su tío, y que Moctezuma, al hacerlo prender por complacer a los españoles, se arrogó la autoridad que no le convenía e hizo a aquel rey una gravísima injusticia, de que tuvo después que arrepentirse.

En cuanto al rey de Tlacopan, es cierto que fue creado rey por el rey de México; pero le fue concedido un perfecto dominio y plena soberanía en sus Estados, con la sola condición de ser perfecto aliado de los mexicanos y darles auxilio con sus tropas siempre que lo necesitasen. El rey de Michoacán y la república de Tlaxcala fueron siempre rivales y enemigos capitales de los mexicanos, y no hay memoria de que ni uno ni otro Estado estuviese jamás sujeto a la corona de México.

Lo mismo debemos decir de otros muchos países que los historiadores españoles tuvieron por provincias del imperio mexicano. ¿Cómo era posible que una nación que estaba reducida a una sola ciudad bajo el dominio de los tepanecas, sujetase en menos de un siglo tantos pueblos como había desde el istmo de Panamá hasta California? Todo lo que en realidad hicieron los mexicanos, aunque mucho menos de lo que dicen los referidos autores, fue una cosa en verdad sorprendente, y no sería creíble la rapidez de sus conquistas si no estuviese confirmada con tantos documentos innegables. Por lo demás, ni en la narración de los historiadores indios ni en la enumeración de los Estados conquistados por los reyes de México que se hallan en la *Colección de Mendoza,* ni en la matrícula de las ciudades tributarias, expuesta en la misma colección, se puede tener ningún fundamento para confirmar la arbitraria ampliación de los dominios mexicanos; antes bien consta todo lo contrario de la relación de Bernal Díaz. Éste en su *Historia* (Cap. 93) dice: "Tenía el gran Moctezuma muchos presidios y gente de guerra en las fronteras de sus Estados. Uno tenía en Soconusco para defenderse de Guatemala y Chiapas; otro para defenderse de los del Pánuco, entre Tuzapan y aquel lugar que llamamos Almería; otro en Coatzacoalco, y otro en Michoacán".

Estemos, pues, seguros, en primer lugar, que los dominios mexicanos no se extendían hacia el Sudeste más allá de Xoconochco, y que ninguna de las provincias que hoy se comprenden en las tres diócesis de

Guatemala, Nicaragua y Honduras, pertenecían al imperio mexicano. En nuestra *Historia* (Lib. IV) hemos dicho que Tliltotoil, célebre general mexicano en los últimos años del rey Ahuítzotl, llevó sus armas victoriosas hasta Guauhtemallan; pero aquí añadimos que no se sabe que quedase entonces aquel país sometido a la corona de México, antes de la historia parece todo lo contrario. Torquemada (Lib. 2, cap. 81) menciona la conquista de Nicaragua hecha por los mexicanos; pero lo mismo que, en el lugar citado, afirma de un ejército mexicano en tiempo de Moctezuma II, lo atribuye después (Lib. 3, cap. 10) a una colonia salida muchos años antes, por orden de los dioses, de las inmediaciones de Xoconochco; por lo cual no se debe hacer aprecio de su relación.

El mismo Bernal Díaz, tanto en el lugar citado como en el Cap. 166, afirma que los chiapanecos nunca fueron sojuzgados por los mexicanos; pero esto no puede entenderse de todo el país de los chiapanecos, sino de una sola parte, pues sabemos por Remesal, cronista de aquella provincia, que los mexicanos tenían presidio en Tzinacantla, y nos consta por la matrícula de tributos que Tochtlan[1] y otras ciudades de aquel país eran tributarias de los mexicanos.

Por la parte del Nordeste no se adelantaban los mexicanos más allá de Tuzapan, como consta del lugar citado de Bernal Díaz, y sabemos de cierto que los de Pánuco estuvieron sujetos a los mexicanos. Por la parte del Oriente tenían éstos sus confines en el río Coatzacoalco. Bernal Díaz dice que el país de Coatzacoalco no era provincia de México; por otra parte, hallamos entre las ciudades tributarias de aquella corona a Tochtlan, Michapan y otros lugares de la referida provincia. Por lo tanto, estamos persuadidos de que los mexicanos poseían todo lo que estaba al Poniente, y de que el río era por aquella parte el término de su imperio. Por el Norte estaba éste estrechado por el país de los huaxtecos, nunca sujetado por los mexicanos. Por el Nordeste no se extendía su imperio más allá de la provincia de Tula. Todo aquel espacio de tierra que había más allá de aquella provincia, estaba ocupado por los bárbaros otomíes y chichimecas, los cuales no tenían ninguna población ni obedecían a soberano alguno.

Por la parte del Poniente se sabe que terminaba el imperio en Tlaximaloyan, frontera del reino de Michoacán; pero en las costas, hasta la extremidad occidental de la provincia de Colima, y no más adelante. En el catálogo de las ciudades tributarias se ven Colima y otros lugares de aquella provincia, y ninguno de los que están de la parte de allá, y tampoco se hace mención en la historia del reino de México. Los

---

[1] Había y hay, por lo menos, tres lugares llamados Tochtlan (entre los españoles Tuxtla). Uno en la provincia de Chiapa, el segundo en la de Xoconochco o Soconusco, y el tercero en la de Coatzacoalco.

mexicanos no tenían que hacer con California, ni podían esperar ninguna ventaja de la conquista de un país tan distante, el más despoblado y más miserable del mundo. Si aquella árida y pedregosa península hubiese sido alguna vez provincia del imperio mexicano, se hubieran encontrado en ella algunas poblaciones; pero lo cierto es que no se halló ni una casa ni un fragmento o vestigio de ella. Finalmente, por la parte del Mediodía se habían apoderado los mexicanos de todos los grandes Estados que había desde el valle mexicano hasta el mar Pacífico. Extendiéndose después las costas mexicanas desde Xoconochco hasta Colima, allí era puntualmente la mayor longitud de sus dominios.

El doctor Robertson dice en su *Historia de la América* (Lib. 7) que "los territorios pertenecientes a los reyes de Texcoco y Tacuba apenas cedían en extensión a los del soberano de México". Pero esto es muy distante de lo cierto, y contrario también a lo que dicen todos los historiadores del reino de México. El de Texcoco o Acolhuacán estaba al Poniente estrechado parte por la laguna de Texcoco y parte por la de Tzompanco y por otros Estados mexicanos, y al Oriente por los dominios de Tlaxcala, y así no podía tener de Poniente a Oriente más que veinte leguas; al Mediodía estaba estrechado por el Estado de Chalco, perteneciente también a México, y al Norte por el país independiente de los huaxtecas. Pues desde la frontera de este país a la de Chalco hay cerca de setenta y cinco leguas. He aquí toda la extensión del reino de Acolhuacán, la cual no hace ni la octava parte de los dominios mexicanos. Los Estados del régulo de Tlacopan o Tacuba eran tan pequeños que no merecen el nombre de reino, pues desde la laguna de México al Oriente, hasta la frontera de Michoacán al Poniente, no había más que veintiocho leguas, ni más de dieciocho desde el valle de Toluca al Mediodía al país de los otomíes al Norte. Es, pues, un error el cotejo hecho por Robertson de los dominios de Acolhuacán y Tlacopan con los de México.

La república de Tlaxcala, circundada por los dominios mexicanos y texcocanos y por los Estados de Huexotzinco y Cholula, era tan estrecha, que de Oriente a Poniente apenas tenía dieciséis leguas, y del Sur al Norte cerca de diez. No he encontrado ningún autor que dé mayor extensión a aquel Estado sino Cortés, el cual dice que los dominios de Tlaxcala tenían noventa leguas de circuito; pero esto es un manifiesto error.

En cuanto al reino de Michoacán, ninguno, que yo sepa, ha expuesto todos los antiguos confines, a excepción de Boturini. Este autor dice que la extensión de aquel reino desde el valle de Ixtlahuacan junto a Toluca, hasta el mar Pacífico, era de ciento cincuenta leguas, y desde Zacatolan hasta Xichú de ciento sesenta; y que en los dominios de

Michoacán estaban comprendidas las provincias de Zacatolan, Colima y la que los españoles llamaron provincia de Ávalos, situada al nordeste de la Colima. Pero en todo esto se engañó Boturini, pues se sabe con seguridad que el reino de Michoacán no tenía sus confines en Ixtlahuacan sino en Tlaximaloyan, hasta donde llegaban los dominios mexicanos. Se sabe por la matrícula de los tributos que las provincias marítimas de Zacatolan y Colima pertenecían a México. Finalmente, no podrían los michoacaneses ampliar sus dominios hasta Xichú, sin sujetar antes a los bárbaros chichimecas que ocupaban aquel territorio; pero de éstos sabemos que no fueron sujetados sino por los españoles muchos años después de la conquista de México. No era, pues, tan grande el reino de Michoacán como creyó Boturini. Su extensión no comprendía más que cerca de tres grados de longitud y poco más de dos de latitud.

Cuanto hemos dicho hasta ahora, contribuye a demostrar la exactitud de nuestra descripción y la de nuestras cartas geográficas sobre los confines de aquellos reinos, fundada sobre la misma historia, la matrícula de los tributos y el testimonio de los historiadores antiguos.

## 2. Población de Anáhuac

No pretendo hablar aquí de la población de toda América, porque sería asunto muy vasto y ajeno a mi intento, sino solamente de la de México, que corresponde a mi *Historia*. En América había y hay países muy poblados y también vastos desiertos; y no menos se alejan de la verdad los que se imaginan los países del Nuevo Mundo tan poblados como los de China, que los otros que los creen tan poblados como los de África. Tan incierto es el cálculo del P. Riccioli como los de Susmilch y Paw. El P. Riccioli cuenta en América 300 millones de habitantes. Los aritméticos políticos no encuentran en ella, dice Paw, más que 100; Susmilch en un lugar de su obra computa 100, y en otro 150 millones. Paw, que trae todos estos cálculos, dice que no hay de verdaderos americanos más que 30 ó 40 millones.

Pero todos estos cálculos son, vuelvo a decir, inciertísimos y no se apoyan en fundamento alguno, pues si no se sabe hasta ahora, ni aun poco más o menos, la población de aquellos países en que se han establecido los europeos, como los de México, Guatemala, Perú, Quito, Tierra Firme, Chile, etc., ¿quién será capaz de adivinar el número de los habitantes de las inmensas provincias, nada o poco conocidas de los europeos, como las que están al norte y noroeste de Coahuila, de Nuevo México, de California y del río Colorado en la América septentrional?

¿Quién podrá enumerar los habitantes del Nuevo Mundo, cuando no se sabe ni se puede saber el número de las provincias y naciones que en él se contienen? Dejando pues semejantes cálculos, que no pueden emprenderse sin temeridad, nos contentaremos con examinar lo que dicen Paw y el Dr. Robertson sobre la población de México.

"La población de México y del Perú —dice Paw— se ha indudablemente exagerado por los escritores españoles, acostumbrados a pintar los objetos con proporciones desmesuradas. Tres años después de la conquista de México tuvieron necesidad los españoles de hacer pasar gente de las islas Lucayas y después de las costas de África, para poblar el reino de México. Si esta monarquía contenía el año de 1518 treinta millones de habitantes, ¿por qué en 1521 estaba despoblada?"

Yo no negaré jamás que entre los escritores españoles ha habido algunos exageradores, como los ha habido también entre los prusianos, franceses, ingleses y otros pueblos, porque el desmesurado deseo de engrandecer las cosas que se describen es una pasión muy común a todas las naciones del mundo, de la cual ciertamente no se ha preservado Paw, como manifiesta en toda su obra; pero censurar a todos los españoles en común es hacer una gravísima injuria a aquella nación, que tiene, como todas las demás, bueno y malo. Yo, después de haber leído los mejores historiadores de las naciones cultas de Europa, no he encontrado dos que me parezcan comparables en sinceridad con dos españoles, Mariana y Acosta, muy estimados por lo mismo, y con razón alabados aun por los enemigos de su nación y su religión.

Entre los antiguos historiadores de México ha habido algunos, como Acosta, Bernal Díaz y el mismo Cortés, de cuya sinceridad no se puede dudar. Pero aun cuando cada uno de aquellos autores no hubiera estado adornado de las cualidades que se requieren para merecer nuestra fe, con todo, la uniformidad de sus testimonios formaría un eficacísimo argumento en favor de la verdad de su relación. Los autores poco verídicos no se conforman entre sí sino cuando los unos copian a los otros; pero no sucede esto a nuestros historiadores, los cuales, ocupados solamente en escribir lo que han visto con sus ojos o encontrado cierto por sus informes, no atendieron a lo que habían escrito los otros; antes bien, aparece por sus mismas obras que cuando escribían no tenían a la vista otros escritos.

El mismo Paw (tomo 2), hablando de una carta a M*** del rito que tenían los mexicanos de consagrar y comer la estatua de pasta de Huizilopochtli y el de los peruleros en la fiesta Capac-raime, dice así a su corresponsal: "Yo os confieso que el testimonio unánime de todos los escritores españoles no nos permite dudar, etc.". Pues si el consentimiento de los escritores españoles sobre lo que no vieron con sus ojos no permite dudar, ¿cómo podría dudarse de lo que deponen ellos como testigos oculares?

Veamos, pues, qué cosa dicen de la población de México los antiguos escritores españoles. Todos concuerdan en afirmar que aquellos países estaban muy poblados, que había muchísimas ciudades grandes, e infinitos pueblos y aldeas; que en los mercados de las ciudades populosas concurrían muchos millares de negociantes; le levantaban ejércitos numerosísimos. Cortés, en sus cartas a Carlos V, el Conquistador Anónimo en su relación, Alonso de Ojeda y Alfonso de Mata en sus *Memorias,* el Ilmo. Las Casas en la obra que titula *De la destrucción de las Indias,* Bernal Díaz en su *Historia,* Motolinia, Sahagún y Mendieta en sus escritos, todos testigos oculares de la antigua población de México; Herrera, Gómara, Acosta, Torquemada y Enrico Martínez, todos están de acuerdo en orden a la gran población de aquellos países.

No puede alegar Paw ni un solo autor antiguo que no lo confirme con su testimonio, cuando yo puedo citarle algunos escritores que no hacen mención de aquel rito supersticioso de los mexicanos, como Cortés, Bernal Díaz, el Conquistador Anónimo, los tres más antiguos historiadores españoles de México. Con todo esto, afirma Paw que no puede dudarse de tal rito por el unánime testimonio de los otros españoles: ¿por qué pues querrá dudar de la gran población de México, o más bien negarla atrevidamente, contra la uniforme deposición de todos los historiadores antiguos?

Pero si era tan grande la población de México el año de 1518, ¿por qué en 1521 fue necesario llevar gente de las islas Lucayas y después de las costas de África para poblarlo? Confieso que no puedo leer esta objeción de Paw sin indignarme su atrevimiento al afirmar lo que es absolutamente falso y contrario a la relación de los autores. ¿En dónde ha leído Paw que para poblar México hubiera sido necesario transportar gente de las Lucayas? Lo desafío a que produzca un solo autor que lo diga; antes bien, sabemos por muchos escritores todo lo contrario. Sabemos por el cronista Herrera y otros escritores, que desde 1493, en que se establecieron los españoles en la isla de Santo Domingo, hasta 1496, pereció por las guerras y otras gravísimas incomodidades la tercera parte de los habitantes de aquella grande isla.

El año de 1507 no quedaba más que la décima parte de los indios que había en 1493, como testifica Las Casas, testigo ocular,[2] y de entonces en adelante fue disminuyendo de tal modo la población de aquella isla que en 1540 apenas quedaban en ella doscientos indios; por

---

[2] *De la destrucción de las Indias.* Véanse además *El suplicante esclavo indio* y las *Décadas* del cronista Herrera.

lo que desde principios del siglo XVI comenzaron los españoles a sacar millares de indios de las Lucayas para reponer la población de la Española; pero habiendo perecido éstos también, comenzaron, antes de la conquista de México, a conducir pobladores de Tierra Firme y de otros países del continente de América, según que se iba descubriendo.

Se sabe por una carta escrita al consejo de Indias por el primer obispo de México, alegada al emperador Carlos V por Las Casas, que el cruel Nuño de Guzmán, gobernador de Pánuco, mandó de aquí veintiocho navíos cargados de indios para vender en las islas, y así dista tanto de la verdad que los españoles condujeron gente a las islas para poblar el continente de la América septentrional, que antes bien la sacaron de éste para poblar las islas, como lo dicen textualmente los dos autores citados y otros.

También es cierto que después de la conquista de México se trasladaron a él esclavos de África; pero no porque hubiese necesidad de pobladores, sino porque los españoles querían servirse de ellos para la fábrica del azúcar y los trabajos de las minas, a los cuales no podían obligar a los americanos, atendidas las leyes entonces publicadas. Es, pues, falso y contrario al testimonio de los referidos autores, que México estuviese tan despoblado tres años después de la conquista que hubiera sido necesario llevar gente de las Lucayas y de África para volverlo a poblar; antes, por el contrario, estamos seguros que de países ya sujetos al rey de México y a la república de Tlaxcala se mandaron colonias algunos años después de la conquista, para poblar otros países, como Zacatecas, San Luis Potosí, el Saltillo y otros.

Pero veamos qué dicen en particular de la población de México los antiguos escritores. Yo no sé que alguno de ellos haya tenido el atrevimiento de fijar el número de los habitantes del imperio mexicano. Si éste contenía o no 30 millones, sólo lo podían saber el rey de México y sus ministros, y aunque de éstos se pudieron informar los españoles, ninguno que yo sepa lo hizo. Lo que afirmaron algunos autores es que entre los feudatarios de la corona de México había treinta, que cada uno de ellos tenía cerca de cien mil súbditos, y otros tres mil señores que tenían un número mayor de vasallos.[3] Lorenzo Surio afirma[4] que consta esto por documentos que estaban en el archivo real de Carlos V. Cortés en su primera carta al mismo emperador le dice así: "Es tan grande la multitud de habitantes en estos países, que no hay ni un palmo de terreno que no esté cultivado; pero con todo, hay mucha gente que por falta de pan anda mendigando por las casas, los caminos y los mercados". Semejante idea nos dan en general de la población del reino de México

---

[3] Gómara, *Crónica de la Nueva España*, cap. 76, y Herrera, *Déc.*, lib. 7, cap. 12.
[4] *In commentario brevi Rerum in orbe gestarum ob anno 1560 and 1568.*

Bernal Díaz, el Conquistador Anónimo, Motolinia y otros testigos oculares. Hablando ahora de los países particulares de Anáhuac, estamos seguros por el testimonio de los referidos escritores y de casi todos los antiguos de la gran población del valle mexicano, de los países de los otomíes, matlatzincas, cohuixques, mixtecos, zapotecos y cuitlatecos de la provincia de Coatzacoalco, de los reinos de Acolhuacán y Michoacán, y de los Estados de Tlaxcala, Cholula, Huexotzinco, etc.

El valle de México, a pesar de que las lagunas ocupaban una gran parte, estaba tan poblado como el que más de Europa. Había en él cuarenta ciudades considerables, nombradas por nosotros en otra parte y mencionadas por los escritores antiguos; los otros lugares habitados de él eran innumerables, cuyos nombres daríamos si no temiéramos fastidiar al lector. El sincerísimo Bernal Díaz, describiendo en su *Historia* (cap. 88) lo que veían en su camino por el valle de México hacia la capital, dice: "Cuando veíamos cosas tan maravillosas, no sabíamos qué decirnos, ni si era verdad lo que teníamos a la vista, porque veíamos tantas ciudades grandes situadas en tierra firme y otras muchas en la laguna y toda llena de canoas". Dice además que algunos soldados, sus compañeros, admirados de ver tantas y tan bellas poblaciones, dudaban si eran sueños o cosas de encanto lo que veían. Esta y otras muchas confesiones de Bernal Díaz bastan para responder al Dr. Robertson, que se vale de ciertas palabras de aquel autor, mal entendidas, para hacer creer que la población del reino de México no era tan grande como se quiere.

Sobre la población de la antigua capital hay gran variedad de pareceres; ni puede suceder otra cosa, cuando se juzga a ojo la población de una gran ciudad; pero todos los escritores que la vieron o se informaron de testigos oculares afirman que era muy grande. El cronista Herrera *(Déc. 2, Lib. 7, cap. 13)* dice que era doble de la de Milán; Cortés afirma *(Carta I* a Carlos V) que era tan grande como Sevilla y Córdoba; Lorenzo Surio *(Commentario brevi* etc.), citando ciertos documentos que había en el archivo real de Carlos V, dice que la población de México se componía de ciento treinta mil casas; Torquemada, siguiendo a Sahagún y a algunos historiadores indios, enumera doce mil casas (Lib. 3, cap. 24) y añade que en cada una de ellas había de cuatro a diez habitantes. El Conquistador Anónimo habla así: "Puede tener esta ciudad de Temistitán más de dos leguas y media o cerca de tres, más o menos, de circuito; la mayor parte de los que la han visto juzga que hay en ella más de sesenta mil familias, más bien más que menos". Este cálculo, adoptado por Gómara y Herrera, me parece que es el que más se acerca a la verdad, atendida de la extensión la ciudad y la manera de habitar de aquellas gentes.

Todo esto lo contradice Paw; llama "excesiva" y extravagante la descripción que se hace de esta ciudad, la cual tenía, según algunos autores, setenta mil casas en tiempo de Moctezuma II, con lo cual hubiera tenido entonces trescientos cincuenta mil habitantes, cuando es notorio que la ciudad de México, considerablemente aumentada bajo la dominación de los españoles, no tiene actualmente más que sesenta mil habitantes, comprendiendo en este número veinte mil negros y mulatos (Part. 5, sect. 1). He aquí otro lugar de las *Investigaciones filosóficas* que hará reír a los mexicanos; porque ¿quién no se reirá al ver a un filósofo prusiano, tan empeñado en disminuir la población de aquella gran ciudad americana e irritado contra los que la representan más grande de lo que él quiere? ¿Quién, por otra parte, no se admirará al oír que es notorio en Berlín el número de los habitantes de México, cuando en México no lo era poco tiempo hace ni aun a los mismos párrocos, que cada año hacían la numeración? Por lo tanto, quiero dar a Paw algunas noticias seguras de aquella ciudad, para que evite en lo sucesivo los errores en que ha incurrido hablando de su población.

Sepa que México es la ciudad más populosa de cuantas tiene el rey de España en sus vastos dominios. Por la nota de los nacidos y muertos en Madrid y en México, publicada en los diarios de una y otra ciudad, aparece que el número de los habitantes de Madrid es más de un cuarto menor que el de México,[5] esto es, si Madrid, por ejemplo, tiene sesenta mil habitantes, México tiene sin duda más de doscientos mil. Ha habido una gran diversidad de opiniones sobre el número de almas de la moderna ciudad de México, como la hubo sobre la antigua y como igualmente la hay sobre otras ciudades de primer orden;[6] pero habiéndose hecho en estos últimos años con mayor diligencia el censo, así por parte de los párrocos como de los magistrados, se ha encontrado que los habitantes de la ciudad de México pasan de doscientos mil, aunque no se pueda saber puntualmente cuál es el excedente.

---

[5] Según el exceso de una ciudad sobre otra en el número de nacidos y muertos, será también el exceso del número de los habitantes, y no hay medio más seguro para encontrar el número aproximado de los habitantes de una ciudad muy grande que saber el número de nacidos y muertos en ella, tomando las precauciones que se requieren.

[6] Por ejemplo, la diversidad de opiniones sobre la población de París: quién cuenta quinientos mil habitantes, quién setecientos mil, quién un millón. Lo mismo sobre la moderna México. Lioner Waffer, célebre viajero inglés del siglo XVII, cree que tiene trescientos mil habitantes; a Gemelli Carreri le parecieron cien mil, y al misionero Tallantier sesenta mil; un modernísimo viajero europeo, que vino a México después de haber viajado por Europa y los principales países de Asia, fue de parecer que no había menos que un millón y medio de habitantes. Éste erró por exceso y Tallantier por defecto.

Se puede formar alguna idea de la población de aquella ciudad por la cantidad de pulque[7] y de tabaco que diariamente se consume en ella.[8] Cada día entran más de seis mil arrobas de pulque, esto es, ciento noventa mil libras romanas. En 1774 entraron 2.214,294-1/2 arrobas, esto es, más de setenta y tres millones de libras romanas; pero en este cómputo no se comprende el que se introduce de contrabando, ni el que venden los indios exentos en la plaza principal de la ciudad. Esta cantidad tan grande de pulque se consume casi sólo por los indios y mulatos, cuyo número es inferior al de los blancos, europeos y criollos, entre los cuales no son muchos los que usan habitualmente aquella bebida. La alcabala impuesta sobre ella asciende actualmente en sola la capital a cerca de doscientos ochenta mil pesos fuertes.

El consumo de tabaco para chupar importa cada día en aquella capital cerca de 1,250 pesos, lo que en un año hace la suma de más de 450,000 pesos. Pero es necesario saber que entre los indios son raros los que usan tabaco, entre los criollos y los europeos hay muchísimos que no lo usan, y entre los mulatos algunos. Pues ¿quién habrá que quiera dar más crédito al cálculo de Paw que a las mismas matrículas de la capital, y que aprecie más el juicio de un moderno prusiano tan extravagante sobre la antigua población de aquella corte, que el de tantos escritores antiguos que la vieron con sus propios ojos?

Por lo que mira a la ciudad y corte de Texcoco, sabemos por las cartas de Cortés que tenía como 30,000 casas; pero esto debe entenderse de sola la corte, pues unida con las otras tres ciudades de Coatlichán, Huexotla y Atenco, que, como testifica el mismo Cortés, parecían formar una sola población, era mucho más grande que México. Torquemada, siguiendo a Sahagún y las relaciones de los indios, afirma que la población de aquellas cuatro ciudades era de 140,000 casas, del cual número, aunque quisiésemos quitar la mitad, quedaría una población bien grande. Ningún historiador ha dicho cuánta fuese la población de la corte de Tlacopan, aunque todos afirmen que era considerable. De la de Xochimilco sabemos que era la mayor de todas después de las cortes. De la de Iztapalapa afirma Cortés que tenía de 12,000 a 15,000 familias. De Mixcoac dice que tenía cerca de 6,000, de Huitzilopochco de 4,000 a 5,000, de Acolman y Otompan cada una 4,000, y de Mexicaltzinco 3,000; Chalco, Azcapotzalco, Coyoacán y Cuahutitlán eran más grandes sin comparación que estas últimas ciudades. Todas estas y otras muchas

---

[7] El pulque es el vino o más bien la cerveza usual de los mexicanos, hecho del jugo fermentado del maguey. Esta bebida no puede guardarse para otro día por lo tanto, cada día se consume toda la que se introduce.

[8] La nota del consumo diario de pulque y de tabaco en México está tomada de una carta de uno de los principales contadores de aquella aduana, de 23 de febrero de 1775.

poblaciones estaban comprendidas en sólo el valle de México; su vista causó no menos admiración que miedo a los conquistadores, cuando observaron por primera vez, desde las cimas de los montes, aquel delicioso valle. Lo mismo les sucedió cuando vieron la población de Tlaxcala. Cortés en su carta a Carlos V, dice de esta ciudad que "es tan grande y admirable, que aunque omita mucho de lo que podría decir, lo poco que diré creo que será increíble, porque es mucho más grande y poblada que Granada cuando se les quitó a los moros, mucho más fuerte, de tan buenos edificios y mucho más abundante de todo".

De un modo semejante habla el Conquistador Anónimo: "Hay —dice— grandes ciudades, y entre otras la de Tlaxcala, que en algunas cosas se asemeja a Granada y en otras a Segovia; pero es más populosa que ambas". De Tzimpantzinco, ciudad de aquella república, afirma Cortés[9] que, habiéndose hecho en su orden la numeración, se contaron en ella más de veinte mil casas. De Hueyotlipan, lugar también de la misma república, dice que tenía de tres a cuatro mil familias. De Cholula afirma el mismo Cortés que tenía cerca de veinte mil casas y casi otras tantas en aquellos lugares circunvecinos, los cuales eran como sus barrios. Huexotzinco y Tepeyacac eran émulos de Cholula en el tamaño. Éstas son algunas poblaciones de las que vieron los españoles antes de la conquista, omitiendo todavía otras muchas cuya grandeza consta por el testimonio de estos y otros escritores.

También se puede conocer la gran población de aquellos países por los innumerables concursos que se veían en los mercados, por los numerosísimos ejércitos que se levantaban siempre que era necesario, y por el sorprendente número de bautismos que hubo después de la conquista. De los concursos en los mercados y de los ejércitos, hemos dicho bastante en la *Historia,* sobre la fe de muchos testigos oculares. Podría sospecharse que los conquistadores hubiesen exagerado el número de las tropas indianas para hacer más gloriosas sus conquistas; pero esto lo podrían hacer hablando de las tropas enemigas, no contando las tropas confederadas con ellos, pues cuanto más se aumentase el número de éstas, tanto menos difíciles y menos gloriosas debían parecer sus conquistas. Sin embargo, el conquistador Ojeda enumeró 150,000 hombres de tropas aliadas de Tlaxcala, Cholula, Tepeyacac y Huexotzinco en las revistas que hizo en Tlaxcala para ir a poner sitio a México.

El mismo Cortés afirma que las tropas aliadas que le acompañaron a la guerra de Cuahquecholan pasaron de 100,000, y que las que le ayudaron en el asedio de la capital pasaron largamente de 200,000. Por

---

[9] Cortés habla de esta ciudad sin nombrarla; pero por el contexto aparece que era *Tzimpantzinco,* y Torquemada lo dice expresamente.

otra parte, los sitiados eran tantos que, habiendo muerto durante el asedio más de 150,000, como hemos dicho en la *Historia,* no obstante esto, cuando tomaron los españoles la capital y se mandó que salieran todos los mexicanos, se vieron tres días y tres noches continuas llenas las tres calzadas de la gente que salía para ir a refugiarse a otros lugares, como testifica Bernal Díaz, testigo ocular.

En cuanto al número de bautismos, estamos seguros, por el testimonio de los mismos religiosos apostólicos que se ocuparon en la conversión de aquellos pueblos, que los niños y adultos bautizados por sólo los padres franciscanos,[10] desde 1524 hasta 1540, fueron más de seis millones, los cuales eran en su mayor parte de los habitantes del valle de México y de las provincias circunvecinas. Pues en este número no están comprendidos los que fueron bautizados por los presbíteros seculares, dominicos y agustinos, entre los cuales y los franciscanos se repartió entonces aquella abundantísima mies, y, por otra parte, es cierto que fueron innumerables los indios que se mantuvieron obstinados en su gentilismo o no recibieron la fe cristiana sino muchos años después. Sabemos a más de esto por las ruidosas controversias provocadas por algunos religiosos y llevadas al romano pontífice Paulo III, que por la extraordinaria y jamás vista multitud de catecúmenos, se vieron precisados los misioneros a omitir algunas ceremonias del bautismo, y entre otras la de la saliva, pues de tanto sacarla se les secaban la boca, la lengua y las fauces.

Desde el descubrimiento de México acá se ha ido disminuyendo siempre el número de los indios. A más de los infinitos millares que perecieron en el primer contagio de viruelas llevado el año de 1520 y en la guerra de los españoles, en la epidemia de 1545 murieron 800,000, y en la de 1576 más de dos millones en solas las diócesis de México, Puebla, Michoacán y Oaxaca, lo que se sabe por la nota de los muertos de cada parroquia presentada al virrey. Sin embargo, el cronista Herrera, que escribió hacia el fin del siglo XVI, refiere sobre la fe de documentos auténticos mandados por el virrey de México, que en solas las diócesis de Puebla y Oaxaca y en las provincias de la de México, circunvecinas a la capital, se contaban entonces 655 lugares principales de indios e innumerables otros menores, dependientes de aquéllos, en los cuales había 900,000 familias de indios tributarios.[11] Pero es necesario saber que en los tributarios no se comprenden los nobles, los tlaxcaltecas ni otros indios de los que ayudaron a los españoles en la conquista, pues

---

[10] Toribio de Benavente o Motolinia, uno de aquellos religiosos apostólicos, bautizó a más de 400,000 indios, cuya cuenta dejó escrita de su puño.
[11] *Descripción de las Indias Occidentales,* Cap. 9 ó 10.

en consideración a su nacimiento o a los servicios hechos a los conquistadores, fueron exentos del tributo.

El mismo Herrera, muy bien instruido en este punto, afirma que en aquellos tiempos se contaban en la capital 4,000 familias de españoles y 30,000 casas de indios. De entonces en adelante fue siempre disminuyendo el número de los indios y creciendo el de los españoles o blancos.

Paw responderá, según su estilo, que todos los documentos citados por nosotros para demostrar la gran población de México valen menos que nada porque han sido tomados de soldados ignorantes y malvados, o de religiosos ignorantes y supersticiosos; pero aun cuando fuesen tales todos los escritores que hemos alegado, lo que es enteramente falso, sería de gran peso su testimonio por razón de su uniformidad. ¿Quién podrá persuadirse que Cortés y los oficiales reales que con él suscribieron sus cartas se atrevieran a engañar a su rey, pudiendo tan fácilmente ser desmentidos por tantos centenares de testigos y por no pocos enemigos? ¿Sería posible que tantos escritores, así españoles como indios, todos se conviniesen en exagerar la población de aquellos países, y que entre ellos no hubiese ni uno que respetase el juicio de la posteridad?

De la veracidad de los primeros misioneros no se puede dudar. Ellos fueron hombres de vida ejemplar y de gran doctrina, escogidos entre muchos para plantar el Evangelio en aquel Nuevo Mundo; algunos de ellos habían sido lectores en las más célebres universidades de Europa, habían obtenido los primeros cargos en su orden y merecido la gracia y la confianza del emperador Carlos V. Los honores que renunciaron en Europa y los que no aceptaron en América[12] dan a conocer claramente su celo desinteresado y su voluntaria y rígida pobreza, su continuo trato con Dios, sus indecibles fatigas en tantos viajes tan largos y tan difíciles hechos a pie y sin viático, y en tantos y tan penosos ministerios y, sobre todo, su eximia caridad para con aquellas afligidas naciones, llena de compasión y de dulzura, harán para siempre venerable su memoria en aquel reino, a despecho de Paw y de cualquier otro escritor maligno, a quien basta en un autor la calidad de calidad de religioso para despreciarlo e injuriarlo.

En los escritos de aquellos hombres inmortales se advierte un tal carácter de sinceridad, que no permite sospechas contra la verdad de sus relaciones. Es verdad que ellos cometieron un gran pecado, a juicio de Paw, quemando como supersticiosas la mayor parte de las pinturas

---

[12] Entre los quince primeros misioneros franciscanos hubo seis que, habiendo sido nombrados obispos por Carlos V, no aceptaron tal dignidad.

históricas de los mexicanos. Yo estimo más que Paw las pinturas, y me duele mucho más su pérdida; pero no por esto desprecio a los autores de aquel deplorable incendio ni denigro su memoria, porque aquel mal, al que fueron llevados por un celo muy ardiente y no bien informado, no es comparable con el gran bien que por otra parte hicieron allí; a más de que ellos mismos procuraron reparar aquella pérdida con sus obras, especialmente Motolinia, Sahagún, Olmos y Torquemada.

Pero Paw se ha empeñado tanto en disminuir la población de aquellos países que ha llegado a afirmar (¿quién lo creería?) en tono magistral, que en todos aquellos territorios no había otra ciudad que la de México. Oigámoslo hablar para divertirnos un poco. "Como no se descubren —dice— en todo el reino de México vestigios algunos de antiguas ciudades indianas, es manifiesto que no había allí más que un solo lugar que tuviese alguna apariencia de ciudad, al cual quisieron los escritores españoles llamar la Babilonia de las Indias; pero ya hace mucho tiempo que no nos engañan los nombres magníficos dados por ellos a las miserables aldeas de América."

Pero todos los autores que han escrito de México, unánimemente afirman que todas las naciones de aquel vasto imperio vivían en sociedad, que tenían muchas poblaciones grandes y bien ordenadas, nombran las ciudades que han visto,[13] y los que han viajado por aquellas regiones dos siglos y medio después de la conquista han visto con sus ojos las referidas poblaciones en los mismos lugares que dicen aquellos autores, y así Paw acepta que aquellos escritores anunciaron proféticamente las futuras poblaciones, o debe confesar que desde entonces las había en donde están actualmente. Es verdad que los españoles fundaron allí muchas poblaciones, como las ciudades de Puebla, Guadalajara, Valladolid, Veracruz, Celaya, Potosí, Córdoba, León, etc.; pero las poblaciones fundadas por ellos en el distrito del imperio mexicano respecto a las fundadas por los indios no están en la proporción ni de uno a mil. Los nombres mexicanos impuestos a las poblaciones, que se conservan hasta ahora, demuestran claramente que no las fundaron los españoles sino los indios, y que los lugares de que hacemos frecuente mención en la *Historia* no hayan sido por lo común miserables aldeas sino ciudades y poblaciones grandes y bien formadas como las de Europa, nos consta por el testimonio de todos los escritores que las vieron.

---

[13] Hernán Cortés en sus cartas a Carlos V; Bernal Díaz del castillo en su *Historia de la conquista*; el Conquistador Anónimo en su curiosa relación; Motolinia, Sahagún y Mendieta en sus manuscritos; el ilustrísimo Las Casas en algunas de sus obras; Pedro Alvarado, Diego Godoy y Nuño Guzmán en sus cartas, que se hallan en la colección de Ramusio, todos testigos oculares, a los que deben agregarse todos los historiadores mexicanos, alcolhúas y tlaxcaltecas, principalmente los que hemos puesto en el catálogo de autores de nuestra *Historia antigua de México*.

Paw quería que se les mostrasen los vestigios de las ciudades antiguas; pero nosotros le mostramos aun las mismas ciudades todavía subsistentes. No obstante esto, si quiere vestigios vaya a Texcoco, a Otumba, Tlaxcala, Cholula, Huexotzinco, Cempoala, Tula, etc., y encontrará tantos que no podrá dudar de la antigua grandeza de aquellas ciudades americanas.

Este gran número de ciudades y de millares de hombres en los sacrificios y en las continuas guerras de aquellos pueblos da a conocer claramente la gran población del imperio mexicano y de los otros países de Anáhuac; pero si nada de cuanto he dicho basta para convencer a Paw, caritativamente le aconsejaré que se haga conducir a un hospital.

Lo expuesto contra Paw sirve igualmente para rebatir al Dr. Robertson, el cual, viendo tantos testigos contrarios a su opinión, recurre a un subterfugio enteramente igual al del calor de la imaginación de que se vale para no dar crédito a los escritores españoles sobre lo que dicen de la excelencia de las obras vaciadas de los mexicanos. Hablando de la admiración que causó a los españoles la vista de las ciudades de México, dice en su *Historia* (Lib. 7): "En el primer fervor de su admiración compararon a Cempoala, aunque ciudad solamente de segundo o tercer rango, con algunas de mayor nota en su propio país. Cuando después vieron sucesivamente a Tlaxcala, Cholula, Tacuba, Texcoco y México mismo, se aumentó tanto su admiración, que llevaron las ideas de su grandeza y población a lo que confina con lo increíble... Conviene por esta razón que se haga una gran rebaja a su cálculo de los habitantes de las ciudades mexicanas, y deberá fijarse todavía más bajo la extensión de su trazo".

Así lo manda Robertson; pero yo no estoy dispuesto a obedecerlo. Si los españoles hubieran escrito sus historias, cartas o relaciones en el primer fervor de su admiración, entonces podría bien sospecharse que el estupor los hubiese hecho exagerar; pero no sucedió así. Cortés, el más antiguo de los escritores, no escribió su primera carta a Carlos V sino año y medio después de que había llegado a aquel país; el Conquistador Anónimo escribió algunos años después de la conquista; Bernal Díaz después de más de cuarenta años de continua residencia en aquellas provincias, y así los demás. ¿Es posible que después de veinte y aun cuarenta años permaneciese el mismo primer fervor de la admiración? ¿Pero de dónde nació en ellos esta admiración? Oigámoslo del mismo Dr. Robertson. "Los españoles —dice—, acostumbrados a este modo de habitaciones (chozas aisladas) entre todas las tribus salvajes, de las cuales estaban ya informados, quedaron atónitos al entrar en la Nueva España y encontrar a los nacionales que residían en ciudades grandes semejantes a las de Europa."

Pero Cortés y sus compañeros, antes de ir al reino de México, sabían ya que aquellos pueblos no eran tribus salvajes y que sus casas no eran chozas; habían oído ya de todos los que un año antes habían hecho aquel viaje con Grijalva, que había allí hermosas poblaciones por vistas de casas bien hechas de piedra y cal, y de torres altas, como testifica Bernal Díaz, testigo ocular. No era, pues, aquella la causa de su admiración, sino más bien la verdadera grandeza y multitud de las ciudades que allí vieron. "No es mucho —añade el Dr. Robertson— que Cortés y sus compañeros, muy inclinados a engrandecer las cosas para exaltar el mérito de sus descubrimientos y conquistas, hubiesen caído en este error común de elevar las descripciones muy arriba de la verdad."

Pero Cortés no era necio y veía bien que exagerar el número de sus aliados, más bien que a exaltar el mérito, servía para disminuir la gloria de sus conquistas. Sin embargo, él confiesa repetidas veces que era ayudado en sus conquistas, ya de ochenta mil, ya de cien mil, ya de doscientos mil hombres. Y así como estas confesiones ingenuas manifiestan su sinceridad, así ejércitos tan numerosos demuestran la gran población de aquel país. A más de esto, el Dr. Robertson supone que cuanto escribieron los autores españoles sobre el número de las casas de las ciudades mexicanas lo dijeron solamente por conjetura y según el juicio que formaron a ojo; pero no pasó así, pues el mismo Cortés testifica en su primera carta a Carlos V haber mandado hacer la cuenta de las casas que había en el distrito de la república de Tlaxcala, y haber encontrado en él más de 150,000, y en la sola ciudad de Tzimpantzinco más de 20,000.

## OCTAVA DISERTACIÓN

## RELIGIÓN DE LOS MEXICANOS

No tengo que hacer nada en esta disertación con Paw, porque éste ingenuamente reconoce la semejanza que en materia de religión hay entre los delirios de los americanos y los de las otras naciones del Antiguo Continente. "Como las supersticiones religiosas de los pueblos de América —dice— han tenido una semejanza sensible con las de las naciones del Antiguo Continente, no se ha hablado de estos despropósitos sino para hacer el cotejo y dar a conocer que, a pesar de la diversidad de climas, la debilidad del espíritu humano ha sido constante e invariable."

Si con este mismo juicio hubiera discurrido en otros puntos, nos hubiera ahorrado algunas disputas y preservado su obra de las graves y fuertes censuras que le han hecho algunos hombres sabios de la misma Europa. Yo dirijo esta disertación a los que por ignorancia de cuanto ha pasado y pasa actualmente en el mundo, o por falta de reflexión, han gritado tanto al leer en la historia de México la crueldad y superstición de aquellos pueblos, como si fuesen cosas nunca oídas entre los mortales. Manifestaré pues su error y demostraré que la religión de los mexicanos fue menos supersticiosa, menos indecente, menos pueril y menos irracional que las de las más cultas naciones de la antigua Europa, y que de su crueldad ha habido ejemplos —tal vez más atroces— en casi todos los pueblos del mundo.

El sistema de la religión natural depende principalmente de la idea que se tiene de la divinidad. Si el Supremo Ser se concibe como un padre lleno de bondad, cuya Providencia vela sobre sus criaturas, en las prácticas religiosas se advertirá amor y respeto. Si, por el contrario, se imagina como un tirano inexorable, el culto será sanguinario. Si se cree omnipotente, la veneración se dirigirá a uno solo; pero si se juzga limitado su poder, no podrán dejar de multiplicarse los objetos del culto. Si se reconoce la santidad y perfección de su ser, se solicitará su protección con un culto puro y santo; pero si se reputa sujeto a las imperfecciones y vicios de los hombres, la misma religión consagrará los delitos.

Cotejemos, pues, la idea que tenían los mexicanos de sus dioses con la que tenían de sus númenes los griegos, romanos y otras naciones de quienes éstos aprendieron la religión, e inmediatamente veremos las ventajas que en esta materia hacen los mexicanos a las naciones antiguas. Es verdad que los mexicanos repartían entre varios númenes el poder, imaginando restringida a ciertos límites la jurisdicción de cada uno. "Yo no dudo —decía el rey Moctezuma al conquistador Cortés en una conferencia de religión—, yo no dudo de la bondad del Dios que adoráis; pero si él es bueno para España, los nuestros son igualmente buenos para México."

"Nuestro dios Camaxtle —decían al mismo Cortés los tlaxcaltecas— nos concede la victoria contra nuestros enemigos; nuestra diosa Matlalcueye nos manda la lluvia necesaria a nuestros campos y nos defiende de las inundaciones de Zahuapan. A uno de nuestros dioses somos deudores de una parte de la felicidad de nuestra vida." Pero nunca creyeron tan omnipotentes a sus dioses como los griegos y romanos. Los mexicanos no tenían más que un numen, bajo el nombre de Centeotl, para el cuidado del campo y de los sembrados, y a pesar de que eran tan amantes de sus hijos se contentaban con un solo dios para su protección. Los romanos, a más de la diosa Ceres, empleaban en sólo el trigo una gran multitud de dioses,[1] y en el cuidado de la educación de sus hijos más de veinte, a más de los muchos que se ocupaban en la generación y nacimiento de los niños.[2]

¿Quién creería que necesitasen tres dioses para sólo la guardia de la puerta? Fórculo estaba encargado de los postes, Carna del quicio y Limentino de las hojas. *Ita,* exclama aquí San Agustín,[3] *ita non poterat Forculus, simul fores et cardinem, limenque servare.* ¡Tan mezquino así era en el juicio de los romanos el poder de sus dioses! Aun los nombres de algunos de ellos dan a conocer el mal concepto en que

---

[1] *Sefa* estaba encargada del grano sembrado, *Prosperina* del grano nacido, *Nodoto* de los nudos del tallo, *Volatina* de los ojos o yemas, *Patelena* de las hojas ya desplegadas, *Flora* de las flores, *Ostilina* de las espigas, *Cegesta* de los nuevos granos, *Lactancia* del grano todavía en leche, *Matura* del grano maduro, *Totuna* y *Tutelina* del grano guardado en el granero, a los cuales deben agregarse el dios *Estertulio*, que cuidaba del estercolamiento de los campos, *Príapo* que defendía el grano de las aves, *Rubigo* que lo preservaba de los insectos, y las ninfas *Napeas* que tenían cuidado del jugo nutritivo.

[2] La diosa *Ope* estaba encargada de dar auxilio al niño naciente y de acogerlo en su regazo, *Vaticano* de abrirle la boca en el llanto, *Levana* de alzarlo del suelo, *Cunina* de guardar la cuna, *Carmenti* de anunciar su destino, *Fortuna* de favorecerlo en sus acontecimientos, *Rumina* de introducir el pezón del pecho materno en la boca del niño, *Potina* de su bebida, *Educa* de su papa, *Favencia* de hacerle el coco, *Venilia* de avivar su esperanza, *Volupia* de tener cuidado de sus placeres, *Agenoria* de cuidar de sus operaciones, *Stimula* de hacerlo activo, *Strema* de hacerlo valiente, *Numeria* de hacerlo aprender los cuentos, *Camena* de industriarlo en el canto, *Conso* de darle consejos, *Sencia* de hacerlo tomar resolución; *Inventa* tenía cuidado del principio de su juventud, y la *Fortuna barbata* tenía el importantísimo empleo de hacer que les naciera el pelo a los adultos.

[3] *De la ciudad de Dios,* Lib. IV, cap. 5.

estaban entre sus adoradores. ¿Qué nombres más indignos de la divinidad, que los de Júpiter Pistor, Venus Calva, Pecunia, Caca, Subigos y Cloasina? ¿Quién creerá jamás que una estatua que encontró Tazio en la principal cloaca de Roma debiese llegar a ser diosa con el nombre de Cloasina? ¿No es esto burlarse de su propia religión y hacer viles y despreciables a los mismos dioses que adoraban?[4]

Pero en ninguna otra cosa manifestaron mejor los griegos y los romanos la opinión que tenían de sus númenes, que en los vicios que les atribuían. Toda su mitología era una larga serie de delitos; la vida de sus dioses se reducía a rencores, venganzas, incestos, adulterios y otras pasiones bajas, capaces de infamar aun a los hombres más viles. Júpiter, el padre omnipotente, el principio de todas las cosas, el rey de los hombres y de los dioses, como lo llaman los poetas, se muestra ya disfrazado de hombre para tratar con Alcumena, ya de sátiro para gozar de Antiopa, ya de toro para robar a Europa, ya de cisne para abusar de Leda, ya de lluvia de oro para corromper a Danae, y toma otras formas para satisfacer sus depravados intentos. Entre tanto, la gran diosa Juno, rabiosa por el celo, no sabe más que tomar venganza de su desleal marido.

De este mismo calibre eran los otros dioses inmortales, especialmente los mayores o "escogidos", como eran llamados por ellos. Escogidos, dice San Agustín, en *De la ciudad de Dios* (Lib. VII, cap. 33), por la superioridad de sus vicios, no por la excelencia de sus virtudes; y para decir la verdad, ¿qué buenos ejemplos podían contar de sus dioses las naciones que, mientras se preciaban de enseñar a los hombres la virtud, consagraban en sus dioses los vicios? ¿Qué méritos tenían para obtener el apoteosis entre los griegos Lecna, y entre los romanos Lupa, Faula y Flora, sino los de haber sido famosas rameras? De aquí nace el haber habido varios númenes encargados de los más infames y vergonzosos empleos. Sus nombres y empleo se hallan en *De la ciudad de Dios*, Lib. VI, cap. 2 y Lib. IX, cap. 9.

Pero ¿qué diremos de los egipcios, autores principales de la superstición?[5] Daban culto no sólo al buey, perro, lobo, gato, cocodrilo, gavilán y a otros semejantes animales, sino también a los puercos, las cebollas y los ajos; lo que dio motivo a aquel hermoso dicho de Juvenal: *¡Oh sanctas gentes, quibus hec nascuntur in hortis numina!* Y no contentos con esto, celebraron también el apoteosis de las cosas más

---

[4] *Quae ista religonum derisio est? Si earum deffensor essem, quid tam graviter queri posem, quam posem, quam deorum numen in tantum venisse comtemptum, ut turpissimis numinibus ludibrio habeatur? Quis non rideat Fornacem Deam? Quis cum audiat Deam Mutam?... Colitur et Caca etc.* Lactant., *Inst. divin.*, 1, cap. 20.

[5] *Non in templa tuam romana accepimus Isin; semiscanesque Deos, et sistra moventia luctum,* Lucanus.

indecentes. El uso detestable de casarse con sus hermanas se creía autorizado por el ejemplo de sus dioses.

Muy distinta era la idea que tenían de sus númenes los mexicanos. No se encuentra en toda su mitología ningún vestigio de aquellas estupendas maldades con que las otras naciones infamaron a sus dioses. Los mexicanos honraban la virtud, no los vicios, en sus divinidades; en Huitzilopochtli el valor, en Centeotl, Tzampotlatenan, Opochtli y otros la beneficencia, y en Quetzalcóatl la castidad, la justicia y la prudencia. Aunque fingieron númenes de ambos sexos, no los casaron ni creyeron capaces de aquellos placeres obscenos que eran tan comunes en los dioses griegos y romanos. Suponían los mexicanos en ellos una suma aversión a toda suerte de delitos; por lo que su culto se dirigía a aplacar la ira de los númenes provocada con los pecados de los hombres y a solicitar su protección con el arrepentimiento y los obsequios religiosos.

Conformes enteramente a la idea de los dioses, eran todos los ritos que usaban aquellas naciones. La superstición era común en todas; pero la de los mexicanos era menor y menos pueril; basta hacer el cotejo de sus agüeros. Los astrólogos mexicanos observaban los signos o caracteres de los días para sus matrimonios, sus viajes, etc., como los astrólogos europeos observaban la posición de los astros para de ahí vaticinar la ventura de los hombres. Unos y otros temían igualmente los eclipses y los cometas, como precursores de grandes calamidades, porque esta superstición ha sido común a todos los pueblos del mundo. Todos igualmente se intimidaban al oír la voz del búho o de otra ave semejante.

Estas y otras iguales supersticiones han sido generales, y son aún en el día muy comunes en el vulgo de uno y otro continentes, aun en el centro de la cultísima Europa; pero todo lo que sabemos de las naciones americanas en esta materia no es comparable con lo que nos dicen de los antiguos romanos los mismos historiadores y poetas. Las obras de Tito Livio, Plinio, Virgilio, Suetonio, Valerio Máximo y de otros juiciosos autores (que no pueden leerse sin compasión) hacen ver hasta qué exceso llegó la pueril superstición de los romanos en sus agüeros. No había animal entre los cuadrúpedos, los reptiles ni las aves del que no se tomase agüero de lo porvenir. Si el ave volaba hacia la izquierda, si graznaba el cuervo, si se oía la voz del grajo, si el ratón probaba la miel, si la liebre atravesaba el camino, todo esto se tenía por pronóstico de alguna desgracia. Se vio antes hacer la expiación o lustración de toda Roma, sin otro motivo que haber entrado un búho en el Capitolio.[6]

---

[6] Plinio, *Hist. nat.*, Lib. 10, cap. 12.

Y no sólo los animales, sino aun las cosas triviales y despreciables les causaban un temor supersticioso, por ejemplo, si estando en la mesa se derramaba el vino o la sal, o caía en tierra alguna partícula de las comidas. ¿Quién no se admiraría al contemplar a los señores agoreros, personas tan respetables, seriamente ocupados en observar los movimientos de las víctimas, sus entrañas y el color de su sangre, para pronosticar por estos signos los principales acontecimientos de aquella famosa república? Me admiro, decía Cicerón,[7] que un agorero no se ría al ver a otro de la misma profesión. ¿Qué cosa más ridícula que aquel agüero que llamaban *tripudium*? ¿Quién podría persuadirse que una nación tan ilustrada y tan guerrera llevase consigo en sus ejércitos la cosa más importante para la felicidad de sus armas, una jaula de pollos, y que sin consultarlos antes no se atreviesen a dar batalla? Si los pollos no probaban aquella pasta que se les ponía por delante, era mala señal; si a más de no comerla se salían de la jaula, peor; si, por el contrario, la comían ansiosamente, esto se tenía por el agüero más feliz. Y así el medio más eficaz para asegurarse la victoria hubiera sido hacer sufrir el hambre a los pollos antes de consultarles.

A semejantes excesos se inclina fácilmente el espíritu humano siempre que se abandona a sus propias luces. La experiencia de los groseros errores, la ridícula puerilidad y las monstruosas abominaciones en que han incurrido las más cultas naciones del gentilismo da a conocer que no debemos esperar la verdadera y santa religión sino del mismo Dios que adoramos. A él le toca revelar la verdad que debemos creer, y prescribir el culto con que debemos reverenciarlo. Si el negocio gravísimo de la religión se confía a la razón humana, de cuya debilidad tenemos tanta experiencia, los mayores absurdos se representarán a nuestro entendimiento como verdaderos dogmas, y el culto debido al Ser Supremo será defectuoso por la impiedad o excesivo por la superstición. ¡Pluguiese a Dios que los mismos filósofos de nuestro siglo ilustrado, que tanto ponderan las fuerzas de la razón, no nos diesen en sus mismas obras, tantas y tan claras pruebas de su debilidad!

Mas al fin americanos, griegos, romanos y egipcios, todos eran supersticiosos y pueriles en la práctica de su religión; pero no así en la obscenidad de sus ritos, pues en los de los mexicanos no se encuentra el menor vestigio de aquellas abominaciones tan comunes entre los romanos y otras naciones cultas de la antigüedad. ¿Qué cosa más indecente que las fiestas eleusinas que los griegos celebraban en honor de Venus, los romanos en las kalendas de abril, y, sobre todo, aquellos obscenísimos juegos en honor de Cibeles, Flora, Baco y otros tan

---

[7] *Mirox quin videat Flarus pex, cum Plaus combideat. Cic. De Divin.*

depravados númenes contra los cuales declamaron fortísimamente algunos padres de la Iglesia y aun algunos de los mismos romanos? ¿Qué rito más obsceno que el que se hacía en la estatua de Príapo entre las ceremonias nupciales?[8] ¿Cómo podían celebrar las fiestas de los dioses incestuosos y adúlteros, sino con tales abominaciones? ¿Cómo era posible que se avergonzasen de los vicios que veían consagrados en sus divinidades?

Aunque en los ritos de los mexicanos no interviniese ninguna obscenidad, había, sin embargo, algunos que, supuesta la divinidad de sus númenes, hubieran sido indecentes, como el de ungir los labios de los ídolos con sangre de las víctimas. Pero ¿no hubiera sido más indecente darles bofetadas, como los romanos a la diosa Matuta en las fiestas matrales? Supuesto el error de unos y otros, eran menos irracionales los mexicanos dando a sus dioses un licor que, según los principios de su religión, les era agradable, que los romanos ejecutando con su diosa una acción considerada gravemente injuriosa entre todos los pueblos del mundo.

Lo dicho hasta ahora, aunque suficiente para demostrar que la religión de los mexicanos era menos vituperable que la de los romanos, griegos y egipcios, en casi nada se compara con lo que omitimos por no cansar a los lectores. Pero, por otra parte, veo bien que no debe hacerse el cotejo solamente en los referidos artículos, sino más bien en lo que respecta a la cualidad de los sacrificios. Confieso que la religión de los mexicanos era muy sanguinaria, que sus sacrificios eran cruelísimos y su austeridad extremadamente bárbara; pero cada vez que considero lo que han hecho otras naciones, me confundo al reconocer la debilidad del entendimiento humano y los errores deplorables en que se precipita cuando no lo guía la luz de la verdadera religión, y rindo infinitas gracias al Altísimo por haberme preservado de tantos males.

No ha habido casi nación en el mundo que no haya sacrificado algunas veces víctimas humanas al Dios que adoraba. Sabemos por los Libros Santos que los ammonitas quemaban algunos de sus hijos en honor de su dios Moloc, y que lo mismo hacían otros pueblos del país de Canaan, cuyo ejemplo imitaron a veces los israelitas. Consta por el Libro 4 *De los Reyes* que Achas y Manasés, reyes de Judá, usaron del rito gentílico de pasar a sus hijos por el fuego. La expresión del sagrado texto parece significar más bien una mera lustración o consagración que un holocausto; pero el Salmo 105 no nos permite dudar que los iraelitas sacrificaban verdaderamente sus hijos a los dioses de los cananeos, no siendo bastantes para retraerlos de aquella bárbara superstición los

---

[8] Véase lo que dicen sobre semejantes ritos *lactancio, Divinis Institutionibus*, y San Agustín, *De la ciudad de Dios*.

estupendos y evidentes milagros obrados por el brazo omnipotente del verdadero Dios. De los egipcios sabemos por el testimonio de Maneton, sacerdote e historiador célebre de aquella nación, citado por Eusebio Cesariense, que cada día se sacrificaban tres hombres en Heliópolis a la diosa Juno. Pues como los ammonitas sacrificaban víctimas humanas a su Moloc y los cananeos a su Beelphegor, así los persas a su Mitra o sol, los fenicios y cartagineses a su Baal o Saturno, los cretenses a Júpiter, los lacedemonios a Marte, los phocas a Diana, los lebos a Baco, los thesalonisenses al Centauro Chiron y a Pelco, los galos a Eso y a Teutate,[9] los bardos de Germania a Tuiston, y así otras naciones a sus dioses tutelares. Filon dice que los fenicios en sus públicas calamidades ofrecían en sacrificio a su inhumano Baal a los más queridos de sus hijos, y Curio afirma que este sacrificio estuvo en uso entre los tiros hasta la destrucción de su famosa ciudad. Lo mismo hacían los cartagineses sus nacionales en honor de Saturno el cruel, con razón así llamado por ellos. Sabemos que habiendo sido vencido por Agatocles, rey de Siracusa, por aplacar a su numen, al cual creían irritado, le sacrificaron doscientos niños nobles, a más de trescientos jóvenes que espontáneamente se ofrecieron al sacrificio para manifestar su valor y su piedad a los dioses y su amor a la patria, y, según lo que afirma Tertuliano, que como africano y poco posterior a la época de que hablaba, debía saberlo bien, aquellos sacrificios se usaron en África hasta el tiempo del emperador Tiberio, como en las Galias hasta el de Claudio, según testifica Suetonio.

Los pelasgos, antiguos habitadores de Italia, sacrificaban por obedecer a un oráculo la décima parte de sus hijos, como refiere Dionisio Halicarnaso. Los romanos, que fueron tan sanguinarios como supersticiosos, no rehusaron semejantes sacrificios. Todo el tiempo que estuvieron bajo de sus reyes acostumbraron sacrificar niños a la diosa Manía, madre de los Lares, por la felicidad de sus casas, inducidos, como dice Macrobio, por cierto oráculo de Apolo, y sabemos por

---

[9] Cierto autor francés, movido de un ciego amor a la patria, niega atrevidamente que los galos hubiesen sacrificado alguna vez víctimas humanas; pero no alega ninguna razón para desmentir los testimonios de César, Plinio, Suetonio, Diódoro, Estrabón, Lactancio, San Agustín y otros graves autores. Basta para confundirlo el testimonio de César, que, como tenía más experiencia de los galos, los conocía mejor: "Todo el pueblo galo es muy religioso; así los atacados de enfermedades graves y los que arriesgan sus vidas en los combates y otras empresas inmolan o hacen votos de inmolar a víctimas humanas... Piensan que no pueden calmarse los dioses sino comprando la vida de un hombre con la de otro, y hay sacrificios de este género que son una institución pública. Ciertas poblaciones tienen maniquíes, de proporciones colosales hechos de mimbre trenzado, que llenan de hombres vivos y les prenden fuego, y los hombres son presa de las llamas". *Guerra de las Galias*, Libro sexto, XVI. En lo cual se ve que los galos fueron todavía más crueles que los mexicanos.

Plinio[10] que no se prohibió allí sacrificar víctimas humanas hasta el año 657 de Roma; pero por esta prohibición no cesaron enteramente los ejemplos de aquella bárbara superstición, pues Augusto, según afirman algunos escritores citados por Suetonio, después de la toma de Perugia cuando se había fortificado el cónsul L. Antonio, sacrificó en honor de su tío Julio César, divinizado ya por los romanos, trescientos hombres, parte senadores y parte caballeros romanos escogidos entre la gente de Antonio sobre un altar erigido a aquel nuevo numen.[11] Lactancio, hombre muy bien instruido en las cosas de los romanos, que floreció en el siglo IV de la Iglesia, dice expresamente que aun en su tiempo se hacían en Italia aquellos sacrificios a Júpiter Lazial.[12]

Ni aun los españoles se libraron de aquella bárbara superstición. Estrabón refiere que los lusitanos sacrificaban a los prisioneros, les cortaban la mano derecha para consagrarla a sus dioses, observaban sus entrañas y las guardaban para sus agüeros; que todos los habitantes de las montañas acostumbraban sacrificar a los prisioneros juntamente con los caballos, ofreciendo de ciento en ciento tales víctimas al dios Marte, y, hablando en general, dice que era propio de los españoles el sacrificarse por sus amigos. No es ajeno de este modo de pensar lo que Silio Itálico refiere de los béticos sus mayores, esto es, que después de haber pasado la edad juvenil, fastidiados de la vida, se daban ellos mismos la muerte, lo que él alaba como una acción heroica.[13]

¿Quién creería que esta antigua moda de la Bética había de renovarse en nuestros días en Inglaterra y Francia? Viniendo, pues, a tiempos posteriores, el padre Mariana, hablando de los que ocuparon España, dice:[14] "Porque estaban persuadidos que no les saldría bien la guerra cuando no ofreciesen sangre humana por el ejército, sacrificaban los prisioneros de guerra al dios Marte, del cual eran principalmente devotos, y acostumbraban también ofrecerle las primicias de los despojos, y colgar de los troncos de los árboles las pieles de los que mataban". Si los españoles que escribieron la historia de México no se hubieran olvidado de lo que antes había sucedido en su península, no se hubieran admirado tanto de los sacrificios de los mexicanos.

[10] *Hist. nat.*, Lib. 30, cap. 1.
[11] "Después de haber tomado Perusa ordenó una multitud de ejecuciones... Ciertos autores dicen que, entre los vencidos, escogió a 300 y los sacrificó como víctimas de los idus de marzo, ante un altar levantado en honor del divino Julio." Suetonio *Vida de Augusto*, XV.
[12] *Nec Latini quidem hujus immanitatis expertes fuerunt, siquidem Latialis Jupiter etiam nume sanguine colitur humano.* Lactancio, *Instit. Divin.*, Lib. 1, cap. XXI.
[13] *Prodiga gens animae, et properare facillima mortem: Namque ubi transcendit florentes viribus annos, Impatiens aevi spernit venisse senectam, Et fati modus in dextra est silius.*
[14] *Historia general de España*, Lib. 5.

El que quisiere más ejemplos puede consultar a Eusebio de Cesárea en su *Preparatione evangélica* (Lib. IV), en donde hace un largo detalle de las naciones entre las cuales se han usado aquellos bárbaros sacrificios, pues a nosotros nos basta cuanto hemos dicho para demostrar que los mexicanos no han hecho más que seguir las huellas de las más célebres naciones del Antiguo Continente, y que sus ritos no fueron más crueles ni más irracionales. ¿No es por ventura mayor inhumanidad sacrificar los propios vecinos, los propios hijos, así como lo hacían en la mayor parte aquellas naciones, que los prisioneros de guerra como se usaba entre los mexicanos?

Jamás se vio a los mexicanos sacrificar a sus propios nacionales, sino a los que por sus delitos eran reos de muerte, y algunas veces a las mujeres de los señores para que los acompañasen en el otro mundo. La respuesta que dio Moctezuma a Cortés, el cual le reprendía la crueldad de sus sacrificios, da a conocer que aunque sus sentimientos no eran justos, eran ciertamente menos irracionales que los de otras naciones que habían incurrido en la misma superstición. "Nosotros —dijo— tenemos derecho para quitar la vida a nuestros enemigos; podemos matarlos en el calor de la batalla, como vosotros hacéis con vuestros enemigos. ¿Pues qué injusticia hay en hacer morir a los reos de muerte en honor de nuestros dioses?"

La frecuencia de tales sacrificios no fue menor en Egipto, Italia, España y las Galias que en México. Si en la sola ciudad de Heliópolis se sacrificaban, según Maneton, más de mil víctimas humanas a la diosa Juno, ¿cuántas serían las que se sacrificaban en las otras ciudades de Egipto a la famosa diosa Isides y a los otros innumerables númenes adorados por aquella nación tan supersticiosa? ¿Cuánta habrá sido la frecuencia entre los pelasgos, que sacrificaban a sus dioses la décima parte de sus hijos? ¿Qué número de hombres no se consumiría en las hecatombes, o sacrificios a ventenares, de los antiguos españoles? ¿Y qué diremos de los galos, que después de sacrificar a los prisioneros de guerra y a los malhechores, hacían también morir en el sacrificio a los inocentes ciudadanos, como dice César? El número de los sacrificios mexicanos ha sido ciertamente exagerado por la mayor parte de los historiadores de México, como hemos dicho en otra parte.

Los humanísimos romanos, que tenían escrúpulo de observar las entrañas del hombre,[15] aunque al cabo de seis siglos y medio después de la fundación de su famosa metrópoli prohibieron finalmente sacrificar hombres, permitieron, sin embargo, con mucha frecuencia el sacrificio gladiatorio. Quiero llamar así a aquellas bárbaras luchas, que, sirviendo de diversión a aquel pueblo feroz, eran por otra parte prescri-

---

[15] Plinio, *Hist. nat.*, Lib. 28, cap. I.

tas por su religión. A más de la mucha sangre humana que se derramaba en los juegos del circo y en los convites, no era ciertamente poca la que se derramaba en los funerales de los ricos, o combatiendo entre sí los gladiadores, o haciendo morir algunos prisioneros para aplacar los males del muerto, y estaban tan convencidos de la necesidad de la sangre humana para este fin que, cuando por no tener facultades no se podían soportar los gastos de gladiadores o prisioneros, se pagaban preficas, para que con las uñas se sacasen sangre de las mejillas. ¿Cuántas, pues, serían las víctimas que se hicieron morir por la superstición de los romanos en tantos funerales, principalmente habiendo habido entre ellos emulación, pues cada uno procuraba exceder a los otros en el número de gladiadores y prisioneros que debían servir en su pompa fúnebre? Este espíritu sanguinario de los romanos fue el que causó tantos estragos en los pueblos de Europa, Asia y África, y el que también inundó muchas veces a Roma con la sangre de los propios ciudadanos, especialmente durante las horrendas proscripciones que oscurecieron la gloria de aquella famosa república.

No sólo fueron inhumanos los mexicanos con sus prisioneros, sino también consigo mismos, por aquellas bárbaras austeridades que hemos dicho en la *Historia*. Pero el sacarse con las espinas del maguey sangre de la lengua, los brazos y las piernas como hacían todos, y agujerarse la lengua con pedazos de cañaveral, como usaban algunos más austeros, parecerán mortificaciones ligeras al lado de las espantosas e inauditas austeridades ejecutadas por los penitentes de la India oriental y del Japón, que no pueden leerse sin horror. ¿Quién se atreverá a comparar la inhumanidad de los más famosos *tlamacazqui* de México y de Tlaxcala, con la de los sacerdotes de Belona y de Cibeles?[16] ¿Cuándo se vio que los mexicanos se despedazaran los miembros, se desgarraran con los dientes la carne o se castrasen en honor de sus dioses, como hacían aquellos sacerdotes en honor de su Cibeles?

Finalmente, los mexicanos, no contentos con sacrificar víctimas humanas, comían también su carne. Confieso que en esto fueron más

---

[16] *Deae Magnae Sacerdotes, qui Galli vacabantur, virilia sibi amputabant, et furore percit caput rotabant, cultrisque factem musculosque totius corporis dissecabant: morcibus quoque se ipsos impetebant,* San Agustín, de *Civit Dei.*, Lib II, cap. 7.

*Ille virilis sibi partes amputat, ille lacertos secat. Ub iratos Deos timent, qui sic propitios merentur?... Tantus est perturbatae mentis et sedibus suis pulsae, furor, ut sic Dii placentur, quemadmodum ne homines quidem saeviun teterrimi, et in fabulas traditi crudelitatis Tyranni laceraverunt aliquorum membra: neminem sua lacerare jusserunt. Im regiae libidinis voluptatem castratisunt quidam; sed nemo sibi, ne vir esset jubente domino manus intulit. Se ipsi in templis contrucidant, vulneribus suis, ac sanguine suplicant. Si cui intueri vacet quae faciunt, quaeque patiuntur, inveniet tam indecora honestis, tam indigna liberis tam dissimilia, sanis, ut nemo fuerit dubitaturus furere eos, si cum paucioribus furerunt; nunc sanitatis patrocimum insanientium turba est.* Séneca, *Libro de superst*.

inhumanos que las otras naciones; pero no han sido tan raros en el Antiguo Continente, aun entre las naciones cultas, los ejemplos de semejante inhumanidad, para que deban por esto contarse los mexicanos entre los pueblos absolutamente bárbaros. "Aquel horrible uso —dice el historiador Solís— de comerse los hombres los unos a los otros se vio antes en otros bárbaros de nuestro hemisferio, como lo confiesa en sus anales Galicia."

A más de sus antiguos africanos, cuyos descendientes son en parte aun hoy día antropófagos, es cierto que lo fueron igualmente muchas naciones de las que antes eran conocidas con el nombre de Esscitas, y aun los antiguos pobladores de Sicilia y del continente de Italia, como dicen Plinio y otros autores. De los indios que vivían en tiempo de Antioco el *Nustre,* escribe Appion, historiador egipcio (no griego como dice Paw), que sustentaba un prisionero griego para comerlo al cabo de un año. Del famoso Aníbal dice Tito Livio que hizo comer carne humana a sus soldados para animarlos a la guerra. Plinio reprende gravemente a los griegos el uso de comer todas las partes del cuerpo humano para curar diversas enfermedades.[17] ¿Pues qué extraño es que los mexicanos hiciesen por máxima de religión lo que los griegos usaban por medicina? Pero no pretendo hacer la apología de los mexicanos en este punto. Su religión en lo que respecta a la antropofagia fue sin duda más bárbara que la de los romanos, egipcios y otras naciones cultas; pero, por lo demás, no puede dudarse, atendido lo que hemos dicho, que fue menos supersticiosa, menos ridícula y menos indecente.

---

[17] *Hist. nat.*, Lib. 27, cap. 1.

# NOVENA DISERTACIÓN

## ORIGEN DEL MAL FRANCÉS

En la presente disertación no tenemos que disputar solamente con Paw sino con casi todos los europeos, generalmente convencidos de que el mal francés tuvo origen en América, pues habiéndose echado mutuamente la culpa algunas naciones de Europa, por más de treinta años, sobre el origen de una enfermedad tan vergonzosa, al fin se pusieron de acuerdo en culpar al Nuevo Mundo. Deberíamos ser considerados temerarios al combatir una opinión tan universal, si los argumentos que vamos a oponer contra ella y el ejemplo de dos modernos europeos no excusaran nuestro atrevimiento.[1] Como entre los que sostienen la opinión común, el principal, el más célebre y el que ha escrito más copiosa y eruditamente es Astruc, docto médico francés, éste será el que principalmente impugnaremos, sirviéndonos para ello, en gran parte, de los mismos materiales que él suministra en su obra *De morbis veneris* (Vol. II, edición de Venecia).

### 1. OPINIONES DE LOS MÉDICOS ANTIGUOS

En los primeros treinta años en que comenzó a padecerse en Italia el mal francés, ni un solo autor atribuyó su origen a América, como luego diremos. Todos los que escribieron antes de 1525 y algunos de los que escribieron después lo atribuyeron a diversas causas cuya noticia causará a los lectores compasión y placer.

Algunos de los primeros médicos que entonces vivían, como Corradino, Gillini y Gaspar Torella, estaban convencidos, conforme a las ideas de aquel tiempo, de que el mal francés había sido causado por la

---

[1] Guillermo Becket, cirujano de Londres, y Antonio Rivero Sánchez. Becket escribió tres disertaciones, *Transacciones filosóficas* (tomos 30 y 31) para probar que el mal francés era ya conocido en Inglaterra desde el siglo XVI. Rivero escribió una *Disertación sobre el origen del mal venéreo, en la cual se prueba que no ha sido llevado de América* (París, 1765). Leímos el título de esta disertación en el catálogo de los libros y manuscritos españoles, añadiendo al tomo IV de la *Historia de América* del Dr. Robertson; no la hemos podido encontrar en Roma, Génova ni Venecia, ni sabemos si el autor es español o portugués, como parece por los apellidos, o tal vez nacido en Francia de padres españoles.

gran conjunción del Sol con Júpiter, Saturno y Mercurio en el signo de Libra acaecida en 1483.

Otros, siguiendo al célebre Nicolás Leoniceno,[2] lo atribuyeron a las abundantísimas lluvias y a las inundaciones que hubo en Italia el año en que comenzó el contagio.

Juan Manardi, docto profesor de la Universidad de Vergara, atribuye el origen de este mal al comercio impuro de un caballero valenciano, infestado de lepra, con una ramera, y Paracelso al comercio de un leproso francés con una prostituta. Antonio Musa Brasavola, docto ferrarés, afirma que tuvo principio de una ramera que estaba en el ejército de los franceses en Nápoles, la cual tenía un absceso en la boca del útero.

Gabriel Falliopio, célebre médico modonés, afirma que los españoles siendo pocos en la guerra de Nápoles y los franceses infinitos envenenaron una noche el agua de los pozos, de la cual debían beber sus enemigos, y que de aquí tuvo origen el contagio.

Andrés Cesalpino, médico de Clemente VIII, dice haber sabido por los que intervinieron en la guerra de Nápoles que cuando estaba sitiada por los franceses Semma, lugar en el Vesubio en donde hay gran abundancia de excelente vino griego, los españoles se escaparon secretamente una noche, dejando una gran cantidad de aquel vino mezclado con sangre de los enfermos de San Lázaro, y que, entrando inmediatamente los franceses, bebieron de él y comenzaron a sentir los efectos del mal venéreo.

Leonardo Fiorabanti, docto médico boloñés, dice en sus *Caprichos medicinales* haber sabido que el hijo de un vivandero del ejército de Alfonso, rey de Nápoles, hacia 1456, llegando a faltar los víveres durante la guerra, tanto en el ejército de aquel rey como en el de los franceses, los vivanderos ministraron a unos y otros carne humana guisada, y que de esto se originó el mal francés. El célebre canciller Bacon de Verulamio añade *(Sylva Sylvarum* centur. 1, art. 26) que la carne que se les ministró era de hombres muertos de Berbería, la cual adobaban como el atún.

Así como nadie supo ni pudo saber quién fue en Europa el primero que padeció aquel gran mal, así tampoco se puede saber su causa; pero veamos lo que pudo suceder.

---

[2] *Itaque dicimus, malum hoc, quod morbum gallicum vulgo appellant inter epidemias debere connumerari... Illud satis constat, eo anno magnam aquarum per universam Italiam fuisse exuberantiam... aestivam autem ad illam vennise intemperiem, calidam scilicet, et humidam etc.* Opusc. *de Morbo gallico.*

## 2 El mal francés pudo llegar a Europa de otros países del Antiguo Continente

Para demostrar que el mal francés pudo llegar por contagio a Europa de otros países del mismo Continente, es necesario y basta probar que el referido mal se padeció antes en algunos de aquellos países y que éstos tenían comercio con Europa antes de que se descubriese el Nuevo Mundo. Lo uno y lo otro se demostrarán aquí plenamente.

Vatablo, el P. Pineda, el P. Calmet y otros autores sostuvieron que entre las enfermedades que sufrió el santo Job, una fue el mal francés. Esta opinión es tan antigua, que tan pronto como apareció aquel mal en Italia, le llamaron algunos "mal de Job", como testifica Bautista Hulgosio, autor que vivía entonces *(Dicta, faetaque memorábilia,* Lib. 1, cap. IV). El P. Calmet se esfuerza, en su *Dissertatio in morbum Jobi,* en probar su aserto con gran erudición; pero como nada sabemos de la enfermedad de Job, a excepción de lo que dice la Biblia, que fácilmente puede entenderse de otras enfermedades conocidas o de alguna desconocida para nosotros, no se debe tener en cuenta esta opinión.

En su *Cosmografía universal* (Lib. 1, cap. 11) Andrés Tevet, geógrafo francés, y otros autores afirman que el mal francés era endémico en las provincias interiores de África situadas a una y otra ribera del Senegal.

Andrés Cleyer, protomédico de la colonia holandesa de la isla de Java, dice en su *Epístola ad christianum Mentzelium* que el mal venéreo era propio y natural de aquella isla, y tan común como la fiebre cotidiana. Lo mismo afirma el Thuano. *(Historia sui Temporis,* capítulo 71.)

Santiago Bonzio, médico de los holandeses en la India oriental, testifica[3] que aquel mal era endémico en Amboino y las Molucas, y que para contraerlo no era necesario ningún previo comercio carnal. Esto viene en parte confirmado por la relación de los compañeros de Magallanes, los primeros que dieron la vuelta al mundo en el famoso navío *La Victoria,* los cuales testifican, según el cronista Herrera *(Década* III, Lib. IV, cap. 1) haber encontrado en Timor, isla del archipiélago moluco, un gran número de isleños infestados del mal francés, que no fue ciertamente llevado allí ni por americanos ni por europeos contagiados antes.

El P. Fonrean, jesuita francés, docto, exacto y entendido en las cosas de China, preguntado por Astruc[4] si los médicos de aquélla reputaban el mal venéreo originario de su país o llevado de otra parte, respondió

---

[3] In methodo medendi, *qua in Indiis Orientalibus oportet uti in cura morborum illic Vulgo, ac populariter grassantium.*

[4] Dissert. *De origine morborum venereorum inter sinas.* ad calc., tomo I.

que los médicos chinos consultados por él opinaban que dicho mal se padecía en aquel imperio desde la más remota antigüedad y que, en efecto, los libros de medicina escritos en caracteres chinos, que ellos reputaban antiguos, nada decían sobre el principio de aquella enfermedad antes bien la mencionaban como un mal ya antiquísimo en el tiempo en que se escribieron dichos libros; por tanto, no era cierto ni aun verosímil que ese mal hubiese sido llevado allí de otros países.

Finalmente, el mismo Astruc *(De morbis venereis,* Lib. 1, cap. 11) opina, después de haber examinado y pesado los testimonios de los autores, que el mal venéreo no era solamente propio de la isla de Haití o Española, sino común a muchas regiones del Antiguo Continente y tal vez a todos los países equinocciales del mundo, en los que reinaba desde la antigüedad. Esta franca confesión de hombre tan enterado de la materia y, por otra parte, tan empeñado contra América, además de los testimonios referidos, vale mucho para demostrar que, aunque supongamos que el mal francés ya existía desde antiguo en el Nuevo Mundo, nada por esta razón pueden alegar los europeos contra América, que no puedan decir los americanos contra algunos países del Mundo Antiguo, y que si estaba corrompida, como quiere Paw, la sangre de los americanos, no era más sana la de tantos asiáticos y africanos.

Astruc añade que de aquellos países de Asia y África en donde era endémico el mal francés, éste pudo ciertamente haberse comunicado por el comercio a los pueblos vecinos, pero no a los europeos, porque, por haberse juzgado inhabitable e inaccesible la zona tórrida, no había ningún comercio entre aquellos países y Europa. Pero ¿quién no sabe del gran comercio que tuvo por tantos siglos Egipto, por una parte, con los países equinocciales de Asia, y, por otra, con Italia? Pues ¿por qué no habrían podido los negociantes asiáticos llevar de la India, juntamente con las drogas, el mal venéreo a Egipto, y de aquí llevarlo a Italia los venecianos, genoveses y pisanos, que desde hacía mucho tiempo tenían un continuo comercio con la ciudad de Alejandría, como otros europeos llevaron a Italia de Soria la lepra y de Arabia la viruela? A más de esto, entre los muchos europeos que del siglo XII en adelante viajaron por los países meridionales de Asia, como Benjamín de Tudela, Carpini, Marco Polo y Mendeville, algunos de los cuales, como Marco Polo, se adelantaron hasta China, ¿no pudo alguno de ellos a su regreso a Europa llevar el contagio, cogido en los países asiáticos? No discurrimos aquí de lo que sucedió en realidad, sino solamente de lo que pudo suceder.

No sólo de Asia, sino también de África, pudo pasar a Europa el mal francés antes de que se descubriese la América, pues los portugueses, treinta años antes de la gloriosa expedición de Colón, habían descubierto ya una gran parte de los países equinocciales de África y habían establecido comercio con ellos. Y ¿no pudo alguna portuguesa, contagiada allí del mal francés, contagiar después a sus nacionales y en seguida a otras naciones de Europa, como acaso sucedió, según lo que después diremos? Vea, pues, Astruc, de cuántas maneras pudo comunicarse el mal francés a Europa sin intervención de América, a pesar de que los antiguos creyesen inaccesible la zona tórrida.

### 3. El mal francés pudo venir a Europa sin contagio

Antes de tratar este asunto, es necesario decir una palabra sobre la naturaleza y causa física de dicha enfermedad. El mal francés es, según los médicos, una especie de caquexia, en la cual la linfa, y principalmente la parte cerosa de ella, adquiere una singular crasitud y acrimonia. El veneno venéreo, dice Astruc *(De morbis venereis,* Lib. II, cap. 2), es de naturaleza salada o más bien ácido-salada, corrosiva y jifa; causa el condensamiento y acrimonia de la linfa, y de aquí nacen las inflamaciones, berrugas, úlceras, erupciones, dolores y todos los demás horrendos síntomas conocidos de los médicos.

Este venéreo, comunicado a un hombre sano, no debe considerarse, dice el referido autor, como un nuevo humor añadido a los humores naturales, sino más bien como una mera *diseracia* o viciosa cualidad de los humores naturales, los cuales, degenerando de su natural estado, se convierten en ácidos salados.

Casi todos los médicos están persuadidos de que este mal no pudo provenir sino por contagio comunicado por el licor seminal, o por la leche, la saliva o el sudor, por contacto de las úlceras venéreas, etc. Pero yo, con licencia de estos señores, sostengo que el mal francés pudo engendrarse en el hombre sin ningún contagio o comunicación con los contagiados, del mismo modo que se engendró en el primer hombre que lo padeció, que éste no lo tuvo por contagio, porque entonces no hubiera sido el primero en padecerlo, sino de otra causa muy diversa; luego por semejante causa, cualquiera que fuese, podría producirse aquella misma caquexia con contagio en otros individuos de la especie humana. Esto es cierto, dice Astruc, en la América o en otro país semejante, pero no en Europa. ¿Y por qué Europa es tan privilegiada? Porque no concurren allí, responde el referido autor, las causas que desde el principio originaron aquel mal en América. ¿Y cuáles son estas causas? Examinémoslas.

En primer lugar, dice Astruc,[5] no hay que contar entre ellas el aire, que, aunque pudo causar otras enfermedades en la isla Española, no causó el mal venéreo, porque los europeos, que hace más de doscientos años habitan allí, jamás lo han contraído sino por contagio; pues el aire no es en la actualidad distinto del que había hace trescientos años, y en caso de que ahora fuera distinto, no lo era a principios del siglo xv. No hay pues que considerar al aire cuando se trata de descubrir el primer origen del mal venéreo. Sin embargo, el mismo Astruc, después de excluir el aire del número de las causas del mal francés, ocurre a él contradiciéndose abiertamente, como después veremos.

Dos son las causas que menciona Astruc: los alimentos y el calor. Respecto a los alimentos, dice que los habitantes de la Española, cuando les faltaba el maíz, el cazabe, etc., comían arañas, gusanos, murciélagos y otras alimañas parecidas. Del calor afirma que las mujeres en los países calientes suelen sufrir menstruos muy acres y casi virulentos, principalmente si comen alimentos malsanos. Esto supuesto, discurre así el celebrado autor: *"Multis ergo, et gravissimis morbis indigenae insulae Haiti affici olim debuerunt, ubi nemo a mestruati mulieribus se continebat: ubi viri libidine impotentes in venerem obviam belluarunt ritu agebantur: ubi mulieres, quae impudentissime erant, viros promisene admittebant, ut testatur Gonzales de Oviedo* Hist. Indian. Lib. 5, cap. 13, *immo et eosdem et plures impudentius provocabant mestruationes tempore cum tunc incalescente utero libidine magis insanirent pecundum more. ¿Quid igitur mirum varia, heterogenea, acria multorum semina una confusa, cum acerrimo, et virulento menstruo sanguine mixta extra uterum estuantem, et olidum spurcisimarun mulierum cocreita, mora heterogeneitate, calore loci brevi computuisse, ac prima morbi venerei seminia constituisse, que in alios, si qui forte continentiores erant dimanavere?"*

He aquí el discurso de Astruc sobre el primer origen del mal venéreo, de todo punto falso, como demostraremos después; pero, suponiendo que todo fuese cierto, afirmo que lo mismo que, según él, sucedió en la Española pudo igualmente suceder en Europa; porque si los americanos, por faltarles maíz y otros víveres usuales, comen arañas, gusanos y otras alimañas, del mismo modo los europeos, al faltarles trigo y otros alimentos buenos, han llegado a comer ratas, lagartijas y otros animaluchos semejantes, excrementos de algunos animales y aun pan hecho de harina de huesos humanos, causándoles gravísima enfermedad.

---

[5] *Videtur quidem e numero causarum expungendus aer, qui in Hispaniola morbus alios forssan inferre potuit, at vero luem veneream minime. Utique constat, europeos, qui eam insulam jam a 200 annis (immo pene 300) incolunt, luem veneream ibidem nunquam contraxise nisi contagione. Europei tamen acrem ibidem ducunt et eumdem, quem olim ducebant indigine, et dubio procul eodam modo temperatum et constitutum.* Astruc, De Morbis veneris, Lib. 1, cap. 12.

Basta recordar las horrendas hambres padecidas en Europa, causadas unas por el tiempo y otras por la guerra. En Europa siempre ha habido hombres que como bestias se han dejado llevar por una desenfrenada lascivia a los más execrables excesos. Siempre ha habido en ella mujeres descaradas y puerquísimas, de las que se podría afirmar lo que dice Plauto: *Plus scortorum ibi est, quam muscarum tum, cum caletur niajume.* Por lo demás, jamás han faltado en Europa ni fluidos seminales muy acres, ni úteros ardientes, ni menstruos virulentos. Tales causas pudieron producir en Europa el mal francés, como lo produjeron en América, según Astruc.

"No —responde Astruc— no es así, porque siendo el aire más templado en Europa (vuelve al aire, después de haberlo excluido del número de las causas del mal francés) *non adest eadem in virorum semine acrinonia, eadem in menstruo sanguine virulentia, idem in utero mulierum fervor cuales in insula Haiti fuisse probatum est* (las pruebas de Astruc no son otras que las expuestas arriba) por lo que, añade, no podían jamás producirse allí aquellos síntomas por el concurso simultáneo de las causas. Y para decirlo en pocas palabras, hay que estudiar las enfermedades y sus causas como la generación de los animales y las plantas. Así como en Europa no engendran los leones ni se propagan los monos, ni los papagayos hacen nidos, ni se dan muchas plantas indianas o americanas en Europa, por más que se siembren en ella, así el mal francés no pudo jamás producirse en Europa por aquellas causas que, según lo que hemos dicho, lo produjeron en la isla Española, porque cada clima tiene sus propiedades y lo que en un clima se da por sí mismo en otro no puede producirse por ningún arte, porque, como dice el poeta: *Non omnis fert omnia tellus.*

Yo quiero conceder al señor Astruc muchas cosas que ninguno le concedería. Le concedo que jamás haya habido en Europa el abuso de las mujeres en el menstruo, ni la acrimonia y virulencia en los fluidos del cuerpo humano, ni el fervor en el útero que él supone en la isla Española, a pesar de que, por los libros de medicina de dos mil años acá, conste todo lo contrario. Yo le concedo que jamás se hayan visto en Europa ejemplos de la más desenfrenada lascivia, porque a él le parece mucho aceptar que los haya habido en Europa,[6] y le concedo, además, que todas las mujeres y los hombres de Europa hayan sido sanísimos y castísimos. Todo esto le concedo aunque lo contradigan la historia y la común opinión de los mismos europeos.

---

[6] *Sed esto: demus in Europa venerem eaque impuram atque in Hispaniola exareeri; neque enim contra pugnare plecet, quamquam ea tamen nimia videntur.* Astruc, *De morbis venereis*, Lib. 1, cap. 12.

Con todo esto, afirmo que el mal francés pudo engendrarse en Europa sin contagio porque todos aquellos desórdenes que Astruc supone en la isla española los pudo haber también en Europa, aunque en realidad no los haya habido. Aquellas mujeres castísimas podían, inducidas por las depravadas pasiones comunes a todos los hijos de Adán, hacerse tan incontinentes y descaradas como dicho autor cree que fueron las americanas de la Española. Aquellos hombres tan sanos podían alimentarse de comidas tan nocivas como las de los haitianos. El esperma humano, por sí mismo muy acre, como dice el mismo Astruc, pudo por razón de alimentos malsanos hacerse más acre hasta adquirir el grado de acrimonia que se requiere para el mal venéreo. Los menstruos podían hacerse virulentos o por la previa supresión de ellos o por la plétora, o por otras muchas causas morbosas, tanto en los fluidos como en los vasos. El útero podía adquirir un ardor excesivo con la sangre encendida por los licores fuertes o con los alimentos demasiado calientes. No creo que ningún médico contradiga estas verdades; y pues Astruc confiesa que el veneno venéreo no es un nuevo humor añadido a los naturales, sino depravación de estos mismos, ¿por qué las causas que produjeron, según él, esta depravación en la isla Española no habrán podido producirla también en Europa? Porque en Europa, dice él, el aire es más templado.

Éste es el único subterfugio que le queda; pero no le favorece, porque en muchos países de Europa, como Italia, y particularmente en su parte más meridional, el aire es más caliente en el estío que en la isla Española, y no hay razón para creer que sea necesario el calor de todo el año y no baste el de algunos meses para causar la depravación de los humores. Pero ¿quién ha pensado que se necesite el calor externo del aire para causar la extraordinaria acrimonia y virulencia en los humores? El escorbuto es una caquexia muy semejante a la del mal venéreo, pero más terrible, que lleva consigo una estupenda acrimonia y corrupción en la sangre; pues esta enfermedad se produce tanto en las regiones calientes como en los países y mares septentrionales, y se causa más frecuentemente viajando en las zonas templadas o frías, que en la tórrida; luego no es necesario el aire caliente para engendrar una estupenda acrimonia y corrupción en los humores.

Finalmente, Astruc quiere que se juzgue de las enfermedades y sus causas como de la generación de los animales y afirma que lo mismo que los leones no engendran en Europa ni los monos se propagan, tampoco se puede producir el mal francés por las causas que lo produjeron en la isla Española. Pero ¿qué diría Astruc si viese a los leones hacerse más fuertes en Europa y propagarse los monos mucho más que en África? Diría o debería decir que el clima de Europa era más conveniente y adecuado que el de África para la generación de estos animales, pues el mal francés se ha recrudecido más en Europa que en África, como lo confiesan Astruc y aun Paw[7] y Oviedo,[8] esto es, el autor que puede decirse el inventor de aquel mal en América, y a más de esto se ha propagado mucho más en Europa que en América, como lo saben todos los que han estado en estas dos partes del mundo o se han informado bien de ello. Luego, según los principios de Astruc, el clima de Europa es más adecuado y propicio que el de América a la generación del mal francés.

Hasta ahora hemos hablado suponiendo que fuera cierto lo que refiere Astruc en su discurso; pero a más de algunos errores en materia de física, sobre los que no hay para qué discurrir, contiene hechos arbitrariamente supuestos y contrarios a la verdad. Él supone: 1° que los indios de la isla Española se alimentaban de gusanos, arañas, etc.; pero esto tal vez sucedió algunos años después del descubrimiento de aquella isla, cuando los americanos, huyendo del furor de los conquistadores europeos, andaban errantes por los bosques y, faltándoles el maíz y el cazabe (que no los sembraban por odio a sus enemigos, como testifica Pedro Mártir de Anglería),[9] comían lo que encontraban; pero ningún autor antiguo afirma que acostumbraran tales alimentos antes de la llegada de los españoles, y para demostrar que dichos alimentos tuvieron algún influjo en el mal francés, habría que probar que el uso de ellos fue tan antiguo en aquella isla, como lo era la tal enfermedad a juicio de Astruc, lo que no ha hecho ni podía hacer; 2° afirma que en la isla Española *nemo se a menstruatis mulieribus continebat;* pero yo querría que para confirmar esto hubiese alegado el testimonio de algún autor, pues no encuentro quien lo diga, antes bien veo que entre las cosas singulares notadas por los escritores europeos en los americanos, aun en las tribus bárbaras, es la de no usar de las mujeres durante su período de evacuación. Paw, enemigo capital de todo el Nuevo Mundo y gran investigador de las inmundicias americanas, dice en la Parte 1 de sus *Investigaciones:* "Había una ley en todos los pueblos salvajes del Nuevo Mundo de no llegar a las mujeres en el tiempo de sus reglas, o porque el contacto del flujo lo creyeran pernicioso, o porque el solo instinto les enseñase este miramiento"; 3° Astruc considera a los hombres y mujeres de la isla Española demasiadamente inflamados y agitados de una violenta y rabiosa lascivia; Buffon y Paw[10] representan, por el contrario, a todos los americanos frigidísimos e insensibles a los estímulos del amor.

---

[7] *Recherch. philosoph.*, part. 1
[8] *Historia general de las Indias,* Lib. 10, cap. 2.
[9] *Sumario de la Historia de las Indias Occidentales.*
[10] Véase lo que dicen sobre la frialdad de los americanos Buffon, en varios lugares de su *Historia natural,* y Paw en sus *Investigaciones* (Parte 1).

¿Qué quiere decir semejante contradicción, sino que estos autores sistemáticos pintan a los americanos con los colores que les conviene? Cuando quieren ponderar la apatía o insensibilidad de aquellos hombres, dicen que son frigidísimos; pero cuando pretenden desacreditar sus costumbres o culparlos del mal francés, entonces afirman que son excesivamente libidinosos. Astruc alega el testimonio de Gonzalo de Oviedo, en su *Historia,* libro V, cap. 3, para argüir que las mujeres haitianas eran muy descaradas y que indistintamente se prostituían con todos los hombres; pero a más de que el testimonio de este autor contra los americanos vale lo mismo que nada, como demostraremos después, él no dice lo que supone Astruc. He aquí el lugar citado. Oviedo dice: "Las mujeres de esta isla eran continentes con sus hombres, pero a los cristianos se prestaban gustosas". He aquí lo que dice Herrera *(Década* 1, Lib. III, cap. 4): "Las mujeres eran continentes con los de su nación y deshonestas con los castellanos". Si ellas eran continentes con sus nacionales, su incontinencia no podía causar el gálico antes de que los españoles llegasen. Si eran deshonestas solamente con los cristianos, debe creerse que eran impelidas a tales desórdenes más bien por las importunaciones o el temor de sus conquistadores que por su propia liviandad. Finalmente, cuanto afirma Astruc respecto a la acrimonia del humor espermático, a la virulencia de la sangre menstrual, a la disolución de las americanas y a su furor uterino, es un discurso al aire y sin ningún fundamento histórico.

Antes de terminar este artículo, no puedo menos que mencionar la opinión, no menos sucia que extravagante, del Dr. Juan Linder, inglés, sobre la causa del gálico, para que se vea hasta dónde ha llegado el empeño de desacreditar a los americanos en esta materia. Afirma que este mal tuvo origen de la unión carnal de los americanos con los sátiros o cercopitecos grandes,[11] mas por fortuna de los indígenas de la isla Española, no había en ella ni en alguna otra de aquellas islas cercopitecos grandes ni chicos.

### 4. El mal gálico no viene de América

Hemos afirmado antes que los primeros treinta años después del descubrimiento de América nadie atribuyó el origen del mal gálico al Nuevo Mundo. Después de haber consultado muchísimos autores, así médicos como historiadores, que escribieron en aquellos primeros tiem-

---

[11] *Originem duxit* a *sodomia homines inter et cercopithecos magnos, sirve veterum satyros alicuandos exercita Exercitat de veneris,* cap. I y 10. *Quo commento,* dice Astruc, *ut nihil vanius et absurdius, sic nihil putidius coningi potuit.*

pos sobre este mal y su origen, no he hallado ninguno que fuese de tal opinión, ni Astruc pudo hallar quien patrocinase la suya, a pesar de haberlo buscado entre todos los escritores italianos, franceses, ingleses, españoles y alemanes.

El primero a quien ocurrió el pensamiento de culpar a América del mal gálico fue a Gonzalo Hernández de Oviedo, que en el sumario de la *Historia de las Indias occidentales* presentado a Carlos V en 1525 afirmó que los españoles contagiados en la isla Española, restituidos después a España con el almirante Colón y de allí trasladados a Italia con el Gran Capitán, contagiaron este mal a las napolitanas y éstas a los franceses, etc. Como este autor era literato y vivió algunos años en América ejerciendo un honroso empleo, su autoridad trajo tras sí a casi todos los escritores, pues, por una parte, lo creían bien informado y, por otra, era útil a todos creerle para liberar cada uno a su país de la imputación de un mal tan vergonzoso. Pero antes de examinar su informe, es necesario dar a conocer a este escritor, cuya autoridad ha sido el principal o, por mejor decir, el único apoyo de la opinión común.

El ilustrísimo Las Casas, que vivió en América al mismo tiempo que Oviedo y le conocía bastante bien, en la impugnación del Dr. Sepúlveda, que alegaba la autoridad de Oviedo contra los indianos, dice así: "Lo que más perjudica a la persona del reverendo doctor para con los prudentes y timoratos que tienen noticia ocular de las Indias es el alegar, como él lo hace, cual autor irrefragable a Oviedo en su falsísima y execrable *Historia,* habiendo sido uno de los tiranos ladrones y destructores de las Indias, como él mismo confiesa en el prefacio de la Parte 1 y en el Libro 6, capítulo 8, y, por tanto, enemigo capital de los indios. Juzguen los sabios si tal escritor será un testigo idóneo contra los indios. Pues aunque el doctor lo llama grave y diligente cronista porque lo halló a propósito para su intento, más es cierto que aquella *Historia* tiene pocas más hojas que mentiras, como hemos probado largamente en la *Apología* y otros escritos".

Por otra parte, el cronista Herrera, hombre juicioso e imparcial, dice que el señor Las Casas tuvo razón de quejarse de Oviedo y que éste no fue exacto en algunas noticias. Oviedo, además, promueve algunas opiniones extravagantes llevado del espíritu de adulación o de vanidad. Basta leer el libro segundo de su *Historia,* en donde, a más de decir que los troyanos descendían de los españoles, afirma que las islas Antillas son las Hespérides de los antiguos y que se llamaron así de Hespero, rey XII de España, que fue señor de ellas en 1658 antes de la Era Cristiana. "De esta manera, añade, con derecho tan antiguo y por el camino dicho volvió este señorío a España, al cabo de tantos siglos; y como cosa suya, parece que había querido la divina justicia restituírsela para que la posea por la fortuna de los dos felices y católicos reyes don Fernando y doña Isabel."[12] Tal es el autor de la opinión común; examinemos ahora su informe.

Oviedo habla con alguna diversidad en el *Sumario de la Historia* y en la *Historia misma:* pero como que ésta es su obra principal y más extensa, publicada algunos años después que el *Sumario* y trabajada con mayor estudio, debemos estar más bien a lo que dice en ella, cualquiera que sea la diversidad. Dice, en el Libro 2, capítulo XIV de la *Historia general de las Indias,* que los españoles restituidos con Colón a España en 1496 de su segundo viaje a América llevaron allí de la isla Española el mal gálico juntamente con las muestras del oro de las famosas minas de Cibao, y que algunos de ellos, ya contagiados, que pasaron a Italia con el gran capitán Gonzalo Hernández de Córdoba, comunicaron el contagio por medio de las italianas a los franceses que habían venido con el rey Carlos VIII a apoderarse del reino de Nápoles.

Pero esta relación carece de toda base y está llena de anacronismos, pues Colón volvió a España de su segundo viaje el día 3 de junio de 1496, y sabemos por infinitos testigos oculares que Europa estaba ya inficionada del mal gálico, al menos desde fines de 1495; de modo que tal infección no pudo provenir de los españoles que entonces volvieron con Colón.

Para demostrar, con la mayor evidencia histórica que los franceses que estaban en Nápoles con el rey Carlos VIII no pudieron ser contagiados por las tropas españolas que llegaron con el Gran Capitán a Italia, basta exponer las fechas como las hallamos en Guicciardini, Mariana, Mezeray y otros historiadores italianos, españoles y franceses. El rey Carlos VIII marchó con su ejército a Italia en agosto de 1494; llegó a Asti, ciudad sobre el Tanaro, el 9 de septiembre; entró en Roma el 31 de diciembre y en Nápoles el 22 de febrero de 1495. En esta ciudad no permaneció más de tres meses, porque, sabedor de la gran confederación hecha contra él, se apresuró a volver a Francia. Salió de Nápoles el 20 de mayo, como lo atestiguan Guicciardini, Bembo, Mariana y otros, y habiendo ganado el 6 de julio la famosa batalla de Fornobo contra los venecianos, se retiró precipitadamente a su corte, llevando a su ejército contagiado del mal venéreo, como testifican todos los historiadores de aquellos tiempos.

El Gran Capitán, detenido en Mallorca y Cerdeña por vientos contrarios, no pudo llegar con su armada a Mesina antes del 24 de mayo de 1495, es decir, cuatro días después que el rey Carlos había salido de Nápoles con su ejército contagiado: de modo que éste no lo fue ni pudo

---

[12] El docto Fernando Colón, en su *Historia* (cap. 9), echa en cara a Oviedo la extravagancia de sus opiniones e infidelidad de sus citas.

serlo por las tropas españolas, si no es que los mismos vientos contrarios que impedían a la armada del Gran Capitán acercarse a Italia llevasen a ella el contagio. Me sorprende que los autores de la opinión común no hayan advertido un anacronismo tan manifiesto.

Alguien podría decir que el contagio no fue llevado por las tropas del Gran Capitán, sino por otras españolas venidas antes a Italia; pero además de que, tanto Oviedo, inventor de la opinión común, como los demás escritores que le siguen, atribuyen generalmente el contagio de Nápoles a las tropas del Gran Capitán, no he podido hallar, después de diligentes investigaciones, que desde el descubrimiento de la América hasta el arribo del Gran Capitán hubiesen venido otras tropas españolas al territorio de Italia; eso mismo se desprende de la relación de Mariana: de modo que no fueron las tropas españolas las que causaron el contagio de Nápoles.

Por lo dicho arriba, no se debe pensar que el mal gálico fuese anterior sólo en unos días en Italia al arribo de las tropas españolas, pues sabemos, por el testimonio de los médicos más experimentados de aquel tiempo, que el mal gálico comenzó allí algunos meses antes de que llegase la armada española. Gaspar Torella, valenciano, médico del papa Alejandro VI, entonces reinante;[13] Wendelino Hoock, doctor alemán y profesor en medicina en aquellos tiempos de la Universidad de Bolonia;[14] Jacobo Cattanco de Langomarsini, docto médico genovés,[15] Juan de Vigo, genovés, médico y cirujano del papa Julio II,[16] estos cuatro autores, a más de otros bastante respetables por doctos y muy conocedores en las enfermedades y porque fueron testigos oculares, testifican que el mal gálico comenzó a sentirse en Italia hacia el año de 1494. Y, por otra parte, no es de maravillar que haya alguna diversidad entre los autores respecto al principio de aquel mal, pues por algunos fue observado más antes que por otros, a causa de no haberse sentido al mismo tiempo en todos los estados de aquella península.

[13] *Gallis manu forti Italiam ingredientibus, et maximae regno Parthenopeo occupato et ibi commorantibus, hic morbus detectus fuit.* Tract. De Dolore in Pudendagra inlucen (1500), en el que se ve que el mal gálico comenzó en Italia desde que entraron allí los franceses, aunque su gran desarrollo fue después de que éstos ocuparon el reino de Nápoles. Los franceses entraron en Italia en septiembre de 1494.
[14] *Sicut evenit hoc tempore, scilicet, ab anno 1494, usque ad presentem annum 1502, quo morbus quidam contagiosus, qui gallicus appellatur,* etc. Opusc. De morbo gallico, typis edito anno 1502.
[15] *Anno Virginei partur 1494 invadente Carolo VIII francorum rege regnum partenopaeum. Alexandro vero VI, ea tempestate summum pontificatum gerente exortus est in Italia monstruosos morbos nullis ente saeculis visus,* etc. Tract. de morbo gallico elucubrato anno 1505.
[16] *Anno 1494 de mense decembri, quo anno serenissimus ille Carolus francorum rex magna comitante caterva versus Italiae partes iter accepit ad regnum Neapolitanum recuperandum, apparuit utique eodem anno quoddam morbi genus quasi per totam Italiam incognite naturae quem variis et diversis nominibus, diversae nationes appellarunt.* In praxi Chirurgiae, typis edita an. 1514, Lib. 5, cap. 1.

Más podría decirse todavía, que aunque Oviedo se haya equivocado en la *Historia* afirmando que los primeros que llevaron el mal gálico a España fueron los que volvieron allí con Colón en 1496, no es así en el *Sumario* de la misma *Historia*, publicado algunos años antes, en el cual da a entender claramente que también entre aquellos que volvieron con el mismo Colón a España, vinieron algo contagiados; pero tampoco esto es verdadero ni verosímil. Consta de las cartas del mismo Cristóbal Colón, citadas por su hijo Fernando, que él saltó en tierra por primera vez en la isla Española el 24 de diciembre de 1492, porque se le rompió en un banco de arena una carabela de su miserable armada; que todos aquellos días que estuvo allí, desde el 24 de diciembre hasta el 4 de enero, los empleó su poca gente en sacar del barco la madera de la carabela para hacer una pequeña fortaleza, en la cual, habiendo dejado cuarenta hombres, se embarcó aquel mismo día con el resto de su gente para volver a España a traer la noticia del descubrimiento del Nuevo Mundo.

Todas las circunstancias de su arribo a aquella isla no permiten sospechar que los españoles tuviesen tiempo bastante para llegar a tanta familiaridad con las americanas, cuanta se necesitaba para quedar inficionados del mal gálico. La mutua admiración causada a unos y a otros por la vista de tantos objetos nuevos, y la brevísima estancia de sólo once días, ocupados en la gran fatiga de extraer las maderas de la carabela y fabricar con tanta prisa aquella fortaleza, después de las incomodidades de una navegación la más larga y la más peligrosa que se había hecho hasta entonces, hacen enteramente inverosímil esa conjetura. No lo es menos por el silencio del mismo Colón, de su hijo Fernando y de Pedro Mártir de Anglería, los cuales, descubriendo las grandes molestias de aquella navegación, nada dicen de tal enfermedad.

Pero aun cuando concediésemos que los españoles que volvieron del primer viaje vinieron inficionados del mal gálico, todavía diremos que el contagio de Europa no vino de ellos, atendiendo al testimonio de algunos autores respetables que vivían entonces. Gaspar Torella, docto médico citado por nosotros, dice en su obra intitulada *Aphrodysiacum*,[17] que el mal gálico comenzó en Alvernia, provincia de Francia bastante distante de España, en 1493. Bautista Fulgosio, o sea Fregoso, jefe de Génova en 1478, en su curiosa obra intitulada *Dicta factaque memorabilia*, impresa en 1509,[18] afirma que el mal gálico comenzó a conocerse

---

[17] *Incepit haec maligna eagritudo in Alvernia anno 1493 et sic per contagionem pervenit*, etc.

[18] *Biennio antequam in Italiam Carolus (VIII) veniret nova aegritudo inter mortales detecta fuit, cui nec nomen, nec remedia medici ex veterum auctorum disciplina inveniebant, varie, ut regiones erant, appellata. In Gallia neapolitanum dixerunt morbum, et in Italia gallicum appellabant*, Lib. 1, cap. 4, párrafo últ.

dos años antes que el rey Carlos VIII viniese a Italia. Éste vino en septiembre de 1494; de modo que el mal fue conocido hacia 1492 o a más tardar a principios de 1493, esto es, algunos meses antes de que Cristóbal Colón volviese de su primer viaje. Juan León, antes mahometano, natural de Granada en España, llamado vulgarmente León Africano, en su descripción de África, compuesta en Roma bajo el pontificado de León X, después que se había convertido, dice que los hebreos expulsados de España en tiempo de Fernando el Católico llevaron a Berbería el mal gálico y contagiaron a los africanos, que por esto se llamó allí el mal español.[19] El edicto de los reyes católicos relativo a la expulsión de los hebreos fue publicado en marzo de 1492, como dice Mariana,[20] concediéndoles no más de cuatro meses para vender sus bienes, si no querían llevarlos consigo, y al mes siguiente fue publicado otro edicto por Dr. Tomás Torquemada, inquisidor general, en el que se prohibió a los cristianos bajo gravísimas penas tratar con los hebreos y suministrarles víveres pasado aquel término prescrito por el rey; así que todos, fuera de los que se hicieron o fingieron hacerse cristianos, fueron obligados a salir antes que Colón partiese a descubrir la América, pues éste no zarpó del puerto antes del 3 de agosto de aquel año: de modo que el mal gálico comenzó en Europa antes de ser descubierta América. Además, entre las poesías de Pacífico Máximo, poeta de Ascoli, publicadas en Florencia el año de 1479, hallamos algunos versos en que describe la gonorrea virulenta y las úlceras venéreas que padecía, causadas por sus excesos.[21]

No contento Oviedo con afirmar que el mal gálico vino de la Isla Española, se atreve hasta a probarlo. He aquí sus pruebas: primera: "Con el guayacán (madera abundante en la Española) se cura mejor que con cualquiera otra medicina la horrorosa enfermedad de los granos, y la clemencia divina, donde permite por nuestros pecados el mal, allí provee su misericordia de remedio". Si este argumento fuese bueno, debería concluirse que Europa, lo mismo que la Española, es la patria del mal gálico, pues todos saben que el remedio más eficaz contra este mal es el mercurio, que siendo común en Europa, no se halló en la

---

[19] *Hujus mali ne nomen quidem ipsis africanis notum erat antequam Hispaniarum rex Ferdinandus jüdaeos omnes ex Hispania proffligasset; qui ubi in patriam jam rediissent, caepcrunt miseri quidam ac sceleratissime AEthiopes cum illorum mulieribus habere commercium, ac sic tandem veluti per manus pestis haec per totam se sparsit regionem, ita ut vix sit familia, quae ab oc malo remanserit libera.Id autem sibi firmisime, atque indubitate persuaserunt ex Hispania ad illos trasmigrasse. Queamobrem et illi Morbo Malum Hispanicum (ne nomine destitueretur) indiberunt,* Lib. 1.
[20] *Hist. de España,* Lib. 26, cap. 1.
[21] *Hecatelegii,* lib. 3, *Ad Priapum et lib.* 8. *Ad Mentulam.* No copiemos aquí los dichos versos porque son muy indecentes.

Española, y acaso ni lo conocían los indianos; es cierto que luego que apareció el gálico en Europa comenzó a adoptarse el mercurio, y lo usaron Juan Berengario de Carpi, Gaspar Torella, Juan Vigo, Wendelino Hoock y otros médicos famosos de aquel tiempo, aunque, desacreditado después por la indiscreción de algunos empénicos, estuviese por algún tiempo en desuso. El guayacán no comenzó a adoptarse sino en 1517, esto es, veinticinco años después de descubierto el mal gálico. La zarzaparrilla comenzó a usarse en 1535, la quina hacia el mismo tiempo y poco después el salsafrás.

La otra prueba de Oviedo (pues no alega más de dos) es que entre los españoles que volvieron con Colón de su segundo viaje en 1496, estaba don Pedro Margarit, caballero catalán, "el cual, dice, andaba tan enfermo y se quejaba tanto, que me creo que sentía los dolores que suelen sentir los que son tocados de este mal, aunque no le vi jamás ningún grano en la cara. De allí a pocos meses, en el mismo año, comenzó a sentirse esta enfermedad entre algunos cortesanos, pues en los principios andaba este mal entre la gente baja... y entre aquellos españoles que fueron en esta armada, algunos se inficionaron de esta enfermedad y por medio de las mujeres, etc.".[22]

Tales son las pruebas de Oviedo, que no merecían mencionarse.

Paw cree haber vencido en la lid[23] y haber demostrado la verdad de la opinión común con el testimonio de Rodrigo Díaz de Isla, médico de Sevilla, al que llama autor contemporáneo, así como juzga decisivo su testimonio; pero ni Díaz fue autor contemporáneo, pues no escribió sino sesenta años después de descubierto el mal gálico, ni su informe merece alguna fe. Dice que los primeros españoles, restituidos de la isla Española con Colón en 1499, llevaron el contagio a Barcelona, donde entonces se hallaba la corte; que esta ciudad fue la primera que se infestó; que el mal hizo tal estrago, que se recurrió a las oraciones públicas, a los ayunos y limosnas para aplacar la cólera de Dios; que habiendo pasado el siguiente año a Italia el rey Carlos de Francia, ciertos españoles que había allí inficionados o muchos regimientos, como dice Paw, mandados de España para oponerse a la invasión del rey Carlos, contagiaron a los franceses.

Mas por la historia sabemos que ningún regimiento ni contagiado, ni sano, ni algunos otros españoles, fueron mandados a Italia antes que el rey Carlos saliese de Nápoles con su ejército, ya contagiado, para volverse a Francia. Por lo que mira al contagio de Barcelona, sabemos que cuando arribó allí Colón estaba también Oviedo, y si fuese cierto

---

[22] *Historia general de las Indias*, Lib. 2. cap . 14.
[23] *Investigaciones filosóficas*, Part. 2, secc. 3.

lo que cuenta el médico sevillano, Oviedo, que andaba buscando pruebas para confirmar su extravagante opinión, habría alegado sin duda aquel estrago visto por él, aquellas oraciones, aquellos ayunos y aquellas limosnas, y no se habría valido de las miserables pruebas del guayacán y de los quejidos de Margarit. Además de que el mal gálico es aún más antiguo que esa época de Europa, como ya hemos dicho.

Parece que los médicos sevillanos han sido en aquellos tiempos los más mal informados respecto al origen del mal gálico, pues Nicolás Monardes,[24] médico también de esa ciudad y contemporáneo de Díaz, hace una relación tan llena de fábulas, que no puede leerse sin enojo. Dice "que el año de 1493, en la guerra que tuvo el rey católico en Nápoles con el rey Carlos de Francia, vino don Cristóbal Colón del primer descubrimiento que hizo en la isla de Santo Domingo, etc, y trajo consigo una multitud de indios e indias que llevó a Nápoles, donde entonces se hallaba el rey católico, concluida la guerra. Y como había paz entre ambos reyes y los ejércitos estaban juntos, llegando allí Colón con sus indios e indias, comenzaron a mezclarse los españoles con las indias y los indios con las españolas, y unos y otras inficionaron de tal manera el ejército de los españoles, italianos y alemanes, etc.".

¿Quién se persuadiría de que un literato español llegara a desfigurar a tal grado los hechos públicos de su nación, acaecidos sólo ochenta años antes, que no se halle en su relación ni una afirmación que no sea un error? Es cierto y notorio que no hubo guerra entre España y Francia en 1493 que el rey católico no se hallaba entonces en Nápoles, sino en Barcelona aún no curado de las heridas que le hizo un loco; que Colón no llevó consigo una gran multitud de indios e indias, sino solamente diez indios; que Colón no fue jamás a Italia después de su gloriosa expedición; que los indios que trajo nunca vieron Italia, etc.

Yo, por el contrario, después de haber hecho las más diligentes investigaciones, estoy muy lejos de creer que el mal gálico fue a Europa de América; antes estoy persuadido de que, así él como las viruelas, fueron llevados a América por los europeos.

1º Porque ni Cristóbal Colón en su diario, ni Fernando Colón en la vida de su famoso padre, que vieron aquellos países recién descubiertos y notaron sus particularidades, hacen mención del mal gálico, refiriendo menudamente las incomodidades y padecimientos de aquellos primeros viajes. Ni menos lo menciona, en la historia de aquellos mismos países, Pedro Mártir de Anglería, autor contemporáneo de Colón y bien informado, como que fue protonotario del consejo de Indias y abad de Jamaica; Oviedo, que fue el primero que atribuyó ese mal a América,

---

[24] *De las cosas que fueron traídas de las Indias occidentales en orden a la medicina*, Part. 1, cap. 9.

no fue a ella sino veinte años después que la isla de Haití estaba habitada de españoles. Lo que hemos dicho del silencio de aquellos autores en orden a las islas Antillas podemos decirlo también de los primeros historiadores de aquellos países.

2º Si la América hubiese sido la verdadera patria del mal gálico y si los americanos hubieran sido los primeros en padecerlo, él sería más común en América que en ninguna otra parte; mas no es así. Sobre los indianos de las Antillas no podemos discurrir en la actualidad, pues hace más de dos siglos que perecieron enteramente; pero en los presentes habitantes de aquellas islas es mucho más raro este contagio que en Europa, y no se siente sino en aquellos lugares en que hay gran concurrencia de soldados y marineros españoles. En la capital de México hay algunos blancos e indianos inficionados del mal venéreo; pero son poquísimos en comparación del gran número de sus habitantes. En otras ciudades grandes de aquel vasto reino son muy raros los contagiados, y en algunas no hay absolutamente uno; pero en aquellos lugares de americanos en que no hay gran concurso de blancos, no se ha visto ni sentido jamás tal enfermedad.

En orden a la América meridional, me he informado bien de personas exactas, sinceras y muy prácticas de aquellos países, y he sabido que tanto en las provincias de Chile como en las del Paraguay es muy raro ese mal entre los blancos y jamás visto entre los nacionales. Algunos misioneros que han permanecido allí, quién veinte, quién treinta años, afirman de común acuerdo que no han visto jamás a ninguno inficionado de ese mal, ni menos han sabido que lo hubiese. En cuanto a las provincias del Perú y de Quito, dice Ulloa[25] que con todo que en aquellos países es tan común el mal venéreo entre los blancos y entre las otras razas de hombres, es sin embargo cosa muy rara ver un indio inficionado. No es pues América la patria de ese mal, como vulgarmente se ha creído, ni debe considerarse, como quiere Paw,[26] una infección de la sangre corrompida y del mal temperamento de los americanos.

¿Cuál es pues la verdadera patria del mal gálico si no tuvo origen ni en Europa ni en América? Yo no lo sé; pero en medio de esta incertidumbre es permitido servirme de conjeturas; sospecho que ese contagio haya venido de Guinea o de otro país equinoccial del África. De esta misma opinión fue el doctísimo médico inglés Tomás Syden-

---

[25] *Viaje a la América meridional* (Parte I, Lib. 6, cap. 6). Parece que este escritor, adoptando la opinión del bulgo, había confundido el mal gálico con el escorbuto; pues yo sé que el doctor Julio Rondoli Pesarecio, médico famoso de Lima, aseguró a una persona respetable, que entre muchos enfermos que se habían creído inficionados del mal gálico y él había curado, casi a ninguno había hallado que estuviese afecto de aquel mal, pues casi todos eran escorbúticos, cuya curación había logrado adoptando los remedios del escorbuto.

[26] *Investigaciones filosóficas*, Parte I.

ham,[27] y está confirmada por lo que afirma Bautista Fulgosio, testigo ocular del principio del mal gálico en Europa. Éste dice en su ya citada obra,[28] que el mal gálico fue traído de España a Italia y de Etiopía a Italia. El señor Astruc pretende que Fulgosio quiso significar a la América con el nombre de Etiopía. Ved un curioso modo de salir de la dificultad. Pero ¿quién ha llamado jamás Etiopía a la América? Por el contrario, sabemos que era común entre los autores de aquel siglo dar el nombre de Etiopía a cualquier país habitado de hombres negros y llaman etíopes a tales hombres, y así el sentido natural de las palabras de Fulgosio es que el mal gálico fue traído de los países equinocciales de la África a la España Lusitana, o sea, Portugal. Yo sospecho, por tanto, que el primer país que se contagió en Europa fue Portugal; mas no me atreveré a afirmarlo sin hacer nuevas investigaciones y procurarme mejores documentos.

---

[27] Sydenham afirma en una de sus cartas *(Epist.* 2, resp.) que el mal gálico es tan forastero en América como en Europa, y que fue llevado allí por los moros que se condujeron esclavos de la Guinea; mas no es cierto que los mismos moros lo llevasen a América, pues antes que ellos fuesen llevados a la Española, esta isla había comenzado a infectarse.

[28] *Quae pestis (ita enim visa est) primo ex Tispania in Italiam allata at hispanos ex AEthiopia, brevi totum terrarum orbem comprobendit.* Fulgos *Dictor. Factor que memorab.,* Lib. 1°, cap. 4°.

ÍNDICE ALFABÉTICO

ÍNDICE AL FABÉTICO

# A

Acamapichtli, rey, 105, 107-109, 292
Acamapitzin, rey, 292, 293, 400, 635, 764
Acapetlayocan, pueblo, 5
Acapipioltzin, príncipe.
Acapulco, puerto. 5-6, 8, 16n, 53, 659
Acatlán, pueblo, 5
Acatzingo, estado, 6, 526
Acatzitzintlán, pueblo, 99
Acocolco, pueblo, 97
Acohualco, pueblo, 406
Acolhua, nación, 75, 77
Acolhuacán, reino, 1-2, 77, 82, 84-85, 89, 110, 233, 292, 293, 295, 296, 297, 300, 301, 305, 311, 340, 358, 432, 469, 531, 578, 636, 637, 776, 793, 796, 801
Acolhuacán, rey, 301, 311, 492, 495
Acolhuatzin, príncipe, 75, 77-78, 81-82, 89
Acolman, ciudad, 2, 555, 796
Acolmiztli, señor, 106
Acolnahuácatl, príncipe, 110, 637
Acosta, José de, 18, 24-25, 89, 95, 314, 317, 337, 338, 595, 342, 349, 355, 356, 607, 608, 613, 616, 624, 634, 641-642, 658, 660, 661, 665, 689, 690, 695, 697, 707, 712, 724, 727, 729, 734, 747, 749, 750, 761, 764, 766-767, 772, 762
Achcauhtli, señor, 74
Achiauhtla, provincia, 222
Achiotlan, pueblo, 5, 184
Achitómatl, capitán, 74
Adanzon, cronista, 654-55
Aderson, autor, 689
Adrián, Diego, 752
Adriático, mar, 652
Afortunadas, islas, 658

África, 37, 298, 600, 603, 610, 614-620, 640, 648-56, 661-666, 676, 686, 688-695, 699, 712, 713, 720, 728, 740, 758, 778, 791-795, 813, 819, 823, 830, 833-834
Agra, capital, 660
Aguilar, Gerónimo de, 420, 422, 432
Ahualolco, pueblo, 7
Ahuitizan, pueblo, 6
Ahuizotl, príncipe, 135, 156, 170-179, 224, 293, 360, 404, 633, 752, 788
Ajaruco, puerto, 415
Alaminos, Antón de, 415, 420
Alderete, Julián de, tesorero, 571
Alejandría, ciudad, 665
Alemania, 665
Alfonso el Sabio, 681
Alpes, suizos, 11, 645, 678, 685, 720
Alva Ixtlilxóchitl, Fernando de, 72, 159, 161, 169, 642, 751, 753-754, 761
Alvarado, Jorge de, 418, 420
Alvarado, Pedro de, 454, 476, 486, 501, 503, 514, 516, 518, 521, 555, 557, 559, 561, 562, 564, 565, 566, 568, 569, 571, 572, 578-580, 582, 583, 638
Alvernia, provincia, 829
Amaliuhcan, pueblo, 90
Amaquemecan, ciudad, 5, 73-75, 157, 201, 466, 612
Amatlán, pueblo, 174, 193
Ameca, región, 95
Amecamecan, provincia, 5
Amechichi, 111
América, 31-32, 41, 46, 50, 68, 70, 73, 85-87, 109, 194, 208, 215, 221, 368, 375, 406, 408, 413, 414, 416, 315, 599, 600, 602, 604, 609, 610, 614, 616, 617, 620, 621, 623, 640-642, 644, 645, 647, 648, 659, 661, 662, 664, 666, 669, 671, 672, 673,

675, 676, 679, 681, 682, 683, 685, 688, 689, 690, 692, 693, 695, 696, 697, 699, 700, 703, 705, 709, 710, 713, 716, 719, 721, 724, 726, 727, 728, 737, 738, 740, 741, 743-745, 747, 765, 767, 768, 791, 793, 800, 805, 816, 819, 820, 822, 823, 826, 827, 830, 833, 834
América, historiadores de, 42, 50
América Meridional, 8, 12, 30, 38, 353, 621, 702, 706, 734
América Septentrional, 30, 37, 418, 435, 613, 678, 700, 707, 734, 791
Amiclas, isla, 652
Amimitl, dios de la pesca, 221
Amozoc, pueblo, 5
Anáhuac, 1, 7, 10-11, 21, 25, 29, 33, 44-45, 49, 53, 60-61, 67-68, 70, 84-85, 88-89, 92, 95-96, 108, 162, 207, 212, 222, 224, 249, 255, 277, 301, 307, 311, 315, 322, 327, 331, 336, 348, 353, 354, 370, 380, 404, 417, 423, 454, 438, 469, 472, 493, 523, 600, 602, 603, 605, 607, 609, 611, 624, 627, 628, 630, 642, 647, 740, 747, 781, 786, 793, 802
Andalucía, provincia, 714
Anahuatlacan, región, 523
Anam, estrecho, 613
Andes, 12, 671
Andson, Lord, 676, 702
Anglería, Pedro Mártir, 714, 824, 829, 833
Anian, estrecho, 609, 786
Antequera, ciudad, 5, 24
Antigua, río de la, 431
Antiguos mexicanos, 28, 49, 60, 65
Antillas, islas, 40, 415, 661, 647, 767, 826
Apan, pueblo, 129
Apanco, pueblo, 94
Apatzingán, tierra de, 1
Apoyozoc, príncipe, 80, 82
Arabia, incienso de, 27
Arágón, Fernando de, 714
Argel, expedición de, 363

Arias Montano, historiador, 603
Ario, corregidor de, 12
Aristopa, náufrago, 741
Aristóteles, 671
Armada de Barlovento, 661
Armenia, 620, 623, 665
Asia, 16, 70, 368, 373, 406, 599, 609, 613, 614, 616, 617, 620, 621, 640, 651, 681, 689, 690, 693, 699, 712, 713, 720, 740, 758, 769, 778, 813, 819
Asiria, 665
Astruc, historiador, 816, 819, 820, 822, 823, 824, 826, 834
Atenas, Ley de, 781
Atenco, ciudad, 2, 403, 469, 538, 796
Atlacomulco, pueblo, 167
Atlacuechahuayan, pueblo, 24
Atlcuihuayan, pueblo, 35
Atlacholoayan, pueblo, 5, 303
Atlántico, mar, 618, 786
Atlántida, isla, 603, 609, 613, 658
Atlapolco, pueblo, 166
Atlihuetzian, ciudad, 2
Atlihuetzin, pueblo, 452
Atlixco, estado, 5, 24, 90, 156, 172, 177, 187, 377, 661
Atonaltzin, señor, 153, 155
Atotonilco, ciudad, 403
Atotoztli, princesa, 81
Atoyaque, río, 10
Atozoztli, princesa, 105
Atzcapotzalco, ciudad, 3, 77, 81-82, 88, 107, 108, 109, 111, 112, 113, 114, 118, 122, 124, 125, 133, 138, 139, 145, 152, 160, 224, 332, 517, 545, 626, 628, 775, 796
Atzcapotzalco, rey, de, 106-107, 109, 111
Auberton, historiador, 623
Audiencia de México, 761
Augusto, César, 652
Austria, 658
Ávalos, provincia, 789
Ávila, Alonso de, 454, 517, 518, 531, 532

# ÍNDICE ALFABÉTICO

Axayácatl, rey, 1n, 87, 155, 156, 157, 159, 163, 164, 166, 172, 176, 186, 293, 303, 331, 404, 472, 476, 477, 482, 483, 486, 494, 565, 633, 634, 654, 758
Ayala, Gabriel, historiador, 750, 754
Ayauhcíhuatl, princesa, 110, 111
Ayotecatl, general, 544
Ayotlan, pueblo, 303
Ayotzingo, pueblo, 466, 468, 490, 542
Azcaxóchitl, princesa, 75
Azoquentzin, príncipe, 150
Aztlán, tierra, 75, 88, 92-93, 95, 100, 322, 355, 611

## B

Babel, torre de, 70-71, 411, 609
Babilonia de las Indias, 800
Bahama, canal de, 617
Baldecebro, autor, 690, 696
Báltico, mar, 644
Barbada, país, 692, 693
Barcelona, 713, 714, 831
Bazin, escritor, 652
Bengala, región, 681, 682
Berlin, 641, 713, 717, 733, 767, 795
Bernal Díaz, cronista. (V.: Díaz del Castillo, Bernal.)
Betancourt, historiador, 18, 363, 597, 603, 624, 627, 630, 631, 635, 637, 655, 678, 734, 736, 737, 761
Blanco, mar, 644
Bohemia, 658
Bolonia, Universidad de, 349, 351, 786
Bomare, *Diccionario* de, 9n, 16n, 21, 621, 652, 654, 666, 671, 670, 688, 681, 690, 707, 713
Borbón, islas de, 654
Boristene, río, 644
Bosmaer, naturalista, 681, 682
Boturini, historiador, 1, 70-72, 96, 210, 217, 231, 252, 253, 256, 273, 341, 351, 352, 365, 379, 406, 407, 408, 411, 414, 603, 611, 624, 627, 630, 631, 748, 752, 754, 771, 789, 791
Brasil, 618, 620, 665, 689, 700, 703, 705, 716
Bravo, Esteban, 752
Briga, Romagnolí, 408
Brisson, historiador, 681, 706, 707
Buena Esperanza, cabo de, 713, 720, 758
Buffon, historiador, 30, 32, 610, 616, 617, 620, 621, 623, 640, 641, 644, 645, 647, 648, 650, 652, 654, 659, 664, 669, 671-673, 675, 676, 678, 679, 681, 682, 683, 685, 686, 688, 692, 693, 695, 697, 699, 700, 702, 703, 705, 706, 707, 712, 717, 731, 747, 748, 771, 772, 824
Busching, geógrafo, 806

## C

Cacamatzin, rey, 84, 132, 203, 204, 205, 296, 417, 449, 466, 469, 382, 490, 492, 496, 516, 532, 538, 786
Cádiz, ciudad, 695, 764
Calendario Chiapaneco, 411
Calendario Mexicano, 406, 407, 408, 411
Calicut, país, 712, 693
California, península, 56, 657, 707, 786, 788, 789, 791
Calimayan, pueblo, 4, 166
Calixtlahuacan, pueblo, 4
Calmecahua, Antonio de, 518, 626
Calpulalpan, ciudad, 455, 469, 517
Camaxtle, dios, 91, 222, 248, 454, 805
Campos Elíseos, 658
Canadá, 283, 620, 644, 678, 685, 692, 693, 695, 700, 702, 703
Canarias, islas, 16-17, 22, 29, 40, 685
Capac-raime, fiesta, 792
Capolalpan, ciudad, 74, 129, 131
Caracas, 20
Carlí, conde de, 767

Carlos, V, 22, 57, 181, 231, 332, 349, 355, 360, 363, 365, 366, 454, 510, 587, 637, 664, 689, 731, 737, 743, 748, 757, 758, 759, 761, 762, 792, 793, 795, 798, 799, 803, 826
Carlos, VIII, 827, 830
Carlos de Austria, 424
Cartagena, puerto, 651, 657, 697
Cartago, puerto de, 665
Casas, Bartolomé de las, 717, 721, 724, 727, 734, 737, 792, 793, 826
Casas Coloradas, 95
Casas Grandes, 95, 243
Caspio, mar, 644
Castilla, rey de, 424, 490, 513, 668, 532, 544
Castilla, Juan de, 714
Catarina, Señora, 438
Catoche, cabo, 415
Catón, 155
Caylas, conde de, 744
Cazadero, valle de, 329
Cecepacticalzín, príncipe, 176
Ceilán, 654, 712
Celaya, ciudad, 1, 800
Cempoala, ciudad, 362, 430, 432, 434, 437, 438, 439, 441, 454, 499, 500, 637, 747, 800, 802
Cempohuallan, ciudad, 2, 6-7, 74
Centeotl, diosa, 189, 217, 221, 222, 239, 243, 258, 263, 806, 807
Cerdeña, ciudad, 693
Ceresunto del Ponto, 665
Cesena, 411
Cetecpatl, señor, 191
Centzonhuitznahuas, 218
Cíbola, país, 706
Cibao, mina, 827
Cicerón, 769
Ciclidas, isla, 652
Cihuacatzin, general, 518
Cihuacatl, señor, 521
Cihuacoatl, diosa, 148, 211
Cihuacoatl, magistrado, 585, 775
Cihuacuenotzín, señor, 115
Cihuapohualoyan, pueblo, 200

Cihuatlan, pueblo, 4
Cihuatlanque, solicitadoras, 274
Cihuaxóchitl, princesa, 77, 80
Cintla, llanura de, 427
Cipocatli, señor, 521
Citin, familia, 75
Cítlalicue, diosa, 210
Citlalpopoca, Bartolomé, 524
Citlalpopocatzin, señor, 441
Cítlaltepec, lago, 262, 517, 555
Citlaltonac, dios, 210, 272, 273
Cítli, señor, 211
Ciudad Real, 657
Claudio, emperador, 652
Clemente VIII, 348
Clusio, historiador, 18
Coahuila, 791
Coaixtlahuacan, pueblo, 191
Coanacotzin, rey, 84, 169, 203, 204, 205, 301, 469, 493, 532, 537, 538, 540
Coatepec, ciudad, 117, 218
Coátetl, princesa, 77
Coatitlan, pueblo, 96
Coatlan, templo, 8, 159
Coatlantona, diosa, 221
Coatlicamac, pueblo, 94
Coatlicue, diosa, 218, 221, 256
Coatlichan, ciudad, 2, 77, 81, 106, 112, 114, 117, 132, 133, 321, 469, 538, 796
Coatulco. (V.: Huatuxco)
Coatzacualco, provincia, 4, 7-9, 12-13, 214, 349, 420, 421, 424, 500, 664, 788, 793
Coaxolotl, templo, 159
Cocotzin, señora, 200, 201, 204
Cocula, región, 95
Cochinchina, 657
Cofre. (*véase* Napateuctlí.)
Cóhuatl, platero, 111
Coixco, pueblo, 152
Coixtlahuacan, estado, 153, 155, 530
Colapa, provincia, 611
*Colección de Mendoza*, 3, 108, 126, 132, 167, 284, 291, 296, 303, 307,

# ÍNDICE ALFABÉTICO 849

308, 349, 413, 631, 634, 635, 734, 747, 788
Colhuacán, reino, 72, 88, 97, 99-100, 102, 105, 163, 164, 166, 184, 208, 253, 266, 404, 566, 626, 633
Colhuacateuctli, jefe, 90
Colima, 11-12, 19, 95, 789, 791
Coliman, provincia, 1n, 6, 7, 95
Colón, Cristóbal, 415, 611, 685, 713, 714, 726, 826, 827, 829, 830, 831, 833
Colón, Fernando, 714, 829, 841
Colopechtli, rey, 90
Colorado, río, 93, 95
Colotlán, provincia, 95
Comayagua, pueblo, 423
Concilios Provinciales de México, 730
Condamine, historiador, 655, 734, 768
Confucio, 754
Conquistador Anónimo, 227, 242, 282, 315, 320, 360, 311, 737, 758, 761, 764, 792, 793, 795, 798, 802
Contreras de Cuauhnahuac, Juan Bautista, 752
Copalco, colonia, 513
Copolco, barrio, 270
Córcega, isla, 614, 693
Córdova, villa de, 321, 795, 800
Corral, historiador, 764
Cortés, Hernán, 5, 21n, 22, 24, 57, 169, 180, 181, 225, 227, 282, 296, 317, 322, 325, 331, 332, 341, 348, 349, 355, 360, 363, 365, 369, 417, 418, 420, 421, 423-425, 427, 428, 430, 431, 432, 433-499, 501-521, 524, 528, 529-587, 637, 638, 651, 664, 731, 733, 743, 752, 757, 758-764, 789, 792, 793-796, 802, 803, 805, 813
Cortés, Martín, 423
Cortés Ixtlixóchitl, Fernando, 540
Cotasta, pueblo, 4, 155, 159, 425
Coxcox, rey, 99, 208, 603
Coyohuacán, pueblo, 74, 111, 122, 139, 143, 145-146, 152, 173, 198, 469, 470, 493, 554, 556, 561, 566, 759, 796
Coyolpa, pueblo, 303
Coyolxauhqui, mujer, 219
Cozamaloapan, ciudad, 13, 155, 303
Cozcaquahtenanco, señorío, 172
Cozcaquauhtli, señor, 191
Cozumel isla de, 415, 420, 665
Cuacuauhpitzáhuac, rey, 106, 112
Cuahtochco, castillo, 321
Cualac, pueblo, 303
Cuapilillan, señorío, 172
Cuateotzin, señor, 132, 133
Cuahuacán, tierra, 81, 110
Cuauhnahuac, ciudad, 5, 48, 52, 108, 110, 143, 148, 303, 551, 552, 575
Cuauhnochco, ciudad, 155
Cuauhpopoca, señor, 463, 483, 486, 487, 489
Cuauhquecholan, pueblo, 187, 193, 321, 527, 528, 530, 542, 547, 633, 637, 762
Cuauhtémoc, rey, 293, 313, 404
Cuauhtemotzin, rey, 532, 548, 554, 568, 569, 573, 579, 580, 585, 586, 633
Cuauhtitlán, pueblo, 3, 96, 110, 128, 148, 214, 245, 303, 332, 363, 379, 530, 545, 555, 796
Cuauhtla, pueblo, 417
Cuauhtlatloa, rey, 150, 155
Cuautlinchan, ciudad, 403
Cuauhxícalco, pueblo, 514
Cuauhxilotl, señor, 114
Cuaxicallí, templo, 198
Cuba, isla de, 415, 417-420, 431, 438, 439, 452, 452, 482, 497, 531, 555, 614, 697, 737
Cubagua, isla de, 692, 693
Cuchumatanes, montes, 8
Cuernavaca, ciudad (*véase* 5, 107, 108. (V.: Cuauhnáhuac)
Cuetlachtepec, pueblo, 139
Cuetlachtlán, provincia, 4, 6-7, 13
Cuetlachxóchitl, princesa, 77
Cuexco, señor, 438

Cuezcoma, pueblo, 200
Cuicuitzcatl. rey, 84, 296
Cuicuitzcatzin, príncipe, 492, 493, 532, 538
Cuitláhuac, ciudad, 3, 108, 146, 163, 166, 176, 191, 193, 221, 291, 293, 327, 332, 335, 468, 566, 569
Cuitlahuatzin, señor, 204, 404, 417, 435, 449, 466, 469, 504, 506, 513, 521, 531, 532, 541, 633, 637
Cuitlalpitoc, señor, 424, 425, 428
Cuitlaxcoapan, pueblo, 6
Cuitzeo, laguna de, 642
Culhuacán, tierra, 88, 97, 98, 100, 102, 152, 155, 222, 239
Culiacán, provincia, 93-95
Cumberland, duque de, 688
Cuzco, laguna, 336

## CH

Chaco, (America Meridional, 706
Chachapatzinco, pueblo, 90
Chachaton, señor, 125
Chachicomula, pueblo, 657
Chalco, ciudad, 2-3, 77, 88, 126, 149, 156, 157, 163, 335, 403, 466, 468, 541, 542, 544, 547, 548, 549, 562, 789, 796
Chalco, lago, 2-3, 8, 47, 52, 88
Chalchiuhcua, señor, 81
Chalchihuitlicue, diosa, 217
Chalchiuhcuecan, costa, 7, 13, 349, 366, 417, 424, 497, 640
Chalchiuhcueye, diosa, 217, 272, 273, 276
Chalchiutlanetzin, rey, 69
Champoton, ciudad, 415
Chamolla, pueblo, 5
Chápalico, mar, 644
Chapallan, laguna, 8, 52, 642, 644
Chapultepec, río-lago, 9, 74, 96, 183, 190, 267, 360, 477, 486, 559, 627, 628, 762
Chiahuitztla, pueblo, 431, 432, 435
Chiahuiztlan, pueblo, 6, 466

Chiapa, ciudad, 8, 657, 664, 665
Chiapan, río, 8, 23, 26
Chiapas, 57, 87, 317, 411, 657, 721, 788
Chiautla, ciudad, 2, 5
Chicomoztoc, tierra, 94, 626
Chiconcuauhtli, príncipe, 75, 77, 80, 110
Chichimecateucli, señor, 300, 446, 544, 556, 578
Chichimecatlalli, tierra, 74
Chichincatl, señor, 125
Chietlan, pueblo, 5, 187
Chilapan, estado, 5, 13-14, 152, 157
Chile, república, 697, 699, 706, 707, 744, 791, 833
Chillán, pueblo, 167
Chimalco, pueblo, 94, 642
Chimalhuacán, pueblo, 90, 133, 142, 542, 549
Chimalpan, pueblo, 96, 119
Chimalpain, Domingo, historiador, 750-754
Chimalpopoca, rey, 108, 114, 117, 121, 122, 124, 126, 129, 142, 159, 170, 172, 644, 791, 819
China, 16
Chinantla, pueblo, 5, 13, 88, 155, 499, 500
Chipre, isla, 665
Chiuhnahuapan, río, 279
Chololan, república, 1-2, 5-6, 12
Cholula, ciudad, 71-72, 90, 129, 180, 187, 193, 214, 222, 229, 231, 242, 270, 298, 332, 334, 341, 379, 417, 441, 455, 456, 458, 459-465, 480, 500, 514, 525, 528, 531, 556, 578, 637, 761, 789, 793, 798. 800, 802
Churubusco, barrio, 97, 218

## D

Danubio, río, 644
Dappers, cronista, 713, 714
Darien, puerto, 420
Darío, emperador, 741

## ÍNDICE ALFABÉTICO 851

Díaz, P. Juan, 524
Díaz de Isla, Rodrigo, 831
Díaz del Castillo, Bernal, 3n, 17, 229, 296, 325, 348, 349, 358, 360, 369, 427, 479, 500, 509, 511, 518, 520, 558, 572, 586, 637, 747, 752, 758, 761, 764, 788, 792, 793, 795, 798, 802
Didymus, dios, 24
Diodoro, cronista, 617
Diomedes, guerrero, 741
Domínguez, Gonzalo, 548
Dominicanos, Padres, 18
Don, río, 644
Dumont, escritor, 652

### E

Ecuador, país, 655
Egipto, 46, 406, 407, 604, 616, 620, 623, 665, 666, 720, 813, 819
Eguiara y Eguren, Juan José, 748, 754, 755
Ehcatepec, pueblo, 96, 156, 291
Ehecatzitzimitl, rey, 166
Elvira, Doña, 454
Empiro, ciudad, 665
Escalante, Juan de, cap., 439, 463, 483
España, 20, 37, 63, 85-86, 356, 360, 363, 420, 456, 462, 476, 497, 532, 616, 658, 673, 689, 693, 696, 697, 699, 700, 714, 719, 723, 724, 745, 758, 805, 826, 827, 829, 830, 831, 834
España, rey de, 37, 425, 434, 456, 493, 494, 525, 549, 576, 764
Española, isla de la. 420, 692, 693, 695, 696, 714, 726, 737, 745, 793, 819, 820, 822, 826, 829, 831
Españoles, en México, 63, 305, 414, 503, 682, 705
Espíritu Santo, villa, 420
Estrada, María de, 518
Etiopía, 652, 758
Etna, volcán, 644

Europa, 14, 16, 18-25, 27, 29-31, 37, 39-43, 46-47, 53-56, 61, 71, 73, 109, 207, 263, 283, 325, 351, 355, 358, 362, 365, 368, 373, 379, 380, 415, 479, 600, 611, 614, 621, 640, 644, 645, 647, 648, 651, 655, 658, 661, 662, 664-666, 672, 673, 676, 678, 679, 685, 686, 689, 690-700, 710, 713, 716, 717, 730, 733, 737, 740, 745, 755, 762, 765, 769, 771, 778, 781, 795, 799, 805, 806, 813, 816, 819, 820, 822, 823, 834

### F

Falliopio, Gabriel, 817
Farfán, Dr., 368
Feijóo, cronista, 609
Felipe II, 37, 356, 673, 689, 690, 721, 764
Felipe, príncipe, 356
Fernández, Benito, 222
Fernández, Juan, 659
Filipinas, islas, 17, 39, 644, 651, 654, 713
Filosofía Arábiga, 63
Florencia, almacén literario, 413
Florida, tierra de, 609, 617
Foncean, historiador, 819
Formosa, isla, 713
Francia, 20, 614, 648, 652, 655, 672, 688, 692, 699, 738, 748, 827, 829, 831
Francisca, señora, 438

### G

Gage, historiador, 19n 764
Galias, romanas, 63, 652, 665, 666, 813
Gante, Fr. Pedro de, 752
Garcés, Fr. Julián, 723-727, 734
García, Gregorio, 748
García de Holguín, 586, 603, 604, 607
Garcilaso, cronista, 736, 767

Gasendo, físico, 620
Gemelli Carreri, historiador, 60, 231, 265, 349, 413, 414, 415, 613, 631, 654, 689, 713, 750, 772
Germania, 666
Giaro, isla de, 652
Gila, río, 95
Glauco, guerrero, 741
Godin, señor, 744
Golfo Mexicano, 2, 4, 6-8, 49-50, 53, 157, 463, 500, 531
Gómara, historiador, 279, 294, 304, 358, 363, 366, 425, 427, 509, 516, 604, 607, 624, 627, 633, 637, 734, 737, 747, 748, 750, 759, 761, 762, 764, 765, 766, 792, 795
Gran Bretaña, 63
Grande, río, 8
Granada, ciudad, 798
Grecia, 338, 642, 665, 666, 730, 741, 776
Grijalva, río, 8
Grijalva, Juan de, 8, 415
Grocio, historiador, 616
Groenlandia, isla, 51, 620
Guacanaguari, rey, 714
Guadalajara, ciudad, 8, 800
Guadalupe, isla de la, 651
Guadalupe; Real Colegio de, 730
Guadalupe, Santuario de Nuestra Sra. de, 97
Guatemala, obispo de, 24
Guatemala, provincia, 8, 28, 72, 174, 348, 699, 788, 791
Guatusco, ciudad, 155
Guauhtemallan, provincia, 190
Guayanas, colonias, 700, 702, 703
Guinea, isla de, 651, 693, 699, 707, 720, 833
Gumilla, historiador, 793
Guzmán, Nuño de, 659

H

Habana, La, 415, 661
Hacienda, Real, 296, 516
Hahuacatlán, pueblo, 94
Haití, isla de, 819, 833
Hecha, volcán, 644
Hernández, doctor, 14, 17-19, 21n, 22, 24, 27, 29-32, 35, 37, 46-48, 51-53, 56-57, 59-60, 162, 327, 331, 336, 339, 368, 373, 375, 376, 521, 654, 664, 665, 672, 673, 675, 678, 686, 688-690, 706, 757, 764, 771
Hernández de Córdova, Francisco, 415
Hernández de Portocarrero, Alonso, 418, 438
Herodoto, historiador, 406
Herrera, cronista, 229, 535, 558, 620, 624, 633, 634, 637, 659, 689, 734, 737, 738, 745, 747, 750, 761, 792, 795, 799, 817
Hervás, Lorenzo de, 406, 411, 413
Hierro, isla del, 3
Holanda, 651
Homero, 741
Honduras, 349, 418, 788
Hoock, Wendelino, historiador, 829, 830
Huauchinango, ciudad, 2
Huatulco, 159
Huatusco (*véase* Guatusco, ciudad)
Huaxacac, provincia, 191
Huaxteca, región, 6, 19, 47, 174
Huaxtecapan, país, 2
Huaxtepec, ciudad, 5, 26, 152, 325, 327, 549, 551, 757, 917
Huaxyacac, provincia, 5
Huaxyacac, valle, de, 5, 303
Hudson, bahía de, 655
Hue (Cochinchina), 656
Huehuetlán, pueblo, 303
Huehuetlapallan, país, 68, 70, 411
Huehuetlapallan, rey, 68, 70
Huehuetoca, estado, 83
Hueicolhuacán, provincia, 93, 95
Hueiteopixqui, gran sacerdote, 234
Hueitzonpantli, templo, 229
Huematzin, rey, 70

ÍNDICE ALFABÉTICO 853

Huet, Francisco Pedro Daniel, obispo, 604
Huetzin, rey, 69, 81
Huexachtitlán, pueblo, 96
Huexotla, ciudad, 2, 82, 112, 114, 117, 142, 143, 174, 469, 538, 796
Huexotzincatzin, príncipe, 169, 194, 201
Huexotzinco, Juan Bernardo, 752
Huexotzingo, república, 1-2, 5-6, 59, 81, 118, 129, 131, 132, 143, 156, 169, 173, 187, 193, 222, 270, 298, 334, 452, 455, 459, 462, 463, 520, 525, 537, 542, 547, 556, 562, 578, 789, 793, 798, 800
Hueyacallan, pueblo, 349
Hueyotlipan, ciudad, 2, 187, 520, 572
Huichapan, pueblo, 85
Huichilobos, dios, 218
Huitzilac, pueblo, 4
Huitzilíhuitl, rey, 96, 108-113, 126, 129, 132, 149, 293, 404, 634, 635
Huitzilopochco, pueblo, 97, 99, 143, 163, 166, 173, 218, 470, 566, 796
Huitzilopochtli, dios, 91, 94, 97, 100, 102-103, 108-109, 124, 148, 152, 157, 164, 170, 174, 190, 198, 218, 219, 221-223, 227, 229, 243, 253, 259, 260, 265, 266, 267, 277, 278, 293, 294, 318, 319, 355, 401, 479, 501, 572, 582, 607, 748, 792, 807
Huitziton, señor, 92, 94
Huitznáhuac, barrio, 149
Huitznahuateohuatzin, sacerdote, 234
Huitznahuac, templo, 166
Huixachtecatl, monte, 193
Huixtocíhuatl, dios, 219, 263
Huixochtla, monte, 270
Hystaspe (*véase* Darío, emperador)

I

Ibáñez, historiador, 764
Ichcateopan, pueblo, 152
Ichcatlán, pueblo, 236, 277, 303, 307

Iglesia Romana, 70
Ihualapan, pueblo, 28
Ilamateuctli, diosa, 222, 269
Ilancueitl, señora, 607
Ilancueitl, princesa, 106-108
Ilhuicatitlan, templo, 228
Ilhuicatl, príncipe, 96
Imactlacuiyatzin, príncipe, 176
India, 688, 697, 712, 758, 813, 817
Índico, mar, 618
Indiano, archipiélago, 713
Infante, Juan, 368
Inglaterra, reino, 688, 699, 738, 748
Irlanda, 22
Islandia, islas, 693
Israel, 607
Italia, 40, 55-56, 430, 652, 658, 665, 666, 733, 745, 813, 814, 819, 826, 831, 834
Ithualco, bosque, 465
Itzcóatl, rey, 108, 129, 130, 136, 139, 142, 143, 144, 145, 148, 149, 226, 291, 294, 313, 318, 404, 635
Itzcuahtzin, señor, 493
Itzehecayan, pueblo, 279
Itzmiquilpan, montañas de, 85
Izquiauhtzin, señor, 513
Itzocan, estado, 5, 187, 530, 633
Itztapallocan, ciudad, 2, 133
Itztepec, pueblo, 307
Iyacateucli, dios, 334
Ixcozauhqui, dios, 217
Ixmiquilpan, pueblo, 13
Ixquixochitlan, pueblo, 174
Ixtacalco, pueblo, 99
Ixtaccihuatl, volcán, 465
Ixtalapa, pueblo, 169, 170, 204
Ixteocale, dios, 260
Ixtlacuechahuac, rey, 624
Ixtlahuacan, pueblo, 1n, 200, 789
Ixtlicuechahuac, rey, 69-70
Ixtlilton, dios, 221, 236
Ixtlilxóchitl, rey, 84, 129, 203, 204, 205, 449, 452, 455, 468, 469, 493, 540, 564
Ixtlixóchitl, príncipe., 112, 113, 538

Iztac, Mixcoatl, señor, 607
Iztaccíhuatl, volcán, 11-12
Iztacmaxtitlan, pueblo, 2, 321, 441, 444, 446
Iztapalapa, ciudad, 3, 114, 117, 225, 270, 291, 325, 327, 417, 435, 449, 469, 470, 471, 493, 509, 521, 541, 542, 554, 559, 560, 561, 562, 563, 564, 572, 579, 757, 796
Iztapalatenco, pueblo, 469

J

Jamaica, isla de, 531, 737, 833
Japón, 644, 774, 813
Jaramillo, Juan de, 423
Jesucristo, fe en, 358, 513, 724, 726
Jiménez, historiador, 18, 665
Job, 410
Johnston, naturalista, 714, 715
Juan Diego, apariciones, 341
Judea, betúm de, 14, 260
Julia, Ley, 779
Julio César, emperador, 71, 253

K

Kamschatka, península, 617
Kempis, Tomás, 771
Kenepin, escritor, 652
Kirker, historiador, 748
Klein, historiador, 681

L-LL

Laet, historiador, 18
Lambry, reino de, 713
Laponia, país, 693
Lariz, Amador de, 516
Leclerc, escritor, 652
Leman, lagunas de, 644
León, ciudad de, 800
León, Juan de, 830
Libros Santos, 67, 198
Lienery, historiador, 676
Lima, capital, 651, 727, 728

Linces de Roma, 772
Linder, Dr. Juan, 824
Linneo, 681
Lisboa, 695
Locke, historiador, 737
López, Gregorio, 327
López, Martín, 517, 544
López de Gómara. (*véase* Gómara.)
Lorenzana, Francisco, 24
Loreto, puerto, 657
Lot, hijas de, 611
Lucayas, islas, 737, 791-793
Lugo, Francisco de, 418, 517
Luisiana, estado, 283, 621, 652, 676, 689, 690, 834
Lloane, historiador, 676

M

Macuiloxóchiquetzalli, diosa del agua, 217
Macuilxóchitl, pueblo, 403
Madagascar, isla de, 693
Madrid, ciudad, 754, 764, 765, 795
Madure, isla de, 693
Maffei, cronista, 620
Magallanes, capitán, 641
Magallanes, tierra de, 642
Magdalena, río, 644
Malbar, isla de, 693
Malcatepec, pueblo, 167
Malinalco, pueblo, 4, 95, 575
Malinallí, señor, 184
Mamexi, rehenes de, 439
Manila, ciudad, 60
Marañon, estado, 606, 644, 734
Marco Polo, viajero, 713, 819
Mar del Sur, 7-8
Margarit, Pedro, 830, 831
Margrafo, animal, 679
Mariana, historiador, 363, 792, 812
Marianas, islas, 744, 827, 830
Marina, Doña, 423, 432, 433, 437, 454, 455, 458, 485, 517, 752
Martínez, Enrico, 631, 632, 633, 748, 749, 792

## ÍNDICE ALFABÉTICO

Mártir de Anglería, Pedro. (*véase* Anglería, Pedro Mártir.)
Mata, Alfonso de, 792
Matlalcueye, monte, 2, 11-12, 85, 90, 217, 248, 454, 534, 805
Matlalcihuatzin, reina, 117, 150, 162
Matlalintzin, mujer, 128
Matlallan, pueblo, 129
Matlalzincatl, príncipe, 176, 469
Matlatlán, provincia de, 5-6
Maurepas, conde de, 744
Mauricio, isla de, 652
Máximo Pacifico, poeta, 524, 531, 532, 830
Maxixcatzin, Juan de, 532
Maxixcatzin, Lorenzo de, 806
Maxixcatzin, María, 301
Maxixcatzin, príncipe, 441, 442, 446, 447, 454, 455, 503, 516, 520, 523
Maxtlaton, cacique, 111-113, 119, 120, 121, 122, 123, 124, 131, 133, 134, 135, 136, 137, 143, 169, 318, 634, 635
Mayeuatzin, señor, 569
Mazahuacán, provincia, 87
Mazatl, general, 136, 137
Mazatlán, provincia, 8, 88, 167, 301
Mecatlán, tierra de, 28
Medellín de Extremadura, 417, 420
Megastene, escritor, 654
Mendieta, historiador, 792
Mendocino, cabo, 3, 786
Mendoza (*véase* Colección de Mendoza.)
Mendoza, Antonio de, virrey, 329
Mesopotamia, 620
Metepec, pueblo, 4, 166
Metrodoro, naturalista, 654
Metztitlán, pueblo, 83, 110, 204, 205, 253
Mexcaltepec, ciudad, 4
Mexicaltzingo, tierra de, 99, 163, 470, 549, 562, 566
México, animales de, 678, 679, 688, 689, 690, 700, 701, 702-704
México, ciudad de, 3, 7-9, 12, 37, 43, 47, 56, 68, 99-100, 108, 132, 133, 141, 143, 148, 155, 156, 159, 164, 170, 171, 174, 179, 181, 187, 188, 193, 197, 198, 204, 214, 217, 218, 219, 231, 234, 238, 239, 277, 282, 322, 325, 328, 329, 330, 360, 377, 401, 423, 425, 434, 435, 438, 439, 449, 455, 459, 460, 470, 477, 480, 492, 503, 510, 513, 538, 548, 551, 552, 561, 566, 599, 630, 637, 662, 673, 695, 697, 733, 743, 750, 757, 759, 796, 800, 801, 814, 833
México, clima de, 42, 648, 651
México, cocodrilos, 47
México, conquista de, 32, 410, 517, 520, 525, 534, 540, 571, 626, 628, 731, 751, 793
México, corte de, 4, 19, 177, 321, 349, 451, 452, 489, 490, 517, 521, 522, 523, 530, 538, 545, 573, 633, 772, 788
México, fundación de, 94, 100, 300, 322, 631, 635
México, historia de, 349, 353, 370, 413, 748, 771, 805
México, historiadores, 34, 100, 358, 366, 658, 743, 767, 792
México, lago de, 42, 53, 56, 60, 335, 401
México, leyes de, 274
México, Obispo de, 217, 222, 231, 355
México, reina de, 111
México, reino de, 1-6, 20, 22, 24, 29-33, 36-37, 40, 43, 45-47, 52, 56-58, 60, 63, 72, 87-88, 90, 96, 106, 111, 112, 135, 136, 145, 152, 166, 167, 168, 190, 198, 217, 222, 223, 234, 262, 267, 300, 305, 306, 311, 329, 365, 408, 417, 418, 419, 423, 444, 462, 476, 486, 493, 497, 500, 501, 504, 523, 535, 554, 579, 600, 606, 609, 613, 624, 638, 644, 648, 654, 657, 658, 659, 660, 664, 666, 672, 678, 689, 690, 692, 696,

699, 700, 709-711, 716, 723, 726, 734-736, 745, 746, 752, 762, 763, 764, 772, 778, 789, 790, 793, 794, 799
México, rey de, 111, 112, 114, 117, 118, 121, 124, 125, 126, 132, 136, 139, 142, 145, 146, 147, 150-152, 156, 169, 173, 186, 194, 205, 234, 255, 267, 279, 291, 294, 320, 434, 439, 442, 455, 466, 469, 482, 493-495, 499, 504, 586, 587, 627, 747, 775, 786, 793
México, reyes de, 26, 59, 87, 119, 120, 121, 132, 176, 183, 184, 188, 203, 239, 253, 280, 296, 352, 511, 631, 632, 635, 651, 748, 752, 757, 788
México, sitio de, 96, 99, 569, 576
México, templo mayor, 225, 228, 229, 232, 236, 241, 242, 243, 246, 267, 272, 280, 293, 298, 322, 344, 432, 472, 476, 477, 479, 504, 509, 520, 564, 580, 761
México, Universidad de, 754
México, valle de, 3, 9, 12, 14, 61, 72, 74, 77, 85, 87-88, 96, 98, 228, 458, 465, 537, 578, 795, 798
Mexicoteohuatzin, sacerdote, 232, 235
Mexitli, dios, 100, 218
Meztli, luna, 218, 253
Miahuaxóchitl, princesa, 110, 511
Mictlán, estado, 193
Mictlán, infierno, 208, 360, 417
Mictlancíhuatl, diosa, 208, 218
Mictlanteuctli, dios, 208, 211, 218, 269
Michapan, pueblo, 7, 303, 788
Michel, doctor, 657
Michmaloyan, pueblo, 303, 403
Michoacán, reino de, 1, 4, 8-9, 19, 23, 28, 34-35, 45, 86, 95, 167, 348, 358, 380, 607, 664, 736, 774, 788, 789, 790, 793, 799
Michoacán, rey de, 188, 788
Mindoro, isla de, 713

Miravalles, condado de, 9
Mississippi, río, 644
Mitl, rey, 69
Mixcoac, pueblo, 145, 470
Mixcoatl, 607
Mixcoatl, diosa, 221, 243, 246, 266, 267
Mixteca, región, 5, 13-14, 19, 23, 57, 155, 167, 193, 222, 246, 273, 321, 335, 380, 664, 665
Mixtecapan, provincia de, 5, 530
Mixtecatl, señor fundador, 607
Mizquic, ciudad, 3, 83, 108, 163, 541, 566
Mizquihuacán, capital, 6
Moctezuma Ilhuicamina, 110, 132, 133, 134, 135, 136, 137, 142, 143, 146, 149-155, 163, 167, 172, 173, 176, 184, 190, 193, 224, 274, 291, 294, 295, 311, 318, 366, 404, 410, 417, 761, 813
Moctezuma, Isabel, 511
Moctezuma, Pedro, 511
Moctezuma Xocoyotzin, 176-193, 201-204, 232, 293, 296, 298, 314, 327, 328, 334, 349, 355, 360, 404, 427, 428, 429, 435, 448, 449-451, 455, 459, 462-466, 472, 476, 480, 486, 489, 490-494, 499, 500, 503-505, 510-512, 516, 521, 522, 527, 530, 532, 538, 545, 549, 565, 586, 633, 634, 637, 651, 654, 655, 748, 752, 758, 764, 772, 786, 788, 795, 805
Mogol, país, 657, 716
Moisés, 607, 610
Molcaxac, pueblo, 10, 12, 762
Molcazac, pueblo, 321
Molina, historiador, 706
Molpilli, nombre, 274
Molucas, islas, 644, 654, 817
Monardes, doctor, 369
Montejo, Francisco, 418, 438
Montesquieu, 647, 665, 741, 793, 765, 776, 777, 781
Montfaucon, historiador, 410

Moquihuix, rey, 152, 155, 156, 163, 164, 165
Moría, Francico de, 516
Motolínia, Obispo de, 249, 286, 329, 334, 748, 749, 786, 792, 793, 800
Mozahuqui, señor, 170
Muñoz, Diego, 696

## N

Nabonassar, era de, 406
Nacapahuazcan, pueblo, 90
Nacaxoc, rey, 69
Nahuixóchitl, señor, 191
Nanahuatzin, señor, 211, 212
Napateuctli, volcán, 12
Napateuctli, tierra de, 277
Nápoles, 816, 817, 827, 831
Narváez, Pánfilo de, 317, 497, 498, 531, 637
Nauhtlán, pueblo de, 6, 417, 463, 482, 483, 487, 549
Nayarit, provincia de, 95
Nebrija, Antonio de, 723
Necohualco, pueblo, 403
Negro, mar, 644
Nemocíhuatl, 270
Nemoquíchtli, 270
Nephtuin, nieto de Noé, 414, 603, 604
Nepohualco, tierra de, 74
Neppateuctli, dios, 221
Nezahualcóyotl, rey, 84, 117-120, 125, 131, 136, 139, 142, 145, 148, 150, 159-162, 173, 194, 201, 231, 296, 311, 341, 634, 761
Nezahualpilli, rey, 84, 150, 162, 163, 167, 168, 176, 193, 194, 197, 200, 201, 202, 204, 205, 217, 311, 348, 537, 633, 758
Nezahualxóchitl, señora, 119
Nicaragua, lago de, 8, 87, 348, 788
Nieto, Pedro, . J., 626
Nilo, río, 45, 331, 616
Niza, Tadeo de, historiador, 750, 754
Noche Triste, 320, 322, 511, 514, 520, 521, 541

Noé, 231, 414, 602, 603, 610, 613-615, 620, 621, 641, 642, 648, 669
Nopaltzin, príncipe, 74-79, 81-82, 84, 96, 119, 291, 626
Nueva España, 1, 6-7, 11-12, 16, 42, 67, 71, 194, 353, 354, 355, 356, 366, 377, 380, 406, 420, 617, 690, 695, 697, 710, 719, 728, 729, 744, 761, 802
Nueva Francia, 689
Nueva Galicia, 8, 418, 695
Nueva York, Estado de, 707
Nuevo Continente, 30-31
Nuevo México, 68, 92, 791
Nuevo Mundo, 29-30, 93, 99, 101, 174, 215, 348, 375, 414, 415, 418, 419, 431, 439, 518, 531, 597, 600, 603, 607, 614-618, 619, 623, 627, 640, 641, 644, 647, 652, 653, 655, 659, 662, 666, 669, 676-679, 683, 684, 689, 692, 693, 697-689, 707-710, 714-718, 726, 730, 731-733, 738, 739, 745, 768, 771, 781, 791, 799, 816, 819, 824
Numancia, 652
Numidea, 665
Núñez de la Vega Francisco, 411, 602

## O

Oaxaca, valle de, 5, 24, 799
Océlotl, criado, 128
Ocolco, pueblo, 109, 111
Ocopetlacoyan, ciudad de, 530
Ocotelolco, cuartel de, 91, 317, 441, 536
Ocotlán, pueblo de, 6
Octopan, ciudad de, 3
Ocuillan, pueblo, 4
Ocuitlán, pueblo, 167
Oder, río, 644
Odoardo, conde de Orfond, 764
Ojeda, Alonso de, 556, 557, 792
Olea, Cristóbal de, 572
Olid, Cristóbal de, 418, 454, 486, 517, 527, 556-559, 638

Olinanallan, pueblo, 303
Olintetl, señor, 439, 440
Olmecatl, cacique, 607
Olmedo, Fr. Bartolomé de, 421, 430, 454, 513
Olmos, historiador, 286, 342, 800
Omecatl, dios, 221, 224
Omecíhuatl, diosa, 210, 272, 273
Ometochtli, 234, 277
Onega, laguna de, 644
Onohualco, 7-8, 72, 417
Opochtli, dios, 105, 106, 807
Ordaz, Diego de, 465, 476, 517, 531, 532
Orfonde, Odoardo, conde de, 764
Ordóñez, fray Diego de, 626
Orduña, Juan, 695
Orinoco, río, 644, 702, 703
Orizaba, 7, 11, 403, 657
Otatitlán, pueblo, 7, 303, 348
Otomitl, señor, 607
Otompan, ciudad, 2-3, 110, 117, 204, 205, 317, 449, 452, 517, 518, 540, 541, 796, 800
Otoncalpolco, templo, 517
Oviedo, Gonzalo de, 17-18, 32n, 33, 50, 678, 686, 689, 696, 714, 745, 754, 767, 820, 825, 826, 827, 828, 830, 831, 833
Oztomantla, pueblo, 152
Oztopolco, pueblo, 131

P

Pacaritambo, cueva de, 642
Pacífico, mar, 1n, 2, 4-8, 32, 49-50, 52-53, 157, 618, 692, 786, 789
Painalla, pueblo, 7, 421
Painalton, dios, 219
Palafox y Mendoza, Juan de, 723
Palatuca, historiador, 31
Palmas, fiesta de las, 423
Palos, puerto, 714
Pamchinalco, pueblo, 303
Panamá, 3n, 651, 658, 786, 787
Pantitlán, pueblo, 96

Pánuco, estados del, 6, 26, 415, 416, 531, 788
Papaloapan, río, 7-8, 424
Papallotla, pueblo, 118
Papantzin, princesa, 195, 197, 198, 494
Paraguay, 695, 700, 701, 702, 706, 833
París, 632, 655, 656, 710
Pátzcuaro, lago, 1, 8, 52, 358, 642, 736
Paulo, III, papa, 277, 723, 724, 725, 726, 727, 799
Paw, historiador, 413, 606, 640, 641, 644, 647, 648-664, 669, 676-681, 688-698, 702, 709-718, 721-756, 758, 761, 772, 773, 780-781, 786, 791, 792, 793, 795, 799, 805, 816, 819, 823, 824, 831, 832
Pekín, 759
Peñol, isleta del, 183
Pericles, 65
Perneti, cronista, 716, 736
Persia, 644, 665
Pero, emperadores del, 651
Perú, reino del, 16, 22, 353, 644, 655, 659, 679, 689, 692-694, 697-699, 703, 723, 736, 737, 744, 747, 757, 767, 791
Petatlán, pueblo, 4
Piaztlán, ciudad, 157
Pilteuctli, señor, 300, 558
Pimentel, Antonio de, 160
Pimentel, Francisco de, 301
Pinahuitzin, príncipe, 176
Pipiolcomic, pueblo, 94
Pison, cronista, 620
Plata, río de la, 644
Platón, 65, 658
Pleskow, laguna de, 644
Plinio de la Nueva España, 14, 24, 39, 48, 51-52, 369, 617, 652, 653, 665, 683, 688, 689, 696, 707, 807, 814
Poctepac, pueblo, 152
Pochotl, príncipe, 75
Polonia, 720

# ÍNDICE ALFABÉTICO

Ponto, pueblo, 654
Popocatépetl, volcán, 5, 11-12, 90, 156, 184, 187, 377, 465
Popotla, pueblo, 267, 516, 517
Portobelo, ciudad, 651
Portugal, 834
Poxauhtlán, pueblo, 90
Poyauhtecatl, volcán, 11, 90
Poyauhtlán, 91
Poyahuitl, sacerdote, 163-165
Pratz, historiador, 676
Prévost, historiador, 227, 232
Prusia, 658
Púcaro, río, 9
Puebla, catedral de, 363
Puebla, ciudad de, 6, 12, 60, 217, 697, 206
Puebla, diócesis, 8, 661, 664, 799
Puebla, obispo de, 24, 661, 723
Puente, Agustín de la, 752
Puente de Dios, 10
Puerto Rico, país, 737
Purchas, historiador, 748, 752
Pyrard, historiador, 712

## Q

Quauhcihuatzin, princesa, 82
Quauhchinanco, pueblo, 28, 90
Quauhnahuac (véase Cuauhnahuac)
Quauhtequihua, señor, 80, 82
Quauhquechollan, estado, 4, 90
Quauhquetlollan, pueblo, 5
Quauhxolotilán, pueblo, 5
Quebec, 655
Quechólac, pueblo, 6, 303, 747
Quechollan, pueblo, 363
Querétaro, 1, 22
Quetzálcoatl, dios, 71, 191, 192, 210, 212, 213, 233, 228, 231, 238, 267, 341, 355, 417, 456, 457, 475, 493, 494, 807
Quetzalhua, capitán, 166
Quetzalla, pueblo, 152
Quiahuiztlán, pueblo, 441
Quiahuiztlán, cuartel, 91

Quiatlíhuac, guerrero, 118
Quilaztli. (*véase* Cihuacóatl.)
Quinatzin, rey, 82-84, 96, 100, 110
Quito, 651, 657, 694, 703, 706, 710, 791

## R

Ramírez de Fuenleal, Sebastián, 754
Real del Rosario, 95
Real Hacienda, 296, 516
Recchi, Nardo Antonio, 771
Régulo, Atilio, 652
Remedios, Ntra. Sra., 517
Reno, Palatinado de, 658
Reyes Católicos, 301, 311, 428, 513, 530, 589, 714, 721, 724, 725, 826
Retórica Cristiana, 231, 232, 255
Riccioli, cronista, 791
Río Grande. (*véase* Tolotlan.)
Rivas Fernando de, 752
Robertson, cronista, 647, 657, 710, 727, 728, 729, 754-758, 789, 790, 795, 802
Roger, historiador, 676
Roma, 348, 458, 652, 726, 759, 779, 806, 813, 827, 830
Román, Gerónimo, 755
Rusia, 644

## S

Sahagún, Fr. Bernardino de, 249, 286, 748, 749, 754, 761, 786, 792, 796, 800
Salamanca, ciudad, 331, 418
Salamanca, Juan de, 518
Salcedo, capitán, 531
Salomón, rey, 771
Saltillo, ciudad, 793
Salvatierra, ciudad, 500
Samaria, historiador, 32
San Agustín, 613, 806
San Ambrosio, 786
San Buenaventura, valle de, 95
San Francisco, convento, 181, 356

San Juan, cuartel, 102, 477
San Juan del Río, 329
San Juan de Ulúa, 415, 424, 503
San Luis Potosí, estado, 793, 800
San Lorenzo río, 641-643
San Pablo, cuartel, 102, 338, 477
San Pedro y San Pablo, colegio, 754
San Sebastián, cuartel, 102, 477
Sandoval, Gonzalo de, 418, 454, 476, 497, 500, 514, 517, 518, 531, 541, 542, 547, 548, 549, 550, 555, 561-567, 572, 576, 577, 583, 584
Santa Fe, pueblo, 736
Santa María, cuartel, 102
Santa María, llanura, 142, 360
Santiago, orden de, 423
Santo Domingo, isla de, 18, 532, 696, 792, 831
Santo Tomás, 214
Santo Toribio de Mogrovejo, 728
Saturno, reinado de, 212
Saucedo, Francisco de, 516
Sayula, región, 95
Seba, 681
Séneca, 617
Senegal, valle, 655, 693
Sepúlveda, naturalista, 721, 826
Sernaar, campos de, 408
Servio Tulio, 741
Sevilla, ciudad, 431, 469, 764, 795
Sevilla, Giralda de. 761, 831
Sicilia, isla de, 616, 745
Sierra Leona, 720
Sierra Madre, 12
Sierra Nevada, 12
Sinaloa, sierra de, 12, 95, 734
Sigüenza y Góngora, Carlos de, 108, 212, 238, 249, 252, 253-255, 349, 406, 413, 414, 599, 600, 603, 604, 605, 613, 624, 630, 631, 634-636, 642, 748, 749, 754-756, 761
Siria, 620, 623, 644, 720
Sixto V-. 356, 764
Sodoma y Gomorra, 611
Solís, Antonio de, 3n, 427, 518, 518, 633, 637, 761

Solón, 162
Sonora, 734
Soria, 665
Strys, viajero, 713
Suecia, 22
Suetonio, 652
Suriñam, estado de, 651
Surio, Lorenzo, 793, 794
Susmilch, historiador, 791
Sydenham, Tomás, 834

T

Tabasco, 7-8, 20, 420, 423, 424, 432, 433
Tacuba, reino de, 87, 106, 291, 292, 295, 305, 493, 648, 789, 202
Taerniel, autor, 697
Tamapachco, pueblo, 167
Tamazollan, ciudad, 157
Tamesí, rio, 655
Tapanicueta, pueblo, 500
Tapia, Andrés de, 555, 571, 575
Tarahumara, sierra, 12, 95
Tarécuaro, ciudad, 1
Tartaria Oriental, 609, 620, 621, 644, 720
Taximaroa, ciudad, 1, 72, 188
Tayatzin, príncipe, 119, 120, 121, 122, 123, 139
Tazcatlmiahuatl, princesa, 107
Teatlahuani. (*véase* ezcalzonecad.)
Tecalco, pueblo, 14
Tecale. *(véase* Tecalco.)
Tecamachalco, pueblo, 6, 303, 633, 747
Tecamatzin, tlaxcalteca, 572
Tecaxic, pueblo, 167
Tecayahuatzin, general, 187
Tecoantepac, provincia de, 157
Tecomic, pueblo, 110
Tecopatzinco, pueblo, 452
Tecotzantla, pueblo, 404
Tecpaltzin, señor, 92
Tecpanecatl, señor, 119, 446
Tecpantzinco, ciudad, 2

# ÍNDICE ALFABÉTICO

Tecpayocan, pueblo, 96
Techquihuatzin, Luisa, 454
Tepatepac, pueblo, 441
Tecpilpan, palacio de, 200
Tecuacuilli, maestro de ceremonias, 234
Tecuantepec, provincia, 174
Tecuichpotzin, reina, 532, 586
Tecuihtlán, pueblo, 6
Techotlalla, rey, 84, 110, 112, 145, 169, 297, 626
Tehuacán, 6, 9, 236
Tehuantepec, 7-8
Tehuayoc, cuartel, 513, 611
Tehuiloxocan, ciudad, 403
Telpochliliztli, 238
Telpolzin, señor, 132
Tembleque, Francisco de, 362
Telmiloltecatl, señor, 442, 444
Tempe, paseo de, 658
Tenancacaltzin, rey, 96
Tenamihe, estado, 80
Tenanco, pueblo, 4
Tenantitlán, pueblo, 7
Tenayocan, ciudad, 2-3, 74-82, 87, 96, 139, 152, 155, 163, 332, 511, 545, 555, 565
Tencuecuenoltzin, señor, 521
Tenepal, joven noble, 421
Tenoch, señor, 105, 607
Tenochtitlán, 100-102, 106, 403, 565, 568, 795
Tentzon, monte, 12
Teoacolhuacán, reino de, 75-76, 611
Teoatzinco, batalla, 445
Teocípactli. (*véase* Noé.)
Teochiapan, pueblo, 5
Teofrasto, 652
Teohuillocan, pueblo, 303
Teoitztla, pueblo, 5, 14
Teoitztla. (*véase* Tixtla.)
Teopixca, pueblo, 5, 602
Teopixqui, guarda de Dios, 234
Teotananco, pueblo, 166
Teotepil, general, 544
Teoteuctli, divinidad, 234

Teotihuacán, 2, 71, 145, 211, 212, 229, 230, 246, 280, 353, 414, 517
Teotlalpan, templo, 221, 232, 452
Teotzapotlán, capital, 5, 88, 303
Teoxahualco, pueblo, 152
Tepan, pueblo, 88
Tepanteohuatzin, vicario, 234, 237, 238, 239
Tepectipac, cuartel, 91
Tepehuana, pueblo, 95
Tepepolco, ciudad de, 2, 74, 83
Tepetlaoztoc, ciudad de, 2, 81
Tepeyacac, provincia de, 5, 14, 96, 225, 334, 462, 477, 525, 526, 531, 532, 562, 747, 798
Tepeyacac, tierra de, 2, 303, 403
Tepexi, provincia de, 697
Tepitoton, divinidad, 222
Tepozcololla, pueblo, 5
Tepotzotlán, pueblo, 81, 110, 152, 511
Tepotztlán, pueblo, 5, 47, 81
Tequiznahuacatl, chichimeca, 118
Tequixquiac, señorío de, 2, 126
Ternate, islas de, 654
Terracina, isla de, 653
Tetela, isla de, 90
Teteotinan, diosa, 103, 222, 265
Tetepanco, pueblo, 107
Tetepolco, pueblo, 204
Tetlatlo, general, 111
Tetlepanquetzaltzin, rey, 586
Tetzahuitl, 219
Tetzauhteotl, divinidad, 219
Tetzcatzoncatl, dios, 232
Tetzcotzinco, casa de campo, 128, 231
Teuctizintli, principe, 119, 120
Teuch, señor principal, 448
Teuchpan, rehén, 439
Teutlile, señor, 424-429
Teuyaotlatoa, 218
Texcoco, corte de, 2-3, 23, 72, 77, 82, 90, 117, 128-130, 142, 146, 147, 169, 197, 205, 229, 230, 296, 305, 306, 321, 332, 349, 452, 469, 470, 490, 532, 747, 796

Texcoco, lago, 1-3, 8, 78, 88, 90, 96, 112, 113, 117, 118, 150, 151, 167, 168, 173, 197, 291, 360, 417, 449, 468, 472, 564, 582, 789
Texcoco, rey de, 76, 91, 108, 437, 538-542, 555-558, 562, 638, 734, 747, 758, 802
Texcoco, señorío de, 80-81, 145, 437, 538, 539, 540, 541, 522, 555-558, 562, 638, 734, 747, 758, 802
Texcoco, templo de, 231, 761
Texcotzinco, pueblo, 200, 360
Texmelucan, ciudad de, 537
Texotla, pueblo, 439
Tezcacallí, templo, 228
Tezcacochitzin, señor, 139
Tezcatlipoca, 210, 212, 227, 228, 238, 246, 253, 258-260, 266, 279, 400, 750
Tezcatzoncatl, dios, 219, 236, 276, 277
Tezcociztecatl, señor de, 212
Tezcupan, agua cristalina, 229
Tezozomoc, Fernando de, 754
Tezozómoc, rey, 82, 84, 109, 111, 114-116, 119, 120, 126, 142, 157, 162, 293, 626, 635, 775
Tezpi. (*véase* Noé.)
Thelvanot, cronista, 716, 748, 752
Timor, isla de, 819
Tiripitío, ciudad, 1
Titicaca, lago, 747
Tito Livio, 652
Tixtla, estado, 5
Tizapán, pueblo de, 97, 549
Tizatlán, cuartel, 91, 317, 441
Tizatlacatzin, capitán, 187
Tizayocan, pueblo, 96
Tizoc, rey, 15555-158, 167, 168, 176, 224, 293, 296, 314, 404, 633, 634
Tlacael, 132
Tlacaellel, héroe, 132
Tlacahuepan-cuexcotzin, divinidad, 219
Tlacahueyen, divinidad, 269

Tlacapantzin, 96
Tlacatecatl, 775
Tlacatecco, templo, 172
Tlacateotl, rey, 112, 117
Tlacochcalcatl, dignidad militar, 313
Tlacopan, reino de, 1, 5, 143, 144, 148, 150, 151, 159, 170, 171, 225, 432, 477, 514-517, 545, 554, 559, 560, 561, 566-572, 578, 579, 586, 587, 775, 786, 789, 796
Tlacotepec, ciudad, 167, 200
Tlacozauhtitlan, pueblo, 152
Tlacuilollan, pueblo, 174
Tlachaulco, señorío, 179
Tlachco, 5, 12-13, 151, 168, 401, 747
Tlachmayoc, estado de, 5
Tlachquiauhco, pueblo, 5, 155, 184, 303
Tláhuac, (*véase* Cuitláhuac)
Tlahuican, tierra, 88
Tlahuitzin, doncella, 224
Tlalcozauhtitlán, estado, 5
Tlalcuechahuayan, pueblo, 303
Tlalhuicole, cap. gral., 188, 189
Tlalmanalco, ciudad, 157, 173, 466, 542, 549
Tlalnepantla, pueblo, 214
Tláloc, dios, 71, 208, 215, 228, 236, 241, 243, 256, 262, 277, 353
Tlalocan, tierra, 208
Tlalocateuctli, (*véase* Tlaloc)
Tlaloque, dios, 217
Tlalpan, pueblo, 167
Tlalquilolteuctli, sacerdote, 234
Tlalquiltenanco, ciudad, 148
Tlaltecatzin, rey, 84, 513
Tlatelolco, ciudad., 101, 106, 112, 117, 122, 125, 126, 163, 197, 198, 229, 267, 331, 341, 477, 478, 493, 568, 569, 579, 580-586, 618, 635, 752
Tlatelolco, iglesia de.
Tlatelolco, rey de, 125, 150, 151, 155, 156, 163, 165, 195, 342
Tlatenanco, pueblo, 5
Tlaltexcal, pueblo, 148

Tlalzacapechco, pueblo, 148
Tlamacazcayotl, orden de, 238
Tlamatzincatl, divinidad, 222
Tlamatzico, templo, 198
Tlami, mayordomo, 111
Tlapalan, reino de, 212, 213
Tlapixcatzin, maestro de capilla, 234
Tlatlacahua, dios, 212
Tlatlachtelco, ciudad, 155
Tlatlauhquitepec, pueblo, 6
Tlaxcala, obispo de, 723, 724
Tlaxcala, reino de, 1-2, 6, 88, 117, 129, 130, 188, 275, 298, 353, 444, 452, 453, 500, 503, 514, 517, 520, 524-526, 531, 534, 538, 539, 544, 556, 789, 800-803
Tlaxcala, república, 2, 6, 11, 13, 59, 88, 91, 118, 143, 184, 185, 186, 190, 217, 256, 270, 273, 291, 301, 317, 318, 334, 358, 441, 445-447, 451, 455-463, 523, 532, 542, 558, 562, 564, 637, 734, 743, 772, 788, 793, 798, 814
Tlaxcallan, capital, 91
Tlaximalco, llanura de, 83
Tlaximaloya, (*véase* Taximaroa)
Tlaximaloyan, ciudad, 1n, 4, 71, 167, 789, 790
Tlazolteotl, dios, 219, 279
Tlehuexolotzin, señor, 441, 446
Tlehuexolotzin, Don Gonzalo de, 524
Tlilantlenemacac, sacerdote, 218
Tlilcuetzpalin, señor, 166, 167
Tlillan, templo, 165, 172
Tlillancalmecatl, palacio, 465
Titototl, general, 174, 788
Tlixochitl, señor, 179
Tlotzin, príncipe, 80, 82, 84, 291
Tobilla, soldado, 500
Tochancalqui, soldado, 219
Tochimilco, río, 90
Tochinteuctli, general, 114
Tochinteuctli, señor, 114
Tochmantzin, señor, 128
Tochpan, pueblo, 167
Tochpanécatl, rey, 96, 105

Tochtepec, ciudad, 7, 13, 155, 159, 303, 348, 531
Tocha, pueblo, 5
Tochtlán, pueblo, 5, 7, 9, 417
Tochtlán, volcán, 12, 788
Tolan, ciudad de, 212, 218
Tolan, sacerdote, 210, 212
Tolantzinco, ciudad, 403
Tollan, 4, 68, 94, 96, 611, 613
Tollantzinco, ciudad, 2, 68, 81, 90, 624
Tolocan, pueblo, 1n 14, 16
Tolocan, volcán, 12
Tolocan, valle de, 4, 8, 14, 16, 215
Tololotlan, río, 8
Tolosa, ciudad, 721
Tolpetlac, pueblo, 96
Toltécatl, capitán, 172, 173
Toltitlan, ciudad, 148, 163
Toluca, valle de, 49, 87, 166, 167, 576, 697, 789
Tomalli, rehén de, 439
Tonacayohua, diosa, 217
Tonalla, río, 335
Tonnalan, provincia, 8
Tonantzin, diosa, 221
Tonatiuh, 218, 241, 499, 503
Topiltzin, rey, 69, 72, 241
Topoyanco, ciudad, 2, 446
Torella, Gaspar, 829, 830
Torquemada, Fray Juan de, 3n, 74, 89, 93, 95-96, 162, 167, 170, 198, 217, 231, 307, 427, 469, 535, 558, 624-628, 633-635, 638, 655, 661, 730, 734, 735, 743, 747, 749, 754, 761, 786, 792, 795, 796, 800, 830
Torti, historiador, 652
Toteotzin, señor, 132, 133, 149
Totepeuh, rey, 69
Totolapan, ciudad, 83, 152
Totonacapan, provincia, 6, 434
Totoquihuatzin, señor, 143, 144, 159, 172, 193
Tototepec, provincia de, 5, 7, 16, 53, 83
Tototlan, ciudad, 155

Touron, 786
Tovar, historiador, 95, 132, 761
Toxpapatí, fuente, 229
Toxtepalatl, fuente de agua bendita, 229
Tozantla, pueblo, 4
Tozin, rey, 119
Tozitzin, (*véase* Teteoman.
Tula, ciudad, 68, 70, 72, 74, 95, 417, 511, 624, 626-628, 633, 747, 789, 800
Tuonefort, 20
Turena, conchas de, 645
Turquía, 644
Tzapotlan, ciudad, 155
Tzapotlatenan, divinidad, 221, 372, 807
Tzatzitepec, monte de, 212
Tzihuacpopoca, señor, 521
Tzilacatzin, señor, 568
Tziltomiauh, viuda, 119
Tzimpantzinco, ciudad, 798, 803
Tzinacantepec, pueblo, 4, 166
Tzinpanzinco, pueblo, 525
Tzintzontzan, capital, 1
Tzintzontzan, lago, 8
Tzolan, estado, 194
Tzompahuacan, señorío, 4, 152
Tzompan, señor, 110
Tzompanco, pueblo, 2, 5, 9, 12, 96, 105
Tzoncoztlí, señor, 191
Tzontecómatl, príncipe, 75, 77, 81
Tzotzocatzin, señor, 169
Tzotzolan, pueblo, 191
Tzotzomatzin, señor, 173

U

Ukrania, 651
Ulloa, Antonio de, historiador, 18, 51, 655, 656, 659, 697, 710-712, 734, 833
Uruapan, ciudad de, 736

V

Vaalmont, cronista, 621

Valadés, Diego de, 231, 232, 255, 747, 749, 761
Valdecebro (*véase* Baldecebro).
Valeriano, Antonio, 752
Valladolid, ciudad de, 736
Varrón, cronista, 652
Vasco de Quiroga, obispo de Mich. 86, 736
Vaticano, ciudad del, 652
Velázquez, Diego de, 415, 418, 497
Velázquez de León, Juan, 418, 454, 476, 500, 516
Venus, planeta, 228
Veracruz, provincia de, 7-8, 10, 39, 56, 61, 424, 435, 438, 458, 462, 463-465, 483, 497, 500, 503, 525, 531, 532, 549, 578, 655, 656, 800
Verde, cabo, 758
Verulamio de Bacon, 817
Vesubio, volcán, 644, 817
Vetancourt (*véase* Betancourt.)
Victoria, Nuestra Sra. de la, 421
Villafaña, Antonio de, 555
Villaviciosa, ciudad, 431
Vizcaya, 745
Volga, río, 644
Votan, 87

W

Walton, Adrián, 748
Winsor, selva de, 688

X

Xacateuctli, dios, 265, 269, 277
Xalapa, provincia, 439
Xalatlauhco, pueblo, 4, 170
Xaltepec, pueblo, 174
Xaltilolco, tierra de, 101
Xaltocan, lago, 9, 77, 97, 108, 110-111, 186, 545, 628
Xelgua, señor, 607
Xialatlaco, pueblo, 166
Xicalango, pueblo, 423
Xicallancatl, señor, 607
Xicayan, costa, 7, 25, 56, 58

Xicotencatl, hijo, 444, 446, 447, 451, 461, 523-525, 535, 556, 557
Xicotencatl, señor, 441, 442, 449, 454
Xicotencatl, Vicente, 524
Xichu, provincia, 1n, 789, 790
Xiloman, señor, 164
Xilomen, diosa, 263
Xilotepec, ciudad, 4, 85, 157, 163, 303, 329, 332
Xilixochitla, pueblo, 187
Xipe, dios, 221, 246, 256, 356
Xiquipilco, pueblo, 4, 166, 167
Xiuhnenetl, 274
Xiuhtepec, pueblo, 148, 217, 551
Xiuhteuctli, dios, 198, 217, 265
Xiuhtlemin,Xiuhtlaminma,capitán, 274
Xiuhtzaltzin, reina, 69
Xoconochco, estado, 4, 7, 87, 303, 788, 789
Xocotitlan, pueblo, 167
Xocotla, pueblo, 439, 440, 444
Xocotlan, pueblo, 321
Xocotzin, reina, 169
Xoconocho, provincia, 3n 20
Xochiatzin, 96
Xochimilco, ciudad, 3, 8, 88, 108, 146, 152, 163, 166, 335, 552, 553, 569, 796
Xochimilco, lago de, 3, 88, 332
Xochiquetzal, doncella, 208, 217
Xochitepec, pueblo, 5, 7, 198
Xochitonal, cocodrilo, 279
Xochitzinco, ciudad, 403
Xoloc, fuerte, 470, 517
Xólotl, rey, 73-78, 82, 84, 89, 96, 110, 118, 119, 211, 212, 296, 301, 626, 627
Xomomitl, 100
Xoxopanco, pueblo, 6

## Y

Yacapichtla, pueblo, 152, 547, 548
Yacateuctli, guía, 221
Yacazozólotl, señor, 81
Yanquitlán, pueblo, 5, 167
Yappan, señor, 224
Yautepec, estado, 5, 152, 551
Ylachmallac, pueblo, 152
Yohualteuctli, dios, 218
Yohualtícitl, diosa, 218, 273
Yolqui, introductor de embajadores, 111
Yootl, señor, 224
Yopico, templo, 221
Yotiualicahuatzin, señor, 511
Yucatán, estado, península, 7-8, 54-56, 72, 214, 348, 349, 380, 420, 617, 665, 737

## Z

Zacamalco, pueblo, 517
Zacapu, ciudad, 1
Zacatecas, ciudad de, 95, 678
Zacatepec, bosque de, 328, 527
Zacatlán, estado, 2, 6, 80
Zacatolan, provincia de, 4, 789, 791
Zacatollan, provincia, 1n, 6, 13
Zacatula, provincia, 95, 745
Zahuapan, río de, 454, 544, 805
Zollan, pueblo, 5
Zoltepec, pueblo, 4, 537
Zomoli, santuario, 193
Zoncoliuhcan, pueblo, 23
Zumárraga, Fr. Juan de, 222, 721
Zumpango, ciudad, 96, 97, 104, 627, 628, 789
Zurita, Alonso de, juez, 774

# ÍNDICE GENERAL

Prólogo del P. Mariano Cuevas . . . . . . . . . . . . . . . . . . . . . . . . . . . . IX
Bibliografía . . . . . . . . . . . . . . . . . . . . . . . . . . . . . . . . . . . . . . . . . . XV
Dedicatoria a la Universidad de México . . . . . . . . . . . . . . . . . . . . . XVII
Prólogo del autor . . . . . . . . . . . . . . . . . . . . . . . . . . . . . . . . . . . . . XXI
Noticia de los historiadores de México. Siglo XVI . . . . . . . . . . . . . . XXIV
Siglo XVII . . . . . . . . . . . . . . . . . . . . . . . . . . . . . . . . . . . . . . . . . . XCCIX
Siglo XVIII . . . . . . . . . . . . . . . . . . . . . . . . . . . . . . . . . . . . . . . . . . XXXI
Pinturas mexicanas . . . . . . . . . . . . . . . . . . . . . . . . . . . . . . . . . . . XXXV

## LIBRO I

DESCRIPCIÓN DEL REINO DE MÉXICO. SU TIERRA, SU CLIMA, SUS MONTES, SUS RÍOS Y LAGOS. SUS MINERALES, SUS PLANTAS, SUS ANIMALES Y SUS HOMBRES.

1. División de la tierra de Anáhuac . . . . . . . . . . . . . . . . . . . . . . . 1
2. Situación y provincias del reino de México . . . . . . . . . . . . . . . 2
3. Provincias mediterráneas del reino de México . . . . . . . . . . . . . 4
4. Provincias marítimas . . . . . . . . . . . . . . . . . . . . . . . . . . . . . . . 6
5. Ríos, lagos y fuentes . . . . . . . . . . . . . . . . . . . . . . . . . . . . . . . 8
6. Clima de Anáhuac . . . . . . . . . . . . . . . . . . . . . . . . . . . . . . . . . 10
7. Volcanes, canteras y minerales . . . . . . . . . . . . . . . . . . . . . . . 11
8. Plantas recomendables por sus flores . . . . . . . . . . . . . . . . . . 14
9. Plantas útiles por su fruto . . . . . . . . . . . . . . . . . . . . . . . . . . . 16
10. Plantas útiles por su raíz, bojas, tallo o madera . . . . . . . . . . . 21
11. Plantas provechosas por sus resinas, gomas, aceites y jugos . . . . . . . . . 25
12. Cuadrúpedos del reino de México . . . . . . . . . . . . . . . . . . . . . 29
13. Aves del reino de México . . . . . . . . . . . . . . . . . . . . . . . . . . . 37
14. Reptiles del reino de México . . . . . . . . . . . . . . . . . . . . . . . . . 45
15. Peces de los mares, ríos y lagos de Anáhuac . . . . . . . . . . . . . 49
16. Insectos de Anáhuac . . . . . . . . . . . . . . . . . . . . . . . . . . . . . . . 53
17. Carácter de los mexicanos y demás naciones de Anáhuac . . . . . . . . . . 61

## LIBRO II

LOS TOLTECAS, CHICHIMECAS, ACOLHUAS, OLMECAS Y DEMÁS NACIONES QUE OCUPARON LA TIERRA DE ANÁHUAC ANTES DE LOS MEXICANOS. SALIDA DE LOS AZTECAS O MEXICANOS DE SU PATRIA DE AZTLÁN. SUCESOS DE SU PEREGRINACIÓN HASTA LA TIERRA DE ANÁHUAC. SU ESTABLECIMIENTO EN CHAPULTEPEC Y EN COLHUACAN. FUNDACIÓN DE LA CIUDAD DE MÉXICO Y DIVISIÓN DE LOS TENOCHCAS Y TLALTILOLCAS. SACRIFICIO DE UNA DONCELLA COLHUA EN MÉXICO.

1. Los toltecas . . . . . . . . . . . . . . . . . . . . . . . . . . . . . . . . . . . . . 67
2. Policía de los toltecas . . . . . . . . . . . . . . . . . . . . . . . . . . . . . . 69
3. Ruina de los toltecas . . . . . . . . . . . . . . . . . . . . . . . . . . . . . . . 72

4. Los chichimecas ................................. 72
5. Xólotl, primer rey chichimeca ....................... 73
6. Los acolhuas y otras gentes ......................... 75
7. División de Estados y rebelión de chichimecas ............ 77
8. Muerte y exequias de Xólotl ......................... 78
9. Nopaltzin, segundo rey chichimeca .................... 79
10. Tloltzin, tercer rey chichimeca ....................... 82
11. Quinatzin, cuarto rey chichimeca ..................... 82
12. Los olmecas y los otomíes .......................... 85
13. Los tarascos .................................... 86
14. Mazahuas, matlalzincas y otras naciones ................ 87
15. Los nahuatlacas ................................. 88
16. Los tlaxcaltecas ................................. 89
17. Viaje de los mexicanos al país de Anáhuac ............... 92
18. Cautiverio de los mexicanos en Colhuacán ............... 97
19. Fundación de México .............................. 100
20. División de los mexicanos y fundación de Tlaltelolco ....... 101
21. Sacrificio inhumano en la dedicación de su primer santuario .. 102

## LIBRO III

FUNDACIÓN DE LA MONARQUÍA MEXICANA. SUCESOS DE LA NACIÓN DURANTE SUS CUATRO PRIMEROS REYES HASTA LA RUINA DE LOS TEPANECAS Y CONQUISTA DE AZCAPOTZALCO. HAZAÑAS DE MOCTEZUMA ILHUICAMINA. GOBIERNO Y MUERTE DE TECHOTLALA, QUINTO REY CHICHIMECA. REVOLUCIONES DE ACOLHUACAN Y MUERTE DE SU REY IXTLIXOCHITL Y DE LOS TIRANOS TEZOZOMOC Y MAXTLATON.

1. Acamapichtli, primer rey de México .................... 105
2. Cuacuauhpitzahuac, primer rey de Tlaltelolco ............. 106
3. Nuevo tributo impuesto a los mexicanos ................. 107
4. Huitzilíhuitl, segundo rey de México ................... 109
5. Techotlalla, rey de Acolhuacán ....................... 110
6. Enemistad de Maxtlaton con el rey de México y sus efectos ... 111
7. Tlacateotl, segundo rey de Tlaltelolco .................. 113
8. Ixtlixóchitl, rey de Acolhuacán ....................... 113
9. Chimalpopoca, tercer rey de México .................... 115
10. Acción memorable de un noble texcocano ................ 116
11. Muerte trágica del rey Ixtlixóchitl .................... 117
12. Tributo impuesto por el tirano Tezozomoc ............... 119
13. Muerte del tirano Tezozomoc ......................... 121
14. Maxtlaton tirano ................................. 123
15. Injurias del tirano al rey de México ................... 124
16. Prisión y muerte de Chimalpopoca ..................... 126
17. Persecución contra el príncipe Nezahualcóyot ............ 128
18. Negociaciones de Nezahualcóyotl para recobrar el reino ..... 129
19. Itzcoatl, rey de México ............................. 131
20. Aventuras de Moctezuma Ilhuicamina ................... 132
21. Guerra contra el tirano ............................. 136
22. Conquista de Azcapotzalco y muerte del tirano ............ 139

## ÍNDICE GENERAL

### LIBRO IV

RESTABLECIMIENTO DE LA FAMILIA REAL CHICHIMECA EN EL TRONO DE ACOLHUACAN. FUNDACIÓN DE LA MONARQUÍA DE TLACOPAN. CONQUISTA Y MUERTE DEL REY ITZCOATL. CONQUISTA Y SUCESOS DE MOCTEZUMA ILHUICAMINA Y AXAYACALT, REYES DE MÉXICO. INUNDACIÓN DE MÉXICO. GUERRA ENTRE MEXICANOS Y TLALTELOLCAS. CONQUISTA DE TLALTELOLCO Y MUERTE DE SU REY MOQUIHUIX. GOBIERNO, MUERTE Y ELOGIO DE NEZAHUALCOYOTL. SUBE AL TRONO SU HIJO NEZAHUALPILI.

1. Restablecimiento de la familia real de los chichimecas . . . . . . . . . . . 141
2. Conquista de Coyohuacán y otros lugares . . . . . . . . . . . . . . . . . 142
3. Monarquía de Tlacopan y alianza de los tres reyes . . . . . . . . . . . . . 143
4. Reglamentos singulares del rey Nezahualcóyotl . . . . . . . . . . . . . . 144
5. Conquistas de Xochimilco, Cuitláhuac y Cuauhnáhuac . . . . . . . . . . 145
6. Moctezuma Ilhuicamina, quinto rey de México . . . . . . . . . . . . . . 148
7. Atrocidad de los chalcas y su castigo . . . . . . . . . . . . . . . . . . . . 149
8. Casamiento de Nezahualcóyotl con una princesa de Tlacopan . . . . . . 149
9. Muerte del rey de Tlaltelolco . . . . . . . . . . . . . . . . . . . . . . . . 150
10. Conquistas de Moctezuma . . . . . . . . . . . . . . . . . . . . . . . . . 151
11. Inundación de México y su reparo . . . . . . . . . . . . . . . . . . . . . 151
12. Hambre en México . . . . . . . . . . . . . . . . . . . . . . . . . . . . . 152
13. Nuevas conquistas de Moctezuma y su muerte . . . . . . . . . . . . . . 152
14. Axayácatl, sexto rey de México . . . . . . . . . . . . . . . . . . . . . . . 157
15. Muerte y elogio del rey Nezahualcóyotl . . . . . . . . . . . . . . . . . . 158
16. Conquista de Tlaltelolco y muerte del rey Moquihuix . . . . . . . . . . . 162
17. Nuevas conquistas del rey Axayácatl . . . . . . . . . . . . . . . . . . . . 165
18. Tízoc, séptimo rey de México . . . . . . . . . . . . . . . . . . . . . . . . 166
19. Guerra del rey de Acolhuacán con los huexotzincas . . . . . . . . . . . . 167
20. Casamiento del rey Nezahualpili con dos señoras mexicanas . . . . . . . 168
21. Muerte trágica del rey Tízoc . . . . . . . . . . . . . . . . . . . . . . . . 168
22. Ahuízotl, octavo rey de México . . . . . . . . . . . . . . . . . . . . . . . 169
23. Dedicación del Templo Mayor de México . . . . . . . . . . . . . . . . . 169
24. Conquistas del rey Ahuítzotl . . . . . . . . . . . . . . . . . . . . . . . . 170
25. Nueva inundación de México . . . . . . . . . . . . . . . . . . . . . . . . 172
26. Nuevas conquistas y muerte de Ahuízotl . . . . . . . . . . . . . . . . . . 173

### LIBRO V

SUCESOS DE MOCTEZUMA XOCOYOTZIN, NOVENO REY DE MÉXICO HASTA EL AÑO DE 1519. NOTICIA DE SU VIDA Y GOBIERNO, Y DE LA MAGNIFICENCIA DE SUS PALACIOS, JARDINES Y BOSQUES. GUERRA DE TLAXCALA Y SUCESOS DE TLAHUICOLE, CAPITÁN TLAXCALTECA. MUERTE Y ELOGIO DE NEZAHUALPILII, REY DE ACOLHUACAN, Y NUEVAS REVOLUCIONES DE AQUEL REINO. PRESAGIOS DE LA CONQUISTA DE LOS ESPAÑOLES.

1. Moctezuma Xocoyotzin, noveno rey de México . . . . . . . . . . . . . . 175
2. Magnificencia y fausto del rey Moctezuma . . . . . . . . . . . . . . . . 178
3. Buenas y malas cualidades del rey Moctezuma . . . . . . . . . . . . . . 182
4. Guerra de Tlaxcala . . . . . . . . . . . . . . . . . . . . . . . . . . . . . 184
5. Tlahuicole, célebre general tlaxcalteca . . . . . . . . . . . . . . . . . . . 188
6. Hambre en las tierras del imperio y obras públicas de la corte . . . . . . 189

7. Rebelión de los mixtecas y zapotecas . . . . . . . . . . . . . . . . . . . . . 190
8. Diferencias de los cholultecas y huexotzincas . . . . . . . . . . . . . . . 191
9. Expediciones contra Atlixco, Tzolan, Cuauhquecholan y Amatlán . . . . . 192
10. Presagios de la guerra de los españoles . . . . . . . . . . . . . . . . . . 192
11. Suceso memorable de una princesa mexicana . . . . . . . . . . . . . . . . 195
12. Fenómenos notables . . . . . . . . . . . . . . . . . . . . . . . . . . . . 197
13. Erección de nueva ara para los sacrificios y nuevas expediciones de los mexicanos . . . . . . . . . . . . . . . . . . . . . . . . . . . . . . . . . 197
14. Muerte y elogio del rey Nezahualpilli . . . . . . . . . . . . . . . . . . . 199
15. Revoluciones del reino de Acolhuacán . . . . . . . . . . . . . . . . . . . 202

## LIBRO VI

DE LA RELIGIÓN DE LOS MEXICANOS: DE SUS DIOSES, TEMPLOS, SACERDOTES, SACRIFICIOS Y OBLIGACIONES. DE SUS AYUNOS Y AUSTERIDADES. DE SU CRONOLOGÍA, CALENDARIO Y FIESTAS. DE LOS RITOS EN EL NACIMIENTO DE LOS HIJOS, EN SUS MATRIMONIOS Y FUNERALES.

1. Dogmas de su religión . . . . . . . . . . . . . . . . . . . . . . . . . . . 207
2. Dioses de la providencia y del cielo . . . . . . . . . . . . . . . . . . . 209
3. Apoteosis del sol y la luna . . . . . . . . . . . . . . . . . . . . . . . . 211
4. El dios del aire . . . . . . . . . . . . . . . . . . . . . . . . . . . . . 213
5. Los dioses de los montes, las aguas, el fuego, la tierra, la noche y el infierno . . . . . . . . . . . . . . . . . . . . . . . . . . . . . . . . . 216
6. Los dioses de la guerra . . . . . . . . . . . . . . . . . . . . . . . . . . 218
7. Los dioses del vino, la sal, la caza, la pesca y la medicina . . . . . . . 220
8. Sus ídolos y su culto . . . . . . . . . . . . . . . . . . . . . . . . . . . 223
9. Sus metamorfosis . . . . . . . . . . . . . . . . . . . . . . . . . . . . . 224
10. El Templo Mayor de México . . . . . . . . . . . . . . . . . . . . . . . . 224
11. Edificios anexos al Templo Mayor . . . . . . . . . . . . . . . . . . . . . 228
12. Otros templos . . . . . . . . . . . . . . . . . . . . . . . . . . . . . . 230
13. Rentas de los templos . . . . . . . . . . . . . . . . . . . . . . . . . . 232
14. Número y grados diversos de sacerdotes . . . . . . . . . . . . . . . . . . 232
15. Empleos de los sacerdotes, su traje y su vida . . . . . . . . . . . . . . 234
16. Sus sacerdotisas . . . . . . . . . . . . . . . . . . . . . . . . . . . . . 236
17. Sus diferentes órdenes de religiosos . . . . . . . . . . . . . . . . . . . 238
18. Sacrificio ordinario de víctimas humanas . . . . . . . . . . . . . . . . . 239
19. Sacrificio gladiatorio . . . . . . . . . . . . . . . . . . . . . . . . . . 241
20. Número incierto de víctimas . . . . . . . . . . . . . . . . . . . . . . . 242
21. Sacrificios de animales y varias oblaciones . . . . . . . . . . . . . . . 243
22. Sacrificios crueles en Cuauhtitlan . . . . . . . . . . . . . . . . . . . . 244
23. Austeridades y ayunos de los mexicanos . . . . . . . . . . . . . . . . . . 245
24. Penitencias célebres de los tlaxcaltecas . . . . . . . . . . . . . . . . . 247
25. Edad, siglo y año mexicanos . . . . . . . . . . . . . . . . . . . . . . . 248
26. Mes mexicano . . . . . . . . . . . . . . . . . . . . . . . . . . . . . . . 251
27. Días intercalares . . . . . . . . . . . . . . . . . . . . . . . . . . . . 253
28. Arte divinatoria . . . . . . . . . . . . . . . . . . . . . . . . . . . . . 254
29. Figuras de los años, meses y siglos . . . . . . . . . . . . . . . . . . . 255
30. Años y meses chiapanecos . . . . . . . . . . . . . . . . . . . . . . . . . 255
31. Fiestas de los cuatro primeros meses . . . . . . . . . . . . . . . . . . . 256
32. Fiesta grande del dios Tezcatlipoca . . . . . . . . . . . . . . . . . . . 258

| | | |
|---|---|---|
| 33. | Fiesta grande del dios de la guerra | 260 |
| 34. | Fiestas de los meses 6°, 7°, 8° y 9° | 262 |
| 35. | Fiestas de los meses 10°, 11°, 12° y 13° | 265 |
| 36. | Fiestas de los últimos cinco meses | 267 |
| 37. | Fiestas seculares | 271 |
| 38. | Ritos en el nacimiento de los hijo | 272 |
| 39. | Ritos nupciales | 275 |
| 40. | Ritos funerales | 278 |
| 41. | Sepulcros | 281 |

## LIBRO VII

GOBIERNO POLÍTICO, MILITAR Y ECONÓMICO DE LOS MEXICANOS. SUS REYES Y SEÑORES, EJECUTORES, EMBAJADORES, DIGNIDADES Y MAGISTRADOS. SUS JUICIOS, LEYES Y PENAS DE SU MILICIA. SU AGRICULTURA, CAZA, PESCA Y COMERCIO. SUS JUEGOS, SUS TRAJES, ALIMENTOS Y UTENSILIOS. SU LENGUAJE, POESÍA, MÚSICA Y DANZAS. SU MEDICINA. SU HISTORIA Y PINTURA. SU ESCULTURA, SUS OBRAS DE FUNDICIÓN Y DE MOSAICO. SU ARQUITECTURA Y OTRAS ARTES.

| | | |
|---|---|---|
| 1. | Crianza de los hijos | 284 |
| 2. | Exposición de 7 pinturas mexicanas sobre la educación | 284 |
| 3. | Instrucción de un padre a su hijo | 286 |
| 4. | Instrucciones de una madre a su hija | 288 |
| 5. | Escuelas públicas y seminarios | 290 |
| 6. | Derecho mexicano sobre la elección del rey | 292 |
| 7. | Pompa y ceremonia en la proclamación y unción del rey | 293 |
| 8. | Coronación del rey, corona, vestido e insignias | 294 |
| 9. | Derechos del rey | 295 |
| 10. | Consejos reales y oficiales de casa y corte | 296 |
| 11. | Embajadores | 297 |
| 12. | Correos y postas | 298 |
| 13. | Nobleza y derechos de sucesión | 299 |
| 14. | División de las tierras y diversos títulos de posesión y propiedad | 300 |
| 15. | Tributos y gravámenes de los vasallos | 302 |
| 16. | Magistratura de México y de Acolhuacán | 304 |
| 17. | Leyes penales | 306 |
| 18. | Leyes sobre los esclavos | 309 |
| 19. | Leyes de otros países | 311 |
| 20. | Penas y cárceles | 312 |
| 21. | Oficiales de guerra y órdenes militares | 313 |
| 22. | Vestido militar del rey | 314 |
| 23. | Armas de los mexicanos | 315 |
| 24. | Estandartes e instrumentos militares | 317 |
| 25. | Modo de declarar y hacer la guerra | 318 |
| 26. | Fortificaciones | 321 |
| 27. | Sementeras y jardines nadantes en el lago mexicano | 323 |
| 28. | Método de cultivar la tierra | 324 |
| 29. | Eras y trojes | 325 |
| 30. | Huertas, jardines y bosques | 325 |
| 31. | Plantas que más cultivaban | 327 |
| 32. | Crianza de animales | 327 |

| | | |
|---|---|---|
| 33. | Caza de los mexicanos | 328 |
| 34. | Pesca | 330 |
| 35. | Comercio | 331 |
| 36. | Moneda | 332 |
| 37. | Reglamento sobre el comercio | 333 |
| 38. | Práctica de los viajes de los mercaderes | 334 |
| 39. | Caminos, puentes, albergues | 335 |
| 40. | Hombres de carga | 336 |
| 41. | Lengua mexicana | 336 |
| 42. | Oratoria y poesía | 339 |
| 43. | Teatro mexicano | 341 |
| 44. | Música | 342 |
| 45. | Danzas | 343 |
| 46. | Juegos | 345 |
| 47. | Diversas suertes de pinturas mexicanas | 348 |
| 48. | Lienzo y colores | 350 |
| 49. | Carácter de su pintura y modo de representar los objetos | 352 |
| 50. | Escultura | 354 |
| 51. | Obras de fundición | 355 |
| 52. | Obras de mosaico | 356 |
| 53. | Arquitectura doméstica | 358 |
| 54. | Acueductos y calzadas | 361 |
| 55. | Restos de edificios antiguos | 361 |
| 56. | Canteros, lapidarios y alfareros | 362 |
| 57. | Carpinteros, tejedores, etc. | 364 |
| 58. | Lista de piezas curiosas que envió Cortés a Carlos V | 365 |
| 59. | Conocimiento de la naturaleza y uso de los simples medicinales | 367 |
| 60. | Infusiones, emplastos, aceites | 369 |
| 61. | Sangrías y baños | 369 |
| 62. | El temascal o hipocausto mexicano | 370 |
| 63. | Cirugía | 371 |
| 64. | Alimentos de los mexicanos | 372 |
| 65. | Su vino | 375 |
| 66. | Vestido y calzado | 376 |
| 67. | Ornato de su cuerpo | 376 |
| 68. | Muebles y empleos domésticos | 377 |
| 69. | Uso del tabaco | 379 |
| 70. | Plantas usadas en vez de jabón | 380 |

ADICIONES PARA AYUDA DE LA HISTORIA

El siglo mexicano . . . . . . . . . . . . . . . . . . . . . . . . . . . . . . . 381
Años mexicanos desde la fundación hasta la conquista de México, comparados con los años cristianos . . . . . . . . . . . . . . . . . . . . . 381
Calendario Mexicano . . . . . . . . . . . . . . . . . . . . . . . . . . . . 385
Explicación de las figuras oscuras . . . . . . . . . . . . . . . . . . . . . 395
Carta del abate Lorenzo Hervás al autor sobre el Calendario Mexicano . . . . 403
Advertencia sobre la obra *Cartas Americanas* . . . . . . . . . . . . . . . 411

ÍNDICE GENERAL

## LIBRO VIII

ARRIBO DE LOS ESPAÑOLES A LAS COSTAS DE ANÁHUAC. SOBRESALTOS, EMBAJADAS Y PRESENTES DE MOCTEZUMA. CONFEDERACIÓN DE LOS ESPAÑOLES CON LOS TOTONACAS. SU GUERRA Y ALIANZA CON LOS TLAXCALTECAS. SU SEVERA VENGANZA EN CHOLULA. SU SOLEMNE ENTRADA EN LA CORTE DE MÉXICO. FUNDACIÓN DE LA VILLA RICA DE LA VERACRUZ.

1. Primeros viajes de los españoles a las costas de Anáhuac . . . . . . . . . . 415
2. Carácter de los principales conquistadores de México . . . . . . . . . . . . 417
3. Armada y viaje de Hernán Cortés . . . . . . . . . . . . . . . . . . . . . . . 419
4. Victoria de los españoles en Tabasco . . . . . . . . . . . . . . . . . . . . . 420
5. Noticias de la célebre doña Marina . . . . . . . . . . . . . . . . . . . . . . 421
6. Desembarque de la armada española en las costas de Anáhuac . . . . . . . 423
7. Sobresaltos de Moctezuma, primera embajada y presente magnífico a Cortés . . . . . . . . . . . . . . . . . . . . . . . . . . . . . . . . . . . . . . 426
8. Presente de Moctezuma para el rey católico . . . . . . . . . . . . . . . . . 428
9. Embajada del señor de Cempoala a Cortés y sus consecuencias . . . . . . . 429
10. Prisión en Chiahuitztla de cinco ministros reales de México . . . . . . . . 432
11. Confederación de los totonacas con los españoles . . . . . . . . . . . . . . 434
12. Fundación de Veracruz . . . . . . . . . . . . . . . . . . . . . . . . . . . . . 434
13. Nueva embajada y presente de Moctezuma . . . . . . . . . . . . . . . . . . 435
14. Demolición de los ídolos de Cempoala . . . . . . . . . . . . . . . . . . . . 436
15. Relación de Cortés al rey católico . . . . . . . . . . . . . . . . . . . . . . 438
16. Acción grande de Cortés . . . . . . . . . . . . . . . . . . . . . . . . . . . . 438
17. Viaje de los españoles hasta las tierras de Tlaxcala . . . . . . . . . . . . . 439
18. Alteración de Tlaxcala y deliberación del Senado sobre los españoles . . . 441
19. Guerra de Tlaxcala . . . . . . . . . . . . . . . . . . . . . . . . . . . . . . . 445
20. Nuevos embajadores y presentes de Moctezuma a Cortés . . . . . . . . . . 448
21. Paz y confederación de los tlaxcaltecas con los españoles . . . . . . . . . . 450
22. Embajada y ofertas del príncipe Ixtlilxóchitl. Confederación de los huexotzincas . . . . . . . . . . . . . . . . . . . . . . . . . . . . . . . . . . . . 451
23. Reconocimiento de la República de Tlaxcala al rey católico . . . . . . . . 452
24. Entrada de los españoles en Tlaxcala . . . . . . . . . . . . . . . . . . . . . 452
25. Enemistad entre los cholultecas y tlaxcaltecas . . . . . . . . . . . . . . . . 455
26. Entrada de los españoles en Cholula . . . . . . . . . . . . . . . . . . . . . 457
27. Venganza ejecutada en los cholultecas . . . . . . . . . . . . . . . . . . . . 459
28. Paz de Cholula. Reconocimiento a España de los cholultecas y tepeyacas . . . 461
29. Nueva embajada y presente del rey de México . . . . . . . . . . . . . . . . 462
30. Marcha de los españoles a México. Nuevos sobresaltos y embajadas de Moctezuma . . . . . . . . . . . . . . . . . . . . . . . . . . . . . . . . . . . 464
31. Nuevas alianzas contraídas por Cortés . . . . . . . . . . . . . . . . . . . . 466
32. Visita del rey de Texcoco a Cortés . . . . . . . . . . . . . . . . . . . . . . 467
33. Entrada de los españoles en Texcoco . . . . . . . . . . . . . . . . . . . . . 468
34. Entrada en Iztapalapa . . . . . . . . . . . . . . . . . . . . . . . . . . . . . 469
35. Entrada de los españoles en México . . . . . . . . . . . . . . . . . . . . . 470

# LIBRO IX

CONFERENCIA DE MOCTEZUMA CON EL GENERAL ESPAÑOL. PRISIÓN DE LOS REYES DE MÉXICO Y DE ACOLHUACAN Y DE OTROS SEÑORES. SUPLICIO DE CUAUHPOPOCA. TENTATIVAS DEL GOBERNADOR DE CUBA CONTRA CORTÉS Y DERROTA DE PÁNFILO DE NARVÁEZ. MUERTE DE UNA PARTE DE LA NOBLEZA MEXICANA Y ALTERACIÓN DEL PUEBLO. MUERTE DE MOCTEZUMA. PELIGRO Y COMBATE DE LOS ESPAÑOLES; SU DERROTA EN LA NOCHE TRISTE, BATALLA DE OTUMBA Y RETIRADA A TLAXCALA. ELECCIÓN DEL REY CUITLAHUATZIN. VICTORIAS DE LOS ESPAÑOLES EN TEPEYACAC, XALATZINCO, TECAMACHALCO Y CUAUHQUECHOLLAN. ESTRAGO DE LAS VIRUELAS. MUERTE DE CUITLAHUATZIN Y DE LOS PRÍNCIPES CUICUITZCAL Y MAXICATZIN. ELECCIÓN EN MÉXICO DEL REY CUAUHTEMOTZIN.

1. Presente del rey a Cortés y primera conferencia ............... 473
2. Visita de Cortés al rey ................................. 475
3. Descripción de la ciudad de México ..................... 477
4. Demostraciones de Cortés por el celo de la religión ............ 479
5. Prisión de Moctezuma ................................. 480
6. Vida del rey en la prisión ............................... 485
7. Suplicio del señor de Nauhtlán y nuevo insulto a la majestad del rey .... 486
8. Esfuerzos del rey de Acolhuacán contra los españoles ........... 489
9. Prisión del rey de Acolhuacán y de otros señores. Exaltación del príncipe Cuicuitzcatzin ................................. 491
10. Reconocimiento solemne del rey y nobleza mexicana al rey de España ... 493
11. Primer tributo de México a la corona de Castilla ................ 494
12. Alteración de la nobleza mexicana y nuevos sobresaltos de Moctezuma ... 495
13. Armada de Velázquez contra Cortés ........................ 497
14. Victoria de Cortés contra Narváez ......................... 500
15. Estrago ejecutado en la nobleza mexicana y sus efectos ........... 500
16. Combates en la capital entre españoles y mexicanos ............. 504
17. Razonamiento del rey al pueblo, su afrenta y sus heridas ......... 506
18. Terrible combate en el templo ............................ 507
19. Muerte de Moctezuma II y de otros señores .................. 510
20. Terrible derrota de los españoles en la Noche Triste ............ 514
21. Marcha trabajosa de los españoles hacia Tlaxcala .............. 516
22. Batalla famosa de Otumba .............................. 517
23. Retirada de los españoles a Tlaxcala ....................... 519
24. Elección en México del rey de Cuitlahuatzin y sus providencias .... 520
25. Embajada de Cuitlahuatzin a los tlaxcaltecas ................. 522
26. Bautismo de los cuatro señores de Tlaxcala .................. 524
27. Desaliento de algunos españoles .......................... 524
28. Guerra de los españoles en Tepeyacac ...................... 525
29. Guerra de Cuauquecholan ............................... 526
30. Guerra de Itzocan ..................................... 529
31. Guerra de Xalotzinco, Tecamachalco y Tochtepec .............. 530
32. Estrago de las viruelas. Muerte de Cuitlahuatzin y del príncipe Maxixcatzin. Elección del rey Cuauhtemotzin .......................... 531
33. Exaltación del príncipe Coanacotzin y muerte del príncipe Cuicuitzcatzin . 532

ÍNDICE GENERAL 877

## LIBRO X

MARCHA DE LOS ESPAÑOLES A TEXCOCO. SUS NEGOCIACIONES CON LOS MEXICANOS; SUS CORRERÍAS Y BATALLAS EN LOS CONTORNOS DEL LAGO. SU EXPEDICIÓN CONTRA YACANICHTLAN, CUAUHNAHUAC Y OTROS LUGARES. CONSTRUCCIÓN DE LOS BERGANTINES. CONJURACIÓN CONTRA CORTÉS. RESEÑA Y ACAMPAMIENTO DEL EJÉRCITO DE LOS ESPAÑOLES. SITIO DE MÉXICO. PRISIÓN DEL REY CUAUHTEMOTZIN Y RUINA DEL IMPERIO MEXICANO.

1. Reseña y marcha a Texcoco del ejército español . . . . . . . . . . . . . . . 535
2. Entrada del ejército en Texcoco y revoluciones de aquella corte . . . . . . 538
3. Expedición peligrosa contra Iztapalapa . . . . . . . . . . . . . . . . . . . 541
4. Alianza de Otumba y de otras ciudades con los españoles . . . . . . . . . 542
5. Transporte del tablaje y materiales de los bergantines a Texcoco . . . . . 544
6. Expedición contra las ciudades de Xaltocan y Tlacopan . . . . . . . . . . 545
7. Expedición de Sandoval contra Huaxtepec y Yecapixtla . . . . . . . . . . 548
8. Negociación infructuosa de Cortés en la corte de México . . . . . . . . . 549
9. Marcha del ejército español a las montañas del Sur . . . . . . . . . . . . 550
10. Conquista de la ciudad de Cuauhunahuac . . . . . . . . . . . . . . . . . 552
11. Conquista de Xochimilco . . . . . . . . . . . . . . . . . . . . . . . . . . 553
12. Marcha del ejército por los contornos de las lagunas hasta Texcoco . . . . 555
13. Conjuración contra Cortés . . . . . . . . . . . . . . . . . . . . . . . . . 555
14. Últimos preparativos para el sitio de México y reseña del ejército . . . . . 556
15. Distribución del ejército para el sitio de México . . . . . . . . . . . . . . 557
16. Suplicio de Xicoténcatl . . . . . . . . . . . . . . . . . . . . . . . . . . . 558
17. Primeras hostilidades de los españoles y principio del sitio de la capital . . 560
18. Primera entrada de los sitiadores en la ciudad . . . . . . . . . . . . . . . 563
19. Nuevos socorros a los sitiadores . . . . . . . . . . . . . . . . . . . . . . 565
20. Nuevas entradas en la ciudad . . . . . . . . . . . . . . . . . . . . . . . 566
21. Alianza de varias ciudades del lago con los españoles . . . . . . . . . . . 567
22. Operaciones de Alvarado y hazañas de Tzilacatzin . . . . . . . . . . . . 568
23. Traición y castigo de los xochimilcas y otros pueblos . . . . . . . . . . . 569
24. Victoria de los mexicanos y sacrificio de algunos españoles . . . . . . . . 570
25. Combates de los bergantines y estratagemas de los mexicanos . . . . . . 573
26. Embajada infructuosa del general español al rey de México . . . . . . . . 575
27. Expediciones contra los malinalcas y los matlatzincas . . . . . . . . . . . 576
28. Acción memorable del general Chichimécatl . . . . . . . . . . . . . . . . 578
29. Estragos ejecutados en México y hazañas de algunas mujeres . . . . . . . 579
30. Situación lastimosa de los mexicanos . . . . . . . . . . . . . . . . . . . 582
31. Negociaciones inútiles de Cortés para la paz . . . . . . . . . . . . . . . 583
32. Terrible conflicto y estrago de los mexicanos . . . . . . . . . . . . . . . 584
33. Último asalto, toma de la ciudad y prisión de los reyes . . . . . . . . . . 585
DESCENDENCIA DE HERNÁN CORTÉS . . . . . . . . . . . . . . . . . . . . 591
DESCENDENCIA DEL REY MOCTEZUMA . . . . . . . . . . . . . . . . . . . 595
AL LECTOR . . . . . . . . . . . . . . . . . . . . . . . . . . . . . . . . . . . 597

## PRIMERA DISERTACIÓN

1. Población de América y particularmente la de México . . . . . . . . . . 601
2. Quiénes fueron los pobladores de América . . . . . . . . . . . . . . . . 605
3. De dónde y cómo pasaron los pobladores y los animales a América . . . . 612

## SEGUNDA DISERTACIÓN

Principales épocas de la Historia del Reino de México
1. Época de la llegada de los toltecas y de otras naciones al Anáhuac ..... 627
2. Correspondencia de los años mexicanos a los nuestros y época de la fundación de México ..... 632
3. Cronología de los reyes mexicanos ..... 634
4. Época de los sucesos de la Conquista ..... 639

## TERCERA DISERTACIÓN

Tierra del Reino de México
1. Pretendida inundación de América ..... 644
2. Clima de México ..... 651
3. Calidad de la tierra en México ..... 661

## CUARTA DISERTACIÓN

Animales de México
1. Animales propios de México ..... 671
2. Animales europeos trasladados a América ..... 693
   Camellos ..... 695
   Bueyes ..... 696
   Ovejas ..... 697
   Cabras ..... 698
   Puercos ..... 698
   Caballos y mulas ..... 699
   Perros ..... 700
   Gatos ..... 701

Catálogo de los cuadrúpedos americanos:
1. Especies reconocidas y admitidas por Buffon ..... 702
2. Especies confundidas por Buffon ..... 707
3. Especies ignoradas por Buffon ..... 707

## QUINTA DISERTACIÓN

Constitución física y moral de los mexicanos
1. Cualidades corporales de los mexicanos ..... 712
2. Las almas de los mexicanos ..... 723

## SEXTA DISERTACIÓN

La cultura de los mexicanos
1. La falta de moneda ..... 744
2. El uso del fierro ..... 746
3. Artes de fabricar navíos y puentes, y hacer cal ..... 749
4. La falta de letras ..... 750

ÍNDICE GENERAL 879

5. Las artes de los mexicanos ............................ 759
6. La lengua mexicana .................................. 769
7. Leyes de los mexicanos .............................. 775

Catálogo de autores europeos y criollos que han escrito de
doctrina y moral cristiana, en lenguas de la Nueva España:
En lengua mexicana .................................... 786
En lenguas otomí, tarasca, zapoteca, mixteca y maya ............... 787
En lenguas totonaca, popoluca, matlalzinca, huaxteca, mixe, quiché, cakchiquel, tarahumara y tepehuana .......................... 788

Autores de gramáticas y diccionarios:
De mexicano, otomí y tarasco ........................... 789
De Zapoteca, mixteca, maya, totonaco, popoluca, matlalzinco, huaxteco, mixe y cakchique ....................................... 790
De tarahumara y tepehuano ............................. 791

SÉPTIMA DISERTACIÓN

Confines y población de los reinos de Anáhuac
1. Confines del reino de Anáhuac ........................ 793
2. Población de Anáhuac ............................... 797

OCTAVA DISERTACIÓN

Religión de los mexicanos ............................... 811

NOVENA DISERTACIÓN

Origen del mal francés
1. Opiniones de los médicos antiguos ..................... 823
2. El mal francés pudo llegar a Europa de otros países del Antiguo Continente ............................................. 825
3. El mal francés pudo venir a Europa sin contagio ............... 827
4. El mal gálico no viene de América ..................... 832

Índice Alfabético ..................................... 843

Esta obra se acabó de imprimir
El mes de junio del 2003, en los talleres de

PENAGOS, S.A. DE C.V.
Lago Wetter No. 152 Col. Pensil
11490, México, D.F.

"Sepan Cuantos..."

*Los que leen, gozan;
los que estudian. aprenden.*

P. ANGEL MARIA GARIBAY K.